서울특별시
청원경찰

한권으로 끝내기

시대에듀

2024 시대에듀 서울특별시 청원경찰 한권으로 끝내기

Always **with you**

사람의 인연은 길에서 우연하게 만나거나 함께 살아가는 것만을 의미하지는 않습니다.
책을 펴내는 출판사와 그 책을 읽는 독자의 만남도 소중한 인연입니다.
시대에듀는 항상 독자의 마음을 헤아리기 위해 노력하고 있습니다. 늘 독자와 함께하겠습니다.

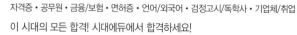

머리말

서울시는 2024년도 서울특별시 청원경찰 임용시험을 실시할 예정이다. 서울특별시 청원경찰의 선발절차는 「원서접수 ➜ 필기시험 ➜ 서류전형 ➜ 체력검정 ➜ 면접시험 ➜ 최종 합격발표」 순서로 이루어진다. 필기시험에서 민간경비론, 청원경찰법뿐만 아니라 시정 주요시책 및 한국사를 포함한 일반상식도 함께 치르기 때문에 필기시험 고득점을 위해 다양한 유형에 대한 연습과 문제해결력을 높이는 등 철저한 준비가 필요하다.

이에 출간 이후 19년 동안 경비지도사 시험 교재 부문에서 베스트셀러의 자리를 굳건히 지키고 있는 시대에듀에서는 그간의 노하우를 집약시켜 서울특별시 청원경찰을 꿈꾸는 모든 수험생들에게 합격의 지름길을 제시하고자 하는 염원으로 본서를 출간하게 되었다.

"2024 시대에듀 서울특별시 청원경찰 한권으로 끝내기"의 특징은 다음과 같다.

도서의 특징

❶ 1차 전형 필기시험에 완벽히 대비할 수 있도록 전과목(민간경비론 + 청원경찰법 + 시정 주요시책 + 일반상식 + 한국사)을 한권에 모두 수록하였다.

❷ 각 CHAPTER별 핵심이론 + 실전동형문제로 구성하여 학습효과를 높였다.

❸ 일반상식은 분야별로 핵심 키워드를 정리하였고, 공공기관에서 빈번히 출제되는 최신이슈를 정리하여 최신상식도 놓치지 않고 학습할 수 있도록 하였다.

❹ 각종 법령 등을 최신개정에 맞춰 완벽하게 반영하여 수록하였으며, 시험에 자주 출제되는 중요 포인트를 선별하여 꼭 학습해야 할 핵심내용을 중심으로 교재를 구성하였다.

끝으로 본서가 모든 수험생들에게 합격의 지름길을 제시하는 안내서가 될 것을 확신하면서, 본서로 공부하는 모든 수험생 여러분이 합격의 기쁨을 누리기를 진심으로 기원한다.

청원경찰교육연구회 씀

서울특별시 청원경찰 공개채용

⬡ 채용 인원 및 주요 업무

채용 인원	• 청원경찰 27명 • 지역제한 없음
주요 업무	• 청사 방호, 출입통제 및 주·야간 순찰 • 집단민원 대처, 청사 내·외 질서유지
근무 예정기관	서울특별시 본청, 사업소 등

⬡ 전형절차

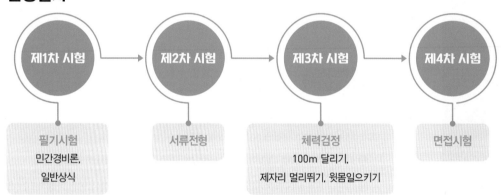

※ 선행되는 시험에 합격해야 다음 단계의 시험에 응시할 수 있다.

⬡ 전형일정

응시원서 접수	취소기간	시험구분	시험장소 공고	시험일	합격자 발표
6.10(월) 09:00 ~ 6.11(화) 18:00	6.10(월) ~ 6.17(월) [기간 내 24시간]	필기시험	6.27(목)	7.20(토)	8.13(화)
		서류전형	해당 없음	8.13(화) ~ 8.30(금)	불합격자 개별통보
		체력검정	8.13(화)	9.3(화)	9.11(수)
		인성검사	9.11(수)	9.27(금)	면접시험 참고자료로 활용
		면접시험	9.11(수)	10.11(금)	10.21(월)

※ 시험장소, 합격자 발표 등 시험 시행과 관련한 사항은 지방자치단체 인터넷원서접수센터(local.gosi.go.kr) 및 서울특별시 홈페이지(www.seoul.go.kr)에 공고하며, 시험 운영상 시험일정 등은 변경될 수 있음

⬡ 제1차 시험 : 필기시험

❶ 응시대상 : 청원경찰 채용 응시자 전원

❷ 배점 및 문항형식 : 과목당 100점 만점, 4지 택1형 20문항

❸ 합격기준 : 각 과목 40점 이상 득점한 사람 중 최종 선발예정인원의 3배수 이내에서 고득점자 순으로 결정

시험과목	세부구성	시험시간
민간경비론(20문항)	민간경비론(10문항)	40분(10:00~10:40)
	청원경찰법(10문항)	
일반상식(20문항)	한국사(10문항)	
	시정 주요시책 및 일반상식(10문항)	

⬡ 제2차 시험 : 서류전형

❶ 제출서류 검증을 통해 자격요건, 가산점 등 적격성 심사

❷ 응시자가 제출한 서류를 기준으로 응시자격 해당 여부를 판단, 응시자격에 부합하는 응시자는 합격자로 결정

※ 별도의 합격자 공지 없고, 불합격자에 한해 개별통보

⬡ 제3차 시험 : 체력검정

❶ 응시대상 : 제1·2차 시험에 합격한 사람

❷ 종목 : 100m 달리기(10점), 제자리 멀리뛰기(10점), 윗몸일으키기(10점)

❸ 체력검정의 공정성을 확보하기 위하여 시험결과에 영향을 미칠 수 있는 금지약물의 복용 및 금지방법의 사용은 금지되며, 이를 확인하기 위해 도핑테스트를 실시할 수 있음

⬡ 제4차 시험 : 면접시험

응시대상 : 제3차 시험에 합격하고 인성검사에 응시한 사람

이 책의 구성과 특징

STEP 1 핵심이론

고득점을 위한 체계적인 테마별 핵심이론 수록!

최신 개정법령 및 출제이론을 반영한 전과목 핵심이론을 수록하여 학습효과를 높였습니다.

제1과목
민간경비론

민간경비론

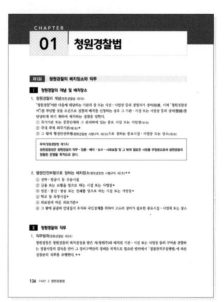

청원경찰법

제2과목
일반상식

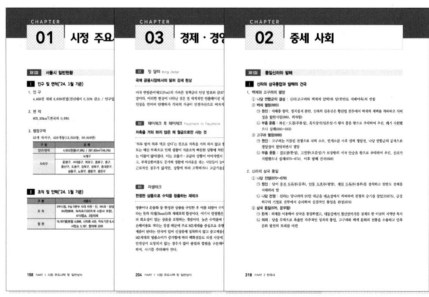

시정 주요시책   일반상식   한국사

최신 청원경찰 채용시험의 출제경향을 반영한 CHAPTER별 심화문제!

각 출제 POINT별로 핵심만 엄선하여 고득점까지 가능하도록 꼼꼼하게 구성하였습니다.

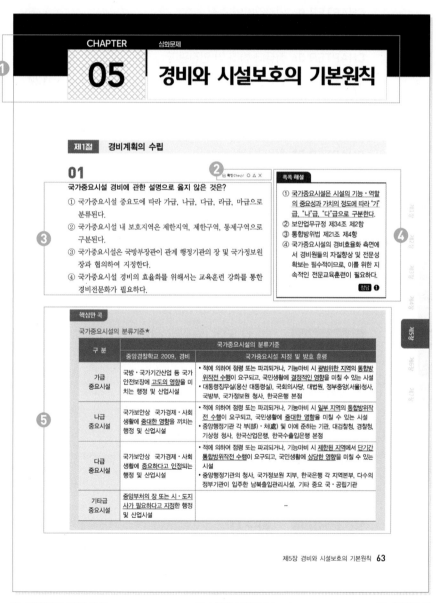

① CHAPTER별 구분　　② 이해도 확인 Check　　③ 심화문제

④ 쏙쏙해설 및 정답　　⑤ 심화학습까지 가능한 핵심만 콕&법령

이 책의 차례

제1과목

민간경비론

PART **01**

민간경비론

CHAPTER

01 민간경비 개설

제1절 **민간경비와 공경비**

Ⅰ 경비의 개념

1. 일반적인 경비의 개념

경비란 일반적으로 국가비상사태 또는 긴급중요사태 등 경비사태가 발생하거나 발생할 우려가 있을 때 사회 공공의 안녕과 질서를 해하는 개인적 또는 집단적인 불법행위를 조직적인 부대활동으로서 예방·경계·진 압하는 경찰활동을 말한다.

2. 경비의 구분

일반적으로 경비는 민간경비와 공경비로 구분된다. 범죄의 예방과 진압, 질서유지, 생산의 손실예방, 사회 공공질서의 유지라는 측면에 있어서 양자는 차이가 없으나 다만, 공경비가 업무 수행에 있어 민간경비와는 대조적으로 강제력을 동반한다는 점에 있어서는 큰 차이를 갖는다.

Ⅱ 민간경비

1. 민간경비의 개념

① 여러 가지 위해로부터 개인의 생명이나 재산 및 이익을 보호하기 위해 특정 의뢰자로부터 보수를 받고 경비 및 안전에 필요한 서비스를 제공하는 개인, 단체, 영리기업을 말한다.
② 민간경비는 국가기관(경찰)에 의한 공경비에 대응되는 개념이다.
③ 민간경비의 활동 영역을 범주화하는 데 있어서 자체경비를 포함시키는 것이 일반적이다.
④ 민간경비의 개념은 각 나라마다 차이가 있다.
⑤ 형식적인 민간경비와 실질적인 민간경비는 차이가 있다.

2. 협의의 민간경비와 광의의 민간경비 개념

협의의 민간경비	• 고객의 생명·신체·재산보호, 질서유지를 위한 개인 및 기업(조직)의 범죄예방활동(방범활동)을 의미한다. • 민간이 주체가 되는 모든 경비활동으로 계약경비와 자체경비를 불문한다(민간경비를 최협의·협의· 광의로 구분하는 경우). • 최협의 민간경비는 경비업체가 고객의 생명과 신체 및 재산을 보호하는 활동으로 자체경비를 제외 한 계약경비만을 민간경비로 한정하는 견해이다(민간경비를 최협의·협의·광의로 구분하는 경우).
광의의 민간경비	• 공경비를 제외한 경비의 3요소인 방범·방재·방화를 포함하는 포괄적 경비활동을 의미한다. • 최근에는 산업보안 및 정보보안 그리고 사이버보안에 이르기까지 광범위하고 첨단화된 범죄예방 기능을 포함하는 개념으로 사용되고 있다.

3. 형식적 의미의 민간경비와 실질적 의미의 민간경비 개념

형식적 의미의 민간경비	• 경비업법에 의해 허가받은 법인이 경비업법상의 업무를 수행하는 활동을 의미한다. • 형식적 의미에서의 민간경비 개념은 공경비와 명확히 구별된다.
실질적 의미의 민간경비	• 고객(국민)의 생명·신체·재산 보호 및 사회적 손실 감소와 질서유지를 위한 일체의 활동을 뜻함 (정보보호, 사이버보안도 포함됨) • 실질적 의미의 민간경비 개념은 공경비와 유사하다.

4. 민간경비의 주체(민간경비론 전제)

① 고객으로부터 보수를 받고 이에 따른 경비 서비스를 제공하는 개인, 단체, 영리기업이다.

② 민간경비업은 자연인뿐만 아니라 법인도 영위할 수 있다. 그러나 경비업법 제3조는 법인만 영위할 수 있다고 규정하고 있다.★

③ 민간경비원의 신분은 민간인(사인신분)과 같이 취급되므로 준공무원의 신분에 해당한다는 것은 옳지 않은 표현이다.

④ 민간경비에서 급료지불의 주체는 고객(의뢰자)이다.

⑤ 경비의 주체가 누구든지 간에 국민의 생명과 재산을 보호하고 사회공공의 안녕과 질서를 유지한다는 궁극적인 목표는 동일하다.★

5. 민간경비의 주요 임무(역할)

① 범죄예방업무 : 민간경비의 임무수행상 가장 중요한 임무(역할)라고 볼 수 있다.

② 질서유지업무 : 건물 내외 행사장 질서유지업무를 말한다.

③ 위험방지업무 : 사고예방 및 안전활동, 화재예방 및 통제활동, 도난의 방지활동

④ 경비업법상 경비업무 : 시설경비, 호송경비, 신변보호, 기계경비, 특수경비 5종을 법으로 규정하고 있다.

정의(경비업법 제2조)

이 법에서 사용하는 용어의 정의는 다음과 같다.

1. "경비업"이라 함은 다음 각목의 1에 해당하는 업무(이하 "경비업무"라 한다)의 전부 또는 일부를 도급받아 행하는 영업을 말한다.

   가. 시설경비업무 : 경비를 필요로 하는 시설 및 장소(이하 "경비대상시설"이라 한다)에서의 도난·화재 그 밖의 혼잡 등으로 인한 위험발생을 방지하는 업무

   나. 호송경비업무 : 운반 중에 있는 현금·유가증권·귀금속·상품 그 밖의 물건에 대하여 도난·화재 등 위험발생을 방지하는 업무

   다. 신변보호업무 : 사람의 생명이나 신체에 대한 위해의 발생을 방지하고 그 신변을 보호하는 업무

   라. 기계경비업무 : 경비대상시설에 설치한 기기에 의하여 감지·송신된 정보를 그 경비대상시설 외의 장소에 설치한 관제시설의 기기로 수신하여 도난·화재 등 위험발생을 방지하는 업무

   마. 특수경비업무 : 공항(항공기를 포함한다) 등 대통령령이 정하는 국가중요시설(이하 "국가중요시설"이라 한다)의 경비 및 도난·화재 그 밖의 위험발생을 방지하는 업무

제1장

제2장

제3장

제4장

제5장

제6장

제7장

6. 민간경비의 특성

① 민간경비업은 영리성(경제적 이익)을 그 특징으로 하지만 공공성도 요구된다.
  ㉠ 범죄예방 : 민간경비의 주요 임무로서 공공성이 강한 활동이다.
  ㉡ 질서유지 : 공동생활의 기본이며 사회구조를 이루는 토대로, 질서의 유지활동은 공공성을 띠게 된다.
  ㉢ 위험방지 : 평온을 해치는 자연적 위험 등이 존재하지 않아야 한다. 이는 공경찰의 임무이자 민간경비의 활동으로 공공성을 띤다.
② 일정한 비용을 지불하는 계약자 등 특정고객을 수혜대상으로 한다.
③ 인적·물적 특정대상을 경비대상으로 한다.
④ 범죄발생의 사전예방적 기능을 주요 임무로 한다.
⑤ 공경비에 비하여 한정된 권한과 각종 제약을 받는다.
⑥ 민간경비는 공경비와 밀접한 관련을 가지고 업무를 수행하며, 특정 분야에서는 공경비와 거의 유사한 활동을 하게 된다.
⑦ 현재 우리나라에서는 경찰관 신분을 가진 민간경비원이 없으며, 경찰관이 부업으로 민간경비원의 업무를 수행할 수 없다.★
⑧ 민간경비의 조직화 과정에서 위험성, 돌발성, 기동성, 조직성 등 경비업무의 특수성을 고려해야 한다.
⑨ 민간경비가 일반시민들로부터 긍정적 인식을 얻는 것은 국가 내지 사회전체적인 안전확보에도 기여한다.
⑩ 민간경비는 경찰이 제공하는 서비스의 보충적·보조적 기능을 수행하는 것으로 인식되고 있다.★
⑪ 사회경제적 요인 등으로 인해 민간경비의 역할이 중요시되고 있으며, 점차 독자적으로 시장규모를 확대시켜나가고 있다.

서비스 제공 측면
민간경비는 대가의 유무나 다소에 따라 서비스의 내용이 달라지는 경합적 서비스(사유재)이나 공경비는 모든 사람이 동등하게 소비에 참여할 수 있는 비경합적 서비스(공공재)를 제공한다.★

---

7. 우리나라 민간경비 서비스의 특성

① 제공 대상은 비용을 지불할 수 있는 특정고객에 한정된다.
② 제공 내용은 특정고객의 이익을 만족시키기 위한 것이다.
③ 제공 책임은 특정고객과의 계약관계를 통해서 형성된다.
④ 제공 주체가 되려는 자는 도급받아 행하고자 하는 경비업무를 특정하여 그 법인의 주사무소의 소재지를 관할하는 시·도 경찰청장의 허가를 받아야 한다.

Ⅲ 공경비

1. 공경비의 개념

공경비란 민간경비와 상대적인 개념으로, 국가공권력을 집행하는 국가기관인 대통령경호처, 검찰, 경찰, 교정기관, 소방과 같은 기관을 말하며, 일반적으로 경찰에 의하여 제공되는 치안서비스를 의미한다.

2. 공경비의 주요 임무(역할)

① 사전적 범죄예방 임무
② **사후적 범인체포나 범죄수사 임무** : 민간경비와 가장 구별되는 임무★
③ 사회 전반적인 질서유지 임무
④ 개인의 생명과 신체, 재산보호의 임무

3. 공경비의 특성

① 공경비는 공공성, 공익성, 비영리성을 그 특징으로 한다.
② 공경비는 민간경비에 비해 강제력을 갖고 있다.★

4. 순수공공재 이론

치안서비스란 공공의 안녕과 질서를 유지하면서 범죄와 무질서 그리고 각종 재해 등의 위험으로부터 국민의 생명·신체와 재산을 보호하는 공공서비스(국방, 소방, 교육, 보건, 경찰 등) 가운데 가장 기본적인 것을 의미한다. 공공서비스 중 공공성의 정도가 강할수록 민간보다는 정부에서 그 서비스를 제공하는 것이 바람직하며, 이러한 기반에서 논의된 것이 치안서비스의 순수공공재 이론이다. 머스그레이브는 순수공공재의 세 가지 기준으로서 비경합성, 비배제성, 비거부성을 제시하였다.

① 비경합성(공동소비) : 어떤 서비스를 소비할 때 한 사람이 그 서비스를 소비하더라도 다른 사람의 소비기회가 줄어들지 않음을 의미하는데, "치안서비스의 이용에 있어서 추가이용자의 추가비용이 발생하지 않는다"는 것을 내용으로 한다.★
② 비배제성 : 어떤 서비스를 소비할 때 생산비를 부담하지 않은 사람이라 해도 그 서비스의 소비에서 배제시킬 수 없음을 의미하는데, "치안서비스라는 재화는 이용 또는 접근에 대해서 제한할 수 없다"는 것을 내용으로 한다.★
③ 비거부성 : 어떤 서비스가 공급될 때 모든 사람이 자신의 의지와는 상관없이 그 서비스를 소비하게 됨을 의미하는데, "치안서비스의 객체인 시민들은 서비스의 이용에 대한 선택권이 없다"는 것을 내용으로 한다.

I　민간경비와 공경비의 공통점과 차이점

1. 민간경비와 공경비의 공통점

① 범죄예방, 범죄감소 및 재산보호
② 사회질서유지
③ 위험방지의 역할

2. 민간경비와 공경비의 차이점

① **권한** : 공경비는 각종 강제권을 포함한 권한이 주어져 있으나, 민간경비는 이러한 권한이 극히 한정되어 있고, 각종 제약을 받지만 현행범은 영장 없이 체포할 수 있다.
② **대 상**
　㉠ 공경비는 일반 시민들을 대상으로 범인 체포 및 범죄 수사를 위한 법집행을 주로 하나, 민간경비는 특정한 의뢰자로부터 받은 대가 내지 보수만큼 그 사람들을 위해 범죄예방 및 억제 또는 경제적 손실 및 이익을 위한 예방적 측면에서 그 기능과 역할을 행한다.
　㉡ 공경비는 주로 공공의 이익을 위해 행하나 민간경비는 특정한 의뢰자를 위해 행한다.
③ **주체** : 공경비의 주체는 정부(경찰)이나 민간경비는 영리기업(민간경비회사)이다.
④ **목적** : 공경비의 목적은 주로 법집행 및 범인체포에 있으나 민간경비는 손해감소 및 재산보호에 있다. 따라서 민간경비의 목적은 사익보호이고, 공경비의 목적은 공익 및 사익보호로도 표현될 수 있다. 법집행의 유무는 민간경비와 공경비의 가장 큰 차이이다.
⑤ **임무** : 공경비의 역할은 범죄예방 및 범죄대응에 있으나 민간경비는 범죄예방에 있다.
⑥ **의무** : 경비업자는 불특정 다수인에게 경비서비스를 제공할 의무가 없다.

3. 공경비와 민간경비의 관계

① 우리나라의 치안메커니즘은 크게 공경비와 민간경비 양축으로 구성된다.
② 공경비 분야에서 나타난 한계와 비생산성은 민간경비가 등장하는 계기가 되었다.
③ 오늘날 민간경비의 도움 없이 공경비만으로 공동체의 안전과 질서를 유지하기 어렵다.
④ 공경비는 국민의 세금으로 운용되지만, 개인의 필요에 의한 민간경비는 소비자의 경제능력이 이용에 큰 영향을 미친다.
⑤ 민간경비의 법률관계의 근거는 경비계약이고, 공경비는 법령이다.

공경비와 민간경비의 비교

구 분	공경비(경찰)	민간경비(개인 또는 경비업체)
대 상	일반국민(시민)	계약당사자(고객)
임 무	범죄예방 및 범죄대응	범죄예방
공통점	범죄예방 및 범죄감소, 위험방지, 질서유지	
범 위	일반(포괄)적 범위	특정(한정)적 범위
주 체	정부(경찰)	영리기업(민간경비회사 등)
목 적	법집행 (범인체포 및 범죄수사·조사)	개인의 재산보호 및 손실감소
제약조건	강제력 있음	강제력 사용에 제약 있음
권한의 근거	통치권	위탁자의 사권(私權)

민간경비의 성장요인
1. 국가(공권력)의 한계인식
2. 범죄 및 손실 문제의 증가
3. 개인 및 조직의 안전의식 증대

제3절 민간경비 성장의 이론적 배경

I 경제환원론적 이론

1. **특 징**

① 특정한 사회 현상을 설명함에 있어 그 현상이 직접적으로는 경제와 무관한 것임에도 불구하고, 그 발생 원인을 경제문제에서 찾으려는 입장이다. ★

② 경기침체로 인하여 실업자가 늘어나면 자연적으로 범죄가 증가하여 민간경비가 범죄에 직접 대응하므로 민간경비 시장이 성장·발전한다는 입장이다. ★

③ 특히 거시적 차원에서 범죄의 증가 원인을 실업의 증가에서 찾으려고 하는 것이 그 특징이다. ★

④ 민간경비 부문 증가에 관한 경제환원론적 시각은 경제환원론이 내부적으로 갖는 경제결정론적 단순성 뿐만 아니라 한 사례의 특정한 시간대를 기준으로 해서 나온 사회 현상의 경험론적 관찰에 근거한 이론 이다.

제1장

제2장

제3장

제4장

제5장

제6장

제7장

2. 한계점

① 경제환원론적 이론은 내재적으로 포함하고 있는 단순논리적 한계가 있다. ★

② 경제침체와 민간경비 부문의 수요증가와의 관계도 원인과 결과를 규정지을 수 있는 인과관계적 성격이 아니라 단순확정적 논리를 전개하고 있다. ★

> **경제환원론의 문제점**
> 경제환원론은 미국이 경제 침체를 보였던 1965년~1972년 동안 민간경비시장의 성장이 다른 서비스업 전체의 증가보다 두드러지게 성장하였다는 단순논리적이고, 단기적인 경험적 관찰에 기초를 두고 있다. ★

II 공동화이론

1. 특 징

① 공동화이론은 경찰이 수행하고 있는 경찰 본연의 기능이나 역할을 민간경비가 보완하거나 대체한다는 이론이다. ★

② 경찰의 범죄예방능력이 국민의 욕구를 충족시키지 못할 때의 공동상태를 민간경비가 보충함으로써 민간경비가 성장한다는 이론이다. ★

③ 사회의 다원화와 분화에서 초래되는 사회적 긴장과 갈등, 대립 등에 의한 무질서나 범죄의 증가에 대응하기 위해서는 경찰력이 증가하여야 하나 현실적으로 어려운 상태이므로 그 결과 생겨나는 공백을 메우기 위해서는 민간경비가 발전한다는 이론이다.

④ 경찰의 허술한 법적 대응력을 보충 내지 보조하여 공경비의 힘이 미치지 못하는 치안환경의 사각지대를 메워주면서 성장한 것이 민간경비이다.

2. 공경비와 민간경비의 성격 규정

① 경쟁적 관계

ㄱ 공경비와 민간경비가 제공하는 서비스가 기본적으로 차이가 있는 것이 아니라, 공경비는 법적 권위를 부여받고 있다는 점에서 보다 많은 권한과 규제력을 갖는 것으로 이해한다.

ㄴ 공경비와 민간경비가 경쟁적 관계에 놓이는 이유는 양자 사이의 관계를 규정하는 법령이나 규칙이 없기 때문이다.

② 상호보완적 관계

ㄱ 공동화이론에서 공경비와 민간경비는 상호갈등이나 경쟁관계가 아니라 상호보완적·협조적·역할분담적 관계에 있다고 보는 입장이다.

ㄴ 민간경비는 공경비가 갖는 제한적 능력 때문에 생기는 공백을 메워줄 수 있다는 시각으로 공동화이론이 취하는 입장과 상통한다.

Ⅲ 이익집단이론

1. 특 징
① 플레빌(Flavel)의 이익집단이론은 경제환원론적이론이나 공동화이론을 부정하는 입장으로, 그냥 내버려 두면 보호받지 못한 채로 방치될 재산을 민간경비가 보호해야 한다는 주장이다.★
② 민간경비도 자신의 집단적 이익을 극대화하기 위하여 규모를 팽창시키고, 새로운 규율이나 제도를 창출시키는 등의 노력을 해야 한다는 이론이다.★
③ 민간경비의 양적 성장은 초기적 단계에서 일어나는 현상이며, 궁극적으로는 이익집단으로서의 내부적 결속과 제도화 및 조직화의 결과 민간경비의 세력과 입지를 강화하게 되어 민간경비가 성장한다는 이론이다.

2. 공동화이론과의 차이점
공동화이론의 주된 관심과 출발점이 경찰과 민간경비의 관계에 대한 성격을 밝혀내고자 하는 데 있는 반면, 이익집단이론은 민간경비를 하나의 독립적인 행위자로 인식하고 민간경비가 자체적으로 고유한 이해관계를 가질 수 있는 것으로 파악한다는 점이다.★

Ⅳ 수익자부담이론

1. 특 징
① 경찰은 국가가 자본주의의 전반적 체제수호를 위한 정치적 역할, 즉 공적 임무를 수행하는 데 있어 일부분을 담당하는 공조직으로 파악되어야 한다는 이론이다.
② 경찰의 공권력 작용은 원칙적으로 거시적인 측면에서 체제수호 등과 같은 역할과 기능에 한정되고, 사회구성원 개개인 차원이나 집단과 조직의 안전과 보호는 결국 해당 개인이나 조직이 담당하여야 한다는 인식에 기초를 둔 이론이다.★
③ 경찰의 공권력 작용은 질서유지, 체제수호와 같은 거시적 측면에서 이루어지고, 개인의 안전과 보호는 해당 개인이 책임져야 한다는 자본주의 체제하에서 주장되는 이론이다.★
④ 개인이 자신의 건강이나 사유재산을 보호받기 위해서 의료보험이나 자동차 보험에 가입하는 것과 같이 개인의 신체나 재산의 보호는 개인적 비용의 지출에 의해 담보 받을 수밖에 없다는 입장이다.

2. 경비 개념의 인식 전환
국가권력기관인 경찰력이 개인이나 단체의 영리사업 등에 무제한 동원되어서는 안 되며, 전체적인 상황파악이나 운영상태 등의 파악을 위하여 최소한의 인력만 투입되어야 한다는 경비 개념의 인식 전환이 필요하다.

제1장

제2장

제3장

제4장

제5장

제6장

제7장

수익성 행사
수익성 행사의 경우 공경비(경찰)는 우발사태 대비 개념으로 운용되어야 한다. 수익자 부담의 원칙에 의해 주최 측에서도 민간경비 등을 활용토록 지도해야 하나, 철저한 수익자 부담원칙의 적용에는 현실적인 어려움이 있으므로 장기적으로 대응해야 한다. 올림픽, 월드컵 같은 국가적 행사의 경우 수익자 부담의 원칙을 엄격히 적용하기 곤란하다.

민간경비가 급증하는 조건
전반적인 국민소득의 증가, 실제적인 범죄의 증가, 경비 개념에 대한 사회적 인식 변화, 민간경비제도에 대한 인식 변화 등

Ⅴ 민영화이론

1. 개 념
① 민영화 : 정부의 역할을 줄이는 대신 민간의 역할을 증대시키는 것을 민영화로 정의하고 있다.
② 캐머맨과 칸(Kamerman & Kahn)의 정의
    ㉠ 광의의 민영화 : 민영화의 개념을 광의와 협의의 개념으로 구분하고, 정부의 규제를 축소하고 정부의 지출을 감소시키는 것
    ㉡ 협의의 민영화 : 재화나 서비스의 생산이 공공부분에서 민간분야로 이전되는 것
③ 민영화이론
    ㉠ 1980년대 이후 복지국가의 이념에 대한 반성으로서 국가독점에 의한 비효율성을 극복하고자 시장경쟁논리를 도입한 이론으로, 현재까지 세계적인 추세로 받아들여지고 있다.
    ㉡ 2010년 최초로 설립된 민영교도소는 민영화의 사례로 볼 수 있다.
    ㉢ 민영화는 공공지출과 행정비용의 감소효과를 유발하기 위한 방법이다.
    ㉣ 국가권력의 시장개입을 비판하고 작은 정부를 지향하는 신자유주의적 흐름을 반영한다.
    ㉤ 공경비의 일부 활동을 민간에 이전하여 민간경비로 전환하는 것도 민영화이다.
    ㉥ 대규모 행사의 안전관리에 참여하여 공권력의 부담을 감소시키는 것도 민영화이다.

웹스터(Webster)의 정의
민영화란 '공적영역을 사적소유로 변화시키는 것'을 의미한다.

사바스(Savas)의 민영화론
- 정의 : 민영화란 활동이나 자산소유에 있어 정부의 역할을 줄이고 민간의 역할을 증대시키는 활동으로 정의
- 형태 : 상수도시설 및 교도소의 운영, 도로청소, 가로수 정리작업, 선박수리, 의용소방대, 석탄공사의 매각 등
- 결정요인
    – 실용주의 : 비용효과분석 차원
    – 이념적 접근 : 작은 정부의 구현
    – 사업주의 : 거래의 촉진
    – 대중주의 : 시민권의 성장, 국민의 권리신장

- 민영화의 목적
  - 자본시장으로부터 자금조달을 가능하게 함으로써 기업의 경쟁력, 효율성 증대
  - 중앙 또는 지방정부의 공공차입 부담 감소
  - 공공지출과 행정비용 감소
  - 사기업 경영에 대한 정부개입 감소
  - 경제적 자산의 소유구조 확장
  - 사원주식소유제도 활성화
  - 소득재분배의 효과

2. 민영화 활성화의 배경

① 다원화 시대에서 각국의 정부는 작지만 효율적인 정부를 지향하고 있다는 점을 들 수 있다. 정부의 지나친 비대는 민주주의를 위협하고 있으며, 자원의 비효율적인 공급으로 자원의 낭비를 초래할 수 있기 때문이다.

② 민영화를 통하여 서비스에 대한 공급을 줄이게 되면 상대적으로 민간부문이 확대되어 민간의 활동이 활성화될 수 있으며, 자원이용의 효율성을 높이는 것이 가능하기 때문이다.

③ 민영화함으로써 국민들이 공급과정에 참여할 수 있으며, 이로써 정부의 일반적인 공급으로 인한 공급주체와 국민 간에 존재하는 괴리를 좁힐 수 있고, 소비자들은 재화나 서비스를 선택할 수 있는 폭이 확대되어 경제적 자유를 누릴 수 있기 때문이다.

〈출처〉 장정범, 민간조사제도의 도입방안에 관한 연구, 연세대 법무대학원 석사논문, 2010

Ⅵ 공동생산이론

① 치안서비스 생산과정에서 경찰의 역할수행과 민간경비의 공동참여로 인해 민간경비가 성장했으며, 민간경비가 독립된 주체로서 참여한다는 이론이다.

② 민간경비를 공경비의 보조적 차원이 아닌 주체적 차원으로 인식한다.

③ 공동생산이론은 경찰이 안고 있는 한계를 일부 극복하고 시민의 안전욕구를 증대시키기 위하여 민간부문의 능동적 참여를 다각적으로 유도한다.

제1장

02 세계 각국의 민간경비

I 고대의 민간경비

1. 고대의 민간경비

고대 원시시대	인간의 주변환경, 자연재해로부터 자기 스스로를 보호하고, 부족의 적을 공동으로 대처하기 위한 공동체 보호의식이 본능적으로 시작되었다.
함무라비왕 시대	• 함무라비법전에는 '눈에는 눈, 이에는 이'라는 동해보복형(같은 피해에는 같은 방법으로 보복을 함)을 규정하고 있었다. • 고대 바빌론 왕 함무라비에 의해 법집행 개념이 최초 명문화되었다. • 세계 최초로 문서화된 법령에 의하여 정부가 법집행을 할 수 있었고, 또 개인에게 책임을 부여할 수 있었으며, 이때부터 개인차원의 민간경비의 개념과 국가차원의 공경비의 개념이 분리되기 시작하였다.
고대 그리스 도시국가	• 부족이나 씨족 차원의 경비개념에서 사회 차원의 공공개념으로 확대, 발전해 나갔다. • 스파르타에서는 일찍부터 법을 집행하기 위한 치안책임자를 임명하는 제도가 발달하였다. 이는 최초의 국가경찰의 발달을 의미한다.
고대 로마시대	당시 로마의 통치자 아우구스투스 황제는 자경단원이라고 불리는 수천 명의 비무장군대를 각 관할구역의 질서유지를 위해서 임명하였다. 이는 역사상 최초의 비무장 수도경찰로 간주된다.

2. 고대 민간경비의 특징

① 개인의 생명과 재산을 보호하는 경비는 인류 역사상 가장 오래된 과제 중 하나이다.

② 대표적인 경비형태로 절벽에 위치한 동굴, 땅에서 사다리를 타고 나무에 올라가는 주거형태나 수상가옥 등이 있다.

③ 고대 문헌이나 성서와 같은 많은 자료에서 개인의 안전과 재산을 지키기 위해 야간감시자나 신변보호요원을 이용했음을 발견할 수 있다.

④ 경비제도를 역사적으로 볼 때 민간경비가 공경비보다 앞서 있다. ★

> **민간경비의 발달과정(박주현, 「민간경비실무론」)**
> 경비(Security)라는 것은 세상에서 가장 오래된 직업은 아닐지 모르나, 개인의 생명과 재산을 보호한다는 것은 인류역사상 가장 오래된 과제 중 하나였다. 경비제도를 연혁적으로 추적해보면 고대사회 이래 개인의 생명·신체·재산을 보호하는 수단은 자기보호 → 부락공동보호 → 국가보호 → 자기보호와 국가공동보호의 순으로 발전하여 왔으며 이는 함무라비 왕조나 로마의 역사에서 그 근거를 쉽게 찾을 수 있다.
>
> **민간경비의 발달과정**
> 민간경비 시대 → 공경비와 민간경비 개념의 미분화 시대 → 공경비 시대 → 공경비와 민간경비의 병행시대

Ⅱ 영국 민간경비의 발달

1. 민간경비의 시작

① 민간경비(民間警備)의 역사는 영국을 중심으로 하여 유럽에서 시작되었다.★

② 영국에서는 사설 경찰활동이 공적인 경찰활동보다 먼저 존재하였으며, 공경찰의 도입 필요성을 제기하는 계기가 되었다.

③ 17세기 루소가 사회계약설(社會契約說)에서 주장하였던 것처럼 사회질서의 유지를 위해서 국가의 필요성이 대두되었으며, 경찰활동은 이러한 사회계약을 이행하는 한 수단으로서 도입되었다.★

④ 18세기 초 런던에는 재산범죄가 대단히 만연하였으나, 공권력(공경찰)의 부족으로 인하여 조나단 와일드(Jonathan Wild)와 같이 개인에게 돈을 받고 분실한 물건을 찾아주거나 잡은 도둑을 경찰에게 넘기는 조직들이 점차 늘어났다.

2. 규환제도(Hue and Cry)

① 개인 차원의 경비 개념 : 모든 사람은 자신의 행동뿐만 아니라 이웃의 행동에 대해서도 책임이 있다고 명시하고, 범죄가 발생하면 사람들이 고함을 지르고 사람을 모아 그 지역에 침범한 범죄자를 추적하는 것이 시민 각자의 의무이며, 만일 범죄자를 체포하지 못하면 모든 사람에게 국왕으로부터 벌금이 부과되었다.

② 규환제도의 개념 : 개인과 집단이 치안에 대해 공동책임을 진 것으로 인식되어 건장한 모든 사람들은 범법자 체포에 참여해야 하는데, 이러한 의도는 현대사회의 시민체포의 발상으로 인식할 수 있다.

③ 민선행정관제도 : 노르만디의 군주인 윌리암(William) 국왕은 각 도시의 치안질서를 유지하기 위해서 군인이면서 재판관인 주장관을 임명하였고, 이는 지금의 Sheriff(국가 또는 주의 치안과 행정을 집행하는 민선행정관) 제도로 발전하였으며, 법을 집행하는 임무를 수행하는 사람을 경관(Constables)이라 불렀다.

3. 헨리왕의 King's peace 시대

① 의의 : 레지스 헨리시법을 공포하고 경찰의 공복으로서의 역할이 보다 강조된 시기이다.★

② 헨리 국왕의 법령

ⓐ 원칙적으로 어떠한 범죄도 더 이상 개인에 대한 위법이 아니라 국왕의 평화에 대한 도전이라 명시하고 있다.

ⓑ 헨리 국왕의 법령(Legis Henrici)은 중죄(felony)와 경범죄(misdemeanor)에 대한 법률적인 구분을 내렸다는 점에서 큰 의의를 가지고 있다.

③ 레지스 헨리시법(The Legis Henrici Law)

ⓐ 민간경비차원에서 실시되던 경비활동을 국가적 치안개념으로 발전시킨 것으로 줄여서 헨리시법이라고도 한다.

ⓑ 헨리시법은 경찰이 공복으로서 더 이상 사립경찰로서의 활동을 하지 않는 중요한 의미를 지니게 되었으며 그 당시 범죄는 개인에 대한 위법이 아닌 국왕의 평화에 대한 도전으로 간주하여 추방 또는 징역으로 처벌시킬 수 있는 위법행위로 규정짓게 되었다.

④ 처벌방법의 명문화 : "국왕의 평화에 대한 의지"를 강화하기 위해 추방에 대한 의사결정을 내리는 데 있어 사회는 반사회적 행위, 부당행위 처벌의 방법 등에 대해서 명문화하기 시작했다.

→ 사법(私法)에서 공법(公法)으로 법 개념이 변천하는 과정을 기록

4. 주야 감시원 시대(Watch and Ward Period)

① **치안판사의 신설** : 법의 집행이 점차 개인에서 정부로 책임이 이양되어 감에 따라 국왕은 주(州) 보안관 (Sheriff)의 무능함을 견제하기 위해서 치안판사직을 신설하게 되었으나 범죄의 증가로 인하여 치안상태 를 대처할 능력이 없었으므로 이때부터 민간경비기관이 발달하게 되었다.★

② **민간경비기관** : 주로 은행의 경비원, 상인들의 고용인, 사업장소의 야간감시원(Watch and Ward) 등으 로 일하였다.

③ **의의** : 범죄사실의 법적인 처벌보다는 상인들의 도난당한 재산을 회수하기 위해서 사람들을 고용하게 됨으로써 오늘날 사설탐정으로 발달하게 되었다.

윈체스터법(13세기 말)

의 의	범죄증가에 대처하고 지방도시의 치안 유지를 위해 에드워드 1세 때 제정(1285년)되어 수도경찰청법 (1829년)이 만들어질 때까지 600여 년 동안 거의 유일하게 존재한 경찰활동을 규율한 경찰법원칙이다.
내 용	• 중소도시에 Watch-man(야경인)제도를 도입하여 경찰관의 임무를 보좌하게 함 • 모든 주민에게 Hue and cry(저 놈 잡아라)식의 범법자 추적의무를 부과함 • 15세 이상 60세 미만의 남자들에게 무기비치의 의무를 부과하여 계급에 따라 일정한 장비를 보유할 수 있게 함

파수제(Watch and Ward)

1300년대부터 1500년대 사이인 중세의 경비형태로서 에드워드 1세가 공포한 윈체스터법에 의해 Watch and Ward (파수제)가 시행되었다.

---

5. 보우가의 주자(Bow Street Runner) 시대

① **의의** : 헨리 필딩(Henry Fielding)이 시민들 중 지원자로 구성한 소규모 단위의 범죄예방조직을 만들어 보수를 지급하고, 1785년경 인류 역사상 최초의 형사기동대에 해당하는 조직을 만든 시대이다.

② **헨리 필딩(Henry Fielding)의 활동**

　㉠ 범죄예방을 위해서는 시민 스스로가 단결해야 한다는 개념을 확립하고, 영구적이며 직업적으로 충분 한 급료를 받는 민간경비를 제안했다.

　㉡ 도보경찰(도심지역에 근무), 기마경찰(15마일 떨어진 변두리 지역까지 근무), 특별조사관, 경찰법원, 보우가의 주자(The Bow Street Runners ; 범죄현장에 즉각 달려가서 수사를 담당하는 최초의 형사 기동대) 등을 만드는 데 공헌하였다.

③ **교구경찰** : 이 무렵 교구경찰이 탄생하였으며, 그들의 책임은 교회 구역 내로만 한정하게 되었다.★

④ **올리버 크롬웰(Oliver Cromwell)의 계획**

　㉠ 크롬웰의 강력한 중앙정부가 지방정부를 통제 → 영국의 경찰모델 형성에 영향★

　㉡ 그러나 크롬웰의 계획은 시민들의 반발에 부딪혀 실패로 끝나고 다시 지역단위의 관구경찰제도가 부활하게 되었다.

상인경찰과 교구경찰	
상인경찰 (Merchant Police)	1500년대 영국의 산업발달에 따라 안전한 상업활동을 위해 상인들이 자체적으로 조직한 사설경찰 (Private Police)로서 오늘날의 민간경비의 시초이다. 주요 업무는 시장·은행 및 상업시설을 보호하고 도난당한 재산을 회수하는 일을 담당하였다.
교구경찰 (Parish Police)	보우가 주자시대에 등장하여 일반 경찰과 흡사한 임무를 수행하였는데 그 임무 수행범위는 도시의 행정구역인 교구(Parish)구역 내로 한정되었다. 처음에는 전 교구민이 윤번제로 근무를 하다가 후에 유급의 교구치안관(Parish Constable)으로 대치되었다. 그 당시 유럽 각국은 강력한 국가경찰제도를 발전시킨 반면 영국은 각 경찰관구로 나누어 관리하는 지방자치제 경찰제도를 선택하였다.

6. 산업혁명 후 민간경비업체 출현

① 민간경비는 산업혁명시대에 크게 성장하였다.

② 1800년대 민간경비와 공경비의 발달요인 : 산업혁명으로 인한 산업화와 함께 발생하는 장물아비의 활동, 위조화폐 공장의 성립 등의 범죄홍수에 대해서 지역 관구경찰의 활동으로는 속수무책이었기 때문이다.

③ 법집행기관의 탄생 : 템즈리버 경찰(The Thames River Police), 감시인과 경비원(Watches and Guards) 그리고 탐정기관, 산업경찰, 특수경찰 및 관구경찰 등의 출현을 들 수 있다.

7. 현대적 의미의 방범활동 시작

① 패트릭 콜크혼(Patrick Colquhoun) : 1797년 '수도경찰에 관한 논문'에서 런던의 가장 효과적인 범죄예방활동을 위해 전체가 잘 규율된 영국경찰조직을 만들어야 한다고 주장하였으며, 로버트 필에 의한 신경찰 성립에 이론적 바탕을 마련하였다.

② 로버트 필(Robert Peel)

  ㉠ 내무부장관이었던 로버트 필은 1829년 수도경찰법을 의회에 제출하여 런던수도경찰을 창설하였다.

  ㉡ 범죄방지와 사회혼란을 바로잡기 위해 엄격하게 선발·훈련된 사람으로 조직된 기관의 필요성을 인식하였다.

  ㉢ 교구경찰, 주야간 경비대, 수상경찰, 보우가 경찰대 등을 하나의 능률적인 유급경찰로 통합하여 경찰은 헌신적이어야 하며, 훈련되고 윤리적이며 지방정부의 봉급을 받는 요원들이어야 한다고 주장하였다.

  ㉣ 형법의 개혁안을 처음 만들고, Peeler(Peel의 사람) 또는 Bobbies(순경이라는 뜻의 구어)라고 불리는 수도경찰을 재조직하였다.

  ㉤ 로버트 필의 형법개혁안(Peelian Reform)은 현대적 경찰 조직의 시초가 되었으며, 영국과 다른 경찰부서의 모델이 되었다.

독일의 민간경비
독일은 1990년 통일 후 구동독 사회의 질서유지역할을 민간경비가 수행하여 시민의 지지를 얻게 되었다.

Ⅲ 미국 민간경비의 발달

1. 미국 민간경비의 역사적 배경

① 초기 미국의 국민들은 영국에서 이주하였기 때문에 영국 왕실의 권위주의적인 통치방식을 싫어하고 자치적인 지방분권주의적 통치방식을 선호하였다.

> **도망노예환송법**
> • 노예의 탈출과 소요사태 등을 통제하기 위해 어떤 주에서 다른 주나 연방의 준주로 도망간 노예를 체포하여 원래의 주로 돌려주도록 규정한 법률로 1793년과 1850년에 남부지역에서 제정된 법률이다.
> • 남북전쟁 시작 즈음까지는 적용되다 1864년 6월 28일 폐지되었다.

② 범죄에 대응하는 방식에 있어서도 강력한 경찰조직보다는 자치경비조직의 형태를 추구하였다.

③ 18세기 무렵 신개척지에 거주하고 있던 주민들을 보호하기 위해 밤에만 활동하는 야간경비원이 생겨났다.

④ 지방자치 경비조직인 자경단의 형태 방식으로 1845년 미국 최초의 현대적 경찰인 뉴욕시 주야간경찰조직이 생겨났다.★

> **1845년의 뉴욕시 경찰**
> • 800명 선발, 시의원의 제청에 의해 시장이 임명
> • 정복 착용 없이 비무장으로 근무★

⑤ 지방자치 경비조직은 전문적인 고도의 능력과 지식을 갖추지 못한 상태였고, 국가 경찰력이라도 현실적으로 모든 사람의 생명과 재산을 완전히 지킬 수 있는 상황이 아니었다.

⑥ 서부의 개척지에서는 상설경찰이라 해도 시가지화한 읍이나 촌의 경찰이며, 그 이외의 지역에서 실효력이 있는 경찰은 아직 존재하지 않았었다.

> **미국 민간경비의 연혁적 특징**
> • 국가 통치제도 면에서 자치제도를 추구
> • 시민 스스로가 자신을 보호하는 철저한 자경사상
> • 경찰 또는 군사력이 국가 전역에 미칠 정도로 발전하지 못함
> • 지역의 상황에 따라 각기 특색 있는 제도로 발전

2. 미국 민간경비의 발전과정

① 미국 민간경비는 신개척지에 거주하던 주민들을 보호하기 위한 야간경비원으로부터 시작된다.

② 식민지시대의 법집행과 관련된 기본적 제도로는 영국의 영향을 받은 보안관(sheriff), 치안관(constable), 경비원(watchman) 등이 있었다.

③ 남캐롤라이나의 찰스턴 시경비대(A City Guard of Armed Officers)는 1846년 시경찰국으로 발전하였다.

④ 본격적으로 민간경비가 출현한 것은 1800년대 산업혁명과 19세기 중엽 서부개척시대이다. 미국 연방정부는 서부개척시대에 철도경찰법을 제정하여 일정한 구역 내에서 경찰권한을 부여한 민간경비조직을 설치하였다. 캘리포니아에서 금광이 발견되어 골드 러시(Gold Rush)가 이루어지면서, 개척지를 왕복하는 사람이나 금을 운반하기 위한 역마차, 철도 등이 부설되었다. 철도는 사람들이 거주하지 않는 불모지를 통과하는 경우가 많았으며, 역마차회사, 철도회사는 동서 간의 철도경비를 위해 자체 경비조직을 갖게 되면서 민간경비 발달의 획기적인 계기가 되었다. 이같은 요청에 의해서 생긴 것이 유명한 '핑커톤(Pinkerton)' 경비조직이다.

핑커톤 경비조직

- 시카고 경찰국의 최초의 탐정인 핑커톤은 새로 구성된 시카고 경찰에서 물러나 1850년 탐정사무소를 설립한 후 1857년에 핑커톤 국가탐정회사(Pinkerton National Detective Agency)로 회사명을 바꾸고 철도수송 안전 확보에 일익을 담당하였다.
- 남북전쟁 당시에는 링컨 대통령의 경호업무를 담당하기도 하였고 '육군첩보부'를 설립하여 북군의 경제 교란작전으로 대량 발행된 위조화폐에 대한 적발임무를 수행하는 데 결정적 공헌을 하여 부보안관으로 임명되었다.
- 1883년에는 보석상 연합회의 위탁을 받아 도난보석이나 보석절도에 관한 정보를 집중관리하는 조사기관이 되었다.
- 경찰당국의 자료요청에 응하여 경찰과 민간경비업체의 바람직한 관계를 정립하였다.
- 범죄자를 유형별로 정리하는 방식은 오늘날 프로파일링 수사기법에 영향을 주었다.
- 20세기에 들어와 FBI 등 연방 법집행기관이 범죄자(犯罪者) 정보를 수집·관리하게 되었기 때문에 핑커톤 회사가 수집·관리할 수 있는 정보는 민간대상의 정보에 한정되었다.

---

⑤ 미국 남북전쟁은 위조화폐를 단속하기 위한 사설탐정기관의 발달을 가져오는 계기가 되었다. ★

현대적 의미의 민간경비 탄생

1850년 핑커톤(Pinkerton) 탐정사무소 설립 → 미국 남북전쟁(1861~1865) 이후 국가경찰조직이 미흡한 상태에서 위조화폐를 단속하기 위한 사설탐정기관이 발달

---

⑥ 1858년 에드윈 홈즈(Edwin Holmes)가 야간 경비회사로서 홈즈 방호회사(Holms Protection Inc.)를 설립하여 최초의 중앙감시방식의 경보서비스 사업을 시작하였다.

⑦ 1859년에는 워싱턴 페리 브링스(Washington P. Brinks)가 트럭 수송회사를 설립, 방탄 장갑차를 이용한 현금수송을 개시하였다. ★

⑧ 19세기 말에 유럽사회의 사회주의, 무정부주의 영향을 받은 노동자들의 격렬한 파업(Strike)을 맞이하여 공장파괴, 방화 등으로부터 회사재산을 지키기 위한 자본가들의 민간경비 수요가 급증했다.

⑨ 제1차 세계대전 시 민간경비업은 군수물자를 생산하는 기업체들을 파업이나 적군의 탐정으로부터 보호해야 하는 임무를 띠게 되었다.

⑩ 제2차 세계대전 시 국가 중요산업과 주요 군수장비를 생산하는 업체의 시설, 인원, 장비, 물자 등을 지키는 민간경비원들에게 예비헌병적인 지위에 상당하는 권한이 주어지기도 하였다.

양차 세계대전과 민간경비

- 제1차 세계대전 : 방위산업의 발달에 따른 대규모 공장시설 건설로 인한 산업시설 보호와 스파이 방지를 위하여 자본가들의 경비수요 증가
- 제2차 세계대전 : 군사, 산업시설의 안전보호와 군수물자, 장비 또는 기밀 등의 보호를 위한 임무가 민간경비에 부여되고 전자, 기계, 전기공업의 발달로 기계경비산업의 발전 토대 마련

---

⑪ 1940년 이후 미국의 민간경비산업은 세계 각국에서 각 기업들의 자치적인 이익과 보호를 위해서 다양하고 전문적인 수요에 충당할 수 있도록 새로운 현대적 개념의 경비산업으로 발전하게 되었다. → 비약적인 발전

⑫ 20세기 중엽 은행보호법이 제정되었고 기계경비가 발전되었다.

⑬ 1965년 미국 사법행정과 법집행의 지원단체로 설립된 LEAA(Law Enforcement Assistance Administration)는 법집행절차의 개선을 위한 주와 정부 간 기금지원 등 민간경비의 발전에 커다란 영향 및 도움을 주었다.

⑭ 2001년 9·11테러 이후 국토안보부를 설립하였으며 이는 공항경비 등 민간경비산업이 발전하는 중요한 계기가 되었다.

⑮ 러셀 콜링은 미국 경비협회의 책임자로서 경비원의 기능을 통제하고 역량을 향상시키기 위해 경비원자격증제도가 필요하다고 주장하였다. ★

3. 미국의 민간경비제도

① 미국에서는 주정부 관할하에 주정부별로 CPP(Certified Protection Professional) 제도를 시행하고 있는데, CPP는 공인경비사 자격제도로 국가적 차원이 아닌 민간경비업체가 민간경비의 질적 향상을 위해 전국적인 수준으로 발전시킨 것이다. 현재 미국산업안전협회에서 시행하고 있다.

② 미국은 경찰관 신분을 가진 민간경비원이 활동하는 경우가 있다. ★

Ⅳ 일본 민간경비의 발달

1. 일본 민간경비의 시작

① 일본의 민간경비의 연원
  ㉠ 중세기부터 지방 성주들에 의하여 사적으로 실시되었다.
  ㉡ 현대 이전의 민간경비는 헤이안 시대에 출현한 무사계급에서 그 뿌리를 찾을 수 있다.

② 도쿠가와 시대 : 장병위라는 이름으로 경비업을 전문으로 하는 직업 경비업자가 생겨나 노동자 공급이나 경비업무를 실시하였다. ★

③ 도쿠가와 시대 이후 : 경비업무의 범위를 넓혀 호상들의 저택경비나 물품 및 귀중품 운반까지 전문적인 직업 경비원들에 의하여 실시되었다.

2. 일본 민간경비의 발전과정

① 제2차 세계대전 이전 : 대부분의 일본 산업계에서는 야경, 수위, 순시 또는 보안원 등의 이름으로 각기 자체경비를 실시하여 왔다.

② 민간경비업체의 출현 : 일본에서 전업(專業) 경비업자가 출현한 것은 제2차 세계대전 후 1962년 7월에 일본경비보장주식회사(SECOM의 전신으로 스웨덴의 경비회사와 제휴)가 설립된 것에서 비롯되었다.

③ 동경 올림픽 : 1964년 동경 올림픽의 선수촌 경비를 계기로 민간경비의 활약과 역할을 널리 인식하였다. ★

④ **오사카 만국박람회(EXPO)** : 1970년의 오사카 EXPO 개최 시 대회장 내에서의 시설관리, 관람객들의 안전관리, 질서유지 등에 민간경비가 투입되어 하나의 경비산업으로 자리잡았다.★
⑤ **해외로의 진출** : 일본은 1950~1960년대 미국으로부터 민간경비제도를 도입하면서 일본 최대 성장산업으로 발전하였고, 더불어 한국(1980년대 초)과 중국(1988년)에까지 진출하게 되었다.★

Ⅴ 한국 민간경비의 발달

1. 한국 민간경비의 발전 배경

① **전통적 의미의 민간경비** : 1960년대 이전의 경비로서 경비활동을 받는 수혜자(고객)의 필요에 의하여 민간경비원으로 하여금 신변보호(身邊保護)까지 책임지게 하는 상주형태의 경비활동이다.
   ㉠ **고대** : 부족(部族)이나 촌락 또는 지역사회 전체가 공동운명체적 성격을 띠고 외부의 침략으로부터 자신들을 보호하기 위하여 서양의 감시자나 자경단원과 같은 역할을 하는 자체경비조직을 활용하였다.
   ㉡ **삼국시대** : 지방의 실력자들이 해상을 중심으로 사적 경비조직을 활용하였다.★
   ㉢ **고려시대** : 지방호족이나 중앙의 세도가들이 자신의 권력유지나 재산보호를 위하여 무사를 고용하는 등 다양한 형태의 경비조직이 출현하였다.★
   ㉣ **조선시대** : 공경비조직은 다양하게 존재하였으나 민간경비조직은 상대적으로 미약했다.★
   ㉤ **조선시대 이후** : 1960년대 이전까지는 주로 권력가나 사업가들이 힘센 장정들을 고용하여 주택이나 기타 시설물에 대한 경비나 자신들에 대한 경호임무를 시켰다.
② **현대적 의미의 민간경비**
   ㉠ 1960년대 이후 경비활동을 제공하는 공급자 측에서 경비관련 상품을 개발하여 고객의 요구에 의하여 계약(契約)하거나, 상주형태의 경비활동을 제공하는 것이다.
   ㉡ 순수한 한국의 민간경비 시설물에 대한 민간차원의 민간경비는 1962년 범아실업공사(합자)가 한국석유저장주식회사와 용역경비계약을 체결함으로써 시작되었다.★

2. 한국 민간경비의 발전과정

① 한국의 용역경비는 1950년대부터 미군 군납형태로 제한적으로 실시하게 되었으며[1953년 용진보안공사, 1958년 영화기업(주), 1959년 신원기업(주)], 1962년 화영기업과 경원기업이 미8군부대의 용역경비를 담당한 것이 현대적 의미의 민간경비의 효시라 할 수 있다.
② 1964년에는 봉신기업과 경화기업, 1965년에는 신원기경, 1966년에는 화영기업의 후신인 용진실업 그리고 1968년 초해산업 등이 설립되었다.
③ 1962년 청원경찰법 제정, 1973년 청원경찰법 전면개정, 1976년 용역경비업법이 제정되었고 1978년에는 사단법인 한국경비협회가 설립되었다.
④ 1977년 설립된 한국경비실업(韓國警備實業)은 내무부장관(현 행정안전부장관) 경비업 허가 제1호를 취득하였고, 1978년 한국경비보장(韓國警備保障)으로 회사명을 변경하였다.
⑤ 1980년 삼성그룹이 일본의 경비업체 세콤(SECOM)과의 합작을 통해 한국경비보장(韓國警備保障)을 인수하였고, 1991년 한국안전시스템(韓國安全시스템)으로, 그 후 1996년 에스원(S1)으로 회사명을 변경하였다.

⑥ 1990년대에 이르러 국내 최초로 은행자동화코너 무인경비(無人警備)를 개시하였다.

⑦ 1989년 용역경비업법은 용역경비업자가 대통령령으로 정하는 기계경비시설을 설치·폐지·변경한 경우, 허가관청에 신고하여야 한다고 규정하였다(용역경비업법 제4조 제2항 제4호).

⑧ 한국의 민간경비는 1986년 아시안게임, 1988년 서울올림픽, 1993년 대전 EXPO 행사를 통하여 안전 및 경호경비 문제를 무사히 치르고 난 이후부터 매년 성장을 거듭하여 왔다.

⑨ 1999년 「용역경비업법」의 법명을 「경비업법」으로 개정하였다.

⑩ 2001년 「경비업법」이 전면개정되면서 경비업의 종류에 명시적으로 기계경비업무가 추가되고, 특수경비업무가 신설되었다. 기계경비산업이 급속히 발전하여 기계경비업무를 신고제에서 허가제로 변경하였으며, 특수경비원제도를 도입하였다.

⑪ 우리나라는 2013년 「경비업법」상 경비지도사의 직무로서 집단민원현장에 배치된 경비원에 대한 지도·감독이 추가되었다.

⑫ 1995년 9월 22일 용역경비에 관한 연구·지도 업무를 경찰청 경비국 경비과에서 방범국 방범기획과로 이관하였다(경찰청과 그 소속기관 등 직제 제11조 제3항, 제14조 제3항 참고). 현재는 범죄예방대응국 국장이 경비업에 관한 연구 및 지도를 담당하고 있다(경찰청과 그 소속기관 등 직제 제10조의3 제3항 제3호).

⑬ 2021.1.1. 시행된 국가경찰과 자치경찰의 조직 및 운영에 관한 법률의 입법취지는, 경찰법을 개정하여 경찰사무를 국가경찰사무와 자치경찰사무로 나누고, 각 사무별 지휘·감독권자를 분산하여 시·도자치경찰위원회가 자치경찰사무를 지휘·감독하도록 하는 등, 자치경찰제 도입의 법적 근거를 마련함으로써 경찰권 비대화의 우려를 해소하는 동시에, 지방행정과 치안행정의 연계성을 확보하여 주민수요에 적합한 양질의 치안서비스를 제공하는 한편, 국가 전체의 치안역량을 효율적으로 강화할 수 있도록 하기 위함이다.

제2절   각국 민간경비산업 현황

I   한국 민간경비산업 현황

1. 민간경비산업의 발전

① 현대적 의미의 최초 민간경비는 1962년에 주한 미8군부대의 용역경비를 실시하면서부터 시행되었다.

② 1960년대부터 1970년대에는 청원경찰에 의한 국가 주요 기간산업체의 경비가 주류를 이루었다.

③ 1976년 용역경비업법이 제정되면서 법적·제도적 기틀을 마련하게 되었고, 1978년 내무부장관의 승인으로 사단법인 한국용역경비협회가 설립되었다.

④ 청원경찰법(1962년)과 용역경비업법(1976년)이 제정되어 제도적인 발전의 기틀을 마련하였다.

⑤ 1970년대 후반부터 일부 업체는 미국이나 일본 등지에서 방범기기를 구입하거나 종합적인 경비시스템 구축을 위한 노하우를 도입하였다.

⑥ 경제성장과 함께 10여 개에 불과하던 경비업체는 86 아시안 게임과 88 서울 올림픽, 2002 한일 월드컵 등 각종 국제행사를 치르면서 급성장하여 2009년에는 3,906개 업체에서 146,805명의 경비원이 종사하였다.

⑦ 질적인 면에서도 인력 위주의 단순 경비에서 첨단장비 및 기술을 활용한 복합적인 형태로 발전하였다.

⑧ 1980년대(아시안게임, 서울올림픽) 이후 외국경비회사와의 합작이나 기술제휴로 기계경비시대가 본격적으로 시작되어 일반 국민들도 기계경비의 필요성과 효율성을 인식하는 단계에 이르러 경비업무의 기계화 및 과학화가 활성화되었다.

⑨ 2001년 경비업법 개정에서 기계경비업무를 더욱 강화하고, 국가중요시설의 효율성 제고 방안으로 특수경비원제도가 도입되어, 청원경찰의 입지가 축소되었다.

⑩ 1997년부터 민간경비업의 해외시장 개방 등으로 우리나라의 민간경비업의 새로운 장이 시작되었다. 현재 미국이나 일본의 경비업체와의 활발한 교류가 이루어지고 있다.

2. 한국 민간경비산업의 특징

① 경비회사의 수나 인원 면에서 아직까지 기계경비보다는 인력경비에 대한 의존도가 높다.★

② 인력경비업체가 대부분을 차지하고 있으나 향후 인건비 절감을 위해서 인력경비보다 기계경비의 성장이 가속화될 것으로 전망된다.

③ 민간경비의 수요 및 시장규모는 전국에 걸쳐 보편화되었다기보다는 일부 지역에 편중되어 있다.

④ 한국의 청원경찰제도는 경찰과 민간경비제도를 혼용한 것으로 외국에서는 볼 수 없는 특별한 제도이다.

⑤ 비용절감 등의 효과로 인하여 자체경비보다 계약경비가 발전하고 있다.

3. 경비업의 지도 · 육성

① 경찰은 사회 전반의 범죄 대응역량을 강화하기 위해 민간경비업을 적극 지도 · 육성하고 있다.

② 민간경비 교육기관을 지정(일반경비원 신임교육기관, 특수경비원 신임교육기관, 경비지도사 기본교육기관)하여 민간경비교육을 내실화 · 활성화하고 경비지도사 및 경비원의 자질향상을 도모하고 있다.

③ 경비원이 되려는 사람은 대통령령으로 정하는 교육기관에서 미리 일반경비원 신임교육을 받을 수 있다 (경비업법 제13조 제2항) 〈신설 2016.1.26.〉.

4. 경비지도사 제도

① **경비지도사 시험 및 교육** : 1997년 2월 23일에 제1회 경비지도사 시험을 실시하였고, 제2회 시험은 1999년, 제3회 시험은 2001년 실시하였다. 2002년 11월 10일 제4회 시험부터 매년 정기적으로 실시하고 있다. 1997년 제1회, 1999년 제2회 시험은 경찰청이 직접 주관 및 시행하였는데, 선발인원에 제한을 두지 않아 제1회 2,398명, 제2회 7,875명이 배출되었다. 제3회부터는 한국산업인력공단이 시험을 주관하고 합격자 또한 600명 수준으로 제한하고 있다. 경비지도사 시험 합격자 중 경비지도사 기본교육을 받은 사람에게 경비지도사 자격증이 교부되고 있다. 경비지도사는 경비업체에 선임되어 경비원의 지도 · 감독 등 민간경비의 질적 향상에 기여하고 있다.

② **경비지도사의 직무** : 경비지도사는 경비원의 지도, 감독, 교육에 관한 계획의 수립 · 실시 및 그 기록의 유지, 경비현장에 배치된 경비원에 대한 순회점검 및 감독, 경찰기관 및 소방기관과의 연락방법에 대한 지도, 기계경비업무를 위한 기계장치의 운용 · 감독 등의 직무를 수행하고 있다(경비업법 제12조 제2항).

제1장

제2장

제3장

제4장

제5장

제6장

제7장

Ⅱ 미국 민간경비산업 현황

1. 민간경비산업의 발전

① 비약적 발전의 계기 : 미국의 민간경비산업은 제1·2차 세계대전 이후 급속히 발전하였고, 특히 제2차 세계대전을 계기로 산업경비의 필요성에 대한 인식 증대로 민간경비가 비약적으로 발전하였다. ★

② 미국 민간경비산업의 발전요인 : 양대 세계대전으로 인한 전자공학과 기술의 혁신, 금광의 발견에 따른 역마차 및 철도운송경비 수요의 증가, 대규모의 산업 스트라이크, 국민들의 경비 개념에 대한 새로운 인식 변화, 사경비 조직의 효율성 그리고 모든 직종에 대한 기술혁신과 전문화 추세 등을 들 수 있다. ★

2. 민간경비산업 현황

① 미국은 1972년에 민간경비가 사회안전 및 보호에 중요한 역할로 인식되게 되어 연방정부법집행원조국(LEAA ; Law Enforcement Assistance Administration)에 민간경비자문위원회(PSAC ; Private Security Advisory Council)를 설치하였다. ★

② 홀크레스트 보고서에 의하면 2000년 당시 약 75만 명의 일반경비원과 약 41만여 명의 자체경비원이 경비를 수행하였다. ★

> **홀크레스트 보고서(Hall-crest report)**
> 홀크레스트 보고서에 의하면 경비인력 면에서 민간경비인력 및 예산은 경찰인력의 2배 이상에 달하고 있다. 1990년 경호 서비스를 제공하는 기업의 수는 107,000개에 달했고 보초, 범죄수사, 경비, 무장수송 서비스를 통해 51억달러의 수입을 벌어들였다. 또한, 1990년 한 해 동안 미국 사회에서 범죄로 인한 경제적 손실은 1,140억달러(93조원)에 달하며, 이 금액은 1990년 미국의 공공사업인 다리, 고속도로, 터미널 등의 보수 및 건설에 투자되는 예산과 맞먹는 액수이다. 이들 범죄에 대응하기 위해 기업과 시민이 경비산업의 제품과 서비스에 투자한 비용이 520억달러(42조원)나 되며, 2000년대에는 범죄로 인한 경제적 손실이 2000억달러(163조원), 그리고 민간경비산업에 투자하는 비용은 1,030억달러(84조원)로 추산하고 있다.

③ 경비업체는 크게 계약경비업체와 자체경비업체로 나눌 수 있는데 계약경비업체가 자체경비업체보다 비약적으로 발전하고 있다.

3. 민간경비의 기능과 역할

① 일반시민의 경우 일상생활의 상당 부분을 민간경비와 밀접한 관계 속에서 생활하고 있다.

② 2001년 9·11 테러사건 이후 공항, 항만, 은행 등 금융기관, 백화점, 호텔, 운동경기장 등 주요시설과 건물들이 테러의 주요 대상으로 되면서 민간경비는 사회안전망의 중요한 축을 담당하고 있다. ★

③ 미국에서 항공교통량의 급증에 따른 항공기 납치는 민간경비산업의 성장에 영향을 끼쳤다. ★

④ 민간경비의 부재는 곧 사회안전망의 붕괴까지 초래할 수 있다고 인식하면서 민간경비는 주요한 사회기능을 담당하고 있다.

4. 경찰과 민간경비의 관계

현재 미국에서 경찰과 민간경비회사는 범죄예방활동을 위해 긴밀한 상호협조체계를 유지하고 있고, 각 주마다 약간의 차이는 있지만 경찰노조가 직업소개소 역할을 하면서 경찰의 50% 정도가 민간경비회사에서 부업(Moonlighting)을 실시할 만큼 상호 간의 직위나 보수 그리고 신분상의 커다란 차이를 느끼지 않으면서 범죄예방활동을 함께 수행해 오고 있다.

미국 민간경비의 중요 업무[홀크레스트 보고서(Hall-crest report)]
- 자체 경비업
- 경호 및 순찰 서비스
- 경보 서비스
- 민간탐정업
- 무장차량 서비스업
- 경비장비 제조 및 판매업
- 경비 자문업
- 자물쇠 제조업
- 기타(경비견, 마약검사, 법의학적 분석, 거짓말탐지기 등)

Ⅲ 일본 민간경비산업 현황

1. 민간경비산업의 발전

① 일본의 민간경비산업은 1964년 동경올림픽과 1970년 오사카 만국박람회를 계기로 급성장하였다.

② 1950년대 말부터 1960년대 초에 미국으로부터 민간경비 제도를 도입한 일본의 민간경비산업은 급속한 경제성장과 최첨단 전자기술을 경비업에 응용하여 40년 만에 일본 최대 성장산업으로 성장하였다.

③ 1972년도에 경비업법이 제정된 이래 일본 민간경비원의 수는 약 10배 증가하여 1998년도에 이미 40만 명을 넘어섰다. ★

④ 경비업법 제정 당시에는 신고제로 운영되었다가 1982년 허가제로 바뀌었다.

⑤ 1999년 일본 민간경비업체의 총매출은 동년도 일본경찰 총예산의 65%에 달한다. ★

⑥ 일본에서 전업(專業) 경비업자가 출현한 것은 제2차 세계대전 후 1962년 7월에 일본경비보장주식회사(SECOM의 전신으로 스웨덴의 경비회사와 제휴)가 설립된 것에서 비롯되었다. ★

⑦ 일본 민간경비는 기계경비를 중심으로 하여 새로운 시장을 개척하고 있으며, 1980년대 초에 한국에 진출하고(SECOM사 설립), 1980년대 후반에는 중국에까지 진출하는 등 성장을 계속하고 있다.

⑧ 기본적인 시설경비와 인력경비를 지원하는 방식에서 출발하였지만 현재는 대형물류 운송 및 일본대사관 등의 국가중요시설 경비지원과 같은 특수업무 분담으로까지 발전하고 있다.

제1장
제2장
제3장
제4장
제5장
제6장
제7장

2. 민간경비산업 현황

① **경비업체 수 및 민간경비원의 현황**

　㉠ 경비업법이 제정된 1972년에 775개 경비업체와 41,146명의 경비원이었던 것이 현재 경비원 증가로 비약적으로 발전하고 있다.

　㉡ 현재 일본의 민간경비원은 매년 증가세를 보이며 1972년과 비교할 때 10배 이상 증가하였다.★

② **일본 경비업종별 현황** : 원자력발전소로부터 일반가정에 이르기까지 다양한 경비를 실시하고 교통유도경비, 의전경비 및 각종 이벤트 등의 혼잡경비, 현금 및 연료 등의 운송경비, 보디가드와 같은 경호업무도 대폭적으로 늘어나고 있으며, 이제는 경비업이 국민들의 자주방범활동에 힘입어 '안전산업'으로서 국민들의 생활 속에 정착되어 있음을 알 수 있다.

③ **기계경비 현황** : 정보통신기술과 방범기술의 발달에 의해 고도의 기계경비장치가 출현함과 동시에 무인건물 증가, 고령화 사회에 의한 노령인구의 증가에 따른 수요 확대 요인 등이 상호작용하여 기계경비업이 급속하게 발전하였다.

④ **경비원 검정** : 경비원의 검정취득 현황은 공항보안, 교통유도, 귀중품 운반, 핵연료물질 등 운반, 상주 등으로 분류되어 있다.

3. 민간경비산업의 특징

① 국가공안위원회에서 관리하는 경비원지도교육책임자 제도가 있다.

② 기계경비업무관리자 제도가 있다.

③ 교통유도경비에 관한 검정제도가 있다.

교통유도경비

- 교통유도경비업무란 도로에 접속한 공사현장 및 사람과 차량을 통행에 위험이 있는 장소 또는 도로를 점유하는 행사장에서 부상 등 사고 발생을 방지하는 업무이다.★
- 일본 경비업법에서는 '사람 혹은 차량의 혼잡한 장소와 통행에 위험이 있는 장소에서의 부상 등의 사고 발생을 경계하여 방지하는 업무'로 정의한다. 경찰관이나 교통순경이 실시하는 교통정리와 달리 **법적 강제력은 없다.★★**
- 미국의 교통유도원(flagger) 제도는 각 주에서 다양한 방법 및 기관을 통해 교육과정을 개설하고 있으며, 일부 주에서는 필기 및 실기시험을 통과한 후 인증서를 발급하여 유도원 채용 시 반드시 인증서를 제출하도록 하는 등 체계적으로 관리하고 있다.★

---

④ 경비택시제도가 있는데, 이는 긴급사태가 발생하였을 때 택시가 출동하여 관계기관에 연락하거나 가까운 의료기관에 통보하는 제도이다.

4. 경찰과 민간경비의 관계

일본 경비산업은 경찰과 밀접한 상호협력관계를 유지함으로써 지역단위 및 직장단위의 안전확보에 큰 역할을 수행하여 왔다.

Ⅰ 미국 민간경비의 법적 지위

1. 헌법상의 권리

① 사적 권한 : 연방 헌법에서는 시민의 사적인 권한에 관한 문제에 대해서는 언급한 조항이 없고 정부나 국가의 활동에 연관되는 사항을 주로 언급하고 있다.

② 공적 권한 : 형사적 제도에서 법을 집행하는 경찰과, 경찰과 같은 성격의 업무를 수행하는 준경찰조직에 대해서 권한을 규정하고 있다.

③ 민간경비원 : 경찰과의 협력 또는 기소를 목적으로 증거를 수집하여 경찰에게 제공하는 대리인으로 활동할 경우 헌법적 제한이 따른다.

2. 형사법상의 권리(민간경비원의 행위에 대하여)

① 심문과 질문
    ㉠ 일반시민이 법적으로 억류되어 있는 경우 단순한 질문에 대하여 반드시 대답하여야 할 절대적 규정은 없고 묵비권을 행사할 권리를 가진다.
    ㉡ 특별한 제재나 위임하에 활동하지 않는 민간경비원은 용의자에게 대답을 강요하기 위한 물리적 폭력이나 그 사용의 위협도 금지되어 있으며, 직접적인 폭력이나 폭행 혹은 간접적으로 인권이 침해되는 비합리적인 구금·체포 또는 불법적인 행위는 형사·사법상 금지되고 있다.

② 실력행사
    ㉠ 민간경비원의 실력행사 : 특권이나 동의 없이 타인의 권리에 대한 침해가 민간경비원에 의해 발생할 경우 그에게 책임이 발생된다.
    ㉡ 동의 없는 경찰활동의 정당성을 부여하는 법적 근거
      • 재산소유자가 자신의 재산에 대한 침해를 막을 수 있는 재산보호라는 자기방어의 경우
      • 신체적 해악을 가하려는 의도가 명백한 타인에 대하여 정당한 실력행사를 할 경우
    ㉢ 이 경우 정당한 목적을 실현하는 데 필요한 실력행사(정당방위)만이 허용되고 과도하거나 비합리적인 폭력행위에 대하여는 손해배상의 책임을 지며, 본래의 특권도 상실된다.

③ 수 색
    ㉠ 경찰관이 행하는 수색과 민간경비원이 행하는 수색에는 상당한 차이가 있다.
    ㉡ 민간경비원이 경찰과의 협조하에 활동하거나 또는 준경찰로 활동하는 경우를 제외하고는 어떠한 행위도 일반사인과 동일하다. ★
    ㉢ 정부의 수색활동은 일정한 법적 근거 또는 권한이 필요하지만 민간경비원에 의해 실시되는 수색의 허용범위는 명백하게 규정되어 있지 않다.
    ㉣ 미국은 국가권력에 의한 사생활 침해에 대한 규제는 잘 발달되어 있으나 사인 간의 법률관계는 사적 자치를 원칙으로 하고 있기 때문에 잘 발달되어 있지 않다.

제1장
제2장
제3장
제4장
제5장
제6장
제7장

3. 민법상의 권리

① 불법행위에 따른 손해배상

     ㉠ 불법행위법은 민간경비원에게 특별한 권한을 부여하고 있지 않으며, 민간경비원의 행위에 대하여 어느 정도 제한을 규정하고 있다.

     ㉡ 민간경비원의 불법행위도 일반인의 불법행위와 동일한 민사책임을 부담하도록 하고 있다.

② 민간경비업자와 민간경비원과의 계약관계 : 계약법상 민간경비원의 권한범위와 전문적인 민간경비업체에 의해서 제공되는 경비서비스의 활동영역에 대해서는 엄격하게 규제하고 있다. ★

4. 민간경비원의 법적 지위 유형(A. J. Bilek의 분류)

경찰관 신분을 가진 민간경비원	• 경찰관 신분으로서 민간경비 분야에서 부업을 하고 있는 자 • 1980년대 중반부터 미국사회에서 문제시 됨
특별한 권한이 있는 민간경비원	• 제한된 근무지역인 학교, 공원지역이나, 주지사, 보안관 시당국, 정부기관에 의해 특별한 경찰업무를 위임받은 민간경비원 • 우리나라의 청원경찰과 같은 개념
일반시민과 같은 민간경비원	• 공공기관으로부터 임명이나 위임, 자격을 받지 못한 상태에서 경비업무를 수행하는 경비원 • 우리나라 대부분의 민간기업체의 경비원이 이에 해당

> **미국 민간경비원의 법적 지위**
> 미국의 모든 시민은 보통법과 성문법에 의해 체포, 조사, 또는 수사, 무기의 사용 등의 권한 및 권리를 가지고 있으며, 이러한 자경주의를 근거로 권리의 침해를 당했을 경우 구제하는 것과 관련된 불법행위법과 형법 등에 의해 민간경비의 권한이 형성된다.

Ⅱ 일본 민간경비의 법적 지위

1. 일본의 경찰과 민간경비의 법적 지위 비교

구 분	경 찰	민간경비
이 념	공공적 이익	개인적 이익, 사인으로서 할 수 있는 범위 내에서(위임받은 것)
권한(집행)	심문, 보호, 피난조치, 수색, 무기의 사용, 범죄의 예방 및 제지	특별한 권한이 주어져 있지 않고, 일반 시민이 활동할 수 있는 범위와 동일
장 비	특별한 Style, Design 무기 소지	경찰과 유사한 복장을 하지 않고 무기를 갖지 않으며 호신용구의 소지에 관하여 금지 · 제한 사항이 있다.
체 제	부대에 의해 행동이 가능	1대 1의 대응범위로 한정된다.
능력(처리)	엄격한 선발기준과 훈련(1년 또는 2년)	부적격자 배제, 단기간의 교육훈련
활동수준	사법적 처리	정당방위, 긴급피난, 자구행위, 현행범 체포, 고객의 관리권의 합법적인 행사라고 인정되는 범위
활동영역	광역, 공공영역, 중요지점을 포함 (은행, 중요인물, 테러, 데모, 교통규제, 지진재해 등)	일정한 사적 영역 (가옥, 빌딩, 공장시설, 행사장, 공사현장, 현금수송, 석유콤비나트, 원자력 관련 시설 등)
기계경비(System)	행정구 단위	기지국(임의적, 세분화 가능) 단위

2. 기타 법상의 지위

① 헌법상 규정

㉠ 민간경비원은 업무의 특수성으로 헌법에 규정된 국민의 권리를 침해할 우려가 있으므로 주의가 필요하다.

㉡ 민간경비원의 업무수행에 있어서 민간경비 업무실시의 기본원칙과 국민의 권리를 대비시켜 민간경비원 스스로 법집행을 규율한다.

② 형사법상 경비업법

㉠ 형사법상 경비업법은 민간경비경영자와 민간경비원 등에게 경비업무를 수행함에 있어서 특별한 권한을 부여하고 있지 않으며 타인의 권리와 자유를 침해하지 못하도록 규정하고 있다.

㉡ 형사법상의 문제발생 시에는 일반 사인과 동일하게 취급되어 "현재 범행을 행한 범인이나, 범행 직후의 범인은 누구라도 현행범을 체포할 수 있다(일본형사소송법 제213조)." ★

㉢ 형사법상 정당방위(일본형사소송법 제36조), 긴급피난(일본형사소송법 제37조) 등에 의하여 이루어진 민간경비원의 행위는 현행범 체포 시와 같이 위법성이 조각된다.

③ 민간경비원의 법집행 권한

㉠ 일본의 민간경비원에 대한 법적 지위는 미국과는 달리 사인(私人)으로서의 지위 이상의 특권이나 권한을 부여하고 있지 않다.

㉡ 민간경비원의 법집행 권한은 사인의 재산관리권 범위 내에서만 정당화 될 수 있고, 민·형사상 책임에 있어서도 사인과 동일한 지위에서 취급된다.

Ⅲ 한국 민간경비의 법적 지위

1. 민간경비원의 법적 지위

① 민간경비원의 법적 지위는 일반시민과 동일하다.

② 민간경비원은 분사기를 휴대할 수 있다.

③ 민간경비원은 현행범을 체포할 수 있다.

④ 국가중요시설에 근무하는 특수경비원은 필요한 경우 무기(권총 및 소총) 휴대가 가능하지만 수사권이 인정되지는 않는다.

⑤ 특수경비원은 인질·간첩 또는 테러사건에 있어서 은밀히 작전을 수행하는 부득이한 경우에는 경고 없이 소총을 발사할 수 있다. ★

⑥ 직무범위는 일정한 사적 영역이고 운송 및 혼잡경비가 가능하며, 시설주의 관리권 행사 범위 안에서 경비업무를 수행한다.

⑦ 특수경비원은 국가중요시설 경비업무 수행 중 국가중요시설의 정상적인 운영을 해치는 행동을 해서는 안 된다.

⑧ 민간경비의 활동영역은 경비업법 외에도 청원경찰법, 재난 및 안전관리 기본법 등과도 관련 있다. ★

2. 경비원의 형사법상 지위

① **범인체포 등의 행위** : 민간경비원은 사인(일반인)에 불과하므로 범인체포 등의 행위는 형법상 체포·감금죄(형법 제276조)에 해당한다. 그러나 정당방위(형법 제21조), 긴급피난(형법 제22조), 자구행위(형법 제23조)와 정당행위(형법 제20조)로서 소송법상의 현행범 체포(형소법 제212조)는 위법성이 조각된다.

② **증거수집 활동** : 민간경비원의 활동에 의한 증거는 소송법상 직접적인 규정이 없고, 다만 법정에서 증거로서 원용될 경우 이에 대한 증거능력은 인정된다. ★

3. 경비원의 민사법상 지위

① **민간경비업** : 법인이 아니면 경비업을 영위할 수 없으며, 이에 대한 규율은 민법상 사단법인의 규정을 준용한다.

② **법인설립** : 주무관청(시·도 경찰청장)의 허가를 받아야 하며(경비업법 제4조 제1항 전문), 법인사무에 관한 검사·감독 등도 주무관청이 실시한다.

③ **벌칙규정** : 민법상 사단법인과는 달리 벌칙, 과태료, 양벌규정 등 엄격한 규제를 받고 있다.

④ **불법행위로 인한 손해배상** : 민간경비원이 업무수행 중에 고의 또는 과실로 경비대상에 발생하는 손해를 방지하지 못한 때에는 민간경비업자가 배상하도록 규정하고 있다(사용자 책임)(경비업법 제26조). 또 이를 더욱 강화하기 위하여 이행보증보험계약을 보험회사와 체결하도록 강제하고 있다.

> **사고책임자**
> 경비원이 경비업무를 수행하는 중 불가항력적인 경우가 아닌 사고가 발생하였을 때의 1차적인 책임자는 경비회사이다.

4. 경비업법의 행정적 통제

① **경비업의 허가**(경비업법 제4조) : 경비업을 영위하고자 하는 법인은 도급받아 행하고자 하는 경비업무를 특정하여 그 법인의 주사무소의 소재지를 관할하는 시·도 경찰청장의 허가를 받아야 한다. 도급받아 행하고자 하는 경비업무를 변경하는 경우에도 또한 같다.

② **결격사유 확인을 위한 범죄경력조회 등**(경비업법 제17조)

 ㉠ 경찰청장, 시·도 경찰청장 또는 관할 경찰관서장은 직권으로 또는 범죄경력조회 요청이 있는 경우에는 경비업자의 임원, 경비지도사 또는 경비원이 결격사유에 해당하는지를 확인하기 위하여 「형의 실효 등에 관한 법률」에 따른 범죄경력조회를 할 수 있다.

 ㉡ 경비업자는 선출·선임·채용 또는 배치하려는 임원, 경비지도사 또는 경비원이 결격사유에 해당하는지를 확인하기 위하여 주된 사무소, 출장소 또는 배치장소를 관할하는 시·도 경찰청장 또는 경찰관서장에게 「형의 실효 등에 관한 법률」에 따른 범죄경력조회를 요청할 수 있다.

 ㉢ 범죄경력조회 요청을 받은 시·도 경찰청장 또는 관할 경찰관서장은 경비업자에게 그 결과를 통보할 때에는 경비업자의 임원, 경비지도사 또는 경비원이 결격사유에 해당하는지 여부만을 통보하여야 한다.

 ㉣ 시·도 경찰청장 또는 관할 경찰관서장은 경비업자의 임원, 경비지도사 또는 경비원이 결격사유에 해당하는 사실을 알게 되거나 이 법 또는 이 법에 따른 명령을 위반한 때에는 경비업자에게 그 사실을 통보하여야 한다.

③ **경비원의 명부와 배치허가 등**(경비업법 제18조)

ㄱ 경비업자는 행정안전부령이 정하는 바에 따라 경비원의 명부를 작성·비치하여야 한다. 다만, 집단민원현장에 배치되는 일반경비원의 명부는 그 경비원이 배치되는 장소에도 작성·비치하여야 한다.

ㄴ 경비업자가 경비원을 배치하거나 배치를 폐지한 경우에는 행정안전부령이 정하는 바에 따라 관할 경찰관서장에게 신고하여야 한다. 다만, 다음 ⓐ의 경우에는 경비원을 배치하기 48시간 전까지 행정안전부령으로 정하는 바에 따라 배치허가를 신청하고, 관할 경찰관서장의 배치허가를 받은 후에 경비원을 배치하여야 하며(ⓑ 및 ⓒ의 경우에는 경비원을 배치하기 전까지 신고하여야 한다), 이 경우 관할 경찰관서장은 배치허가를 함에 있어 필요한 조건을 붙일 수 있다.

ⓐ 시설경비업무 또는 신변보호업무 중 집단민원현장에 배치된 일반경비원

ⓑ 집단민원현장이 아닌 곳에서 신변보호업무를 수행하는 일반경비원

ⓒ 특수경비원

④ **경비업 허가의 취소 등**(경비업법 제19조) : 허가관청은 경비업자의 위반행위에 대하여 허가를 취소하여야 하거나(필요적 취소), 그 허가를 취소(상대적 취소)하거나 6개월 이내의 기간을 정하여 영업의 전부 또는 일부에 대하여 영업정지를 명할 수 있다.

⑤ **무기관리수칙**(경비업법 시행규칙 제18조) : 무기를 대여받은 국가중요시설의 시설주 또는 관리책임자는 다음의 관리수칙에 따라 무기(탄약을 포함)를 관리해야 한다(제1항).

ㄱ 무기의 관리를 위한 책임자를 지정하고 관할 경찰관서장에게 이를 통보하여야 한다.

ㄴ 무기고 및 탄약고는 단층에 설치하고 환기·방습·방화 및 총받침대 등의 시설을 하여야 한다.

ㄷ 탄약고는 무기고와 사무실 등 많은 사람을 수용하거나 많은 사람이 오고 가는 시설과 떨어진 곳에 설치하여야 한다.

ㄹ 무기고 및 탄약고에는 이중 잠금장치를 하여야 하며, 열쇠는 관리책임자가 보관하되, 근무시간 이후에는 열쇠를 당직책임자에게 인계하여 보관시켜야 한다.

ㅁ 관할 경찰관서장이 정하는 바에 의하여 무기의 관리실태를 매월 파악하여 다음 달 3일까지 관할 경찰관서장에게 통보하여야 한다.

ㅂ 대여받은 무기를 빼앗기거나 대여받은 무기가 분실·도난 또는 훼손되는 등의 사고가 발생한 때에는 관할 경찰관서장에게 그 사유를 지체없이 통보하여야 한다.

ㅅ 대여받은 무기를 빼앗기거나 대여받은 무기가 분실·도난 또는 훼손된 때에는 경찰청장이 정하는 바에 의하여 그 전액을 배상할 것. 다만, 전시·사변, 천재·지변 그 밖의 불가항력의 사유가 있다고 시·도 경찰청장이 인정한 때에는 그러하지 아니하다.

ㅇ 시설주는 자체계획을 수립하여 보관하고 있는 무기를 매주 1회 이상 손질할 수 있게 하여야 한다.

⑥ **감독**(경비업법 제24조)

ㄱ 경찰청장 또는 시·도 경찰청장은 경비업무의 적정한 수행을 위하여 경비업자 및 경비지도사를 지도·감독하며 필요한 명령을 할 수 있다.

ㄴ 시·도 경찰청장 또는 관할 경찰관서장은 소속 경찰공무원으로 하여금 관할구역 안에 있는 경비업자의 주사무소 및 출장소와 경비원 배치장소에 출입하여 근무상황 및 교육훈련상황 등을 감독하며 필요한 명령을 하게 할 수 있다. 이 경우 출입하는 경찰공무원은 그 권한을 표시하는 증표를 관계인에게 내보여야 한다.

ⓒ 시·도 경찰청장 또는 관할 경찰관서장은 경비업자 또는 배치된 경비원이 이 법이나 이 법에 따른 명령, 폭력행위 등 처벌에 관한 법률을 위반하는 행위를 하는 경우 그 위반행위의 중지를 명할 수 있다.

　　　ⓓ 시·도 경찰청장 또는 관할 경찰관서장은 경비업무 장소가 집단민원현장으로 판단되는 경우에는 그 때부터 48시간 이내에 경비업자에게 경비원 배치허가를 받을 것을 고지하여야 한다.

　⑦ **벌칙 등** : 경비업법 제28조에서 벌칙을, 동법 제29조에서 가중처벌을, 동법 제30조에서 양벌규정을, 그리고 동법 제31조에서 과태료를 규정하고 있다.

5. 청원경찰법

　① **청원경찰의 개념**(청원경찰법 제2조) : 청원경찰이란 다음의 어느 하나에 해당하는 기관의 장 또는 시설·사업장 등의 경영자가 경비(청원경찰경비)를 부담할 것을 조건으로 경찰의 배치를 신청하는 경우 그 기관·시설 또는 사업장 등의 경비를 담당하게 하기 위하여 배치하는 경찰을 말한다.

　　　㉠ 국가기관 또는 공공단체와 그 관리하에 있는 중요 시설 또는 사업장

　　　㉡ 국내 주재 외국기관

　　　㉢ 그 밖에 행정안전부령으로 정하는 중요 시설, 사업장 또는 장소

　　　　· 선박, 항공기 등 수송시설

　　　　· 금융 또는 보험을 업으로 하는 시설 또는 사업장

　　　　· 언론, 통신, 방송 또는 인쇄를 업으로 하는 시설 또는 사업장

　　　　· 학교 등 육영시설

　　　　· 「의료법」에 따른 의료기관

　　　　· 그 밖에 공공의 안녕질서 유지와 국민경제를 위하여 고도의 경비가 필요한 중요 시설, 사업체 또는 장소

　② **청원경찰의 직무**(청원경찰법 제3조) : 청원경찰은 청원경찰의 배치결정을 받은 자(청원주)와 배치된 기관·시설 또는 사업장 등의 구역을 관할하는 경찰서장의 감독을 받아 그 경비구역만의 경비를 목적으로 필요한 범위에서 경찰관직무집행법에 따른 경찰관의 직무를 수행한다.

　　　㉠ 불심검문(경찰관직무집행법 제3조)

　　　㉡ 보호조치(경찰관직무집행법 제4조)

　　　㉢ 위험발생의 방지(경찰관직무집행법 제5조)

　　　㉣ 범죄의 예방과 제지(경찰관직무집행법 제6조)

　③ **청원경찰의 배치**(청원경찰법 제4조)

　　　㉠ 청원경찰을 배치받으려는 자는 관할 시·도 경찰청장에게 청원경찰배치를 신청하여야 하며, 시·도 경찰청장은 청원경찰 배치신청을 받으면 지체 없이 그 배치 여부를 결정하여 신청인에게 알려야 한다.

　　　㉡ 시·도 경찰청장은 청원경찰 배치가 필요하다고 인정하는 기관의 장 또는 시설·사업장의 경영자에게 청원경찰을 배치할 것을 요청할 수 있다.

④ **청원경찰의 임용**(청원경찰법 제5조)

  ⊙ 청원경찰은 청원주가 임용하되, 임용을 할 때에는 미리 시·도 경찰청장의 승인을 받아야 한다.

  ⓒ 국가공무원법 제33조 각호의 어느 하나의 결격사유에 해당하는 사람은 청원경찰로 임용될 수 없다.

  ⓒ 청원경찰의 임용자격·임용방법·교육 및 보수에 관하여는 대통령령으로 정한다.

⑤ **청원경찰경비**(청원경찰법 제6조) : 청원주는 청원경찰에게 지급할 봉급과 각종 수당, 청원경찰의 피복비, 청원경찰의 교육비, 보상금 및 퇴직금 등의 청원경찰경비를 부담하여야 한다(제6조 제1항).★

⑥ **청원경찰의 신분**(청원경찰법 시행령 제18조) : 청원경찰은「형법」이나 그 밖의 법령에 따른 벌칙을 적용하는 경우(청원경찰법 제10조 제2항)와 청원경찰법 및 청원경찰법 시행령에서 특별히 규정한 경우를 제외하고는 공무원으로 보지 아니한다.★

⑦ **직무상 주의사항**

  ⊙ **장소적 한계** : 청원경찰이 직무를 수행할 때에는 그 경비구역만의 경비목적을 위하여 필요한 최소한의 범위에서 하여야 한다(청원경찰법 시행규칙 제21조 제1항).★

  ⓒ **활동적 한계** : 청원경찰은 경찰관직무집행법에 따른 직무 외의 수사활동 등 사법경찰관리의 직무를 수행해서는 아니 된다(청원경찰법 시행규칙 제21조 제2항).★

  ⓒ **보고** : 청원경찰이 직무를 수행할 때에 경찰관직무집행법 및 동법 시행령에 따라 하여야 할 모든 보고는 관할 경찰서장에게 서면으로 보고하기 전에 지체 없이 구두로 보고하고 그 지시에 따라야 한다(청원경찰법 시행규칙 제22조).★

⑧ **청원경찰의 근무요령**(청원경찰법 시행규칙 제14조)

  ⊙ 자체경비를 하는 입초근무자는 경비구역의 정문이나 그 밖의 지정된 장소에서 경비구역의 내부, 외부 및 출입자의 움직임을 감시한다.★

  ⓒ 업무처리 및 자체경비를 하는 소내근무자는 근무 중 특이한 사항이 발생하였을 때에는 지체 없이 청원주 또는 관할 경찰서장에게 보고하고 그 지시에 따라야 한다.★

  ⓒ 순찰근무자는 청원주가 지정한 일정한 구역을 순회하면서 경비 임무를 수행한다. 이 경우 순찰은 단독 또는 복수로 정선순찰을 하되, 청원주가 필요하다고 인정할 때에는 요점순찰 또는 난선순찰을 할 수 있다.

  ⓔ 대기근무자는 소내근무에 협조하거나 휴식하면서 불의의 사고에 대비한다.★

⑨ **감독**(청원경찰법 제9조의3)

  ⊙ 청원주는 항상 소속 청원경찰의 근무 상황을 감독하고, 근무 수행에 필요한 교육을 하여야 한다.

  ⓒ 시·도 경찰청장은 청원경찰의 효율적인 운영을 위하여 청원주를 지도하며 감독상 필요한 명령을 할 수 있다.★

⑩ **벌칙 등**

  ⊙ **직권남용금지** : 청원경찰이 직무를 수행할 때 직권을 남용하여 국민에게 해를 끼친 경우에는 6개월 이하의 징역이나 금고에 처한다(청원경찰법 제10조 제1항).

  ⓒ **청원경찰의 불법행위에 대한 배상책임** : 청원경찰(국가기관이나 지방자치단체에 근무하는 청원경찰은 제외한다)의 직무상 불법행위에 대한 배상책임에 관하여는 민법의 규정을 따른다(청원경찰법 제10조의2).

국가배상법이 적용되는 경우
국가기관이나 지방자치단체에 근무하는 청원경찰의 직무상 불법행위에 대한 배상책임은 국가배상법이 적용된다.

ⓒ **벌칙** : 청원경찰로서 파업, 태업 또는 그 밖에 업무의 정상적인 운영을 방해하는 쟁의행위를 한 사람은 1년 이하의 징역 또는 1천만원 이하의 벌금에 처한다(청원경찰법 제11조).

ⓓ **과태료** : 다음에 해당하는 자에게는 500만원 이하의 과태료를 부과하고, 시·도 경찰청장이 부과·징수한다(청원경찰법 제12조).

- 시·도 경찰청장의 배치결정을 받지 아니하고 청원경찰을 배치하거나 시·도 경찰청장의 승인을 받지 아니하고 청원경찰을 임용한 자
- 정당한 사유 없이 경찰청장이 고시한 최저부담기준액 이상의 보수를 지급하지 아니한 자
- 감독상 필요한 명령을 정당한 사유 없이 이행하지 아니한 자

03 민간경비의 환경

제1절 국내 치안여건의 변화

Ⅰ 한반도를 둘러싼 국제정세

국제정세의 변화(서진석, 민간경비론)
- 이념적 대결의 양극체제가 붕괴 → 다극화, 미국 독주, 경제실리주의
- 지역별 또는 권역별 경제적 공동체의 활성화 → EU권, 북미권, 아태권
- 인접국가 간의 오랜 종교적·문화적·민족적 갈등과 대립 → 국제 테러리즘의 위협
- 마약 및 소형 총기거래, 해적행위, 컴퓨터 범죄, 불법이민, 불법자금세탁 등 초국가적 범죄가 중요 문제로 부각되면서 국제적 연대가 활성화

한반도의 정세변화
2000년대 이후 국제화·개방화에 따른 내국인의 해외범죄, 외국인의 국내범죄, 내·외국인 범죄자 도피, 국제적 밀수, 하이재킹, 국제적 테러행위 등과 같은 국제범죄의 급증이 예상되며, 한국의 노동력 부족으로 유입되는 북방제국의 동포 및 개발도상국가 인력의 불법취업과 체류의 증가가 예상됨

Ⅱ 국제적 치안수요의 증가

1. 정보통신의 발달과 세계화에 따른 국가 간 인적·물적 교류의 확대

정보통신의 발달과 세계화에 따른 국가 간 인적·물적 교류의 확대는 세계 경제성장에 기여하는 긍정적인 효과를 창출해 낸 반면에 외국인 범죄, 산업정보의 유출, 밀수사범 등 외사 치안수요를 증가시키는 결과를 낳았다.

2. 범죄의 탈국경화 현상

최근 재외국민 및 해외 여행자가 증가하면서 해외에서의 테러·재해 발생 등으로 인한 우리나라 국민의 피해가 급증하고 있고, 범죄의 물리적·공간적 제약의 붕괴, 범죄수법 공유 등으로 범죄의 탈국경화 현상이 두드러지면서 예전과는 달리 그 피해규모와 파급효과가 커지고 있어 이에 대해 국제사회가 공동으로 협력하고 대응해야 할 것이다.

Ⅲ 국내 범죄의 특징

1. 범죄 주체의 변화

화이트칼라 범죄의 증가, 범죄 방법의 조직화·지능화 경향, 민원성 시위와 집단행동 증가, 청소년범죄와 마약범죄가 증가하고 있다.

2. 국내 치안환경의 변화

① 고령화로 인해 소외된 노인들의 범죄는 계속 증가하여 심각한 사회문제로 대두되고 있다.
② 인구증가로 인해 치안수요는 점점 늘어날 것이다.
③ 인구의 도시집중에 따른 개인주의적 경향으로 인간소외현상, 범죄발생 등 심각한 사회문제가 예상된다.
④ 집단이기주의로 인한 불법적 집단행동은 증가될 것이다.
⑤ 국제화·개방화로 인해 내국인의 해외범죄, 외국인의 국내범죄, 밀수, 테러 등의 국제범죄가 증가하고 있다.
⑥ 치안환경이 악화되면서 보이스피싱 등 신종범죄가 대두되고 있다.
⑦ 범죄연령이 저연령화(연소화)되는 추세이다.
⑧ 과학기술의 발달로 사이버범죄가 날로 지능화, 전문화되어 더욱 증가하고 있다.
⑨ 경제적 양극화의 심화로 다양한 유형의 범죄가 발생하고 있다.

3. 현대산업사회의 범죄현상 및 문제점

교통, 통신시설의 급격한 발달로 범죄가 광역화·기동화·조직화·대형화·흉포화되고 있다.

4. 경찰의 역할

① 범죄의 양적·질적 심화로 인해 경찰은 역할한계에 직면하고 있다.
② 경찰 1인당 담당하는 시민의 비율이 선진국에 비해 높은 편이다.
③ 경찰은 민간경비와 마찬가지로 1차적으로 범죄예방에 초점을 두고 대응하고 있다.

I　방범경찰(생활안전경찰)의 임무와 근거

1. 방범경찰의 개념

① 방범경찰이란 일반시민 생활의 안녕과 질서를 해할 우려가 있는 행위를 예방, 단속하여 시민생활을 확보함을 임무로 하는 경찰로서 방범, 외근, 소년, 풍속, 전당포 영업, 위험물 단속 등이 그 대상이 된다.

② 범죄의 수사, 정보, 경비사태의 진압 등을 대상으로 하는 수사경찰, 정보경찰, 경비경찰과 구별되며 방범경찰은 예방경찰로서의 활동을 주임무로 한다.★

③ 범죄의 예방과 진압에 있어서 장해가 발생하기 전의 범죄예방활동을 방범경찰이라 하고 장해가 발생한 후의 범죄의 진압활동을 진압경찰이라고 한다.

2. 경찰의 임무

① 범죄통제

　㉠ 경찰관의 핵심 임무는 범죄통제이다. 즉, 경찰과 시민들은 경찰의 범죄통제 임무를 경찰이 수행해야 할 중요한 임무라고 생각한다.

　㉡ 경찰의 존재에 대한 기본 임무는 법적 처벌의 고통과 강제력에 의한 범죄와 무질서의 억제에 대한 대안으로써 범죄와 무질서를 예방하고 통제하기 위한 것이다.

　㉢ 범죄통제 임무는 범죄예방(예방순찰활동)에 사용된 행위는 물론 법 위반자의 탐지와 체포에 관한 모든 기능을 포함한다.★

② 질서유지

　㉠ 경찰의 두 번째 임무는 질서유지이다. 경찰에 의해 수행되는 대부분의 업무는 이 범주에 들어간다. 경찰 활동의 어느 면보다 집중되고 있는 것이 질서유지 임무이다.

　㉡ 경찰관의 임무는 법을 집행하는 임무보다 질서유지를 위한 업무에 의해 정의 내려진다.

③ 봉사 : 경찰의 세 번째 임무는 서비스(봉사)의 제공이다. 경찰은 다른 어느 공무원 집단보다 시간과 공간을 초월해서 분포되어 있다.

④ 경찰방범활동 : 경찰방범활동이란 외근경찰관의 일상생활을 내용으로 하는 근무로, 범죄의 발생을 미연에 방지하기 위해 순찰, 불심검문, 방범심방, 방범진단, 방범상담, 방범홍보, 방범단속 등을 행하는 것을 말한다.

3. 경찰방범활동의 법적 근거

① 방범경찰은 사회공공의 안녕과 질서유지를 위한 방범경찰작용을 주요 내용으로 하는데 풍속, 방범, 외근경찰, 소년경찰을 그 직무내용으로 한다.

② 경찰방범활동은 시민의 사생활 침해나 인권침해의 소지가 많으므로 법적 근거를 요한다.★

③ 경찰방범활동에 있어 적용되는 대표적인 관계법으로는 경찰관직무집행법, 경범죄처벌법, 즉결심판에 관한 절차법, 풍속영업의 규제에 관한 법률 등이 있다.★

경찰의 임무(국가경찰과 자치경찰의 조직 및 운영에 관한 법률 제3조)

경찰의 임무는 다음 각호와 같다.

1. 국민의 생명·신체 및 재산의 보호
2. 범죄의 예방·진압 및 수사
3. 범죄피해자 보호
4. 경비·요인경호 및 대간첩·대테러작전 수행
5. 공공안녕에 대한 위험의 예방과 대응을 위한 정보의 수집·작성 및 배포
6. 교통의 단속과 위해의 방지
7. 외국 정부기관 및 국제기구와의 국제협력
8. 그 밖에 공공의 안녕과 질서유지

경찰의 사무(국가경찰과 자치경찰의 조직 및 운영에 관한 법률 제4조)

① 경찰의 사무는 다음 각호와 같이 구분한다.

1. 국가경찰사무 : 제3조에서 정한 경찰의 임무를 수행하기 위한 사무. 다만, 제2호의 자치경찰사무는 제외한다.
2. 자치경찰사무 : 제3조에서 정한 경찰의 임무범위에서 관할지역의 생활안전·교통·경비·수사 등에 관한 다음 각목의 사무

　가. 지역 내 주민의 생활안전활동에 관한 사무

　　1) 생활안전을 위한 순찰 및 시설의 운영
　　2) 주민참여 방범활동의 지원 및 지도
　　3) 안전사고 및 재해·재난 시 긴급구조 지원
　　4) 아동·청소년·노인·여성·장애인 등 사회적 보호가 필요한 사람에 대한 보호업무 및 가정폭력·학교폭력·성폭력 등의 예방
　　5) 주민의 일상생활과 관련된 사회질서의 유지 및 그 위반행위의 지도·단속. 다만, 지방자치단체 등 다른 행정청의 사무는 제외한다.
　　6) 그 밖에 지역주민의 생활안전에 관한 사무

　나. 지역 내 교통활동에 관한 사무

　　1) 교통법규 위반에 대한 지도·단속
　　2) 교통안전시설 및 무인 교통단속용 장비의 심의·설치·관리
　　3) 교통안전에 대한 교육 및 홍보
　　4) 주민참여지역 교통활동의 지원 및 지도
　　5) 통행허가, 어린이 통학버스의 신고, 긴급자동차의 지정신청 등 각종 허가 및 신고에 관한 사무
　　6) 그 밖에 지역 내의 교통안전 및 소통에 관한 사무

　다. 지역 내 다중운집행사 관련 혼잡교통 및 안전관리

　라. 다음의 어느 하나에 해당하는 수사사무

　　1) 학교폭력 등 소년범죄
　　2) 가정폭력, 아동학대범죄
　　3) 교통사고 및 교통 관련 범죄
　　4)「형법」제245조에 따른 공연음란 및「성폭력범죄의 처벌 등에 관한 특례법」제12조에 따른 성적 목적을 위한 다중이용장소 침입행위에 관한 범죄
　　5) 경범죄 및 기초질서 관련 범죄
　　6) 가출인 및「실종아동 등의 보호 및 지원에 관한 법률」제2조 제2호에 따른 실종아동 등 관련 수색 및 범죄

4. 경찰방범활동의 유형

일반방범활동	경찰의 범죄예방활동 중 특히 범죄의 기회와 유발요인을 감소시키는 활동 **예** 지역경찰의 일상적인 근무인 순찰, 불심검문, 보호조치, 경고, 제지, 출입, 입초, 경계, 기타 보호활동 등
특별방범활동	경찰의 범죄예방활동 중 일상근무를 통한 일반방범활동 이외의 특별한 대상 또는 상황에 관하여 수행하는 활동 **예** 방범정보수집, 우범지역의 설정, 시설방범, 방범지도, 방범진단, 현장방범, 방범상담, 방범홍보, 방범단체와의 협조 등
자위방범활동	지역주민, 사회단체 또는 기관 등이 스스로 범죄의 발생을 저지하기 위하여 방범의식을 높이고 방범시설을 강화하며 자체 방범직원을 배치하여 자위적으로 수행하는 활동 **예** 민간경비, 자율방범대 활동 등
종합방범활동	특정지역 또는 대상에 대하여 경찰생활안전 활동과 병행하여 모든 관계기관 및 단체 등의 활동을 결합하여 유기적인 협조로 일관된 계획하에 종합적으로 실시하는 활동 **예** 지역방범활동, 특정범죄방범활동, 계절방범활동 등

5. 경찰방범활동의 업무별 분류

① **외근 및 방범분야** : 경찰관직무집행법, 유실물법, 총포·도검·화약류 등의 안전관리에 관한 법률, 경범죄처벌법, 즉결심판에 관한 절차법 등이 있다.

② **풍속분야** : 풍속영업의 규제에 관한 법률, 사행행위 등 규제 및 처벌 특례법, 영화 및 비디오물의 진흥에 관한 법률, 성매매 알선 등 행위의 처벌에 관한 법률, 공중위생관리법, 형법, 공연법, 식품위생법, 유선 및 도선 사업법 등이 있다.

③ **소년업무분야** : 아동복지법, 청소년 보호법, 근로기준법, 직업안정법, 학교보건법, 청소년기본법, 유해화학물질 관리법, 마약류 관리에 관한 법률, 학원의 설립·운영 및 과외교습에 관한 법률, 소년법 등이 있다.

경범죄처벌법

경범죄처벌법은 광의의 형법, 형법의 보충법이며 일반법이다(형법의 특별법 아님). 형사실체법에 속하며 기수범만 처벌한다(미수범 처벌규정이 없다). 종범의 형을 필요적으로 감경하지 않고, 종범을 정범으로 처벌하고 있다.

1. 범칙자 제외사유(경범죄처벌법 제6조 제2항)
   ① 구류처분을 하는 것이 적절하다고 인정되는 자
   ② 범칙행위를 상습적으로 행한 자
   ③ 피해자 있는 행위를 한 자
   ④ 18세 미만인 자
2. 통고처분 제외사유(경범죄처벌법 제7조 제1항 단서)
   ① 주거·신원 불명자
   ② 통고처분 받기를 거부한 자
   ③ 통고처분하기가 어려운 자

---

6. 경찰방범활동의 법적 분류

① **풍속영업의 규제에 관한 법률** : 풍속 영업업소인 유흥주점업, 단란주점업, 숙박업, 이용업, 목욕장업, 노래연습장업, 게임제공업, 복합유통게임제공업, 무도학원업, 무도장업, 섹스숍, 전화방업소 등에서의 성매매행위, 음란행위 등을 규제하는 법이다.

② **총포·도검·화약류 등의 안전관리에 관한 법률** : 총포·도검·화약류, 분사기, 전기충격기, 석궁 등의 소지, 제조 등에 대해 규정하고 있는 법이다.

③ **사행행위 등 규제 및 처벌 특례법** : 사행행위 영업의 정의 및 허가, 처벌 등을 규정하고 있는 법이다.

④ **영화 및 비디오물의 진흥에 관한 법률** : 영화 및 비디오물의 질적 향상을 도모하고 영상산업의 진흥을 촉진함으로써 국민의 문화생활의 향상과 민족문화의 창달에 이바지함을 목적으로 제정한 법이다.

⑤ **경찰관직무집행법** : 경찰관의 직무범위, 직무집행 수단인 불심검문, 보호조치, 위험발생 방지조치, 범죄의 예방과 방지, 위험방지를 위한 출입, 무기사용, 장구사용, 최루탄 사용 등에 대하여 규정하고 있는 법이다.

⑥ **경범죄처벌법** : 10만원·20만원·60만원 이하의 벌금, 구류, 과료에 처할 경미한 범죄의 통고처분 등에 관하여 규정하고 있는 법이다.

⑦ **즉결심판에 관한 절차법** : 20만원 이하의 벌금, 구류, 과료에 해당하는 범죄와 그 절차 등을 규정하고 있는 법이다.

⑧ **사격 및 사격장 안전관리에 관한 법률** : 사격장 설치의 기준, 허가사항 등을 규제하고 있는 법이다.

⑨ **소년법** : 소년범죄 처리의 특별절차를 규정하고 있는 법이다.

⑩ **청소년보호법** : 청소년에게 유해한 매체물과 약물 등이 청소년에게 유통되는 것과 청소년이 유해한 업소에 출입하는 것 등을 규제하고 있는 법이다(청소년 : 만 19세 미만인 사람).

Ⅱ 경찰의 범죄예방활동

1. 순 찰

순찰이라 함은 지역경찰관이 개괄적인 경찰임무의 수행과 관내 정황을 파악하기 위하여 일정한 지역을 순회·시찰하는 근무이다.

> **순찰의 기능**
> • 관내 상황의 파악
> • 청소년 선도·보호
> • 범죄의 예방과 범인의 검거
> • 위험발생의 방지
> • 교통 및 경찰사범의 단속
> • 주민보호·상담

2. 현장방범활동

① **의의** : 현장방범활동이란 지역 경찰관이 관내에 진출하여 직접 주민을 상대로 범죄예방에 관한 지도계몽, 상담, 홍보활동을 하는 것을 말한다.

② **경찰방문** : 경찰관이 관할구역 내의 각 가정, 상가 및 기타 시설 등을 방문하여 청소년 선도, 소년소녀가장 및 독거노인·장애인 등 사회적 약자 보호활동 및 안전사고 방지 등의 지도·상담·홍보 등을 행하며 민원사항을 청취하고, 필요시 주민의 협조를 받아 방범진단을 하는 등의 예방경찰활동을 말한다.

경찰방문
- **성질** : 비권력적 사실행위로서 행정지도
- **근거** : 경찰방문 및 방범진단규칙, 지역경찰조직 및 운영에 관한 규칙(별도의 법적 근거가 없어도 가능하다)
- **절차** : 경찰방문은 방문요청이 있거나 경찰서장 또는 지구대장이 필요하다고 인정할 때 상대방의 동의를 얻어 실시
- **방문시간** : 일출 후부터 일몰시간 전에 함이 원칙
- **방문방법** : 경찰방문을 할 때에는 방범진단카드를 휴대. 방범진단카드는 담당구역별로 방문순서대로 편철하여 3년간 보관함. 다만 중요 업무용 방범진단카드는 중요 행사 종료 즉시 파기함
- **기타** : 매 분기 1회 이상의 방문은 상대방의 동의를 얻어 수시로 실시한다.

---

③ **방범진단** : 범죄예방 및 안전사고 방지를 위하여 관내 주택, 고층빌딩, 금융기관 등 현금다액취급업소 및 상가·여성운영업소 등에 대하여 방범시설 및 안전설비의 설치상황, 자위방범역량 등을 점검하여 미비점을 보완하도록 지도하거나 경찰력 운용상의 문제점을 보완하는 활동을 말한다.

④ **방범홍보** : 지역경찰관의 지역경찰활동과 매스컴 등을 통해 각종 경찰업무에 대한 사항과 민원사항, 중요시책 등을 주민에게 널리 알려서 방범의식을 고양하는 동시에 각종 범죄를 방지하기 위한 지도활동을 말한다.

3. 불심검문

① **의의** : 수상한 행동이나 그 밖의 주위 사정을 합리적으로 판단하여 볼 때 어떠한 죄를 범하였거나 범하려하고 있다고 의심할 만한 상당한 이유가 있는 사람, 이미 행하여진 범죄나 행하여지려고 하는 범죄행위에 관한 사실을 안다고 인정되는 사람을 경찰관이 정지시켜 질문을 하는 것을 말한다.

② **내용**
ⓐ 경찰관은 사람을 정지시킨 장소에서 질문을 하는 것이 그 사람에게 불리하거나 교통에 방해가 된다고 인정될 때에는 질문을 하기 위하여 가까운 경찰서·지구대·파출소 또는 출장소로 동행할 것을 요구할 수 있다. 이 경우 동행을 요구받은 사람은 그 요구를 거절할 수 있다.★
ⓑ 경찰관은 불심검문자에게 질문을 할 때에 그 사람이 흉기를 가지고 있는지를 조사할 수 있다.★
ⓒ 경찰관은 질문을 하거나 동행을 요구할 경우 자신의 신분을 표시하는 증표를 제시하면서 소속과 성명을 밝히고 질문이나 동행의 목적과 이유를 설명하여야 하며, 동행을 요구하는 경우에는 동행 장소를 밝혀야 한다.

ㄹ. 경찰관은 동행한 사람의 가족이나 친지 등에게 동행한 경찰관의 신분, 동행 장소, 동행 목적과 이유를 알리거나 본인으로 하여금 즉시 연락할 수 있는 기회를 주어야 하며, 변호인의 도움을 받을 권리가 있음을 알려야 한다.★

ㅁ. 경찰관은 동행한 사람을 6시간을 초과하여 경찰관서에 머물게 할 수 없다.★

ㅂ. 질문을 받거나 동행을 요구받은 사람은 형사소송에 관한 법률에 따르지 아니하고는 신체를 구속당하지 아니하며, 그 의사에 반하여 답변을 강요당하지 아니한다.★

4. 경찰청 위기관리센터(경찰청과 그 소속기관 직제 시행규칙 제10조)

① 설립목적 : 테러 등 위기 상황에 신속하게 대처하기 위하여 설립된 대한민국 경찰청 경비국 직할기관으로(제1항), 위기관리센터장은 총경(4급 상당)으로 보한다(제2항).

② 위기관리센터장의 분장사무(제4항)

경비국(경찰청과 그 소속기관 직제 시행규칙 제10조)

④ 위기관리센터장은 다음 사항을 분장한다. 〈개정 2023.4.18.〉

1. 대테러 종합대책 연구·기획 및 지도
2. 대테러 관련 법령의 연구·개정 및 지침 수립
3. 테러대책기구 및 대테러 전담조직 운영 업무
4. 대테러 종합훈련 및 교육
5. 경찰작전과 경찰 전시훈련에 관한 계획의 수립 및 지도
6. 비상대비계획의 수립 및 지도
7. 중요시설의 방호 및 지도
8. 예비군 무기·탄약관리의 지도
9. 청원경찰의 운영 및 지도
10. 민방위 업무의 협조에 관한 사항
11. 재난·위기 업무에 대한 지원 및 지도
12. 안전관리·재난상황 및 위기상황 관리기관과의 연계체계 구축·운영
13. 지역 내 다중운집행사 안전관리 지도
14. 비상업무에 관한 계획의 수립 및 집행

Ⅲ   경찰사범 단속

1. 풍속사범 단속

① 의의 : 풍속사범의 단속은 사회의 선량한 풍속을 유지하기 위하여 사회 일반의 풍기 및 건전한 생활습관에 영향을 주는 행위를 금지, 제한하는 경찰활동이다. 선량한 풍속이란 어느 특정 시대나 국가에 있어서 일반적으로 용인되고 있는 도덕적 관념과 규범을 말하는 것으로, 어떤 행위가 선량한 풍속을 해하는 행위인가를 판단하는 기준은 역사적, 문화적 환경에 따라 나라마다 다르다.★

② 풍속사범의 단속 대상 : 단속의 대상이 되는 행위는 성매매행위, 음란행위, 사행행위이다.

2. 기초질서 위반사범 단속

① **개념** : 사람들이 일상생활에서 흔히 범하기 쉬운 경미한 법익의 침해행위로서, 경범죄처벌법과 도로교통법에 그 행위 유형들이 규정되어 있다. 이러한 기초질서의 개념은 법률상의 용어나 학문적으로 정의된 개념이 아니라 실무상의 용어이다.

② **유형** : 주요 유형은 경범죄처벌법 위반 행위로서 오물방치 및 방뇨, 광고물 무단첨부, 음주소란, 새치기, 금연장소에서의 흡연, 자연훼손, 덮개 없는 음식물 판매 등과 도로교통법 위반행위로서 신호위반, 무단횡단, 차도보행, 차도에서 차를 잡는 행위, 신호위반, 정차·주차금지위반, 노상시비·다툼으로 차량의 통행방해 등의 행위가 있다.

③ **벌칙** : 경범죄처벌법은 10만원·20만원·60만원 이하의 벌금, 구류, 과료 또는 범칙금을 부과하고 있고, 도로교통법은 범칙금을 부과하고 있다.

3. 총기·화약류의 단속

총기 및 폭발물 등은 취급과 사용상 위험성이 크고, 사고로 인하여 다수의 사람에게 치명적인 피해를 줄 개연성이 있기 때문에 국민의 생활안전 확보를 목적으로 규제와 관리가 필요하다.

Ⅳ 경찰방범활동의 한계요인

1. 경찰인력의 부족

① 매년 범죄 증가율이 경찰인력 증가율보다 높기 때문에 경찰인력 부족현상이 나타난다.
② 경찰관 1인이 담당해야 할 인구가 증가함에 따라 경찰인력 부족현상이 더욱 심화되고 있다.
③ 특수한 상황에서 경찰인력이 시국치안에 동원되는 경우 실질적으로 민생치안에 근무하게 되는 경찰인력은 더욱 감소하게 된다.

2. 경찰장비의 부족 및 노후화

① 열악한 근무조건 외에 개인 방범장비의 부족과 노후화는 효율적인 방범활동을 수행하는 데 있어서 장애가 되고 있다.
② 개인장비가 표준화되어 있지 않고 기관단위별로 지급되어 있어 개인당 수량이 부족하거나 관리상 많은 문제점이 있다.
③ 일선경찰관들이 사용하는 개인장비의 표준화와 보급 및 관리는 지속적으로 개선되어야 한다.
④ 선진 외국의 경우처럼 M.D.T.(Mobile Data Terminal) 등과 같은 최첨단장비 등도 구비되어야 할 것이다.

3. 경찰의 민생치안부서 근무 기피현상

① 민생치안부서의 업무량 과다 및 인사 복무상 불리한 근무여건 등으로 근무 기피현상이 나타나고 있다.
② 너무 잦은 비상근무와 출·퇴근개념의 실종으로 인하여 대부분의 경찰들은 만성적인 피로누적으로 근무의욕이 떨어지고 있다.

③ 민생치안 담당 경찰의 안전 및 신분보장 미흡 등은 더욱 사기를 저하시키는 원인이 되고 있다.

④ 경찰들의 제반사고들에 대한 손해배상책임과 연대책임, 감독책임 또는 도의적인 책임 등 문책이 빈번하다.

4. 타 부처 업무협조의 증가

경찰의 고유 업무가 아닌 다른 부서의 협조 업무가 전체 임무 중 많은 비율을 차지함으로써 경찰의 민생치안 고유 업무 수행에 막대한 지장을 초래하고 있다.

5. 경찰에 대한 주민들의 고정관념으로 인한 이해부족

경찰에 대한 부정적 이미지나 불신 등의 이유로 주민과 경찰과의 관계 개선이나 범죄 발생 시 신고 등의 협조가 미비하다. 이를 개선하기 위해 현재 경찰의 이미지 및 경찰활동에 대한 국민들의 인식을 높이고자 노력하고 있다.

Ⅴ 민간방범활동

1. 민간방범활동의 필요성

① 현대사회의 발전과 더불어 범죄가 증가, 흉포화, 지능화, 기동화로 인하여 치안유지 활동이 어렵게 되었다.
② 경찰인력, 예산, 장비 등의 한계로 효율적인 범죄예방역할을 하지 못하고 있다.
③ 이러한 범죄환경의 변화는 국민들의 자발적인 협조와 민·경 간의 공동노력이 필요하게 되었다.
④ 지역 주민들의 안전의식의 확대로 인해 범죄예방활동에 대한 참여 욕구는 점차 증가하고 있다.

2. 치안서비스 공동생산

① 개 념
  ㉠ 최근에 치안서비스의 생산과정에서 경찰의 역할증대뿐만 아니라 민간의 참여를 활성화시키려는 접근법이 활발하게 일어나고 있다.
  ㉡ 치안서비스 공동생산이론이란 치안서비스의 전달 과정에서 민간이 치안서비스 생산활동에 주체적으로 참여하는 것을 말한다. ★
  ㉢ 또한 치안서비스의 공동생산이론은 경찰이 치안서비스의 공급자이고 시민은 수혜자라는 접근에서 탈피하여 치안서비스의 생산에 시민들을 적극적으로 참여시켜야 한다는 접근법을 취하고 있다. ★
  ㉣ 선진국에서는 지역사회 경찰활동의 출현과 함께 치안서비스의 공동생산 접근법은 범죄예방을 위한 여러 가지 프로그램의 달성에 지역주민들이 적극적으로 참여하고 쌍방 간 정보를 주고받는 등 치안서비스 공동생산에 참여하는 형태를 활성화시키고 있다.
  ㉤ 치안서비스의 공동주체를 정부 혼자만이 아닌 정부와 시민의 양자로 보는 것이 대부분의 학자들의 견해이며 최근에는 민간경비분야도 치안서비스 공동생산의 한 주체로 여기는 경향이 있다. ★
② 치안서비스 공동생산의 유형 : 시민들이 범죄예방활동에 참여하는 유형에는 개인적 활동과 집단적 활동으로 구분할 수 있으며, 치안서비스의 주된 공급자인 경찰과의 협력관계에 따라 소극적인 활동과 적극적인 활동으로 나눌 수 있다.

치안서비스 공동생산의 유형

구 분		시민들 간의 협동 수준	
		개인적 활동	집단적 활동
경찰과의 협조수준	소극적	제Ⅰ유형(개인적·소극적 자율방범활동) 1. 자신과 가족을 범죄로부터 보호하는 활동 　•비상벨 설치 　•추가 자물쇠 설치 　•집 바깥에 야간등 설치 활동 2. 자신의 몸을 보호하는 활동 　•호신술 훈련 　•호루라기 휴대 　•위험한 곳 피해 다니기 등의 활동	제Ⅲ유형(집단적·소극적 자율방범활동) 1. 범죄예방을 위한 이웃 간의 협의 2. 지역주민이 독립적, 자율적으로 주민단체를 　결성(강도, 주택침입, 성범죄 등 범죄대처) 　•지역주민의 범죄예방을 위한 정보 제공 　•특정범죄에 대한 주민의 경계심 제고 　•자체적 지역순찰, 야간등 보수 및 증설 　•경찰서비스의 대응성 향상을 위한 활동 3. 주민공동의 경비원 고용
	적극적	제Ⅱ유형(개인적·적극적 자율방범활동) 1. 경찰 신고 행위(절도, 강도 등) 2. 목격한 범죄행위 신고·증언 행위	제Ⅳ유형(집단적·적극적 자율방범활동) 1. 이웃안전감시단 활동(자율순찰) 2. 시민자율순찰대 활동

③ 치안서비스 공동생산의 예

ⓒ 주민신고체제의 확립

ⓒ 금융기관 방범시설 확충

ⓒ 자율방범대 운용의 활성화

ⓒ 주택 내 경보장치 설치와 방범시설 설치 등

3. 민간방범활동의 형태

① 자율방범대

ⓒ 자율방범대는 자원봉사자를 중심으로 지역 주민이 지역 단위로 조직하여 <u>관할 지구대와 상호 협력관계를 갖고 방범활동을 하는 자율봉사 조직이다.</u> ★

ⓒ 자율방범대는 경찰과 합동 또는 자체적으로 3~5명이 조를 편성하여 심야의 취약 시간에 순찰활동을 실시하며, 순찰 중에 범죄현장의 신고, 부녀자나 노약자의 안전귀가, 청소년 선도·보호 활동 등을 실시한다.

② **시민단체에 의한 방범활동** : 시민단체의 방범활동은 야간 순찰 등 직접적인 방범활동을 하는 단체와 홍보·연구 활동 등 간접적인 방법으로 방범활동을 하는 단체로 구분할 수 있다.

③ **언론매체에 의한 방범활동** : 오늘날의 사회에서 언론매체는 사회 전반에 걸쳐 많은 영향을 미치고 있는데, 언론매체의 대중성·홍보성을 잘 활용하면 방범활동에 큰 효과를 볼 수 있다.

④ **민간경비업 등의 방범활동**

ⓒ 사회 각 분야의 전문화 현상과 함께 민간경비업이 급성장을 하면서 민간방범활동의 중요한 분야로 자리 잡아 가고 있다.

ⓒ 우리나라의 민간경비업은 경비업(경비업법)과 청원경찰(청원경찰법)로 이원화되어 있는바, 민간경비의 발전을 위해서 민간경비체계의 일원화가 필요하다. ★

4. 민경협력체제 강화 방안

① 지역사회 경찰활동(Community Policing)의 활성화

② 민간방범활동의 중요성 홍보 강화

③ 자율방범단체의 조직 및 운영의 합리화

　㉠ 참여자 구성의 적정

　㉡ 재정의 확보

　㉢ 자율방범대원의 교육훈련

　㉣ 자율방범활동의 체계적 운영

　㉤ 다른 자원봉사단체와 연계 강화

　㉥ 자원봉사자에 대한 지원 강화

　㉦ 민간경비업의 육성

④ 방범리콜제도

　㉠ 잘못된 행정서비스에 대한 불만제기권을 시민에게 부여하고 이를 시정하는 장치이다.

　㉡ 일선기관의 권한과 재량의 폭이 넓어져야만 효과적으로 활용할 수 있다.★

　㉢ 고객지향행정의 최종목표는 고객이 만족하는 행정서비스의 제공에 있다.★

　㉣ 방범리콜제도는 치안행정상 주민참여와 관련이 있다.★

04 | 민간경비의 조직

제1절 민간경비의 유형

I 성격에 따른 분류 : 자체경비와 계약경비

1. 자체경비

① 자체경비의 개념

   ⊙ 개인 및 기관, 기업 등이 중요하다고 판단되는 자신들의 보호 대상을 보호하기 위하여 자체적으로 관련 업무를 수행할 수 있는 경비부서를 조직화하여 운용하는 것을 말한다.

   ⓒ 청원경찰은 기관, 시설·사업장 등이 배치하는 자체경찰로 볼 수 있으므로 자체경비의 일종이다.

> **자체경비의 개념(박주현, 민간경비실무론)**
> 자체경비는 기업체 등이 조직체 내에 자체적으로 경비조직을 조직화하여 운영하는 것을 말한다. 자체경비는 경비원리 뿐만 아니라 기업체가 안고 있는 특수상황도 고려되어야 한다.

② 자체경비의 장점

   ⊙ 자체경비는 계약경비에 비해 임금이 높고 안정적이므로 이직률이 낮은 편이다.

   ⓒ 시설주가 경비원들을 직접 관리함으로써 경비원들에 대한 통제를 강화할 수 있다.

   ⓒ 비교적 높은 급료를 받을 뿐만 아니라 경비원에 대한 위상이 높기 때문에 자질이 우수한 사람들이 지원한다.

   ⓔ 계약경비원보다 고용주(사용자)에 대한 충성심이 더 높다.

   ⓜ 자체경비는 고용주(사용자)의 요구에 신속하게 대처할 수 있다.

   ⓗ 자체경비원은 고용주에 의해 조직의 구성원으로 채용됨으로써 안정적이기 때문에 고용주로부터 업무수행능력을 인정받기를 원하며, 자기발전과 자기개발을 위한 노력을 아끼지 않는다.

   ⓢ 자체경비원은 경비부서에 오래 근무함으로써 회사의 운영·매출·인사 등에 관한 지식이 높다.

   ⓞ 시설주의 필요에 따라 적절하게 교육·훈련과정의 효율성을 쉽게 측정할 수 있다.

③ 자체경비의 단점

   ⊙ 계약경비에 비해 다른 부서의 직원들과 지나치게 친밀한 관계를 형성함으로써 효과적인 직무수행을 하지 못할 수 있다.

   ⓒ 신규모집계획, 선발인원의 신원확인 및 훈련 프로그램에 대한 개발과 관리를 자체적으로 실시함으로써 인사관리 및 행정관리가 힘들고 비용이 많이 소요된다.

   ⓒ 계약경비에 비하여 해임이나 감원, 충원 등이 필요한 경우에 탄력성이 떨어진다.★

2. 계약경비

① 계약경비의 개념

    ㉠ 개인 및 기관, 기업 등이 중요하다고 판단되는 자신들의 보호 대상을 보호하기 위하여 경비서비스를 전문으로 하는 외부 경비업체와의 계약을 통해서 경비인력 또는 경비시스템을 도입·운영하는 것이다.

    ㉡ <u>오늘날은 계약경비서비스가 자체경비서비스보다 더 빠르게 증가하고 점차 확대되고 있다.</u>

    ㉢ 경비업법은 도급계약 형태이므로 계약경비를 전제로 한다.

② 계약경비의 유형

    ㉠ **시설방범경비서비스** : 고층빌딩, 교육시설, 숙박시설, 의료시설, 판매시설, 금융시설 등에 대한 각종 위해로부터 시설물 내의 인적·물적 가치를 보호하는 형태이다.

    ㉡ **순찰서비스** : 도보나 순찰차로 한 사람 또는 여러 명의 경비원이 고객의 시설물들을 내·외곽에서 순찰하는 형태이다.

    ㉢ **경보응답서비스** : 보호하는 지역 내 설치된 경보감지장비 및 이와 연결된 중앙통제시스템과 연결되어 있다.

    ㉣ **사설탐정** : 개인·조직의 정보와 관련된 서비스의 제공을 주 업무로 하는데, 현재 우리나라에서는 제도적으로 시행되고 있지 않다.

    ㉤ **신변보호서비스** : 사설경호원에 의해 각종 위해로부터 의뢰인을 보호하는 활동을 말한다.

    ㉥ **기계경비서비스** : 경보응답에 경비원을 급파하고, 이 사실을 일반경찰관서에 송신하는 역할을 한다.

    ㉦ **기타** : 무장운송서비스, 경비자문서비스, 홈 시큐리티(가정보안 및 경비), 타운 시큐리티(지역단위의 보안 및 경비) 등이 있다.

③ 계약경비의 장점

    ㉠ 고용주의 요구에 맞는 경비서비스를 제공함으로써 경비 프로그램 전반에 걸쳐 전문성을 갖춘 경비인력을 쉽게 제공할 수 있다.

    ㉡ 봉급, 연금, 직무보상, 사회보장, 보험, 장비, 신규모집, 직원관리, 교육훈련 등의 비용을 절감할 수 있어 비용 면에서 저렴하다(경제적이다).

    ㉢ 자체경비에 비해 인사관리 차원에서 결원의 보충 및 추가인력의 배치가 용이하다.

    ㉣ 고용주를 의식하지 않고 소신껏 경비업무에 전념할 수 있다.★

    ㉤ 경비수요의 변화에 따라 기존 경비인력을 감축하거나 추가적으로 고용을 확대할 수 있다.

    ㉥ 구성원 중에 질병이나 해임 <u>등으로</u> 인해 업무 수행상의 문제가 발생했을 때 인사이동과 대처(대책)에 따른 행정상의 문제를 쉽게 해결할 수 있다.

④ 계약경비의 단점

    ㉠ 자체경비에 비해 <u>조직(시설주)에 대한 충성심이 낮은 것이</u> 일반적이다.

    ㉡ 자체경비에 비해 급료가 낮고 직업적 안정감이 떨어지기 때문에 이직률이 높은 편이다.

    ㉢ <u>회사 내부의 기밀이나 중요정보가 외부에 유출될 가능성이 더 높은 편이다.</u>★

Ⅱ 주체(형태)에 따른 분류 : 인력경비와 기계경비

1. 인력경비

① 인력경비의 개념 : 화재, 절도, 분실, 파괴, 기타 범죄 내지 피해로부터 개인이나 기업의 인적·물적 안전을 확보하기 위해서 경비원 등 인력으로 경비하는 것을 말한다.

② 인력경비의 종류

    ㉠ 상주경비 : 산업시설, 빌딩, 아파트, 학교, 상가 등의 시설 내에서 24시간 고정적으로 상주하면서 경비하는 것을 말한다.

    ㉡ 순찰경비 : 정기적으로 일정구역을 순찰하여 범죄 등으로부터 고객의 안전을 확보하거나 도보나 차량을 이용하여 정해진 노선을 따라 시설물의 상태를 점검하는 경비활동을 말한다.

    ㉢ 요인경호 : 경제인, 정치인, 연예인 등 특정인의 신변보호와 질서유지를 목적으로 경비활동을 수행하는 것을 말한다.

    ㉣ 혼잡경비 : 각종 경기대회, 기념행사 등에서 참석한 군중의 혼잡한 상태를 사전에 예방하고 경계하며 위험한 상황이 발생할 때 신속히 대처할 수 있도록 하는 경비활동을 말한다.

③ 인력경비의 장점

    ㉠ 경비업무 이외에 안내, 질서유지, 보호·보관 업무 등을 하나로 통합한 통합서비스가 가능하다.★

    ㉡ 인력이 상주함으로써 현장에서 상황이 발생했을 때 신속한 조치가 가능하다.★

    ㉢ 인적 요소이기에 경비업무를 전문화할 수 있고, 고용창출 효과와 고객접점서비스 효과가 있다.★

④ 인력경비의 단점

    ㉠ 인건비의 부담으로 경비에 많은 비용이 드는 편이다.★

    ㉡ 사건이 발생하였을 때 인명피해의 가능성이 있다.★

    ㉢ 상황연락이 신속하게 이루어지지 않아 사건의 전파에 장애가 발생할 수 있다.★

    ㉣ 야간에는 경비활동의 제약을 받아 효율성이 감소된다.

    ㉤ 경비원이 낮은 보수, 저학력, 고령일 경우 경비의 질 저하가 우려된다.

2. 기계경비

① 기계경비의 개념

    ㉠ 침입감지장치를 설치하여 침입을 방해하거나 조기에 적절한 조치를 취할 수 있도록 첨단장비를 사용하여 경비를 수행하는 것을 말한다.★

    ㉡ 경비대상시설에 설치한 기기에 의하여 감지·송신된 정보를 그 경비대상시설 외의 장소에 설치한 관제시설의 기기로 수신하여 도난·화재 등 위험발생을 방지하는 업무를 말한다(경비업법 제2조 제1호 라목).★

② 기계경비의 종류

    ㉠ 무인기계경비 : 기계경비로만 이루어진 시스템

    ㉡ 혼합경비 : 인력경비와 기계경비를 혼합한 시스템★

기계경비의 종류		
순수무인기계경비	각종 감지기 또는 CCTV 등 감시기계를 설치하여 불법침입이 있으면 경보음을 울리게 하거나 미리 기억된 자동 전화번호를 통해 경찰서 등에 설치된 수신기에 경보음을 울리게 하는 경비형태이다.	
혼합기계경비	불법침입을 감지한 센서가 컴퓨터에 음성이나 문자 등을 표시하여 이를 본 사람이 조치를 취하도록 하는 경비형태를 말한다.	

〈출처〉 박주현, 「민간경비실무론」

③ 기계경비시스템의 기본 3요소(감지 → 전달 → 대응)

　㉠ 불법침입의 감지 : 기계경비시스템이 외부의 침입행위로 인한 상태변화를 감지하여 경비기기 운용자 뿐만 아니라 침입자에게 경고하는 과정이라고 할 수 있다.

　㉡ 침입정보의 전달 : 기계경비시스템이 효과적으로 작동되기 위해서는 경비기기 운용자와 의사전달 과정이 적절하게 이루어져야 한다.

　㉢ 침입행위의 대응 : 기계경비시스템은 현장에 투입되는 상황대처요원에게 신속하게 연락할 수 있고 침입자의 행위를 일정시간 지연시킬 수 있는 기능을 갖추어야 한다. 시설물에 대한 각종 물리적 보호 장치가 여기에 속한다.

④ 기계경비의 목적 : 시설물의 경비를 기계경비회사에 위탁하는 목적은 <u>상주경비 인원의 감축으로 인한 기업의 대폭적인 원가절감이다.</u> ★

⑤ 기계경비의 장점

　㉠ <u>24시간</u> 동일한 조건으로 <u>지속적인 감시가 가능</u>하다.

　㉡ 장기적으로 소요비용이 절감되는 효과가 있다.

　㉢ <u>넓은 장소를 효과적으로 감시할 수 있고, 정확성을 기할 수 있다.</u>

　㉣ 외부환경에 영향을 받지 않고 감시가 가능하다.

　㉤ 시간적 취약대인 야간에도 효율성이 높아 시간적 제약을 적게 받는다.

　㉥ 화재예방과 같은 다른 시스템과 동시에 통합적으로 운용이 가능하다.

　㉦ 강력범죄와 화재, 가스 등에 대한 인명 사상을 예방하거나 최소화할 수 있다.

　㉧ 기록장치에 의한 사고발생 상황이 저장되어 증거보존의 효과와 책임한계를 명확히 할 수 있다.

　㉨ 오작동(오경보)률이 낮을 경우 범죄자에게는 경고의 효과가 있고, 사용자로부터는 신뢰를 얻을 수 있다.

　㉩ 잠재적인 범죄자 등에 대해 <u>경고 효과가 크다.</u>

⑥ 기계경비의 단점

　㉠ <u>사건 발생 시 현장에서의 신속한 대처가 어려우며, 현장에 출동하는 시간이 필요하다.</u>

　㉡ 최초의 기초 설치비용이 많이 든다.

　㉢ <u>허위경보 및 오경보 등의 발생률이 비교적 높다.</u> ★

　㉣ <u>경찰관서에 직접 연결하는 경비시스템의 오작동은 경찰력의 낭비가 발생할 수 있다.</u>

　㉤ 전문인력이 필요하며 유지보수에 비용이 많이 든다.

　㉥ 고장 시 신속한 대처가 어렵다.

　㉦ 방범 관련 업무에만 가능하며, 경비시스템을 잘 알고 있는 범죄자들에게 역이용당할 우려가 있다. ★

⑦ 기계경비시스템
  ㉠ 운용목적 : 도난·화재 등 위험에 대한 예방 및 대응이라고 할 수 있다.
  ㉡ 구성요소 : 경비대상시설, 관제시설, 기계경비원(관제경비원, 출동경비원) 등이다.
  ㉢ 대응체제의 구축
    • 기계경비업자는 경비대상시설에 관한 경보를 수신한 때에는 신속하게 그 사실을 확인하는 등 필요한 대응조치를 취하여야 하며, 이를 위한 대응체제를 갖추어야 한다.
    • 기계경비업자는 관제시설 등에서 경보를 수신한 때에는 경보를 수신한 때부터 늦어도 25분 이내에는 도착시킬 수 있는 대응체제를 갖추어야 한다.
  ㉣ 오경보의 방지 등
    • 각종 기기의 관리 : 기계경비업자는 경비계약을 체결하는 때에는 오경보를 막기 위하여 계약상대방에게 기기사용요령 및 기계경비운영체계 등에 관하여 설명하여야 하며, 각종 기기가 오작동되지 아니하도록 관리하여야 한다.
    • 관련 서류의 비치 : 기계경비업자는 대응조치 등 업무의 원활한 운영과 개선을 위하여 관련 서류를 작성·비치하여야 한다.
    • 기계경비 오경보의 폐해
      – 실제 상황이 아님에도 불구하고 기계장치의 자체결함, 이용자의 부적절한 작동, 미세한 환경변화 등에 민감하게 작동하는 경우가 있다.
      – 오경보로 인한 헛출동은 경찰력 운용의 효율성에 장애가 되고 있다.★
      – 오경보를 방지하기 위한 유지·보수비용이 적지 않으며, 이를 위해 전문인력이 투입되어야 한다.★

> 경찰청장 감독명령 제2012-1호, 제2013-1호, 제2017-1호는 「경비업법」상의 기계경비업자와 기계경비업체에 선임된 기계경비지도사를 대상으로 기계경비업체의 오경보로 인한 불필요한 경찰신고를 방지하고 기계경비업체의 출동대응 등 의무를 명확히하여 기계경비업의 건전한 발전을 도모함을 목적으로 발령되었으며, **이 감독명령에는 선별신고제도(확인신고와 긴급신고)와 기계경비업자의 의무 등이 포함되어** 있다. 참고로 감독명령 제2012-1호는 제2013-1호의 발령으로, 감독명령 2013-1호는 제2017-1호의 발령으로 각각 폐지되었다.

3. 인력경비와 기계경비의 현황

① 기계경비가 많이 발전하였음에도 불구하고 아직까지 많은 경비업체가 인력경비 위주의 영세성을 벗어나지 못하고 있는 부분도 있다.★
② 인력경비 없이 기계경비시스템만으로는 경비활동의 목표달성이 가능한 수준에는 이르지 못하고 있다.★
③ 이들 양자 가운데 어디에 비중을 둘 것인가 하는 문제는 경비대상의 특성과 관련된다.★
④ 최근 선진국과 기술제휴 등을 통한 첨단 기계경비시스템의 개발뿐만 아니라 국내 자체적으로도 새로운 기술이 개발되고 있다.★

Ⅲ 목적에 따른 분류

1. 시설경비

① 의의 : 시설경비란 국가중요시설, 빌딩, 사무소, 주택, 창고, 상가, 공공건물, 공장, 공항 등에서 침입, 화재 그 밖의 사고의 발생을 경계하고 방지하는 업무를 말한다.

② 종 류

  ㉠ 주거시설경비
- 최근에는 방범, 구급안전, 화재 등으로부터 보호하기 위한 주택용 방범기기의 수요가 급속히 증가하고 있다.
- 주거시설경비는 점차 인력경비에서 기계경비로 변화하고 있다.★
- 주거침입의 예방대책은 건축 초기부터 설계되어야 한다.★
- 타운경비는 일반 단독주택이나 개별 빌딩 단위가 아닌 대규모 지역단위의 방범활동이다.

  ㉡ 숙박시설경비
- 경비원의 규모는 객실 수와 건물의 크기를 고려해야 한다.
- 순찰 중 시설점검, 범죄예방, 화재점검, 기타 비상사태 점검 등을 실시한다.
- 경비원들에게 열쇠통제와 고객 사생활보호 교육을 실시한다.
- 외부 및 주변에서 발생할 수 있는 문제점도 중시해야 하나 내부 자체적인 경비도 중시해야 한다.

  ㉢ 금융시설경비
- 경비원의 경계는 가능한 한 2인 이상이 하는 것으로 하여야 하며 점포 내 순찰, 출입자 감시 등 구체적인 근무요령에 의해 실시한다.★
- 경비책임자는 경찰과의 연락 및 방범정보의 교환이 지속적으로 이루어지도록 점검하여야 한다.
- ATM의 증가는 범죄자들의 범행욕구를 충분히 유발시킬 수 있으므로 지속적인 경비순찰을 실시하고 경비조명뿐만 아니라 CCTV를 설치하는 등 안전대책이 수립되어야 한다.
- 현금수송은 원칙적으로 현금수송 전문경비회사에 의뢰해야 하며, 자체 현금수송 시에는 가스총 등을 휴대한 청원경찰을 포함한 3명 이상을 확보해야 한다.★
- 금융시설의 특성상 개·폐점 직후나 점심시간 등이 취약시간대로 분석되고 있다.★
- 금융시설 내에 한정하지 않고 외부경계 및 차량감시도 경비활동의 대상에 포함된다.★
- 금융시설에서 사건이 발생할 경우를 대비하여 신속한 대응을 위한 사전 모의훈련이 필요하다.
- 금융시설의 위험요소는 외부인에 의한 침입뿐만 아니라 내부인에 의한 범죄까지 포함한다.★
- 미국은 금융시설의 강도 등 외부침입을 예방·대응하기 위하여 은행보호법을 제정·시행하고 있다.★

  ㉣ 국가중요시설경비
- 국가중요시설은 공공기관 등이 적에 의하여 점령 또는 파괴되거나 기능이 마비될 경우 국가안보와 국민생활에 심각한 영향을 주는 시설로, 국가안전에 미치는 중요도에 따라 분류된다.★
- 3지대 방호개념은 제1지대(경계지대), 제2지대(주방어지대), 제3지대(핵심방어지대)이다.
- 국가중요시설의 통합방위사태는 갑종사태, 을종사태, 병종사태로 구분된다.

통합방위사태	
갑종사태	일정한 조직체계를 갖춘 적의 대규모 병력 침투 또는 대량살상무기 공격 등의 도발로 발생한 비상사태로서 통합방위본부장 또는 지역군사령관의 지휘·통제하에 통합방위작전을 수행하여야 할 사태를 말한다.
을종사태	일부 또는 여러 지역에서 적이 침투·도발하여 단기간 내에 치안이 회복되기 어려워 지역 군사령관의 지휘·통제하에 통합방위작전을 수행하여야 할 사태를 말한다
병종사태	적의 침투·도발 위협이 예상되거나 소규모의 적이 침투하였을 때에 시·도 경찰청장, 지역군사령관 또는 함대사령관의 지휘·통제하에 통합방위작전을 수행하여 단기간 내에 치안이 회복될 수 있는 사태를 말한다.

- 평상시 주요취약지점에 경비인력을 중점 배치하여 시설 내외의 위험요소를 제거한다.
- 주요 방호지점 접근로에 제한지역, 제한구역, 통제구역 등을 설정하여 출입자를 통제하며 계속적인 순찰 및 경계를 실시한다. ★
- 상황 발생 시에는 즉시 인근부대 및 경찰관서 등에 통보한다.
- 민간경비를 활용한 국가중요시설경비의 효율화 방안으로는 전문경비자격증제도 도입, 경비원의 최저임금 보장, 경비전문화를 위한 교육훈련의 강화, 인력경비의 축소와 기계경비시스템의 확대 등이다.

ⓜ 의료시설경비
- 의료시설에서 응급실은 불특정다수인의 많은 왕래 등의 특성으로 인해 잠재적 위험성이 가장 높기 때문에 경비대책이 요구된다.
- 의료시설은 지속적으로 수용되는 환자 및 방문객 등의 출입으로 관리상의 어려움이 있기 때문에 사후통제보다는 사전예방에 초점을 두는 것이 바람직하다. ★
- 출입구 배치나 출입제한구역의 설정은 안전책임자와 병원관계자의 협의에 의해 이루어질 수 있다. ★

ⓗ 교육시설경비
- 교육시설의 보호 및 이용자 안전 확보를 목적으로 한다. ★
- 교육시설의 범죄예방활동은 계획 → 준비 → 실행 → 평가 및 측정의 순서로 이루어진다. ★
- 교육시설의 위험요소 조사시 지역사회와의 상호관계를 고려대상에 포함시켜야 한다. ★
- 교육시설의 특별범죄예방의 대상에는 컴퓨터와 관련된 정보절도, 사무실 침입절도 등이 포함된다.

2. 수송(호송)경비

① 의의 : 수송(호송)경비란 운송 중인 현금·유가증권·귀금속·상품 그 밖의 물건 등에 대한 불의의 사고 발생을 예방하고 방지하는 업무를 말한다.

② 대 상
㉠ 민간경비에 의해 현금 수송경비가 필요한 대상은 은행, 환전소, 고속도로 톨게이트, 백화점, 현금 및 보석 취급소, 마을금고 등이다. ★
㉡ 경찰력에 의해 수송경비를 실시하는 경우는 투표용지 수송, 국가시험문제지 수송 등이 있다.

③ 위해발생의 대응요령

㉠ 위해발생 시 인명 및 신체의 안전을 최우선시한다.

㉡ 경비원이 소지하는 분사기와 단봉은 정당한 범위 내에서 적절하게 사용한다.

㉢ 습격사고 발생 시에는 큰소리, 확성기, 차량용 경보장치 등으로 주변에 이상 상황을 알린다.

㉣ 위해 발생 시 신속하게 차량용 방범장치를 해제해서는 안 되고, 방범장치를 이용하여 탑재물품을 차량 내에서 보호한다.

호송경비업무의 방식		
단독 호송방식	통합호송방식	경비업자가 무장호송차량 또는 일반차량을 이용하여 운송과 경비업무를 겸하는 호송경비 방식이다.
	분리호송방식	호송대상 물건은 운송업자의 차량으로 운송하고, 경비업자는 경비차량과 경비원을 투입하여 물건을 호송하는 방식이다.
	동승호송방식	물건을 운송하는 차량에 호송경비원이 동승하여 호송업무를 수행하는 경비방식이다.
	휴대호송방식	호송경비원이 직접 호송대상 물건을 휴대하여 운반하는 경비방식이다.
편성호송방식		호송방식과 방향 등을 고려하여 지역별로 또는 구간별로 조를 편성하여 행하는 경비방식이다.

3. 혼잡경비

① 혼잡경비란 기념행사, 경기대회, 제례행사, 기타 요인으로 모인 군중에 의하여 발생되는 자연적·인위적 혼잡상태를 사전에 예방하거나 경계하고, 위험한 사태가 발생할 경우에는 신속히 진압하여 확대되는 것을 방지하는 예비활동을 말한다.

② 과거에는 혼잡경비를 경찰력에 주로 의존하여 행하여졌으나 이제는 수익자부담의 원칙에 따라 행사를 주관하는 사람 또는 단체가 경비를 책임지는 방향으로 바뀌어 가고 있다.

③ 우리나라 경비업법에는 혼잡경비를 규정하고 있지 않다. 일본 경비업법에는 혼잡경비, 교통유도업무 등을 규정하고 있다. ★

4. 신변보호(경호경비)

① 신변보호란 사람의 생명이나 신체에 대한 위해의 발생을 방지하고 그 신변을 보호하는 업무를 말한다.

② 경찰이 평상시 사용하고 있는 경호개념보다 광의의 개념으로 경호대상자의 생명, 신체를 직·간접적인 위해로부터 보호하는 작용을 의미한다.

5. 특수경비

특수경비란 공항(항공기를 포함) 등 국가중요시설의 경비 및 도난·화재 그 밖의 위험발생을 방지하는 업무를 말한다.

Ⅳ　경비실시방식에 따른 분류

1. 1차원적 경비

경비원에 의한 경비 등과 같이 단일 예방체제에 의존하는 경비형태를 말한다.

2. 단편적 경비

포괄적·전체적 계획 없이 필요할 때마다 단편적으로 손실예방 등의 역할을 수행하기 위해 추가되는 경비형태를 말한다.★

3. 반응적 경비

단지 특정한 손실이 발생할 때마다 그 사건에만 대응하는 경비형태를 말한다.★

4. 총체적 경비(종합적 경비)

특정의 위해요소와 관계없이 언제 발생할지도 모르는 상황에 대비하여 인력경비와 기계경비를 종합한 표준화된 경비형태를 말한다.★

경비업무의 유형정리				
성격에 따른 분류	**형태에 따른 분류**	**목적에 따른 분류**	**실시방식에 따른 분류**	**경비업법상의 분류**
• 자체경비 • 계약경비	• 인력경비 • 기계경비	• 신변보호경비 • 호송경비 • 특수경비 • 시설경비 • 혼잡경비	• 1차원적 경비 • 단편적 경비 • 반응적 경비 • 총체적 경비	• 신변보호경비 • 호송경비 • 기계경비 • 특수경비 • 시설경비

Ⅴ　민간경비의 조직화 원리

1. 조직 내 경비부서의 위치

① 조직구성
　　㉠ 참모(막료)조직관리자 : 일반적으로 계선조직관리자에게 조언이나 참모역할을 제공하는 사람
　　㉡ 계선조직관리자 : 조직의 특정 목적을 달성하기 위하여 위임받은 범위 안에서 직접적으로 명령을 지시할 수 있는 권한을 부여받은 사람

② 경비부서의 위치
　　㉠ 경비부서는 참모조직(= 스텝조직)의 역할을 담당한다.★
　　㉡ 경비부서관리자는 조직 내 특별한 임무를 수행함으로써 전체적으로 기업의 최고책임자 등에게 정보를 전달하는 책임을 진다.
　　㉢ 조직 내의 경영간부 및 총책임자에 의해 권한을 위임받아 집행할 경우에는 계선조직(= 라인조직)의 성격도 갖는다.★

2. 경비관리 책임자의 역할

① **경영상의 역할** : 조직 내에 있는 모든 다른 부서의 경영자들과 일치하는 역할로서 기획, 조직화, 채용, 지도, 감독, 혁신 등이 있다.★

② **관리상의 역할** : 예산과 재정상의 감독, 경비문제를 관할하는 정책의 설정, 사무행정, 조직체계와 절차의 개발, 경비부서 직원에 대한 교육ㆍ훈련 과정의 개발, 모든 고용인들에 대한 경비교육, 경비와 관련된 문제에 있어서 다른 부서와의 상호 긴밀한 협조와 의사소통의 향상 등의 역할이다.★

③ **예방상의 역할** : 경비원에 대한 감독, 화재와 경비원의 안전, 경비활동에 대한 규칙적인 감사, 출입금지 구역에 대한 감시, 경비원들에 대한 이해와 능력개발, 교통통제, 경보시스템, 조명, 울타리, 출입구, 통신장비 등과 같은 모든 경비장비들의 상태 점검 등의 역할이다.★

④ **조사상의 역할(조사활동)** : 경비의 명확성, 감시, 회계, 회사규칙의 위반과 이에 따르는 모든 손실에 대한 조사ㆍ관리ㆍ감시ㆍ회계, 일반 경찰과 소방서와의 유대관계, 관련 문서의 확인 등을 포함한다.★

Ⅵ 민간경비의 조직화

1. 경비계획

① **손실분석** : 손실의 잠재적인 발생영역에 대한 상세한 분석 및 공동목적을 달성하는 데 발생할 수 있는 손실의 가능성, 주요 요인에 대한 분석이 선행되어야 한다.

② **목표의 설정과 달성** : 경비계획은 특정한 회사의 이익추구를 위해서 설정되어야 하며, 이익추구에 대한 저해 요인이 있다면 저해 요인을 색출해서 이익의 증대라는 기업체의 공동목적을 달성하도록 노력하는 것이다.

> **경비계획의 목표설정**
> 공동의 목표 → 경비의 목표결정 → 개발 및 기획 → 경비조직을 통한 목표달성 → 평가와 재검토

2. 통제기준의 설정

① **통제기준** : 경비부서의 권한 및 역할에 관련된 것으로서 물품의 선적, 수령과 입고 및 재고조사, 현금취급, 회계감사, 경리 등의 모든 절차를 포함하여 설정된다.

② **통제기준의 설정 방법** : 경비부서의 관리자가 내부적인 규율이나 책임의 한계를 제시함으로써 이루어지고, 또한 관리자가 자신의 견해를 표명하거나 반대의견을 제시할 수 있도록 배려되어야 하며, 조직의 전직원들이 수용하고 만족할 수 있도록 통제절차를 마련해야 한다.

3. 관리과정

① 민간경비의 조직화 과정에서 위험성, 돌발성, 기동성, 조직성 등 경비업무의 특수성을 고려해야 한다.

② 민간경비부서를 독립적으로 설치하지 않고 다른 관리부서와 연계시켜 통합적으로 설치하게 되면 전문성은 저하된다. ★

③ 보호대상의 특성에 따라 인력경비와 기계경비를 운용할 수 있는데 일반적으로 순수한 형태의 기계경비는 존재하지 않는다. ★

④ 조직의 목표달성을 위하여 조직구성원의 책임과 의무의 적정한 배분이 이루어져야 한다.

> **민간경비조직과 경찰조직의 특수성 비교**
> • 민간경비조직 : 위험성, 돌발성, 기동성, 조직성 등
> • 경찰조직 : 위험성, 돌발성, 기동성, 조직성, 권력성, 정치성, 고립성, 보수성 등
>
> 〈출처〉 최선우, 「민간경비론」, 진영사, 2015

4. 경비부서의 권한

① **경비책임자** : 회사의 여러 영역에서 업무 수행상 발생할 수 있는 제반문제에 대해서 조사를 할 수 있고, 회사 전체에 대한 경비 위해 요소 분석과 업무 전반에 관한 평가를 지시할 수 있는 위치에 있어야 한다.

② **경비부서의 관리자** : 경비부서의 관리자가 특별한 임무를 수행하는 부서의 장(長)으로서, 최고경영자나 전체적으로 통합된 각 부서별 책임자들이 경비업무의 책임을 진다(막료 역할 담당).

③ **권한의 정도**

㉠ 경비책임자는 그 자신의 부서에 관련된 모든 행위에 대하여 계선상의 권한을 행사할 수 있다. ★

㉡ 관리자는 경비업무와 관계되지 않는 것에 대해 직접적으로 통제하거나 명령할 수 없고, 권한의 정도가 주어진 범위 내에서 발생할 수 있는 모든 문제에 대하여 경비원을 명령하고 지시할 수 있다. ★

5. 경비부서의 조직화

경비부서의 조직은 특정 의무와 책임에 대한 분명한 개념, 명확한 보고수준과 명령계통을 세워야 한다. 대체적으로 경비부서를 조직화하는 데 있어 가장 중요하게 고려하는 사항은 권한위임의 한계, 통솔의 범위, 경비인력의 수요 등을 꼽을 수 있다.

① **권한의 위임**

㉠ 권한의 위임은 인원이 소수인 조직보다는 다수인 조직 구조에서 필요하게 된다. ★

㉡ 권한의 위임은 최종적인 책임과 운영상의 책임으로 분류된다.

㉢ 경비의 최고관리자는 중간관리자에게 경비운영의 감독 권한을 위임하고, 중간관리자는 조장에게 권한을 위임하는데 이는 경비의 효율성과 관련된다.

㉣ 업무에 대한 권한이 위임되었으므로 책임 또한 위임되어야 한다. 그러나 위임된 책임은 본래 주어진 것이 아니며, 일상적으로 위임된 범위를 벗어나서는 안 된다. ★

㉤ 최고관리자는 중간관리자에게 책임의 범위 내에서 업무를 수행할 수 있도록 재량권을 부여하여야 한다.

② 통솔의 범위

    ⊙ 통솔의 범위는 한 사람의 관리자가 효과적으로 운용할 수 있고 직접적으로 감독할 수 있는 최대한의 인원수를 말한다(10~12명 정도).

    ⓛ 일반적으로 관리자의 통솔범위는 업무의 성질, 시간, 장소, 문제의 수, 지리적인 영역, 고용기술, 작업성과 및 리더십, 환경요인, 참모와 정보관리체계 등에 따라 정해진다.

통솔범위의 결정요인

- 관리자의 능력과 시간 : 상관의 능력이 높을수록 상관의 통솔범위가 넓다. 기존조직 책임자가 신설조직 책임자보다는 통솔범위가 넓다.
- 계층수 : 계층의 수가 적을수록 상관의 통솔범위가 넓다.
- 부하직원의 자질과 의식구조 : 부하직원의 자질이 높을수록 상관의 통솔범위가 넓다.
- 업무의 특성 : 업무가 비전문적이고 단순할수록 상관의 통솔범위가 넓다.
- 막료부서의 지원능력 : 막료부서의 지원능력이 클수록 상관의 통솔범위가 넓다.
- 작업장소의 지역적인 분산 정도 : 지리적 분산 정도가 작을수록 상관의 통솔범위가 넓다. 즉, 여러 장소에 근무하는 사람들을 통솔하는 책임자는 시간적·장소적으로 통솔하는데 어려움이 많기 때문에 통솔범위가 좁다.

---

③ 민간경비조직의 운영원리

계층제의 원리	• 권한과 책임에 따라 직무를 등급화 함 • 상·하 계층 간에 직무상의 지휘·감독관계
명령통일의 원리	• 경비원은 직속상관에게 직접 명령을 받고 보고해야 함 • 지휘계통의 일원화로 책임소재를 명확히 함
전문화의 원리	• 조직의 전체기능을 기능별·특성별로 나누어 임무를 분담시킴 • 각 개인별 능력을 충분히 고려하여 적재적소에 배치
조정·통합의 원리	• 조직 전체의 목표, 즉 공동목표를 달성하기 위해 하위조직 사이에 수행하고 있는 업무가 통일성 내지 조화를 이루도록 하는 것 • 조직구조가 분업화, 전문화되어 있을수록 조정·통합의 필요성이 크다.

④ 경비인력의 수요

    ⊙ 경비인력의 수요에 있어 가장 중요한 판단기준은 경비시설물 내의 전반적인 요소들을 면밀하게 분석하는 것이다.

    ⓛ 일반적으로 경비인력의 수요는 해당 경비시설물의 규모에 비례한다. 즉, 해당 시설물의 구획의 면적과 규모, 조직 전체 직원의 수 등을 고려해야 한다.

Ⅰ　경비업법상의 교육 등

1. 경비원의 교육(경비업법 제13조)

① 일반경비원에 대한 교육

ㄱ 경비업자는 경비업무를 적정하게 실시하기 위하여 경비원으로 하여금 대통령령으로 정하는 바에 따라 경비원 신임교육 및 직무교육을 받게 하여야 한다(경비업법 제13조 제1항 본문). 다만, 다음의 어느 하나에 해당하는 사람을 일반경비원으로 채용한 경우에는 해당 일반경비원을 일반경비원 신임교육 대상에서 제외할 수 있다(경비업법 제13조 제1항 단서).

- 경비원(일반경비원 또는 특수경비원) 신임교육을 받은 사람으로서 채용 전 3년 이내에 경비업무에 종사한 경력이 있는 사람
- 경찰공무원으로 근무한 경력이 있는 사람
- 경호공무원 또는 별정직공무원으로 근무한 경력이 있는 사람
- 부사관 이상으로 근무한 경력이 있는 사람
- 경비지도사 자격이 있는 사람
- 채용 당시 일반경비원 신임교육을 받은 지 3년이 지나지 아니한 사람

ㄴ 경비원이 되려는 사람은 대통령령으로 정하는 교육기관에서 미리 일반경비원 신임교육을 받을 수 있다(경비업법 제13조 제2항).

ㄷ 경비업자는 소속 일반경비원에게 법 제12조에 따라 선임한 경비지도사가 수립한 교육계획에 따라 매월 행정안전부령으로 정하는 시간(2시간) 이상의 직무교육을 받도록 하여야 한다(경비업법 시행령 제18조 제3항, 동법 시행규칙 제13조 제1항).

ㄹ 신임교육의 과목 및 시간, 직무교육의 과목 등 일반경비원의 교육실시에 필요한 사항은 행정안전부령으로 정한다(경비업법 시행령 제18조 제5항).

[일반경비원 신임교육의 과목 및 시간] (경비업법 시행규칙 [별표 2]) 〈개정 2023.7.17.〉

구분(교육시간)	과 목	시 간
이론교육 (4시간)	「경비업법」 등 관계법령	2
	범죄예방론	2
실무교육 (19시간)	시설경비실무	4
	호송경비실무	2
	신변보호실무	2
	기계경비실무	2
	사고예방대책	3
	체포·호신술	2
	장비사용법	2
	직업윤리 및 서비스	2
기타(1시간)	입교식, 평가 및 수료식	1
계		24

② **일반경비원 신임교육기관** : 경비업자는 일반경비원을 채용한 경우 법 제13조 제1항 본문에 따라 해당 일반경비원에게 경비업자의 부담으로 다음의 기관 또는 단체에서 실시하는 일반경비원 신임교육을 받도록 하여야 한다(경비업법 시행령 제18조 제1항).

　㉠ 법 제22조 제1항에 따른 경비협회

　㉡ 「경찰공무원 교육훈련규정」 제2조 제3호에 따른 경찰교육기관

　㉢ 경비업무 관련 학과가 개설된 대학 등 경비원에 대한 교육을 전문적으로 수행할 수 있는 인력과 시설을 갖춘 기관 또는 단체 중 경찰청장이 지정하여 고시하는 기관 또는 단체

2. 특수경비원

① **신임교육과 직무교육** : 특수경비업자는 대통령령으로 정하는 바에 따라 특수경비원으로 하여금 특수경비원 신임교육과 정기적인 직무교육을 받게 하여야 하고, 특수경비원 신임교육을 받지 아니한 자를 특수경비업무에 종사하게 하여서는 아니 된다(경비업법 제13조 제3항).

② **지도ㆍ감독** : 특수경비원의 교육 시 관할 경찰서 소속 경찰공무원이 교육기관에 입회하여 대통령령이 정하는 바에 따라 지도ㆍ감독하여야 한다(경비업법 제13조 제4항).

③ **특수경비원에 대한 교육**(경비업법 시행령 제19조)

　㉠ 특수경비업자는 특수경비원을 채용한 경우 해당 특수경비원에게 특수경비업자의 부담으로 다음의 기관 또는 단체에서 실시하는 특수경비원 신임교육을 받도록 하여야 한다.

　　• 경찰공무원 교육훈련규정 제2조 제3호에 따른 경찰교육기관

　　• 행정안전부령으로 정하는 기준에 적합한 기관 또는 단체 중 경찰청장이 지정하여 고시하는 기관 또는 단체

　㉡ 다만, 특수경비업자는 채용 전 3년 이내에 특수경비업무에 종사하였던 경력이 있는 사람을 특수경비원으로 채용한 경우에는 해당 특수경비원을 특수경비원 신임교육 대상에서 제외할 수 있다.

　㉢ 특수경비업자는 소속 특수경비원에게 선임한 경비지도사가 수립한 교육계획에 따라 매월 행정안전부령으로 정하는 시간(3시간) 이상 직무교육을 받도록 하여야 한다.

특수경비원의 결격사유(경비업법 제10조)

② 다음 각호의 어느 하나에 해당하는 자는 특수경비원이 될 수 없다.

1. 18세 미만이거나 60세 이상인 사람 또는 피성년후견인
2. 심신상실자, 알코올 중독자 등 대통령령으로 정하는 정신적 제약이 있는 자
3. 제1항 제2호부터 제8호까지의 어느 하나에 해당하는 자
4. 금고 이상의 형의 선고유예를 받고 그 유예기간 중에 있는 자
5. 행정안전부령으로 정하는 신체조건에 미달되는 자

특수경비원의 신체조건(경비업법 시행규칙 제7조)

법 제10조 제2항 제5호에서 "행정안전부령이 정하는 신체조건"이라 함은 팔과 다리가 완전하고 두 눈의 맨눈시력 각각 0.2 이상 또는 교정시력 각각 0.8 이상을 말한다. 〈개정 2023.7.17.〉

[특수경비원 신임교육의 과목 및 시간] (경비업법 시행규칙 [별표 4]) 〈개정 2023.7.17.〉

구분(교육시간)	과 목	시 간
이론교육 (15시간)	「경비업법」 및 「경찰관직무집행법」 등 관계법령	8
	「헌법」 및 형사법	4
	범죄예방론	3
실무교육 (61시간)	테러 및 재난대응요령	4
	폭발물 처리요령	6
	화재대처법	3
	응급처치법	3
	장비사용법	3
	출입통제 요령	3
	직업윤리 및 서비스	4
	기계경비실무	3
	정보보호 및 보안업무	6
	시설경비 요령	4
	민방공	4
	총기조작	3
	사 격	8
	체포·호신술	4
	관찰·기록기법	3
기타(4시간)	입교식, 평가 및 수료식	4
계		80

3. 경비지도사 교육의 과목 및 시간

[경비지도사 교육의 과목 및 시간] (경비업법 시행규칙 [별표 1]) 〈개정 2023.7.17.〉

구분 (교육시간)	과목 및 시간	
공통교육 (24h)	「경비업법」, 「경찰관직무집행법」 등 관계법령 및 「개인정보보호법」에 따른 개인정보 보호지침 등(4h), 실무 I (4h), 실무 II (3h), 장비사용법(2h), 범죄·테러·재난 대응요령 및 화재대처법(2h), 응급처치법(2h), 직업윤리 및 인권보호(2h), 체포·호신술(2h), 입교식, 평가 및 수료식(3h)	
자격의 종류별 교육(16h)	일반경비지도사	시설경비(3h), 호송경비(2h), 신변보호(2h), 특수경비(2h), 기계경비개론(2h), 일반경비 현장실습(5h)
	기계경비지도사	기계경비 운용관리(4h), 기계경비 기획 및 설계(4h), 인력경비개론(3h), 기계경비 현장실습(5h)
계	40h	

※ 비고 : 일반경비지도사 자격증 취득자 또는 기계경비지도사 자격증 취득자가 자격증 취득일부터 3년 이내에 기계경비지도사 또는 일반경비지도사 시험에 합격하여 교육을 받은 경우에는 공통교육은 면제한다.

경비지도사의 선임 등(경비업법 제12조)

① 경비업자는 대통령령이 정하는 바에 따라 경비지도사를 선임하여야 한다.
② 제1항의 규정에 의하여 선임된 경비지도사의 직무는 다음과 같다.
   1. 경비원의 지도·감독·교육에 관한 계획의 수립·실시 및 그 기록의 유지
   2. 경비현장에 배치된 경비원에 대한 순회점검 및 감독
   3. 경찰기관 및 소방기관과의 연락방법에 대한 지도
   4. 집단민원현장에 배치된 경비원에 대한 지도·감독
   5. 그 밖에 대통령령이 정하는 직무
③ 선임된 경비지도사는 제2항 각호의 규정에 의한 직무를 대통령령이 정하는 바에 따라 성실하게 수행하여야 한다.

경비지도사의 직무 및 준수사항(경비업법 시행령 제17조)

① 법 제12조 제2항 제5호에서 "대통령령이 정하는 직무"란 다음 각호의 직무를 말한다.
   1. 기계경비업무를 위한 기계장치의 운용·감독(기계경비지도사의 경우에 한한다)
   2. 오경보 방지 등을 위한 기기관리의 감독(기계경비지도사의 경우에 한한다)
② 경비지도사는 법 제12조 제3항에 따라 같은 조 제2항 제1호·제2호의 직무 및 제1항 각호의 직무를 월 1회 이상 수행하여야 한다.
③ 경비지도사는 법 제12조 제2항 제1호에 따라 경비원에 대한 교육을 실시하고, 행정안전부령으로 정하는 경비원 직무교육 실시대장에 그 내용을 기록하여 2년간 보존하여야 한다.

Ⅱ 청원경찰법상의 교육 등

1. 청원경찰의 배치 및 교육(청원경찰법 시행령 제5조)

① 청원주는 청원경찰로 임용된 사람으로 하여금 경비구역에 배치하기 전에 경찰교육기관에서 직무수행에 필요한 교육을 받게 하여야 한다. 다만, 경찰교육기관의 교육계획상 부득이하다고 인정할 때에는 우선 배치하고 임용 후 1년 이내에 교육을 받게 할 수 있다.
② 경찰공무원(의무경찰을 포함한다) 또는 청원경찰에서 퇴직한 사람이 퇴직한 날부터 3년 이내에 청원경찰로 임용되었을 때에는 교육을 면제할 수 있다.
③ 교육기간·교육과목·수업시간 및 그 밖에 교육의 시행에 필요한 사항은 행정안전부령으로 정한다.

2. 청원경찰의 직무교육(청원경찰법 시행규칙 제6조, 제13조)

① 교육기간은 2주로 하고, 교육과목 및 수업시간은 다음 표와 같다.

청원경찰 교육과목 및 시간표(청원경찰법 시행규칙 [별표 1])

구 분	과 목	시 간 (총 76시간)
정신교육	정신교육	8
학술교육	형사법	10
	청원경찰법	5

실무교육	경 무	경찰관직무집행법	5
	방 범	방범업무	3
		경범죄처벌법	2
	경 비	시설경비	6
		소 방	4
	정 보	대공이론	2
		불심검문	2
	민방위	민방공	3
		화생방	2
	기본훈련		5
	총기조작		2
	총검술		2
	사 격		6
술 과	체포술 및 호신술		6
기 타	입교·수료 및 평가		3

② 청원주는 소속 청원경찰에게 그 직무집행에 필요한 교육을 매월 4시간 이상 실시하여야 한다.

③ 관할 경찰서장은 필요하다고 인정하는 경우에는 청원경찰이 배치된 사업장에 소속공무원을 파견하여 직무집행에 필요한 교육을 할 수 있다.

제3절　경비원 직업윤리

I　경비원의 근무자세

1. 의 의

경비원은 경비대상자의 신체와 재산을 보호하는 임무를 수행하므로 바람직한 경비원의 근무자세를 정립하고 고객에게 완벽한 서비스를 통해 신뢰감을 획득하기 위해 노력하여야 한다.

2. 경비원의 근무자세

① 사명감을 갖고 부여된 업무수행에 최선을 다하는 자세가 필요하다.

② 강한 책임감과 소명의식을 구비하고, 전문성을 갖도록 부단한 자기개발의 노력을 하여야 한다.

③ 청렴하고 도덕성을 지녀야 하며, 항상 건전한 사고와 올바른 행동을 할 줄 알아야 한다.

④ 안전을 우선으로 실천하는 근무자세가 필요하다. 고객의 안전도 중요하지만 경비원 자신의 안전도 고려해서 근무를 해야 한다. 따라서 경비원은 경비근무 간 발생될 수 있는 안전위해요소를 사전에 확인하고 점검해서 철저히 대비하여 경비업무에 임하는 적극적인 근무자세가 필요하다.

⑤ 경비업무는 고객의 안전도 중요하지만 일종의 서비스업무이므로 고객이 바라는 우월감, 환영기대감, 자기본위 심리 등을 고려하여 경비원 자신을 낮추는 등 서비스정신에 입각한 근무자세가 필요하다. 즉 4S[Security(경비), Secretary(비서), Service(봉사), Safety(안전)]를 복합적으로 수행하는 것이 바람직한 근무자세이다.

⑥ 기타 상급자의 지시명령에 절대복종하는 근무자세, 단정한 복장과 깨끗한 외모를 갖추어 근무하는 자세, 경비원 상호 간 비방이나 불평불만을 일삼는 일이 없이 근무하는 자세 등이 필요하다.

〈참고〉 김두현, 「경호학개론」 中 사경비원의 직업윤리/경비원의 자세, 엑스퍼트, 2020, P. 424~427

Ⅱ 경비원의 직업윤리 정립

경호윤리에 대한 문제점을 해결하기 위해서 다음과 같은 경호·경비원 및 경비지도사의 직업윤리 방안이 정립되어야 한다.

① 성희롱 유발요인 분석 철저 및 예방교육 강화

② 총기안전관리 및 정신교육 강화

③ 정치적 논리지양 등 경호환경 조성 및 탄력적 경호력 운영

④ 사전예방경호활동을 위한 경호위해 인지능력 배양

⑤ 경호교육기관 및 경호 관련 학과의 '경호윤리' 과목 개설 운영

⑥ 경호지휘단일성의 원칙에 의한 경호임무수행과 위기관리대응력 구비

⑦ 집단지성 네트워크 사이버폴리스 자원봉사시스템 구축

※ 사이버 및 경호위해 범죄에 실시간 대응할 수 있도록 각 분야의 집단지성이 자발적으로 참여할 수 있는 시스템을 구축하여 사이버공간에서의 범죄를 예방하고 사회적 공감대를 형성할 수 있는 대책방안이 강구되어야 한다.

⑧ 경호원 채용 시 인성평가 방법 강화 및 자원봉사 활성화

〈참고〉 김두현, 「경호학개론」 中 경호·경비원의 직업윤리 정립, 엑스퍼트, 2020, P. 430~442

제4절 경비위해요소 분석과 조사업무

Ⅰ 경비위해요소 분석

1. 경비위해요소의 개념

① 경비위해요소의 정의 : 경비위해요소란 경비대상의 안전성에 위험을 끼치는 모든 제반요소를 의미한다.

② 경비위해요소 분석의 필요성

ㄱ 경비대상의 안전 확보와 손실 감소를 위한 적절한 대응책 개발을 위해 경비위해요소 분석이 필요하다.

ㄴ 각종 사고로부터 손실을 예방하고 최적의 안전 확보를 위해서는 경비위해요소에 대한 인지와 평가가 선행되어야 한다.

ㄷ 경비위해요소 분석은 경비대상의 취약점을 파악하여 범죄, 화재, 재난 등으로부터 안전하게 보호하기 위한 계획을 수립하기 위함이다.

③ 경비위해요소의 형태
  ㉠ **자연적 위해** : 화재, 폭풍, 지진, 홍수 기타 건물붕괴, 안전사고 등 자연적 현상에 의해 일어나는 위해로서, 대규모의 인적·물적 피해를 발생시킨다. 여기서 화재나 안전사고는 많은 부분에서 인위적일 수 있다.
  ㉡ **인위적 위해** : 신체를 위협하는 범죄, 절도, 좀도둑, 사기, 횡령, 폭행, 태업, 시민폭동, 폭탄위협, 화재, 안전사고, 기타 특정상황에서 공공연하게 발생하는 위해를 말한다.
  ㉢ **특정한 위해** : 위해에 노출되는 정도가 시설물 또는 특정 상황에 따라 다양하게 나타나는 위해를 말한다. 예컨대, 화재나 폭발의 위험은 화학공장에서 더 크게 나타나고, 강도나 절도는 소매점이나 백화점에서 더 크게 나타난다.
④ 경비위해요소의 분석단계
  ㉠ **경비위험요소 인지단계** : 개인 및 기업의 보호영역에서 손실을 일으키기 쉬운 취약부분을 확인하는 단계이다.
  ㉡ **손실발생 가능성 예측단계** : 경비보호대상의 보호가치에 따른 손실발생 가능성을 예측하는 단계이다.
  ㉢ **경비위험도 평가단계** : 특정한 손실이 발생하였다면 얼마나 심각한 영향을 미쳤는가를 고려하는 단계이다.
  ㉣ **경비비용효과 분석단계** : 범죄피해로 인한 인적·물적 피해의 정도, 고객의 정신적 안정성, 개인 및 기업체의 비용부담정도 등을 고려하는 단계이다.

2. 경비위험요소의 인지 및 평가
① 위험요소의 인지
  ㉠ 위험요소 분석에 있어서 가장 선행되어야 하는 것은 모든 경비지역 내에서의 손실의 취약성이 있는 위험요소를 인지하는 것이다.
  ㉡ 손실이 예상되는 곳, 절도의 대상이 되는 자산, 절도수법, 사고의 빈도와 잠재성 정도, 재해나 화재 등의 손실 가능성의 조사를 한다.
  ㉢ 위험요소의 인지에서 취약요소가 확인되면 위험요소들을 각 대상별로 추출해 성격을 파악하여 각각의 요소마다 보호수단을 다르게 적용해야 한다.★
② **인식된 위험요소의 분류(척도화)** : 경비위험요소에 대한 인지된 사실들을 현재의 경비대상물이 갖고 있는 환경들을 고려하여 위험가능성이 큰 순서대로 서열화하는 것을 말한다.
③ **경비위험도의 평가** : 경비위험도의 평가는 특정한 손실이 발생하였다면 손실이 경비대상에 어떠한 영향을 미치는지 평가하고 손실에 대한 잠재적 위험의 빈도를 조사하는 과정을 말한다.
④ 경비위해분석
  ㉠ 경비위해분석이란 경비활동의 대상이 되는 위험요소들을 대상별로 추출하여 성격을 파악하는 경비진단활동을 말한다.
  ㉡ 경비위해분석을 통해 손실의 취약성, 손실가능성을 객관적으로 파악하며 분석결과에 따라 장비와 인원 등의 투입이 결정되며 많은 손실이 예상되는 경비대상에는 종합경비시스템을 설치해야 한다.
  ㉢ 경비위해요소 분석자료는 경비계획에 있어서 경비조직 등의 규모를 판단하는 근거가 된다.

제1장
제2장
제3장
제4장
제5장
제6장
제7장

3. 경비의 비용효과분석

① 비용효과분석은 투입비용 대비 산출효과를 비교하여 적정한 경비수준을 결정하는 과정이다.

② 과거 같은 기간 동안의 경비활동에서 경비 조직에 의한 손실이 지역적·전국적으로 집계된 형사사건이나 유사한 사건, 인접회사의 경우와 비교·분석한 후에 회사 전체의 경비에 대한 비용효과분석을 해야 한다. 따라서 경비활동의 비용효과분석은 절대적인 잣대로 평가할 수 없다.★

③ 비용효과분석의 수치에 근거한 측정은 경비기능의 효용성에 대한 실질적인 지침을 제공하므로 경비 시스템의 방범능력을 주기적으로 분석하고 평가한다.★

위험관리(Risk management)

1. 의의 : 위험도를 분석·평가·통제하는 업무에 대해 관리정책, 절차, 지침 등을 체계적으로 적용하여 근로자, 대중, 환경 및 회사 등을 보호하는 관리를 말한다.

2. 특 징

① 기본적으로 위험요소의 확인 → 위험요소의 분석 → 우선순위의 설정 → 위험요소의 감소 → 보안성·안전성 평가 등의 순서로 이루어진다.

② 위험관리가 효율적으로 이루어지기 위해서는 관련절차에 관한 표준운영절차(SOP : Standard Operational Procedures)를 개발하는 것이 바람직하다.

③ 확인된 위험에 대한 대응은 위험의 제거, 회피, 감소, 분산, 대체, 감수와 접근방법의 통합 등의 방법이 적용된다.

㉠ **위험의 제거** : 위험관리에서 최선의 방법은 확인된 모든 위험요소를 제거하는 것이다. 접근을 철저하게 통제하더라도 어떠한 형태로든 직원이 접근할 수 있는 가능성은 항상 존재한다. 따라서 확인된 위험을 완벽하게 제거하는 것은 사실상 어렵다고 본다.

㉡ **위험의 회피** : 범죄 및 손실이 발생할 기회를 아예 제공하지 않는 것이다. 어떤 활동을 계속함으로써 얻을 수 있는 이익보다 어떤 잠재적 손실이 보다 클 것이라는 비용편익분석을 통해서 정당화되는 소극적인 접근방법이다.

㉢ **위험의 감소** : 완벽한 위험의 제거 내지 위험의 회피가 불가능하다면 가장 현실적인 최선의 대응방법은 물리적·절차적 관점에서 위험요소를 감소시키거나 최소화시키는 방법을 강구하는 것이다. 보호대상 가치가 매우 높을수록 위험감소 전략은 보다 체계적으로 이루어져야 할 것이다.

㉣ **위험의 분산** : 위험의 분산 또한 발생할 수 있는 잠재적 손실을 감소시키는 하나의 방법이기 때문에 방법론적으로 위험성이 높은 보호대상을 한 곳에 집중시키지 않고 여러 곳에 분산시킴으로써 단일 사건에 의한 손실을 감소시킨다.

㉤ **위험의 대체** : 직접적으로 위험을 제거하거나 감소 및 최소화하는 것보다 보험과 같은 대체수단을 통해서 손실을 전보하는 방법이다.

---

1. 경비 관련 조사업무 일반

① **조사업무의 개념** : 경비시설물에 대한 위험요소 분석 절차는 위험을 예방하기 위한 선택과정이며 경비관리 책임자에게 있어 가장 우선적으로 고려해야 할 경비업무 수행과정은 경비 관련 조사업무이다.★

② **조사업무의 목적**

　㉠ 조사활동을 통하여 종합적인 경비계획을 수립할 수 있다.

　㉡ 조사활동을 통하여 경비시설물 내에 있는 모든 구성원에게 경비와 관련된 협력을 얻을 수 있다.

　㉢ 경비시설물에 대한 경비의 취약점을 찾아낼 수 있다.

　㉣ 경비업무 수행에 소요되는 예산의 확보와 정확한 산출을 할 수 있다.

③ **조사업무의 방법** : 시설물에 대한 물리적 검사와 모든 집행체계와 절차에 대한 조사로, 경비시설의 현재 상태를 점검하고 경비방어의 취약점을 찾아내어 종합적인 경비프로그램을 수립하기 위한 객관적인 분석 작업이다.

경비조사업무의 과정

경비대상의 현상태 점검 → 경비방어상의 취약점 확인 → 요구되는 보호의 정도 측정 → 경비활동 전반에 걸친 객관적 분석 → 종합적인 경비프로그램의 수립

---

④ **조사업무 담당자**

　㉠ 조사자들은 관련분야에 대한 높은 지식을 보유하고, 조사대상 시설물과 집행절차를 숙지하고 있어야 하며, 조사 진행의 각 단계에 대한 사전계획을 수립하여야 한다.

　㉡ 조사업무는 경비부서의 참모들이나 조사를 위해 고용된 자격 있는 경비전문가들에 의해 행해지며, 이들 중 몇 사람은 해당 시설물과 조사 진행과정을 잘 알고 있어야 한다.

⑤ **조사계획** : 조사계획은 조사 진행의 각 단계에서 사전계획이 수립되어야 하며, 조사해야 할 영역에 대한 조언이나 지침(指針)으로서 사용된다.

경비조사의 대상

• 물리적 설비와 이에 대한 주위환경의 조사
• 규칙적으로 운영되는 절차와 일상 업무에 대한 조사

---

⑥ **내부담당자에 의한 조사와 경비전문가(외부)에 의한 조사**

　㉠ 내부담당자에 의한 조사는 내부업무 숙지 정도가 높고 경비위해요소에 대한 사실의 경험이 풍부하며 조직 내 타 부서와 경비부서의 협조체제가 용이한 반면 전문성이 떨어지고 평가의 기준이 주관적일 수 있다는 단점이 있다.

　㉡ 경비전문가에 의한 조사는 경비위해분석에 있어 내부관계자의 영향을 받지 않기 때문에 조사가 객관적이며 전문성을 띠어 현 상태에 대한 더욱 정확한 평가가 가능하다는 장점이 있는 반면 내부업무에 대한 숙지도가 낮고 타 부서와의 협조가 어렵다는 단점이 있다.

2. 일반시설물 조사

① 일반지역 경비문제 : 울타리, 출입구, 배수로, 하수도, 조명 점검 등

② 인접 건물들의 창문과 지붕의 경비문제 : 인접 건물 가까이 사람들이 접근할 수 있는 공간이 있는지 여부, 창문과 지붕이 적절히 보호되고 있는지 여부 등

③ 창문의 개폐문제 : 18피트(약 5.5m) 이하의 모든 창문과 문은 열린 채로 안전한가 등

④ 빌딩 안에 있는 입주자의 현관 출입 열쇠에 대한 경비문제 : 출입구 자물쇠의 교체 빈도, 출입열쇠의 분실이나 회수 문제, 입주자의 수 등

⑤ 고가품의 경비문제 : 금고, 저장고, 창고의 경보장치 및 주거침입 등

⑥ 건물 내의 공동점유의 경비문제 : 입주자가 비번일 때의 서명일지, 승강기의 수동전환 유무, 화장실의 개방 유무, 복도와 로비의 조명관계, 마스터키 시스템의 사용 유무 등

⑦ 주차장 경비문제 : 자동차 절도와 파괴행위로부터의 보호 유무, 차량조사 필요시 출입구나 회전식 문의 존재 유무, 차량조사를 위한 조명, 울타리를 통한 주차장 안팎으로의 물건 반·출입 가능 유무 등

⑧ 건물 출입통제에 대한 경비문제 : 출입자의 확인 방법, 내부직원·방문객·차량 통제, 청소담당자의 신원확인 등

⑨ 화재 등에 대한 경비문제 : 방화시설(防火施設)의 설치 유무, 소화기의 형태와 수 및 점검 유무, 소방서와의 거리, 자동소화장치와 자동화재경보기의 설치 유무, 직장 소방대의 조직 유무, 금연표지의 지정 유무, 가연성 물질의 보관형태, 화재예방 프로그램의 존재 유무, 소방훈련이 규정에 의하여 실시되고 있는가 등

3. 조사업무보고서와 경비업무철 작성

① 조사업무보고서 작성 : 조사가 모든 영역에서 끝나고 자료정리가 끝나면 보고서에는 경비의 취약한 부분과 합리적인 경비를 실시할 수 있는 대안이 제시되어야 하며, 그 결과 최종보고서에는 경비계획이 수립된다.

② 경비업무철 작성 : 조사업무보고서는 경비계획을 수립하는 데 매우 유용하므로 가장 최신의 자료를 철하여 두면 경비업무의 효율성을 증대시켜 준다.★

05 경비와 시설보호의 기본원칙

제1절 경비계획의 수립

I 경비계획

1. 경비계획의 개념

① 의 의
　㉠ 경비계획이란 경비업무의 전반적인 방향과 성패를 좌우하는 가장 기초적인 활동으로 경비위해요소 분석과 조사활동을 통해 수집된 자료와 경영상 환경을 종합적으로 고려하여 경비실시의 과정을 구체적으로 결정하는 계획을 말한다.
　㉡ 경비계획은 계약처가 요구하는 경비내용을 구체적으로 실시할 방법을 정하는 것이다.
② 경비계획서 : 경비계획서는 사전조사를 통한 경비진단에서 파악된 내용을 기초로 작성하는데, 사전조사는 현장청취와 현장조사로 이루어진다.
　㉠ 현장청취 : 직접 현장에 가서 시설물의 상태를 확인하고 실무자들의 의견을 청취하여 잠재된 위험을 찾아내는 업무이다.
　㉡ 현장조사 : 관련 정보를 확인하고 실제 조사를 통해 잠재된 위험을 찾아내는 업무이다.

2. 경비계획·관리·평가과정

① 경비계획의 순환과정 : 경비계획은 경비부서의 조직관리·실행과정과 평가과정의 관계 속에서 역동적으로 작용하고 있다.

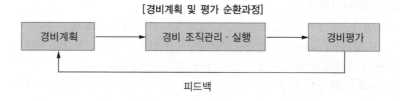

[경비계획 및 평가 순환과정]

경비계획 → 경비 조직관리·실행 → 경비평가

피드백

3. 경비계획의 수준(Level)

① 최저수준경비(Level I : Minimum Security)
　㉠ 일정한 패턴이 없는 불법적인 외부침입을 방해할 수 있도록 계획된 경비시스템을 말한다.
　㉡ 방어대상은 외부로부터 단순한 침입에서부터 무장공격에 이르기까지 다양하다.
　㉢ 보통 출입문과 자물쇠를 갖춘 창문과 같은 단순한 물리적 장벽으로 구성되는 일반 가정이 대표적인 예이다.

② 하위수준경비(Level Ⅱ : Low-Level Security)
- ㉠ 일정한 패턴이 없는 불법적인 외부침입을 방해하고 탐지할 수 있도록 계획된 경비시스템을 말한다.
- ㉡ 일단 단순한 물리적 장벽과 자물쇠가 설치되고 거기에 보강된 출입문, 창문의 창살, 보다 복잡한 수준의 자물쇠, 조명시스템, 기본적인 경비시스템, 기본적인 안전장치가 설치된다.
- ㉢ 작은 소매상점, 저장창고 등이 대표적인 예이다.

③ 중간수준경비(Level Ⅲ : Medium Security)
- ㉠ 대부분의 패턴이 없는 불법적인 외부침입과 일정한 패턴이 없는 일부 내부침입을 방해, 탐지, 사정할 수 있도록 계획된 경비시스템으로, 보다 발전된 원거리 경보시스템, 경계지역의 보다 높은 수준의 물리적 장벽, 기본적인 의사소통장비를 갖춘 경비원 등을 갖추고 있다.
- ㉡ 큰 물품창고, 제조공장, 대형 소매점 등이 대표적인 예이다.

④ 상위수준경비(Level Ⅳ : High-Level Security)
- ㉠ 대부분의 패턴이 없는 외부 및 내부의 침입을 발견·저지·방어·예방할 수 있도록 계획된 경비시스템을 말한다.
- ㉡ CCTV, 경계경보시스템, 고도로 훈련받은 무장경비원, 고도의 조명시스템, 경비원과 경찰의 협력시스템 등을 갖추고 있다.
- ㉢ 관계기관과의 조정계획 등을 갖춘 교도소, 제약회사, 전자회사 등이 대표적이다.

⑤ 최고수준경비(Level Ⅴ : Maximum Security)
- ㉠ 일정한 패턴이 전혀 없는 외부 및 내부의 침입을 발견·억제·사정·무력화할 수 있도록 계획된 경비시스템을 말한다.
- ㉡ 모든 Level의 계획이 결합되고 최첨단 경보시스템과 현장에서 즉시 대응할 수 있는 24시간 무장체계 등을 갖추고 있다.
- ㉢ 핵시설물, 중요교도소, 중요군사시설, 정부의 특별연구기관, 외국대사관 등이 대표적인 예이다.

Ⅱ 경비계획 수립의 원칙

1. 경비계획 수립의 기본원칙
① 직원의 출입구는 주차장으로부터 가급적 멀리 떨어진 곳에 위치해야 한다.
② 경비원의 대기실은 시설물의 출입구와 비상구에서 인접한 곳에 위치해야 한다.
③ 경비관리실은 출입자 등의 통행이 많은 곳에 설치하여야 한다.
④ 경계구역과 건물 출입구 수는 안전규칙의 범위 내에서 최소한으로 유지되어야 한다.
⑤ 경비원 1인이 경계해야 할 구역의 범위는 안전규칙상 적당해야 한다.
⑥ 건물 외부의 틈으로 접근 및 탈출 가능한 지점 및 경계 구역(천장, 공기환풍기, 하수도관, 맨홀 등)은 보호되어야 한다.
⑦ 잠금장치는 정교하고 파손이 어렵게 만들어져야 하고 열쇠를 분실할 경우에 대비하여 조치를 취해야 한다.
⑧ 비상시에만 사용하는 외부 출입구에는 경보장치를 설치하여야 하고, 외부 출입구의 통행은 통제가 가능하여야 한다.

⑨ 항구·부두지역은 차량운전자가 바로 물건을 창고 지역으로 움직이지 못하도록 하고, 경비원에게 물건의 선적이나 하차를 보고할 수 있도록 설계되어야 한다.

⑩ 효과적인 경비를 위해서는 안전경비조명이 설치되어야 하고 물건을 선적하거나 수령하는 지역은 분리되어야 한다.

⑪ 외딴 곳이나 비상구의 출입구는 경보장치를 설치하여 둔다.

⑫ 유리창이 지면으로부터 약 4m 이내 높이에 설치된 경우에는 센서, 강화유리 등 안전장치를 설치한다.

2. 일반시설물 경비계획

① 오래된 건물
  ㉠ 오래된 건물이나 사무실 등의 낡은 화재장비, 낡은 잠금장치, 낡은 벽 등과 같이 낡은 여러 구조물들은 안전사고 및 범죄자들에게 좋은 표적이 되기 쉽기 때문에 경비계획을 수립하는 데 있어 경비계획 수립자들에게 복잡하고 어려운 문제를 주게 된다.
  ㉡ 낡은 시설물, 이웃 건물을 가로지르는 옥상이나 사용하지 않고 방치된 문 등에 대한 경비계획은 보다 기본적인 단계에서부터 철저하게 분석하고 설계되어야 한다.

② 새로운 시설물
  ㉠ 현대식 건물은 안전요소를 고려하여 설계되는 경우도 있으나 세심하게 고려되는 경우는 많지 않다.
  ㉡ 경비계획 수립자는 대상 시설물에 대한 기본적 경비조사를 실시하고 시설물이 갖고 있는 특수성에 따라 보다 전문적으로 경비계획을 수립하는 것이 필요하다.

Ⅲ 경비계획 수립의 순서

문제의 인지	경비문제가 발생하거나 발생이 예견될 때, 경비용역 의뢰가 있을 때

↓

목표의 설정	• 경비대상조직의 목표 : 대상조직의 목표를 정확히 인식하고, 경비의 최상위의 목표로 인식 • 경비목표의 설정 : 조직의 목표를 인지한 다음 구체적으로 수행될 경비의 방향을 설정하는 구체적 목표

↓

자료 및 정보의 수집분석	• 경비요소조사 : 경비계획을 수립하는 데 가장 기초가 되는 자료들을 수집하는 과정 • 경비위해분석 : 경비요소 조사과정에서 수집된 자료와 정보를 토대로 위해가능성과 그 정도, 구체적인 위해형태, 수준 등을 분석하는 과정

↓

계획전체의 검토	• 경비계획의 고려사항 : 조직의 공동목표, 손실발생 가능성, 손실의 심각성 정도 등 능률성과 효과성을 모두 고려하여 접근하는 것이 바람직하다. • 경비통솔기준의 설정 　- 경비계획에 있어 통솔의 기준은 당해 조직의 모든 업무분야와 진행과정에 영향을 미치므로, 물품의 생산, 선적, 수령과 출고 및 재고조사, 현금취급, 경리 등의 모든 절차를 포함하여 설정된다. 　- 경비업무는 타 부서의 업무 수행과의 상충 가능성을 항상 내포하고 있는 관계로 이와 관련한 통솔기준의 명확한 설정이 필요하다. • 대상조직의 현재 환경 검토 : 대상조직의 업무환경과 재무상태 등을 검토한다.

대안의 작성 및 비교·검토	• 경비계획안의 작성 : 경비계획안은 구체적인 경비실시에 적용될 계획안으로 경비계획시 고려사항, 통솔기준, 대상조직의 환경 등을 고려하여 종합적으로 작성된다. • 경비계획안의 비교·검토 : 여러 개의 계획안을 마련하고 비교·검토한 다음 최선의 대안을 선택한다.

↓

최종안 선택	경비계획안 중에서 최선의 경비계획안을 선택한다.

↓

경비의 실시 및 평가	• 경비의 실시 : 선택된 경비계획안에 따라 경비대를 조직하고 경비를 실시한다. • 평가 : 사후평가 → 문제점과 효율성을 도출하여 분석·평가

↓

피드백(Feedback)	평가 결과 기대치와 비교하여 '문제의 인지' 단계로 환류한다. 즉, 수립된 경비계획은 환류과정을 거쳐 실행하는 것이 바람직하다.

Ⅳ 시설경비

1. 시설경비활동

① 시설보호경비는 가장 고전적, 보편적, 일반적인 경비활동으로 경비활동을 필요로 하는 시설 및 장소에서의 도난·화재 그 밖의 혼잡 등으로 인한 위험발생을 방지하는 업무를 말한다.

② 담, 울타리, 창문, 자물쇠 등은 1차적 방어개념, 경보장치는 2차적인 방어개념으로 볼 수 있다.★

2. 시설경비의 기본원칙 및 고려사항

기본원칙	고려사항
• 사전에 시설경비계획을 세울 것 • 비용효과분석을 할 것 • 경비위해요소를 사전에 확인하고 숙지할 것 • 경비원들은 시설경비대상물의 특성을 잘 파악하고 있을 것 • 위해 발생 시 신속한 정보가 전파될 수 있을 것	• 시설물의 용도 및 내부 귀중품 • 시설물 내부 구성원의 업무형태 및 행태 • 경비원은 시설물 구조를 파악하고 있어야 하며 특성에 맞는 경비활동을 해야 함 • 경비원은 주변의 관공서(경찰서, 소방서, 병원) 등의 위치를 미리 파악해야 함

Ⅴ 국가중요시설

1. 정 의

① "국가중요시설"이라 함은 공항·항만, 원자력발전소 등의 시설 중 국가정보원장이 지정하는 국가보안목표시설과 통합방위법의 규정에 의하여 국방부장관이 지정하는 국가중요시설을 말한다(경비업법 시행령 제2조).★

② "국가중요시설"이란 공공기관, 공항·항만, 주요산업시설 등 적에 의하여 점령 또는 파괴되거나 기능이 마비될 경우 국가안보와 국민생활에 심각한 영향을 주게 되는 시설을 말한다(통합방위법 제2조 제13호).

2. 보호지역

국가중요시설은 시설의 중요도와 취약성을 고려하여 보호지역을 설정하고 있다.

제한지역	비밀 또는 국·공유재산의 보호를 위하여 울타리 또는 방호·경비인력에 의하여 영 제34조 제3항에 따른 승인을 받지 않은 사람의 접근이나 출입에 대한 감시가 필요한 지역
제한구역	비인가자가 비밀, 주요시설 및 Ⅲ급 비밀 소통용 암호자재에 접근하는 것을 방지하기 위하여 안내를 받아 출입하여야 하는 구역
통제구역	보안상 매우 중요한 구역으로서 비인가자의 출입이 금지되는 구역

3. 국가중요시설의 분류

① "가"급 : 적에 의하여 점령 또는 파괴되거나, 기능 마비 시 광범위한 지역의 통합방위작전수행이 요구되고, 국민생활에 결정적인 영향을 미칠 수 있는 시설
  ㉠ 대통령집무실(용산 대통령실), 국회의사당, 대법원, 정부중앙청사
  ㉡ 국방부·국가정보원 청사
  ㉢ 한국은행 본점
② "나"급 : 적에 의하여 점령 또는 파괴되거나, 기능 마비 시 일부 지역의 통합방위작전수행이 요구되고, 국민생활에 중대한 영향을 미칠 수 있는 시설
  ㉠ 중앙행정기관 각 부(部)·처(處) 및 이에 준하는 기관
  ㉡ 대검찰청·경찰청·기상청 청사
  ㉢ 한국산업은행·한국수출입은행 본점
③ "다"급 : 적에 의하여 점령 또는 파괴되거나, 기능 마비 시 제한된 지역에서 단기간 통합방위작전수행이 요구되고, 국민생활에 상당한 영향을 미칠 수 있는 시설
  ㉠ 중앙행정기관의 청사
  ㉡ 국가정보원 지부
  ㉢ 한국은행 각 지역본부
  ㉣ 다수의 정부기관이 입주한 남북출입관리시설
  ㉤ 기타 중요 국·공립기관

국가중요시설의 분류

구 분	국가중요시설의 분류기준	
	중앙경찰학교 2009, 경비	국가중요시설 지정 및 방호 훈령
가급 중요시설	국방·국가기간산업 등 국가안전보장에 고도의 영향을 미치는 행정 및 산업시설	• 적에 의하여 점령 또는 파괴되거나, 기능마비 시 광범위한 지역의 통합방위작전 수행이 요구되고, 국민생활에 결정적인 영향을 미칠 수 있는 시설 • 대통령집무실(용산 대통령실), 국회의사당, 대법원, 정부중앙(서울)청사, 국방부, 국가정보원 청사, 한국은행 본점
나급 중요시설	국가보안상 국가경제·사회생활에 중대한 영향을 끼치는 행정 및 산업시설	• 적에 의하여 점령 또는 파괴되거나, 기능마비 시 일부 지역의 통합방위작전 수행이 요구되고, 국민생활에 중대한 영향을 미칠 수 있는 시설 • 중앙행정기관 각 부(部)·처(處) 및 이에 준하는 기관, 대검찰청, 경찰청, 기상청 청사, 한국산업은행, 한국수출입은행 본점

다급 중요시설	국가보안상 국가경제·사회생활에 중요하다고 인정되는 행정 및 산업시설	• 적에 의하여 점령 또는 파괴되거나, 기능마비 시 제한된 지역에서 단기간 통합방위작전 수행이 요구되고, 국민생활에 상당한 영향을 미칠 수 있는 시설 • 중앙행정기관의 청사, 국가정보원 지부, 한국은행 각 지역본부, 다수의 정부기관이 입주한 남북출입관리시설, 기타 중요 국·공립기관
기타급 중요시설	중앙부처의 장 또는 시·도지사가 필요하다고 지정한 행정 및 산업시설	–

제2절 　외곽경비

Ⅰ　외곽경비의 개요

1. 외곽경비의 목적

외곽경비는 자연적 장애물(자연적인 장벽, 수목 울타리 등)과 인공적인 구조물(창문, 자물쇠, 쇠창살 등) 등을 이용하여 범죄자의 침입을 어렵게 하고, 침입시간을 지연시킴으로써 시설·물건 및 사람을 보호하는 데 있다.

2. 방어수단

① 1차적 방어수단 : 외곽방호시설물, 울타리, 담장, 외벽
② 2차적 방어수단 : 경보장치(외부의 침입자를 감지하여 경찰서, 경비회사 등에 침입사실을 알림)

> **외곽경비 수행순서**
> 외곽경비는 장벽, 출입구, 건물 자체 순으로 수행된다.
>
> **경계지역**
> 외곽경비의 제1차적인 경계지역은 건물주변이다.

Ⅱ 외곽시설물 경비

1. 장 벽

① 자연적인 장벽

    ⊙ 강, 절벽, 협곡(계곡), 무성한 수풀지역, 침입하기 곤란한 지형 등

    ⓛ 자연적 장벽은 침입에 대한 적극적인 예방대책이 아니므로 추가적인 경비장치가 필요하며, 다른 구조물에 의해 보강된다.

② 구조물에 의한 장벽(인위적 장벽)

    ⊙ 울타리, 벽(담장), 문, 철책, 도로상의 방책, 차폐물 등

    ⓛ 무단침입을 제지하기 위한 상설적이거나 일시적인 장치를 의미하지만 침입을 예방하기 힘들다.

2. 울타리 경비

① 철조망

    ⊙ **가시철사** : 일반적으로 12구경이나 4가닥 철사를 반복해서 감은 것으로 4인치(약 10cm)마다 가시가 하나씩 달려 있다. 기둥은 철물로 되어 있어야 하고 기둥 사이가 6피트(약 1.8m) 이상 떨어지면 안 된다(높이 7피트 이상).

    ⓛ **콘서티나(Concertina) 철사** : 가시철선을 6각형 모양으로 만든 철사로 강철철사의 코일형이며, 이는 빠른 설치의 필요성 때문에 주로 군부대에서 많이 사용하고 있다.

> **철조망의 장단점**
> - 장점 : 철조망은 설치와 철거·이동이 용이하며 유지비가 적게 들고 경비의 측면에서 볼 때 외부 상태의 관측이 가능한 이점이 있다.
> - 단점 : 내부 구조를 보여 주며 방탄능력이 없다.

② 담 장

    ⊙ 시설물의 경계나 시설물 내의 업무 활동을 은폐하기 위하여 설치한다.

    ⓛ 담장 위에 철조망을 설치하면 방범 효율이 증대된다.

3. 출입구 경비

출입구가 많으면 통제하기 힘들기 때문에 출입구는 최소한으로 유지해야 하며, 출입구의 통제는 하루의 다양한 시간대에 따라 필요성을 감안하여 결정하여야 한다.

① **폐쇄된 출입구 통제** : 일정기간이나 비상시에만 사용하는 문은 평상시에는 폐쇄하고 잠겨 있어야 하며, 잠금장치는 특수하게 만들어져야 하고 외견상 즉시 확인할 수 있어야 한다.

② 개방된 출입구 통제

    ⊙ **직원 출입구** : 출구나 입구는 하나의 문만 사용하도록 지정하고, 폭은 4~7피트(약 1.2~2.1m) 이내로 한다. ★

    ⓛ **차량 출입구** : 차량 출입구는 충분히 넓어야 하며, 평상시에는 양방향을 유지하지만 차량 통제에 대한 필요성이 특별하게 생기면 출입구는 해당시간에 맞추어 일방으로만 통행을 제한할 수 있다.

③ **기타 출입구** : 모든 출입구의 수를 파악하고 하수구, 배수로, 배수관, 사용하는 터널, 배기관, 공기 흡입관, 맨홀 뚜껑, 낙하 장치, 엘리베이터 등도 출입구와 같은 차원에서 경비계획에 포함시켜야 한다.

4. 건물 경비

① 창문과 출입구

- ㉠ 경계구역과 연결되어 있는 창문과 출입구는 튼튼한 구조물과 확실한 잠금장치가 있어야 하고, 비상출구 등이 마련되어야 한다.
- ㉡ 96평방 인치 이상의 창문과 출입구는 철망, 금속 창살로 보호하며, 창문과 출입구가 바닥으로부터 18피트 이내일 때는 튼튼한 칸막이로 보호한다.
- ㉢ 긴급 목적을 위한 출입구는 외부의 침입으로부터 열리지 않도록 하고, 이는 원격통제에 의해 운영되는 전자식 장치와 경보장치를 설치하여 불법적 접근을 막는다.

② 지붕과 외벽

- ㉠ 지붕 : 외곽시설물경비에서 가장 취약한 부분이므로 경보시스템을 설치한다.
- ㉡ 외벽 : 허술한 인근 건물의 벽을 통해 침입을 받을 수 있으므로 감지시스템을 설치한다.

5. 경계구역 감시

① 가시지대(Clear zone)

- ㉠ 외부의 불법침입에 대비하여 가시적인 범위 내에서의 감시가 가능하도록 양쪽 벽면을 유지시키고, 경계구역 내에서 가시지대를 가능한 한 넓히기 위하여 모든 장애물을 양쪽 벽으로부터 제거하는 것이다.
- ㉡ 가시지대가 너무 작아서 경비의 효과성에 별로 도움이 되지 않을 경우에는 위험지역의 장벽을 높이거나 또는 경비원에게 침입경보를 적절하게 알려주는 탐지센서 등을 설치하여야 한다.

② 확인점검

- ㉠ 자물쇠로 잠금장치가 된 문은 항상 주의 깊게 점검해야 한다.
- ㉡ 외부경비를 방해하는 장애물(은폐물) 및 침입을 위한 잠재적 이용물은 사전에 제거해야 하며, 취약지역은 보강하여야 한다. ★

6. 시설물의 물리적 통제시스템

① 특 징

- ㉠ 시설물에 대한 물리적 통제는 기본적으로 경계지역, 건물 외부지역, 건물 내부지역이라는 3가지 방어선으로 구분된다.
- ㉡ 외부침입 시 경비시스템 중 1차 보호시스템은 외부 출입통제시스템이고, 2차 보호시스템은 내부 출입통제시스템이다.
- ㉢ 최근에는 첨단과학기술을 이용한 감지시스템이 개발되어 적용되고 있다.
- ㉣ 시설물 내에 존재하는 내부 자산들은 그 가치가 다르기 때문에 상이한 경비보호계획을 수립하여 대응해야 한다.

② 구조물

- ㉠ 출입문의 경첩(Hinge)은 외부로 노출되면 파손가능성이 있으므로 출입문 내부에 설치하여 보안성을 강화해야 한다.
- ㉡ 체인링크(Chain link)는 콘크리트나 석재 담장과 유사한 보호기능을 하면서도 저렴하다는 장점이 있다.
- ㉢ 안전유리(Security glass)는 동일한 두께의 콘크리트 벽에 비해 충격에 강하고 외관상 미적 효과가 있다.

7. 환경설계를 통한 범죄예방(CPTED)

① **의의** : 환경설계를 통한 범죄예방(CPTED ; Crime Prevention Through Environmental Design)은 물리적 환경을 개선함으로써 범죄를 억제하고 주민의 불안감을 해소하는 제도로, 환경적인 요소가 인간의 행동 및 심리적 성향을 자극하여 범죄를 예방하는 환경행태적인 이론과 모든 인간이 잠재적 욕망을 가지고 있다는 전제하에 사전에 범행기회를 차단한다는 것에 기초를 두고 있다.

CPTED의 활용 예
- 조도가 높은 가로등을 설치하는 경우
- 범죄 은신처를 제거하기 위해 담을 없애거나 높이를 제한하는 경우
- 주민의 동의 아래 범죄가 잦은 골목길에 CCTV를 설치하는 경우
- 퀼드색(또는 쿨데삭, Cul-de-sac) : 막다른 골목이라는 뜻으로 도시계획 때부터 범인이 쉽게 도망갈 수 없도록 골목을 설계한 경우
- 앨리게이터(Alleygater) : 범죄가 자주 일어나는 샛길에 주민만 이용할 수 있는 대문을 설치하는 경우

---

② **연혁** : 뉴만(Newman)이 방어공간(Defensible space) 개념을 확립한 것에서 제퍼리(Jeffery)가 처음으로 CPTED의 개념을 제시하였다.
  ⊙ 2007년 이후 혁신도시 건설사업 실시계획에 CPTED 기법이 반영된 이후 CPTED 국가표준모델을 개발할 필요성이 커지면서 지식경제부 기술표준원에 표준화 연구를 요청하여 2008년도에 CPTED의 기반규격 표준을 개발·공고하였다.
  ⊙ 국내 최초로 CPTED 전문가 양성교육과정을 운영하여 연간 160명의 전문경찰관을 양성하고 있으며, 지방자치단체에 CPTED 적용을 권고하는 한편 필요시 자문역할을 수행하도록 하고 있다.
  ⊙ 앞으로 경찰청은 지방자치단체 등과 협의를 통해 각종 주거환경개선사업 및 뉴타운 사업 등에 지식경제부가 개발한 표준안의 적용 사례를 측정하여 개선 사항을 파악하는 한편, CPTED를 통한 경제성을 홍보함으로써 건설회사들의 자발적 참여를 유도할 계획이다.

③ **CPTED의 목표** : 개인의 본래 활동을 방해하지 않으면서 범죄예방효과를 극대화시키는데 목표를 두고 범죄 원인을 개인적 요인보다는 환경적 요인에서 찾고 있다.

④ **전통적 CPTED와 현대적 CPTED** : 전통적 CPTED는 단순히 외부 공격으로부터 보호 대상을 강화하는 THA(Target Hardening Approach)방법을 사용하여 공격자가 보호 대상에 접근하지 못하도록 하고, 현대적 CPTED는 시민들의 삶의 질 향상까지 고려하여 시행하고 있다.

⑤ **CPTED의 전략**
  ⊙ 1차적 기본전략 : 자연적인 접근통제와 감시, 영역성의 강화에서 출발한다.
    - 자연적인 접근통제 : 일정한 지역에 접근하는 사람들을 정해진 공간으로 유도하거나 외부인의 출입을 통제하도록 설계하여 접근에 대한 심리적 부담을 증대시킨다.
    - 자연적인 감시 : 건축물을 설계할 때 가시권을 최대한 확보한다.
    - 영역성의 강화 : 사적인 공간에 대해 경계를 표시함으로써 주민의 책임의식을 증대시킨다.
  ⊙ 2차적 기본전략 : 조직적 통제(경비원), 기계적 통제(자물쇠), 자연적 통제(공간구획)가 있다.

⑥ **동심원영역론(Concentric zone theory)** : 시설물의 물리적 통제시스템 구축과 관련하여 보호가치가 높은 자산일수록 보다 많은 방어공간을 형성해야 한다는 이론으로 딩글(J. Dingle)이 제시하였다. 이 이론은 1단계 – 2단계 – 3단계로 정리한다. 동심원영역론도 CPTED의 접근방법의 하나라고 볼 수 있다.

8. 범죄예방 구조모델론

① 사회현상에서 발생하는 모든 문제에 대한 예방은 본질적인 문제인식과 접근방법이 동일하다고 보는 관점이다.

② 범죄예방의 구조모델론은 브란팅햄(P. J. Brantingham)과 파우스트(F. L. Faust)가 주장한 이론이다.

③ 범죄예방의 접근방법 및 과정

1차적 범죄예방	일반시민	일반적 사회환경 중에서 범죄 원인이 되는 조건들을 발견·개선하는 예방활동
2차적 범죄예방	우범자 및 우범집단	잠재적 범죄자를 초기에 발견하고 이들의 범죄행위를 저지하기 위한 예방활동
3차적 범죄예방	범죄자	실제 범죄자(전과자)를 대상으로 더 이상 범죄가 발생하지 않도록 하는 예방활동

〈출처〉최선우, 「민간경비론」, 진영사, 2015, P. 395

Ⅲ 경비조명

1. 경비조명의 의의

① 경비조명은 야간에 경비구역과 외부로부터의 접근 및 침입에 대한 감시활동을 용이하게 하는 수단으로 경계구역 내의 지역과 건물에 경비를 집중시킬 수 있도록 설계되어야 한다.

② 경비원의 시야를 방해하는 강한 조명은 피하고, 인근지역을 밝게 하거나 영향을 미칠 수 있는 위험스러운 조명도 피해야 한다.★

③ 조명에 필요한 전기시설은 경계구역 내에 설치되어야 하고, 비상사태에 대비한 예비전력장치 등도 안전하게 보호되어야 한다.★

> **경비조명 설치의 일반원칙**
> • 경비조명은 경계구역의 안과 밖을 비출 수 있도록 적당한 밝기와 높이로 설치한다.★
> • 경계대상물이 경계선에서 가깝거나 건물 자체가 경계선의 일부분일 경우에 조명을 직접적으로 건물에 비추도록 한다. 이런 건물의 출입구는 다른 조명에 의해 생기는 그림자를 제거하기 위해 별도로 조명시설을 설치해야 한다.★
> • 조명시설의 위치가 경비원의 시야를 방해해서는 안 되며, 가능한 한 그림자가 생기지 않도록 설치해야 한다.★
> • 경비조명은 위험발생 가능성이 있는 지역에 직접적으로 비춰야 하며, 보호하고자 하는 지역으로부터 일정거리 이상이 유지되어야 한다.★

2. 경비조명등의 종류

① 백열등

　㉠ 가정집에서 주로 사용되는 조명으로 가장 보편적으로 사용되지만 수명이 짧은 단점이 있다.★

　㉡ 빛을 반사하기 위해 내부에 코팅을 하고 빛을 모으거나 분사하기 위해 렌즈를 사용한다.

② 가스방전등

　㉠ 수은등 : 푸른빛을 띠고 매우 강한 빛을 방출하며, 수명이 오랫동안 지속되기 때문에 백열등보다 효과적이다.

　㉡ 나트륨등 : 연한 노란색을 발하며, 안개가 자주 끼는 지역에 주로 사용된다.

③ 석영등 : 백열등처럼 매우 밝은 하얀 빛을 발하며, 빨리 빛을 발산하므로 매우 밝은 조명을 요하는 곳, 경계구역과 사고발생 다발지역에 사용하기에 매우 유용하지만 가격이 비싸다.

3. 경비조명장비의 형태

① 가로등
  ㉠ 대칭적으로 설치된 가로등 : 빛을 골고루 발산하며, 특별히 높은 지점의 조명을 필요로 하지 않는 넓은 지역에서 사용된다.
  ㉡ 비대칭적으로 설치된 가로등 : 조명이 필요한 지역에서 다소 떨어진 장소에 사용된다.
② 투광조명등 : 특정지역에 빛을 집중시키거나 직접적으로 비추는 광선의 형태로 상당히 밝은 빛을 만들 수 있다. 대부분의 보호조명은 보통 300W에서 1,000W까지 사용한다.
③ 프레이넬등
  ㉠ 넓은 폭의 빛을 내는 조명으로 경계구역에의 접근을 방지하기 위해 길고 수평하게 빛을 확장하는 데 유용하게 사용된다.
  ㉡ 수평으로 약 180°정도, 수직으로 15°~30° 정도의 폭이 좁고 긴 광선을 투사한다.
  ㉢ 눈부심이 없기 때문에 투광조명등처럼 다소의 빛이 요구되는 외딴 곳이나 조금 떨어진 경계지역을 비추는 데 사용된다. 보통 300W에서 500W까지 사용한다.
  ㉣ 비교적 어두운 시설물에 침입을 감시하는 경우 유용하게 사용되는 등이다.
④ 탐조등 : 사고발생 가능지역을 정확하게 관찰하기 위한 조명장비로서 백열등이 자주 이용된다. 휴대가 가능하며, 잠재적으로 사고가 일어날 만한 지역의 원거리표적을 정확하게 관찰하기 위해 사용된다. 주로 외딴 산간지역이나 작은 배로 쉽게 시설물에 접근할 수 있는 위치에 설치한다.

4. 경비조명 설치구분

① 상시(계속)조명 : 상시조명이란 반사갓을 씌운 등으로부터 일정한 지역에 계속적으로 빛을 투사하도록 여러 개의 광원을 고정시킨 것을 말하는데, 투사조명과 통제조명이 가장 일반적이다.
  ㉠ 투사조명 : 시설 내부에 고정된 광원으로부터 시설 바깥쪽을 향하여 강한 빛을 투사하도록 한 것이며, 인접한 시설의 운영에 지장이 없을 때 사용할 수 있는 방법이다.★
  ㉡ 통제조명 : 경계선 밖에 있는 피조명 지역의 폭을 제한할 필요가 있을 때 사용되는 조명방법으로, 도로·철로·항로·비행장 등이 인접해 있을 때 사용하는 방법이다.★
② 예비(대기)조명 : 설치방법은 상시조명과 동일하지만 계속 조명하는 것이 아니고 경비원이 의심스러운 활동을 탐지하거나 경보장치의 작동으로 의심이 생겼을 때 자동 또는 수동으로 조명할 수 있게 한 것이다.★
③ 이동조명 : 손으로 조작하는 이동식 서치라이트 등을 말하며 일반적으로 상시조명이나 예비조명의 보조수단으로 사용된다.
④ 비상조명 : 발전기의 고장 등으로 인해 조명장치가 작동하지 못할 때를 대비하기 위한 것이다.

5. 경계구역의 경비조명

① 경비조명은 경계구역 내 모든 부분을 충분히 비출 수 있도록 적당한 밝기와 높이로 설치한다.

② 경비조명은 위험발생 가능성이 있는 지역에 직접적으로 비춰야 하며, 보호하고자 하는 지역으로부터 일정거리 이상이 유지되어야 한다.★

③ 조명시설의 위치는 경비원의 눈을 부시게 하는 것을 피하며, 가능한 한 그림자가 생기지 않도록 해야 한다.

④ 경계지역 내의 건물이 경계선에서 가깝거나 건물 자체가 경계선의 일부분일 경우에 조명을 직접적으로 건물에 비춘다. 이러한 건물의 출입구는 다른 조명에 의해 생기는 그림자를 제거하기 위해 별도로 조명 시설을 설치해야 한다.

⑤ 경비조명은 침입자의 탐지 외에 경비원의 시야를 확보하는 기능이 있으므로 경비원의 감시활동, 확인점검활동을 방해하는 강한 조명이나 각도, 색깔 등을 고려해야 한다.

⑥ 인근지역을 너무 밝게 하거나 영향을 미침으로써 타인의 사생활을 침해하지 않도록 해야 한다.

⑦ 경계조명 시설물은 경계구역에서 이용되며, 진입등은 경계지역 내에 위치하여야 한다.

⑧ 시설물의 경계선이 강이나 바다에 있는 경우에 조명은 수면 위나 수면 근처, 혹은 해안선을 따라 생기는 그림자 영역을 제거하기 위해 설계되어야 한다.★

제3절   내부경비

I   내부경비의 의의

1. 내부경비의 특징

① 내부경비란 건물 자체에 대한 경비활동으로 창문·출입문에 대한 보호조치, 건물에 대한 출입통제 등을 말한다.★

② 외곽경비에 의해 외부로부터 보호(외부 출입통제시스템)가 되어 있는 시설물의 경우 외부에서 내부로 들어오는 장소에는 출입통제 등의 절차(내부 출입통제시스템)가 필요하다.★

③ 출입의 통제가 시설물의 이용을 불편하게 하거나 시설물의 이용 목적을 방해해서는 안 된다.

④ 내부에서 외부로의 반출뿐만 아니라 외부로부터의 내부 반입도 검색과 관리가 필요하다.

⑤ 내부경비에 사용되고 있는 각종 잠금장치와 경보장치 등은 물리적 통제전략에 필요한 수단이다.

⑥ 경비원 상호 간에 순찰정보를 교환하여야 한다.

2. 내부 출입통제의 목적

외부인의 내부로의 불법침입이나 절도·도난 등을 막는 데 있다.

Ⅱ 창 문

1. 창문의 취약점

대부분의 외부침입자들은 창문을 통해 건물내부로의 침입을 시도한다. 따라서 창문은 외부침입자에게 가장 취약한 부분이기도 하다.

2. 방호창문

① 안전유리 : 외부에서 눈에 쉽게 띄거나 접근하기 쉬운 창문에 사용하는 고강도 방호유리로 전문용어로는 UL-Listed 유리(안전유리)라고도 한다.
  ㉠ 안전유리의 장·단점
    • 안전유리는 깨질 경우(작고 동그란 모양의 파편으로 쪼개짐)에 신체에 손상을 입히지 않는다.★
    • 불연성 물질이기 때문에 화재 시에도 타지 않는다.★
    • 가볍기 때문에 설치하기 쉽다.★
    • 안전유리는 동일한 두께의 콘크리트 벽에 비해 충격에 강하고 외관상 미적 효과가 있다.
    • 반면, 가격이 비싸다는 단점이 있다.
  ㉡ 안전유리의 설치목적 : 외부에서 불법침입을 시도하는 도둑이 창문을 깨는 시간을 최대한 지연시킴으로써 그 사이에 경비원이나 경찰이 출동할 수 있는 시간적 여유를 갖게 하여 외부침입을 막고자 하는 데 있다.
② 이중안전유리 : 일반유리에 폴리비닐부티컬을 첨가하여 보다 가볍게 이중으로 만든 안전유리로 두께는 일반유리와 같아 손쉽게 사용할 수 있다.
③ 창문경비에서는 방호창문과 함께 안전유리의 사용이 효율적이다.★

3. 차폐시설

외부의 침입을 막기 위하여 창문에는 창살을 설치하여야 하는데, 지면으로부터 18피트(약 5.5m) 이내에 있는 창문이나 인접한 건조물 그리고 연못, 나무 등으로부터 14피트(약 4.3m) 이내에 붙어 있는 창문에는 반드시 일정한 안전장치(창살)가 설치되어야 한다.

Ⅲ 출입문

1. 출입문의 구성재료

① 외부침입에 견고하게 견딜 수 있어야 하므로 목재는 가급적 피하고 철재를 사용하는 것이 좋다.★
② 문과 문틀을 연결하는 부품은 볼트와 너트, 못 등을 사용하는 것보다는 용접하는 것이 효과적이다.★

2. 출입문의 기능 파악

① 출입문을 설치한 직후에는 방화실험과 외부파손에 대한 강도 및 저항실험 등을 통하여 출입문 본래의 기능을 유지하고 있는지 파악해야 한다.
② 출입문은 1차적 예방기능이 있기 때문에 사내절도 등 범죄예방을 위하여 건물 내의 모든 직원은 허가된 문만 사용하도록 한다.★

3. 비상구

① 화재 시 비상구로 사용되는 문은 반드시 외부에서 잘 보이도록 하고 비상등과 비상벨을 설치한다.
② 화재가 아닌 비상시에는 모든 문을 비상구로 사용하도록 한다. ★
③ 자주 사용하지 않는 창고문이라 하더라도 항상 철저히 감시하여 외부침입자에 대비하여야 한다. ★

4. 중요지역의 출입문

① 보안을 유지해야 하는 중요 지역의 출입문은 보다 안전성을 갖게 설치하여야 한다.
② 외부 출입자의 수를 파악하여 적절하게 통제하고 보안체계를 갖춘 출입문을 설치해야 한다.
③ 출입문을 자동으로 통제하는 안전장치는 출입 대상자가 근거리에서 자신의 신분을 밝히도록 되어 있으므로, 그 장비의 효율성을 높이기 위해서는 출입 대상자의 접촉이 편리하도록 검토되어야 한다.

Ⅳ 자물쇠

1. 자물쇠의 기능

자물쇠는 보호장치로서의 기능도 있지만 실제에 있어서 자물쇠는 범죄자의 침입시간을 지연시키는 시간지연장치로서의 역할이 강하다.

2. 자물쇠의 종류

① 돌기 자물쇠(Warded Locks)
  ㉠ 가장 많이 사용되던 자물쇠로 열쇠의 구조가 간단하기 때문에 꼬챙이를 사용하면 쉽게 열린다.
  ㉡ 단순철판에 홈이 거의 없는 것이 대부분이며, 안전도는 거의 0%이다.
② 판날름쇠 자물쇠(Disc Tumbler Locks)
  ㉠ 열쇠의 홈이 한쪽 면에만 있으며, 열쇠구조가 복잡하여 맞는 열쇠를 꽂지 않으면 열리지 않는다. ★
  ㉡ 일반적으로 가장 많이 사용되는 자물쇠이며, 이 자물쇠를 열기 위해서는 통상적으로 3분 정도가 소요된다. ★
  ㉢ 돌기 자물쇠보다 발달된 자물쇠로 책상, 서류함, 패드록 등 경비산업에서 보편적으로 사용되고 있다. ★
③ 핀날름쇠 자물쇠(Pin Tumbler Locks)
  ㉠ 일반 산업분야, 일반 주택에서도 널리 사용되는 것으로 열쇠의 모양은 자물쇠에 비해 복잡하다. ★
  ㉡ 핀날름쇠 자물쇠는 열쇠의 양쪽 모두에 홈이 불규칙적으로 파여져 있는 형태이고, 보다 복잡하며 안전성을 제공할 수 있기 때문에 널리 사용된다. ★
  ㉢ 핀날름쇠 자물쇠를 푸는 데는 약 10분 정도가 소요된다.
④ 전자식 자물쇠(Electromagnetic Locks) : 전자식 자물쇠는 자력에 의해 문을 잠그는 잠금장치로 1,000 파운드(약 453.6kg)의 압력에도 견디어 내는 고강도문에 많이 사용되며 종업원들의 출입이 잦지 않은 제한구역에 주로 사용된다. ★

⑤ 숫자맞춤식 자물쇠(Combination Locks)
  ㉠ 자물쇠에 달린 숫자조합을 맞춤으로써 열리는 자물쇠이다.
  ㉡ 외부 침입이나 절도 위협으로부터 효과적이다.★
⑥ 암호사용 자물쇠(Code Operated Locks) : 패널의 암호를 누름으로써 문이 열리는 전자제어 방식으로서 암호를 잘못 누르거나 모르는 경우에는 비상경고등이 켜지게 되는데, 일반적으로 전문적이고 특수한 경비 필요시에 사용한다.★
⑦ 카드작동 자물쇠(Card Operated Locks)
  ㉠ 전기나 전자기 방식을 활용한 것으로, 카드에 일정한 암호가 들어 있어서 카드를 꽂게 되면 곧바로 이 카드 내의 암호를 인식하여 자물쇠가 열린다.
  ㉡ 중요한 물건이나 시설장비에 사용하고, 카드 열쇠는 신분증의 기능을 대신하며 종업원들의 출입이 잦지 않는 곳에 설치한다.
⑧ 지문인식 자물쇠
  ㉠ 내부에 초소형 컴퓨터가 설치되어 미리 입력된 지문인식을 통해 출입문이 열리도록 한 자물쇠이다.
  ㉡ 열쇠, 카드식, 비밀번호의 분실 및 도용문제를 극복하고 본인 확인을 통해 자유롭게 입·출입할 수 있다.

Ⅴ 패드록(Pad-Locks)

1. 의 의
① 패드록 장치는 시설물과 탈부착이 가능한 형태로 작동하고, 강한 외부 충격에도 견딜 수 있다. 자물쇠의 단점을 보완하고 경비의 안전성을 강화하기 위해 고안되었다.
② 패드록은 자물쇠와 유사한 기능을 가지지만 문의 몸체 중간에 설치되어 키를 삽입하게 되면 문이 열리는 장치로, 현재 모든 아파트나 가정집의 문에 설치되어 있다.

2. 패드록 잠금장치의 종류
① 기억식 잠금장치 : 문에 전자장치가 설치되어 있어서 일정 시간에만 문이 열리는 방식을 말한다. 은행금고나 박물관 등에서 주로 사용된다.
② 전기식 잠금장치 : 문이 열리고 닫히는 것이 전기신호에 의해 이루어지는 장치를 말한다. 원거리에서 문을 열고 닫도록 제어하는 장점이 있으며, 특히 마당이 있는 가정집 내부에서 스위치를 누름으로써 외부의 문이 열리도록 작동하는 보안잠금장치이다.★
③ 일체식 잠금장치 : 하나의 문이 잠길 경우에 전체의 문이 동시에 잠기는 방식을 말한다. 교도소 등 동시다발적 사고 발생의 우려가 높은 장소에서 사용된다.★
④ 카드식 잠금장치 : 전기나 전자기 방식으로 암호가 입력된 카드를 인식시킴으로써 출입문이 열리도록 한 장치이다.

Ⅵ 금고 및 보관함

1. 금 고

① 방화용(문서보관용) 금고 : 불에 노출되었을 때 허용하는 내부 온도차에 따라 그 등급이 매겨진다.
② 물품보관용 금고 : 현금, 컴퓨터, 보석 및 기타 중요물품을 보관하는 금고로 보관물품의 특성에 따라 내화를 목적으로 하는 금고와 도난방지를 목적으로 하는 금고로 나뉜다.
③ 현금보관용 금고 : 금고의 보관용도와 목적에 따라서 용접의 크기를 결정하며, 외부로부터의 파괴에 대하여 견딜 수 있도록 강화금속을 사용한다.

2. 중요 물품보관실

① 금고를 방과 같이 크게 만든 형태로, 문만을 강화금속으로 만들고 다른 외벽은 강화 콘크리트로 만든다.★
② 보통 지하에 설치되기 때문에 통로는 가급적 비좁게 하여 장비 등을 사용하여 지하 물품보관실을 파괴할 수 없도록 하며 외벽에 벽감지기를 설치할 수도 있다.

Ⅶ 통행절차

1. 직원의 통행절차

① 내부 직원과 외부 방문객, 고객 등을 구분할 수 있는 방문증이나 사원증 패용 등 신분확인 절차가 마련되어야 한다.
② 개개인의 정식 직원에게는 직원신분증이 발급되어야 하고, 육안으로 직원의 신분을 확인하지 못할 때에는 직원신분증을 확인하는 것이 편리하다.
③ 신분증은 위조가 불가능하게 제작 시 특수 인쇄를 하고, 최근 3개월 이내에 촬영한 컬러사진이 부착되어야 하며, 해당 직원이 출입 가능한 지역에 따라 색깔을 달리하는 것이 효과적이다.★
④ 모든 출입구에 근무하는 경비원은 상근직원이라 하더라도 세심한 주의를 기울여 신분증을 확인해야 한다.★

2. 방문객의 통행절차

① 어떠한 경우이든 방문객에게는 반드시 그 신원을 확인해야 하며, 책임을 맡고 있는 직원과 약속을 하고 사전에 통과절차를 밟아야 한다.★
② 신원이 확인되었다 하더라도 건물 내부로 출입시킬 때는 활동에 제한을 주기 위하여 이동 가능한 지역을 반드시 지정해 주어야 한다.★
③ 어떠한 경우에도 방문객에게 불쾌감을 주거나 업무에 방해를 받지 않도록 하는 것이 가장 바람직하다.
④ 통고 없이 방문객이 방문하는 경우에는 대기실에서 대기하도록 하는 것이 가장 효과적이다. 대기실 이외의 이동 시 반드시 방문객임을 표시하는 징표를 몸에 부착하고 다니게 하며, CCTV 등을 통한 철저한 감시 및 통제가 필요하다.

3. 차량의 통행절차

① 차량이 들어오는 것을 막기 위해서는 차량의 용도분류에 따른 출입허가증의 발급이 필요하고 주차스티커와 같은 것을 사용함으로써 출입하는 차량에 대한 통제를 효과적으로 할 수 있다.

② 출입증을 붙이지 않은 차량에 대해서는 일일이 그 용도와 목적을 확인하고 내부에서 이 차량들을 주차시킬 수 있는 지역도 한정해야 한다.

4. 물품의 통행절차

① 물품이 내부로 반입되거나 허가 없이 외부로 반출되는 경우 반드시 철저한 조사를 한 후에 진행되도록 하고, 반·출입 내용은 항상 상부에 보고되어야 한다. ★

② 화물에 대한 통제절차와 취급절차에 관련된 규정은 일반 직원이 충분히 숙지하고 있어야 한다.

Ⅷ 경보장치

1. 경보장치의 의의

① 경보장치는 어떤 비정상적인 사건이 발생했을 때 중앙통제센터, 지령실 또는 경찰서 등 관계기관에 신호를 전달하는 장치를 말한다.

② 경보장치는 경비원이 미처 인식하지 못하는 감시 사각지역이나 경비 취약지역까지도 경비업무를 할 수 있도록 도와주는 2차적인 방어장치라 할 수 있다. ★

2. 경보장치의 종류(용도별 분류)

① 침입경보장치 : 외부로부터 불법적인 침입이 발생하면 센서가 작동하여 외부침입을 알리는 장치이다.

② 화재경보장치 : 화재의 위험이 높은 장소에 설치하며, 화재 발생 시 소화장치와 동시에 작동함으로써 초기 화재진압을 도와주는 장치이다.

③ 특별(수)경보장치 : 기계고장 또는 기계의 오작동의 발견을 주목적으로 사용하는 경보장치로 실내온도가 너무 높거나 낮아질 때 작동하는 경보장치, 기기고장을 알리는 경보장치, 기계작동이 너무 빠를 때 사용되는 경보장치 등이 있다. ★

3. 경보체계(시스템)의 종류

① 중앙관제시스템(중앙통제관리시스템) : 일반적으로 활용하고 있는 경보체계로서 경계가 필요한 곳에 CCTV를 설치하여 활용하므로 사태파악이나 조치가 빠르고 오경보나 오작동에 대한 염려도 거의 없다.

② 다이얼 경보시스템 : 비상사태가 발생하였을 경우 사전에 입력된 전화번호(강도 등의 침입이 감지되는 경우는 112, 화재발생시는 119)로 긴급연락을 하는 시스템으로 설치가 간단하고 유지비가 저렴한 반면에, 전화선이 끊기거나 통화중인 경우에는 전혀 연락이 되지 않는 단점이 있다.

③ 상주경보시스템 : 조직이 자체적으로 경비부서를 조직하고 경비활동을 실시하는 가장 고전적인 방법으로 각 주요 지점마다 경비원을 배치하여 비상시에 대응하는 방식이다. 즉각적인 대응이 가능하고 가장 신속한 대응방법이지만 많은 인력이 필요하다.

④ 제한적 경보시스템 : 사이렌이나 종, 비상등과 같은 제한된 경보장치를 설치한 시스템으로, 일반적으로 화재예방시설이 이 시스템의 전형이다. 사람이 없으면 대응할 수 없다는 단점이 있다.

⑤ 국부적 경보시스템 : 가장 원시적인 경보체계로서 일정 지역에 국한해 한두 개의 경보장치를 설치하여 단순히 사이렌이나 경보음이 울리게 하거나 비상 경고등이 켜지게 하는 방식이다.

⑥ 로컬경비시스템 : 경비원들이 시설물의 감시센터에 근무를 하면서 이상이 발견되거나 감지될 때 사고발생현장으로 출동하여 사고에 대처하는 경비방식이다.

⑦ 외래경보시스템(외래지원 경보시스템) : 전용전화회선을 통하여 비상 감지 시에 직접 외부의 각 관계기관에 자동으로 연락이 취해지는 방식이다. 즉, 건물 각 지점에 감지기가 전화선에 연결되어 있기 때문에 화재, 외부침입, 유독가스발생 등의 사태 시 각각의 감지기에서 감지된 상황이 전화선을 통해 자동으로 해당기관에 전달되는 시스템이다.

4. 경보센서(감지기)의 종류

① 광전자식 센서 : 일반적으로 레이저광선을 발사하여 비교적 넓은 범위에서 침입자를 탐지하는 장치로 레이저광선을 외부 침입자가 건드리면 경보되는 감지기이다.

② 자력선식 센서

　㉠ 반도체와 두 단자 간의 전류를 활용하여 자장의 변화와 이동원리를 이용하는 장치로, 자력선(磁力線)을 발생하는 장치를 설치한 후에 자력선을 건드리는 물체가 나타나면 경보를 발하여 각 센서가 발사한 자기력에 조금이라도 이상이 감지되면 중앙관제센터에 알려짐과 동시에 경보나 형광불이 작동하게 된다.

　㉡ 주로 교도소나 대규모 은행 등의 지붕, 천장, 담벼락 등에 설치한다.

③ 전자기계식 센서

　㉠ 접촉의 유무를 감지하는 가장 단순한 경비센서로 문틀과 문 사이에 접지극을 설치해 두고서 이것이 붙어 있을 경우에는 정상적으로 작동하게 되고 문이 열리게 되면 회로가 차단되어 센서가 작동하게 된다.

　㉡ 창문을 통한 침입을 감지하기 위해 이 장치가 설치되며 비용 면에서도 저렴하다.

④ 초음파 탐지장치 : 송신장치와 수신장치를 설치하여 양 기계 간에 진동파를 주고받는 과정에서 어떠한 물체가 들어오면 그 파동이 변화됨을 감지하는 장치이다. 센서가 매우 민감하여 오경보 가능성이 높은 편이다.

⑤ 압력반응식 센서 : 센서에 직·간접적인 압력이 가해지면 작동하는 센서로 침입자가 이 센서를 건드리거나 밟게 되면 그 즉시 센서가 작동하여 신호를 보내게 된다. 주로 자동문이나 카펫 밑에 지뢰 매설식으로 설치한다.

⑥ 콘덴서 경보시스템

　㉠ 금고와 금고문, 각종 철제로 제작된 문, 담 등 모든 종류의 금속장치를 보호하기 위해 개발된 장치이다.

　㉡ 전류의 흐름으로 외부충격을 파악하며 계속적인 전류의 흐름을 방해할 경우에 이를 외부에 의한 충격으로 간주하고 경보를 울리게 된다.

⑦ 진동탐지기
　　㉠ 진동탐지기는 보호대상인 물건에 직접적으로 센서를 부착하여 그 물건이 움직이게 되면 경보를 발생하는 장치로 물건 도난을 방지하는 목적으로 사용되기 때문에 오차율이 극히 적으며 그 정확성이 아주 높다.
　　㉡ 일반적으로 고미술품이나 전시 중인 물건 보호에 사용한다. ★
⑧ 음파 경보시스템 : 소음탐지 경보기, 음향 경보기, 가청주파수 경보기라고도 하며, 외부인이 침입한 경우 침입자의 소리를 감지하여 경보를 내는 장치이다.
⑨ 무선주파수 장치 : 레이저광선이 아닌 무선주파수를 사용하는 장치로, 침입자에게서 나오는 열에 의해 전파의 이동이 방해 받으면 그 즉시 경보를 울리는 방식이다. ★
⑩ 전자파 울타리 : 광전자식 센서를 보다 복잡하게 개발한 장치로서 레이저광선을 3가닥 내지는 9가닥 정도까지 쏘아서 하나의 전자벽(電子壁)을 만드는 것으로 오보율이 높다.
⑪ 적외선감지기 : 사람 눈에 보이지 않는 근적외선을 쏘는 투광기와 이를 받는 수광기로 되어 있는데, 그 사이를 차단하면 감지하는 원리이다.
⑫ 자석감지기(마그네틱 감지기)
　　㉠ 영구자석과 리드(Reed)스위치로 구성되며, 창이나 문이 열리면 동작하는 원리이다.
　　㉡ 감지장치로서 동작전원이 필요 없고 구조가 간단하여 쉽게 설치할 수 있다.
⑬ 열감지기 : 물체나 인체에서 발산하는 원적외선 에너지의 변화량을 감지하는 수동형 감지기이다.

IX 경비원의 순찰과 감시

1. 경비원의 순찰활동
① 직원들이 퇴근한 후에 경비원들의 순찰 및 조사가 이루어져야 한다.
② 순찰과정에서 문이나 자물쇠 등에 인식이나 표식을 함으로써 침입 흔적을 확인하고 경비원 상호 간에 순찰활동 결과에 대한 정보교환도 필요하다.

2. 감시기기에 의한 활동
① CCTV(CCTV : Closed Circuit Television)
　　㉠ 경비원의 감시범위를 확대하기 위해서 CCTV(폐쇄회로 텔레비전)를 각 복도나 입구, 창문, 금고, 귀중품 보관실 등의 정면이나 측면에 설치하여 자세히 관찰한다.
　　㉡ CCTV는 한 사람에 의해 여러 곳을 감시할 수 있을 뿐만 아니라 비용절감효과를 가져다주는 장점이 있는 반면에, 초기 설치비용이 많이 들어간다는 단점이 있다. ★
　　㉢ CCTV의 사용으로 범죄를 범할 기회를 감소시킬 수 있고, 범죄자의 범법행위가 다른 장소나 대상으로 이동될 수 있다(전이효과). ★
　　㉣ CCTV는 경비원을 대체할 수 있으며, 녹화된 CCTV의 자료는 증거로서의 역할을 할 수 있다. ★

> **CCTV(폐쇄회로)의 장점**
> - 원거리에서 관찰이 가능하다.
> - 보이지 않는 지역도 관찰이 가능하다.
> - 사람의 접근이 불가능한 지역도 관찰이 가능하다.
> - 다수인에 의해 동시관찰이 가능하다.
> - 집중적으로 감시가 가능하다.
> - 비공개된 장소에서 비밀관찰이 가능하다.
> - 경비원이 일일이 가보지 않아도 된다.

② 연속촬영 카메라 : 고속의 16mm 필름과 신속렌즈를 사용하여 연속적인 사진을 촬영하는 기기이다. 이 기기는 침입자가 감지된 경우 센서의 신호를 받아 침입자의 사진을 연속적으로 촬영하는 기기이다.

③ 분할 영상카메라 : 화면을 4분할, 8분할, 16분할하여 각기 분할된 화면마다 다른 카메라로 촬영된 화면이 나타나며 어느 한 화면만을 지정해서 크게 볼 수도 있고 일정장소를 크게 확대하여 가까이 볼 수도 있다.

X 내부절도 및 산업스파이

1. 내부절도의 개념

① 정의 : 산업스파이 활동을 포함하여 회사 조직 내 내부직원에 의해 이루어지는 절도행위를 말한다.

② 내부절도의 3요소 : 절도 원인, 절도 환경, 책임 불명확★

2. 산업스파이

① 정의 : 불법적으로 기업의 영업비밀, 즉 제품개발정보, 설계도 등을 유출하여 회사에 손실을 입히거나 경쟁회사에 관한 최신 산업정보를 입수하거나 교란시키는 공작 등을 전문으로 하는 사람을 말한다.

② 활동방법

　㉠ 합법적인 방법으로 경쟁회사의 간행물, 상대회사의 직원이 발설한 내용, 공공기관의 조사보고서, 상대 회사의 제품분석 등을 통해 정보를 수집·정리하는 것이다.

　㉡ 도덕적인 문제가 생길 수 있는 방법으로 특정정보의 입수를 위한 상대회사 사원의 스카우트, 상대회사의 퇴직사원 포섭, 상대회사의 최근 동향에 관한 정보수집 등을 하는 것이다.

　㉢ 불법행위로 상대회사에 잠입하여 매수·협박 또는 본인이 직접 기밀서류를 복사·절취·강탈하는 것이다.

3. 내부절도 방지 인사정책

① 채용 시 개인신원조사

　㉠ 신원조사 과정에서 검토해야 할 사항 : 지원자의 가족상황, 결혼 여부, 종교관, 동거인의 인적사항, 지원자의 학력·경력·전과·채무관계 여부

　㉡ 면접사항 : 지원자의 대인관계, 심리적 안정성, 지나치게 자격이 우수한 자 또는 전직 경력이 불분명한 자인지의 여부

② 배경조사

　　㉠ 부정혐의가 있거나 중요한 지위로 승진하는 직원에 대해 별도로 시행하는 조사이다.

　　㉡ 채무관계, 재산관계, 애정관계와 같이 경제적 여건과 밀접한 관계를 갖는 내용을 조사한다.★

③ 인사정책 : 계획실행의 연속성과 직원 채용정책의 일관성은 매우 중요한 요소이자 내부절도를 근본적으로 해결하고자 하는 시발점이라 할 수 있다.★

④ 전과자의 고용정책과 사기진작

　　㉠ 전과자의 고용정책 : 기업의 직원을 채용하는 데 있어서 전과자를 전적으로 거부하는 것은 범죄자들의 재사회화 측면에서 바람직하지 못하므로, 채용 후 범행의 여지가 있는지를 면밀히 검토해 고용정책에 반영해야 한다.★

　　㉡ 직원의 사기진작 : 직원의 사기나 충성도는 내부절도를 좌우하는 중요한 요소이므로 소속감을 높여주고 애사심을 키워준다.

4. 내부절도의 경비요령

① 상점의 현금보관장소(금고)는 내부절도의 위험성이 높은 장소이기에 내부인의 직접적인 접근이 이루어지지 않도록 유의하여야 한다.

② 직원의 채용단계에서부터 인사담당자와의 협조하에 신원조사를 실시한다.

③ 경비 프로그램을 수시로 변화시킨다.

④ 감사부서와의 협조하에 정기적으로 정밀한 회계감사를 실시하는 것도 한 방법이다.

⑤ 고객특성 및 사업장 분위기에 맞는 업무스타일을 구축해야 하며 강도나 긴급대처에 대한 교육이 필요하다.

⑥ 주기적 순찰과 감시경비원 및 CCTV의 확충, 경비인력의 다중화(이중경비-사복·정복 혼합운영)가 필요하다.

XI 상점경비

1. 들치기(좀도둑)

① 들치기 방법

　　㉠ 훔친 물건을 가방이나 호주머니 등에 넣는 방법

　　㉡ 고가품에 저가품의 가격을 바꿔치기하는 수법

② 들치기 행위자★

　　㉠ 아마추어형 : 전문가와 큰 구별이 없으며 평균 범죄교육을 받은 자들로, 절도행위의 대부분은 경제적으로 가치가 있는 물건을 훔치며 감정적으로 만족을 얻으려고 하는 충동적인 행위들이 많다.

　　㉡ 전문가형 : 계획적이고 실질적이며 가게의 환경을 주의 깊게 살피면서 평범한 구매자로 가장하여 고가로 다시 팔 수 있는 가치 있는 상품을 선택한다.

　　㉢ 상습자형 : 어떤 강박관념에 빠져 그의 욕구를 채워줄 수 있는 대상을 추구하며, 병적이다.

　　㉣ 스릴러형 : 보통 10대 청소년들이 과시욕으로 행한다. 상품이 빠져 나가면 분실 여부를 식별하기가 쉽기 때문이다.

③ 들치기의 방어수단★
  ㉠ **감시** : 감시원의 감시활동으로 절도의욕을 감소시키는 방법이다.
  ㉡ **거울** : 평면거울을 사용하면 동작의 형태를 굴절 없이 감시할 수 있다.
  ㉢ **경고표시** : 구매자에게 다소 모욕적일 수 있지만 범죄유발 동기를 낮출 수 있다.
  ㉣ **상품전시** : 상품의 진열은 손님을 유도하는 효과와 도둑을 방지하는 이중적인 효과가 있다. 즉, 진열된 상품이 빠져 나가면 분실 여부를 식별하기가 쉽기 때문이다.
  ㉤ **물품금액계산** : 가격 바꿔치기 등이 있을 수 있으므로 계산대의 점원은 상품의 표시·가격변경 등을 확인해야 하며 상품포장이나 영수표시를 확실히 해야 한다.

④ 들치기 체포 시 주의할 점
  ㉠ **불법체포** : 대부분의 경우 현행범에 대해서는 체포할 권한이 부여되기 때문에 합법적이라고 할 수 있으나 재량권 이상의 권한행사에 대해서는 합법성에 있어서 문제가 제기된다.
  ㉡ **불법감금** : 자신의 의지에 반한 불법구속으로 자유를 박탈하는 어떤 힘에 의하거나 명백한 협박, 또는 원하지 않는 곳에 남아 있기를 강요당하는 감금상태를 의미한다.
  ㉢ **폭행(폭력)** : 타인에게 해악을 가하기 위해 의도적으로 사용하는 물리력으로, 상인은 그의 재산을 신속히 되찾을 권한을 가지고 있으나 비합법적인 힘을 사용하면 안 되며, 더 나아가 재산에 관련한 문제가 아니라면 그 행위에 대해 법적인 책임을 져야 한다.
  ㉣ **부당한 기소** : 책임소재가 명확하지 않은 자를 기소하는 행위로 이와 같은 행위가 정당화될 수 있도록 증명하여야 한다.
  ㉤ **명예훼손(비방)** : 명예훼손은 개인의 평판이나 생계수단 등에 편견을 가지고 악의에 찬 중상적인 말을 하는 행위로, 상인이 여러 사람 앞에서 행한 행위에 대하여 들은 사람이 있기만 하면 되는 것이다.

2. 절 도

① 절도의 표적
  ㉠ 절도의 대상은 대부분 고가품의 물품들만 해당되며, 특히 현금은 가장 우선적으로 절도 대상이 된다.★
  ㉡ 소매점에 대한 절도는 보통 급여일 전일에 이루어질 가능성이 크다.

② 절도 및 좀도둑의 책임통제
  ㉠ **절도의 대상** : 운송산업 경영자는 모든 상품들이 절도될 수 있다는 것을 인식한다.
  ㉡ **좀도둑의 특성** : 일반적으로 충동적인 범행이자 단독범행이며, 감지될 위험이 적은 경우에 발생한다.
  ㉢ **좀도둑의 억제** : 이동 중인 모든 단계마다 또는 보관 중인 상품에 대하여 책임통제를 하고, 물품보관 창고 지역에서의 모든 소화물은 출입문이나 보관시설의 입구에 있는 통제지점에서 검사를 받아야 한다.

③ **절도방지 대책** : 절도 예방 시스템의 개개요소가 각각의 상황에 효율적으로 적용되어 전체적인 통합 시스템으로 구축되어야 하며, 건물구조의 성질과 그 지역 교통유형을 고려해야 한다.

3. 강 도

① 강도의 특성

  ㉠ 강도범은 상점에 많은 현금이 있다고 판단되면 범행 대상으로 삼으므로, 상점 주인은 예견되는 상황에 대비하여 실질적으로 필요한 금액만 소지하도록 해야 한다.

  ㉡ 강도행위는 개점이나 폐점 시에 가장 많이 일어나므로 만일의 사태에 대비하여 개·폐점 시 직원은 관리인이 상점에 들어가고 나가는 동안 출입구에서 경비하는 것이 효과적이다. ★★

② 현금운반과 보관

  ㉠ 현금운반 : 무장호송차량에 의해 운송되는 방법이 안전하기는 하지만 비용이나 시설 등의 미비로 운송할 수 없을 때는 경찰에 보호요청을 해야 한다. 현금을 호송할 때는 운전자 외에 가스총 등을 휴대한 경비원을 동승시키며 자체 현금수송 시 청원경찰을 포함한 3인 이상이 해야 함이 원칙이다. ★★

  ㉡ 현금보관소 : 상점의 현금보관소(금고 등)는 타인의 접근이 직접적으로 이루어지지 않도록 하고, 현금보관소의 위치와 경보에 관한 기본적인 대책들이 보완되어야 한다.

XII 운송화물의 경비

1. 화물운송의 책임

① 송장제도

  ㉠ 운송인의 책임문제는 주문을 받고 나서 이동하면서부터 시작된다.

  ㉡ 고객은 상품이 정상적인 송장형식에 기초하고 있을 때에만 적송화물로 인정해야 한다.

② 운송기능별 책임분담

  ㉠ 송장제도 자체로는 선적하는 데 있어서 정확을 기하는 추가적 점검을 할 수 있게 해준다.

  ㉡ 화물운송에 있어서 화물이 이동하는 단계마다 꼭 지켜야 할 절차는 책임이다. 명확한 책임을 지우기 위해서는 물품을 선별하고, 취급하고, 선적하거나 확인하는 작업을 책임지는 개개인에게 서명날인(署名捺印)을 하도록 하거나, 적송화물과 함께 보내지는 송장(送狀)에 서명할 것을 요구하여야 한다. ★

  ㉢ 수령이 끝나는 시점에서 운송전표는 수령직원에게 주어져야 하며, 사전에 운송전표를 제시하지 않은 상품은, 수령한 상품의 총계를 확인할 수 있는 적절한 사람에 의해서만 하역되어야 한다.

2. 운송화물 경비수립

① 지역별 통제(건물의 지정된 부분이나 시설 전체 작업지역의 구분) (**암** : 통>제>배)

  ㉠ 제한지역 : 보다 세심한 정도의 안전이 요구되는 통제지역 내의 장소로, 여기에서는 파손된 물품, 저장탱크의 분류 및 처리, 그리고 컨테이너의 재수선 등이 이루어진다. ★

  ㉡ 통제지역 : 허가된 개인과 차량을 제외한 모든 것의 출입과 행동이 제약을 받게 되는 지역으로, 일반사무실, 화장실, 화물도착지, 개개인에 의해 사용될 수 있는 라커룸 등 제한된 한 지역 내에 위치한 모든 시설들을 통제지역으로 지정할 수 있다. ★

  ㉢ 배제지역 : 높은 가치의 화물만을 취급하고 보관하기 위한 곳으로서 일반적으로 제한지역 내의 조그마한 방, 금고실 등으로 구성되어 있다. 이 지역의 출입을 허가받은 사람의 수는 지극히 제한되어 있고, 항상 감시하에 있어야 한다. ★

② 차량관리

    ㉠ 통제지역에 들어오는 모든 차량을 관련 서류에 의해 등록하고 확인해야 한다. ★

    ㉡ 화물로 가득찬 트레일러의 봉인확인, 지역에 들어오고 나갈 때의 시간 체크, 운전사의 통행증을 검사하고, 싣고 내리는 것을 확인한다.

    ㉢ 지역을 떠나는 모든 차량은 선적서류와 비교해서 그들의 봉인을 확인받은 후 문을 통과시키고, 봉인이 되지 않은 차량은 검사대상이 된다.

③ 화물운송 중의 안전수칙

    ㉠ 차를 잘 보이는 곳에 주차하고 누구에게도 자신의 운반물품에 대한 비밀을 노출해서는 안 된다.

    ㉡ 예정된 경로(經路)를 이탈해선 안 되며, 절도 등의 사건 발생 시 신속하게 대처할 수 있도록 비상연락 및 도로상황 등에 대한 안전수칙을 준수해야 한다.

제4절 시설물에 따른 경비

I 금융시설경비

1. 금융시설의 위험요소와 안전장치

① 금융시설에서 많이 발생하는 범죄에는 강도, 절도, 고객에 대한 공격, 납치강탈, 횡령, 사기(피싱, 신용카드사기, 통신망사기, 대출사기, 수수료사기 등), 서류위조 등이 있다.

② 기본적인 안전장치로는 ㉠ 현금과 귀중품을 보관할 수 있는 안전한 장소 확보, ㉡ 금고 보호대책 구축, ㉢ 신속한 경보체계 구축, ㉣ 외부 압력에 견디는 창문과 잠금장치 설치, ㉤ 내부직원 통제 등이 있다.

③ 미국은 금융시설의 강도 등 외부침입을 예방 · 대응하기 위하여 은행보호법을 제정 · 시행하고 있다.

2. 금융시설의 안전관리

① 경비책임자의 역할

    ㉠ 방범계획의 수립 및 안전관리 지도

    ㉡ CCTV 등 방범설비 안전점검 및 정비

    ㉢ 경찰과의 연락체계 구축 및 방범정보의 교환

    ㉣ 현금수송 경비계획의 수립 및 지도

    ㉤ 직원의 방범훈련 실시 및 방범기기 사용요령 교육

    ㉥ 업무종료(폐점) 이후 안전관리 강화대책 수립

② CCTV 안전관리

    ㉠ 점포 내 출입문 및 로비, 점포 외부 ATM에 설치

    ㉡ 점포규모에 따른 카메라 수, 녹화테이프 확보

    ㉢ 범인검거 및 수사를 위한 CCTV 화질 선명도 유지

③ 현금수송★★

    ㉠ 원칙적으로 현금수송 전문경비회사에 의뢰할 것

    ㉡ 자체 수송 시 가스총 등을 휴대한 청원경찰 포함 3명 이상 확보

    ㉢ 현금수송 시 통신수단 및 긴급 무선연락망 구축

④ 경비원의 근무요령 및 금융시설경비의 특징

    ㉠ 금융시설의 특성상 개·폐점 직후나 점심시간 등이 취약시간대로 분석되고 있다.

    ㉡ 금융시설경비는 특수경비원보다는 자체경비에 해당하는 청원경찰 인력을 주로 활용하고 있다.

    ㉢ 금융시설 내에 한정하지 않고 외부경계 및 차량감시도 경비활동의 대상에 포함된다.

    ㉣ 경찰과 범죄예방정보의 교환이 매우 중요하다.

    ㉤ 경비원의 위치는 고객 등의 출입이 완전히 확인되고, 경비원 측에서 먼저 의심스러운 자를 쉽게 발견할 수 있는 곳일 것

    ㉥ 경계근무는 가능한 2명 이상이 하는 것으로 하고, 점포 내 순찰, 출입자의 감시 등 구체적인 근무요령에 따라 실시★

    ㉦ 월말, 연말, 보너스 시기 등 다액의 현금이 입·출금 되는 기간에는 특히 철저한 경계 실시

    ㉧ 이상거동자 발견 시 기선제압을 위해 큰소리를 외침과 동시에 상황에 따라 상급자 또는 경비책임자가 경찰에 지원요청

Ⅱ   의료시설경비

1. 의료시설의 중요성

① 종합병원, 병원 등 의료시설은 시설 자체의 특수성으로 인해 수많은 위험이 상존하고 있으며, 지속적으로 수용되는 환자 및 방문객 등의 출입으로 관리상의 어려움이 있기 때문에 사후통제보다는 사전예방에 초점을 두는 것이 바람직하다.

② 의료시설에서 발생할 수 있는 위험에는 화재, 절도, 강도, 폭력, 천재지변 등이 있다.

2. 의료시설경비의 취약성

① 출입통제

    ㉠ 병원 등 의료시설은 환자, 방문객, 의사·간호사 등 의료인력 등의 출입이 잦기 때문에 출입통제가 매우 어렵다. 또한 대다수는 병원구조에 친숙하지 않다.

    ㉡ 대다수 병원들은 중요한 두 개의 문을 가지고 있는데, 하나는 중앙 출입구(경비원에 의해 관리됨)이고, 다른 하나는 통신센터이다.

② 화재대응

    ㉠ 의료시설은 특히 화재에 취약하다. 실제로 의료시설에 화재가 발생할 확률은 일반건물의 100배에 달한다고 한다.

    ㉡ 병원에는 수많은 전기기구, 산소통, 가연성 물질 등 병원 특유의 발화요인이 많고, 화재 발생 시 거동할 수 없는 환자들이 많기 때문에 대형 인재(人災) 가능성이 높다.

3. 의료시설의 안전관리

① 특히 의료시설 중 응급실의 안전관리가 매우 중요하다. 왜냐하면 응급실은 24시간 개방, 일반인의 통제 없는 접근가능, 생명의 긴박성에 따른 폭력 및 기타 위해요소, 다수의 환자수용에 따른 문제점 등 복합적 문제가 상존하기 때문이다.

② 따라서 의료시설에서 응급실은 불특정다수인이 많이 왕래하는 등의 특성으로 인해 잠재적 위험성이 가장 높기 때문에 1차적 경비대책이 요구된다.

③ 응급실 이외에 조제실 및 약품창고, 산부인과 및 소아과 등도 특별한 보호대상이다.

④ 출입구 배치나 출입제한구역 설정은 안전책임자와 병원관계자의 협의에 의해 이루어질 수 있다.

⑤ 지속적으로 수용되는 환자 및 방문객 등의 출입으로 인한 관리상의 어려움이 많기 때문에 그에 맞는 출입통제 대책이 필요하다.

4. 의료시설 안전책임자의 역할

특히 화재예방 및 화재발생 대비를 위한 안전관리에 중점을 둔다.

① 소화기, 소화전, 소화호스, 산소차단밸브의 상태점검

② 비상구 및 경보시스템의 상태점검

③ 금연구역이나 위험지역을 알리는 표시의 상태 및 적절한 부착위치 점검

④ 비상계단, 굴뚝탑으로의 이동 중 장애물의 점검

⑤ 중요시설지역의 지속적인 점검 및 감시

⑥ 발생가능한 잠재적 범죄에 대한 지속적인 감시 및 순찰 확인

III 숙박시설경비

1. 숙박시설경비의 중요성

① 국제화 및 국제행사의 증가로 내국인의 잦은 해외출장, 외국 바이어나 외국 주요인사들의 국내 체류가 증가함에 따라 숙박시설경비의 중요성이 커지고 있다.★

② 숙박시설 전반에 대한 안전관리뿐만 아니라 주요인사들에 대한 신변보호도 중요한 경비요소가 된다.★

2. 경비부서의 규모

① 숙박시설 내에 근무하는 경비원의 규모는 객실(room) 수 이외에도 시설의 물리적 크기(건물의 면적과 층수 등), 직원의 수 등의 비율을 함께 고려하여 결정하여야 한다.

② 또한 숙박시설이 있는 지역의 범죄발생률이 높다면, 시설 내부경비뿐만 아니라 외부로부터 불법침입자, 방범 및 시설 외부경비도 고려하여야 한다.

③ 경찰, 소방, 구급서비스 등 공공안전자원의 활용여부도 고려한다.

3. 숙박시설 경비원의 임무

① 시설 내부와 외부에 대한 순찰활동이 가장 기본적인 임무이다. 순찰활동에는 건물점검, 호텔로비 점검, 불법침입자 감시, 화재점검, 폭발물 점검, 기타 비상사태 점검 등이 있다.

② 경비활동에 대한 경비보고서를 작성하는 것이 좋은데, 여기에는 사건보고, 화재점검, 경비활동 및 교대근무 보고, 안전규칙 위반사항 등을 기록한다.

4. 숙박시설경비의 특징

① 숙박시설경비에서 특히 주안점을 두어야 할 부분은 절도와 매춘이다.★

② 경비원들에게 열쇠통제와 고객 사생활보호 교육을 실시한다.★

IV 판매시설경비

1. 판매시설경비의 위해요소분석

① 고객 및 직원에 대한 기본적 통제

② 공공지역과 주차지역에 대한 통제

③ 재산범죄 및 폭력범죄의 위해분석

④ 공공지원 여부(공공안전자원의 활용도) 분석

2. 판매시설경비의 특징

① 가장 기본적인 경비형태는 경비원 또는 CCTV 감시체계이다.★

② 들치기, 절도 등으로 인한 손실이 기업경영에 많은 영향을 준다.★

③ 강도와 같은 잠재적인 범죄는 판매시설의 개점이나 폐점 시 발생할 가능성이 높기 때문에 이에 대한 대책 마련이 중요하다.

④ 내부직원의 현금등록기 불법조작, 물건의 가격바꾸기, 상품절도, 사기행위 등을 감시하는 것도 매우 중요하다.

V 교육시설경비

1. 교육시설경비의 의의

① 교육시설 보호 및 이용자 안전 확보를 목적으로 한다.

② 교육시설의 특별범죄예방의 대상에는 컴퓨터와 관련된 정보절도, 사무실 침입절도 등이 포함된다.

2. 교육시설경비의 특징

① 교육시설의 위험요소 조사시 교육시설과 지역사회와의 상호관계도 고려대상에 포함되어야 한다.★

② 교육시설의 범죄예방활동은 계획 → 준비 → 실행 → 평가 및 측정의 순서로 이루어진다.★

I　화재예방

1. 화재의 개념

① 불과 화재

　㉠ 불 : 가연물이 산소와 반응하여 열과 빛을 동반한 급격한 연소현상

　㉡ 화재 : 자연 또는 사람의 고의나 과실로 인해 발생한 연소현상으로 소화설비 또는 동등 이상의 소방력
　　을 동원하여 소화할 필요가 있는 재해

② 화재 발생의 3대 요소 : <u>열(熱), 재료(가연물), 산소</u>의 세 가지로서, 이 가운데 어느 하나만이라도 제거하
면 곧바로 화재는 진압된다.

2. 화재의 특성

① 화재는 열과 화염, 화재의 부산물로서 독가스나 유해가스, 연기 등을 발생시킨다.

② 화재에 의한 사망자 대다수가 연기에 질식 또는 중독되어 사망한다. ★

③ 열에 의해 팽창된 공기는 창문과 문 쪽으로 이동하는데 이때의 공기는 엄청난 힘으로 문과 창문을 부수고
외부로 빠져나가게 된다. → 현장접근의 어려움

④ 화재 발생 시 인체에 해로운 연소가스는 일산화탄소, 포스겐, 염화수소, 황화수소, 시안화수소 등이 있는
데 그중 가장 많이 발생되는 것은 일산화탄소이다.

⑤ 일산화탄소는 혈액 속의 헤모글로빈(Hb)과 결합하여 산소결핍 현상을 일으킨다. ★

⑥ 일산화탄소와 이산화탄소 가스는 상층의 밀폐된 부분으로 모이는데, 이 부분이 사람이 많이 몰리는 곳이다.

3. 화재 발생의 단계 및 감지기

구 분	내 용	감지원	적합한 감지기
초기 단계	연기와 불꽃, 빛 등은 보이지 않고 약간의 열기만 감지할 수 있고 열과 빛이 나타나지 않은 발화상태로, 가연성 물질이 나온다.	가연성 물질	이온감지기
그을린 단계	불꽃은 보이지 않고 약간의 연기만 감지된다.	연 기	연기감지기, 광전자감지기
불꽃발화 단계	실제 불은 눈에 보이지 않지만 불꽃과 연기는 보이는 상태이다.	불 꽃	적외선감지기
열 단계	불꽃과 연기, 그리고 강한 열이 감지되면서 계속적으로 불이 외부로 확장되는 상태로, 공기는 가열되어 위험할 정도로 팽창되는 상태이다.	열	열감지기

① 이온감지기 : 화재 발생 초기단계에서 연기와 불꽃이 보이지 않고, 감지할 수 있는 열도 나타나지 않는
상태에서 미세한 연소물질이 노출되었을 때 작동하는 감지기이다.

② 광전자감지기 : 주위의 공기가 일정 농도 이상의 연기를 포함한 경우에 작동하는 감지기이다.

③ 적외선감지기 : 화재 발생 시 불꽃에서 나오는 적외선을 감지하여 내장된 MPU가 신호를 처리하는 것으
로, 감지속도가 빠르고 확실하게 감지할 수 있으며 옥외에서도 사용할 수 있다.

④ 열감지기 : 일정 온도 이상으로 내부온도가 올라갔을 때 경보를 발하는 감지기이다.

4. 화재의 취약점

① 화재는 언제 어느 때라도 발생할 가능성이 있다.★

② 일반 건물의 내부는 연소될 수 있는 물건이나 물질로 구성되어 있다.

③ 불연성 카펫과 벽지라도 먼지가 너무 많이 쌓여 있으면 화재가 발생할 수 있다.★

불연성과 내화성
- 불연성 : 재료가 갖는 연소하지 않는 성질
- 내화성 : 다른 재질에 비해서 불이 옮겨지지 않는 성질

---

5. 화재의 대책

① 화재는 열, 가연물, 산소 3가지 요소의 결합에 의해 발생하므로 각각의 성질을 파악해야 한다.

② 화재 발생 시 화염에 의한 사망자보다 연기와 유독가스에 의해 사망하는 경우가 많다.

③ 목재류보다는 화학제품에서 많은 연기와 유독가스가 발생한다.

④ 컴퓨터실은 정비소, 보일러실과 같은 시설보다 민감한 화재감지시스템을 설치하는 것이 바람직하다.

6. 화재의 유형

① A형 화재(일반화재) : 종이, 쓰레기, 나무와 같이 일반적인 가연성 물질이 발화하는 경우로 백색연기를 발생하는 화재유형이다. 물을 사용하여 발화점 밑으로 온도를 떨어뜨려 진압하는 것이 가장 효과적이다.

② B형 화재(유류화재) : 휘발성 액체, 알코올, 기름, 기타 잘 타는 유연성 액체에 의한 화재로 물을 뿌리게 되면 더욱 화재가 확대되게 된다. 산소공급을 중단시키거나 불연성의 무해한 기체인 이산화탄소의 살포 등이 가장 효과적인 진화방법이다.

③ C형 화재(전기화재) : 전압기나 변압기, 기타의 전기설비에 의해 발생한 화재로 일반적인 소화방식으로 화재를 진압하지만 물을 사용할 때는 절연성의 방전복을 입는 것이 중요하다.

④ D형 화재(금속화재) : 마그네슘, 나트륨, 수소화물, 탄화알루미늄, 황린·금속분류와 알칼리금속의 과산화물 등이 포함된 물질에 화재가 발생한 경우로 건성분말의 화학식 화재진압이 효과적이다.

⑤ E형 화재(가스화재) : 취급자의 부주의와 시설불량으로 촉발되어 순식간에 대형화재로 발전한다.

7. 화재경보센서

① 연기센서 (**두** : 연·화·광전)

  ㉠ 이온화식 스포트형 : 주위의 공기가 일정 온도 이상의 연기를 포함한 경우에 작동하는 것으로 연기에 의한 이온전류의 변화에 의해 작동된다.

  ㉡ 광전식 스포트형 : 주위의 공기가 일정한 농도 이상의 연기를 포함한 경우에 작동하는 것으로 광전소자에 의해 받는 빛의 양의 변화에 따라 작동된다.

  ㉢ 광전식 분리형 : 주위의 공기가 일정한 농도 이상의 연기를 포함한 경우에 작동하는 것으로 광범위한 연기의 누적에 의해 광전소자가 받는 빛의 양에 따라 작동한다.

② 열센서 (🔁 : 열·차·정·보)
  ㉠ **차동식(差動式) 스포트형** : 주위 온도가 일정한 온도상승률 이상이 되었을 때에 작동하는 것으로 열효과에 의해 작동된다.
  ㉡ **차동식(差動式) 분포형** : 주위 온도가 일정한 온도상승률 이상이 되었을 때에 작동하는 것으로 열효과의 누적에 의해 작동된다.
  ㉢ **정온식(定溫式) 스포트형** : 주위 온도가 일정 온도 이상이 되었을 때에 작동하는 것으로 금속(金屬)의 팽창을 이용한다.
  ㉣ **정온식(定溫式) 감지선형** : 주위 온도가 일정 온도 이상으로 되었을 때에 작동하는 것으로 겉모습이 전선 모양인 것이다.
  ㉤ **보상식(補償式) 스포트형** : 차동식의 성능과 정온식의 성능을 가진 콤비네이션 타입으로, 두 가지 기능 중 한 가지만 작동하여도 화재신호를 발신한다.
③ **불꽃센서** : 화재 시에 불꽃에서 나오는 자외선이나 적외선, 혹은 그 두 가지의 일정량을 감지하여 내장된 MPU가 신호를 처리하는 것으로 감지속도가 빠르고 확실하게 감지할 수 있으며, 옥외에서도 사용할 수 있다.

화재경보센서 암기법
- 연기센서 : 이온화식, 광전식 (🔁 연화광전)
- 열센서 : 차동식, 정온식, 보상식 (🔁 열차정보)
- 불꽃센서 : 자외선, 적외선 (🔁 불자적)

---

8. 가스누출센서

① LPG용 센서
  ㉠ LPG는 공기보다도 비중이 무거우므로 바닥에 설치한다. ★
  ㉡ 작동원리는 도시가스용과 동일하지만 감지하는 가스의 농도가 다르다.

LPG의 특성
- 액화석유가스이다.
- 무색, 무취, 무미이다.
- 공기보다 무겁다.
- 주성분은 프로판과 부탄가스이다.

---

② LNG용 센서(도시가스용 센서)
  ㉠ 도시가스는 공기보다도 비중이 가벼우므로 천장에 설치한다. ★
  ㉡ 금속산화물 반도체에 가연성 가스가 흡착하면 공기저항이 일어나는 것을 응용하여 소정의 가스 농도에 의해 작동시킨다.

가스누출감지센서
- 반도체식 센서
- LPG용 센서
- LNG(도시가스)용 센서
- 접촉연소식 센서

> **가스누출 시 조치사항**
> - 가스기기의 코크, 중간밸브, 용기밸브를 잠글 것
> - LPG가스의 경우 창문을 열고 바닥에 깔려 있는 가스를 밖으로 환기시킬 것
> - 주위에 점화원을 없앨 것★
> - 전기기구는 절대 사용하지 말 것★

9. 누전경보센서

① **기능** : 누전경보센서는 건물 내 교류(AC) 전선로가 피복이 벗겨져 누전되었을 때 경보를 하거나 해당 전선로의 차단기를 작동시켜 누전에 의한 화재를 예방하는 장치이다.★
② **구 성**
  ㉠ **변류기** : 누설전류를 검출하여 수신기로 송신
  ㉡ **수신기** : 송신된 누설전류를 분석하고 경보를 출력
  ㉢ **차단기** : 누전경보가 출력되면 해당 전선로의 전원을 차단

10. 비상경보설비

① **기능** : 감지된 화재를 신속하게 건물 내부에 있는 사람들에게 알려서 피난하게 하거나 초기 화재진압을 용이하게 하는 장치이다.★
② **종류** : 비상벨설비, 자동식 사이렌, 단독형 화재경보기, 비상방송설비, 화재수신반 등이 있다.

11. 소화방법

① **제거소화** : 가연물을 제거하여 소화하는 방법
② **질식소화** : 연소범위의 산소 농도를 저하시켜 연소가 되지 않도록 하는 방법★
③ **냉각소화** : 연소물을 냉각하여 그 온도를 발화점 이하로 떨어뜨려 소화하는 방법으로 물을 많이 사용한다.★
④ **억제소화** : 연소의 연쇄반응을 부촉매 작용에 의해 억제하는 소화방법(할로겐화합물 소화약제)★
⑤ **희석소화** : 산소나 가연성 기체의 농도를 연소범위 이하로 희석시켜 소화하는 방법

12. 소화설비

① **소화기** : 물양동이, 소화수통, 건조사, 팽창질석, 팽창진주암 등이 있다.
② **옥내 소화전설비** : 건물 내의 화재 시 발화 초기에 신속하게 소화작업을 감행할 수 있도록 되어 있는 고정식 소화설비이다.
③ **스프링클러설비(자동살수장치)** : 방화대상물의 상부 또는 천장 면에 배수관을 설치하고 경보밸브를 통해 급수원 및 경보장치에 연결시켜 화재 발생 시 경보를 발하면서 급수관에 들어 있는 물이 방사되는 고정식 종합적 소화설비이다.
④ **물분무 소화설비** : 물을 분무상으로 분산 방사하여 분무수로 연소물을 덮어씌우는 소화설비이다.
⑤ **포말 소화설비** : 중조의 수용액에 아교 등의 접착성 물질을 섞은 혼합제와 황산알루미늄 용액제를 일정 비율로 혼합해서 그 화학반응에 의해 발생하는 탄산가스를 둘러싸고 생기는 미세한 화학포말(Chemical Foam)을 연소 면에 끼얹어 덮어씌움으로써 산소의 공급을 차단하는 질식소화설비이다.

⑥ 불연성 가스 소화설비 : 불연성 가스를 방출함으로써 산소함유율을 저하시키는 질식소화설비이다.

⑦ 증발성 액체 소화설비 : 온도가 상승하면 바로 불연성의 무거운 기체로 변하는 증발성 액체(4염화탄소, 1염화, 1브롬화메탄)를 연소물에 방사함으로써 탄산가스 소화설비의 경우와 마찬가지로 산소함유율을 저하시켜 질식소화작용을 하는 동시에 증발열에 의한 냉각소화작용도 하는 화재진화설비이다.

⑧ 옥외 소화전설비 : 건물의 화재 발생에 대비하여 옥외에 설치하는 고정식 소화설비이다.

⑨ 동력 소방펌프 설비 : 화재 발생 시 수원으로부터 물을 끌어올리기 위한 동력펌프이다.

⑩ 분말 소화설비 : 중조의 미분말을 이용하여 만든 것으로 탄산가스를 발생시켜 질식소화작용을 하는 동시에 냉각소화(冷却消火) 효과를 포함하고 있는 소화설비이다.

13. 소화기

① 소화기의 종류

　　㉠ 포말 소화기 : 화재의 규모가 작은 A · B형 화재에 효과적이다.

　　㉡ 소다-산 분사식 소화기 : A형 화재진압에 사용하나 다소 무겁고 다루는데 어려움이 있다.

　　㉢ 물안개 분사기 : 스프링클러처럼 물을 분사하는 방식으로 특히 A · B형 화재진압에 효과적이다.

물안개 분사기의 특징
• 연료를 빨리 냉각시킨다.★
• 유독성 물질이 외부로 나가는 것을 막고, 적은 양의 물로 화재진압이 가능하다.★
• 열을 빨리 식혀 공기의 온도를 내림으로써 내부에 갇힌 사람이 보다 쉽게 탈출할 수 있도록 한다.
• 내부온도를 빨리 식히기 때문에 외부의 신선한 공기를 유도할 수 있다.
• 질식의 우려가 적다.★

　　㉣ 이산화탄소식 소화기 : 일반적으로 B · C형 화재에 사용되고 A형 화재진압을 위해 활용되지만 큰 화재에는 부적합하다.

　　㉤ 건식 화학소화기 : 소화기에서 분사되는 화학성분이 불꽃의 확산을 방지하고 냉각시키는 역할을 하기 때문에 A · B · C형 화재에 사용된다.

　　㉥ 사염화탄소식 소화기 : 불이 필요로 하는 산소를 없애버리면서 기화해 버리기 때문에 공개된 야외에서만 사용되며 밀폐된 공간에서 사용할 경우 인체에 치명적인 손상을 입힐 수 있다.

　　㉦ 건식 분말소화기 : 화재 시 유독성 가스가 발생하는 D형 화재에 주로 사용된다.

　　㉧ 할론 소화기 : 할로겐을 이용한 소화기로 B · C형 화재에 주로 이용된다. 사용 시 물체에 전혀 손상이 없으나 가격이 비싸고 최근에는 프레온과 같이 오존층을 파괴하는 물질로 규제되고 있다.

② 소화기 표시색

구 분	A	B	C	D	E
화재의 유형	일반화재	유류화재	전기화재	금속화재	가스화재
표시색	백 색	황 색	청 색	무 색	황 색

14. 화재안전교육과 화재대응활동

① 화재안전교육의 내용

  ㉠ 화재에 대비한 비상구 위치확인, 비상구의 작동요령 등 실질적인 교육훈련

  ㉡ 화재 발생의 신고와 경보체계의 중요성에 대한 교육

  ㉢ 화재 발생 시 본인의 역할에 대한 사전분담 교육

  ㉣ 화재경보시스템에 대한 교육

  ㉤ 화재 발생 시 정서적 안정성(침착성, 냉정성) 유지 교육

  ㉥ 화재 발생 시 엘리베이터 작동에 관한 교육

  ㉦ 화재진압장비의 사용법에 대한 교육

  ㉧ 연기나 불로 통로가 막힌 경우 대피방안에 관한 교육 등

② 직원의 화재대응활동

  ㉠ 자체소방단

   • 시설 내에서 유류나 폭발성 물질을 취급하는 경우 자체소방단을 사전에 구성한다.

   • 화재 발생 시 화재에 대한 초기진압과 소방관들에 대한 지원업무를 담당한다.★

   • 자체소방단은 경비원 등으로 구성될 수 있다. 경비원들은 평소 자신들이 관리하던 시설이므로 화재 진압에 있어서 보조적인 조치나 기계장치의 조작 등을 쉽게 할 수 있다.★

   • 소방책임자와 부책임자를 두고 화재예방에 대한 관리를 철저히 하고, 지휘명령체계도 갖추어야 한다.

  ㉡ 대피훈련

   • 화재 대피 시 우선순위 : 아동을 먼저 대피시키고, 노약자와 여성, 성인 남성 순으로 대피한다.★

   • 고층빌딩에서의 대피

    - 엘리베이터는 전혀 쓸모가 없으므로 별도의 비상구가 마련되어 있어야 한다.★

    - 고가사다리차의 경우 높은 층(7층)까지는 닿지 않기 때문에 가능하면 아래층으로 내려올 수 있도록 유도해야 한다. → 경비원의 대피유도 책임★

화재예방과 진압

• 자체소방단의 구성은 보다 큰 피해를 줄일 수 있다.

• 자체소방책임자는 유사시 통일적인 명령지휘체계를 유지해야 한다.

• 직장 내 화재 시 직원들은 비상구로 빨리 대피해야 한다.

• 자체소방단이 클 경우에도 별도로 부책임자나 보좌역을 두어 보다 효과적인 소방업무를 수행할 수 있어야 한다.

Ⅱ 폭발물에 의한 테러 위협

1. 대응단계

① 폭발물에 의한 테러 위협을 당하면 우선적으로 사람을 건물 밖으로 대피시켜야 한다.★

② 폭발물이 설치되어 있을 것으로 예상되는 지역을 전부 봉쇄한 다음 전문가를 동원하여 폭탄이 있는지의 여부를 탐색한다.★

③ 폭발물이 발견되면 그 지역을 자주 출입하는 사람이나 출입이 제한된 사람들의 명단을 신속하게 파악한다.★

2. 경비원의 역할

① 비상사태 발생 시 경비원은 비상요원으로서의 역할을 수행해야 한다.

② 건물 내 폭발물에 의한 위협이 발생되었을 때에는 경비책임자는 경찰과 소방서에 통보하고 후속조치를 기다려야 한다.★

③ 24시간 비상계획을 수립하여 만일의 폭발상황에 대비해야 한다.★

④ 사고 후 수습대책을 사전에 마련해야 한다.★

3. 협박전화 시 대응

① 항시 협박전화에 대비한 교육과 훈련이 이루어져야 한다.

② 경비책임자에게 보고하고 통화내용을 같이 들을 수 있도록 해야 한다.★

③ 통화과정에서 느낄 수 있는 모든 상황과 상대방의 특징 그리고 주변의 잡음이나 소음들까지 모두 상세하게 기록해야 한다.★

4. 폭발물 탐지활동 시 유의사항

① 천천히 움직이면서 되도록 발자국소리를 내지 않는다.

② 귀는 시계소리나 태엽소리에 집중하고, 평소 익숙한 주위 배경소리와 다른 소리가 나면 주의를 기울인다.★

③ 방이나 밀폐된 공간의 경우에는 허리에서 눈, 눈에서 천장으로 공간을 이등분하여 조사한다.★

④ 두 명이 서로 등을 맞댄 상태에서 방의 주변을 우선적으로 조사한 후에 중심으로 이동한다.★

⑤ 의심나는 물체가 발견되면 즉시 보고하고, 폭발물이 위치하고 있는 반경 300피트(약 90m) 이내에 있는 모든 사람을 대피시켜야 하며, 오로지 폭탄전문가만이 이를 처리해야 한다.★

⑥ 출동한 경찰관 또는 소방관은 해당 근무지역에 비교적 지리가 밝은 경비원과 함께 참여하는 것이 바람직하다.★

5. 대피활동

① 폭발 위협이 있을 때 우선적으로 대피해야 하지만 폭발물이 실제로 설치된 경우 폭발물을 설치한 범인이 사람의 이동을 감지하여 그대로 폭파시킬 수 있으므로 대피는 매우 신중해야 한다.★

② 사람이 대피하여야 하는 경우에는 보안을 유지하면서 침착하게 사람들을 대피시켜야 한다.

③ 화재대피와 동일한 방법으로 대피해야 하며 엘리베이터의 사용은 금지한다.★

④ 폭발물의 폭발력을 약화시키기 위해서 모든 창문과 문은 열어두어야 한다.★

Ⅲ 비상사태에 대한 대응

1. 비상사태 유형 및 대응

① 지진에 대한 대응

㉠ 부상자와 사망자에 대한 조치가 가장 급선무이며, 부상자를 우선적으로 처리해야 한다.

㉡ 지진발생 후 치안공백으로 인한 약탈과 방화행위에 대비하여야 하고 항시 자신이 관리하는 구역의 경비를 철저히 강화해야 한다.

② 홍수에 대한 대응

　㉠ **폭우의 예보** : 침수 가능한 지역의 배수시설과 하수구 등 수해대비 시설에 대한 점검을 해야 한다.

　㉡ **지대가 낮은 경우** : 물건이나 장비를 고지대로 이동시켜야 하며, 습기로 인해 기계파손이나 손상의 우려가 있는 경우에는 비가 새지 않도록 사전조치를 취해야 한다.★

③ 건물붕괴에 대한 대응

　㉠ 건물이 붕괴되면 내부에 있는 모든 인명이 몰살될 뿐만 아니라 엄청난 재산피해를 가져온다.

　㉡ 경비원은 자신이 관리하는 건물의 벽에 금이 가거나 균열이 있는지 확인하고 물이 새거나 지반이 내려앉는지도 확인해야 한다.★

④ 비행기 충돌·추락

　㉠ 비행기 충돌·추락 사고가 발생되면 탑승자 대부분이 사망하게 되는 특징을 보인다.

　㉡ 이·착륙 과정에서 사고가 발생하는 경우에는 부상자가 대부분이므로 침착성을 잃지 않고 부상자를 안전한 장소로 옮기고 응급처치를 한다.

경비원의 비상시 임무
- 경찰과의 통신업무 및 경제적으로 보호해야 할 가치가 있는 것들에 대한 보호조치 실행
- 비상인력과 시설 내의 이동통제★
- 출입구와 비상구, 위험지역의 출입통제★
- 장애인 등 특별한 대상의 보호 및 응급조치 실시
- 비상사태에 대한 초동조치

---

⑤ 공연장·행사장 안전관리

　㉠ 의 의
- 안전관리는 재난이나 그 밖의 각종 사고로부터 사람의 생명·신체 및 재산의 안전을 확보하기 위하여 하는 모든 활동을 말한다.
- 재난관리는 재난의 예방·대비·대응 및 복구를 위하여 하는 모든 활동을 말한다.

　㉡ **긴급구조기관** : 소방청, 소방본부 및 소방서를 말한다. 다만, 해양에서 발생한 재난의 경우에는 해양경찰청·지방해양경찰청 및 해양경찰서를 말한다.

　㉢ 특 징
- 군중이 운집한 상황에서 돌발사태 등에 의해 정서의 충동성, 도덕적 모순성 등 이상군중심리가 발생된다.
- 화재, 붕괴, 폭발과 같은 사회재난은 국민의 생명·신체·재산과 국가에 피해를 주거나 줄 수 있는 것을 말한다.

　㉣ 안전관리업무의 민간위탁
- 민간위탁으로 민간경비가 투입되면 경찰인력이 동원되지 않기 때문에 경비업무에 따른 경찰의 공적 경비업무 부담을 감소시키게 된다.
- 민간경비업체는 행사 주최 측과 긴밀한 사전협의 및 협조를 통하여 질서유지 및 상황 발생 시 대처할 수 있어야 한다.
- 민간경비업체는 상황에 따라 소방대 및 경찰지원을 요청하는 등 탄력성 있는 안전관리활동이 가능하여야 한다.
- 민간경비업체는 이동 간 거리행사의 경우에 행사기획 단계부터 이동경로의 선택 및 참가예상인원의 파악 등의 업무도 가능하여야 한다.

⑥ 반달리즘(Vandalism)

    ⊙ 건물의 낙서를 비롯하여 무차별적으로 문화재 및 타인의 물건이나 건물, 시설물 등을 파괴하는 반사회적인 행동을 말한다.

    ⓒ 어떠한 사전경고도 없으며, 목적 없이 무차별적으로 발생하므로 주의를 기울이는 것만이 예방책이다. ★

    ⓒ 대표적인 사건에는 숭례문(남대문) 방화사건, 탈레반의 바미안 석불 파괴사건 등이 있다. ★

노사분규에 대한 대응(노사분규 발생 시 경비요령)

- 경비원들에 대한 사전교육을 실시하고 규율을 확인 · 점검한다.
- 파업이 일어나면 모든 출입구를 봉쇄하고, 주변 시설물 내의 가연성 물질을 제거한다.
- 시위과정에서 무기로 사용될 수 있는 물건을 치운다.
- 시위근로자들을 자극하거나 직접적인 충돌을 피해야 한다.
- 일상적인 순찰활동을 통한 정기적인 확인 · 점검이 필요하다. ★
- 파업에 참여하는 근로자로부터 모든 열쇠를 회수하고, 새로운 자물쇠나 잠금장치로 교체한다. ★
- 시설 내 소화전, 스프링클러와 같은 방화시설을 점검한다.
- 평화적인 시위에 대해서는 이를 보호하려는 노력을 하여야 한다.
- 시위근로자들과의 연락망을 지속적으로 유지한다.
- 시위가 과격해질 경우를 대비하여 경찰에 지원을 요청하는 방안도 고려해야 한다.

사건(사고) 발생 시 현장보존

의 의	• 현장보존은 살인이나 상해, 강도 등의 사건현장뿐만 아니라 교통사고, 화재 등의 사고현장을 그 상태대로 보존하여 경찰이나 소방당국의 채증활동 등에 협력하는 활동을 의미한다. • 현장에서 위험을 방지하는 등 필요한 조치를 강구하는 것이 우선이며, 현장보존은 어디까지나 2차적이다. 이 경우 2차 사고 발생에 주의해야 한다.
확보 방법	• 현장을 중심으로 가능한 한 넓은 범위를 보존범위로 정하여 확보하여야 한다. ★ • 보존해야 할 범위를 명확하게 하기 위해 로프 등으로 출입제한선을 설정해야 한다. • 시설 내의 통로 등 통행을 금지할 수 없는 장소에 대해서는 가능한 한 통행을 제한해야 한다. • 현장보존의 범위에 있는 모든 사람을 신속히 퇴장시켜야 한다. ★ • 소유자 등 관리권을 가진 자라고 하더라도 경찰관이 오기 전에 보존범위에 출입하는 것은 삼가야 한다. • 출입제한 전후에 현장에서 행동한 자의 성명, 시간, 기타 행동범위 등을 가능한 한 분명하게 기록해야 한다.
유의점	• 현장의 모든 물건에 손을 대서는 안 된다. ★ • 현장의 물건 위치를 변경해서는 안 된다. ★ • 현장을 움직이지 말고 그대로 두어야 한다. ★ • 현장에 담배꽁초나 휴지를 버리거나 침을 뱉어서는 안 된다. ★ • 옥외에 족적, 핏자국, 타이어 자국 등이 있는데, 비가 와서 유실될 우려가 있는 경우 비닐 등으로 덮어 자국이 변형되지 않도록 하여야 한다.

2. 비상계획의 수립

① **비상계획의 방안** : 비상계획은 재난에서 생존할 수 있는 기회의 증가에 중점을 두어야 한다.

② **비상계획서에 포함되어야 할 사항**

　　㉠ 비상업무를 수행할 기관명, 명령지휘부 지정

　　㉡ 비상시 명령체계와 보고업무체계의 수립(전화번호, 기관)

　　㉢ 경비감독관은 비상위원회에 반드시 포함되어야 함★

　　㉣ 신속한 이동을 위한 비상팀의 훈련과 조직

　　㉤ 특별한 대상의 보호, 응급구조 조치

　　㉥ 비상시 사용될 장비, 시설의 위치 지정(목록, 위치, 수량, 설계도면 등)

　　㉦ 외부기관과의 통신수단 마련과 대중 및 언론에 대한 정보제공★

③ **지휘명령체계의 확립** : 비상사태 발생 시 초기에 사태대응을 보다 신속하게 할 수 있도록 가장 신속하게 명령을 내릴 수 있는 사람에게 명령권을 주어 미리 준비된 절차에 의해 명령체계가 효과적으로 발휘될 수 있도록 한다.

④ **책임관계의 규정** : 비상사태나 경비업무에 책임을 지고 있는 자에게 상응하는 책임관계를 명확하게 규정해 주어야 한다.

06 컴퓨터 범죄 및 안전관리

제1절 컴퓨터 관리 및 안전대책

Ⅰ 컴퓨터 관리

1. 컴퓨터의 개념

컴퓨터는 기억장치에 담긴 명령어들에 의해 조작되며 데이터를 받아들이고, 이 데이터를 가지고 산술적·논리적 연산을 수행하며 처리기로부터 결과를 생산하고, 이를 저장할 수 있도록 해주는 전자장치이다.

2. 컴퓨터 시스템

① 컴퓨터 시스템의 개념 : 컴퓨터 시스템은 데이터를 처리하는 컴퓨터를 포함한 각종 기기들의 집합을 말하며, 좀 더 포괄적으로는 컴퓨터를 통한 데이터 처리를 위해 필요한 모든 요소인 하드웨어(Hardware), 소프트웨어(Software), 데이터, 사용자(User)를 포함한다.

② 컴퓨터 시스템의 구성 요소

    ㉠ 하드웨어 : 우리가 보통 컴퓨터라고 하는 것으로, 전자 부품으로 구성된 물리적 구성요소를 말한다. 하드웨어에는 중앙처리장치, 기억장치, 입출력장치, 저장 장치 등이 있다.

    ㉡ 소프트웨어 : 일반적으로 프로그램이라고 한다. 소프트웨어는 전자적인 명령들의 집합으로서 하드웨어가 동작하도록 지시하고 통제하는 역할을 한다.

    ㉢ 데이터 : 컴퓨터가 처리해야 할 가공되지 않은 사실들을 말한다. 데이터는 여러 가지 형태가 있지만 컴퓨터에 입력되면 숫자로 변환되어 처리된다.

    ㉣ 사용자 : 컴퓨터를 사용하는 사람을 말한다. 컴퓨터 시스템은 사용자의 명령에 의해서만 작동되므로 사용자는 컴퓨터 시스템을 구성하는 매우 중요한 요소라 할 수 있다.

③ 포트(Port) : 네트워킹 용어로서 논리적인 접점, 즉 컴퓨터 통신 이용자들을 대형컴퓨터에 연결해 주는 일종의 접속구이자 정보의 출입구 역할을 하는 곳을 말한다.

포트(Port)의 특징
- 컴퓨터를 이용한 정보통신은 이것을 통해 이루어진다.
- 네트워킹 용어로서 논리적인 접점을 말한다.
- 네트워크상에서 특정 통신경로에 할당된 번호라고 할 수 있다.

Ⅱ 컴퓨터 안전대책

1. 컴퓨터 안전대책의 필요성

① 기업경영에 있어서 컴퓨터에 대한 의존성이 지속적으로 증가하고 있으며, 축적된 자료의 양이 방대하기 때문에 자료의 손실을 방지하기 위해서는 비용이 들더라도 컴퓨터의 관리 및 보호조치가 반드시 이루어져야 한다.

② 안전대책으로 컴퓨터 보호프로그램은 컴퓨터 전문가가 관리해야 하며, 물리적 보호, 절차상 및 조작상의 보호, 접근의 통제, 비상시 계획 및 우발사고 시 절차, 직원교육 프로그램 및 컴퓨터 요원의 고용 시 신원조사 절차 등을 포함하여야 한다.

2. 정보보호에 관한 기본원칙

① 정보보호를 통해 달성하고자 하는 목표는 비밀성, 무결성, 가용성이다.

② 정보시스템 소유자, 공급자, 사용자 및 기타 관련자 간의 책임을 명확하게 해야 한다.

③ 정보보호는 시간이 지남에 따라 정보보호의 요구사항이 변하므로 주기적으로 재평가되어야 한다.

④ 정보시스템의 보안은 정보의 합법적 사용과 전달이 상호조화가 이루어지도록 해야 한다.

⑤ 정보시스템의 보안은 타인의 권리와 합법적 이익이 존중·보호되도록 운영되어야 한다.

⑥ 정보와 정보시스템의 사용을 허가받은 사람이 언제든지 사용할 수 있도록 보장해야 한다.

> **정보보호의 목표**
> - 비(기)밀성(Confidentiality) : 비인가된 접근이나 지능적 차단으로부터 중요한 정보를 보호하고, 허가받은 사람만이 정보와 시스템을 사용할 수 있도록 한다.
> - 무결성(Integrity) : 정보와 정보처리방법의 완전성·정밀성·정확성을 유지하기 위해 한 번 생성된 정보는 원칙적으로 수정되어서는 안 되고, 만약 수정이 필요한 경우에는 허가받은 사람에 의해 허용된 절차와 방법에 따라 수정되어야 한다.
> - 가용성(Availability) : 정보와 시스템의 사용을 허가받은 사람이 이를 사용하고자 할 경우, 언제든지 사용할 수 있도록 보장되어야 한다.

3. 컴퓨터 시스템 안전관리

① 암호는 특정시스템에 대한 접근권을 가진 이용자의 식별장치라 할 수 있다.

② 컴퓨터실의 화재감지는 초기단계에서 감지할 수 있는 감지기를 사용하도록 한다.

③ 컴퓨터 시스템의 보안성 유지를 위하여 프로그램 개발자와 컴퓨터 운영자 상호 간의 접촉을 가능한 한 줄이거나 없애야 한다.

4. 컴퓨터 시스템의 물리적 안전대책

① 컴퓨터실 및 파일 보관장소는 허가된 사람에 의해서만 출입이 가능하도록 하고, 접근권한의 갱신은 정기적으로 검토될 필요가 있다.

② 컴퓨터실은 벽면이나 바닥을 강화 콘크리트 등으로 보호하고, 화재에 대비하여 불연재를 사용하여야 한다. ★

③ 컴퓨터실의 내부에는 화재방지장치를 설치해야 하며 정전에 대비하여 무정전장치를 설치해야 한다. ★
④ 컴퓨터실은 출입자기록제도를 시행하고 지정된 비밀번호는 주기적으로 변경해 주는 것이 좋다. ★
⑤ 불의의 사고에 대비해 시스템 백업은 물론 프로그램 백업도 이루어져야 하며, 오퍼레이팅시스템과 업무 처리프로그램은 반드시 복제프로그램을 작성해두어야 한다. ★
⑥ 컴퓨터실 내부에는 예비전력장치·화재방지장치를 설치하여야 한다.
⑦ 컴퓨터실의 위치 선정 시 화재, 홍수, 폭발의 위험과 외부 침입자에 의한 위험으로부터 안정성을 고려하여야 한다.

5. 외부 침입에 대한 안전조치

① 부정한 수단이나 실력행사로 컴퓨터 센터에 침입하는 것을 예방하기 위해서는 <u>건물 내부에 각종 안전관리설비를 갖추고 출입구는 엄격히 통제되어야 한다.</u>
② 화재로 불이 옮겨 붙는 위험을 막기 위하여 다른 건물과 충분히 거리를 두고 있어도 건물 내에는 각종 방화설비를 설치하는 것이 좋다.
③ 각 출입구마다 화재관련법규와 안전검사 절차를 갖춘 방화문이 설치되어야 한다.
④ <u>어떤 경우에라도 시설물 외부에는 컴퓨터 센터를 보호하는 담이나 장벽 같은 것이 설치되어야 하고, 컴퓨터 센터 내부에는 충분한 조명시설을 갖추어야 한다.</u>
⑤ 외부 침입자가 은폐물로 이용할 수 있는 장식적인 식수나 조경은 삼가야 한다. ★
⑥ 정사각형 모양의 환기용 창문, 쓰레기 낙하구멍, 공기 조절용 배관이나 배수구 등을 통한 침입을 차단할 수 있어야 한다.
⑦ <u>시설물 폭파 등에 의한 방법으로 침입할 수도 있기 때문에</u> 이를 막기 위한 구조적 장치도 반드시 마련되어야 한다.

6. 경보장치의 설치

① 컴퓨터의 경비시스템에 관하여 가장 좋은 것은 모든 설비에 경보시스템을 설치하는 것이다.
② 컴퓨터 설비가 24시간 가동되는 경우를 제외하고는 중앙경보시스템이 반드시 설치되어야 한다(컴퓨터가 <u>24시간 가동되는 경우에는 감지시스템을 이용하는 것이 효과적이다</u>). ★★
③ 건물 출입구와 전산실로 통하는 모든 출입구 및 컴퓨터 전·수신용 테이프 보관실에도 경보장치가 설치되어야 한다.
④ 컴퓨터 작동 스위치가 1개나 2개 있는 경우 컴퓨터의 동력을 차단하는 안전장치가 설치되어야 한다. ★

7. 컴퓨터에 대한 접근통제

컴퓨터 시스템센터 출입에 있어서 허가된 직원의 행동제한이나 출입이 금지된 사람들에 대한 접근통제 절차를 수립하여야 한다. <u>컴퓨터 시스템센터에는 최소한의 출입구만 설치되어야 하고, 출입구에는 항상 안전장치가 되어 있어야 한다. 어떤 경우에도 출입 시에는 안전요원의 지시에 따라야 한다.</u> ★

8. 방화대책

① **화재의 원인** : 화재의 주된 원인은 대부분 전기장치에 의한 오작동이다. 같은 건물 내부의 다른 곳이나 이웃한 건물에서 불이 옮겨오는 경우도 많다.

② **화재 발생 감지장치의 설치**

　㉠ 컴퓨터 시스템센터 시설을 건축할 때부터 화재 발생 감지기를 장치하는 것이 가장 경제적이다. ★

　㉡ 감지기는 컴퓨터 시스템센터 시설의 완공에 관계없이 반드시 설치되어야 한다. ★

　㉢ 감지기는 천장이나 전선 등이 지나가는 건물바닥 내부나 환기통 속에, 그리고 컴퓨터 설비 자체 또는 자료보관실에 반드시 설치한다.

③ **스프링클러 설치** : 스프링클러는 화재 발생 초기에 화재경보와 소화가 동시에 행해지는 자동소화설비로, 물을 분무상으로 방사시키므로 액체화재에 효과가 크다.

> **스프링클러 사용에 대한 견해**
> - Factory Mutual 계통의 미국보험회사들은 컴퓨터 설비장소에서의 스프링클러 사용을 권장하고 있다(기기에 대한 소화가 우선).
> - 컴퓨터 제조업체인 IBM은 컴퓨터 설비장소에서의 스프링클러 사용이 기계에 해로우므로 절대 사용하지 말 것을 권장하고 있다(기기에 대한 기능이 우선).

④ **기타 소화설비**

　㉠ 할로겐화합물 소화기 : 무취, 비활성인 기체로 전도성이 없고 연소물 주위에 체류하여 질식소화작용과 동시에 냉각소화작용으로 소화시키며, 화재 진압에 매우 효율적이다. ★

　㉡ 이산화탄소 소화기 : 이산화탄소를 이용하는 방화시스템은 Halon 시스템만큼 효율적이나 일정농도에서는 치명적이기 때문에 살포하기 전에 모든 직원을 대피시켜야 한다. ★

> **컴퓨터 기기의 소화장비**
> 컴퓨터 기기의 경우 물에 접촉하면 치명적인 손상을 가져오기 때문에 이산화탄소나 할론가스를 이용한 소화장비를 설치·사용하여야 한다. ★

　㉢ 분말 소화기 : 분해에 의한 냉각작용 및 불연가스, 수증기에 의한 질식작용, 발생이온의 부촉매작용에 의한 연쇄반응을 정지시키는 억제작용에 의해 소화시킨다.

Ⅲ 컴퓨터 보호대책

1. 컴퓨터 설치장소

컴퓨터를 설치할 장소를 선택할 때는 이용의 편리함뿐만 아니라 장소에 영향을 미칠 수 있는 환경적·인적 요소를 함께 고려하는 것이 중요하다. ★

① **화재 및 방범 문제** : 화재 발생 시 신속한 대처능력과 전체적인 효율성을 점검해야 한다.

② **유지관리시간** : 컴퓨터의 점검 및 보수 등 유지관리에 걸리는 시간을 고려해야 한다.

③ **접근의 용이성** : 컴퓨터 설치장소는 직원들이 쉽게 접근할 수 있는 곳에 위치해야 한다.

④ 주변 여건 : 범죄 다발지역은 바람직하지 않다. ★
⑤ 환경오염문제 : 컴퓨터는 대기상태에 영향을 받기 때문에 환경적 오염 상황도 고려해야 한다.
⑥ 충분한 사용공간 : 컴퓨터의 기능을 충분히 발휘할 수 있도록 사용공간을 확보해야 한다.
⑦ 전력원 문제 : 전력회사의 신뢰성과 함께 정전사태에 대비한 효율적이고 신속한 대응을 점검해야 한다.
⑧ 자연재해 문제 : 홍수나 지진, 수해 등이 일어날 가능성이 있는 지역은 피하여 설치한다.

2. 백업(Back-up) 시스템(예비·대비·보안시스템)

① 의 의
  ㉠ 백업시스템은 주된 장치가 장애를 일으켰을 때 진행 중이던 작업을 완결시키거나 새로 시작할 수 있도록 설계된 장치를 말한다. ★
  ㉡ 기업체의 모든 업무를 컴퓨터로 처리할 경우, 비상사태가 발생하여 컴퓨터에 의해 이루어지는 모든 업무가 마비되는 경우를 대비하여 비상계획을 수립하게 되는데 이러한 대비시스템을 백업시스템(Back-up System)이라 한다.
  ㉢ 백업시스템은 비상사태가 발생하였을 때 시스템의 재구축 및 복구절차를 지원하는 모든 요소를 예측하여 마련한다.
  ㉣ 컴퓨터 작동불능의 원인은 기계의 오작동, 정전, 자연재해, 화재, 불법적인 해킹, 절도 및 파괴활동, 바이러스 침투, 빌딩 수리 작업 등 다양하므로 이에 대비한 보안시스템이 마련되어야 한다.

백업(Back-up) 대책
• 컴퓨터 기기에 대한 백업 : 컴퓨터 시스템 사용이 불가능하게 될 경우를 대비하여 백업용 컴퓨터 기기를 준비해 둔다.
• 프로그램에 대한 백업 : 오퍼레이팅시스템과 업무처리프로그램의 경우에 반드시 복제프로그램을 준비해 둔다.
• 도큐멘테이션(Documentation)에 대한 백업 : 오퍼레이팅시스템의 추가선택 기능에 대한 설명 및 오퍼레이팅시스템의 갱신 및 기록, 사용 중인 업무처리프로그램의 설명서, 주요파일의 구성·내용 및 거래코드 설명서, 오퍼레이팅 매뉴얼, 사용자 매뉴얼 등이 포함되어야 한다.
• 데이터 파일에 대한 백업 : 데이터 파일, 변경 전의 마스터 파일, 거래기록 파일 등은 기본적으로 백업을 해두어야 한다.

---

② 비상계획 수립 시 고려해야 할 사항
  ㉠ 동일 모델의 컴퓨터나 동일 기종을 가진 컴퓨터를 배치하고 상호협조 및 지원계약을 맺는다. 이때 호환성 여부의 확인과 충분한 검토를 한다. ★
  ㉡ 시스템 간의 지속적인 호환성 유무를 확인하기 위해 정기적으로 시험가동이 수행되어야 한다. ★
  ㉢ 제3자에 의한 핫 사이트(Hot site)를 구비한다. ★

핫 사이트(Hot site)
• 실시간으로 데이터 및 시스템과 환경을 원격지에 복제하여 이중화하는 시스템 재해복구 방식이다.
• 재해 발생 시 최단 시간 내에 데이터를 유실 없이 복구할 수 있다.

---

② 비상사태를 대비하여 다수의 기업체와 공백 셸[Empty Shell(cold)] 계약방식에 의한 계약체결을 고려하고 컴퓨터를 설치할 때는 분산 형태의 보완시스템이 갖춰진 컴퓨터를 구비한다.★

> **공백 셸 계약방식**
> 전원시설, 공조기, 통신선로 등을 갖추고, 재해 발생 시 하드웨어, 소프트웨어 설치가 가능하도록 공간을 확보하는 방식이다. 핫 사이트에 비해 비용은 적게 들지만 백업처리를 준비하는 데 많은 시간이 소요된다.★
>
> **분산 형태의 보완시스템**
> 2대의 컴퓨터 가운데 1대는 예비용으로 사용되는 시스템

3. 외부저장에 의한 보호

① 외부저장의 의의 : 모든 업무처리를 컴퓨터로 전환시킨 기업체는 어떤 다른 곳에 똑같은 자료를 가지고 있는 장치를 설치해 두게 되는데 이를 외부저장이라 한다.
② 외부저장의 방법과 방식
　㉠ 기업체의 현재 상태를 잘 알 수 있도록 주기적으로 데이터의 갱신이 계속 이루어져야 한다.
　㉡ 오늘날 대부분의 기업체들은 데이터를 디스크에 보관하고 반드시 별개의 파일형태로 할 필요는 없는 데이터베이스 관리시스템을 사용하고 있다.

4. 무단사용에 대처하기 위한 보호조치

무단사용이란 회사 컴퓨터 사용에 전혀 권한이 없는 자가 컴퓨터 시설에 잠입하거나 원격단말장치를 사용하여 컴퓨터를 조작하는 것을 말한다. 이에 대한 보호조치는 다음과 같다.
① 패스워드(Password) 방법
② 권한 등급별 접근 허용(Graduated access) 방법
③ 원격 단말장치 사용에 대한 안전조치(Remote terminal security) 방법
④ 정보접근 권한 및 절차(Check & Audits)

> **OECD가 제시한 2002년 정보시스템 및 네트워크보호와 관련된 기본원칙**
> • 인식·기술·강화 원칙(디지털보안 위험 인식 증진 및 위험 감축을 위한 대처기술 등의 강화)
> • 책임성의 원칙
> • 윤리성의 원칙
> • 다중협력성의 원칙
> • 디지털보안 위험관리 프레임워크의 구축화
> • 위험평가 관리순환의 원칙
> • 보안조치 통일의 원칙
> • 준비성의 원칙
>
> 〈출처〉 임정헌 외, OECD 정보보호 가이드라인 개정 현황 분석 및 시사점, 2014, P. 9~10

⑤ 암호화(Encryption)

  ㉠ 암호(Password) : 특정시스템에 대한 접근권을 가진 이용자의 식별장치라 할 수 있다.★

  ㉡ 암호시스템 : 암호화되지 않은 상태의 원문을 암호문으로 만드는 암호화 과정, 그 반대 과정인 암호문을 원문으로 변화시키는 복호화 과정, 그리고 이 과정 속에 사용되는 암호화 키와 그 관리 등을 일컫는 일련의 프로세스들을 말한다.

  ㉢ 특 징

    • 허가받지 않은 접근을 차단하여 정보의 보안성을 확보하기 위한 것이다.

    • 암호설정은 단순 숫자조합보다는 특수문자 등을 사용하여 조합하는 것이 바람직하다.

    • 보안을 위해서는 가능한 한 암호수명(Password age)을 짧게 하고, 자주 변경하는 것이 좋다.

5. 컴퓨터 에러(Error) 방지 대책

① 시스템 작동 재검토 : 적절한 컴퓨터 언어를 사용했는지 여부를 검토한다.

② 자격을 갖춘 전문요원의 활용 : 자격을 가진 컴퓨터 취급자만 컴퓨터 운용에 투입되도록 한다.

③ 데이터 갱신을 통한 지속적인 시스템의 재검토 : 컴퓨터를 효율적으로 사용하기 위해서는 프로그램 운용과 관련한 시스템이 개발되어야 하며 계속적으로 데이터 갱신이 이루어져야 한다.

④ 절차상의 재평가 : 컴퓨터 관리자는 정해진 절차대로 프로그램이 실행되는지를 검토해야 하고, 어떠한 절차가 효율적인지를 합리적으로 재평가한 후 비효율성이 발견되면 이를 재검토하여야 한다.

제2절 **컴퓨터 범죄 및 예방대책**

Ⅰ 컴퓨터 범죄의 의의

1. 컴퓨터 범죄의 정의

컴퓨터를 행위의 수단 또는 목적으로 하여 형사처벌되거나 형사처벌대상이 되는 모든 범죄행위로서, 사이버 범죄라고도 한다.

2. 컴퓨터 범죄의 동기

컴퓨터 범죄의 동기는 주로 금전적 이득, 회사에 대한 불만, 정치적 목적, 산업 경쟁 혹은 지적 모험심 등에 의해서 발생한다.

3. 컴퓨터 범죄의 특징

① 컴퓨터 시스템상의 특징

  ㉠ 정당한 이용이나 부정한 이용에 대한 구별이 없이 똑같은 능력을 발휘한다.

  ㉡ 이용자가 소수인이거나 다수인이거나 상관없이 단시간 내에 대량의 데이터 처리가 가능하다.

  ㉢ 범죄시간의 측정이 몇천분의 일 초, 몇십억분의 일 초 단위로 되므로 시간개념이 기존 범죄와 다르다.

  ㉣ 장소, 국경 등에 관계없이 컴퓨터 침입이 가능하며 증거가 남지 않고 증거인멸이 용이하기 때문에 범죄의 발견이 어렵다.

② 컴퓨터 이용 면에서의 특징
   ㉠ 컴퓨터의 기술개발 측면에만 연구를 집중하고 컴퓨터 사고 방지와 범죄 방지 측면에는 소홀한 면이 있다.
   ㉡ 컴퓨터 전반에 정통한 전문가보다는 특수하고 전문화된 일정기술에만 정통한 기술자들이 대다수이다.★
③ 범죄 면에서의 특징
   ㉠ 범죄동기 측면
      • 단순한 유희나 향락 추구★
      • 지적 탐험심의 충족욕★
      • 정치적 목적이나 산업경쟁 목적
      • 회사에 대한 사적 보복 목적★
   ㉡ 범죄행위자 측면
      • 컴퓨터 전문가 : 컴퓨터 시스템이나 회사 경영조직에 전문적인 지식을 갖춘 자들이 범죄를 저지른다.
      • 범죄의식 희박 : 컴퓨터에 의한 조작기술을 즐기는 것으로 생각하여 그 자체의 범죄성과 반사회적 성향의 행동에 대하여 옳고 그름을 느끼지 못하는 경우가 많다.
      • 연소화 경향 : 컴퓨터 지식을 갖춘 비교적 젊은 층의 컴퓨터 범죄자들이 많다.★
      • 초범성 : 컴퓨터 범죄행위는 대부분 초범자들이 많다.★
      • 완전범죄 : 대부분 내부인의 소행이며, 단독범행이 쉽고 완전범죄의 가능성이 높으며, 범행 후 도주할 수 있는 시간적 여유가 충분하다.★
   ㉢ 범죄행위 측면
      • 범행의 연속성 : 컴퓨터 부정조작의 경우 행위자가 조작방법을 터득하면 범행이 연속적이며 지속적으로 이루어질 수 있다.
      • 범행의 광역성과 자동성
         – 광역성(광범위성) : 컴퓨터 조작자는 원격지에서 단말기를 통하여 단시간 내에 대량의 데이터를 처리하므로 광범위하게 영향을 미친다.
         – 자동성 : 불법한 프로그램을 삽입한 경우나 변경된 고정자료를 사용할 때마다 자동적으로 범죄를 유발하게 된다.
      • 발각과 증명의 곤란 : 데이터가 그 대상이 되므로 자료의 폐쇄성, 불가시성, 은닉성 때문에 범죄사건의 발각과 증명이 어렵다.
      • 고의의 입증 곤란 : 단순한 데이터의 변경, 소멸 등의 형태에 불과할 경우 범죄의 고의성을 입증하기 어렵다.

1. 컴퓨터 범죄의 유형

① 컴퓨터의 부정조작

ㄱ 의의 : 행위자가 컴퓨터의 처리결과나 출력인쇄를 변경시켜서 타인에게 손해를 끼쳐 자신이나 제3자의 재산적 이익을 얻도록 컴퓨터 시스템 자료처리 영역의 정상적인 운영을 방해하는 행위를 말한다.

ㄴ 종 류

입력 조작	불법적인 목적을 달성하기 위해 입력될 자료를 조작하여 컴퓨터로 하여금 거짓처리 결과를 만들어 내게 하는 행위로 천공카드, 천공테이프, 마그네틱테이프, 디스크 등의 입력매체를 이용한 입력장치나 입력타자기에 의하여 행하여진다.
프로그램 조작	프로그램을 구성하는 개개의 명령을 변경 혹은 삭제하거나 새로운 명령을 삽입하여 기존의 프로그램을 변경하는 것이다.★
콘솔 조작	컴퓨터의 시동·정지, 운전상태 감시, 정보처리 내용과 방법의 변경·수정의 경우 사용되는 콘솔을 거짓으로 조작하여 컴퓨터의 자료처리과정에서 프로그램의 지시나 처리될 기억정보를 변경시키는 것을 말한다.★
출력 조작	특별한 컴퓨터 지식 없이도 할 수 있는 방법으로 올바르게 출력된 출력인쇄를 사후에 변조하는 것이다.

② **컴퓨터 파괴** : 컴퓨터 자체, 프로그램, 내·외부에 기억되어 있는 자료를 개체로 하는 파괴행위를 말한다.

③ **컴퓨터 스파이** : 컴퓨터 시스템의 자료를 권한 없이 획득하거나 불법이용 또는 누설하여 타인에게 재산적 손해를 야기시키는 행위로, 자료와 프로그램의 불법획득과 이용이라는 2개의 행위로 이루어진다. 컴퓨터 스파이 수법으로는 쓰레기 주워 모으기(스캐빈징), 자료누출수법, 선로도청방법(부정접속), 비동기성 공격 등이 있다.

④ **컴퓨터 부정사용(권한 없는 자의 사용)** : 컴퓨터에 관한 업무에 대해 전혀 권한이 없는 자가 컴퓨터가 있는 곳에 잠입하거나 원격단말장치를 사용하는 방법으로 컴퓨터를 자기 목적 달성을 위하여 일정한 시간 동안 사용하는 행위로서, 시간절도라고도 한다.★

⑤ **CD(Cash Dispenser) 범죄** : 현금자동지급기를 중심으로 하는 범죄를 말한다.

2. 컴퓨터 바이러스

컴퓨터 바이러스는 "사용자 몰래 다른 프로그램에 침투하여 자기 자신을 복제하고 컴퓨터를 감염시키는 프로그램"이라고 정의할 수 있으며, 더 정확하게는 "컴퓨터의 프로그램이나 실행 가능한 부분을 변형하여, 여기에 자기 자신 또는 자기 자신의 변형을 복제하는 명령어들의 조합"이라고 할 수 있다.

3. 멀웨어(Malware)

① 멀웨어[Malware : Malicious Software(악의적인 소프트웨어)의 약어]는 시스템을 파괴하거나 정보를 유출하기 위해 개발된 프로그램이나 파일을 총칭한다.

② 사이버공격의 유형으로는 멀웨어 공격, 서비스거부 공격 등이 있는데, 대표적인 멀웨어 공격으로는 바이러스, 트로이 목마, 버퍼 오버플로 공격, 스파이웨어, 악성 웹 기반 코드 등이 있으며, (분산) 서비스거부 공격에는 마이둠(MyDoom), 슬래머(Slammer) 등이 있다.

③ 스턱스넷(Stuxnet)

의 의	공항, 발전소, 철도 등 기간시설을 파괴할 목적으로 제작된 컴퓨터 웜(Worm) 바이러스이다.
특 징	• 2010년 6월 컴퓨터 보안회사(VirusBlokAda)에 의해 처음 발견되었다. • MS 윈도우 운영체제의 제로데이 취약점을 통해 감염된다. • 스턱스넷은 목표물을 감염시키기 위해 직접 침투해야 하며, 주로 USB와 같은 이동식 저장매체를 통하여 감염된다. • 모든 시스템을 대상으로 하는 것이 아닌 산업시설의 전반적인 현황을 감시하고 제어할 수 있는 스카다(SCADA)시스템만을 노린다. • 웜(Worm) 바이러스의 일종이기에 자기복제 기능도 있다.

4. 해 킹

① **정의** : 어떤 목적에서건 시스템 관리자가 구축해 놓은 보안망을 무력화시켰을 경우 이와 관련된 모든 행동을 말하며, 시스템 관리자의 권한을 불법적으로 획득한 경우, 또 이를 악용해 다른 사용자에게 피해를 주는 경우도 해당한다.

② **해킹의 방법**

　㉠ 트로이 목마(Trojan Horse)
- 프로그램 속에 은밀히 범죄자만 아는 명령문을 삽입하여 이를 범죄자가 이용하는 수법을 말한다.
- 상대방이 눈치 채지 못하게 몰래 숨어드는 것으로 정상적인 프로그램에 부정 루틴이나 명령어를 삽입해 정상적인 작업을 수행하나 부정한 결과를 얻어내고 즉시 부정 루틴을 삭제하기 때문에 발견이 어렵게 된다.
- 시스템 프로그래머, 프로그램 담당 관리자, 오퍼레이터, 외부프로그램 용역자가 저지르며 시스템 로그인 테이프와 운용 기록이 있는 프로그램 리스트를 확보한 후 정상적인 프로그램 실행 결과와 의심스런 프로그램 결과를 비교하는 일이 예방책이다.

　㉡ 비동기성 공격(Asynchronous Attacks)
- 컴퓨터 중앙처리장치 속도와 입·출력장치 속도가 다른 점을 이용해 Multi-programming을 할 때 Check-point를 써서 자료를 입수하는 방법이다.
- 어떤 자료와 프로그램이 누출된 것 같은 의심이 생기거나 컴퓨터 성능과 출력 자료가 정상이 아닐 때 시스템 로그인 테이프를 분석해 작업 지시서와 대조해 지시 없이 작업을 수행한 기록이 있는지 조사해 봐야 한다.

　㉢ 쓰레기 주워 모으기(Scavenging)
- 컴퓨터실에서 작업하면서 쓰레기통에 버린 프로그램 리스트, 데이터 리스트, 카피 자료를 얻는 방법이다.
- 많은 사람들이 자신이 버리는 쓰레기가 다른 사람들의 손에 들어갈 경우 자신을 위협할 수 있는 무기가 된다는 사실을 인식하지 못하기 때문에 이러한 일이 발생한다. 따라서 중요한 것은 꼭 알아볼 수 없도록 폐기해야 한다.

　㉣ 살라미 기법(Salami Techniques, 부분잠식수법)
- 어떤 일을 정상적으로 수행하면서 관심을 두지 않는 조그마한 이익들을 긁어모으는 수법이다.
- 예를 들면, 금융기관의 컴퓨터 시스템에서 이자 계산 시나 배당금 분배 시 단수(端數) 이하로 떨어지는 적은 수를 주워 모아 어느 특정 계좌에 모이게 하는 수법이다.

- 뚜렷한 피해자가 없어 특별히 검사해 보는 제도를 두지 않으면 알 수 없고 일단 제작되면 별도 수정 없이는 범행상태가 계속된다.
- 은행직원이나 외부인 등 전산망에 접근할 수 있는 자라면 누구나 저지를 수 있으며 계좌 중에 아주 작은 금액이 계속적으로 입금된 사실이 있는지 검사하는 프로그램을 작성해 수행시켜 보는 방법 등을 통해 예방한다.

ⓜ IP 스푸핑(IP Spoofing) : 인터넷 프로토콜인 TCP/IP의 구조적 결함, 즉 TCP 시퀀스번호, 소스라우팅, 소스 주소를 이용한 인증(Authentication) 메커니즘 등을 이용한 방법으로서 인증 기능을 가지고 있는 시스템에 침입하기 위해 침입자가 사용하는 시스템을 원래의 호스트로 위장하는 방법이다.

ⓗ 패킷 스니퍼링(Packet Sniffering)
- 최근 널리 쓰이고 있는 대표적인 방법으로 Tcpdump, Snoop, Sniffer 등과 같은 네트워크 모니터링 툴을 이용해 네트워크 내에 돌아다니는 패킷의 내용을 분석해 정보를 알아내는 것이다.
- 이 방법은 네트워크에 연동되어 있는 호스트뿐만 아니라 외부에서 내부 네트워크로 접속하는 모든 호스트가 위험 대상이 된다.

ⓢ 데이터 디들링(Data Diddling)
- '자료의 부정변개'라고도 하며 데이터를 입력하는 동안이나 변환하는 시점에서 최종적인 입력 순간에 자료를 절취 또는 변경, 추가, 삭제하는 모든 행동을 말한다.
- 원시서류 자체를 변조·위조해 끼워 넣거나 바꿔치기하는 수법으로 자기 테이프나 디스크 속에 엑스트라 바이트를 만들어 두었다가 데이터를 추가하는 수법이다.
- 자료를 코드로 바꾸면서 다른 것으로 바꿔치기하는 수법인데 원시자료 준비자, 자료 운반자, 자료 용역처리자 그리고 데이터와 접근이 가능한 내부인이 주로 저지른다.
- 예방하려면 원시서류와 입력 데이터를 대조해 보고 컴퓨터 처리 결과가 예상 결과와 같은지 검토하며, 시스템 로그인 파일과 수작업으로 작성된 관련 일지를 서로 비교 검토하는 작업을 정기적으로 실시하여야 한다.

ⓞ 슈퍼 재핑(Super Zapping, 운영자 가장수법)
- 컴퓨터가 고장으로 가동이 불가능할 때 비상용으로 쓰이는 프로그램이 슈퍼 잽이며 슈퍼 잽 수행 시에 호텔의 만능키처럼 패스워드나 각종 보안장치 기능을 상실시켜 컴퓨터의 기억장치에 수록된 모든 파일에 접근해 자료를 복사해 가는 것이다.
- 예방하려면 외부에서 출입해 수리를 할 경우 입회하여 지키고 테이프나 디스크팩, 디스켓 반출 시에 내용을 확인하고 고장 내용이 수록된 파일을 복사해 가지고 나갈 경우 내용을 복사해 증거물을 남기는 법이 최선책이다. 이 방법은 거의 직접적인 수법이기에 계속 지키고 확인하는 수밖에 없다.

ⓩ 트랩도어(Trap Door, 함정문수법)
- OS나 대형 응용 프로그램을 개발하면서 전체 시험실행을 할 때 발견되는 오류를 쉽게 하거나 처음부터 중간에 내용을 볼 수 있는 부정루틴을 삽입해 컴퓨터의 정비나 유지보수를 핑계 삼아 컴퓨터 내부의 자료를 뽑아 가는 행위로, 프로그래머가 프로그램 내부에 일종의 비밀통로를 만들어 두는 것이다.
- 자신만이 드나들 수 있게 하여 자료를 빼내는 방법으로 실제로 프로그램을 수행시키면서 중간에 이상한 것이 출력되지 않는지와 어떤 메시지가 나타나지 않았나 살펴보고 이상한 자료의 누출이나 어카운트에는 계산된 것이 없는데 기계시간이 사용된 경우 추적하여 찾아내야 한다.

ㅊ Sendmail 버그
- Sendmail은 거의 모든 유닉스 기종에서 사용되는 메일 전송 프로그램이다.
- 보안상의 허점(Security Hole)이 발견되면 그 여파가 대단히 크게 나타난다.

ㅋ 버퍼 오버플로(Buffer Overflow) : 메모리에 할당된 버퍼(프로그램 처리 과정에 필요한 데이터가 일시적으로 저장되는 공간)의 양을 초과하는 데이터를 입력하여 프로그램의 복귀 주소를 조작, 궁극적으로 해커가 원하는 코드를 실행하게 하는 시스템 해킹의 대표적인 공격방법이다.

해커(Hacker)와 크래커(Cracker)
- 해커 : 컴퓨터 시스템과 네트워크 분야에 대한 전문적인 지식을 가지고 있으면서, 고의로 네트워크를 통해 다른 시스템에 접근하여 자유자재로 조작하는 사람들을 일반적으로 가리키며, 그러한 행위를 해킹이라 한다.
- 크래커 : 주로 복사방지 소프트웨어 등을 불법으로 변경하여 원래의 프로그램에 영향을 주는 행위를 하는 사람을 뜻한다. 또한 시스템에서 보안의 허점을 찾아 불법적인 행위를 하는 사람도 크래커라고 불린다.

---

5. 신종금융범죄(전자금융사기)

① 피싱(Phishing) : 개인정보(Private Data)와 낚시(Fishing)의 합성어로, 금융기관으로 가장하여 이메일 등을 발송하고, 그 이메일 등에서 안내하는 인터넷주소를 클릭하면 가짜 사이트로 접속을 유도하여 은행계좌정보나 개인신상정보를 불법적으로 알아내 이를 이용하는 수법을 말한다.

② 스미싱(Smishing) : 문자메시지(SMS)와 피싱(Phishing)의 합성어로, '무료쿠폰 제공, 모바일 청첩장, 돌잔치 초대장' 등을 내용으로 하는 문자메시지를 발송하고, 그 문자메시지 내 인터넷 주소를 클릭하면 스마트폰에 악성코드가 설치되어 소액결제 피해를 발생시키거나(소액결제 방식으로 돈을 편취하거나) 개인의 금융정보를 탈취하는 수법을 말한다.

③ 파밍(Pharming) : PC가 악성코드에 감염되어 정상 사이트에 접속해도 가짜 사이트로 유도되고, 이를 통해 금융정보를 빼돌리는 수법을 말한다.

④ 메모리 해킹(Memory Hacking) : PC의 메모리에 상주한 악성코드로 인해 정상 은행사이트에서 보안카드번호 앞뒤 2자리만 입력해도 부당인출되는 수법을 말한다.

6. 컴퓨터의 각종 사이버테러

① 논리폭탄(Logic Bomb) : 13일의 금요일 등 컴퓨터에 일정한 사항이 작동할 때마다 부정행위가 일어날 수 있도록 프로그램을 조작하는 수법으로, 일정한 조건이 충족되면 자동으로 컴퓨터 파괴활동을 시작하여 논리폭탄이 작동되면 컴퓨터의 모든 정보가 삭제되거나 인터넷 등 온라인 정보사용이 어렵게 된다.

② 허프건(Huffgun) : 고출력 전자기장을 발생시켜 컴퓨터의 자기기록 정보를 파괴시키는 사이버테러용 무기이다. 전자회로로 구성되어 있는 컴퓨터는 고출력 전자기파를 받으면 오작동하거나 정지되기 때문에 기업들의 핵심 정보가 수록된 하드디스크(HDD)가 허프건의 주요 공격 목표가 된다.

③ 스팸(Spam) : 악의적인 내용을 담은 전자우편을 인터넷상의 불특정 다수에게 무차별로 살포하여 컴퓨터 시스템을 마비시키거나 온라인 공해를 일으키는 행위이다. 전자우편 폭탄이라고도 한다.

④ 플레임(Flame) : 네티즌들이 공통의 관심사를 논의하기 위해 개설한 토론방에 고의로 가입하여 개인 등에 대한 악성 루머를 유포하여 개인이나 기업을 곤경에 빠뜨리는 수법이다. ★

⑤ **서비스 거부(Denial of Service)★** : 정보 시스템의 데이터나 자원을 정당한 사용자가 적절한 대기 시간 내에 사용하는 것을 방해하는 행위이다. <u>주로 시스템에 과도한 부하를 일으켜 정보 시스템의 사용을 방해하는 공격 방식이다.</u>

⑥ **스토킹(Stalking)** : <u>인터넷을 이용하여 타인의 신상정보를 공개하고 거짓 메시지를 남겨 괴롭히는 행위이다.</u>

⑦ **스누핑(Snuffing)** : <u>인터넷상에 떠도는 IP(Internet Protocol) 정보를 몰래 가로채는 행위를 말한다.</u>

⑧ **스푸핑(Spoofing)★** : <u>어떤 프로그램이 마치 정상적인 상태로 유지되는 것처럼 믿도록 속임수를 쓰는 것을 뜻한다.</u>

⑨ **전자폭탄(Electronic Bomb)** : 약 1백억 와트의 고출력 에너지로 순간적으로 마이크로웨이브파를 발생시켜 컴퓨터 내의 전자 및 전기회로를 파괴한다.

⑩ **온라인 폭탄** : 대용량의 메일을 동시에 다량으로 송부하여 대형 컴퓨터 시스템에 과부하가 걸리도록 하여 업무를 마비시키거나 장애를 초래하는 이메일 폭탄을 말한다.

Ⅲ 컴퓨터 범죄의 예방대책

1. 컴퓨터 범죄의 예방절차

① <u>프로그래머, 조작요원, 시험 및 회계요원, 유지보수 요원들 간의 접촉을 줄이거나 없애야 한다.★</u>

② <u>모든 프로그램을 개발할 때마다 문서화할 것을 주지시켜야 한다.★</u>

③ <u>프로그래머들은 작업실 외부에 머물게 해야 한다.★</u>

④ <u>컴퓨터 작동의 모든 면에 있어 업무일지를 작성해야 한다.★</u>

⑤ <u>컴퓨터 사용에 대한 회계감사나 사후평가를 면밀히 해야 한다.</u>

⑥ <u>프로그램 채택 후 정기적으로 점검해야 한다.</u>

컴퓨터 활용에 잠재된 위험 요소
- 컴퓨터를 통한 사기·횡령
- 프로그램 작성상의 부정 및 프로그램에 대한 침투
- 조작자의 실수
- 입력상 에러
- 프로그램 자체의 에러
- 비밀정보의 절취 등
---

2. 컴퓨터 시스템 안전대책

① 물리적 대책

 ㉠ 건물에 대한 안전조치 : 컴퓨터실의 위치를 선정할 때는 화재나 홍수, 폭발 등 주변의 위험과 외부 불법침입자에 의한 위험으로부터 벗어난 안전한 장소를 고려한다.

 ㉡ 물리적 재해에 대한 보호조치
- 효과적인 백업시스템을 준비하여 신속하게 복구하는 것이 최선의 방안이다.
- 컴퓨터실은 가급적 지하에 설치하지 말고, 스프링클러를 사용하는 경우에는 사전에 방수커버를 덮어야 한다.

ⓒ 출입통제 : 컴퓨터실과 파일보관 장소는 허가받은 사람만 출입할 수 있도록 통제하여야 한다.

물리적 대책
- 출입통제 : 통제구역 설정, 비인가자 접근 통제, 컴퓨터실 및 파일보관 장소에 대한 통제
- 시설물 보호 : 방화시설·방재시설·CCTV 설치, 경비시설 확충, 건물에 대한 안전조치, 물리적 재해에 대한 보호 조치
- 시스템 보호 : 운영체제(OS)와 프로그램 및 데이터백업시스템 구축
- ※ 거래기록 파일 등 데이터 파일에 대한 백업을 할 때에는 내부와 외부에 이중으로 파일을 보관하여야 한다.

---

② 관리적(인적) 대책

　ㄱ 직무권한의 명확화와 상호 분리 원칙 : 프로그래머와 오퍼레이터의 직무권한을 철저히 준수한다.

　ㄴ 프로그램 개발통제 : 프로그램 작성 전에 견제기능을 가진 특수 루틴(Routine)을 삽입하여 설계하고, 필요한 프로그램은 빠짐없이 감사팀의 심의를 거치도록 한다.

　ㄷ 도큐멘테이션 철저 : 업무흐름과 프로그램의 내용이 다르면 부정의 소지가 있기 때문에 일치되도록 한다.

　ㄹ 스케줄러(Scheduller)의 점검 : 컴퓨터의 각 운용자에게 할당된 기억장치와 입력장치의 상황을 프로그래머에게 건네고 프로그래머는 프로그램의 테이프와 디스크 내용을 면밀히 검토하여 부정의 여지가 없는지 점검한다.

　ㅁ 액세스 제한제도(Graduated Access)의 도입 : 데이터의 경우 특정 직급 이상이어야만 해독할 수 있도록 키나 패스워드 등을 부여하여 권한등급별로 접근을 허용한다.

　ㅂ 패스워드의 철저한 관리 : 패스워드의 경우 권한 없는 사람이 해독할 수 없도록 관리한다.

　ㅅ 레이블링(Labeling)에 의한 관리 : 극비의 경영자료 등이 수록된 파일이나 중요한 상품의 프로그램이 수록되어 있는 테이프나 디스크 파일에는 별도의 명칭을 부여한다.

　ㅇ 감사증거기록 삭제 방지 : 콘솔시트에는 컴퓨터 시스템의 사용일자와 취급자의 성명, 프로그램 명칭 등이 기록되므로 임의로 파괴해 버릴 수 없는 체제를 도입함으로써 부당사용 후 흔적을 없애는 사태를 방지한다.

　ㅈ 배경조사 : 근무자들에 대하여 정기적으로 배경조사를 실시한다.

　ㅊ 안전관리 : 각종 회의를 통하여 컴퓨터 안전관리의 중요성을 인식시킨다.

　ㅋ 기능 분리 : 회사 내부의 컴퓨터 기술자, 사용자, 프로그래머의 기능을 각각 분리한다.

　ㅌ 기타 : 고객과의 협력을 통한 감시체제, 현금카드 운영의 철저한 관리, 컴퓨터 시스템의 감사 등이 있다.

컴퓨터 범죄의 관리상 안전대책
- 예기치 못한 사고에 대해 예방하는 것이므로 사전에 이에 대한 대책이 우선적으로 수립되어야 한다.
- 지속적이고 장기적인 대책수립이 필요하다.
- 예기치 못한 사고에 대비하기 위해 시스템 백업과 프로그램 백업이 필요하다.
- 네트워크의 취약성으로 발생하는 문제는 방화벽 설치 등 기술적 안전대책으로 해결해야 한다.

③ **기술적 대책** : 컴퓨터 데이터의 취급자를 규제 또는 견제하여 컴퓨터 데이터를 보호하는 컴퓨터 대책을 말한다.

   ㉠ 암호화
   - 암호화는 데이터를 특수처리하여 비인가자가 그 내용을 알 수 없도록 하는 것으로 시스템에 대한 개별적 암호화를 통해 데이터의 가로채기(Interception)를 예방할 수 있다.
   - 암호시스템은 암호화 형식에 따라 비밀키(대칭형) 암호시스템과 공개키(비대칭형) 암호시스템으로 구분할 수 있다.

   ㉡ 방화벽(침입차단시스템)
   - 방화벽은 정보의 악의적인 흐름이나 침투 등을 방지하고, 비인가자나 불법침입자로 인한 정보의 손실·변조·파괴 등의 피해를 보호하거나 최소화시키는 총체적인 안전장치를 말한다.
   - 방화벽은 외부로부터 내부망을 보호하기 위한 네트워크 구성 요소 중의 하나로서 외부의 불법 침입으로부터 내부의 정보자산을 보호하고 외부로부터 유해정보 유입을 차단하기 위한 정책과 이를 지원하는 하드웨어 및 소프트웨어를 총칭한다.
   - 방화벽은 네트워크의 보안 사고나 위협이 더 이상 확대되지 않도록 막고 격리하는 것이라고 할 수 있는데, 특히 어떤 기관의 내부 네트워크를 보호하기 위해 외부에서의 불법적인 트래픽이 들어오는 것을 막고, 허가하거나 인증된 트래픽만 허용하는 적극적인 방어 대책이라고 할 수 있다.

   ㉢ 침입탐지시스템(IDS : Intrusion Detection System)
   - 시스템상의 침입자를 색출하는 프로그램으로 시스템과 네트워크작업을 분석하여 권한이 없는 사용자가 로그인하거나 악의성 작업이 있는지 찾아내는 활성 프로세스 또는 장치를 말한다.
   - IDS는 네트워크 활동을 감시하고 네트워크와 시스템 설정에 취약점이 있는지 확인하며 데이터 무결성을 분석하는 등의 다양한 작업을 수행할 수 있다.

3. 입법적 대책

① **현행 형법상 규정**

   ㉠ **컴퓨터 업무방해죄** : 컴퓨터등 정보처리장치 또는 전자기록 등 특수매체기록을 손괴하거나 정보처리장치에 허위의 정보 또는 부정한 명령을 입력하거나 기타 방법으로 정보처리에 장애를 발생하게 하여 사람의 업무를 방해한 자는 5년 이하의 징역 또는 1천500만원 이하의 벌금에 처한다(형법 제314조 제2항).

   ㉡ **컴퓨터등 사용사기죄** : 컴퓨터등 정보처리장치에 허위의 정보 또는 부정한 명령을 입력하거나 권한 없이 정보를 입력·변경하여 정보처리를 하게 함으로써 재산상의 이익을 취득하거나 제3자로 하여금 취득하게 한 자는 10년 이하의 징역 또는 2천만원 이하의 벌금에 처한다(형법 제347조의2).

   ㉢ **전자기록 손괴죄** : 타인의 재물, 문서 또는 전자기록 등 특수매체기록을 손괴 또는 은닉 기타 방법으로 기 효용을 해한 자는 3년 이하의 징역 또는 700만원 이하의 벌금에 처한다(형법 제366조).

   ㉣ **전자기록의 위작·변작** : 사무처리를 그르치게 할 목적으로 권리·의무 또는 사실증명에 관한 타인의 전자기록 등 특수매체기록을 위작 또는 변작한 자는 5년 이하의 징역 또는 1천만원 이하의 벌금에 처한다(형법 제232조의2).

   ㉤ **비밀침해죄** : 봉함 기타 비밀장치한 사람의 편지, 문서, 도화 또는 전자기록 등 특수매체기록을 기술적 수단을 이용하여 그 내용을 알아낸 자는 3년 이하의 징역이나 금고 또는 500만원 이하의 벌금에 처한다(형법 제316조 제2항).

② 기타 규제법률

　　㉠ **컴퓨터 통신망 보호** : 정보통신망 이용촉진 및 정보보호 등에 관한 법률

　　㉡ **통신침해** : 전기통신기본법, 전기통신사업법, 전파법

　　㉢ **개인정보 침해** : 개인정보보호법, 신용정보의 이용 및 보호에 관한 법률

　　㉣ **소프트웨어의 보호** : 소프트웨어산업진흥법, 저작권법, 특허법

　　㉤ **도청행위** : 통신비밀보호법

　　㉥ **전자문서** : 정보통신망 이용촉진 및 정보보호 등에 관한 법률, 물류정책기본법

컴퓨터 범죄 담당기관의 설립연혁

1997년 : 컴퓨터범죄 수사대 창설
1999년 : 사이버범죄 수사대로 개편
2000년 7월 : 사이버테러대응센터 창설
2007년 : 전국 경찰서 사이버수사팀 확대 구축
2010년 : 해킹·악성코드 분석실 구축
2012년 : 국제사이버범죄 연구센터 창설
2014년 : 경찰청 사이버안전국 창설

---

07 민간경비산업의 과제와 전망

제1절 한국 민간경비산업의 문제점

Ⅰ 민간경비산업의 문제와 개선방안

1. 민간경비산업의 문제점 개관

① 민간경비산업은 양적 팽창을 이뤄냈지만, 인력경비 중심의 영세한 경호·경비업체의 난립으로 민간경비의 발전에 걸림돌로 작용하고 있으며, 일부 업체를 제외하고는 대체로 영세한 편이다. ★

② 경비 분야의 전문 연구인력이 부족하며, 경비 입찰단가가 비현실적이다.

③ 민간경비원의 자질 및 전문성이 문제되고 있는 실정이다(민간경비원의 교육과정은 교육과목이 많고 내용도 비현실적이라는 지적이 있다).

④ 아직까지 기계경비보다 인력경비에 치중되어 있는 실정이다. ★

⑤ 경비업법과 청원경찰법으로 이원화되어 있어 경비의 효율성 등에 장애요인으로 작용한다. ★

⑥ 보험회사들의 민간경비업에 대한 이해부족으로 인하여 보험상품 개발이 활발하지 못하다.

2. 민간경비산업의 현황

① 민간경비의 수요 및 시장규모가 일부 지역에 편중되어 있다. ★

② 경찰 및 교정업무의 민영화 추세는 민간경비업 확장의 한 요인이 된다. ★

③ 최근에 인력경비를 줄이고 기계경비 중심으로 변화하면서 민간경비의 질적 향상이 도모되고 있다. ★

3. 경비업의 허가기준

① 현행 경비업법(경비업법 제4조) : 경비업을 하고자 하는 법인은 도급받아 행하고자 하는 경비업무를 특정하여 당해 법인의 주사무소의 소재지를 관할하는 시·도 경찰청장의 허가를 받아야 한다(경비업법 제4조 제1항 전문). 그러나 실제 경비업의 허가기준은 사전적·사후적 절차가 미흡하다.

② 개선방안

  ㉠ 허가사항 변경신고 : 허가변경신고는 의무적으로 규정하고 있으나 위반에 대한 규제력이 미약하여 이에 대한 규제를 보다 엄격하게 적용할 필요가 있다.

  ㉡ 경비업의 허가요건 : 경비업을 허가를 받으려는 자에 대해서는 경비업무에 관련된 경력이나 이 분야의 학력 등에 대한 일정한 제한을 둘 필요가 있다.

4. 경비원 자질 향상을 위한 국가검정제도의 실시

경비원의 자질향상을 위해서 국가가 각 경비원들에게 전문기술과 지식을 검정하는 국가검정제도를 실시하여 경비원들의 자질을 향상시킬 필요가 있다.

5. 장비의 현대화 방안

① **현행 경비업법**(경비업법 제16조·제16조의2) : 경비업법은 경비원의 복장·장비 등을 규정하고 있으며, 구체적으로 경비원이 근무 중 휴대할 수 있는 장비의 종류는 경적·단봉·분사기 등 행정안전부령으로 정하고 있다. 특히 분사기는「총포·도검·화약류 등 단속법」에 따라 미리 소지허가를 받아야만 직무수행 시 휴대할 수 있도록 하고 있다.

② **개선방안** : 경비활동을 보다 더 향상시키고 자신의 신체적 위협에 대비하기 위해서는 외국에서 거의 보편화되어 있는 휴대하기 편리한 무전기, 가스 분사기 등의 휴대가 보편화되어야 한다.

6. 민간경비원의 형사상 법적 문제

① 민간경비원의 법적 지위는 일반 사인과 같으므로 현행범에 대한 체포권한만 있으며, 법적 제재는 가할 수 없다. ★

② 민간경비원은 수사권이 없다. ★

③ 민간경비원의 모든 업무행위가 위법성이 결여되는 것이 아니라 정당방위, 자구행위, 정당행위 등에서 형법상 위법성이 결여된다. ★

7. 손해배상제도

① **현행 경비업법**(경비업법 제26조) : 고객들에 대한 경비업자들의 손해배상제도는 현재 공제사업과 같은 제도가 운영되고 있는데 이와 같은 제도들은 고객들을 보호하기 위한 사후적 보장제도이지 경비업자들을 보호하기 위한 사후적 보장제도는 되지 못하고 있다. ★

② **개선방안** : 경비시설물이나 보험가입 고객에 따라 손해배상제도 외에도 별도의 손해배상 보험을 가입하도록 고객들이 요구하고 있어 경비업자들에게 이중적 부담을 주고 있는 실정이다. 따라서 경비업자들의 부담도 덜어 주고 일반 고객들에게도 충분한 손해배상이 이루어질 수 있도록 보험회사 측에서 경비 관련 보험상품을 다양하게 개발하여야 할 것이다. ★

8. 우수인력 채용 방안

우수한 경비인력의 확보와 경비업체의 신뢰도를 높이기 위해 경비원의 선발과정절차를 엄격하게 제도화시킬 필요가 있다.

① **임용 전 조사** : 면접의 경우 대부분 지원동기, 경력, 직업에 대한 전문지식, 그리고 다른 직업과의 관계 등을 알아보는 것이 대부분이고, 신원조회는 단순히 연락처나 소정양식의 서류를 제출하는 형식적인 수준에서 머물고 있다. 그러나 다소간의 비용이 발생하더라도 상설조사기관을 두어 전과조회, 능력이나 성격, 자질 등을 조사할 제도적 장치가 필요하다.

② **적정보수 규정** : 우수한 경비인력을 확보하기 위해서는 경비원이 배치되어 있는 경비시설물의 도급에 관계없이 개인의 경비능력, 경력, 교육수준, 기술, 책임감 그리고 자격증 유무에 따라 보수규정을 전체적으로 체계화하는 방안을 강구할 필요가 있다.

③ **경비업자들 간의 정보교환** : 경비인력의 채용과정에서 지원자의 신원정보에 대하여 경비업자들 상호 간에 교환이 이루어진다면 보다 효율적으로 우수한 경비인력을 확보할 수 있다. 또한 경비업체나 경비협회를 지도·감독하는 정부기관에서 전체 경비원들의 인적사항을 관리한다면 더욱 효과적으로 우수한 인력을 관리할 수도 있다.

④ **여성 경비원의 고용 확대** : 현재 여성 경비원들의 경비업무는 안내역할이나 여성고객 검색 등에 한정되고 있으나 점차 경비업무 분야를 확대하고 고급 여성인력들을 적극적으로 참여시켜 경비인력의 부족현상을 해결할 수도 있다.

9. 경비전문학교의 설립 방안(경비원 교육훈련의 내실화)

① **현재의 실정** : 민간경비 관련 학문은 미국이나 일본의 단편적인 지식에 의존하고 있고, 몇몇 업체들만이 시찰이나 교류를 통하여 경험이나 지식을 습득하고 있으며, 나머지 대부분은 군이나 경찰에서의 경비실무경험을 바탕으로 경비업무를 실시하고 있어 학문적 바탕이 매우 취약함을 알 수 있다.

② **개선방안**

  ㉠ 경비원뿐만 아니라 경비업자 그리고 경비지도사들의 자질향상을 위한 교육훈련, 훈련계획, 교과편성 그리고 교육훈련의 사후 평가 등과 같은 일련의 모든 과정을 총괄하는 경비업무 교육훈련 전담기관(= 경비전문교육학교)이 필요하다. ★

  ㉡ 교육의 종류는 경비원의 신입교육, 직무교육, 전공과목교육, 경비지도사·경비업자 교육 등으로 실시할 수 있다.

10. 경찰과 민간경비의 협력 증진 방안(대응체제의 제도적 보완)

① **문제점**

  ㉠ 선진 외국에서는 오래전부터 국가차원의 공경비인 경찰과 민간차원의 민간경비와의 긴밀한 상호협조 체제를 구축하여 방범활동의 효율성을 극대화시켜 왔지만 한국의 경우 대부분의 방범활동은 국가 정책적으로 경찰조직 위주로 수립·추진되어 왔기 때문에 민간경비와 경찰의 협조체제가 별다른 진전이 없어 왔다.

  ㉡ 민간경비와 경찰은 그동안 상호 정보교환의 부재, 불신의식, 경쟁의식, 역할 기준의 불명확성 등으로 갈등을 겪어왔다. ★

  ㉢ 민간경비와 경찰은 상호 지원체제의 미흡, 범죄예방과 홍보활동의 부족, 범죄에 대한 예방활동을 위한 정책빈곤, 업무에 대한 상호 간의 이해부족 등으로 상호 협조체제를 구축하는 데 있어서 문제가 있었다.

② **개선방안**

  ㉠ **책임자 간담회**

   • 경찰 조직과 민간경비 조직 상호 간의 교류를 통하여 새로운 경험을 하고 관련 정보를 적극적으로 교환하여 상대방의 입장을 이해하도록 노력한다.

   • 책임자 간담회를 정기적으로 개최하여 경찰 조직과 민간경비 조직의 방범능력 향상을 위한 발전적 방안을 마련한다.

ⓛ **전임책임자제도와 합동순찰제도** : 민간경비와 경찰 간의 접촉이나 연락과정을 공식화시킬 전담책임
제도와 업무의 실질적인 협력 증진 방안으로 합동순찰제도를 둘 수 있다.

- **전임책임자제도** : 경찰 조직과 민간 경비조직의 접촉을 공식화하여 양 조직의 무분별한 접촉으로
발생할 수 있는 부정적 요소를 방지하고 상호 신뢰하는 관계를 지속적으로 유지할 수 있도록 경찰
측에서는 민간경비와의 접촉을 전담하는 공식연락관을, 민간경비 측에서는 경찰과 접촉을 전담하
는 연락담당자를 공식적으로 임명하는 제도이다.
- **합동순찰제도** : 경찰 조직과 민간경비 조직의 실질적인 협력 증진 방안으로 관할지역 내에서 업무
의 이해와 능률을 증진시키고 경비인력을 적절히 배분하기 위해서 고려되며, 외국의 경우 일반시민
들까지 참여시키고 있다.

ⓒ **상호 업무기준 설정** : 경찰 조직과 민간경비 조직 간의 마찰해소와 업무 수행의 효율성을 높이기
위한 차원에서 기본적인 업무기준 설정이 이루어져야 한다.

ⓔ **상호 비상연락망 구축** : 범죄 신고절차의 신속화로 범죄 예방률과 범인 검거율을 높이기 위해 경찰관
서와 민간경비업체와의 비상연락망 구축은 정책적으로 권장하여 나아갈 필요가 있다.

ⓜ **경비자문서비스센터 운영** : 민간경비와 경찰이 공동체 의식을 갖고 지역사회의 범죄 예방을 위해
모든 민간경비업체명과 경비상품의 목록을 시민들에게 배부하는 경비자문서비스센터를 공동으로 운
영할 수도 있다.

11. 민간경비의 전담기구 설치 방안

① **각국의 실정**

ⓐ **일본의 경우** : 민간경비의 중요한 정책사항은 <u>국가공안위원회</u>에서 모두 관장하고 있다. ★

ⓑ **미국의 경우** : 각 주별로 <u>규제위원회(Regulatory Board)</u>라는 민간경비 전담기구를 두어 교육을 포함
한 민간경비의 중요한 정책사항들을 결정하고 있다. ★

ⓒ **한국의 경우** : 그동안 민간경비업체가 그렇게 큰 규모도 아니었고, 기타 제반사항들이 국가적 차원에
서 처리하여야 할 만큼 비중 있게 다루어지지도 못하였기 때문에 경찰청 경비국에서 전반적으로 취급
하여 왔다.

② **개선방안**

ⓐ 민간경비의 지속적인 발전과 육성을 위해서는 국가적 차원에서의 민간경비 전담기구가 필요하다. ★

ⓑ 민간경비시장의 확대에 따른 적절하고 효율적인 통제를 위해서는 우선적으로 경찰청 내에 민간경비
를 담당하는 전담 '과'를 설치하고 일본과 같이 '경찰위원회'가 민간경비의 전체적인 규율을 관장하는
기관으로서 역할을 수행할 수 있도록 해야 한다.

12. 민 · 경 협력 범죄예방

① 언론매체는 범죄예방활동에 효과적이다. ★

② 지역사회 경찰활동의 핵심은 경찰과 지역주민이 함께 지역사회의 문제해결에 노력해야 한다는 것이다.

③ 경찰은 지역주민들의 자발적인 참여를 이끌어내기 위하여 지속적인 홍보활동을 해야 한다.

④ 자율방범대의 경우 자원봉사자인 지역주민이 지구대 등 경찰관서와 협력관계를 갖고 범죄예방활동을
행한다.

13. 민간경비의 공공관계(PR) 개선

① 공공관계 개선은 관련 정책 및 프로그램을 통한 민간경비의 이미지 향상을 의미한다.

② 민간경비는 특정고객에게 경비서비스를 제공하지만 일반시민과의 관계개선도 중요하다.

③ 민간경비는 장애인·알코올중독자 등 특별한 상황에 처한 사람들의 특성을 잘 이해하고 있어야 한다.

④ 민간경비의 언론관계(Press Relations)는 신문, 잡지, TV나 라디오 뉴스 등의 보도기능에 대응하는 활동으로, 언론과의 우호적인 관계형성을 위한 반응적(Active) 대응이 필요하다.

Ⅱ 경비업법과 청원경찰법의 이원적 운영에 따른 문제점

1. 활동영역과 문제점

① 민간경비의 활동영역

㉠ 청원경찰과 민간경비 모두 범죄예방활동을 주요 임무로 하고 있다.

㉡ 활동영역에 있어 청원경찰은 기관장이나 시설주(청원주)의 요구에 의하여 공공적 또는 준공공적인 분야에서 방범활동이 이루어지고 있으나, 민간경비는 고객(도급계약자)의 요구에 의해서 사적인 분야에서 범죄예방활동이 이루어지고 있다.

㉢ 청원경찰은 경비구역 내에서 경찰관직무집행법에 의해 경찰관의 직무를 수행할 수 있지만(청원경찰법 제3조), 민간경비는 시설주가 요구하는 경비시설물 내에서 경비업무를 수행한다(경비업법 제7조 제1항). ★

② 청원경찰과 민간경비운용에 있어서 문제점

청원경찰과 민간경비는 같은 근무지역 내에서 역할이나 기능, 추구하는 목표가 거의 동일함에도 불구하고 지휘체계, 보수, 법집행 권한, 무기휴대, 책임의 한계 등에 있어서 차이가 있다. 또한 민간경비원은 청원경찰보다 직업안정성이 낮고 이직률이 높은 편이다. ★

㉠ 청원경찰법 : 외적인 공권력 관계는 잘 규정되어 있으나, 내적인 지휘체계나 운영 면에서는 문제점이 있다.

㉡ 경비업법 : 내적인 경영이나 관리측면은 잘 규정되어 있으나, 외적인 공권력 분야나 업무집행에 있어서는 문제점이 있다.

2. 지휘체계에 대한 문제점

① 지휘체계상의 문제점

㉠ 지휘 및 감독 : 민간경비나 청원경찰 모두 관할 경찰서장의 지도하에 감독하고 교육훈련을 실시하도록 하고 있지만, 실질적인 근무의 지휘 및 감독은 민간경비의 경우 경비지도사가, 청원경찰의 경우 청원주가 지정한 유능한 자에 의해 실시된다. 청원경찰은 경찰공무원도 경비원도 아닌 이중적인 법적 지위 때문에 업무 수행에서 혼란 등을 겪을 수 있다.

㉡ 청원경찰에 의한 경비와 민간경비가 동시에 실시되는 경우 : 청원주는 청원경찰에 대한 근무배치 및 감독에 관한 권한의 일부를 경비업자에게 위임한 경우 감독권을 보장하는 징계 등의 권한이 없으므로 실질적인 지휘 및 감독이 행해지지 못하는 것이다. ★

㉢ 신속한 대응과 책임 : 경비의 효율화를 위하여 청원경찰의 근무배치 및 감독권을 경비업자에게 위임하였으나, 실질적인 지휘 및 감독이 행해지지 못하기 때문에 사건 발생 시 신속하고 책임 있는 대응조치를 취할 수 없다.

3. 배치와 비용에 대한 문제점

① 청원경찰법

ⓐ 시설주(청원주)가 청원경찰의 배치를 받고자 하면 소재지를 관할하는 경찰서장을 거쳐 시·도 경찰청장에게 청원경찰배치신청서를 제출하고, 시·도 경찰청장은 그 청원경찰의 배치 또는 중지·폐지·감축 등을 명할 수 있다.

ⓑ 시·도 경찰청장은 청원경찰의 배치가 필요하다고 인정되는 기관의 장 또는 시설·사업장의 경영자에게 청원경찰의 배치를 요청할 수 있다.

ⓒ 청원주의 입장에서 볼 때 유사한 경비업무를 담당하면서도 민간경비가 청원경찰보다 경비요금이 저렴하며, 경비담당자의 관리라는 측면에서도 민간경비를 채택하는 것이 청원경찰보다 관리가 수월하기 때문에 민간경비를 선호한다.

② 경비업법

ⓐ 허가받은 법인이면 누구나 고객의 요청에 의해 경비업을 영위할 수 있으므로 경비업자는 고객과의 계약에 따라 경비원을 배치할 수 있다.

ⓑ 경비업자가 경비원을 배치하거나 배치를 폐지한 경우에는 관할 경찰관서장에게 신고하여야 한다.★

③ 청원경찰과 민간경비의 차이점

ⓐ 비용의 경제성
- 청원경찰은 봉급, 제수당, 피복비, 교육비, 보상금, 퇴직금 등 청원경찰경비의 최저부담기준액을 경찰청장이 매년 12월 중에 경찰관인 순경의 것에 준하여 고시·지급받도록 되어 있으나, 민간경비의 경우는 경비업체와 시설주(고객)와의 자유로운 경비도급계약에 의하여 결정되며 실제로도 청원경찰보다 적은 금액을 받고 있다.
- 청원경찰과 민간경비원은 보수 면에서 상당한 차이가 발생하여 청원주가 청원경찰의 배치를 기피하는 경향이 있다.★

ⓑ 배치의 신속성 : 청원경찰을 새롭게 배치하고자 하는 경우 실제 청원경찰이 배치되는 것은 시·도 경찰청장의 배치승인이 난 후에 가능하나, 민간경비의 경우에는 계약과 동시에 경비업무가 이루어지기 때문에 경비업무가 신속하게 행해지고 그만큼 청원경찰보다 만족감을 부여할 수 있다.

ⓒ 관리의 용이성 : 청원경찰이 점차 직원화됨에 따라 관리의 어려움을 느끼고 있으나, 민간경비는 경비업무의 수행 및 경비원의 관리를 경비업체에 위임하기 때문에 관리상의 문제가 발생하지 않는다.

ⓓ 이중의 부담 : 청원경찰이 의무적으로 배치되어야 할 중요시설물에 기술상의 문제로 기계경비를 운용하게 되어 시설주인 청원주에게 이중의 부담이 있다.

4. 임용과 직무에 대한 문제점

① 임 용

ⓐ 청원경찰이나 경비원의 임용절차에 있어서 임용자격이나 결격사유, 해임 등의 규정에서 별다른 차이점이 없다.

ⓑ 임용자격의 연령기준에 있어서 청원경찰은 18세 이상인 사람인 반면, 일반경비원은 18세 이상, 특수경비원은 18세 이상 60세 미만으로 다소 차이를 보인다(청원경찰법 시행령 제3조, 경비업법 제10조).

② 직무 : 청원경찰과 경비는 직무에 있어서 그 종류나 범위가 몇몇 특수한 경비시설물을 제외하고는 거의 같은 수준에서 운영되고 있으며, 오히려 경비업무가 갈수록 세분화되고 전문화되는 경향이 있다.

5. 복장 및 장구에 대한 문제점

① 청원경찰법

    ㉠ 제복 착용 : 청원경찰은 근무 중 제복을 착용하여야 한다(청원경찰법 제8조 제1항).★

    ㉡ 특수복장 착용 : 청원경찰이 그 배치지의 특수성 등으로 특수복장을 착용할 필요가 있을 때에는 청원주는 <u>시·도 경찰청장의 승인을 받아</u> 특수복장을 착용하게 할 수 있다(청원경찰법 시행령 제14조 제3항).★

② 경비업법

    ㉠ 경비업자는 경찰공무원 또는 군인의 제복과 색상 및 디자인 등이 <u>명확히 구별되는</u> 소속 경비원의 복장을 정하고 이를 확인할 수 있는 사진을 첨부하여 <u>주된 사무소를 관할하는 시·도 경찰청장에게</u> <u>행정안전부령으로 정하는 바에 따라 신고하여야 한다</u>(경비업법 제16조 제1항).★

    ㉡ 경비업자는 경비업무 수행 시 경비원에게 소속 경비업체를 표시한 이름표를 부착하도록 하고, 신고된 동일한 복장을 착용하게 하여야 하며, 복장에 소속 회사를 오인할 수 있는 표시를 하거나 다른 회사의 복장을 착용하게 하여서는 아니 된다. 다만, 집단민원현장이 아닌 곳에서 신변보호업무를 수행하는 경우 또는 경비업무의 성격상 부득이한 사유가 있어 관할 경찰관서장이 허용하는 경우에는 그러하지 아니하다(경비업법 제16조 제2항).★

③ 문제점 : 청원경찰법과 경비업법의 규정 자체에 대한 비현실성으로 인해 복장의 색상과 디자인을 달리하고 있어 법과 현실 사이에 괴리가 있다. 따라서 두 조직의 비현실적이고 일률적인 복장 및 장구를 경비시설 대상에 따라 탄력적으로 운용하게 하여 민간경비업에 대한 이미지를 개선시키고 업무수행능력을 향상시켜 나가야 한다.

6. 무기휴대에 대한 문제점

① 청원경찰법

    ㉠ 청원경찰의 무기휴대에 대한 근거 규정 : 시·도 경찰청장은 청원경찰이 직무를 수행하기 위하여 필요하다고 인정하면 청원주의 신청을 받아 관할 경찰서장으로 하여금 청원경찰에게 무기를 대여하여 지니게 할 수 있다(청원경찰법 제8조 제2항).★

    ㉡ 무기대여의 절차와 무기관리상황의 점검에 대하여 규정(청원경찰법 시행령 제16조)

    ㉢ 대여받은 무기 및 탄약의 관리수칙, 무기관리사항 점검, 손질 등에 관한 사항을 규정(청원경찰법 시행규칙 제16조)

    ㉣ 분사기 휴대 규정 : 청원주는 총포·도검·화약류 등의 안전관리에 관한 법률에 따른 분사기의 소지 <u>허가를 받아</u> 청원경찰로 하여금 그 분사기를 휴대하여 직무를 수행하게 할 수 있다(청원경찰법 시행령 제15조).

② 경비업법 : 특수경비원에 대해서만 무기를 휴대할 수 있도록 하였다(경비업법 제14조).★

③ 문제점 : 청원경찰에게 총기휴대를 법으로 허용하고 있지만 총기취급에 따른 전반적인 교육훈련 부족으로 총기사용을 극히 제한하고 있는 실정이다. 따라서 청원경찰의 총기소지에 대한 효용성과 존속의 필요성에 대하여 검토할 필요가 있다.

7. 교육훈련에 대한 문제점

① **청원경찰법** : 청원경찰의 경우 <u>신임교육</u>은 경찰교육기관에서 <u>2주 동안 76시간</u>, <u>직무교육</u>은 경비시설물 또는 경비지역 내에 배치되어 매월 4시간 이상 받도록 되어 있다(청원경찰법 시행규칙 제6조·동법 시행규칙 [별표 1]·동법 시행규칙 제13조 제1항).★

② **경비업법** : 일반경비원의 경우 <u>신임교육</u>은 24시간, <u>직무교육</u>은 각 경비회사 자체적으로 매월 2시간 이상 받도록 되어 있다(경비업법 시행령 제18조 제3항, 동법 시행규칙 [별표 2]·제13조 제1항).★

③ **문제점** : 양 법은 교육훈련을 의무적으로 실시하도록 되어 있지만, 교육장소·교육시설·교육기자재 그리고 교관 등의 부족으로 실질적이고 효율적인 교육훈련을 실시하지 못하고 있어 경비원들의 자질과 경비서비스의 질이 저하되고 있다.

8. 손해배상에 대한 문제점

① **청원경찰법** : 청원경찰의 불법행위에 대한 배상책임에 대하여 "청원경찰(국가기관이나 지방자치단체에 근무하는 청원경찰 제외)의 직무상 불법행위에 대한 배상책임에 관하여서는 민법의 규정을 따른다."라고 규정하고 있다(청원경찰법 제10조의2).★

② **경비업법**
  ㉠ 경비업자는 경비원이 업무수행 중 고의 또는 과실로 경비대상에 손해가 발생하는 것을 방지하지 못한 때에는 그 손해를 배상하여야 한다(경비업법 제26조 제1항).★
  ㉡ 경비업자는 경비원이 업무수행 중 고의 또는 과실로 제3자에게 손해를 입힌 경우에는 이를 배상하여 야 한다(경비업법 제26조 제2항).★

③ **문제점**
  ㉠ **청원경찰**
    • 청원주가 손해배상책임의 당사자인 동시에 피해자이기 때문에 손해를 발생시킨 청원경찰에게 물질적 배상책임보다는 신분상의 책임을 묻고 있는 실정이다.★
    • 청원경찰은 손해배상에 있어서는 민간인 신분, 형사책임에 있어서는 공무원의 신분을 적용받으므로 업무 수행에 있어 책임의 한계와 신분상의 갈등을 겪고 있다.★
  ㉡ **민간경비** : 경비원의 경비근무 잘못으로 발생한 손해에 대한 배상책임은 대부분 경비업자가 고객과 경비계약 당시에 손해배상책임의 한계를 미리 약정해 두고 있기 때문에 별다른 문제가 없지만, 고객과 경비원 사이에 누구의 잘못으로 사건이 발생하였는지에 대한 책임한계와 책임소재에 대하여 문제가 발생되고 있다.

9. 신분에 대한 문제점

① 청원경찰은 신분상 공무원이 아니지만 벌칙 적용에 있어서는 공무원 신분을 적용하여 불이익을 당하고 있다.

② 손해배상 문제에 있어서는 민간인 신분을 적용받고, 형사책임에 있어서는 공무원 신분을 적용받고 있어 신분상 책임한계와 불이익을 받고 있다.★

III 이원적 운용체제의 통합·단일화

1. 통합·단일화의 필요성
① 분리운영의 비효율성·비합리성
② 전문성 확보·경비업의 능률성 제고
③ 보수수준의 향상

2. 통합·단일화 방안
① 제1안 : 청원경찰법을 유지하고 경비업법을 폐지하여 단일화하는 방안
  ㉠ 긍정적인 측면
    • 국가안보적 측면에서 중요시설의 경비에 대한 우려를 상대적으로 감소시킬 수 있다.
    • 경비원의 자질을 향상시키는 데 기여한다.
    • 경비원의 임금이 상향조정될 수 있다.
  ㉡ 부정적인 측면
    • 민간경비의 기능이 경비 중심에서 방범 중심으로 급속히 전환되고 있는 현실을 외면할 수 있다.
    • 민간기업의 참여가 봉쇄됨으로써 장기적으로 기계경비의 발전을 저해한다.
② 제2안 : 경비업법을 유지하고 청원경찰법을 폐지하여 단일화하는 방안
  ㉠ 긍정적인 측면
    • 민간경비분야가 완전 민영화됨으로써 보다 전문화가 촉진되고 탄력적 운영이 실현된다.
    • 민·관 간의 방범업무에 대한 역할분담의 확립에 기여하고 경비비용이 절약될 수 있다.
    • 기계경비의 발전이 촉진되어 시장개방에 대비한 대외경쟁력 강화에 기여한다.
    • 민간인에 의한 총기휴대가 불가능해지므로 총기휴대에서 초래되는 우려가 감소된다.
  ㉡ 부정적인 측면
    • 국가주요시설 보호에 대한 우려를 낳을 수 있다.
    • 청원경찰의 준경찰적 기능과 총기소지제도가 폐지됨으로써 일반예방효과에 대한 막연한 불안을 일으킬 수 있다.
    • 청원경찰에 대한 사후대책이 마련되어야 한다.
    • 민간경비원의 임금수준이 저하될 우려가 있다.
③ 제3안 : 두 법을 모두 폐지한 후 새로운 단일 법안을 제정하는 방안
  ㉠ 기존의 청원경찰법과 경비업법, 보완이 시급한 기계경비 분야, 그리고 일반기업이나 공동주택단지에서 자체적으로 이루어지는 자체경비 등을 포괄하는 종합적 입법이 되어야 한다.
  ㉡ 기본방향은 새로운 유형의 방범 수요에 따라 세계적이고(세계화), 전문적이며(민영화), 지역 특성에 맞는 경비서비스(지역 사회화)를 제공해야 할 것이다.

Ⅰ 민간경비업의 전문성 제고

① 민간경비와 청원경찰제도의 단일화
② 기계경비업 및 방범장비산업의 육성
③ 경비인력의 전문화
④ 국가적 시책화

Ⅱ 협력방범체제의 구축

1. 경찰과 민간경비 역할의 조정★

경찰과 민간경비업체 간의 마찰을 해소하고 업무 수행의 효율성을 높이기 위하여 상호 역할과 책임에 대한 명확한 기준의 설정과 실질적인 협력을 유도하기 위한 양자 간의 노력이 필요하다.

2. 상호협력체제 구축★

① 일선경찰과 경비업자 및 경비업자 상호 간의 원활한 협조체제를 이룩하기 위해서는 조정기구와 같은 제도적 장치가 필요하다.
② 시·도 경찰청 단위로 관할구역 내의 민간경비회사들과 경찰의 접촉을 공식화하는 협의기구를 만들어 정기적 모임, 학술세미나 등을 통해 상호 간의 입장을 이해하기 위한 노력이 병행되어야 한다.

상호협력방안
- 지역방범 및 정보교환 네트워크 구축
- 관련 전문지식, 교육훈련 등의 지속적 교환
- 민간경비의 오경보(false alarm) 감소를 위한 상호노력
- 치안수요의 다양성과 전문성에 효율적으로 대응하기 위한 상호 협력 필요
- 경찰과 민간경비의 협력은 국가예산 절감에 기여

3. 경찰과 민간경비의 동반자 의식 확립

치안수요의 다양성과 전문성에 효과적으로 대응하기 위해서는 양자가 상호역할의 중요성과 필요성을 인식하고 치안서비스의 공동생산의 동반자관계를 정립해 나가는 것이 양자에 도움이 되고 양자가 발전할 수 있을 것이다.

Ⅲ 4차 산업혁명 및 융합보안

1. 4차 산업혁명

① 등장배경

    ㉠ 4차 산업혁명이라는 용어는 본래 2010년 발표된 독일의 「High-tech Strategy 2020」의 10대 프로젝트 중 하나인 「Industry 4.0」에서 등장하였다.

    ㉡ 「Industry 4.0」은 독일의 강점인 제조업에 ICT 기술을 융합하여 생산성과 효율성을 극대화하는 스마트 팩토리 중심의 산업혁신과 이를 통한 새로운 성장동력을 만들기 위한 국가전략을 의미한다.

② 개 념

    ㉠ 4차 산업혁명의 정의는 다양하나 클라우스 슈밥(Klaus Schwab)에 의하면, "유전자, 나노, 컴퓨팅 등 모든 기술이 융합하여 물리학, 디지털, 생물학 분야가 상호 교류하여 파괴적 혁신을 일으키는 혁명"이라고 한다.

    ㉡ 한국정보통신기술협회에 따르면 4차 산업혁명은 "인공지능, 사물인터넷, 빅데이터, 모바일 등 첨단 정보통신기술이 경제·사회 전반에 융합되어 혁신적인 변화가 나타나는 차세대 산업혁명"으로 정의되고 있다.

〈출처〉 박승빈, 「4차 산업혁명 주요 테마 분석」, 2017년 하반기 연구보고서 제Ⅲ권 제3장, P. 229

③ 주요 특징 : 4차 산업혁명을 이끄는 기술적 혁신은 전면적 디지털화에 따른 초연결화, 초지능화, 융복합화이다.

    ㉠ 초연결화 : 초연결화는 전면적 디지털화에 기초한 전면적 온라인화에 따른 현실과 가상의 경계 소멸 및 데이터베이스화를 의미한다.

    ㉡ 초지능화 : 데이터 분석 및 기계학습을 통한 인공지능의 발전, 이를 통한 전면적 기계-자율의 확대가 초지능화의 핵심이라 할 수 있다.

    ㉢ 융복합화 : 초연결과 초지능의 확대는 결과적으로 기존에 분리되어 있던 다양한 영역들의 융복합으로 이어지게 된다.

2. 융합보안

① 개 념

    ㉠ 우리나라의 융합보안 개념

        • 정부가 지식정보 보안산업을 정보보안, 물리보안, 융합보안 등 3가지로 분류하면서 제시한 융합보안의 개념이 일반적으로 사용되고 있다.

        • 이에 의하면 물리보안과 정보보안의 융합이라는 통합보안 관점과 비 IT 산업에 보안을 적용하는 복합보안 관점 등을 통칭하여 융합보안이라고 한다.

    ㉡ 해외의 융합보안 개념

        • 가트너는 융합보안을 "물리적 보안과 정보보호가 IT 위험을 관리하기 위해 비슷해지거나, 연계되거나, 동일한 프로세스와 기능을 갖추는 것"이라고 정의하고 있다.

        • COSO 온라인에서는 융합보안을 "비용 효율적으로 전사적 차원의 위험을 관리하기 위해 전통적인 운영적 위험관리의 기능을 통합하는 것으로, 여기서 통합이란 인적자원 보안, 사업 연속성, 재난 복구, 위험 관리 등을 논리적, 물리적으로 결합하는 것을 의미한다."고 정의하고 있다.

© 국내·외 융합보안의 정의를 고려하면 결국 융합보안은 비용 감소, 운영의 효과성 및 효율성 향상, 전사적 차원의 위험을 관리하기 위해 조직의 보안 요소들을 점진적으로 통합하여 상호 협력하도록 하는 체계라고 할 수 있다.

〈출처〉 남기효, 「융합보안 기술 동향 및 이슈」, 주간기술동향 제1672호, 2014

② 특 징

㉠ 융합보안은 출입통제, 접근 감시, 잠금장치 등과 불법 침입자 정보인식시스템 등을 상호 연계하여 보안의 효과성을 높이는 활동이다. 즉, 물리적·기술적·관리적 보안요소를 상호 연계하여 보안의 효과성을 높이는 것을 내용으로 한다.

㉡ 전통 보안산업은 물리영역과 정보(IT)영역으로 구분되어 성장해 왔으나, 현재 보안산업은 출입통제, 주차시설 관리, CCTV, 영상보안 등 물리적 환경에서 이뤄지는 전통적 물리보안산업이 컴퓨터 네트워크상의 정보를 보호하는 IT 정보보안 기술과의 접목을 통해 차세대 고부가가치 융합보안 서비스산업으로 부상하고 있다.

㉢ 융합보안은 보안산업의 새로운 트렌드로 자리 잡은 광역화, 통합화, 융합화의 사회적 요구를 수용하기 위해 각종 내·외부적 정보 침해에 따른 대응으로 침입 탐지, 재난재해방지, 접근통제, 관제·감시 등을 포함하고 있다.

㉣ 최근 융합보안기술의 주요 이슈는 소프트웨어 개발 보안, 모듈화, 표준화, 클라우드 컴퓨팅, 신뢰 컴퓨터 기반(Trusted Computing Base ; TCB), 지능형 알고리즘, IOT(Internet of Things) 서비스 보안 등을 들 수 있다.

Ⅳ 민간경비산업의 전망

1. 민간경비산업의 변화 요인

① 인구의 고령화 : 노인인구의 증가로 고령화 사회에 진입하게 되면 노인인구와 관련된 경비서비스는 점점 증가하며 독거노인, 간병을 필요로 하는 노인에 대한 긴급통보 시큐리티 시스템이 실시될 것이다.

② 안전관리서비스 : 컴퓨터 시스템이 광범위하게 보급됨으로써 안전관리서비스를 제공하는 경비서비스가 증가할 것이다.

③ 라이프스타일(Life-style)의 변화 : 라이프스타일의 변화로 휴일이 증가하고 레저산업이 발전함에 따라 홈 시큐리티(Home Security) 분야가 크게 변화하면서 시큐리티 시스템의 운영이 요구될 것이다.

> **시큐리티 시스템**
> 시큐리티 시스템은 인력경비와 기계경비로 구분되며, 인력경비는 경비원만으로 경비업무를 제공하는 것을 말하고, 기계경비는 전자통신기술을 이용한 네트워크 시스템을 구성하여 무인경비를 실현하는 경비체제를 말한다.

④ 인텔리전트(Intelligent)화 : 건축물이 인텔리전트화되면서 민간경비는 이에 맞춘 새로운 시스템 개발과 예방적인 시큐리티 시스템을 운용할 필요가 있다.

⑤ 사이버 범죄(Cyber Criminal)의 증가 : 컴퓨터와 인터넷의 발달로 사이버상의 범죄가 날로 증가하고 있다. 사이버 범죄는 해킹과 컴퓨터바이러스 유포 등 '사이버테러'를 통해 대규모 피해를 야기시키므로 이에 대응하기 위한 민간경비의 전문인력 확충과 국제적 협력체제를 갖추어야 한다.

⑥ 토탈 시큐리티(Total Security)의 확립 : 정보화 사회에 따른 정보통신기술의 발달로 사회적 경비수요의 증가와 추세에 대응한 기계경비시스템 및 보안시스템을 통합한 토탈 시큐리티(Total Security) 산업으로 나아갈 것이다.

2. 민간경비산업의 발전 형태

① 일반적인 경향

  ㉠ 산업화와 정보화 시대로 접어들면서 경찰인력의 부족, 경찰장비의 부족, 경찰업무의 과다로 인해 민간경비업은 급속히 발전할 것이다.

  ㉡ 지역 특성과 경비수요에 맞는 민간경비 상품의 개발이 요구될 것이다.

  ㉢ 민간경비업의 홍보활동이 적극적으로 전개될 것이다.

  ㉣ 21세기에는 인력경비보다 기계경비업의 성장속도가 훨씬 빠를 것이다.

  ㉤ 기계경비산업의 육성과 발전을 위해서는 형식승인제도의 도입, 비용효과분석 실시, 기계경비의 보급 확대 등이 이루어져야 한다.

② 구체적인 발전 형태

  ㉠ 물리보안과 사이버보안을 하나로 묶는 토탈 시큐리티 서비스(Total Security Service)

  ㉡ 사이버 범죄(Cyber Criminal)에 대응한 예방사업

  ㉢ 쾌적하고 안전한 주거환경을 제공하기 위한 가정용 기계경비시스템인 홈 시큐리티(Home Security)

  ㉣ 단독주택이 아닌 지역단위의 타운 시큐리티(Town Security)

홈 시큐리티와 타운 시큐리티	
홈 시큐리티	외부의 침입이나 화재 및 가스누출과 같은 비상경보기가 탐지한 정보를 경비회사에 전송하면 경비회사는 이상 유무를 확인하여 경찰서, 소방서, 가스회사에 통보하고 출동하는 시스템으로, ① 주로 기계경비시스템을 중심으로 서비스를 제공하며, ② 고령화시대에 노인들의 안부를 확인하고 위급상황에 대비할 수 있는 점, 풍부한 부가가치를 창출할 수 있다는 점, ③ 광케이블을 사용하는 CCTV를 통해 쌍방향 정보를 주고받을 수 있다는 장점이 있다.
타운 시큐리티	개별빌딩이나 단독주택 단위가 아닌 지역단위의 방범활동이라는 점에서 가장 큰 특징이 있으며 선진국에서는 일반화되고 있는 추세이다. 타운 시큐리티 시스템은 아파트나 연립공동주택의 방범에 대단히 유용한 시스템으로 인식되고 있다.

  ㉤ 무인화 기계경비시스템[LPG 안전관리시스템, CD(ATM)경비, 온실관리, 주차장 무인감시시스템 등]

  ㉥ 대형 고층 건물의 인텔리전트화에 따른 시큐리티 시스템(Security System)

  ㉦ 의료원격지원 통합서비스 및 사회 간접서비스를 접목한 경비시스템

  ㉧ 기업경영자나 연예인 등의 신변을 보호하는 에스코트(경호) 산업의 발달

③ 민간경비산업의 발전방안★

국가정책적 육성방안	민간경비회사 자체의 육성방안
• 경비관련 자격증제도의 전문화 • 기계경비 중심의 민간경비산업 지향 • 민간경비 관련 법규 정비 • 민간경비체제의 다양화 및 업무의 다양화 • 경찰체제의 개편 및 첨단경비의 개발 • 국가전담기구의 설치와 행정지도 • 세제상 및 금융지원을 통한 민간경비업체의 보호 육성	• 우수인력의 확보와 홍보활동의 강화 • 영세업체의 자생력 향상 • 경비협회활동의 활성화 • 경찰조직과의 협조체제 구축 • 손해배상체제의 보완 및 산업재해에 대한 예방

제1장

제2장

제3장

제4장

제5장

제6장

제7장

미래는

현재 우리가 무엇을 하는가에 달려 있다.

- 마하트마 간디 -

제1과목

민간경비론

PART **02**

청원경찰법

01 청원경찰법

제1절 청원경찰의 배치장소와 직무

I 청원경찰의 개념 및 배치장소

1. 청원경찰의 개념(청원경찰법 제2조)

"청원경찰"이란 다음에 해당하는 기관의 장 또는 시설·사업장 등의 경영자가 경비(經費, 이하 "청원경찰경비")를 부담할 것을 조건으로 경찰의 배치를 신청하는 경우 그 기관·시설 또는 사업장 등의 경비(警備)를 담당하게 하기 위하여 배치하는 경찰을 말한다.

① 국가기관 또는 공공단체와 그 관리하에 있는 중요 시설 또는 사업장(제1호)

② 국내 주재 외국기관(제2호)★

③ 그 밖에 행정안전부령(청원경찰법 시행규칙 제2조)으로 정하는 중요시설·사업장 또는 장소(제3호)

> **목적(청원경찰법 제1조)**
> 청원경찰법은 청원경찰의 직무·임용·배치·보수·사회보장 및 그 밖에 필요한 사항을 규정함으로써 청원경찰의 원활한 운영을 목적으로 한다.

2. 행정안전부령으로 정하는 배치장소(청원경찰법 시행규칙 제2조)★★

① 선박·항공기 등 수송시설

② 금융 또는 보험을 업으로 하는 시설 또는 사업장★

③ 언론·통신·방송 또는 인쇄를 업으로 하는 시설 또는 사업장★

④ 학교 등 육영시설★

⑤ 의료법에 따른 의료기관★

⑥ 그 밖에 공공의 안녕질서 유지와 국민경제를 위하여 고도의 경비가 필요한 중요시설·사업체 또는 장소

II 청원경찰의 직무

1. 직무범위(청원경찰법 제3조)

청원경찰은 청원경찰의 배치결정을 받은 자(청원주)와 배치된 기관·시설 또는 사업장 등의 구역을 관할하는 경찰서장의 감독을 받아 그 경비구역만의 경비를 목적으로 필요한 범위에서 「경찰관직무집행법」에 따른 경찰관의 직무를 수행한다.★★

2. 직무상 주의사항(청원경찰법 시행규칙 제21조)

① 청원경찰이 직무를 수행할 때에는 경비 목적을 위하여 필요한 최소한의 범위에서 하여야 한다(제1항). ★

② 청원경찰은 「경찰관직무집행법」에 따른 직무 외의 수사활동 등 사법경찰관리의 직무를 수행해서는 아니된다(제2항). ★★

청원경찰의 신분(청원경찰법 시행령 제18조)

청원경찰은 형법이나 그 밖의 법령에 따른 벌칙을 적용하는 경우와 청원경찰법 및 청원경찰법 시행령에서 특별히 규정한 경우를 제외하고는 공무원으로 보지 아니한다.

---

3. 근무요령(청원경찰법 시행규칙 제14조)

① 자체경비를 하는 입초근무자는 경비구역의 정문이나 그 밖의 지정된 장소에서 경비구역의 내부, 외부 및 출입자의 움직임을 감시한다. ★

② 업무처리 및 자체경비를 하는 소내근무자는 근무 중 특이한 사항이 발생하였을 때에는 지체 없이 청원주 또는 관할 경찰서장에게 보고하고 그 지시에 따라야 한다. ★★

③ 순찰근무자는 청원주가 지정한 일정한 구역을 순회하면서 경비 임무를 수행한다. 이 경우 순찰은 단독 또는 복수로 정선순찰(정해진 노선을 규칙적으로 순찰하는 것)을 하되, 청원주가 필요하다고 인정할 때에는 요점순찰(순찰구역 내 지정된 중요지점을 순찰하는 것) 또는 난선순찰(임의로 순찰지역이나 노선을 선정하여 불규칙적으로 순찰하는 것)을 할 수 있다. ★★ 〈개정 2021.12.31.〉

④ 대기근무자는 소내근무에 협조하거나 휴식하면서 불의의 사고에 대비한다. ★

제2절 청원경찰의 배치 · 임용 · 교육 · 징계

I 청원경찰의 배치

1. 청원경찰의 배치신청(청원경찰법 제4조)

청원경찰을 배치받으려는 자는 대통령령(청원경찰법 시행령 제2조)으로 정하는 바에 따라 관할 시 · 도 경찰청장에게 청원경찰 배치를 신청하여야 한다(청원경찰법 제4조 제1항). ★★

① **청원경찰의 배치신청 등**(청원경찰법 시행령 제2조) : 청원경찰의 배치를 받으려는 자는 청원경찰 배치신청서에 다음의 서류(㉠ 및 ㉡)를 첨부하여 국가기관 또는 공공단체와 그 관리 하에 있는 중요 시설 또는 사업장, 국내 주재 외국기관, 그 밖에 행정안전부령으로 정하는 중요 시설, 사업장 또는 장소의 소재지를 관할하는 경찰서장을 거쳐 시 · 도 경찰청장에게 제출하여야 한다. 이 경우 배치장소가 둘 이상의 도(특별시, 광역시, 특별자치시 및 특별자치도를 포함)일 때에는 주된 사업장의 관할 경찰서장을 거쳐 관할 시 · 도 경찰청장에게 일괄 신청할 수 있다. ★★

㉠ 경비구역 평면도 1부(제1호)

㉡ 배치계획서 1부(제2호)

② **청원경찰 배치신청서 등**(청원경찰법 시행규칙 제3조)
  ㉠ 청원경찰 배치신청서는 별지 제1호 서식에 따른다.
  ㉡ 청원경찰 배치결정통지 또는 청원경찰 배치불허통지는 별지 제2호 서식에 따른다.

2. 배치결정 및 요청(청원경찰법 제4조)

① 시·도 경찰청장은 청원경찰 배치 신청을 받으면 지체 없이 그 배치 여부를 결정하여 신청인에게 알려야
  한다(청원경찰법 제4조 제2항). ★
② 시·도 경찰청장은 청원경찰의 배치가 필요하다고 인정되는 기관의 장 또는 시설·사업장의 경영자에게
  청원경찰을 배치할 것을 요청할 수 있다(청원경찰법 제4조 제3항). ★

3. 배치 및 이동(청원경찰법 시행령 제6조)

① 청원주는 청원경찰을 신규로 배치하거나 이동배치하였을 때에는 배치지(이동배치의 경우에는 종전의
  배치지)를 관할하는 경찰서장에게 그 사실을 통보하여야 한다(제1항). ★★
② ①의 통보를 받은 경찰서장은 이동배치지가 다른 관할구역에 속할 때에는 전입지를 관할하는 경찰서장
  에게 이동배치한 사실을 통보하여야 한다(제2항). ★

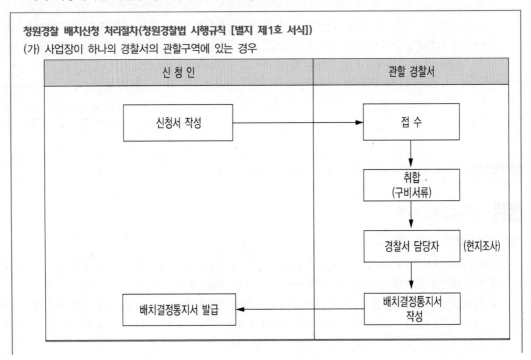

청원경찰 배치신청 처리절차(청원경찰법 시행규칙 [별지 제1호 서식])
(가) 사업장이 하나의 경찰서의 관할구역에 있는 경우

(나) 사업장이 둘 이상의 경찰서의 관할구역에 있는 경우

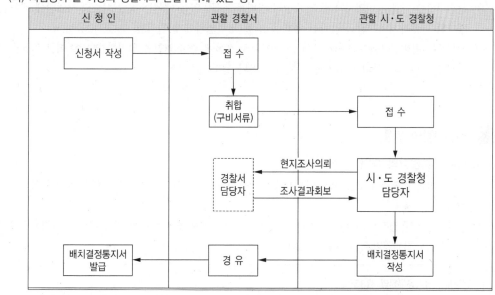

4. 배치의 폐지 등(청원경찰법 제10조의5)

① 청원주는 청원경찰이 배치된 시설이 폐쇄되거나 축소되어 청원경찰의 배치를 폐지하거나 배치인원을 감축할 필요가 있다고 인정하면 청원경찰의 배치를 폐지하거나 배치인원을 감축할 수 있다. 다만, 청원주는 다음 ㉠과 ㉡의 어느 하나에 해당하는 경우에는 청원경찰의 배치를 폐지하거나 배치인원을 감축할 수 없다(제1항).

㉠ 청원경찰을 대체할 목적으로 경비업법에 따른 특수경비원을 배치하는 경우(제1호)

㉡ 청원경찰이 배치된 기관·시설 또는 사업장 등이 배치인원의 변동사유 없이 다른 곳으로 이전하는 경우(제2호)

② 청원주가 청원경찰을 폐지하거나 감축하였을 때에는 청원경찰 배치결정을 한 경찰관서의 장에게 알려야 한다(제2항 전단).★★

③ ②의 사업장이 청원경찰법 제4조 제3항(시·도 경찰청장은 청원경찰 배치가 필요하다고 인정하는 기관의 장 또는 시설·사업장의 경영자에게 청원경찰을 배치할 것을 요청할 수 있다)에 따라 시·도 경찰청장이 청원경찰의 배치를 요청한 사업장일 때에는 그 폐지 또는 감축 사유를 구체적으로 밝혀야 한다(제2항 후단).★

④ 청원경찰의 배치를 폐지하거나 배치인원을 감축하는 경우 해당 청원주는 배치폐지나 배치인원 감축으로 과원(過員)이 되는 청원경찰 인원을 그 기관·시설 또는 사업장 내의 유사 업무에 종사하게 하거나 다른 시설·사업장 등에 재배치하는 등 청원경찰의 고용이 보장될 수 있도록 노력하여야 한다(제3항).★

5. 근무배치 등의 위임(청원경찰법 시행령 제19조)

① 경비업법에 따른 경비업자가 중요 시설의 경비를 도급받았을 때에는 청원주는 그 사업장에 배치된 청원 경찰의 근무배치 및 감독에 관한 권한을 당해 경비업자에게 위임할 수 있다(제1항). ★

② 청원주는 경비업자에게 청원경찰의 근무배치 및 감독에 관한 권한을 위임한 경우에 이를 이유로 청원경 찰의 보수나 신분상의 불이익을 주어서는 아니 된다(제2항). ★

Ⅱ 청원경찰의 임용

1. 시·도 경찰청장의 승인(청원경찰법 제5조)

① 청원경찰은 청원주가 임용하되, 임용을 할 때에는 미리 시·도 경찰청장의 승인을 받아야 한다(청원경찰법 제5조 제1항). ★★

② **청원경찰 임용결격사유**(청원경찰법 제5조 제2항) : 국가공무원법 제33조의 어느 하나의 결격사유에 해당하 는 사람은 청원경찰로 임용될 수 없다.

결격사유(국가공무원법 제33조)

다음 각호의 어느 하나에 해당하는 자는 공무원으로 임용될 수 없다. 〈개정 2022.12.27., 2023.4.11.〉

1. 피성년후견인
2. 파산선고를 받고 복권되지 아니한 자
3. 금고 이상의 실형을 선고받고 그 집행이 끝나거나(집행이 끝난 것으로 보는 경우를 포함한다) 집행이 면제된 날부터 5년이 지나지 아니한 자
4. 금고 이상의 형의 집행유예를 선고받고 그 유예기간이 끝난 날부터 2년이 지나지 아니한 자
5. 금고 이상의 형의 선고유예를 받은 경우에 그 선고유예 기간 중에 있는 자
6. 법원의 판결 또는 다른 법률에 따라 자격이 상실되거나 정지된 자

6의2. 공무원으로 재직기간 중 직무와 관련하여 「형법」 제355조 및 제356조에 규정된 죄를 범한 자로서 300만원 이상의 벌금형을 선고받고 그 형이 확정된 후 2년이 지나지 아니한 자

6의3. 다음 각목의 어느 하나에 해당하는 죄를 범한 사람으로서 100만원 이상의 벌금형을 선고받고 그 형이 확정된 후 3년이 지나지 아니한 사람

　가. 「성폭력범죄의 처벌 등에 관한 특례법」 제2조에 따른 성폭력범죄
　나. 「정보통신망 이용촉진 및 정보보호 등에 관한 법률」 제74조 제1항 제2호 및 제3호에 규정된 죄
　다. 「스토킹범죄의 처벌 등에 관한 법률」 제2조 제2호에 따른 스토킹범죄

6의4. 미성년자에 대한 다음 각목의 어느 하나에 해당하는 죄를 저질러 파면·해임되거나 형 또는 치료감호를 선고받아 그 형 또는 치료감호가 확정된 사람(집행유예를 선고받은 후 그 집행유예 기간이 경과한 사람을 포함한다)

　가. 「성폭력범죄의 처벌 등에 관한 특례법」 제2조에 따른 성폭력범죄
　나. 「아동·청소년의 성보호에 관한 법률」 제2조 제2호에 따른 아동·청소년대상 성범죄

7. 징계로 파면처분을 받은 때부터 5년이 지나지 아니한 자
8. 징계로 해임처분을 받은 때부터 3년이 지나지 아니한 자

[헌법불합치, 2020헌마181, 2022.11.24., 국가공무원법(2018.10.16. 법률 제15857호로 개정된 것) 제33조 제6호의4 나목 중 아동복지법(2017.10.24. 법률 제14925호로 개정된 것) 제17조 제2호 가운데 '아동에게 성적 수치심을 주는 성희롱 등의 성적 학대행위로 형을 선고받아 그 형이 확정된 사람은 국가공무원법 제2조 제2항 제1호의 일반직공무원 으로 임용될 수 없도록 한 것'에 관한 부분은 헌법에 합치되지 아니한다. 위 법률조항들은 2024.5.31.을 시한으로 입법자가 개정할 때까지 계속 적용된다.]

[헌법불합치, 2020헌마1605, 2022헌마1276(병합), 2023.6.29., 국가공무원법(2018.10.16. 법률 제15857호로 개정된 것) 제33조 제6호의4 나목 중 구 아동·청소년의 성보호에 관한 법률(2014.1.21. 법률 제12329호로 개정되고, 2020.6.2. 법률 제17338호로 개정되기 전의 것) 제11조 제5항 가운데 '아동·청소년이용음란물임을 알면서 이를 소지한 죄로 형을 선고받아 그 형이 확정된 사람은 국가공무원법 제2조 제2항 제1호의 일반직공무원으로 임용될 수 없도록 한 것'에 관한 부분 및 지방공무원법(2018.10.16. 법률 제15801호로 개정된 것) 제31조 제6호의4 나목 중 구 아동·청소년의 성보호에 관한 법률(2014.1.21. 법률 제12329호로 개정되고, 2020.6.2. 법률 제17338호로 개정되기 전의 것) 제11조 제5항 가운데 '아동·청소년이용음란물임을 알면서 이를 소지한 죄로 형을 선고받아 그 형이 확정된 사람은 지방공무원법 제2조 제2항 제1호의 일반직공무원으로 임용될 수 없도록 한 것'에 관한 부분은 모두 헌법에 합치되지 아니한다. 위 법률조항들은 2024.5.31.을 시한으로 입법자가 개정할 때까지 계속 적용된다.]

③ 청원경찰의 임용자격·임용방법·교육 및 보수에 관하여는 대통령령으로 정한다(청원경찰법 제5조 제3항). ★★

2. 청원경찰의 임용자격 등

① **임용자격**(청원경찰법 시행령 제3조)

  ㉠ 18세 이상인 사람(제1호)

  ㉡ 행정안전부령(청원경찰법 시행규칙 제4조)으로 정하는 신체조건에 해당하는 사람(제2호)★

   • 신체가 건강하고 팔다리가 완전할 것(제1호)

   • 시력(교정시력을 포함)은 양쪽 눈이 각각 0.8 이상일 것(제2호)

② **임용 방법 등**(청원경찰법 시행령 제4조)★★

  ㉠ 청원경찰의 배치결정을 받은 자(청원주)는 그 배치결정의 통지를 받은 날부터 30일 이내에 배치결정된 인원수의 임용예정자에 대하여 청원경찰 임용승인을 시·도 경찰청장에게 신청하여야 한다(제1항). ★

  ㉡ 청원주가 청원경찰을 임용하였을 때에는 임용한 날부터 10일 이내에 그 임용사항을 관할 경찰서장을 거쳐 시·도 경찰청장에게 보고하여야 한다. 청원경찰이 퇴직하였을 때에도 또한 같다(제2항). ★

③ **임용승인신청서 등**(청원경찰법 시행규칙 제5조)

  ㉠ 청원경찰의 배치결정을 받은 청원주가 시·도 경찰청장에게 청원경찰 임용승인을 신청할 때에는 청원경찰 임용승인신청서에 그 해당하는 자에 관한 다음의 서류를 첨부해야 한다(제1항). ★ 〈개정 2021.3.30.〉

   • 이력서 1부(제1호)

   • 주민등록증 사본 1부(제2호)

   • 민간인 신원진술서(「보안업무규정」 제36조에 따른 신원조사가 필요한 경우만 해당한다) 1부(제3호)

   • 최근 3개월 이내에 발행한 채용신체검사서 또는 취업용 건강진단서 1부(제4호)

   • 가족관계등록부 중 기본증명서 1부(제5호)

  ㉡ ㉠에 따른 신청서를 제출받은 시·도 경찰청장은 전자정부법 제36조 제1항에 따라 행정정보의 공동이용을 통하여 해당자의 병적증명서를 확인하여야 한다(제2항 본문). ★

  ㉢ 다만, 그 해당자가 확인에 동의하지 아니할 때에는 해당 서류를 첨부하도록 하여야 한다(제2항 단서).

Ⅲ 청원경찰의 교육

1. 청원경찰의 신임교육(청원경찰법 시행령 제5조)

① 청원주는 청원경찰로 임용된 사람으로 하여금 경비구역에 배치하기 전에 경찰교육기관에서 직무수행에 필요한 교육을 받게 하여야 한다. 다만, 경찰교육기관의 교육계획상 부득이하다고 인정할 때에는 우선 배치하고 임용 후 1년 이내에 교육을 받게 할 수 있다(제1항). ★

② 경찰공무원(의무경찰을 포함) 또는 청원경찰에서 퇴직한 사람이 퇴직한 날부터 3년 이내에 청원경찰로 임용되었을 때에는 교육을 면제할 수 있다(제2항).

③ 교육기간ㆍ교육과목ㆍ수업시간 및 그 밖에 교육의 시행에 필요한 사항은 행정안전부령(청원경찰법 시행규칙 제6조)으로 정한다(제3항). ★

2. 청원경찰의 신임교육기간 등(청원경찰법 시행규칙 제6조)

신임교육기간은 2주로 하고, 교육과목 및 수업시간은 다음과 같다. ★

청원경찰 신임교육과목 및 수업시간표(청원경찰법 시행규칙 [별표 1])

구 분	과 목		시 간 (총 76시간)
정신교육	정신교육		8
학술교육	형사법		10
	청원경찰법		5
실무교육	경 무	경찰관직무집행법	5
	방 범	방범업무	3
		경범죄처벌법	2
	경 비	시설경비	6
		소 방	4
	정 보	대공이론	2
		불심검문	2
	민방위	민방공	3
		화생방	2
	기본훈련		5
	총기조작		2
	총검술		2
	사 격		6
술 과	체포술 및 호신술		6
기 타	입교ㆍ수료 및 평가		3

3. 청원경찰의 직무교육(청원경찰법 시행규칙 제13조)

① 청원주는 소속 청원경찰에게 그 직무집행에 관하여 필요한 교육을 매월 4시간 이상 하여야 한다 (제1항). ★

② 청원경찰이 배치된 사업장의 소재지를 관할하는 경찰서장은 필요하다고 인정하는 경우에는 그 사업장에 소속 공무원을 파견하여 직무집행에 필요한 교육을 할 수 있다(제2항). ★

Ⅳ 청원경찰의 복무 및 징계 등

1. 청원경찰의 복무(청원경찰법 제5조 제4항)

① 청원경찰의 복무에 관하여는 「국가공무원법」 제57조(복종의 의무), 제58조 제1항(직장이탈금지), 제60조 (비밀엄수의 의무) 및 「경찰공무원법」 제24조(거짓보고 등의 금지)의 규정을 준용한다. ★★

> **복무에 관한 관련법령 (🈸 : 복 · 직 · 비/거)**
> • 국가공무원법 제57조(복종의 의무) : 공무원은 직무를 수행할 때 소속 상관의 직무상 명령에 복종하여야 한다.
> • 국가공무원법 제58조 제1항(직장이탈금지) : 공무원은 소속 상관의 허가 또는 정당한 사유가 없으면 직장을 이탈하지 못한다.
> • 국가공무원법 제60조(비밀엄수의 의무) : 공무원은 재직 중은 물론 퇴직 후에도 직무상 알게 된 비밀을 엄수하여야 한다.
> • 경찰공무원법 제24조(거짓보고 등의 금지)
>   ① 경찰공무원은 직무에 관하여 거짓으로 보고나 통보를 하여서는 아니 된다.
>   ② 경찰공무원은 직무를 게을리 하거나 유기해서는 아니 된다.

② 상기 규정 외에 청원경찰의 복무에 관하여는 당해 사업장의 취업규칙에 따른다(청원경찰법 시행령 제7조). ★

2. 청원경찰의 징계(청원경찰법 제5조의2)

① 청원주는 청원경찰이 다음에 해당하는 때에는 대통령령(청원경찰법 시행령 제8조)으로 정하는 징계절차를 거쳐 징계처분을 하여야 한다(제1항). ★★
　　㉠ 직무상의 의무를 위반하거나 직무를 태만히 한 때(제1호)
　　㉡ 품위를 손상하는 행위를 한 때(제2호)

② 청원경찰에 대한 징계의 종류는 파면, 해임, 정직, 감봉 및 견책으로 구분한다(제2항). ★★

③ 청원경찰의 징계에 관하여 그 밖에 필요한 사항은 대통령령(청원경찰법 시행령 제8조)으로 정한다(제3항).

3. 청원경찰의 징계절차(청원경찰법 시행령 제8조)

① 관할 경찰서장은 청원경찰이 징계사유의 어느 하나에 해당한다고 인정되면 청원주에게 해당 청원경찰에 대하여 징계처분을 하도록 요청할 수 있다(제1항). ★

② 정직(停職)은 1개월 이상 3개월 이하로 하고, 그 기간에 청원경찰의 신분은 보유하나 직무에 종사하지 못하며, 보수의 3분의 2를 줄인다(제2항). ★

③ 감봉은 1개월 이상 3개월 이하로 하고, 그 기간에 보수의 3분의 1을 줄인다(제3항). ★

④ 견책(譴責)은 전과(前過)에 대하여 훈계하고 회개하게 한다(제4항). ★

⑤ 청원주는 청원경찰 배치결정의 통지를 받았을 때에는 통지를 받은 날부터 15일 이내에 청원경찰에 대한 징계규정을 제정하여 관할 시·도 경찰청장에게 신고하여야 한다. 징계규정을 변경할 때에도 또한 같다(제5항). ★★

⑥ 시·도 경찰청장은 징계규정의 보완이 필요하다고 인정할 때에는 청원주에게 그 보완을 요구할 수 있다(제6항). ★★

4. 청원경찰의 표창(청원경찰법 시행규칙 제18조)

시·도 경찰청장, 관할 경찰서장 또는 청원주는 청원경찰에게 다음의 구분에 따라 표창을 수여할 수 있다. ★

① 공적상 : 성실히 직무를 수행하여 근무성적이 탁월하거나 헌신적인 봉사로 특별한 공적을 세운 경우(제1호)

② 우등상 : 교육훈련에서 교육성적이 우수한 경우(제2호)

제3절　청원경찰의 경비와 보상금 및 퇴직금

Ⅰ　청원경찰경비(청원경찰법 제6조)

1. 청원주의 부담경비

청원주는 다음의 청원경찰경비를 부담하여야 한다(제1항).

① 청원경찰에게 지급할 봉급과 각종 수당(제1호)

② 청원경찰의 피복비(제2호) ★

③ 청원경찰의 교육비(교육비는 청원주가 해당 청원경찰의 입교 3일 전에 해당 경찰교육기관에 납부함)(제3호) ★

④ 보상금 및 퇴직금(제4호)

2. 청원경찰의 보수

① 국가기관 또는 지방자치단체에 근무하는 청원경찰의 보수는 다음에 따라 같은 재직기간에 해당하는 경찰공무원의 보수를 감안하여 대통령령(청원경찰법 시행령 제9조·제10조·제12조)으로 정한다(제2항). ★

　㉠ 재직기간 15년 미만 : 순경(제1호)

　㉡ 재직기간 15년 이상 23년 미만 : 경장(제2호)

　㉢ 재직기간 23년 이상 30년 미만 : 경사(제3호)

　㉣ 재직기간 30년 이상 : 경위(제4호)

② 청원주의 봉급·수당의 최저부담기준액(국가기관 또는 지방자치단체에 근무하는 청원경찰의 봉급·수당은 제외)과 피복비와 교육비 비용의 부담기준액은 경찰청장이 정하여 고시한다(제3항). ★★

③ **국가기관 또는 지방자치단체에 근무하는 청원경찰의 보수**(청원경찰법 시행령 제9조)

   ㉠ 국가기관 또는 지방자치단체에 근무하는 청원경찰의 봉급은 [별표 1]과 같다.

   ㉡ 국가기관 또는 지방자치단체에 근무하는 청원경찰의 각종 수당은 공무원수당 등에 관한 규정에 따른 수당 중 가계보전수당, 실비변상 등으로 하며, 그 세부 항목은 경찰청장이 정하여 고시한다. ★★

   ㉢ ①의 재직기간은 청원경찰로서 근무한 기간으로 한다.

④ **국가기관 또는 지방자치단체에 근무하는 청원경찰 외의 청원경찰의 보수**(청원경찰법 시행령 제10조)

   ㉠ 국가기관 또는 지방자치단체에 근무하는 청원경찰 외의 청원경찰의 봉급과 각종 수당은 경찰청장이 고시한 최저부담기준액 이상으로 지급하여야 한다. ★★

   ㉡ 다만, 고시된 최저부담기준액이 배치된 사업장에서 같은 종류의 직무나 유사 직무에 종사하는 근로자에게 지급하는 임금보다 적을 때에는 그 사업장에서 같은 종류의 직무나 유사 직무에 종사하는 근로자에게 지급하는 임금에 상당하는 금액을 지급하여야 한다. ★

3. 보수 산정 시의 경력 인정 등(청원경찰법 시행령 제11조)

① 청원경찰의 보수 산정에 관하여 그 배치된 사업장의 취업규칙에 특별한 규정이 없는 경우에는 다음의 경력을 봉급 산정의 기준이 되는 경력에 산입(算入)하여야 한다(제1항).

   ㉠ 청원경찰로 근무한 경력(제1호)

   ㉡ 군 또는 의무경찰에 복무한 경력(제2호)

   ㉢ 수위·경비원·감시원 또는 그 밖에 청원경찰과 비슷한 직무에 종사하던 사람이 해당 사업장의 청원주에 의하여 청원경찰로 임용된 경우에는 그 직무에 종사한 경력(제3호)

   ㉣ 국가기관 또는 지방자치단체에서 근무하는 청원경찰에 대해서는 국가기관 또는 지방자치단체에서 상근으로 근무한 경력(제4호)

② 국가기관 또는 지방자치단체에 근무하는 청원경찰 보수의 호봉 간 승급기간은 경찰공무원의 승급기간에 관한 규정을 준용한다(제2항).

③ 국가기관 또는 지방자치단체에 근무하는 청원경찰 외의 청원경찰 보수의 호봉 간 승급기간 및 승급액은 그 배치된 사업장의 취업규칙에 따르며, 이에 관한 취업규칙이 없을 때에는 순경의 승급에 관한 규정을 준용한다(제3항). ★

4. 청원경찰경비의 고시 등(청원경찰법 시행령 제12조)

① 청원경찰경비의 지급방법 또는 납부방법은 행정안전부령(청원경찰법 시행규칙 제8조)으로 정한다(제1항). ★

② 청원경찰경비의 최저부담기준액 및 부담기준액은 경찰공무원 중 순경의 것을 고려하여 다음 연도분을 매년 12월에 고시하여야 한다. 다만, 부득이한 사유가 있을 때에는 수시로 고시할 수 있다(제2항). ★

5. 청원경찰경비의 지급방법 등(청원경찰법 시행규칙 제8조)

① 봉급과 각종 수당은 청원주가 그 청원경찰이 배치된 기관·시설·사업장 또는 장소(이하 "사업장")의 직원에 대한 보수 지급일에 청원경찰에게 직접 지급한다(제1호). ★

② 피복은 청원주가 제작하거나 구입하여 [별표 2]에 따른 정기지급일 또는 신규 배치 시에 청원경찰에게 현품으로 지급한다(제2호). ★

청원경찰 급여품표(청원경찰법 시행규칙 [별표 2]) <개정 2021.12.31.>

품 명	수 량	사용기간	정기지급일
근무복(하복)	1	1년	5월 5일
근무복(동복)	1	1년	9월 25일
한여름 옷	1	1년	6월 5일
외투·방한복 또는 점퍼	1	2~3년	9월 25일
기동화 또는 단화	1	단화 1년 / 기동화 2년	9월 25일
비 옷	1	3년	5월 5일
정 모	1	3년	9월 25일
기동모	1	3년	필요할 때
기동복	1	2년	필요할 때
방한화	1	2년	9월 25일
장 갑	1	2년	9월 25일
호루라기	1	2년	9월 25일

③ 교육비는 청원주가 해당 청원경찰의 입교 3일 전에 해당 경찰교육기관에 낸다(제3호). ★★

Ⅱ 보상금 및 퇴직금

1. 보상금(청원경찰법 제7조)

① 청원주는 청원경찰이 다음에 해당하게 되면 대통령령(청원경찰법 시행령 제13조)으로 정하는 바에 따라 청원경찰 본인 또는 그 유족에게 보상금을 지급하여야 한다. ★★

　㉠ 직무수행으로 인하여 부상을 입거나, 질병에 걸리거나 또는 사망한 경우(제1호)

　㉡ 직무상의 부상·질병으로 인하여 퇴직하거나, 퇴직 후 2년 이내에 사망한 경우(제2호)

② 청원주는 보상금의 지급을 이행하기 위하여 산업재해보상보험에 가입하거나, 근로기준법에 따라 보상금을 지급하기 위한 재원(財源)을 따로 마련하여야 한다(청원경찰법 시행령 제13조). ★

2. 퇴직금(청원경찰법 제7조의2)

① 청원주는 청원경찰이 퇴직할 때에는 「근로자퇴직급여보장법」에 따른 퇴직금을 지급하여야 한다. ★

② 다만, 국가기관이나 지방자치단체에 근무하는 청원경찰의 퇴직금에 관하여는 따로 대통령령으로 정한다. ★

I 제복착용과 무기휴대(청원경찰법 제8조)

① 청원경찰은 근무 중 제복을 착용하여야 한다(제1항).

② 시·도 경찰청장은 청원경찰이 직무를 수행하기 위하여 필요하다고 인정하면 청원주의 신청을 받아 관할 경찰서장으로 하여금 청원경찰에게 무기를 대여하여 지니게 할 수 있다(제2항). ★★

③ 청원경찰의 복제(服制)와 무기휴대에 필요한 사항은 대통령령(청원경찰법 시행령 제14조·제16조)으로 정한다 (제3항). ★★

II 청원경찰의 복제(服制)

1. 복제(청원경찰법 시행령 제14조)

① 청원경찰의 복제는 제복·장구 및 부속물로 구분한다(제1항). ★★

② 청원경찰의 제복·장구 및 부속물에 관하여 필요한 사항은 행정안전부령(청원경찰법 시행규칙 제9조)으로 정한다(제2항). ★★

③ 청원경찰이 그 배치지의 특수성 등으로 특수복장을 착용할 필요가 있을 때에는 청원주는 시·도 경찰청 장의 승인을 받아 특수복장을 착용하게 할 수 있다(제3항). ★★

2. 행정안전부령으로 정하는 복제(청원경찰법 시행규칙 제9조)

① **청원경찰의 제복·장구 및 부속물의 종류**(제1항)

　㉠ **제복** : 정모(正帽), 기동모(활동에 편한 모자를 말한다), 근무복(하복, 동복), 한여름 옷, 기동복, 점퍼, 비옷, 방한복, 외투, 단화, 기동화 및 방한화(제1호) 〈개정 2021.12.31.〉

　㉡ **장구** : 허리띠, 경찰봉, 호루라기 및 포승(제2호) ★★

　㉢ **부속물** : 모자표장, 가슴표장, 휘장, 계급장, 넥타이핀, 단추 및 장갑(제3호) ★★

② **청원경찰의 제복·장구 및 부속물의 형태·규격 및 재질**(제2항) 〈개정 2021.12.31.〉

　㉠ 제복의 형태·규격 및 재질은 청원주가 결정하되, 경찰공무원 또는 군인 제복의 색상과 명확하게 구별될 수 있어야 하며, 사업장별로 통일해야 한다(제1호 본문). ★

　㉡ 다만, 기동모와 기동복의 색상은 진한 청색으로 하고, 기동복의 형태·규격은 별도 1과 같이 한다(제1호 단서). ★★

　㉢ 장구의 형태·규격 및 재질은 경찰 장구와 같이 한다(제2호). ★★

　㉣ 부속물의 형태·규격 및 재질은 다음과 같이 한다(제3호).

　　• 모자표장의 형태·규격 및 재질은 별도 2와 같이 하되, 기동모의 표장은 정모 표장의 2분의 1 크기로 할 것(가목)

　　• 가슴표장, 휘장, 계급장, 넥타이핀 및 단추의 형태·규격 및 재질은 별도 3부터 별도 7까지와 같이 할 것(나목)

③ 청원경찰은 평상근무 중에는 정모, 근무복, 단화, 호루라기, 경찰봉 및 포승을 착용하거나 휴대하여야 하고, 총기를 휴대하지 아니할 때에는 분사기를 휴대하여야 하며, 교육훈련이나 그 밖의 특수근무 중에는 기동모, 기동복, 기동화 및 휘장을 착용하거나 부착하되, 허리띠와 경찰봉은 착용하거나 휴대하지 아니할 수 있다(제3항). ★★

④ 가슴표장, 휘장 및 계급장을 달거나 부착할 위치는 별도 8과 같다(제4항).

⑤ 동·하복의 착용시기는 사업장별로 청원주가 결정하되, 착용시기를 통일하여야 한다(청원경찰법 시행규칙 제10조). ★

신분증명서(청원경찰법 시행규칙 제11조)
① 청원경찰의 신분증명서는 청원주가 발행하며, 그 형식은 청원주가 결정하되 사업장별로 통일하여야 한다.
② 청원경찰은 근무 중에는 항상 신분증명서를 휴대하여야 한다.

---

3. 급여품 및 대여품(청원경찰법 시행규칙 제12조)

① 청원경찰에게 지급하는 급여품은 [별표 2]와 같고, 품명은 근무복(하복·동복), 한여름 옷, 외투·방한복 또는 점퍼, 기동화 또는 단화, 비옷, 정모, 기동모, 기동복, 방한화, 장갑, 호루라기이다(제1항). 〈개정 2021.12.31.〉

② 청원경찰에게 지급하는 대여품은 [별표 3]과 같고, 품명은 허리띠, 경찰봉, 가슴표장, 분사기, 포승이다(제1항).

청원경찰 대여품표(청원경찰법 시행규칙 [별표 3])

품 명	허리띠	경찰봉	가슴표장	분사기	포 승
수 량	1	1	1	1	1

③ 청원경찰이 퇴직할 때에는 대여품을 청원주에게 반납하여야 한다(제2항). ★

④ 급여품은 반납하지 아니한다. ★

Ⅲ 무기휴대 및 무기관리수칙

1. 분사기 휴대(청원경찰법 시행령 제15조)

청원주는 「총포·도검·화약류 등의 안전관리에 관한 법률」에 따른 분사기의 소지허가를 받아 청원경찰로 하여금 그 분사기를 휴대하여 직무를 수행하게 할 수 있다. ★

2. 무기휴대(청원경찰법 시행령 제16조)

① 청원주가 청원경찰이 휴대할 무기를 대여받으려는 경우에는 관할 경찰서장을 거쳐 시·도 경찰청장에게 무기대여를 신청하여야 한다(제1항). ★★

② 무기대여 신청을 받은 시·도 경찰청장이 무기를 대여하여 휴대하게 하려는 경우에는 청원주로부터 국가에 기부채납된 무기에 한정하여 관할 경찰서장으로 하여금 무기를 대여하여 휴대하게 할 수 있다(제2항). ★

③ 무기를 대여하였을 때에는 관할 경찰서장은 청원경찰의 무기관리상황을 수시로 점검하여야 한다(제3항). ★★★

④ 청원주 및 청원경찰은 행정안전부령(청원경찰법 시행규칙 제16조)으로 정하는 무기관리수칙을 준수하여야 한다(제4항). ★★★

3. **무기관리수칙**(청원경찰법 시행규칙 제16조)

① **청원주의 무기관리** : 무기와 탄약을 대여받은 청원주는 다음에 따라 무기와 탄약을 관리해야 한다(제1항). 〈개정 2021.12.31.〉

　㉠ 청원주가 무기와 탄약을 대여받았을 때에는 경찰청장이 정하는 무기·탄약 출납부 및 무기장비 운영카드를 갖춰 두고 기록하여야 한다(제1호).

　㉡ 청원주는 무기와 탄약의 관리를 위하여 관리책임자를 지정하고 관할 경찰서장에게 그 사실을 통보하여야 한다(제2호). ★★

　㉢ 무기고 및 탄약고는 단층에 설치하고 환기·방습·방화 및 총받침대 등의 시설을 갖추어야 한다(제3호).

　㉣ 탄약고는 무기고와 떨어진 곳에 설치하고, 그 위치는 사무실이나 그 밖에 여러 사람을 수용하거나 여러 사람이 오고 가는 시설로부터 격리되어야 한다(제4호).

　㉤ 무기고와 탄약고에는 이중 잠금장치를 하고, 열쇠는 관리책임자가 보관하되, 근무시간 이후에는 숙직책임자에게 인계하여 보관시켜야 한다(제5호). ★★

　㉥ 청원주는 경찰청장이 정하는 바에 따라 매월 무기와 탄약의 관리실태를 파악하여 다음 달 3일까지 관할 경찰서장에게 통보하여야 한다(제6호). ★★

　㉦ 청원주는 대여받은 무기와 탄약이 분실되거나 도난당하거나 빼앗기거나 훼손되는 등의 사고가 발생했을 때에는 지체 없이 그 사유를 관할 경찰서장에게 통보해야 한다(제7호). ★

　㉧ 청원주는 무기와 탄약이 분실되거나 도난당하거나 빼앗기거나 훼손되었을 때에는 경찰청장이 정하는 바에 따라 그 전액을 배상해야 한다. 다만, 전시·사변·천재지변이나 그 밖의 불가항력적인 사유가 있다고 시·도 경찰청장이 인정하였을 때에는 그렇지 않다(제8호). ★

② **무기·탄약 출납 시 주의사항** : 무기와 탄약을 대여받은 청원주가 청원경찰에게 무기와 탄약을 출납하려는 경우에는 다음에 따라야 한다. 다만, 관할 경찰서장의 지시에 따라 탄약의 수를 늘리거나 줄일 수 있고, 무기와 탄약의 출납을 중지할 수 있으며, 무기와 탄약을 회수하여 집중관리할 수 있다(제2항). ★

　㉠ 무기와 탄약을 출납하였을 때에는 무기·탄약 출납부에 그 출납사항을 기록하여야 한다(제1호).

　㉡ 소총의 탄약은 1정당 15발 이내, 권총의 탄약은 1정당 7발 이내로 출납하여야 한다(제2호 전문). ★

　㉢ ㉡의 경우 생산된 후 오래된 탄약을 우선하여 출납하여야 한다(제2호 후문). ★

　㉣ 청원경찰에게 지급한 무기와 탄약은 매주 1회 이상 손질하게 하여야 한다(제3호). ★★

　㉤ 수리가 필요한 무기가 있을 때에는 그 목록과 무기장비 운영카드를 첨부하여 관할 경찰서장에게 수리를 요청할 수 있다(제4호). ★★

③ **청원경찰의 준수사항** : 청원주로부터 무기 및 탄약을 지급받은 청원경찰은 다음 사항을 준수하여야 한다 (제3항).

ⓐ 무기를 지급받거나 반납할 때 또는 인계인수할 때에는 반드시 "앞에 총" 자세에서 "검사 총"을 하여야 한다(제1호). ★

ⓑ 무기와 탄약을 지급받았을 때에는 별도의 지시가 없으면 무기와 탄약을 분리하여 휴대하여야 하며, 소총은 "우로 어깨 걸어 총"의 자세를 유지하고, 권총은 "권총집에 넣어 총"의 자세를 유지하여야 한다(제2호).

ⓒ 지급받은 무기는 다른 사람에게 보관 또는 휴대하게 할 수 없으며 손질을 의뢰할 수 없다(제3호). ★★

ⓓ 무기를 손질하거나 조작할 때에는 반드시 총구를 공중으로 향하게 하여야 한다(제4호). ★★

ⓔ 무기와 탄약을 반납할 때에는 손질을 철저히 하여야 한다(제5호).

ⓕ 근무시간 이후에는 무기와 탄약을 청원주에게 반납하거나 교대근무자에게 인계하여야 한다(제6호). ★

④ **무기 및 탄약의 지급 제한** : 청원주는 다음에 해당하는 청원경찰에게 무기와 탄약을 지급해서는 안 되며, 지급한 무기와 탄약은 즉시 회수해야 한다(제4항). 〈개정 2022.11.10.〉

ⓐ 직무상 비위(非違)로 징계대상이 된 사람(제1호)

ⓑ 형사사건으로 조사대상이 된 사람(제2호)

ⓒ 사직 의사를 밝힌 사람(제3호)

ⓓ 치매, 조현병, 조현정동장애, 양극성 정동장애(조울병), 재발성 우울장애 등의 <u>정신질환으로 인하여 무기와 탄약의 휴대가 적합하지 않다고 해당 분야 전문의가 인정하는 사람</u>(제4호)

ⓔ 제1호부터 제4호까지의 규정 중 어느 하나에 준하는 사유로 <u>청원주가 무기와 탄약을 지급하기에 적절하지 않다고 인정하는 사람</u>(제5호)

ⓕ 변태적 성벽(性癖)이 있는 사람(제6호) - 삭제 〈2022.11.10.〉

⑤ **무기 및 탄약의 지급 제한 또는 회수 결정 통지서** : 청원주는 ④에 따라 무기와 탄약을 지급하지 않거나 회수할 때에는 별지 제5호의2 서식의 결정 통지서를 작성하여 지체 없이 해당 청원경찰에게 통지해야 한다. 다만, 지급한 무기와 탄약의 신속한 회수가 필요하다고 인정되는 경우에는 무기와 탄약을 먼저 회수한 후 통지서를 내줄 수 있다(제5항). 〈신설 2022.11.10.〉

⑥ **무기 및 탄약의 지급 제한 또는 회수 결정 통보서** : 청원주는 ④에 따라 청원경찰에게 무기와 탄약을 지급하지 않거나 회수한 경우 7일 이내에 관할 경찰서장에게 별지 제5호의3 서식의 결정 통보서를 작성하여 통보해야 한다(제6항). 〈신설 2022.11.10.〉

⑦ **무기 및 탄약의 지급 제한 또는 회수의 적정성 판단을 위한 조치** : ⑥에 따라 통보를 받은 관할 경찰서장은 통보받은 날부터 14일 이내에 무기와 탄약의 지급 제한 또는 회수의 적정성을 판단하기 위해 현장을 방문하여 해당 청원경찰의 의견을 청취하고 필요한 조치를 할 수 있다(제7항). 〈신설 2022.11.10.〉

⑧ **무기 및 탄약의 지급 제한 사유 소멸 후 지급** : 청원주는 ④의 각호의 사유가 소멸하게 된 경우에는 청원경찰에게 무기와 탄약을 지급할 수 있다(제8항). 〈신설 2022.11.10.〉

Ⅳ 청원경찰의 비치부책

1. 청원주가 비치하여야 할 문서와 장부(청원경찰법 시행규칙 제17조 제1항)

청원주는 다음의 문서와 장부를 갖춰 두어야 한다.

① 청원경찰 명부(제1호)
② 근무일지(제2호)
③ 근무 상황카드(제3호)
④ 경비구역 배치도(제4호)
⑤ 순찰표철(제5호)★
⑥ 무기·탄약 출납부(제6호)★
⑦ 무기장비 운영카드(제7호)
⑧ 봉급지급 조서철(제8호)
⑨ 신분증명서 발급대장(제9호)
⑩ 징계 관계철(제10호)★
⑪ 교육훈련 실시부(제11호)★
⑫ 청원경찰 직무교육계획서(제12호)
⑬ 급여품 및 대여품 대장(제13호)
⑭ 그 밖에 청원경찰의 운영에 필요한 문서와 장부(제14호)

2. 관할 경찰서장이 비치하여야 할 문서와 장부(청원경찰법 시행규칙 제17조 제2항)

관할 경찰서장은 다음의 문서와 장부를 갖춰 두어야 한다.

① 청원경찰 명부(제1호)★★
② 감독 순시부(제2호)★
③ 전출입 관계철(제3호)
④ 교육훈련 실시부(제4호)★★
⑤ 무기·탄약 대여대장(제5호)★★
⑥ 징계요구서철(제6호)★
⑦ 그 밖에 청원경찰의 운영에 필요한 문서와 장부(제7호)

3. 시·도 경찰청장이 비치하여야 할 문서와 장부(청원경찰법 시행규칙 제17조 제3항)

시·도 경찰청장은 다음의 문서와 장부를 갖춰 두어야 한다.

① 배치결정 관계철(제1호)★
② 청원경찰 임용승인 관계철(제2호)
③ 전출입 관계철(제3호)
④ 그 밖에 청원경찰의 운영에 필요한 문서와 장부(제4호)

4. 서식의 준용(청원경찰법 시행규칙 제17조 제4항)

문서와 장부의 서식은 경찰관서에서 사용하는 서식을 준용한다.

청원주(제1항)	관할 경찰서장(제2항)	시·도 경찰청장(제3항)
비치하여야 할 문서와 장부 정리(청원경찰법 시행규칙 제17조)		
• 청원경찰 명부 • 근무일지 • 근무 상황카드 • 경비구역 배치도 • 순찰표철 • 무기·탄약 출납부★ • 무기장비 운영카드 • 봉급지급 조서철 • 신분증명서 발급대장 • 징계 관계철★ • 교육훈련 실시부 • 청원경찰 직무교육계획서 • 급여품 및 대여품 대장 • 그 밖에 청원경찰의 운영에 필요한 문서와 장부	• 청원경찰 명부★ • 감독 순시부★ • 전출입 관계철★ • 교육훈련 실시부★★ • 무기·탄약 대여대장 • 징계요구서철 • 그 밖에 청원경찰의 운영에 필요한 문서와 장부	• 배치결정 관계철 • 청원경찰 임용승인 관계철 • 전출입 관계철 • 그 밖에 청원경찰의 운영에 필요한 문서와 장부

※ 서식의 준용 : 문서와 장부의 서식은 경찰관서에서 사용하는 서식을 준용한다(제4항).

제5절 보칙(감독·권한위임·면직 및 퇴직 등)

I 감독 등

1. 감독 및 교육(청원경찰법 제9조의3)

① 청원주는 항상 소속 청원경찰의 근무 상황을 감독하고 근무 수행에 필요한 교육을 하여야 한다(제1항).
② 시·도 경찰청장은 청원경찰의 효율적인 운영을 위하여 청원주를 지도하며 감독상 필요한 명령을 할 수 있다(제2항).★

2. 감독대상(청원경찰법 시행령 제17조)

관할 경찰서장은 매월 1회 이상 청원경찰을 배치한 경비구역에 대하여 다음의 사항을 감독하여야 한다.
① 복무규율과 근무상황★
② 무기의 관리 및 취급사항★★

3. 감독자의 지정(청원경찰법 시행규칙 제19조)

① 2명 이상의 청원경찰을 배치한 사업장의 청원주는 청원경찰의 지휘·감독을 위하여 청원경찰 중에서 유능한 사람을 선정하여 감독자로 지정하여야 한다.★
② 감독자는 조장, 반장 또는 대장으로 하며, 그 지정기준은 [별표 4]와 같다.★★

감독자 지정기준(청원경찰법 시행규칙 [별표 4])			
근무인원	직급별 지정기준		
	대 장	반 장	조 장
9명까지	–	–	1명
10명 이상 29명 이하	–	1명	2~3명
30명 이상 40명 이하	–	1명	3~4명
41명 이상 60명 이하	1명	2명	6명
61명 이상 120명 이하	1명	4명	12명

4. 청원경찰의 보고(청원경찰법 시행규칙 제22조)

청원경찰이 직무를 수행할 때에 「경찰관직무집행법」 및 동법 시행령에 따라 하여야 할 모든 보고는 관할 경찰서장에게 서면으로 보고하기 전에 지체 없이 구두로 보고하고 그 지시에 따라야 한다.★

경비전화의 가설(청원경찰법 시행규칙 제20조)
- 관할 경찰서장은 청원주의 신청에 따라 경비를 위하여 필요하다고 인정할 때에는 청원경찰이 배치된 사업장에 경비전화를 가설할 수 있다(제1항).★★
- 경비전화를 가설할 때 드는 비용은 청원주가 부담한다(제2항).★

Ⅱ 쟁의행위의 금지, 직권남용금지 및 배상책임 등

1. 쟁의행위의 금지(청원경찰법 제9조의4)

청원경찰은 파업, 태업 또는 그 밖에 업무의 정상적인 운영을 방해하는 일체의 쟁의행위를 하여서는 아니 된다.

2. 직권남용금지(청원경찰법 제10조)

① 청원경찰이 직무를 수행할 때 직권을 남용하여 국민에게 해를 끼친 경우에는 6개월 이하의 징역이나 금고에 처한다.★★

② 청원경찰업무에 종사하는 사람은 형법이나 그 밖의 법령에 따른 벌칙을 적용할 때에는 공무원으로 본다.★

3. 청원경찰의 불법행위에 대한 배상책임(청원경찰법 제10조의2)

청원경찰(국가기관이나 지방자치단체에 근무하는 청원경찰은 제외)의 직무상 불법행위에 대한 배상책임에 관하여는 민법의 규정을 따른다.★★ 반면 국가기관이나 지방자치단체에 근무하는 청원경찰의 직무상 불법행위에 대한 배상책임에 관하여는 국가배상법의 규정을 따른다(청원경찰법 제10조의2 반대해석, 국가배상법 제2조 및 대판 92다47564 참고).

제2장

Ⅲ 권한의 위임

1. 관할 경찰서장에게 위임(청원경찰법 제10조의3)

청원경찰법에 따른 시·도 경찰청장의 권한은 그 일부를 대통령령으로 정하는 바에 따라 관할 경찰서장에게 위임할 수 있다.

2. 권한위임의 내용(청원경찰법 시행령 제20조)★★★

시·도 경찰청장은 다음의 권한을 관할 경찰서장에게 위임한다. 다만, 청원경찰을 배치하고 있는 사업장이 하나의 경찰서 관할구역 안에 있는 경우에 한한다.
① 청원경찰 배치의 결정 및 요청에 관한 권한(제1호)
② 청원경찰의 임용승인에 관한 권한(제2호)
③ 청원주에 대한 지도 및 감독상 필요한 명령에 관한 권한(제3호)
④ 과태료 부과·징수에 관한 권한(제4호)★★

Ⅳ 면직 및 퇴직 등

1. 의사에 반한 면직금지(청원경찰법 제10조의4)

① 청원경찰은 형의 선고, 징계처분 또는 신체상·정신상의 이상으로 직무를 감당하지 못할 때를 제외하고는 그 의사에 반하여 면직되지 아니한다.★★
② 청원주가 청원경찰을 면직시켰을 때에는 그 사실을 관할 경찰서장을 거쳐 시·도 경찰청장에게 보고하여야 한다.★★

2. 당연 퇴직(청원경찰법 제10조의6)

청원경찰이 다음의 어느 하나에 해당할 때에는 당연 퇴직된다. 〈개정 2022.11.15.〉
① 제5조 제2항에 따른 임용결격사유에 해당될 때. 다만, 「국가공무원법」 제33조 제2호는 파산선고를 받은 사람으로서 「채무자 회생 및 파산에 관한 법률」에 따라 신청기한 내에 면책신청을 하지 아니하였거나 면책불허가 결정 또는 면책 취소가 확정된 경우만 해당하고, 「국가공무원법」 제33조 제5호는 「형법」 제129조부터 제132조까지, 「성폭력범죄의 처벌 등에 관한 특례법」 제2조, 「아동·청소년의 성보호에 관한 법률」 제2조 제2호 및 직무와 관련하여 「형법」 제355조 또는 제356조에 규정된 죄를 범한 사람으로서 금고 이상의 형의 선고유예를 받은 경우만 해당한다(제1호).

> **청원경찰법 제5조 제2항**
> 「국가공무원법」 제33조 각호의 어느 하나의 결격사유에 해당하는 사람은 청원경찰로 임용될 수 없다.
> [단순위헌, 2017헌가26, 2018.1.25., 청원경찰법(2010.2.4. 법률 제10013호로 개정된 것) 제10조의6 제1호 중 제5조 제2항에 의한 국가공무원법 제33조 제5호(금고 이상의 형의 선고유예를 받은 경우에 그 선고유예 기간 중에 있는 자)에 관한 부분은 헌법에 위반된다.]

② 제10조의5에 따라 청원경찰의 배치가 폐지되었을 때(제2호)

③ 나이가 60세가 되었을 때. 다만, 그날이 1월부터 6월 사이에 있으면 6월 30일에, 7월부터 12월 사이에 있으면 12월 31일에 각각 당연 퇴직된다(제3호).

3. 휴직 및 명예퇴직(청원경찰법 제10조의7)

국가기관이나 지방자치단체에 근무하는 청원경찰의 휴직 및 명예퇴직에 관하여는 「국가공무원법」 제71조부터 제73조까지 및 제74조의2를 준용한다.★

4. 민감정보 및 고유식별정보의 처리(청원경찰법 시행령 제20조의2)★★

시·도 경찰청장 또는 경찰서장은 다음 사무를 수행하기 위하여 불가피한 경우 「개인정보보호법」에 따른 건강에 관한 정보와 같은 법 시행령에 따른 범죄경력자료에 해당하는 정보, 주민등록번호 또는 외국인등록번호가 포함된 자료를 처리할 수 있다.

① 청원경찰의 임용, 배치 등 인사관리에 관한 사무(제1호)

② 청원경찰의 제복 착용 및 무기휴대에 관한 사무(제2호)

③ 청원주에 대한 지도·감독에 관한 사무(제3호)

④ ①부터 ③까지의 규정에 따른 사무를 수행하기 위하여 필요한 사무(제4호)

제6절 | 벌칙과 과태료

Ⅰ 벌칙(청원경찰법 제11조)★

청원경찰로서 파업, 태업 또는 그 밖에 업무의 정상적인 운영을 방해하는 일체의 쟁의행위를 한 사람은 1년 이하의 징역 또는 1천만원 이하의 벌금에 처한다.

Ⅱ 과태료

1. 500만원 이하의 과태료(청원경찰법 제12조)★★

① 다음에 해당하는 자는 500만원 이하의 과태료를 부과한다(제1항).★

㉠ 시·도 경찰청장의 배치결정을 받지 아니하고 청원경찰을 배치하거나 시·도 경찰청장의 승인을 받지 아니하고 청원경찰을 임용한 자(제1호)

㉡ 정당한 사유 없이 경찰청장이 고시한 최저부담기준액 이상의 보수를 지급하지 아니한 자(제2호)

㉢ 감독상 필요한 명령을 정당한 사유 없이 이행하지 아니한 자(제3호)

② 과태료는 대통령령(청원경찰법 시행령 제21조)으로 정하는 바에 의하여 시·도 경찰청장이 부과·징수한다(제2항).

2. 과태료의 부과기준 등(청원경찰법 시행령 제21조)

① 과태료의 부과기준은 [별표 2]와 같다(제1항).

② 시·도 경찰청장은 위반행위의 동기, 내용 및 위반의 정도 등을 고려하여 과태료 부과기준에 따른 과태료 금액의 100분의 50의 범위에서 그 금액을 줄이거나 늘릴 수 있다. 다만, 늘리는 경우에는 과태료 금액의 상한인 500만원 이상을 초과할 수 없다(제2항).★

③ 과태료 부과 고지서(청원경찰법 시행규칙 제24조)

　　㉠ 과태료 부과의 사전 통지는 과태료 부과 사전 통지서에 따른다(제1항).

　　㉡ 과태료의 부과는 과태료 부과 고지서에 따른다(제2항).

　　㉢ 경찰서장은 과태료처분을 하였을 때에는 과태료 부과 및 징수 사항을 과태료 수납부에 기록하고 정리하여야 한다(제3항).★★

과태료 부과기준(청원경찰법 시행령 [별표 2])

위반행위	해당 법조문	과태료 금액
1. 법 제4조 제2항에 따른 시·도 경찰청장의 배치결정을 받지 않고 다음 각목의 시설에 청원경찰을 배치한 경우 (🔑 : 배·5·4) 　가. 국가 중요시설(국가정보원장이 지정하는 국가보안목표시설을 말한다)인 경우 　나. 가목에 따른 국가중요시설 외의 시설인 경우	법 제12조 제1항 제1호	500만원 400만원
2. 법 제5조 제1항에 따른 시·도 경찰청장의 승인을 받지 않고 다음 각목의 청원경찰을 임용한 경우 (🔑 : 승·5·3) 　가. 법 제5조 제2항에 따른 임용결격사유에 해당하는 청원경찰 　나. 법 제5조 제2항에 따른 임용결격사유에 해당하지 않는 청원경찰	법 제12조 제1항 제1호	 500만원 300만원
3. 정당한 사유 없이 법 제6조 제3항에 따라 경찰청장이 고시한 최저부담기준액 이상의 보수를 지급하지 않은 경우	법 제12조 제1항 제2호	500만원
4. 법 제9조의3 제2항에 따른 시·도 경찰청장의 감독상 필요한 다음 각목의 명령을 정당한 사유 없이 이행하지 않은 경우 　가. 총기·실탄 및 분사기에 관한 명령 　나. 가목에 따른 명령 외의 명령	법 제12조 제1항 제3호	 500만원 300만원

질서위반행위규제법

1. 이의제기(질서위반행위규제법 제20조)★
   ① 행정청의 과태료 부과에 불복하는 당사자는 과태료 부과 통지를 받은 날부터 60일 이내에 해당 행정청에 서면으로 이의제기를 할 수 있다.
   ② 이의제기가 있는 경우에는 행정청의 과태료 부과처분은 그 효력을 상실한다.
   ③ 당사자는 행정청으로부터 통지를 받기 전까지는 행정청에 대하여 서면으로 이의제기를 철회할 수 있다.

2. 가산금 징수 및 체납처분 등(질서위반행위규제법 제24조)★
   ① 행정청은 당사자가 납부기한까지 과태료를 납부하지 아니한 때에는 납부기한을 경과한 날부터 체납된 과태료에 대하여 100분의 3에 상당하는 가산금을 징수한다. 〈개정 2016.12.2.〉
   ② 체납된 과태료를 납부하지 아니한 때에는 납부기한이 경과한 날부터 매 1개월이 경과할 때마다 체납된 과태료의 1천분의 12에 상당하는 가산금(중가산금)을 제1항에 따른 가산금에 가산하여 징수한다. 이 경우 중가산금을 가산하여 징수하는 기간은 60개월을 초과하지 못한다.
   ③ 행정청은 당사자가 기한 이내에 이의를 제기하지 아니하고 가산금을 납부하지 아니한 때에는 국세 또는 지방세 체납처분의 예에 따라 징수한다.

제2과목

일반 상식

PART 01

시정 주요시책 및 일반상식

CHAPTER

01 시정 주요시책

I 인구 및 면적('24. 1월 기준)

1. 인 구

4,469천 세대 9,639천명(전년대비 0.30% 감소 / 인구밀도 16천명/km^2)

2. 면 적

605.20km^2(전국의 0.6%)

3. 행정구역

25개 자치구, 426개동(12,929통, 96,618반)

구 분	강 북	강 남
인구/면적	4,603천명(47.8%) / 297.80km^2(49.2%)	5,036천명(52.2%) / 307.40km^2(50.8%)
자치구	14개구	11개구
	은평구, 서대문구, 마포구, 종로구, 중구, 용산구, 도봉구, 강북구, 성북구, 동대문구, 성동구, 노원구, 중랑구, 광진구	강서구, 양천구, 구로구, 영등포구, 금천구, 동작구, 관악구, 서초구, 강남구, 송파구, 강동구

II 조직 및 인력('24. 1월 기준)

구 분	서울시	자치구
조 직	3부시장, 6실 5본부 10국 15관·단, 164과·담당관, 3사업본부, 34직속기관(25개 소방서 포함), 47사업소, 3합의제	25개구 148국 902과, 25보건소, 4사업소, 426동
정 원	19,167명(본청 4,896, 시의회 429, 직속기관 8,426, 사업소 5,187, 합의제 229)	37,242명(구청 23,439, 구의회 923, 보건소 3,358, 사업소 60, 동 9,462)

제1장
제2장
제3장
제4장
제5장
제6장

Ⅲ 2024년 서울시 예산 현황

1. 부문별 비중(순계규모)

구 분	예 산	비 율	세 분
사회복지	16조 3,599억원	39.6%	저소득, 어르신, 여성보육, 주거복지, 장애인, 보건, 교육
교육청 및 자치구	10조 3,321억원	25.0%	자치구 지원, 교육청 지원
도로교통	2조 3,466억원	5.7%	대중교통, 도시철도, 도로건설, 주차장
공원환경	2조 3,088억원	5.6%	상하수도, 기후환경, 공원녹지
도시안전	1조 8,011억원	4.4%	시설물 관리등, 수방 및 치수, 소방안전, 치안
문화관광	9,223억원	2.2%	문화예술, 역사문화, 체육진흥, 관광진흥
산업경제	8,522억원	2.1%	산업육성, 일자리, 민생경제, 투자유치
도시계획 및 주택정비	3,628억원	0.9%	도시정비, 주거환경
순계 : 41조 3,611억원(0.5% 감소) / 총계 : 45조 7,405억원(3.1% 감소)				

2. 지방채 현황

서울시의 지방채는 11조 4,425억원 규모이다.

도시철도 건설·운영	주택사업	도시공원 보상	SOC 사업 등
6조 4,227억원	1조 8,029억원	1조 3,000억원	1조 9,169억원
계 : 11조 4,425억원			

제2절 시정비전과 시정운영방향

Ⅰ 시정비전

〈출처〉 서울특별시, 2024 주요 업무계획, P. 4

'약자와의 동행'을 통해 사회 양극화 해소 및 계층 이동 사다리를 복원하고, 도시의 활력과 매력을 제고하여 글로벌 TOP5 '동행·매력 특별시 서울' 구현

생계·주거·교육 등 취약계층 지원을 통한 '동행 특별시' 구현	• 소득보장 정책실험 '안심소득' 대상 확대, 주거취약계층 주거안정 실현 • '탄생응원 서울 프로젝트' 추진, '서울런 2.0' 통한 교육 사다리 강화 • '기후동행카드' 등 시민 교통복지 확충, 소상공인·청년·1인가구 맞춤형 지원 • '약자동행지수' 시정 내재화, '약자동행 기술박람회' 등 동행가치 확산
글로벌 Top 5 도시 도약을 위한 '매력적인 글로벌 선도도시' 실현	• '창조산업' 육성, '스마트 라이프 위크' 출범 등 서울의 도시 경쟁력 강화 • '한강르네상스2.0', '서울페스타2024' 등을 통한 해외관광객 3천만 시대 선도 • 자율주행 등 미래첨단 교통수단 도입 확대, 서울 도시브랜드 전방위 확산
시민이 안심하는 '쾌적하고 안전한 도시' 구현	• '안심이 앱' 보강, 안심장비 보급 및 취약지역 CCTV 확충으로 안전사각지대해소 • '건설공사장 기록관리' 확대, '선제적 인파관리' 등을 통한 안전도시 확립 • 예방부터 치료까지 마약대응 강화, '손목닥터 9988' 참여 시민 대폭 확대
시민의 일상에 품격이 함께하는 '지속가능한 감성도시' 조성	• '녹지생태도심', '1자치구 1수변활력거점' 조성으로 감성적 시민 생활공간 확충 • 일상에 문화가 흐르는 '문화예술 도시', 삶에 여유를 제공하는 '정원도시' 구현 • 도시에 활력을 불어넣는 '펀 시티(Fun City)' 조성으로 매력 및 품격 제고

제3절 주요업무 추진계획

약자와의 동행을 통한 상생도시	활력 있고 매력적인 글로벌 선도도시
• 촘촘한 서울형 맞춤 복지제도 시행 • 맞춤형 주택공급 확대를 통한 주거공동체 서울 • 모든 아동과 가족의 더 나은 미래가 있는 서울 • 전 생애에 걸친 균등하고 질 높은 교육서비스 제공 • 시민 교통복지 서비스 및 대중교통 편의성 확대 • 소상공인·취약노동자 및 청년·1인가구 맞춤형 지원 • 약자를 보듬고 응원하는 '동행특별시' 서울	• 서울 미래성장동력 고도화 및 경제활력 회복 지원 • 한강의 활력을 통한 세계적 수변문화도시 조성 • 매력 있고 활력 넘치는 고품격 관광스포츠 도시 • 지역별 특화 및 균형발전 기반 강화 • 新 교통수단 도입 확대 및 광역 교통인프라 확충 • 서울의 도시브랜드 확산을 통한 글로벌 경쟁력 제고
쾌적하고 안전한 안심도시	품격 있고 지속가능한 미래감성도시
• 폭력 등 각종 범죄로부터 안전한 서울 • 철저한 사고·재해 예방 및 관리로 안심도시 구현 • 시민 누구나 차별 없이 누리는 건강 생태계 조성 • 수해로부터 안전한 물순환 선도도시 조성 • 기후위기 대응 강화, 맑고 깨끗한 도시환경 조성	• 감성이 넘치는 시민생활공간 조성 • 시민과 함께하는 감성문화도시 • 매력과 여유가 넘치는 정원도시 서울 • 일상을 재미와 활력으로 채우는 펀 시티(Fun City) 서울 • 도시경관·건축디자인 혁신으로 서울의 품격 제고

I 약자와의 동행을 통한 상생도시

1. 촘촘한 서울형 맞춤 복지제도 시행

新 복지사각지대를 두텁게 지원하는 포용 복지	**안심소득 시범사업의 체계적 관리를 통한 성과평가 추진**
	• 안심소득 공정관리 및 성과평가 지속 연구로 정책효과 도출 • 가족돌봄청(소)년 및 저소득 위기가구로 안심소득 신규 확대(500가구) • 소득보장 패러다임 전환의 대안으로서 안심소득 공론화
	사회적 고립·위기가구 돌봄·연계 강화
	• 고독사 위험군 관리대상 확대 및 연계 강화 • 정보통신기술을 활용한 상시 모니터링 확대 • 동행센터-복지관 중심으로 위기가구 지원 및 사회관계망 형성 강화
	청년 취약계층 맞춤형 복지 확대
	• '전담기구'(복지재단) 활용, 가족돌봄청년 발굴 및 1:1 연계 • 청년 부상 제대군인을 대상으로 공공·민간자원 연계 맞춤 지원
취약계층의 자존감을 높여주는 자립 복지	**어르신 일자리와 인프라 지원으로 빈곤없는 노후 보장**
	• 사회참여 및 소득보전을 위한 어르신 일자리 확대 및 지원체계 구축 • 어르신의 노후를 책임지는 공공 노인요양시설 확충·개선 • 지역 내 편안한 「서울형 안심돌봄가정」 조성
	노숙인·쪽방주민의 '마음을 살리는 복지' 구현
	• 희망의 인문학 확대 및 만남·소통을 위한 "온기더함 문화제" 개최 • 민간협력 및 주민자활 연계로 온기창고의 지속가능한 운영모델 제시 • 동행식당, 동행목욕탕, 무료치과진료소 등 쪽방촌 생활안전 지원 강화
장애인의 삶이 행복하고 따뜻한 동행 복지	**장애인 개인별 수요를 고려한 인프라 확충**
	• 개인별 자립·돌봄 수요와 고령화에 맞춘 장애인 거주시설 구조 개선 • 장애인과 비장애인이 함께하는 장애인 복지인프라 증설 • 장애인 전문 체육시설 확충으로 장애인 재활·생활체육 지원
	일상생활 속 불편 해소, 생활밀착형 지원 강화
	• 장애인화장실 운영실태 점검 및 민간 장애인화장실 개방 확대 • 소규모 편의시설 장애 맞춤형 경사로 설치로 장애인 접근성 제고 • 장애인 버스요금 지원으로 이동권 증진 및 사회참여 제고

2. 맞춤형 주택공급 확대를 통한 주거공동체 서울

미래사회 대비, 안정적 新주택공급	**신속한 주택공급 지속 확대, 주택시장 안정화**
	• 규제완화 및 갈등조정으로 사업속도 제고, 안정적 주택공급 추진(24년 8.2만호) • 모아주택·도시형생활주택 실행력 강화(24.1.~)
	맞춤형 1·2인가구 新주택공급 기반 마련
	• 초고령화 시대, 은퇴고령자 맞춤형 어르신주택 공급 • 서울형 공유주택 '안심특집(기숙사)' 도입
주거약자와의 동행 지속 추진	**서민 주거안정 및 주거 취약계층 안심거처 확대**
	• 공공임대주택 1.9만호(24년) 공급 및 노후 공공임대주택 품질 개선 • 집수리 사업, 안심고시원 인증으로 취약계층 주거환경 개선 • 청년·신혼부부 및 반지하 거주가구 주거비용 지원 확대로 서민 주거안정 강화 • '클린 임대인' 제도 시범운영 등 민간협력을 통한 전세사기 예방

3. 모든 아동과 가족의 더 나은 미래가 있는 서울

아이 낳아 키우기 좋은 서울을 위한 저출생 대책 본격 추진	탄생응원 서울 프로젝트 : 4개 분야, 52개 세부사업			
	양육자 지원 정책에서 본격적인 저출생 정책으로 업그레이드하여 탄생응원 서울프로젝트 추진			
	탄생응원(10)		육아응원(38)	
	예비양육자 지원 (5)	임산부 지원 (5)	돌봄·주거 인프라 (21)	양육친화 일·환경 (17)
	난임부부 시술비 지원, 난자동결 시술비용 지원, 공공시설 활용한 결혼식, 청년 건강한 밥상, 청년공감 릴레이 토크 콘서트	서울형 산후조리경비, 임산부 교통비, 출산맘 몸·마음 토탈케어, 첫만남 이용권, 다태아 안심보험 지원	서울형 아이돌봄비 등 가정돌봄 공백지원, 모아어린이집 등 영유아 보육질 제고, 키움센터 등 초등돌봄 강화, 아이의 건강한 성장 지원, 신혼·양육친화 주거 지원	서울형 키즈카페 등 양육 친화 외출환경 조성, 서울형 가사서비스 지원, 일·생활 균형 기업문화 확산, 서울우먼업 프로젝트, 부모급여 등 양육자 경제적 지원
	기반조성	출산에서 육아까지 몽땅정보 만능키 + 출산양육행복지표 개발 + 출산양육 가치 확산		
	청년·임산부에 대한 지원강화로 아이 낳기 좋은 서울 조성			
	• 청년들의 건강한 만남과 결혼 응원 • 미래를 품고 있는 임산부·출산맘 지원			
	양육친화 환경 조성으로 아이 키우기 좋은 서울 조성			
	• 양육자가 체감할 수 있도록 촘촘한 돌봄체계 구축 • 주거·놀이·편의 등 양육자 전방위적 기원			
아동·가족에 대한 두텁고 촘촘한 지원	영유아·아동이 건강하게 성장할 수 있는 기반 조성			
	• 서울시 폐원 위기 어린이집 선제적 대응 • 자립준비청년의 꿈과 첫 출발에 동행하는 자립지원 정책 추진			
	약자아동 사각지대 zero화 추진			
	• 다양한 약자·아동·취약가족 보호 집중			

4. 전 생애에 걸친 균등하고 질 높은 교육서비스 제공

더 튼튼한 교육 사다리로, '서울런 2.0' 확대	• (콘텐츠) 다양한 특화 콘텐츠 제공 등 맞춤형 교육서비스 확대 • (멘토링) 품질향상 및 멘토 풀 확대·다변화 • (플랫폼) AI기반 이용자·운영자 편의성 중심 학습관리 서비스 제공
전환기 중장년 집중지원을 위한 서울런 4050 추진	• 직업전환 준비 중장년 역량 강화를 위한 맞춤형 지원체계 운영(24.1.~) • 제2의 인생전환 지원을 위한 인생 디자인학교 운영(24.4.~)
위기청소년의 건강한 성장 지원	• 「학교 밖 청소년」의 건강한 성장을 위한 맞춤형 지원 확대 • 「가정 밖 청소년」 정책 사각지대가 발생하지 않도록 든든한 지원망 구축

5. 시민 교통복지 서비스 및 대중교통 편의성 확대

저탄소 교통복지 도시로 도약, '기후동행카드' 시행	• 기후동행카드 시범사업 시행(24.1.~6.) 후 본사업 추진(24.7.) • 기후동행카드 기능 및 사용범위 확대
안전하고 편리한 교통환경 구현	• 교통약자 이동편의 증진(지하철 1역사 1동선 및 승강장 접이식 자동안전발판 설치, 교통약자 저상버스 이용 활성화 대책 추진, 교통약자 앱 '서울동행맵' 서비스 개시 〈24.3.〉) • 대중교통 보행환경 개선을 통한 시민안전 확보(혼잡정류소 횡단보도 개선 확대, 적색잔여시간 표시 보행신호등 서울전역 확산)

6. 소상공인 · 취약노동자 및 청년 · 1인가구 맞춤형 지원

소상공인 위기 극복 및 노동약자 지원 강화	3高(유가 · 금리 · 환율) 등 경제불황 속 소상공인 위기극복 지원
	• 정책자금 공급 확대를 통한 금융부담 완화 및 위기 소상공인 집중 지원 • 소상공인 판로 확대 및 외국인 모바일 간편결제 서비스 강화
	매력 · 동행 상권 조성으로 골목경제 활성화
	• (매력상권) 상권 매력 강화로 해외관광객이 찾는 글로벌 상권으로 도약 • (동행상권) 경영 · 시설 현대화, 골목상권 상인 조직화 등 상권 기초체력 강화
	노동자 복지전달체계 질적서비스 혁신 및 취약노동자 맞춤형 지원
	• 노동자와 시민이 함께하는 공간으로 노동자복지관 재탄생(24.5.~) • 노동센터 운영 혁신으로 제도권 사각지대 취약노동자 직접 지원 강화(24.3.~) • 고강도 · 고위험 이동노동자 및 저임금 취약노동자 맞춤형 지원
청년 및 1인가구 특화정책의 선도적 시행	청년의 성장 지원 및 취약청년 통합지원 강화
	• 서울 청년의 역량 성장을 위한 다양한 기회 제공 • 취약청년 집중 케어로 청년복지 사각지대 해소 • 민간네트워크 구축을 통한 체감도 향상
	1인가구 맞춤지원 · 안심동행 강화를 통한 삶의 질 향상
	• 1인가구 생활밀착형 서비스 수요 반영 정책 재설계 및 확대 • 중장년 1인가구 대상 맞춤형 서비스 강화(24.4.~) • 1인가구의 사회관계망 회복과 체계적 지원을 위한 네트워크 활성화

7. 약자를 보듬고 응원하는 '동행특별시' 서울

동행정책의 효과성 제고를 위한 약자동행지수 체계적 관리	• 지표별 상시모니터링 및 현장중심 성과평가 운영 • 공정하고 투명한 지수 운영으로 시민이 공감하는 '약자동행' 시정 구현
사회적 약자를 위한 다양한 민관주체와의 협력 확대	• 사회문제 해결을 위한 민관협력 사업, 「모두의 서울 프로젝트」 추진 • 사회적 약자 삶의 질 향상을 위한 혁신 기술개발 지원 확대 • 자치구 등 협력 강화를 통한 지역 맞춤형 동행정책 발굴 확대
약자동행 가치 전방위 확산 및 글로벌화	• 약자동행 정책 글로벌 공감대 확산 위한 국제포럼 개최(24.6.) • 최신 약자기술 공유의 장, 「2024 약자동행 기술박람회」 운영(24.10.)

1. 서울 미래성장동력 고도화 및 경제활력 회복 지원

창조산업 등 미래산업 집중 육성	일자리 확대 및 고부가가치 창출의 창조산업 본격 투자·육성
	• 문화와 기술을 융합하는 창조산업 분야별 전략 육성 • 창조산업 생태계 활성화 지원 및 남산·DMC 핵심 거점 조성
	동대문을 중심으로 서울 뷰티패션 산업의 글로벌 확산
	• 서울뷰티허브 개관(24.5.)으로 해외진출 유망기업 연 1천 개사 육성 • 민간 공동 협력으로 서울뷰티위크(24.10.1.~10.3.) 글로벌 확장 • 서울패션위크 및 서울패션로드 통한 글로벌 패션 축제 도시로 도약
	첨단기술 성장동력 확보 및 글로벌 리더십 확립
	• (AI) 연관산업 융·복합 및 AI 전문인재 양성 • (로봇) 관련 기술 사업화 촉진 및 클러스터 조성 • (바이오) 홍릉 기반 첨단 바이오 생태계 구축 및 글로벌 클러스터 육성 • (양자기술) 산업 지원 기반 마련으로 본격 육성 추진 • 첨단기술이 바꾸는 도시생활의 미래 「서울 스마트 라이프 위크」 출범(24.10.9.~10.12. 예정)
	글로벌 디지털 금융 중심도시 조성 및 투자유치 확대
	• 핀테크 성장 지원으로 디지털 금융산업 경쟁력 강화 • 전략적 투자유치 확대 및 해외 우수인력 유치 위한 정주 환경개선
글로벌 인재 양성을 통한 미래 경쟁력 강화	청년 디지털 인재양성 및 맞춤형 일자리 지원
	• 청년취업사관학교 캠퍼스 20개소로 확대 조성 : 23년 15개 + 24년 5개 • 전문화·고도화된 맞춤 교육으로 청년취업사관학교 취업률 제고 • 취업연계 인턴십 및 일자리 매칭 등 청년 취업지원 서비스 강화
	미래 인재 양성 및 지역 상생을 위한 대학 혁신·오픈 캠퍼스 조성
	• 용적률과 높이 완화 적용한 혁신캠퍼스 본격 실행(24년 6개소 추진) • 대학별 MP교수제 운영, 인허가 관련 규제 현실화 추진(24년 상반기) • 대학-서울시, 대학자산 공공 활용 협력 통한 오픈 캠퍼스 실현(24.1.~)

2. 한강의 활력을 통한 세계적 수변문화도시 조성

한강의 매력 극대화로 글로벌 Top5 도시로의 도약 견인	한강 조망명소, 문화예술 공간 조성을 통해 글로벌 매력도 증진
	• 도시와 한강이 어우러지는 서울의 랜드마크 대관람차 조성 • 노들 글로벌 예술섬, 제2세종문화회관 조성으로 문화예술의 저변 확대 • 한강 곳곳에서 문화예술, 스포츠, 이색경험 등 다양한 축제·행사 개최
자연성 회복 및 접근성 개선으로 시민과 함께하는 한강 구현	연결로 확충, 이동수단 다양화를 통한 한강 접근성 강화
	• 암사초록길 조성, 나들목 확충·개선 및 잠수교 전면보행화 추진 • 新 수상 교통수단 한강 리버버스 도입, 수상교통·관광 활성화 추진 • 서해뱃길 활성화 위한 서울항 조성 및 개항의 단계적 추진
	한강 본연의 자연성 유지·강화 및 자연친화적 환경 조성
	• 한강숲 조성으로 도심 속 녹색 쉼터 제공 • 자연형 호안 복원을 통해 한강 수변 생태 회복 • 다양한 체험 가능한 자연 친화형 물놀이장 개장

3. 매력 있고 활력 넘치는 고품격 관광스포츠 도시

풍성한 관광콘텐츠로 서울관광 레벨업	**서울만의 체험형 관광콘텐츠 확대**
	• 사계절 이어지는 체험형 축제 개최 • 서울의 라이프스타일을 담은 핫플 관광명소 개발 • 낭만 가득 한강에서 즐기는 야간관광
	세계적 열풍, 한류의 관광자원화
	• 글로벌 미식 축제 개최로 '미식도시 서울' 브랜딩 • 전통부터 현대까지 테마별 한류 체험 프로그램 강화
	개별 관광객 맞춤형 관광인프라 구축
	• 스타트업 기술 연계, 외국인 관광객 편의 개선(24.1.~) • '서울형 블루플라크' 설치(24.5.)로, K콘텐츠 촬영지 관광 자원화
	서울의 강점을 살린 고부가가치 관광 육성
	• 다각적인 홍보·마케팅을 통한 의료관광 활성화 • 고소비층 타깃 서울 프리미엄관광 마케팅
	고품격 상생관광 실현
	• 지역상생 관광 거점 안테나숍 운영 • 주거지역 오버투어리즘 예방을 위한 특별관리 시행
시민과 동행하는 글로벌 스포츠 도시 서울	**2036 서울올림픽 유치 추진**
	• 국내 유치도시 선정절차 이행을 위한 올림픽 유치 추진 본격화 • 유치 준비단계부터 시민의 주도적 참여를 통한 올림픽 붐업 분위기 조성
	국제스포츠 이벤트 개최
	• MLB 시리즈 서울 개최(24.3.20.~3.21., 고척스카이돔) • 세계 유일 도심형 국제스포츠 종합대회, 'FISE 월드시리즈' 개최(24.10.)
	생애주기별 스포츠 프로그램 강화
	• (유아) '핫둘핫둘 유아스포츠단' 운영, 건강한 신체발달 지원 • (청장년) 지친 일상 극복을 위한 회복 프로그램 운영 • (어르신) 고령화 사회에 대응하는 체육 프로그램 확대

4. 지역별 특화 및 균형발전 기반 강화

4대 권역별 특화 성장거점 조성	**동남권 글로벌 비즈니스의중심, 「서울 국제교류복합지구」 조성**
	• 영동대로 지하공간 복합개발 사업 추진 • 잠실운동장 복합단지 조성 및 리모델링
	서남권 신성장거점, 미래교통허브 및 첨단산업 클러스터 구축
	• 김포공항 미래 신교통거점 조성 및 첨단산업 클러스터 구축 • 목동운동장 및 유수지 연계 통합개발
	동북권의 일자리·문화중심, 「창동·상계 동북권역 중심도시」 조성
	• 창동역 일대 문화예술거점 조성 • 창동차량기지 일대 일자리 중심 미래성장거점 조성 • 기업하기 좋은 환경 조성을 위한 기반시설공사 지속 추진
	서부권 수색·DMC역 / 서울혁신파크 일대 미래산업 거점 조성
	• 수색·DMC역 일대 복합개발 사업 추진 • 서울혁신파크 일대 고품격 新경제문화타운 조성 추진

제1장

제2장

제3장

제4장

제5장

제6장

5. 新 교통수단 도입 확대 및 광역 교통인프라 확충

미래첨단교통 도입 및 상용화 준비	**자율주행 선도도시 구현**
	• '약자와의 동행' 철학을 담은 '자율주행 새벽동행버스' 정식 운행(24.10.) • 심야 자율주행택시 본격 상용화 준비(24.8.~)
	서울형 도심항공교통(S-UAM) 도입 본격화
	• 한국형 도심항공교통(K-UAM) 그랜드챌린지 실증사업 • 실증용 버티포트(이·착륙장) 구축
수도권 시민 편의증진을 위한 도로인프라 및 광역철도망 확충	**권역별 간선도로망 확충**
	• (동북) 북부간선도로·내부순환·동부간선도로 연결체계 개선 및 도로확충 • (서북) 월드컵로 교통정체 해소 및 세검정구파발터널, 평창터널 건설 • (서남) 이수~과천 복합터널 및 국회대로 지하화 신속 추진 • (동남) 동부간선 지하도로 단절구간(3km) 연결
	서울을 촘촘히 엮는 도시철도망 구축
	• (공사) 동북선(26년), 위례선 트램(25년), 9호선 4단계(28년) • (설계) 우이신설연장선(31년) • (협상) 위례신사선(28년), 서부선(29년) • (예타) 강북횡단선, 목동선, 면목선, 난곡선

6. 서울의 도시브랜드 확산을 통한 글로벌 경쟁력 제고

서울 상징물 등 활용 도시 이미지 구축 및 도시경쟁력 제고	• 도시브랜드 등 서울 상징물 활용 도시브랜딩 마케팅 추진 • 해치 캐릭터 리디자인 및 소울프렌즈 캐릭터 개발, 상품화 추진 • 전략적 해외 현지 홍보 프로모션을 통해 국제도시 위상 제고
서체·빛·색으로 만드는 '서울다움' 구현	• (서울서체) 모두가 읽기 쉬운 서울서체 2.0 발표(24.10.9. 예정) • (서울빛·색) 2025 서울빛·색 발표(24.10.)

Ⅲ 쾌적하고 안전한 안심도시

1. 폭력 등 각종 범죄로부터 안전한 서울

이상동기 범죄 예방을 위한 안전취약계층 안전 강화	• 생활안전을 지키는 귀가길 안심 서비스 강화 • 안전에 취약한 시민 보호를 위한 안심장비 지원 추진(24.1.~)
안전사각지대 해소를 위한 지능형 CCTV 확충	• AI 기반 지능형 CCTV 확대 및 빅데이터 기반 과학적인 최적위치 선정 • 서울시 CCTV 안전센터와 유관기관 협력체계 강화(통합플랫폼 구축)
언제 어디서나 안전한 안심도시 서울 조성	• 자율방범대, 반려견·대학생 순찰대 등 시민과 함께하는 범죄예방 활동 강화 • 범죄예방 인프라(CPTED) 구축사업 확대 • 자치경찰위원회·서울청·市 교통 부서 협력 강화로 교통안전 대책 실효성 제고
안착을 넘어 도약으로, 제2기 자치경찰위원회 출범	• 제2기 자치경찰위원회 구성 및 출범(24.6.) • 정부·국회에 자치경찰제 이원화 등 제도개선 이행 및 입법화 건의(24.3.~)
신종범죄 대응체계 강화로 폭력피해 약자 지원	• 나날이 커지고 교묘해지는 디지털 성범죄 선제적 대응 • 피해 예방부터 일상회복까지 스토킹 피해자 원스톱 통합지원 • (가칭) 제1호 범죄피해자 원스톱 솔루션 센터 개관(24.하반기)
생활밀착형 범죄수사 강화로 민생침해범죄 근절	• 정보력 및 홍보 강화로 범죄예방 중심의 민생범죄 수사 전개 • 경제 취약계층의 소중한 재산을 노리는 경제범죄 집중 수사 • 높아진 시민 요구와 사회인식 변화를 반영한 민생분야 수사 강화

2. 철저한 사고·재해 예방 및 관리로 안심도시 구현

예측부터 대응까지 빈틈없는 재난관리	**건설공사장 동영상 기록관리 확대 시행**
	• (공공) 동영상 기록관리 대상 중·소규모 공사장까지 확대(24.1. 전면 시행) • (민간) 민간 공사장까지 동영상 기록관리 확대 시행 • (관리) 구조 안전 핵심 5개 주요공종(기둥, 슬래브, 보 철근배근, 거푸집 동바리 설치, 콘크리트 타설) 촬영 의무화
	발생 가능한 모든 위험요인 발굴·해소
	신종·복합재난 시뮬레이션 분석 및 재난전개 시나리오 개발
	상시 재난 대응태세 강화
	• 재난안전상황실 강화로 재난발생 시 상황대처역량 제고 • 실전 대응력 높이는 실질적 훈련 확대 • 빅데이터 분석을 통한 인파 안전관리 예방체계 마련 • 드론 촬영 인파감지시스템 지역축제장 확대 적용
	중대재해 제로 유지를 위한 철저한 사고 예방관리
	• 市 소관 주요시설(1,016개소)·사업장(41개소) 지속적인 안전관리 실시 • 건설공사장 안전점검을 통한 중대산업재해 발생 예방 강화 • 24년 중대재해법 전면 시행에 따른 소규모 사업장 안전교육 및 컨설팅 지원
	지하차도 및 도로터널 방재대책 강화
	• (지하차도) 기후위기 대비 지하차도 침수 대응 강화 • (도로터널) 신속한 화재 대응을 위한 방재시설 확충
신종 디지털 재난 대비태세 확립	**디지털 재난 선제 대응 인프라 구축**
	• 전자적 침해 대응을 위한 EMP(Electromagnetic Pluse) 방호대책 선제적 수립 • 시스템 장애발생 시 적기 조치를 위한 장애 대응 역량 강화 • 신속한 복구를 위한 주요 전산장비 이중화 및 복구체계 마련

3. 시민 누구나 차별 없이 누리는 건강 생태계 조성

남녀노소 전 시민 건강관리체계 구축	**「손목닥터9988」 시민 모두의 건강동행 플랫폼으로 안착**
	• 참여방법, 모집대상 전면 개편을 통한 시민 이용편의성 제고 • 건강취약계층 특화서비스, 재미요소 가미한 건강프로그램 등 서비스 다양화
	「서울 건강장수센터」 3월 출범
	• 어르신 건강노화를 위한 운동교육, 영양중재, 정서관리 등 종합 건강관리 지원 • 어르신의 자립적 생활유지 지원을 위한 방문건강관리 서비스 강화
	건강 취약계층 의료접근성 확보
	• 「서울형 골든타임 거점응급의료센터」 서남권 시범 지정·운영(24.11.) • 야간·휴일 진료 가능한 「우리아이 안심의료기관」 확충으로 의료접근성 강화 • 장애인 의료사각지대 해소를 위한 장애전담 치과진료·산부인과 확대
서울시민 마음건강 회복	**마음건강서비스 접근성 확대**
	• 전 시민에 대한 마음건강 서비스 본격 시작 • 블루터치 서비스 확대를 통한 자가 마음건강검진 강화 • 사회적 편견 해소를 위한 대시민 인식개선 캠페인 운영
	마약류 대응 인프라 확충
	• (단속) 마약류관리법 개정(24.8. 시행)에 따른 유흥업소 단속 및 행정처분 강화 • (치료·재활) 은평병원 내 전국 최초 마약관리센터 운영(24.10.) • (민관협력) 마약대응협의체 확대·개편, 통합 거버넌스를 통한 마약 대응력 강화

제1장

제2장

제3장

제4장

제5장

제6장

4. 수해로부터 안전한 물순환 선도도시 조성

기후변화 위기 대비 풍수해 안심도시 구축	**수해 취약지역 빗물저류 기능 강화 및 방재시설 확충**
	• (도림천) 신림공영차고지 3.5만톤 저류, 관악산 지형 활용 물길 저류(~24.5.) • (강남역) 배수기능 개선 및 운동장·옥상 빗물 저류(~24.5.) • (사당역) 사당IC 저류조 추가 1.2만톤, 수방사 연병장·옥상 2천톤 저류(~24.5.) • 지역별 맞춤형 방재시설 지속 확충 추진
	대심도 빗물배수터널 건설 추진
	• 기후변화에 대응하여 집중호우로부터 안전한 서울을 위한 대심도 빗물배수터널 건설 • 대심도사업 신속 추진을 위한 중앙부처와의 총사업비 재협의(~24.2.)
	스마트 침수위험 사전 대응체계 구축
	• 주요지역 계측기 설치로 도로·하천·하수도 수위정보 수집 강화(~24.5.) • 예측 정확도 개선 및 선제 전파 등 대응체계 강화(~24.5.)
	현장 중심의 재난대응 협력 거버넌스 강화
	• 공동 협력을 위한 대응기관 협의체 운영(24.3. 발족) • 동행파트너의 정착 및 능동적 참여 유도
	걷기 좋은 서울을 위한 생활악취 관리
	• 도심지 내 하수악취 저감으로 걷기 좋은 환경 조성 • 대형 정화조 하수악취 관리 강화

5. 기후위기 대응 강화, 맑고 깨끗한 도시환경 조성

기후변화 대응 선도도시 조성	**건물 온실가스 관리·평가제 추진**
	• 건물별 에너지사용량 인식 및 감축 유도 위한 에너지 신고·등급제 추진 • 건물별 온실가스 감축의무 부여하는 건물 온실가스 총량제 추진
	전기차 보급 및 충전기반 확충
	• 전기차 1만 2천대 신규 보급(누적 10만 2천대) • 전기차 충전기 2만 1천기 신규 설치(누적 8만 2천기)
깨끗하고 쾌적한 도시 조성	**폐기물 처리시설 확충**
	• 서울 광역자원회수시설 건립 추진 • 수도권매립지 안정적 매립기반 확충
	자원순환 선도도시 구현
	• 다회용기 사용 선택권 강화로 1회용품 없는 친환경 생활문화 정착 • 재활용품 별도 배출·수거 체계개선 및 선별률 제고
	도심 청결도 및 대기질 관리
	• 도심 쓰레기 관리를 통한 도시청결도 제고 • 미세먼지 없는 안전한 서울 조성
	시민에게 사랑받는 '안심 아리수' 기반 조성
	• 기후변화 등에 대비 수질검사 강화 및 실시간 수질감시 확대 • 건물 내 음용환경 개선을 위한 지원 및 관리 강화 • 디지털·비대면 아리수 민원서비스 환경 구축

Ⅳ 품격 있고 지속가능한 미래감성도시

1. 감성이 넘치는 시민생활공간 조성

종묘~퇴계로 일대 재도약, 「녹지생태도심 재창조」 추진	• 세운지구 재정비 촉진계획 수립 및 정비사업 추진 • 도심공원(세운~청계~대림~삼풍~PJ~인현~진양) 단계별 완성 • 녹지생태도심 시범사업 다동공원 조성(25.12.)
광화문광장(세종로일대) 재구조화를 통한 시민 편의증진	• 세종로공원 거점형 시민 편의시설 확충, 광화문 일대 활력 제고 • 본공사 전까지 광장 이용시민 편의제공을 위한 푸드존 운영, 임시 활용 추진
일상에서 누리는 수변매력공간 조성	• 2025년까지 1자치구-1수변활력거점 조성[현재 21개 자치구 27개 사업추진(운영 1, 공사중 8, 설계진행 18)] • 수변의 매력을 높이는 핵심 콘텐츠 발굴・도입 • 수변감성도시 가치를 높이기 위한 다양한 홍보 추진

2. 시민과 함께하는 감성문화도시

K-문화콘텐츠 도시 서울 조성	**세계적 수준 문화예술 역량 강화**
	• 서울의 독창성을 담은 「서울시 발레단」 창단(24.8.) • 눈이 즐거운 도시, 「조각도시 서울」 조성 • '키아프・프리즈' 연계, 「2024 서울 아트위크」 운영(24.9.)
	감성과 스토리를 담은 365일 문화축제도시 구현
	• 4계절 감성 스토리의 「서울대표축제」 지속 추진 • 시민관심도 높은 「자치구・민간・공연예술축제」 개최 지원
	야간매력도시 서울 조성
	• 문화로 서울의 밤을 밝히는 「서울 문화의 밤」 운영(24.4.~) • 문화향유 확대를 위한 「야간공연 관람권」 제공(24.4.~)
서울의 모든 곳, 문화공간으로 조성	**K-컬쳐 대표 문화시설 조성**
	• 공연예술의 완전체로 재탄생하기 위한 「세종문화회관 리빌딩」(~29년.하반기) • 기존의 경계를 뛰어넘는 융합형 뮤지엄, 「보이는 수장고」 건립(~28년, 서초구) • 글로벌 리더십 체험공간, 「이순신 기념관」 건립(~27년, 중구) • 다양한 문화수요를 충족하는 미술관, 도서관 조성
	시민 눈길 닿는 모든 곳을 문화예술 공간으로 운영
	• 공연장 밖 공연 문화가 흐르는 「서울광장 상설무대」 운영(24.4.~) • 서울 곳곳에서 즐기는 문화공연, 「구석구석라이브」 운영 • 거리에서 즐기는 선율, 「피아노 서울」 운영 • 일상 속 생활문화권 향상, 「서울생활문화 활성화」 촉진
모두가 만족하는 문화동행도시 조성	**국내외 문화교류 중심도시 서울 조성**
	• 서울과 지역의 문화예술 '상생'과 '동행' 추진 • '글로벌 문화협력・교류' 및 '국내외 네트워크' 구축
	서울형 예술인 통합지원 체계 구축
	• 안정적인 창작기반 조성을 위한 '예술인 전용공간' 확대 • '문화창작권' 보장 및 역량 강화 등 예술활동 지원
	일상부터 일생까지 모두가 누리는 문화예술
	• '임산부' 및 '유아' 대상 맞춤형 문화사업 추진 • 생애주기별 문화서비스 제공 • 소외됨 없이 모두가 누리는 「문화예술 교육」 제공 • 전세대를 아우르는 고품격 예술교육, 「서울문화예술교육센터」 확충

3. 매력과 여유가 넘치는 정원도시 서울

아름다움과 매력이 가득한 「정원도시, 서울」	• 「2024 서울국제정원박람회」개최(24.5.~10.) • 서울 도심에서 누리는 여가, 거점형 꽃정원 및 생활밀착형 공원·숲 조성 • 더 매력적인 공간으로 재탄생, 월드컵공원 명소화 추진(~26년)
더 쾌적하고 편리하게, 안심·안전 공원 운영	• 약자도 편리하게 이용 가능한 공원·산림 환경 조성 • 아이와 함께 편안하게 즐기는 놀이공간 조성

4. 일상을 재미와 활력으로 채우는 펀 시티(Fun City) 서울

시민접점에서 디테일을 채우는 펀 시티 프로젝트 본격화	• 재미와 활력을 더하는 '펀 스페이스(5개소)' 조성 • 생활 속에서 체감하는 펀 디자인 시설물 개발·확산 • 약자 및 안전을 고려한 동행디자인 개발
시민 가까이 감성과 창의로 꽉 찬 도시예술 프로젝트 추진	• 시민의 일상을 파고드는 작품 구현 프로젝트 확대 • 노을공원·여의도공원 도시예술 프로젝트 추진

5. 도시경관·건축디자인 혁신으로 서울의 품격 제고

풍경화가 되는 다지인 서울 경관 조성	• 서울 이미지가 되는 특화경관 조성 • 활력 있는 밤의 풍경 연출 • 시민 누구나 즐기는 '미디어아트 서울' 구현
매력 넘치는 한옥·저층주거지 조성	• '서울한옥 4.0' 실천 과제별 실행사업 본격 추진 • 정비사업이 어려운 노후 저층주거지 환경개선, '휴먼타운 2.0' 추진

02 정치 · 국제 · 법률

제1장

제2장

제3장

제4장

제5장

제6장

01 이해충돌방지법

공직자가 직위를 통해 얻는 사적이익을 방지하는 법안

공직자가 자신의 직위를 이용해 사적이익을 얻는 것을 방지하는 법안이다. 2013년 처음 발의된 뒤 국회에서 8년간 계류했다. 이후 LH(한국토지주택공사) 직원들의 부동산 투기사태로 법 추진이 급물살을 탔고 2021년 4월 29일 국회를 통과했다. 첫 발의 당시 고위공직자의 범위가 모호하다는 이유로 부정청탁금지법 일부분만 통과돼 김영란법이라고 불리는 법률로 제정됐다. 법의 대상이 되는 범위는 국회의원을 포함한 공무원, 공공기관 임직원, 국공립학교 임직원 등 200만명이다. 법의 주요 내용은 ▲ 사적 이해관계 신고 및 직무회피제도 ▲ 직무상 비밀을 이용한 재산상 이익 취득 금지 ▲ 부정으로 취득한 이익 몰수 내지 추징 ▲ 직무 관련 가족 등 이해관계 인과의 수의계약 금지 등이다. 이때문에 토지·부동산 관련 직무를 담당하는 공직자가 부동산을 매수하는 경우 의무적으로 14일 이내에 신고해야 한다. 또한 미공개 정보로 사적이득을 가지는 공무원은 최고 7년 이하의 징역형이나 7,000만원 이하의 벌금에 처한다. 퇴직 3년 내에 업무상 비밀을 활용하는 것도 금지된다. 법은 1년간의 준비기간을 가진 뒤 2022년 5월부터 본격 시행됐다.

02 중대재해기업처벌법

중대한 인명피해를 주는 산업재해 발생 시 사업주에 대한 형사처벌을 강화하는 법안

중대한 인명피해를 주는 산업재해 발생 시 사업주에 대한 형사처벌을 강화하는 법안이다. 해당 법에 따라 안전사고로 근로자가 사망할 경우 사업주 또는 경영책임자에게 1년 이상의 징역 혹은 10억원 이하의 벌금을 부과할 수 있고, 법인에는 최대 50억원 이하의 벌금을 부과할 수 있다. 또 노동자가 다치거나 질병에 걸리는 경우 7년 이하의 징역 또는 1억원 이하의 벌금에 처해진다. 2021년 1월 8일 국회 본회의를 통과하여 2022년 1월 27일부터 근로자 50인 이상 기업을 대상으로 시행 중이고, 2024년에는 50인 미만 사업장에 적용된다. 단, 5인 미만 사업장은 적용대상에서 제외됐다.

03 **고향사랑기부제**

주소지를 제외한 지자체에 기부하면 세액공제 및 답례품을 받을 수 있는 제도

개인이 주소지를 제외한 지방자치단체에 기부하면 금액에 따라 일정 비율을 공제해주는 세제혜택과 함께 해당 지역 특산물을 답례품으로 받을 수 있도록 한 제도를 말한다. 2021년 9월 28일 고향사랑기부금법이 국회를 통과함에 따라 2023년 1월 1일부터 시행됐다. 고향사랑기부금은 지자체가 주민복리 증진 등의 용도로 사용하기 위한 재원을 마련하기 위해 해당 지자체의 주민이 아닌 사람으로부터 자발적으로 제공받거나 모금을 통해 취득하는 금전이다. 1인당 연간 500만원까지 기부할 수 있으며, 10만원 이하는 전액, 10만원 초과분에 대해서는 16.5%의 세제혜택을 받을 수 있다.

04 **글로벌 사우스** Global South

개발도상국과 신흥국을 총칭하는 말

북반구의 저위도나 남반구에 위치한 아시아·아프리카·남아메리카(남미)·오세아니아의 개발도상국과 신흥국을 총칭하는 말로 미국, 유럽, 일본, 호주, 한국 등의 선진국을 일컫는 '글로벌 노스(Global North)'와 대비되는 개념으로 사용한다. 글로벌 사우스에 속한 국가들은 대부분 과거 서구열강의 식민통치를 경험하고 독립한 지 얼마 되지 않은 국가들인데, 인도를 비롯해 동남아시아와 아프리카, 중남미 120여 개 국가가 해당된다. 2022년 2월 러시아-우크라이나 전쟁이 시작된 이후 유엔총회에서 잇따라 이뤄진 러시아 관련 표결에서 많은 글로벌 사우스 국가들이 기권 입장을 나타내는 등 중립입장을 취하면서 주목을 받았다. 특히 미국과 중국 간 패권을 둘러싼 경쟁이 심화하고 우크라이나 전쟁이 지속되자 글로벌 사우스 국가들이 자국의 이익을 극대화하기 위해 중국, 러시아와 관계를 강화하는 움직임을 보이고 있다.

05 **디리스킹** Derisking

중국에 대한 외교적·경제적 의존도를 낮춰 위험요소를 줄이겠다는 서방의 전략

'위험제거'를 뜻하는 영단어로 2023년 3월 30일 우르줄라 폰데어라이엔 유럽연합(EU) 집행위원장이 대중정책 관련 연설에서 언급하면서 주목받기 시작했다. 원래는 금융기관이 테러나 자금세탁 제재와 관련해 위험을 관리하기 위해 광범위하고 무차별적으로 거래를 중단하는 것을 가리키는 말이었다. 그러나 우르줄라 위원장의 연설 이후 경쟁 또는 적대관계의 세력으로부터의 탈동조화를 뜻하는 용어인 '디커플링(Decoupling)'을 대신하는 개념으로 본격 사용되면서 의미가 확대됐다. 이는 중국과 경제적 협력관계를 유지하면서도 중국에 대한 과도한 외교적·경제적 의존도를 낮춰 위험요소를 관리하겠다는 의도로 풀이된다.

> **디커플링(Decoupling)**
> 일명 탈동조화 현상으로 한 국가의 경제가 주변의 다른 국가나 세계경제와 같은 흐름을 보이지 않고 독자적인 경제로 움직이는 현상을 말한다. 세계경제는 미국이나 유럽 등 선진국에서 발생한 수요 또는 공급 충격에 큰 영향을 받는 동조화 (Coupling) 현상, 점차 다른 나라의 경제상황과 성장에 미치는 영향이 약화되는 디커플링 현상, 동조화 재발생 (Recoupling) 현상이 반복된다.

검찰의 수사권을 기소 및 공판 업무로 축소하는 내용을 골자로 한 법안

검찰의 직접수사 범위를 축소한 개정 검찰청법·형사소송법이다. 문재인 정부 및 더불어민주당이 추진한 검찰개혁의 최종목표로 '검찰수사권 완전 박탈'을 의미한다. 이에 따라 검찰은 법률에서 정한 예외적인 경우를 제외하고 수사 업무를 수행하지 못하며 기소 및 공판 업무를 전담하게 됐다. 일부 수사 권한이 유지된다는 점에서 수사권의 '완전 박탈'은 아니지만, 유지되는 수사권을 행사하는 경우 검사는 '사법경찰관'으로 간주되기 때문에 그 범위나 내용 측면에서 수사권이 실질적으로 폐지되는 것으로 볼 수 있다. 개정안이 국회 본회의를 통과하는 과정에서 국민의힘의 필리버스터 전략에도 불구하고 민주당이 의석수 우위를 활용하여 법안을 단독 표결로 처리하면서 '졸속법안'이라는 비판을 받기도 했다. 2022년 5월 3일 문재인 전 대통령이 법안 공포안을 의결함에 따라 모든 입법·행정 절차가 마무리됐다. 그러나 윤석열 정부가 들어선 이후 법무부는 이러한 수사권 조정 조치로 경찰 수사 지연과 부실 수사 등의 부작용이 나타났다고 보고 '검찰수사권 원상 복구(검수원복)' 시행령과 개정 수사 준칙 마련 등을 통해 검찰의 수사권을 회복하겠다는 입장을 밝혔다.

07 고위공직자범죄수사처(공수처)

공직자의 범죄 사실을 수사하는 독립된 기관

대통령을 비롯해 국회의원, 국무총리, 검사, 판사, 경무관급 이상 경찰 등 고위공직자들이 직무와 관련해 저지른 범죄에 대한 수사를 전담하는 기구로, 줄여서 '공수처'로 부른다. 공수처 설치는 1996년 참여연대가 고위공직자 비리수사처를 포함한 부패방지법안을 입법 청원한 지 23년, 고(故) 노무현 전 대통령이 2002년 대선공약으로 내건 지 17년 만인 2019년 12월 30일 입법화가 이뤄졌다. 2021년 1월 21일에 공수처가 공식 출범되면서 초대 공수처장으로 김진욱 헌법재판소 전 선임연구관이 임명됐다.

고위공직자범죄수사처 설치 및 운영에 관한 법률 주요 내용

수사대상		대통령, 국회의장·국회의원, 대법원장·대법관, 헌재소장·재판관, 검찰총장, 국무총리, 중앙행정기관·중앙선관위·국회·사법부 소속 정무직 공무원, 대통령비서실·국가안보실·대통령경호처·국정원 소속 3급 이상 공무원, 광역자치단체장·교육감, 판사·검사, 경무관급 이상 경찰, 군 장성 등
수사대상 범죄		직무유기·직권남용죄 등 형법상 공무원 직무 관련 범죄, 횡령·배임죄, 변호사법·정치자금법·국정원법·국회증언감정법·범죄수익은닉규제법 위반 등(수사과정에서 인지한 범죄 포함)
구 성		공수처장 및 차장 각 1명(임기 3년, 중임 불가), 검사 23명(임기 3년, 3번 연임 가능), 수사관 40명(임기 6년, 연임 가능)
권 한	원 칙	수사권, 영장청구권, 검찰 불기소처분에 대한 재정신청권
	예 외	기소권 및 공소유지권(판사·검사, 경무관급 이상 경찰 대상)

08 한미 방위비분담 특별협정(SMA)

한미가 주한미군 주둔 비용의 분담을 위해 1991년부터 체결하고 있는 협정

한미 양국은 1991년 제1차 협정을 시작으로 2019년까지 총 10차례의 협정을 맺어왔다. 이 협정은 주한미군 주둔 비용에 관한 방위비분담을 위해 체결하고 있는 특별협정에 기본을 두고 있다. 한미 양국은 2019년 2월 제10차 협정에서 한국이 부담해야 할 주한미군 주둔비를 1조 389억원으로 책정한 바 있으며, 이 협정은 2019년 말까지 유효했다. 2019년 10월에 시작한 제11차 협정은 2021년 3월 5~7일 미국 워싱턴에서 개최된 9차 회의에서 마무리됐다. 이 협정은 2020년부터 2025년까지 6년 동안 유효한 다년도 협정으로 2021년부터 2025년까지의 방위비에 매년 한국의 국방비 인상률을 반영한다. 과거 분담금 상승률이 물가상승률(4% 이하)에 연동됐던 것과 달리 2021년 이후부터는 국방비 증가율(예년 평균 6.1%)에 연동되면서 우리나라의 부담이 커질 것으로 전망됐다.

09 인플레이션감축법(IRA)

전기차 구매 시 일정 조건을 만족해야 보조금을 받을 수 있도록 한 미국의 법안

미국 정부가 급등한 인플레이션을 완화하고 자국의 제조업을 강화하기 위해 마련한 법안으로 2022년 8월 16일 조 바이든 미국 대통령이 법안에 서명하며 발효됐다. 그러나 발표된 법안에 따르면 전기차 구매 시 보조금(세액공제 혜택)을 받기 위해서는 중국, 러시아 등 미국 정부가 언급한 우려 국가의 배터리 부품 및 광물을 일정 비율 이하로 사용해야 하고, 북미에서 최종 조립된 전기차에만 지급한다는 조건이 포함돼 국내 자동차업계의 전기차 수출이 차질을 빚을 것으로 전망됐다.

10 전세사기특별법

전세사기 피해자를 지원하기 위해 마련된 법안

2023년 들어 대규모 전세사기 피해자가 급증하면서 사회적 파장이 커진 가운데 전세사기 피해지원을 위한 특별법 제정안이 5월 25일 국회 본회의를 통과해 6월 1일부터 시행됐다. 이에 따라 피해자들은 일정 요건을 충족하면 ▲ 보증금 기준 최대 5억원 상향 ▲ 최우선변제금 최장 10년간 무이자 대출(최대 4,800만원) ▲ 초과 대출금 1.2~2.1%(2억 4,000만원 한도)로 대출 ▲ 전세사기 피해주택 구입 희망자 우선매수권 부여, 지속 거주 희망자는 한국토지주택공사(LH)가 주택 매입 후 장기 임대 등의 피해지원을 받을 수 있다.

11 프렌드쇼어링 Friend-shoring

동맹국 간 공급망을 구축하기 위한 미국의 전략적 움직임

코로나19와 러시아의 우크라이나 침공, 중국의 봉쇄정책 등이 촉발한 글로벌 공급망 위기로 세계경제가 출렁이자 미국이 동맹국 간 공급망을 구축하기 위해 전략적으로 움직이는 것을 말한다. 이를 통해 '믿을 만한 동맹국끼리 뭉쳐 상품을 안정적으로 확보'하겠다는 목적이지만, 중국과 러시아를 공급망에서 배제하려는 의도가 반영됐다는 분석도 있다. 이에 따라 미국은 유럽연합(EU), 호주 정부 등과 협력을 강화하고 있으며 기업들도 자발적으로 프렌드쇼어링에 나서고 있다. 그러나 일각에서는 '세계의 공장'으로 불리는 중국의 값싼 인건비를 포기할 경우 생산비용이 늘어나고, 이것이 소비자 가격에 포함되므로 인플레이션을 촉발할 가능성이 높다는 우려가 제기됐다.

12 노란봉투법

노조 파업으로 발생한 손실에 대한 사측의 손해배상을 제한하는 내용을 담은 법안

기업이 노조의 파업으로 발생한 손실에 대해 무분별한 손해배상소송 제기와 가압류 집행을 제한하는 등의 내용을 담은 법안이다. '노동조합 및 노동관계조정법 개정안'이라고도 한다. '노란봉투법'이라는 명칭은 2014년 법원이 쌍용차 파업에 참여한 노동자들에게 47억원의 손해를 배상하라는 판결을 내리자 한 시민이 언론사에 4만 7,000원이 담긴 노란봉투를 보내온 데서 유래했다. 해당 법안은 19·20대 국회에서 발의됐으나 모두 폐기됐고, 21대 국회에도 관련 법안들이 계류돼 있다.

13 반도체지원법

미국이 반도체 · 첨단기술 생태계 육성에 2,800억달러를 투자하는 내용을 담은 법안

정식 명칭은 '반도체 칩과 과학법'으로 칩스법(CHIPS and Science Act)이라고도 한다. 미국 정부가 중국을 견제하고 자국의 기술 우위를 강화하기 위해 반도체 · 첨단기술 생태계 육성에 총 2,800억달러를 투자하는 내용을 골자로 한 법안으로, 2022년 8월 9일 조 바이든 미국 대통령이 서명하면서 시행됐다. 법안에 따르면 미국 내 반도체시설 건립에 보조금 390억달러, 연구 및 노동력 개발에 110억달러, 국방 관련 반도체 칩 제조에 20억달러 지원 등 반도체 관련 산업에만 527억달러가 지원된다. 또 미국에 반도체공장을 건설하는 글로벌 기업에 25%의 세액공제를 적용하는 방안도 포함됐다. 2023년 2월 28일 미국 상무부는 ▲ 경제 · 국가안보 ▲ 사업 상업성 ▲ 재무 건전성 ▲ 기술 준비성 ▲ 인력 개발 ▲ 사회공헌 등의 6가지 보조금 심사기준을 공개했는데, 해당 기준에 따라 지원금을 받은 기업이 미국의 전망치를 초과하는 경우 초과 이익을 미국 정부와 공유해야 한다는 내용과 함께 지원금을 받기 위해서는 중국을 비롯한 우려 대상국에 첨단기술을 투자해서는 안 된다는 내용이 포함된 사실이 알려지면서 파장이 일었다.

14 비토권

사안을 거절할 수 있는 권리

한 사안에 대해서 거부·거절할 수 있는 권리를 말한다. 'Veto'는 거부라는 뜻의 영단어다. 국제연합(UN)의 안전보장이사회(안보리)는 비토권 5개국으로 불린다. 만약 5개국 중 1개국이라도 비토권을 행사하면 해당 국가를 제외하고 만장일치를 이뤄도 안건이 통과되지 않는다. 우리나라에도 비토권이 존재한다. 국회, 즉 입법부에서 의결된 안건에 대해 대통령이 재의를 요구할 수 있다. 재의라고 명시되어 있지만 비토권과 같은 역할을 한다. 법률안이 재의되더라도 다시 국회로 넘어와 재적의원 과반수 출석과 출석의원 3분의 2 이상의 동의를 얻으면 법률로서 제정된다.

15 학교폭력 근절 종합대책

학폭 가해학생의 처분결과를 입시에 의무 반영하는 내용을 골자로 한 대책

국가수사본부장에 임명됐다가 낙마한 정순신 변호사 아들의 학교폭력(학폭) 사건 논란을 계기로 2023년 4월 12일 정부가 11년 만에 새롭게 발표한 학폭 근절 종합대책을 말한다. 중대한 학폭 사건에 엄정하게 대처하고 피해학생을 중심으로 한 보호조치 개선을 목적으로 한다. 이에 2023년 기준 고등학교 1학년 학생들이 치르게 될 2026학년도 대입부터 학폭 가해학생에 대한 처분결과가 수시는 물론 수능점수 위주인 정시 전형에도 의무적으로 반영된다. 또 중대한 처분결과는 학교생활기록부(학생부) 보존기간이 졸업 후 2년에서 최대 4년으로 연장돼 대입은 물론 취업에도 영향을 미칠 수 있게 됐다.

16 만 나이 통일법

일부 예외를 제외하고 나이계산을 만 나이로 통일하는 것을 골자로 한 법안

만 나이는 출생일을 기준으로 0살로 시작해 생일이 지날 때마다 한 살씩 더하는 나이계산법을 말한다. 우리나라는 민법상으로는 만 나이가 적용됐으나, 일상생활에서는 출생한 날부터 한 살로 여겨 매년 한 살씩 증가하는 이른바 '세는 나이'를 사용해왔고, 일부 법률에서는 현재연도에서 출생연도를 뺀 '연 나이'를 적용해왔다. 그러나 만 나이와 세는 나이, 연 나이가 혼용되면서 사회적·행정적 혼선과 분쟁이 계속 발생하자 이를 해소하기 위해 법령상 특별한 규정이 없는 경우 모두 만 나이로 통일하는 법안이 2022년 12월 통과돼 2023년 6월 28일부터 시행됐다.

17 **스윙스테이트** Swing State

미국 대통령 선거의 키를 쥐는 미국의 주(州)

정치적 성향이 뚜렷하지 않아 그때그때 대통령 선거의 승자를 결정짓는 역할을 하는 미국의 주(州)들을 가리키는 용어이다. 즉, 전통적으로 공화당 우세 지역이거나 민주당 우세 지역이 아닌 곳을 말한다. 미국 대선은 주마다 1표라도 앞선 후보가 모든 선거인단을 차지하는 '주별 승자독식제'를 채택하고 있는데, 민주·공화당은 각자 지지세가 거의 변하지 않는 주를 갖고 있다. 민주당은 캘리포니아, 공화당은 텍사스가 대표적이다. 이때문에 경합주가 캐스팅 보트 역할을 하면서 전체 승패를 좌우하는 주요 변수가 된다. 대체로 오하이오, 펜실베니아, 플로리다 등 중서부 지역이 해당한다. 한국어로는 '경합주'라고 한다.

18 **아람코** ARAMCO

세계 최대의 석유생산회사

세계 원유 생산량의 13%를 담당하는 아람코의 본사는 사우디 동부의 다란에 있다. 직원 수는 7만여 명 수준이다. 아람코는 1933년 사우디 정부와 미국 스탠더드오일이 함께 설립했다. 스탠더드오일은 '석유왕' 록펠러가 세운 회사다. 설립 후 아람코는 사우디 지역 내의 대형 유전을 차례로 개발해 짧은 시간에 세계 최대의 산유 회사로 성장했다. 아람코의 급성장은 미국계 국제 석유자본의 발전과 미국의 중동 내 지위 향상에도 큰 영향을 미쳤다. 지금까지도 미국과 사우디의 관계가 가까운 이유다. 이후 중동 지역에서 국유화 바람이 불면서 1974년부터 스탠더드오일 등이 가지고 있던 지분을 사우디 정부가 매입하기 시작했다. 1980년대에 사우디 정부가 아람코의 주식 100%를 취득하며 완전한 국유화를 달성했다. 2019년 4월 1일 국제신용평가사 피치레이팅스는 아람코의 영업이익이 2240억달러(254조원), 순익 1111억달러(126조원)를 기록했다고 밝혔다. 이는 같은 기간 전 세계 기업 중 가장 큰 이익으로, 순이익 기준 2위인 애플(594억달러)의 2배에 달한다.

19 **화이트리스트(백색국가)**

전략물자 수출 시 통관절차 간소화 혜택을 주는 안보상 우호 국가

일본이 첨단 기술과 전자 부품 등을 타 국가에 수출할 때 자국의 안보에 문제가 되지 않는다고 판단하여 허가신청을 면제하거나 간소화하는 국가, 즉 '안전 보장 우호국'을 의미한다. 2019년 7월 4일 일본은 고순도불화수소(에칭가스), 플루오린 폴리이미드, 포토레지스트 등 3개 품목에 대해 화이트리스트 목록에서 제외해 수출규제에 나섰으며 2019년 8월 2일에는 한국을 '화이트(백색)국가' 목록에서 제외했다. 이에 따라 우리 정부 역시 2019년 8월 12일 일본을 우리의 백색국가에서 제외하기로 결정했다.

일본의 대(對) 한국 수출 규제 반도체 소재 등 3개 품목

에칭가스	• 반도체 세정에 쓰이는 고순도 불화수소 • 일본의 세계시장 점유율 70%(한국의 일본산 수입비중은 95% 이상)
플루오린 폴리이미드	• 불소처리를 통해 열 안정성 등을 강화한 필름 • 디스플레이 제조에 쓰이는 다양한 PI 중 하나 • 일본의 세계시장 점유율 90%
포토레지스트	• 반도체 기판 제작에 쓰이는 감광액 재료 • 일본의 세계시장 점유율 90% • 2019년 7월 4일 규제 발표 후 8월 7일 첫 한국 수출 허가 • 2019년 8월 20일 두 번째 한국 수출 허가

20 한일군사정보보호협정 GSOMIA

한국과 일본 간에 체결된 군사정보보호협정

2016년 11월에 체결된 것으로, 양국의 1급 비밀을 제외한 정보를 직접 공유한다. 한국은 주로 북·중 접경 지역 인적 정보를 일본에 공유하고, 일본은 첩보위성이나 이지스함 등에서 확보한 정보 자산을 한국에 제공한다. 우리나라는 지소미아를 일본과만 맺고 있는 것은 아니라 34개국과 협정을 맺고 있다. 일본과 맺은 협정은 유효기간이 1년이고 90일 전에 협정종료를 서면통보하지 않으면 자동 연장된다. 문재인 정부는 한일군사정보보호협정에 긍정적인 입장이었던 것으로 알려졌으나 2019년 7월 일본이 일부 품목에 대해 한국 수출규제를 내리면서 입장이 바뀌었다. 2019년 8월 22일 일본의 수출규제 조치에 대한 '맞대응 카드'로 2019년 11월 23일 0시를 기해 한일군사정보보호협정 종료가 발효 예정이었지만, 결국 정부는 지소미아를 언제든 종료할 수 있다는 조건으로 조건부 연장을 발표했다.

21 연동형 비례대표제

정당의 득표율에 따라 의석을 배분하는 제도

총 의석수는 정당득표율로 정해지고, 지역구에서 몇 명이 당선됐느냐에 따라 비례대표 의석수를 조정하는 방식 이다. 정당의 득표율에 연동해 의석을 배정하는 방식으로, 예컨대 A정당이 10%의 정당득표율을 기록했다면 전체 의석의 10%를 A정당이 가져갈 수 있도록 하는 것이다. 연동형 비례대표제는 지역구 후보에게 1표, 정당에게 1표를 던지는 '1인 2표' 투표방식이지만, 소선거구에서의 당선 숫자와 무관하게 전체 의석을 정당득표율에 따라 배분한다. 그리고 정당득표율로 각 정당들이 의석수를 나눈 뒤 배분된 의석수보다 지역구 당선자가 부족할 경우 이를 비례대표 의석으로 채우게 된다. 연동형 비례대표제는 '혼합형 비례대표'로도 불리는데, 이를 택하고 있는 대표적 국가로는 독일, 뉴질랜드 등이 있다.

준연동형 비례대표제

원안은 300명의 의석 중 비례대표를 75석으로 늘리는 것을 골자로 하였으나 가결된 수정안은 현행과 같이 300명의 의석 중 지역구 253명, 비례대표 47석을 유지하되 47석 중 30석에만 '연동형 캡'을 적용하여 연동률 50%를 적용하는 것이다. 연동률이 100%가 아닌 50%만 적용하므로 준연동형 비례대표제라고 부른다.

석패율제

지역구와 비례대표에 동시에 출마한 후보 중에서 가장 높은 득표율로 낙선한 후보를 비례대표로 선출하는 제도다. 일본이 지역구 선거에서 가장 아깝게 떨어진 후보를 구제해주자는 취지로 1996년 도입했다.

22 홍콩 범죄인 인도법

홍콩과 범죄인 인도 조약을 체결하지 않은 국가나 지역에도 용의자를 쉽게 넘겨줄 수 있도록 하는 법

중국 본토와 대만, 마카오 등 홍콩과 범죄인 인도 조약을 체결하지 않은 국가나 지역에도 범죄인을 인도할 수 있도록 하는 내용을 담고 있다. 홍콩은 영국, 미국 등 20개국과 인도 조약을 맺었지만 중국, 대만, 마카오와는 이 조약을 체결하지 않았다. 홍콩 시민들은 중국 정부가 부당한 정치적 판단을 바탕으로 홍콩의 반중 인사나 인권운동가를 중국 본토로 송환하는 데 해당 법안을 악용할 수 있다는 점을 우려하며 거세게 반발하고 있다. 홍콩 범죄인 인도법 저지에 대한 홍콩 시위는 2019년 3월 31일부터 시작되어 휴업, 동맹휴학, 파업, 국제연대 등으로 항의가 이어졌는데 2019년 6월에는 100만명이 넘는 시민들이 참여하는 대규모 시위로 확산됐다. 이후 장기화된 시위는 당초 송환법 폐지 요구에서 중국의 정치적 간섭에서 벗어나려는 민주화 운동으로까지 그 성격이 확대됐다.

복면금지법

공공 집회나 시위 때 마스크·가면 등의 착용을 금지하는 법으로, 복면 착용으로 신원 확인을 어렵게 하는 것을 금지하는 것이다. 홍콩 정부는 10월 5일부터 '범죄인 인도법' 반대 시위대의 마스크 착용을 금지하는 '복면금지법'을 전면 시행했다. 복면금지법을 시행할 것이라는 소식이 전해지자 홍콩 시내 곳곳에는 시민들이 쏟아져 나와 항의 시위를 벌였다.

홍콩인권법

미국 상원에서 만장일치로 통과된 홍콩인권법은 홍콩인권·민주주의법과 홍콩보호법으로 나뉜다. 홍콩인권법은 홍콩의 자치 수준을 미국이 1년에 한 번 평가하고 홍콩의 자유를 억압하는 인물을 제재하는 내용이다. 홍콩보호법은 최루탄과 고무탄, 전기충격기 등 집회·군중을 통제하기 위한 일체의 장비를 홍콩에 수출하는 것을 금지하는 것이다.

23 민식이법

어린이보호구역 교통사고 가해자 처벌에 대한 법안과 어린이 교통안전관련법 개정 내용

충남의 한 중학교 앞 어린이보호구역에서 교통사고로 숨진 고(故) 김민식 군의 이름을 딴 법안이다. 2019년 9월 11일, 9살 김민식 군이 사고를 당한 어린이보호구역에는 단속 카메라는커녕 신호등조차 없었다. 이에 따라 발의된 민식이법은 신호등 및 과속 단속 카메라 설치 의무화와 사망 사고 발생 시 3년 이상 징역형으로 가중처벌하는 내용을 담고 있다. 현행법은 스쿨존에서 신호등, 과속 단속 카메라를 필수로 설치하지 않아도 되고, 사고 발생 시 5년 이하의 금고형 또는 2,000만원 이하의 벌금에 처하고 있다. 어린이보호구역은 교통사고 위험으로부터 어린이를 보호하기 위해 필요하다고 인정되는 경우 지정하는 구역이다.

24 패스트트랙

쟁점 법안의 빠른 본회의 의결을 진행하기 위한 입법 시스템

발의된 국회의 법안 처리가 무한정 미뤄지는 것을 막고, 법안을 신속하게 처리하기 위한 제도이다. 우리나라의 입법 과정은 해당 분야를 담당하는 상임위원회의 의결 → 법제사법위원회의 의결 → 본회의 의결 → 대통령 거부권 행사 여부 결정 순으로 진행된다. 본회의 의석수가 많더라도 해당 상임위 혹은 법사위 의결을 진행시킬 수 없어 법을 통과시키지 못하는 경우가 있는데, 이런 경우 소관 상임위 혹은 본회의 의석의 60%가 동의하면 '신속 처리 안건'으로 지정하여 바로 본회의 투표를 진행시킬 수 있다. 하지만 이를 위해 상임위 심의 180일, 법사위 회부 90일, 본회의 부의 60일, 총 330일의 논의 기간을 의무적으로 갖게 된다.

패스트트랙으로 지정된 사례
- 사회적 참사 특별법
- 유치원 3법
- 2019년 패스트트랙 지정 4개 법안

---

25 슬로벌라이제이션 Slowbalisation

국제 공조와 통상이 점차 악화되는 상황

영국의 경제 전문 주간지 〈이코노미스트〉가 2019년 진단한 세계 경제의 흐름이다. 글로벌라이제이션(Globalization)의 속도가 점차 늦어진다(Slow)는 의미를 담고 있다. 2008년 미국발 금융위기로 인해 많은 국가들이 자국 산업의 보호를 위해 부분적 보호무역주의를 실시했고, 최근에는 무역전쟁으로까지 이어지면서 이런 진단이 나오게 되었다. 개발도상국의 성장으로 무역 시장의 역할 변화가 이뤄지면서 선진국과 개도국의 관계가 상호 호혜적 관계에서 경쟁적 관계로 변화한 것이 큰 요인이라고 평해진다.

제1장

제2장

제3장

제4장

제5장

제6장

26 **타운홀미팅** Town Hall Meeting

누구나 참여하여 자유롭게 의견을 주고받는 회의 방식

정책결정권자 또는 선거입후보자가 지역 주민들을 초대하여 정책 또는 주요 이슈에 대하여 설명하고 의견을 듣는 비공식적 공개회의로, 미국참여민주주의의 토대로 평가된다. 식민지 시대 미국 뉴잉글랜드 지역에서 행해 졌던 타운미팅(Town Meeting)으로부터 유래되었다. 당시 뉴잉글랜드 지역에서는 주민 전체가 한자리에 모여 토론을 한 후 투표를 통하여 예산안·공무원선출·조례제정 등 지역의 법과 정책, 행정 절차에 대한 결정을 내리곤 했다고 한다. 2019년 11월 문재인 전 대통령은 100분이 넘는 시간 동안 타운홀미팅 형식으로 국민과의 대화를 진행했다.

27 **도이머이**

1980년대 베트남의 개혁·개방 정책

'도이머이'는 베트남어로 '쇄신'이라는 뜻이다. 1986년 베트남 공산당 제6차 대회에서 제기된 슬로건으로 '사회주의 기반의 시장 경제 시스템을 달성하자'는 구호 아래 진행된 개혁을 말한다. 베트남은 1975년 끝난 베트남전에 이어 1979년 발발한 중국과의 국경전쟁, 사회주의 계획경제의 한계로 돌파구를 찾아나섰고, 이런 쇄신 정책을 추진했다. 도이머이의 기본 토대는 토지를 국가가 소유하고 공산당 지배체제를 유지하는 가운데 시장경제를 도입해 경제발전을 도모하는 것을 말한다. 제2차 북미정상회담이 베트남에서 열린 배경 중 하나로 북한이 이러한 혁신 정책을 도입하기 위한 것이라는 분석이 나오면서 다시금 주목을 받고 있다.

베트남 개혁·개방 과정

1976년	베트남사회주의공화국 수립	1992년	외국인투자법 개정·한국과의 수교
1979년	1979년 중·베트남 국경분쟁 승리	1992년	미국과의 수교, ASEAN 가입
1986년	'도이머이(쇄신)' 정책 도입	2007년	WTO 가입
1991년	중국과의 수교·국영기업 민영화 개시	2015년	오바마 미국 대통령 베트남 방문

28 **홍위병**

중국의 문화대혁명 추진을 위해 모택동이 자신을 따르는 학생들을 모아 조직한 집단

1966년 5월 장칭 등에 의해 베이징대학과 칭화대학을 중심으로 조직되어 전국 고등학교·대학교·군인으로 확대되었다. 1966년 수백만의 홍위병들이 베이징으로 집결하여 모택동과 함께 8회에 걸쳐 대규모 집회를 가졌으며, 전국적으로 그 수는 1,100만명에 육박하였다. 1967년 초에 이르러서는 전국에 걸쳐 촌락과 도시, 성 등의 기존 당 체제를 전복하였다. 그러나 1968년 8월 모택동이 "노동자계급이 모든 것을 지도한다"고 제기하고 노동자 선전대와 빈농선전대를 각급 학교에 파견하면서 홍위병 운동은 쇠퇴하기 시작하였고, 1978년 8월 19일 중국 중앙공산당에 의하여 결국 홍위병 조직은 해산되었다.

29 SLBM(잠수함발사탄도미사일)

잠수함에서 발사되는 탄도미사일

잠수함에 탑재되어 잠항하면서 발사되는 미사일 무기로, 대륙간탄도미사일(ICBM), 다탄두미사일(MIRV), 전략 핵폭격기 등과 함께 어느 곳이든 핵탄두 공격을 감행할 능력을 갖췄는지를 판단하는 기준 중 하나다. 잠수함에서 발사할 수 있기 때문에 목표물이 본국보다 해안에서 더 가까울 때에는 잠수함을 해안에 근접시켜 발사할 수 있으며, 조기에 모든 미사일을 탐지하기가 어렵다는 장점이 있다. 2019년 북한이 북미 실무협상을 앞두고 신형 잠수함발사탄도미사일(SLBM) '북극성-3형'을 성공적으로 시험발사했다.

> **대륙간탄도미사일(ICBM)**
>
> 대륙간탄도미사일은 대륙간탄도탄이라고도 한다. 미국보다 러시아가 먼저 1957년 8월에 개발하였고, 미국은 1959년에 실용화하였다. 일반적으로 5,000km 이상의 사정거리를 가진 탄도미사일을 말하며, 보통 메가톤급의 핵탄두를 장착하고 있다.

30 데이터 3법

'개인정보보호법, 신용정보법, 정보통신망법 개정안'을 일컫는 말

데이터 3법은 모든 산업에서 개인을 알아볼 수 없게 안전한 기술적 처리(비식별화)를 끝내면 가명·익명 정보를 산업적 연구, 상업적 통계 목적일 경우 개인동의 없이 활용할 수 있도록 하는 것이 골자다. 좀 더 구체적으로 개인정보보호법 개정안은 특정 개인을 식별할 수 없도록 처리한 가명 정보를 본인 동의 없이 통계 작성, 연구 등 목적으로 활용할 수 있도록 했다. 정보통신망법 개정안은 개인정보 관련 내용을 모두 개인정보보호법으로 이관하는 내용이 골자다. 신용정보법 개정안은 상업 통계 작성, 연구, 공익적 기록 보존 등을 위해 가명 정보를 신용 정보 주체의 동의 없이 이용·제공이 핵심이다. 2018년 11월 국회에 발의되었지만 1년 넘게 계류되다가 2020년 1월 9일 국회 본회의에서 통과됐다. 데이터 3법 개정으로 데이터 융합에 따른 혁신 서비스 발굴이 가능해지며, 가명정보와 익명정보를 많은 기업이 사용할 수 있는 근거가 마련됐다.

데이터 3법 주요 내용

개인정보보호법	• 가명정보 데이터, 서비스 개발에 활용 • 개인정보 관리·감독 개인정보보호위로 일원화
신용정보법	• 가명정보 금융분야 빅데이터 분석에 이용 • 가명정보 주체 동의 없이 활용 허용
정보통신망법	온라인상 개인정보 감독기능 개인정보보호위로 이관

31 일국양제(一國兩制)

특별자치구 기본법에 의거한 홍콩·마카오에 대한 중국의 통치 방식

한 국가 안에 두 체제가 공존한다는 뜻으로 1980년대 덩샤오핑이 영국으로부터 홍콩을, 포르투갈로부터 마카오를 반환받고자 할 때 제안한 것이다. 반환 이후에도 두 도시의 자유주의·자본주의 체제를 보장할 것을 시민들과 상대국에게 보장함으로써 1997년에 홍콩을, 1999년에 마카오를 반환받을 수 있었다. 현재 홍콩과 마카오는 중국의 특별자치구 기본법에 의거하여 고도의 자치권을 영유할 수 있으며, 독자적인 외교권을 행사할 수 있다.

32 글로벌 호크 Global Hawk

첩보위성 수준의 정찰 기능을 보유한 고고도 무인기

미국에서 제작되어 공군이 운용하는 정찰용 고(高)고도 무인기다. 20km 상공에서 특수 고성능레이더와 적외선 탐지 장비 등을 통해 지상 0.3m 크기의 물체까지 식별할 수 있다. 한 번 떠서 최대 42시간 작전 비행을 할 수 있으며, 작전 반경이 3,000km에 달해 한반도 밖까지 감시할 수 있다. 주야간은 물론 악천후에도 뛰어난 성능을 발휘한다. 수집된 정보는 인공위성을 통해 실시간으로 지상기지에 전송된다. 미사일을 탑재하고 이동하는 이동식발사차량(TEL) 감시에 용이하다.

33 야경국가

시장에 대한 개입을 최소화하고 질서 유지 임무만을 수행하는 국가

독일의 사회주의자 F. 라살이 그의 저서 〈노동자 강령〉에서 당시 영국 부르주아의 국가관을 비판하는 뜻에서 쓴 것으로, 국가는 외적의 침입을 막고 국내 치안을 확보하여 개인의 사유재산을 지키는 최소한의 임무만을 행하며, 나머지는 자유방임에 맡길 것을 주장하는 국가관을 말한다.

34 투키디데스의 함정

신흥 강대국과 기존 강대국의 필연적인 갈등

새로운 강대국이 떠오르면 기존의 강대국이 이를 두려워하여 견제하여 부딪칠 수밖에 없는 상황을 의미하는 이 용어는 아테네와 스파르타의 전쟁에서 유래했다. 미국 정치학자 그레이엄 앨리슨은 2017년 낸 저서 〈예정된 전쟁〉에서 기존 강국이던 스파르타와 신흥 강국이던 아테네가 맞붙었듯이 현재 미국과 중국의 세력 충돌 또한 필연적이라는 주장을 하면서 이런 필연을 '투키디데스의 함정'이라고 명명했다.

제1장
제2장
제3장
제4장
제5장
제6장

35 숙의민주주의

숙의를 바탕으로 한 합의적인 의사결정 방식의 민주주의

'숙의(熟議)'는 '깊이 생각하여 넉넉히 의논함'을 뜻하는 것으로, 이러한 '숙의'가 의사결정의 중심이 되는 형식을 숙의민주주의라고 한다. 직접민주주의적인 형태로서, 다수결로 대표되는 대의민주주의의 한계를 보완하는 기능을 한다. 갈등이 첨예한 사안에 관하여 단순히 찬성 혹은 반대로 의견을 대립하는 것이 아니라 충분한 시간을 두고 전문가가 제공하는 지식과 정보를 바탕으로 한 학습 및 의견 수렴 과정을 거친다.

36 고노 담화

일본군 위안부 모집에 대해 일본군이 강제 연행했다는 것을 인정하는 내용이 담긴 담화

1993년 8월 4일 고노 요헤이 일본 관방장관이 위안부 문제와 관련하여 일본군 및 관헌의 관여와 징집·사역에서의 강제성을 인정하고 문제의 본질이 중대한 인권 침해였음을 인정하면서 사죄한 것으로 일본 정부의 공식 입장이다.

> **무라야마 담화**
> 1995년 당시 일본 무라야마 총리가 식민지 지배와 침략의 역사를 인정하고 사죄하는 뜻을 공식적으로 표명한 담화이다. 하지만 강제동원 피해자에 대한 배상문제와 군 위안부 문제 등에 대한 언급은 없었다.

37 네포티즘 Nepotism

정치권력자가 자신의 가족이나 친족들에게 정치적 특혜를 베푸는 것

중세 로마교황들이 자기 사생아를 '조카(Nephew)'라고 부르면서 등용하던 것에서 유래되었으며, 르네상스 시대의 교황들이 이를 남용하였다. 네포티즘은 가톨릭에만 한정된 것이 아니었고, 사회 각계에서 볼 수 있는 현상이었다. 네포티즘은 권력부패의 온상이자 정실인사의 대명사로 인식되고 있다.

38 엽관제도 Spoils System

선거에서 당선되어 정권을 잡은 사람 또는 정당이 관직을 지배하는 정치적 관행

19세기 중반 미국에서 성행한 공무원 임용제도에서 유래한 것으로 정당에 대한 공헌이나 인사권자와의 친밀도를 기준으로 공무원을 임용하는 인사관행을 말한다.

39 **미란다** Miranda

피통치자가 맹목적으로 정치권력에 대해 신성함을 표하고 찬미·복종하는 말

피통치자가 정치권력에 대해 무조건적으로 신성함과 아름다움을 느끼고 예찬하는 비합리적 상황을 가리키는 말로 셰익스피어의 희곡 〈템페스트(The Tempest)〉의 여주인공 이름인 '미란다'에서 유래했다. 미란다의 조작 방식으로 국가적 영웅의 이야기, 국가기념일, 국기, 제복 등의 형식을 만들어낸다.

40 **조어도 분쟁**

조어도를 둘러싼 일본과 중국·대만 간의 영유권 분쟁

조어도는 일본 오키나와에서 약 300km, 대만에서 약 200km 떨어진 동중국 해상 8개 무인도다. 현재 일본이 실효 지배하고 있으나 중국과 대만이 영유권을 주장하고 있다. 조어도의 전체 면적은 $6.3㎢$에 불과하지만, 배타적 경제수역(EEZ)의 기점으로 경제·전략적 가치가 높다.

조어도의 각국 명칭
센카쿠(일본), 댜오위다오(중국), 조어대(대만)

41 **감사원**

행정부의 최고 감사 기관, 합의체 기관, 헌법상의 필수 기관

헌법에 의해 설치된 정부기관으로, 국가의 세입·세출을 결산하고 국가 및 법률이 정한 단체의 회계검사와 행정기관 및 공무원의 직무에 관한 감찰을 하는 기관이다.

감사원의 구성
- 조직 : 감사원장을 포함해 5인 이상~11인 이하의 감사위원으로 구성한다.
- 임명 : 감사원장은 대통령이 국회의 동의를 얻어 임명하고, 감사위원은 원장의 제청으로 대통령이 임명한다.
- 임기 : 감사원장·감사위원 모두 4년이며, 1차에 한하여 중임할 수 있다.

42 레임덕 Lame Duck

임기 말 권력누수 현상

절름발이 오리라는 뜻이며, 현직에 있던 대통령의 임기 만료를 앞두고 나타나는 것으로 대통령의 권위나 명령이 제대로 시행되지 않아서 국정 수행에 차질이 생기는 일종의 권력누수 현상이다. 레임덕이 발생하기 쉬운 경우는 임기 제한으로 인해 권좌나 지위에 오르지 못하게 된 경우, 임기 만료가 얼마 남지 않은 경우, 집권당이 의회에서 다수 의석을 얻지 못한 경우 등이 있다.

43 대통령의 지위와 권한

대통령은 국가의 원수이며, 행정권은 대통령을 수반으로 하는 정부에 속함

국가원수로서의 권한	행정부 수반으로서의 권한
• 국가를 대표하여 외국과 조약을 체결함 • 외국에 대하여 전쟁을 선포할 수 있음 • 국회의 동의를 얻어 대법원장, 헌법재판소장, 감사원장, 대법관 등 국가 기관의 장을 임명함 • 헌법 개정이나 국가의 중요 정책을 결정할 때 이를 국민 투표에 부칠 수 있음 • 국가에 위태로운 상황이 생겨 긴급 조치가 필요할 때 긴급 명령 이나 계엄을 선포할 수 있음	• 행정부를 지휘·감독함 • 국군을 통수함 • 국무총리, 국무 위원, 행정 각부의 장 등 행정부의 고위 공무원 을 임명하거나 해임함 • 법률안 거부권을 통해 국회를 견제함 • 법률에서 위임받은 사항과 법률 집행을 위해 필요한 사항에 대 하여 대통령령을 만들 수 있음

44 섀도캐비닛 Shadow Cabinet

그림자 내각이라는 의미로, 야당에서 정권을 잡았을 경우를 예상하여 조직하는 내각

19세기 이후 영국에서 시행되어온 제도로 야당이 정권획득을 대비하여 총리와 각료로 예정된 멤버를 미리 정해 두는 것이다. 즉, 야당 최고 간부들 사이에 외무, 내무, 노동 등 전담부서를 나누고 있으며 이는 집권 뒤에도 연장된다. 그리고 정권을 획득하면 그 멤버가 내각을 구성하여 당 운영의 중추가 된다.

45 **옴부즈맨 제도** Ombudsman System

정부의 부당한 행정 조치를 감시하고 조사하는 일종의 행정 통제 제도

입법부와 법원이 가지고 있는 행정 통제의 고유 권한이 제 기능을 발휘하지 못함에 따라 이를 보완하고 보다 적극적으로 국민의 이익을 보호하려는 취지에서 1809년 스웨덴에서 처음 창설된 대국민 절대 보호 제도이다. 옴부즈맨과 비슷한 제도로 우리나라에는 '국민권익위원회'가 있다.

> **국민권익위원회**
> 국민권익 증진을 위한 정책을 추진하는 중앙행정기관이다. 주요 업무는 국민의 권리보호 및 부패방지를 위한 정책수립 시행, 고충민원의 조사처리, 부패방지 및 권익구제 교육 및 홍보, 부패행위신고 및 보상, 공직자행동강령 시행, 국민신문 및 110콜센터 운영, 중앙행정심판위원회 운영에 관한 사무 등이다.

46 **이원집정부제**

대통령 중심제와 내각책임제의 절충 형태로 된 제3의 정부 형태

행정부의 권한을 대통령과 내각수반이 나누어 행사하는 정치제도로 전통적으로 대통령은 국민의 직접선거로 선출되어 평상시에는 국무총리가 행정권을 주도하지만 비상사태가 발생하면 대통령이 행정권을 장악하여, 단순한 국가원수로서의 지위뿐 아니라 실질적인 행정을 담당하게 된다.

47 **대통령제와 의원내각제 정부형태의 비교**

대통령제와 의원내각제의 차이는 의회의 내각불신임권과 행정부의 의회해산권의 존재 여부

구 분	대통령제	의원내각제
특 징	• 권력 분립 지향(견제와 균형) • 대통령은 국민에 대해 책임 • 국가원수이며 행정부 수반 • 대통령의 법률안 거부권 • 내각은 의결 기관이 아닌 심의 기관임 • 의회는 행정부를 불신임할 수 없고, 행정부도 의회를 해산할 수 없음 • 정부는 법률안 제안권이 없으며, 정부 각료의 의회 출석 발언권도 없음 • 정부 각료는 의회 의원을 겸할 수 없음	• 권력 융합주의 • 의회의 신임에 의해 내각 구성 • 왕, 대통령은 정치적 실권이 없는 상징적 존재 • 의회는 내각불신임의결권을 가지고 있음 • 내각은 의회해산권과 법률안 제안권을 갖고 있음 • 각료는 원칙적으로 의회 의원이어야 하며 의회 출석 발언권을 가짐 • 내각은 의결 기관임
장 점	• 대통령 임기 동안 정국 안정 • 정책의 계속성 보장 • 국회 다수당의 횡포 견제	• 정치적 책임에 민감 • 국민의 민주적 요청에 충실 • 정국 안정 시 능률적 행정
단 점	• 대통령의 독재화 가능성 있음 • 책임 정치의 실현이 곤란	• 다수당의 횡포 가능성 • 정책의 일관성·지속성 결여
공통점	사법부의 독립을 엄격히 보장 → 기본권의 보장	

제1장
제2장
제3장
제4장
제5장
제6장

48 **국정조사권**

국회 차원에서 중요한 현안에 대해 진상규명과 조사를 할 수 있는 권한

국정조사는 국회 재적의원 4분의 1 이상의 요구가 있을 때 특별위원회 또는 상임위원회로 하여금 국정의 특정사안에 관하여 국회가 주체가 되어 행해지며 공개를 원칙으로 한다. 정기적으로 이루어지는 국정감사와 달리 국정조사는 부정기적이며 수시로 조사할 수 있다.

> **국정감사권**
> 국회가 상임위별로 국정 전반에 관한 감사를 직접할 수 있는 헌법상의 권한을 말하며, 공개주의를 채택하고 있다. 국회는 국정전반에 관하여 소관 상임위원회별로 매년 정기회 집회일 이전에 감사 시작일로부터 30일 이내의 기간을 정하여 감사를 실시한다.

49 **국회가 하는 일**

입법에 관한 일, 재정에 관한 일, 일반 국정에 관한 일

입법에 관한 일	법률제정, 법률개정, 헌법개정 제안·의결, 조약체결·비준 동의
재정에 관한 일	예산안 심의·확정, 결산 심사, 재정 입법, 기금심사, 계속비 의결권, 예비비지출승인권, 국채동의권, 국가의 부담이 될 계약 체결에 대한 동의권
일반 국정에 관한 일	국정감사·조사, 탄핵소추권, 헌법기관 구성권, 긴급명령·긴급재정경제처분 명령 승인권, 계엄해제 요구권, 일반사면에 대한 동의권, 국무총리·국무위원 해임건의권, 국무총리·국무위원·정부위원 출석 요구권 및 질문권

50 **일사부재의의 원칙**

한 번 부결된 안건은 같은 회기 중에 다시 발의하거나 제출하지 못한다는 원칙

이 원칙은 회기 중에 이미 한 번 부결된 안건에 대하여 다시 심의하는 것은 회의의 능률을 저해하며, 동일한 안건에 대하여 전과 다른 의결을 하면 어느 것이 회의체의 진정한 의사인지 알 수 없는 문제가 발생할 수 있다는 점에서 시행하는 제도이다. 또한 소수파에 의한 의사 방해를 막기 위한 제도로 인정된 것이기도 하다.

51 주요 공직자의 임기

주요 공직자의 임기는 다음과 같음

- 임기 2년 : 검찰총장, 국회의장, 국회부의장
- 임기 4년 : 감사원장, 감사위원, 국회의원
- 임기 5년 : 대통령
- 임기 6년 : 헌법재판소재판관, 중앙선거관리위원장, 대법원장, 대법관
- 임기 10년 : 일반법관

52 캐스팅보트 Casting Vote

투표 결과 찬성과 반대가 같은 수일 때 의장의 결정권

합의체의 의결에서 가부동수(찬반의 투표가 동일한 상황)인 경우에 의장이 갖는 결정권이다. 또한 양대 당파의 세력이 거의 비슷하여 제3당이 비록 소수일지라도 의결의 가부를 좌우할 경우도 제3당이 캐스팅보트를 쥐고 있다고 말한다. 우리나라는 국회의장의 캐스팅보트를 인정하지 않으며 가부동수인 경우 부결된 것으로 본다.

53 성문법과 불문법

법을 일정한 제정 절차 유무와 존재 형식에 따라 구분한 것

성문법은 헌법, 법률, 명령, 자치법규(조례와 규칙), 조약 등이 있으며 현재 존재하는 가장 오래된 법전인 함무라비 법전이 대표적인 예이다. 현재 대부분의 근대 국가는 법체계의 많은 부분이 성문법화되어 있다. 불문법은 법규범의 존재 형식이 제정되지 않은 법체계에 의하는 것을 말하며, 비제정법이라고도 한다. 성문법에 대응하는 것으로 관습법이나 판례법, 조리 등이 여기에 속한다.

54 로그롤링 Log-rolling

의원끼리 선거를 도와주거나 담합하여 그 대가를 받거나 이권을 챙기는 행위

정치세력이 이익을 위해 경쟁세력의 요구를 수용하거나 암묵적으로 동의하는 정치적 행위를 의미하며 '보트 트랜딩(Vote-tranding)'이라고도 한다. 원래는 '통나무 굴리기'라는 뜻으로 두 사람이 통나무 위에 올라가 굴리면서 목적지까지 운반하되, 떨어지지 않도록 보조를 맞춘다는 말에서 유래되었다. 두 개의 경쟁세력이 적극적으로 담합을 하거나 아니면 묵시적으로 동조하는 것을 의미한다.

제1장

제2장

제3장

제4장

제5장

제6장

55 게리맨더링 Gerrymandering

집권당에 유리하도록 한 기형적이고 불공평한 선거구 획정

1812년 미국 매사추세츠 주지사 게리가 당시 공화당 후보에게 유리하도록 선거구를 재조정하였는데 그 모양이 마치 그리스 신화에 나오는 샐러맨더와 비슷하다고 한 데서 유래한 말이다. 즉, 특정 정당이나 후보자에게 유리하도록 선거구를 인위적으로 조작하는 것을 의미하며, 이를 방지하기 위해 선거구 법정주의를 채택하고 있다.

56 매니페스토 Manifesto

정당이나 후보자가 선거공약의 구체적인 실천안을 문서화하여 공표하는 정책서약서

이탈리아어로 '선언'이라는 뜻이며, 예산 확보 및 구체적인 실행 계획을 마련해 이행 가능한 선거 공약을 뜻한다. 구체적인 정책대안을 공약서에 담아 유권자에게 약속하는 것을 말한다. 이 개념은 1834년 영국 보수당 당수인 로버트 필이 유권자들의 환심을 사기 위한 공약은 결국 실패하기 마련이라면서 구체화된 공약의 필요성을 강조한 데 기원을 둔다.

57 언더독 효과 Underdog Effect

약세 후보가 유권자들의 동정을 받아 지지도가 올라가는 경향

개싸움 중에 밑에 깔린 개가 이기기를 바라는 마음과 절대 강자에 대한 견제 심리가 발동하게 되는 현상으로 선거철에 지지율이 낮은 후보에게 유권자들이 동정표를 주는 현상을 말한다. 여론조사 전문가들은 밴드왜건과 언더독 효과가 동시에 발생하기 때문에 여론조사 발표가 선거 결과에 미치는 영향은 중립적이라고 보고 있다.

> **밴드왜건 효과**
> 밴드왜건이란 서커스 행렬을 선도하는 악대 마차로, 사람들이 무의식적으로 그곳에 몰려들면서 군중이 점점 증가하는 것을 비유하여 생긴 용어이다. 정치에서는 특정 유력 후보가 앞서가는 경우 그 후보자에 대해 유권자의 지지가 더욱 커지는 것을 의미하고, 경제에서는 특정 상품의 수요가 증가하면 일반 대중이 따라 사는 경우를 말한다.

58 스윙보터 Swing Voter

선거 등의 투표행위에서 누구에게 투표할지 결정하지 못한 유권자

스윙보터란 선거에서 후보자를 정하지 못하고 어느 후보에게 투표할지 결정하지 못한 유권자로 플로팅보터(Floating Voter)라고도 한다. 예전에는 미결정 투표자라는 뜻의 언디사이디드보터(Undecided Voter)라는 말이 많이 쓰이기도 하였다. 부동층 유권자들은 지지정당이 없기 때문에 여러 가지 요소에 따라 정당을 쉽게 바꿀 수 있다.

59 **징고이즘** Jingoism

편협한 애국주의, 맹목적인 주전론, 대외적 강경론

1877년 러시아 투르크 전쟁에서 영국의 대러시아 강경책을 노래한 속가 속에 'By Jingo'는 '어림도 없다'는 뜻에서 유래했다. 자신의 집단(국가, 민족)을 다른 집단보다 우월하다고 여기며 특히 자신의 집단적 이해를 위해 다른 집단들에 대해 실제적 위협을 가하거나 위협적 행위를 보이는 것 등을 일컫는다.

60 **코이카** KOICA

대한민국의 대외 무상 협력 사업을 주관하는 외교부 산하의 기관

1991년 4월 1일 설립된 한국국제협력단(KOICA ; Korea International Cooperation Agency)은 대한민국의 대외 무상 협력 사업을 주관하는 외교통상부 산하 정부출연기관이다. 주요 활동으로는 건물, 시설물 및 기자재 등을 이용한 물적 협력과 전문가 파견 및 연수생 초청사업, 월드프렌즈코리아 해외봉사단 파견, 글로벌 연수사업, 국제기구, NGO, 수원국 정부와의 파트너십을 통한 인도적 지원 및 해외긴급구호, ODA연구교육평가, 민간 협력사업 등을 전개하고 있다.

61 **필리버스터** Filibuster

소수파가 다수파의 독주를 막기 위해 합법적으로 의사진행을 방해하는 행위

의회 내에서 긴 발언을 통해 의사진행을 합법적으로 방해하는 행위를 말한다. 고대 로마 원로원에서 카토가 율리우스 카이사르의 입안 정책을 막는 데 사용한 것에서 유래했다. 우리나라는 1964년 당시 국회의원 김대중이 김준연 의원의 구속동의안 통과를 막기 위해 5시간 19분 동안 연설을 진행한 것이 최초다. 박정희 정권시절에 필리버스터가 금지되었다가, 2012년 국회선진화법이 도입되면서 부활했다.

> **국회선진화법**
> 다수당의 일방적인 법안·안건 처리 방지를 위해 2012년 제정된 국회법 개정안이다. 법안에 대한 국회의장의 직권 상정과 다수당의 날치기 통과를 막기 위해 재적의원 5분의 3 이상의 동의가 있어야만 본회의 상정이 가능하도록 한 국회법이다.

62 이어도 분쟁

이어도를 둘러싼 한국과 중국 간의 영유권 분쟁

이어도는 한국과 중국이 주장하는 배타적경제수역(EEZ)이 중첩되는 곳으로 1996년부터 해상경계 획정 협상을 벌이고 있지만 경계선을 정하지 못해 한·중 갈등을 빚는 곳이다. 중국이 한국 관할 지역인 이어도를 포함한 동중국해 상공에 방공식별구역을 선포하자, 한국 정부도 15일 만에 제주도 남단의 이어도까지 확대한 새로운 한국방공식별구역(KADIZ)을 선포했다. 이에 따라 KADIZ는 1951년 3월 미 태평양 공군이 설정한 이후 62년 만에 재설정됐다.

63 방공식별구역

자국의 영토와 영공을 방어하기 위한 구역

국가 안보 목적상 자국 영공으로 접근하는 군용 항공기를 조기에 식별하기 위해 설정되는 공중구역이다. 자국 공군이 국가 안보를 위해 일방적으로 설정하여 선포하지만, 영공은 아니므로 외국 군용기의 무단 비행이 금지되지는 않는다. 다만, 자국 국가 안보에 위협이 되면 퇴각을 요청하거나 격추할 수 있다고 사전에 국제 사회에 선포해 놓은 구역이다.

64 헌법재판소

법령의 위헌 여부를 일정한 소송 절차에 따라 심판하기 위하여 설치한 특별 재판소

헌법재판소장은 대통령이 국회의 동의를 얻어 임명하며, 재판관은 총 9명으로 대통령과 국회·대법원장이 각각 3명씩 선출하고 대통령이 임명한다. 헌법재판소 재판관의 임기는 6년이며 연임이 가능하고 정년은 만 70세이다. 헌법재판소 재판관은 정당에 가입하거나 정치에 관여할 수 없고, 탄핵 또는 금고 이상의 형의 선고에 의하지 아니하고는 해임되지 않는다.

> **헌법재판소의 권한**
> 탄핵심판권, 위헌법률심사권, 정당해산심판권, 기관쟁의심판권, 헌법소원심판권

65 치킨게임 Chicken Game

어느 한쪽이 양보하지 않을 경우 양쪽 모두 파국으로 치닫게 되는 극단적인 게임 이론

1950~1970년대 미국과 소련 사이의 극심한 군비경쟁을 꼬집는 용어로 사용되면서 국제정치학 용어로 정착되었다. 그 예로는 한 국가 안의 정치나 노사협상, 국제외교 등에서 상대의 양보를 기다리다가 파국으로 끝나는 것 등이 있다.

66 UN 국제연합 United Nations

전쟁을 방지하고 평화를 유지하기 위해 설립된 국제기구

설립일	1945년 10월 24일	
설립목적	전쟁 방지 및 평화 유지, 정치·경제·사회·문화 등 모든 분야의 국제 협력 증진	
주요활동	평화유지 활동, 군비축소 활동, 국제협력 활동	
본 부	미국 뉴욕	
가입국가	193개국	

주요 기구	총 회	• 국제연합의 최고 의사결정기관 • 9월 셋째주 화요일에 정기총회 개최(특별한 안건이 있을 경우에는 특별총회 또는 긴급총회 소집)
	안전보장이사회 (안보리, UNSC)	• UN 회원국의 평화와 안보 담당 • 5개의 상임이사국(미국·영국·프랑스·러시아·중국)과 10개의 비상임이사국으로 구성됨
	경제사회이사회 (ECOSOC)	• 국제적인 경제·사회 협력과 개발 촉진, UN 총회를 보조하는 기구 • 유엔가입국 중 총회에서 선출된 54개국으로 구성
	국제사법재판소 (ICJ)	• 국가 간의 법률적 분쟁을 재판을 통해 해결 • 네덜란드 헤이그에 있음
	신탁통치이사회	신탁통치를 받던 팔라우가 1994년 독립국이 된 이후로 기능이 중지됨
	사무국	UN의 운영과 사무 총괄
전문 기구	국제노동기구(ILO), 국제연합식량농업기구(FAO), 국제연합교육과학문화기구(UNESCO), 세계보건기구(WHO), 국제통화기금(IMF), 국제부흥개발은행(세계은행, IBRD), 국제금융공사(IFC), 국제개발협회(IDA), 국제민간항공기구(ICAO), 만국우편연합(UPU), 국제해사기구(IMO), 세계기상기구(WMO), 국제전기통신연합(ITU), 세계지적재산권기구(WIPO), 국제농업개발기금(IFAD), 국제연합공업개발기구(UNIDO) 등	

67 　공동경비구역 JSA ; Joint Security Area

비무장지대 안에 있는 특수지역

1953년 10월 군사정전위원회 본부구역 군사분계선(MDL) 상에 설치한 지대로 판문점이라고도 한다. 비무장지대에 남과 북의 출입은 제한적이지만 양측이 공동으로 경비하는 공동경비구역은 비무장지대 내 특수지역으로, 양측의 허가받은 인원이 출입할 수 있다. 이 구역 내에 군사정전위원회와 중립국감시위원단이 있다. 2018년 11월부터 남북 양측의 합의로 민간인 출입이 가능해졌다.

68 　군사분계선 MDL ; Military Demarcation Line

휴전 협정에 의해 두 교전국 간에 그어지는 군사활동의 경계선

한국의 경우 1953년 7월 유엔군 측과 공산군 측이 합의한 정전협정에 따라 규정된 휴전의 경계선을 말하며, 휴전선이라 한다. 휴전선의 길이는 약 240km이며, 남북 양쪽 2km 지역을 비무장지대로 설정하여 완충구역으로 둔다. 정전협정 제1조는 양측이 휴전 당시 점령하고 있던 지역을 기준으로 군사분계선을 설정하고 상호간에 이 선을 침범하거나 적대행위를 하는 것을 금지하고 있다.

69 　북방한계선 NLL ; Northern Limit Line

남한과 북한 간의 해양경계선

해양의 북방한계선은 서해 백령도 · 대청도 · 소청도 · 연평도 · 우도의 5개 섬 북단과 북한 측에서 관할하는 옹진반도 사이의 중간선을 말한다. 북한은 1972년까지 이 한계선에 이의를 제기하지 않았으나 1973년부터 북한이 서해 5개 섬 주변 수역을 북한 연해라고 주장하며 NLL을 인정하지 않고 침범하여 남한 함정들과 대치하는 사태가 발생하기도 했다.

70 　사드 THAAD ; Terminal High Altitude Area Defense

고고도 미사일 방어체계

미국 미사일방어 체계의 핵심 전력 중 하나로 탄도미사일이 발사되었을 때 인공위성과 지상 레이더에서 수신한 정보를 바탕으로 요격미사일을 발사하여 40~150km의 높은 고도에서 직접 충돌하여 파괴하도록 설계되었다.

71 상록수부대

동티모르에 파견된 한국의 평화유지활동 부대

1993년 7월~1994년 3월까지 소말리아에 공병대대로 파견되어 한국군 최초로 평화유지활동(PKO)에 참여해 도로보수공사 및 주민지원 활동을 수행했고, 1999년에는 '상록수부대' 제1진을 다국적군의 일원으로 동티모르 로스팔로스 일대에 파병했다. 2000년 2월에는 유엔평화유지군(PKF)으로 임무가 전환됐으며 6개월 단위로 교대해 8진까지 치안유지, 국경선 통제와 민사작전 등의 임무를 수행했고 2003년 10월 완전히 철수했다.

72 이지스함

이지스 전투체계를 탑재한 구축함

이지스함은 이지스 시스템을 탑재한 구축함으로, 동시에 최고 200개의 목표를 탐지·추적하고 그중 24개의 목표를 동시에 공격할 수 있다. 이지스 레이더는 최대 1,000km 밖의 적 항공기를 추적할 수 있고, 탄도미사일의 궤적까지 탐지할 수 있다. 현재 이지스함 보유국은 우리나라를 포함해 미국, 일본, 스페인, 노르웨이 등 5개국밖에 없다. 우리나라의 이지스함에는 세종대왕함, 율곡이이함, 서애류성룡함이 있다.

73 스핀닥터 Spin Doctor

정부 수반에게 유리한 여론 조성을 담당하는 정치 전문가

정부 고위관료와 국민 간의 의사소통을 돕는 전문가로 정책을 시행하기 전에 국민들의 의견을 대통령에게 전달하여 설득하고, 대통령의 의사를 국민에게 설명하는 역할을 한다. 이러한 과정에서 대통령에게 유리한 여론을 조성하거나 왜곡할 수 있다.

74 교섭단체

국회에서 중요한 안건을 협의하기 위하여 일정 수 이상의 의원들로 구성하는 단체

소속 국회의원의 20인 이상을 구성 요건으로 하며 하나의 정당으로 교섭단체를 구성하는 것이 원칙이지만 복수의 정당이 연합해 구성할 수도 있다. 매년 임시회와 정기회에서 연설을 할 수 있고 국고보조금 지원도 늘어난다.

75 **비례대표제**

각 정당의 총 득표수에 비례하여 당선자를 결정하는 제도

사표(票)를 방지하고 소수표를 보호하는 동시에 국민의 의사를 정확·공정하게 반영하는 것이 목적이다. 비례대표제의 장점은 투표권자들이 투표하는 한 표의 가치를 평등하게 취급한다는 점에서 참다운 선거권의 평등을 보장하고 정당 정치 확립에 유리하며 소수 의견을 존중하고 다양한 여론을 반영한다는 것이다. 단점으로는 군소정당이 난립하고, 정당 간부의 횡포가 우려된다는 점이 있다.

76 **배타적 경제수역** EEZ ; Exclusive Economic Zone

자국 연안으로부터 200해리까지의 모든 자원에 대해 독점적 권리를 행사할 수 있는 수역

자국 연안으로부터 200해리까지의 수역에 대해 천연자원의 탐사·개발 및 보존, 해양 환경의 보존과 과학적 조사활동 등 모든 주권적 권리를 인정하는 유엔해양법상의 개념이다. 배타적 경제수역은 영해와 달리 영유권은 인정되지 않기 때문에 어업행위 등 경제활동의 목적이 없는 외국 선박의 항해와 통신 및 수송을 위한 케이블이나 파이프의 설치는 허용된다.

> **영 해**
> 영토에 인접한 해역으로서 한 나라의 절대적인 주권이 미치는 범위이다. 해수면이 가장 낮은 썰물(간조) 때의 해안선을 기준으로 폭 3해리까지가 보통이지만 나라에 따라 6해리, 12해리를 주장하기도 한다. 우리나라는 1978년 4월부터 영해를 12해리로 선포하였다. 영해 지역은 외국 국적의 선박이나 항공기가 그 나라의 허가 없이 통행할 수 없다.

77 **정기국회**

매년 1회 정기적으로 소집되는 국회

국회의 정기회는 매년 9월 1일에 열리며 회기는 100일을 초과할 수 없다. 정기회의 업무는 예산안을 심의·확정하고 법안을 심의·통과시키는 일을 한다. 정기회에서는 법률안 등 안건을 처리하는 것 외에 매년 정기회 다음 날부터 20일 간 소관 상임 위원회별로 감사를 한다.

> **임시국회**
> 국회의 임시회는 대통령 또는 국회 재적의원 4분의 1 이상의 요구에 의하여 집회하도록 되어 있으며, 의사진행 등 모든 회의방식과 절차는 정기회와 동일하다. 단, 대통령이 요구하여 열리는 국회의 임시회에서는 정부가 제출한 의안에 한해서만 처리할 뿐만 아니라 대통령은 기간과 집회요구의 이유를 명시해야 한다.

78 **국제사법재판소** ICJ ; International Court of Justice

국가 간의 분쟁을 법적으로 해결하는 국제연합 기관

국제연합의 주요 사법기관으로, 국가 간 분쟁의 법적 해결을 위해 설치되었다. 재판소는 국제연합 총회·안전보장이사회에서 선출된 15명의 재판관으로 구성되며, 국제법을 원칙으로 적용하여 심리한다. 법원 판결의 집행은 헌장에 따라 구속력을 갖지만 판결의 불이행이 국제평화와 안전을 해친다고 인정되는 경우에 한하기 때문에 판결집행의 제도적 보장은 미흡하다. 재판소는 네덜란드 헤이그에 있다.

79 **조세법률주의**

조세의 종목과 세율을 법률로써 정해야 한다는 원칙

근대 세제의 기본원칙 중 하나이자 법률의 근거 없이 조세를 부과하거나 징수할 수 없다는 원칙으로, 근대국가는 모두 이 주의를 인정하고 있다(헌법 제59조). 조세법률주의는 국민의 재산권 보호와 법률생활의 안정 도모를 목적으로 하며 과세요건법정주의, 과세요건명확주의, 소급과세의 금지, 합법성의 원칙을 그 내용으로 한다.

80 **호르무즈해협** Hormuz Strait

페르시아만에서 생산되는 석유의 주요 운송로이자 국제 에너지 안보의 중심지

페르시아만과 오만만을 잇는 좁은 해협으로, 북쪽으로는 이란과 접하며 남쪽으로는 아랍에미리트에 둘러싸인 오만의 월경지이다. 이 해협은 페르시아만에서 생산되는 석유의 주요 운송로로 세계원유 공급량의 30% 정도가 영향을 받는 곳이기도 하다. 미국이 이란에 대해 경제제재 조치를 가하자 이 해협을 봉쇄하겠다고 맞선 분쟁지이다.

81 **FFVD** Final Fully Verified Denuclearization

최종적이고 완전히 검증된 비핵화

마이크 폼페이오 미 국무장관이 지난 2018년 7월 세 번째로 북한을 방문하기에 앞서 언급하면서 알려진 비핵화 용어이다. "충분히 검증된, 최종적 비핵화"라는 말은 온전한 신뢰가 바탕이 되는 비핵화 의지를 드러낸 것이다. "완전하고 검증 가능하며 되돌릴 수 없는 핵폐기, CVID"에 비하면 표현은 부드럽지만 비핵화 의지만은 똑같이 확고한 용어이다.

> **CVID**
> CVID는 완전하고 검증가능하며 되돌릴 수 없는 핵폐기(Complete, Verifiable, Irreversible Dismantlement)를 뜻하는 것으로, 북핵불능화(North Korea nuclear and CVID)를 지칭한다. 이 용어는 1기 조지 부시 대통령 시절에 북한 핵문제를 해결하고자 수립된 원칙이기도 하다.

82 ICBM Intercontinental Ballistic Missile

대륙간 탄도 미사일

5,500km 이상 사정거리의 탄도미사일로 핵탄두를 장착하고 한 대륙에서 다른 대륙까지 공격이 가능하다. 1957 년 러시아는 세계 최초의 ICBM인 R-7을 발사했고, 미국은 1959년부터 배치하기 시작했다. 현재 미국, 러시아, 중국, 인도, 이스라엘 등 5개국이 공식적으로 ICBM을 보유하고 있다. 북한 역시 1990년대부터 ICBM 개발에 나섰다. 우리 군은 2020년 ICBM 타격이 가능한 최신예 스텔스 전투기인 F-35A를 도입했으나, 운영 2년 만에 수리비용 과다로 폐기처분되었다.

83 7·4 남북공동성명

1972년 통일의 원칙에 대해 남북한이 동시에 발표한 공동성명

남북한 당국이 국토분단 이후 최초로 통일문제를 합의, 발표한 역사적인 공동성명이다. 이 성명은 통일에 대한 국민적 합의 없이 정부당국자들 간의 비밀회담만을 통해 이루어졌다는 한계가 있지만, 기존의 외세 의존적이고 대결지향적인 통일노선을 거부하고 통일의 기본원칙을 도출해냈다는 점에서 의의가 있다. 주요 내용은 외세 간섭 없이 자주적 통일, 무력행사 없이 평화적 방법으로 통일 실현, 민족 대단결의 도모이다.

84 법 적용의 원칙

상위법우선의 원칙, 특별법우선의 원칙, 신법우선의 원칙, 법률불소급의 원칙

상위법우선의 원칙	실정법상 상위의 법규는 하위의 법규보다 우월하며, 상위의 법규에 위배되는 하위의 법규는 정상적인 효력이 발생하지 않는다는 원칙
특별법우선의 원칙	특정한 사람, 사물, 행위 또는 지역에 국한되는 특별법이 일반법보다 우선적으로 적용된다는 원칙
신법우선의 원칙	법령이 새로 제정 또는 개정되어 법령 내용에 충돌이 생겼을 때, 신법이 구법에 우선적으로 적용된다는 원칙
법률불소급의 원칙	새롭게 제정 또는 개정된 법률은 그 법률이 효력을 가지기 이전에 발생한 사실에 대해 소급하여 적용할 수 없다는 원칙. 기득권의 존중 또는 법적 안정성을 반영한 것이며 특히 형법에서 강조됨

85 죄형법정주의

범죄와 형벌에 대하여 미리 법률로 정해놓아야 한다는 기본 원칙

어떠한 행위가 범죄에 해당하고, 그에 따르는 형벌은 무엇인지를 반드시 국회에서 제정한 법률에 의해 규정되어야 한다는 형사법의 대원칙을 말한다. '법률 없으면 범죄 없고 형벌 없다'는 근대형법의 기본원리를 죄형법정주의라 한다. 죄형법정주의는 국가의 자의적인 형벌권의 남용으로부터 국민의 자유를 보장하고, 법률에 의해 국가 형벌권을 통제하기 위한 원칙이다.

86 보궐선거

임기 중 사망·사퇴 등의 사유로 궐원 또는 궐위가 발생하여 실시하는 선거

선거는 재선거와 보궐선거 등으로 분류되는데, 재선거는 당선인이 임기개시 전에 사퇴·사망한 경우, 피선거권 상실 등으로 인하여 당선이 무효로 된 경우 등 일정한 사유가 있는 때 실시되나(공직선거법 제195조 제1항), 보궐선거는 임기 중 사망·사퇴 등의 사유로 궐원 또는 궐위가 발생한 경우에 실시된다(공직선거법 제200조 제1항).

87 데프콘 Defcon ; Defense Readiness Condition

대북 전투준비태세로, 전쟁 발발 가능성의 정도에 따라 1~5단계로 나뉨

북한의 군사활동을 감시하는 대북 정보감시태세인 '워치콘(Watch Condition)'의 분석에 따라 '정규전'에 대비해 전군에 내려지는 전투준비태세이다. 1~5단계로 나눠져 있고 숫자가 낮을수록 전쟁 발발 가능성이 높다는 의미이다. 데프콘의 발령권한은 한미연합사령관에게 있으며 우리나라는 평상시 4인 상태가 유지된다.

> **워치콘(Watch Condition)**
> 북한의 군사 활동을 추적하는 대북 정보감시태세로 평상시에는 '4' 수준에 있다가 전쟁위험이 커지면 '3, 2, 1'로 올라간다. 워치콘 2단계와 데프콘 3단계의 상태에서 미국은 한반도에 증원군을 파병할 수 있다.

88 헌법 개정 절차

제안 → 공고 → 국회의결 → 국민투표 → 공포 → 시행

- **제 안**
  - 대통령은 국무회의 심의를 거친다.
  - 국회 재적의원 과반수 또는 대통령의 발의로 헌법개정안을 제안한다.
- **공고** : 제안된 개정안은 대통령이 20일 이상의 기간 동안 이를 공고하여야 한다(의무규정).
- **국회의결**
  - 국회는 헌법개정안이 공고된 날로부터 60일 이내에 의결하여야 한다.
  - 국회의 의결은 재적의원 3분의 2 이상의 찬성을 얻어야 한다.
- **국민투표**
  - 국회를 통과한 개정안은 30일 이내에 국민투표에 붙여야 한다.
  - 국회의원선거권자 과반수의 투표와 투표자 과반수의 찬성을 얻어야만, 헌법 개정이 확정된다.
- **공포** : 헌법 개정이 확정되면 대통령은 즉시 이를 공포하여야 한다.
- **시 행**

89 신원권

죽은 가족을 대신해 억울함을 밝혀주는 제도

국가에 의해 개인의 인권이 침해된 경우 이에 대한 진실을 밝혀 사면과 배상을 가능하게 하고, 적법한 사후 처리를 시행하게 한다. 1993년 故 박종철 군의 유족들이 국가를 상대로 낸 손해배상청구소송 항소심 선거공판에서 신원권의 개념을 처음 도입하였다. 신원권의 목적은 인권에 대한 부당한 침해 전의 상태인 '원상회복'과 부당한 침해의 '재발방지'에 대한 신원권을 인정하려는 것에 있다.

90 퍼블리시티권

재산권적 성격을 갖는 초상권

프라이버시권이 사적이고 비밀성을 요하는 내용을 보호하는 것임에 비하여, 퍼블리시티권은 타인의 이름이나 유사성을 자신의 경제적인 이익을 위하여 활용하는 것을 금지하는 것이다. 초기에는 유명인의 퍼블리시티권이 문제되었으나, 최근에는 유명인이 아닌 경우에도 퍼블리시티권이 문제되고 있다.

91 죄수의 딜레마 Prisoner's Dilemma

합리적인 선택이 오히려 불리한 결과로 이어진다는 모순 이론

게임 이론의 유명한 사례로, 2명이 참가하는 비제로섬 게임의 일종이다. 두 공범자를 심문할 때, 상대방의 범죄 사실을 밝히면 형량을 감해준다는 수사관의 말에 넘어가 상대방의 죄를 말함으로써 무거운 형량을 선고받게 되는 현상이다. 죄수의 딜레마는 두 당사자 간 이익이 상반되는 상황에서는 언제든 나타날 수 있다.

비제로섬 게임
한쪽의 이득과 다른 쪽의 손실을 합했을 때 제로가 되지 않는 현상으로 서로 협력하여 동시에 이득을 증가시키거나 자신의 이득을 일방적으로 증대시킬 수도 있다.

---

92 특별검사의 임명 등에 관한 법률(특검법)

수사가 공정하게 이루어졌다고 볼 수 없는 사건에 대해 특별검사에게 수사권을 맡기는 제도

대통령 측근이나 고위공직자 등 국민적 관심이 집중된 대형 비리사건에 있어 검찰 수사의 공정성과 신뢰성 논란이 생길 때마다 특별검사제도를 도입·운용했다. 그러나 특별검사제도의 도입에는 여러 논란이 있어 이를 해소하고자 미리 특별검사제도의 발동경로와 수사대상, 임명절차 등을 법률로 제정해두고 대상사건이 발생하면 곧바로 특별검사를 임명하여 최대한 공정하고 효율적으로 수사하기 위해 마련한 법률이다.

> **특검법 수사기간(특별검사의 임명 등에 관한 법률 제10조)**
> 준비기간이 만료된 날의 다음 날부터 60일 이내에 담당사건에 대한 수사를 완료하고 공소제기 여부를 결정하여야 한다. 기간 내에 수사를 완료하지 못하거나 공소제기 여부를 결정하기 어려운 경우에는 대통령에게 그 사유를 보고하고 대통령의 승인을 받아 수사 기간을 한 차례만 30일까지 연장할 수 있다.

93 징 계

공무원 등 특별신분관계에 있는 사람에게 직무태만 등의 이유로 책임을 부과하는 행위

- 파면 : 공무원을 강제퇴지하는 중징계처분의 하나다. 파면되면 5년간 공무원에 임용될 수 없고, 퇴직급여액의 1/2이 삭감된다.
- 해임 : 공무원 관계를 해제하는 점에서 파면과 같으나, 퇴직급여액의 감액이 없는 점에서 파면의 경우보다 가볍다. 해임을 당한 자는 3년간 공무원에 임용될 수 없다.
- 정직 : 1개월 이상~3개월 이하의 기간 동안 정직처분을 받은 자는 그 기간 중 공무원의 신분은 보유하나 직무에 종사하지 못하며, 보수의 2/3를 감한다.
- 감봉 : 1개월 이상~3개월 이하의 기간 동안 보수의 1/3을 감하는 처분이다.
- 견책 : 전과에 대해 훈계하고 반성하게 하는 것에 그치는 가장 가벼운 처분이다.

94 반의사불벌죄

피해자가 가해자의 처벌을 원하지 않는다는 것을 표시하면 처벌할 수 없는 범죄

피해자의 의사에 관계없이 공소를 제기할 수 있으나, 피해자의 명시한 의사에 반하여 처벌할 수 없는 범죄이다. 반의사불벌죄는 처벌을 원하는 피해자의 의사표시 없이도 공소할 수 있다는 점에서 고소·고발이 있어야만 공소를 제기할 수 있는 친고죄(親告罪)와 구별된다.

> **친고죄**
> 공소제기를 위하여 피해자 기타 고소권자의 고소가 있을 것을 요하는 범죄

제1장
제2장
제3장
제4장
제5장
제6장

95 구속적부심사

구속 영장의 집행이 적법한지의 여부를 법원이 심사하는 일

피구속자 또는 관계인의 청구가 있으면, 법관이 즉시 본인과 변호인이 출석한 공개법정에서 구속의 이유(주거부정, 증거인멸의 염려, 도피 등)를 밝히도록 하고, 구속의 이유가 부당하거나 적법한 것이 아닐 때에는 법관이 직권으로 피구속자를 석방하게 하는 제도를 말한다.

96 인 두비오 프로 레오 In Dubio Pro Leo

의심스럽기만 하고 유죄를 입증할 증거가 없다면 무죄로 판결함

'의심스러울 때는 피고인에게 유리하게 판결하라(무죄 추정의 원칙)'는 것으로, 형사소송에서 피고에게 죄가 있다는 사실을 논증해야 할 의무는 원칙적으로 검사가 부담한다. 이는 법치국가 원리로서 'In Dubio Pro Leo'의 원리 내지 무죄추정의 원칙에서 도출된다. 다시 말해 요증사실의 존재 유무에 대하여 증명이 불충분할 경우에 불이익을 받는 것은 결코 피고가 될 수 없으며, 검사가 피고의 죄를 입증하지 못하는 한 모든 피고는 무죄이고, 피고측에서 자신의 유죄 아님을 증명할 의무는 없다.

97 집행유예

죄의 선고를 즉시 집행하지 않고 일정 기간 그 형의 집행을 유예하는 제도

유예기간 중 특정한 사고 없이 그 기간을 경과한 때에는 선고한 유죄의 판결, 자체의 효력을 상실하게 하여 형의 선고가 없었던 것과 동일한 효과를 발생하게 하는 제도이다. 한국 형법의 집행유예 요건은, ① 3년 이하의 징역이나 금고 또는 500만원 이하의 벌금형을 선고할 경우이어야 하고, ② 그 정상에 참작할 만한 사유가 있어야 한다. 다만, 금고 이상의 형을 선고한 판결이 확정된 때부터 그 집행을 종료하거나 면제된 후 3년까지의 기간에 범한 죄에 대하여 형을 선고하는 경우에는 그러하지 아니하다(제62조 제1항).

98 공소시효

어떤 범죄사건이 일정한 기간의 경과로 형벌권이 소멸하는 제도

수사기관이 법원에 재판을 청구하지 않는 불기소처분의 한 유형이다. 즉, 일정 기간이 지나면 범죄 사실에 대한 국가의 형벌권을 완전히 소멸시키는 것이다. 따라서 공소시효가 완성되면 설령 범죄를 저질렀어도 수사 및 기소 대상이 되지 않는다. 하지만 2013년 6월 19일부터 13세 미만의 사람 및 신체적인 또는 정신적 장애가 있는 사람을 대상으로 한 강간죄, 강제추행죄, 준강간 및 준강제추행죄, 강간 등 상해·치상죄, 강간 등 살인·치사죄 등의 범죄를 저지른 경우에는 공소시효가 적용되지 않게 됐다. 이어 2015년 7월 24일에는 살인죄의 공소시효를 폐지하는 내용이 담긴 형사소송법 개정안(이른바 '태완이법')이 통과됐다.

99 구속영장

피의자나 피고인을 일정한 장소에 가두는 것을 허가하는 영장

피의자를 구속하기 위해서는 검사의 청구에 의하여 법관이 적법한 절차에 따라 발부한 영장을 제시해야 한다. 피의자가 죄를 지었다고 생각할 만한 상당한 의심이 있고, 주거가 일정하지 않거나 증거를 없앨 이유가 있는 경우 또는 도망이나 도주의 우려가 있는 경우에 검사는 관할 지방법원 판사에게 청구하여 구속영장을 발부받아 피의자를 구속할 수 있다.

100 국민참여재판

우리나라에서 2008년 1월부터 시행된 배심원 재판제도

만 20세 이상의 국민 중 무작위로 선정된 배심원(예비배심원)이 참여하는 형사재판으로, 배심원으로 선정된 국민은 피고인의 유무죄에 관하여 평결을 내리고 유죄 평결이 내려진 피고인에게 선고할 적정한 형벌을 토의하는 등 재판에 참여하는 기회를 갖게 된다. 국회의원이나 변호사, 법원·검찰공무원, 경찰, 군인 등은 배심원으로 선정될 수 없다. 배심원의 의견은 원칙적으로 만장일치제로 하되, 의견 통일이 되지 않을 경우 법관과 함께 토론한 뒤 다수결로 유·무죄 여부를 가린다. 이와 함께 배심원 의견의 '강제력'은 인정하지 않고, 권고적인 효력만 인정한다.

03 경제 · 경영 · 금융

01 킹 달러 King Dollar

국제 금융시장에서의 달러 강세 현상

미국 연방준비제도(Fed)의 가파른 정책금리 인상 발표와 글로벌 경기침체로 인한 달러가치의 급등을 가리키는 말이다. 이러한 현상이 나타난 것은 전 세계적인 인플레이션 국면에서 2022년 6월부터 2023년까지 연준이 금리 인상을 연이어 단행하자 각국의 자금이 안전자산으로 여겨지는 달러로 몰려들었기 때문이다.

02 페이체크 투 페이체크 Paycheck to Paycheck

저축을 거의 하지 않은 채 월급으로만 사는 것

'하루 벌어 하루 먹고 산다'는 뜻으로 저축을 거의 하지 않고 월급으로만 생활하는 것을 일컫는다. 소득의 손실 또는 예산 부족으로 인해 생활비 지출조차 빠듯한 상황에 처한 사람들이 증가하면서 이러한 생활방식을 선택하는 이들이 많아졌다. 이는 고물가·고금리 상황이 이어지면서 물가상승률이 월급인상 속도보다 더 빠르게 오르고, 부채상환비용도 증가해 생활에 어려움을 겪는 사람들이 늘어났기 때문이다. 보통 제한된 기술을 가진 저임금 근로자인 경우가 많지만, 상황에 따라 고학력자나 고급기술을 가진 근로자도 해당할 수 있다.

03 리셀테크

한정판 상품으로 수익을 창출하는 재테크

명품이나 운동화 등 한정판 상품을 구입한 후 이를 되팔아 수익을 창출하는 형태의 재테크를 말한다. 다시 되판다는 뜻의 리셀(Resell)과 재테크의 합성어다. 여기서 한정판은 특정 기간, 특정 수량만 판매하는 제품뿐만 아니라 희소성이 있는 상품을 포함하는 개념이다. 높은 수익률에 비해 초기 투자비용이 적어서 진입 장벽이 낮고, 손해비용도 적다는 장점 때문에 주로 MZ세대를 중심으로 유행하고 있다. 이들은 신상품도 구입하는 순간 중고제품이 된다는 인식이 있어 신상품에 집착하지 않고 중고제품을 합리적인 가격에 구매하는 소비형태를 보인다. MZ세대의 명품소비가 증가함에 따라 백화점들도 리셀 시장에 뛰어드는 추세다. 단, 일반적으로 거래 과정에서 안전성이 보장되지 않는 경우가 많아 불법과 합법을 구분해야 하고, 시장의 수요를 정확히 파악하고 있어야 하며, 사기를 주의해야 한다.

04　조각투자

다수의 투자자들이 하나의 자산에 함께 투자하고 공동으로 소유권을 갖는 투자기법

자산의 가치가 오르면 이를 팔아 차익을 투자자들과 공동으로 배분받는 형식의 투자기법이다. 즉, 여러 투자자들이 하나의 자산에 함께 투자하고 공동소유권을 얻는 것을 말한다. 코로나19의 확산으로 미술관이나 갤러리 등이 온라인으로 이동하고, 디지털환경·공유경제·공동구매에 익숙한 MZ세대가 등장하면서 각광받고 있다. 혼자서는 구매가 어려운 고가의 미술품이나 부동산을 비롯해 음악 저작권, 명품 가방·시계, 가상자산 등 다양한 분야에서 활용되고 있다. 비교적 소액으로 큰 규모의 자산에 투자할 수 있다는 장점이 있는 반면, 해당 자산에 대한 직접 소유권이 없고 투자금 환수에 어려움이 있다는 단점도 있다.

05　인앱 결제 In-app Purchase

앱마켓 운영업체가 자체 개발한 내부결제 시스템

구글과 애플 등의 앱마켓 운영업체가 자체 개발한 내부결제 시스템이다. 자사 앱 안에서 유료 앱이나 콘텐츠를 각국의 신용카드, 각종 간편결제, 이통사 소액결제 등으로 결제하는 것을 말한다. 2020년 9월, 구글은 2021년 10월부터 구글플레이에서 유통되는 모든 디지털 콘텐츠 앱에 인앱 결제 방식을 의무화한다고 발표했다. 이에 모바일 서비스 및 콘텐츠를 제공하는 사업자들의 수수료 부담(30% 지급)이 커지면서 관련 콘텐츠의 판매가격 인상이 불가피해지고, 이것이 소비자 이용료 인상으로 이어질 가능성이 높아지자 거센 반발에 부딪혔다. 비판이 이어지자 결국 구글은 인앱 결제 강제적용 시점을 2022년 4월로 연기했다.

06　NFT(대체불가토큰) Non-Fungible Token

다른 토큰과 대체·교환될 수 없는 가상화폐

하나의 토큰을 다른 토큰과 대체하거나 서로 교환할 수 없는 가상화폐다. 2017년 처음 시장이 만들어진 이래 미술품과 게임아이템 거래를 중심으로 빠르게 성장했다. NFT가 폭발적으로 성장한 이유는 희소성 때문이다. 기존 토큰의 경우 같은 종류의 코인은 한 코인당 가치가 똑같았고, 종류가 달라도 똑같은 가치를 갖고 있다면 등가교환이 가능했다. 하지만 NFT는 토큰 하나마다 고유의 가치와 특성을 갖고 있어 가격이 천차만별이다. 또한 어디서, 언제, 누구에게 거래가 됐는지 모두 기록되어서 위조가 쉽지 않다는 것이 장점 중 하나다.

07 명령휴가제

금융사고 발생 우려가 높은 업무를 수행하는 임직원에게 불시에 강제 휴가를 명령하는 제도

은행 관련 금융사고가 잇달아 발생하면서 내부통제 시스템 보완을 위해 강화된 제도다. 출납, 트레이딩, 파생상품 거래 등 금융사고가 발생할 가능성이 높은 업무를 수행하는 임직원에게 사측이 불시에 휴가를 명령하고, 그 기간에 해당 직원의 금융거래 내역 및 취급 서류, 업무용 전산기기 등을 조사해 부실이나 비리 등의 문제가 있는지 확인한다. '금융회사의 지배구조에 관한 법률'과 그 행정규칙인 '금융회사 지배구조 감독규정' 등을 근거로 하는데, 기존에는 형식적 절차로만 사용됐으나 최근 은행 직원의 횡령사건 등 은행관련 금융사고가 연이어 발생하면서 필요성이 대두됐다.

08 테이퍼링 Tapering

경제 회복세가 보이면 시장에 공급하는 돈을 줄이는 것

중앙은행이 국채 매입 등으로 통화량을 늘리는 정책인 양적완화를 점진적으로 축소하는 것을 말한다. 즉, 경제가 침체되면 돈을 풀고 회복세를 보이면 시장에 푸는 돈을 점차 줄여 나가는 것이다. 테이퍼링(Tapering)은 '점점 가늘어지는'이라는 뜻의 영단어다. 원래는 마라톤 용어로 사용되었으나 2013년 당시 미국 중앙은행인 연방준비제도(Fed, 연준) 의장이었던 벤 버냉키가 처음 언급한 이후 경제용어로 쓰이고 있다. 미국이 테이퍼링을 시행하면 시장에 도는 돈이 줄어들기 때문에 금리와 환율이 상승한다. 또한 주가가 하락하는 모습을 보이기도 한다.

09 긱 이코노미 Gig Economy

산업현장의 수요충족을 위해 필요에 따라 임시직을 고용해 단기계약직이 확산되는 현상

긱 이코노미는 필요에 따라 정규직보다는 임시직이나 단기계약직 등의 인력을 고용해 산업현장의 수요를 충족하는 노동방식을 말한다. '배달의 민족' 등의 온라인 플랫폼이 폭발적으로 성장하고, 코로나19의 영향으로 재택·비대면·온라인 근무 등의 근로형태가 활성화되면서 긱 이코노미에 대한 관심이 증대되고 있다. 긱 이코노미는 근무가 유연하고 자유롭다는 장점이 있지만, 수입과 고용이 불안정하다는 단점도 있다.

10 징검다리 소비

물건을 구매하기 전 하나 이상의 사전절차를 거치는 소비패턴

물건을 저렴하게 구매하기 위한 소비절약 방법으로 징검다리를 건너듯 물건을 구매하기 전 하나 이상의 할인절차를 거치는 것을 말한다. 앱테크 및 포인트 이용, 지역화폐 소비, 알뜰폰 요금제, 중고거래 플랫폼 등을 통해 지출을 최소화하고 물건을 최대한 저렴하게 구매할 수 있다. 이는 계속되는 물가상승과 경기침체로 극단적으로 소비를 줄이는 '무지출 챌린지'나 '짠테크' 등 절약문화의 확산과 최근 소비의 주축으로 떠오른 MZ세대의 가치지향적인 소비경향이 영향을 미친 것으로 분석됐다.

11 캐리 트레이드 Carry Trade

국가별 금리 차이를 이용해 수익을 내고자 하는 투자 행위

금리가 낮은 국가에서 자금을 차입해 이를 환전한 후 상대적으로 금리가 높은 국가의 자산에 투자해 수익을 올리고자 하는 거래를 말한다. 이때 저금리국가의 통화를 '조달통화', 고금리국가의 통화를 '투자통화'라고 부른다. 수익은 국가 간의 금리 또는 수익률 차에 의해 발생하는 부분과 환율 변동으로 인해 발생하는 환차익으로 나누어진다. 캐리 트레이드가 통상적인 금리 차 거래와 구분되는 점은 금리 차에 의한 수익과 환율 변동에 의해 발생하는 수익을 동시에 추구한다는 데 있다.

12 버티컬 커머스 Vertical Commerce

특정 상품이나 서비스를 전문적으로 판매하는 상업형태

다양한 상품과 서비스를 모두 제공하는 것이 아니라 특정 상품이나 서비스를 전문적으로 판매·제공하는 상업형태를 말한다. 'Vertical(수직)'과 'Commerce(상업)'의 합성어로 특정 카테고리에 한정해 특화된 상품과 서비스를 제공한다는 의미에서 '카테고리 킬러(Category Killer)'라고 부르기도 한다. MZ세대가 소비의 주체로 떠오르고 소비자의 취향이 점차 세분화되는 추세 속에서 하나의 카테고리에서 다양한 선택지를 제공하는 버티컬 커머스의 성장세가 가속화하고 있다. 특히 맞춤형 상품을 선호하는 MZ세대의 소비성향과 버티컬 커머스의 전문성 및 신뢰성이 맞물리면서 유통업계에서 새로운 틈새시장으로 부상했다. 국내에는 신선식품 분야의 컬리, 패션 분야의 무신사·지그재그, 여행 및 숙박 분야의 여기어때·야놀자, 인테리어 분야의 오늘의 집 등이 있다.

13 반덤핑관세

국내품에 위협이 되는 덤핑을 방지하기 위해 부과하는 관세

반덤핑관세는 덤핑을 방지하기 위하여 덤핑 상품에 매기는 징벌적인 관세를 말한다. 여기서 덤핑(Dumping)이란 국제 가격경쟁력을 위해 국내 판매가격보다 낮은 가격으로 상품을 수출하는 것을 말한다. 수입품이 국내 산업에 타격을 주는 경우 정상가격과 덤핑가격 사이의 차액 범위 내에서 반덤핑관세를 부과한다. 다른 말로 덤핑방지관세 또는 부당염매방지관세라고도 한다.

14 ESG

환경(Environment), 사회(Society), 지배구조(Governance)

환경(Environment), 사회(Society), 지배구조(Governance)의 머리글자로 무디스가 고안한 투자가치와 성장가능성의 지속가능 여부를 알려주는 새로운 투자기준이다. 기업이 환경보호에 앞장서는지, 사회적 약자에 대한 지원 및 사회공헌 활동을 활발히 하는지, 법과 윤리를 철저히 준수하는 윤리경영을 실천하는지를 평가한다. 2000년 영국의 ESG 정보공시 의무제도 도입을 시작으로 프랑스, 독일 등에서도 해당 제도를 시행하고 있다. 우리나라는 2021년 1월 금융위원회가 2025년부터 유가증권시장 상장사 중 자산이 2조원 이상인 경우 의무적으로 ESG를 공시하도록 했다. 2030년에는 모든 코스피 상장사로 공시 의무가 확대될 예정이다.

> **ESG 채권**
> • 녹색채권(Green Bond)
> • 사회적 채권(Social Bond)
> • 지속가능채권(Sustainability Bond)

15 클라우드 소비

물건, 공간, 정보 등을 여러 사람과 공유하는 소비형태

구매를 통해 필요한 물품이나 공간, 정보 등을 소유하기보다 제약 없이 어디에서나 연결돼 여러 사람과 공유하는 소비형태를 말한다. 클라우드 소비는 구름(Cloud)처럼 눈에 보이지 않지만 어딘가에 존재하는 중앙 하드웨어 저장장치나 소프트웨어에 인터넷을 연결해 일정 금액을 지불하고 사용하는 '클라우드 컴퓨팅'의 개념을 소비에 접목한 것이다. 특히 MZ세대에서 많이 볼 수 있는 특성으로, 최근 정보통신기술의 발달로 언제 어디서나 구매와 지불이 용이해지면서 클라우드 소비가 새로운 소비 트렌드로 각광받고 있다. 대표적인 클라우드 소비로 '따릉이'와 '에어비앤비', OTT 서비스 등을 들 수 있다.

16 빅스텝 Big Step

기준금리를 한번에 0.5%p 인상하는 것

금리를 한꺼번에 많이 올리는 경제정책을 뜻하는 경제용어로 국내 언론에서 미국 연방준비제도(Fed, 연준)가 물가를 조정하기 위해 기준금리를 인상하는 정책을 시행할 때 주로 언급된다. 경제에 미치는 영향을 최소화하기 위해 통상적으로 기준금리는 0.25%포인트(p)씩 올리거나 내리는 것(Baby Step, 베이비스텝)이 일반적이나 인플레이션(물가상승) 등의 우려가 커질 때는 이보다 큰 폭으로 금리를 올린다. 이를 빅스텝이라고 하는데, 보통 0.50%p 이상 올릴 때를 말한다. 또한 기준금리를 한번에 0.75%p 인상하는 것은 자이언트스텝(Giant Step), 1%p 인상하는 것은 울트라스텝(Ultra Step)이라고 한다. 다만 이러한 용어들은 국내에서만 사용되는 것으로 알려져 있다.

17 **RE100** Renewable Electricity 100%

필요한 전력을 재생에너지로만 충당하겠다는 기업들의 자발적인 약속

2050년까지 필요한 전력의 100%를 태양광, 풍력 등 재생에너지로만 충당하겠다는 기업들의 자발적인 약속이다. 2014년 영국의 비영리단체인 기후 그룹과 탄소공개프로젝트가 처음 제시했다. RE100 가입 기업은 2023년 10월 말 기준으로 전 세계 420여 곳에 이른다. 우리나라의 경우 제조업의 에너지 사용량 중 전력에 대한 의존도가 48%나 돼 기업이 부담해야 할 비용이 막대하다는 이유로 2020년 초까지만 해도 RE100 참여 기업이 전무했다. 그러나 RE100의 세계적 확산에 따라 2020년 말부터 LG화학, SK하이닉스, SK텔레콤, 한화큐셀 등이 잇따라 참여를 선언했다.

18 **영구채** Perpetual Bond

만기가 정해져 있지만 발행회사의 선택에 따라 만기를 연장할 수 있어 회계상으로 자본으로 인정받는 채권

일반적으로 회사가 부도날 경우 다른 채권보다 상환 순위가 밀리기 때문에 고위험·고수익 채권으로 분류된다. 만기를 계속 연장할 수 있지만 정해진 발행회사 선택에 따라 수년 뒤 돈을 갚을 수 있는 콜옵션이 있어 중도 상환이 대부분 이루어진다. 영구채는 주식과 채권의 중간 성격을 띠는 신종자본증권으로, 부채이지만 발행자의 명시적 상환의무가 없다는 측면에서 국제회계기준(IFRS)상 자본으로 인정받고 있다. 따라서 부채비율을 낮출 수 있고, 유상증자와 비교 시 대주주 지분율도 그대로 유지되어 지배구조에 변동 없이 자본 확충을 동시에 꾀할 수 있다는 장점 때문에 최근 대기업들이 자금조달 수단으로 각광받고 있다.

19 **골든크로스** Golden Cross

주가나 지지율이 약세에서 강세로 전환되는 신호

주식시장에서 특정 주가가 횡보(橫步, 변동이 거의 없어 그래프가 가로 줄처럼 보이는 현상) 구간을 지나 무섭게 상승하는 지점을 뜻하는 용어다. 여기서 파생해 정치에서 추세가 극적으로 전환되는 상황을 나타낼 때도 쓰인다. 대표적으로 대통령이나 정당의 지지율이 상승의 전환점을 맞을 때 이 말이 등장한다. 반대로 지지율이 내리막길을 걷는 전환점은 주식시장에서 약세시장으로의 강력한 전환신호를 나타낸다는 의미의 데드크로스(Dead Cross)로 불린다.

20 신 파일러 Thin Filer

신용을 평가할 금융 거래 정보가 거의 없는 사람

영어로 얇다는 뜻의 Thin, 서류라는 뜻의 File, '~하는 사람'이라는 의미를 가진 접미사 '-er'이 합쳐져 만들어진 용어로, 서류가 얇은 사람을 말한다. 이는 신용을 평가할 수 없을 정도로 금융거래 정보가 거의 없는 사람을 지칭한다. 구체적으로는 최근 2년 동안 신용카드 사용 내역이 없고, 3년간 대출 실적이 없을 때를 가리킨다. 20대 사회 초년생이나 60대 이상 고령층이 주로 이에 해당한다. 신용정보가 부족하다는 이유로 4~6등급의 낮은 신용등급으로 평가되어 대출 금리를 낮게 적용받기 어렵다.

21 오픈뱅킹

하나의 금융앱만 있으면 모든 은행 입출금 계좌의 조회·이체가 가능한 서비스

은행이 보유한 결제기능 및 고객데이터를 오픈 API 방식으로 제3자에게 공개하는 것을 말한다. 출금이체·입금이체·잔액·거래내역·계좌실명·송금인 정보 등 핵심 금융서비스를 표준화해 오픈 API 형태로 제공한다. 오픈뱅킹 제도가 정착되면 핀테크 진입이 제약된, 폐쇄적이었던 기존 금융시장의 진입장벽이 낮아지고 비용 부담과 이용자의 불편이 줄어들게 된다. 기존에는 각 은행별로 앱이나 프로그램을 설치해야 이용할 수 있었던 서비스가 오픈뱅킹 시스템에서는 단 하나의 앱으로 가능해진다.

22 펠리컨 경제

국내 대기업과 중소기업이 함께 긴밀하게 협력해 한국의 산업을 발전시키는 경제

부리 주머니에 먹이를 담아 자기 새끼에게 먹이는 펠리컨처럼 국내 대기업과 중소기업이 긴밀한 협력을 통해 한국 산업을 발전시키는 경제를 뜻하는 말로, 한국의 소재 부품 장비산업의 자립도를 높이는 것을 의미한다. 정부는 2019년 9월 소재, 부품, 장비 산업에 대한 정부 대책을 발표하고 100대 핵심 전략품목을 1~5년 내 국내에서 공급하는 방안을 추진한다고 밝혔다. 이와 반대되는 개념으로는 가마우지 경제가 있다.

가마우지 경제

중국, 일본 일부 지방의 낚시꾼이 가마우지 새의 목 아래를 끈으로 묶어두었다가 새가 먹이를 잡으면 끈을 잡아당겨 먹이를 삼키지 못하게 해 목에 걸린 고기를 가로채는 낚시방법에 빗댄 용어다. 1980년대 말 일본 경제 평론가 고무로 나오키가 〈한국의 붕괴〉라는 책에서 처음 사용하였다.

---

23 페그제

자국 통화 가치를 달러 가치에 고정하는 제도

각국 화폐 사이의 환율을 일정 수준에 고정시키는 제도이다. 달러 등 기축통화에 대해 자국 화폐의 교환비율을 고정시키고 이 환율로 무한정의 교환을 약속하는 환율 제도로 원래는 19세기 영국 식민지에 적용된 제도였다. 이 제도에서는 한 국가의 통화와 연계되는 통화 사이의 환율은 변하지 않으나 연계된 통화와 다른 통화들 사이의 환율은 변하기에 다른 통화와는 간접적으로 변동환율 제도를 택한 것과 동일한 효과를 가진다.

페그제의 장단점

페그제 장점	페그제 단점
• 환율변동에 대한 불확실성이 제거됨으로써 대외교역과 자본유출입이 원활해진다. • 수입품 가격이 변동해도 자국 물가에 큰 영향을 미치지 않기 때문에 물가가 안정된다.	• 달러의 가치 변동에 영향을 많이 받아 통화 자체의 가치가 적절히 반영되지 못한다. • 국제환투기 세력의 표적이 되기 쉽고, 엄청난 손실을 입는 사례가 발생한다.

24 모피아

산하기관에 막대한 영향을 합친 재무부 출신 관료인사

기획재정부의 전신인 재무부의 영어 약자 'MOF(Ministry Of Finance)'와 이탈리아 조직 '마피아(Mafia)'를 합친 신조어다. 재무부 출신의 금융관료 인사가 금융계와 정계로 진출한 뒤 정부 산하기관에 미치는 막대한 영향력을 뜻한다. 모피아는 자신들의 세력을 형성한 뒤 끈끈한 유착관계와 인맥을 형성해 조직 전반을 장악하기 때문에 건강한 조직문화를 방해한다는 비판을 받는다. 모피아와 비슷한 말로는 관료와 마피아를 합친 관피아가 있다. 관피아는 퇴직한 고위공무원이 공기업이나 유관기업으로 재취업해 자리를 차지하는 사람을 지칭한다.

25 사모펀드

비공개적으로 소수의 투자자로부터 돈을 모아 기업을 사고파는 것을 중심으로 운영되는 펀드

소수의 투자자로부터 모은 자금을 주식·채권 등에 운용하는 펀드로, 49인 이하 투자자에게 비공개로 자금을 모아 투자하는 상품을 말한다. 사모펀드는 자산가를 중심으로 비공개적으로 설정되는 경우가 대부분이어서 가입 기회가 많지 않고 최저 가입액도 많아 문턱이 높은 편이다. 또 금융 당국의 투자자 보호 등의 규제가 가장 느슨하기 때문에 가입자 스스로 상품 구조나 내용을 정확히 파악할 수 있어야 한다. 사모펀드는 절대 수익을 추구하는 전문투자형 사모펀드(헤지펀드)와 회사경영에 직접 참여하거나 경영·재무 자문 등을 통해 기업 가치를 높이는 경영참여형 사모펀드(PEF)로 나뉘게 된다.

사모펀드와 공모펀드 차이점

구 분	사모펀드	공모펀드
투자자	49인 이하	다 수
모집방법	비공개	광고 등 공개적인 방법
규 제	증권신고서 제출 의무 없음	상품 출시 전 증권신고서 금감원에 제출 및 승인 필요
투자제한	투자 대상이나 편입 비율 등 제한 있음	제한 없음
투자금액	대개 1억원 고액	제한 없음

26 DLS Derivatives Linked Securities

기초자산의 가격변동 위험성을 담보로 하는 주식 상품

유가증권과 파생금융계약이 결합된 증권으로 기초자산의 가치변동과 연계한 것이다. 이때 기초자산은 원유, 금, 설탕, 밀가루 같은 각종 원자재와 농산물뿐 아니라 금리, 환율, 탄소배출권, 신용 등 다양하다. DLS는 기초자산이 일정 기간에 정해진 구간을 벗어나지 않으면 약정 수익률을 지급하고, 구간을 벗어가게 되면 원금 손실을 보게 되는 구조이다. 예를 들어 금리 연계 상품이라면 금리가 만기까지 미리 설정한 기준에 머무를 경우 수익률이 보장되는 반면, 금리가 기준치 밑으로 떨어지면 원금을 모두 손실할 수 있다. 최근 일부 은행으로부터 관련 상품을 구입한 일반 투자자들이 단체로 막대한 손해를 입는 사건이 발생하면서 문제가 되었다.

> **파생결합펀드(DLF ; Derivative Linked Fund)**
> 금리, 환율, 통화, 금, 원유 등 다양한 기초자산의 가치에 연동되는 파생결합증권(DLS)을 담은 펀드다. 상품 만기일에 기초자산의 가격이 일정 수준 이상이면 수익을 내지만 원금손실기준 아래로 떨어지면 손실이 눈덩이처럼 커지면서 원금을 잃게 되는 구조를 가진 고위험 상품이다. 한국에서는 독일 국채 10년물 금리를 기초자산으로 한 DLF의 불완전 판매 문제로 논란이 된 바 있다.

27 게이미피케이션

게임적 매커니즘을 활용하여 해결하기 어려운 문제를 재미있게 해결하는 패러다임

2002년 영국의 프로그래머 닉 펠링에 의해 처음 사용되었고, 이후 2011년 미국에서 열린 '게이미피케이션 서밋'을 통해 공식적으로 사용되었다. 게임 외적인 분야에서 문제 해결, 지식 전달, 행동 및 관심 유도 혹은 마케팅을 위해 게임의 '메커니즘(Mechanism)'과 사고방식을 접목시키는 것을 의미한다. 현재는 마케팅, 경영, 교육, 헬스케어 등 다양한 분야에서 활용되고 있으며, 특히 마케팅 분야에서 고객 몰입도 향상을 통해 매출 증대를 목적으로 많이 사용되는 추세이다. 카페에서 도장 10개를 찍으면 무료음료 하나를 제공하는 것도 게임의 방식을 도입한 것이며, 네이버 지식IN의 하수부터 신에 이르는 단계도 게임적인 요소가 적용된 것이라 볼 수 있다.

28 일반특혜관세제도 GSP

개발도상국에서 수입하는 제품에 무관세 또는 낮은 세율을 부과하는 제도

선진국이 개발도상국으로부터 수입하는 농수산품·완제품 및 반제품에 대하여 일반적·무차별적·비상호주의적으로 관세를 철폐 또는 세율을 인하해주는 제도를 의미한다. 여기서 일반적이라 함은 기존특혜가 몇 개 국가에 국한된 데 비하여, 일반특혜관세제도는 범세계적인 것임을 의미하며, 무차별적·비상호주의적이란 지역통합·자유무역지역 및 관세동맹으로 동맹에 가입되지 않은 국가들로부터의 수입품에 관세를 부과하는 차별을 배제한다는 것을 내포한다. 특혜 관세의 편익은 ① 경제 개발도상 단계에 있는 국가로서, ② 특혜의 편익을 받기를 희망하는 국가 중에서, ③ 공여국이 적당하다고 인정하는 국가에 대해서 공여된다.

29 살찐 고양이법

기업 임직원의 최고 임금을 제한하는 법안

공공기관 임원의 보수 상한액을 정해 양극화 해소와 소득 재분배를 꾀하는 법령이나 조례이다. 미국의 저널리스트 프랭크 켄트가 1928년 출간한 도서 〈정치적 행태(Political Behavior)〉에서 처음 등장한 용어로, 살찐 고양이는 탐욕스러운 자본가나 기업가를 뜻한다. 지난 2008년 세계 경제를 어려움에 빠트린 글로벌 금융위기를 초래했지만 세금 혜택과 보너스 등으로 큰 이익을 보는 은행가와 기업인을 비난하는 말로 쓰이면서 널리 알려졌다. '살찐 고양이' 조례라 불리는 최고임금법은 2019년 5월 부산시의회가 전국 최초로 도입했으며 경기도의회, 울산시의회, 경남도의회 등이 뒤를 이었다.

30 펀슈머

소비하는 과정에서 즐거움을 추구하는 소비자

즐기다(Fun)와 소비자(Consumer)의 합성어로, 일반적으로 필요한 상품을 소비하는 과정을 넘어 소비하는 과정에서 즐거움을 찾는 소비자를 의미한다. 펀슈머는 타인이 보기에는 별로 쓸모가 없더라도, 사용하는 과정에서 '내'가 즐거움을 느낄 수 있다면 제품을 선택하는 경향을 보인다. 펀슈머를 대상으로 한 상품의 특징은 SNS 공유가 활발해 짧은 기간 내에도 입소문이 난다는 특징이 있다. 바나나맛 우유 화장품, 장난감을 좋아하는 아이 취향의 어른인 키덜트의 등장은 각각 펀슈머를 공략하기 위한 제품과 펀슈머 소비자층의 대표적인 사례로 볼 수 있다.

> **키덜트족**
> 키드(Kid)와 어덜트(Adult)의 합성어로, 성인이 되었는데도 여전히 어렸을 적의 분위기와 감성을 간직한 사람들을 일컫는다.

31 키 테넌트

이용객이 많이 몰려 집객효과가 뛰어난 핵심 점포

상가나 쇼핑몰 등에서 고객을 끌어들이는 핵심 점포를 의미한다. 키 테넌트의 존재 유무가 쇼핑몰 전체의 유동인구를 좌우할 정도로 상권에 중요한 요인이 된다. 키 테넌트는 뛰어난 집객 능력으로 건물의 가치를 높일 수 있기 때문에 상가 투자의 성공 여부는 키 테넌트에 달려있다고도 볼 수 있으며, 키 테넌트가 죽은 상가도 살려낸다는 말까지 나오고 있다. 영화관이나 서점, SPA, 스타벅스, 기업형 슈퍼마켓(SSM) 등이 키 테넌트의 대표적인 예라고 할 수 있다. 이러한 키 테넌트를 확보한 상업시설은 유동인구를 흡수할 뿐만 아니라 주변 시설의 공실을 줄여 안정적인 임대수익을 창출하는 데도 기여하고 있다.

32 양적완화

경기부양을 위해 중앙은행이 발권력을 동원해 시중에 돈을 공급하는 정책

금리중시 통화정책을 시행하는 중앙은행이 정책금리가 0%에 근접하거나 혹은 다른 이유로 시장경제의 흐름을 정책금리로 제어할 수 없는 이른바 유동성 저하 상황에서, 유동성을 충분히 공급함으로써 중앙은행의 거래량을 확대하는 정책이다.

33 레몬마켓

쓸모없는 재화나 서비스 등 저급품만 거래되는 시장

레몬은 '시큼하고 맛없는 과일'로 통용되며 속어로 불량품을 뜻하는데, 이에 빗대어 경제 분야에서는 쓸모없는 재화나 서비스가 거래되는 시장을 말한다. 정보의 비대칭성으로 인해 소비자들은 판매자보다 제품에 대한 정보가 적을 수밖에 없는데, 소비자들은 자신들이 속아서 구매할 것을 우려해 싼값만 지불하려 하고, 이로 인해 저급품만 유통되는 시장을 의미한다.

피치마켓
- 레몬마켓의 반대 용어이다.
- 가격에 비해 고품질의 상품이나 서비스가 거래되는 시장을 의미한다.

---

34 재 화

인간에 도움이 되는 효용을 가지고 있는 모든 물체와 물질

- 정상재 : 소득이 증가(감소)했을 때 수요가 증가(감소)하는 재화
- 열등재 : 소득이 증가(감소)했을 때 수요가 감소(증가)하는 재화
- 경제재 : 희소성이 있어 대가를 지불하지 않고는 얻을 수 없는 경제적 가치가 있는 것
- 자유재 : 사용가치는 있으나 무한하여 교환가치가 없는 비경제재 **예** 공기, 물
- 대체재 : 한 재화에 대한 수요와 다른 재화의 가격이 같은 방향으로 움직이는 관계에 있는 재화
  예 커피-홍차, 소고기-돼지고기
- 보완재 : 하나의 소비활동을 위해 함께 소요되는 경향이 있는 재화 **예** 커피-설탕, 만년필-잉크
- 기펜재 : 열등재의 한 종류로, 재화가격이 하락할 때 수요량이 오히려 감소하는 재화

35 유로존 Eurozone

유럽연합의 단일화폐인 유로를 국가통화로 도입하여 사용하는 국가나 지역

오스트리아, 핀란드, 독일, 에스토니아, 프랑스, 아일랜드, 스페인, 라트비아, 벨기에, 키프로스, 그리스, 슬로바키아, 이탈리아, 룩셈부르크, 몰타, 네덜란드, 포르투갈, 슬로베니아, 리투아니아 등 총 19개국이 가입되어 있었으나 2023년 1월 1일부터 크로아티아가 추가로 가입함에 따라 20개국이 되었다. 2025년에는 불가리아가 가입할 것으로 결정되었다. 유로존 가입 조건은 정부의 재정적자 규모가 국내총생산의 3% 미만, 정부의 공공부채 규모가 국내총생산의 60% 이내, 인플레율(물가상승률)이 유로존 회원국 최저 3개국보다 1.5%를 초과하지 않을 것 등 재정·부채·물가·환율 등의 조건을 충족해야 한다.

36 세이프가드 Safeguard

자국의 산업 보호를 위한 긴급 조치

한국어로는 '긴급 수입 제한 조치'라 한다. 수입 품목 중 특정 상품이 매우 경쟁력이 있어 자국 시장을 잠식하고 자국 산업에 큰 피해를 입힐 우려가 있을 경우 긴급 수입 제한을 하거나 해당 상품에 큰 관세를 매길 수 있다. 세계무역기구는 각 국가의 이러한 긴급 수입 제한 권리를 인정하고 있다.

37 **구글세** Google Tax

세금을 내지 않는 다국적 IT기업에 부과하는 각종 세금

특허료 등 막대한 이익을 올리고도 조세 조약이나 세법을 악용해 세금을 내지 않았던 다국적 기업에 부과하기 위한 세금을 말한다. 그동안 구글 등 다국적 IT기업들은 전 세계로부터 특허료 등 막대한 이익을 얻었음에도 합당한 세금을 내지 않았기 때문에 이를 방지하겠다는 취지이다.

38 **경기확산지수** DI ; Diffusion Index

경기동향요인이 다른 부문으로 점차 확산·파급되어 가는 과정을 파악하기 위한 지표

경기의 변화방향만을 지수화한 것으로 경기동향지수라고도 한다. 즉, 경기국면의 판단 및 예측, 경기전환점을 식별하기 위한 지표이다.

경기동향지수
- $0 < DI < 50$ ☞ 경기수축국면
- $DI = 50$ ☞ 경기전환점
- $50 < DI < 100$ ☞ 경기확장국면

---

39 **앳킨슨지수** Atkinson Index

사회 구성원의 주관적인 가치판단을 반영하여 소득 분배의 불평등도를 측정하는 지표

평가자의 주관적 가치판단을 고려하여 소득 분배의 불평등 정도를 나타내는 지수로 소득 분배가 불평등하다고 여길수록 지수가 커진다. 즉, 균등분배라는 전제에서 지금의 사회후생수준을 가져다줄 수 있는 평균소득이 얼마인가를 주관적으로 판단하고 그것과 한 나라의 1인당 평균소득을 비교하여 그 비율을 따져보는 것이다.

40 **칵테일리스크** Cocktail of Risk

국제 유가 급락, 신흥국 경제위기 등 각종 악재가 동시다발적으로 한꺼번에 터지는 것

여러 가지 악재가 동시에 발생하는 경제위기 상황을 칵테일리스크라고 하는데, 다양한 술과 음료를 혼합해 만드는 칵테일에 빗대 표현한 말이다. 세계적인 경기침체, 이슬람 무장단체의 테러 등이 혼재된 경제위기를 의미한다.

41 **유동성 함정** Liquidity Trap

금리를 낮추고 통화량을 늘려도 경기가 부양되지 않는 상태

경제주체들이 돈을 움켜쥐고 시장에 내놓지 않는 상황으로, 기업의 생산·투자와 가계의 소비가 늘지 않아 경기가 나아지지 않고 저성장의 늪으로 빠지는 것처럼 보이는 현상이다.

42 **베블런 효과** Veblen Effect

가격이 오르는데도 수요가 줄어들지 않고, 오히려 증가하는 현상

가격이 오르는데도 일부 계층의 과시욕이나 허영심 등으로 인해 수요가 줄어들지 않는 현상으로 상류층 소비자들의 소비 심리를 표현한 말이다. 미국의 경제학자이자 사회학자인 소스타인 베블런(Thorstein Bunde Veblen)의 저서 〈유한계급론〉(1899)에서 유래했다.

43 **독점적 경쟁시장**

기업들이 독점적 입장의 강화를 꾀하면서도 서로 경쟁하는 시장

진입장벽이 없어 많은 경쟁자가 시장에 있지만 제품 차별화를 통해 생산자가 일시적으로 독점력을 행사하는 시장을 말한다. 즉, 독점적 경쟁시장은 진입과 퇴거가 자유롭고, 다수의 기업이 존재하며, 개별 기업들이 차별화된 재화를 생산하는 시장 형태이다.

> • 완전경쟁시장 : 수많은 판매자와 구매자가 주어진 조건에서 동일한 재화를 사고파는 시장
> • 독점시장 : 특정 기업이 생산과 시장을 지배하고 있는 시장
> • 과점시장 : 소수의 몇몇 대기업들이 시장의 대부분을 지배하는 형태
> • 독과점시장 : 독점과 과점시장을 합친 형태

44 **리디노미네이션** Redenomination

한 나라에서 통용되는 화폐의 액면가를 동일한 비율의 낮은 숫자로 변경하는 조치

화폐의 가치적인 변동 없이 액면을 동일 비율로 하향 조정하는 것을 말한다. 경제 규모가 커지고 물가가 상승함에 따라 거래되는 숫자의 자릿수가 늘어나는 계산상의 불편을 해소하기 위해 도입한다.

45 스텔스 세금 Stealth Tax

납세자들이 세금을 낸다는 사실을 잘 체감하지 못하고 내는 세금

스텔스 세금은 부가가치세, 판매세 등과 같이 납세자들이 인식하지 않고 내는 세금을 레이더에 포착되지 않고 적진에 침투하는 스텔스 전투기에 빗대 표현한 것이다. 담배세가 대표적이다.

46 AIIB Asian Infrastucture Investment Bank

아시아 인프라 투자은행

미국과 일본이 주도하는 세계은행(World Bank)과 아시아개발은행(ADB) 등에 대항하기 위해 중국의 주도로 설립된 국제은행으로 아시아·태평양 지역 국가들의 도로, 철도, 항만 등의 인프라(사회간접자본) 건설자금 지원을 목적으로 한다.

47 엥겔계수 Engel Coefficient

총가계 지출액 중에서 식료품비가 차지하는 비율

저소득 가계일수록 가계 지출 중 식료품비가 차지하는 비율이 높고, 고소득 가계일수록 식료품비가 차지하는 비율이 낮은 것을 엥겔의 법칙이라고 한다. 식료품은 필수품이기 때문에 소득수준과 관계없이 반드시 일정한 비율을 소비해야 하며 동시에 어느 수준 이상은 소비할 필요가 없는 재화이다. 따라서 엥겔계수는 소득 수준이 높아짐에 따라 점차 감소하는 경향이 있다.

$$엥겔계수 = \frac{식료품비}{총가계지출액} \times 100$$

48 지니계수 Gini Coefficient

빈부격차와 계층 간 소득분포 불균형 정도를 나타내는 수치

계층 간 소득분포의 불균형 정도를 나타내는 수치로, 소득이 어느 정도 균등하게 분배돼 있는지를 평가하는 데 주로 이용된다. 지니계수는 0에서 1 사이의 수치로 표시되는데 소득분배가 완전평등한 경우가 0, 완전불평등한 경우가 1이다. 즉, 낮은 수치는 더 평등한 소득 분배를, 반면에 높은 수치는 더 불평등한 소득 분배를 의미한다.

49　스태그플레이션 Stagflation

경기침체기에 발생하는 인플레이션으로, 저성장·고물가의 상태

경기침체를 의미하는 '스태그네이션(Stagnation)'과 물가상승을 의미하는 '인플레이션(Inflation)'을 합성한 용어로, 경제활동이 침체되고 있는 상황에서도 물가는 지속적으로 상승하고 있는 현상이다.

> - 초인플레이션(하이퍼인플레이션) : 인플레이션의 범위를 초과하여 경제학적 통제를 벗어난 인플레이션이다.
> - 디스인플레이션 : 인플레이션이 발생해 통화가 팽창하여 물가가 상승할 때, 그 시점의 통화량–물가수준은 유지한 채 안정을 도모하며 서서히 인플레이션을 수습하는 경제정책을 의미한다.
> - 애그플레이션 : 농산물 상품의 가격 급등으로 일반 물가도 덩달아 상승하는 현상이다.

50　소프트패치 Soft Patch

경기 회복 국면에서 일시적인 어려움을 겪는 상황

경기가 상승하는 국면에서 본격적인 침체국면에 접어들거나 후퇴하는 것은 아니지만 일시적으로 성장세가 주춤해지며 어려움을 겪는 현상을 의미한다.

> **러프패치(Rough Patch)**
> 소프트패치 국면이 상당기간 길어질 수 있다는 뜻으로, 소프트패치보다 더 나쁜 경제상황을 의미한다.

51　G8

세계 정치와 경제를 주도하는 주요 8개국의 모임

1975년 프랑스가 G6 정상회의를 창설했다. 미국, 프랑스, 독일, 영국, 이탈리아, 일본 등 서방 선진 6개국의 모임으로 출범하였으며, 그 다음해 캐나다가 추가되어 서방 선진 7개국 정상회담(G7)으로 매년 개최되었다. 1990년대 이후 냉전 구도 해체로 세계에서 가장 큰 나라인 러시아가 옵서버 형식으로 참가하기 시작하였고, 1997년 이후 러시아가 정식 멤버가 되면서 세계 주요 8개국의 모임(G8)으로 불리운 적이 있었으나, 2014년 우크라이나 크림반도 합병 문제로 러시아는 직무가 박탈되고, G8모임에서 퇴출되어 다시 G7으로 불리게 되었다.

52 북미자유무역협정 NAFTA

캐나다 · 멕시코 · 미국이 체결한 자유무역협정

인구 4억 5,000만명, GDP 규모 17조 달러에 달하는 세계에서 가장 큰 무역 블록으로 1992년 체결되어 1994년 1월부터 발효되었다. 주요 내용은 3개국 간에 재화와 서비스 이동에 대한 각종 관세 및 비관세장벽을 단계적으로 철폐한다는 것이다. NAFTA는 역내 보호무역주의적 성격을 띠고 있다.

53 세계무역기구 WTO

세계의 교역 증진과 경제 발전을 목적으로 설립된 국제기구

1994년 우루과이라운드 협상이 마무리되고 마라케시 선언을 공동으로 발표함으로써 1995년 1월 정식 출범하였고, 1947년 이래 국제무역질서를 규율해 오던 '관세 및 무역에 관한 일반협정(GATT)' 체제를 대신하게 되었다. WTO는 세계무역 분쟁조정, 관세인하 요구, 반덤핑규제 등 막강한 국제적인 법적권한과 구속력을 행사한다. 1995년에 설립되었으며, 본부는 제네바에 있다. 우리나라에서는 WTO 비준안 및 이행방안이 1994년 통과되었다.

54 경제협력개발기구 OECD

경제발전과 세계무역 촉진을 위하여 발족한 국제기구

제2차 세계대전 뒤 유럽 각국은 협력체제의 정비가 필요하여 1948년 4월 마셜플랜을 수용하기 위한 기구로서 유럽경제협력기구(OEEC)를 출범시켰다. 이후 1960년 12월 OEEC의 18개 회원국과 미국 · 캐나다를 포함하여 20개국 각료와 당시 유럽경제공동체(EEC), ECSC(유럽석탄철강공동체), EURATOM(유럽원자력공동체)의 대표들이 모여 '경제협력개발기구조약'(OECD조약)에 서명하고, 1961년에 협정문이 발효됨으로써 탄생하였다. 우리나라는 1996년 12월에 29번째 회원국으로 가입하였다.

55 BCG 매트릭스

상대적 시장점유율과 사업성장률을 기초로 구성된 분석기법

보스턴컨설팅그룹에 의해 1970년대 초반 개발된 것으로, 기업의 경영전략 수립에 있어 하나의 기본적인 분석도구로 활용되는 사업포트폴리오 분석기법이다. BCG 매트릭스는 자금의 투입, 산출 측면에서 사업(전략사업 단위)이 현재 처해 있는 상황을 파악하여 상황에 알맞은 처방을 내리기 위한 분석도구이다.

- 스타(Star) 사업 : 성공사업. 수익성과 성장성이 크므로 계속적 투자가 필요하다.
- 캐시카우(Cash Cow) 사업 : 수익창출원. 기존의 투자에 의해 수익이 계속적으로 실현되므로 자금의 원천사업이 된다. 시장성장률이 낮으므로 투자금액이 유지·보수 차원에서 머물게 되어 자금투입보다 자금산출이 많다.
- 물음표(Question Mark) 사업 : 신규사업. 상대적으로 낮은 시장점유율과 높은 시장성장률을 가진 사업으로 기업의 행동에 따라서는 차후 스타(Star) 사업이 되거나, 도그(Dog) 사업으로 전락할 수 있는 위치에 있다.
- 도그(Dog) 사업 : 사양사업. 성장성과 수익성이 없는 사업으로 철수해야 한다.

56 상계관세

타국 수출상품의 가격경쟁력이 높은 경우, 수입국이 국내의 산업경쟁력을 유지하기 위해 부과하는 관세

국내 산업의 경쟁력을 유지하기 위한 제도로, 수출을 하는 나라가 수출기업에 보조금이나 장려금을 지급하여 수출상품의 경쟁력을 높일 경우 수입국이 보조금이나 장려금에 해당하는 금액만큼 수입상품에 대해 추가로 부과하는 특별관세를 의미한다.

57 니치 마케팅 Niche Marketing

시장의 빈틈을 공략하는 새로운 상품을 내놓아 경쟁력을 제고시키는 마케팅

니치란 틈새를 비집고 들어가는 것을 의미하는 것으로 세분화된 시장이나 소비 상황을 설명하는 말이기도 하다. 니치 마케팅은 특정한 성격을 가진 소규모의 소비자를 대상으로 판매목표를 설정하는 것인데 국내 사례로는 남성 전용 미용실 '블루클럽'이나 왼손잡이용 가위 등이 니치 마케팅에 해당한다.

58 코즈 마케팅 Cause Marketing

기업과 사회적 이슈가 연계되어 상호이익을 추구하는 것

기업이 일방적으로 기부나 봉사활동을 하는 것에서 나아가 기업이 공익을 추구하면서도 이를 통해 실질적인 이익을 얻을 수 있도록 공익과의 접점을 찾는 것이다.

59 프로슈머 마케팅 Prosumer Marketing

기업의 생산자(Producer)와 소비자(Consumer)의 합성어

1980년 엘빈 토플러가 〈제3의 물결〉에서 처음 사용한 용어로 생산자적 기능을 수행하는 소비자를 말한다. 소비자들이 자신들의 욕구에 따라 직접 상품의 개발을 요구하고 심지어 유통에까지 관여하는 마케팅을 말한다.

60 사외이사

회사 영향력 밖의 이사

전문적인 지식이나 풍부한 경험을 바탕으로 기업경영 전반에 걸쳐 폭넓은 조언과 전문 지식을 구하기 위해 선임되는 기업 외부의 비상근이사를 말한다. 회사 내에서 어느 정도 독립성이 필요한 일을 맡게 되며 일반적으로 대학교수, 변호사, 공인회계사, 언론인, 퇴직관료나 기업인 등 일정 요건을 갖춘 전문가들이 사외이사가 된다.

61 경영진 매수

현 경영진이 중심이 되어 회사 또는 사업부를 인수하는 것

일반적인 M&A는 외부 제3자에 의해 이루어지지만 MBO는 회사 내부의 임직원에 의해 이루어진다. 따라서 MBO는 기존 임직원이 신설회사의 주요 주주이면서 동시에 경영인이 된다. 이는 기존 경영자가 그대로 사업을 인수함으로써 경영의 일관성을 유지하고, 고용안정과 기업의 효율성을 동시에 추구할 수 있는 장점을 갖고 있다.

62 버즈 마케팅 Buzz Marketing

입소문 마케팅

소비자가 자발적으로 상품에 대해 주위 사람들에게 긍정적인 입소문을 내게 하는 마케팅 기법이다. 이 마케팅 기법을 잘 활용하려면 우선 고객과의 상호작용이 중요하다. 바이럴 마케팅(Viral Marketing)도 비슷한 의미로 쓰인다.

> **하이엔드 마케팅(High-end Marketing)**
> 전 세계 1~3% 안에 드는 최상류 부유층의 소비자를 겨냥하여 따로 프리미엄 제품을 내놓는 마케팅이다.

63　기업공개 IPO ; Initial Public Offering

회사가 발행한 주식을 대중에게 분산하고 재무내용을 공시하여 주식회사 체제를 갖추는 것

형식적으로 주식회사가 일반 대중에게 주식을 분산시킴으로써 기업공개 요건을 갖추는 것을 의미하며, 실질적으로 소수의 대주주가 소유한 주식을 일반 대중에게 분산시켜 증권시장을 통해 자유롭게 거래될 수 있게 함으로써 자금 조달의 원활화를 기하고 자본과 경영을 분리하여 경영합리화를 도모하는 것을 말한다.

64　포이즌 필 Poison Pill

기존 주주에게 시가보다 훨씬 싼 가격에 지분을 매입하도록 미리 권리를 부여하는 제도

기업 M&A에 대한 방어전략의 일종으로 적대적 M&A가 시도될 경우 기존 주주들에게 시가보다 싼값에 신주를 발행해 기업인수에 드는 비용을 증가시키는 방법이다.

65　스톡옵션 Stock Option

직원이 일정 수량의 주식을 살 수 있는 권한

기업이 임직원에게 자기회사의 주식을 일정 수량, 일정 가격으로 매입할 수 있는 권리를 부여하는 제도이다. 주가가 상승할 때에는 직원의 충성심과 사기의 향상을 기대할 수 있다.

66　O2O 마케팅 Online to Offline

온라인과 오프라인이 결합된 마케팅

오프라인을 위한 온라인 마케팅으로 모바일 서비스를 기반으로 한 오프라인 매장의 마케팅 방법이다. 스마트기기가 이제는 없어서는 안 될 필수품으로 자리 잡으면서 새로운 융합 산업인 'O2O 마케팅' 시장 선점을 위한 주요 기업들의 소리 없는 전쟁이 시작되고 있다.

67　BIS 비율 자기자본비율

국제결제은행(BIS)에서 일반은행에 권고하는 자기자본비율 수치

은행의 건전성과 안정성을 확보할 목적으로 은행의 위험자산에 대해 일정비율 이상의 자기자본을 보유하도록 하는 것으로, 은행의 신용위험과 시장위험에 대비해 최소한 8% 이상이 되도록 권고하고 있으며, 10% 이상이면 우량은행으로 평가받는다.

68 세계 3대 신용평가기관

영국의 피치 레이팅스 · 미국의 무디스 · 스탠더드 앤드 푸어스(S&P)

세계 3대 신용평가기관은 각국의 정치·경제 상황과 향후 전망 등을 고려하여 국가별 등급을 매김으로써 국가신용도를 평가한다.

피치 레이팅스 (FITCH Ratings)	• 1913년 존 놀스 피치(John Knowles Fitch)가 설립한 피치퍼블리싱(Fitch Publishing Company)에서 출발 • 1924년 'AAA~D'까지 등급을 매기는 평가방식 도입 • 뉴욕·런던에 본사 소재
무디스 (Moody's Corporation)	• 1909년 존 무디(John Moody)가 설립 • 기업체 및 정부를 대상으로 재무에 관련된 조사 및 분석 • 뉴욕 증권거래소 상장기업
스탠더드 앤드 푸어스 (Standard & Poor's)	• 1860년 헨리 바눔 푸어(Henry Varnum Poor)가 설립한 후 1942년 스탠더드와 합병하며 지금의 회사명으로 변경 • 미국의 3대 지수로 불리는 S&P 500지수 발표 • 뉴욕에 본사 소재

69 총부채원리금상환비율 DSR ; Debt Service Ratio

총체적 상환능력 비율

주택에 대한 대출 원리금뿐만 아니라 전체 금융 부채에 대한 원리금 상환액 비율을 말한다. DSR은 모든 대출금 상환액을 연간소득으로 나눠 계산하며, 차주의 종합부채 상환능력을 따지는 지표이다.

신(新)DTI와 DSR의 비교

구 분	신(新)DTI	DSR
명 칭	총부채상환비율	총체적 상환능력비율
산정방식	(모든 주택담보대출 원리금 상환액 + 기타 대출이자 상환액)/연간소득	모든 대출 원리금 상환액/연간소득

70 사이드카 Side Car

현물시장을 안정적으로 운용하기 위해 도입한 프로그램 매매호가 관리제도

프로그램 매매호가 관리제도의 일종으로 선물가격이 기준가 대비 5% 이상(코스닥은 6% 이상)인 상황이 1분간 지속하는 경우 선물에 대한 프로그램 매매만 5분간 중단한다. 5분이 지나면 자동으로 해제되며 1일 1회만 발동될 수 있다.

71 콘체른 Konzern

법률적으로 독립된 기업들이 하나의 기업처럼 결합하는 형태

여러 개의 기업이 주식교환이나 출자 등 금융적 결합에 의해 하나의 기업처럼 수직적으로 결합하는 기업집단을 의미한다. 일반적으로 하나의 거대한 기업이 계통이 다른 다수의 기업을 지배하기 위해 형성하며, 법률적으로 독립되어 있지만 실질적으로는 결합되어 있는 형태이다. 개개의 기업의 독립성을 보장하는 카르텔, 동일산업 내의 기업합동으로 이루어진 트러스트와 구별되며 각종 산업에 걸쳐 독점력을 발휘한다.

> **지주회사**
> 콘체른형 복합기업의 대표적인 형태로서 모자회사 간의 지배관계를 형성할 목적으로 자회사의 주식총수에서 과반수 또는 지배에 필요한 비율을 소유·취득하여 해당 자회사의 지배권을 갖고 자본적으로나 관리기술적인 차원에서 지배관계를 형성하는 기업을 말한다.

72 숏커버링 Short Covering

주식시장에서 매도한 주식을 다시 사들이는 것

공매도한 주식을 되갚기 위해 다시 사는 환매수를 말한다. 주식시장에서 주가가 하락할 것이 예상될 때 공매도를 하게 되는데, 이후 주가가 하락하면 싼 가격에 사서 돌려줌으로써 차익을 챙길 수 있지만 주가가 상승할 때는 손실을 줄이기 위해 주식을 매수하게 된다. 이러한 숏커버링은 주가 상승을 가져온다.

73 배드뱅크 Bad Bank

금융기관의 부실자산을 인수하여 전문적으로 처리하는 기구

신용불량자에게는 채권추심에 대한 부담을 덜어주면서 신용회복의 기회를 제공해주고, 금융기관 입장에서는 채권추심 일원화에 따라 채권추심비용을 절약하면서 채권 회수 가능성도 제고하는 등 부실채권을 효율적으로 정리할 수 있게 한다.

74 정맥산업

산업 쓰레기를 해체·재생·재가공하는 산업

더러워진 피를 새로운 피로 만드는 정맥의 역할과 같이, 쓰고 버린 제품을 수거해서 산업 쓰레기를 해체·재생·재가공 등 폐기 처리하는 산업이다. 또한 농업 폐기물을 이용해 플라스틱이나 세제를 만들고, 돼지의 배설물에서 돼지의 먹이를 재생산하는 산업이다.

75 리쇼어링 Reshoring

싼 인건비나 시장을 찾아 해외로 진출한 기업들이 본국으로 되돌아오는 현상

해외에 나가 있는 자국기업들을 각종 세제혜택과 규제 완화 등을 통해 자국으로 불러들이는 정책을 말한다. 특히 미국은 리쇼어링을 통해 세계의 패권을 되찾는다는 전략을 추진 중이다.

> **오프쇼어링(Off-shoring)**
> • 기업업무의 일부를 인건비 등이 싼 해외 기업에 맡겨 처리하는 것으로 리쇼어링의 반대개념이다.
> • 국내 자본과 설비가 해외로 빠져나가기 때문에 국내 근로자의 일자리가 부족하게 되는 사회 문제가 있다.

76 하이브리드 채권 Hybrid Bonds

은행이나 기업이 주로 자본조달수단을 목적으로 발행하는 것

채권처럼 매년 확정이자를 받을 수 있고, 주식처럼 만기가 없으면서도 매매가 가능한 신종자본증권이다. 채권과 주식의 특징을 지니며, 일정한 조건하에서 기업이 만기를 연장할 수 있기 때문에 일반 채권에 비해서 이자율이 높다.

77 환 율

자국과 외국통화 간의 교환 비율

한 나라의 통화가치는 대내가치(구매력인 물가로 표시)와 대외가치(외국통화를 대가로 매매할 수 있는 환율)가 있으며, 표시방법으로는 다국통화표시방법과 외국통화표시방법이 있다.

> • 환율하락(평가절상) : 한 국가의 통화가치가 상대적으로 상승하는 것으로 수입증대, 수출감소, 외채부담감소, 국제적인 영향력 강화 제고 현상이 나타난다.
> • 환율상승(평가절하) : 한 국가의 통화가치가 상대적으로 하락하는 것으로 수출증대, 수입감소, 외채부담증가, 국내 인플레이션 현상이 나타난다.

78 환매조건부채권 RP ; Repurchase Agreements

금융기관이 일정 기간 후 확정금리를 보태어 되사는 조건으로 발행하는 채권

일정기간이 지난 후에 정해진 가격으로 같은 채권을 다시 구매하거나 판매하는 조건으로 채권을 거래한 방식을 말한다. RP거래는 콜거래, 기업어음거래 등과 같이 단기자금의 대차거래이지만 그 거래대상이 장기금융자산인 채권이며, 이 채권이 담보의 성격을 지닌다는 점에서 다른 금융거래와는 다르다.

79 **MMF** Money Market Funds

단기금융상품에 집중투자하여 얻는 수익률을 되돌려주는 초단기형 실적배당상품

투자신탁회사가 고객들의 자금으로 펀드를 구성한 다음 금리가 높은 1년 미만의 기업어음(CP), 양도성예금증서(CD), 콜 등 단기금융상품에 집중투자를 하여 얻은 수익을 고객에게 돌려주는 만기 30일 이내의 초단기 금융상품이다.

> **기업어음(CP)**
> 신용상태가 양호한 기업이 상거래와 관계없이 단기자금을 조달하기 위하여 자기신용을 바탕으로 발행하는 만기가 1년 이내인 융통어음이다.

80 **뱅크런** Bank Run

금융시장이 불안한 상황일 때 은행에 돈을 맡긴 사람들이 대규모로 예금을 인출하는 사태

대규모 예금 인출사태를 의미한다. 금융시장이 불안정하거나 거래은행의 재정 상태가 좋지 않다고 판단할 때, 많은 사람들이 한꺼번에 예금을 인출하려고 하면서 은행은 위기를 맞는다.

> **펀드런**
> 펀드 투자자들이 펀드에 투자한 돈을 회수하려는 사태가 잇따르는 것

81 **규제 샌드박스**

신기술 분야에서 일정 기간 동안 규제를 면제 또는 유예하는 제도

'샌드박스(Sand Box)'는 모래로 채워진 상자에서 어린이들이 자유롭게 노는 것에서 따온 용어로 기업이 새로운 기술이나 서비스를 자유롭게 시도할 수 있게 일정 기간 규제를 유예하거나 면제해주는 제도다. 영국에서 핀테크 산업을 빠르게 발전시키기 위해 이 제도를 처음 도입했다.

82 **윔블던 효과**

외국 자본이 국내 시장을 지배하는 현상

국내 시장에서 외국 기업이 자국 기업보다 잘 나가는 현상이다. 영국의 유명 테니스대회인 '윔블던 대회'가 외국 선수에게 문호를 개방한 이후 대회 자체의 명성은 올라갔지만, 영국인 우승자를 배출하는 것이 어려워진 것에 빗댄 것으로 금융시장을 개방하고 나서 외국계 자본이 국내 자본을 몰아내고 오히려 안방을 차지하는 현상을 말한다.

83 비트코인 Bitcoin

온라인에서 사용되는 디지털 통화

2009년 나카모토 사토시가 만든 디지털 통화로, 통화를 발행하고 관리하는 중앙장치가 존재하지 않는 구조이다. 비트코인은 지갑 파일의 형태로 저장되고, 이 지갑에는 각각의 고유 주소가 부여되며, 그 주소를 기반으로 비트코인의 거래가 이루어진다.

84 벌처펀드 Vulture Fund

파산위기에 놓인 부실기업이나 부실채권에 투자하는 자금

사냥해서 먹이를 얻지 않고 동물의 사체를 먹는 대머리독수리(Vulture)에서 유래한 표현으로, 거의 회생가능성이 없는 파산위기의 기업이나 부실채권에 투자해 수익을 내는 자금을 말한다. 싼 값에 매수하여 정상화시킨 후 비싼 값에 팔아 고수익을 노린다는 전략인데, 그만큼 위험성도 크다.

85 헤지펀드

투자 위험 대비 고수익을 추구하는 투기성 자본

소수의 고액투자자를 대상으로 하는 사모펀드다. 주가의 장·단기 실적을 두루 고려해 장·단기 모두에 투자하는 식으로 포트폴리오를 구성하여 위험은 분산시키고 수익률은 극대화한다. 또한, 헤지펀드는 원래 조세회피 지역에 위장거점을 설치하고 자금을 운영하는 투자신탁으로 자금은 투자 위험을 회피하기 위해 펀드로 사용한다.

> **사모펀드**
> 소수의 투자자들로부터 자금을 모아 주식이나 채권 등에 운용하는 펀드

86 인덱스펀드

특정 지수들을 따라가도록 설계되고 운용되는 펀드

인덱스펀드는 주가지표의 변동과 동일한 투자성과를 내기 위해 구성된 포트폴리오로 증권시장의 장기적 성장추세를 전제로 한다. 그러므로 인덱스펀드의 목표수익률은 시장수익률 자체가 주된 목적이 되며 지수추종형 펀드 또는 패시브형 펀드라고도 한다.

87 **어닝 시즌** Earning Season

기업들의 분기별·반기별 실적 발표 시기

기업은 일정기간(1년에 4번, 분기별) 동안 실적을 발표하여 이를 종합하여 반기보고서, 연간결산보고서를 발표한다. 이때가 보통 12월인데, 실적 발표가 집중되는 만큼 주가의 향방이 결정되는 중요한 시기이기 때문에 투자자들은 어닝 시즌에 집중하게 된다.

> **어닝 서프라이즈(Earnings Surprise)**
> 시장 예상치를 뛰어 넘는 '기대 이상의 실적'을 말한다. 기업의 실적에 의하여 주가의 방향이 달라지는데, 발표한 실적이 예상보다 높을 때는 주가가 큰 폭으로 오르는 경우가 더욱 많다. 그러나 반대로, 예상보다 훨씬 낮을 때는 주가에 충격을 준다는 의미로 어닝 쇼크(Earning Shock)라고 한다.

88 **필립스 곡선** Phillip's Curve

임금상승률과 실업률과의 관계를 나타낸 그래프

실업률이 낮으면 임금상승률이 높고 실업률이 높으면 임금상승률이 낮다는 관계를 나타낸 곡선이다. 영국 경제학자 필립스가 실제 영국의 사례를 토대로 분석한 결과에서 $x = $ 실업률, $y = $ 임금상승률로 하여 $\log(y + 0.9) = 0.984 - 1.394x$ 라는 관계를 도출하였다. 이 경우 실업률이 5.5%일 때 임금상승률은 0이 된다. 최근에는 임금상승률과 실업률의 관계보다는 물가상승률과 실업률의 관계를 보는 것이 일반적이다.

CHAPTER 04 사회 · 노동 · 환경

01 CF100 Carbon Free 100%

전력의 100%를 무탄소 에너지원으로 공급받아 사용하는 캠페인

공식 명칭은 '24/7 Carbon-Free Energy'로 24시간 7일 내내 무탄소 전력을 사용한다는 의미다. 사용전력의 100%를 풍력, 태양광, 수력, 지열, 원자력발전 등의 무탄소 에너지원으로 공급받는 캠페인이며, 전력의 탈탄소화를 목표로 한다. RE100(Renewable Electricity 100)으로는 탄소중립 달성이 어렵다는 지적에 따라 구글과 UN에너지, 지속가능에너지기구 등이 발족했다. 전력 부문에서 탄소를 완전히 제거한다는 점에서 전력 100%를 재생에너지로 충당하는 RE100과는 차이가 있다.

02 쉬커버리 She-covery

엔데믹에 접어들면서 여성고용률이 빠르게 회복되는 현상

여성을 뜻하는 'She'와 회복을 뜻하는 'Recovery'의 합성어로 코로나19의 확산세가 진정되면서 여성고용률이 빠르게 회복되는 현상을 말한다. 팬데믹 이후 여성들이 대량실직하는 현상을 일컬었던 '쉬세션(she-cession)'과 반대되는 개념이다. 한국은행이 발표한 '여성고용 회복세 평가'보고서에 따르면 2020년 1월 대비 2023년 4월 남성고용률이 0.3%포인트(p) 증가한 반면 여성고용률은 1.8%p 올랐으며, 특히 20~30대 젊은 여성의 고용률은 4%p 대로 빠르게 증가한 것으로 나타났다. 이는 디지털 전환 등 산업별 노동수요가 변하면서 여성의 취업 비중이 높은 비대면 서비스업, 보건복지 등의 분야에 취업자 수가 증가한 영향으로 풀이 됐다.

> **쉬세션(She-cession)**
> 여성을 뜻하는 'She'와 경제침체를 뜻하는 'Recession'을 합성한 용어로 코로나19로 생겨난 여성들의 대형실직을 의미한다. 코로나19가 장기화하면서 여성 근로자의 비중이 높은 교육·서비스업 등의 업종 등이 직격탄을 맞으며 경기침체에 빠졌고, 이는 여성이 직장을 잃는 결과로 이어졌다. 또한 학교가 코로나19의 영향으로 재택수업을 하며 돌봄에 대한 부담이 증가한 것도 쉬세션의 원인 중 하나로 꼽혔다.

03 인구절벽 Demographic Cliff

생산가능인구(15세~64세) 비율이 급격히 줄어드는 현상

한 국가의 미래성장을 예측하게 하는 인구지표에서 생산가능인구인 만 15세~64세 비율이 줄어들어 경기가 둔화하는 현상을 가리킨다. 이는 경제예측 전문가인 해리 덴트의 저서 〈인구절벽(Demographic Cliff)〉에서 처음 사용했다. 우리나라에서는 출생자 수보다 사망자 수가 많아지며 인구가 자연 감소하는 인구 데드크로스 현상이 2020년 인구통계상에서 처음 나타나면서 인구절벽이 가속화됐다. 인구절벽이 발생하면 의료 서비스의 수요가 늘어나며 개인의 공공지출 부담이 증가한다. 또한 국가 입장에서는 노동력 감소, 소비위축, 생산 감소 등의 현상이 동반돼 경제에 큰 타격을 받는다.

04 알파 세대 Alpha Generation

2010년대 초~2020년대 중반에 출생한 세대

2010년 이후에 태어난 이들을 지칭하는 용어로 다른 세대와 달리 순수하게 디지털 세계에서 나고 자란 최초의 세대로 분류된다. 어릴 때부터 기술적 진보를 경험했기 때문에 스마트폰이나 인공지능(AI), 로봇 등을 사용하는 것에 익숙하다. 그러나 사람과의 소통보다 기계와의 일방적 소통에 익숙해 정서나 사회성 발달에 부정적인 영향이 나타날 수 있다는 우려도 있다. 알파 세대는 2025년 약 22억명에 달할 것으로 예측되고 있으며, 최근 소비시장에서도 영향력을 확대하는 추세다.

> **잘파 세대(Zalpha Generation)**
> 1990년대 중반~2000년대 초에 태어난 Z세대와 2010년대 이후 출생한 알파 세대의 합성어로 1990년대 중반 이후에 태어난 세대를 통칭하는 말로 사용된다. 이들은 스마트폰이 대중화되면서 디지털기기에 익숙한 환경에서 성장해 최신 기술을 가장 빠르게 받아들인다는 특징이 있다.

05 논바이너리 Non-binary

한 성별에만 국한되지 않는 성 정체성

여성과 남성 둘로 구분되는 기존의 성별기준에 속하지 않는 것이다. 여성과 남성 정체성을 다 갖고 있는 바이젠더, 자신이 어떤 성별도 아니라고 생각하는 젠더리스, 남성에서 여성으로, 여성에서 남성으로 전환하는 트랜스젠더 등도 논바이너리에 속한다. 외국에서는 논바이너리의 정체성을 가진 이들에게 She(그녀)/He(그)와 같은 특정성별을 지칭하는 단어를 사용하지 않고 They(그들)라는 중립적인 표현을 쓴다. 미국 배우 엘리엇 페이지, 영국 가수 샘 스미스 등이 자신이 논바이너리임을 커밍아웃했다. 논바이너리와 같은 개념으로 젠더퀴어가 사용되고 있다.

06 **조용한 해고** Quiet Cutting

기업이 직원에게 간접적으로 해고의 신호를 주면서 퇴사하도록 유도하는 것

기업이 직원을 직접 해고하는 대신 간접적으로 해고의 신호를 주는 조치를 말한다. 기업은 장기간 봉급인상 거부, 승진기회 박탈, 피드백 거부 등의 방식으로 조용히 불이익을 주면서 직원들이 스스로 퇴사하도록 유도한다. 이는 팬데믹 이후 확산했던 정해진 시간과 범위 내에서만 일하고 초과근무를 거부하는 노동방식을 뜻하는 '조용한 퇴사(Quiet Quitting)'에 대응하는 기업들의 새로운 움직임이다. 또 새로운 직무가 생기면 신규직원을 채용하지 않고 기존 근로자의 역할을 전환하거나 단기계약직을 고용하는 '조용한 고용'도 확산하고 있다.

07 **그린 택소노미** Green Taxonomy

친환경산업을 분류하기 위한 녹색산업 분류체계

녹색산업을 뜻하는 그린(Green)과 분류학을 뜻하는 택소노미(Taxonomy)의 합성어다. 환경적으로 지속가능한 경제활동의 범위를 정하는 것으로 친환경산업을 분류하기 위한 녹색산업 분류체계를 말한다. 녹색투자를 받을 수 있는 산업 여부를 판별하는 기준으로 활용된다. 2020년 6월 세계 최초로 유럽연합(EU)이 그린 택소노미를 발표했을 당시만 해도 원자력발전을 포함한 원자력 관련 기술이 포함되지 않았지만, 2021년 12월에 마련한 그린 택소노미 초안에 방사성폐기물을 안전하게 처리할 계획을 세우고 자금과 부지가 마련됐을 경우 친환경으로 분류될 수 있다는 내용이 새롭게 포함됐다. EU 집행위원회는 2022년 1월 원전과 천연가스를 환경친화적인 녹색분류체계인 그린 택소노미에 포함하기로 결정했다. 우리나라 환경부 역시 환경적으로 지속가능한 경제활동의 범위를 정해 한국형 녹색분류체계 가이드라인 'K-택소노미'를 개발하여 기업의 다양한 활동에 적용할 수 있는 제도적 기반을 마련했다.

08 **녹색기후기금** GCF ; Green Climate Fund

개발도상국의 기후변화 대응과 온실가스 감축을 지원하는 국제금융기구

국제연합 산하의 국제기구로서 선진국이 개발도상국들의 온실가스 규제와 기후변화 대응을 위해 세운 특화 기금이다. 2010년 멕시코에서 열린 UN기후변화협약(UNFCCC) 제16차 당사국 총회에서 GCF 설립을 공식화하고 기금 설립을 승인하였다. UN기후변화협약에 따라 만들어진 녹색기후기금은 선진국을 중심으로 2012년에서 2020년까지 매년 1,000억달러씩, 총 8,000억달러의 기금을 조성하여 개발도상국을 지원하기로 했지만 목표를 달성하진 못했다. 본부는 우리나라 인천광역시 송도국제도시에 위치해 있다.

> **UN기후변화협약(UNFCCC)**
> 지구온난화를 방지하기 위해 이산화탄소를 비롯한 온실가스의 배출을 제한하기로 세계 각국이 동의한 협약이다. 이 협약이 채택된 브라질 리우의 지명을 따 리우환경협약이라 부르기도 한다.

09   윤리적 소비 Ethical Consumption

환경이나 인간, 동물에 해를 끼치지 않는 공정무역 물품을 구매하는 소비자 운동

소비행위가 인류, 사회, 환경에 가져올 영향을 고려하여 윤리적인 판단가치를 가지고 소비행위를 하는 것을 뜻한다. 소비자들이 직접적인 가치 판단에 따라 사전 정보를 토대로 비교해보고 구매하는 가치소비의 일종이다. 윤리적 소비의 주요시장은 '공정무역(Fair Trade)', '친환경 농식품', '로컬푸드', '유기농 생활용품' 등이며 대안적 소비활동으로 '지속가능한 가치 실천'을 목표로 한다. 따라서 동물복지인증 식품, 안심 먹거리의 구매운동뿐만 아니라 해로운 제품 불매, 로컬소비나 공동체화폐 사용하기 등이 윤리적 소비의 대표적인 예에 속한다.

> **미닝아웃**
> 자신의 신념을 세상 밖에 내비친다는 뜻으로 신념을 뜻하는 '미닝(Meaning)'과 '커밍아웃(Coming Out)'의 합성어다. 소비 하나에도 자신의 정치적·사회적 신념을 내비치는 MZ세대의 소비형태를 말한다. 타인에게 선한 영향력을 끼친 점주나 브랜드의 매출을 올려주며 돈으로 혼쭐을 내준다는 '돈쭐'도 미닝아웃의 한 형태다. 미닝아웃은 제품 자체를 구매하는 것보다 자신의 신념을 산다는 경향이 강하다.

10   소비기한

식품을 섭취에도 이상이 없을 것으로 판단되는 소비의 최종기한

소비자가 식품을 섭취해도 건강이나 안전에 이상이 없을 것으로 판단되는 소비의 최종기한을 말한다. 식품의 제조과정부터 유통과정과 소비자에게 전달되는 기간을 모두 포함한 것으로 유통기한보다 길다. 2021년 7월 24일 국회가 기존의 유통기한 표시제를 2023년 1월 1일부터 소비기한 표시제로 변경하는 내용의 '식품 등의 표시·광고에 관한 법률' 개정안을 통과시키면서 1985년 도입된 유통기한 표기가 38년 만에 사라지게 됐다. 다만 식품의약품안전처(식약처)는 영업자의 비용부담 완화와 자원낭비 방지를 위해 2023년 말까지 1년간 계도기간을 부여하고, 우유류의 경우 위생 관리와 품질 유지를 위한 냉장보관 기준에 개선이 필요한 점을 고려해 2031년부터 소비기한으로 표시하기로 했다.

11   출생통보제

지자체가 부모 대신 아동의 출생신고를 할 수 있도록 한 제도

의료기관이 출생정보를 건강보험심사평가원(심평원)을 통해 지자체에 통보하고, 지자체가 부모 대신 아동의 출생신고를 하도록 하는 제도다. 원래 부모에게만 있던 출생신고 의무를 의료기관에도 부과함으로써 부모가 고의로 출생신고를 누락하는 등의 '유령 아동'이 생기지 않도록 하기 위한 조치다. 출생통보제 법안이 2023년 6월 30일 국회를 통과하면서 산모가 신원을 숨기고 출산해도 정부가 아동의 출생신고를 할 수 있도록 하는 '보호출산제' 도입에도 속도가 붙을 것으로 전망됐다.

12 그린래시 Greenlash

기후위기에 대응하는 녹색정책에 대한 반발을 의미

전 세계적으로 기후변화에 대한 우려가 커지면서 다양한 대책이 나오는 가운데 대두되고 있는 녹색정책에 대한 반발(Backlash, 백래시)을 의미한다. 최근 안토니우 구테흐스 유엔 사무총장이 '지구온난화 시대가 끝나고 지구 열대화 시대가 도래했다'라고 경고할 만큼 심각해진 기후위기 상황에서 주요 선진국을 중심으로 녹색정책에 반대하는 움직임이 확산하고 있다. 이는 친환경정책이 도입되는 경우 화석연료 기반 사업에 종사하는 근로자들이 일자리를 잃을 가능성이 크고, 기후대응을 위해 소요되는 비용이 증가하는 등 향후 예상되는 경제적 타격에 대한 우려가 가장 큰 원인으로 꼽힌다.

13 특수형태근로종사자

자영업자로서 계약을 맺는 근로자

특수형태근로종사자의 근로방식은 일반근로자와 같으나, 사업주와 개인 간의 도급으로 근로계약을 맺고 있다. 특수고용노동자, 준근로자 등으로 불리기도 한다. 독자적 사업장이 없고 계약된 사용자에게 종속되어 자율적으로 일한다. 택배·대리운전기사, 보험설계사, 학습지 교사, 골프장 캐디 등의 직종은 정식노동자로 근로계약을 맺을 수도 있으나 대부분이 특수고용직으로 일한다.

14 육각형 인간 Aspiring to Be a Hexagonal Human

외모·학력·자산·직업·집안·성격 등 모든 측면에서 흠이 없는 사람

2024년의 트렌드를 예측하는 〈2024 트렌드 코리아〉에서 제시된 개념이다. 헥사곤 그래프의 모든 기준 축이 끝까지 꽉 차면 정육각형이 되기 때문에 육각형은 완벽이라는 의미로 종종 쓰인다. 이처럼 외모·학력·자산·직업·집안·성격 등 모든 측면에서 흠이 없는 사람을 의미하는 육각형 인간은 젊은이들의 '갓생 살기'와 같은 일종의 놀이이면서, 한편으로는 현대 사회의 계층 고착화를 보여주는 절망의 모습이기도 하다.

> **2024년 소비 트렌드 10대 키워드**
> 분초사회, 호모 프롬프트, 육각형 인간, 버라이어티 가격 전략, 도파밍, 요즘남편 없던아빠, 스핀오프 프로젝트, 디토소비, 리퀴드 폴리탄, 돌봄경제

15 도시공원일몰제

장기간 공원 조성 사업에 착수하지 못한 부지를 공원용도에서 자동 해제하는 제도

정부나 지방자치단체가 공원 설립을 위해 토지를 도시계획시설로 지정해놓고도 20년이 지나도록 공원조성을 하지 않았을 경우 자동으로 지정이 해제되는 제도를 말한다. 장기미집행시설 실효제라고도 부른다. 사유지를 도시계획시설로 정해놓고 보상 없이 장기간 방치하는 것은 토지 소유자의 재산권을 침해하는 것이라는 1999년 헌법재판소의 헌법불합치 결정에 따라 도입됐다. '국토의 계획 및 이용에 관한 법률' 부칙에서 2000년 7월 1일 이전 지정된 도시계획시설 대상이 원래 목적대로 개발되지 않았다면 2020년 7월 1일부로 그 지정고시를 해제하도록 했다.

16 코로나바이러스 감염증-19(코로나19)

사람을 포함한 포유동물과 조류를 감염시키며 다양한 질병의 양상을 보이는 바이러스

SARS-CoV-2가 일으키는 중증 호흡기 증후군을 말한다. 2019년 중국 우한시에서 첫 사례가 보고된 이후 전 세계적인 유행병으로 자리잡았다. 발열, 기침, 인후통 등의 증상이 대표적이며, 감염자의 호흡과 비말 접촉으로 전염된다. 예방 조치로는 사회적 거리두기, 격리, 마스크 착용 등이 있다. 우리나라는 2021년부터 백신 접종을 시작하였고, 2023년 6월 코로나19 위기단계가 심각에서 경계 단계로 하향되면서 사실상 종식되었다.

17 흑사병

페스트균에 의해 발생하는 급성 열성 감염병

쥐에 기생하는 벼룩에 의해 페스트균(Yersinia Pestis)이 옮겨져 발생하는 급성 열성 감염병으로 국내에서는 제2급 감염병으로 관리되고 있다. 흑사병은 1~7일의 잠복기를 거치며 증상으로는 발열, 현기증, 구토 등 전염성이 강하고 사망률도 높다. 인체 감염은 동물에 기생하는 감염된 벼룩에 물리거나, 감염된 동물의 체액 및 혈액 접촉 또는 섭취를 한 경우, (의심) 환자나 사망환자의 체액(림프절 고름 등)과 접촉한 경우, 혹은 폐 페스트 환자의 비말(침방울)에 노출된 경우에도 호흡기를 통해 전파가 가능하다. 페스트균에 감염돼도 2일 이내 조기에 발견하고 항생제를 투여하면 치료가 가능하다.

18 노튜버존

유튜버의 촬영을 금지하는 공간

'노'(No)와 '유튜버존'(Youtuber + Zone)을 합친 단어로 유튜버의 촬영을 금지하는 공간을 뜻한다. 일부 유튜버가 영상을 촬영한다며 허락을 구하지 않고 주방에 들어가거나, 손님과 점원에게 인터뷰를 요청해 피해를 끼치자 식당 측이 이를 금지한 것을 말한다. 아울러 후기 영상을 올려주는 대가로 무료 식사 서비스를 요구하고 시청자 수 확보를 위해 자극적인 연출을 주문하는 유튜버가 늘어나면서 노튜버존을 선언하는 식당이 늘고 있다. 노튜버존에 대해 '노키즈존'과 같은 차별이라는 일부 의견에 대해서는 아예 들어오지 말라는 것이 아니라 단지 촬영하지 말라는 것이라며, 이를 차별로 생각해서는 안 된다는 입장이다.

> **노 틴에이저 존(No Teenage Zone)**
> 청소년들이 카페에서 욕설, 무례한 언행, 바닥에 침 뱉기 등으로 다른 손님들에게 피해를 주는 행위로 인해 청소년들이 카페 안에 들어오는 것을 금지하는 행위를 말한다.

19 텐포켓

출산율 저하로 아이를 위해 온 가족이 지갑을 여는 현상

한 명의 자녀를 위해 부모와 친조부모, 외조부모, 이모, 삼촌 등 8명의 어른들이 주머니에서 돈을 꺼낸다는 의미인 에잇 포켓(Eight Pocket)에 주변 지인들까지 합세하는 것을 뜻하는 용어다. 이러한 경향은 출산율이 줄어들고 외둥이가 늘면서 남부럽지 않게 키우겠다는 부모의 마음, 조부모의 마음이 반영된 결과로 볼 수 있다. 텐포켓 현상으로 한 명의 아이를 위해 온 가족이 지갑을 열게 되면서 고가의 프리미엄 완구가 인기를 끌고 있다.

> **골드 키즈(Gold Kids)**
> 최근의 저출산 현상과 맞물려 왕자나 공주와 같은 대접을 받으며 귀하게 자란 아이들을 의미하는 신조어다.
>
> **VIB(Very Important Baby)족**
> 한 명의 자녀를 위해 아낌없이 지갑을 여는 부모를 의미하는 신조어다.

20 고교학점제

고교의 이수 과목을 학생들의 선택에 맞기는 교과 방식

교육부에서 발표한 고교 교육 전면 개편안이다. 대학교에서 강의수강을 하는 것처럼 학생들이 자신들의 진로 계획에 따라 수강하고 싶은 과목을 학기 초에 선택해 수강하는 방식으로 진행된다. 현재 시범학교로 선정된 학교에서 다양하게 고교학점제가 운영되고 있다. 고교학점제는 2021년까지는 학점제의 도입 기반을 마련하기 위해 연구·선도학교를 운영하고, 운영 모형 및 제도개선 사항 파악을 추진한다. 2022~2024년까지는 현행 교육과정을 고교학점제에 적합하게 수정해 전국 고등학교를 대상으로 제도를 부분도입하고, 2025년에는 전국 고등학교에 완성된 형태의 고교학점제를 본격 시행한다.

고교학점제 국외 사례

구 분	미 국	핀란드	영 국	캐나다	프랑스	싱가포르	한 국
졸업요건	학점이수 졸업시험	학점이수 졸업시험	졸업시험	학점이수 졸업시험	졸업시험	학점이수 졸업시험	출석일수
내 신	절대평가	절대평가	절대평가	절대평가	절대평가	절대평가	상대평가
대 입	SAT 고교내신	고교내신 졸업시험 대학별 시험	고교내신 졸업시험	고교내신 졸업시험	고교내신 졸업시험	고교내신 졸업시험	수능시험 고교내신 대학별 시험

21 아프리카돼지열병 ASF ; African Swine Fever

돼지농가 집단 폐사 사유가 되는 돼지 전염병

아프리카 지역의 야생돼지들이 보균숙주이며, 물렁진드기가 바이러스를 전파시킨다고 알려진 돼지 전염병이다. 돼지과 동물들만 걸릴 수 있는 질병이나, 양돈 돼지가 아프리카돼지열병에 걸릴 경우 치사율이 100%에 이르고 치료제나 백신이 없기 때문에 우리나라에서는 가축전염병예방법에 제1종 법정전염병으로 분류하고 있다. 이 병에 걸린 돼지는 고열(40.5~42℃), 식욕부진, 기립불능, 구토, 피부 출혈 증상 등을 보이다가 보통 10일 이내에 폐사한다. 아프리카돼지열병은 1920년대부터 아프리카에서 발생해왔으며 대부분 사하라 남부 아프리카 지역에 풍토병으로 존재하고 있다. 2018년 8월 중국 랴오닝성 선양에서 아시아 최초로 아프리카돼지열병이 발생했고, 이후 중국 전 지역과 몽골·베트남·미얀마 등 주변국으로 확산되면서 국내 유입 우려를 높였다. 2019년 9월 17일 경기도 파주시의 한 돼지농장에서 아프리카돼지열병이 처음으로 발생하면서 우리나라도 발생국이 됐다.

> **구제역**
> 소, 돼지, 양, 사슴 등 발굽이 둘로 갈라진 우제류에 속하는 동물에게 퍼지는 감염병이다. 발굽이 하나인 말이나 당나귀 등의 기제류 동물은 구제역에 걸리지 않는다. 구제역에 걸린 동물은 입안에 물집이 생기고, 침을 많이 흘리며, 발굽이 헐어서 제대로 서 있기가 힘들다. 치사율은 5~55%에 달한다.

22 MZ세대

밀레니얼 세대와 Z세대를 합친 세대

밀레니얼 세대의 앞 글자 M과 Z세대를 합친 합성어로서, 1980년부터 2004년생까지 일컫는 밀레니얼 세대와 1995년부터 2004년 출생자를 뜻하는 Z세대를 의미한다. 통계청 인구총조사에 따르면 15~39세에 이르는 이 MZ세대는 1,736만 6,041명으로 국내 인구의 약 33.7%를 차지한다. MZ세대의 등장으로 각 업계에서는 이들을 사로잡기 위한 다양한 마케팅이 등장하고 있다.

> **밀레니얼 세대**
> 현재 전 세계 노동 인구의 절반을 차지하고 있고, 향후 경제를 이끌어갈 핵심 주도층
>
> **Z세대**
> 당장 경제력을 갖춘 세대는 아니지만 사회 진출을 막 시작한 미래 소비의 주역

23 홈루덴스족

밖이 아닌 집에서 주로 여가 시간을 보내는 사람들을 지칭하는 말

집을 뜻하는 '홈(Home)'과 놀이를 뜻하는 '루덴스(Ludens)'를 합친 단어로 자신의 주거공간에서 휴가를 즐기는 이들을 가리키는 신조어이다. 홈캉스를 즐기는 사람들의 대표적인 형태라고 말할 수 있다. 홈루덴스족은 취향에 맞는 아이템을 구비해 자신만의 공간을 꾸미는 데 적극적이어서 새로운 소비계층으로 떠오르고 있다. 집에서 휴가를 보내는 '홈캉스족', 내가 하고 싶은 시간에 편안한 장소인 집에서 운동을 즐기는 '홈트(홈 + 트레이닝)족' 등 '집돌이'와 '집순이'를 지칭하는 '홈○○'이라는 단어가 어느새 익숙해지고 있다.

> **HMR(Home Meal Replacement ; 가정식 대체식품)**
> 짧은 시간에 간편하게 조리하여 먹을 수 있는 가정식 대체식품을 말한다. 일부 조리가 된 상태에서 가공·포장되기 때문에 간단한 조리로 혼자서도 신선한 음식을 먹을 수 있다는 장점이 있다.

24 인터라인

다수의 운항사가 여정을 한 티켓(예약)에 묶는 것

복수의 항공사가 제휴를 맺고 각각 운항하는 노선을 연계해 티켓을 한데 묶어 판매하는 협력 형태를 말한다. 이미 취항 중인 업체 간 이뤄지는 협약이기 때문에 항공사로서는 비용절감 효과를 누리면서 동시에 노선 확대를 꾀할 수 있다. 예를 들어 인천에서 출발해 하와이 호놀룰루로 도착하는 노선을 운항 중인 항공사가, 근방 다른 지역을 취항 중인 항공사와 연계해 티켓을 판매하는 방식이다. 국내에서는 저비용항공사(LCC)들이 해외 항공사와 인터라인을 확대하는 추세에 있다.

25 로맨스 스캠 Romance Scam

웹상에서 연애 감정을 빌미로 돈을 갈취하는 사기수법

웹상에서 접촉하여 신뢰 관계를 형성한 후 피해자에게 연애 감정을 심어주어 돈을 갈취하는 행위를 가리키는 말이다. 연인관계가 될 것이나 결혼을 약속하여 급전이 필요함을 어필하여 돈을 갈취하는 기존의 '연애사기'가 인터넷상에서 벌어지는 사건을 가리키는 용어로 사용한다. 이메일, 만남 어플 등의 개인 웹서비스를 통해 은밀하게 접근하기도 하지만 유튜브, SNS 등에서 인플루언서로 활동하던 이들이 자신의 팬을 상대로 자행한 뒤 뒤늦게 밝혀져 논란이 되었다.

26 플랫폼노동자

배달 어플이나 유튜브와 같은 디지털플랫폼에 종사하는 노동자

온·오프라인이 연계되는 O2O 서비스에 종사하는 노동자를 말한다. 타다, 배달의 민족과 같은 플랫폼을 기반으로 한 노동을 플랫폼노동이라 하며 유튜브 편집자, 배달업체 라이더, 대리기사 등이 플랫폼노동자에 해당한다. 한국고용정보원에 따르면 2019년 기준 우리나라 플랫폼노동자 수는 44~45만명 정도인 걸로 파악되고 있다. 플랫폼노동자는 회사와 직접 계약한 근로노동자가 아닌 개인사업자로 대부분 등록돼 있어 고용이 불안정하고 근로기준법과 4대보험 등을 보장받지 못하는 경우가 많다. 매년 늘어나는 플랫폼노동자의 속도를 법체계가 따라가지 못한다는 평가를 받고 있다.

27 직장 내 괴롭힘 금지법

직장 내 괴롭힘을 금지하는 근로기준법으로 2019년 7월 16일부터 시행

직장 내 괴롭힘은 사용자 또는 근로자가 직장에서의 지위 또는 관계 등의 우위를 이용해 업무상 적정범위를 넘어 다른 근로자에게 신체적·정신적 고통을 주거나 근무환경을 악화시키는 행위를 의미한다.

'직장 내 괴롭힘' 판단 기준

행위자	• 근로기준법상 규정된 사용자 및 근로자 • 나이, 학벌, 성별, 근속연수, 고용형태 등 모든 관계에서 가능
행위장소	• 반드시 사업장 내일 필요는 없음 • 사내 메신저, SNS 등 온라인도 해당
행위요건	• 직장에서의 지위 또는 관계 등의 우위를 이용할 것 • 업무상 적정범위를 넘을 것 • 신체적·정신적 고통을 주거나 근무환경을 악화시키는 행위일 것

28 **잡호핑족**

자신의 경력을 쌓고 전문성을 발전시키기 위한 목적으로 2~3년씩 직장을 옮기는 사람

잡호핑(Job-hopping)족은 '폴짝폴짝 여기저기 뛰어다닌다'를 뜻하는 영어단어 'hop'에서 유래된 용어로 장기간의 경기불황과 저성장 속에 주기적인 이직을 통해 새로운 활로를 개척하려는 젊은 직장인들을 가리킨다. 최근 자신의 경력을 쌓고 전문성을 높이기 위한 목적으로 2~3년씩 단기간에 직장을 옮기는 '잡호핑족'이 늘고 있다고 한다. 이는 장기간의 경기불황 아래 고용불안이 심화되고 평생 직장의 개념이 사라져가는 사회적 현실을 배경으로 하고 있다고 볼 수 있다.

> **링크드인(LinkedIn)**
> 유럽과 북미 등지에서 이용 계층이 늘어나고 있는 SNS 형식의 웹 구인구직 서비스이다. 이곳에서는 '1촌 맺기'와 같이 다양한 연결망을 통한 일자리 매칭 서비스를 갖추고 있다. 링크드인에서 개인 정보가 공개된 사람이라면 검색을 통해 특정 사람의 경력을 살펴볼 수 있다.

29 **파이어족**

경제적으로 자립해 조기에 은퇴한다는 것의 줄인 말

'FIRE'는 'Financial Independence, Retire Early'의 약자이다. 젊었을 때 극단적으로 절약한 후 노후 자금을 빨리 모아 이르면 30대, 늦어도 40대에는 퇴직하고자 하는 사람들을 의미한다. 파이어족은 심플한 라이프 스타일을 통해 저축금을 빨리 마련하고 조기에 은퇴함으로써 승진, 월급, 은행 대출 등의 고민에서 벗어나고자 한다. 영국 BBC의 보도에 따르면 파이어족이라는 단어는 〈타이트워드 가제트(Tightwad Gazetle)〉라는 한 뉴스레터에서 처음 사용된 후 미국에서 인기를 얻기 시작했다.

30 **화이트 불편러**

개인의 이익이 아닌 사회의 부조리에 목소리를 내는 사람

화이트 불편러는 화이트(White) + 불편(不便) + -er(~하는 사람)을 합친 신조어이다. 화이트 해커에서 '화이트'가 '선의'를 의미하는 것과 같이 '화이트 불편러'도 불편을 표출하긴 하지만 그것이 개인적인 이익이나 부정적인 여론형성을 위한 것이 아니라 사회의 부조리에 대해 정의로운 목소리를 내는 것을 말한다. 이들의 대표적인 특징은 '정의로운 예민함'이다. 사소해보이는 일이라도 사회적으로 나쁜 영향을 미친다면 소신표현을 통해 문제를 제기하고 해결하고자 한다. 화이트 불편러의 확산 배경에는 SNS의 대중화와 다양한 인터넷 서비스의 발달을 들 수 있는데, 대표적으로 국민청원 동참이나 SNS 해시태그 운동이 있다.

31 노블레스 오블리주 Noblesse Oblige

사회적으로 높은 위치에 있거나 명예를 가진 사람에게 요구되는 도덕적 의무

사회지도층의 책임 있는 행동을 강조하는 프랑스어로, 초기 로마시대에 투철한 도덕의식으로 솔선수범했던 왕과 귀족들의 행동에서 비롯되었다. 도덕적 책임과 의무를 다하려는 사회지도층의 노력으로서 결과적으로 국민들을 결집시키는 긍정적인 효과를 기대할 수 있다.

> **리세스 오블리주(Richesse Oblige)**
> 부자가 쌓은 부(富)에도 사회적인 책임이 따른다는 의미이다. 노블레스 오블리주가 지도자층의 도덕의식과 책임감을 요구하는 것이라면, 리세스 오블리주는 부자들의 부의 독식을 부정적으로 보며 사회적 책임을 강조한다. 2011년 미국에서 일어난 월가 시위에서 '1대 99'라는 슬로건이 등장하는 등 1%의 탐욕과 부의 집중을 공격하는 용어로 쓰인다.
>
> **노블레스 말라드(Noblesse Malade)**
> '귀족'을 뜻하는 프랑스어 'Noblesse'와 '아픈, 병든'을 뜻하는 프랑스어 'Malade'의 합성어로, '부패한 귀족'을 의미한다. 오늘날로 말하면 갑질하는 기득권층이나 권력에 기대 부정부패를 일삼는 부유층이라 할 수 있다. '노블레스 오블리주'와 반대되는 것으로 그룹 회장의 기사 폭행, 최순실의 국정 농단, 땅콩 회항 사건 등 끊임없이 보도되는 권력층의 각종 만행들을 예로 들 수 있다.

32 J턴 현상

지방에서 대도시로 온 노동자가 출신지 근처 지방도시로 가는 현상

지방에서 대도시로 이동하여 생활하던 노동자가 도시생활에 염증을 느끼고 대도시를 탈출하여 출신지 근처 지방도시로 돌아가는 현상이다. 출신지에 일자리가 없거나 고용기회가 적은 경우 출신지와 가깝고 일자리가 있는 지방도시로 가는 것이다.

> **U턴 현상**
> 지방에서 대도시로 이동하여 취직한 노동자가 다시 출신지로 돌아가는 현상이다. 주로 도시생활에 대한 염증, 부적응, 지방 임금 수준 상승 등의 이유로 출신지로 돌아간다.

33 ILO International Labour Organization

노동조건 개선과 노동자들의 기본 생활을 보장하기 위한 국제노동기구

국제적으로 노동자들을 보호하기 위해 설립돼 1946년 최초의 유엔전문기구로 인정받았으며 국제노동입법 제정을 통해 고용, 노동조건, 기술원조 등 노동자를 위한 다양한 활동을 하고 있다.

34 **핌피** PIMFY **현상**

수익성 있는 사업을 자기 지방에 유치하려는 현상

'제발, 우리 앞마당에!(Please In My Front Yard)'의 약어로, 사람들이 선호하거나 수익성 있는 시설을 자기
지역에 적극적으로 유치하려는 현상이다. 지역이기주의의 일종이다.

35 **님비** NIMBY **현상**

혐오시설이나 수익성 없는 시설이 자기 지역에 들어오는 것을 반대하는 현상

'Not In My Back Yard(나의 뒷마당에서는 안 된다)'의 약어로, 폐기물 처리장, 장애인 시설, 교도소 등 혐오시설
이나 수익성이 없는 시설이 자기 지역으로 들어오는 것을 반대하는 현상이다. 지역이기주의의 또 다른 형태이다.

> **바나나 현상(Build Absolutely Nothing Anywhere Near Anybody)**
> 님비 현상과 유사한 개념으로, 공해와 수질오염 등을 유발하는 공단, 댐, 원자력 발전소, 핵폐기물 처리장 등 환경오염시설
> 의 설치에 대해 그 지역 주민들이 집단으로 거부하는 지역이기주의 현상이다.

36 **님투** NIMTOO **현상**

공직자가 자기 임기 중에 혐오시설을 설치하지 않고 임기를 마치려고 하는 현상

'Not In My Terms Of Office'의 약어로, 쓰레기 매립장, 분뇨처리장, 하수처리장, 공동묘지 등 주민들의 민원이
발생할 소지가 많은 혐오시설을 공직자가 자신의 재임기간 중에 설치하지 않고 임기를 마치려는 현상을 일컫는
다. 님트(NIMT ; Not In My Term) 현상이라고도 한다.

> **핌투 현상(PIMTOO ; Please In My Terms Of Office)**
> 공직자가 월드컵 경기장, 사회복지시설 등 선호시설을 자기 임기 중에 유치하려는 현상을 말한다. 가시적인 성과를 이뤄내
> 기 위한 업무 형태로, 장기적인 계획은 고려하지 않은 채 무리하게 사업을 벌이는 행태를 꼬집는 말이다.

37 **파파게노 효과** Papageno Effect

자살 관련 보도를 자제하여 자살을 예방하는 효과

'파파게노'는 모차르트의 오페라 〈마술 피리〉에 등장하는 인물로, 연인과 이루지 못한 사랑을 비관해 자살하려 하지만 요정들이 나타나 희망의 노래를 불러주자 자살의 유혹을 극복한다. 그러자 죽은 줄 알았던 연인이 돌아오고, 둘은 행복한 삶을 이어간다. 그의 이름에서 따온 파파게노 효과는 자살에 대한 보도를 금지하면 자살률이 낮아진다는 주장이다.

> **베르테르 효과(Werther Effect)**
> 베르테르 효과는 자신이 모델로 삼거나 존경하던 인물, 또는 사회적으로 영향력 있는 유명인이 자살할 경우, 그 사람과 자신을 동일시해서 자살을 시도하는 현상을 일컫는다. 1974년 미국의 사회학자 필립스(David Phillips)가 이름 붙였다.

38 **휘게 라이프** Hygge Life

아늑하고 편안하게 소박한 삶을 살아가는 생활방식

덴마크어로 '편안함, 따뜻함, 아늑함'을 뜻하는 명사로, 가족 또는 친구와 함께하는 소소한 일상을 추구하는 생활 방식을 말한다. 뭐든 최신의 것을 찾는 것보다 오래되었지만 더 친숙한 것을 찾고, 자극적이고 화려한 것보다 편안하고 아늑한 것을 선호하며, 주위 사람들과 여유를 즐기는 삶이라고 할 수 있다.

> • 라곰(Lagom) : '적당한'을 의미하는 스웨덴어로, 균형적인 삶을 추구하는 북유럽의 라이프 스타일
> • 킨포크(Kinfolk) : 가까운 사람들과 함께하는 여유롭고 소박한 삶을 즐기는 문화

39 **코쿠닝 현상** Cocooning Syndrome

외부 위험을 피해 안전한 집에서 안락을 추구하는 현상

독일의 미래학자 페이스 팝콘(F. Popcorn)이 '누에고치짓기 현상', 즉 '코쿠닝'이란 용어를 처음 사용하며 현대인들은 마치 누에고치처럼 자신을 보호하기 위해 보호막을 친다고 표현했다. 사회로부터의 도피라는 부정적인 측면과 가정의 회복·결속이라는 긍정적인 측면이 동시에 존재한다.

> **코쿤(Cocoon)족**
> 외부 세상과 현실에서 벗어나 자신만의 안전한 공간에서 안락함을 추구하려는 '나홀로족'을 의미한다. 이들은 자신만의 공간에 음향기기를 구비하여 음악감상을 하거나 컴퓨터를 통해 세상과 접촉한다.

40　방관자 효과 Bystander Effect

주변에 사람이 많을수록 위험에 처한 사람을 덜 돕게 되는 현상

주위에 사람들이 많을수록 책임이 분산되어 오히려 어려움·위험에 처한 사람을 돕지 않게 되는 현상을 뜻하는 심리학 용어이다. 이는 자신이 아닌 누군가가 도와줄 것이라는 심리적 요인에 의한 것이다. 방관자 효과 때문에 살해당한 피해자 제노비스의 이름을 따서 '제노비스 증후군(Genovese Syndrome)'이라고도 하고, '구경꾼 효과'라고도 한다.

41　경제활동인구

노동시장에서 경제생활에 활동할 수 있는 인구

만 15세 이상 인구 중 노동 능력이나 노동 의사가 있어 경제활동에 기여할 수 있는 인구이다. 한편 경제활동참가율은 만 15세 이상 인구 중 경제활동인구(취업자 + 실업자)가 차지하는 비율을 말한다. 즉, 수입 목적으로 인한 취업자와 일을 찾고 있는 실업자를 포함한다.

$$경제활동참가율(\%) = \frac{경제활동인구}{만\ 15세\ 이상\ 인구} \times 100$$

비경제활동인구
- 우리나라에서는 15세 이상이 되어야 일할 능력이 있다고 보는데, 15세 이상 인구 가운데 일할 의사가 없는 사람을 말하며, 가정주부, 학생 등이 속한다.
- 15세 이상 인구 = 경제활동인구 + 비경제활동인구 = 취업자 + 실업자 + 비경제활동인구

42　아파르트헤이트 Apartheid

남아프리카 공화국에서 시행되었던 극단적인 인종차별정책과 제도

남아프리카 공화국은 백인우월주의를 기반으로 반투 홈랜드 정책으로 대표되는 인종격리정책을 비롯하여 경제적·사회적으로 백인의 특권 유지·강화를 기도했다. 아파르트헤이트는 이런 정책을 가리키는 말로, '분리·격리'를 뜻하는 아프리칸스어에서 비롯된 용어이다. 그러나 아프리카민족회의(ANC)의 의장이었던 넬슨 만델라가 최초 흑인 대통령이 되면서 철폐되었다.

구 분	특 징
뮌하우젠 증후군 (Munchausen Syndrome)	1951년 미국의 정신과 의사인 리처드 애셔가 〈The Lancet〉에 이 증상을 묘사하며 알려졌는데, 어떠한 신체적인 증상을 의도적으로 만들어내는 정신과적 질환을 말한다.
서번트 증후군 (Savant Syndrome)	사회성이 떨어지고 소통능력이 떨어지는 등의 지적 장애를 갖고 있으나 기억, 암산, 퍼즐 등의 특정 분야에서는 천재적인 능력을 갖는 증상이다.
스톡홀름 증후군 (Stockholm Syndrome)	인질이 인질범에게 동화되어 그들에게 동조하는 비이성적 현상을 가리키는 범죄심리학 용어이다.
리마 증후군 (Lima Syndrome)	인질범이 인질에게 정신적으로 동화되어 자신을 인질과 동일시함으로써 공격적인 태도가 완화되는 현상을 가리키는 범죄심리학 용어이다.
VDT 증후군 (Visual Display Terminal Syndrome)	컴퓨터 단말기를 오랜 시간 사용함으로써 발생하는 질병을 의미하는 것으로 VDT(Visual Display Terminal)란 주로 컴퓨터 모니터를 말한다.
피터팬 증후군 (PeterPan Syndrome)	성년이 되어도 어른들의 사회에 적응할 수 없는 '어린 아이'와 같은 남성들에게 나타나는 심리증상을 말한다.
리플리 증후군 (Ripley Syndrom)	남들을 속이는 데 도가 지나쳐 거짓말이 늘고 결국에는 자기 자신도 그 거짓을 진실인 것으로 믿게 되는 증상이다.
파랑새 증후군 (Bluebird Syndrome)	장래의 행복만을 꿈꾸면서 자기 주변에 만족하지 못하는 사람을 의미한다. 즉, 몽상가처럼 지금 시점에 만족하지 못하고 새로운 이상만을 추구하는 것이다.
샹그릴라 증후군 (Shangrila Syndrome)	시간적인 여유와 경제적인 풍요를 가진 시니어 계층을 중심으로 단조롭고 무색무취한 삶의 틀을 깨고, 젊게 살아가고자 하는 노력을 통틀어 말한다.
므두셀라 증후군 (Methuselah Syndrome)	과거는 항상 좋고 아름다운 것으로 생각하려는 현상을 말한다.
스탕달 증후군 (Stendhal Syndrome)	뛰어난 미술품이나 예술작품을 보았을 때 순간적으로 느끼는 각종 정신적 충동이나 분열증상으로, 이 현상을 겪고 처음으로 기록한 스탕달의 이름을 따서 명칭을 붙였다.
LID 증후군 (LID Syndrome)	노인들은 퇴직, 수입 감소, 자녀의 결혼, 배우자와의 사별, 친척·친구의 죽음, 신체적 감퇴 등으로 상실을 경험하면서 고독과 소외감을 느끼는데, 이런 상태가 지속되면 병적인 우울증에 빠지게 된다.
빈둥지 증후군 (Empty Nest Syndrome)	자녀가 결혼이나 독립을 하면서 집을 떠난 후 부모·양육자가 겪게 되는 외로움과 상실감이 지속되어 우울증에 빠지는 것을 말한다.
쿠바드 증후군 (Couvade Syndrome)	아내가 임신했을 경우 남편도 육체적·심리적 증상을 아내와 똑같이 겪는 현상을 말한다.

구 분	내 용
딩크족 (DINK族)	'Double Income, No Kids'의 약어로 자녀 양육에 대한 경제적 부담이나 사회적 성공 등을 이유로 의도적으로 자녀를 두지 않는 맞벌이 부부를 말한다.
패라싱글족 (Parasite Single族)	패러사이트(Parasite ; 기생충)와 싱글(Single ; 혼자)이 합쳐진 용어로, 독립할 나이가 됐지만 경제적 이유로 부모 집에 얹혀살면서 자기만의 독립적인 생활을 즐기는 사람들을 가리킨다.
딘트족 (DINT族)	'Double Income, No Time'의 약어로 맞벌이를 해서 수입은 두 배이지만 업무가 바쁘고, 서로 시간이 없어 소비를 못하는 신세대 맞벌이 부부를 지칭하는 신조어다.
그루밍족 (Grooming族)	피부, 두발, 치아관리는 물론 성형수술까지 마다하지 않으면서 자신을 꾸미는 것에 대한 투자를 아끼지 않는 남성들을 가리킨다.
여피족 (Yuppie族)	Young(젊음), Urban(도시형), Professional(전문직)의 머리글자를 딴 YUP에서 나온 용어로, 도시에서 전문직에 종사하는 고수입의 젊은 인텔리를 말한다.
더피족 (Duppie族)	'여피(Yuppie)족'에서 'y' 대신 'Depressed(우울한)'의 'D'를 조합하여 만든 용어로, 경기침체로 인해 제대로 된 직장을 구하지 못하고 임시직으로 어렵게 생활하고 있는 도시 전문직을 의미한다.
욘족 (Yawn族)	'Young And Wealthy but Normal'의 준말로, 비교적 젊은 30~40대 나이에 부를 축적하였지만 호화생활을 멀리하고 자선사업을 하며 소박하게 사는 사람들을 가리킨다.
네스팅족 (Nesting族)	'새가 둥지를 짓다'는 뜻의 'Nest'에서 유래한 용어로, 일·돈·명예보다 화목한 가정과 여가·여유를 추구하는 신가정주의를 뜻한다.
슬로비족 (Slobbie族)	'Slow but better working people(천천히 그러나 더 훌륭하게 일하는 사람)'의 뜻을 지닌 용어로, 현대생활의 빠른 속도를 따르지 않고 천천히 느긋하게 살려는 사람들을 말한다.
니트족 (NEET族)	'Not in Education, Employment or Training'의 줄임말로서, 나라에서 정한 의무교육을 마친 후 진학이나 취직을 하지 않고 일할 의지도 없는 청년을 가리킨다.
프리터족 (Freeter族)	일본에서 생겨난 신조어로 Free(프리) + Arbeit(아르바이트)를 줄여 만든 용어로 일정한 직업 없이 돈이 필요할 때 일시적으로 아르바이트를 하며 생활하는 젊은 층을 말한다.
프리커족 (Freeker族)	'프리(Free ; 자유)'와 노동자를 뜻하는 '워커(Worker)'를 합성한 용어로, 1~2년 동안 직장 등에서 일하여 모은 돈으로 1~2년 동안 쉬면서 취미·여가를 즐기거나 자기계발을 하는 새로운 계층을 가리킨다.
시피족 (CIPIE族)	Character(개성), Intelligence(지성), Professionalism(전문성)의 머리글자를 딴 CIP에서 나온 말로, 지적 개성을 강조하고 심플 라이프를 추구하는 신세대 젊은이들을 말한다.
통크족 (TONK族)	'Two Only No Kids'의 준말로, 손주들을 돌보던 할아버지·할머니 역할에서 벗어나 부부끼리 여가생활을 즐기는 노인세대를 말한다.
보보스족 (Bobos族)	부르주아 보헤미안(Bourgeois Bohemian)의 준말로 삶의 여유와 가치를 중시하고, 가치 있다고 판단하는 제품과 서비스에 대해서는 가격에 상관없이 아낌없이 지불하는 젊은 세대이다.
쿠거족 (Cougar族)	원래 쿠거란 북미에 서식하는 동물인데, 연하남과 교제하며 미모와 경제력을 두루 갖춘 자신감 있는 여성을 쿠거에 빗대 표현한 것이다.
오팔족 (OPAL族)	'Old People with Active Life'의 준말인 OPAL은 니시무라 아키라와 하타 마미코가 지은 〈여자의 지갑을 열게 하라〉라는 책에서 처음 사용된 용어로, 활동적인 삶을 사는 노인들을 뜻한다.

45 실업의 종류

일주일에 1시간 이상 일에 종사하여 수입이 있는 사람을 취업자라 하고, 경제활동인구 가운데 취업자를 제외한 사람을 실업자라고 한다.

구 분	내 용
자발적 실업	일할 능력과 의사는 있지만 현재의 임금수준이나 복지 등에 만족하지 못하고 다른 곳으로 취업하기 원하여 발생하는 실업이다. 소득수준, 여가시간 활용에 대한 사람들의 관심이 증가하면서 자발적 실업도 늘고 있다.
잠재적 실업	표면적으로는 취업 중이지만 생계유지를 위해 잠시 만족스럽지 않은 직업에 종사하며 계속 구직에 힘쓰는 상태이다. 형식적으로는 취업 중이기 때문에 실업통계에 실업으로 기록되지 않아 '위장실업'이라고도 한다.
구조적 실업	경제가 성장함에 따라 산업구조·기술 등의 변화가 생기는데 이에 적절하게 대응하지 못해 발생하는 실업이다. 즉, 경제 구조가 바뀌고 기술혁신 등으로 기술격차가 발생할 때 이에 적응하지 못하는 근로자에게 발생하는 실업유형이다.
경기적 실업	경기가 침체됐을 때 인원 감축의 결과로 나타나는 실업으로, 일할 의지는 있지만 경기 악화로 인해서 발생하며 비자발적 실업의 한 형태이다. 경기가 회복되면 해소가 가능하지만, 회복될 때까지 긴 시간이 필요하며 경기변동은 주기적으로 발생하는 속성이 있어 경기적 실업은 끊임없이 발생하게 된다.
기술적 실업	기술진보로 인해서 기계가 노동인력을 대체함에 따라 노동수요가 감소해 발생하는 구조적 실업 형태 중의 하나이다. 기술진보의 영향에 민감한 산업에서 발생하며 일반적으로 선진국에서 볼 수 있는 유형이다.
마찰적 실업	구직자·근로자들이 더 좋은 조건을 찾는 탐색행위로 인해 발생하는 실업으로, 고용시장에서 노동의 수요와 공급 간에 소통이 원활하지 않아 발생한다. 근로자들이 자발적으로 선택해서 발생하는 일시적인 실업유형이므로 자발적 실업에 해당한다.

46 노동자의 분류

구 분	내 용
논칼라	블루칼라와 화이트칼라 이후에 나타난 무색칼라 세대로, 손에 기름을 묻히지도 않고 서류에 매달리지도 않는 컴퓨터 작업 세대를 말한다.
블루칼라	제조업·건설업 등 작업 현장에서 일하는 노동자로, 주로 청색 작업복을 입기 때문에 붙여진 용어이다.
화이트칼라	하얀 셔츠를 입고 사무실에서 일하는 노동자를 말한다.
그레이칼라	블루칼라와 화이트칼라의 중간층으로, 과학기술의 발달과 생산공정의 자동화로 인해 블루칼라와 화이트칼라의 노동이 유사해지면서 등장한 용어이다.
르네상스칼라	다양한 지식과 경험을 바탕으로 인터넷 분야에서 두각을 나타내는 사람들을 말한다.
퍼플칼라	근무시간과 장소가 자유로워 일과 가정을 함께 돌보면서 일할 수 있는 노동자를 말한다.
골드칼라	1985년 카네기멜론 대학의 로버트 켈리 교수가 최초로 사용한 용어로, 주로 정보를 다루는 첨단기술, 통신, 광고, 서비스직 등에서 아이디어를 무기로 사업 능력을 발휘하는 사람을 말한다.

47 **직장폐쇄** Lock Out

근로자 측의 쟁의행위에 대항하는 사용자의 쟁의행위로, 사업장을 폐쇄하는 행위

「노동조합 및 노동관계조정법」에는 노동관계 당사자가 그 주장을 관철할 목적으로 행하는 쟁의행위 중 한 가지로 '직장폐쇄'를 인정하고 있다(제2조). 단 사용자는 노동조합이 쟁의행위를 개시한 이후에만 직장폐쇄를 할 수 있고, 직장폐쇄를 할 경우에는 미리 행정관청 및 노동위원회에 각각 신고해야 한다(제46조). 직장폐쇄는 임금을 지급하지 않는 것을 전제로 하는 경제적 압력 수단이기 때문에 엄격한 제한이 필요하다.

48 **매칭그랜트** Matching Grant

기업 임직원들이 모금한 후원금액에 비례해서 기업도 후원금을 내는 제도

기업이 사회적 역할과 책임을 다한다는 신념에 따라 실천하는 나눔 경영의 일종으로, 기업 임직원이 비영리단체나 기관에 정기적으로 내는 기부금만큼 기업에서도 동일한 금액을 1:1로 매칭(Matching)시켜 내는 것을 말한다. 매칭그랜트는 기업과 직원이 함께 참여하여 이루어지므로 노사 화합에 긍정적인 영향을 준다.

49 **사보타주** Sabotage

근로자가 고의로 사용자의 사유재산을 파괴하거나 업무를 게을리하는 쟁의행위

'사보(Sabo ; 나막신)'는 중세유럽 소작농이 주인에 대항하여 나막신으로 추수한 농작물을 짓밟은 데서 유래된 용어이다. 우리나라에서는 '태업'이라고 하는데, 생산 시설 파괴, 불량품 생산, 원재료 과소비 등을 통해 사용자에게 피해를 입히는 쟁의행위를 말한다.

50 **유니언숍** Union Shop

종업원이 입사하면 반드시 노조에 가입하고 탈퇴하면 회사가 해고하도록 하는 제도

채용된 근로자가 일정기간 내에 조합에 가입하지 않거나, 조합에서 제명 혹은 탈퇴한 근로자는 해고된다. 채용할 때에는 가입 여부를 따지지 않지만 일단 채용되면 반드시 노동조합에 가입해야 한다는 점에서 오픈숍과 클로즈드숍을 절충한 것이다.

> **오픈숍(Open Shop)**
> 근로자가 노동조합에 대한 가입과 탈퇴를 자기 의사에 따라 결정할 수 있는 제도로, 조합원과 비조합원을 차별하지 않고 동등하게 대우해야 한다. 우리나라에서는 공무원을 제외한 모든 근로자에게 오픈숍을 적용하고 있다.
>
> **클로즈드숍(Closed Shop)**
> 사용자가 근로자를 고용할 때 노동조합의 가입을 필수조건으로 하는 제도이다. 조합에 가입하겠다는 의사를 밝히지 않은 사람은 고용하지 않고 조합을 탈퇴하거나 제명된 사람은 해고한다.

51 노동 3권

헌법상 노동자가 기본적으로 누려야 할 3가지 권리

헌법 제33조 제1항에 규정한 근로자의 기본 권리로, 근로자는 근로조건의 향상을 위해 자주적인 단결권, 단체교섭권, 단체행동권을 가진다.

> • 단결권 : 노동조합을 결성·운영하며 노동조합 활동을 할 수 있는 권리이다.
> • 단체교섭권 : 근로자가 근로조건을 유지하거나 개선하기 위해 단체로 모여 사용자와 교섭할 수 있는 권리이다.
> • 단체행동권 : 근로자가 단체로 집단적인 행동을 할 수 있는 권리이다.

52 아폴로 신드롬 Apolo Syndrome

인재들이 모인 집단에서 오히려 성과가 낮게 나타나는 현상

영국의 경영학자 메러디스 벨빈이 〈팀 경영의 성공과 실패〉라는 책에서 사용한 용어이다. 아폴로 우주선을 만드는 일처럼 복잡하고 어려운 일일수록 뛰어난 인재들이 필요하지만, 실제로 명석한 두뇌를 가진 인재들만 모인 조직이 전반적으로 성과가 우수하지 않은 것을 설명했다.

53 유리천장 Glass Ceiling

성차별이나 인종차별 등의 이유로 충분한 능력을 갖춘 사람의 고위직 진출을 막는 장벽

1970년 미국의 〈월스트리트저널〉이 만들어낸 신조어이다. 여성, 장애인, 소수자 등 사회적 약자들이 충분한 능력이 있는데도 회사에서 승진할 수 없거나 승진의 최상한선으로 차별을 받는 상황을 비유적으로 표현한 용어이다.

> **유리바닥(Glass Floor)**
> 부유층이 신분하락을 막기 위해 만든 신분의 추락방지 장치로, 기득권에 유리한 정책과 인프라를 만드는 것을 말한다.

54 깨진 유리창 이론 Broken Window Theory

사소한 것들을 방치하면 더 큰 범죄나 사회문제로 이어진다는 사회범죄심리학 이론

미국의 범죄학자가 1982년 '깨진 유리창'이라는 글에 처음으로 소개한 이론이다. 길거리에 있는 상점에 어떤 이가 돌을 던져 유리창이 깨졌을 때 이를 방치해두면 그 다음부터는 '해도 된다'라는 생각에 훨씬 더 큰 문제가 발생하고 범죄로 이어질 확률이 높아진다는 이론이다.

55 업사이클링 Up-cycling

재활용품에 디자인 또는 활용도를 더해 그 가치를 더 높은 제품으로 만드는 것

업사이클링(Up-cycling)은 단순히 쓸모없어진 것을 재사용하는 리사이클링(Recycling)의 상위 개념으로 디자인 또는 활용도를 더해 전혀 다른 제품으로 생산하는 것을 말한다.

> **리자인(Resign)**
> 기존에 사용되다 버려진 물건에 디자인적 요소를 가미해 재탄생시키는 것

56 열섬현상

도시 온도가 주변 지역보다 높아지는 현상

도시의 온도가 교외보다 5℃~10℃ 정도 더 높아지는 현상이다. 도시에는 사람, 건물, 자동차로 인한 인공 열이 많이 발생하고, 대기오염물질로 인한 온실효과가 있으며, 고층건물들 때문에 대기 환기가 어려워 열섬현상이 나타난다.

57 탄소발자국 Carbon Footprint

개인 또는 단체가 직접 · 간접적으로 발생시키는 온실 기체의 총량

우리가 일상생활을 하면서 탄소를 얼마나 배출해내는지 그 양을 한눈에 볼 수 있도록 표시한 것이다. 지구온난화의 가장 큰 원인 중의 하나인 탄소 발생에 대해 경각심을 갖고 정화를 위한 노력을 해나가자는 취지에서 만들어졌다.

> **탄소포인트제**
> 온실가스 중 이산화탄소 감축 실적에 따라 탄소포인트를 발급하고, 그에 상응하는 인센티브를 제공하는 제도이다. 탄소포인트제는 환경부가 정책지원 및 제도화 추진을 맡아 총괄하고, 한국환경공단이 운영센터 관리와 기술 · 정보를 제공하며, 지방자치체가 운영 · 관리한다.
>
> **생태발자국(Ecological Footprint)**
> 인간이 기본적인 생활을 하는 데 있어서 필요한 자원의 생산과 폐기에 드는 비용을 토지로 환산한 지수이다. 지구가 감당할 수 있는 생태발자국 면적 기준은 1인당 1.8ha이고 면적이 넓으면 넓을수록 환경문제가 심각하다는 것을 의미한다.

제1장
제2장
제3장
제4장
제5장
제6장

58 **탄소배출권** CERs ; Certified Emission Reductions

일정 기간 동안 온실가스를 일정량 배출할 수 있는 권리

지구온난화를 일으키는 일산화탄소(CO), 메탄(CH), 아산화질소(NO)와 3종의 프레온가스, 6개 온실가스를 배출할 수 있는 권리를 의미한다. 유엔기후변화협약에서 발급하며, 발급된 CERs는 시장에서 상품처럼 거래할 수 있다. 주로 온실가스 배출을 줄여야 하는 의무를 지는 국가와 기업이 거래한다.

59 **바이오에너지** Bioenergy

바이오매스(Biomass)를 연료로 하여 얻어지는 에너지

바이오에너지는 저장할 수 있고 재생이 가능하며, 물과 온도 조건만 맞으면 어느 곳에서나 얻을 수 있다. 적은 자본으로도 개발이 가능하며, 원자력 등 다른 에너지와 비교할 때 환경보전에 있어서 안전하다. 하지만 가용에너지량과 채산성 결여의 단점이 있다.

> **바이오매스**
> 에너지 이용의 대상이 되는 생물체를 총칭하여 바이오매스라고 한다. 주요 바이오매스 자원으로는 나무, 초본식물, 수생식물, 해조류, 조류(藻類), 광합성 세균 등이 있다. 유기계 폐기물, 농산폐기물, 임산폐기물, 축산폐기물, 산업폐기물, 도시쓰레기 등도 직접 또는 변환하여 연료화할 수 있다.
>
> **바이오 메탄**
> 유기물이 분해되어 형성되는 바이오 가스에서 메탄만을 정제하여 추출한 연료로, 천연가스 수요처에서 에너지로 활용할 수 있다.

60 **몬트리올 의정서**

지구의 오존층을 보호하기 위해 오존층 파괴물질 사용을 규제하는 국제협약

정식 명칭은 '오존층을 파괴시키는 물질에 대한 몬트리올 의정서'이며 1989년 1월 발효됐다. 오존층 파괴물질인 프레온가스(CFC), 할론 등의 사용을 규제하여 지구의 오존층을 보호하는 것이 목적이다.

61 **그린 밴** Green Ban

환경을 파괴하는 활동을 막으려는 도시환경운동

최초의 그린 밴은 1970년대 호주 시드니의 켈리 덤불숲(Kelly's Bush)이 벌목·개발될 위기에 처하자 잭 먼디를 중심으로 개발사업 착수를 거부하며 시작되었다. 도시발전이라는 명목으로 환경과 역사를 파괴하는 개발이 무분별하게 이루어지는 것에 반대하여 노동조합, 환경단체, 지역사회가 전개한 도시환경운동이다.

62 **나고야 의정서** Nagoya Protocol

다양한 생물자원을 활용하여 생기는 이익을 공유하기 위한 지침을 담은 국제협약

생물다양성 협약 부속 유전자원에 대한 접근 및 유전자원 이용으로부터 발생하는 이익의 공정하고 공평한 공유에 관한 규정이다. '생물다양성협약'을 이행하고자 채택된 것으로, 우리나라에서는 2017년 8월 17일에 발효됐다.

> **생물다양성협약(CBD)**
> 1992년 〈유엔환경개발회의〉에서 채택된 국제협약으로, 생물 다양성 보호를 위한 국가 간의 권리 및 의무 관계를 규정한다.

63 **람사르 협약** Ramsar Convention

습지와 습지 자원을 보호하기 위한 국제 환경 협약

물새 서식처로서 국제적으로 중요한 습지에 관한 협약으로, 1971년 2월 이란 람사르에서 체결되었다. 가맹국은 철새의 번식지가 되는 습지를 보호할 의무가 있으며 국제적으로 중요한 습지를 1개소 이상 보호지로 지정해야 한다. 대한민국은 101번째로 람사르 협약에 가입하였으며, 2008년에 경남 창원에서 '제10차 람사르 총회'를 개최하였다.

64 **바젤 협약** Basel Convention

유해 폐기물의 국가 간 교역을 규제하는 국제협약

카이로 지침을 바탕으로 1989년 스위스 바젤에서 채택된 국제협약으로, 유해 폐기물의 불법적인 이동을 막는 데 목적이 있다. 병원성 폐기물을 포함한 유해 폐기물을 국가 간 이동시킬 때, 교역하는 나라뿐만 아니라 경유하는 나라에까지 사전 통보·조치를 취해야 한다는 내용이다.

65 **기후변화협약** UNFCCC

지구온난화를 규제·방지하기 위한 국제 협약

1992년 6월 브라질의 리우회의에서 채택된 협약으로 정식명칭은 '기후변화에 관한 유엔 기본협약(United Nations Framework Convention on Climate Change)'이다. '리우환경협약'이라고도 하는데, 온실가스의 방출을 제한하여 지구온난화를 방지하고자 하는 데 목적이 있다. 협약을 이행하기 위한 교토의정서가 만들어졌다.

66 교토의정서

기후변화협약(UNFCCC)에 따른 온실가스 감축을 이행하기 위한 의정서

1997년 교토에서 열린 기후변화협약 제3차 당사국총회에서 채택됐으며, 탄산가스 배출량에 대한 국가별 목표수치를 제시하고 있다. 선진국의 감축의무 이행에 신축성을 활성화하기 위한 방안으로 배출권거래제도, 공동이행제도, 청정개발체제 등을 도입하였다. 교토의정서에서 정한 삭감 대상 온실가스는 이산화탄소, 메탄, 아산화질소, 과불화탄소, 수소화불화탄소, 불화유황으로 6가지이다.

67 파리기후협약

전 세계 온실가스 감축을 위해 맺은 국제 협약

전 세계 온실가스 감축을 위해 2015년 12월 12일 프랑스 파리에서 맺은 국제협약으로, 지구 평균온도가 2도 이상 상승하지 않도록 온실가스를 단계적으로 감축하는 내용을 담고 있다. 2020년까지 유효한 교토의정서를 대체하여 적용할 새로운 기후협약이다.

68 녹색기후기금 GCF ; Green Climate Fund

개발도상국의 온실가스 감축과 기후변화 대응을 지원하기 위해 만든 국제금융기구

UN산하기구로 선진국이 개발도상국의 이산화탄소 감축과 기후변화 대응을 지원하기 위해 만든 기후변화 특화 기금이다. 2010년 12월 멕시코 칸쿤에서 열린 유엔기후변화협약(UNFCCC) 제16차 당사국 총회에서 기금 설립이 승인됐고, 사무국은 우리나라 인천 송도에 위치한다.

69 런던협약 London Dumping Convention

해양오염 방지를 위한 국제 협약

방사성 폐기물을 비롯하여 바다를 오염시킬 수 있는 각종 산업폐기물의 해양 투기나 해상 소각을 규제하는 협약으로, 해양오염을 방지하는 것이 목적이다. 우리나라는 1992년에 가입했다.

70 **스톡홀름 협약** Stockholm Convention on Persistent Organic Pollutants

잔류성유기오염물질(POPs)의 규제를 위한 국제 협약

다이옥신, PCB, DDT 등 12가지 유해물질의 사용이나 생산 및 배출을 저감·근절하기 위해 체결된 국제협약으로, 'POPs 규제협약'이라고도 한다. POPs에 대한 지역별 오염도를 평가하고 아울러 협약 발효 이후 협약이행의 실효성을 평가하기 위해 국가 또는 지역단위의 모니터링 실시, 측정 자료에 대한 지역적·지구적 차원의 공유를 요구하고 있다.

> **UNEP(유엔환경계획)**
> 1972년 채택된 스톡홀름 선언을 바탕으로, 환경과 지속 가능한 개발에 관한 유엔 공식 국제기구이다. 환경 분야에서 국제 협력의 추진, 유엔 기구의 환경 관련 활동 및 정책 작성, 세계의 환경 감시 등을 목적으로 한다.

71 **유엔환경개발회의** UNCED

지구 환경 보전을 위해 세계 각국 대표단이 모이는 국제환경회의

지구환경문제에 대한 범세계적 차원의 행동계획을 채택할 목적으로 개최된 국제환경회의이다. 정식 명칭은 '환경 및 개발에 관한 국제연합회의(United Nations Conference on Environment and Development)'이며, 개최지 이름을 따서 '리우 정상회의' 또는 '지구정상회의(Earth Summit)'라고 칭한다.

72 **BOD** Biochemical Oxygen Demand

물의 오염 정도를 나타내는 지표가 되는 생화학적 산소 요구량

물속에 있는 호기성 미생물이 유기물을 분해시켜 정화하는 데 사용하는 산소량으로, 5일간을 기준으로 하여 ppm으로 나타낸다. BOD 값이 클수록 오염 정도가 심한 물이고, BOD 값이 작을수록 깨끗한 물이다.

73 **젠트리피케이션** Gentrification

낙후지역의 활성화로 중상층이 유입되면서 원주민들이 집값이나 임대료를 감당하지 못하고 그 지역을 떠나는 현상

지주계급 또는 신사계급을 뜻하는 '젠트리(Gentry)'에서 파생된 용어로, 1964년 영국사회학자 루스 글라스가 처음 사용했다. 당시 런던 변두리에 있는 하층계급 주거지역에 중상층이 유입되면서 고급 주거지가 형성되고 기존 주민들은 비용을 감당하지 못하여 살던 곳에서 쫓겨났는데, 이로 인해 지역 전체의 구성과 성격이 변하는 현상을 설명하며 젠트리피케이션을 언급했다. 우리나라에서는 서촌, 해방촌, 경리단길, 성수동 서울숲길 등이 대표적이다.

투어리스티피케이션(Touristification)
'관광지화(Touristify)'와 '젠트리피케이션(Gentrification)'의 혼성어로, 지역 내 관광이 활성화되면서 원주민이 쫓겨나거나 이주하는 현상을 말한다. 상업적인 이유 외에도 소음이나 쓰레기 문제와 사생활 침해 등으로 인해 나타나기도 한다.

투어리즘포비아(Tourism Phobia)
관광객 공포증 · 혐오증을 뜻하는 용어로, 과잉관광(Overtourism), 투어리스티피케이션(Touristification)과 함께 반(反)관광 정서를 대표하는 용어이다. 투어리즘포비아가 단적으로 나타난 도시는 세계적으로 유명한 관광지인 이탈리아 베네치아, 비엔나, 암스테르담, 바르셀로나 등이다.

---

74 **HACCP** Hazard Analysis and Critical Control Point

식품의 안전성을 확보 · 보증하는 식품안전관리인증 기준

식품 원재료의 생산부터 최종 소비자의 섭취 전까지 모든 단계에 걸쳐 식품에 위해요소가 혼입되거나 오염되는 것을 방지하기 위한 식품위생관리 시스템이다. HACCP은 위해분석(HA ; Hazard Analysis)과 중요관리점(CCP ; Critical Control Point)으로 구성되어 있는데, 우리나라는 1995년 식품위생법에 HACCP 제도를 도입하였다.

---

75 **스모킹 건** Smoking Gun

사건을 해결하는 데 있어서 결정적인 단서

아서 코난 도일의 소설 〈글로리아 스콧〉에서 처음 사용한 말로, '연기 나는 총'이란 뜻이다. 사건 · 범죄 · 현상 등을 해결하는 데 사용되는 결정적이고 확실한 증거를 말하는데, 가설을 증명해주는 과학적 근거도 스모킹 건이라고 한다.

프로파일러(Profiler)
일반적인 수사기법으로는 사건해결에 한계를 겪는 경우, 프로파일링을 통해 고도의 심리 전략을 발휘함으로써 자백을 받아내거나 용의자의 성격, 성별, 연령, 행동유형, 취향 등을 추론해 수사방향을 설정하고 용의자의 범행동기 및 숨겨진 의도 등을 밝혀낸다.

05 과학 · 컴퓨터 · IT · 우주

01 메타버스 Metaverse

가상과 현실이 융합된 초현실세계

가상·초월을 뜻하는 메타(Meta)와 현실세계를 뜻하는 유니버스(Universe)를 더한 말이다. 현실세계와 가상세계를 더한 3차원 가상세계를 의미한다. 자신을 상징하는 아바타가 게임, 회의에 참여하는 등 가상세계 속에서 사회·경제·문화적 활동을 펼친다. 메타버스라는 용어는 닐 스티븐슨이 1992년 출간한 소설 〈스노 크래시(Snow Crash)〉에서 처음 나왔다. 5G 상용화와 더불어 가상현실(VR)·증강현실(AR)·혼합현실(MR) 등을 구현할 수 있는 기술이 계속해서 발전하고 있고, 코로나19 팬데믹 이후 비대면·온라인 추세가 확산함에 따라 메타버스가 주목받고 있다.

02 멀티모달 인터페이스 Multi-Modal Interface

다양한 입력방식을 통해 인간과 컴퓨터가 의사소통하는 기술

키보드나 마우스 등 전통적 텍스트 외에 음성, 시선, 표정 등 여러 입력방식을 융합해 인간과 컴퓨터가 의사소통하는 기술을 말한다. 멀티모달 AI는 시각, 청각 등 다양한 감각기관을 상호작용해 사람처럼 사고하는 AI 기술로 2차원 평면 정보를 3차원 정보로 추론·해석할 수 있으며, 그 밖의 다양한 형태의 정보를 인간처럼 동시에 학습하고 활용할 수 있다.

03 누리호 KSLV-II

국내 독자 기술로 개발된 한국형 발사체

한국항공우주연구원 등이 국내 독자 기술로 개발한 한국형 발사체. 탑재 중량 1,500kg, 길이 47.2m의 3단형 로켓으로 설계부터 제작, 시험, 발사운용 등 모든 과정이 국내기술로 진행됐다. 2018년 11월 시험발사체 발사에 성공한 데 이어 2021년 10월에 1차 발사를 시도했으나 위성모사체가 목표궤도에 안착하지 못해 최종 실패했다. 2022년 6월 21일 진행된 2차 발사에서 발사부터 목표궤도 안착까지의 모든 과정을 완벽히 수행한 뒤 성능검증위성과의 교신에도 성공하면서 마침내 우리나라는 전 세계에서 7번째로 1톤(t)급 실용위성을 우주발사체에 실어 자체 기술로 쏘아 올리는 데 성공한 나라가 됐다. 또 2023년 5월 25일에 진행된 3차 발사이자 첫 실전 발사에서는 주탑재위성인 '차세대소형위성 2호'를 고도 550km 지점에서 정상분리한 데 이어 부탑재위성인 큐브위성 7기 중 6기도 정상분리한 것으로 확인돼 이륙부터 위성 작동까지 성공적으로 마쳤다는 평가가 나왔다.

04 화이트 바이오 White Bio

식물 자원으로 화학제품을 만드는 기술

식물 자원을 활용해 바이오 연료나 화학제품 등을 만드는 기술이다. 공장의 검은 연기를 화이트(하얀색)로 바꿀수 있다는 의미로 화이트 바이오라고 지었으며 산업 바이오라고도 불린다. 화이트 바이오는 재생 가능한 자원을 이용해 만드는 것이기 때문에 탄소배출을 줄일 수 있어 친환경적이다. 바이오산업은 크게 보건·의료분야의 레드 바이오, 농업·식량분야의 그린 바이오, 에너지·환경분야의 화이트 바이오로 나눠진다. 바이오산업 내에서 레드 바이오에 대한 규모와 관심이 가장 컸지만 최근 환경문제가 이슈로 떠오르며 화이트 바이오에 대한 연구가 활발히 진행 중이다.

05 챗 GPT Chat GPT

오픈AI가 개발한 대화형 인공지능 챗봇

2022년 11월 30일 미국의 인공지능(AI) 연구재단 오픈AI(Open AI)가 출시한 대화형 AI 챗봇이다. 사용자가 대화창에 텍스트를 입력하면 그에 맞춰 대화를 나누는 서비스로 오픈AI에서 개발한 대규모 인공지능 모델 'GPT-3.5' 언어기술을 기반으로 개발됐다. 챗 GPT는 방대한 데이터베이스를 기반으로 한 강화학습을 통해 스스로 언어를 생성하고 추론할 수 있는 능력을 지니고 있어 마치 사람과 이야기하는 것처럼 자연스러운 대화가 가능하고, 다양한 형태의 창작물을 새롭게 만들어낼 수도 있다는 점에서 전 세계적인 열풍을 불러일으켰다.

06 e심 eSIM

내장형 가입자 식별 모듈

메인보드에 내장되는 '내장형 가입자 식별 모듈'이다. 유심(USIM)은 스마트폰 슬롯에 꽂아야 하는 반면 e심은 단말기 메인보드에 내장된 모듈에 번호를 등록하여 소프트웨어를 다운받고 가입자 식별정보를 단말기에 저장하는 방식이다. e심을 도입하는 경우 이용자의 가입비용이 줄고 요금제 선택의 폭이 넓어질 것으로 기대된다. e심은 스마트폰뿐만 아니라 크기가 작은 웨어러블 기기나 사물인터넷(IoT) 기기에도 활용도가 높아 해외에서는 이미 e심이 상용화되는 추세다. 특히 해외여행 시 별도로 유심칩을 구매할 필요가 없고, 이용자가 이동통신사를 따로 방문하지 않고도 가입이나 해지가 간편하다는 장점이 있다. 국내에도 2022년 9월부터 e심 서비스가 도입돼 이동통신 3사와 알뜰폰 업체에서 e심으로 스마트폰을 개통할 수 있다.

07 **할루시네이션** Hallucination

인공지능이 정보를 생산하는 과정에서 발생하는 오류

원래 '환청'이나 '환각'을 뜻하는 단어였으나 최근에는 인공지능(AI)이 잘못된 정보나 허위정보를 생성하는 오류가 발생하는 것을 일컫는다. 실제로 생성형 AI의 사용이 증가하면서 이를 이용해 정보를 검색 · 활용하는 과정에서 AI가 질문의 맥락에 맞지 않는 내용으로 답변하거나 사실이 아닌 내용을 마치 사실인 것처럼 답변해 논란이 된 바 있다. 이러한 오류는 데이터학습을 통해 이용자의 질문에 맞는 답변을 제공하는 AI가 해당 데이터값의 진위 여부를 매번 정확하게 확인하지는 못해 나타나는 현상이라고 알려져 있다. 이로 인해 일각에서는 AI의 허점을 이용해 악의적으로 조작된 정보가 사회적 문제를 일으킬 수 있다는 우려를 나타냈다.

08 **디지털 서비스법(DSA)**

거대 IT기업에 유해콘텐츠 검열의무를 규정한 법

유럽연합(EU)이 월별 활성이용자가 4,500만명 이상인 거대 글로벌 IT기업에 유해콘텐츠 검열의무를 규정한 법이다. 2020년부터 논의됐으며 2022년 4월 벨기에 브뤼셀에서 열린 의회에서 유럽의회가 제정에 합의했다. 규제대상인 기업들은 자사 플랫폼에서 미성년자를 대상으로 한 부적절한 콘텐츠, 허위정보, 특정 인종 · 성 · 종교에 대한 차별적 콘텐츠, 아동학대, 테러선전 등의 불법 유해콘텐츠를 의무적으로 제거해야 하며 삭제 정보도 공개해야 한다. 이 법안에는 알고리즘의 설계원리를 투명하게 공개하는 내용도 포함된 것으로 알려졌다. 규제대상인 거대 IT기업들은 자사 플랫폼에서 불법 유해콘텐츠를 삭제하지 않을 경우 매출의 최대 6%에 달하는 과징금을 부여받고, 반복적이거나 심각한 위반으로 판단되는 경우 플랫폼의 EU 역내 운영 자체가 일시 정지되는 등 강력한 제재를 받게 된다. EU는 2023년 8월 25일부터 구글, 페이스북, 인스타그램, 틱톡, 엑스(X, 옛 트위터), 유튜브, 아마존 등 초대형 온라인 플랫폼 및 검색엔진을 대상으로 규제를 시행하고 있으며, 2024년에는 빅테크 기업들의 시장지배력 남용을 방지하기 위해 이들을 '게이트키퍼'로 지정해 특별 규제하는 디지털시장법(DMA)도 시행할 방침이다.

09 **제임스 웹 우주망원경** JWST ; James E. Webb Space Telescope

허블 우주망원경을 대체할 우주 관측용 망원경

1990년 우주로 쏘아 올린 허블 우주망원경을 대체할 망원경으로 2021년 12월 25일 발사됐다. NASA의 제2대 국장인 제임스 웹의 업적을 기리기 위해 '제임스 웹 우주망원경'이라고 명명됐으며 '차세대 우주망원경(NGST ; Next Generation Space Telescope)'이라고도 한다. 제임스 웹 우주망원경은 허블 우주망원경보다 반사경의 크기가 더 커지고 무게는 더 가벼워진 한 단계 발전된 우주망원경이다. 미국 NASA와 유럽우주국(ESA), 캐나다 우주국(CSA)이 함께 제작했다. 우주 먼 곳의 천체를 관측하기 위한 것으로 허블 우주망원경과 달리 적외선 영역만 관측할 수 있지만, 더 먼 거리까지 관측할 수 있도록 제작됐다.

10 **버추얼 프로덕션** Virtual Production

가상의 이미지와 실제 촬영이미지를 실시간으로 결합하는 것

크로마키의 발전된 버전으로 가상의 이미지와 실제 촬영한 이미지를 실시간으로 결합하는 것을 말한다. 촬영하면서 컴퓨터그래픽(CG) 요소를 실시간으로 확인할 수 있어 원하는 장면을 비교적 정확하게 만들어낼 수 있다. 특히 CG 합성절차가 생략된다는 점에서 제작시간 및 비용 절감 효과가 있고 현실감 있는 영상구현이 가능해 배우의 연기몰입도가 상승하는 효과가 있다. 또한 혁신기술을 활용해 수정을 여러 번 거치지 않아도 즉각적이고 창의적인 작업이 가능하다.

11 **양자우월성** Quantum Supremacy

양자컴퓨터가 기존 슈퍼컴퓨터의 성능을 능가하는 지점

양자컴퓨터는 관측 전까지 양자가 지닌 정보를 특정할 수 없다는 '중첩성'이라는 양자역학적 특성을 이용한 컴퓨터다. 물질 이온, 전자 등의 입자를 이용해 양자를 만든 뒤 여러 개의 양자를 서로 관련성을 지니도록 묶는다. 이렇게 만든 양자를 제어해 정보 단위로 이용한다. 디지털의 정보단위 비트는 0 또는 1의 분명한 하나의 값을 갖지만, 양자정보는 관측 전까지 0이기도 하고 1이기도 하기에 이들이 여럿 모이면 동시에 막대한 정보를 한꺼번에 병렬로 처리할 수 있다. 2019년 11월 구글이 양자컴퓨터로 기존 컴퓨터를 능가하는 연산 성능을 보이는 이른바 '양자우월성'을 달성했다는 논문을 정식 발표하면서 과학계와 공학계에 파장을 일으켰다.

> **시커모어**
> 존 마르티니스 미국 UC샌타바버라 교수팀과 구글 전문가들이 개발한 현존하는 최고 성능의 슈퍼컴퓨터로, 1만년 걸리는 난제를 단 200초 만에 풀어버리는 양자컴퓨터 칩을 말한다.

12 **콜드체인** Cold Chain

냉동냉장에 의한 신선한 식료품의 유통방식

신선한 식품의 품질을 보전하여 품질이 높은 상태로 소비자에게 공급하기 위해 유통과정에서 상온보다 낮은 온도를 유지하여 품질이 나빠지는 것을 방지하는 유통근대화 정책이다. 콜드체인은 농축수산물, 식료품부터 화학제품, 의약품, 전자제품, 화훼류에 이르기까지 광범위한 품목에서 적용된다. 콜드체인 시스템을 적절히 활용해 장기간 신선도를 유지할 경우 농·축·수산물판매 시기를 조절할 수 있어 안정적 유통체계를 확립할 수 있다.

13 **딥페이크** Deep Fake

인공지능을 기반으로 한 인간 이미지 합성 기술

인공지능(AI) 기술을 이용해 제작된 가짜 동영상 또는 제작 프로세스 자체를 의미한다. 적대관계생성신경망(GAN)이라는 기계학습 기술을 사용, 기존 사진이나 영상을 원본에 겹쳐서 만들어낸다. '딥페이크'의 단어 유래역시 동영상 속 등장인물을 조작한 이의 인터넷 아이디에서 비롯됐다. 2017년 12월 온라인 소셜 커뮤니티 레딧(Reddit) 유저인 '딥페이커즈(Deepfakes)'는 포르노 영상 속 인물의 얼굴을 악의적으로 유명인의 얼굴과 교체·합성해 유통시켰다.

14 **화이자**

코로나19 백신, 졸로푸트 등을 만든 미국 뉴욕에 위치한 제약회사

화이자는 1849년 설립된 미국 뉴욕에 위치한 제약회사로 찰스 화이자와 찰스 F. 에르하르트가 만든 찰스화이자&컴퍼니라는 이름의 화약약품 회사로 시작했다. 미국 최초로 식품과 화학 산업에 빼놓을 수 없는 타르타르소스와타르타르산염을 개발했다. 2000년대 들어 워너램버트와 같은 여러 제약회사와 인수·합병하며 기업 규모를확장했고, 현재 세계에서 가장 큰 제약회사 중 하나로 성장했다.

15 **프롭테크** Proptech

빅데이터 분석, VR 등 하이테크 기술을 결합한 서비스

부동산(Property)과 기술(Technology)의 합성어로, 기존 부동산 산업과 IT의 결합으로 볼 수 있다. 프롭테크의산업 분야는 크게 중개 및 임대, 부동산 관리, 프로젝트 개발, 투자 및 자금조달 부분으로 구분할 수 있다. 프롭테크 산업 성장을 통해 부동산 자산의 고도화와 신기술 접목으로 편리성이 확대되고, 이를 통한 삶의 질이 향상될전망이다. 무엇보다 공급자 중심의 기존 부동산 시장을 넘어 정보 비대칭이 해소되어 고객 중심의 부동산 시장이형성될 것으로 보인다.

핀테크(FinTech)
금융(Finance)과 기술(Technology)이 융합된 신조어로, 금융과 기술을 융합한 각종 신기술을 의미한다. 핀테크의 핵심은기술을 통해 기존의 금융기관이 제공하지 못했던 부분을 채워주고 편의성 증대, 비용 절감, 리스크 분산, 기대 수익증가 등 고객에게 새로운 가치를 주는 데 있다.

---

16 **펄프스** PULPS

핀터레스트, 우버, 리프트, 팰런티어, 슬랙 등 5개 테크기업

이미지 공유 플랫폼 기업 핀터레스트(Pinterest), 세계 1·2위 차량공유 서비스 업체인 우버(Uber)와 리프트(Lyft), 빅데이터 전문 기업 팰런티어(Palantir), 기업용 메신저 앱 기업인 슬랙(Slack) 등 5개사를 지칭하는 용어다. 펄프스는 기존 미국 증시의 5대 기술주로서 주목받은 '팡'(FAANG)을 대체할 종목으로 관심을 받고 있다. 이들 업체는 큰 범주에서 모두 공유경제와 4차 산업혁명 관련 종목으로 분류되는데, 향후 미국 증시를 새롭게 이끌 것으로 기대되고 있다.

> **FAANG**
> 페이스북(Facebook), 애플(Apple), 아마존(Amazon), 넷플릭스(Netflix), 구글(Google)의 이니셜을 딴 것으로 미국증시 기술주를 뜻한다. 5개 기업의 시가 총액은 미국 국내 총생산(GDP)의 13% 정도를 차지한다.

17 **전기통신사업법(넷플릭스법)**

넷플릭스와 같은 콘텐츠사업자에게 인터넷망 사용의 부담을 지게 하는 법

CP(콘텐츠사업자)를 대상으로 하는 개정 법안이다. 넷플릭스가 소비자에게 콘텐츠를 제공하는 과정에서 과도한 트래픽이 발생함에도 망 사용료는 내지 않는다는 의견으로 법을 개정했기 때문에 넷플릭스 무임승차 방지법(넷플릭스법)이라고도 부른다. 개정 법안은 소비자에게 일정한 수준의 서비스를 제공하도록 의무를 부과하는 것을 목적으로 한다. 기준은 2019년 말 3개월간 일평균 이용자수와 트래픽 양이 100만명 이상이고 국내 총 트래픽 양의 1% 이상인 기업이다. 이 조건에 따라 구글(유튜브), 페이스북, 넷플릭스와 같은 글로벌 기업뿐만 아니라 국내기업인 카카오, 네이버도 넷플릭스법에 적용받는다.

18 **타다** TADA

(주)VCNC가 운영하는 대한민국의 렌터카 서비스이자 모빌리티 플랫폼

포털사이트 다음의 창업자인 쏘카의 이재웅 대표가 커플 앱 비트윈을 서비스하는 스타트업 VCNC를 인수 및 개발하여 2018년 10월 시작한 렌터카 서비스이다. 이는 11~15인승 승합차의 경우 렌터카 기사 알선을 허용한다는 여객자동차 운수사업법 시행령에 근거해 운영되고 있다. 그러나 택시업계는 여객자동차 운수사업법 시행령에 따른 「11~15인승 승합차」 허용은 장거리 운송 및 여행 산업 활성화를 위한 것일 뿐 단거리 택시 영업은 법 취지에 어긋난다며 2019년 2월 타다를 여객자동차운수사업법 위반 혐의로 고발했다. 이에 검찰은 2019년 10월 28일 렌터카 기반 승합차 호출 서비스 '타다'에 대해 여객자동차운수사업법 위반이란 결론을 내렸다.

19 **AOS알파** Automobile repair cost On-line Service-α

자동차사고 시 수리비 견적을 사진 한 장으로 실시간 파악할 수 있는 인공지능(AI) 시스템

고객이 사고 현장에서 스마트폰으로 차량 파손 부위를 촬영하면 AI가 손상된 부위의 판독부터 수리비까지 자동으로 산출·처리한다. 이에 따라 보상직원의 손해사정 업무시간이 일평균 1인당 30~50분, 현장출동 관련 업무시간은 연간 약 6,000시간 단축될 것으로 예상된다. 보험개발원의 연구결과에 따르면 차량부품 인식 정확도는 99%, 부품손상 인식도는 81%로 실무 적용 가능성을 확인했다고 한다. AOS알파가 가동되면 국내에서 자동차보험을 판매하고 있는 보험사 11곳에 모두 도입될 전망이다.

20 **탄소중립**

지구온난화를 일으키는 탄소의 배출량만큼 탄소 감축 활동을 해 이를 상쇄하는 것

기업이나 개인이 발생시킨 이산화탄소 배출량만큼 이산화탄소 흡수량도 늘려 실질적인 이산화탄소 배출량을 '0(Zero)'으로 만든다는 개념이다. 다시 말하면 대기 중으로 배출한 이산화탄소의 양을 상쇄할 정도의 이산화탄소를 다시 흡수하는 대책을 세움으로써 이산화탄소 총량을 중립 상태로 만든다는 뜻이다. 각 나라에서는 지구온난화의 주범인 이산화탄소의 배출량을 조절하기 위해 탄소중립 운동을 활발히 시행하고 있다.

> **에코디자인**
> 자원을 효율적으로 디자인에 활용하여 의식주 전반에 걸쳐 친환경적 가치를 실현하는 것을 말한다. 이와 더불어 환경과의 공존과 생활에서의 편리성을 모두 고려해 가장 실용적인 결과를 찾는 것에 목표를 두고 있으며, 크게 업사이클링과 탄소중립으로 나뉜다.

21 **RPA 시스템**

로봇이 단순 업무를 대신하는 업무자동화 시스템

RPA란 Robotic Process Automation의 줄임말로 사람이 수행하던 반복적인 업무 프로세스를 소프트웨어 로봇을 적용하여 자동화하는 것을 말한다. 즉, 저렴한 비용으로 빠르고 정확하게 업무를 수행하는 디지털 노동을 의미한다. RPA를 도입함으로써 기업이 얻을 수 있는 가장 큰 장점은 로봇이 단순 사무를 대신 처리해주는 것에 따른 '인건비 절감'과 사람이 고부가가치 업무에 집중할 수 있는 것에 따른 '생산성 향상'이다.

제5장

22 **그로스 해킹** Growth Hacking

상품 및 서비스의 개선사항을 계속 점검하고 반영해 성장을 꾀하는 온라인 마케팅 기법

그로스 해커라는 개념은 수많은 스타트업이 인터넷 기반 산업 분야에 뛰어들기 시작하면서 본격적으로 쓰이게 되었다. 마케팅과 엔지니어링, 프로덕트 등 다양한 각도에서 생각해낸 창의적 방법으로 고객에게 마케팅적으로 접근해 스타트업의 고속 성장을 추구하는 것을 의미한다. 페이스북(Facebook), 인스타그램(Instagram), 트위터(Twitter), 에어비앤비(AirBnB), 드롭박스(Dropbox) 등이 그로스 해킹 기술을 사용하고 있다.

> **그로스 해커**
> 2010년대 페이스북, 트위터 등 인터넷에 기반한 스타트업이 본격 성장하기 시작한 미국에서 처음으로 등장했다. Growth (성장), Hacker(해커)의 합성어로 인터넷과 모바일로 제품 및 서비스를 이용하는 소비자들의 사용패턴을 빅데이터로 분석해 적은 예산으로 효과적인 마케팅 효과를 구사하는 마케터를 의미한다.

23 **뉴로모픽 반도체**

인간의 두뇌 구조와 활동 방법을 모방한 반도체 칩

인공지능, 빅데이터, 머신러닝 등의 발전으로 인해 방대한 데이터의 연산과 처리를 빠른 속도로 실행해야 하는 필요성에 따라 개발되었다. 뇌신경을 모방해 인간 사고과정과 유사하게 정보를 처리하는 기술로 하나의 반도체에서 연산과 학습, 추론이 가능해 인공지능 알고리즘 구현에 적합하다. 또한 기존 반도체 대비 전력 소모량이 1억분의 1에 불과해 전력 확보 문제를 해결할 수 있는 장점이 있다.

구 분	기존 반도체	뉴로모픽 반도체
구 조	셀(저장·연산), 밴드위스(연결)	뉴런(신경 기능), 시냅스(신호 전달)
강 점	수치 계산이나 정밀한 프로그램 실행	이미지와 소리 느끼고 패턴 인식
기 능	각각의 반도체가 정해진 기능만 수행	저장과 연산 등을 함께 처리
데이터 처리 방식	직렬(입출력을 한 번에 하나씩)	병렬(다양한 데이터 입출력을 동시에)

24 **바이오시밀러** Biosimilar

특허가 만료된 바이오의약품의 복제약

오리지널 바이오의약품과 비슷한 효능을 갖도록 만들지만 바이오 약품의 경우처럼 동물세포나 효모, 대장균 등을 이용해 만든 고분자의 단백질 제품이 아니라 화학적 합성으로 만들어지기 때문에 기존의 특허받은 바이오 의약품에 비해 약값이 저렴하다. 즉, 효능은 비슷하게 내지만 성분과 원료는 오리지널 바이오의약품과 다른 '진짜 같은 복제약'인 것이다. 당뇨, 류머티스 관절염과 같은 만성·난치성질환의 치료제 분야에서 활용되고 있다.

25 **코드커팅** Cord-cutting

유료 방송 시청자가 가입을 해지하고 새로운 플랫폼으로 이동하는 현상

유료 방송 시청에 필요한 케이블을 '끊는' 것을 빗댄 용어로, 인터넷 속도 증가와 플랫폼 다양화를 바탕으로 전 세계적으로 일어나고 있다. 각자 환경과 취향에 맞는 서비스 선택이 가능해지자 소비자들은 유선방송의 선을 끊는 사회적 현상을 보였다. 미국은 넷플릭스, 구글 크롬 캐스트 등 OTT 사업자가 등장하면서 대규모 코드커팅 이 발생했다. 우리나라에서는 코드커팅이라는 말보다는 가전제품인 TV가 없다는 의미에서 '제로(Zero)TV'가 일반적으로 사용된다. 코드커팅이나 제로TV 현상은 주로 스마트폰 등 모바일 기기의 확산 때문에 일어난다.

26 **OTT** Over The Top

인터넷으로 미디어 콘텐츠를 이용하는 서비스

'Top(셋톱박스)을 통해 제공됨'을 의미하는 것으로, 범용인터넷을 통해 미디어콘텐츠를 이용할 수 있는 서비스를 말한다. 시청자의 다양한 욕구, 온라인 동영상 이용의 증가는 OTT 서비스가 등장하는 계기가 되었으며, 초고속 인터넷의 발달과 스마트 기기의 보급은 OTT 서비스의 발전을 가속화시켰다. 현재 전 세계적으로 넷플릭스 등에 서 OTT 서비스가 널리 제공되고 있으며, 그중에서도 미국은 가장 큰 OTT 시장을 갖고 있다.

> **넷플릭스(Netflix)**
> 미국에서 DVD 대여 사업으로 출발한 세계 최대의 유료 동영상 스트리밍 서비스 업체이다. 한 달에 일정 금액(약 8~12달러) 을 지불하면 영화, TV 프로그램 등의 영상 콘텐츠를 무제한으로 볼 수 있는데, 비교적 저렴한 비용에 전 세계적으로 이용자가 급증했다. 또한 넷플릭스는 콘텐츠의 재전송에 그치지 않고 완성도 높은 자체 제작 콘텐츠를 개발하여 높은 성장률을 보였다.

27 운동법칙

뉴턴이 확립한 역학(力學)의 3대 법칙

물체의 운동에 관한 기본법칙으로 뉴턴의 운동법칙이라고도 부른다.

• 관성의 법칙(뉴턴의 제1법칙)

외부의 힘이 가해지지 않는 한 모든 물체는 자기의 상태를 그대로 유지하려는 성질이 있는데, 이것을 '관성의 법칙'이라고 한다. 즉, 정지되어 있는 물체는 계속 정지하고 움직이는 물체는 계속 등속도 운동을 한다는 것이다. 관성은 물체의 질량이 클수록 크다.

예 멈춰 있던 차가 출발할 때 몸이 뒤로 가는 것, 달리던 차가 급정차할 때 몸이 앞으로 가는 것

• 가속도의 법칙(뉴턴의 제2법칙)

물체에 힘이 가해졌을 때 가속도의 크기는 힘의 크기에 비례하고, 질량에 반비례하며, 가속도의 방향은 힘의 방향과 일치한다는 법칙이다.

예 같은 무게의 볼링공을 어른과 아이가 굴렸을 때 어른이 굴린 볼링공이 더 빠르게 굴러가는 것

• 작용 · 반작용의 법칙(뉴턴의 제3법칙)

두 물체 간에 작용하는 힘은 늘 한 쌍으로 작용하며, 그 방향은 서로 반대이나 크기는 같다.

예 풍선에서 바람이 빠지며 날아가는 것, 노를 저으면 배가 앞으로 나아가는 것

28 표면장력

액체의 표면이 스스로 수축하여 가능한 작은 면적을 취하려는 힘

액체의 표면을 이루는 분자층에 의하여 생긴 힘이다. 액체 표면의 분자들이 서로 잡아당기는 힘인 인력에 의해 액체 표면이 팽팽히 잡아당겨지는 현상이다.

예 물이 가득 찬 컵에서 물의 표면과 나뭇잎에 맺힌 물방울의 표면이 둥근 것

> **인 력**
> 공간적으로 떨어져 있는 물체끼리 서로 끌어당기는 힘. 질량을 가진 모든 물체 사이나 서로 다른 부호를 가진 전하들 사이에 작용한다.

29 pH Hydrogen Exponent

수용액의 수소 이온 농도를 나타내는 지표

pH란 수소 이온 농도의 역수의 상용log 값을 말한다. pH7(중성)보다 pH 값이 작은 수용액은 산성이고, pH 값이 7보다 크면 염기성, 즉 알칼리성이다. pH가 작을수록 수소 이온(H+)이 많아 더욱 산성을 띠고, pH가 클수록 수소 이온이 적어 염기성이 강해진다.

여러 용액들의 pH 값

건전지에 이용되는 산	0.1 ~ 0.3	마시는 물	6.3 ~ 6.6
위 액	1.0 ~ 3.0	순수한 물	7.0
식 초	2.4 ~ 3.4	바닷물	7.8 ~ 8.3
탄산음료	2.5 ~ 3.5	암모니아수	10.6 ~ 11.6
재배토	6.0 ~ 7.0	세 제	14

30 프레온가스

염소, 플루오린, 탄소로만 구성된 화합물로, 오존층 파괴의 주범이 되는 물질

염화불화탄소(CFC ; Chloro Fluoro Carbon). 염소와 플루오린을 함유한 일련의 유기 화합물을 총칭한다. 가연성, 부식성이 없는 무색무미의 화합물로, 독성이 적으면서 휘발하기 쉽지만 잘 타지 않고 화학적으로 안정하여 냉매, 발포제, 분사제, 세정제 등으로 산업계에서 폭넓게 사용되고 있다. 그러나 화학적으로 안정되었기 때문에 대기권에서 분해되지 않고 오존이 존재하는 성층권에 올라가서 자외선에 의해 분해되어 오존층 파괴의 원인이 된다.

31 희토류

첨단산업의 비타민으로 불리는 비철금속 광물

희귀한 흙이라는 뜻의 희토류는 지각 내에 총 함유량이 300ppm(100만분의 300) 미만인 금속이다. 화학적으로 안정되고 열을 잘 전달하는 것이 특징이다. 물리·화학적 성질이 비슷한 란탄, 세륨 등 원소 17종을 통틀어서 희토류라고 부르며, 우라늄·게르마늄·세슘·리튬·붕소·백금·망간·코발트·크롬·바륨·니켈 등이 있다. 희토류의 이용 범위는 점차 넓어지고 있으며, 휴대전화, 반도체, 하이브리드카 등의 생산에 필수 자원으로 각광받고 있다.

32 OLED Organic Light Emitting Diodes

전기 자극을 받아 스스로 빛을 내는 자체 발광형 유기물질

OLED(유기 발광 다이오드)는 형광성 유기 화합 물질에 전류가 흐르면 자체적으로 빛을 내는 발광현상을 이용하는 디스플레이를 말한다. LCD보다 선명하고 보는 방향과 무관하게 잘 보이는 것이 장점이다. 화질의 반응 속도 역시 LCD에 비해 1,000배 이상 빠르다. 또한 단순한 제조 공정으로 인해 가격 경쟁면에서도 유리하다.

33 　세슘 Cesium

은백색을 띠는 알칼리 금속원소

세슘은 핵반응 시 발생하는 방사선 동위원소로 반감기는 30년이다. 호흡기를 통해 몸 안에 흡수되면 주로 근육에 농축된다. 인체에 오래 남아 위험도가 상대적으로 높지만, 정상적 대사 과정으로 방출되고 몸에 남는 양은 극히 적어 실제 생물학적 반감기는 100일~150일인 것으로 알려져 있다. 세슘에 많이 노출될 경우 폐암, 갑상선암, 유방암, 골수암, 불임증, 전신마비 등을 유발할 수 있다.

> **동위원소**
> 원자 번호는 같으나 질량수가 서로 다른 원소. 양성자의 수는 같으나 중성자의 수가 다르다.

34 　인슐린 Insulin

탄수화물의 대사를 조절하는 호르몬

인슐린은 혈액 속의 포도당을 일정하게 유지하는 기능을 하는 호르몬이다. 음식을 소화하고 흡수할 때도 순간적으로 혈당이 높아지는데, 그 혈당의 양을 조절하는 것이 인슐린의 역할이다. 인슐린은 이자에서 합성·분비된다. 인슐린이 제 기능을 하지 못하면, 당뇨병에 걸릴 수 있다.

35 　GI Glycemic Index

어떤 식품이 혈당을 얼마나 빨리, 많이 올리느냐를 나타내는 수치

GI, 즉 혈당지수는 어떤 식품이 혈당을 얼마나 빨리, 많이 올리느냐를 나타내는 수치이다. 예를 들어 혈당지수가 85인 감자는 혈당지수가 40인 사과보다 혈당을 더 빨리 더 많이 올린다. 일반적으로 혈당지수 55 이하는 저혈당지수 식품, 70 이상은 고혈당지수 식품으로 분류한다.

> **고혈당지수 식품(혈당지수 70 이상)**
> • 곡류군 : 쌀밥, 흰 빵, 감자, 와플, 베이글
> • 과일군 : 수박

36 간의 기능

물질 대사, 알코올 대사, 호르몬 대사, 쓸개즙의 생성 및 배설, 해독과 방어 기능

간은 우리 몸의 모든 기능에 관여한다고 해도 지나치지 않을 정도로 많은 일을 한다. 간의 주요 기능은 다음과 같다.

물질 대사	알코올 대사	호르몬 대사
탄수화물 대사, 단백질 대사, 지방 대사 모두에 관여한다. 그 밖에도 비타민과 무기질의 저장 기능도 한다.	알코올이 몸에서 제거되는 데 필요한 효소들이 간에 많이 있기 때문에 섭취한 알코올 중 많게는 80~90%가 간에서 분해된다.	간의 지배를 받는 호르몬도 있어 호르몬 분비량 조절에도 관여한다.

37 텔로미어

세포의 노화와 죽음에 관여하는 염색체의 말단 부분

텔로미어는 '끝'을 뜻하는 그리스어 '텔로스(Telos)'와 '부위'를 가리키는 '메로스(Meros)'의 합성어로, 염색체의 양 끝에 붙어 있는 반복 염기 서열(TTAGGG)을 말한다. 텔로미어는 세포 분열이 반복될수록 길이가 짧아져 결국 어느 순간이 되면 분화를 멈추고 그 세포는 죽음을 맞게 된다.

38 온난화 현상

지구의 평균 온도가 온실 가스로 인해 상승하는 현상

지구의 평균 온도를 상승시키는 온실 가스에는 이산화탄소, 메탄, 프레온 가스가 있다. 지구의 기온이 점차 상승함에 따라 해수면이 상승하고 해안선이 바뀌며 생태계에 변화를 가져오게 된다. 이로 인해 많은 환경 문제들이 야기되고 있어 세계적으로도 이산화탄소 배출량을 줄이기 위해 그린업그레이드 운동 등의 환경운동을 하고 있다.

> **기후변화협약과 교토의정서**
> 1992년 온실 가스의 인위적 방출을 규제하기 위한 '유엔기후변화협약(UNFCCC)'이 채택됐으며, 1997년 국가 간 이행 협약인 '교토의정서'가 만들어졌다. 교토의정서에서 온실 가스로 꼽힌 기체는 이산화탄소(CO_2), 메탄(CH_4), 아산화질소(N_2O), 수소불화탄소(HFCs), 과불화탄소(PFCs), 육불유황(SF_6) 등 6가지이다.

39 라니냐 La Nina

해수면 온도가 주변보다 낮은 상태로 일정기간 지속되는 현상

여자아이를 지칭하는 스페인어에서 유래했으며 엘니뇨의 반대 현상이다. 평년보다 해수면 온도가 0.5℃ 이상 낮은 상태가 5개월 이상 지속되는 이상 해류 현상이다. 엘니뇨가 발생한 곳과 동일한 지역에서 발생하며 극심한 가뭄과 강추위, 장마 등 각기 다른 현상들이 나타난다.

40 액상화

지반 토양에 지하수가 스며들어 진흙처럼 되는 현상

지하수의 수위가 높은 모래층 지반에 지진이 발생하면 진동에 의해 지하수와 토양층이 섞여 지반 전체가 액체처럼 되는 현상으로, 1953년 일본의 학자 모가미가 처음으로 이 용어를 사용했다. 액상화가 일어나면 지반이 붕괴되어 건축물이 가라앉거나 파괴될 수 있다. 실제 지진이 잦은 일본에서는 아파트가 쓰러지거나 땅속 구조물이 솟아오른 사례들이 있었다. 이러한 현상은 매립지나 해안가, 연약한 지반에서 발생할 가능성이 크다.

41 이안류

해안으로 밀려들어온 파도가 한 곳에 모였다가 바다 쪽으로 급속히 빠져나가는 현상

이안류는 폭이 좁고 빨라 휴가철 해수욕장에서 이안류로 인한 사고가 자주 발생한다. 이안류에서 빠져나오기 위해서는 잠수하여 해안선에 평행으로 수영하면 된다. 이안류는 다양한 장소에서 짧은 시간에 발생하기 때문에 예측하기가 매우 어렵다.

42 장보고과학기지

대한민국의 두 번째 남극과학기지

2014년에 완공된 대한민국의 두 번째 남극과학기지이다. 연면적 4,458㎡에 연구동과 생활동 등 16개동의 건물로 구성된 장보고과학기지는 겨울철에는 15명, 여름철에는 최대 60명까지 수용할 수 있다.

43 리튬폴리머 전지 Lithium Polymer Battery

안정성이 높고 에너지 효율성이 좋은 차세대 2차 전지

외부 전원을 이용해 충전하여 반영구적으로 사용하는 고체 전해질 전지로, 안정성이 높고 에너지 효율이 높은 2차 전지이다. 전해질이 고체 또는 젤 형태이기 때문에 사고로 인해 전지가 파손되어도 발화하거나 폭발할 위험이 없어 안정적이다. 또한 제조 공정이 간단해 대량 생산이 가능하며 대용량도 만들 수 있다.

44 카오스 이론

무질서하고 불규칙적으로 보이는 현상에 숨어 있는 질서와 규칙을 설명하려는 이론

무질서해 보이는 현상의 배후에 질서와 규칙이 감추어져 있음을 전제로 하는 이론이다. 카오스 연구는 예측 불가능한 현상 뒤의 알려지지 않은 법칙을 밝혀내는 것을 목적으로 한다. 즉, 카오스 이론은 안정적이면서도 안정적이지 않은, 안정적이지 않으면서도 안정적인 다양한 현상을 설명하고자 한다.

> **나비 효과**
> 작은 변화가 파급되어 예상하기 어려운 큰 변화를 일으키는 것을 일컫는 말이다. 미국의 기상학자 에드워드 로렌츠가 컴퓨터로 기상을 모의 실험하던 중 초기 조건의 값의 미세한 차이가 엄청나게 다른 결과를 가져온다는 것을 발견하면서 알려졌다. 즉 아마존 정글에서 파닥이는 나비의 날갯짓이 몇 주 또는 몇 달 후 미국 텍사스에서 토네이도를 일게 할 수 있다는 것으로 나비 효과는 카오스 이론의 토대가 되었다.

45 컴퓨터의 기본 구성

컴퓨터는 크게 하드웨어와 소프트웨어로 구성되어 작동한다.

하드웨어	
중앙처리장치 (Central Processing Unit)	CPU라고 부른다. 입력장치, 기억장치로부터 받은 데이터를 분석·처리하는 역할을 하기 때문에 컴퓨터의 두뇌에 해당한다고 볼 수 있다.
주기억장치 (Main Memory Unit)	중앙처리장치가 처리해야 할 데이터를 보관하는 역할을 한다. ROM과 RAM으로 나뉘는데 롬(ROM)은 데이터를 한 번 기록해두면 전원이 꺼져도 남아 있고, 램(RAM)은 자유롭게 데이터 관리가 가능하지만 전원이 꺼지면 모든 데이터가 사라져버린다. 대부분의 컴퓨터가 램을 사용한다.
보조기억장치 (Secondary Memory Unit)	대부분의 컴퓨터가 램을 사용하는데 용량이 적고 전원이 꺼지면 데이터가 지워진다는 단점이 있어서 보조기억장치는 주기억장치를 보완하는 역할을 한다. 하드디스크나 CD-ROM, USB 메모리가 대표적이다.
입력장치(Input Device)	컴퓨터에 자료나 명령어를 입력할 때 쓰이는 장치를 말하며 키보드, 마우스, 조이스틱 등이 대표적이다.
출력장치 (Output Device)	CPU에서 처리한 정보를 구체화해서 사용자에게 전달하는 장치로, 모니터, 프린터, 스피커 등이 대표적이다.

소프트웨어	
운영체제 (Operating System)	컴퓨터 시스템을 총괄하는 중요한 소프트웨어이다. 컴퓨터를 구성하는 모든 하드웨어, 응용 소프트웨어는 운영체제가 있어야만 제 기능을 할 수 있다. 운영체제의 성격에 따라 컴퓨터 전반의 성능과 기능이 달라진다. PC용 운영체제로는 마이크로소프트의 윈도우 시리즈가 대표적이다.
응용 소프트웨어 (Application Software)	워드프로세서, 스프레드시트와 같은 사무용 소프트웨어를 비롯해 게임, 동영상 플레이어를 포함하는 멀티미디어 소프트웨어 등 종류가 다양하다.

46 스풀 SPOOL

데이터를 주고받는 과정에서 중앙처리장치와 주변장치의 처리 속도가 달라 발생하는 속도 차이를 극복해 지체 현상 없이 프로그램을 처리하는 기술

컴퓨터 중앙처리장치는 명령을 주변장치로 전달하는 작업을 하는데 컴퓨터와 주변장치가 서로 데이터를 처리하는 속도가 다르기 때문에 대기 시간이 발생할 수밖에 없다. 따라서 프린터나 카드 판독기와 같은 주변장치가 작업 중이더라도 컴퓨터 중앙처리장치는 원활하게 이용할 수 있도록 한 기술을 스풀이라고 한다. 예를 들어 프린트 중에 컴퓨터에서 다른 작업을 동시에 할 수 있는 것도 스풀 기술 덕분이다.

47 핵티비즘 Hacktivism

자신과 노선을 달리하는 정부나 기업·단체 등의 인터넷 웹 사이트를 해킹하는 행위

해커(Hacker)와 행동주의(Activism)의 합성어로, 정치·사회적인 목적을 위해 특정 정부·기관·기업·단체 등의 웹 사이트를 해킹해 서버를 무력화시키거나 과부하가 걸리게 만들어 접속을 어렵게 하는 방식으로 공격을 시도한다. 자신의 정치적·사회적 목적을 이루기 위해 적극적이면서도 다양한 활동을 벌인다. 이라크전 때 이슬람 해커들이 미군의 폭격에 의해 불구가 된 이라크 아이들의 사진을 웹사이트에 올리면서 시작됐다.

48 피싱 Phishing

개인 정보를 불법적으로 알아내 이를 이용하는 사기수법

개인 정보(Private Data)와 낚는다(Fishing)라는 단어의 합성어로 사람들에게 메일을 보내 위장된 홈페이지로 접속하게 하거나, 이벤트 당첨, 사은품 제공 등을 미끼로 수신자의 개인 정보를 빼내 범죄에 악용하는 수법을 말한다. 주로 금융기관, 상거래 업체를 사칭해 개인 정보를 요구한다.

- 파밍(Pharming) : 해커가 특정 사이트의 도메인 자체를 중간에서 탈취해 개인 정보를 훔치는 인터넷 사기이다. 진짜 사이트 주소를 입력해도 가짜 사이트로 연결되도록 하기 때문에, 사용자들은 가짜 사이트를 진짜 사이트로 착각하고 자신의 개인 정보를 입력한다. 그렇게 되면 개인 아이디와 암호, 각종 중요한 정보들이 해커들에게 그대로 노출돼 피싱보다 더 큰 피해가 발생할 수 있다.
- 스미싱 : 문자 메시지(SMS)와 피싱(Phishing)의 합성어로, 인터넷 접속이 가능한 스마트폰의 문자 메시지를 이용한 휴대폰 해킹을 뜻한다.

49 웹2.0 Web2.0

사용자 중심의 UCC 인터넷 환경

누구나 손쉽게 데이터를 생산하고 인터넷에서 공유할 수 있도록 한 사용자 참여 중심의 인터넷 환경이다. 블로그, 위키피디아처럼 사용자들이 직접 만들어가는 플랫폼이 대표적이다.

- 웹1.0 : 포털사이트처럼 서비스 사업자가 정보를 모아 일방적으로 제공하는 인터넷 환경
- 웹3.0 : 지능화된 웹이 이용자가 원하는 콘텐츠를 개인별 맞춤 서비스로 제공하는데 이는 개인화, 지능화된 웹으로 진화하여 개인이 중심에서 모든 것을 판단하고 추론하는 방향으로 개발되고 활용될 전망

50 쿠키 Cookie

PC 사용자의 인터넷 웹 사이트 방문기록이 저장되는 파일

쿠키에는 PC 사용자의 ID와 비밀번호, 방문한 사이트 정보 등이 담겨 하드디스크에 저장된다. 이용자들의 홈페이지 접속을 도우려는 목적에서 만들어졌기 때문에 해당 사이트를 한 번 방문하고 난 이후에 다시 방문했을 때에는 별다른 절차를 거치지 않고 빠르게 접속할 수 있다는 장점이 있다. 하지만 개인 정보 유출, 사생활 침해 등 개인 정보가 위협받을 수 있다는 우려가 공존한다.

51 아이핀 i-PIN ; Internet Personal Identification Number

주민등록번호를 대체해 인터넷상에서 개인의 신원을 확인할 수 있도록 부여하는 식별 번호

인터넷상에서의 개인 정보 유출이 심각한 사회 문제로 대두되면서 주민등록번호 대신에 본인이라는 것을 확인할 수 있도록 따로 부여받는 신원 확인 번호이다. 생년월일, 성별 등의 정보를 담고 있지 않으며 한국신용평가정보원, 한국신용정보원, 서울신용평가정보, 한국정보인증원, 한국전자인증원 등 5개 기관에서 아이핀을 발급받을 수 있다. 하나의 아이핀을 발급받으면 아이핀을 사용하는 사이트에서 모두 이용할 수 있으며, 언제든지 변경이 가능하다. 13자리 난수의 형태를 취한다.

52 **NFC** Near Field Communication

근거리 무선통신

약 10cm 이내의 근거리에서 데이터를 교환할 수 있는 비접촉식 무선통신으로 13.56MHz 대역의 주파수를 사용한다. 스마트폰에 교통카드, 신용카드, 멤버십 카드, 쿠폰 등을 탑재할 수 있어 일상생활에 널리 쓰이고 있다. 짧은 통신 거리라는 단점이 있으나 기존 RFID 기술보다 보안성이 높다는 장점이 있다. 또한 기존 근거리 무선 데이터 교환 기술은 '읽기'만 가능했던 반면, NFC는 '읽기'뿐만 아니라 '쓰기'도 가능하다.

53 **광대역통합망** BcN

음성 · 데이터, 유 · 무선 등 통신 · 방송 · 인터넷이 융합된 광대역 멀티미디어 서비스를 언제 어디서나 안전하게 이용할 수 있는 차세대 통합네트워크

정부가 추진하고 있는 중점 계획 중 하나로, 이 통합네트워크가 완성되면 초고속 인터넷보다 50배나 빠른 속도의 인터넷을 이용할 수 있다. 유비쿼터스를 통한 홈네트워킹 서비스를 제공하기 위한 핵심적인 기술이며, 전화, 가전제품, 방송, 컴퓨터 등 다양한 기기를 네트워크로 연결해 서비스를 제공할 수 있는 인프라로, 정부가 정보통신기술의 최종 목표로 삼고 있다.

54 **웨바홀리즘** Webaholism

일상생활에 지장을 느낄 정도로 지나치게 인터넷에 몰두하고, 인터넷에 접속하지 않으면 불안감을 느끼는 인터넷 중독증

웨바홀리즘은 월드와이드웹의 웹(Web)과 알코올 중독증(Alcoholism)의 합성어로, IAD(Internet Addiction Disorder)로도 불린다. 정신적 · 심리적으로 인터넷에 과도하게 의존하는 사람들이 생겨나 인터넷에 접속하지 않으면 불안감을 느끼고 일상생활을 하기 힘들어하며, 수면 부족, 생활 패턴의 부조화, 업무 능률 저하 등이 나타나기도 한다.

55 **노모포비아** Nomophobia

휴대폰을 가지고 있지 않으면 불안감을 느끼는 증상

No, Mobile(휴대폰), Phobia(공포)를 합성한 신조어로 휴대폰이 가까이 없으면 불안감을 느끼는 증상을 말한다. CNN은 노모포비아의 대표적인 증상은 권태, 외로움, 불안함이며 하루 세 시간 이상 휴대폰을 사용하는 사람들은 노모포비아에 걸릴 가능성이 높고, 스마트폰 때문에 인터넷 접속이 늘어나면서 노모포비아가 확산일로에 놓여 있다고 진단했다. 전체 스마트폰 사용자 3명 중 1명꼴로 증상이 발견되고 있다.

56 DRM Digital Rights Management

디지털 콘텐츠 제공자의 권리를 보장하기 위해 무단사용을 방지하는 서비스

DRM은 우리말로 디지털 저작권 관리라고 부른다. 허가된 사용자만 디지털 콘텐츠에 접근할 수 있도록 제한해 비용을 지불한 사람만 콘텐츠를 사용할 수 있도록 하는 서비스, 또는 정보보호 기술을 통틀어 가리킨다. 불법복제는 콘텐츠 생산자들의 권리와 이익을 위협하고, 출판, 음악, 영화 등 문화산업 발전의 걸림돌이 될 수 있다는 점에서 DRM은 점점 더 중요해지고 있다.

57 제로레이팅 Zero Rating

콘텐츠 사업자가 이용자의 데이터 이용료를 부담하는 제도

특정한 콘텐츠에 대한 데이터 비용을 이동통신사가 대신 지불하거나 콘텐츠 사업자가 부담하도록 하여 서비스 이용자는 무료로 이용할 수 있게 하는 것을 말한다. 예컨대 통신업체들이 넷플릭스나 페이스북 같은 특정 업체들의 사이트에서 영상과 음악, 게시물 등을 무제한 무료로 받을 수 있는 것이다.

> **망중립성(Network Neutrality)**
> 인터넷망 서비스를 전기·수도와 같은 공공서비스로 분류해, 네트워크 사업자가 관리하는 망이 공익을 위한 목적으로 사용돼야 한다는 원칙이다. 즉, 네트워크 사업자는 모든 콘텐츠를 동등하게 취급해야 하며, 어떠한 차별도 있어서는 안 된다는 원칙이다. 따라서 인터넷망을 통해 오고가는 인터넷 트래픽에 대해 데이터의 유형, 사업자, 내용 등을 불문하고 이를 생성하거나 소비하는 주체를 차별 없이 동일하게 처리해야 한다는 것이다. 이에 따라 통신사업자는 막대한 비용을 들여 망설치를 하여 과부하로 인한 망의 다운을 막으려고 하지만, 스마트TV 생산 회사들이나 콘텐츠 제공업체들은 망중립성을 이유로 이에 대한 고려 없이 제품 생산에만 그쳐, 망중립성을 둘러싼 갈등이 불거지기도 하였다.

58 네카시즘 Netcarthyism

인터넷과 매카시즘의 합성어로 인터넷에 부는 마녀사냥 열풍

다수의 누리꾼들이 인터넷, SNS 공간에서 특정 개인을 공격하며 사회의 공공의 적으로 삼고 매장해버리는 현상이다. 누리꾼들의 집단행동이 사법 제도의 구멍을 보완할 수 있는 요소라는 공감대에서 출발했지만 누리꾼들의 응징 대상이 대부분 힘없는 시민이라는 점과 사실 확인이 쉽지 않은 인터넷상의 정보를 기반으로 하기 때문에 피해를 보는 사람이 생길 수 있다는 문제가 제기된다.

> **매카시즘(MCarthyism)**
> 1940~1950년대 만연했던 반공주의 열풍

59 **RFID** Radio Frequency IDentification

IC칩을 내장해 무선으로 다양한 정보를 관리할 수 있는 차세대 인식 기술

생산에서 판매에 이르는 전 과정의 정보를 극소형 IC칩에 내장시켜 이를 무선주파수로 추적할 수 있도록 하는 기술이다. 실시간으로 사물의 정보와 유통 경로, 재고 현황까지 무선으로 파악할 수 있으며 바코드보다 저장 용량이 커 바코드를 대체할 차세대 인식 기술로 꼽힌다. 대형 할인점 계산, 도서관의 도서 출납관리 등 활용 범위가 다양하다.

60 **N스크린** N Screen

하나의 콘텐츠를 다양한 정보통신 기기에서 이용할 수 있는 네트워크 서비스

하나의 콘텐츠를 여러 개의 디지털 기기들을 넘나들며 시간과 장소에 구애받지 않고 이용할 수 있도록 해주는 기술이다. 'N'은 수학에서 아직 결정되지 않은 미지수를 뜻하는데, 하나의 콘텐츠를 이용할 수 있는 스크린의 숫자를 한정짓지 않는다는 의미에서 N스크린이라고 부른다.

61 **클라우드 컴퓨팅** Cloud Computing

다양한 소프트웨어나 데이터를 컴퓨터 저장장치에 담지 않고 웹 공간에 두어 마음대로 다운받아 쓰는 차세대 인터넷 컴퓨터 환경

인터넷상의 서버에 데이터를 저장해두고, 언제 어디서나 인터넷에 접속해 다운받을 수 있어서 시간과 공간의 제약 없이 원하는 일을 할 수 있다. 구름(Cloud)처럼 무형의 형태인 인터넷상의 서버를 클라우드라고 하며, 사용자가 스마트폰이나 PC 등을 통해 문서, 음악, 동영상 등 다양한 콘텐츠를 편리하게 이용할 수 있다.

62 **딥러닝** Deep Learning

컴퓨터가 사람처럼 생각하고 배울 수 있도록 하는 기술

컴퓨터가 다양한 데이터를 이용해 마치 사람처럼 스스로 학습할 수 있게 하기 위해 만든 인공 신경망(ANN ; Artificial Neural Network)을 기반으로 하는 기계 학습 기술이다. 이는 컴퓨터가 이미지, 소리, 텍스트 등의 방대한 데이터를 이해하고 스스로 학습할 수 있게 돕는다. 딥러닝의 고안으로 인공지능(AI)이 획기적으로 도약하게 되었다.

28GHz의 초고대역 주파수를 사용하는 이동통신기술

5세대 이동통신기술을 말한다. 국제전기통신연합(ITU)은 5G의 공식 기술명칭을 'IMT(International Mobile Telecommunication) 2020'으로 정하고, 최대 20Gbps의 데이터 전송 속도와 어디에서든 최소 100Mbps 이상의 체감 전송 속도를 제공하는 것을 5세대 이동통신이라고 정의했다. 이 속도는 일반 LTE와 비교했을 때는 280배 빠른 수준이다. 한국은 2018년부로 상용화를 위한 5G 무선 이동통신을 세계 최초로 개통했다.

64 **블랙홀**

빛마저도 빨려 들어갈 정도로 중력과 밀도가 무한대에 가깝게 큰 천체

행성이 폭발할 때 극단적으로 수축하면서 밀도와 중력이 어마어마하게 커진 천체이다. 이때 발생한 중력으로부터 빠져나오려면 빛보다 빨라야 하므로, 빛조차도 블랙홀 안으로 빨려 들어가고 있다고 추측된다. 만약 지구만한 행성이 블랙홀이 된다면 그 반지름은 겨우 0.9cm로 줄어들게 될 정도로 중력이 크다. 블랙홀이라는 명칭이 붙게 된 이유도 직접 관측할 수 없는 암흑의 공간이기 때문이다. 영국의 물리학자 스티븐 호킹은 아인슈타인의 상대성이론에 근거하여 블랙홀의 소멸 가능성을 주장하였다.

65 **무궁화1호**

우리나라 최초의 상용 방송 · 통신위성

1995년 8월 미국 플로리다 주 케이프커내버럴 우주 기지에서 발사된 우리나라 최초의 위성이다. 뉴미디어 시대를 열고, 미래의 우주 개발 경쟁에 대비하는 것을 목적으로 KT가 추진하였다. 무궁화1호는 위성의 공전 주기와 지구의 자전 주기가 같아 지표에서 보면 상공의 한 지점에 정지해 있는 것처럼 보이는 정지궤도 위성이다. 무궁화1호는 2005년 12월, 10년 4개월간의 임무를 끝마쳤다.

66 **우리별1호**

우리나라 최초의 인공위성

과학위성과 통신위성의 역할을 함께 하는 우리나라 최초의 인공위성이다. 한국과 영국이 공동 설계 · 제작하여 1992년 남아메리카 기아나 쿠루기지에서 아리안 42P로켓에 실려 발사되었다. 우리나라 최초의 국적 위성으로 음성 방송과 통신 실험 등 각종 실험과 관측을 위한 과학위성이다.

67 아리랑1호

우리나라 최초의 다목적 실용위성

한국항공우주연구원에서 발사한 국내 최초로 다목적 실용위성으로, 지리정보시스템, 정지도 제작, 재해 예방 등에 사용된다. 우리나라의 주요 위성에는 아리랑 위성과 무궁화 위성이 있는데, 아리랑 위성은 관측을 주목적으로 제작된 것이고, 무궁화 위성은 통신을 주목적으로 제작된 것이다. 아리랑1호는 1999년 12월 21일 미국 캘리포니아주 반덴버그 발사장에서 발사되었다.

68 나로우주센터 NARO Space Center

전남 고흥에 위치한 국내 최초의 우주센터

2009년에 완공된 나로우주센터는 국내의 기술로 만들어진 우주센터로, 인공위성을 발사할 수 있으며 세계에서 13번째로 설립되었다. 로켓을 발사할 수 있는 로켓 발사대와 발사체를 통제하고 관리하는 발사 통제동, 발사된 로켓을 추적하는 추적 레이더, 광학 추적 장비 등을 갖추고 있다. 그 밖에 로켓 전시관, 인공위성 전시관, 우주과학 전시관, 야외 전시장 등의 우주 과학관이 함께 있다.

69 미항공우주국 NASA

미국 대통령 직속의 우주항공 연구개발기관

소련이 미국보다 먼저 발사한 스푸트니크 위성의 충격으로, 미국에서 미국항공자문위원회를 해체시키고 1958년 발족한 대통령 직속 우주항공 연구개발기관이다. 미국 워싱턴에 위치한 본부 이외에 유인우주선(우주왕복선)센터, 케네디우주센터, 마샬우주센터 등의 부속기관이 있다. 아폴로 계획, 우주왕복선 계획, 우주정거장 계획, 화성탐사 계획, 스카이랩 계획 등을 추진했다.

70 큐리오시티

미국항공우주국(NASA)의 화성 탐사 로봇차

미국항공우주국의 4번째 화성 탐사선으로, '큐리오시티 로버'라고도 한다. 높이 2.1m, 무게 약 900kg으로, 2012년 8월 화성 표면에 안전하게 착륙한 후 화성 탐사활동을 벌이고 있다.

CHAPTER
06 문화 · 미디어 · 스포츠

01 라이브커머스 Live Commerce

판매자가 소비자와 즉각 소통을 통해 판매하는 라이브 스트리밍 플랫폼

채팅을 통해 소비자와 바로 소통하면서 상품을 판매하는 스트리밍 방송을 말한다. 대표적으로 네이버의 '쇼핑라이브', 카카오의 '톡딜라이브' 등이 있다. 우리나라에서는 모바일 소통에 능숙한 밀레니얼 세대와 Z세대를 합친 MZ세대를 겨냥한 플랫폼이 점차 출시되고 있다. 중국 시장에서 특히 보편화되어 있으며 코로나19 이후 언택트 (비대면)시장이 활성화되며 각광받고 있다.

02 선댄스영화제 The Sundance Film Festival

미국 유타주에서 열리는 독립영화만을 다루는 권위 있는 국제영화제

독립영화를 다루는 권위 있는 세계 최고의 국제독립영화제이다. 할리우드식 상업주의에 반발해 미국 영화배우 로버트 레드포드가 1970년대부터 독립영화제에 후원하면서 시작됐다. 2020년 선댄스영화제에서는 한국인 이민자 이야기를 그린 배우 윤여정, 한예리 주연의 영화 〈미나리〉가 심사위원대상과 관객상을 수상하며 주목받은 바 있다. 매년 1월경 미국 유타주 파크시티에서 개최되며 제40회 선댄스영화제는 2024년 1월 18일부터 1월 28일까지 치러졌다.

03 블랙워싱 Black Washing

인종적 다양성 추구를 위해 작품에 유색인종을 무조건 등장시키는 것

인종차별에 대한 사회적 시선을 의식해 인종의 다양성을 추구한다는 명분하에 영화나 드라마 등에 유색인종을 무조건 등장시키는 것을 말한다. 무조건 백인 배우를 캐스팅하는 화이트워싱(White Washing)에 빗댄 표현이다. 소수자에 대한 모든 차별을 철폐하자는 운동인 '정치적 올바름(PC)'이 대두되면서 원작의 줄거리나 설정과 관계 없이 주요 캐릭터를 라틴계나 흑인 배우로 캐스팅하는 사례가 증가하자 이를 비꼬는 표현으로 사용된다. 특히 글로벌 엔터테인먼트 기업인 디즈니가 PC주의와 블랙워싱의 선두에 서 있다.

04 힙트래디션 Hiptradition

전통과 젊은 세대 특유의 감성이 만나 만들어진 새로운 트렌드를 뜻하는 신조어

고유한 개성을 지니면서도 최신 유행에 밝고 신선하다는 뜻의 'Hip'과 전통을 뜻하는 'Tradition'을 합친 신조어로 우리 전통문화를 재해석해 즐기는 것을 의미한다. 한국의 전통문화를 MZ세대 특유의 감성으로 해석해 새로운 트렌드를 만드는 것으로 최근 소셜네트워크서비스(SNS)를 중심으로 인기를 끌고 있다. 대표적으로 반가사유상 미니어처, 자개소반 모양의 무선충전기, 고려청자의 문양을 본떠 만든 스마트폰 케이스 등 전통문화재를 기반으로 디자인된 상품의 판매율이 급증하면서 그 인기를 입증하고 있다.

05 사이버불링 Cyber Bullying

온라인과 SNS상에서 이뤄지는 괴롭힘

'Cyber(사이버)'와 'Bullying(괴롭힘)'의 합성어다. 온라인과 SNS상에서 이뤄지는 집단적 괴롭힘을 말하며 시·공간 제약 없이 모욕을 줄 수 있다. 디지털시대가 낳은 새로운 유형의 폭력이다. 악성댓글, 루머 유포뿐만 아니라 카카오톡 단체채팅방에 끊임없이 초대하는 '카톡 감옥', SNS상에 피해자를 공개적으로 모욕하는 '저격' 등도 사이버불링의 하나다. 만약 사이버불링을 당했다면 괴롭힘 당한 내용을 경찰서에 신고하면 된다. 사이버불링 가해자는 모욕죄 혹은 명예훼손죄에 처해질 수 있다.

06 파노플리 효과 Panoplie Effect

특정 제품을 구입하며, 그 제품의 예상 주 소비층과 자신을 동일시하는 현상

파노플리란 프랑스어로 '집단'을 의미한다. 파노플리 효과는 어떤 특정한 제품을 구입하면서, 해당 제품을 주로 구입하고 소비하리라 예상되는 집단과 자신을 동일하게 여기는 것을 뜻한다. 주로 상류계층과 스스로를 동일시하게 되는데, 이는 상류층이 되고자 하는 신분 상승의 욕구를 반영했다고도 볼 수 있다. 비슷한 용어로 베블런 효과(Veblen Effect)가 있다. 이는 사회적으로 부를 과시하기 위한 허영심 때문에 제품의 가격이 비쌀수록 소비가 증가하는 것을 말한다.

07 드랙 아티스트 Drag Artist

규정된 성역할에서 벗어나 자유롭게 자아를 표출하는 예술가

사회가 규정하는 이분법적인 성별, 지위 등에서 벗어나 자신을 꾸미는 퍼포먼스를 행하는 예술가를 가리키는 말이다. 이들은 성(Gender)을 이분법적으로 나누는 시선에 머무르지 않고 과장된 메이크업과 패션 등으로 겉모습을 화려하게 꾸미고 퍼포먼스를 통해 자아를 표출한다. '드랙(Drag)'이란 사회적으로 고정된 성역할에서 벗어나 자유로운 자아를 표출하는 예술행위를 뜻하는 말이다. 여기서 파생된 말에는 드랙 퀸(Drag Queen), 드랙 킹(Drag King) 등이 있는데 이는 흔히 여장을 한 남자(드랙 퀸)와 남장을 한 여자(드랙 킹)를 뜻하는 말로 사용되고 있다.

08 스페드 업 Sped Up

특정 노래의 속도를 빠르게 편집해 만든 2차 창작물

노래의 속도를 원곡보다 130~150%가량 배속해 만든 2차 창작물을 말한다. 가수의 목소리가 달라지는 등 원곡과 다른 분위기를 낼 수 있으며, 청자에게도 원곡과 다른 느낌을 전달할 수 있다. 틱톡, 유튜브 숏츠, 인스타그램 릴스 등 숏폼 영상이 주된 콘텐츠 소비방식으로 부상하면서 주목받고 있다. 영상분량이 짧아짐에 따라 배경음악으로 사용되는 노래도 빠른 버전으로 편집됐는데, 이렇게 알려진 스페드 업 버전이 호응을 얻자 정식음원으로 발매하는 가수들도 등장했다.

09 포모 증후군 FOMO ; Fear Of Missing Out

최신 트렌드를 파악하지 못할 때 느끼는 불안함

최신 트렌드를 파악하지 못하거나 타인으로부터 소외·단절되는 것에 불안함을 느끼는 것을 말한다. 포모 (FOMO) 증후군에 걸린 이들은 SNS에 손을 떼지 못하거나 자신의 모든 일상을 습관적이고 강박적으로 타인에게 공유하는 모습을 보인다. FOMO는 원래 마케팅 분야에서 사용하던 용어로 홈쇼핑에서 흔히 볼 수 있는 '한정수량', '매진임박' 등의 문구가 FOMO 전략의 예시다. 최근에는 비트코인, 주식이 성황하는데 본인만 돈을 벌지 못하는 것 같아 무작정으로 투자하거나 초조함, 열등감을 느끼는 이들에게도 사용하고 있다. 포모 증후군은 심하면 우울증, 불면증까지 유발할 수 있다.

10 소프트파워 Soft Power

인간의 이성 및 감성적 능력을 포함하는 문화적 영향력

교육·학문·예술 등 인간의 이성 및 감성적 능력을 포함하는 문화적 영향력을 말한다. 군사력이나 경제력으로 대표되는 하드파워(Hard Power)에 대응하는 개념으로, 설득을 통해 자발적 순응을 유도하는 힘이다. 21세기에 들어서며 세계가 하드파워, 즉 경성국가의 시대에서 소프트파워를 중심으로 한 연성국가의 시대로 접어들었다는 의미로 하버드대 케네디스쿨의 '조지프 나이'가 처음 사용했다. 대중문화의 전파, 특정 표준의 국제적 채택, 도덕적 우위의 확산 등을 통해 커지며, 우리나라를 비롯한 세계 각국에서 자국의 소프트파워를 키우고 활용하기 위한 노력을 계속하고 있다.

11 숏케팅

빠르게 변화하는 유행에 대응하는 광고전략

'짧다'는 의미의 숏(Short)과 마케팅의 합성어로 빠르게 변화하는 유행에 대응하는 광고전략을 말한다. 완성도가 조금 떨어지더라도 인터넷을 휩쓰는 밈(Meme)을 재빨리 파악해 소비자의 구매력을 공략하는 것에 집중한다. 밈을 제품에 적용해 대중의 관심을 사로잡을 경우 SNS 등에서 다시 모방 및 재가공되어 확산되면서 파급력을 키울 수 있다.

12 MICE산업

부가가치가 큰 복합 전시 산업

회의(Meeting), 포상관광(Incentive Travel), 컨벤션(Convention), 전시(Exhibition)의 영문 첫 글자를 딴 용어로 부가가치가 높은 복합적인 전시박람회 산업을 의미한다. MICE라는 용어는 주로 홍콩이나 싱가포르 등 동남아 지역에서 먼저 쓰이기 시작했고 21세기에 들어서며 대중적인 용어가 됐다. 오늘날 MICE산업은 발전을 거듭하면서 그 범위가 확대돼 단순 전시사업뿐만 아니라 국제회의 같은 비즈니스 분야까지 모두 포괄한다. 유럽과 아시아, 태평양 지역의 전시 컨벤션 선진 국가들에게 중요한 산업으로 인식되고 있다.

13 BTL 마케팅 Below The Line

소비자와 직접 대면하여 박람회나 판촉행사 등의 방법으로 상품을 홍보하는 마케팅

신문이나 TV 등 미디어를 활용하지 않고, 박람회나 판촉행사, 팝업스토어, 이벤트와 같이 소비자와 직접 대면해 제품의 특징을 홍보하고 이미지를 각인시키는 마케팅기법을 BTL 마케팅이라고 한다. 미디어를 활용하는 ATL(Above The Line)보다 비용이 적게 들어가 효율적이며, 창의적인 아이디어로 다양한 방안을 만들어 소비자에게 다가갈 수 있다.

14 스텔스 럭셔리 Stealth Luxury

브랜드 로고가 드러나지 않는 소박한 디자인의 명품

영단어 'Stealth(살며시)'와 'Luxury(명품)'의 합성어로 '조용한 명품'을 의미한다. 브랜드 로고가 없거나 매우 작게 표시돼 있고 디자인이 소박한 명품을 말한다. 눈에 띄는 디자인으로 브랜드의 존재감을 부각하고자 했던 기존의 트렌드에서 벗어나 단조로운 색상과 수수한 디자인으로 고전적인 감성을 살리는 것이 특징이다.

15 골든글로브상 Golden Globe Award

영화와 TV 프로그램과 관련해 시상하는 상

미국의 로스앤젤레스에 있는 할리우드에서 한 해 동안 상영된 영화들을 대상으로 최우수 영화의 각 부분을 비롯하여 남녀 주연, 조연 배우들을 선정해 수여하는 상이다. '헐리우드 외신기자협회(HFPA)'는 세계 각국의 신문 및 잡지 기자로 구성되어 있으며, 골든글로브상은 이 협회의 회원 90여 명의 투표로 결정된다. 1944년 시작된 최초의 시상식은 당시 소규모로 개최되었으나 현재는 세계 영화시장에서 막강한 영향력을 행사하고 있다. 약 3시간 동안 진행되는 시상식은 드라마 부문과 뮤지컬·코미디 부문으로 나뉘어 진행되며 생방송으로 세계 120여 개 국에 방영되어 매년 약 2억 5,000만 명의 시청자들이 이를 지켜본다. 한편, 봉준호 감독의 영화 〈기생충〉이 2020년 1월 5일 열린 제77회 골든글로브 시상식에서 최우수 외국어영화상을 수상하며, 한국 영화 최초의 골든글로브 본상 수상 기록을 달성했다.

16 뉴스큐레이션 News Curation

뉴스 취향 분석 및 제공 서비스

뉴스 구독 패턴을 분석하여, 사용자의 관심에 맞는 뉴스를 선택해 읽기 쉽게 정리해 제공해주는 서비스이다. 인터넷 뉴스 시대에 기사가 범람함에 따라 피로를 느낀 신문 구독자들이 자신에게 맞는 뉴스를 편리하게 보기 위해 뉴스큐레이션 서비스를 찾고 있다고 한다. 이러한 뉴스큐레이션 작업은 포털에서부터 SNS의 개인에 이르기까지 다양한 주체에 의해 이뤄지고 있으며, 최근에는 뉴스큐레이션만을 전문으로 담당하는 사이트도 생겨나고 있다.

17 플렉스 Flex

젊은층에서 부를 과시한다는 의미로 유행하는 말

사전적 의미는 '구부리다', '수축시키다'이지만 최근에는 미디어와 소셜네트워크서비스(SNS) 등에서 '과시하다'는 뜻으로 널리 사용되고 있다. 과거 1990년대 미국 힙합 문화에서 주로 '금전을 뽐내거나 자랑하다'는 의미의 속어로 쓰이던 것이 변형된 것으로 보고 있다. 가장 최근에는 20대인 1990년대생을 중심으로 명품 소비 문화가 확산되는 것을 두고 '플렉스'를 즐기기 위한 것이라는 해석이 나오고 있다. 유튜브와 인스타그램 등 SNS에 명품 구매 인증샷을 올리는 것이 일종의 과시 행위라는 것이다.

18 확증편향 Confirmation Bias

자신의 생각을 확인하려 하는 인지적 편향성

통계학과 심리학에서 사용되는 사람의 인지적 편향성을 말한다. 심리학적으로 사람은 주변 환경에 노출되었을 때 자신이 알고 있는 것에 더 쉽게 반응하는 경향을 보이며, 자신의 평소 신념과 반대되는 정보를 얻게 되더라도 그 정보를 부정해버리고 오히려 자신의 신념을 더욱 확고히 하는 경향을 보이게 된다. 기존의 신념에 부합되는 정보는 취하고, 그렇지 않은 정보들은 걸러냄으로써 개인은 신속한 의사결정을 내릴 수 있다.

19 엘로 레이팅 Elo Rating

게임 등의 실력을 측정하거나 평가하는 방식

미국 물리학자 아르파드 엘로가 고안한 것으로, 체스 등 2명이 벌이는 게임에서 실력 측정 및 평가 산출 방법으로 널리 쓰이고 있다. 상대적 우열관계에서 자신보다 실력이 높은 상대를 이기면 많은 포인트를 얻고, 실력이 낮은 상대에게 패하면 점수가 크게 깎이는 구조다. 2018 러시아월드컵 이후 국제축구연맹(FIFA) 랭킹 산정이 엘로 레이팅 시스템을 기반으로 이뤄지면서 축구팬들 사이에서 관심을 모았다. 세계체스연맹(FIDE)은 1980년부터 공식 랭킹 산정에 엘로 레이팅 시스템을 활용하고 있다.

20 알 바그다디

이슬람 수니파 극단주의 무장단체 이슬람국가(IS)의 수괴

1971년 이라크 수도인 바그다드 북쪽에 위치한 사마라에서 태어났으며, 본명은 '이브라힘 아와드 이브라힘'으로 알려져 있다. 2014년 6월 IS 수립을 선언하고 스스로를 칼리프로 칭한 뒤 전 세계를 대상으로 한 테러 공격을 자행한 인물이다. 시리아의 락까에 본부를 뒀던 IS는 이전의 다른 무장단체나 테러조직들과는 비교하기 힘들 만큼 위협적인 자금력과 조직 동원력, 군사력을 지니고 있는 것으로 밝혀졌다. 알 바그다디는 2019년 10월 26일 시리아에서 펼쳐진 미군 특수부대의 작전 과정에서 체포될 위기에 몰리자 자폭해 숨졌다.

> **수니파와 시아파**
> 수니파와 시아파는 이슬람 창시자 무함마드 사후(632년)에 그의 후계자 선정 방식을 놓고 충돌하며 분열한 양대 종파다. 현재 전 세계 이슬람교도 가운데 수니파가 전체의 90%를 차지하는 다수파이고, 나머지 10%가 시아파이다. 또 수니파의 종주국은 사우디아라비아이며, 시아파의 종주국은 이란이다.

21 일루미나티

계몽주의가 대두되던 1776년 프로이센에서 조직된 비밀 결사 조직

1776년 5월 1일 독일 출신 아담 바이스하우프트가 설립한 비밀결사 일루미나티는 '빛을 받아 우주 만물의 법칙을 깨닫는다'는 정신을 표방한다. 이들은 당시 유럽을 지배하던 가톨릭과 절대왕정에 맞서 계몽주의를 전파하다가 바티칸으로부터 이단으로 규정됐다. 이후 회원 대다수가 빠져나가며 공식적으로 해산한 것으로 알려졌다. 그러나 서구에서 1920년대 일루미나티가 특정 국가를 중심으로 활동하는 자발적 결사 단체로 특정 가문에 의해 관리되어왔다는 설이 광범위하게 유포됐다.

22 치팅데이

식단조절 중 부족했던 탄수화물 보충을 위해 1~2주에 한 번 먹고 싶은 음식을 먹는 날

'몸을 속인다'라는 뜻의 'Cheating'과 '날(日)'이라는 'Day'가 합성된 단어로, 다이어트 기간 동안 먹고 싶은 것을 참고 있다가 부족했던 탄수화물을 보충하기 위해 1~2주에 1회 혹은 정해진 시간마다 1회 정도 먹고 싶은 음식들을 먹는 날을 말한다. 다이어트 기간에는 인체에 에너지를 내는 글리코겐이 급격히 떨어지게 되는데, 치팅데이에 탄수화물 위주의 식단을 구성하면 이러한 부작용을 막는 효과가 있다. 또한 치팅데이를 가지면 스트레스를 크게 받지 않으면서 장기적으로 꾸준히 다이어트를 지속하는 데 도움이 된다.

23 가스라이팅 Gaslighting

상황조작을 통해 판단력을 잃게 만들어 지배력을 행사하는 것

연극 〈가스등(Gas Light)〉에서 유래한 말로 세뇌를 통해 정신적 학대를 당하는 것을 뜻하는 심리학 용어다. 타인의 심리나 상황을 교묘하게 조작해 그 사람이 스스로 의심하게 만들어 타인에 대한 지배력을 강화하는 행위다. 거부, 반박, 전환, 경시, 망각, 부인 등 타인의 심리나 상황을 교묘하게 조작해 그 사람이 현실감과 판단력을 잃게 만들고, 이로써 타인에 대한 통제능력을 행사하는 것을 말한다.

> **가스라이팅의 유래**
> 1938년 영국에서 상연된 연극 〈가스등(Gas Light)〉에서 유래됐다. 이 연극에서 남편은 집안의 가스등을 일부러 어둡게 만들고는 부인이 "집안이 어두워졌다"고 말하면 그렇지 않다는 식으로 아내를 탓한다. 이에 아내는 점차 자신의 현실 인지 능력을 의심하면서 판단력이 흐려지고, 남편에게 의존하게 된다. 아내는 자존감이 낮아져 점점 자신이 정말 이상한 사람이라고 생각하게 된다.

24　비건 패션

동물의 가죽이나 털을 사용하지 않고 만든 옷이나 가방 등을 사용하는 행위

채식을 추구하는 비거니즘에서 유래한 말로, 동물의 가죽이나 털을 사용하는 의류를 거부하는 패션철학을 뜻한다. 살아있는 동물의 털이나 가죽을 벗겨 옷을 만드는 경우가 많다는 사실이 알려지면서 패션업계에서는 동물학대 논란이 끊이지 않았다. 과거 비건 패션이 윤리적 차원에서 단순한 대용품으로 쓰이기 시작했다면, 최근에는 윤리적 소비와 함께 합리적인 가격, 관리의 용이성까지 더해지면서 트렌드로 자리 잡아가고 있다.

25　팜므파탈 Femme Fatale

프랑스어로 '치명적인 여인'을 뜻하는 용어

'치명적'인을 의미하는 프랑스어 파탈(Fatale)과 '여성'을 의미하는 팜므(Femme)의 합성어이다. 19세기 낭만주의 작가들에 의해 문학작품에 나타나기 시작한 이후 미술·연극·영화 등 다양한 장르로 확산되어, 남성을 죽음이나 고통 등 치명적 상황으로 몰고 가는 '악녀', '요부'를 뜻하는 말로까지 확대·변용되어 사용되고 있다. 남성을 압도하는 섬뜩한 매력과 강인한 흡인력 앞에서 남성은 끝내 파국을 맞을 수밖에 없는 것이 팜므파탈의 속성이다.

> **옴므파탈**
> 프랑스어로 '남성'을 뜻하는 옴므(Homme)와 '치명적인'이라는 뜻을 가진 파탈(Fatale)의 복합어이다. 말뜻 그대로 하면 '치명적인 남자'이며, 저항할 수 없는 매력으로 상대 여성을 유혹해 파멸시키는 부정적이고 숙명적인 남자를 의미한다.

26　기린 대화법

마셜 로젠버그 박사가 개발한 비폭력 대화법

미국의 심리학자 마셜 로젠버그가 개발한 비폭력 대화법이다. 상대방을 설득시키는 데 '관찰 – 느낌 – 욕구 – 요청'의 네 단계 말하기 절차를 밟는다. 평가하고 강요하기보다는 감상과 부탁을 하여 상대방의 거부감을 줄이는 것이다. 기린은 목이 길어 키가 가장 큰 동물이기에 포유류 중 가장 큰 심장을 지니고 있다. 또한 온화한 성품의 초식동물로 높은 곳에서 주변을 살필 줄 아는 동물이기도 하다. 이런 기린의 성품처럼 상대를 자극하지 않고 배려할 수 있는 대화법이다.

27 **인티머시 코디네이터** Intimacy Coordinator

배우들이 수위 높은 애정 장면을 촬영할 때 성폭력을 감시하는 사람

배우들이 '육체적 친밀함(Intimacy)'을 연기할 때 불쾌감을 느끼거나, 성희롱으로 이어지는 일을 방지하는 직업을 가진 사람을 말한다. 뉴욕타임스는 '미투(Me Too)' 시대를 맞아 방송, 공연계에 이 직종이 새로 등장했다고 보도했다. '인티머시 코디네이터'의 주요 임무는 이런 일이 없도록 현장을 모니터하고 배우들의 기분을 파악하는 것이다. 연기 도중 성희롱이 발생하지 않도록 교육하는 워크숍도 열고 있다.

28 **빈지 워칭** Binge Watching

방송 프로그램이나 드라마, 영화 등을 한꺼번에 몰아보는 현상

'폭식·폭음'을 의미하는 빈지(Binge)와 '본다'를 의미하는 워치(Watch)를 합성한 단어로 주로 휴일, 주말, 방학 등에 콘텐츠를 몰아보는 것을 폭식에 비유한 말이다. 빈지 워칭은 2013년 넷플릭스가 처음 자체 제작한 드라마 '하우스 오브 카드'의 첫 시즌 13편을 일시에 선보이면서 알려졌고, 이용자들은 전편을 시청할 수 있는 서비스를 선호하기 시작했다. 빈지 워칭 현상은 구독경제의 등장으로 확산되고 있다.

> **구독경제**
> 신문이나 잡지를 구독하는 것처럼 일정 기간 구독료를 지불하고 상품, 서비스 등을 사용할 수 있는 경제활동을 일컫는 말이다. 이는 소비자의 소비가 소유에서 공유, 더 나아가 구독 형태로 진화하면서 유망 사업 모델로 주목받고 있음을 말해준다.

29 **아벨상** Abel Prize

수학의 노벨상이라 불리는 국제 공로상

노르웨이 수학자 닐스 헨리크 아벨을 기념하기 위해 노르웨이 정부가 2003년 아벨의 탄생 200주년을 맞아 제정한 것으로, 필즈상(Fields Medal)과 함께 수학계에 공로한 인물에 시상하는 상이다. 아벨상이 제정된 지 불과 11년 만에 수학계 최고 권위의 상으로 발전한 이유는 수상자의 평생 업적을 평가 기준으로 삼기 때문이다. 만 40세 이하의 젊은 수학자를 대상으로 하는 필즈상과 달리 아벨상은 수학자가 평생 이룬 업적을 종합적으로 판단해 수상자를 선정한다. 상금도 100만 달러(약 10억원)로 800만 크로네(약 13억 4,000만원)를 주는 노벨상에 필적한다. 이는 필즈상보다 50배 정도 많다.

30 　드레스덴 인권평화상

독일에서 주최되는 국제 인권평화상

드레스덴 시민들의 자유와 민주주의를 향한 열정과 용기를 기리기 위해 1989년 당시 시민대표 20명을 주축으로 만든 상으로 지난 2012년 제정되어 그동안 중동과 시리아 등 분쟁지역 인권운동가와 종교 지도자들이 이 상을 수상했다. 첫 수상자는 미하일 고르바초프 옛 소련 공산당 서기장이었다. 한국인으로서는 2015년 김문수 전 경기도지사가 북한인권법 최초 발의 등으로 첫 수상의 영예를 안았다. 드레스덴은 독일 통일의 밑거름이 된 '시민봉기'가 최초로 일어났던 동독의 중심 도시로 알려져 있다.

31 　쿰브멜라 Kumbh Mela

인도 힌두교의 종교 축제

가장 큰 규모의 힌두교 순례축제로 쿰브는 '주전자, 항아리'의 뜻이며, 멜라는 '축제'를 가리킨다. 갠지스강의 하르드와르(Haridwar), 시프라 강의 웃자인(Ujjain), 고다바리 강의 나시크(Nasik), 그리고 갠지스 강, 야무나 강, 사라스와티 강이 만나는 알라하바드(Allahabad) 4곳에서 12년을 주기로 돌아가며 열린다. 힌두교 경전에 따르면 축제기간 중 음력으로 계산되는 성스러운 기일에 강물에 몸을 담그는 자들은 자신의 죄를 씻어낼 수 있다고 하여 신자들은 죄를 정화하기 위해 이들 강에서 목욕을 한다.

32 　트리비아 Trivia

중요하지 않지만 흥미를 돋우는 사소한 지식

단편적이고 체계적이지 않은 실용·흥미 위주의 잡다한 지식을 가리키는 말이다. 라틴어로 'Tri'는 '3'을 'Via'는 '길'을 의미하여 '삼거리'라는 의미로 사용되던 단어인데, 로마 시대에 도시 어디에서나 삼거리를 찾아볼 수 있었다는 점에서, '어디에나 있는 시시한 것'이라는 뜻으로 단어의 의미가 전이되어 사용되었다. 현대에는 각종 퀴즈 소재로 활용되기 쉬운 상식, 체계적으로 전달하기 어려운 여담 등을 가리킬 때 사용한다.

33 　파이 PIE 세대

불확실한 미래보다 지금의 확실한 행복을 위해 소비하는 20·30대 청년층

개성(Personality)을 중시하고 자신의 행복과 자기계발에 투자(Invest in myself)하며 소유보다는 경험(Experience)을 위해 소비한다. 파이세대는 현재 우리나라 인구의 약 40%를 차지하며, 그중 절반 이상이 경제활동을 한다. 이들은 불확실한 미래를 위해 저축을 하기보다 월급을 털어 해외여행을 가고, 대출을 받아 수입차를 사는 등 소비지향적인 형태를 보이면서도 자신에게 가치가 없다고 생각하면 결코 지갑을 열지 않는 특징이 있다. 기준은 '나심비'(나의 마음·心의 만족 비율)다.

제6장

34 **셰어런츠** Sharents

자녀의 일거수일투족을 SNS에 올리는 부모

SNS에서 이루어지는 '공유'라는 의미의 'Share'와 부모를 뜻하는 'Parents'의 합성어이다. 자녀가 아기 때부터 일거수일투족을 SNS에 올리는 부모들을 가리키는 말이다. 영국의 일간지 〈가디언〉은 처음으로 이들을 가리켜 셰어런츠라고 부르기 시작했는데, 아이들의 입장에서는 부모들의 이러한 SNS 활동이 원치 않은 피해를 입게 만들 수 있다는 우려가 동반되기도 했다. 이러한 활동의 경우 너무나 많은 정보를 시간에 관계없이 업로드하는 경우가 많아 'SNS 이웃'까지 피해를 보는 경우가 있다.

35 **푸스카스상**

국제축구연맹(FIFA)이 한 시즌 동안 가장 뛰어난 골을 기록한 선수에게 수여하는 상

국제대회나 A매치, 그리고 각국의 프로리그에서 나온 멋진 골을 대상으로 한다. 2009년 10월 20일 제정되었으며, 1950년대 헝가리의 레전드인 푸슈카시 페렌츠에서 이름을 빌려왔다. 상의 수여 기준은 슛거리, 팀플레이, 개인기량 등을 종합적으로 고려한다. 행운이나 상대 팀 실수로 인해 나온 골은 후보가 될 수 없으며, 페어플레이를 통해 기록한 골만이 후보에 들 수 있다. 2009년 첫 푸스카스상은 당시 맨체스터 유나이티드에서 활약하던 크리스티아누 호날두에게 돌아갔다. 토트넘홋스퍼의 손흥민이 2020년 이 상을 수상한 바 있으며, 2024년 수상자는 지로나 FC의 아르템 도브비크이다.

36 **세계유산**

유네스코에서 인류의 소중한 문화 및 자연 유산을 보호하기 위해 지정한 유산

유네스코는 1972년부터 세계유산협약에 따라 역사적 중요성, 뛰어난 예술성, 희귀성 등을 지니고 인류를 위해 보호해야 할 가치가 있는 유산을 세계유산으로 지정하고 있다. 세계유산은 '문화유산', '자연유산', '복합유산'으로 나누어 관리한다.

구 분	등록현황
세계문화유산	석굴암·불국사(1995), 해인사 장경판전(1995), 종묘(1995), 창덕궁(1997), 수원화성(1997), 경주역사유적지구(2000), 고창·화순·강화 고인돌 유적(2000), 조선왕릉(2009), 안동하회·경주양동마을(2010), 남한산성(2014), 백제역사유적지구(2015), 산사 한국의 산지승원(2018), 한국의 서원(2019), 가야고분군(2023)
세계자연유산	제주화산섬과 용암동굴(2007), 한국의 갯벌(2021)

37　세계기록유산

사회적 · 문화적 가치가 높다고 인정되는 기록물을 보존하기 위해 지정하는 유산

유네스코가 지정하는 세계유산 중 가치가 높다고 인정되는 기록물을 대상으로 지정한다. 인류의 소중한 기록유산을 보존 · 활용하기 위해 1997년부터 2년마다 국제자문위원회의 심의를 통해 유네스코 사무총장이 선정한다. 무형문화재 가운데 선정되는 인류무형유산과는 구별되며 별도로 관리된다.

구 분	등록현황
우리나라 세계기록유산	훈민정음(1997), 조선왕조실록(1997), 직지심체요절(2001), 승정원일기(2001), 해인사 대장경판 및 제경판(2007), 조선왕조 의궤(2007), 동의보감(2009), 일성록(2011), 5 · 18 민주화운동 기록물(2011), 난중일기(2013), 새마을운동 기록물(2013), 한국의 유교책판(2015), KBS 특별 생방송 '이산가족을 찾습니다' 기록물(2015), 조선왕실 어보와 어책(2017), 국채보상운동 기록물(2017), 조선통신사 기록물(2017), 4 · 19 혁명 기록문(2023), 동학농민혁명 기록물(2023)
우리나라 인류무형유산	종묘제례 및 종묘제례악(2001), 판소리(2003), 강릉단오제(2005), 강강술래(2009), 남사당놀이(2009), 영산재(2009), 처용무(2009), 제주칠머리당영등굿(2009), 가곡(2010), 대목장(2010), 매사냥(2010), 택견(2011), 줄타기(2011), 한산모시짜기(2011), 아리랑(2012), 김장문화(2013), 농악(2014), 줄다리기(2015), 재주해녀문화(2016), 씨름(2018), 연등회(2020), 한국의 탈춤(2022)

38　국보 · 보물

보물은 국가가 법적으로 지정한 유형문화재이고, 그중 가치가 크고 유례가 드문 것이 국보이다.

보물과 국보는 모두 유형문화재로, '보물'은 건조물 · 전적 · 서적 · 고문서 · 회화 · 조각 · 공예품 · 고고자료 · 무구 등의 문화재 중 중요한 것을 문화재청장이 문화재위원회의 심의를 거쳐 지정하고, '국보'는 보물에 해당하는 문화재 중 제작 연대가 오래되고 시대 특유의 제작 기술이 뛰어나며 형태나 용도가 특이한 것을 문화재위원회의 심의를 거쳐 지정한다. 따라서 국보보다 보물이 많다.

구 분	1호	2호	3호
국 보	서울 숭례문(남대문)	원각사지 10층 석탑	북한산 신라 진흥왕순수비
보 물	서울 흥인지문(동대문)	서울 보신각종	대원각사비
사 적	경주 포석정지	김해 봉황동 유적	수원화성
무형문화재	종묘제례악	양주 별산대놀이	남사당놀이

서울4대문
- 동대문 – 흥인지문
- 서대문 – 돈의문
- 남대문 – 숭례문
- 북대문 – 숙청문

39 베른조약

문학·예술 저작물의 국제적인 저작권 보호 조약

1886년 스위스의 수도 베른에서 체결된 조약으로, 외국인의 저작물을 무단 출판하는 것을 막고 다른 가맹국의 저작물을 자국민의 저작물과 동등하게 대우하도록 한다. 무방식주의에 따라 별도의 등록 없이 저작물의 완성과 동시에 저작권이 발생하는 것으로 보며, 보호 기간은 저작자의 생존 및 사후 50년을 원칙으로 한다.

40 카피레프트 Copyleft

지적 창작물에 대한 권리를 모든 사람이 공유할 수 있도록 하는 것

1984년 리처드 스톨먼이 주장한 것으로 저작권(Copyright, 카피라이트)에 반대되는 개념이며 정보의 공유를 위한 조치이다. 카피레프트를 주장하는 사람들은 지식과 정보는 소수에게 독점되어서는 안 되며 모든 사람에게 열려 있어야 한다고 주장한다.

카피라이트	카피레프트
창작자에게 독점권 권리 부여	저작권 공유 운동
창작의 노고에 대한 정당한 대가 요구	자유로운 정보 이용으로 창작 활성화
궁극적으로 문화 발전을 유도	지식과 정보는 인류 전체의 공동 자산

41 노벨상 Nobel Prizes

인류 문명의 발달에 공헌한 사람이나 단체에 수여하는 상

다이너마이트를 발명한 알프레드 노벨의 유산을 기금으로 하여 해마다 물리학·화학·생리의학·경제학·문학·평화의 6개 부문에서 인류 문명의 발달에 공헌한 사람이나 단체를 선정하여 수여하는 상이다. 1901년 제정되어 매년 12월 10일 스웨덴의 스톡홀름에서 시상식이 열리고, 평화상 시상식만 노르웨이의 오슬로에서 열린다. 한국인으로는 2000년에 김대중 전 대통령이 최초로 노벨평화상을 수상한 바 있다.

42 아카데미상 Academy Award, OSCAR

미국 영화계에서 가장 권위 있는 영화상

1929년에 시작되었으며, 오스카상으로도 불린다. 전년도에 발표된 미국 영화 및 LA에서 1주일 이상 상영된 외국 영화를 대상으로 우수한 작품과 그 밖의 업적에 대하여 해마다 봄철에 시상한다.

43 토니상 Tony Awards

미국 브로드웨이에서 수여하는 연극상

매년 미국 브로드웨이에서 상연된 연극과 뮤지컬의 우수한 업적에 대해 수여하는 상으로, 연극의 아카데미상이라고도 불린다. 해마다 5월 하순~6월 상순에 최종 발표와 시상식이 열리고, 연극 부문인 스트레이트 플레이와 뮤지컬 부문인 뮤지컬 플레이로 나뉘어 작품상, 남녀 주연상, 연출상 등이 수여된다.

44 에미상 Emmy Awards

TV 프로그램 및 관계자의 우수한 업적에 대해 수여하는 미국 최대의 프로그램상

TV의 아카데미상으로 불리는 이 상은 1948년 창설되어 뉴욕에서 시상식이 개최되며, 미국 텔레비전예술과학아카데미가 주최한다. 본상격인 프라임타임 에미상과 주간 에미상, 로스앤젤레스 지역 에미상, 국제 에미상 등의 부문으로 나누어 수상작을 발표한다.

45 세계 3대 영화제

베니스영화제, 칸영화제, 베를린영화제

- 베니스영화제(이탈리아) : 최고의 작품상(그랑프리)에는 '황금사자상'이 수여되고, 감독상에는 '은사자상'이, 남녀 주연상에는 '볼피컵상'이 수여된다.
- 칸영화제(프랑스) : 대상은 '황금종려상'이 수여되며 시상은 경쟁 부문과 비경쟁 부문, 주목할 만한 시선 부문 등으로 나뉜다. 2019년 제72회 시상식에서 봉준호 감독의 〈기생충〉이 황금종려상을 받았다.
- 베를린영화제(독일) : 최우수작품상에 수여되는 '금곰상'과 심사위원 대상 · 감독상 · 남녀배우상 등에 수여되는 '은곰상' 등이 있다.

46 미장센 Mise-en-scene

영화에서 연출가가 모든 시각적 요소를 배치하여 단일한 쇼트로 영화의 주제를 만들어내는 작업

몽타주와 상대적인 개념으로 쓰이며, 특정 장면을 찍기 시작해서 멈추기까지 한 화면 속에 담기는 모든 영화적 요소와 이미지가 주제를 드러내도록 하는 것을 말한다. 관객의 능동적 참여를 요구하고, 주로 예술영화에서 강조되는 연출 기법이다.

47 국악의 빠르기

진양조 → 중모리 → 중중모리 → 자진모리 → 휘모리

진양조	가장 느린 장단으로 1장단은 4분의 24박자이다.
중모리	중간 속도로 몰아가는 장단으로, 4분의 12박자이다.
중중모리	8분의 12박자 정도이며 춤추는 대목, 통곡하는 대목 등에 쓰인다.
자진모리	매우 빠른 12박으로, 극적이고 긴박한 대목에 쓰인다.
휘모리	매우 빠른 8박으로, 급하고 분주하거나 절정을 묘사한 대목에 쓰인다.

48 판소리

한 명의 소리꾼이 창(소리) · 말(아니리) · 몸짓(발림)을 섞어가면서 긴 이야기를 노래하는 것

• 판소리의 유파

동편제	전라도 동북 지역의 소리, 단조로운 리듬, 짧고 분명한 장단, 씩씩하고 담백한 창법
서편제	전라도 서남 지역의 소리, 부드럽고 애절한 창법, 수식과 기교가 많아 감상적인 면 강조
중고제	경기도와 충청도 지역의 소리, 동편제와 서편제의 절충형, 상하성이 분명함

• 판소리의 3대 요소

창	판소리에서 광대가 부르는 노래이자 소리로, 음악적인 요소
아니리	창자가 한 대목에서 다음 대목으로 넘어가기 전에 장단 없이 자유로운 리듬으로 말하듯 이 사설을 엮어가는 것, 문학적인 요소
발림	판소리 사설의 내용에 따라 몸짓을 하는 것으로, 춤사위나 형용 동작을 가리키는 연극적 요소이다. 비슷한 말인 '너름새'는 몸짓으로 하는 모든 동작을 의미

49　사물놀이

꽹과리, 장구, 북, 징의 네 가지 악기로 연주하도록 편성한 음악 또는 연주

사물놀이는 네 가지 악기, 즉 사물(四物)로 연주하도록 편성된 음악이다. 농민들이 하던 대규모 풍물놀이에서 앞부분에 배치되어 있던 악기 중 꽹과리, 장구, 북, 징의 4가지 악기를 빼서 실내 무대에서도 공연이 가능하도록 새롭게 구성한 것으로, 1970년대 후반에 등장했다. '사물놀이'라는 이름도 그 무렵 만들어진 것이다.

50　음악의 빠르기

아다지오(Adagio) → 안단테(Andante) → 모데라토(Moderato) → 알레그로(Allegro) → 프레스토 (Presto)

라르고(Largo) : 아주 느리고 폭넓게 → 아다지오(Adagio) : 아주 느리고 침착하게 → 안단테(Andante) : 느리게 → 모데라토(Moderato) : 보통 빠르게 → 알레그레토(Allegretto) : 조금 빠르게 → 알레그로(Allegro) : 빠르게 → 비바체(Vivace) : 빠르고 경쾌하게 → 프레스토(Presto) : 빠르고 성급하게

51　르네상스 3대 거장

레오나르도 다빈치, 미켈란젤로, 라파엘로

- 레오나르도 다빈치 : 〈암굴의 성모〉, 〈성모자〉, 〈모나리자〉, 〈최후의 만찬〉 등의 작품을 남겼고, 해부학에서도 큰 업적을 남겼다. 또한 천문학, 물리학, 지리학, 토목학, 병기 공학, 생물학 등 다양한 분야에서 독창적인 연구를 하였으며, 음악에도 뛰어난 재능이 있었다.
- 미켈란젤로 : 작품에 〈최후의 심판〉, 〈천지창조〉 등의 그림과 〈다비드〉 조각이 있으며, 건축가로서 산피에트로 대성당의 설계를 맡기도 하였다.
- 라파엘로 : 아름답고 온화한 성모를 그리는 데에 재능이 뛰어나 미술사에 독자적인 자리를 차지하고 있으며, 조화로운 공간 표현·인체 표현 등으로 르네상스 고전 양식을 확립하였다.

52 비엔날레

2년마다 열리는 국제 미술전

이탈리아어로 '2년마다'라는 뜻으로 미술 분야에서 2년마다 열리는 전시 행사를 일컫는다. 세계 각지에서 여러 종류의 비엔날레가 열리고 있지만, 그중에서도 가장 역사가 길며 그 권위를 인정받고 있는 것은 베니스 비엔날레이다.

- 세계 3대 비엔날레 : 베니스 비엔날레, 상파울루 비엔날레, 휘트니 비엔날레
- 광주 비엔날레 : 1995년 한국 미술문화를 새롭게 도약시키자는 목표로 창설
- 트리엔날레 : 3년마다 열리는 미술행사
- 콰드리엔날레 : 4년마다 열리는 미술행사

53 미국의 3대 방송사

NBC, CBS, ABC

NBC (National Broadcasting Company)	1926년 라디오 방송으로 출발하여, 1941년 TV방송을 시작했다. 미국 3대 네트워크 중 가장 오랜 역사를 지니고 있다. 쇼, 영화, 모험 드라마와 사건 취재 등에 강하다.
CBS (Columbia Broadcasting System)	1927년 설립되어 1931년 미국 최초로 TV 정기방송을 시작한 데 이어 1951년 미국 최초로 컬러 TV방송을 도입했다. 대형 스타들을 기용하고 뉴스에 역점을 두며 네트워크 중 우세를 차지하기도 했다.
ABC (American Broadcasting Company)	1943년 설립되어 1948년 처음 TV방송을 시작한 ABC는 1996년 월트디즈니사에 인수되었다. 뉴스로 명성이 높으며 올림픽 중계 등 스포츠에서 강세를 보여왔다.

54 게이트키핑 Gate Keeping

뉴스 결정권자가 뉴스를 취사선택하는 과정

뉴스가 대중에게 전해지기 전에 기자나 편집자와 같은 뉴스 결정권자(게이트키퍼)가 대중에게 전달하고자 하는 뉴스를 취사선택하여 전달하는 것이다. 객관적 보도의 가능성과 관련한 논의에서 자주 등장한다.

55 오프더레코드 Off-the-record

보도하지 않는 것을 전제로, 기록에 남기지 않는 비공식 발언

소규모 집회나 인터뷰에서 뉴스 제공자가 오프더레코드를 요구하는 경우, 기자는 그것을 공표하지 않겠다고 약속하고 발언자의 이야기를 정보로서 참고만할 뿐 기사화해서는 안 된다. 취재기자는 오프더레코드를 지키는 것이 기본자세이지만 반드시 지켜야 할 의무는 없다.

56 **엠바고** Embargo

일정 시간까지 뉴스의 보도를 미루는 것

본래 특정 국가에 대한 무역·투자 등의 교류 금지를 뜻하지만 언론에서는 뉴스 기사의 보도를 한시적으로 유보하는 것을 말한다. 즉, 정부 기관 등의 정보 제공자가 뉴스의 자료를 제보하면서 일정 시간까지 공개하지 말것을 요구할 경우 그때까지 보도를 미루는 것이다. 흔히 '엠바고를 단다'고 말하며 정보 제공자 측과의 관계를 고려하여 되도록 지켜주는 경우가 많다.

57 **저널리즘 유형**

매스미디어를 통해 시사적 문제에 대한 보도 및 논평을 하는 언론 활동의 유형

저널리즘의 유형	특 징
가차 저널리즘 (Gotcha Journalism)	'I got you'의 줄임말로, '딱 걸렸어!'라는 의미가 되는데, 사안의 맥락과 관계없이 유명 인사의 사소한 실수나 해프닝을 흥미 위주로 집중 보도하는 저널리즘
경마 저널리즘 (Horse Race Journalism)	• 경마를 구경하듯 후보자의 여론 조사 결과 및 득표 상황만을 집중 보도하는 선거 보도 형태 • 선거에 필요한 본질적인 내용보다는 흥미 위주의 보도
뉴 저널리즘 (New Journalism)	• 1960년대 이후 기존 저널리즘의 관념을 거부하며 등장 • 속보성·단편성을 거부하고 소설의 기법을 이용해 심층적인 보도 스타일을 보임
블랙 저널리즘 (Black Journalism)	숨겨진 사실을 드러내는 취재 활동으로, 약점을 이용해 보도하겠다고 위협하거나 특정 이익을 위해 보도하기도 함
옐로 저널리즘 (Yellow Journalism)	• 독자들의 호기심을 자극하고 끌어들이기 위해 선정적·비도덕적인 보도를 하는 형태 • 황색언론이라고도 하며 범죄·스캔들·가십 등 원시적 본능을 자극하는 흥미 위주의 소재를 다룸
제록스 저널리즘 (Xerox Journalism)	극비 문서를 몰래 복사하여 발표하는 저널리즘으로, 비합법적인 폭로 기사 위주의 보도 형태
팩 저널리즘 (Pack Journalism)	• 취재방법 및 시각이 획일적인 저널리즘으로, 신문의 신뢰도 하락을 불러옴 • 정부 권력에 의한 은밀한 제한 및 강압에 의해 양산됨
하이에나 저널리즘 (Hyena Journalism)	권력 없고 힘없는 사람에 대해서 집중적인 매도와 공격을 퍼붓는 저널리즘

58 **IPTV** Internet Protocol Television

인터넷망을 이용해 멀티미디어 콘텐츠를 제공하는 방송·통신 융합 서비스

초고속 인터넷망을 통해 영화·드라마 등 시청자가 원하는 콘텐츠를 양방향으로 제공하는 방송·통신 융합 서비스이다. 가장 큰 특징은 시청자가 편리한 시간에 원하는 프로그램을 선택해 볼 수 있다는 것이다. TV 수상기에 셋톱박스를 설치하면 인터넷 검색은 물론 다양한 동영상 콘텐츠 및 부가 서비스를 제공받을 수 있다.

광고의 종류	특 징
PPL 광고 (Products in PLacement Advertising)	• 영화나 드라마 등에 특정 제품을 노출시키는 간접 광고 • 엔터테인먼트 콘텐츠 속에 기업의 제품을 소품이나 배경으로 등장시켜 소비자들에게 의식·무의식적으로 제품을 광고하는 것
티저 광고 (Teaser Advertising)	• 처음에는 상품명을 감추거나 일부만 보여주고 궁금증을 유발하며 서서히 그 베일을 벗는 방법으로, 게릴라 마케팅의 일환으로 사용된다. • 티저는 '놀려대는 사람'이라는 뜻을 지니며 소비자의 구매욕을 유발하기 위해 처음에는 상품 광고의 주요 부분을 감추고 점차 공개하는 것이다. • 티저 광고의 예 : 컴팩코리아는 '선영아 사랑해'라는 티저 광고로 잘 알려진 마이클럽(www.miclub.com)과 공동으로, '선영아 집으로 돌아와라(컴백홈)'라는 문구를 패러디한 '선영아 돌아와, 컴팩 홈'이라는 메시지를 사용했다.
비넷 광고 (Vignet Advertisement)	한 가지 주제에 맞춰 다양한 장면을 짧게 연속적으로 보여줌으로써 강렬한 이미지를 주는 광고 기법
트레일러 광고 (Trailer Advertising)	• 메인 광고 뒷부분에 다른 제품을 알리는 맛보기 광고 • 한 광고로 여러 제품을 다룰 수 있어 광고비가 절감되지만 주목도가 분산되므로 고가품에는 활용되지 않는다.

60 근대 5종 경기

한 경기자가 사격, 펜싱, 수영, 승마, 크로스컨트리(육상) 등의 5가지 종목을 치러 종합 성적을 겨루는 경기

근대 5종 경기는 원래 병사들의 종합 능력을 테스트할 목적으로 만들어졌다. 오랜 역사를 가진 종목으로 고대 그리스의 올림픽(BC 708년)까지 거슬러 올라간다. 1일 동안 펜싱, 수영, 승마, 복합(사격 + 육상) 경기 등 5개 종목을 순서대로 진행하며, 각 종목별 기록을 근대 5종 점수로 바꾸었을 때 총득점이 가장 높은 선수가 우승한다. '근대 5종'이라는 이름으로 1912년 제5회 올림픽 경기대회 때부터 정식 종목으로 채택되었다.

61 펀치 드렁크 Punch Drunk

머리에 충격이 쌓여 뇌세포가 손상을 입고 그 후유증으로 장애를 갖게 되거나 사망에 이르는 현상

얼굴을 집중적으로 얻어맞는 권투 선수처럼 뇌에 많은 충격과 손상을 받은 사람에게 주로 나타나는 뇌세포 손상 증으로, 정신불안, 혼수상태, 기억상실 등 급성 증세를 보인다. 실어증, 반신불수, 치매, 실인증 등 만성 증세가 나타나기도 하며, 심한 경우에는 목숨을 잃기도 한다.

62 **러너스 하이** Runners' High

달리기 같은 특정 운동을 계속할 때 나타나는 신체적인 쾌감

미국 심리학자 맨델이 1979년 발표한 논문에서 처음 사용한 용어로 '엑서사이즈 하이'라고도 한다. 신체 및 정신적인 측면과 관련이 있으며, 일정 강도의 운동을 일정 시간 계속하였을 경우 뇌에서 베타엔돌핀이라는 물질이 나와 마약과 같은 약물을 투여했을 때 나타나는 느낌을 겪는 현상이다.

63 **트리플 더블** Triple Double

한 선수가 득점, 어시스트, 리바운드, 스틸, 블록슛 중 세 부문에서 2자리 수 이상을 기록하는 것

농구에서 한 선수가 한 경기에서 득점, 어시스트, 리바운드, 스틸, 블록슛 중 2자리 수 이상의 기록을 세 부문에서 달성하는 것을 말한다. 네 부문에서 달성하면 쿼드러플 더블(Quadruple Double)이라고 하고, 2개 부문에서 2자리 수 이상을 달성하는 것은 더블 더블(Double Double)이라고 한다.

64 **낫아웃** Not Out

유일하게 출루가 가능한 삼진

야구에서 공식 명칭은 'Uncaught Third Strike'이다. 대부분 포수가 공을 놓치는 경우에 해당하기 때문이다. 낫아웃은 2스트라이크 이후에 추가로 스트라이크 판정을 받았으나 포수가 이 공을 놓칠 경우(잡기 전에 그라운드에 닿은 경우도 포함)를 가리키며, 이때 타자는 아직 아웃당하지 않은 상태가 되어 1루로 뛸 수 있다. 타자의 스윙 여부와는 상관이 없으며 투수와 타자 모두 삼진으로 기록된다.

65 **퍼펙트게임** Perfect Game

야구에서 투수가 상대팀에게 한 개의 진루도 허용하지 않고 승리로 이끈 게임

한 명의 투수가 선발로 출전하여 단 한 명의 주자도 출루하는 것을 허용하지 않은 게임을 말한다. 국내 프로야구에서는 아직 달성한 선수가 없으며, 120년 역사의 메이저리그에서도 단 21명만이 퍼펙트게임을 기록했다.

66 **가린샤 클럽** Garrincha Club

월드컵 본선에서 골을 넣은 뒤 파울로 퇴장당한 선수

1962년 칠레 월드컵에서 브라질의 스트라이커 가린샤가 칠레와의 4강전에서 2골을 넣은 뒤 상대 수비수를 걸어 차 퇴장당하면서부터 가린샤 클럽이라는 용어가 생겼다.

가린샤 클럽 멤버

1962년 가린샤(브라질), 1998년 하석주(한국), 2002년 살리프 디아오(세네갈), 2002년 호나우지뉴(브라질), 2006년 지네 딘 지단(프랑스), 2022년 뱅상 아부바카르(카메룬)

---

67 **펜싱** Fencing

검으로 찌르기, 베기 등의 기술을 사용하여 겨루는 스포츠

유럽에서 유래하였으며, 국제 표준 용어는 모두 프랑스어가 사용된다. 사용하는 검에 따라 플뢰레, 에페, 사브르의 3종류가 있으며, 남녀 개인전과 단체전이 있다.

플뢰레 (Fleuret)	프랑스어의 꽃을 뜻하는 fleur에서 나온 말로 칼날의 끝이 꽃처럼 생겨서 붙여졌다. 플뢰레는 심판의 시작 선언 후 먼저 공격적인 자세를 취한 선수에게 공격권이 주어진다. 공격을 당한 선수는 반드시 방어해야만 공격권을 얻을 수 있으며 유효 타깃은 얼굴, 팔, 다리를 제외한 몸통이다.
에페 (Epee)	창, 검 등을 의미하는 그리스어에서 유래했다. 에페는 먼저 찌르는 선수가 득점을 하게 된다. 마스크와 장갑을 포함한 상체 모두가 유효 타깃이며 하체를 허리 부분부터 완벽하게 가릴 수 있는 에이프런 모양의 전기적 감지기 옷이 준비되어 있다. 에페는 빠르게 찌르는 선수가 점수를 얻지만 1/25초 이내에 서로 동시에 찌를 경우는 둘 다 점수를 얻는다.
사브르 (Sabre)	검이란 뜻으로 베기와 찌르기를 겸할 수 있는 검을 사용한다. 베기와 찌르기가 동시에 가능하다. 유효 타깃은 허리뼈보다 위이며 머리와 양팔도 포함된다.

---

68 **골프 4대 메이저 대회**

PGA	LPGA
• PGA 챔피언십(PGA Championship, 1916) • US 오픈(US Open, 1895) • 브리티시 오픈(British Open, 1860) • 마스터스(Masters, 1930)	• AIG 브리티시 여자오픈 • US 여자오픈 • KPMG 위민스 PGA 챔피언십(구 LPGA챔피언십) • ANA 인스퍼레이션(구 크래프트 나비스코 챔피언십)

라이더컵(Ryder Cup)

1927년 미국과 영국 대결로 처음 시작돼 현재 유럽, 미국 등에 랭킹 순위가 높은 골퍼들이 국가를 대표해 경기를 치르고 있다. 현재는 2년에 한 번씩 미국과 유럽에서 개최되고 있으며 타이거 우즈, 로리 맥킬로이, 필 미켈슨 등 세계적인 골퍼들이 참가했다.

---

69 데이비스컵 Davis Cup

테니스 월드컵이라고도 불리는 세계 최고 권위의 남자 테니스 국가 대항 토너먼트

1900년 미국과 영국의 대결에서 처음 시작되었다. 데이비스는 우승배를 기증한 드와이트 필리 데이비스의 이름에서 따온 것이다. 해마다 지역 예선을 거친 세계 16개 나라가 토너먼트식으로 대전하여 우승국을 결정한다. 데이비스컵 대회는 매년 열리며 우승배인 데이비스컵은 그 해의 우승 국가가 1년간 보관한다. 데이비스컵 보유국을 '챔피언네이션(Championnation)'이라 한다.

70 세계 4대 모터쇼

프랑크푸르트, 디트로이트, 파리, 도쿄 모터쇼

세계 최초의 모터쇼는 1897년 독일에서 열린 프랑크푸르트 모터쇼이다. 그 후 세계 각국에서 모터쇼를 개최하였는데, 그중에서 1898년 처음 개최된 프랑스의 파리 모터쇼, 1907년 처음 개최된 미국의 디트로이트 모터쇼, 1954년 처음 열린 일본의 도쿄 모터쇼를 통틀어, 세계 4대 모터쇼라고 부른다. 여기에 제네바 모터쇼를 합해 세계 5대 모터쇼로 부르기도 한다.

- 파리 오토 살롱 : 가장 많은 차종이 출품된다는 점에서 '자동차 세계 박람회'로 불리기도 한다. 화려한 컨셉트카나 쇼카 전시를 피하고 양산차 위주로 진행된다.
- 프랑크푸르트 모터쇼 : 자동차 기술을 선도하는 독일 메이커들이 중심이 되어 기술적 측면이 강조된 테크니컬쇼로 유명하다. 또 홀수 해에는 승용차 중심, 짝수 해에는 상용차 모터쇼가 열린다.

71 국제올림픽위원회 IOC

올림픽 운동의 감독 기구

IOC는 1894년에 창설되어 올림픽 개최 도시를 선정하며, 각 올림픽 대회마다 열리는 올림픽 종목도 IOC에서 결정한다. IOC 조직과 활동은 올림픽 헌장을 따른다.

72 세계 3대 축구리그

프리미어리그, 세리에 A, 프리메라리가

예전에는 독일의 프로 축구 1부인 분데스리가(Bundesliga)를 포함시켜 4대 리그라고 하였으나 1990년 이후 리그 수준과 선수 공급에 따른 차이가 커지면서 현재는 일반적으로 세계 3대 축구 리그로 부르고 있다.

우리가 쓰는 것 중
가장 값비싼 것은 시간이다.

– 테오프라스토스 –

제2과목

일 반 상 식

PART **02**

한국사

01 원시 고대 사회

제1절 **역사의 의미**

I 사실로서의 역사와 기록으로서의 역사

1. 사실로서의 역사
과거에 있었던 <u>사실을 객관적</u>으로 서술, 객관적 의미의 역사(독 : L.V.Ranke)

2. 기록으로서의 역사
역사가의 가치관(기록)과 같은 <u>주관적</u> 요소 개입, 주관적 의미의 역사(영 : E.H.Carr) – "역사는 과거와 현재의 끊임없는 대화이다."

II 우리 역사의 보편성과 특수성

1. 우리 역사의 보편성
국가와 민족을 초월한 인간 고유의 생활 모습과 자유와 평등, 민주와 평화 등 <u>전 세계 인류의 공통적인 이상</u>을 추구하는 자세

2. 우리 역사의 특수성
두레·계·향도 등 <u>우리만의 문화</u> 형성

I　원시 사회의 전개

1. 우리민족의 기원 : 만주와 한반도를 중심으로 동북아시아에 분포

① 한반도에 인류출현 : 구석기시대부터 사람들이 거주

② 민족의 기틀 형성 : 신석기시대에서 청동기시대를 거치며 형성

2. 구석기시대(약 70만 년 전)

① 생 활

　㉠ 도구 : 주먹도끼 등의 뗀석기, 동물의 뼈를 이용한 도구, 후기에는 슴베찌르개 사용

　㉡ 경제 : 뗀석기(주먹도끼, 찍개, 팔매돌, 긁개, 밀개), 뼈도구를 이용한 사냥, 고기잡이, 채집생활

　㉢ 주거 : 동굴이나 바위 그늘, 후기에는 강가의 막집에 일시 거주(담자리, 불땐자리)

　㉣ 예술 : 고래와 물고기 등을 새긴 조각품(단양 수양개, 공주 석장리) → 사냥감의 번성을 기원하는 주술적 의미(신앙은 아님)

구석기시대 구분(석기 다듬는 법)		
시 기	내 용	유 적
전 기	한 개의 큰 석기를 여러 가지 용도로 사용	평남 상원 검은모루 동굴, 경기 연천 전곡리
중 기	큰 몸돌에서 떼어 낸 돌 조각인 격지들을 가지고 잔손질을 하여 석기 만들어 사용	함북 웅기 굴포리, 청원 두루봉 동굴
후 기	쐐기 같은 것을 대고 형태가 같은 여러 개의 돌날격지를 만들어 사용	충북 단양 수양개, 충남 공주 석장리

② 인골 발견(원시적 장례 풍습) : 덕천 승리산(승리산인), 평양 만달리(만달인), 청원 흥수굴(흥수아이), 평양 역포구역(역포아이)

③ 중석기

　㉠ 시기 : 구석기에서 신석기로 넘어가는 전환기

　㉡ 도구 : 잔석기(톱·활·창·작살)의 이음 도구를 제작하여 토끼·여우·새 등 작고 날랜 짐승 사냥

　㉢ 유적·유물 : 조개더미(패총), 잔석기(활·창) 발견(통영 상노대도, 웅기 부포리, 평양 만달리)

3. 신석기시대(B.C. 8,000년경)

① 생 활

   ㉠ 도구 : 돌을 갈아서 여러 가지 형태와 용도를 가진 간석기 사용

   ㉡ 농경 : 밭농사 중심의 조, 피, 수수 등 농경 시작(탄화된 좁쌀 발견)

   ㉢ 사회 : 지도자가 부족을 이끈 폐쇄적 모계사회, 평등 사회

   ㉣ 사냥, 고기잡이 : 주로 활이나 창으로 동물 사냥, 그물·작살·돌이나 뼈로 만든 낚시 등(굴·홍합)

   ㉤ 조개류 식용·장식용으로 사용

   ㉥ 원시적 수공업 : 가락바퀴와 뼈바늘을 사용하여 의복과 그물 제작

   ㉦ 부족 형성 : 혈연을 바탕으로 한 씨족이 기본(족외혼 통해 부족사회로 발전)

② 토 기

   ㉠ 종류 : 이른민무늬 토기, 덧무늬 토기, 눌러찍기무늬 토기, 빗살무늬 토기

     • 이른민무늬 토기 : 크기가 작고 제작 기술이 거친 가장 오래된 토기

     • 덧무늬 토기 : 토기 몸체에 덧띠를 붙인 토기

     • 눌러찍기무늬 토기(압인문, 押印文) : 눌러서 문양을 낸 토기

     • 빗살무늬 토기 : 나무나 뼈로 만든 빗살 모양의 무늬 새기개로 그릇 바깥 면에 짤막한 줄을 촘촘하게 누르거나 그어서 새겨 만든 토기, 신석기 후기 대표적인 토기

   ㉡ 유적지(대부분 강가나 바닷가) : 제주 한경 고산리, 서울 암사동, 김해 수가리, 부산 동삼동 조개더미

③ 움집 : 반지하, 원형이나 모가 둥근 네모 바닥, 중앙 화덕, 4~5명 정도 거주

④ 원시신앙

   ㉠ 종 류

     • 애니미즘 : 그중에서도 태양과 물을 으뜸으로 숭배

     • 샤머니즘 : 영혼이나 하늘을 인간과 연결시켜 주는 존재인 무당과 그 주술을 믿는 신앙

     • 토테미즘 : 곰, 호랑이 등과 같은 특정한 동식물을 자기 부족의 수호신이라 생각하여 숭배하는 신앙도 발전, 토테미즘은 단군신화와 관련이 깊음

     • 기타신앙 : 영혼숭배, 조상숭배

   ㉡ 원시신앙의 발달 : 애니미즘 + 영혼불멸(부장·순장), 샤머니즘(현재까지 영향)

⑤ 토묘 : 흙을 파고 관 없이 매장(태양 숭배 및 내세 사상)

⑥ 예술 : 토우(흙 인형), 동물의 모양을 새긴 조각품, 조개껍데기 가면, 치레걸이, 짐승의 뼈나 이빨로 만든 장신구 등

구석기·신석기시대 비교

구 분	구석기	신석기
시 대	약 70만 년 전	B.C. 8000년경
도 구	뗀석기(주먹도끼, 찍개, 팔매돌, 긁개, 밀개, 슴베찌르개), 뼈 도구	간석기(돌보습, 돌삽, 돌괭이, 돌낫 등 농기구), 뼈 도구
생 활	막집, 이동 생활, 평등 사회 (가족 단위의 무리 생활)	움집, 정착 생활, 모계사회, 폐쇄적 사회, 평등 사회 (지도자가 사회 주도)

4. 청동기 · 철기시대

① 청동기 · 철기시대 구분

　㉠ 청동기시대(B.C. 2000년경) : 문자를 사용하기 시작한 역사 시대의 개막

　　• 계급 발생 : 생산 경제 발달, 전쟁으로 인한 사유재산 · 계급 발생(빈부격차)

　　• 유적 : 중국의 요령성 · 길림성 지방을 포함하는 만주 지역과 한반도

　　• 유물 : 집터 · 고인돌 · 돌널무덤 · 돌무지무덤 등지에서 반달돌칼, 바퀴날 도끼, 홈자귀, 비파형 동검, 거친무늬거울, 민무늬토기, 미송리식 토기, 붉은간토기 등이 발견

　㉡ 철기시대(B.C. 4세기경)

　　• 철제 도구 발생 : 철제 농기구 사용, 철제 무기의 발전으로 정복 전쟁 활발(청동기 의기화)

　　• 유물 : 집터 · 널무덤 · 독무덤 등에서 세형동검, 잔무늬거울, 거푸집, 덧띠토기, 검은간토기 등이 발견

　　• 독자적 문화의 형성 : 세형동검(한국식 동검), 잔무늬거울, 거푸집 발견

　　• 중국과 교류 : 화폐사용(명도전, 오수전, 반량전), 한자사용(경남 창원 다호리 유적의 붓)

청동기 · 철기시대 비교

구 분	청동기	철 기
시 대	B.C. 2000년경	B.C. 4C경
특 징	생산경제 발달, 사유재산 · 계급발생(빈부격차)	철제 농기구 · 무기, 정복 전쟁 활발
유 물	비파형동검, 거친무늬거울	세형동검 · 거푸집, 잔무늬거울
	돌널무덤 · 고인돌, 민무늬 · 미송리식 · 붉은간토기	널무덤 · 독무덤, 민무늬 · 덧띠 · 검은간토기
	반달돌칼 · 바퀴날도끼 · 홈자귀	철제 농기구
교 류	–	명도전, 오수전, 반량전, 붓

② 청동기 · 철기시대의 생활

　㉠ 경 제

　　• 농경 발전 : 돌도끼나 홈자귀, 괭이, 나무로 만든 농기구로 곡식을 심고 가을에 반달돌칼로 추수

　　• 밭농사 중심 : 조 · 보리 · 콩 · 수수 등 재배, 일부 저습지에서 벼농사 시작

　　• 가축 사육의 증가 : 수렵 · 어로 비중이 감소하고 돼지 · 소 · 말 등의 가축 사육 증가

　㉡ 움집의 변화

　　• 배산임수(산간, 구릉 위치), 대체로 직사각형 움집의 지상 가옥으로 발전, 주춧돌 사용

　　• 화덕은 벽 쪽으로 이동, 저장 구덩이도 따로 설치하거나 한쪽 벽면을 밖으로 돌출시켜 만듦

　　• 점차 집단 취락 형태로 변화(4~8명 정도 거주)

　㉢ 사 회

　　• 계급의 발생 : 생산력의 증가 → 잉여 생산물 축적 → 사유재산 · 계급 발생, 족장(군장)의 등장

　　• 고인돌 : 당시 지배층의 정치 권력과 경제력을 반영(강화, 고창, 화순)

　　• 남녀 역할분화 : 사회가 복잡화 · 조직화

　　• 선민사상, 제정일치, 거석 숭배(선돌, 신성지역이나 부족 경제 표시)

② 예술 : 청동제 도구의 모양이나 장식, 토우, 울주 반구대 바위(고래, 사냥과 고기잡이), 고령 양전동
　　　바위(동심원, 풍요로운 생산기원), 농경무늬 청동기
　　⑩ 방어시설 : 목책, 환호

Ⅱ　고조선과 단군신화

1. 단군과 고조선

① 고조선
　　㉠ 건국 : B.C. 2333년에 단군왕검이 건국(삼국유사), 우리 민족 최초의 국가
　　㉡ 수록 문헌 : 삼국유사(일연), 제왕운기(이승휴), 응제시주(권람), 세종실록지리지(실록청), 동국여지
　　　승람(노사신)

기타 학자들의 단군 인식	
구 분	**내 용**
이종휘	동사(한국사를 중국과 대등한 입장에서 서술)
이긍익	연려실기술(단군조선의 강대함을 표현, 자주적 서술)

　　㉢ 세력범위 : 요령 지방에서 한반도 대동강 유역까지 발전, 비파형동검 및 고인돌 출토 지역과 일치
② 단군조선의 발전
　　㉠ 기원전 4세기경 : 요서 지방을 경계로 하여 연과 대립할 만큼 강성
　　㉡ 기원전 3세기경 : 부왕, 준왕과 같은 강력한 왕이 등장하여 왕위를 세습
　　㉢ 정치체제 : 왕 밑에 상·대부·장군 등의 관직이 존재

2. 고조선 사회와 지배 체제

① 고조선의 8조법
　　㉠ 8조법 : 고조선의 사회상을 알려주는 것으로 8조의 법이 있었고, 그중 3개조의 내용만 전함
　　㉡ 내 용
　　　• 노동력 중시 : 살인한 자는 사형에 처하는 것으로 보아 생명(노동력)을 중시했음
　　　• 농업사회 및 사유재산의 성립 : 상해를 입힌 자는 곡식으로 배상하는 것을 통해 당시 사회가 농업
　　　　중심이었으며, 사유재산 사회였음을 파악할 수 있음
　　　• 계급사회·노비발생 : 절도한 자는 노비로 삼는 것을 통해 노비의 신분이 있었음을 추론할 수 있고,
　　　　용서를 구하기 위해 50만 전을 내야 하는 것을 통해 당시 화폐가 사용되었음을 알 수 있음
　　　• 가부장적 가족제도 확립 : 여성들만 정절을 중시하는 것을 통해 가부장적 사회임을 알 수 있음

3. 한의 침략과 고조선의 멸망

① 위만 조선

　⊙ **성립** : 중국 전국 시대 이후 혼란기에 연(燕)나라로부터 군사 1,000여 명과 함께 위만이 고조선으로
　　입국, 준왕의 신임을 얻어 고조선 서쪽 변경을 수비, 후에 준왕을 몰아내고 왕이 됨(B.C. 194)

　ⓛ **사회** : 철기 문화의 본격적 수용, 중앙 정치 조직 정비, 활발한 정복 사업, 수공업 융성, 상업 발달

　ⓒ **중계 무역으로 경제적 이득 독점** : 동방의 예, 남방의 진과 중국의 한 사이의 직접교역 차단(경제적·
　　군사적 발전을 기반으로 한과 대립)

② 고조선의 멸망

　⊙ **한나라의 침입** : 한 무제의 공격과 지배층의 내분으로 왕검성 함락(B.C. 108) → 한 군현 설치(4C
　　미천왕 때 소멸)

　ⓛ **탄압** : 한나라는 한 군현 설치 이후 고조선 유민들의 탄압을 위해 8개의 법 조항을 60여 개로 증가

Ⅲ 여러 나라의 성장(연맹국가)

1. 부 여

① **건국** : 만주 길림시 일대를 중심으로 한 송화강 유역의 평야 지대에서 건국(B.C. 2세기경)

② 부여의 발전

　⊙ 1세기 초 왕호 사용, 중국과 외교 관계 체결

　ⓛ 3세기 말 선비족의 침입으로 세력이 크게 쇠퇴, 4세기 말에는 연의 침입

　ⓒ 494년 문자왕에 의하여 고구려에 편입

③ 정 치

　⊙ **5부족 연맹체** : 왕 아래에 가축의 이름을 딴 마가·우가·저가·구가를 두었고, 각 가(加)들은 저마
　　다의 행정 구역인 사출도를 지배

　ⓛ **왕의 권한** : 흉년이 들거나, 재해가 들면 그 책임을 왕에게 묻는 등 왕권은 미약했으나, 왕이 나온
　　부족의 세력은 매우 강하여 궁궐, 성책, 감옥, 창고 등의 시설 보유

④ **경제** : 반농반목, 특산물(말·주옥·모피)

⑤ 사회 풍속

　⊙ **순장·후장** : 지배계급이 죽었을 때 부인이나 신하·노비 등을 함께 묻었던 순장과 후하게 치른 후장
　　등의 장례 풍습이 존재

　ⓛ **우제점법** : 전쟁이 일어났을 때는 제천 의식을 행하고, 소를 죽여 그 굽으로 길흉의 점을 쳤음

　ⓒ **형사취수제** : 노동력의 확보를 목적으로 형이 죽으면 동생이 형수를 부인으로 맞이함

　ⓔ **영고** : 수렵사회의 전통을 보여주는 영고라는 제천행사를 12월에 지냈음

⑥ **4조목의 법** : 살인자는 사형에 처하고 그 가족은 노비로 삼음(연좌제), 절도범은 물건값의 12배를 배상
　(1책 12법), 간음한 자와 투기가 심한 부인은 사형

2. 고구려

① 건국 : 부여 계통의 이주민인 주몽이 동가강 유역의 <u>졸본(환인)</u> 지방에 건국(B.C. 37)

② 정 치

  ㉠ 5부족 연맹체 : 왕 밑의 상가·고추가 등 대가(독립족장)들이 <u>사자·조의·선인</u> 등 관리를 거느림

  ㉡ 옥저 정복 : 유리왕의 국내성 천도(A.D. 3), <u>옥저를 정복</u>하여 소금과 어물 등의 공납

③ 경제 : 대부분 산악지대, 식량 부족 때문에 <u>약탈 경제</u> 발달, 특산물 맥궁

④ 사회 풍속

  ㉠ 엄격한 법률 : 중대한 범죄자는 제가회의를 통하여 사형에 처하고 그 가족을 노비로 삼기도 하였고 도둑질한 자는 12배로 배상(<u>1책 12법</u>)

  ㉡ 서옥제 : 일종의 데릴사위제인 혼인 풍속인 <u>서옥제</u> 존속

  ㉢ 조상신 : 조상신으로 건국 시조인 주몽과 그 어머니인 유화부인을 제사

  ㉣ 제천행사 : <u>10월</u>에는 추수감사제인 동맹이라는 제천행사를 치르고, 왕과 신하들이 국동대혈(중국 길림성 집안지방)에 모여 함께 제사 지냄

3. 옥 저

① 정 치

  ㉠ 발전 : 함경남도 해안지대에서 두만강 유역 일대에 걸쳐 위치, 고구려의 압박으로 발전 미비

  ㉡ 군장국가 : 각각의 읍락은 <u>읍군</u>이나 <u>삼로</u> 등 군장이 지배

② 옥저의 사회

  ㉠ 옥저의 경제생활 : 어물과 소금 등 해산물 풍부, 토지 비옥으로 농경 발달, 고구려에 공납

  ㉡ 옥저의 풍습

    • 가족공동묘(골장제, 세골장) : 가족이 죽으면 가매장한 후, 나중에 뼈를 추려 커다란 목곽에 매장하는 장례 풍습

    • 민며느리제(예부제) : 남녀가 혼인할 것을 약속하고, 여자가 어렸을 때 남자 집에 가서 성장한 후, 남자가 여자 집에 예물을 치르고 혼인하는 풍습

4. 동 예

① 정 치

  ㉠ 발전 : 함경도 및 강원도 북부의 동해안 지방에 위치

  ㉡ 군장국가 : 각각의 읍락은 <u>읍군</u>이나 <u>삼로</u> 등 군장이 지배

② 동예의 사회

  ㉠ 동예의 경제생활

    • 경제 : 어물과 소금 등의 해산물 풍부, 토지 비옥으로 농경 발달, 방직 기술 발달

    • 특산품 : 짧은 활인 <u>단궁</u>, 작은 말인 <u>과하마</u>, 바다표범의 가죽인 <u>반어피</u>

ⓛ 동예의 풍습
- 제천행사 : 매년 10월에는 무천이라는 제천행사를 지냄
- 책화 : 각 부족의 영역을 침범하지 못하게 하는 제도인 책화가 존재하였고 다른 부족이 침범하게 되면 노비 또는 소나 말로 변상함
- 엄격한 족외혼 존재
ⓒ 동예의 집터 : 철(凸)자와 여(呂)자 바닥 형태의 가옥에서 생활

옥저와 동예의 비교

구 분	옥 저	동 예
위 치	함경도	강원도 북부의 동해안 지방
경 제	• 토지비옥(농경발달) • 어물, 소금 등 해산물 풍부 → 고구려에 공납	• 토지비옥, 해산물 풍부, 방직기술 발달 • 특산물(단궁, 과하마, 반어피)
사 회	민며느리제, 가족공동묘(골장제)	무천(10월), 족외혼, 책화
정 치	읍군·삼로 등 군장의 지배, 통합된 큰 정치세력은 형성하지 못함	

5. 삼 한

① 삼한의 형성
- ㉠ 철기의 수용 : 한반도의 남쪽 지역의 진(辰)은 철기 문화가 발전하였고, 마한, 변한, 진한들의 연맹체 국가들이 나타나기 시작, 마한이 삼한 전체의 주도 세력으로 발전
- ㉡ 마한의 발전 : 경기, 충청, 전라도 지방에서 54개의 소국 연맹체 발전, 이후 백제로 발전함
- ㉢ 진한과 변한의 발전
  - 진한 : 대구, 경주 지역을 중심으로 12개의 소국 연맹체로 발전, 이후 신라로 발전함
  - 변한 : 김해, 마산 지역을 중심으로 12개의 소국 연맹체로 발전, 이후 가야연맹 왕국으로 발전함
② 통치체제 및 사회
- ㉠ 정치체제 : 삼한의 정치 지배자는 큰 지역을 다스렸던 대족장으로 신지와 견지가 있었고, 작은 지역을 다스렸던 소족장으로 읍차와 부례가 지배
- ㉡ 제정 분리 사회 : 삼한은 제정이 분리된 사회로 제사장인 천군이 군장 세력이 미치지 못하는 신성지역인 소도를 지배
- ㉢ 삼한의 생활 : 초가지붕의 반움집이나 귀틀집에서 생활, 공동체 단체인 두레 조직
③ 삼한의 경제 활동
- ㉠ 농경사회 : 철기를 바탕으로 하는 벼농사 중심의 농경사회, 저수지의 축조
- ㉡ 철의 생산 : 변한에서는 철이 많이 생산되어 낙랑이나 왜에 수출, 무역에서 철은 화폐처럼 사용
- ㉢ 삼한의 풍습 : 해마다 씨를 뿌리고 난 5월 수릿날과 추수 시기인 10월에 계절제(상달제)를 열어 하늘에 제사

Ⅰ 삼국의 성립과 발전

1. 세계의 고대사

① 중국 : 진(최초의 통일 국가) → 한(중국 문화의 기틀) → 삼국시대, 5호 16국 시대, 남북조 시대 → 수 → 당

② 그리스 : 민주정치, 인간 중심의 문화(그리스 문화 + 오리엔트 문화 = 헬레니즘 문화)

③ 로마 : 현실적, 실용적 문화 발전(로마법, 건축), 크리스트교 성장

2. 고대 국가의 형성 과정

소국 → 연맹왕국 → 중앙 집권 고대 국가(왕위세습, 율령반포, 불교수용, 영토확장)

3. 고구려의 성립과 발전

① 성립(B.C. 37) : 부여의 유이민 세력 + 압록강 유역의 토착민 집단

② 국내성 시대

고구려의 시대 구분

구 분	고구려 왕
졸본성 시대	1C 동명성왕(B.C. 37)~1C 유리왕(3)
국내성 시대	1C 유리왕(3)~5C 장수왕(427)
평양성 시대	5C 장수왕(427)~7C 보장왕(668)

㉠ 태조왕(53~146) : 활발한 정복 활동, 계루부 고씨의 왕위 독점 세습, 옥저복속(56)

㉡ 고국천왕(179~197) : 행정적 성격의 5부로 개편, 왕위 부자 상속, 진대법 실시(을파소)

㉢ 동천왕(227~248) : 오와 통교, 서안평 공격, 중국 위나라의 침입을 받아 요하강 동쪽으로 세력이 위축

㉣ 미천왕(300~331) : 서안평 점령(311), 낙랑군(313)과 대방군(314) 축출, 요동 진출

㉤ 고국원왕(331~371) : 전진과 외교수립(370), 백제의 침략, 평양성 전투 중 전사

㉥ 소수림왕(371~384) : 불교 공인(372), 태학 설립(372), 율령 반포(373)

㉦ 광개토대왕(391~413) : 요동 및 만주지역의 대규모 정복사업 단행, 신라에 침입한 왜 격퇴(광개토대왕릉비), 영락이라는 연호 사용

③ 평양성 시대

㉠ 장수왕(413~491) : 중국 남북조와 각각 교류, 평양으로 수도를 천도(427)하여 남진 정책을 추진, 한강 장악(중원고구려비), 지방에 경당 건립

㉡ 문자왕(491~519) : 부여를 복속(494)하고, 고구려의 최대 영토를 확보

㉢ 영양왕(590~618) : 요서 선제공격, 수의 침입(612, 살수 대첩)

㉣ 영류왕(618~642) : 천리장성 축조

㉤ 보장왕(642~668) : 당의 침입(645, 안시성 전투)

4. 백제의 성립과 발전

① 한성 시대

    ㉠ 성립(B.C. 18, 온조) : 한강유역의 토착 세력 + 고구려 계통의 유이민 세력

백제의 시대 구분

위례성(한성) 시대					웅진성 시대			사비성 시대
고이왕	근초고왕	침류왕	비유왕	개로왕	문주왕	동성왕	무령왕	성 왕
3C	4C			5C			6C	

    ㉡ 고이왕(234~286) : 한강유역 완전 장악, 율령반포, 6좌평 16관등의 관제정비, 관복제 도입

    ㉢ 근초고왕(346~375) : 마한 완전 정복(369), 요서·산둥·규슈 진출(왜의 왕에게 칠지도 하사), 고구려와 대결, 왕위 부자 상속, 서기 편찬(고흥)

    ㉣ 침류왕(384~385) : 불교 수용(중앙 집권의 사상적 바탕)

    ㉤ 비유왕(427~455) : 신라의 눌지왕과 동맹을 체결(433, 나제동맹)하여 고구려에 대항

    ㉥ 개로왕(455~475) : 고구려 장수왕의 공격으로 개로왕이 전사하고 한성이 함락(475)

나제동맹의 성립과 결렬

구 분	성립(433)	강화(493) [결혼동맹]	결렬(553) [진흥왕의 백제공격]
신 라	눌지왕	소지왕	진흥왕
백 제	비유왕	동성왕	성 왕

② 웅진성 시대

    ㉠ 문주왕(475~477) : 고구려 남진 정책으로 웅진(공주) 천도(475), 대외 팽창 위축, 무역 침체, 왕권 약화

    ㉡ 동성왕(479~501) : 신라의 소지왕과 결혼동맹을 맺어 나제동맹 강화(493), 탐라 복속(498)

    ㉢ 무령왕(501~523) : 지방에 22담로를 설치하고 왕족을 파견하여 지방통제를 강화, 중국 양나라와 교류

③ 사비성 시대

    ㉠ 성왕(523~554) : 사비(부여) 천도, 남부여 개칭(538), 5부(수도)와 5방(지방)의 행정구역 정비, 22부의 실무관청 설치, 중국 남조와 교류, 일본에 불교 전파(노리사치계), 고구려 공격(551, 한강 유역 일시 수복), 나제동맹 결렬(554, 관산성 전투에서 전사)

    ㉡ 무왕(600~641) : 미륵사 건립, 익산 천도 추진

    ㉢ 의자왕(641~660) : 대야성 공격, 백제 멸망(660)

5. 신라의 성립과 발전

① 성립(B.C. 57) : 경주의 토착 세력 + 유이민 집단 → 박, 석, 김 씨가 교대로 왕위 차지

② 4세기 내물왕(356~402)

   ㉠ **중앙집권화** : 김씨가 왕위 독점, 이사금에서 마립간으로 변경

   ㉡ **왜구격퇴** : 4세기 말 신라에 나타나던 왜구를 격퇴하기 위하여 고구려의 광개토대왕에게 구원병을 요청하여 격퇴(광개토대왕릉비)

   ㉢ **고구려와 교류** : 왜구 격퇴로 인하여 고구려군이 신라 영토 내에 주둔(호우명 그릇), 고구려의 내정간섭, 신라는 고구려를 통하여 간접적으로 중국의 문물을 수용·발전

③ 5세기

   ㉠ **눌지왕(417~458)** : 왕위 부자상속, 백제의 비유왕과 동맹체결(433, 나제동맹)

   ㉡ **소지왕(479~500)** : 행정적 성격인 6부 체제로 개편, 백제 동성왕과 결혼동맹(493)

④ 6세기

   ㉠ **지증왕(500~514)**

     • 관제 개편 : 국호를 사로국에서 신라로 바꾸고, 왕의 칭호도 마립간에서 왕으로 개칭

     • 경제 발전 : 순장 금지(502), 우경 실시, 동시전(시장 감독관청) 설치

     • 대외정책 : 이사부를 보내 우산국(울릉도)을 복속(512)

   ㉡ **법흥왕(514~540)**

     • 국가의 정비 : 병부를 설치하여 군사권을 장악하였고 율령을 반포, 백관의 공복제정

     • 왕권 강화 : 불교 공인(527, 이차돈의 순교), 신라 최초의 연호 사용(536, 건원)

     • 대외정책 : 김해의 금관가야를 정복(532)

   ㉢ **진흥왕(540~576)**

     • 국가의 재정비 : 인재 양성을 위하여 청소년 집단이었던 화랑도를 국가적인 조직으로 개편, 연호 사용(개국)

     • 대외팽창 : 한강 유역을 장악(상류–단양적성비, 하류–북한산비), 고령의 대가야 정복(창녕비), 함경도 진출(황초령비, 마운령비)

⑤ 7세기

   ㉠ **진평왕(579~632)** : 수와 친선(걸사표), 관제 정비(위화부, 조부, 예부 등), 세속오계

   ㉡ **선덕여왕(632~647)** : 황룡사 9층 목탑, 첨성대, 분황사, 계율종 창시

   ㉢ **진덕여왕(647~654)** : 나당 연합, 집사부와 창부 정비, 좌이방부 설치

6. 가야의 성립과 발전

① 전기 가야

    ㉠ 3세기 : 김해의 <u>금관가야</u> 중심의 연맹왕국으로 발전, <u>벼농사</u> 발달, <u>철</u>의 생산 풍부, <u>중계무역</u> 발달(낙랑과 왜의 규수 연결)

    ㉡ 4세기~5세기 초 : 4C 초부터 백제와 신라의 팽창으로 세력 약화 → 고구려군의 공격 → 낙동강 서쪽 연안으로 세력 축소

② 후기 가야

    ㉠ 5세기 후반 : 고령지방을 중심으로 발전하여 <u>대가야</u>가 새로운 가야의 <u>맹주로 부상</u>

    ㉡ 6세기 초 : 백제·신라와 대등하게 세력다툼 → 신라(법흥왕)와 결혼동맹을 맺어 국제적 고립 탈피 노력

③ 멸망 및 한계

    ㉠ 멸망 : 금관가야는 신라 법흥왕, 대가야는 신라 진흥왕에게 멸망

    ㉡ 한계 : 중앙집권국가로서의 발전을 이룩하지 못하고 해체됨

Ⅱ 삼국의 사회와 통치 제도

1. 고대 중앙과 지방의 정치 조직

① 중앙 정치 조직

구 분	고구려	백 제	신 라
수 상	대대로(막리지)	상좌평	상대등
관 등	10여 관등(4세기 경) 형(부족장), 사자	16관등(~솔, ~덕, ~독) 6좌평(각 부 장관)	17관등(~찬, ~나마)
합의제도	제가회의	정사암회의	화백회의
기 타	태학, 경당	22담로	골품제

② 지방 정치 조직

구 분	고구려	백 제	신 라
수도/지방	5부	5부	6부
지 방	5부(욕살), 성(성주)	5방(방령), 군(군장)	5주(군주), 군
특수구역	3경(통구, 평양, 재령)	22담로(왕족 파견)	2소경(강릉, 충주)
군사제도	성주, 족장	방령, 군장	1서당 6정

2. 삼국의 경제

① 삼국의 경제 정책

　㉠ 기본 경제 : 정복지의 공물 수취, 전쟁 포로, 식읍

　　• 수취제도 : 조세, 공물, 역

　　• 민생안정책 : 황무지 개간 권장, 저수지 건설 및 증축·보수, 진대법(고구려 고국천왕)

　㉡ 수공업 : 노비들이 국가 수요품 생산, 후기에는 관청을 두고 수공업자 배정

　㉢ 신라의 상업 : 5C 말(경주에 시장 설치), 신라 지증왕(동시전)

　㉣ 대외무역 : 수출(금·은·세공품)과 수입(비단·서적·약재) 활발

② 귀족과 농민의 경제생활

　㉠ 귀족의 생활

　　• 경제기반 : 개인 소유의 토지와 노비, 국가에서 지급한 녹읍·식읍

　　• 농민지배 : 농민을 동원하여 토지 경작, 과도한 수취와 고리대(토지약탈, 농민의 노비화)

　　• 주거생활 : 기와집·창고·마구간·우물·주방 등을 갖춤, 중국에서 수입된 비단옷 입음, 보석과 금·은으로 치장

　㉡ 농민의 경제생활

　　• 생활 : 자기 소유지를 경작(자영농)하거나 토지를 빌려 경작(소작농)하며 생활

　　• 농업 : 휴경농법, 철제 농기구 보급(6C 보편화), 우경 확대(6C 지증왕)

　　• 의무 : 곡물, 삼베, 과실 납부, 노동력 동원, 전쟁물자 부담증가(노비, 유랑민, 도적화)

3. 삼국의 사회

① 초기 국가의 신분제 성립

　㉠ 철기시대 신분구조

　　• 형성 : 정복 전쟁 → 부족 통합 → 지배층 서열 형성 → 신분제 성립

　　• 가·대가 : 읍락 지배, 관리와 군사력 소유, 정치 참여

　　• 호민·하호 : 호민(경제적 부유층), 하호(평민으로 농업에 종사)

　　• 노비 : 주인에게 예속된 최하층 천민

　㉡ 고대 국가의 신분구조

　　• 특징 : 율령 제정(지배층의 특권 유지 장치), 별도의 신분제 운영

　　• 귀족 : 왕족과 옛 부족장 세력, 정치권력과 사회·경제적 특권

　　• 평민 : 대부분 농민, 자유민, 정치·사회적 제약, 조세 및 역의 의무

　　• 천민 : 비자유민(노비, 집단 예속민), 왕실·귀족·관청에 예속, 전쟁 포로나 죄수·채무자가 노비로 전락

② 삼국의 사회 풍습

구 분	고구려	백 제	신 라
특 징	씩씩한 기풍	고구려와 비슷, 상무기풍(말타기, 활쏘기), 투호·바둑·장기 등 오락 즐김	늦은 중앙집권화
지배층	왕족(고씨), 귀족(5부)	왕족(부여씨), 귀족(8성)	왕족(성·진골), 귀족(6두품)
귀 족	제가회의	정사암회의	화백회의
풍습·제도	형사취수제, 서옥제, 진대법(고국천왕)	반역·전쟁 패배자(사형), 절도(귀양 + 2배 배상), 뇌물·횡령 관리(3배 배상 + 종신 금고형)	골품제(신분제도), 화랑도(청소년 단체)

③ 신라의 골품제 및 화랑도
　㉠ 골품제
　　• 신라의 신분제도 : 혈연에 따른 <u>사회적 제약(관등 상한선), 일상생활까지 규제</u>
　　• 성골 : <u>신라 전통 왕족</u>으로 최고의 신분, 진덕여왕 이후 단절됨
　　• 진골 : <u>무열왕 이후 왕족</u>으로 중앙의 정치·군사권을 장악함
　　• 6두품 : 대족장 출신, 득난(得難), 행정·학문·종교 분야에서 활약, 6등급 <u>아찬까지만 승진이 가능</u>
　　• 5두품 이하 : 소족장 출신, 5두품은 10관등인 대나마까지, 4두품은 12관등인 대사까지만 승진이 가능, 3두품 이하는 통일 이후 평민화
　　• 중위제도(重位制度) : 특정 관등을 더 세분화한 일종의 특진 제도, 제6등급 아찬은 사중아찬까지, 제10등급 대나마는 구중대나마까지, 제11등급인 나마는 칠중나마까지 승진 가능
　㉡ 화랑도
　　• 기원 : 원시 사회의 청소년 집단에서 기원
　　• 구성 : 화랑(지도자)과 낭도(귀족~평민)로 구성, <u>계층 간의 대립과 갈등을 조절·완화</u>
　　• 발전 : 진흥왕 때 국가 조직으로 확대, <u>원광의 세속 5계</u>(화랑도의 규율)

Ⅲ 삼국의 문화

1. 한자의 보급과 교육
① 배경 : 철기시대부터 지배층이 한자 사용, 삼국시대에 이두·향찰 사용
② 유 학
　㉠ 고구려 : 수도에는 태학(유교 경전·역사서 교육), 지방에는 경당(한학·무술 교육)을 건립, 광개토대왕릉 비문, 중원고구려 비문
　㉡ 백제 : <u>박사</u> 제도(유교 경전과 기술학 교육), 한문 문장(북위에 보낸 국서), 사택지적비문, 무령왕릉 지석
　㉢ 신라 : <u>임신서기석</u>(청소년들이 유교학습 기록)
③ 역사 편찬 : 고구려 유기 100권(미상), 고구려 <u>신집</u> 5권(이문진, 영양왕), 백제 <u>서기</u>(고흥, 근초고왕), 신라 <u>국사</u>(거칠부, 진흥왕)

2. 불교와 기타 신앙

① 불교의 수용 : 왕권 강화의 과정에서 왕실이 수용
- ㉠ 불교 공인 : 고구려(소수림왕), 백제(침류왕), 신라(법흥왕)
- ㉡ 역할 : 왕권 강화(신라 불교식 왕명, 선진 문화의 수용), 새로운 문화 창조
- ㉢ 교리 : 업설(왕즉불 사상, 지배층 특권 인정), 미륵불 신앙(화랑 제도와 관련, 이상적인 불국토 건설)

② 도 교
- ㉠ 특징 : 산천 숭배, 불로장생, 신선 사상, 무예 숭상, 귀족 사회 유행
- ㉡ 전래 : 고구려(을지문덕의 오언시, 사신도, 사후 세계 수호), 신라(화랑도), 백제(산수무늬 벽돌, 금동 대향로, 무령왕릉 지석, 사택지적비)

3. 고대 국가의 고분

구 분		양 식	고 분	특 징
고구려		돌무지	장군총	돌을 정밀하게 쌓아 올린 계단 형태
		굴식돌방	강서고분, 무용총	초기는 생활 그림(벽화), 강서대묘(사신도 발견)
백제	한 성	돌무지	석촌동고분	고구려의 영향, 백제 건국세력이 고구려 계통임을 증명
	웅 진	굴식돌방	송산리고분	규모가 큼, 사신도 출토
		벽 돌	무령왕릉	벽돌무덤은 남조의 영향, 지석(매지권) 발견
	사 비	굴식돌방	능산리고분	규모 축소, 세련미, 사신도 출토
신 라		돌무지덧널	천마총, 호우총	신라에서 가장 유행, 부장품 보존, 벽화는 없음
가 야		널무덤	대성동 고분	금관가야 고분(김해), 널무덤, 덧널무덤 등 다양
			지산동 고분	대가야 고분(고령), 돌덧널 무덤

4. 조형 문화의 발달

① 건축 : 고구려 안학궁(장수왕, 평양, 고구려 남진 정책의 기상), 백제의 미륵사(무왕, 백제의 중흥 반영), 신라의 황룡사(진흥왕, 팽창 의지 반영)

② 탑
- ㉠ 고구려 : 주로 목탑을 건립, 현존하는 것은 없음
- ㉡ 백제 : 익산 미륵사지 석탑(서탑만 일부 현존, 목탑 양식), 부여 정림사지 5층 석탑(평제탑)
- ㉢ 신라 : 황룡사 9층 목탑(선덕여왕, 자장의 건의), 분황사 모전 석탑(벽돌모양 석탑), 첨성대(천문대)

③ 불상 : 삼국 공통(금동 미륵보살 반가상)
- ㉠ 고구려 : 연가 7년명 금동여래입상(북조 영향, 강인한 인상과 은은한 미소)
- ㉡ 백제 : 서산 마애삼존불상(온화한 미소)
- ㉢ 신라 : 경주 배리석불입상(은은한 미소)

④ 기타 : 백제의 칠지도와 금동대향로, 신라의 금관

Ⅳ 고구려의 대외항쟁

1. 고구려와 수의 전쟁

① 배경 : 중국을 재통일한 수에 대한 위기감이 높아진 고구려는 전략적 군사 요충지인 요서 지방을 선제공격(598, 영양왕)

② 살수 대첩

ㄱ 수문제의 침입 : 수나라 문제가 30만의 병력을 이끌고 침입(598)해왔으나 고구려군에게 대패

ㄴ 살수 대첩 : 수의 문제에 이어 양제는 113만의 대군을 이끌고 침략해 왔으나 을지문덕이 <u>살수(청천강)</u>에서 수나라에 대항하여 대승(612)

③ 수의 멸망 : 수나라는 계속된 고구려 원정과 패배로 인하여 국력의 소모와 내란으로 멸망(618)

2. 고구려와 당의 전쟁

① 대당 강경책

ㄱ 천리장성 : 고구려는 국경에 천리장성을 쌓는 등 당의 침략에 대비

ㄴ 연개소문의 정변 : <u>연개소문은 정변을 일으켜 영류왕을 폐위한 후 보장왕을 옹립하고 정권을 장악</u>, 이후 당에 대한 강경책을 추진

② 안시성 전투 : 당 태종의 침략으로 고구려는 요동성, 비사성이 정복당하는 등 어려움을 겪었으나, 곧 이은 <u>안시성에서의 전투를 승리로 이끌며 당군을 격퇴(645, 양만춘)</u>

③ 고구려와 수·당 전쟁의 의의 : 중국의 한반도에 대한 침략을 저지하여 민족의 방파제 역할을 함

02 중세 사회

제1절 통일신라와 발해

Ⅰ 신라의 삼국통합과 발해의 건국

1. 백제와 고구려의 멸망

① 나당 연합군의 결성 : 신라(고구려와 백제의 압박)와 당(한반도 지배야욕)의 연합

② 백제 멸망(660)

　㉠ 원인 : 지배층 향락, 정치질서 문란, 신라의 김유신은 황산벌 전투에서 백제의 계백을 격파하고 사비성을 함락시킴(660, 의자왕)

　㉡ 부흥 운동 : 복신·도침(주류성), 흑치상지(임존성)가 왕자 풍을 왕으로 추대하여 추진, 왜가 지원했으나 실패(660~663)

③ 고구려 멸망(668)

　㉠ 원인 : 고구려는 거듭된 전쟁으로 국력 소모, 연개소문 사후 권력 쟁탈전, 나당 연합군의 공격으로 평양성이 함락되면서 멸망

　㉡ 부흥 운동 : 검모잠(한성), 고연무(오골성)가 보장왕의 서자 안승을 왕으로 추대하여 추진, 신라가 지원했으나 실패(670~674), 이후 발해 건국(698)

2. 신라의 삼국 통일

① 나당 전쟁(670~676)

　㉠ 원인 : 당이 웅진 도독부(공주), 안동 도호부(평양), 계림 도독부(경주)를 설치하고 한반도 전체를 지배하려 함

　㉡ 나당 전쟁 : 신라는 당나라의 20만 대군을 매소성에서 격파하여 전쟁의 승기를 잡았고(675), 금강 하구의 기벌포 전투에서 승리하여 실질적인 통일을 완성(676)

② 삼국 통일(676, 문무왕)

　㉠ 한계 : 외세를 이용하여 삼국을 통일하였고, 대동강에서 원산만까지를 경계로 한 이남의 지역만 차지

　㉡ 의의 : 당을 무력으로 축출한 자주적인 성격의 통일, 고구려와 백제 문화의 전통을 수용하고 민족 문화 발전의 토대를 마련

Ⅱ 통일신라의 발전

1. 통일신라의 성립과 발전

① **통일 이후 신라의 상황** : 영역의 확대, 인구의 증가, 생산력 증대, 정치적 안정

② **왕권의 전제화** : 왕권의 강화와 진골세력 약화

　㉠ **태종 무열왕(654~661)**

　　• 무열왕계 진골 : 최초의 진골 출신 왕으로 이후 무열왕계의 직계 자손만이 왕위를 세습

　　• 왕권 강화 : 집사부의 장관인 시중의 기능을 강화(상대등 세력 억제)

　　• 기타 : 친당 정책(중국식 시호 사용), 갈문왕 제도(왕의 친족에게 특혜 부여) 폐지

　㉡ **문무왕** : 고구려 멸망, 당을 축출하여 삼국 통일을 완성

　㉢ **신문왕**

　　• 왕권 강화 : 김흠돌의 모역 사건을 계기로 왕권을 전제화, 문무 관리에게 관료전을 지급하였고, 녹읍을 폐지(687), 만파식적

　　• 통치체제 정비 : 전국 지방을 9주 5소경으로 정비, 국학 설치, 9서당 10정 편성

통일신라의 토지 제도 변화

신라 초기 (식읍·녹읍 지급)	→	신문왕 (687, 관료전 지급)	→	성덕왕 (722, 정전 지급)	→	경덕왕 (757, 녹읍 부활)

• 식읍 : 국가에서 왕족, 공신 등에게 지급한 토지와 가호(조세수취권 + 노동력 징발권)

• 녹읍 : 관료 귀족에게 지급한 일정 지역의 토지(조세수취권 + 노동력 징발권)

• 관료전 : 관료에게 관직 복무의 대가로 수조권을 지급한 토지(조세수취권만 지급)

• 정전 : 국가에서 백성에게 지급한 토지

---

③ **신라 하대 전제 왕권의 동요** : 8세기 중엽 경덕왕 이후 왕권 약화

　㉠ **경덕왕(742~765)** : 녹읍의 부활(757), 불국사와 석굴암 축조(김대성), 귀족들의 향락과 사치 심화

　㉡ **원성왕(785~798)** : 독서삼품과 추진(관료 귀족들의 반대로 실패)

　㉢ **헌덕왕(809~826)**

　　• 김헌창의 난(822) : 아버지 김주원이 원성왕에 밀려 왕위에 오르지 못하여 국호는 장안, 연호는 경운으로 하고 난을 일으킴

　　• 김범문의 난(825) : 김헌창의 아들 김범문이 고달주(여주)에서 반란

　㉣ **흥덕왕(826~836)** : 사치금지령, 완도에 청해진 설치(828, 해적 소탕, 남해와 황해의 해상무역권 장악)

　㉤ **문성왕(839~857)** : 장보고가 청해진 중심으로 반란(846)

2. 통일신라의 통치 체제

① 중앙 : 집사부(시중) 아래 13부, 사정부(감찰 기구), 국학(국립대학) 설치

② 지 방

ㄱ 9주 5소경 : 전국을 9주 5소경 체제로 정비, 9주는 장관인 군주(총관, 도독)가 지배

ㄴ 5소경의 의의 : 수도 금성(경주)이 지역적으로 치우친 것 보완

ㄷ 지방관의 파견 : 군과 현에 지방관 파견, 외사정 파견(지방관 감찰), 상수리 제도 실시

ㄹ 특수행정구역 : 향, 부곡 등 설치

③ 군사제도 : 9서당(중앙군, 민족 융합 도모), 10정(지방군, 9주에 배치)

Ⅲ 발해의 발전

1. 발해의 건국과 발전

① 발해의 건국

ㄱ 발해 건국 배경

• 고구려 유민 탄압 : 당의 안동 도호부(대동강 이북과 요동 지방) 지배에 대한 고구려 유민의 저항

• 당의 민족 분열 정책 : 보장왕을 요동 도독으로 임명, 고구려 유민의 반발(동족 의식 강화)

ㄴ 발해의 건국과 의의

• 건국 : 대조영(698~719, 고왕)을 중심으로 한 소수의 고구려 유민(지배층)과 다수의 말갈 집단(피지배층)이 길림성의 동모산에서 건국, 연호(천통)

• 고구려 계승 : 일본에 보낸 국서에 고려 또는 고려국왕이라는 명칭 사용, 문화의 유사성(온돌, 기와, 정혜공주묘)

② 발해의 발전

ㄱ 무왕(719~737, 대무예)

• 대외정책 : 북만주 일대를 장악, 독자적 연호(인안)를 사용하며 당과 대립, 장문휴의 수군으로 하여금 당의 요서 지방과 산동 지방을 공격(732)

• 동북아시아의 세력균형 : 발해는 돌궐·일본 등과 연결하여 당과 신라를 견제하며 세력균형을 유지

ㄴ 문왕(737~793, 대흠무)

• 체제 정비 : 당과 친선 관계 체결, 3성 6부 정비, 주자감 설치, 수도를 중경에서 상경으로 천도

• 대외정책 : 독자적 연호(대흥) 사용, 신라와 상설 교통로(신라도) 개설

ㄷ 선왕(818~830, 대인수) : 대부분의 말갈족 복속, 요동 진출, 독자적 연호(건흥) 사용, 5경 15부 62주 정비, 중국인들은 전성기의 발해를 보며 해동성국이라고 칭송

③ 멸망 : 귀족들의 권력 투쟁으로 국력이 쇠퇴, 거란의 침략으로 멸망(926)

④ 정안국(938~986) : 발해가 멸망한 이후 발해 유민들이 압록강 주변에 모여 정안국(定安國) 건국, 요나라에 의해 멸망(986)

2. 신라와 발해의 관계

① 대립관계 : 발해 무왕 때 신라가 발해를 공격, 쟁장사건(897), 등제서열사건(906) 등

② 친선관계 : 신라도(발해 문왕), 발해가 거란의 침입을 받았을 때 신라가 발해를 지원하기도 함

3. 발해의 통치체제

① 중앙 : 당의 3성 6부 모방(명칭과 운영의 독자성), 중정대(관리 비리 감찰), 문적원(서적 관리), 주자감(최고 교육 기관)

② 지방 : 5경(전략적 요충지), 15부(도독), 62주(자사), 현(현승), 촌락(촌장 : 주로 말갈족)

③ 군사제도 : 10위(중앙군, 왕궁과 수도 경비)

Ⅳ 신라 사회의 동요

1. 신라 말 사회 변화

① 신라 말기의 동요 : 상대등의 권력 강화, 중앙 정부의 지방에 대한 통제력 약화

ㄱ 신라 말 대표적 봉기 : 김헌창의 난(822, 헌덕왕), 장보고의 난(846, 문성왕), 원종·애노의 난(889, 진성여왕) 등

ㄴ 원종·애노의 난(889) : 신라 말 신라 사벌주(상주)에서 일어난 농민항쟁

② 농민 몰락 : 귀족들의 대토지 소유 확대, 자연재해, 농민 수탈 등으로 인해 농민 몰락

2. 반신라 세력의 성장

① 호족 세력의 성장

ㄱ 지방 호족 : 성주·장군 자칭, 지방의 행정·군사·경제권 행사, 6두품 출신·당 유학생 및 선종 승려와 결탁

ㄴ 호족의 유형 : 권력 투쟁에서 밀려나 지방에서 세력을 키운 몰락한 중앙 귀족, 무역에 종사하면서 재력과 무력을 축적한 세력, 군진 세력, 지방 토착 세력인 촌주 출신 등

② 6두품 : 골품제 사회 비판, 새로운 정치 이념 제시, 호족과 연계

V 남북국의 경제, 사회

1. 남북국의 경제

① 통일신라의 경제
  ㉠ 토지제도의 변화
   • 토지제도 : 통일 전 귀족에게 식읍과 녹읍을 지급하였고, 통일 이후 <u>신문왕 때 녹읍을 폐지하고 관료전을 지급</u>, 성덕왕 때 백성에게 정전을 지급
   • 신라 말 : 왕권 약화로 <u>경덕왕 때 관료전을 폐지하고 다시 녹읍 부활</u>(757)
  ㉡ 신라 민정문서
   • 발견 : 1933년 일본 도다이사 쇼소인에서 통일신라 때 <u>서원경(청주)의 4개촌 장적</u>이 발견
   • 작성 : 그 지역 <u>촌주</u>가 매년 변동 사항을 조사하여 <u>3년</u>마다 작성
   • 내용 : 토지 크기, 인구수, 소와 말의 수, 토산물 파악, 사람의 다소에 따라 9등급, 연령·성별에 따라 6등급으로 나눔
   • 목적 : 국가의 <u>조세, 공물, 부역</u> 징수를 위한 자료로 활용
  ㉢ 통일신라의 경제 활동
   • 상업활동 : 통일 이후 인구와 상품 생산 증가, <u>동시</u> 외에 <u>서시·남시</u> 설치
   • 대외무역 : 통일 이후 당과의 무역 번성, 공무역 및 사무역 발달(당항성), 이슬람 상인이 울산에서 무역(울산항)
   • 해외기관 : 산둥반도와 양쯔강 하류에 <u>신라방(신라촌)</u>, 신라소, 신라관, 신라원 설치
② 발해의 경제생활
  ㉠ 수취제도 : 조세(조, 콩, 보리), 공물(베, 명주, 가죽), 부역(건축 동원)
  ㉡ 산 업
   • 농업과 목축 : 기후 조건의 한계로 콩·조·보리·기장 등을 재배하는 <u>밭농사</u> 중심, 목축(<u>솔빈부의 말</u>)과 수렵(모피, 녹용, 사향 등)
   • 수공업과 상업 : 금속 가공업(철·구리·금·은), 직물업(삼베·명주·비단), 도자기업 발달, 철 생산 풍부, 구리 제련술 발달, 도시와 교통 요충지에서 상품 매매 활발, 현물 화폐 중심, 외국 화폐 겸용
   • 어업 : 고기잡이 도구 개량, 숭어·문어·대게·고래 포획
  ㉢ 무 역
   • 당 : 발해관 설치, 교관선 왕래, 수출(<u>모피, 인삼, 불상, 자기</u>)과 수입(귀족들의 수요품인 <u>비단, 책</u>) 활발
   • 기타 : 외교 관계를 중시, 교류 활발, 신라(<u>신라도</u>) 및 거란과 무역

2. 남북국의 사회

① 통일신라의 사회 변화

㉠ 사회 변화 : 민족 문화가 하나의 국가 아래서 발전하는 계기

- 정치·사회 안정 : 영토와 인구 증가, 경제력 증대, 왕권의 전제화, 6두품의 두각
- 민족 통합 : 고구려·백제 옛 지배층에게 신라 관등 부여, 유민의 9서당 편성

㉡ 통일신라의 사회

- 진골 귀족 : 중앙 관청의 장관직 독점, 합의를 통한 국가 중대사 결정(화백회의)
- 골품 변화 : 6두품은 국왕을 보좌하여 정치적 진출이 활발, 3두품에서 1두품은 평민화
- 도시 발달 : 금성(정치·문화의 중심), 5소경(지방 문화의 중심)
- 귀족 생활 : 금입택에서 노비와 사병 소유, 대토지와 목장 소유, 고리대업, 불교 후원, 사치품 선호 (흥덕왕, 사치금지령)
- 평민 생활 : 자신의 토지 경작, 가난한 농민은 귀족의 토지 경작, 고리대로 인해 노비로 전락

㉢ 신라 말의 사회 모순

- 사회 모순 : 귀족의 정권 다툼과 귀족의 대토지 소유 확대, 중앙의 통제력 약화, 지방 세력(호족)의 성장, 자영농 몰락(소작농, 유랑민, 화전민, 노비로 전락)
- 민란 : 중앙 정부의 기강 문란, 강압적인 조세 징수, 원종과 애노의 난(상주) 등 각지에서 농민 봉기 발생

② 발해의 사회 구조

㉠ 지배층 : 소수의 고구려인(대씨, 고씨), 중요 관직 차지, 노비와 예속민 거느림

㉡ 피지배층 : 다수의 말갈인, 국가 행정 보조

㉢ 지식인 : 당의 빈공과에 응시, 당의 제도와 문화 수용

㉣ 사회·풍습 : 고구려나 말갈 사회의 전통적인 생활 모습을 유지

VI 남북국의 문화

1. 한자의 보급과 교육

① 유학 교육

㉠ 통일신라 : 국학(신문왕) → 태학 개칭(경덕왕) → 국학 개칭(혜공왕), 독서삼품과(원성왕, 학문과 유학 보급에 기여)

㉡ 발해 : 주자감 설립(유교 경전 교육)

② 유학의 보급

㉠ 통일신라 : 강수(외교 문서, 답설인귀서)와 설총(이두·화왕계) 등 6두품 지식인, 김운경과 최치원 (빈공과 급제, 계원필경) 등 도당 유학생, 최치원의 시무 10조(유교이념, 과거제도)

㉡ 발해 : 당에 유학생 파견, 당의 빈공과 급제

③ 역사 편찬 : 김대문의 화랑세기(화랑들의 전기), 고승전(유명 승려들의 전기), 한산기(한산주 지방의 지리지)

2. 불교와 기타 신앙

① 통일신라의 불교

　㉠ 원 효
- 화쟁사상 : 불교의 이해 기준 확립(대승기신론소, 금강삼매경론), 일심사상(화쟁사상)을 바탕으로 종파 간의 사상적 대립 조화·분파 의식 극복(십문화쟁론)
- 불교의 대중화 : 아미타 신앙(불교 대중화, 정토종 보급), 법성종 개창, 무애가

　㉡ 의상 : 화엄 사상 정립(화엄일승법계도, 일즉다 다즉일), 관음 신앙(현세에서 고난 구제), 부석사 건립

　㉢ 기타 : 혜초(왕오천축국전), 자장(황룡사 9층 목탑 건립 건의), 원측(유식불교)

② 발해의 불교 : 고구려 불교 계승, 왕실과 귀족 중심, 상경에 사원 건립

③ 선종 : 통일 전후 전래, 신라 말기에 유행, 실천적인 경향, 조형 미술의 쇠퇴, 6두품과 연계, 9산 선문 성립(불립문자, 견성오도), 지방 문화의 역량 증대, 고려 사회 건설의 사상적 바탕

교종과 선종

구 분	성 격	종 파	자치세력	발전시기	영 향
교 종	불경·교리 중시	5교	중앙 귀족	신라 중대	조형 미술 발달, 중앙 집권
선 종	참선·수행 중시	9산	지방 호족	신라 하대	조형 미술 쇠퇴, 승탑 발달

④ 기타 신앙

　㉠ 풍수지리설 : 신라 말 선종 승려 도선이 전래, 인문지리적 학설, 도참신앙과 결합 → 지방 중심으로 국토재편성 주장

　㉡ 도교 : 통일신라(최치원의 4산 비명), 발해(정효공주묘)

3. 남북국시대의 고분

구 분	양 식	고 분	특 징
통일신라	굴식돌방	김유신묘, 성덕대왕릉	둘레돌, 12지 신상
	화장법	문무왕릉	호국적 성격
발 해	굴식돌방	정혜공주묘	모줄임 천장 구조, 고구려의 영향
	벽 돌	정효공주묘	묘지와 벽화 발굴, 당의 영향

4. 조형 문화의 발달

① 건 축

　㉠ 통일신라 : 불국사(불국토의 이상 표현), 석굴암(비례와 균형의 조화미), 안압지(조경술, 귀족들의 화려한 생활)

　㉡ 발해 : 상경 궁궐터(당의 장안성 모방, 주작대로, 온돌 흔적)

② 탑

　㉠ 통일신라 : 2중 기단 위에 3층 석탑 유행, 감은사지 3층 석탑, 불국사 3층 석탑(석가탑), 다보탑, 양양 진전사지 3층 석탑, 화엄사 4사자 3층 석탑, 승탑·탑비(선종 유행, 쌍봉사 철감선사 승탑)

　㉡ 발해 : 승탑, 영광탑

③ 불상 조각과 공예
　　㉠ 통일신라 : 석굴암 본존불과 보살상(사실적인 조각, 불교의 이상 세계 구현)·법주사 쌍사자 석등
　　㉡ 발해 : 상경의 석등, 돌사자상(정혜공주묘), 이불병좌상(고구려 양식 계승, 흙을 구워 만든 불상)

5. 일본으로 건너간 우리 문화
　① 삼국시대 : 삼국시대의 영향을 받아 일본의 아스카 문화가 발달
　　㉠ 백 제
　　　• 의의 : 삼국 중 일본 문화 전파에 가장 큰 기여
　　　• 4세기 : 아직기(일본 태자에게 한자를 가르침), 왕인(천자문, 논어 전달)
　　　• 6세기 : 노리사치계의 불경과 불상 전달, 고류사의 미륵 반가 사유상과 호류사의 백제 관음상 제작에 영향
　　　• 특징 : 5경 박사, 의박사, 역박사, 화가, 공예가 활약 - 목탑, 백제 가람 양식
　　㉡ 고구려 : 담징(종이와 먹의 제작 방법 전달, 호류사의 금당 벽화), 혜관(불교 전파), 혜자(쇼토쿠 태자의 스승), 다카마쓰 고분 벽화(수산리 벽화와 흡사)
　　㉢ 신라 : 축제술(한인의 연못), 조선술, 아스카 문화 형성에 영향
　　㉣ 가야 : 가야토기의 영향을 받아 일본의 스에키 문화가 발달
　② 남북국시대 : 통일신라 문화의 영향을 받아 일본의 하쿠호 문화가 번성

제2절　고려 사회의 성립과 발전

I　고려의 건국과 후삼국 통합

1. 후삼국의 성립
　① 후백제(900~936, 견훤)
　　㉠ 발전 : 완산주(전주) 도읍, 충청도·전라도 일대 장악, 군사적 우위 확보, 중국과 외교 관계 수립
　　㉡ 한계 : 반신라 정책, 지나친 조세 수취·호족 포섭 실패
　② 후고구려(901~918, 궁예)
　　㉠ 발전 : 송악(개성) 도읍, 강원도·황해도·경기도 일대 장악, 국호 변경(마진 → 태봉), 새로운 신분제도 모색
　　㉡ 한계 : 지나친 조세 수취, 미륵 신앙을 이용한 전제 정치, 궁예 축출

2. 고려의 성립과 민족의 재통일
　① 재통일 과정 : 후백제 건국(900, 견훤) → 후고구려 건국(901, 궁예) → 고려 건국(918, 왕건) → 발해 멸망(926, 거란 침략) → 신라 투항(935, 경순왕) → 후백제 멸망(936)
　② 고려의 건국 : 고구려의 계승 표방, 송악에 도읍(919), 민심 수습, 호족 세력을 회유·포섭

3. 세계사

① 동양 : 당 멸망 → 5대 10국 → 송(문치주의) → 여진의 침입, 남송(성리학) → 원(동서 문화 교류)

② 서양 : 서유럽 문화권(봉건제도, 로마 카톨릭), 비잔틴 문화권(그리스 정교, 동유럽 문화의 바탕), 이슬람 문화권(이슬람교)

Ⅱ 고려의 지배 체제와 사회

1. 고려 전기 왕들의 정치

① 태조의 정책(918~943)

ㄱ 왕권의 구축

- 민생안정 : 취민유도의 원칙으로 호족들의 지나친 세금수취 금지, 조세제도 합리화(세율 1/10로 경감), 흑창 설치(빈민구제)
- 왕권 강화 : 정계·계백료서 등의 관리지침서를 제시, 후대의 왕들에게 훈요 10조(숭불정책, 북진 정책, 민생안정, 풍수지리 등) 제시

ㄴ 호족 통합

- 회유책 : 개국 공신과 지방 호족을 관리로 등용, 역분전 지급, 왕씨 성을 하사하여 친족으로 포섭(사 성정책), 유력한 지방 호족과의 혼인정책, 호족의 자치권 인정
- 사심관 제도 : 고관을 출신지에 임명, 불미스러운 일 발생 시 연대 책임
- 기인 제도 : 호족 자제를 일정 기간 수도(개경)에 머물게 한 제도(통일신라의 상수리 제도와 유사)

ㄷ 북진정책 : 서경(평양) 중시, 거란 강경책(만부교 사건), 청천강에서 영흥만까지 국경선 확보

② 광종의 개혁 정치(949~975)

ㄱ 혜종(943~945)~정종(945~949) : 왕규의 난(945), 왕권 약화

ㄴ 광종의 왕권 강화 추진 : 공신·호족 세력 숙청하여 왕권 강화

- 노비안검법(956) : 불법적으로 노비가 된 자를 양인으로 해방시켜 주는 노비안검법의 시행으로 호족 세력의 약화와 국가의 수입 기반 확대
- 과거제(958) : 쌍기의 건의를 수용하여 문반관리를 선발하는 과거제를 시행, 신구 세력의 교체 도모
- 칭제건원 : 황제의 칭호 사용, 광덕·준풍과 같은 독자적인 연호 사용
- 백관공복제 : 지배층의 위계질서 확립(자색, 단색, 비색, 녹색)
- 기타 : 주현공부법, 귀법사 창건, 제위보 설치(963)

③ 성종의 유교 정치(981~997)

ㄱ 유학의 진흥

- 배경 : 최승로의 시무 28조 채택으로 유교 정치 시행
- 유교 진흥 정책 : 불교 행사(연등회·팔관회) 폐지, 국자감 정비(992), 경학박사·의학박사 파견하여 교육, 문신월과법 시행

ㄴ 통치체제의 정비

- 중앙정치체제 정비 : 중앙 관제를 2성 6부 제도로 정비
- 지방통치체제 정비 : 12목에 목사 파견(지방관 파견), 향리제도, 과거제도 정비, 강동 6주 설치
- 사회시설 정비 : 의창(흑창의 확대·개편), 상평창(물가 조절), 화폐발행(건원중보), 노비환천법

2. 통치체제의 정비

① 중앙 행정 조직

ㄱ 2성 6부 : 당의 3성 6부 제도를 수용, 고려의 실정에 맞게 2성 6부 제도로 정비하여 독자적으로 운영(982)

- 중서문하성 : 장관인 문하시중이 국정 총괄, 2품 이상의 재신(국가 정책 심의)과 3품 이하의 낭사(정치 잘못 비판)로 구성
- 상서성 : 실무담당 기관인 6부를 두고 정책의 집행을 총괄

ㄴ 귀족합의 최고기구(재신과 추밀이 참여)

- 도병마사 : 고려의 국방 문제를 담당하는 국가 최고의 회의기구, 고려 후기 도평의사사로 개편(최고 정무 기관으로 변화)
- 식목도감 : 법의 제정이나 국가 의례의 규정을 다루던 최고의 회의기구

ㄷ 기 타

- 중추원 : 군사 기밀을 담당하였던 2품 이상의 추밀과 왕명의 출납을 담당하였던 3품 이하의 승선으로 구성
- 삼사 : 화폐와 곡식의 출납·회계
- 어사대 : 정치의 잘잘못을 논하고 관리의 비리를 감찰하고 탄핵하는 기구
- 대간제도 : 어사대의 관원(대관)과 중서문하성의 낭사(간관)로 구성

② 지방 행정 조직

ㄱ 일반행정구역

- 행정구역 : 전국 5도로 획정(현종), 5도(안찰사 파견) 아래 주·군·현(지방관 파견)이 설치
- 지방관 파견 : 지방관이 파견된 주현보다 지방관이 파견되지 않은 속현이 더 많이 존재
- 행정실무 : 조세, 공물, 노역징수 등 실제 행정사무는 향리가 담당

ㄴ 군사행정구역

- 군사구역 : 양계는 군사적 특수 지역으로 북방의 국경 지역에 동계와 북계의 양계를 설치, 국방상 요지로써 양계의 밑에 진을 설치
- 지방관 파견 : 양계에 병마사 파견

ㄷ 특수행정구역과 향리

- 특수행정구역 : 향·부곡(농업)·소(수공업, 광공업)민은 세금의 과중 부담, 교육·거주·이전의 자유 제한, 과거 응시 금지 등 일반 양민에 비하여 차별대우를 받음
- 향리 : 지방 호족 출신으로 지방의 행정사무 담당, 토착 세력으로 향촌 사회의 지배층

③ 군사 조직

ㄱ 중앙군

- 구성 : 국왕의 친위부대인 2군(응양군, 용호군)과 수도·국경을 방위하는 6위(좌우위·신호위·흥위위·금오위·천우위·감문위)로 구성
- 특징 : 중앙군은 직업 군인으로 군적에 등록되어 군인전을 지급받았으며 역은 자손에게 세습

ⓛ 지방군
- 지위 : 군적에 오르지 못한 16세 이상 장정
- 주진군 : 양계에 배치된 국방 상비군, 좌군·우군·초군으로 구성
- 주현군 : 5도의 일반 군, 현에 편성된 일종의 예비군으로 보승군(보병)·정용군(기병)·일품군(노역)으로 구성
ⓒ 특수군 : 광군(정종, 거란), 별무반(숙종, 여진), 삼별초(고종 때 최우, 몽골), 연호군(공민왕, 왜구)
④ 관리 임용제도
ⓐ 과거제도
- 원칙 : 법적으로 양인 이상이면 응시 가능, 광종 때(958) 쌍기의 건의로 과거 시행, 식년시(3년마다 정기 시험) 원칙
- 제술과(문과) : 문신 등용(한문학·정책 시험), 실제는 귀족·향리 자제가 응시
  명경과(문과) : 문신 등용(유교 경전 시험), 실제는 귀족·향리 자제가 응시
- 잡과 : 법률·회계·지리 등 실용 기술학 시험, 신분상의 한계로 실제는 백정(농민)이 응시
- 승과 : 교종시, 선종시로 승려에게 법계를 줌
ⓑ 음서제도 : 공신·종실 자손, 5품 이상 고위 관료 자손(외손자 포함)은 과거 없이 관리 등용

Ⅲ 대외관계와 거란의 침략

1. 10C 국제정세
① 동아시아의 정세 : 10세기 초의 동북아시아에는 고려와 송·거란이 존재
② 국제정세의 변화
  ⓐ 중국과의 교류 : 송과 고려는 경제·문화·군사·외교적으로 밀접한 친교 관계 형성
  ⓑ 북방의 변화 : 북방의 거란이 세력을 규합하여 요를 건국한 후 송과 대치함

2. 10C 거란(요)의 침입 – 광군
① 원인 : 고려의 친송·북진 정책과 거란에 대한 강경책
② 거란의 침략
  ⓐ 1차 침입(993)
    - 배경 : 거란의 소손녕은 고려가 송과의 교류를 끊을 것과 아울러 고려가 차지하고 있는 옛 고구려의 영토를 요구하며 80만 대군을 이끌고 침략(993)
    - 전개 : 서희는 외교 담판으로 고려가 고구려의 후예임을 인정받음과 동시에 압록강 동쪽의 강동 6주를 획득하여 영토를 확장(994, 성종)
  ⓑ 거란의 2차 침입(1010) : 거란의 성종은 강조의 정변을 구실로 40만 대군을 이끌고 침략하였고, 양규의 선전으로 흥화진 전투에서 승리
  ⓒ 거란의 3차 침입(1019) : 거란은 고려의 친교 약속 불이행에 대한 불만으로 소배압의 10만 군사가 침략하였으나 귀주에서 강감찬이 지휘하는 고려군에게 섬멸(1019, 귀주 대첩)
③ 결과 : 고려·송·요의 세력균형, 나성(개경) 축조, 천리장성(압록강~도련포) 축조

I 귀족 사회의 동요와 무신정권의 성립

1. 문벌귀족 사회의 성립

① 문벌귀족
  ㉠ 문벌의 형성 : 지방 호족 출신과 신라 6두품 계통의 유학자들이 성종 이후 지배층 형성
  ㉡ 문벌귀족 사회의 특징 : 왕실 및 귀족 상호 간의 혼인으로 왕실의 외척이 되어 정권 장악, 고관 배출, 과거와 음서를 통해 관직 독점, 공음전의 혜택, 불법적인 토지 소유
② 정치세력 간의 갈등 : 과거를 통한 지방 출신의 관리들 중 일부가 왕에게 밀착하여 왕권을 강화하고 왕을 보좌하기 시작하면서 문벌귀족과의 대립·갈등이 심화

2. 문벌귀족 사회의 동요

① 문벌귀족의 부패
  ㉠ 금의 사대요구 수락 : 북방의 유목민인 여진족이 금을 건국한 후 고려에 사대관계를 요구하였고 이자겸은 정권유지를 위하여 이를 수락(1125)
  ㉡ 이자겸의 난(1126)
    • 원인 : 금에 타협적인 이자겸 세력과 이자겸의 권력 독점에 반발하는 왕의 측근 세력과의 대립
    • 과정 : 이자겸·척준경의 반란[십팔자위왕(十八字爲王)설 유포]
    • 결과 : 이자겸·척준경의 불화, 척준경이 이자겸 제거
    • 의의 : 중앙 지배층의 분열, 문벌귀족 사회의 붕괴를 촉진하는 계기
② 묘청의 서경천도운동(1135년) : 국호 '대위국', 연호 '천개'
  ㉠ 배경 : 중앙 귀족의 보수 세력(개경파)과 지방의 신진 개혁 세력(서경파) 사이의 대립
  ㉡ 전 개
    • 서경파 : 묘청은 풍수지리설을 내세워 서경으로 천도하여 서경에 궁(대화궁)을 짓고, 황제를 칭하며 연호를 사용하는 등의 자주적인 개혁과 금을 정벌할 것을 주장
    • 봉기 : 김부식 중심의 개경 세력은 사대적 유교 정치사상을 중시하는 개혁을 요구하였고, 서경파는 이에 반발하여 묘청은 서경에서 국호를 대위국, 연호를 천개, 군대를 천견충의군라고 칭하며 봉기
  ㉢ 결과 : 김부식의 관군에 의해 약 1년 만에 진압, 숭문천무 현상, 서경의 지위 하락

서경파와 개경파

구 분	개경파	서경파
중심세력	김부식 중심, 보수적 관리	묘청·정지상 중심, 개혁적 관리
사상경향	사대적 유교 정치사상, 금 사대	풍수지리·자주적 전통 사상, 금 정벌
역사의식	신라 계승 의식	고구려 계승 의식

  ㉣ 평가 : 신채호는 서경천도운동을 '조선역사상 일천년래 제일대사건'이라 평가

3. 무신정권의 성립(1170~1270)

① 무신정변(1170)

　㉠ 원인 : 의종의 실정, 군사지휘권은 문관이 독점, 무신 천시(군인전 미지급, 무과 시행 없음)

　㉡ 무신정변 : 이의방·정중부의 무신정변(1170) → 중방 중심의 권력 행사, 권력 쟁탈전 전개 → 지방 통제력 약화 → 농민과 천민의 대규모 봉기

　㉢ 무신 집권자의 변화 : 이의방 → 정중부 → 경대승 → 이의민 → 최충헌 → 최우 → 최항 → 최의 → 김준 → 임연 → 임유무

② 최씨 무신 집권기(1196~1258) : 최충헌 집권 이후 4대 60여 년

　㉠ 최충헌 : 교정도감 설치(무신정권 최고 권력 기구), 도방 설치(신변경호), 봉사 10조 제시(정치·사회 개혁)

　㉡ 최우 : 교정도감 운영, 정방 설치(문무 인사기구), 서방 설치(문신 숙위기구), 삼별초(군사기구), 강화도 천도(1232)

무신정권의 권력기구

정중부(중방) → 경대승(도방) → 이의민(중방) → 최충헌(도방, 교정도감) → 최우(삼별초, 정방, 서방)

　㉢ 무신정권의 한계 : 최씨 정권은 권력의 유지와 이를 위한 체제의 정비에 집착했을 뿐, 국가의 발전이나 백성의 안정을 위한 노력에는 소홀

③ 무신 집권기의 봉기

　㉠ 배경 : 신분제도의 동요, 무신들의 농장 확대로 농민 수탈 강화

　㉡ 봉 기
　　• 지배층의 난 : 조위총의 난(서경, 많은 농민 가세)
　　• 양민들의 난 : 망이·망소이의 봉기(공주 명학소), 김사미·효심의 봉기(운문·초전)
　　• 천민·노비들의 난 : 만적의 봉기(천민의 신분해방운동)

Ⅱ 몽골의 침략과 저항

1. 여진과 몽골의 침략

① 12C 여진(금)의 침입 - 별무반

　㉠ 전 개
　　• 배경 : 12세기 초 여진족은 부족을 통합하며 고려로 남하하여 자주 충돌
　　• 별무반 조직 : 여진과의 1차 접촉에서 패한 뒤 윤관은 숙종에게 건의하여 별무반 편성, 별무반은 기병인 신기군, 승병인 항마군, 보병인 신보군으로 편성한 특수부대
　　• 동북 9성 : 여진족을 북방으로 몰아내고 동북 9성을 쌓았으나(1107) 방비의 어려움으로 반환(1109, 예종)

　㉡ 국제정세의 변화
　　• 여진의 성장 : 금나라 건국(1115) 후 군신 관계 요구, 이자겸이 정권유지를 위해 수용(1125)
　　• 영향 : 북진정책은 사실상 좌절되었고, 문벌귀족의 부패로 인한 이자겸의 난(1126)과 묘청의 서경천도운동(1135) 등과 같은 사회 혼란을 야기

② 13C 몽골(원)의 침입 – 삼별초
　㉠ 배 경
　　• 몽골의 성장 : 13세기 초 몽골족이 통일된 국가를 형성, 몽골에 쫓긴 거란이 고려에 다시 침입
　　• 강동의 역(1219) : 고려와 몽골군이 강동성에서 거란을 격퇴한 이후에 몽골은 거란을 격퇴해 준
　　　은인임을 자처하며 고려에 지나친 공물을 요구
　㉡ 전 개
　　• 1차 침입(1231) : 몽골 사신 저고여가 피살된 사건(1225)을 구실로 고려에 침략, 귀주성 전투(박서)
　　　의 저항에도 불구하고 고려는 몽골의 요구를 수락
　　• 2차 침입(1232) : 최우는 강화도로 천도하여 몽골과의 항전을 대비하였고 몽골은 재침입, 김윤후의
　　　처인성(용인) 전투에서 몽골 장수 살리타가 사살되자 퇴각
　　• 3~6차 침입 : 대구 부인사 대장경과 경주 황룡사 9층 목탑 등의 문화재가 소실되었고(1235, 3차),
　　　팔만대장경의 조판을 시작(1236~1251), 김윤후가 충주 전투에서 승리하였고(1252, 5차), 충주 다
　　　인철소의 주민들도 몽골에 항전(1254, 6차)
　㉢ 영 향
　　• 원간섭기의 시작 : 고려 정부는 몽골과 강화를 맺고 개경으로 환도(1270, 최씨 정권의 몰락), 몽골
　　　은 고려의 주권과 풍속을 인정하였고 고려의 왕을 자신들의 부마(사위)로 삼음
　　• 삼별초의 항쟁(1270~1273) : 강화도에서 고려 정부의 개경 환도에 반발하여 몽골과의 항전(배중
　　　손) → 진도 용장성(배중손) → 제주도(김통정), 여몽 연합군에 진압당함

2. 원의 내정간섭

① 영토 상실 : 쌍성총관부(화주, 철령 이북), 동녕부(서경, 자비령 이북), 탐라총관부(제주도) 설치
② 관제 변화
　㉠ 배경 : 원의 부마국(사위의 나라)이 되면서 왕실의 호칭과 관제 변화
　㉡ 중앙 관제의 변화
　　• 2성 격하 : 2성(중서문하성, 상서성)은 첨의부로 격하
　　• 6부 격하 : 이부・예부는 전리사, 호부는 판도사, 병부는 군부사, 형부는 전법사, 공부는 폐지
　　• 권력 기구의 변화 : 도병마사는 도평의사사, 중추원은 밀직사로 권한과 기능이 변화
　㉢ 내정간섭
　　• 왕실용어 격하 : 짐은 고, 폐하는 전하, 태자는 세자로 격하, '~조', '~종' 등 왕의 시호가 충○왕으
　　　로 격하됨
　　• 내정간섭 기구 : 정동행성(충렬왕, 개경, 일본원정 기구 → 내정간섭), 이문소(사법기관), 다루가치
　　　(감찰관), 순마소(몽골군의 경찰), 만호부(군사 간섭), 심양왕(민족 분열)
③ 영 향
　㉠ 자원수탈 : 결혼도감(공녀, 조혼 풍속), 응방(매), 특산물(금, 은, 베, 인삼, 약재) 징발
　㉡ 자주성의 손상 : 몽골어・몽골식 의복・머리・성명 사용 등의 몽골풍이 유행

3. 고려 후기의 정치

① 국내외 정세

    ㉠ 권문세족 : 원과 친분관계를 통하여 성장한 가문이 점차 발전하여 권문세족이라는 새로운 지배층을 형성

    ㉡ 충선왕 개혁 : 정방의 폐지를 시도하고 사림원을 설치하였으나 원과 친원 세력의 압력으로 실패

② 공민왕(1351~1374)의 개혁정치

    ㉠ 반원정책(대외적) : 친원 세력 숙청, 정동행성 이문소 폐지, 2성 6부 관제 복구, 쌍성총관부 공격(철령 이북의 땅을 수복, 유인우), 요동 지방을 공략

    ㉡ 왕권강화(대내적) : 정방 폐지(인사권 회복), 전민변정도감 설치(신돈, 권문세족 견제)

    ㉢ 한계 : 홍건적과 왜구의 침입으로 사회 혼란의 가중, 왕권을 뒷받침하였던 신진사대부 세력의 미약

    ㉣ 결과 : 권문세족의 반발로 신돈 제거·공민왕 살해, 개혁 중단

③ 신진사대부의 성장

    ㉠ 출신 : 무신집권기 이래 과거를 통해 중앙의 관리로 진출한 지방의 향리 자제 중심, 성리학적 교양과 실무 능력을 갖춘 학자적 관료

    ㉡ 성장 : 성리학 수용, 불교 비판, 권문세족 비판, 공민왕 때 개혁정치로 성장

    ㉢ 한계 : 권문세족의 인사권 독점으로 관직 진출에 제한, 과전과 녹봉도 제대로 지급받지 못함, 왕권과 결탁하여 고려 후기 개혁정치에 적극 참여하였으나 역부족

권문세족과 신진사대부의 비교

구 분	근거지	중앙 진출	경제력	사 상	불 교	성 향
권문세족	중 앙	음서로 진출	대지주	훈고학	숭 불	친 원
신진사대부	지 방	과거로 진출	중소지주	성리학	억 불	친 명

④ 14C 홍건적·왜구 침입

    ㉠ 홍건적 : 홍건적이 침입해 오자 이승경과 이방실(서경) 등이 격퇴하였고(1359, 1차), 정세운·안우·이방실·이성계(개경)가 홍건적을 격파(1361, 2차)

    ㉡ 왜 구

        • 최영, 이성계, 박위 : 최영은 홍산(1376, 부여), 이성계는 황산(1380, 남원), 박위는 대마도(1389) 정벌

        • 화포사용 : 화통도감 설치(1377, 최무선), 진포 대첩(1380, 나세·최무선)

고려의 경제와 사회

1. **고려의 수취제도와 토지제도**

① 농업 중심의 산업 발전

  ㉠ 산업 발전

  • 농업 진흥 : 중농 정책 추진, 개간한 땅에 대해서는 일정 기간 면세

  • 민생안정 : 농번기에는 잡역 동원을 금지하고 재해 시 세금 감면, 의창제 실시

  • 산업장려 : 개경에 시전 설치, 국영 점포 운영, 금속 화폐 유통

  • 수공업 : 왕실과 국가에서 필요로 하는 물품을 생산하는 관영수공업과 먹, 종이, 금, 은 등의 수공업 제품을 생산하는 소(所) 수공업 발전

  • 한계 : 자급자족적인 농업 경제 기반으로 산업 발달 부진

  ㉡ 국가재정

  • 재정정비 : 토지와 호구를 조사하여 경작지의 소유와 크기를 적은 토지 대장인 양안(20년 주기)과 호구 장부인 호적(3년 주기)

  • 재정관리 : 호부(호적·양안 작성, 인구와 토지 관리), 삼사(재정 관련 사무 담당)

② 수취체제의 정비

  ㉠ 조세 : 논과 밭을 비옥도에 따라 3등급으로 구분하여 부과, 생산량의 1/10 납부, 조운을 통해 조창으로 운반

  ㉡ 공물

  • 원칙 : 중앙 관청에서 필요한 공물의 종류와 액수를 나누어 주현에 부과(주현공부법), 주현은 속현과 향·부곡·소에 할당, 고을 향리들이 집집마다 나누어 공물을 징수

  • 종류 : 매년 내어야 하는 상공과 필요에 따라 수시로 거두는 별공

  ㉢ 역 : 16~60세까지의 정남에게 부과, 군역과 요역 부과

③ 토지제도

  ㉠ 전시과

  • 전지와 시지 : 문무 관리로 군인, 한인에 이르기까지 18등급으로 나누어 곡물을 수취할 수 있는 전지와 땔감을 얻을 수 있는 시지를 지급

  • 토지의 성격 : 관직 복무와 직역에 대한 대가로 소유권이 아닌 수조권만 지급

  ㉡ 전시과의 종류

  • 과전 : 문무 관리에게 관등에 따라 차등 지급

  • 한인전 : 6품 이하 하급관료의 자제로서 관직에 오르지 못한 사람에게 지급

  • 구분전 : 하급관료와 군인의 유가족에게 지급

  • 군인전 : 군역의 대가로 지급, 세습 가능

  • 공음전 : 5품 이상의 관료에게 지급한 토지로 세습이 가능, 음서제와 함께 고려 귀족 사회의 기반

  • 기타 : 왕실 경비 충당을 위해 지급한 내장전, 관청 운영을 위해 지급한 공해전, 사원 운영을 위해 지급한 사원전, 향리에게 지급한 외역전

ⓒ 민전 : 민전은 매매, 상속, 기증, 임대 등이 가능한 사유지로서 민전의 소유자는 국가에 일정한 세금을 납부
ⓔ 전시과제도의 변화
- 변천 과정 : 시정 전시과(976, 경종 : 관직과 인품 고려) → 개정 전시과(998, 목종 : 관직만을 고려하여 지급) → 경정 전시과(1076, 문종 : 현직 관리에게만 지급)
- 전시과의 붕괴 : 귀족들의 토지 독점·세습 → 무신정변 이후 극도로 악화(관리의 생계를 위해 일시적으로 녹과전 지급) → 농민 몰락, 국가재정 파탄

고려 토지제도 정리

구 분	역분전(태조)	전시과		
		시정(경종)	개정(목종)	경정(문종)
대 상	전·현직 관리	전·현직 관리	전·현직 관리	현직 관리
기 준	인품+품계	인품+품계	인품×, 품계○	품 계

2. 농업과 산업의 발전

① 귀족과 농민의 경제생활
ⓐ 귀족의 생활
- 경제기반 : 과전(관직에 대한 반대급부)과 녹봉, 수확량의 1/10을 조세로 징수, 사유지는 수확량의 1/2 징수
- 생활 : 노비 경작이나 소작, 외거노비에게 신공으로 매년 베·곡식 징수, 대농장 소유, 화려하고 사치스러운 생활, 누각·별장·시종을 거느림, 비단·고운 모시옷 입음
- 농장형성 : 고리대를 통한 농민 수탈, 지대 징수
ⓑ 농민의 생활
- 생계유지 : 민전 또는 소작지 경작, 품팔이, 가내 수공업 등
- 농기구 및 시비법의 발달 : 소를 이용한 깊이갈이가 일반화되어 농업 생산량이 증가하였고, 시비법이 발달(시작)하면서 휴경 기간이 단축
- 농업기술의 발전 : 밭농사는 2년 3작 윤작법이 점차 보급되면서, 2년 동안의 보리, 조, 콩의 돌려짓기가 발달하였고, 남부 지방 일부에 모내기법(이앙법)이 보급
- 고려 후기의 농업 : 고려 후기에는 이암이 중국(원)의 농서인 농상집요를 소개하였고, 공민왕 때 문익점은 목화씨를 가져와 목화의 재배(1363)가 시작됨
ⓒ 농민의 몰락 : 고려 후기 권문세족들의 대농장, 과도한 수취로 인해 소작인·노비로 전락

② 수공업과 상업
  ㉠ 수공업
    • 고려 전기 : 관영수공업(관청에서 기술자를 공장안에 올려 물품 생산), 소(所)수공업(금, 은, 철, 구리, 실, 각종 옷감, 종이, 먹, 차, 생강 등)
    • 고려 후기 : 사원(寺院) 수공업(베·모시·기와·술·소금)과 유통 경제의 발전에 따라 민간 수공업 발달
  ㉡ 고려 전기의 상업
    • 도시 : 시전(개경), 관영 상점(대도시), 비정기 시장(일용품 매매), 경시서(상행위 감독)
    • 지방 : 관아 근처의 임시 시장에서 일용품 거래, 행상의 물품 조달, 사원에서 생산한 곡물과 수공업 제품의 민간 판매
  ㉢ 고려 후기의 상업 : 시전의 규모 확대, 업종별 전문화, 도성 밖으로 상권 확대, 소금의 전매제
③ 화폐와 보(寶)의 발전
  ㉠ 화 폐
    • 주조 : 건원중보(성종), 삼한통보·해동통보·해동중보·활구(숙종), 쇄은(충렬왕), 저화(공양왕)
    • 한계 : 자급자족의 경제활동으로 화폐의 필요성을 느끼지 못해 유통이 부진함
  ㉡ 고리대와 보 : 왕실·귀족·사원 등의 재산 증식 방법으로 이용, 보(寶)의 출현(제위보·학보·경보·팔관보)
④ 여러 나라와의 무역 활동
  ㉠ 국제 무역 : 벽란도 번성(이슬람 상인 왕래)
  ㉡ 대송 무역 : 고려의 대외무역에서 가장 큰 비중을 차지, 송에서 왕실과 귀족의 수요품인 비단, 서적, 자기 등을 수입하였고, 종이·인삼 등 수공업품과 토산물을 수출함
  ㉢ 거란·여진·일본과의 무역 : 거란과 여진은 은을 가지고 와서 농기구, 식량 등과 바꾸어 갔으며, 일본은 11세기 후반부터 내왕하면서 수은, 황 등을 가지고 와 식량, 인삼, 서적 등과 바꾸어 갔음
  ㉣ 아라비아와의 무역 : 서역과의 교류도 활발하여 아라비아 상인들이 고려에 들어와서 수은, 향료, 산호 등을 판매, 이들을 통하여 고려(Corea)의 이름이 서방에 알려짐
  ㉤ 원간섭기의 무역 활동 : 공무역과 사무역 활발, 금·은·소·말 등의 지나친 유출

3. 고려의 신분제도

① 귀 족

고려시대의 시대별 귀족층

구 분	건국 초기	고려 중기		원간섭기	고려 말
귀 족	호족＋6두품	문벌귀족	무 신	권문세족	신진사대부
특 성	문벌의 형성	음서, 공음전	중방, 교정도감	친원파, 대농장	친명파, 성리학
진 출	과거, 음서	과거, 음서	무 력	음 서	과 거

- ㉠ 문벌귀족
  - 고려 초기의 지배층 : 초기의 귀족 세력은 <u>호족</u>과 <u>6두품</u> 계열 등으로 개국 공신이 다수였으며, 점차로 왕족을 비롯한 5품 이상의 고위 관료가 주류를 형성
  - 문벌의 형성 : 성종 이후 새로운 문벌을 형성, 문벌귀족은 <u>음서</u>나 <u>공음전</u>의 혜택을 받는 <u>특권층</u>으로 대대로 고위 관직을 차지, 대표적인 문벌귀족으로는 경원 이씨(이자겸), 해주 최씨(최충), 경주 김씨(김부식), 파평 윤씨(윤관) 등이 있음
  - 특권 유지 수단 : 문벌귀족은 왕실 또는 유력한 가문과 <u>중첩된 혼인 관계</u>로 특권층을 유지
- ㉡ 권문세족
  - 권문세족의 형성 : 무신정권이 붕괴되고 몽골이 성장하자 <u>친원적인 성향</u>을 보이는 세력이 등장
  - 특권 유지 수단 : <u>도평의사사</u>를 장악하여 특권을 향유, 음서로 신분 세습, 대규모의 농장을 소유하고도 국가에 세금을 내지 않았고 몰락한 농민을 농장으로 끌어들여 노비처럼 부리며 부를 축적
- ㉢ 신진사대부
  - 형성 : 중소 지주층으로 과거를 통하여 중앙으로 진출한 <u>향리 출신</u>, <u>성리학</u>을 신봉하였던 개혁적인 세력층
  - 신진사대부의 성장 : 하급관료의 자제들이 대부분이었던 신진사대부는 원·명 교체기에 성장
② 중류층
  - ㉠ 유형 : 중앙관청의 말단 서리(<u>잡류</u>), 궁중 실무 관리(<u>남반</u>), 지방행정의 실무 담당(향리), 하급장교(<u>군반</u>), 지방의 역을 담당(<u>역리</u>)
  - ㉡ 역할 : 통치체제의 하부 구조 담당, 중간 역할 담당
  - ㉢ 향리 : 출신 성분은 <u>호족</u>, <u>지방의 실질적 지배자</u>, 통혼 관계나 과거 응시에서 하위 향리와 구별

향리

구 분	내 용
상층 향리	과거를 통하여 중앙에 진출하였던 향촌의 실질적 지배세력
하층 향리	행정 실무를 담당하였던 말단 행정직
특 색	외역전 지급, 직역 세습, 농민 사적 지배 가능
군 사	군사지휘권 행사(일품군 지휘)

③ 양 민
  - ㉠ 백정 농민 : <u>조세·공납·부역의 의무</u>, 민전 경작, 귀족 토지 소작, 과거 응시 자격(법제화)
  - ㉡ 특수 집단 : 향·부곡(농업), 소(수공업)에 거주, 양인에 비해 <u>많은 세금</u> 부담, <u>거주 이전의 자유 없음</u>, 역(육로교통), 진(수로교통)

④ 천 민

　㉠ 천민층의 유형 : 천민은 최하층의 신분으로 노비, 화척(도살업자), 재인(광대) 등으로 구성되었고, 고려시대에서 천민의 대다수는 노비

　㉡ 공노비

　　• 입역노비 : 궁중과 중앙 관청이나 지방 관아에서 잡역에 종사하면서 급료를 받고 생활하는 노비

　　• 외거노비 : 지방에 거주하면서 농업에 종사하는 노비, 규정된 액수를 관청에 납부

　㉢ 사노비

　　• 솔거노비 : 귀족이나 사원에서 직접 부리는 노비로서 주로 주인의 집에 살면서 잡일을 보았던 노비

　　• 외거노비 : 주인과 따로 사는 노비, 주로 농업에 종사, 신공 납부, 소작 및 토지 소유 가능, 양민 백정과 비슷한 독립된 경제생활

　㉣ 노비의 지위 : 매매·증여·상속의 대상, 부모 중 한쪽이 노비이면 그 자식도 노비(일천즉천)

4. 고려의 사회와 제도

① 사회 정책과 사회 제도

　㉠ 국가 정책 : 농번기 잡역 면제, 자연재해 시 조세·부역 감면, 고리대 이자율의 법적 제한, 권농 정책 등 농민 생활의 안정 도모

　㉡ 사회 제도

　　• 의창 : 평시에 곡물을 비치하였다가 흉년에 빈민을 구제, 고구려의 진대법과 유사

　　• 상평창 : 물가안정을 위해 개경·서경·12목에 설치

　　• 의료 구제 : 가난한 백성이 의료 혜택을 받도록 개경에 동서대비원을 설치하여 환자 진료 및 빈민 구휼을 담당하게 하였으며, 혜민국을 두어 의약을 전담

　　• 재난구제 : 각종 재해가 발생하였을 때, 구제도감이나 구급도감을 임시 기관으로 설치하여 구제

② 심판 및 형벌

　㉠ 법률과 심판

　　• 법률 : 중국의 당률 참작, 대부분은 관습법 따름

　　• 심판 : 지방관의 재량권 행사, 반역죄·불효죄는 엄중 처벌, 형벌의 면제 규정 존재, 사형은 3심제 시행

　㉡ 형벌의 종류 : 볼기를 치는 매질(태), 곤장형(장), 징역형(도), 유배형(유), 사형(사)이 존재

③ 향 도

　㉠ 의의 : 불교 신앙의 하나로 위기가 닥쳤을 때를 대비하여 향나무를 바닷가에 매장하여 향나무에서 나오는 향을 통하여 미륵을 만나 구원받을 것을 염원하였던 매향 활동을 하던 무리

　㉡ 역할 : 불상·석탑·사찰 건립 때 주도적 역할, 마을 노역, 혼례와 상장례, 마을 제사 등 공동체 생활을 주도하는 농민 조직으로 발전

　㉢ 변화 : 후기에는 노역, 혼례, 상장례, 마을 제사 등 공동체 생활 주도

④ 혼인과 여성의 지위
　ⓐ 혼인 : 일부일처제, 고려 초기 왕실 내에서 친족 간의 혼인 성행
　ⓑ 여성의 지위 : 자녀 균분 재산 상속, 연령순 호적 기재, 양자 없이 딸이 제사, 여성이 호주 가능, 친가와 외가의 동등 대우, 사위·외손자에게까지 음서 혜택, 사위가 처가의 호적에 입적, 여성의 재가 허용
⑤ 풍 속
　ⓐ 장례·제사 : 정부는 유교적 규범 장려, 민간에서는 토착신앙·불교·도교 신앙의 융합 풍속
　ⓑ 명절 : 정월 초하루·삼짇날·유두·추석·단오(격구, 그네, 씨름)

민족 명절과 풍습

설 날	1월 1일	차례, 세배, 씨름 등 민속놀이
대보름	1월 15일	달맞이, 쥐불놀이, 다리밟기, 부럼깨기, 달집태우기, 귀밝이술 마시기
연등회	2월 15일	불교행사
단 오	5월 5일	창포에 머리감기, 쑥과 익모초 뜯기, 수리떡 먹기, 대추나무 시집보내기, 그네뛰기·격구·씨름·석전(石戰)·활쏘기 등 민속놀이
한가위	8월 15일	차례, 성묘, 민속놀이
팔관회	가 을	개경 11월 15일, 서경 10월 15일, 불교행사, 토착신앙

※ 팔관회 : 국가와 왕실의 태평 기원, 불교·도교·민간신앙이 융합된 국가적 행사, 여진·송·일본 상인도 참여, 태조는 훈요 10조에서 강조, 성종 때 최승로의 건의로 잠시 폐지되었다가 현종 때 부활

Ⅳ　고려의 사상과 문화

1. 유학 교육과 역사서

① 유학의 발달
　ⓐ 고려 전기
　　• 태조 : 신라 6두품 계통의 유학들이 유교주의에 입각하여 활약
　　• 광종 : 과거제도 실시(유학의 발달)
　　• 성종 : 유교 정치사상의 정립, 유학교육기관인 국자감 정비
　ⓑ 고려 중기
　　• 문종 : 최충(해동공자)은 관직에서 물러난 후에 9재 학당을 설립
　　• 인종 : 김부식의 활약(보수적, 현실적 성격의 유학)
② 유학교육기관
　ⓐ 관학의 발전
　　• 중앙 : 국립대학인 국자감(국학) 설치, 학부(유학부·기술학부)에 따라 신분별 입학
　　• 지방 : 향교가 설치되어 지방 관리와 서민 자제의 교육을 담당
　ⓑ 사학의 융성 : 고려 중기에는 사학 12도가 융성, 관학 교육 위축

ⓒ 관학진흥책
- 숙종 : 관립 출판소인 서적포 설치
- 예종 : 국학 7재, 양현고, 청연각, 보문각 설치
- 인종 : 경사 6학 정비
- 충렬왕 : 섬학전 설치, 국학의 성균관 개칭, 문묘 건립
- 공민왕 : 성균관을 유교교육기관으로 개편
③ 성리학의 전래
㉠ 성격 : 인간의 심성과 우주의 원리 문제를 철학적으로 탐구하는 신유학
㉡ 전래 : 충렬왕 때 안향의 소개 → 백이정 → 박충좌·이제현의 심화 → 이색 → 정몽주(동방 이학의 조), 정도전, 권근
㉢ 영 향
- 주장 : 신진사대부의 사회 모순을 개혁하기 위한 논리로 발전, 일상생활에 관계되는 실천 강조(소학, 주자가례)
- 역할 : 권문세족과 불교를 비판하였고 새로운 국가 지도 이념으로 발전
④ 역사서의 편찬
㉠ 고려 전기(자주적 사관) : 왕조실록·7대 실록(태조~목종, 황주량, 편년체 사서 편찬)
㉡ 고려 중기(합리적 유교 사관) : 김부식의 삼국사기[현존 최고(最古) 역사서, 유교적 합리주의, 기전체, 신라 계승 의식]
㉢ 고려 후기(자주적 사관) : 동명왕편(이규보), 해동고승전(각훈, 삼국시대의 승려 30여 명의 전기 수록), 삼국유사(일연, 불교사를 중심으로 서술, 단군 수록), 제왕운기(이승휴, 단군 수록, 자주성)
㉣ 고려 말(사대적 유교 사관) : 이제현의 사략(성리학적 유교 사관)

2. 불 교

① 고려 전기의 불교
㉠ 고려 전기의 교종과 선종 : 왕실(화엄종 – 흥왕사, 화엄사상)과 문벌귀족(법상종 – 현화사, 유식사상)의 지원을 받는 교종과 선종이 존재
㉡ 태조 : 훈요 10조를 통해 연등회와 팔관회를 중시
㉢ 광 종
- 광종의 정책 : 승과(과거) 실시, 국사(혜거)·왕사(탄문) 제도 실시, 사원에 토지를 지급하고 승려에게는 면역 혜택도 지급
- 승려의 활약 : 균여(화엄사상, 보살의 실천행 전개), 의통(중국 천태종의 13대 교조), 제관(천태사교의 저술)
② 의천(교종 중심에서 선종 통합)
㉠ 천태종 : 화엄종 중심의 교종 통합(흥왕사), 선종을 통합하기 위해 국청사 창건(천태종 창시)
㉡ 교관겸수 : 교종 중심에서 선종 통합 노력, 이론의 연마와 실천의 양면 모두를 강조하는 교관겸수를 제창
㉢ 속장경 : 대장경의 보완을 위하여 송·요·일본의 주석서를 모아 흥왕사에 교장도감을 설치하여 속장경(교장)을 간행
㉣ 한계 : 의천 사후 교단 분열, 귀족 중심 불교 지속

③ 무신 집권기 신앙 결사 운동의 전개

    ㉠ 지 눌
- 수선사 결사(1204) : 승려 본연의 자세로 돌아가 독경과 선 수행, 노동에 고루 힘쓰자는 개혁 운동 제창
- 정혜쌍수·돈오점수 : 정혜쌍수는 선종을 중심으로 교종을 포용하자는 이론이며, 돈오점수는 단번에 깨닫고 꾸준히 실천하자는 주장으로 내가 곧 부처라는 깨달음을 위한 노력과 함께, 꾸준한 수행을 강조

    ㉡ 요 세
- 백련사 결사(1208) : 불교의 폐단과 사회 개혁을 강조하여 강진 만덕사(백련사)에서 백련사 결사를 제창
- 내용 : 자신의 행동에 대한 진정한 참회를 강요하는 법화 신앙을 강조

    ㉢ 혜심 : 유교와 불교가 다르지 않다는 유불일치설을 주장하였고, 심성의 도야를 강조하여 장차 성리학을 수용할 수 있는 사상적 토대를 마련

고려의 불교 개혁 운동

구 분	지 눌	요 세	혜 심
결사운동	수선사 결사(1204, 조계종)	백련사 결사(1208, 천태종)	결사운동(조계종)
내 용	정혜쌍수·돈오점수(선교일치)	법화신앙, 자신의 행동 참회	유불일치설, 심성도야 강조

④ 원간섭기 이후 : 개혁 운동 좌절, 사원의 타락, 라마불교 전래, 교단 정비 노력 실패(보우), 신진사대부의 불교 비판

3. 도교와 풍수지리설

① 도 교

    ㉠ 특징 : 불로장생과 현세구복 추구

    ㉡ 행사 : 국가와 왕실의 번영을 기원하는 초제가 성행, 팔관회(도교·민간신앙·불교가 어우러진 행사) 진행

② 풍수지리설의 변화

    ㉠ 서경 길지설 : 고려 초기 북진정책의 이론적 근거, 묘청의 서경천도운동

    ㉡ 남경 길지설 : 중기 이후, 북진정책의 퇴조, 한양 명당설 대두, 보수적·사대적

4. 건축과 석탑

① 건 축

    ㉠ 중심 : 궁궐과 사원 중심(개성 만월대의 궁궐터, 현화사, 흥왕사)

    ㉡ 주심포 양식(고려 전기)
- 양식 : 지붕의 무게를 기둥에 전달하면서 건물을 치장하는 장치인 공포가 기둥 위에만 짜여 있는 양식으로 대개 기둥일 굵고 배흘림 양식
- 건축물 : 부석사 무량수전, 봉정사 극락전, 수덕사 대웅전

　　　　ⓒ 다포식 양식(고려 후기)
　　　　　　• 양식 : <u>고려 후기</u>에는 <u>원의 영향</u>을 받아 건물이 웅장해짐에 따라 지붕의 무게를 분산시킬 <u>공포가</u>
　　　　　　　<u>기둥 사이사이에 짜인 다포식 양식</u>으로 발전
　　　　　　• 건축물 : <u>성불사 응진전</u>, 삼원사 보광전
　　② 석 탑
　　　　ⓖ 특징 : 신라 양식 계승, 독자적인 조형 감각 가미, 다각 다층탑, 안정감 부족
　　　　ⓛ 유적 : 현화사 7층 석탑, 불일사 5층 석탑, <u>월정사 팔각 9층 석탑</u>, <u>경천사지 10층 석탑(원의 양식)</u>

5. 승탑과 불상

　　① 승 탑
　　　　ⓖ 특징 : 신라 말 선종 유행과 관련하여 발달한 승탑은 고려시대 조형 예술의 중요한 부분을 차지
　　　　ⓛ 유적 : 정토사 흥법국사 실상탑, 고달사지 승탑(팔각원당형), 법천사 지광국사 현묘탑
　　② 불 상
　　　　ⓖ 특징 : 대형 철불 다수 조성, 시기와 지역에 따라 독특한 양식, 대체로 조형미는 부족
　　　　ⓛ 유적 : <u>부석사 소조아미타여래 좌상(신라 양식)</u>, 광주 춘궁리 철불(하남 하사창동 철조석가여래좌상,
　　　　　대형 철불), 관촉사 석조미륵보살 입상·안동 이천동 석불(지역적 특색)

6. 인쇄술의 발달

　　① 목판 인쇄술
　　　　ⓖ 초조대장경 : 현종 때 거란의 침입을 격퇴하기 위하여 간행, 교리 정리, 몽골 침입으로 소실
　　　　ⓛ 속장경(교장) : <u>의천</u>이 고려·송·요의 주석서를 모아 간행, 신편제종교장총록(목록) 제작, 교장도감
　　　　　설치(흥왕사), 몽골 침입 때 소실, 10여 년에 걸쳐 4,700여 권 간행, 인쇄본 일부 현존
　　　　ⓒ 재조대장경(팔만대장경) : 고종 때 몽골의 침략을 막아내기 위하여 <u>강화도에서</u> 수기 승통의 총괄
　　　　　하에 <u>조판</u>(대장도감), 現 합천 해인사에 보관
　　② 금속 인쇄술
　　　　ⓖ 상정고금예문(1234, 고종 때 최윤의)
　　　　　　• 기록 : <u>동국이상국집</u>에 12세기 인종 때 강화도에서 금속활자로 인쇄하였다는 <u>기록</u>이 존재
　　　　　　• 한계 : 서양에서 금속활자 인쇄가 시작된 것보다 200여 년이나 앞서 이루어진 것이지만 오늘날
　　　　　　　전해지지 않기 때문에 세계 최초의 활판 인쇄술로 공인받지 못함
　　　　ⓛ 직지심체요절(1377, 우왕, 현존 최고(最古) 금속활자본)
　　　　　　• 간행 : 청주 흥덕사에서 백운 경한에 의해 간행, 우왕 때 <u>금속활자로 인쇄</u>(1377)
　　　　　　• 유출 : 1887년 프랑스 대리공사 콜랭드 플랑시가 프랑스로 유출(現 프랑스 국립도서관에 소장)

7. 청자와 공예

① 배경 : 귀족의 사치 생활과 불교 의식에 필요한 물품 제작

② 자기공예

    ㉠ 고려청자의 발전

       • 순수청자 : 순수 비취색이 나는 순수청자가 11세기에 발전

       • 상감청자 : 12세기 중엽에 고려의 독창적 기법인 상감법이 개발

    ㉡ 고려청자의 변천

       • 기술의 퇴보 : 원간섭기 이후에 원으로부터 북방 가마의 기술이 도입되어 청자의 빛깔은 점차 퇴조

       • 자기의 변화 : 11C 순수청자 → 12~13C 상감청자 → 15C 분청사기

③ 기타 : 금속공예(은입사 기술-청동 향료, 청동 정병), 나전칠기(경함, 화장품갑, 문방구 등)

8. 과학기술의 발달

① 기술교육

    ㉠ 국자감 : 국자감의 잡학(율학·서학·산학) 교육, 과거제도에서 잡과 실시

    ㉡ 의 학

       • 교육기관 : 태의감에서 의학 교육 실시

       • 제중입효방 : 고려 의종 때 김영석이 신라 및 송나라의 의서를 참작하여 편찬한 의서, 현전하지 않음

       • 향약구급방(1236) : 우리나라 최고(最古)의 의학 서적으로 각종 질병에 대한 처방과 국산 약재 180여 종이 소개

② 천문과 역법

    ㉠ 천문 : 천문과 역법을 맡은 관청으로써 사천대(서운관)가 설치되었고, 이곳의 관리는 첨성대에서 관측 업무를 수행

    ㉡ 역법 : 고려 초기 당의 선명력을 사용하였으나 후기의 충선왕 때에는 원의 수시력을 채용하였고 공민왕 때에는 명의 대통력을 사용

③ 기 타

    ㉠ 농업기술 : 권농 정책, 토지 개간, 수리 시설 축조, 간척 사업, 농기구 보급 등, 이암이 원의 농상집요 소개, 공민왕 때 목화씨(문익점) 유입, 목화 재배 시작

    ㉡ 무기와 선박 : 최무선의 건의로 화통도감 설치(왜구격퇴, 진포전투), 대형 범선, 조운선

Ⅰ　조선의 건국과 통치기구 정비

1. 조선 건국의 배경

① 세계사

  ㉠ 동양 : 중국의 명(서민 문화 발전)·청, 서남아시아의 오스만 제국(이슬람의 번성), 인도의 무굴 제국(인도, 이슬람 문화권), 일본의 전국시대·에도 막부(집권적 봉건제도)

  ㉡ 서양 : 르네상스, 신항로 개척, 종교 개혁

② 고려 말 신진사대부의 성장

  ㉠ 온건 개혁파 : 이색, 정몽주 등 대다수의 온건 개혁파는 고려 왕조의 틀 안에서 점진적인 개혁을 추진, 왕조 질서를 파괴하거나 전면적인 토지 개혁에는 반대

  ㉡ 급진 개혁파 : 정도전 등 급진 개혁파는 고려 왕조를 부정하는 역성혁명을 주장, 권세가에 의한 토지 사유 축소를 주장

신진사대부의 분화

구 분	급진 개혁파(혁명파)	온건 개혁파(온건파)
주 장	왕조 개창(역성혁명)	고려 왕조 내 점진적 개혁
중 심	정도전, 조준 등(소수)	정몽주, 이색, 길재 등(다수)
개 혁	권세가의 사유지 축소	전면적 토지개혁 반대
경제력	미약함	우세함
불 교	교리 자체 비판	온건 비판

③ 조선의 건국 과정

  ㉠ 개요 : 명의 철령위 통보 → 요동정벌 단행 → 위화도 회군(1388) → 신진사대부의 분열 → 과전법 시행(1391) → 혁명파의 온건 개혁파 제거 → 조선 왕조 개창(1392)

  ㉡ 요동정벌

    • 배경 : 우왕 때 최영과 이성계는 이인임 일파를 축출하고 개혁 추진, 개혁의 방법으로 갈등

    • 요동정벌의 단행 : 명은 철령 이북 땅을 요구하며, 철령위 설치를 통보하였고(1388) 우왕은 최영과 이성계를 시켜 요동 정벌을 단행

    • 위화도 회군 : 이성계는 위화도에서 회군하여(1388) 최영을 제거한 뒤, 군사적 실권을 장악

이성계의 4불가론

소국이 대국을 공격할 수는 없다 / 여름철에 군사를 동원할 수 없다 / 요동 공격을 틈타 왜구가 침범할 염려가 있다 / 장마철에는 활시위가 늘어나 승리가 힘들고 전염병에 걸릴 염려가 있다.

  ㉢ 고려의 멸망

    • 사회 혼란 : 권문세족의 횡포, 홍건적·왜구의 침입 등 사회 혼란

    • 멸망 : 이성계의 위화도 회군(1388) → 공양왕 옹립 → 과전법 실시(1391) → 조선 건국(1392)

2. 조선 초기 정치의 전개

① 태조(1392~1398)

　㉠ 제도 개편 : 한양 천도 후 도성을 쌓고 경복궁을 비롯한 궁궐, 종묘, 사직, 관아, 학교, 시장, 도로 등을 건설하여 도읍의 기틀을 다짐, 불교를 억압하고 유교를 숭상

　㉡ 정도전의 개혁

　　• 통치 규범 : 조선경국전과 경제문감을 저술하여 민본적 통치 규범을 마련, 재상 중심의 정치를 주장

　　• 유교 정립 : 불씨잡변을 통하여 불교를 비판하고 성리학을 통치 이념으로 확립

　　• 요동정벌 계획 : 진법을 편찬하여 요동정벌 계획

② 태종(1400~1418)

　㉠ 왕권 강화

　　• 행정기구 개편 : 도평의사사를 없애고 의정부를 설치(6조 직계제 시행)

6조 직계제

6조에서 의정부를 거치지 않고 곧바로 사안을 국왕에게 올려 재가를 받아 시행하는 제도로 왕권의 강화와 관련이 있으며, 태종과 세조 때 시행하였다.

　　• 기타 : 언론기관인 사간원을 독립시켜 대신들을 견제, 사원전 몰수, 사병을 철폐하고 군사지휘권 장악, 양전사업 실시

　㉡ 사회·문화제도 정비 : 호패법 실시(1413), 억울한 일을 당한 백성을 위해 신문고 설치, 억울한 노비 해방, 서얼차대법과 재가 금지법 제정

③ 세종(1418~1450)

　㉠ 왕권과 신권의 조화 : 정책 연구 기관인 집현전 설치, 의정부 서사제 시행(재상합의제), 인사·군사권 은 왕이 직접 행사

　㉡ 유교 정치 : 국가의 행사를 오례에 따라 유교식으로 거행, 사대부에게도 주자가례의 시행을 장려, 왕도정치를 내세워 유교적 민본 사상을 추구, 여론 존중

　㉢ 민생안정 : 토지비옥도와 풍흉에 따른 조세 부과 기준을 만들어 전분 6등법과 연분 9등법 시행

　㉣ 편찬 사업 : 훈민정음 창제, 농사직설·의방유취·향약집성방·용비어천가·삼강행실도·총통등록 · 칠정산 내외편 등 편찬

　㉤ 기타 : 4군 6진 개척, 대마도 정벌(이종무), 측우기·앙부일구·자격루·간의·혼천의 등의 과학기 구 발명, 아악 정리, 사고의 정비

④ 세조(1455~1468)

　㉠ 왕권 강화 : 6조 직계제로 복귀하였으며, 자신의 활동을 견제하는 집현전과 경연을 폐지, 종친 등용

　㉡ 안정의 노력

　　• 경국대전 : 국가의 통치체제를 확립하기 위하여 경국대전을 편찬하기 시작

　　• 직전법 : 경제 안정을 위해 현직관료에게만 토지를 지급하는 직전법 시행

　　• 군사제도 : 정군과 보인의 보법을 제정하였고, 5위제와 진관체제 실시

⑤ 성종(1469~1494)
  ㉠ **통치체제의 확립** : 경국대전의 편찬을 마무리하여 반포함으로써 조선의 통치 방향과 이념을 제시
  ㉡ **홍문관의 설치** : 집현전을 계승한 홍문관 설치, 왕의 정치적 자문 역할 담당, 경연을 부활시켜 왕과 신하가 함께 모여 정책을 토론하고 심의
  ㉢ **관수관급제** : 국가가 직접 수조권을 행사하여 세를 거두어 관리에게 녹봉을 지급하는 방식의 관수관급제 시행, 국가의 토지 지배권 강화
  ㉣ **편찬 사업** : 동국여지승람, 동국통감, 삼국사절요, 동문선, 악학궤범, 국조오례의 등 편찬

3. 중앙과 지방의 통치체제
① 중앙 행정 조직
  ㉠ 기본 체제
    • 관리 조직 : 문반과 무반의 양반으로 구성(30등급, 18품 30계)
    • 관직 체제 : 경관직(중앙 관직)과 외관직(지방 관직)으로 구성
  ㉡ 정치 기구
    • 의정부 : 국정 총괄, 재상 합의제
    • 6조(실무담당) : 이조(문관인사), 호조(호구, 조세), 예조(외교, 과거), 병조(무관인사, 국방, 봉수), 형조(법률, 소송, 노비), 공조(토목, 건축, 수공업, 파발)
    • 왕권견제기구(3사) : 사헌부(감찰기구), 사간원(간쟁, 서경), 홍문관(정책결정 자문기관, 문물연구)
    • 왕권강화 기구 : 의금부(중대범죄), 승정원(왕명 출납)
    • 기타 : 춘추관(역사 편찬 및 보관), 한성부(서울의 행정·치안담당), 성균관(국립대학교)
② 지방 행정 조직
  ㉠ 특 징
    • 8도 정비 : 태종 때 전국을 8도로 획정(1413)
    • 지방행정구역 : 8도 아래 부·목·군·현을 설치하였으며 현 아래에 면·리·통을 설치, 전국 약 330여 개의 군현이 있었고, 속현은 폐지하여 모든 군현에 지방관이 파견됨
  ㉡ 행정조직
    • 구조 : 8도(관찰사 파견) – 부·목·군·현(수령 파견) – 면·리·통(면임, 이정, 통주 선임)
    • 지방관 파견 : 지방관인 관찰사와 수령을 출신 지역으로 임명하지 않는 상피제를 시행하였고, 관찰사는 1년, 수령은 5년으로 그 임기를 제한
    • 관찰사 : 전국 8도에 파견하였고, 감찰권, 행정권, 사법권, 군사권을 행사하였으며 수령을 지휘·감독
    • 수령 : 부·목·군·현에 파견하였고, 왕의 대리인으로 지방의 행정·사법·군사권을 장악
    • 향리 : 지역의 토착 세력으로 수령의 행정실무를 보좌하는 세습적 아전

ⓒ 유향소(향청)
- 향촌자치 : 향촌의 유지(전직 관료)들로 구성된 자치기구로 수령을 보좌하고 향리를 감찰하며 향촌 사회의 풍속을 바로잡기 위한 기구, 향안에 등재된 양반들로 구성되며, 장(長)인 좌수(향정)와 2명의 별감을 선출하여 운영
- 역할 : 자율적 규약(향약)을 만들고 백성을 교화하며 고을의 풍속을 교정
ⓓ 경재소 : 경재소는 중앙 정부가 현직 관료로 하여금 연고지의 유향소를 통제하게 하는 제도로서, 중앙과 지방의 연락 업무를 담당

4. 군사 조직

① 군역 제도
- ㉠ 원칙 : 양인개병제, 농병일치제, 태종 이후 사병을 모두 폐지하고 16세 이상 60세 이하의 모든 양인 남자에게 군역의 의무 부과
- ㉡ 정군과 보인
  - 정군 : 정군은 서울에서 근무하거나 국경 요충지에 배속, 일정 기간 교대로 복무하였으며, 복무 기간에 따라 품계를 지급
  - 보인 : 정군이 군역을 지는 동안의 필요한 식량, 의복 등의 경비를 부담
- ㉢ 면역 특권 : 현직관료와 학생·향리 등은 군역을 면제, 종친과 외척·공신이나 고급 관료의 자제는 고급 특수군에 편입되어 군역을 면제
② 군사제도
- ㉠ 중앙군
  - 5위 : 의흥위(중위), 용양위(좌위), 호분위(우위), 충좌위(전위), 충무위(후위) 등으로 구성되었고, 궁궐과 서울을 수비
  - 갑사·특수병 : 갑사는 간단한 무예 시험을 거쳐 선발된 일종의 직업 군인으로, 근무 기간에 따라 품계와 녹봉을 받았고, 특수병(별시위·내금위)은 왕실 또는 공신이나 고급 관료의 자제로 구성
- ㉡ 지방군
  - 육군 : 진관체제에 따라 각도에 1~2개의 병영을 설치하고 병마절도사(병사)가 지휘하였으며 병영 밑에 거진(巨鎭)을 설치하고 수령이 군 지휘권을 장악
  - 수군 : 각 도에 수영을 설치하였고 수군절도사(수사)가 관할 지역 수군을 통솔하였으며 수영 아래 포진(浦鎭)과 포(浦)를 설치하여 첨절제사와 만호를 각각 파견
  - 영진군 : 초기에는 의무병인 정군들이 국방상 요지인 영(營)이나 진(鎭)에 소속되어 복무
  - 세조 이후 : 진관체제를 실시하여 지방 방어 체제를 강화
- ㉢ 잡색군 : 일종의 예비군인 잡색군은 서리, 잡학인, 신량역천인, 노비 등으로 구성하여 유사시에 대비
③ 교통·통신제도 : 물자 수송과 통신을 위한 역참(육로) 설치, 조운제도(수로), 봉수 제도(통신) 정비

5. 관리임용제도 및 교육기관

① 과거제도

    ㉠ 채용 절차

        • 원칙 : <u>문과(문관)·무과(무관)·잡과</u>(기술관)로 구성, 천민을 제외하고는 법적으로 특별한 제한이 없음

        • 예외 : 문과의 경우 <u>탐관오리의 아들</u>, 재가한 여자의 자손, 서얼에게는 응시가 제한됨

        • 시험 시기 : 정기 시험(3년마다 실시하는 식년시), 부정기 시험(별시, 증광시, 알성시)

    ㉡ 종 류

        • 문과(대과) : <u>소과에 합격한 생원·진사</u>(성균관에 입학 가능, 문과 응시 가능)나 <u>성균관 학생</u>이 응시 가능, 초시(각 도의 인구 비례)·복시(33명)·전시(왕 앞에서 시험)로 시행, 합격자는 홍패 수여

        • 무과 : 고려에 비해 문무 양반 제도의 확립, 28명 선발, 합격자는 홍패 수여

        • 잡과 : 3년마다 실시(역과·의과·음양과·율과), <u>각 해당 관청에서 기술교육</u>, 합격자는 백패 수여

② 특별 채용 제도 : 취재(하급관리 선발), <u>음서(2품 이상 고관 자제)</u>, 천거(기존관의 추천, 고려에 비해 매우 축소)

③ 인사 관리 제도

    ㉠ 상피제 : 고관을 출신지에 임명하지 않는 제도

    ㉡ 서경제 : 5품 이하 관리 등용 시 <u>양사</u>(사간원, 사헌부)에 관리 임명 <u>동의</u>를 받는 제도

④ 교육기관

    ㉠ 최고 학부 : 성균관(국립교육기관, 생원·진사 입학)

    ㉡ 중등교육기관

        • <u>4부 학당(4학)</u> : 중앙의 중등교육기관으로 교수와 훈도가 교육

        • 향교 : 지방의 중등교육기관으로 중앙에서 교수와 훈도가 파견되어 교육

    ㉢ 사립교육기관

        • 서원 : 선현의 제사와 성리학을 연구하여 후학을 양성했던 향촌의 사립교육기관으로 주세붕의 <u>백운동 서원</u>이 시초

        • 서당 : 초등교육을 담당하는 사립교육기관으로서, 4학이나 향교에 입학하지 못한 선비와 평민의 자제가 교육

1. 조선 전기의 경제 정책

① 농본주의 경제 정책
  ㉠ 중농정책
    • 기본 수취 정책 : 20년마다 양전사업 실시, 양안 작성
    • 농업 장려 정책 : 토지 개간을 장려하고 양전사업을 실시하여 국가재정을 확충하고 민생을 안정시킴
  ㉡ 억상정책
    • 유교적 경제관 : 사(士)·농(農)·공(工)·상(商) 간의 직업적인 차별이 존재, 검약한 생활을 강조하는 유교적인 경제관으로 소비는 억제되었고, 자급자족적인 농업 중심의 경제로 인한 화폐 유통, 상공업 활동, 무역 등이 부진
    • 상공업 통제(억상 정책) : 상공업자가 허가 없이 마음대로 영업하는 것을 규제, 물화의 수량과 종류를 국가가 통제

2. 토지제도의 변화

① 과전법(1391, 공양왕)
  ㉠ 배경 : 국가의 재정기반 확보와 신진사대부의 경제적 기반을 마련하여 주기 위한 제도
  ㉡ 운영 : 과전은 전직 관리와 현직 관리에게 관등에 따라 경기 지역의 토지에 한하여 수조권 지급, 받은 사람이 죽거나 반역을 하면 국가에 반환
  ㉢ 예외 : 관리가 죽은 후 부인에게 수절을 조건으로 지급되었던 수신전과 어린 자녀가 성장할 때까지 한시적으로 지급되었던 휼양전 등은 세습이 가능하였고, 공신전도 세습 가능
② 직전법(1466, 세조)
  ㉠ 배경 : 세조는 관리의 토지 세습 등으로 지급할 토지가 부족하게 되자 국가 재정확보의 목적과 중앙집권화의 일환으로 직전법을 시행
  ㉡ 운영 : 수신전·휼양전·군전·공해전을 몰수(폐지)하고, 현직 관리에게만 토지를 지급
  ㉢ 한계 : 현직 관리들 중에서 퇴직 이후를 염려하는 관리들의 수탈이 점차 심화(수조권 남용)
③ 관수관급제(1470, 성종)
  ㉠ 배경 : 수조권을 가진 양반 관료가 이를 남용하여 과다하게 세금 수취
  ㉡ 운영 : 지방 관청에서 그 해의 생산량을 조사하고 직접 수조권을 행사하여 세를 거두어, 관리에게 다시 나누어 주는 방식의 관수관급제를 시행
  ㉢ 결과 : 양반 관료들이 수조권을 빌미로 토지와 농민을 지배하는 방식은 사라지고, 국가의 토지 지배권이 강화
④ 직전법의 폐지(1556, 명종) : 명종 때 직전법이 폐지되고, 수조권 지급제도가 사라져 관리는 녹봉만을 받게 되었고, 결국 양반과 농민의 지주전호제가 강화됨

토지제도의 변화

구 분	과전법	직전법	관수관급제	직전법폐지
시 기	공양왕(1391)	세조(1466)	성종(1470)	명종(1566)
배 경	국가 재정악화	세습으로 토지 부족	양반의 수조권 남용	직전법 체제 붕괴
대 상	전·현직 관리	현직 관리	현직 관리	현직 관리
특 징	신진사대부의 경제적 기반마련	수신전·휼양전 폐지	국가의 토지 지배권 강화	수조권 제도 소멸 지주전호제 확산

3. 수취체제의 변화

① 조 세

　㉠ 과전법 : 수확량의 1/10 징수, 매년 풍흉과 수확량에 따라 납부액 조정

　㉡ 전분6등·연분9등법(세종) : 토지 비옥도와 풍흉에 따라 1결당 최고 20두에서 최하 4두 부과

　㉢ 조세 운송 : 쌀, 콩 등의 조세를 조창으로 운반, 조운을 통해 경창으로 운반

　㉣ 잉류 지역 : 평안도와 함경도는 국경에 가깝고 사신의 왕래가 잦은 곳이었기 때문에 그 지역의 조세는 군사비와 사신 접대비로 사용하였고 제주도는 육지와 거리가 멀었기 때문에 자체 소비함

② 공 납

　㉠ 징수 방법 : 중앙 관청에서 군현에 물품과 액수 할당, 군현은 가호에 할당, 호를 대상으로 토산물 징수

　㉡ 종류 : 상공(정기적), 별공(별도의 공납), 진상(관찰사·지방관 등이 왕에게 바치는 공납)

　㉢ 문제점 : 납부 기준에 맞는 품질과 수량을 맞추기 어려우면 다른 곳에서 구입하여 납부, 전세보다 납부하는 데 부담이 더 큼

③ 역

　㉠ 군역 : 일정 기간 군사 복무를 교대로 근무하는 정군과, 정군이 복무하는 데에 드는 비용을 보조하는 보인이 있었고 양반·서리·향리·성균관 유생 등은 군역에서 면제

　㉡ 요역 : 가호를 기준으로 정남의 수를 고려하여 노동력에 동원, 성종 때에는 경작하는 토지 8결을 기준으로 한 사람씩 동원하고, 1년 중에 동원할 수 있는 날도 6일 이내로 제한하도록 규정(실제는 임의 징발)

　㉢ 기타 : 염전, 광산, 산림, 어장, 상인, 수공업자에게 세금 징수

④ 세금의 용도 : 군량미·구휼미 비축, 왕실 경비, 공공 행사비, 관리의 녹봉 등

Ⅲ 신분제도

1. 양반 관료 중심의 사회

① 양천제도와 반상제도

  ㉠ 15세기 양천제도

  • 양천제도의 구조 : 사회 신분을 양인과 천민으로 구분하는 양천제도를 법제화하여 신분제도의 기틀을 마련

  • 양인 : 과거에 응시하고 벼슬길에 오를 수 있는 자유민으로, 조세, 국역 등의 의무가 부과

  • 천민 : 비자유민으로 개인이나 국가에 소속되어 천역을 담당

  ㉡ 16세기 반상제도

  • 반상제도로의 변화 : 지배층인 양반과 피지배층인 상민 사이의 차별을 두는 반상제도가 일반화

  • 신분구성 : 양반, 중인, 상민, 천민

  • 신분이동 : 고려 사회에 비해 개방적이나 신분제의 틀은 유지, 양인이면 누구나 과거로 관직 진출이 가능하였고 양반도 죄를 짓거나 경제적으로 몰락하게 되면 신분이 강등되기도 함

신분구조의 변화

15C 양천제도(법제상)		16C 반상제도(실제상)	
양 인	양반(문 · 무반) 과거 응시, 조세 · 국역 의무	양 반	문 · 무반 + 가족 · 가문, 고관독점, 국역 면제
		중 인	향리, 서리, 기술관, 군교, 역관, 의관, 서얼
		상 민	농민, 수공업자, 상인, 신량역천
천 민	비자유민, 천역 담당	천 민	노비, 백정, 무당, 광대, 창기

② 반상제도의 구분

  ㉠ 양 반

  • 의미 : 건국 초기에는 문반과 무반을 아울러 부르는 명칭이었으나 점차 문 · 무반의 관직을 가진 사람뿐만 아니라 그 가족이나 가문까지도 양반으로 편재

  • 특권 계층화 : 문무 양반만 사족으로 인정하여 특권층 형성, 향리 · 서리 · 기술관 · 군교 · 역리들은 중인으로 격하, 서얼의 관직 진출 제한

  • 특권 : 토지와 노비 소유, 고위 관직 독점, 국역 면제

  ㉡ 중 인

  • 의미 : 양반과 상민의 중간 계층으로 조선 후기에 이르러 하나의 독립된 신분층을 형성

  • 구성 : 서리와 향리(수령보좌) 및 기술관은 직역 세습, 같은 신분 안에서 혼인, 관청 주변에 거주, 서얼(중서)은 중인과 같은 처우(문과 응시 금지, 무반직에 등용), 역관(사신 수행, 무역 관여)

  • 역할 : 전문 기술이나 행정 실무 담당, 군역 의무 없음

  ㉢ 상 민

  • 구성 : 농민(조세 · 공납 · 부역의 의무), 수공업자(관영 · 민영), 상인(국가의 통제 아래 상거래 종사, 상인세 납부, 농민보다 낮은 지위), 신량역천(신분은 양인, 천역 담당)

  • 지위 : 과거 응시 자격은 있으나 사실상 어려움, 전쟁이나 비상시에 군공을 세워 신분 상승이 가능

   ⓔ **천 민**
- 구성 : 백정, 무당, 창기, 공노비(국가에 신공 바침, 관청에 노동력 제공), 사노비(솔거노비, 외거노비) 등
- 노비의 지위 : 비자유민, 교육과 벼슬 금지, 재산으로 취급되어 매매·상속·증여의 대상
- 조선 전기 노비의 신분제도 : 부모 중 한쪽이 노비일 때 그 소생 자녀도 자연히 노비가 되는 제도인 일천즉천 시행
- 조선 후기 노비의 신분제도 : 노비 자녀의 신분을 결정할 때 어머니의 신분을 따르게 하였던 노비종모법 시행

2. 조선 전기의 사회와 제도

① 사회정책과 사회시설

 ㉠ **중농정책** : 민생안정을 위한 농본 정책 실시(국가안정, 재정확보)

 ㉡ **빈민구제**
- 환곡제 : 의창(15세기, 무이자), 상평창(16세기, 이자 1/10) 등에서 환곡제 시행
- 사창제 : 향촌 사회에서 자치적으로 실시된 사창 제도, 양반 지주들이 향촌의 농민 생활을 안정시켜 양반 중심의 향촌 질서를 유지시키기 위함
- 의료시설 : 혜민국과 동서대비원(수도권 내 서민환자 구제·약재 판매), 제생원(지방민 구호·진료), 동서활인서(유랑자 수용·구휼)

② 사법제도

 ㉠ **법 률**
- 형법 : 경국대전·대명률 적용, 반역죄·강상죄는 중죄로 연좌제 적용, 태·장·도·유·사의 형벌
- 민법 : 관습법에 의해 지방관이 처리, 초기 노비 관련, 16세기 이후 산송(山訟), 상속(종법적용)

 ㉡ **사법기관**
- 중앙 : 의금부, 형조(관리 잘못, 중대 사건 재판), 사헌부, 한성부(수도 치안), 장례원(노비 관련)
- 지방 : 관찰사·수령이 사법권 행사
- 불복수단 : 재판에 불만이 있을 때는 상부관청이나 다른 관청에 소 제기 가능, 신문고 활용

3. 향촌 사회의 조직과 운영

① 향 촌

 ㉠ 편제 : 향(군현의 단위), 촌(촌락이나 마을)

 ㉡ 변화 : 경재소 혁파(1603), 유향소는 향소·향청으로 개칭, 사족이 향안 작성·향규 제정

 ㉢ 촌락 운영
- 촌락 : 농민 생활 및 향촌 구성의 기본 단위, 자연촌(동·이로 편제)
- 정부 지배 : 초기에 면리제, 17세기 중엽 이후 오가작통제(경국대전에 법제화)
- 촌락 분화 : 반촌(양반 거주, 동성 거주, 친족·처족·외족의 동족으로 구성 → 18세기 이후 동성 촌락으로 발전), 민촌(평민 거주, 소작농 생활), 특수촌락(역·진·원·어·점촌)
- 농민조직 : 두레(공동 노동의 작업 공동체), 향도

② 풍습 : 돌팔매 놀이(석전, 상무 정신 고양), 향도계와 동린계(자생적 조직)

4. 서원과 향약

① 서 원

　㉠ 최초 : 서원은 1543년(중종 38) 풍기군수 주세붕이 세운 백운동서원이 시점이며, 이황의 건의로 소수서원으로 사액되어 국가로부터 토지와 노비 등을 받고, 면세의 특권까지 누림

　㉡ 역 할

　　• 향촌의 교화 : 유생들이 한 자리에 모여 학문을 닦고 연구함으로써 향촌 사회의 교화에 공헌하여 국가에서 설립을 장려

　　• 후진양성 및 선현의 추모 : 사림들은 후진을 양성하려 교육하였고, 이름난 선비나 공신을 숭배하며 그 덕행을 추모

② 향약 : 중국의 '여씨향약'으로부터 전래, 향촌의 자치규약

　㉠ 형성 : 전통적 공동 조직과 미풍양속을 계승(삼강오륜 중심, 유교 윤리 가미, 백성들의 교화 및 질서 유지)

　㉡ 장점 : 조선 사회의 풍속 교화, 향촌 사회의 질서 유지와 치안 담당, 사림들의 농민 통제와 사회적 지위 강화

　㉢ 단점 : 토호와 향반이 지방민을 수탈하는 배경 제공, 향약 간부들의 대립으로 풍속과 질서를 해침

Ⅳ　문화와 기술의 발전

1. 조선 전기 문화의 특징

① 자주적 민족문화 : 조선 초기에는 민족적이면서 실용적인 성격의 학문이 발달하여 다른 시기보다 민족문화가 크게 발달

② 한글 창제

　㉠ 훈민정음(1446, 세종) : 피지배층의 도덕적 교화, 양반 중심 사회 유지, 백성들도 문자 생활 가능, 문화 민족으로서의 긍지, 유네스코 지정 세계기록유산

　㉡ 보급 : 용비어천가 · 월인천강지곡 · 불경 · 농서 · 윤리서 · 병서 간행

2. 편찬 사업

① 역사서

　㉠ 실록 : 조선왕조실록(태조~철종), 춘추관의 실록청 주관, 사고에 보관, 유네스코 지정 세계기록유산

　㉡ 건국 초기 : 태조 때 정도전은 고려국사를 편찬하여 조선 건국의 정당성을 확보하고 성리학적 통치 규범 정착

　㉢ 15세기 중엽

　　• 의의 : 사회의 안정과 국력 성장의 바탕 위에서 성리학적 대의명분보다는 민족적 자각을 일깨우고 왕실과 국가 위신을 높이기 위한 목적으로 역사를 편찬

　　• 편찬사서 : 고려사(기전체), 고려사절요(편년체), 동국통감(고조선~고려 말까지의 역사 정리, 서거정)

　㉣ 16세기 : 동국사략(박상), 기자실기(이이) 등이 편찬되어 사림의 존화주의적 사상을 반영

조선 전기 역사서

시 기	성 격	역사서
건국 초기	조선 건국 정당성 확보	고려국사(정도전), 조선왕조실록(태조~철종, 편년체)
15C 중엽	훈구파(자주적)	고려사(기전체), 고려사절요(편년체), 동국통감(고조선~고려 말까지의 역사 정리, 서거정)
16C	사림파(존화주의)	동국사략(박상), 기자실기(이이)

② 지리서와 윤리서
　㉠ 지 도
　　• 혼일강리역대국도지도 : 15세기 태종 때 세계 지도인 혼일강리역대국도지도를 제작(1402), 현존하는 세계 지도 중 동양에서 가장 오래(最古)된 지도
　　• 기타 : 팔도도(15C 태종, 전국지도), 동국지도(15C 세조, 양성지의 실측지도), 조선방역지도(16세기, 16C 만주와 대마도 표기)
　㉡ 지리지 : 신찬팔도지리지(세종), 세종실록지리지(단종), 동국여지승람(성종, 군현의 인문 지리서), 신증동국여지승람(중종)
　㉢ 윤리서 : 삼강행실도(15C, 세종), 국조오례의(15C, 성종), 이륜행실도(16C, 중종), 동몽수지(16C, 중종)
③ 법 전
　㉠ 조선 초기 : 조선경국전(정도전, 조례정리), 경제문감(정도전, 정치조직), 경제육전(조준, 여말선초 조례정리)
　㉡ 경국대전(세조~성종) : 조선의 기본법전, 이전·호전·예전·병전·형전·공전의 6전으로 구성

3. 불교와 기타 사상
① 불교정책
　㉠ 억불정책 : 태조(사원의 토지·노비 몰수, 도첩제 실시), 태종(사원정리·토지·노비 몰수), 세종(선·교 양종의 36개 사원만 인정), 성종(도첩제 폐지), 중종(승과 폐지)
　㉡ 보호정책 : 세종(월인천강지곡, 석보상절 간행), 세조(간경도감 설치, 월인석보 출간, 원각사·원각사 10층 탑 건립), 명종(승과 부활), 임란 이후(승병들의 활약으로 억불 정책 중단)
② 사상의 발달
　㉠ 도교 : 건국 초기 제천행사가 국가의 권위를 높이는 점이 인정되어 소격서를 설치하고 참성단에서 일월성신에 제사 지내는 초제가 시행되었으나 16세기에 사림이 집권한 이후 도교 행사는 폐지됨
　㉡ 풍수지리설 : 한양 천도에 반영, 16세기 이후 묘지에 대한 산송 문제가 많이 발생
　㉢ 기타 신앙 : 무격신앙, 산신 신앙, 촌락제, 계절에 따른 세시 풍속은 유교 이념과 융합되면서 조상숭배 의식과 촌락의 안정을 기원하는 의식으로 발전

4. 조선 전기의 과학기술

① 기술의 발전

　⊙ 배경 : 조선 초 세종 때를 전후한 시기에 집권층은 부국강병과 민생안정을 위하여 과학기술이 중요하다고 인식하여 국가적 지원을 받아 크게 발전

　ⓛ 특징 : 우리나라의 자주적인 전통적 문화를 계승한 과학기술의 발명

② 천문(농업 진흥)

　⊙ 천문 기구의 제작

　　• 세종 : 천체 관측 기구인 <u>혼의・간의・혼천의</u> 제작, 물시계인 <u>자격루</u>(1434)・해시계인 <u>앙부일구</u> 제작, 세계 최초의 강우량 측정기구인 <u>측우기</u> 제작(1441)

　　• 세조 : 토지 측량 기구인 <u>인지의</u>와 <u>규형</u>을 제작하여 토지를 측량하였고, 동국지도 등의 지도 제작에 활용

　ⓛ 천문도 : 태조 때 제작한 <u>천상열차분야지도</u>는 고구려의 천문도를 바탕으로 제작

　ⓒ 칠정산

　　• 역법서의 편찬 : 세종 때 제작한 칠정산은 중국의 <u>수시력(내편)</u>과 아라비아의 <u>회회력(외편)</u>을 참고로 하여 만든 역법서

　　• 의의 : 우리나라 역사상 최초로 서울을 기준으로 천체 운동을 정확하게 계산한 역법서

③ 농서 : 농사직설(세종, <u>우리 실정에 맞는 최초의 농서</u>), 사시찬요(세조, 강희맹), 금양잡록(강희맹)

④ 기타 과학기술의 발전

　⊙ 의학 : <u>향약집성방</u>(세종, 우리 약재와 치료 방법), <u>의방유취</u>(세종, 의학 백과사전)

　ⓛ 태종(주자소 설치, 계미자 주조), 세종(갑인자 주조, <u>조지서</u> 설치, 식자판 조립)

　ⓒ 병서 : 총통등록(세종), 동국병감(문종), 병장도설(문종)

　ⓔ 무기 : 화약 무기 제조(태종, 최해산), 거북선(태종), 비거도선(세종), <u>신기전</u>(세종)

⑤ 과학기술의 쇠퇴 : 16세기 이후 사림의 과학기술 경시 풍조로 침체

5. 건축과 예술

① 건 축

　⊙ 15C 건축

　　• 특징 : 15세기에는 국왕의 권위를 높이고 유교적 신분 질서를 유지하기 위하여 궁궐, 관아, 성문, 학교 등이 건축의 중심이 됨

　　• 건축물 : 궁궐(경복궁, 창경궁), 사원(해인사 장경판전, 무위사 극락전), 성문(숭례문, 개성 남대문, 평양의 보통문), 탑(원각사지 10층 석탑)

　ⓛ 16C 건축

　　• 특징 : 16세기 사림의 집권과 함께 서원의 건축이 발전, 서원 건축은 <u>가람 배치 양식</u>과 <u>주택 양식</u>이 실용적으로 결합된 독특한 양식

　　• 건축물 : 옥산서원(경주)・도산서원(안동)

② 조선 전기 자기와 공예
  ㉠ 특징 : 실용과 검소 지향, 생활필수품과 문방구 중심
  ㉡ 자기의 발전
    • 분청사기(15세기) : 청자에 백토의 분을 칠한 것으로 16세기부터 세련된 백자가 생산되면서 점차 그 생산이 감소
    • 백자(16세기) : 백자는 청자보다 깨끗하고 담백하며 순백의 고상함을 풍겨 선비의 취향과 어울렸기 때문에 널리 유행
    • 자기의 변화 : 11C 순수청자 → 12~13C 상감청자 → 15C 분청사기 → 16C 백자 → 청화백자
  ㉢ 공예 : 목공예, 돗자리, 화각, 자개, 수와 매듭 공예
③ 그림과 기타 예술
  ㉠ 15C 훈구(진취적)
    • 특징 : 15세기 우리의 독자적인 화풍을 개발, 일본 무로마치 시대 미술에 영향을 줌, 도화서에 소속된 화원의 그림과 관료 · 선비의 그림 등이 유행
    • 작품 : 몽유도원도(안견), 고사관수도(강희안)
  ㉡ 16C 사림(서정적)
    • 특징 : 16세기에는 다양한 화풍이 유행, 산수화 및 선비의 정신세계를 사군자가 주류를 이룸
    • 작품 : 송하보월도(이상좌), 영모도(이암), 초충도(신사임당), 포도도(황집중), 묵죽도(이정), 월매도(어몽룡)
  ㉢ 서예 : 양반의 필수 교양 - 송설체(안평대군), 왕희지체(양사언), 석봉체(한호)
  ㉣ 음악 및 무용
    • 음악 : 백성 교화 수단, 국가 의례 관련, 악기 개량 · 아악 정비(세종, 정간보, 궁중음악), 악학궤범(성종, 성현, 전통 음악의 유지 및 발전에 기여), 속악 발달(민간)
    • 무용 : 처용무, 농악무, 무당춤, 승무, 산대놀이(탈춤), 꼭두각시놀이(인형극), 탈춤, 민속무 등 발전

I 경제생활과 수취제도의 변동

1. 양반과 농민의 생활

① 양반 지주의 생활
- ㉠ 경제기반 : 과전, 녹봉, 자신 소유의 토지와 노비 등
- ㉡ 농장경영 : 소작인을 통하여 병작반수의 형태로 수입, 노비를 통하여 자신의 토지를 경작
- ㉢ 노비소유 : 재산의 한 형태, 양반들은 노비를 사기도 하였지만, 자신이 소유한 노비를 양인 남녀와 혼인을 시켜 늘리기도 함, 솔거노비를 통하여 가사일·농경·옷감을 제조하게 하였고, 외거노비를 통해 땅을 경작하거나 관리하게 함, 매년 노비 신공(포, 돈)으로 재산 증가

② 농민의 생활
- ㉠ 민생 안정책 : 세력가의 토지약탈 규제, 국가의 농업 권장, 개간 장려, 수리시설 확충, 농서(농사직설·사시찬요·금양잡록) 간행
- ㉡ 농업기술의 발달
  - 농업기술 : 조, 보리, 콩의 2년 3작의 윤작법과 모내기가 보급되어 벼와 보리의 이모작이 가능
  - 시비법의 발달 : 밑거름과 덧거름 등을 주는 시비법의 발달로 휴경지는 거의 소멸
  - 기타 : 쟁기, 낫, 호미 등 농기구의 개량, 목화 재배의 확대로 면방직 기술의 발달, 약초와 과수 재배 등이 확대
- ㉢ 농민이탈 방지책
  - 구황 방법의 제시 : 정부는 구황촬요를 보급하여 잡곡, 도토리, 나무껍질 등을 가공하여 먹을 수 있는 구황 방법을 제시
  - 법적 통제 : 호패법, 오가작통법 등을 강화하여 농민의 유망을 막고 통제를 더욱 강화

2. 기타 산업의 발전

① 수공업
- ㉠ 관영수공업 : 기술자는 공장안에 등록, 관청에서 필요한 물품 제작·공급, 책임 초과량은 세금을 내고 판매, 16세기 상업이 발전하면서 쇠퇴
- ㉡ 기타 수공업 : 양반 사치품과 농기구 생산하는 민영수공업과 자급자족(무명, 모시, 명주, 삼베) 형태의 생필품을 생산하는 가내수공업이 발달

② 상업
- ㉠ 시전상인
  - 관상 : 시전상인은 왕실이나 관청에 물품을 공급하는 대신에 특정 상품에 대한 독점 판매권을 부여받음
  - 육의전 : 시전상인 중에서 명주, 종이, 어물, 모시, 삼베, 무명을 파는 점포가 가장 번성
- ㉡ 장시 : 15세기 후반부터 등장, 16세기 중엽 전국적으로 확대, 보부상이 판매와 유통 확대
- ㉢ 화폐 : 저화(태종)·조선통보(세종) 발행, 쌀과 무명을 화폐로 사용

③ 대외무역
- ㉠ 명 : 사신 왕래 시 공무역과 사무역 허용
- ㉡ 여진(무역소) 및 일본(왜관) : 국경 지대의 사무역 엄격히 통제

성리학의 발전과 문화

1. 성리학의 발달

① 관학파(훈구파)

  ㉠ 형성 : 조선 초기 새로운 문물제도를 정비하고 부국강병을 추진, 건국 초부터 집권하여 세조 때 훈구파로 계승

  ㉡ 성향 : 성리학에만 국한하지 않고 한·당의 유학, 불교, 도교, 풍수지리 사상, 민간신앙 등을 포용하여 개혁을 추진

② 사학파(사림파)

  ㉠ 형성 : 조선의 건국에 참여하지 않고 재야로 물러난 세력, 사학파의 학문적 전통은 성종 때에 본격적으로 중앙 정계에 진출한 사림이 계승

  ㉡ 성향 : 형벌보다는 교화에 의한 통치를 강조, 공신과 외척의 비리와 횡포를 비판하고 성리학적 이념과 제도의 실천으로 개혁을 추진

관학파와 사학파

구 분	훈구파(관학파)	사림파(사학파)
인 물	정도전, 권근	정몽주, 길재의 문인
출 신	집현전, 성균관 출신	지방 중소 지주
성 향	다양한 사상 포용, 과학기술 중시	성리학적 명분론, 과학기술 천시
특 징	중앙 집권과 부국강병 추구(주례중시)	교화에 의한 통치 강조, 향촌 자치 추구(예기 중시)
역사관	단군(자주적사상) 중시	기자(존화사상) 중시

2. 성리학의 융성(이기론)

① 이기(理氣) 철학

  ㉠ 발달 배경 : 16세기 서경덕과 이언적은 각각 조선 성리학의 주기론과 주리론의 선구적인 위치를 차지

  ㉡ 서경덕과 조식 : 서경덕은 이보다는 기를 중심으로 세계를 이해하고 불교와 노장사상에 대해서 개방적인 태도를 지녔고, 노장사상에 포용적이었던 조식은 학문의 실천성을 강조함

  ㉢ 이언적 : 이언적은 기보다는 이를 중심으로 이론을 전개하여 주리 철학의 선구적 역할을 함

② 성리학의 확립

  ㉠ 이황(1501~1570)

   • 성향 : 도덕적 행위의 근거로서 인간의 심성을 중시하고, 근본적이며 이상주의적인 성격, 동방의 주자로 칭송, 주자서절요, 성학십도 등을 저술하여 이기이원론을 발전

   • 일본 성리학에 영향 : 이황의 사상은 임진왜란 이후 일본에 전해져 일본의 성리학 발전에 영향

  ㉡ 이이(1536~1584) : 기의 역할을 강조하여 현실적이며 개혁적인 성격, 동방의 공자로 칭송, 동호문답, 성학집요 등을 저술하였고, 일원론적 이기이원론을 발전

이황과 이이

구 분	이황(1501~1570)	이이(1536~1584)
주 장	주리론(主理論) / 영남학파(동인)	주기론(主氣論) / 기호학파(서인)
학 문	관념적 도덕 세계 중시, 근본적·이상적	경험적 현실 세계 중시, 현실적·개혁적
논 쟁	기대승과 사단칠정 논쟁	성혼과의 인심도심논쟁
영 향	위정척사사상, 일본 성리학	실학사상, 개화사상
저 서	주자서절요, 성학십도	동호문답, 성학집요, 만언봉사
칭 송	동방의 주자	동방의 공자

※ 성학십도 : 군주 스스로 성학을 따라야 할 것을 강조함
※ 성학집요 : 현명한 신하가 군주에게 성학을 가르쳐 그 기질을 변화시켜야 한다는 것을 강조함

③ 학파의 형성과 대립
  ㉠ 학파의 형성 : 16세기 중반부터 학설·지역적 차이에 따라 서원을 중심으로 형성, 동인(서경덕, 이황, 조식 학파)과 서인(이이, 성혼 학파)의 형성
  ㉡ 학파의 대립 : 학설과 지역적 차이에 따라 학파 형성

붕 당	동인(선조 이후, 영남학파)		서인(인조반정 이후, 기호학파)	
사 상	주리론(이기이원론) 도덕적 원리, 실천 중시, 도덕적 규범 확립		주기론(일원론적 이기이원론) 경험적 현실세계, 현실개혁	
출 신	안정된 중소지주 출신		산림출신	
분 열	북 인	남 인	노 론	소 론
학 파	서경덕·조식 (남명학파)	이황 (퇴계학파)	이이 (율곡학파)	성혼 (우계학파)
성 향	절의중시, 부국강병, 의병장 배출, 개혁적 성향	향촌에서 영향력 행사, 수취체제 완화, 갑인예송·기사환국 때 집권	정통 성리학 강조, 대의명분 중시, 호락논쟁으로 발전	실리추구, 양명학과 노장사상에 호의적, 북방개척

3. 양반의 특권의식 강화

① 예학과 보학의 발달
  ㉠ 예 학
    • 역할 : 성리학적 도덕 윤리 강조, 삼강오륜 강조, 가부장적 종법 질서로 구현(성리학 중심의 사회 질서 유지에 기여)
    • 영향 : 향촌의 지배력 강화, 사림의 정쟁 이용, 양반의 우월적 신분 강조, 문벌 형성
  ㉡ 보 학
    • 의미 : 가족의 내력을 기록·암기
    • 문벌형성 : 친족 공동체의 유대, 신분적 우위 확보
    • 족보편찬 : 종족의 내력 기록(양반 문벌제도의 강화)
② 예학과 보학의 기능 : 상하관계 중시, 신분제 사회의 질서 유지

Ⅲ 사림·훈구 세력의 대립과 농민 저항

1. 사림의 성장

① 훈구와 사림

훈구와 사림

구 분	훈구파	사림파
집권기	세조 대 / 15세기	성종 대 / 16세기
배 경	중앙 / 관학파 / 대지주	지방 / 사학파 / 중소지주
정 치	중앙집권체제, 부국강병, 과학기술 중시	향촌자치, 왕도정치(도덕·의리 숭상), 과학기술 천시
성 향	자주적 민족의식(단군숭배), 성리학 이외 학문 수용	중국 중심 세계관(기자숭배), 성리학 이외 학문 배척

② 사림 세력의 성장

㉠ 중앙 정계 진출 : 성종 때 훈구 세력을 견제하기 위해 사림 중용

㉡ 사림의 활동 : 과거를 통해 전랑과 3사의 언관직에 등용, 훈구 세력의 부정부패와 대토지 소유 비판

2. 사화의 발생

① **무오사화**(1498, 연산군) : 김일손 등의 사림이 훈구에게 화를 입은 사건으로, 김종직의 제자인 김일손이 사초에 삽입한 김종직의 조의제문(弔義帝文)이 발단

② **갑자사화**(1504, 연산군) : 윤비 폐출 사건(윤씨 폐출·사사 사건)

③ **기묘사화**(1519, 중종)

㉠ 원인 : 중종이 훈구를 견제하기 위하여 사림세력인 조광조를 등용하여 개혁을 추진

㉡ 전개 : 조광조는 천거제의 일종인 현량과를 통하여 사림을 대거 등용하였고 3사의 언관직 등을 차지하면서 급진적 개혁을 추진

조광조의 개혁정치
- 현량과 실시(사림 등용 – 훈구 견제)
- 불교, 도교 행사 폐지(소격서 폐지, 성리학적 질서 강요)
- 소학 교육 장려(성리학적 질서 강요)
- 방납의 폐단 시정(수미법 건의)
- 경연 강화(왕도 정치)
- 위훈 삭제 추진(훈구파 견제)
- 향약 시행(향촌자치 시도)

㉢ 결과 : 훈구 공신들의 반발로 조광조를 비롯한 사림 세력 대부분이 제거

④ **을사사화**(1545, 명종) : 외척 간의 왕위계승 다툼, 윤원형(소윤) 일파가 윤임(대윤) 일파를 몰아내고 정국 주도

Ⅳ 왜란과 호란

1. 조선 초기의 대외관계

① 사대정책(明)

ㄱ 전 개
- 태조 : 정도전이 중심이 되어 추진한 요동 정벌의 준비와 여진과의 관계를 둘러싸고 명과의 불편한 관계가 유지
- 태종 이후 : 태종 때 조선왕조의 정통성을 인정받기 위한 친명 정책을 추진하여 교류가 활발, 세종 때는 대명(對明) 사대관계를 원만히 수행하는 데 필요한 인재의 양성에 힘썼고, 자주적 외교를 추진

ㄴ 자주적 실리 외교 : 조선은 명에 대해서 표면적으로 사대 정책을 유지하였으나, 명의 구체적인 내정간섭은 없었고, 선진문물의 수용과 왕권의 안정 및 국제적 지위를 확보하려는 자주적인 실리 외교였음

② 여진에 대한 회유와 강경

ㄱ 4군 6진의 개척
- 배경 : 세종 때에는 김종서와 최윤덕을 보내 여진을 토벌하여 4군 6진을 개척하여 압록강과 두만강을 경계로 하는 오늘날과 같은 국경선을 확정
- 회유책 : 여진족의 귀순을 장려하기 위하여 관직을 주거나, 정착을 위한 토지와 주택을 주어 우리 주민으로 동화, 사절의 왕래를 통한 무역을 허용하였고, 국경 지방인 경성과 경원에 무역소를 두고 북평관을 설치하는 등 국경 무역을 허락
- 강경책 : 여진은 여러 회유 정책에도 불구하고 자주 국경을 침입하여 약탈을 자행하였고, 이때마다 조선에서는 군대를 동원하여 이들을 정벌

ㄴ 사민 정책
- 이주 정책의 실시 : 삼남 지방의 일부 주민을 대거 북방으로 이주시켜 압록강과 두만강 이남 지역을 개발
- 토관제도 : 민심 수습을 위하여 국경지대 일부 군·현에는 수령을 파견하지 않고, 토착민을 토관으로 임명

③ 일본에 대한 회유와 강경

ㄱ 대마도 정벌 : 왜구의 약탈이 계속되자 1419년(세종 원년) 이종무는 병선 227척, 병사 1만 7,000명을 이끌고 대마도를 정벌하여 왜구의 근절을 약속받음

ㄴ 3포 개항 : 조선은 쓰시마 도주의 간청을 받아들여 남해안의 부산포, 제포(진해), 염포(울산) 등 3포를 개방하여 무역을 허용하고, 제한된 범위 내에서 교역을 허락(1426, 세종 8)

ㄷ 계해약조(1443, 세종 25) : 3포 개항 후 무역량을 제한하는 조치를 취하였는데, 세견선은 1년에 50척, 조선에서 왜인에게 주는 세사미두는 쌀과 콩을 합하여 200석으로 제한

④ 동남아시아 : 류큐, 시암, 자바 등의 국가와 조공 또는 진상의 형식으로 교류

2. 임진왜란

① 16세기 일본과의 대립

 ㉠ 16세기 국내 정세 : 16세기에는 수취체제의 문란으로 농민 생활이 악화, 유민·도적 증가, 임꺽정의 난(명종)

 ㉡ 16세기 국제정세

  • 왜구의 침입 증가 : 16세기 중종 때의 삼포왜란(1510)이나 명종 때의 을묘왜변(1555)이 발발

일본과의 관계

• 3포 개항(1426, 세종 8) : 부산포·제포·염포를 개항, 제한된 무역
• 계해약조(1443, 세종 25) : 무역량 제한, 세견선 1년에 50척, 세사미두 200석 제한
• 삼포왜란(1510, 중종) : 비변사 설치(임시기구), 3포 폐쇄
• 을묘왜변(1555, 명종) : 일본과 교류 일시 단절
• 임진왜란(1592, 선조) : 비변사 기능 강화

  • 조선의 대응 : 조선은 비변사를 설치하여 군사 문제를 전담하게 하는 등 대책을 강구

② 임진왜란의 발발(1592)

 ㉠ 왜란의 발발 : 일본의 전국 시대를 통일한 도요토미 히데요시(豊臣秀吉)는 철저한 준비 끝에 20만 대군으로 조선을 침략

 ㉡ 조선의 대응 : 침략 직후 부산진에는 정발, 동래성에서는 송상현이 분전하였으나 패배, 신립의 충주 전투에서 패배하자 선조는 의주로 피난하여 명에 원군을 요청

③ 임진왜란의 전개

 ㉠ 왜군의 침투 : 왜군의 육군은 북상하여 전투를 하고, 수군은 남해와 황해를 돌아 물자를 조달하면서 육군과 합세하려는 전략

 ㉡ 이순신의 활약 : 이순신이 옥포에서 첫 승리를 거둔 이후, 거북선을 이용한 사천·당포 전투와 한산도 전투 등 남해안 여러 곳에서 연승을 거두어 남해의 제해권을 장악하였고 곡창지대인 전라도를 수호

 ㉢ 의병의 항전

  • 의병의 봉기 : 농민이 주축, 전직 관리와 사림 양반, 승려 등이 조직하고 지도하였고 전쟁이 장기화 되면서 상당수가 관군으로 편입됨

  • 의병의 활약 : 향토 조건에 알맞은 전술과 무기 사용(왜군에게 큰 타격), 전란의 장기화로 관군에 편입·조직화(관군의 전투 능력 강화)

 ㉣ 전세역전

  • 명의 참전 : 수군과 의병의 활약과 명의 원군이 전쟁에 참여하면서 전세역전

  • 연합군의 활약 : 조·명 연합군은 평양성을 탈환(유성룡)하였으며, 관군과 백성이 합심하여 행주산 성(권율) 등에서 적의 대규모 공격을 격퇴

임진왜란 3대 대첩	
구 분	내 용
한산도 대첩(1592.7.)	이순신 장군이 이끄는 연합함대가 적을 한산도 앞바다로 유인하여 학익진을 펼쳐 100여 척의 적선을 격파하였고, 왜의 수군에 큰 타격을 주어 제해권을 장악
행주 대첩(1593.2.)	전라 순찰사 권율이 서울 수복을 위해 북상하다가 행주산성에서 왜적을 크게 쳐부수어 승리하였고, 왜군의 재차 북상을 저지
진주 대첩(1592.10.)	3만의 왜군 연합부대가 진주성을 공격하였고 진주 목사 김시민이 끝까지 이를 고수

④ 휴전협상(1593.4.~1597.1.)

　　㉠ 배경 : 경상도 해안으로 후퇴한 왜군은 경상도 일대에서 장기전에 대비하는 한편 명에게 휴전을 제의하여 휴전협상이 시작

　　㉡ 조선군의 정비

　　　• 군사 개편 : 훈련도감을 설치하여 중앙 군대의 편제(삼수병 양성)와 훈련 방법을 바꾸었고, 속오법을 실시하여 지방군 편제도 개편하였으며, 화포를 개량하고 조총도 제작하여 무기의 약점을 보완

　　　• 훈련도감 : 임진왜란 중 왜군의 조총에 대항하기 위하여 기존의 활(사수)과 창(살수)으로 무장한 부대 외에 조총(포수)으로 무장한 부대를 조직

⑤ 정유재란(1597)

　　㉠ 휴전의 결렬 : 3년여에 걸친 명과 일본 사이의 휴전 회담이 결렬되자, 왜군이 다시 침입

　　㉡ 전쟁의 승리

　　　• 정유재란의 경과 : 조·명 연합군이 왜군을 직산에서 격퇴하고, 이순신은 왜군의 적선을 명량에서 대파한 후 노량해전을 승리로 이끌고 전사

　　　• 왜군 철수 : 전세가 불리해진 왜군은 도요토미 히데요시가 죽자 본국으로 철수함

⑥ 왜란의 결과

　　㉠ 국내 : 인명 손실, 토지 대장과 호적의 소실로 국가재정 궁핍, 문화재(경복궁·불국사·사고) 손실, 비변사 강화, 민란 발생(이몽학의 난), 신분제 동요(공명첩 발급)

　　㉡ 국외 : 일본의 문화 발전(성리학, 도자기), 명의 쇠퇴와 여진족 성장(명·청 교체기)

3. 광해군의 중립외교

① 명의 원군요청

　　㉠ 배경 : 여진족의 누르하치가 후금 건국(1616) 후 명에 전쟁 선포, 명은 조선에 원군요청

　　㉡ 광해군의 정책 : 명과 후금 사이에서 중립외교 정책 실시 → 명을 지원하러 갔던 조선군 사령관 강홍립이 광해군의 밀명으로 후금에 항복 → 계속된 명의 지원 요청 거절, 후금과 친선관계 추구

② 결 과

　　㉠ 북인 정권의 실정 : 광해군과 북인 정권은 왕권의 안정을 위하여 영창대군을 죽이고(1614), 인목대비를 폐위(1618)하여 서궁(西宮)에 유폐

　　㉡ 서인 정권의 성립 : 서인 세력은 반정을 주도하여 인조를 즉위시킴(1623, 인조반정)

4. 호란의 발발과 전개

① 정묘호란(1627, 후금)

　　㉠ 배경 : 인조반정으로 집권한 <u>서인</u>은 광해군의 중립외교 정책을 비판하고, <u>친명배금 정책</u>을 추진하여 후금을 자극

　　㉡ 전개 : 광해군을 위해 보복한다는 명분으로 후금이 침입(1627)하여 평안도 의주를 거쳐 황해도 평산까지 진격, 의주의 이립과 철산(용골산성)의 정봉수가 활약

　　㉢ 결과 : 후금의 군대는 보급로가 끊어지자 강화를 제의하여 조선과 후금의 <u>형제관계</u>가 수립

② 병자호란(1636, 청)

　　㉠ 배경 : 후금은 국호를 청이라 고치고, 조선에 <u>군신관계를 맺자고 요구</u>하였고 별다른 반응을 보이지 않자 12만의 대군을 이끌고 침입(1636)

　　㉡ 전 개

　　　　• 남한산성의 항쟁 : 인조는 <u>남한산성으로 피난</u>하여 청군에 대항하였으나, 청의 12만 대군이 남한산성을 포위

　　　　• 주화파와 척화파 : 조정은 외교적 교섭을 통해 문제를 해결하자는 <u>주화론</u>과 청과의 전쟁을 치르자는 <u>척화론</u>이 대립·갈등

주화론과 척화론

구 분	주 장	성 향	사 상	인 물
척화파	주전론	대의명분 중시	성리학	김상헌, 윤집
주화파	강화론	현실적, 실리적	양명학	최명길

　　㉢ 결과 : 인조는 청태종에게 항복(1637, <u>삼전도의 굴욕</u>), 청과의 <u>군신관계</u>를 맺고 명과의 관계를 단절, 소현세자와 봉림대군이 인질로 납치

　　㉣ 호란의 영향 : 조선에서는 청에 대한 적개심이 심화되었고, <u>효종</u> 이후 청에 복수하자는 <u>북벌 운동</u>을 추진

Ⅰ　상품 화폐 경제의 발전

1. 농업 경제의 발전

① 농업기술의 발전

 ㉠ 농민의 노력 : 농민들은 <u>모내기법(이앙법)</u>을 확대하여 벼와 보리의 이모작으로 소득을 증대

 ㉡ 광작의 성행 : 1인당 경작지를 확대하여 경작하였던 <u>광작</u> 농업으로 농가의 소득이 증가하여 부농으로 발전

 ㉢ 상품작물의 등장

  • 상품작물 : 농민들은 시장에 팔기 위한 작물인 <u>인삼</u>과 담배, 쌀, <u>목화</u>, 채소, <u>약초</u> 등을 재배하여 가계 수입을 증가

  • 쌀의 상품화 : 조선 후기에는 <u>쌀의 수요가 증가</u>하여 밭을 논으로 바꾸는 현상이 발생

② 농민의 몰락

 ㉠ 토지 상실 : 일부 농민은 소득을 증대시켜 부자가 되는 경우도 있었지만, 토지를 잃고 몰락해 가는 농민도 증가

 ㉡ 소작지의 상실 : 광작이 가능해지면서 지주들은 대부분의 농토를 소작시켰고, 노비를 늘리거나 머슴을 고용하여 직접 경영하여 소작지 구하기가 힘들어짐

 ㉢ 농민의 이탈 : 다수 농민은 상공업자·임노동자로 전락하였고 농촌을 떠난 농민들은 광산·포구 등에 새로운 도시 형성

③ 소작권 변화

 ㉠ 타조법과 도조법

  • 타조법 : 소작인이 지주에게 수확량의 반을 납부하는 방법으로 전세와 종자, 그 밖의 농기구도 소작인이 부담하기 때문에 농민에게는 불리한 조건이며 지주의 간섭이 심하여 농민들의 경작 상황은 매우 열악함

  • 도조법 : 18세기 일부 지방에서 시행, 농사의 풍흉에 관계없이 매년 일정 지대액을 납부하는 방법으로 지주의 간섭도 타조법에 비하여 낮아져서 소작인에게는 유리함

 ㉡ 영향 : 도조법의 등장으로 인하여 소작농이라도 상품작물을 재배하거나 일정 액수의 소작료를 지불하고 경작하여 소득 증가 가능

도조법과 타조법

구 분	타조법	도조법
지 대	정률지대(당해 수확량 1/2)	정액지대(일정 소작료)
특 징	소작인 불리, 지주 간섭 있음 종자, 농기구 소작인 부담	소작인 유리, 지주 간섭 없음 도지권은 매매, 양도, 전매 가능
관 계	지주와 전호의 신분적 예속관계	지주와 전호의 경제적 계약관계

2. 상업의 발달과 화폐의 사용

① 시장의 번성

　㉠ 장시의 발달 : 15세기 말 남부 지방에서 개설되기 시작한 장시는 16세기 중엽에 전국적으로 확대되고, 18세기 중엽에 이르러서는 전국에 1,000여 개소가 개설

　㉡ 사상의 증가 : 18세기 이후에는 사상은 주로 이현(동대문), 칠패(남대문), 송파 등 도성 주변에서 이루어졌지만, 개성, 평양, 의주, 동래 등 지방 도시에서도 난전이 무수히 많아짐에 따라 정부는 신해통공을 실시하여 자유로운 상행위가 형성(1791, 정조)

② 상인의 종류

　㉠ 관 상

　　• 시전상인(서울) : 특정 품목을 독점 판매, 육의전 중심, 금난전권 소유(신해통공 이전)

　　• 공인(서울) : 대동법 시행으로 등장, 국가 수요품 조달 역할

　　• 보부상(지방) : 농촌의 장시를 하나의 유통망으로 연계, 대개 장시를 거점으로 활동(장돌뱅이)

　㉡ 사 상

　　• 난전(서울) : 시전 장부에 등록이 되지 않은 무허가 상인

　　• 경강상인(한양상인) : 선상, 서남부 지방, 배를 이용하여 한양으로 수송·판매, 조운

　　• 송상(개성상인) : 인삼 재배, 청·일본 간 중계무역, 전국적인 유통망으로 송방을 설치

　　• 만상(의주 상인) : 대청무역, 비단·약재·문방구 수입

　　• 유상(평양 상인) : 대청무역

　　• 내상(동래 상인) : 대일본무역, 유황·구리 수입

　　• 객주, 여각 : 상품을 위탁매매하는 중간 상인(중개, 보관, 운송, 숙박업)

③ 상업의 변화

　㉠ 포구상권 형성 : 세곡이나 소작료 운송 기지였던 포구가 18C 상업의 중심지로 성장, 인근 포구 및 장시와 연결하는 등의 전국적인 유통권 형성

　㉡ 선상 : 선상은 선박을 이용해서 각 지방의 물품을 구입하여 포구에서 처분, 운송업에 종사하다가 거상으로 성장한 경강상인이 대표적인 선상

　㉢ 객주·여각 : 객주나 여각은 각 지방의 선상이 물화를 싣고 포구에 들어오면 그 상품의 매매를 중개하고, 부수적으로 운송·보관·숙박·금융 등의 영업에 종사

④ 화폐 사용

　㉠ 보급 : 상공업의 보급에 따라 동전이 전국적으로 유통, 18세기 후반 세금과 소작료도 동전으로 대납 가능

　㉡ 동전 유통 : 상평통보(인조) 유통(효종, 숙종), 동광에서 구리 공급 증가, 각 기관의 동전 발행 권장

　㉢ 전황의 발생 : 지주·대상인이 화폐를 고리대나 재산 축적에 이용, 물가 하락(화폐 가치 상승), 폐전론 주장(이익)

　㉣ 신용화폐의 등장 : 환·어음(상품 화폐 경제의 진전, 상업 자본의 성장)

조선 화폐의 발달

시 기	화 폐	시 기	화 폐
태종(1401)	저 화	숙종(1678)	상평통보(전국)
세종(1423)	조선통보	고종(1866)	당백전
세조(1464)	팔방통화	고종(1882)	은 표
효종(1651)	십전통보	고종(1883)	당오전
인조(1633)	상평통보(개성)	고종(1891)	은전, 백동전, 적동전, 황동전
효종(1649)	상평통보(서울)	–	–

※ 조선은 화폐의 유통에 힘써 인조 때 동전인 상평통보를 주조하여 개성을 중심으로 통용시켜 그 쓰임새를 살펴보고 (1633), 효종 때에는 서울 및 일부 지방에 유통(1649). 18세기 후반 숙종 때에는 세금과 소작료도 동전으로 대납할 수 있게 하여 전국적으로 유통(1678).

⑤ 대외무역의 발달
　　㉠ 청과의 무역 : 국경 지대를 중심으로 공적으로 허용된 무역인 개시와 사적인 무역인 후시가 발달, 비단・약재・문방구 등을 수입하고, 은・종이・무명・인삼 등을 수출
　　㉡ 일본과의 무역 : 왜관(개시・후시)을 통한 무역이 발달, 은・구리・황・후추 등을 수입하고, 인삼・쌀・무명 등을 수출

3. 수공업과 광업

① 수공업
　　㉠ 민영수공업의 발달 : 장인세 부담, 철점・사기점 발달, 선대제 성행
　　㉡ 18세기 후반 이후 : 독립 수공업자 출현, 독자적으로 생산・판매

② 광 업
　　㉠ 발전 과정 : 정부 독점(조선 전기) → 민간인 채굴 허가(17세기) → 자유로운 채굴(18세기)
　　㉡ 개발 증가 : 광물・은 수요 급증(민영수공업 발달)
　　　• 설점수세제(1651, 효종) : 17세기 중엽부터 민간인에게 광산 채굴을 허용하고 세금을 받는 정책을 실시
　　　• 잠채 : 정부가 설점수세제를 폐지하자 정부에 신고하지 않고 상인 물주들이 덕대를 고용하여 몰래 광산을 개발
　　㉢ 광산 운영의 변화 : 덕대(경영전문가)가 상인물주에게 자본을 조달받아 운영, 분업에 토대를 둔 협업으로 진행

1. 사회 구조의 변동

① 신분제의 붕괴

　　㉠ 양반층의 부패 : 양반층의 자기 도태 현상 심화, 권반·향반·잔반으로 분화

　　㉡ 양반 신분 획득 : 족보의 매입·위조, 납속책, 공명첩 등

② 양 반

　　㉠ 지배력 약화 : 임진왜란 이후에는 납속책과 공명첩의 발급으로 양반의 수는 증가하고, 상민과 노비의 수는 갈수록 감소하여 양반 중심의 신분 체제가 동요

　　㉡ 양반의 분화

　　　• 구향 : 권반(중앙의 사회·경제적 특권층), 향반(향촌에서 겨우 위세 유지 세력), 잔반(몰락양반)

　　　• 신향 : 부농들의 양반 신분 획득(신분 매매·족보 위조), 관권과 결탁

　　㉢ 양반들의 향촌 지배 강화 노력

　　　• 배경 : 신분제 붕괴, 양반 계층의 복잡한 구성, 향촌 사회의 분화

　　　• 동약 : 양반은 촌락 단위의 동약을 실시하였고 전국에 동족 마을을 형성하였으며 문중을 중심으로 서원과 사우를 건립

　　　• 청금록과 향안 : 서원 및 향교에 출입하는 명단인 청금록과 지방 사족의 명부인 향안을 작성하여 자신들만의 특정한 가문 위치를 설정

③ 중 인

　　㉠ 중간 계층의 불만

　　　• 중인 : 전문직으로서의 중요한 역할 부각, 사회적 역할에 비하여 고급 관료로의 진출 제한

　　　• 서얼 : 성리학적 명분론에 의한 문과 응시의 금지 등 여러 사회 활동의 제약

　　㉡ 신분 상승 추구

　　　• 상소운동 : 철종 때 대규모 소청 운동을 전개하였지만, 정부의 거부로 실패

　　　• 서얼 : 왜란 이후 납속책을 이용한 관직 진출, 영·정조 때 상소 운동 전개하여 정조 때 규장각 검서관으로 기용(유득공, 박제가)

　　　• 역관 : 청과의 외교 업무에 종사, 서학 등 외래문화 수용 주도, 새로운 사회 추구

④ 상 민

　　㉠ 농민 분화

　　　• 배경 : 양난 이후 사회 체제 동요, 새로운 사회 질서 모색, 조세·공납·역의 증가로 농민 생활 궁핍

　　　• 구성 : 상층(중소 지주층, 소작제 경영), 자영농, 소작농

　　㉡ 신향 : 부를 축적하여 양반 신분 획득(공명첩, 족보 위조)

　　　• 신향의 등장 : 경제력을 통해 양반이 된 부농층은 수령을 중심으로 한 관권과 결탁하여 향안에 이름을 올리고 향회를 장악하여 향촌 사회에서 영향력을 행사

　　　• 부농층의 양반화의 원인 : 자신은 물론 후손까지 군역 면제, 양반 지배층의 수탈 회피, 경제 활동에서 각종 편의 제공, 향촌 사회에서 자신들의 영향력 행사

　　㉢ 임노동자 : 지주에게 밀려난 다수의 농민, 부농층의 임노동자 고용

⑤ 노비의 신분 상승 노력

　　㉠ 군공, 납속 : 군공이나 납속을 통해 신분 상승, 공노비를 입역 노비에서 신공을 바치는 납공 노비로
　　　　전환(도망하여 신분의 속박에서 해방)

　　㉡ 노비제도의 변화

　　　　• 노비종모법(1731, 영조) : 노비의 어머니가 양민이면 양민으로 삼는 법

　　　　• 공노비 해방(1801, 순조) : 중앙 관서의 노비 6만 6천여 명의 해방(국가재정 해결책)

　　　　• 갑오개혁(1894, 고종) : 신분제가 폐지되면서 사노비 해방(노비제 폐지)

2. 향촌 사회의 변화

① 가족제도의 변화(부계 중심)

　　㉠ 17C 이후 : 예학·보학의 발달, 가부장적 사회제도 확산, 친영 제도 정착, 장자 중심의 제사와 상속제
　　　　확산

　　㉡ 조선 후기 : 아들이 없을 경우 양자 입양 일반화, 부계 위주의 족보 편찬, 동성 마을 형성, 종중
　　　　의식 확산

② 인구 변동

　　㉠ 호적 : 3년마다 호적대장 작성, 공물과 군역 부과의 자료

　　㉡ 한계 : 성인 남자만 조사·기록(실제 인구와 차이)

3. 조세제도의 변화

① 영정법 : 전세(1635, 인조)

　　㉠ 배경 : 정부는 개간을 권장하면서 서둘러 경작지를 확충하고자 하였고, 전세를 확보하기 위해 토지
　　　　대장인 양안에서 빠진 은결을 색출함

　　㉡ 내용 : 풍·흉에 관계없이 전세를 토지 1결당 미곡 4두로 고정하여 징수(전세의 정액화)

　　㉢ 결과 : 전세 비율이 일시적으로 감소하였으나 여러 명목의 수수료, 운송비, 자연 소모에 대한 보충비
　　　　용 등이 함께 부과되어 농민들의 부담이 더욱 가중

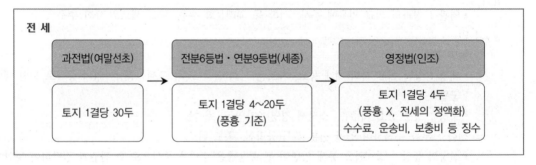

전세

과전법(여말선초)	→	전분6등법·연분9등법(세종)	→	영정법(인조)
토지 1결당 30두		토지 1결당 4~20두 (풍흉 기준)		토지 1결당 4두 (풍흉 X, 전세의 정액화) 수수료, 운송비, 보충비 등 징수

② 대동법 : 공납(1608~1708, 광해군~숙종)
  ㉠ 배경 : 조선 후기 방납의 폐해가 나타나면서 부담을 견디지 못한 농민들은 향촌을 이탈하기 시작
  ㉡ 대동법 시행의 전개
    • 시행 과정 : 대동법은 광해군 때 경기도에 시험적으로 시행되었고, 이어서 점차 전국으로 확대되어 숙종 때 함경도와 평안도를 제외한 전국에서 실시
    • 시행 내용 : 대동법은 토지의 결수에 따라 쌀, 삼베나 무명, 동전 등으로 납부하게 하는 제도로 대체로 토지 1결당 미곡 12두만 납부하게 됨(공납의 전세화)
    • 시행 지연의 원인 : 당시 양반 지주들의 반대가 심하였기 때문에 대동법이 전국적으로 실시되는데 100여 년의 기간이 소요
  ㉢ 영향 : 국가에서 현물이 필요할 때 관청에서 공가를 미리 받아 필요한 물품을 사서 납부하였던 공인이 등장하였고, 상품 수요가 증가함에 따라 지방의 장시가 발달

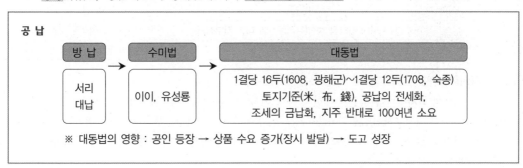

공 납

방 납 → 수미법 → 대동법

서리 대납

이이, 유성룡

1결당 16두(1608, 광해군)~1결당 12두(1708, 숙종) 토지기준(米, 布, 錢), 공납의 전세화, 조세의 금납화, 지주 반대로 100여년 소요

※ 대동법의 영향 : 공인 등장 → 상품 수요 증가(장시 발달) → 도고 성장

③ 균역법 : 군역(1750, 영조)
  ㉠ 배경 : 양 난 이후 불합리한 군포의 차별 징수로 인하여 농민의 부담이 가중되었고 실무를 담당한 수령과 아전들의 농간까지 겹쳐 백골징포·황구첨정·인징·족징 등의 폐단이 자행
  ㉡ 내 용
    • 원칙 : 농민이 1년에 군포 1필만 부담하면 되는 균역법이 시행
    • 부족분의 보충 : 균역법의 시행으로 감소된 재정은 지주에게 결작이라고 하여 토지 1결당 미곡 2두를 부담시키고, 일부 상류층에게 선무군관이라는 칭호를 주고 군포 1필을 납부하게 하였으며, 어장세, 선박세 등 잡세 수입으로 보충
  ㉢ 결과 : 농민들의 부담은 일시적으로 경감되었으나 토지에 부과되는 결작의 부담이 소작 농민에게 돌아가고 군적 문란이 심화되면서 농민의 부담은 다시 가중

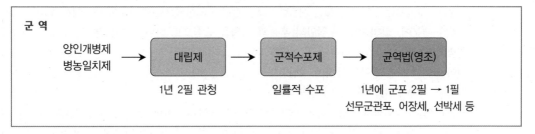

군 역

양인개병제 병농일치제 → 대립제 → 군적수포제 → 균역법(영조)

1년 2필 관청

일률적 수포

1년에 군포 2필 → 1필 선무군관포, 어장세, 선박세 등

Ⅲ 실학과 민중 문화의 발전

1. 성리학의 변화

① 성리학의 절대화 : 인조반정 이후 송시열을 중심으로 한 서인은 당시 조선 사회가 안고 있던 모순을 해결하기 위해 명분론을 강화하고 성리학을 절대화

② 호락논쟁

  ㉠ 배경 : 노론(충청도와 서울지역의 대립)을 중심으로 벌어진 심성론(인간과 사물의 본성에 대한 논쟁)

  ㉡ 호론 : 충청도 지역의 노론 세력으로 한원진 중심으로 전개, 인간과 사물의 본성이 다르다고 주장

  ㉢ 낙론 : 서울·경기 지역의 노론 세력으로 이간 중심으로 전개, 인간과 사물의 본성이 같다고 주장

지 역	충청도(호론)	서울(낙론)
주 장	인물성이론, 주기론 주장(정통 성리학)	인물성동론, 주기론 중심, 주리론 수용
학 자	한원진	이 간
성 격	청, 서양에 배타적 성향(우리문화에 대한 자부심)	청, 서양 등 이질적인 것을 포용
계 승	위정척사 사상 → 의병운동	개화사상에 영향 → 애국계몽운동

③ 성리학 비판

  ㉠ 대표적 학자 : 윤휴(경전에 대한 독자적 해석), 박세당(사변록, 주자의 학설 비판), 정약용(여유당전서), 이익(성호사설), 안정복(동사강목), 정제두·최한기(명남루총서) 등이 성리학 비판

  ㉡ 결과 : 윤휴와 박세당은 주자의 학문 체계와 다른 모습을 보였기 때문에 당시 서인(노론)의 공격을 받아 사문난적으로 몰림

2. 양명학

① 특 징

  ㉠ 수용 : 성리학의 절대화와 형식화를 비판하며 실천성을 강조한 양명학은 중종 때에 조선에 전래

  ㉡ 비판 : 양명학은 정통 주자학 사상과 어긋난다며 비판하면서 이단으로 간주되었지만, 17세기 후반 소론 학자들을 통하여 본격적인 수용이 전개

② 양명학의 발전

  ㉠ 강화 학파

  • 학파의 형성 : 18세기 초 정제두는 거처를 강화도로 옮겨 양명학을 체계적으로 연구하였고, 후진 양성에 힘써 강화 학파를 형성

  • 활동 : 정제두는 양반 신분제를 폐지하자고 주장하기도 하였으나 제자들이 정권에서 소외된 소론이었기 때문에, 그의 학문은 집안의 후손과 인척을 중심으로 하여 가학(家學)의 형태로 계승됨

  ㉡ 양명학의 내용 : '인간의 마음이 곧 이(理)'라는 심즉리(心卽理) 사상이 바탕이며 앎과 행함은 분리된 것이 아니라 앎은 행함을 통하여 성립한다는 지행합일설(知行合一說)과 인간은 상하 존비의 차별이 없다는 치양지설(致良知說)이 양명학의 근간

③ 양명학의 영향 : 강화학파는 양명학을 바탕으로 역사학, 국어학, 서화, 문학 등에서 새로운 경지를 개척해 갔으며, 실학자들과도 영향을 주고받았고 구한 말 이후에는 국학자인 박은식, 정인보 등이 계승하여 민족운동을 전개

3. 실학의 등장

① 실학의 발생 배경

 ㉠ 실학의 대두 : 실학은 17, 18세기 사회·경제적 변동에 따른 사회 모순의 해결책을 구상하는 과정에서 대두한 학문과 사회 개혁론, 이수광의 지봉유설과 한백겸의 동국지리지를 통하여 실학을 주장

 ㉡ 실학의 확대 : 실학은 농업 중심의 개혁론, 상공업 중심의 개혁론, 국학 연구 등을 중심으로 확산되었으며, 대부분의 실학자는 민생안정과 부국강병을 목표로 하여 비판적이면서 실증적인 논리로 사회 개혁론을 제시

② 중농학파의 주장

 ㉠ 유형원(1622~1673)

- 균전론 : 반계수록을 저술하였고 균전론을 내세워 관리, 선비, 농민 등 신분에 따라 차등 있게 토지를 재분배하여 자영농 육성을 위한 토지제도의 개혁을 주장
- 신분제 비판 : 조선 사회의 양반 문벌제도, 과거제도, 노비제도의 모순을 비판하였지만, 사·농·공·상의 직업적인 우열과 상민과 노비의 차별을 전제로 하여 유교적 한계성을 보임
- 병역제도 : 농병일치의 군사조직과 사농일치의 교육제도를 확립해야 한다고 주장

 ㉡ 이익(1681~1763)

- 성호학파 : 성호사설, 곽우록 등을 저술하였고 자영농 육성을 위한 토지제도 개혁론으로 한전론을 주장
- 한전론 : 한 가정의 생활을 유지하는 데 필요한 규모의 토지를 영업전으로 정한 다음에 영업전은 법으로 매매를 금지하고, 나머지 토지만 매매를 허용하자는 주장
- 여섯 가지 폐단 : 나라를 좀먹는 여섯 가지의 폐단인 노비제도, 과거제도, 양반 문벌제도, 사치와 미신, 승려, 게으름을 지적(육두론)
- 기타 : 화폐의 폐단을 지적하여 폐전론을 주장

 ㉢ 정약용(1762~1836)

- 실학의 집대성 : 신유박해 때 연루되어 강진으로 유배되어 500여 권의 여유당전서를 편찬
- 정전제(井田制) : 정약용은 여전론을 처음 내세웠다가 후에 정전제를 현실에 맞게 실시할 것을 주장, 일종의 토지 국유제

정약용의 저서(여유당전서)

- 목민심서 : 지방관(목민)의 정치적 도리를 저술
- 경세유표 : 중앙 정치제도의 폐단을 지적하고 개혁의 내용을 저술
- 흠흠신서 : 형사법과 관련한 형옥의 관리들에 대한 법률 지침서
- 기예론 : 인간이 동물과 다른 것은 기술임을 말하며, 과학기술의 혁신과 교육을 실생활에 활용해야 한다는 내용을 저술, 이로 인해 거중기와 배다리를 창안
- 마과회통 : 홍역에 대한 연구를 담은 의서로 종두법을 연구하였고, 천연두 치료법도 수록

---

③ 중상학파의 주장

　ⓒ 유수원(1694~1755)

　　• 성향 : 우서를 저술하여 상공업의 진흥과 기술의 혁신을 강조하고, 사농공상의 직업 평등과 전문화를 주장

　　• 선대제 수공업 : 상민이 생산자를 고용하여 생산과 판매를 주관하여 효율성을 늘일 것을 주장

　ⓛ 홍대용(1731~1783)

　　• 성향 : 청에 왕래하면서 담헌서에 수록된 임하경륜, 의산문답 등을 저술하였고, 성리학의 극복 · 기술의 혁신 · 문벌제도의 철폐 등을 주장

　　• 중화사상 비판 : 성리학의 극복이 부국강병의 근본이라고 강조하였으며, 의산문답을 통해 지전설을 주장하여 중국이 세계의 중심이라는 생각을 비판

　ⓒ 박지원(1737~1805)

　　• 상공업 진흥 : 청에 다녀와 열하일기를 저술하고 상공업의 진흥을 강조하면서 수레와 선박의 이용, 화폐 유통의 필요성 등을 주장

　　• 양반 문벌 비판 : 양반전 · 허생전 · 호질 등을 저술하여 양반 문벌제도의 비생산성을 비판

　ⓒ 박제가(1750~1805)

　　• 문물 수용 : 박지원의 제자, 청에 다녀온 후 북학의를 저술하여 청의 문물을 적극적으로 수용할 것을 주장

　　• 상공업 진흥 : 상공업의 발달 · 수레와 선박의 이용 등을 주장

　　• 소비 권장 : 생산과 소비와의 관계를 우물물에 비유하면서 절약보다 소비를 권장해야 한다고 주장

4. 국학 연구의 확대 : 실학의 발달로 민족의 전통과 현실에 대한 관심 고조

① 역 사

시 기	역사서(저자)	내 용
18C	동사강목(안정복)	고조선에서 고려 말까지 역사, 삼한정통론, 고증 사학의 토대 마련, 편년체
	발해고(유득공)	발해사 연구, 연구 시야를 만주 지방까지 확대, 한반도 중심의 협소한 사관 극복(영토의식)
	동사(이종휘)	고구려와 발해 역사, 기전체, 한반도 중심의 협소한 사관 극복
	연려실기술(이긍익)	조선의 정치와 문화 정리, 실증적 · 객관적 정리, 기사본말체
19C	해동역사(한치윤)	고조선에서 고려 말까지의 역사, 외국자료(중국 · 일본사) 인용, 민족사 인식의 폭 확대, 기전체
	금석과안록(김정희)	북한산비가 진흥왕 순수비임을 밝힘

② 지도와 지리서

　ⓒ 지 도

　　• 동국지도(정상기) : 최초로 100리 척을 사용하여 정확하고 과학적인 지도 제작에 공헌

　　• 대동여지도(김정호) : 산맥 · 하천 · 포구 · 도로망의 표시가 정밀하고, 거리를 알 수 있도록 10리마다 눈금이 표시되었으며, 총 22첩의 목판으로 인쇄

　ⓛ 지리서

　　• 역사지리서 : 한백겸의 동국지리지, 정약용의 아방강역고

　　• 인문지리서 : 이중환의 택리지(각 지역의 자연 환경 · 물산 · 풍속 · 인심), 김정호의 대동지지

③ 국어와 백과사전

    ㉠ 국어 : 신경준의 훈민정음운해, 유희의 언문지, 이의봉의 고금석림

    ㉡ 백과사전 : 이수광의 지봉유설, 이익의 성호사설, 서유구의 임원경제지, 홍봉한의 동국문헌비고

5. 조선 후기 기술의 발달

① 서양 문물의 수용

    ㉠ 경로 : 17세기경 베이징의 서양 선교사와 접촉한 중국 왕래 사신을 통하여 수용

    ㉡ 서양 문물의 유입

        • 국내 학자 : 이광정은 세계 지도인 곤여만국전도를 전하였고, 인조 때 정두원은 화포·천리경·자명종 등을 전파

        • 벨테브레 : 무과에 급제하여 훈련도감 소속되어 서양식 대포의 제조법과 조종법을 교육

        • 하멜 : 하멜 일행은 15년 동안 억류되었다가 네덜란드로 돌아가 하멜 표류기를 지어 조선의 사정을 서양에 전파

② 천문학과 역법

    ㉠ 천문학

        • 이익과 김석문 : 이익은 서양 천문학을 연구하였고 김석문은 역학도해를 저술하여 지전설을 처음으로 주장

        • 홍대용 : 지구가 우주의 중심이 아니라는 무한 우주론을 주장하여 성리학적 세계관을 비판하였고 조선인의 세계관 확대에 기여

    ㉡ 역법 : 서양 선교사 아담 샬이 중심이 되어 만든 시헌력을 김육이 도입

③ 농서의 편찬

    ㉠ 농가집성 : 효종 때 신속, 벼농사 중심의 농법 소개, 이앙법 보급에 공헌

    ㉡ 상업적 농업기술 소개 : 색경(숙종, 박세당), 산림경제(숙종, 홍만선), 해동농서(서호수)

    ㉢ 서유구의 임원경제지 : 순조, 농촌 생활 백과사전 편찬

④ 기타 과학기술의 발전

    ㉠ 의 학

        • 17C : 동의보감(광해군, 허준, 전통 한의학 정리), 침구경험방(인조, 허임, 침구술 집대성)

        • 18C : 마과회통(영조, 정약용, 종두법 소개, 박제가와 함께 종두법 연구)

        • 19C : 동의수세보원(이제마, 사상 의학 확립)

    ㉡ 수학 : 마테오리치가 유클리드의 기하학을 학문으로 번역한 기하원본을 도입하였고, 홍대용이 주해수용을 저술하여 수학을 정리

    ㉢ 지리학 : 서양 선교사가 만든 곤여만국전도 같은 세계 지도가 중국을 통하여 전해져 조선인의 세계관 확대에 기여

    ㉣ 건축기술 : 정약용이 만든 거중기는 수원 화성을 쌓을 때에 사용되어 공사 기간을 단축하고 공사비를 줄이는 데 크게 공헌하였고, 정조가 수원에 행차할 때 한강을 안전하게 건너도록 배다리도 설계함

6. 새로운 문화의 형성

① 서민 문화의 발달

ㄱ 배경 : 조선 후기에는 상공업의 발달과 농업 생산력의 증대를 배경으로 서민의 경제적·신분적 지위가 향상됨에 따라 서민 문화가 대두하기 시작

ㄴ 현실 풍자 문화

- 판소리 : 서민 문화의 중심, 19세기 후반 신재효가 판소리 사설의 창작·정리
- 탈춤 : 탈놀이(향촌)·산대놀이(도시에서 성행)·사회적 모순 풍자
- 한글소설 : 홍길동전, 춘향전, 별주부전, 심청전, 장화홍련전
- 사설시조 : 서민들의 솔직한 감정 표현, 남녀 간의 사랑, 현실 비판
- 한문학 : 정약용(삼정 문란을 비판하는 한시), 시사 조직(중인·서민층), 풍자시인 등장, 박지원(양반전·허생전·호질, 양반 사회 풍자)

② 서 화

ㄱ 18세기 전반 : 진경산수화를 개척한 화가는 정선으로 인왕제색도와 금강전도에서 바위산은 선으로 묘사하고, 흙산은 묵으로 묘사하는 기법을 사용하여 산수화의 새로운 경지를 이룩

ㄴ 18세기 후반

- 김홍도 : 밭갈이, 추수, 씨름, 서당 등에서 일에 몰두하는 사람들의 특징을 소탈하고 익살스러운 필치로 묘사
- 신윤복 : 주로 양반과 부녀자의 생활과 유흥, 남녀 사이의 애정 등을 감각적이고 해학적으로 묘사
- 김득신 : 정조의 궁정화가로 김홍도의 화풍을 계승하였으며 파적도 등의 작품을 남김

ㄷ 18세기 말 : 강세황은 서양화 기법으로 영통동구도(영통골 입구도) 제작

ㄹ 19세기 : 장승업은 강렬한 필법과 채색법으로 뛰어난 기량을 발휘

ㅁ 민화 : 민중의 미적 감각을 잘 나타낸 민화도 유행하였는데 해·달·나무·꽃·동물·물고기 등을 소재로 삼아 소원을 기원하고 생활공간을 장식

③ 서예 : 단아한 글씨의 동국진체가 이광사에 의하여 완성되었고 김정희는 고금의 필법을 두루 연구하여 굳센 기운과 다양한 조형성을 가진 추사체를 창안함

④ 건 축

ㄱ 17세기 : 불교의 사회적 지위 향성과 양반의 경제적 성장 반영(금산사 미륵전, 법주사 팔상전)

ㄴ 18세기 : 부농과 상인의 지원(화엄사 각황전, 논산 쌍개사, 부안 개암사, 안성 석남사), 수원 화성(거중기 이용)

ㄷ 19세기 : 국왕 권위 강화(경복궁 근정전, 경회루)

⑤ 공예 및 음악

ㄱ 자기공예 : 조선 후기에는 산업 부흥에 따라 공예가 크게 발전, 조선 후기 청화백자가 유행하였고 다양한 형태가 출현

ㄴ 음악의 향유층 확대 : 양반층(가곡, 시조), 서민(민요), 광대·기생(판소리, 산조, 잡가), 백자와 생활공예, 음악

1. 붕당정치

① 붕당의 형성

    ㉠ 사림의 정국 주도 : 선조(1567~1608) 즉위 이후 사림이 중앙 정계에 대거 진출하여 정국 주도

    ㉡ 붕당의 시작 : 사림 세력 내 이조전랑직의 대립과 갈등이 심화되면서 왕실의 외척이자 기성 사림의 신망을 받던 <u>심의겸</u> 중심의 세력이 <u>서인</u>으로, 당시 신진 사림의 지지를 받던 <u>김효원</u> 중심의 세력은 <u>동인</u>으로 분당되어 분당정치가 시작

동인과 서인

구 분	동인(김효원 세력)	서인(심의겸 세력)
개혁성향	개혁에 적극적(신진 사림)	개혁에 소극적(기성 사림)
학 통	이황 계열(주리론), 조식·서경덕	이이 계열(주기론), 성혼
사상경향	자기 수양, 원칙 중시	제도 개혁, 현실 중시

    ㉢ 성격 : 정치 이념과 학문적 경향에 따라 결집 → 16세기 왕권 약화

    ㉣ 동인의 분열 : 정여립 모반 사건(1589) 등을 계기로 온건파인 남인과 급진파인 북인으로 분당

② 붕당정치의 전개

    ㉠ 초기 : 동인 주도 → 동인의 남인·북인 분열 → 남인 주도 → 왜란 이후 북인 집권

    ㉡ 광해군(1608~1623) : 북인 집권, <u>중립외교</u>, 전후 복구 사업, 영창대군 살해, 인목대비 유폐, 서인의 인조반정(1623)

    ㉢ 인조(1623~1649)~효종(1649~1659) : 서인의 우세 속에 남인 세력 연합, 인조 때 두 차례의 <u>호란</u>을 겪은 후 <u>효종</u> 때는 명에 대한 의리를 지켜 청을 복수하자는 북벌론이 제기

    ㉣ 현종(1659~1674) : 현종 때 효종의 왕위 계승에 대한 정통성과 관련하여 두 차례의 <u>예송</u>이 발생하면서 서인과 남인 사이에 대립이 격화(자의대비 복제 문제)

예송논쟁

구 분	기해예송(1659, 1차)	갑인예송(1674, 2차)
분쟁원인	효종의 상	효종 비(인선왕후)의 상
주 장	남인(3년설) / 서인(1년설)	남인(1년설) / 서인(9개월설)
채 택	서인(1년설)	남인(1년설)

③ 붕당정치의 성격

    ㉠ 원리 : 복수의 붕당이 상호 견제와 협력을 통하여 정치를 운영하는 것

    ㉡ 특징 : 공론 중시(합좌기구인 비변사를 통해 여론 수렴), 상대 세력 견제와 자기 세력 확대 추구(3사 언관·이조전랑의 정치적 비중 강화), 서원·향교중시(지방 사족의 의견을 모으는 수단)

    ㉢ 한계 : 붕당의 공론은 지배층 의견 수렴에 그침(백성 의견 미반영)

2. 대북방 운동

① 북벌 운동

ⓐ 효종 : 효종은 청에 반대하는 입장을 강하게 내세웠던 송시열, 송준길, 이완 등을 높이 등용하여 군대를 양성하고 성곽을 수리하는 등 북벌을 준비

ⓑ 숙종 : 청의 정세 변화를 이용하여 윤휴를 중심으로 북벌 움직임이 제기되었으나, 현실적으로 북벌을 실천에 옮기지는 못함

ⓒ 한계 : 서인들이 정권유지 수단으로 군사력을 장악하면서 북벌 운동 좌절

② 나선 정벌

ⓐ 배경 : 러시아는 흑룡강 일대에 진출하여 청나라와 충돌하였고, 계속된 청의 패배로 조선에 원군을 요청

ⓑ 전 개
- 1차 원정(1654, 효종 5) : 조선은 조총군 100명과 초관 50여 명을 이끌고 변급을 파견, 혼동강에서 러시아군을 만나 교전하여 7일 만에 적군을 격파
- 2차 원정(1658, 효종 9) : 조선은 신유에게 총군 200명과 초관 60여 명을 주어 다시 파견, 러시아군에 총과 화전(火箭)으로 맞서 싸워 대승, 러시아는 270여 명이 전사하였고 잔당 모두 전멸

③ 북학 운동 : 북벌 실패 이후 조선 사신들에 의한 청의 선진문물 수용을 주장

3. 정치 구조의 변화

① 정치 구조의 변화

ⓐ 비변사의 기능 강화 : 비변사는 16세기에 여진족과 왜구에 대비하기 위해 임시회의 기구로 설치되었는데, 임진왜란 이후 군사 문제뿐 아니라 외교·재정·사회·인사 문제 등 거의 모든 정무를 총괄할 정도로 기능이 강화

ⓑ 결과 : 비변사의 기능이 강화되자 왕권이 약화되고 의정부와 6조 중심의 행정 체계는 유명무실화

② 권력기구의 변질

ⓐ 3사의 변질 : 조선 후기 3사는 공론을 반영하기보다는 상대 세력에 대한 비판을 통하여 자기 세력의 유지와 상대 세력의 견제에 앞장서는 기구로 변질

ⓑ 이조와 병조 전랑의 변질 : 중·하급 관원들에 대한 인사권과 자기 후임자를 스스로 추천할 수 있는 권한을 행사하면서 자기 세력을 확대하고 상대 세력을 견제에 앞장서는 기구로 변질

③ 중앙 군사제도의 변화

ⓐ 중앙군의 변화 : 5위를 중심으로 운영되던 조선 초기의 중앙군은 임진왜란 이후 새로운 5군영으로 변화

ⓑ 중앙군의 개편(17세기 말에 5군영 체제가 갖추어짐)
- 훈련도감 : 포수·사수·살수의 삼수병으로 편성한 훈련도감은 임진왜란 중에 설치, 이들은 일정한 급료를 받는 상비군으로 의무병이 아닌 직업 군인의 성격을 가진 군인
- 5군영의 완비 : 후금과의 항쟁 과정에서 국방력 강화를 명분으로 어영청·총융청·수어청 등이 설치되었고, 숙종 때에 금위영이 추가로 설치되어 17세기 말에는 5군영 체제가 정비
- 금위영 : 숙종 때 설치, 수도(왕실)방위

중앙군의 변화		
5군영	창설	역할
훈련도감	선조 대	직업적 상비군, 서울의 경비 담당, 삼수병(포수, 사수, 살수)으로 구성
어영청·총융청·수어청	인조 대	어영청(수도)·총융청(북한산성)·수어청(남한산성)
금위영	숙종 대	수도 방어 임무

　　ⓒ 5군영의 변질 : 조선 후기 서인들은 군사적·정치적 안정을 유지하기 위하여 5군영을 자신들의 군사 적 기반으로 변질시킴

④ 지방 군사제도의 변화

　　㉠ 진관체제(15C, 세조)

　　　• 내용 : 지역 단위의 <u>자체적인 방어</u> 체제로서, 행정 단위인 '읍'과 군사 단위인 '진'을 일치시켜 군· 현을 방위, 중앙에서 군사훈련을 받았으며, 군사지휘권은 수령이 보유

　　　• 단점 : 소규모 전투에는 유리하지만 많은 수의 외적과 대적하기엔 무리가 있으며, 때에 따라서 <u>연쇄 적인 패배</u>가 뒤따르는 경우가 있음

　　㉡ 제승방략체제(16C, 명종)

　　　• 내용 : 유사시에 <u>필요한 방어처에 각 지역의 병력을 동원하여 중앙에서 파견되는 장수</u>가 지휘하게 하는 방어 체제

　　　• 단점 : <u>신속한 대처가 불가능</u>하고 패배 시 후방에 군사가 없어 무방비, 임진왜란 중 실효성 없음

　　㉢ 속오군체제(임란 중, 선조)

　　　• 내용 : <u>진관체제를 기본으로 하였고 양반에서부터 천민인 노비까지 편제된 양천혼성군</u>으로 중앙에 서 받았던 군사훈련을 지방에서 받게 하여 군사력의 공백 상태를 보완

　　　• 단점 : 양반이 노비와 함께 속오군에 편제되는 것을 회피함에 따라 실질적으로 상민과 노비들만 남아 참여

4. 조선 후기의 정치변화

① 붕당정치의 변질

　　㉠ 배경 : 상업 이익 독점, 군영장악, 신분제 동요, 일당전제화 추세

　　㉡ 결과 : 고위 관원에 정치권력 집중(왕실 외척·종실의 정치적 비중 증대), 3사와 이조전랑의 정치적 비중감소, 비변사 기능 강화

② 탕평론의 대두

　　㉠ 배경 : 왕권과 신권이 조화를 이루고 붕당의 세력균형 도모

　　㉡ 숙종(1674~1720)의 탕평책

　　　• 탕평책 : 숙종은 인사 관리를 통하여 세력균형을 유지하려는 탕평론을 제시

　　　• 결과 : 실제로는 상황에 따라 한 당파를 일거에 내몰고 상대 당파에게 정권을 모두 위임하는 <u>편당적 인 인사 관리</u>로 일관하여 <u>환국</u>이 일어나는 빌미를 제공

ⓒ 환 국

- 경신환국(1680, 숙종 6) : 서인은 남인 영수인 허적의 서자 허견 등이 복창군을 왕으로 옹립하려 한다고 모함하여 남인을 몰락시키고 서인이 집권
- 기사환국(1689, 숙종 15) : 장희빈의 소생인 균(경종)의 세자 책봉을 둘러싸고 서인인 송시열 등이 반대하다 쫓겨나고(민씨 폐출) 남인이 집권
- 갑술환국(1694, 숙종 20) : 남인이 인현왕후 민씨의 복위 문제로 서인을 무고하다 도리어 축출되어 서인(노론)이 집권

③ 영조(1725~1776)의 개혁정치

ⓐ 탕평책(완론탕평)

- 초기의 탕평책 : 영조는 탕평 교서를 발표하고 탕평비를 건립, 이인좌의 난 발생
- 왕권강화 : 붕당을 없애자는 논리에 동의하는 탕평파를 중심으로 정국을 운영, 서원을 대폭 정리, 이조전랑의 권한을 약화시키기 위해 후임자를 천거하는 권한과 3사의 관리를 선발할 수 있게 해 주던 관행을 폐지

ⓑ 영조의 개혁정치

- 체제 정비 : 속대전을 편찬하고 가혹한 형벌을 폐지하고 사형수에 대한 3심제를 엄격하게 시행
- 민생안정 : 군포 부담을 2필에서 1필로 경감시키는 균역법을 실시(1750)하고 백성들의 억울한 일을 직접 해결하고자 신문고를 설치(부활)

ⓒ 한계 : 강력한 왕권을 바탕으로 일시적인 탕평

④ 정조(1776~1800)의 개혁정치

ⓐ 탕평정치(준론탕평)

- 배경 : 사도세자의 죽음과 시파·벽파의 갈등 경험 후 강한 탕평책 추진
- 시파 : 사도세자의 잘못은 인정하면서도 죽음 자체는 지나치다는 입장
- 벽파 : 사도세자의 죽음은 당연하고 영조의 처분은 정당하다는 입장
- 적극적 탕평책 : 척신과 환관 제거, 그동안 권력에서 배제되었던 소론과 남인 계열도 중용

ⓑ 왕권 강화

- 초계문신제도 : 신진 인물이나 중·하급 관리 중에서 유능한 인사를 재교육하는 초계문신제도를 실시(1781)
- 규장각 : 왕실 도서관 기능의 규장각을 강력한 정치 기구로 육성시켜 박제가, 유득공, 정약용 등이 검서관으로 정치에 참여 가능함
- 장용영 : 친위부대인 장용영을 설치하여 왕권을 뒷받침하는 군사적 기반으로 발전
- 화성 건설 : 수원으로 사도세자의 묘(현륭원)를 옮기고 화성을 세워 정치적·군사적 기능을 부여함과 동시에 상공인을 육성시켜 자신의 정치적 이상을 실현하는 상징적인 도시로 건설함

ⓒ 기타 체제 정비

- 지방 통치 : 수령이 군현 단위의 향약을 직접 주관하게 하여 지방 사림의 영향력을 줄이고 수령의 권한을 강화하여 국가의 통치권을 강화
- 사회 개혁 : 서얼과 노비에 대한 차별을 완화하였고 육의전을 제외한 시전의 금난전권을 폐지하여 사상(私商)들의 자유로운 상업활동을 허가하여 상업을 발전(1791, 신해통공)
- 편찬 사업 : 대전통편, 동문휘고, 탁지지, 추관지, 무예도보통지

제7절 **사회 모순의 심화와 농민항쟁**

I 사회 모순의 심화와 농민 생활

1. 사회 변혁의 움직임

① 사회 동요
- ㉠ 배경 : 신분제 동요, 농민 경제 파탄, 이양선 출몰, 도적 증가
- ㉡ 예언 사상 : 비기·도참, 정감록, 말세 도래, 왕조 교체, 변란 예고
- ㉢ 신앙 : 무격신앙과 미륵신앙 유행

② 천주교 탄압
- ㉠ 배경 : 천주교는 17세기에 중국을 방문한 우리나라 사신들에 의하여 서학으로 처음 소개되었고 18세기 후반에 신앙으로 받아들여 형성
- ㉡ 탄압 : 천주교가 평등사상을 주장하고 조상에 대한 유교의 제사 의식을 거부하자 양반 중심의 신분질서 부정과 국왕의 권위에 대한 도전으로 받아들여 사교로 규정하여 탄압
- ㉢ 천주교 박해
  - 신해박해(1791, 정조, 진산사건) : 진산에서 천주교 신자인 윤지충이 모친의 장례를 화장법으로 치른 일로 정부에서 이들을 사형에 처한 사건
  - 신유박해(1801, 순조) : 노론 벽파 세력이 남인 시파를 탄압하기 위하여 천주교 신자를 박해한 사건, 황사영 백서사건 등으로 탄압이 더욱 강화
  - 기해박해(1839, 헌종) : 헌종 때, 정하상 등 많은 신도들과 서양인 신부들을 처형한 사건
  - 병인박해(1866, 고종) : 흥선대원군이 정치와 연관시켜 프랑스 선교사 등을 이용하여 교섭하려다 실패한 사건, 9명의 프랑스 선교사와 8천 명의 교도를 처형

2. 동학의 발생

① 동학의 시작
- ㉠ 창시 : 동학은 1860년에 경주 출신인 최제우가 창시, 동학은 기존의 부패한 불교와 성리학 등을 부정하였고 천주교도 배척
- ㉡ 사상 : 유·불·선의 내용에 민간신앙의 요소들이 결합, 모든 사람이 평등하다는 시천주(侍天主)와 인내천(人乃天) 사상을 강조

② 동학의 확대
- ㉠ 동학의 탄압 : 조정은 신분질서를 부정하는 동학을 위험하게 생각하여 세상을 어지럽히고 백성을 현혹한다(혹세무민)는 죄로 최제우를 처형(1864)
- ㉡ 교단 정비 : 제2대 교주 최시형은 교세를 확대, 동경대전과 용담유사를 펴내어 교리를 정리하였고 교단 조직을 정비

Ⅱ 세도정권

1. 세도정치 전개

① 정의 : 정조 사후 3대 60여 년 동안 안동 김씨나 풍양 조씨 같은 왕의 외척 세력이 권력을 독점하여 행사하는 정치 형태

② 전 개

   ㉠ 초기의 세도정치 : 순조(1800~1834)가 11세의 나이로 즉위하자 영조의 계비인 정순왕후가 수렴청정을 하면서 노론 벽파 세력이 정국을 주도

   ㉡ 세도정치의 순환 : 헌종(1834~1849) 즉위 이후에는 외척인 풍양 조씨 가문이, 철종(1849~1863)이 즉위한 후에는 안동 김씨 가문이 정국을 주도

2. 세도정치 시기의 폐단

① 붕당정치의 붕괴 : 세도정치 시기에는 붕당은 없어지고, 중앙 정치를 주도하던 정치 집단은 소수의 가문 출신으로 좁아지면서 그 기반이 축소

② 권력구조 변화

   ㉠ 의정부와 6조의 유명무실화 : 권력 고위직만 정치적 기능이 발휘되었고, 그 아래의 관리는 언론 활동 같은 정치적 기능을 거의 잃은 채 행정 실무만 담당

   ㉡ 비변사의 권한 강화 : 비변사가 핵심적인 정치 기구로 자리 잡았으며, 유력한 가문 출신의 몇몇이 실제 권력을 행사

   ㉢ 수령권의 절대화 : 수령의 견제 세력이 없어 수령직의 매관매직 성행(관리들의 부정과 비리), 농민의 부담 증가

Ⅲ 평안도 농민전쟁

1. 세도정치기의 농민 봉기

① 삼정의 문란 : 삼정의 문란이 극도에 달한 수령의 부정, 자연재해와 농민들의 조세 부담 과중

② 농민의 항거 : 초기에는 소청운동, 벽서·괘서 사건 등으로 저항하였으나 점차 농민 봉기의 형태로 확대

2. 홍경래의 난(1811, 순조)

① 배경 : 세도정치의 폐해와 서북민에 대한 차별 대우 등이 원인이 되어 몰락한 양반인 홍경래의 지휘하에 영세 농민·중소 상인·광산 노동자 등이 합세하여 일으킨 봉기

② 경과 : 가산·선천·정주 등을 점거하였고 한때는 청천강 이북지역을 거의 장악하였으나 5개월 만에 평정

1. **임술농민봉기(1862, 철종, 진주농민봉기)**

   ① 원인 : 경상 우병사 백낙신의 수탈에 견디다 못한 농민들이 몰락 양반 출신의 <u>유계춘</u> 등을 중심으로 봉기

   ② 경과 : <u>진주를 중심</u>으로 전개한 농민 봉기는 한때 진주성을 점령하였고 북쪽의 함흥으로부터 남쪽의 제주에 이르기까지 <u>전국적으로 확대</u>

   ③ 결과 : 정부는 민심을 회유하기 위해 안핵사를 파견하였고 <u>삼정이정청</u>을 설치(1862)

2. **홍경래의 난과 임술농민봉기의 공통점**

   농민의식의 성장(양반 중심의 사회 약화), 세도정치 시기의 봉기, 삼정의 문란에 대한 봉기

03 근대 사회

Ⅰ　구미 열강의 침략과 대원군의 내정 개혁

1. 제국주의 시대의 세계

① 19세기 후반의 세계
- ㉠ 제국주의(帝國主義) : 19세기 말 자본을 투자할 해외 시장을 획득하기 위한 경쟁적 대외 팽창 정책
- ㉡ 동아시아의 근대화
  - 양무운동(청, 중체서용) : 청일전쟁의 패배로 한계 노출
  - 메이지유신(1868, 일본) : 미국의 강압으로 개방하여 근대화에 성공
  - 강화도조약, 갑오개혁 : 일본에 의해 개방, 갑오개혁에 의한 본격적 근대화

② 제국주의 열강의 침략
- ㉠ 아프리카의 분할 : 영국과 프랑스, 독일, 이탈리아 등이 아프리카 대부분 지역을 분할 점령하면서 식민지 확대
- ㉡ 열강의 아시아 침략 : 영국은 인도와 주변국가, 프랑스는 인도차이나반도, 네덜란드는 인도네시아, 미국은 필리핀을 차츰 점령해 나갔고, 중국 대륙 또한 영국, 프랑스, 일본, 러시아 등에 의하여 분할 점령 확대

2. 개화와 자주 운동

① 19세기 후반의 국내외 정세
- ㉠ 국내 : 세도정치로 인한 정치 기강 문란, 삼정의 문란, 농촌 경제 파탄, 농민 봉기
- ㉡ 국외 : 이양선 출몰(위기의식의 고조), 청·일의 문호 개방(난징 조약, 미·일 화친 조약), 러시아 연해주 차지, 천주교 확산, 서양 상품의 유입

② 흥선대원군의 집권(1863~1873)
- ㉠ 왕권강화
  - 세도정치 타파 : 세도가문 축출, 능력에 따른 인재 등용
  - 비변사 폐지 : 의정부(정치)와 삼군부(군사)의 기능 부활
  - 법전 편찬 : 대전회통, 육전조례 간행
  - 서원 정리 : 전국 600여 개의 서원 중 47개만 남기고 철폐(국가재정 확충)
  - 경복궁 중건 : 왕실 권위 회복(원납전 징수, 당백전 발행), 노동력 강제 동원·묘지림 벌목(양반·백성의 원성)
  - 군제 개혁 : 훈련도감과 수군 강화

ⓒ 민생 안정책

- 삼정 문란의 시정 : 전정(양전 사업, <u>은결 색출</u>, 토지 겸병 금지), 군정(양반에게 군포징수, <u>호포제 = 동포제</u>), 환곡(환곡제를 <u>사창제</u>로 개편)
- 한계 : 전제 왕권 강화 목적, 성리학적 질서 유지

흥선대원군의 개혁 정리

구 분	내 용
왕권강화	당파·지방색·신분을 가리지 않고 능력에 따라 인재 등용, 비변사 폐지, 의정부·삼군부 부활, 대전회통·육전조례 편찬, 서원철폐(국가재정 확충), 경복궁중건(원납전·당백전), 양전 사업(은결 색출), 호포제·사창제 실시
민생안정	전정(양전사업, 은결 색출), 군정(호포법＝동포제), 환곡(사창제)

③ 흥선대원군의 대외 정책

ⓖ 배경 : 서양 선박의 빈번한 출몰과 통상 요구

ⓛ 병인박해(1866)

- 배경 : 프랑스 선교사를 통해 프랑스 세력으로 러시아 남하 견제 의도
- 과정 : 교섭의 실패, 유생들의 탄압요구, <u>9명의 프랑스 선교사와 8천 명의 교도 처형</u>

ⓒ 제너럴셔먼호 사건(1866) : <u>미국 상선</u>이 평양에서 통상을 요구하며 약탈을 자행하다 <u>평양 군민에게 격침됨</u>

ⓔ 병인양요(1866)

- 배경 : 병인박해의 구실로 로즈 제독의 <u>프랑스 군함</u> 7척이 침략
- 과정 : <u>문수산성의 한성근, 정족산성의 양헌수</u> 부대가 프랑스군 격퇴
- 결과 : <u>외규장각의 문화재</u> 및 서적과 병기들 약탈

ⓜ 오페르트 도굴사건(1868)

- 배경 : <u>독일 상인 오페르트</u>의 통상요구 거절, 흥선대원군의 아버지인 <u>남연군 묘 도굴 미수</u> 사건
- 결과 : 흥선대원군의 통상수교 거부 의지 강화, <u>존화양이</u> 인식의 확산

ⓗ 신미양요(1871)

- 배경 : 병인양요 직전 제너럴셔먼호 사건을 계기로 로저스 제독의 <u>미국 군함</u> 5척이 강화도 공격
- 과정 : 미군의 강화도 침입, 초지진·덕진진 등 점령, <u>어재연</u>의 조선 수비대가 <u>광성보</u>와 갑곶에서 격퇴, 미군 철수

ⓢ 척화비(1871) : 신미양요 직후 전국에 각지에 건립, 통상 거부 의지 천명, 위정척사 정신 반영, 쇄국 정책의 강화

Ⅱ 개항과 사회경제 변화

1. 개항과 불평등 조약

① 강화도조약의 배경

   ⊙ 흥선대원군의 하야(1873) : 양반과 유생들의 비판(토목공사 중지, 서원 철폐, 인플레이션), 고종의 국왕 친정 선언

   ⓒ 민씨 정권

     • 대내 정책 : 서원 복구 등 구제도 복원, 민심 수습에 노력

     • 대외 정책 : 청과의 친교유지, 일본에 유화정책 등 개방정책 추진

   ⓒ 통상 개화론의 대두 : 통상 개화론자들(박규수·오경석·유홍기)은 열강의 침략을 피하기 위해 문호 개방을 주장

   ⓔ 운요호 사건(1875)

     • 배경 : 일본이 조선에 국교 수립 요청, 일본 내 정한론 고조, 조선의 문호 개방을 수차례 시도

     • 전개 : 고종의 친정이 시작되자 <u>일본 군함 운요호</u>를 <u>강화 해역</u>에 보내 군사 도발

     • 결과 : 포함의 위협 하에 수교 조약을 체결(1876, 포함외교)

② 강화도조약(1876, 조일수호조규)

   ⊙ 강화도조약의 체결

     • 의미 : <u>최초의 근대적 조약</u>, <u>불평등 조약</u>, 일본의 경제·정치·군사적 침략 발판 마련, 이후 서구 열강과 맺게 되는 조약의 선례가 됨

     • 내용 : <u>3개 항구 개방</u>(부산, 인천, 원산), 개항장에서의 <u>치외법권</u>, 일본의 <u>해안측량권</u> 허가

강화도조약

조 항	조약 내용
1관	조선국은 자주의 나라이며 일본국과 평등한 권리를 가진다.
2관	양국은 15개월 뒤에 수시로 사신을 파견하여 교제 사무를 협의 한다.
4관	조선국은 부산 외에 두 곳(인천, 원산)의 항구를 개항하고 일본인이 와서 통상을 하도록 허가한다.
7관	조선국 연해의 도서와 암초는 조사하지 않아 위험하므로 일본국의 항해자가 자유롭게 해안을 측량하도록 허가한다.
10관	일본국 국민이 조선국에서 죄를 범하거나 조선국 국민에게 관계되는 사건일 때는 모두 일본국 관원이 심판한다.

   ⓒ 강화도조약의 부속 조약

     • 수호조규 부록(1876) : 일본 외교관의 국내 여행 자유, 개항장에서 일본 <u>거류민의 거주 지역 설정(10리)</u>과 <u>일본 화폐의 유통</u> 허용

     • 조일무역규칙(1876, 조일통상장정) : <u>양곡의 무제한 유출</u> 허용, 일본 상선의 <u>무항세</u>, 일본 상품에 대한 <u>무관세</u>

2. 서양과의 통상수교

① 미국과의 수교

  ㉠ 조미수호통상조약의 체결

   • 배경 : 일본주재 청국외교관 황준헌의 조선책략이 조선에 유포(親中國, 結日本, 聯美邦)
   • 조약 체결의 대두 : 러시아와 일본 세력을 견제하기 위하여 대미수교의 분위기 형성, 청의 알선으로 조약 체결, 서양과 맺은 최초의 불평등 조약

  ㉡ 조약의 내용 : 치외법권, 최혜국대우, 거중조정, 관세협정

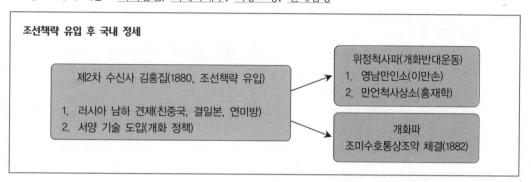

② 개항 이후 열강과의 근대조약

조 약	의 의	내 용
강화도조약(1876, 일본)	최초의 근대·불평등 조약	청의 종주권 부인, 치외법권
조미통상조약(1882, 미국)	서양과 맺은 최초 조약	치외 법권, 최혜국대우, 청 알선
조청상민수륙무역장정(1882, 청)	청 상인의 통상 특권	치외 법권, 최혜국대우
조영통상조약(1883, 영국)	서양 최초의 통상요구	최혜국대우, 청의 알선
조독통상조약(1883, 독일)	서양과의 통상	치외 법권, 최혜국대우, 청 알선
조이통상조약(1884, 이탈리아)	서양과의 통상	치외 법권, 최혜국대우
조러통상조약(1884, 러시아)	조선이 직접 수교	최혜국대우, 민씨 정권 직접 수교
조프통상조약(1886, 프랑스)	천주교 문제로 지연	천주교 선교 자유 허용

Ⅲ 개화파의 개혁 운동

1. 개화 정책

① 개화사상의 발전

  ㉠ 배 경

   • 국내 : 19세기 중엽에 형성, 자주적인 문호 개방과 근대적 개혁 주장, 북학파 실학사상의 발전적인 계승
   • 국외 : 청의 양무운동, 일본의 메이지 유신

  ㉡ 인 물

   • 박규수 : 양반 출신, 청의 양무운동을 견학하는 등 왕래하며 개화사상의 선각자
   • 오경석 : 중인(역관) 출신, 청을 왕래하며 개화사상, 해국도지(위원), 영환지략(서계여) 유입
   • 유홍기 : 중인(한의사) 출신, 오경석에 의한 서양서적을 보고 개화사상, 김옥균, 홍영식 등을 지도

② 개항 후 추진된 정부의 개화 정책
  ㉠ 수신사 파견
    • 수신사 : 강화도조약 이후 일본의 개화 상황과 문물을 시찰
    • 1차 김기수(1876) : '일동기유'를 저술하여 근대 문물을 소개
    • 2차 김홍집(1880) : 황준헌 '조선책략'을 가져와 미국과의 수교에 영향
  ㉡ 개혁 기구 : 정부의 통리기무아문 설치(1880), 그 아래 12사를 설치(외교·군사·산업)
  ㉢ 군제 개편 : 5군영을 2영(무위영, 장어영)으로 통합, 신식 군대인 별기군 창설(1881, 일본인 교관 채용, 사관생도 양성)
  ㉣ 시찰단 파견
    • 조사시찰단(1881, 신사유람단) : 일본의 정부·산업·군사시설 시찰, 귀국 후 박문국·전환국 설치
    • 영선사(1881, 청, 김윤식) : 근대 무기 제조·군사 훈련법 습득, 정부의 재정부족으로 1년 만에 귀국, 귀국 후 기기창(무기제조) 설치
    • 보빙사(1883, 미국, 민영익) : 최초의 구미 사절단, 조미수호통상조약 체결 후 파견, 미국 순방, 일부는 유럽시찰(유길준)

2. 개화 정책의 추진에 대한 반발

① 위정척사 운동
  ㉠ 배경 : 외세의 침략적 접근, 일본에 의한 개항, 천주교의 유포, 개화사상, 개화정책에 대한 반발
  ㉡ 개념 : 성리학을 수호하고 성리학 이외의 모든 종교와 사상을 사학(邪學)으로 규정하여 배척하자는 주장
② 전개 과정
  ㉠ 통상 반대 운동(1860년대, 이항로, 기정진) : 대원군의 통상수교 거부정책 지지(척화주전론)
  ㉡ 개항 반대 운동(1870년대, 최익현, 유인석) : 왜양일체론(倭洋一體論), 개항 불가론
  ㉢ 개화 반대 운동(1880년대, 홍재학, 이만손) : 조선책략 유포·정부의 개화 정책 반발, 유생들의 집단적 상소 운동 발발, 영남 만인소(이만손), 척사 상소(홍재학)
  ㉣ 항일 의병 운동(1890년대, 유인석, 기우만) : 일본의 침략에 반발(을미의병)
③ 의의 : 외세의 침략에 강력히 저항, 열강으로부터 우리 경제와 전통을 수호, 일부는 서양 문물과 전통문화의 발전적 계승 주장
④ 한계 : 전통적 신분제 사회를 유지, 시대의 흐름에 뒤떨어진 한계

3. 임오군란(1882)

① 배 경
  ㉠ 군제 개혁, 구식 군인에 대한 차별 대우, 민씨 정권과 개화 정책에 대한 반발
  ㉡ 일본으로의 곡물 유출로 인한 가격 폭등, 서민 생활의 궁핍화 가중
② 전개 : 구식 군인 봉기(대원군에 도움 요청) → 일본 공사관 공격(일본 교관 살해) → 민중(도시 빈민층)들이 합세 → 민씨 정권의 고관과 왕궁 습격 → 흥선대원군 일시 집권(개화정책 중단, 군제 복구) → 민씨 정권의 요청으로 청군의 개입 → 청군의 군란 진압(청이 대원군을 군란의 책임자로 압송)

③ 임오군란의 결과

　㉠ 일본의 요구

　　• 제물포조약 체결(조 – 일) : <u>일본 공사관의 일본 경비병 주둔</u>, <u>일본에 배상금 지불</u>

제5조	일본 공사관에 군인 약간을 두어 경비한다. 그 비용은 조선국이 부담한다.

　　• 조일수호조규 속약(1882, 조 – 일) : 일본인에 대한 거류지 제한이 <u>50리</u>로 확대

제1조	부산·원산·인천항에 일본인 이정을 각 50리로 하고, 2년 후 100리로 할 것

　　• 조일통상장정(1883) : <u>최혜국 대우, 방곡령, 관세 추가</u>

　㉡ 청과의 관계

　　• 조청상민수륙무역장정의 체결(1882, 조 – 청) : <u>청 상인의 통상 특권 허용</u>(청·일 상인 간의 경쟁적 경제 침탈이 심화되는 계기)

제1조	청의 북양 대신과 조선 국왕은 대등한 지위를 가진다.
제4조	베이징과 한성의 양화진에서의 개잔 무역을 허락하되 양국 상민의 내지 채판을 금하고, 다만 내지 채판이 필요한 경우 지방관의 허가서를 받아야 한다.

　　• 고문 파견 : 위안스카이(군사고문), <u>마젠창(정치고문)</u>, <u>묄렌도르프(외교고문)</u> 파견
　　• 정부의 성향변화 : 청의 내정간섭과 정부의 친청 정책으로 개화 정책 후퇴

4. 갑신정변(1884)

① 개화당의 형성과 활동

　㉠ 개화파의 형성

　　• 개화 세력의 형성 : 1880년대 개화사상의 영향을 받은 김옥균, 박영효, 홍영식, 서광범, 유길준, 김윤식 등이 하나의 정치세력으로 성장하여 개화파를 형성

구 분	온건개화파(수구당, 사대당)	급진개화파(개화당, 독립당)
인 물	김홍집, 김윤식, 어윤중	김옥균, 박영효, 홍영식, 서광범
성 향	친청적 민씨 정권과 결탁, 청과 사대	청의 내정간섭 반대, 청과 사대 반대
사 상	동도서기론, 점진적 개혁, 소극적 개혁	급진적 개혁 추구, 적극적 개혁
모 델	청의 양무운동(전제군주제)	일본의 메이지 유신(입헌군주제)

　　• 국외 정세 : 일본 차관도입 실패, 청군의 대부분이 철수(1884, 청프전쟁)

　㉡ 개화당의 개화 정책 추진

　　• 개화 정책 추진 : 박문국 설치(한성순보 간행), 우정국 설치(근대적 우편사무)
　　• 개화당 탄압 : 친청 세력인 민씨 정권의 견제로 개화운동의 부진

② 갑신정변의 전개
- ㉠ 경과 : 개화당은 일본 공사의 지원을 약속받고 정변 도모 → 우정국 개국 축하연을 계기로 정변 → 민씨 정권의 요인 살해 → 개화당 정부수립(14개조 정강 발표) → 청군 개입 → 3일 천하로 끝남, 개화 주도 세력 일본 망명
- ㉡ 14개조 정강의 내용 : 청과의 사대관계 단절, 인민 평등권 확립, 지조법(地租法) 개혁, 모든 재정의 호조 관할, 내각 중심 정치 실시 등의 내용

갑신정변의 14개조 정강

	조 항	내 용
1	흥선대원군을 곧 귀국시키고 청에 대한 조공의 허례를 폐지한다.	청과의 사대관계 폐지, 자주독립
2	문벌을 폐지하고 인민 평등권을 제정하여 능력에 따라 관리를 임명한다.	문벌 타파, 과거제 폐지, 인민 평등
3	지조법(地租法)을 개혁하여 관리의 부정을 막고, 국가 재정을 확충한다.	국가재정 확보, 지주전호제 인정
4	내시부를 없애고 재능 있는 자만을 등용한다.	입헌군주제
5	탐관오리 중에서 그 죄가 심한 자는 처벌한다.	국가 기강 확립과 민생안정
6	각 도의 환상(환곡)을 영구히 받지 않는다.	환곡제 폐지, 민생안정
7	규장각을 폐지한다.	국왕 보좌 기관인 규장각 폐지
8	급히 순사를 두어 도둑을 방지한다.	근대적 경찰 제도 도입
9	혜상공국(보부상 보호관청)을 혁파한다.	특권상인 폐지, 자유 상업 발전
10	귀양살이를 하거나 옥에 갇혀 있는 자는 다시 조사하여 형을 감한다.	민심 확보
11	4영을 1영으로 합하되, 영 가운데에서 장정을 뽑아 근위대를 설치한다.	군사제도 개혁
12	모든 재정은 호조에서 관할한다.	국가재정의 일원화, 왕권견제
13	대신과 참찬은 의정부에 모여 정령을 의결하고 반포한다.	입헌군주제
14	의정부와 6조 외에 필요 없는 관청을 없앤다.	내각 제도 수립

③ 갑신정변의 영향
- ㉠ 결 과
  - 한성 조약(1884, 조 - 일) : 일본에 배상금 지불, 공사관 신축 비용 부담

> 제4조　일본공관을 신기지로 이축함을 요하는 바, … 그 수축 증건을 위해서 조선국이 다시 2만원을 지불하여 공사비에 충용하도록 한다.

  - 천진(톈진) 조약(1885, 청 - 일) : 양국 군대의 공동 철수, 조선에 군대 파병 시 상대국에 사전 통보(훗날 청일전쟁의 빌미)

> 제1조　청국과 일본국은 조선에 주둔한 군대를 철수한다.
> 제3조　앞으로 만약 조선에 변란이나 중대 사건이 일어나 청·일 두 나라나 어떤 한 국가가 파병을 하려고 할 때는 그에 앞서 쌍방이 문서로 알려야 한다.

- ㉡ 의의 : 입헌군주제 추구, 봉건적 신분제도 폐지 등의 평등 사회 지향
- ㉢ 한계 : 위로부터의 개혁(민중의 지지 부족), 일본에 의존적 태도, 국방·토지개혁 소홀

5. 갑신정변 이후 국외 정세(1884~1894)

① 배 경

   ⊙ 국제정세 : 열강의 침략 경쟁은 갑신정변 후에 더욱 가속화, 청국과 일본 간의 대립 격화, 러시아와 영국 가담

   ⓒ 전개 : 정부의 친러경향 → 조러통상조약(1884, 베베르) → 영국의 거문도사건(1885, 러시아견제 구실) → 조러비밀협정 추진(1886) → 조러육로통상조약(1888)

② 중립론

   ⊙ 부들러 : 독일 부영사관, 조선의 영세 중립화를 건의(1885.2.)

   ⓒ 유길준 : 열강의 침략으로부터 조선의 안전을 보장받기 위한 중립화론 제기, 민씨 정권이 반대

6. 개항 이후 국내의 사회 · 경제적 변화

① 일본의 경제적 침략

   ⊙ 일본상인 : 치외법권, 무관세 무역, 양곡의 무제한 유출 가능(조일통상장정, 1876)

   ⓒ 개항초기(일본 상인의 무역독점) : 개항장 10리 이내로 활동 범위 제한 → 조선상인(객주, 여객, 보부상 등)을 매개로 무역활동

② 임오군란 이후 청 · 일 상인의 경쟁

   ⊙ 배 경

     • 조청상민수륙무역장정(1882) : 청 상인의 내륙 진출 허용, 치외법권, 청 · 일 상인의 경쟁 심화

     • 조일통상장정(1883) : 최혜국대우, 방곡령, 관세 추가

     • 조일수호조규 속약(1882) : 10리 → 50리 → 100리(2년 후인 1884년에 100리로 확대)

   ⓒ 청일전쟁(1894) 이후 : 일본 상인의 조선 무역 독점, 일본의 영국산 면직물 판매(국내 수공업자 타격), 일본의 개항장을 통한 약탈적 무역활동, 일본이 쌀 · 콩 등 대량 구매(국내 식량 부족)

③ 조선의 대응

   ⊙ 국내산업

     • 1870년대 : 거류지 무역을 중개하면서 객주, 여각 등 일부 상인이 자본 축적에 성공

     • 1880년대 : 외국 상인의 내륙 진출로 타격

     • 1890년대 : 각종 상회사 및 회사 설립 운동, 운수업, 금융업, 농 · 수산업 부문에 두드러짐

   ⓒ 상회사

     • 상회사 : 상회사(대동상회, 장통 회사 등), 동업조합(객주회)

     • 해운회사 : 이운사(세곡운반, 화물 승객 운송)

     • 동맹철시 : 시전상인을 중심으로 외국 상인의 점포 수를 요구하는 시위 전개

     • 유기공장 : 유기 제조업자들의 공장 설립, 납청 유기 제조 공장, 안성 유기 제조 공장

   ⓒ 방곡령(1889) 사건

     • 근거 : 조일통상장정(1883)에 규정된 방곡령의 규정을 근거로 흉년이 들면 지방관의 직권으로 실시 가능

     • 배경 : 개항 이후 곡물의 일본 유출이 늘어나면서 곡물 가격의 폭등 현상이 나타났고 여기에 흉년이 겹쳐 도시 빈민과 영세 농민의 생활이 악화

- 전개 : 함경도(1889), 황해도(1890), 충청도 등지의 지방관이 방곡령 선포하였으나 조일통상장정 (1883)의 규정을 구실로 일본의 철회 요구
- 결과 : 일본 상인들은 방곡령으로 인하여 손해를 입었다고 하여 거액의 배상금을 요구하였고, 결국 조선 정부는 일본에 배상금을 지불하게 되었으며, 방곡령도 철회

Ⅳ 1894년 농민전쟁

1. 동학의 성장

① 국내 상황
  ㉠ 정치 기강의 문란 : 외세의 간섭과 지배층의 부패 심화, 관리의 수탈
  ㉡ 농민의 부담 증가 : 임오군란과 갑신정변 등으로 막대한 배상금 지불, 근대화 비용 지출로 재정 악화, 농민 부담 증가, 지배층의 수탈
  ㉢ 잦은 농민 봉기 : 지배층의 수탈, 일본의 경제적 침탈 → 농민의 정치·사회의식 성장, 반일 감정 고조, 사회 변혁 욕구 증대, 잦은 농민 봉기(일회성, 전국적 연계는 안 됨)

② 동학의 성장
  ㉠ 동학의 창시(1860, 최제우) : 인내천(인간 존중, 평등사상), 사회 개혁 사상(후천 개벽), 경상도 지역 중심으로 전파, 정부는 최제우를 혹세무민을 이유로 처형(1864)
  ㉡ 최시형의 활동(제2대 교주) : 동경대전과 용담유사를 편찬 유포, 포접제를 활용한 동학 조직(충청·전라에 교세 확장)
  ㉢ 교조신원(敎祖伸寃) 운동
    - 목적 : 동학의 공인, 교조 최제우의 명예 회복, 정부의 탄압 중지
    - 전개 : 삼례 집회(1892.11. 1차 신원운동) → 한양 복합 상소(1893.2. 2차 신원 운동, 왕에게 직접 상소, 실패) → 보은 집회(1893.3. 3차 신원 운동, 탐관오리와 서양세력의 축출을 요구)
    - 발전 : 교조신원 회복이었던 종교 운동에서 농민 운동으로 변화

2. 동학농민운동의 전개

① 1차 농민 봉기
  ㉠ 제1기, 고부농민봉기(1894.1.)
    - 배경 : 고부 군수 조병갑의 횡포
    - 과정 : 전봉준이 1천여 명의 농민을 이끌고 고부 관아 점령 → 정부의 폐정 시정 약속 → 안핵사 파견 → 10여 일 만에 농민군 해산
  ㉡ 반봉건·절정기(1894.4.)
    - 배경 : 안핵사 이용태가 봉기 참가자와 주모자를 역적으로 몰아 탄압, 농민 수탈 심화
    - 전개 : 전봉준, 손화중, 김개남 등 재봉기 '보국안민, 제폭구민' → 백산 집결, 농민군의 4대 강령 격문 발표 → 황토현, 황룡촌 전투에서 관군 격퇴 → 전주성 점령(1894.4.)
    - 사발통문 : "우리가 의를 들어 여기에 이르렀음은 그 본의가 결코 다른 데 있지 아니하고, 창생을 도탄 중에서 건지고 국가를 반석 위에다 두자 함이라. 안으로는 탐학한 관리의 머리를 베고, 밖으로는 횡포한 강적의 무리를 쫓아 내몰고자 함이라."

ⓒ 집강소와 폐정 개혁안 실천기

- 전개 : 정부의 요청에 따라 청군 파견(5.5. 아산만 상륙) → 톈진조약 위반을 명분으로 일본 군대 파병(5.6. 인천 상륙) → 전주화약 체결(5.8. 동학농민군은 외국 군대 철수와 폐정 개혁을 조건으로 정부와 화친) → 집강소 설치 → 교정청 설치(6.11.)

폐정 개혁안 12개조

	조 항	개혁내용
1	동학교도는 정부와의 원한을 씻고 협력한다.	조선왕조 체제 유지
2	탐관오리는 그 죄상을 조사하여 엄징한다.	봉건 지배 세력 타도
3	횡포한 부호를 엄징한다.	
4	불량한 유림과 양반의 무리를 징벌한다.	
5	노비 문서를 불태울 것	봉건적 신분질서 폐지
6	백정이 쓰는 평양갓을 없앤다.	봉건적 폐습 개선
7	청 과부의 재혼을 허가할 것	※ 갑오개혁에 가장 잘 반영된 부분
8	무명의 잡세는 일절 폐지한다.	
9	관리채용에는 지벌을 타파하고 인재를 등용한다.	
10	왜와 통하는 자는 엄하게 징벌한다.	반침략, 반외세 성격
11	공사채를 물론하고 기왕의 것을 무효로 한다.	조세제도 개혁
12	토지는 균등히 나누어 경작한다.	토지 평균 분작

- 결과 : 일본군이 정부의 철수요구를 거부 → 일본의 경복궁 장악(6.21.) → 친청(민씨) 정부의 붕괴 → 대원군의 섭정(반청 정부) → 청일전쟁(6.23.) → 군국기무처의 설치(6.25.) → 갑오개혁 (1894.7.)

동학농민운동의 전개(정리)

시 기	구 분	내 용
제1기 고부봉기	배 경	고부 군수 조병갑의 횡포
	전 개	전봉준이 고부 관아 점령
제2기 1차 봉기 (절정기)	배 경	안핵사 이용태가 봉기 참가자와 주모자를 역적으로 몰아 탄압
	전 개	'보국안민, 제폭구민'(사발통문) → 전봉준, 손화중, 김개남 등 백산봉기 → 농민군의 4대 강령 격문발표 → 황토현, 황룡촌 전투에서 관군 격퇴 → 전주성 점령(1894.4.)
제3기 폐정 개혁안 (실천기)	전주 화약	정부의 요청에 따라 청군 파견(아산만 상륙 5.5.) → 톈진조약 위반을 명분으로 일본 군대 파병(5.6. 인천 상륙) → 전주화약 체결(5.8. 동학농민군은 외국 군대 철수와 폐정 개혁을 조건으로 정부와 화친) → 집강소 설치 → 교정청 설치(6.11.)
	결 과	일본군이 정부의 철수요구 거부 → 일본의 경복궁 장악(6.21.) → 청일전쟁(6.23.) → 군국 기무처의 설치(1894.6.) → 갑오개혁(1894.7.)
제4기 2차 봉기	배 경	일본군은 철군을 거부하고 경복궁을 점령하여 조선의 내정을 간섭하면서 조선 정부와 함께 농민군을 진압하기 시작함
	전 개	전봉준과 손병희, 최시형이 이끄는 연합부대의 논산 집결 → 조일연합군에 대항하여 우금 치 전투에서 패배(11.10.)
	결 과	우금치 전투 이후에 전봉준, 손화중, 김개남 등 지도자들이 처형

② 2차 농민 봉기(1894.9, 제4기, 반외세)
　㉠ 배경 : 일본군의 철군 거부, 경복궁 점령(내정간섭), 조정과 함께 농민군을 진압(조·일 연합군)
　㉡ 전개 : 남접(전봉준 부대)과 북접(손병희·최시형 부대)의 연합부대 논산 집결 → 영동과 옥천에서 공주로 진격 → 조일 연합군에게 우금치 전투에서 패배(1894.11.10.)
　㉢ 결과 : 우금치 전투 이후에 전봉준, 손화중, 김개남 등 지도자들이 처형
③ 동학농민운동의 의의와 한계
　㉠ 의 의
　　• 농민전쟁의 성격 : 우리 역사에서 가장 규모가 큰 조직적인 농민 운동
　　• 반봉건 운동 : 탐관오리 축출, 신분차별 철폐, 노비 문서 소각, 토지의 평균 분작 요구, 갑오개혁에 영향, 봉건질서의 붕괴 촉진
　　• 반침략·반외세 운동 : 잔여 세력이 을미의병에 가담, 활빈당·영학당 등 농민 무장투쟁의 활성화
　㉡ 한 계
　　• 근대 국가 건설을 위한 구체적 방안을 제시하지 못함
　　• 각 지역의 농민군이 더 긴밀한 연대를 형성하지 못함
　　• 농민층 이외의 더 넓은 지지 기반을 확보하지 못함(아래로부터의 개혁)

3. 갑오·을미개혁의 추진

① 갑오·을미개혁의 배경
　㉠ 자주적 개혁의 요구 : 동학 농민군의 개혁 요구, 개화 세력의 개화 필요성 절감, 국왕의 명을 받아 교정청 설치
　㉡ 외세의 개입 : 일본이 경복궁을 점령하고 개혁을 강요, 1차 김홍집 내각 수립, 군국기무처 설치(1894.6.)
② 개혁의 전개
　㉠ 1차 개혁(1894.7.~1894.12. 군국기무처)
　　• 전개 : 일본이 개혁을 강요, 민씨 정권 붕괴, 대원군의 섭정, 김홍집 내각 수립, 군국기무처 주도(김홍집, 유길준 등)
　　• 정치 : 왕실사무(궁내부)와 국정사무(의정부) 분리, 6조를 8아문으로 변경, 개국기원 사용, 경무청 신설, 과거제 폐지
　　• 경제 : 재정 일원화(탁지아문), 은본위제, 조세의 금납화, 도량형 통일
　　• 사회 : 신분제 철폐(평등사회), 공·사 노비제도 폐지, 인신매매 금지, 조혼 금지, 과부 재가 허용, 고문·연좌제 폐지
　㉡ 2차 개혁(1894.12.~1895.7. 홍범 14조)
　　• 전개 : 청일전쟁에서 일본이 우세, 박영효·김홍집 연립 친일 내각(제2차 김홍집 내각) → 군국기무처 폐지, 홍범 14조 → 삼국간섭(일본세력 약화) 이후 제2차 개혁 중단

홍범 14조

	조 항	내 용
1	청에 의존하는 생각을 버리고 자주 독립의 기초를 세운다.	자주 독립 선포, 청 연호 폐지
2	왕실 전범(典範)을 제정하여 왕위 계승의 법칙과 종친과 외척과의 구별을 명확히 한다.	왕실 권위 강화
3	임금은 각 대신과 의논하여 정사를 행하고, 종실, 외척의 내정 간섭을 용납하지 않는다.	국정사무와 왕실 사무의 분리
4	왕실 사무와 국정 사무를 나누어 서로 혼동하지 않는다.	국정사무와 왕실 사무의 분리
5	의정부(議政府) 및 각 아문(衙門)의 직무, 권한을 명백히 한다.	국정사무와 왕실 사무의 분리
6	납세는 법으로 정하고 함부로 세금을 거두지 않는다.	조세 징수의 합리화
7	조세의 징수와 경비 지출은 모두 탁지아문(度支衙門)의 관할에 속한다.	재정의 일원화
8	왕실 경비는 절약하고, 각 아문과 지방관의 모범이 되게 한다.	국정사무와 왕실 사무의 분리
9	왕실과 관부(官府)의 1년 회계를 예정하여 재정의 기초를 확립한다.	예산제도
10	지방 제도를 개정하여 지방 관리의 직권을 제한한다.	지방관권한 제한
11	총명한 젊은이들을 파견하여 외국의 학술, 기예를 견습시킨다.	선진 문물 수용, 근대학교 설립
12	장교를 교육하고 징병을 실시하여 군제의 근본을 확립한다.	개병제의 실시
13	민법, 형법을 제정하여 국민의 생명과 재산을 보전한다.	법치주의
14	문벌을 가리지 않고 인재 등용의 길을 넓힌다.	문벌폐지, 능력 중시

- 정치 : 중앙(8아문 → 7부)·지방(8도 → 23부 337군), 행정개편, 사법권 독립, 지방관의 권한 축소 (행정권만 유지)
- 경제 : 탁지부 산하에 관세사, 징세사를 설치하고 업무를 강화
- 군사 : 훈련대와 시위대만 설치(군사개혁 미비)
- 교육 : 교육입국조서 발표(1895, 한성사범학교 설립)
- 중단 : 청일전쟁의 종결 → 시모노세키 조약 → 삼국간섭(1895, 러·프·독) → 친러파 득세 → 제2차 개혁 중단 → 온건개화파와 친러파의 연립 내각(제3차 김홍집 내각)

ⓒ 을미개혁(1895.8.~1896.2.)
- 변화 : 삼국간섭 이후 친러파 득세 → 을미사변 → 김홍집 내각이 친일개편(제3차 개혁, 제4차 김홍집 내각)
- 내용 : 태양력 사용, 연호 제정(건양), 소학교 설치, 친위대(중앙군)·진위대(지방군) 설치, 단발령 실시, 우편사무 재개, 종두법 실시
- 중단 : 을미의병과 아관파천으로 인하여 개혁이 중단

③ 개혁의 영향
ⓐ **긍정적인 면** : 집권층과 농민층의 개혁 의지 반영(갑신정변, 동학농민운동)하여, 사실상 자주적인 개혁(자율성), 봉건적 질서를 타파하는 근대적 개혁
ⓑ **부정적인 면** : 일본 세력에 의해 강요된 개혁(타율성), 민중과 유리된 개혁(토지개혁 미실시), 상공업과 국방 개혁에 소홀

근대화 운동의 공통 주장	
근대화 운동	**공통의 주장 내용**
갑신정변·동학운동·갑오개혁	신분제 철폐, 조세제도 개혁, 문벌제도 타파, 관리등용 개선
갑신정변·갑오개혁	입헌군주제, 경찰제, 재정 일원화 [호조(갑신정변), 탁지아문(갑오개혁)]
동학운동·갑오개혁	봉건적 신분제 철폐, 과부의 개가 허용
동학운동	토지의 균등 분배

4. 을미의병의 전개

① 을미의병의 활동(1895)

ㄱ 배경 : 을미사변과 단발령

ㄴ 세력 : 위정척사 사상의 유생들이 주도(유인석, 이소응), 일반 농민·동학 농민군의 잔여 세력 가담

ㄷ 해산 : 아관파천 후 단발령 철회, 고종의 의병 해산 권고 조칙으로 자진 해산

② 활빈당 조직(1900~1905) : 해산된 농민군, 해산 후 반침략, 반봉건 운동, 행상, 유민, 노동자, 걸인 등의 무장 조직

제2절 대한제국기 열강의 경제 침탈과 개혁 운동

I 대한제국의 성립

1. 독립협회

① 배 경

ㄱ 아관파천 : 삼국간섭(1895) 이후 러시아를 등에 업은 친러파와 러시아 공사 베베르 등이 신변 보호 명목으로 고종을 러시아 공사관으로 이어(移御)

ㄴ 결과 : 친일 내각이 무너짐에 따라 일본의 침략 세력은 일단 견제되었지만, 러시아 등 열강의 이권 침탈은 심화되었고 국가의 위신은 더욱 추락

② 독립협회의 창립(1896)

ㄱ 배경 : 아관파천 이후 국가 위신 추락, 근대 문물의 필요성, 열강의 이권 침탈 심화, 민중 의식 성장

ㄴ 창립 주도 : 서재필, 윤치호, 이상재, 남궁억 등 개혁적 정부 관료와 개화 지식인들이 주도하여 도시 시민·학생·노동자·여성·천민 등 각계계층의 인사들이 참여

ㄷ 창립 과정 : 독립신문 발간(1896.4.) → 독립협회 창립(1896.7.) → 독립문 및 독립관 건립, 강연회·토론회 개최, 독립협회가 민중의 입장을 대변하는 정치·사회단체로 변화

③ 독립협회의 활동

ㄱ 자주 국권

• 영은문이 있던 자리에 독립문 건립

• 고종의 환궁 요구(1897.2.) → 고종 환궁(경운궁) → 대한제국 선포

- 구국 운동 상소문(1898.2.) : 러시아의 절영도 조차 요구 저지(자주독립 수호)
- 만민공동회 개최(1898.3.) : 최초의 근대적 민중대회, 러시아의 군사교련단과 재정고문단 철수, 한·러은행 폐쇄
ⓛ 자유 민권 : 민권 보호 운동(1898.3.), 의회설립운동 추진(국민 참정권 운동)
ⓒ 자강 개혁
- 박정양 내각 수립(1898.10.) : 진보 내각 설립, 의회설립운동 전개
- 관민공동회 개최(1898.10.) : 헌의 6조 결의, 정부관료·학생·시민 등 여러 단체의 참여(국권수호, 민권보장, 국정개혁 주장)

헌의 6조

	조 항	내 용
1	외국인에게 의지하지 말고 관민이 합심하여 황제권을 공고히 할 것	자주 국권 수호
2	외국과의 이권에 관한 계약과 조약은 해당 부처의 대신과 중추원 의장이 함께 날인하여 시행할 것	국정개혁 주장
3	재정은 탁지부에서 전담하여 맡고, 예산과 결산을 국민에게 공포할 것	국정개혁 주장
4	중대한 범죄는 공판하고, 피고의 인권을 존중할 것	민권보장
5	칙임관(2품 이상 고관)은 정부에 그 뜻을 물어 과반수가 동의하면 임명할 것	국정개혁 주장
6	정해진 규정을 실천할 것	개혁 의지

- 중추원 관제 반포(1898.11.) : 관선 25명, 민선 25명으로 구성된 의회식, 우리나라 최초의 의회가 설립될 단계에 이름

만민공동회와 관민공동회의 주장
- 만민공동회 계열 – 박영효·서재필 중심, 군주권 제한·민권신장 주장
- 관민공동회 계열 – 윤치호·남궁억 중심, 정부에 협조(왕정 지지)·국권수호 민권신장 주장·헌의 6조 발표·의회식 중추원 관제 반포

---

④ 해산(1898.12.) : 독립협회가 공화정을 추진하려 한다는 보수파의 모함, 정부에서 황국협회와 군대를 동원하여 강제 해산
⑤ 의의 및 한계
  ㉠ 의 의
  - 민권 신장 : 민중에 바탕을 둔 자주적 근대화 운동으로 만민공동회 등을 통해 국권 수호, 민권 신장 추구
  - 의식의 성장 : 근대적 민족주의 사상, 자유 민권의 민주주의 이념을 확산시켜 애국계몽운동의 밑거름
  ㉡ 한계 : 배척의 대상이 주로 러시아에 한정(미·영·일에 대해서는 비교적 우호적)

2. 대한제국(1897~1910, 大韓帝國)

① 대한제국의 성립(1897.10.12.)

　㉠ 배경 : 독립협회의 환궁 요구, 독립협회와 국제 여론의 요구, 고종의 경운궁 환궁, 대한제국 선포

　㉡ 성립 : 국호는 대한제국, 연호는 광무, 환(원)구단에서 황제 즉위식

② 개혁의 추진(광무개혁)

　㉠ 성향 : 구본신참(舊本新參)의 원칙에 바탕을 둔 점진적 개혁, 전제 황권의 강화 추구, 황제 직속
　　입법기구인 교정소를 설치, 군대통수권・입법권・사법권을 황제에게 집중시킴

　㉡ 내 용

　　• 정치 : 대한국 국제 반포(1899, 최초 헌법, 전제황권강화), 지방제도 개편(23부 → 13도)

대한국 국제(國制)
제1조　　대한국은 세계 만국이 공인한 자주 독립 제국이다.
제3조　　대한국의 대황제는 무한한 군권을 누린다.
제5조　　대한국 대황제는 육・해군을 통솔한다.

　　• 경제 : 양전사업(지계 발급), 황실 중심의 상공업 진흥(근대적 공장・회사 설립)

　　• 사회 : 각종 학교 설립(소학교・중학교・사범학교・실업학교), 유학생 파견, 근대 시설 확충(광제
　　　원・혜민원)

　　• 군사 : 원수부 설치(황제가 군권 장악), 무관 학교 설립(장교 양성)

　　• 외교 : 간도 관리사 파견(1902, 이범윤의 교민보호 정책), 한청통상조약(1899, 청과 대등한 관계),
　　　울릉도를 군으로 승격(1902)

　㉢ 의의 및 한계

　　• 의의 : 근대 주권 국가 지향, 국방・산업・교육 등의 분야에 성과

　　• 한계 : 전제군주제 확립(복고주의), 독립협회의 민권 운동 탄압, 집권층의 보수적 성향, 열강의
　　　간섭

3. 간도 귀속 문제

① 백두산정계비의 설치

　㉠ 백두산정계비(1712, 숙종) : 청의 요구에 의해 조선의 박권과 청의 목극등이 간도를 둘러싼 국경 설정
　　에 협의

　㉡ 비문의 내용

西爲鴨綠, 東爲土門, 故於分水嶺, 勒石爲記, 康熙 五十一年 五月十五日
서쪽은 압록강, 동쪽은 토문강으로 경계를 삼고, 물이 나뉘는 고개 위에 돌을 새겨 기록한다. 강희 51년(1712) 5월
15일

---

② 간도 귀속 문제
　　㉠ 문제의 제기
　　　• 배경 : 만주 지역에서 국경 문제 발생, 백두산정계비 건립(1712)
　　　• 내용 : 서쪽으로는 압록강, 동쪽으로는 토문강을 경계로 함
　　㉡ 간도 관련 외교 전개
　　　• 조선 후기 : 어윤중을 서북경략사로 임명(1883), 이중하를 토문감계사로 임명(1885)하여 백두산정
　　　　계비의 토문강은 송화강 상류이고 간도가 조선의 영토임을 주장
　　　• 간도 관리사 파견(1902, 이범윤) : 대한제국 때 간도를 함경도 행정구역에 편입
　　　• 을사늑약(1905) : 외교권이 일제에 의해 박탈
　　　• 간도파출소 설치(1907) : 지역의 치안유지, 일본이 용정에 간도파출소를 설치하여 관할(독립운동
　　　　탄압목적)
　　　• 간도협약(1909, 청 – 일본) : 일제는 만주의 철도부설권과 탄광 채굴권을 획득하고, 간도를 청의
　　　　영토로 불법적으로 귀속시킴, 간도협약은 불법협약이므로 원천적 무효임

4. 독도 문제

① 배 경
　　㉠ **일본의 영토 침범** : 울릉도와 독도는 삼국시대 이래 우리의 영토였으나, 일본 어민이 자주 이곳을
　　　침범하여 충돌 발생
　　㉡ **국교 재개** : 통신사 파견(외교 사절, 조선의 선진 문화를 일본에 전파), 기유약조 체결(1609)
　　㉢ **통신사** : 일본의 막부 정권이 사절 파견 요청하여 외교 사절의 역할을 수행, 조선의 선진 문화를
　　　일본에 전파(1607~1811년까지 12회에 걸쳐 파견)
② 조선의 대응
　　㉠ **안용복** : 숙종 때 안용복은 울릉도에 출몰하는 일본 어민들을 쫓아내고, 일본에 건너가 울릉도와
　　　독도가 조선의 영토임을 확인받고 귀국
　　㉡ **정부의 통치 강화** : 일본 어민의 침범이 계속되자 19세기 말에 조선 정부에서는 적극적으로 울릉도
　　　경영에 나서 주민의 이주를 장려하였고, 울릉도에 군을 설치하여 관리를 파견하고 독도까지 관할
③ **대한제국의 독도 관할** : 대한제국은 칙령을 반포하는 등 울릉도와 독도에 대한 관리를 강화

독 도
① 『삼국사기』 : 신라 지증왕 13년 이사부가 울릉도를 흡수하였다고 기록(512)
② 『세종실록지리지』 : 강원도 울진현, 무릉도(울릉도)와 별도로 우산도(독도)의 존재를 섬으로 처음 기록
③ 안용복(1693, 숙종 19년) : 울릉도 부근에서 조업하다 일본 어부의 불법 어로를 발견하고 일본 호끼주 태수에게
　　정식으로 사과를 받고 귀국
④ 대한제국 강령 제2조(1900) : 군정의 위치는 태하동으로 정하고 구역은 울릉도 전체와 죽도(울릉도 옆 섬)와
　　석도(돌섬, 독도)를 관할함
⑤ 러일전쟁 중(1905.1.) : 군사적 목적을 위해 조선 정부 몰래 시마네현에 불법 편입
⑥ 해방 이후(1946.1.) : 연합군 최고 사령부 훈령 677호에서 울릉도와 독도가 일본 영역에서 제외된다고 규정
⑦ 독도의용수비대 : 1953년 4월부터 1956년 12월까지 독도를 수호하기 위해 조직한 민간단체. 일본어선 및 순시선
　　으로부터 독도를 수비함

Ⅱ 열강의 이권 침탈과 사회 · 경제적 변화

1. 개항 이후의 경제

① 열강의 이권 침탈 : 아관파천(1896) 이후 본격화, 러 · 일 · 미 · 프 · 독 등 <u>최혜국 조항</u>으로 각종 이권 요구, <u>철도부설권 · 광산채굴권 · 삼림채벌권</u> 등이 열강에 넘어감

② 일제의 토지약탈 : 1880년대부터 고리대 등을 이용 점차 토지 소유 확대, 러일전쟁 이후 <u>토지약탈 본격화</u>, 토지 회사를 통한 토지 약탈(대규모농장 경영)

2. 제국주의 열강의 경제 침탈

국 가	내 용
러시아	경원 · 종성 광산 채굴권(1896), 압록강 · 두만강 · 울릉도 산림 채벌권(1896)
미 국	운산 광산 채굴권(1896), 한양 전등 · 전차 부설권(1896), 경인선 철도 부설권(1896)
일 본	직산 광산 채굴권(1900), 경부선 부설권(1898)
독 일	당현 광산 채굴권(1897)
프랑스	경의선 철도 부설권(1896)
영 국	은산 광산 채굴권(1900)

Ⅲ 대한제국기의 개혁 운동

1. 애국계몽운동의 전개

① 애국계몽운동의 전개

ㄱ 성격 : 교육 · 언론 · 종교 등의 문화 활동과 산업 진흥을 통해 민족의 근대적 역량을 배양(실력 양성)함으로써 국권을 회복하려는 운동

ㄴ 주도 : 개화 지식인, 독립협회 운동의 전통을 계승한 지식인, 도시 시민층

② 을사늑약 이전 단체의 활동

ㄱ 보안회(1904) : 유생과 관료 중심, <u>일본의 황무지 개간권 요구 반대 운동 → 철회시킴</u>, 일제 탄압으로 해산

ㄴ 헌정 연구회(1905) : 을사늑약 체결 후 독립협회를 계승하여 조직, 의회 설립을 통한 입헌적 정치체제의 수립과 민권 확대 주장, 친일 행각을 하던 <u>일진회에 대항하다 해산</u>

③ 을사늑약 이후 단체의 활동

ㄱ 대한 자강회(1906) : 헌정 연구회의 계승, 교육과 산업의 진흥을 통한 실력 양성 운동 전개, 헤이그 특사 파견에 따른 <u>고종이 퇴위</u>하자 이에 대한 격렬한 반대 운동을 전개하다가 일제의 탄압으로 해산

ㄴ 대한협회(1907) : 대한 자강회 계승, 민권 신장 노력 → 친일성격으로 변화(회장 윤효정은 이토 히로부미를 극찬하기도 함)

ㄷ 신민회의 활동(1907~1911)

• 성립 : <u>안창호, 양기탁</u> 등이 중심, 민족 운동가들의 <u>항일 비밀 결사</u>

• 목표 : 국권 회복과 <u>공화정체</u>의 근대 국민 국가 건설

- 국내 활동 : 공개적으로 실력 양성 운동 전개 → 민족주의 교육 실시(대성학교 : 평양, 오산학교 : 정주 설립), 민족 산업 육성(자기 회사, 태극 서관 설립)
- 국외 활동 : 장기적인 항일 투쟁을 위해 독립운동 기지 건설(남만주의 삼원보), 신흥 강습소 설립
- 해산 : 105인 사건(1911)
  ② 주요 활동
  - 교육 운동 : 국권 회복을 위한 구국 교육 운동, 서북학회, 기호흥학회 등
  - 언론 운동 : 국민 계몽과 애국심 고취, 황성신문, 대한매일신보 등
  - 산업 운동 : 경제 단체 조직, 상권 보호, 근대 경제 의식 고취, 국채보상운동
  ⑩ 애국계몽운동의 의의
  - 국권 회복과 근대 국민 국가 건설을 동시에 추구, 실력 양성 운동으로 계승
  - 일본의 방해와 탄압, 실질적인 성과를 거두는 데에 어려움

2. 교육 운동과 언론 활동

① 학회 설립
  ㉠ 설립 : 대한제국 말기에 근대학교 설립에 의한 민족주의 교육이 크게 발흥
  ㉡ 설립 배경 : 신민회와 같은 정치, 사회단체와 서북학회, 호남학회, 기호흥학회, 교남교육원, 관동학회 등 많은 학회의 교육 구국 운동이 밑거름이 됨

구 분	대표자	활 동
서북학회	이 갑	서북 학보 발행, 순회 강연
기호학회	이광종	기호 학보 발행, 기호 학교 설립
영남학회	장지연	대한 자강회 조직
관동학회	남궁억	황성신문 발행
흥사단	안창호	흥사단보 발행

② 대학 교육 실시 : 이 시기에 우리나라에서는 대학 교육이 함께 실시

Ⅳ 민중의 저항

1. 근대적 상업 · 산업 · 금융 자본의 성장

① 상업 자본의 육성
  ㉠ 시전상인 : 황국 중앙 총상회 조직(1898), 상권 수호 운동 전개
  ㉡ 경강상인 : 정부의 세곡 운반이 일본인 증기선에 독점, 증기선을 도입하여 운송권 회복 노력(실패)
  ㉢ 개성상인 : 일본인의 약탈적 상업에 의해 침해(인삼 재배업)
  ㉣ 토착상인 : 객주 · 여각 · 보부상 등은 문호 개방 초기 이익, 상인들은 큰 타격(외국 상인의 내륙진출이 허용), 일부는 상회사를 설립하여 성장
  ㉤ 상회사의 설립 : 평양에 대동상회, 서울에 장통회사 설립, 종삼회사 설립(인삼관련), 호상상회 설립(미곡무역), 1890년대에는 회사 수가 전국 40여 개

② 산업 자본의 성장
   ㉠ 공장제 수공업 : 유기제조 공장(안성)과 조선유기상회(서울) 설립
   ㉡ 면직물 공업 : 종로 직조사 설립(발동기 이용 면직물 생산)
③ 금융 자본의 성장
   ㉠ 은행의 설립 배경 : 일본 금융 기관의 침투, 일본 상인의 고리 대금업 성행
   ㉡ 민간은행의 설립 : 조선은행(1896~1901, 최초 민간은행), 한성은행, 천일은행 등
   ㉢ 결과 : 자금부족, 외국상인의 상권장악, 일본의 화폐정리사업으로 민간은행 몰락

2. 경제적 구국 운동의 전개

① 화폐정리사업
   ㉠ 사업내용 : 대한제국 화폐인 백동화와 상평통보는 사용할 수 없게 하고 일본 화폐로 교환하는 것으로
      일본은 이러한 내용을 3일 전에 공고하였고, 1주일간의 한시적 교환을 실시
   ㉡ 교환원칙 : 일본은 소액의 화폐는 교환을 거부하였으며, 백동화의 상태에 따라 차별 교환을 원칙으로
      하였고, 양호한 상태를 갑·을·병종으로 구분하여 각각 100%·40%·0%로 교환
   ㉢ 결과 : 화폐정리사업으로 구화폐를 가진 조선인들은 제대로 보상을 받지 못하였고, 자본이 유통되지
      않아 국내의 상공업자와 금융기관에 큰 타격
② 일제의 황무지 개간권에 대한 반대 운동(1904)
   ㉠ 배경 : 일제가 황무지 개간권 요구, 적극적인 반대 운동 전개
   ㉡ 민족의 저항
      • 보안회 : 원세성, 송수만 중심 보안회 설립, 민중 집회와 가두집회(반대운동)
      • 농광회사 : 농광회사를 설립(우리 손으로 황무지 개간 주장)
   ㉢ 결과 : 국민적 호응으로 황무지 개간권 요구를 철회
③ 국채보상운동(1907)
   ㉠ 배경 : 일제의 차관 제공(1907년까지 차관 총액은 1,300만원), 정부의 상환 곤란
   ㉡ 국채보상운동의 전개
      • 취지 : 국민의 힘으로 국채를 상환하려는 운동
      • 전개 : 대구에서 시작(서상돈) → 국채보상기성회 조직(서울), 전국 확대, 모금 운동 전개(금주·금
         연운동, 여성들의 패물 납부), 언론기관 참여(대한매일신보, 황성신문, 제국신문 등)
   ㉢ 결과 : 양기탁 구속(횡령 누명), 일제의 탄압(1908, 2,000만원 차관의 강제공급) 등으로 좌절

I   한일 강제 병합과 민족의 분노

1. 20세기 초의 세계

① 제1차 세계대전

  ㉠ 전개 : 삼국동맹 결성 → 삼국협상 결성 → 사라예보 사건 → 무제한 잠수함 사건 → 미국 참전 → 러시아 전쟁 이탈 → 오스트리아 항복 → 동맹국 항복

  ㉡ 결과 : 파리 강화 회의(1919, 윌슨의 14개조 평화 원칙, 군비 축소, 민족 자결, 국제 연맹창설, 하지만 강대국 불참 및 군사력 부재), 베르사유 체제(패전국의 식민지 독립)

② 사회주의 대두

  ㉠ 러시아 혁명 : 피의 일요일(1905) → 3월 혁명(1917, 자유주의 임시정부 수립) → 10월 혁명(1917, 레닌이 볼셰비키를 이끌고 소비에트 정부 수립)

  ㉡ 소련의 변화 : 레닌의 사회주의 개혁 → 신경제 정책 추진 → 소비에트 사회주의 공화국 연방 수립(1922) → 스탈린의 독재 강화

③ 중국의 민족 운동

  ㉠ 신해혁명(1911) : 청조의 붕괴, 중화민국 수립(쑨원, 1912)

  ㉡ 5 · 4 운동(1919) : 반제국주의, 국권 회복을 위한 민족운동 전개

  ㉢ 국공합작

  • 제1차 국공합작(1924) : 반제국주의와 군벌 타도를 위해 국민당과 공산당 합작

  • 제2차 국공합작(1937) : 항일 통일 전선 형성

④ 인도의 민족운동 : 간디(완전자치 주장, 비폭력, 불복종 운동), 네루(완전독립 주장)

2. 을사늑약 이전 일제의 침탈 과정

① 제1차 영 · 일 동맹(1902.1.) : 일본이 청에서의 영국 이권을 승인하고 영국은 한국에서의 일본의 특수 이익을 승인한다는 것으로 제3국과의 교전 시 상호 원조할 것을 약속

② 용암포 사건(1903) : 러시아는 한국 용암포와 압록강 일대에 군대를 배치한 후 용암포 조차를 강요하여 획득, 러시아와 일본 사이에 전쟁 발발

③ 러시아와 일본의 대립

  ㉠ 한반도의 분할 논의

  • 배경 : 한반도의 38도 이북과 이남을 일본과 러시아가 분할하여 자신들의 세력권에 놓아 이권을 확보하자는 것

  • 전개 : 제1차 영 · 일 동맹 이전에 일본이 러시아에게 제의하였으나 러시아가 거절, 제1차 영 · 일 동맹 이후에 러시아가 일본에 제의하였으나, 일본이 거절

  ㉡ 대한제국의 중립 선언 : 대한제국은 전쟁에 휘말리지 않기 위하여 국외 중립을 선언(1904.1.)

④ 러일전쟁의 발발(1904.2.~1905.9.) : 일본의 기습으로 러일전쟁 발발, 일본이 러시아의 발틱함대를 격파하며 승리

⑤ 한일의정서(1904.2.)

    ㉠ 체결과정 : 러일전쟁 중 일본이 한반도를 세력권에 넣기 위하여 강제로 한일의정서를 체결

    ㉡ 내 용

제1조	한국 정부는 일본을 신임하고 일본의 시정 개선에 관한 충고를 받아들여야 한다.
제2조	일본 정부는 한국 황실을 친의로써 안전하게 한다.
제4조	일본 정부는 제3국이나 내란에 의하여 한국 황제와 영토에 안녕이 위험해질 경우 일본은 이에 필요한 조치를 취하고, 이 목적을 위해 군사 전략상 필요한 요충지를 사용할 수 있다.
제5조	한국 정부는 일본의 승인 없이는 제3국과 자유로이 조약을 체결할 수 없다.

    ㉢ 결과 : 국외 중립 무효화, 일본의 군사요충지 사용권 획득, 일본의 충고권, 황무지 개간권

⑥ 제1차 한일 협약(= 한일협정서, 1904.8. 고문통치)

    ㉠ 체결과정 : 러일전쟁이 일본에 유리하게 전개되자, 일본은 한국 식민지화 계획안을 확정하고 강제로 체결, 고문통치의 시작

    ㉡ 내 용

> • 한국 정부는 일본 정부가 추천하는 일본인 1명을 재정 고문으로 하여 한국 정부에 용빙하고, 재무에 관한 사항은 일체 그 의견을 물어 시행할 것
> • 한국 정부는 일본 정부가 추천하는 외국인 1명을 외교 고문으로 하여 외부에 용빙하고 외교에 관한 요무(要務)는 일체 그 의견을 물어 시행할 것
> • 한국 정부는 외국과의 조약 체결, 기타 중요한 외교 안건, 즉 외국인에 대한 특권 양여와 계약 등의 처리에 관하여는 미리 일본 정부와 협의할 것

    ㉢ 결과 : 재정 고문인 일본인 메가타, 외교 고문에 미국인 스티븐스, 군사, 경찰, 학부, 궁내부 등에 일본인 고문 파견, 대한제국의 내정과 외교 간섭

⑦ 일본의 한국 지배를 묵인한 국제 조약

    ㉠ 가쓰라 · 태프트 밀약(1905.7.)

        • 배경 : 일본과 미국의 비밀협상, 일본이 필리핀에서의 미국의 독점 권익을 인정하고 한국에 있어서 일본의 독점적 지배권을 묵인한 것

        • 내 용

> 첫째, 일본은 필리핀에 어떠한 침략적 의도도 품지 않으며, 미국의 필리핀 지배를 인정한다.
> 둘째, 극동의 평화를 위하여 미·영·일 3국은 실질적인 동맹 관계를 확보한다.
> 셋째, 러일전쟁의 원인이 된 한국은 일본이 지배할 것을 승인한다.

ⓒ 제2차 영·일 동맹(1905.8.)
- 배경 : 러일전쟁 중에 체결한 것, 일본이 한국에서의 독점적 지배권을 묵인받고, 영국의 인도에 대한 특수 권익을 인정한 것
- 내 용

> 영국은 일본이 한국에서 가지고 있는 이익을 옹호, 증진하기 위하여 필요하다고 인정하는 지도, 통제 및 보호의 조치 등 한국에서 행하는 권리를 승인한다.

ⓒ 포츠머스 강화 조약(1905.9.)
- 배경 : 러일전쟁에서 승리한 일본이 미국에 중재를 요청하여 러시아와 체결한 것, 한국에서의 독점적 지배권을 국제적으로 인정
- 내 용

> - 일본의 한국에 있어서의 정치상·군사상·경제상의 특별 권리를 승인할 것
> - 요동 반도의 조차권과 장춘·여순 간의 철도를 일본에 넘길 것
> - 북위 50° 이남의 사할린섬을 일본에 할양할 것

Ⅱ 통감통치와 민족경제의 몰락

1. 제2차 한일 협약(1905.11.17. 을사늑약, 통감통치)

① 을사늑약 체결과정
ⓒ 배경 : 강력한 식민지화 정책을 추진하기 위하여 이토 히로부미(1906, 초대통감)는 군대로 궁궐을 포위하고 통감통치를 강요
ⓒ 진 행
- 강제 통과 : 고종과 내각은 절대 반대하였으나, 수상 한규설을 감금하고 이완용, 박제순 등 을사5적을 위협하여 조약에 서명하도록 하고 이를 공포
- 내 용

> 제2조   일본국 정부는 한국과 타국 간에 현존하는 조약의 실행을 완수하는 임무를 담당하고 한국 정부는 지금부터 일본국 정부의 중개를 거치지 않고서는 국제적 성질을 가진 어떤 조약이나 약속을 맺지 않을 것을 서로 약속한다.
> 제3조   일본국 정부는 그 대표자로 한국 황제 폐하 밑에 1명의 통감을 두되 통감은 오로지 외교에 관한 사항을 관리하기 위하여 경성에 주재하고 친히 황제 폐하를 알현할 수 있는 권리를 가진다.

ⓒ 결과 : 대한제국의 외교권 박탈, 통감부 설치, 외교뿐만 아니라 내정까지도 간섭

② 민족의 저항

　　㉠ 을사조약 반대운동 : 상소운동(조병세·이상설·안병찬), 항일순국(민영환·조병세), 항일언론운동
　　　(장지연), 무효선언(고종, 대한매일신보), 5적 암살단(나철, 오기호)

　　㉡ 헤이그 특사 파견(1907.6.)
　　　• 배경 : 고종은 을사늑약의 불법성과 침략 행위의 부당성을 전 세계에 호소하여 국제적인 압력으로
　　　　파기하기 위하여 이준, 이상설, 이위종을 헤이그에서 개최되는 제2회 만국 평화 회의에 특사로
　　　　파견
　　　• 결과 : 일제는 이를 빌미로 고종을 강제로 퇴위(1907.7.)시키고, 한일신협약(정미 7조약)을 강요

2. 을사늑약 이후 국권피탈과정

① 한일신협약(1907.7. 정미 7조약, 차관통치)

　　㉠ 체결과정 : 순종이 즉위한 직후 일제는 한일신협약을 강제로 체결, 차관통치 시행

　　㉡ 내 용

일본 정부와 한국 정부는 속히 한국의 부강을 도모하고 한국민의 행복을 증진하고자 하는 목적으로 다음 조관을
약정함(요약)

제1조　　한국 정부는 시정개선에 관하여 통감의 지도를 받을 것
제2조　　한국 정부의 법령제정 및 중요한 행정상의 처분은 미리 통감의 승인을 거칠 것
제3조　　한국의 사법사무는 보통 행정사무와 이를 구분할 것
제4조　　한국 고등 관리의 임면은 통감의 동의로써 이를 행할 것
제5조　　한국 정부는 통감이 추천하는 일본인을 한국 관리에 임명할 것
제6조　　한국 정부는 통감의 동의 없이 외국인을 한국 관리에 임명하지 말 것

　　㉢ 결과 : 일본인 차관으로 행정부를 장악, 고종황제의 강제 퇴위와 정미 7조약에 대한 민족 항일운동이
　　　거세지자 통감 이토는 군대를 해산(1907.8.)

② 국권의 강탈(1910.8.29. 경술국치, 한일 병합 조약)

　　㉠ 체결과정 : 일제는 기유각서(1909.7.)로 사법권 및 감옥 사무권을 강탈, 경찰권(1910.6.) 강탈 이후
　　　국권 강탈

　　㉡ 결과 : 조선총독부 설치(총독통치), 헌병무단통치의 시행

Ⅲ 문화 계몽 운동

1. 근대 문물의 수용

① 근대 시설의 양면성 : 생활의 편리함 이면에는 열강의 이권 침탈 및 침략 목적(통신·철도)

② 대표적 근대 시설

각종 시설		연 대	내 용
통신	전 신	1884, 일	해저전신 연결, 일본~부산
		1885, 청	서울~인천, 서울~의주
	우 편	1884	갑신정변으로 중단(1884), 을미개혁 때 재개(1895), 만국우편연합에 가입(1900)
	전 화	1896	경운궁에 가설되었던 전화가 서울, 시내 민가에 가설(1902)
철도	경인선	1899	미국에 의해 최초 착공, 일본이 완성(1900)
	경부선	1905	일본에 의해 최초 착공, 일본이 완성
	경의선	1906	프랑스에 의해 최초 착공, 일본이 완성
전 차		1898	미국인 콜브란과 황실이 합작으로 만든 한성전기회사가 발전소를 설립하고 전차를 운행(서대문~청량리)
의료	광혜원	1885	알렌과 조선 정부와의 공동 출자로 개원(최초의 근대식 병원), 제중원 개칭(1885.3.)
	광제원	1900	정부 출자 신식 의료기관, 지석영(종두법), 대한의원으로 개편, 의료 요원 양성(1907)
	자혜병원	1909	진주, 청주, 함흥 10여 곳에 세운 도립 병원
	세브란스	1904	미국인 에비슨이 건립, 경성 의학교와 더불어 의료 요원을 양성
독립문		1896	프랑스의 개선문을 모방
전 등		1887	경복궁 건청궁에서 처음 가설, 서울에 가로등 설치(1900, 한성전기회사)
석조전		1900~1909	덕수궁 석조전, 르네상스식 건축 양식
명동성당		1887~1898	중세 고딕 양식
박문국		1883	출판, 근대적 인쇄술 도입, 한성순보 발행
전환국		1883	화폐 주조, 당오전 주조
기기창		1883	영선사의 건의로 세운 최초의 근대식 무기 제조 공장

③ 의식주 생활의 변화

  ㉠ 의복 : 개화파들의 양복 도입

    • 문관복장규칙(1900) : 갑오개혁 이후 관복과 군복이 양복으로 변화, 관복 간소화

    • 변화 : 남성(저고리 위 마고자, 조끼), 여성(치마, 저고리, 두루마기, 통치마)

  ㉡ 식생활 : 궁중과 고위관리층을 중심으로 서양 음식 유행(커피, 홍차), 중국요리, 일본음식 등

  ㉢ 주거 : 개항장과 서울 등지에 서양식 건물 등장, 1890년대 이후 민간에서도 한옥과 양옥을 절충한 건물 등장

2. 언론기관의 발달

신 문	내 용
한성순보 (1883~1884)	• 개화 정책의 취지 설명, 국내외 정세 소개, 박영효 등 개화파(박문국 발행), 순 한문, 최초의 신문 • 정부관료 대상, 관보, 최초의 신문(10일에 1회 발간)
한성주보 (1886~1888)	한성순보 계승, 박문국에서 매주 한 번 간행, 국한문 혼용, 최초 상업 광고 게재
독립신문 (1896~1899)	• 최초 민간 신문, 서재필 창간, 시민층 대상, 한글판과 영문판 발행 • 국민 계몽(자주 의식, 근대적 민권 의식 고취)
황성신문 (1898~1910)	• 일제의 침략 정책과 매국노 규탄, 지식층·유생 대상 • 을사늑약에 대한 항일논설(시일야방성대곡) → 80일간 정간 • 보안회 지원(황무지 개간권 요구의 부당성 지적) • 국한문 혼용, 민족주의 신문
제국신문 (1898~1910)	민중 계몽, 자주 독립 의식 고취, 순 한글, 일반 서민층, 부녀자 대상
대한매일신보 (1904~1910)	• 영국인 베델, 양기탁, 을사늑약 무효의 고종 친서 • 을사늑약 이후 항일운동의 선봉, 의병운동에 대해 호의적, 일본인 출입금지 간판 설치, 순한글, 국한문, 영문판 • 황성신문, 제국신문과 함께 국채보상운동 주도
만세보 (1906~1907)	천도교계 신문, 여성교육과 여권 신장에 관심, 일진회 공격

3. 근대 교육과 국학 연구

① 근대 교육

　㉠ 근대 교육의 시작

　　• 원산학사(1883) : 우리나라 최초의 근대적 사립학교

　　• 동문학(1883) : 정부 지원으로 묄렌도르프가 설립, 영어 강습 기구

　　• 육영공원(1886) : 최초 관립학교, 상류층 자제에게 근대 학문 교육, 미국인 교사 헐버트와 길모어 초빙

　㉡ 관립학교 : 교육입국조서 반포(1895, 고종, 각종 학교 설립)

　㉢ 사립학교

　　• 개신교 계통 학교 : 배재학당, 이화학당, 경신학당, 정신여학교, 숭실학교

　　• 민족주의 계통 학교 : 애국계몽운동의 일환으로 다수 설립, 보성학교, 오산학교, 대성학교, 신흥학교

② 국학 연구

　㉠ 국 사

　　• 신채호 : 독사신론(대한매일신보에 발표), 근대 민족주의 역사학의 방향 제시, 민족의 혼 강조(박은식, 정인보가 계승)

　　• 영웅전기 : 우리나라의 구국 영웅을 통해 독립 의식 고취(이순신전, 최도통전, 을지문덕전)

　　• 외국문학 : 국가 위기에 대한 경각심(미국독립사, 월남 망국사, 이태리 건국 삼걸전)

ⓛ 국 어
- 국한문 혼용체(한성주보, 서유견문, 황성신문), 순한글체(독립신문, 제국신문, 대한매일신보)
- 국문연구소 설립(1907) : 국문의 정리와 국어의 이해체계 확립, 유길준(대한문전), 주시경(국어 문법), 지석영(신정국문)
ⓒ 일제의 탄압 : 출판법(1909) 제정으로 교과서 및 일반 서적발행과 내용검열
③ 문학과 기타 활동
ⓙ 신소설 : 이인직의 혈의누(1906, 일본식 문체), 이해조의 자유종(1910), 안국선의 금수회의록(1908) 등(자주 독립·여권 신장·신분 타파 등 주장)
ⓛ 신체시 : 최남선의 '해에게서 소년에게' 발표(1908, 최초의 근대시)
ⓒ 외국문학 : 천로역정, 빌헬름텔, 이솝이야기, 걸리버여행기 등 번역
ⓔ 예술의 변화
- 음악 : 서양 음악, 찬송가 등
- 창가 : 애국가, 권학가, 학도가, 독립가 등
- 창극 : 신재효의 판소리 여섯마당 정리
- 원각사(1908) : 최초의 서양식 극장, 은세계, 치악산 등 공연
- 미술 : 서양 미술 소개, 민화 등(고희동, 장승업, 안중식)
- 건축 : 서양식 건축 양식 도입(명동성당, 정동 교회, 덕수궁 석조전)
ⓜ 종교 활동
- 천도교 : 손병희, 동학 계승, 만세보, 3·1 운동의 주도
- 대종교 : 나철·오기호 개창, 단군신앙, 5적 암살단 조직(1905)
- 불교 : 조선불교유신론(한용운)
- 유교 : 유교구신론(박은식), 대동교 창설
- 개신교 : 서양 의술 보급, 학교 설립, 한글 보급, 미신타파, 활발한 계몽 활동
- 천주교 : 1886년 프랑스와 수교하면서 포교 자유 획득, 고아원, 양로원 등 사회사업

Ⅳ 항일의병전쟁

1. 의병운동

① 을미의병(1895)
ⓙ 배경 : 을미사변과 단발령
ⓛ 전 개
- 주도 세력 : 유생층 주도(문석봉, 유인석, 이소응), 일반 농민, 동학 농민군의 잔여 세력 가담
- 해산 : 단발령 철회, 고종의 해산 권고 조칙
ⓒ 특징 : 위정척사 사상 계승, 일반 농민·동학 농민군의 잔여 세력 가담
② 을사·병오의병(1905~1906)
ⓙ 배경 : 러일전쟁 후 을사늑약 체결
ⓛ 특징 : 무장투쟁 전개, 국권 회복을 전면에 제기, 평민 의병장의 등장, 반침략 운동의 성격

   ⓒ 의병장
    • 민종식 : 전직 관리, 충남 홍주성 점령
    • 최익현 : 유생, 전북 태인 · 순창, 대마도에 유배 · 순국, 전라도 지역 의병 투쟁에 자극
    • 신돌석(평민 의병장) : 경북 · 강원도 일대(평해 · 울진)
  ③ 정미의병(1907)
   ㉠ 배경 : 고종의 강제 퇴위, 군대해산
   ㉡ 확산 : 해산 군인의 의병 가담으로 전투력 향상, 전국으로 확산, 의병 전쟁의 양상
   ⓒ 전 개
    • 서울 진공 작전(1908.1.) : 이인영, 허위 등 유생 의병장의 주도로 13도 창의군 결성(총대장 이인영,
     경기도 양주에 1만여 명 집결) → 부친상으로 이인영 낙향, 허위체포, 일본의 반격으로 실패
    • 일본의 남한 대토벌 작전(1909.9.) : 의병 투쟁 위축, 남한 대토벌 이후 만주와 연해주로 이동하여
     독립운동 기지를 마련
   ㉢ 특징 : 의병은 서울 주재 각 영사관에 의병을 국제법상 교전단체로 승인해 줄 것을 요구하는 서신을
    발송하여 스스로를 '독립군'이라 주장
  ④ 의병 전쟁의 의의 및 한계
   ㉠ 의의 : 가장 적극적인 항일 투쟁, 민족의 독립 정신 표출, 항일 무장 독립 투쟁의 기반 마련, 국권
    상실 이후 독립군 가담
   ㉡ 한계 : 봉건적 유생층의 지도 노선으로 결속력 약화(신돌석 · 홍범도 부대는 독자적 투쟁), 일본군에
    비해 조직과 화력 열세, 국제적 고립 상태에서 진행(외교권 피탈)

2. 의사들의 활동

 ① 나철, 오기호 : 을사5적 암살단 조직, 을사5적 처단 실패
 ② 전명운, 장인환 : 미국인 외교 고문 스티븐스 처단(1908)
 ③ 안중근 : 만주 하얼빈, 초대 통감 이토 히로부미 처단(1909)
 ④ 이재명 : 명동성당에서 이완용 습격, 중상(1909)

I   일제의 무단통치와 식민지체제

1. 일제 강점기 시대구분

시기구분		식민 통치내용
무단통치 (1910~1919) [3·1 운동]	정 치	총독이 행정·입법·사법·군통수권 등 전권 장악, 헌병 경찰제, 태형·즉결심판권, 언론 집회의 자유 박탈, 관리·교사들도 제복과 착검
	경 제	토지조사사업을 통한 토지 약탈, 회사령(허가제)을 통한 민족 기업 성장 억제, 산업 각 부분에 대한 침탈 체제 구축
	교 육	일본어 학습, 조선어 수업 축소, 중등교육제한, 역사 지리 교육 금지
문화통치 (1919~1931) [만주사변]	정 치	기만적 문화통치(가혹한 식민통치 은폐), 친일파 양성을 통한 민족 분열책, 보통경찰제, 교육 기회의 확대 표방
	경 제	산미증식계획(농민층 몰락, 빈곤층 크게 증가, 식량 사정 악화), 회사령 폐지(신고제), 일본 자본 진출, 관세 철폐
	교 육	조선어·역사 지리 교육 허용(표면상 일시적 회유), 경성 제국 대학 설립(민족교육억압)
민족말살통치 (1931~1945)	정 치	황국신민화 강요, 황국신민의 서사암송, 신사참배·궁성요배·일본식 성명 강요, 학술 언론 단체 해산
	경 제	병참기지화, 인적 수탈(국가총동원법, 지원병제, 징병제, 징용제, 정신대), 물적 수탈(전쟁 물자·식량공출, 식량배급제), 산미증식재개, 가축증식계획
	교 육	우리말 사용 금지, 학도 군사 훈련, 조선어·조선역사·조선지리 과목 폐지

2. 헌병무단통치(1910~1919)

① 무단통치 시기의 중심 기구
  ㉠ 조선총독부
    • 설치 : 일제 식민통치의 중추기구, 조선 총독이 권력 장악
    • 조선 총독 : 조선 총독은 현역 일본군 대장 중에서 임명
    • 총독의 권한 : 일본 국왕의 직속으로 입법·사법·행정권 및 군 통수권까지 장악
    • 산하기구 : 총독 아래에 행정을 담당하는 정무총감과 치안을 담당하는 경무총감 존재, 행정 기관, 재판소, 조선은행, 철도국, 전매국, 임시 토지 조사국
  ㉡ 동양척식주식회사 : 토지조사사업, 토지 관련 분배업무, 농업 이민 주선, 공업 건설, 회사 설립 등을 담당했던 일제 식민기구
  ㉢ 중추원 : 총독부의 자문 기구, 한국인의 정치 참여 위장, 친일파 회유
② 무단통치의 내용(헌병 경찰을 앞세운 일제의 폭력적 통치 방식)
  ㉠ 통치 : 재판 없이 즉결처분권(태형·징역·구류), 헌병이 경찰·행정 업무 모두 관여, 한국인의 정치 활동 금지
  ㉡ 기본권 제한 : 언론·출판·집회·결사의 자유 박탈(보안법, 신문지법, 출판법)
  ㉢ 교육 : 관리와 교사들까지도 칼을 차고 제복을 착용, 일본어 중심의 교과목, 초등교육과 실무 내용만 교육

Ⅱ 수탈을 위한 토지조사와 농민층의 몰락

1. 토지조사사업(1912~1918)의 실시

① 목적 : 근대적 토지 소유제도 확립의 명분, 토지조사령 발표(1912), 소작인의 경작권 부정

② 방법 : 복잡한 구비 서류, 기한부 신고제

③ 결 과

   ㉠ 총독부의 토지 약탈

   • 토지 정리 : 미신고 농토, 공공 기관 토지, 마을·문중의 토지의 상당 부분을 총독부가 차지

   • 헐값으로 불하 : 동양척식주식회사 등 토지 회사나 일본인에 헐값으로 불하(일본인 대지주 증가)

   ㉡ 과세지 면적 증가 : 총독부의 지세 수입 급증, 농민의 세금 부담 가중

   ㉢ 식민지 지주제의 확대

   • 지주의 권한 강화 : 소작농은 도지권을 상실했고(소작농 권리 약화), 기한부 계약에 의한 소작농으로 전락함

   • 농민의 몰락 : 토지를 약탈당한 농민들은 만주, 연해주 등 국외로 이주

2. 산업의 침탈

① 회사령(1910) : 회사 설립 시 총독의 허가, 회사해산권, 민족기업 억압, 일제의 산업 독점, 한국인 기업은 경공업 한정

② 산업통제

   ㉠ 어업령(1911) : 황실 및 개인 소유의 어장을 일본인이 소유

   ㉡ 삼림령(1911)·임야조사령(1918) : 전체 산림의 50% 이상 강탈

   ㉢ 광업령(1915) : 광업권에 대한 허가제, 전체 광산의 80% 이상 강탈

Ⅲ 무단 통치하의 민족운동

1. 국권 피탈 후 국내의 민족운동(1910년대)

① 의병 항전 : 의병 부대가 만주·연해주로 이동, 활발한 항일투쟁(마지막 의병장 채응언)

② 항일 비밀 결사의 활동

   ㉠ 활동 : 군자금 모금, 친일파 처단, 독립 의식 고취(선언문·격문)

   ㉡ 독립의군부(1912)

   • 조직 : 유생 의병장 출신의 임병찬이 고종의 밀명을 받아 조직(복벽주의)한 비밀 결사

   • 활동 : 일본에 국권반환요구서 제출, 의병 전쟁 계획(사전 발각, 실패)

   ㉢ 송죽회(1913)

   • 조직 : 평양 숭의여학교 교사와 학생들을 중심으로 조직

   • 활동 : 공화정 표방, 여성계몽운동 전개, 해외 독립운동 자금 지원

   ㉣ 조선국권회복단(1915)

   • 조직 : 이시영, 서상일 등 시회를 가장하여 조직, 단군신앙을 바탕으로 국권회복 운동 전개

   • 활동 : 3·1 운동에 참여, 만주·연해주의 독립단체와 연계 투쟁, 공화정체

ⓜ 대한광복회(1915)
- 조직 : 박상진이 주도하여 대구에서 군대식으로 조직, 김좌진 가입
- 활동 : 계몽운동 계열의 독립단체, 복벽주의를 반대하고 공화주의 주장, 군자금모집·친일파처단 활동
ⓗ 기타 : 대한광복단(1913), 자립단(1915), 선명단(1915), 조선국민회(1915)

2. 국권 피탈 후 국외의 민족운동(1910년대)

① 국외 독립 운동 기지 건설
- ⑤ 목표 : 무장 독립 전쟁을 통해 독립 쟁취
- ⓛ 활동 : 실력 양성론과 의병 전쟁론 결합, 만주·연해주 지역 독립운동 기지 건설 운동, 민족 산업 육성, 민족 교육 실시, 군사력 양성

② 대표적 독립운동 기지
- ⑤ 북간도 : 용정에 서전서숙(이상설), 명동학교(김약연) 등 설립, 대종교 계통의 항일 단체인 중광단 (1911 → 1918, 북로군정서) 결성
- ⓛ 서간도 : 삼원보(길림성 유하현), 경학사 → 부민단 → 한족회(이시영, 이상룡), 신흥무관학교(독립군 양성, 서로군정서)
- ⓒ 연해주 : 신한촌(블라디보스토크) 중심, 권업회(1911), 대한광복군정부[1914, 이상설(정통령), 이동 휘(부통령)] → 대한국민의회[1919, 손병희(대통령)]
- ⓓ 상하이 : 신한청년당[여운형, 파리강화회의에 대표(김규식) 파견(1919.2.)]
- ⓜ 미주 : 대한인 국민회(안창호, 이승만, 군자금 모금, 외교활동), 국민군단(박용만, 하와이에 가장 큰 군사 조직)

Ⅳ 1919년 3·1 운동

1. 3·1 운동의 배경

① 국제정세의 변화
- ⑤ 러시아 혁명(1917) : 레닌의 반제국주의, 소수민족 해방운동지지 선언
- ⓛ 파리 강화 회의(1918) : 파리 강화 회의에서 윌슨의 민족자결주의 제창

② 민족운동의 자극
- ⑤ 무오독립선언(1918)
  - 배경 : 중광단이 중심이 되어 발표한 독립선언서
  - 선언 : 이상룡, 안창호, 박은식, 신규식 등 길림의 민족지도자 39인이 선언, 무장투쟁의 혈전을 통한 완전한 독립을 주장
- ⓛ 고종황제 승하(1919.1.21.) : 고종의 의문사(독살설 유포)
- ⓒ 신한청년단(상하이)의 활동 : 독립청원서를 작성, 파리 강화 회의에 김규식을 대표로 파견하여 독립 주장(1919.2.)
- ⓓ 2·8 독립선언(1919) : 도쿄에서 유학생들이 기독교 청년 회관에 모여 조선청년독립단의 이름으로 독립을 요구하는 선언서와 결의문 발표 → 만세운동 전개

2. 3·1 운동의 전개

① 전개과정
  - ㉠ 기미독립선언서(최남선) : 강력한 민족의 독립 의지를 대외적으로 표명, 대내적으로 비폭력 원칙을 표방
  - ㉡ 민족대표 : 천도교계 15명, 기독교계 16명, 불교계 2명으로 구성, 고종의 인산일(3.3.)을 기하여 만세운동 준비, 3월 1일을 거사일로 준비
  - ㉢ 독립선언 : 태화관에서 독립선언서를 낭독하고 자진 체포
  - ㉣ 만세운동 : 탑골 공원에서 학생, 시민의 독립선언서 낭독한 후 서울 시내로 만세운동 확산

3·1 운동의 전개

과 정	1단계	2단계	3단계
주 축	종교계 대표, 학생	학생, 종교인, 상인, 노동자	농민층
전 개	도시(서울) 중심	전국 도시 확산	전국(농촌) 규모 확대
특 징	비폭력 만세운동	상인 철시·노동자 파업 운동	무력 저항 운동

② 일제의 탄압 : 일본 본토의 군대 동원 탄압, 유관순 순국, 제암리 학살사건

3. 3·1 운동의 의의와 영향

① 민족의 정통성 회복
  - ㉠ 민족의 자각 : 독립운동의 조직화·체계화 필요성 대두
  - ㉡ 대한민국 임시정부의 수립 : 최초의 민주 공화제 정부의 수립, 조직적 독립운동의 기반 마련
② 독립운동의 확대
  - ㉠ 국외 : 만주와 연해주 지역 동포들의 만세운동, 미국 필라델피아에서 독립 선언식 거행, 일본 유학생들의 만세운동 전개, 3·1 운동 이후 무장투쟁의 활성화
  - ㉡ 국내 : 실력양성운동의 적극 전개, 농민·노동 운동의 활성화
③ 민주공화정 운동의 확산 : 기존의 복벽주의를 타파하고 모든 국민이 주인이 되는 공화정체 주장
④ 반제국주의 민족운동 : 중국의 5·4운동, 인도의 비폭력·불복종 운동에 영향
⑤ 일제의 통치방식 변화 : 기존의 억압적이기만 했던 일제의 통치방식이 유화책을 제시하는 문화통치의 방향으로 바뀌는 전기 마련

제5절   일제의 기만적 문화통치와 민족해방 운동

Ⅰ   문화통치와 민족분열 책동

1. 기만적 문화통치(1919~1931)

① 문화통치의 시행 : 한국인의 강인한 독립의지를 표출한 3·1 운동의 영향, 국제 여론의 악화

② 문화통치의 실상

㉠ 본질 : 유화적인 식민통치 방식을 제시한 기만책, 민족 분열책(친일파 양성)

㉡ 목적 : 한국인의 이간·분열 유도, 친일파 양성, 독립운동의 역량 약화를 기도

2. 문화통치의 내용

① 문화통치의 내용

㉠ 총독 임명 규정 제정 : 현역 육·해군의 대장 중에서 조선 총독을 임명·파견하던 것을 수정하여 문관도 그 자리에 임명할 수 있게 하였으나 광복이 될 때까지 단 한 명의 문관 총독도 임명되지 않음

㉡ 보통경찰 통치의 실시 : 헌병 경찰제를 보통경찰제로 전환(헌병 경찰을 제복만 교체), 경찰의 수와 장비 등은 이전보다 3배 이상 증가, 감옥 증설

㉢ 고등경찰 제도 : 정당·사회단체, 비밀결사, 정치집회, 사상·정치 범죄 등을 감시하고 단속하는 고등경찰 제도를 도입

㉣ 치안유지법 공포(1925) : 1920년대 사회주의 운동이 일어나자 일제는 이를 탄압하기 위해 국내 치안 유지를 빙자해 1925년 치안유지법을 제정

㉤ 언론 정책 : 조선일보와 동아일보 등 우리 민족의 신문 발행이 허가되었으나(1920) 철저한 사전 검열 제도를 시행하였고 기사 삭제, 정간, 압수, 폐간 등을 자행

㉥ 기타 : 중추원의 확대·개편, 제복·착검·태형 폐지, 한국인 관리 임명, 식민사관 정립 등의 친일파 양성을 위한 기만적 통치를 시행

② 결과 : 민족독립운동 내부의 분열과 혼선 발생

Ⅱ   산미증식계획과 식민지 자본주의의 이식

1. 산미증식계획(1920~1934)

① 개 요

㉠ 배경 : 제1차 세계대전 후 일본의 공업화 진전 → 이촌향도 현상 심화(일본) → 쌀 수요 증가, 쌀값 폭등 → 산미증식계획

㉡ 내용 : 한국에 대규모 농업 투자, 개간과 간척 사업, 수리 시설 개선, 종자 개량 등으로 쌀 생산량 증대 추구

② 전 개

㉠ 1차 계획(1920~25) : 15년 동안 연간 920만 석을 증산하고, 그중 700만 석을 일본으로 실어간다는 목표 설정, 무리한 계획으로 1925년에 중단

㉡ 2차 계획(1926~34) : 1929년 경제 공황으로 한국의 쌀 공급이 일본 쌀값을 폭락시키는 요인으로 작용, 일본 지주들이 한국 쌀 수입을 반대하여 1934년에 중단

③ 결 과

  ㉠ 농민 몰락 : 수리 조합비, 품종 개량비, 비료 대금 등 증산 비용을 농민이 부담

  ㉡ 농촌의 변화 : 소작쟁의 전개, 쌀 중심의 단작형 농업 구조 변화, 식민지 지주제 강화(쌀 수출로 지주의 이익은 증대)

  ㉢ 잡곡 수입 : 일제는 쌀 수탈로 인한 국내의 식량문제를 만회하기 위하여 만주에서 조, 콩 등의 잡곡을 수입하여 충당

  ㉣ 영향 : 목포, 군산은 쌀 수탈항으로 성장

> 토지조사사업과 산미증식계획의 공통적 결과 : 식민지 지주제 강화(친일지주증가), 화전민·국외이주 농민 증가

2. 일본 자본의 조선 침투

① 배 경

  ㉠ 일본의 급성장 : 1차 세계대전으로 인하여 일본은 급성장, 일본의 자본가들이 한국에 자본 투자

  ㉡ 일본 상업의 침투 : 한국에 상품 시장 확대와 값싼 노동력을 이용하여 이윤 추구를 극대화하기 시작

② 내 용

  ㉠ 회사령 철폐(1920) : 회사 설립을 신고제로 전환, 일본 자본이 대거 유입되기 시작

  ㉡ 일본 상품의 관세 철폐(1923) : 일본 상품의 수출을 증대시키기 위하여 관세를 철폐하여 수출입에 있어서 대일 의존도가 심화되었고 이에 대항하여 국내에서는 물산 장려 운동이 발생

  ㉢ 신은행령(1928) : 한국인 소유의 은행을 강제 합병하여 조선은행에 예속하려는 목적으로 시행

3. 실력 양성 운동의 전개

① 실력 양성 운동의 성격 : 즉각 독립에 대한 회의, '선(先) 실력양성 후(後) 독립' 주장, 문화 정치에 대한 기대, 사회 진화론의 영향

② 민족기업과 물산 장려 운동

  ㉠ 민족기업의 설립 : 회사령 철폐(신고제), 반사적 이익으로 민족기업·공장 설립

   • 활동 : 경성 방직주식회사(김성수), 평양 메리야스 공장, 고무신 공장 등 설립, 1920년대 전국 메리야스 생산량의 70% 차지(평양 메리야스 공장)

   • 한계 : 일본기업에 열세, 민족자본 축적의 곤란, 1930년대 이후 대부분 민족기업은 해체되거나 일본기업에 흡수

  ㉡ 물산 장려 운동(민족경제의 자립 달성)

   • 배경 : 일본 자본의 한국 진출 확대로 민족자본의 위기 심화, 민족자립 경제 추구

   • 전개 : 평양에서 조만식 주도로 조선 물산 장려회 발기(1920), 서울에서 조선 물산 장려회(1923) 조직, 전국으로 확산

   • 활동 : '내 살림 내 것으로', 토산품(국산품) 애용·근검·저축·생활 개선·금주·금연 운동

   • 결과 : 민족기업의 생산력 부족, 일제의 방해 및 자본가들의 이기적인 이윤 추구, 사회주의 계열과 민중들이 자본가들을 위한 것이라고 비난, 민중의 외면

③ 민립 대학 설립 운동과 농촌 계몽 운동
   ㉠ 민립대학 설립 운동(1922)
      • 배경 : 교육열 증대에도 한국 내 고등 교육 기관 부재, 총독부의 사립학교 설립 불허
      • 전개 : 민립 대학 기성회 조직(1923), 국내외에서 모금 운동 전개
      • 결과 : 일제의 탄압, 자연재해로 모금 곤란, 총독부 주도로 경성 제국 대학을 설립(1924)하여 교육열에 대한 열망 무마시킴
   ㉡ 농촌 계몽 운동
      • 주도 : 브나로드 운동(1931~1934, 동아일보), 문자보급 운동(1929~1934, 조선일보)
      • 전개 : 야학·강습소 설립, 한글 보급, 미신 타파, 구습 제거 등 농촌 계몽 운동 전개, 조선총독부의 탄압(1935, 문맹퇴치운동 금지)

Ⅲ 민족주의 운동의 분화와 전개

1. 3·1 운동 이후의 독립운동

① 독립노선
   ㉠ 무장 투쟁론 : 신민회의 독립운동 기지 건설, 3·1 운동 이후 많은 독립군의 등장
   ㉡ 외교 독립론 : 초기 대한민국 임시정부의 독립 방법론
   ㉢ 실력 양성론 : 교육 진흥운동, 온건한 문화운동
② 임시정부의 통합
   ㉠ 대한국민의회(1919.3.17.) : 연해주에서 손병희를 대통령으로 하고 이승만을 국무총리로 선임하여 최초로 조직
   ㉡ 한성정부(1919.4.23.) : 국내에서 13도 국민대표 명의로 이승만을 집정관 총재로 하고 이동휘를 국무총리로 하여 수립
   ㉢ 대한민국 임시정부(1919.4.13.) : 중국 상하이에서 민주공화제를 바탕으로 수립되어 이승만을 국무총리로 추대
③ 대한민국 임시정부의 수립 : 민족지도자들에 의하여 국내에서 수립된 한성정부의 법통을 계승하고 대한국민 의회를 흡수하여 상하이에서 통합된 단일 정부가 수립(1919.9.)

2. 대한민국 임시정부

① 대한민국 임시정부의 체제
   ㉠ 정부 형태 : 최초의 민주 공화정, 대한민국 임시헌장 선포, 이승만(대통령), 이동휘(국무총리)
   ㉡ 3권 분립 체제 : 임시 의정원(입법), 법원(사법), 국무원(행정)
② 임시정부의 초기 활동
   ㉠ 군자금 모금 활동
      • 연통제와 교통국 : 국내외를 연결하는 비밀 행정 조직망
      • 이륭양행(만주), 백산 상회(부산) : 군자금, 각종 정보의 전달 경로
      • 독립공채 발행(1인당 1원씩 인구세), 국민 의연금

ⓛ 외교 활동
- 파리 강화 회의에 대표 파견(김규식, 독립청원서 제출)
- 구미위원부 설치, 외교 활동 전개(이승만, 워싱턴)
ⓒ 군사 활동 : 직할 부대 편성(광복군 사령부, 광복군 총영, 육군 주만 참의부), 한국 광복군 창설(1940, 충칭)
ⓔ 문화 활동 : 사료 편찬소 설립, 독립운동 역사 정리, 한일관계 사료집 간행, 독립신문 간행

임시정부의 헌정 변화

구 분	체 제	내 용
임정 헌장(1919.4.)	임시의정원 중심	의장(이동녕), 국무총리(이승만)
1차 개헌(1919.9.)	대통령 정치 체제, 3권 분립	민족운동 통합, 외교활동
국민대표회의(1923)	창조파 vs 개조파 vs 현상유지파	
2차 개헌(1925.3.)	국무령 중심의 내각책임지도제	임시정부 내부 혼란 수습
3차 개헌(1927.3.)	국무위원 중심의 집단지도체제	좌익, 우익 대립 통합
4차 개헌(1940.10.)	주석 중심제(김구)	대일 항전
5차 개헌(1944.4.)	주석(김구) · 부주석(김규식)	광복 대비

③ 임시정부의 활동 위축
ⓐ 배 경
- 활동 : 일제의 탄압으로 1920년대 연통제와 교통국 발각, 비밀 조직망 붕괴, 자금난 · 인력난
- 갈등 : 무장투쟁론(창조파)과 외교독립론(개조파)의 노선 갈등, 임시정부 내부의 민족주의와 공산주의 이념 갈등
ⓑ 국민대표회의 개최(1923, 독립운동의 새 활로 모색)
- 창조파(무장투쟁) : 임시정부 해체, 연해주에 새로운 조선공화국을 수립 주장(이동휘, 신채호, 김규식, 박은식)
- 개조파(외교독립) : 현행 조직을 개편하자는 주장(실력양성 · 자치운동 · 외교활동, 안창호)
- 현상유지파 : 현행 임시정부를 그대로 유지하자는 주장(이동녕, 김구)
- 결과 : 최종적인 합의를 찾지 못한 채 결렬되면서 임시정부의 위상 크게 약화, 이승만 탄핵(대통령제 폐지), 국무령제로 개편(1925, 김구), 이후 국무위원 중심의 집단지도체제(1927)로 개편
④ 국민대표회의 이후의 임시정부 활동
ⓐ 한인 애국단의 활동(1931) : 임시정부의 침체 극복(이봉창 · 윤봉길 의거)
ⓑ 1940년대 충칭의 임시정부(한국 독립당) : 중일전쟁 이후 장제스의 국민당 정부를 따라 충칭으로 이동, 한국 광복군(1940), 좌우 통합의 임시정부 성립

3. 국내 무장 항일 투쟁

① 배경 : 3·1 운동의 무자비한 탄압, 자립적 독립의 필요성, 조직적인 무장독립전쟁의 필요성 절감, 독립군의 체계적·조직적 군사훈련, 활발한 국내진입작전 전개

② 3·1 운동 직후 전개된 국내 무장 항일 투쟁
- ㉠ **천마산대** : 평안북도 의주 천마산 중심, 만주의 광복군 사령부와 협조, 대한 통의부에 편입, 일본 군경과 교전, 식민기관 파괴
- ㉡ **보합단** : 평안북도 의주 동암산 중심, 군자금 모금 전개
- ㉢ **구월산대** : 황해도 구월산을 중심, 독립운동을 방해하는 은율군수 처단

③ 6·10 만세운동(1926)
- ㉠ 배경 : 일제의 식민지 교육 정책에 대한 반발, <u>순종의 인산일</u>을 계기로 민족 감정이 고조되어 만세운동 준비
- ㉡ 전개 : 학생과 사회주의계의 추진, 사회주의계는 사전에 일제에 의해 발각, 학생들의 주도로 <u>순종의 장례 행렬에서 만세운동 전개</u>
- ㉢ 의의와 영향
  - 의의 : 민족주의와 사회주의 계열의 연대 가능성 제시
  - 영향 : <u>민족유일당 운동과 신간회 설립에 영향</u>, 학생 운동의 고양에 큰 영향을 미침, 학생이 국내 독립운동 세력의 중심적 위치로 부상

3·1 운동(1919)과 6·10 만세운동(1926)

구 분	3·1 운동	6·10 만세운동
계 기	고종의 인산일	순종의 인산일
참 여	학생, 지식인, 농민, 상공업자 등	학생, 시민 등(종교·사회 지도자 사전 체포)
영 향	국내외 항일 투쟁 변화, 세계 평화 운동의 선구	민족유일당 운동 발전, 농민·노동자층의 투쟁전개

④ 동맹 휴학(맹휴) 투쟁 : 6·10 만세운동 이전에는 주로 학내 문제 등으로 비조직적으로 전개하였으나, 6·10 만세운동 이후에는 독서회 등의 학생비밀결사를 조직하여 항일민족운동으로 발전

⑤ 광주학생 항일운동(1929)
- ㉠ 배경 : 일제의 <u>민족 차별과 식민지 교육</u>, 6·10 만세운동 이후 학생들의 항일 의식 고조, 학생 운동의 조직화(맹휴투쟁)
- ㉡ 전개 : <u>한일 학생 간의 충돌</u>(나주·광주 통학열차에서 여학생희롱 사건) → 일본의 편파적인 사법처리 → <u>신간회</u>(광주 지회)에서 진상 조사단 파견 → 학생과 시민의 전국적 투쟁으로 발전(1929. 11. 3.)
- ㉢ 의의 : 3·1 운동 이후 최대의 항일 민족 운동

4. 애국지사들의 항일 의거

① 의열단(1919)

   ⊙ 결성 : 만주 지린성(길림)에서 김원봉의 주도로 비밀 결사 조직

     • 의열단의 목표 : 동포들의 애국심 고취, 민중 봉기 유발, 민중이 직접 혁명을 통한 일제 타도, 조선
총독부·경찰서·동양척식주식회사 등 식민지배 기구의 파괴, 조선총독부 고위관리와 친일파 처단

1920년대의 대표적 의열 투쟁

인 물	시 기	의열투쟁내용	소 속
강우규	1919	사이토 총독 처단 실패	노인단
박재혁	1920	부산 경찰서에 폭탄 투척	의열단
최수봉	1920	밀양 경찰서에 폭탄 투척	의열단
김익상	1921	조선 총독부에 폭탄 투척	의열단
김상옥	1923	종로 경찰서에 폭탄 투척 후 일경과 교전하여 여럿 처단	의열단
김지섭	1924	일본 도쿄 왕궁(이중교)에 폭탄 투척	의열단
나석주	1926	동양척식 주식회사와 조선식산은행에 폭탄 투척 후 일본인 처단	의열단
조명하	1928	타이완의 타이중 시에서 일본 왕의 장인인 육군 대장 구니노미야를 처단	단독의거

     • 강령 : 신채호는 김원봉의 요청을 받아 의열단 강령(1923, 조선혁명선언)을 작성

   ⓒ 의열단의 변화 : 1920년대 후반부터 조직적 활동으로 전환

     • 조직화 : 일부 단원은 황푸군관학교에 입학하여 체계적이고 조직적인 군사·정치 훈련, 중국 국민
당정부의 지원 아래 조선혁명간부학교(1932)를 세워 운영

     • 민족 혁명당(1935) : 당 조직을 결성하여 더욱 대중적인 투쟁 시도

② 한인애국단(1931)

   ⊙ 결성 : 김구가 중심이 되어 상하이에서 조직, 임시정부의 위기를 타개하고자 항일 무력 단체 결성

   ⓒ 이봉창 의거(1932) : 도쿄에서 일본 국왕에게 폭탄 투척(1932.1.), 항일민족운동의 활력소, 일제는
이봉창 의거에 대한 중국 언론의 태도를 문제 삼아 상하이 침략(상하이사변)

   ⓒ 윤봉길 의거(1932)

     • 전개 : 상하이 점령 기념식장(훙커우 공원)에 폭탄을 던져 일본군 장성과 고관들 처단(1932.4.)

     • 영향 : 중국 국민당 정부가 중국 영토 내의 무장 독립 투쟁을 승인하는 등 임시정부를 적극 지원하는
계기, 세계에 한국인의 독립 의지 천명(장제스, "중국의 1억 인구가 해내지 못한 일을 한국의 한
청년이 단행하였다."), 한국 광복군 탄생의 계기

5. 무장 독립 전쟁의 전개

① 1920년대 국외 항일 독립 전쟁의 전개

  ㉠ 독립군 부대의 조직
- 서간도 : 서로 군정서군(신흥무관학교 출신 중심), 대한독립단(의병장 출신 중심)
- 북간도 : 북로 군정서군(대종교 계통, 김좌진 중심), 대한독립군(의병장 출신의 홍범도 중심)

  ㉡ 봉오동 전투(1920.6.)
- 참가 부대 : 대한독립군(홍범도), 군무도독부군(최진동), 국민회군(안무) 등의 연합부대
- 전개 : 활발한 국내진입작전 전개, 삼둔자에서 일본군 격파, 보복을 위해 독립군의 본거지인 봉오동을 기습해 온 일본군 대파

  ㉢ 청산리 대첩(1920.10. 독립전쟁사에서 가장 큰 승리)
- 참가 부대 : 북로 군정서군(김좌진), 대한 독립군(홍범도) 등의 연합부대
- 전개 : 일제가 훈춘 사건을 조작하여 대부대를 만주로 보내 독립군을 포위 → 6일간 10여 차례의 전투에서 일본군 대파

② 독립군의 시련

  ㉠ 간도 참변(1920, 경신 참변) : 일본군의 봉오동·청산리 전투 패배에 대한 보복, 독립군 소탕의 핑계로 간도 지역 동포를 무차별 학살(1920.10.~1921.5. 10,000여 명 학살)

  ㉡ 자유시 참변(1921) : 독립군 부대의 재정비 및 지휘 체계 통일 목적으로 대한독립군단 결성 → 러시아 혁명군인 적색군의 지원에 대한 기대로 자유시(스보보드니)로 이동 → 독립군 내부 지휘권을 둘러싼 갈등과 적색군에 의한 무장 해제 요구 과정에서 다수의 독립군 사상자 발생

  ㉢ 미쓰야 협정(1925) : 일제가 독립군 탄압을 위해 만주 군벌 간에 맺은 협정, 만주 독립군 토벌에 상호 협조 약속

③ 독립군의 재정비와 통합운동

  ㉠ 3부의 결성(1923~1925) : 만주 지역 독립군 세력 진영의 진영 재정비, 3개의 군정부 성립
- 참의부 : 압록강 연안의 임시정부 직할 단체
- 정의부 : 하얼빈 이남 지린과 펑톈을 중심으로 한 남만주 일대
- 신민부 : 북만주 일대, 소련 영토에서 되돌아온 독립군 중심

  ㉡ 3부의 성격과 의의 : 만주 한인사회를 통치하는 자치 조직으로서 민정 기관(자치행정)과 군정기관(독립군 훈련·작전)을 갖춤, 사실상 3개의 자치정부

④ 3부 통합 운동의 전개

  ㉠ 배경 : 민족유일당 운동의 흐름에 따라 활발한 통합 운동 전개, 완전한 통합에 이르지는 못하고 2개의 정부로 구성

  ㉡ 혁신의회와 국민부의 결성
- 혁신의회(1928, 북만주) : 김좌진을 중심으로 하는 한족총연합회를 구성, 김좌진 암살 이후 한국독립당 조직, 군사조직으로 한국독립군 결성
- 국민부(1929, 남만주) : 조선혁명당 조직, 군사조직으로 조선혁명군 결성

Ⅳ 사회주의 운동의 등장과 민중들의 저항

1. 민족 협동 전선 운동
① 사회주의 사상의 유입
  ㉠ 사회주의 사상의 수용
   • 수용 : 3·1 운동 이후 국내 청년 지식층에 보급, 조선공산당 결성(1925)
   • 배경 : 민족자결주의에 걸었던 독립에 대한 기대 무산, 소련의 볼셰비키 정권이 <u>약소민족의 독립운동 지원을 약속</u>
   • 영향 : 청년·학생 운동, 농민·노동 운동 등 사회·경제적 민족운동 활성화
  ㉡ 일제의 탄압(1925, 치안유지법)
② 사회 운동의 활성화
  ㉠ 청년 운동 : 3·1 운동 이후 조선청년연합회(1920), 서울청년회(1921), 조선청년총동맹(1924, 회원수 3만 7천 명의 전국적 조직) 등 많은 청년 단체 조직
  ㉡ 소년 운동
   • 활동 : <u>천도교소년회</u>, 방정환 중심으로 활동, <u>어린이날</u> 제정, 어린이 잡지 "어린이" 창간, 조선소년연합회 설립(1927)
   • 해산(1937) : 중일전쟁 이후 청소년 운동 일체 금지
  ㉢ 형평 운동 : 백정들의 사회적 신분 차별로 인해 조직된 <u>신분 해방 운동</u>, <u>조선형평사</u>(1923, 진주), 민족운동의 성격으로 변화하여 전국으로 확대(1928)

2. 민족 유일당 운동
① 배 경
  ㉠ 국내외의 민족 유일당 움직임
   • 중국의 제1차 국공합작(1924)의 영향 : 국외 민족 운동가들에게 영향(1926, 안창호, 북경촉성회 개최)
   • 만주의 3부 통합운동 : 국민부와 혁신의회 결성
   • 이광수, 최린 등 일부 민족주의 계열에서 일제와 타협적인 경향(자치론) 증대
   • 6·10 만세운동의 영향 : 민족주의 세력과 사회주의 세력의 연합 필요성 증대, 조선민흥회 조직(1926)
  ㉡ 정우회 선언(1926) : 사회주의 계열인 정우회와 비타협 민족주의 계열의 협동전선(<u>신간회 창립의 중요한 계기</u>)
② 신간회(1927)
  ㉠ 창립(1927) : 자치운동 배척, <u>일제강점기 최대의 합법 항일 운동 단체</u>(전국 143개의 지회), 이상재(회장), 홍명희(부회장)

신간회 강령
1. 우리는 정치·경제적 각성을 촉진함
2. 우리는 단결을 공고히 함
3. 우리는 기회주의를 일체 부인함

   © 활동 : <u>민중대회 개최</u>, 전국 순회강연(농민·노동자층 확대), 노동·소작쟁의, 맹휴 등 대중운동 지원, 광주학생운동에 조사단 파견

   © 해 소
    • 민족주의 계열 내에 타협적 노선 등장
    • 코민테른의 노선변화 : 장제스의 쿠데타로 인해 중국의 국·공 합작이 깨지면서 코민테른(국제공산당기구)은 각국의 공산 진영은 민족진영과 결별하도록 지시함
   © 의의 : 3·1 운동 이후 처음으로 <u>민족연합전선 구축</u>, 최대 규모의 반일 사회 운동 단체로서 민족주의 세력과 사회주의 세력의 연합을 통한 국내 민족 운동 세력 역량을 결집

  ③ 여성 운동
   © 배경 : 여성 운동의 활성화(문맹퇴치·구습타파·생활개선)
   © 여성단체의 조직 : 조선 여자 교육회, 조선 여자 청년회, 조선 여자 기독교 청년회
   © 근우회 창립(1927) : <u>여성계의 민족유일당</u>, <u>신간회의 자매단체</u>, 여성의 단결, 남녀평등, 여성 교육 확대, 여성 노동자 권익 옹호, 새 생활 개선 운동

3. 농민 운동과 노동 운동

 ① 농민 운동(소작쟁의)의 전개
  © 농민 운동의 배경 : 토지조사사업, 산미증식계획 등 일제의 수탈로 농민 몰락
  © 농민 운동의 전개 : 소작인 조합, 농민 조합 등 농민 단체를 중심으로 전개
   • 1920년대 : 소작료 인하 반대 투쟁 등 <u>생존권 투쟁</u>
   • 변화 : 조선농민총동맹 조직(1927), 전국적인 농민 조합, 조직적으로 쟁의
   • 1930년대 : 사회주의와 연계하여 <u>항일적 투쟁</u>으로 발전
  © 소작쟁의 : <u>암태도 소작쟁의(1923~1924)</u>, 황해도 재령 동양척식주식회사 농장의 소작쟁의(1924)

 ② 노동 운동(노동쟁의)의 전개
  © 노동 운동의 배경 : 노동자 수 증가, 값싼 임금, 차별대우
  © 전 개
   • 1920년대 : 조선노동공제회(1920), 조선노동총동맹(1924) 등 노동단체 결성, <u>생존권 투쟁</u>(임금인상·노동시간단축·작업환경과 비인간적 대우개선 요구)
   • 변화 : 조선노동총동맹 조직(1927), 전국적인 노동조합, 조직적으로 쟁의
   • 1930년대 : 사회주의와 연계하여 항일적 투쟁으로 발전
  © 노동쟁의 : <u>원산 노동자 총 파업(1929, 최대 규모의 조직적 노동쟁의, 항일적 성격)</u>

I   일제의 전시 체제와 식민지 수탈 정책

1. 민족 말살 통치(1931~1945)

① 민족 말살 통치의 시행
  ㉠ 배경 : 세계 경제 공황 등으로 인한 경제위기와 사회 불안, 군부 쿠데타로 군국주의 체제 확립, 만주사변(1931), 중일전쟁(1937), 태평양전쟁(1941)으로 침략 전쟁 확대
  ㉡ 목적 : 한국인을 침략 전쟁에 효율적으로 동원할 목적으로 한국인의 민족 말살 추진
② 민족 말살 통치의 주요 내용
  ㉠ 정책 변화 : 민족 운동 봉쇄를 위한 각종 악법 제정, 언론 탄압, 군과 경찰력 증강
  ㉡ 황국신민화 : 내선일체·일선동조론, 신사참배·황국신민서사 암송·궁성요배 강요, 중일전쟁 이후 더욱 강화
  ㉢ 민족 말살 정책 : 우리말·역사 교육 금지, 일본식 성명 강요(1938), 학술·언론 단체해산
  ㉣ 기타 : 집회·결사의 허가제, 조선어학회 사건(1942)

2. 병참기지화 정책

① 1930년대 이후의 경제 정책
  ㉠ 배경 : 침략전쟁 전개, 공업화를 시행하여 전쟁물자 생산기지로 이용 추진, 침략전쟁에 필요한 인적·물적 자원수탈
  ㉡ 전개 : 군수품 생산에 필요한 중화학 공업·광공업에 집중(북부 지방), 군수 공업 원료 생산
  ㉢ 영향 : 공업 발전의 지역적 편차 심화, 농·공업의 불균형 심화, 한국인 노동자에 대한 가혹한 착취
② 남면북양(南綿北羊) 정책 : 공업원료 증산정책(남부에는 면화, 북부에는 면양)
③ 인적 수탈
  ㉠ 배경 : 중일전쟁 이후(1937) 인력과 자원의 수탈 강화(1938, 국가총동원법)
  ㉡ 노동력 : 국민 징용령(1939), 100만여 명의 청년을 탄광, 철도 건설, 군수 공장 등에 동원
  ㉢ 병력 : 지원병제(1938), 학도 지원병제(1943), 징병제(1944)를 실시하여 총 20만 명 이상의 청년들을 전쟁터로 동원

시 기	내 용
1938	지원병제 실시(약 18,000명)
1939	국민 징용령(약 100만여 명)
1943	학도 지원병제 실시(약 4,500명)
1944	징병제 실시(약 20만 명)

  ㉣ 여자 정신대 근로령(1944) : 12~40세의 배우자 없는 여성을 강제 동원, 군수 공장 종사
  ㉤ 군대 위안부(성노예) : 조직적 동원(일본 정부 직접 관여), 반인권적·반인륜적 범죄
④ 물적 수탈
  ㉠ 식량 수탈 : 식량 공출제와 식량 배급제 실시, 산미증식계획 재개, 가축증식계획
  ㉡ 전쟁 물자 : 무기 생산에 필요한 쇠붙이 공출(농기구, 식기, 제기, 교회나 사원의 종까지 징발)

Ⅱ 국내의 민족 해방 운동

1. 일제의 식민지 교육 정책

① 식민 교육의 추진

ㄱ 목표 : 일제에 순응하는 국민 양성(황국신민화)

ㄴ 식민 교육

- 제1차 조선교육령(1911) : 일본어 학습 강요, 우민화 교육, 보통·실업·전문 교육, 보통학교(4년), 사립학교 규칙(1911), 지리·역사·한글 교육 금지, 서당규칙(1918, 허가제)
- 제2차 조선교육령(1922) : 한국인 대학입학 허용(1924, 경성제국대학), 보통학교(4년 → 6년), 고등 보통학교(5년), 조선어·역사·지리 교육 허용
- 제3차 조선교육령(1938) : 내선일체 일선동조론 강요, 심상소학교(보통학교·소학교 통합), 중학교 (고등보통학교 개편), 국민학교령(1941, 4년제)

> **초등학교 개칭**
> 김영삼 정부는 '역사 바로 세우기'의 일환으로 1996년 국민학교를 초등학교로 개칭하였다.

- 제4차 조선교육령(1943) : 전시 비상 조치령, 전시 교육 체제, 학도 동원본부, 학도근로령, 조선어·역사 과목 폐지

② 한국사 왜곡

ㄱ 목적 : 한국사를 왜곡하여 식민통치 합리화

ㄴ 국사 왜곡 단체

- 조선사편수회(1925) : '조선사' 편찬, 민족 말살과 식민통치를 합리화
- 청구학회(1930) : 조선사편수회와 경성제국대학 교수 중심, 식민사관이론 보급에 앞장, 청구학보 간행

ㄷ 주요 내용

- 정체성론 : 한국사는 봉건사회를 거치지 못하고 전근대에 머물러 있다는 이론
- 타율성론 : 한국사는 자주적·자율적으로 이루어지지 못하고, 외세의 간섭과 압력에 의하여 타율적으로 이루어졌다는 이론
- 당파성론 : 한국인은 분열성이 강하여 항상 내분으로 싸웠다는 이론

2. 국학 운동의 전개

① 민족교육기관의 설립

ㄱ 민족교육기관 설립 : 사립학교·개량서당·야학 설립, 민족의식 고취, 근대적 지식 보급

ㄴ 조선 교육회 창설(1920) : 교육 대중화에 노력 → 민립대학 설립운동 전개

② 국어 연구와 한글 보급
  ㉠ 활동 단체 : 국문연구소(1907, 대한제국) → 조선어연구회(1921) → 조선어학회(1931) → 한글학회
    (1949)
  ㉡ 활동 내용(최현배, 이윤재 등이 중심)
    • 조선어연구회(1921) : 한글 보급 운동과 대중화 노력, 한글날(가갸날) 제정, 잡지 '한글' 간행
    • 조선어학회(1931) : 조선어연구회를 개편하여 결성, '한글 맞춤법 통일안'과 '조선어 표준어' 제정,
      우리말 큰 사전 편찬 착수
  ㉢ 일제의 탄압 : 조선어학회 사건(1942)
③ 민족 사학의 전개 : 한국사를 왜곡하는 일제 식민사관에 대항운동
  ㉠ 민족주의 사학 : 박은식·신채호·정인보·문일평·안재홍 등 역사 연구를 독립운동의 한 방법으로
    인식, 민족사의 자주성, 주체성 강조
    • 박은식 : 민족정신을 '조선 혼(魂)'으로 강조, 한국통사, 한국독립운동지혈사를 저술, 유교구신론
      (구한말)
    • 신채호 : 낭가사상, 조선상고사(我와 非我의 투쟁), 조선사 연구초 저술, 고대사 연구를 통해 민족
      의 고유한 문화적 전통·정신을 강조
    • 정인보 : '조선얼' 강조, 조선사 연구 저술
    • 문일평 : 심(心)사상, 역사학의 대중화에 관심
  ㉡ 사회경제 사학 : 백남운이 사적유물론에 바탕을 둔 한국사가 세계사적 발전 과정과 같다고 강조,
    식민사관의 정체성론 비판, 조선사회경제사·조선봉건사회경제사 저술
  ㉢ 실증 사학 : 손진태, 이병도 등 문헌 고증의 방법을 통해 한국사를 실증적으로 연구, 진단학회 조직
    (1934), 청구학회에 대항, 진단학보 발간

3. 종교 및 문화 활동

① 종교 활동
  ㉠ 천도교 : 3·1 운동의 준비와 실행에 큰 역할, 언론·출판·교육 분야에서 많은 활동, 제2의 3·1
    운동 계획(6·10 만세운동), 개벽·어린이·학생 등의 잡지 간행
  ㉡ 대종교 : 나철, 오기호가 단군 신앙으로 창설, 만주로 이동하여 활발한 무장독립투쟁 전개(중광단,
    북로군정서)
  ㉢ 불교 : 총독부의 불교 예속 정책(1911, 사찰령), 조선불교유신회 조직(1921, 한용운), 불교계 정화·
    사찰령 폐지 운동
  ㉣ 원불교 : 박중빈, 불교의 생활화·대중화 주장, 실천강조·근면·절약·개간사업·저축·금주·금
    연 운동 전개
  ㉤ 개신교 : 안악 사건·105인 사건에 연루, 신사참배 거부운동
  ㉥ 천주교 : 고아원·양로원 등 사회사업, 의민단 조직(만주), 잡지 출간(경향)

② 문학·과학·예술 활동
  ㉠ 문학 활동
    • 1910년대 : 계몽적 성격, 최남선(해에게서 소년에게), 이광수(무정)
    • 1920년대 초반 : 동인지[창조(1919), 폐허(1920), 백조(1922)]·잡지[개벽(1920)] 간행
    • 1920년대 중반 : 신경향파(KAPF 결성), 동반문학(사회주의 동조), 민족문학[김소월(진달래 꽃),
      한용운(님의 침묵), 이상화(빼앗긴 들에도 봄은 오는가)]
    • 1930년대 저항 문학 : 심훈(그날이 오면), 이육사(청포도, 광야), 윤동주(서시)
    • 1930년대 친일 활동 : 1930년대 이후 이광수, 최남선, 노천명, 서정주 등 많은 문인들이 일제에
      적극 협력
  ㉡ 과학 활동
    • 과학 운동 : 발명학회, 과학문명보급회 창립(1924) → 잡지 '과학조선' 간행, '과학의 날' 제정
    • 과학·체육 활동 : 전조선자전차경기대회 우승(1913, 엄복동), 안창남의 고국방문 비행(1922, 동아
      일보 후원), 베를린올림픽 마라톤 우승(1936, 손기정)
  ㉢ 예술 활동
    • 영화 : 나운규의 아리랑(1926, 단성사 개봉)
    • 연극 : 신파극 유행(대중적, 통속적), 토월회(1923), 극예술 연구회(1931, 서양 근대 연극 수용)
    • 음악 : 홍난파, 현제명, 안익태(코리아 환상곡)
    • 미술 : 고희동(최초의 서양화가), 나혜석(최초의 여류 서양화가), 이중섭(소)
    • 문화재 수호 : 전형필, 일제의 문화재 약탈에 맞서 우리의 고문화재의 수집과 보존에 크게 기여(現
      성북동의 간송 미술관 보존·전시)

Ⅲ 항일 무장 투쟁

1. 1930년대 독립 전쟁

① 한중 연합작전
  ㉠ 배경 : 1931년 일제의 만주 침략과 만주국 수립으로 중국 내 반일 감정 고조
  ㉡ 한국독립군(총사령관 지청천)
    • 활동 : 혁신의회 계열(한국독립당), 북만주 일대에서 중국 호로군과 연합작전
    • 대표적 승리 : 쌍성보 전투(1932), 경박호 전투, 사도하자 전투, 동경성 전투, 대전자령 전투(1933)
    • 지청천의 활동 : 김구의 요청으로 중앙육군군관학교 낙양분교 한국 청년 군사 간부 특별 훈련반
      교관 겸 책임자로 활동
  ㉢ 조선혁명군(총사령관 양세봉)
    • 활동 : 국민부 계열(조선혁명당), 남만주 일대에서 중국 의용군과 연합작전 전개
    • 대표적 승리 : 영릉가 전투(1932), 흥경성 전투(1933)

  ⓔ 한중 연합작전의 위축
   • 일제의 탄압 : 일본군의 북만주 초토화 작전, 중국군의 사기 저하
   • 갈등 : 중국 국민당과 공산당 사이의 항일전에 대한 의견 대립 발생
  ⓜ 조선혁명군과 한국독립군의 변화
   • 한국 독립군 : 임시정부의 요청에 따라 1933년 이후 중국 본토로 이동
   • 조선 혁명군 : 양세봉이 일제에 의해 암살(1934)된 후 세력이 급속히 위축(1934), 1930년대 중반까지 무장투쟁 전개
② 항일유격대와 조국광복회(1930년대 후반, 만주 지역)
  ㉠ 항일유격대
   • 배경 : 만주사변 이후 공산주의자들의 주도로 항일무장투쟁 전개
   • 결성 : 한인 항일유격대가 중국공산당 소속의 동북 인민혁명군(1933)으로 편성, 동북 항일 연군으로 발전(1936)
   • 보천보 전투(1937.6.) : 동북 항일 연군 내의 한인 항일유격대가 함경남도 갑산의 보천보에 들어와 경찰주재소 및 면사무소 파괴
   • 소련 영내로의 이동 : 일본군이 동북 항일 연군에 대한 대대적 공세, 대부분의 항일 연군은 소련 영내로 이동
  ㉡ 조국광복회의 결성(1936) : 동북 항일 연군의 간부들이 조직, 김일성(위원장), 보천보 전투 지원
③ 민족혁명당 결성과 조선의용대(1930년대 후반, 중국 관내)
  ㉠ 조선민족혁명당(1937)
   • 결성 : 한국독립당, 조선혁명당, 의열단 등 중국 본토의 항일 독립 운동 세력이 단일정당으로 통합하려는 목적으로 민족혁명당(1935)을 결성
   • 분열 : 사회주의 계통이 민족혁명당을 주도(지청천, 조소앙 탈퇴)
   • 변화 : 민족혁명당은 조선민족혁명당(1937)으로 개편, 조선의용대 편성
   • 결과 : 조선민족전선연맹을 결성(1937)
  ㉡ 조선의용대(1938)
   • 결성 : 조선민족혁명당(김원봉)이 중일전쟁 직후 중국 국민당 정부의 도움으로 한커우에서 조선의용대 조직, 중국 국민당 정부군과 항일 전쟁에 참가
   • 활동 : 정보 수집 및 후방 교란 등 중국군 작전을 보조하는 부대로 중국 여러 지역에서 항일 투쟁 전개
   • 변화 : 충칭에 남은 조선 의용대와 지도부는 임시정부의 한국광복군에 합류(1942), 지도부를 제외한 대부분 세력이 중국 공산당이 활동하는 화북지방으로 이동(조선의용대 화북지대 결성)
  ㉢ 전국연합전선협회(1939)
   • 조직 : 한국국민당 창당(김구 중심), 한국광복운동단체 연합회 결성, 조선민족전선연맹(김원봉 중심)과 제휴하여 전국연합전선협회 결성
   • 결과 : 완전한 통합에는 이르지 못함

2. 1940년대 독립 전쟁

① 임시정부의 조직과 정비

    ㉠ 한국독립당의 합당(1940)

- 한국독립당(1940) : 민족주의 계열의 한국국민당(김구), 한국독립당(조소앙), 조선혁명당(지청천) 등 3개 정당이 연합하여 결성(위원장 김구)
- 특징 : 김구가 중심이 된 단체로서 대한민국 임시정부의 집권 정당의 성격을 띰

    ㉡ 임시정부 체계 변경(1940) : 충칭에 정착 후 주석제로 정치 지도 체계 변경(1940) → 주석 · 부주석 중심제(1944)

    ㉢ 건국 강령 발표(1941, 삼균주의(조소앙)에 바탕을 둠)

    ㉣ 좌우통합 임시정부의 성립(1942) : 사회주의 인사들의 임시정부 참여(김원봉), 조선독립동맹과도 통일전선 결성을 협의

② 한국광복군의 창설과 활동

    ㉠ 한국광복군의 창설(1940) : 김구의 주도로 충칭에서 광복군 창설(총사령관 지청천)

    ㉡ 한국광복군의 활동

- 군사력의 보강 : 김원봉의 조선의용대를 흡수 통합(1942), 신흥무관학교 출신의 독립군과 애국청년 모집, 일본군을 탈출한 학도병 · 조선의용대의 잔여세력 합류
- 연합작전 수행 : 태평양 전쟁(1941.12.) 발발 직후 대일 · 대독 선전포고문 발표(1941), 연합군의 일원으로 미얀마와 인도 전선에 파견(1943, 포로 심문, 암호문 번역, 선전 전단의 작성, 회유 방송 등 참여)
- 국내 진입 작전 계획 : 총사령관 지청천, 부대장 이범석 등을 중심으로 중국에 주둔한 미군(OSS부대)과 연합하여 국내 정진군의 특수 훈련 실시, 비행대 편성, 일본의 무조건 항복으로 무산

③ 조선독립동맹과 조선의용군

    ㉠ 조선독립동맹(1942, 위원장 김두봉) : 대한민국 임시정부에 편입되지 않은 조선의용대가 화북지대로 이동한 후 조선독립동맹으로 확대 · 개편, 산하에 조선의용군 조직(1942)

    ㉡ 조선의용군(1942) : 중국 공산당의 팔로군과 함께 항일전 참전

04 현대 사회

I 해방과 건국준비위원회의 활동

1. 제2차 대전 이후의 세계

① 냉전의 시대

　㉠ 냉전 체제의 성립

　　• 냉전의 시작 : 세계대전 이후 유럽 열강의 세력 약화, 미국의 자유민주주의 진영과 소련의 공산주의 진영으로 대립

　　• 냉전의 격화 : 그리스 내전을 계기로 미국의 반공 정책 강화(1947, 트루먼 독트린) → 소련의 베를린 봉쇄(1948) → 북대서양 조약기구(NATO), 바르샤바 조약기구(WTO) 결성

　　• 충돌 : 6 · 25 전쟁, 쿠바 위기, 베트남 전쟁

　㉡ 냉전 체제의 붕괴

　　• 냉전의 완화 : 긴장 완화(데탕트), 흐루시초프의 평화공존 표방(냉전 다소 완화), 서유럽과 일본의 경제 발전, 유럽 공동체 결성, 중 · 소 분쟁, 이념보다 국익, 미국의 외교정책 변화(1969, 닉슨 독트린), 닉슨의 중국 방문(1972)

　　• 냉전의 붕괴 : 소련의 고르바초프 개혁 · 개방 → 동유럽의 민주화 운동으로 공산정권 붕괴, 독일의 통일(1990), 소련의 해체(1992)

　㉢ 제3세계의 형성

　　• 배경 : 민족주의의 발달, 반제국주의, 반식민주의 운동

　　• 콜롬보 회의(1955) : 평화 5원칙 발표, 식민주의 청산, 세계 평화 주장

　　• 반둥 회의(1955) : 아시아, 아프리카 등 29개국 참여, 비동맹 중립노선 표방(반식민주의, 민족주의, 평화공존, 평화 10원칙) → 제3세계 형성

② **중국 공산당의 변화** : 중화인민공화국 수립(1949) → 아시아의 냉전 격화(1950년대) → 중 · 소 분쟁(1960년대) → 미국과의 관계 개선, 국제연합 가입(1970년대, 안전보장이사회 상임이사국) → 덩샤오핑의 개혁 · 개방 정책 → 시장 경제 체제 도입으로 급속한 경제 성장

2. 8·15 광복과 분단

① 대한민국 임시정부(우익)

　ㄱ 활동 : 민족주의 계열의 한국독립당이 주도, 삼균주의에 기초한 건국 강령 제정, 사회주의계(민족혁
　　명당) 참여

　ㄴ 건국 강령 : 보통선거를 통한 민주공화국 수립, 삼균주의, 토지 국유화, 대기업 국유화, 의무교육
　　주장

② 조선독립동맹(1942.7. 좌익)

　ㄱ 활동 : 화북 지방에서 활동하던 사회주의계 인사(위원장 김두봉)

　ㄴ 건국 강령 : 보통선거를 통한 민주공화국 수립, 남녀평등, 대기업 국유화, 의무교육 주장

③ 조선건국동맹(1944.8. 좌우합작)

　ㄱ 활동 : 여운형이 주도, 좌우익이 참여하여 건국준비위원회 조직

　ㄴ 건국 강령 : 일제 타도, 민주주의 원칙, 노동자·농민의 해방

3. 광복과 국내 정세의 변화

① 배 경

　ㄱ 열강의 한국문제 논의

　　• 카이로 회담(1943) : 미(루즈벨트)·영(처칠)·중(장제스) 3국 참여, 적당한 절차를 거쳐 적절한
　　　시기에 한국을 자유롭게 독립시킬 것을 결의

　　• 얄타 회담(1945.2.) : 미(루즈벨트)·영(처칠)·소(스탈린) 3국 참여, 소련군의 대일 참전 약속,
　　　한국의 신탁통치 논의

　　• 포츠담 선언(1945.7.) : 미(트루먼)·영(애틀리)·중(장제스)·소(스탈린) 4국 참여, 일본의 무조
　　　건 항복 요구, 카이로 회담(한국의 독립)을 재확인

　　• 광복 : 국내외 독립운동의 성과

② 건국준비위원회(1945.8.15.)

　ㄱ 조직 : 여운형(중도 좌파)과 안재홍(중도 우파)이 결성(좌우합작)

　ㄴ 활동 : 전국에 지부 설치, 치안유지, 자주독립 국가 건설, 민주주의 정권수립 목표

Ⅱ 미·소의 한반도 점령과 정치세력의 동향

1. 미군정의 등장

① 국토 분단

　ㄱ 38도선 합의(1945.9.2.) : 원폭 투하(1945.8.6.) → 소련군의 참전(1945.8.9.) → 소련의 한반도 단독
　　점령을 막기 위한 미국의 38도선 분할 제의, 소련이 수용(미 육군 총사령관 맥아더의 일반 명령 1호)
　　→ 남북에 미·소 점령군 진주

　ㄴ 국토 분단 : 남북에 미·소 점령군 진주(국토의 분단, 독립 국가 달성의 지연)

　ㄷ 조선인민공화국(1945.9.6.) : 이승만(주석)·여운형(부주석)으로 조선인민공화국 선포, 공산당계열
　　이 권력을 장악하자 우익 인사들의 이탈

② 미군정의 선포(1945.9.9.)
  ㉠ 군정의 실시 : 미군정 장관(아놀드)이 남한 군정 실시, 한국의 모든 과거 정부 부인
  ㉡ 38도선 이북지역 : 소련군 진주, 소련군과 함께 돌아온 김일성 등 공산주의 세력을 중심으로 공산주의 정권수립 추진

2. 광복 직후의 정당

① 우 익
  ㉠ 한국민주당(1945.9. 우익) : 송진우, 김성수 등 민족주의 계열, 미군정과 긴밀한 관계 유지, 반공 노선
  ㉡ 독립촉성중앙협의회(1945.10. 우익) : 이승만 중심, 우익 정당들을 잠정적으로 통합, 한민당과 긴밀한 관계
  ㉢ 한국독립당(1940. 우익) : 김구는 개인 자격으로 귀국, 남북한 통일정부 수립 활동
② 중도파
  ㉠ 국민당(1945.9. 중도우파) : 안재홍, 김규식 등 중심, 신민족주의 표방, 임시정부에 대한 지지
  ㉡ 조선인민당(1945.11. 중도좌파) : 여운형 중심, 미소의 원조와 민족 국가 건설, 진보적 민주주의 표방, 좌우합작 추진
③ 좌익(1945.9. 조선공산당) : 박헌영 중심, 미군정의 탄압(남조선 노동당으로 개편)

광복 직후의 정당

좌 파	중 도		우 파
박헌영(남조선 노동당)			이승만(독립총성중앙협의회)
김일성(북조선 공산당)	여운형(조선인민당)	김규식, 안재홍(국민당)	송진우, 김성수(한국민주당)
김두봉(조선독립동맹)			김구(한국독립당)

Ⅲ 모스크바 3국 외상회의 이후 정치적 분열과 대립

1. 신탁통치 문제와 좌우익의 갈등

① 모스크바 3국 외상회의(1945.12. 미·영·소)
  ㉠ 목적 : 미국, 영국, 소련 3국 외무장관의 한반도 문제 논의
  ㉡ 내용 : 한국에 임시민주정부 수립, 미·소 공동위원회 설치, 미·영·중·소에 의한 최고 5년간의 한반도 신탁통치 실시
  ㉢ 신탁통치의 여론
    • 우익 : 신탁통치 결정을 민주적 모독이라고 보고 반탁운동(김구·이승만)
    • 좌익 : "모스크바 협정의 본질은 임시정부 수립에 있다."라고 파악하여 반탁에서 찬탁으로 태도 변경(박헌영)
    • 중도 : 김규식, 여운형 등은 모스크바 3국 외상회의의 결정을 지지하되, 신탁통치 문제는 정부수립 후 결정하자고 주장

② 미·소 공동위원회의 결렬(1946~1947)
  ㉠ 제1차 회의(1946.3.) : 모스크바 3상 외상회의에 반대하는 정당이나 단체를 제외하자는 주장(소련)과 모든 단체를 포함하자는 주장(미국)이 맞서 결렬
  ㉡ 제2차 회의(1947.5.~7.) : 자국에 우호적인 정부를 세우려는 미·소의 정책으로 결렬
③ 영 향
  ㉠ 대립의 격화 : 국내세력이 좌우익으로 양분하여 대립
  ㉡ 결과 : 모스크바 3국 회의 결정사항은 실행 못 함

2. 공산 세력의 변화

① 민주주의 민족전선(1946.2.)
  ㉠ 조직 : 여운형, 박헌영, 김원봉, 백남운 중심, 남한정부 수립에 참여 목적
  ㉡ 강령 : 친일파 처단, 미·소 공동위원회 지지
② 조선정판사 위조지폐 사건(1946.5.)
  ㉠ 사건 : 조선공산당(민족주의민족전선)이 남한의 경제 혼란과 당비를 조달할 목적으로 1,300만원의 위조지폐를 만든 사건
  ㉡ 결과 : 미군정이 공산당에 강경책을 실시하게 된 계기, 공산당 기관지 해방일보가 정간, 공산당과 미군정의 대립 심화(박헌영 월북)
  ㉢ 영향 : 조선공산당은 미군정에 대해 투쟁 노선으로 변경(1946.7.)

3. 좌우합작 운동

① 배 경
  ㉠ 미·소 공동위원회의 결렬 : 미국과 소련의 별도의 정부를 세우려는 움직임
  ㉡ 단독정부 수립론의 대두 : 북한은 이미 실질적인 단독 정부수립을 준비(1946.2. 북조선임시인민위원회)하고 있었기 때문에 남한의 단독 정부수립 필요성 대두
  ㉢ 활동 : 이승만의 정읍 발언(남한만의 단독정부 수립 주장), 미국과 한국 민주당(송진우, 김성수)의 지지
② 좌우합작 운동 : 통일 국가 수립 운동의 시작(1946~1947)
  ㉠ 배경 : 이승만의 정읍 발언, 남북 분단방지의 필요성
  ㉡ 전 개
    • 주도 : 중도우파(김규식)와 중도좌파(여운형)
    • 추진 : 좌우합작위원회 결성(1946.7.), 좌우합작 7원칙 발표(1946.10.) → 미군정의 남조선 과도입법의원(1946.12.) 설치
  ㉢ 결 과
    • 좌우합작 7원칙에 대한 반응 : 한국독립당(김구)은 찬성, 이승만은 조건부 찬성(사실상 반대), 한국민주당, 조선공산당은 토지 개혁에 대한 입장 차이로 반대
    • 실패 : 주도 세력들의 불참(좌우익 대립의 심화), 미군정의 편파적인 우익 지원, 좌우합작 운동의 중심세력인 여운형의 암살(1947.7.)

Ⅳ 대한민국 정부의 수립과 민족의 분단

1. 5·10 총선거

① 5·10 총선거의 실시
  ㉠ 유엔 총회의 결의
    • 한국문제의 유엔 이관(1947.9. : 냉전 격화(트루먼 독트린), 미·소 공동위원회 결렬, 좌우합작 운동 실패, <u>미국은 한국문제를 유엔에 상정</u>
    • 유엔 총회의 결의(1947.11.) : 유엔 한국임시위원단을 구성하고, 남·북한 인구비례 총선거를 통하여 통일된 정부를 수립하도록 한 미국의 상정안을 가결하였지만(1947.11.), 소련은 이 제안에 반대
    • 유엔 한국임시위원단의 내한(1948.1.) : 8개국 대표로 구성된 위원단은 총선거의 감시 목적으로 내한, 북한의 유엔 한국임시위원단 입북 거부
  ㉡ 유엔 소총회의 단독선거 결의(1948.2.)
    • 내용 : 임시위원단이 접근할 수 있는 지역(남한)에서만 총선거 실시를 결의
    • 영향 : 이승만과 한국민주당은 환영, 김구의 한국독립당은 남북협상에 의한 총선거를 주장, 좌익은 반대투쟁 전개(4·3 제주도 사건)
  ㉢ 5·10 총선거(1948.5.10.) : 김구의 한국독립당·김규식 등의 중도파·공산주의자들의 선거불참, 남한 국회의원 선출

② 5·10 총선거 반대 운동
  ㉠ <u>남북협상(1948.4.)</u>
    • 배경 : 남북한 총선거 무산, 남한 단독선거 실시 결정
    • 남북협상 : <u>김구, 김규식</u> 등이 북한을 방문하여 남북협상 개최(1948.4.)
    • 지도자 협의회 : <u>남북한 제정당 사회단체 지도자 협의회 공동성명</u>(남한 단독선거 반대, 총선거를 통한 통일 정부수립)
    • 결과 : 5·10 총선거에 불참하며 통일정부 수립 운동 전개하였으나 실패
  ㉡ 제주도 4·3 사건(1948.4.3.)
    • 배경 : 단독선거 반대시위(1947), 주민 총파업, 미군정이 <u>경찰·우익단체(서북청년회)를 동원</u>하여 무력 탄압 → 군경의 초토화 작전으로 많은 수의 무고한 주민들이 희생
    • 영향 : 좌익 세력에 의한 2개 선거구 투표 무산
  ㉢ 여수·순천 사건(1948.10.19.)
    • 배경 : 제주도 4·3 사건 잔여세력 진압을 위해 여수주둔 군부대에 출동명령, 군부대 내의 좌익 세력이 제주도 출동 반대
    • 전개 : 통일정부 수립을 주장하며 봉기, 여수·순천 일대 점령(여수 인민공화국 건설)
    • 결과 : 좌익 세력 진압 후 이승만 정부의 반공정책 강화

2. 대한민국 정부의 수립

① 국회의 출범

ㄱ 5·10 총선거(1948.5.10.) : 이승만의 독립촉성 계열과 한민당 계열이 압승, <u>198명 국회의원 선출</u>(임기 2년, 초대 국회의원)

ㄴ 제헌국회 : 북한 의석을 제외한 채 제헌국회 소집(1948.5.31.)

② 정부의 수립

ㄱ 헌법 제정(1948.7.17.) : 민주공화국 체제의 헌법 제정(<u>대통령 중심의 단원제 국회, 임기 4년의 대통령 간선제</u>)

ㄴ 정부수립(1948.8.15.) : 이승만을 대통령·이시영을 부통령으로 선출, 대한민국 수립 선포

ㄷ 유엔 총회 승인(1948.12.12.) : 대한민국은 1948년 12월 유엔 총회에서 민주적인 절차에 의해 한반도에서 수립된 유일한 합법 정부로 승인받음으로써 대외적 정통성 확보

3. 제헌국회의 활동

① 일제 잔재의 청산 노력

ㄱ 친일파 청산의 필요성 : 광복 후 우리 민족의 과제, 북한은 친일파 제거 완료(1946)

ㄴ 국회의 활동

• 제헌국회 : 제헌국회의 반민족행위 처벌법(반민법) 제정·공포(1948.9.), 특별 소급법 적용(공소시효 2년), 반민족행위 특별조사위원회 구성(1948.10.)

• 반민특위의 활동 : 반민특위는 박흥식·노덕술·최린·최남선·이광수 등을 구속·수사

ㄷ 결 과

• 정부의 방해 : 이승만 정부의 비협조, 정부 및 경찰 요직에 자리 잡은 친일파의 방해(총 680여건 조사, 실형 선고 12명), 정부는 간첩혐의로 특위위원 구속, 국회 프락치 사건

• 해체 : 정부는 간첩혐의로 특위위원 구속, 경찰의 반민특위 습격(6·6 사건), 반민법 공소시효 단축 및 반민특위 해체(1949.8.31.)

② 개혁 추진의 입법 활동

ㄱ 농지개혁법(1949.6.) 제정

• 배경 : 농지개혁법 공포(1949.6.), 농지개혁의 시행(1950.3.)

• 내용 : <u>산림과 임야를 제외한 3정보 이상의 농지를 가진 지주의 농지를 국가에서 유상매입하고</u> 영세 농민에게 3정보를 한도로 <u>유상분배</u> 5년간 수확량의 30%씩을 상환함

ㄴ 농지개혁의 결과 : 소작 농민들이 농토 소유, 미진한 개혁(지주 중심의 개혁, 한국전쟁)

남북한의 농지개혁 비교

구 분	북한(토지개혁)	남한(농지개혁)
실시연도	1946(산림, 임야, 농경지 모두 포함)	1950(산림 및 임야를 제외한 농경지)
원 칙	무상 몰수, 무상 분배	유상 매수, 유상 분배
분배 면적	95만 정보(전체 경지 면적의 45%)	55만 정보(전체 소작지의 38%)
토지소유상한	5정보	3정보
분배결과	평균 호당 4,500평 소유	평균 호당 1,000평 소유

I　1950년 한국전쟁

1. 6·25 전쟁의 전개

① 배 경
- ㉠ 한반도 내부의 불안정 : 대한민국 정부와 조선민주주의인민공화국의 수립
- ㉡ 북한의 전쟁 준비
  - 화전 양면 : 침략의도를 은폐하기 위하여 표면적으로 평화협상 제의, 통일정부 수립 제안, 소련 및 중국과 군사 지원
  - 사회 혼란 : 유격대 남파 등 사회 혼란 유도, 남한의 공산주의자들에게 무장봉기 지시, 정부수립 직후부터 38도선에서 군사적 충돌 유도, 38도선 상에서 무력충돌은 1949년에 가장 빈번하게 발생, 6·25 전쟁 발발 이전까지 지속
  - 전력 증강 : 소련에서 다량의 현대식 최신 무기(항공기, 전차 등) 도입, 중국 내전에서 활약한 조선의용군 수만 명 편입
- ㉢ 국제 정세 변화
  - 공산 국가의 성장 : 중국 대륙의 공산화(1949.10.), 소련의 핵무기 개발 성공(1949)
  - 미국의 변화 : 주한 미군 철수(1949.6.)와 애치슨 선언(1950.1. 미국의 태평양 방어선에서 한반도 제외)

② 전개 과정
- ㉠ 북한의 남침(1950.6.25.) : 3일 만에 북한군이 서울 점령(6.28.) → 유엔군 참전(6.27.) → 서울 함락 (6.28.) → 미 지상군 참전(7.1.) → 국군 작전 지휘권 이양(7.14.) → 낙동강 방어선 구축(8~9월)
- ㉡ 국군과 유엔군의 반격 : 인천상륙작전(9.15.) → 서울 수복(9.28.) → 평양 탈환(10.19.) → 압록강 최대 진격(11.25.)
- ㉢ 30만 중국군의 개입(1950.10.25.) : 서울 함락(1951.1.4. 후퇴) → 서울재탈환(1951.3.) → 38도선 일대 교착 상태(1951.3.~1951.6.) → 소련이 유엔에 휴전 제의(1951.6.)

③ 휴전 협정
- ㉠ 휴전 협정의 전개
  - 배경 : 전선의 교착 상태(1951~1953)
  - 정전 회담 개최(1951.7.10. 개성) : 군사분계선 설정, 포로 송환 문제 등의 사안을 둘러싸고 2년간 지속, 군사분계선은 현 접촉선 인정, 포로 송환은 개인의 자유의사 존중 등 합의
  - 휴전 협정 중 격전 : 회담 기간 중 유리한 지역을 차지하기 위한 격전(백마고지 전투 등)
- ㉡ 휴전 협정의 결과
  - 반공포로 석방 : 이승만의 휴전 반대운동과 반공포로 석방(1953.6.18.)
  - 정전 협정 조인(1953.7.27. 판문점) : 유엔군, 중국군, 북한군 대표만 서명

2. 전쟁의 결과 및 영향

① 결 과

ㄱ 인적 피해 : 전쟁으로 인해 수많은 사상자와 이산가족, 전쟁고아 발생

ㄴ 물적 피해 : 도로, 주택, 철도, 항만 등 사회 간접시설의 대부분 파괴, 한반도의 약 80%가 전장이 되는 엄청난 피해 발생

② 영 향

ㄱ 분단의 고착 : 적대 감정 심화, 남북 무력 대결 상태 지속, 자유진영과 공산진영의 냉전 격화(미·소의 핵무기 경쟁으로 발전), 일본은 6·25 전쟁 특수로 인해 장차 경제 대국으로 성장할 수 있는 계기 마련

ㄴ 민족 공동체 약화 : 가족제도와 촌락 공동체 의식 약화, 서구 문화의 무분별한 유입

③ 한미상호방위조약의 체결(1953.10.) : 한국과 미국의 군사 동맹 강화의 계기, 연합방위체제의 법적 근간이며, 주한미군 지휘협정과 정부 간 또는 당국자 간 각종 안보 및 군사 관련 후속 협정의 기초 제공

Ⅱ 이승만 정권의 독재 강화

1. 제1공화국의 발전

① 이승만 정부의 독재화

ㄱ 민심이탈 : 친일파 청산소홀, 농지개혁의 소극적 태도

ㄴ 권력기반 약화 : 제2대 국회의원 선거(1950)에서 무소속이 대거 당선

② 자유당 조직(1951) : 반공을 구실로 반대파 탄압, 자유당을 조직(독재기반 구축)

2. 발췌 개헌과 사사오입 개헌

① 발췌 개헌(1952.7.7. 대통령 간선제 → 직선제, 임기 4년 중임제)

ㄱ 배경 : 제2대 국회의원 선거결과 이승만 지지세력 약화, 간접선거 제도로는 이승만의 대통령 당선 불확실

ㄴ 전개 : 부산에서 자유당 조직(1951), 부산지역 계엄령 선포(1952.5.), 공포분위기 조성으로 발췌 개헌안 무력통과(1952.7.)

ㄷ 결과 : 이승만 대통령 재선(1952.8.), 제3대 국회의원 선거(1954, 자유당 114명 당선)

② 사사오입 개헌(1954)

ㄱ 배경 : 대통령 3선 금지 조항(초대 대통령에 한하여 중임제한) 폐지 내용의 개헌안 제출

ㄴ 경과 : 표결 결과 1표가 부족하여 부결, 자유당의 사사오입 논리로 개헌안 통과

ㄷ 결과 : 야당은 민주당을 창당하여 저항, 신익희가 선거 도중 사망, 대통령과 부통령에 각각 이승만, 장면 당선(1956, 제3대 대통령선거)

③ 진보당 사건(1958)

  ㉠ 배경 : 1956년 대통령에 이승만, 부통령에 장면 당선

  ㉡ 전개 : 자유당 정권은 신국가보안법을 여당 의원만으로 통과(2·4 파동), 진보당을 탄압하여 당수인 조봉암을 간첩혐의로 처형, 정부에 비판적인 경향신문 폐간

④ **삼백 산업의 발전** : 1950년대 미국의 잉여 농산물 제공으로 밀·면·설탕을 공급, 정부는 제분·제당·섬유 공업으로 발전

▇Ⅲ 4월 혁명

1. 4·19 혁명

① 배 경

  ㉠ **국내 정세의 변화** : 미국의 경제 원조 축소로 경기 침체, 실업자 증가

  ㉡ **3·15 부정선거(1960)** : 부통령에 이기붕을 당선시키기 위한 대대적인 부정선거 자행

② 전개 및 결과

  ㉠ **경과** : 마산의 부정선거 항의 시위(1960.3.15. 경찰 무력 진압) → 최루탄이 눈에 박힌 김주열 학생의 시신 발견(4.11.) → 시위 전국 확산 → 시위 군중을 향한 경찰의 발포로 사상자 증가(4.19.) → 계엄령 선포 → 대학교수들의 시국 선언(4.25.)

  ㉡ **결과** : 반대시위가 계속되자 이승만은 직접 하야의 뜻을 밝히고, 다음 날 정식으로 대통령사임서를 국회에 제출(4.27.), 자유당 정권은 무너지고 외무장관 허정(대통령 권한 대행)을 수반으로 하는 과도정부가 수립

③ **의의** : 학생과 시민이 중심이 되어 독재 정권을 무너뜨린 민주주의 혁명, 민주주의 발전의 밑바탕

2. 제2공화국

① 성 립

  ㉠ **4·19 혁명 이후의 변화** : 허정 과도정부의 내각책임제 개헌(1960.6. 3차 개헌) → 총선거 실시에서 민주당 압승 → 장면을 행정수반으로 하는 민주당 내각 성립(1960.8.~1961.5. 제2공화국)

  ㉡ **구성** : 대통령 윤보선, 국무총리 장면[내각책임제, 양원제(민의원·참의원) 국회]

  ㉢ **활동** : 민주적 개혁 시도, 경제 개발 5개년 계획 수립, 평화통일 추진

② 한 계

  ㉠ **사회혼란** : 민주당 내의 세력 다툼, 부정선거 관련자·부정축재자 처벌에 소극적, 계속된 경기 침체, 사회의 무질서와 혼란 지속, 국민들의 다양한 요구 수용에 어려움, 소극적 통일정책

  ㉡ **제2공화국의 붕괴** : 5·16 군사정변으로 인하여 제2공화국의 정체는 붕괴

Ⅰ 5·16 군사 쿠데타와 박정희의 권력 강화

1. 군사 정권

① 군사 정부(1961.5.16.~1963.12. 약 2년간 군정)

  ㉠ 군사정변 : 박정희 중심의 군부 세력이 군사 정변, 국가재건최고회의(초헌법적 통치기구) 구성, 군정 실시

  ㉡ 군부의 정책 : 정치인들의 활동금지, 반공 국시, 국회·정당·사회단체 해산, 언론탄압, 정치활동 정화법(정치깡패 소탕), 제1차 경제 개발 5개년 계획 시작(1962), 부정축재자 처벌, 농어촌 부채 탕감

② 헌법 개정(1962.12.) : 대통령제와 단원제(중앙정보부 창설, 민주공화당 창당)

2. 제3공화국의 시작

① 제5대 대통령 선거 : 제5대 대통령 선거에서 박정희가 윤보선을 제치고 당선(1963)

② 3선 개헌(1969, 제6차 개헌)

  ㉠ 배경 : 경제 성장에 힘입어 제6대 대통령 선거에서 재선(1967)된 박정희의 장기 집권의 기반 마련

  ㉡ 전개 : 변칙적 3선 개헌을 통과시킨 후 국민투표로 확정

  ㉢ 재선 : 제7대 대통령 선거(1971)에서 신민당 김대중 후보에게 승리하여 대통령 당선

Ⅱ 경제 개발 정책

1. 박정희 정부의 경제 정책

① 경제 제일주의 : 경제성장 우선정책 추구, 경제는 급성장하였으나 민주주의는 억압

② 한일국교 정상화(1965)

  ㉠ 배경 : 미국의 수교 요구, 경제 개발에 필요한 자본 확보(김종필-오히라 메모)

  ㉡ 협정체결 : 학생들의 6·3 항쟁(1964)을 진압하고 계엄령을 선포한 후 한일협정 체결(1965.8.15.)

  ㉢ 내용 : 한국정부에 청구권 자금 3억달러 무상 지급, 경제협력 자금 3억달러 유상 지급

③ 베트남 파병(1964~1973)

  ㉠ 파병 : 국군을 베트남에 파견하는 대가로 미국으로부터 한국군 현대화를 위한 장비와 경제 원조를 제공(1966, 브라운 각서), 약 5만 5천여 명 파병

  ㉡ 영향 : 주한미군 주둔군 지위 협정인 한미군사행정협정(1966, SOFA)을 체결

2. 경제 개발 5개년 계획 추진

① 계획 수립 : 7개년 계획 수립(이승만 정부) → 5개년 계획 수립(장면 내각) → 경제 개발 5개년 계획(군사 정부) → 박정희 정부

② 제1차·제2차 경제 개발 계획의 실시 : 군사정부에 의해 재수정되어 1962년부터 실천

  ㉠ 1차(1962~1966) : 공업화의 기초 성장기 → 수출 산업 육성, 기간 상업과 사회 간접 자본 확충, 경공업 제품(신발, 의류 등) 위주의 수출

  ㉡ 2차(1967~1971) : 산업 구조의 근대화와 자립 경제의 확립 → 경공업 중심의 수출 주도형 공업화 정책 추진, 새마을운동 시작(1970), 경부고속도로 건설(1970)

Ⅲ 유신체제와 경제 구조의 재편

1. 제4공화국

① 유신체제
- ㉠ 배 경
  - 독재체제 구축 : 박정희 정권이 대내외적 위기감을 극복하고 독재기반 강화하여 영구 집권 도모
  - 냉전체제 완화 : 닉슨 독트린(미·중 수교, 주한 미군 일부 철수)
- ㉡ 명분 : 국가 안보 강화, 지속적인 경제 성장, 평화통일을 위한 정치 안정, 비상계엄 선포, 10월 유신 선포(국회 해산, 정당 활동 금지)
- ㉢ 내 용
  - 개인의 자유와 민주주의 정치 활동 제약(권위주의 독재 체제)
  - 대통령의 권한 강화 : 의회와 사법부 장악(3권 분립 무시), 초법적인 긴급조치권 부여
  - 대통령 임기 6년, 중임 제한 철폐, 통일주체국민회의 설립(대통령 간선제)
  - 국회의원 1/3 임명권, 국회 해산권, 법관 인사권 부여, 정당 및 정치 활동 금지
- ㉣ 영 향
  - 저항문화의 형성 : 1970년대 '아침이슬' 등이 금지곡으로 지정(대학가의 저항 가요로 발전)
  - 언론탄압 : 유신 정권의 압박으로 동아일보 예약 광고의 무더기 해약사태(1974.12.)
  - 민중 저항 : 독재체제에 대한 국민적 저항, 국제 사회의 비판적 여론, 경제 불황으로 국민의 불만 고조, 야당의 득표율 증가, 개헌 정권 100만인 서명운동(1973), 독재 타도, 민주 회복, 유신헌법 개정 운동 전개
② 유신체제의 붕괴 : 석유 파동으로 인한 경제위기(1978), 장기 집권에 대한 국민적 비판 → 제10대 국회의원 선거(1978)에서 야당 득표율 더욱 증가, 치열한 노동 운동, 반독재운동 전개 → 부·마 항쟁(1979.10.) → 10·26 사태(박정희 피살)

2. 경제 정책

① 경제 개발 5개년 계획 추진
- ㉠ 제3차·제4차 경제 개발 계획의 실시
  - 3차(1972~1976) : 중화학 공업화 추진, 포항제철 준공, 수출 증대에 의한 국제 수지 증가, 곡물의 자급, 지역 개발의 균형
  - 4차(1977~1981) : 자립 성장 구조 확립, 사회 개발, 기술 혁신과 능률 향상, 수출 100억달러 달성(1977)
- ㉡ 성과 : 경부고속국도 개통, 도로·항만·공항 등 시설 확충, 경제 개발의 성공으로 아시아 신흥공업국으로 성장(한강의 기적)
- ㉢ 한계 : 빈부격차 심화, 저임금·저곡가, 선성장·후분배(노동 운동 증가), 석유 파동(1차 1973, 2차 1979), 정경유착

② 농촌 문제
- ㉠ 저곡가정책 : 저임금·저곡가 정책 실시
- ㉡ 새마을운동 : 1970년대 농촌 사회에서 도시로 확대 농어촌의 환경개선·소득증대에 기여(근면·자조·협동)
③ 노동 운동
- ㉠ 배경 : 1960년대 이후 급격한 산업화, 저임금과 노동환경의 열악
- ㉡ 1970년대 노동 운동 : 전태일 분신 사건(1970.11.)을 계기로 노동자의 요구가 구체적이고도 본격적으로 나타나기 시작, 동일방직 노동 운동, YH무역 노동 운동 등

I 광주민중항쟁과 신군부의 제5·6 공화국

1. 제5공화국

① 5·18 민주화운동(1980)
- ㉠ 배 경
  - 신군부의 등장 : 10·26 사태 → 계엄 선포 → 최규하 대통령 선출 → 12·12 사태(전두환·노태우 등 신군부 세력이 권력 장악)
  - 서울의 봄(1980) : 계엄령 해제와 신군부의 퇴진 요구, 대규모 민주화 시위(서울역 시위 절정)
  - 계엄령 확대(1980.5.17.) : 국회 폐쇄, 정치활동 금지, 대학 폐쇄, 파업 금지, 언론 검열 강화 등 무력 진압
- ㉡ 민중 민주 항쟁의 전개 : 신군부가 비상계엄 전국 확대(1980.5.17.) → 광주 지역에서 비상계엄 철회·민주 헌정 체제 회복 요구 시위 → 계엄군(공수 부대) 투입 진압 → 전국적인 시위로 확대
- ㉢ 5·18 민주화운동의 의의 : 1980년대 이후 급격하게 발전한 반독재 민주화운동의 밑거름, 군부 독재에 저항하는 민중 의식의 표출

② 전두환 정부
- ㉠ 제5공화국의 성립(1981.2.)
  - 배경 : 신군부가 국가보위비상대책위원회(1980)를 조직하여 권력 장악
  - 제5공화국 : 전두환 대통령 선출(1980.8. 통일주체국민회의) → 제8차 개헌(1980.10. 대통령 7년 단임, 대통령 간선제), 민주정의당 조직 → 대통령 선출(1981)
- ㉡ 전두환 정부의 정치
  - 강압 정치 : 민주화운동 억압, 삼청교육대(인권 유린), 언론 통제(언론 통폐합)
  - 유화 정책 : 민주화인사 복권, 야간 통행금지 해제, 교복 자율화, 해외여행 자유화, 프로야구 출범, 공직자윤리법 제정(1981) 등
  - 경제 성장 : 3저 호황(저유가·저달러·저금리)으로 경제성장, 물가안정, 수출 증대

③ 6월 민주항쟁과 민주주의의 발전

　㉠ 6월 민주항쟁의 전개

　　• 배경 : 박종철 고문치사 사건(1987.1.) 등 불만 여론 활성화(대통령 직선제 개헌 요구), 정부의 4·
　　　13 호헌조치 발표(1987.4.13.)

　　• 전개 : 야당과 재야의 연합 기구인 '민주헌법쟁취 국민운동본부'가 박종철 고문치사 규탄과 호헌
　　　철폐를 위한 국민 대회를 전국 주요 도시에서 개최(1987.6.10.) → 범국민적 반독재 민주화 투쟁으
　　　로 발전

　　• 6·29 선언 : 민주정의당의 차기 대통령 후보로 내정된 노태우를 통해 6·29 선언 발표 → 5년
　　　단임의 대통령 직선제 개헌(1987.10.)

　㉡ 6월 민주항쟁의 의의 : 4·19 혁명 이후 가장 규모가 큰 민주화 운동, 국민의 힘으로 헌법을 개정하여
　　민주주의 발전에 기틀 형성

2. 제6공화국

　① 노태우 정부

　　㉠ 출범 : 야당 후보의 분열로 당선, 여소 야대 국회 → 3당 합당(1990)으로 거대 여당 출현

　　㉡ 정책 : 서울 올림픽, 북방외교[소련(1990)·중국(1992)과 수교], 남북한 유엔 동시 가입(1991), 남북
　　　기본 합의서 체결(1991), 전국민 의료보험 실시(1989)

　② 김영삼 정부

　　㉠ 출범 : 문민정부(5·16 이후 30년 만에 민간인 대통령 선출)

　　㉡ 정책 : 공직자 재산 등록, 금융실명제 실시(1993), 쌀시장 개방(1994, 우루과이라운드), 지방자치제
　　　전면 실시, 수출 1,000억달러 돌파(1995), WTO출범(1995, 농산물 수입 자유화) OECD 가입(1996),
　　　외환위기[1997, 국제통화기금(IMF)에 구제 금융 요청]

　　㉢ 역사 바로 세우기 : 12·12 사태와 5·18 민주화운동 진상 조사(전두환·노태우 구속), 초등학교
　　　개칭(1996), 조선총독부 건물철거

　③ 김대중 정부

　　㉠ 출범 : 최초의 평화적인 여야 정권 교체(국민의 정부)

　　㉡ 정책 : 외환위기 극복(2001, 금융개혁, 기업의 구조조정 등), 대북 화해협력정책(햇볕 정책), 제1차
　　　남북 정상회담, 6·15 남북공동선언(2000), 금강산 관광 시작(1998)

　④ 노무현 정부

　　㉠ 출범 : 참여정부, 대북 화해 협력 정책 계승, 평화 번영의 동북아 시대 제시

　　㉡ 정책 : 서민정치, 제2차 남북정상회담(2007, 10·4 남북정상회담 개최)

　⑤ 이명박 정부

　　㉠ 출범 : 10년 만의 보수 정당으로 정권 교체

　　㉡ 정책 : 경제발전을 추구하고, 4대강 사업과 자원외교를 추진함

⑥ 박근혜 정부

 ㉠ **출범** : 보수 정당의 정권 연장, 최초의 대한민국 여성 대통령

 ㉡ **정책** : 창조경제를 경제 추진 원동력으로 과학 산업과 향후 유망한 분야의 투자 등을 주된 내용으로 여러 정책들을 추진

 ㉢ **대한민국 헌정 사상 최초의 대통령 파면** : 2016년 말 불거진 박근혜-최순실 게이트로, 박근혜 대통령 탄핵 소추안이 국회를 통과, 2017년 3월 10일 헌법재판소의 대통령탄핵 인용결정으로 대한민국 헌정 사상 최초로 대통령직에서 파면되어 대통령 임기가 종료됨

⑦ 문재인 정부

 ㉠ **출범** : 박근혜 대통령 파면으로 실시된 2017년 5월 9일 대선에서 더불어민주당 문재인 후보가 당선, 2017년 5월 10일 취임하여 진보 정당으로 정권이 교체됨

 ㉡ **정책** : 평창올림픽 성공 개최(2018), 판문점 남북정상회담(2018), 싱가포르 북미정상회담(2018), 평양 남북정상회담(2018), 코로나19 바이러스 효과적 대응 등

⑧ 윤석열 정부

 ㉠ **출범** : 2022년 3월 9일 대선에서 대한민국 검찰총장 출신의 국민의힘 윤석열 후보가 당선, 2022년 5월 10일 보수 정당으로 정권이 교체됨

 ㉡ **정책** : 공정과 상식, 국익과 실용을 국정운영 원칙으로 하여, 자유의 가치를 강조하는 자유로운 시장 경제, 친서방주의와 강력한 한미동맹, 국력에 기반한 평화를 추구하고, 능력주의 인사 원칙을 내세움

공화국 개헌의 과정

개 헌	내 용
제헌(1948)	대통령 간선제, 단원제 국회, 국회에서 대통령 간접선거(임기 4년, 1회 중임가능)
1차(1952)	발췌 개헌(대통령 중심제, 임기 4년 중임제, 직선제, 부통령제, 양원제 국회)
2차(1954)	사사오입 개헌(초대 대통령의 중임 제한 철폐, 부통령의 대통령 승계, 직선제)
3차(1960)	4·19 혁명(내각책임제, 양원제, 사법권의 민주화, 경찰 중립화, 지방차지의 민주화)
4차(1960)	소급 특별법의 제정(부정축재자 처벌 등 소급법 근거 마련, 상기 형사사건 처리를 위한 특별재판부와 특별 검찰부 설치)
5차(1962)	5·16 군사 정변(대통령 중심제, 임기 4년 중임제, 직선제, 단원제 국회)
6차(1969)	3선 개헌(대통령의 3선 연임 허용, 직선제, 국회의원의 국무위원 겸직 허용, 대통령 탄핵소추 요건 강화)
7차(1972)	유신 헌법(대통령 중심제, 대통령의 권한 강화, 임기 6년 중임제한 철폐, 간선제, 통일주체국민회의 신설, 국회권한 조정, 헌법개정절차 일원화)
8차(1980)	12·12 사태(대통령 중심제, 연좌제 금지, 임기 7년 단임제, 간선제, 대통령 선거인단에 의해 선출, 구속적부심 부활, 헌법개정절차 일원화)
9차(1987)	6월 민주항쟁(대통령 중심제, 임기 5년 단임제, 직선제, 비상조치권 및 국회해산권 폐지로 대통령 권한 조정)

Ⅱ 경제 발전을 위한 노력

1. 현대의 경제 발전

① 경제 정책

㉠ 3저 호황 : 1980년대 중·후반 경제호황과 시장개방(저유가·저달러·저금리로 물가안정)

㉡ 1990년대 이후 : KTX(고속철도) 개통(2004), 한미 FTA(자유무역협정) 타결(2007, 노무현 정부)

② 외환위기(1997)

㉠ 배경 : 성장 위주의 급격한 경제 성장, 금융권 부실 등, IMF 구제 요청(1997, 김영삼 정부)

㉡ 경과 : IMF(국제통화기금)의 구제 금융, 구조조정, 부실기업 정리

㉢ 극복 : 금 모으기 운동, 노사정위원회 출범, 기업·금융·공공·노동 개혁, IMF 관리 이탈(2001, 외채 상환, 김대중 정부)

2. 기타 경제·사회의 변화

① 1980년대 이후 경제

㉠ 농축산물 수입 개방 저지 및 제값 받기 전국 농민 대회(1988, 노태우 정부)

㉡ 쌀 시장 개방 : 우루과이 라운드 체결(1994, 김영삼 정부)

㉢ WTO 출범 : 농산물 수입 자유화(1995, 김영삼 정부)

② 노동 운동

㉠ 1980년대 : 1987년 6월 민주 항쟁 이후, 임금의 인상, 노동 조건의 개선, 기업가의 경영 합리화와 노동자에 대한 인격적 대우 등을 강력하게 주장하며 노동 운동이 활성화

㉡ 1990년대 : 전국 민주 노동조합 총연맹, 노사정 위원회 구성

③ 사회 보장 정책

㉠ 배경 : 산업화와 도시화로 노약자·빈곤층·실업자 등 사회적 약자 발생

㉡ 사회 정책

• 고용보험 및 연금제도 : 실업자 문제·노후 생활을 위해서 고용보험 및 연금제도 등을 도입

• 의료보험제도(1989) : 국민 모두가 의료 혜택을 받을 수 있도록 제도적인 장치를 마련

• 국민기초생활보장법(1999) : 생활이 어려운 계층의 최저 생활을 보장하는 목적으로 제정

3. 교육 및 학술의 발달

① 교육 활동

㉠ 미군정기 : 6·3·3 학제를 근간으로 하는 교육제도 마련, 남녀 공학제 도입

㉡ 1960년대 : 3대 방침(학원 정상화, 사도 확립, 교육 중립성), 교육자치제 확립(1952)

㉢ 5·16 군사정변 이후 : 국민교육헌장 선포, 민족주의적·국가주의적 교육 이념(1968), 대학예비고사 제도 실시(1696), 국사·윤리교육 강화(1973), 고등학교 평준화(1974)

㉣ 1980년대 : 국민 윤리교육 강화, 과외 금지, 대입 본고사 폐지

㉤ 1990년대 이후 : 대학수학능력시험, 중학교 의무교육

② 학술 및 언론
  ㉠ 학술 연구 활동
    • 배경 : 식민지 잔재 청산, 민족의 자주 독립 국가 수립
    • 한국학 연구 : 한글학회, 진단학회
    • 학회 창립 : 역사학회, 국어국문학회, 한국철학회, 한국고고학회, 민속학회
    • 1970년대 : 정부의 주체적 민족사관 강조, 국사 교육 강화
  ㉡ 언론 활동
    • 미군정기 : 조선일보, 동아일보 복간, 해방일보, 조선인민보 간행
    • 이승만 정부 : 국보법을 개정하여 언론 통제, 경향신문 폐간(1959)
    • 4 · 19 혁명 이후 : 언론 자유와 개방
    • 5 · 16 군사 정부 : 언론기관과 정기 간행물 정리
    • 1960년대 : 언론의 상업주의화 경향 대두
    • 1970년대 : 동아일보 기자들의 언론자유 수호투쟁(국민들의 지원)
    • 언론탄압 : 언론인 강제 해직, 언론 통폐합, 보도지침
    • 6월 민주 항쟁 이후 : 언론자유 확대, 언론 노동조합연맹 조직
③ 대중문화 및 체육 활동
  ㉠ 대중문화
    • 대중 미디어 발달 : 라디오 보급(1960년대), TV 확산(1970년대 이후)
    • 현대의 대중문화 : 정보 통신 혁명, 문화 시장 개방
    • 한류 열풍 : 1990년대 후반부터 아시아에 유행한 한국 대중문화
  ㉡ 체육 활동
    • 1980년대 : 프로야구 · 축구 구단 창설, 아시안 게임(1986), 서울 올림픽(1988)
    • 1990년대 : 바르셀로나 올림픽(황영조 금메달)
    • 2000년대 : 시드니 올림픽(2000) 남북한 공동 입장, 월드컵 한 · 일 공동 개최(2002)
    • 2010년대 : 대구 세계육상선수권대회(2011), 제23회 평창 동계올림픽(2018)

I 북한 정권의 성립

1. 북한 정권

① 조선 민주주의 인민 공화국의 수립
  ㉠ 평남 건국준비위원회(1945.8. 위원장 조만식)
  ㉡ 북조선 임시 인민위원회 조직(1946.3. 중앙행정기관의 모태), 토지개혁법(1946) 제정
  ㉢ 북조선 인민회의(1947.2. 입법기관)는 정권수립을 위한 제반 준비작업 진행(위원장 김일성)
  ㉣ 조선민주주의인민공화국 선포(1948.9.9. 김일성이 내각 수상에 취임)

② 김일성 유일 체제
  ㉠ 김일성 체제
    • 독재기반 강화 : 김일성은 반대 세력들을 숙청하여 1인 독재의 기반을 강화
    • 권력 장악 : 김일성 1인 지배 체제 구축, 김일성파 권력 독점
    • 군사노선(1960년대) : 1960년대 북한은 4대 군사 노선 채택(전인민의 무장화, 전국토의 요새화, 전군의 간부화, 전군의 현대화), 군수공업 발전
    • 주체사상 강조(1970년대) : 자주 노선 확립, 북한의 통치 이념
  ㉡ 대남정책
    • 표면적 : 평화적인 남북 연방제 통일 방안 제시
    • 내면적 : 남한 내부 혁명을 부추겼으며, 무장 군인을 남파하여 무력도발

③ 후계 체제의 확립
  ㉠ 김정일 후계 체제
    • 혁명 2세대 : 김정일을 비롯한 김일성의 친인척이 권력 장악
    • 사회주의 헌법 제정 : 사회주의 헌법 제정(1972.12.), 김정일을 김일성의 유일한 후계자로 공인

김정일의 권력 승계 과정	
1972	7·4 남북 공동 성명 발표
1972	사회주의 헌법 제정 – 주석 중심으로 개편(김일성)
1973	노동당 총비서 선출(김정일)
1974	김정일을 유일한 후계자로 내정
1980	권력의 핵심 요직에 진출하면서 후계체계를 공식화
1991	김정일이 인민군 최고사령관에 취임, 2년 뒤 위상이 격상된 국방위원장에 취임
1994	김일성 사망 후 유훈 통치 전개
1998	헌법 개정을 통해 국방위원회 중심으로 권력을 개편, 사실상 국가수반인 국방위원장에 다시 취임

ⓛ 김정은 후계 체제 : 김정일 사망 후 <u>김정은이 권력 승계</u>(2011)

김정은 체제의 형성	
2010	김정은의 후계체제 구축과 우상화 작업 시작, 당 중앙군사위부위원장 임명
2011	김정일 사망 후 권력 승계
2012	당 제1비서, 당 중앙군사위원회 위원장, 국방위원회 제1위원장 등 김정일의 직책을 모두 승계
2012 이후	당의 유일 지도사상으로 주체사상 대신 김일성-김정일 주의 표방

2. 북한의 경제

① 농업협동화운동(1953) : 식량·원료 공급의 증가, 농촌 노동력을 공업 부문으로 이전하는 정책
② 천리마운동(1957)
　ㄱ 배경 : 노동 성적이 좋은 사람을 영웅으로 만들어 대중의 생산 경쟁 유도
　ㄴ 경제 발전 : 노동 참여 독려, <u>중공업 우선시</u>, 농업과 상업 분야의 협동화
③ 개방정책
　ㄱ 합영법과 합작법(1984) : <u>외국인 투자 유치</u>, 외국 기업·자본 도입 추진
　ㄴ 외국인 투자법(1992) : 외국인 투자기업을 창설·운영하는 제도와 원칙 규정
　ㄷ 나진·선봉 무역지대 개발(2010)

Ⅱ 통일정책의 추진

1. 1950년대(제1공화국)

한국전쟁 이후 남북한 상호 적대감과 증오감, 남북한 사이 대화 단절

2. 1960년대(제2공화국)

① 4·19 혁명 직후 : 4·19 혁명 직후 학생들과 일부 정치인들을 중심으로 통일 논의가 활발(평화통일 주장 표출)
② 내 용
　ㄱ 정부여당 : 북진 통일론 철회, <u>유엔 감시 아래 남북한 총선거 실시</u>를 통한 평화적 통일 주장
　ㄴ 평화통일론 : 진보당 등 혁신 정당 조직, 한반도 중립화 통일론, 남북협상론 등 다양한 평화통일론 주장
　ㄷ 학생 : '가자 북으로, 오라 남으로'라는 구호 아래 통일을 위한 모임을 조직, 일부 학생들은 <u>판문점에 서 남북 학생 회담 개최</u>를 추진(1961)
③ 한계 : 5·16 군사 정변, 남북한 간의 대립으로 통일 논의 곤란

3. 1970년대

① 닉슨 독트린(1969, 냉전의 완화) : 주한 미군 감축, 자주국방 정책의 추진과 한반도 평화 정착을 위한 대북한 교섭을 시도

② 통일정책

　㉠ 8·15 선언(1970) : 한반도 평화 정착, 남북 교류 협력, 북한을 대화와 협력 대상으로 인정

　㉡ 남북적십자회담 제의(1971) : 남북한의 이산가족 찾기를 위한 남북 적십자 회담을 제의(1971), 북한과 회담이 성사(1972)

　㉢ 7·4 남북공동성명(1972)

　　• 내용 : 자주통일, 평화통일, 민족적 대단결의 3대 원칙을 성명

　　• 전개 : 통일 문제를 협의하기 위한 남북조절위원회의 설치 합의

　㉣ 6·23 평화통일 선언(1973) : 남북 유엔 동시 가입제의, 호혜 평등의 원칙하에 모든 국가에 문호 개방, 내정 불간섭

　㉤ 평화통일 3대 원칙(1974) : 남북 상호 불가침 협정의 체결을 제의(1974.1.), 평화 정착·상호 신뢰 회복·토착 인구 비례에 의한 남북한 자유 총선거를 통한 평화통일 3대 원칙 발표

4. 1980년대

① 1980년대 초반의 통일정책

　㉠ 남북한 당국의 최고 책임자 상호 방문 제의(1981.1.) : 남북한 당국의 최고 책임자가 번갈아 상호 방문할 것을 제의

　㉡ 민족화합민주통일 방안(1982) : 민족 자결 원칙에 의거, 민주적 절차와 평화적 방법으로 민족·자주 ·자유·복지의 이상을 추구하는 통일국가 수립의 방안

② 남북관계의 진전

　㉠ 남북 이산가족 고향 방문(1985)

　　• 제8회 남북적십자 회담(1985.5.) : 남북 이산가족 고향 방문단 및 예술 공연단의 교환 방문을 추진하기로 합의, 최초의 남북한 이산가족 상봉

　　• 이산가족 상봉(1985.9.) : 남북한 고향방문단과 예술 공연단이 서울과 평양을 각각 방문

　㉡ 7·7 선언(1988)

　　• 민족의 자존과 통일 번영을 위한 특별선언

　　• 내용 : 남북한 관계를 동반 관계, 나아가서는 함께 번영해야 할 민족 공동체 관계로 규정

　㉢ 한민족공동체통일방안(1989)

　　• 원칙 : 자주·평화·민주의 원칙

　　• 내용 : 남북 연합을 구성하여 남북 평의회를 통해 헌법을 제정하고 총선거를 실시하여 통일 민주공화국을 구성하자는 제안

5. 1990년대

① 1990년대 초반의 통일정책

    ㉠ 남북 유엔 동시 가입(1991.9.) : 적극적인 북방외교 정책을 전개하여 남북 고위급 회담 시작(1990), 남북이 유엔에 동시 가입(1991)

    ㉡ 남북기본합의서 채택 (1991.12.)

- 의의 : 최초의 남북한 공식 합의(화해, 불가침, 민족 내부의 교류), 문화·체육의 교류
- 발전 : 한반도의 비핵화에 관한 공동선언(1991.12.31.) 채택

    ㉢ 3단계 3대 기조 통일방안(1993) : 3단계 통일방안(화해·협력, 남북연합, 통일국가 완성)과 3대 기조(민주적 국민합의, 공존·공영, 민족복리)

    ㉣ 민족공동체통일방안(1994)

- 성격 : 한민족공동체통일방안(1989)과 3단계 3대 기조 통일정책(1993)의 내용을 종합한 것, 공동체 통일 방안
- 내용 : 자주, 평화, 민주의 3원칙과 화해·협력, 남북연합, 통일국가 완성의 3단계 통일방안을 발표(국민합의, 공존·공영, 민족복리)

② 남북관계의 변화

    ㉠ 정상회담 무산(1994) : 김일성의 사망으로 정상회담 무산, 김일성 조문 문제로 남북관계는 다시 냉각

    ㉡ 김대중 정부 이후 남북관계 급진전(1998) : 남북 화해·협력 정책(햇볕 정책)을 추진, 민간 차원의 교류 확대

6. 2000년대

① 6·15 남북공동선언(2000)

    ㉠ 의의 : 평양에서 제1차 남북정상회담, 공동선언 발표, 이산가족 상봉, 긴장 완화와 화해·협력이 진전

    ㉡ 내 용

- 통일 문제의 자주적 해결
- 통일을 위한 남측의 연합제와 북측의 낮은 단계의 연방제 사이의 공통성 인정
- 이산가족 방문단의 교환과 비전향 장기수 문제 해결을 위한 노력
- 경제협력을 통한 민족경제의 균형적 발전과 모든 분야의 협력과 교류 활성화, 대화의 계속 등

    ㉢ 개성공단

- 합의 : 개성공단 조성사업 합의(2000), 개성공단 착공 합의(2002, 남북경제협력추진위원회 합의문)
- 북한 : 개성공업지구법을 제정·공포(2002), 2003년 착공

② 평화 번영을 위한 선언(2007)

    ㉠ 배경 : 평양에서 제2차 남북정상회담(2007, 10·4 남북공동선언)

    ㉡ 내용 : 6·15 공동선언 고수·실현, 평화 공존·경제 협력·문화 교류 등 여러 제도의 정비에 대하여 합의, 한반도의 종전 선언에 대한 협력

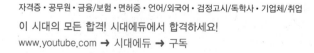

서울특별시
청원경찰

한권으로 끝내기

서울특별시
청원경찰

한권으로 끝내기

문제편

시대에듀

시대에듀 최강교수진!

합격에 최적화된 수험서와 최고 교수진의 名品 강의를 확인하세요!

시대에듀만의 경비지도사 수강혜택

1:1 맞춤
학습 제공

모바일강의
서비스 제공

기출문제
특강 제공

한눈에 보이는 경비지도사 동영상 합격 커리큘럼

1차		2차	
기본이론	과목별 필수개념 수립	기본이론	과목별 필수개념 수립
문제풀이	예상문제를 통한 실력 강화	문제풀이	예상문제를 통한 실력 강화
모의고사	동형 모의고사로 실력 점검	모의고사	동형 모의고사로 실력 점검
기출특강	기출문제를 통한 유형 파악	기출특강	기출문제를 통한 유형 파악

※ 과정별 커리큘럼 및 강사진은 내부사정에 따라 변경될 수 있습니다.

제1과목

민간경비론

PART 01

민간경비론

01 민간경비 개설

제1절 민간경비와 공경비

01

민간경비의 주요 임무로 옳지 않은 것은?

☑ 확인Check! ○ △ ✕

① 질서유지활동
② 범죄수사활동
③ 위험방지활동
④ 범죄예방활동

쏙쏙 해설

민간경비의 주요 임무는 범죄예방업무, 질서유지업무, 위험방지업무 기타 경비업법상 경비업무이다. 범죄수사활동은 공경비의 주요 임무로, 민간경비와 가장 구별되는 임무 중 하나이다.

정답 ②

02

경비업법상 경비업무로 명시되어 있지 않은 것은?

☑ 확인Check! ○ △ ✕

① 신변보호업무
② 시설경비업무
③ 인력경비업무
④ 호송경비업무

쏙쏙 해설

경비업법상 경비업무로 명시되어 있는 것은 시설경비업무, 호송경비업무, 신변보호업무, 기계경비업무, 특수경비업무에 한정된다(경비업법 제2조 제1호). 따라서 경비업법상 경비업무로 명시되어 있지 않은 것은 인력경비업무이다.

정답 ③

03

☑ 확인 Check! ○ △ ✕

경비업무 중 '경비를 필요로 하는 시설 및 장소에서의 도난·화재 그 밖의 혼잡 등으로 인한 위험발생 방지업무'에 해당하는 것은?

① 호송경비업무
② 시설경비업무
③ 특수경비업무
④ 기계경비업무

관계법령

정의(경비업법 제2조)

이 법에서 사용하는 용어의 정의는 다음과 같다.
  1. "경비업"이라 함은 다음 각목의 1에 해당하는 업무(이하 "경비업무"라 한다)의 전부 또는 일부를 도급받아 행하는 영업을 말한다.
    가. 시설경비업무 : 경비를 필요로 하는 시설 및 장소(이하 "경비대상시설"이라 한다)에서의 도난·화재 그 밖의 혼잡 등으로 인한 위험발생을 방지하는 업무
    나. 호송경비업무 : 운반 중에 있는 현금·유가증권·귀금속·상품 그 밖의 물건에 대하여 도난·화재 등 위험발생을 방지하는 업무
    다. 신변보호업무 : 사람의 생명이나 신체에 대한 위해의 발생을 방지하고 그 신변을 보호하는 업무
    라. 기계경비업무 : 경비대상시설에 설치한 기기에 의하여 감지·송신된 정보를 그 경비대상시설 외의 장소에 설치한 관제시설의 기기로 수신하여 도난·화재 등 위험발생을 방지하는 업무
    마. 특수경비업무 : 공항(항공기를 포함한다) 등 대통령령이 정하는 국가중요시설(이하 "국가중요시설"이라 한다)의 경비 및 도난·화재 그 밖의 위험발생을 방지하는 업무

제1장

제2장

제3장

제4장

제5장

제6장

제7장

04

☑ 확인 Check! ○ △ ✕

민간경비에 관한 설명으로 옳지 않은 것은?

① 공경비에 비해 한정된 권한을 가지고 있다.
② 민간경비의 중요한 역할은 범죄예방 및 손실예방이다.
③ 정보보호, 사이버보안은 실질적 의미의 민간경비 분야에서 제외된다.
④ 민영화이론은 국가독점에 의한 비효율성을 극복하고자 시장경쟁 논리를 도입한 이론이다.

05

민간경비의 실질적 개념에 관한 설명으로 옳지 않은 것은?

① 경비업법에 의하여 허가받은 법인이 경비업법상 규정된 업무를 수행하는 경비활동이다.

② 민간경비뿐만 아니라 지역 내 자율방범대 및 개인적 차원 등에서 이루어지는 범죄예방 관련 제반활동이다.

③ 민간차원에서 수행하는 개인 및 집단의 생명과 신체에 대한 위해 방지, 재산보호 등과 관련된 활동이다.

④ 정보보호, 사이버보안은 실질적 개념의 민간경비에 속한다.

쏙쏙 해설

①은 민간경비의 형식적 개념에 관한 설명이다.

정답 ❶

핵심만 콕

민간경비의 개념★

- 협의의 개념 : 고객의 생명·신체·재산보호, 질서유지를 위한 개인 및 기업(조직)의 범죄예방활동(방범활동)을 의미한다.
- 광의의 개념 : 공경비를 제외한 경비의 3요소인 방범·방재·방화를 포함하는 포괄적 경비활동을 의미한다. 최근에는 산업보안 및 정보보안 그리고 사이버보안에 이르기까지 광범위하고 첨단화된 범죄예방기능을 포함하는 개념으로 사용되고 있다.
- 실질적 개념 : 고객의 생명·신체·재산보호, 사회적 손실 감소와 질서유지를 위한 일체의 활동을 의미하는데, 실질적 개념에서 경찰과 민간경비는 그 주체가 국가와 민간이라는 점에서 차이가 있을 뿐, 본질적으로는 차이가 없다.
- 형식적 개념 : 실정법인 경비업법에 의해 허가받은 법인이 동법에서 규정하고 있는 업무를 수행하는 활동을 의미하는데, 형식적 개념에서 경찰과 민간경비는 명확하게 구별된다.

06

민간경비의 개념에 관한 설명으로 옳지 않은 것은?

① 형식적 개념은 공경비와 민간경비가 명확히 구분된다.

② 실질적 개념은 자율방범대 및 개인적 차원의 범죄예방활동도 포함한다.

③ 협의의 개념은 주요 기능으로 방범·방재·방화를 들고 있다.

④ 광의의 개념에서 공경비와 민간경비는 본질적 차이가 없다고 본다.

쏙쏙 해설

주요 기능으로 방범·방재·방화를 들고 있는 것은 민간경비의 광의의 개념이다.

정답 ❸

핵심만 콕

① 형식적 개념에서 공경비(경찰)와 민간경비가 명확히 구별된다.

② 민간경비뿐만 아니라 지역 내 자율방범대 및 개인적 차원 등에서 이루어지는 범죄예방 관련 제반활동도 실질적 개념의 민간경비라 할 수 있다.

④ 광의의 민간경비는 공경비를 제외한 경비의 3요소인 방범·방재·방화를 포함하는 포괄적 경비활동을 의미하므로 공경비와 민간경비는 본질적 차이가 없다고 볼 수 있다.

07

☑ 확인 Check! ○ △ ✕

민간경비의 특성으로 옳지 않은 것은?

① 영리성을 추구하지만 공공성은 배제된다.
② 국가마다 제도적 차이가 있다.
③ 범죄발생의 사전 예방적 기능을 주요 임무로 한다.
④ 서비스 제공 책임은 고객과의 계약관계를 통해 형성된다.

쏙쏙 해설

민간경비업은 영리성(경제적 이익)을 그 특징으로 하지만 공공성이 요구된다. 민간경비가 수행하는 치안서비스가 공공서비스로서 원래는 국가가 수행하여야 하나 민간부문이 대신하여 치안서비스를 제공함으로서 공공성을 가지고 있다는 것을 의미한다.

정답 ❶

08

☑ 확인 Check! ○ △ ✕

우리나라 민간경비서비스의 특성에 관한 설명으로 옳지 않은 것은?

① 제공 대상은 비용을 지불할 수 있는 특정고객에 한정된다.
② 제공 내용은 특정고객의 이익을 만족시키기 위한 것이다.
③ 제공 책임은 특정고객과의 계약관계를 통해서 형성된다.
④ 제공 주체가 되려는 자는 관할관청에 신고하여야 한다.

쏙쏙 해설

민간경비업의 설립은 처음부터 허가제였고 지금도 허가제를 유지하고 있다. 경비업법 제4조 제1항에서 경비업을 영위하고자 하는 법인은 도급받아 행하고자 하는 경비업무를 특정하여 그 법인의 주사무소의 소재지를 관할하는 시·도 경찰청장의 허가를 받아야 한다고 규정하고 있다.

정답 ❹

09

순수공공재 이론에서 "치안서비스라는 재화는 이용 또는 접근에 대해서 제한할 수 없다"는 내용에 해당하는 것은?

☑ 확인 Check! ○ △ ✕

① 비경합성
② 비배제성
③ 비거부성
④ 비순수성

쑥쑥 해설

머스그레이브(Musgrave)는 순수공공재의 기준으로서 비경합성, 비배제성, 비거부성을 제시하였는데, 설문은 비배제성에 대한 내용이다.

정답 ❷

핵심만 콕

순수공공재 이론의 특성(기준)

• 비경합성(공동소비) : 어떤 서비스를 소비할 때 한 사람이 그 서비스를 소비하더라도 다른 사람의 소비기회가 줄어들지 않음을 의미하는데, "치안서비스의 이용에 있어서 추가이용자의 추가비용이 발생하지 않는다"는 것을 내용으로 한다.

• 비배제성 : 어떤 서비스를 소비할 때 생산비를 부담하지 않은 사람이라 해도 그 서비스의 소비에서 배제시킬 수 없음을 의미하는데, "치안서비스라는 재화는 이용 또는 접근에 대해서 제한할 수 없다"는 것을 내용으로 한다.

• 비거부성 : 어떤 서비스가 공급될 때 모든 사람이 자신의 의지와는 상관없이 그 서비스를 소비하게 됨을 의미하는데, "치안서비스의 객체인 시민들은 서비스의 이용에 대한 선택권이 없다"는 것을 내용으로 한다.

10

☑ 확인 Check! ○ △ ✕

민간경비업무에 관한 내용으로 옳지 않은 것은?

① 시설경비를 실시함으로써 절도, 강도 등의 범죄 억제효과 및 수사를 통한 피해회복

② 대규모 행사장의 혼잡을 적절하게 해소하여 참가자의 안전 확보에 기여

③ 국내외의 정치·경제·체육계 요인 등을 경호함으로써 사회불안과 혼란을 미연에 방지

④ 국가중요시설의 경비업무를 담당하여 국민의 불안을 경감하고 불법 가해행위를 미연에 방지

쏙쏙 해설

민간경비의 경우, 시설경비를 실시함으로써 절도, 강도 등의 범죄 억제효과를 가질 수 있으나, 범죄수사 등 법집행 권한이 없어 수사를 통한 피해회복은 불가능하다.

정답 ❶

핵심만 콕

공경비와 민간경비의 비교★★

구 분	공경비(경찰)	민간경비(개인 또는 경비업체)
대 상	일반국민(시민)	계약당사자(고객)
임 무	범죄예방 및 범죄대응	범죄예방
공통점	범죄예방 및 범죄감소, 위험방지, 질서유지	
범 위	일반(포괄)적 범위	특정(한정)적 범위
주 체	정부(경찰)	영리기업(민간경비회사 등)
목 적	법집행(범인체포 및 범죄수사·조사)	개인의 재산보호 및 손실감소
제약조건	강제력 있음	강제력 사용에 제약 있음
권한의 근거	통치권	위탁자의 사권(私權)

11

☑ 확인Check! ○ △ ✕

민간경비와 공경비의 차이점에 관한 설명으로 옳지 않은 것은?

① 민간경비의 주체는 민간기업이고, 공경비의 주체는 정부이다.
② 민간경비는 고객지향적 서비스이고, 공경비는 시민지향적 서비스이다.
③ 민간경비의 목적은 고객의 범죄예방 및 손실보호이고, 공경비의 목적은 국민의 안녕과 질서유지이다.
④ 민간경비의 임무는 범죄예방이고, 공경비의 임무는 범죄대응에 국한된다.

쏙쏙 해설

공경비의 임무에는 범죄대응뿐만 아니라 범죄예방 등도 포함된다.

정답 ❹

12

☑ 확인Check! ○ △ ✕

민간경비와 공경비의 제관계에 관한 설명으로 옳지 않은 것은?

① 민간경비의 주체는 민간영리기업이고, 공경비는 국가(지방자치단체)이다.
② 민간경비 법률관계의 근거는 경비계약이고, 공경비는 법령이다.
③ 민간경비의 역할은 범죄예방과 범죄진압이고, 공경비는 범죄예방과 손실예방이다.
④ 민간경비의 직접적인 목적은 사익보호이고, 공경비는 공익 및 사익보호이다.

쏙쏙 해설

민간경비의 역할은 범죄예방과 손실예방이고, 공경비의 역할은 범죄예방 및 범죄진압이다. 특히 공권력과 관련되는 범죄진압이나 법집행은 공경비에만 해당된다.

정답 ❸

13

☑ 확인Check! ○ △ ✕

민간경비와 공경비에 관한 내용으로 옳지 않은 것은?

① 민간경비와 공경비의 영역이 뚜렷하고 확실하게 구분되는 것은 아니다.

② 범죄와 관련한 치안서비스를 제공한다는 점에서 민간경비와 공경비의 역할은 유사하다.

③ 민간경비와 공경비 모두 의뢰자로부터 받은 대가 내지 보수만큼만 자신의 역할과 기능을 수행한다.

④ 사회가 다원화되면서 민간경비의 중요성이 강조되고 있다.

쏙쏙 해설

공경비는 주로 공공의 이익을 위해 행해지나, 민간경비는 특정한 의뢰인을 위해 행해진다.

정답 ❸

14

☑ 확인Check! ○ △ ✕

민간경비와 공경비에 관한 설명으로 옳지 않은 것은?

① 민간경비는 공경비와 상호관련성을 가진다.

② 경비업법상 공항 등(항공기 포함하지 않음) 국가중요시설의 경비 및 도난·화재 그 밖의 위험발생을 방지하는 것은 민간경비의 업무이다.

③ 영미법계 국가의 민간경비원이 대륙법계 민간경비원보다 폭넓은 권한을 행사한다.

④ 민간경비는 범죄예방을 임무로 하지만, 경비대상이 공경비와 구별된다.

쏙쏙 해설

경비업법상 법인이 수행할 수 있는 민간경비의 업무는 시설경비업무, 호송경비업무, 신변보호업무, 기계경비업무, 특수경비업무를 들 수 있다. 이 중 특수경비업무는 공항(항공기를 포함한다) 등 대통령령이 정하는 국가중요시설(이하 "국가중요시설"이라 한다)의 경비 및 도난·화재 그 밖의 위험발생을 방지하는 업무를 말한다(경비업법 제2조 제1호).

정답 ❷

제1장

제2장

제3장

제4장

제5장

제6장

제7장

15

☑ 확인 Check! ○ △ ✕

민간경비의 성장에 관한 이론적 설명으로 옳지 않은 것은?

① 경제환원이론은 경기변동의 영향을 받아 민간경비가 성장한다는 이론이다.

② 공동생산이론은 경찰과 민간이 치안서비스를 공동으로 생산한다는 이론이다.

③ 공동화이론은 공경비 자원의 한계로 발생하는 치안서비스 수요의 공백을 민간경비가 채워준다는 이론이다.

④ 이익집단이론은 공동화이론과 유사하나 공경비가 독립적 행위자로서의 고유영역을 가진다는 점을 강조한 이론이다.

쏙쏙 해설

이익집단이론은 경제환원론적 이론이나 공동화이론을 부정하는 입장에서 '그냥 내버려두면 보호받지 못한 채로 방치될 만한 재산을 민간경비가 보호한다'는 이론으로, 민간경비도 자신의 집단적 이익을 극대화하기 위해 규모를 팽창시키고 새로운 규율이나 제도를 창출시키는 등의 노력을 해야 한다고 주장한다.

정답 ❹

핵심만 콕

민간경비 성장의 이론적 배경★★

- **경제환원론** : 특정한 사회현상이 직접적으로는 경제와 무관한 것임에도 불구하고 그 발생원인을 경제문제에서 찾으려는 이론으로, 경기침체로 인해 실업자가 늘어나면 자연적으로 범죄가 증가하고, 이에 민간경비가 직접 범죄에 대응하게 됨으로써 민간경비시장이 성장·발전한다고 주장한다.
- **공동화이론** : 경찰이 수행하고 있는 경찰 본연의 기능이나 역할을 민간경비가 보완·대체한다는 이론으로, 경찰의 범죄예방능력이 국민의 욕구를 충족시키지 못할 때의 공동상태(Gap)를 민간경비가 보충함으로써 민간경비시장이 성장한다고 주장한다.★
- **이익집단이론** : 경제환원론적 이론이나 공동화이론을 부정하는 입장에서 '그냥 내버려두면 보호받지 못한 채로 방치될 만한 재산을 민간경비가 보호한다'는 이론으로, 민간경비도 자신의 집단적 이익을 극대화하기 위해 규모를 팽창시키고 새로운 규율이나 제도를 창출시키는 등의 노력을 해야 한다고 주장한다.★
- **수익자부담이론** : 자본주의사회에 있어 경찰의 공권력 작용은 원칙적으로 거시적 측면에서 질서유지나 체제수호 등과 같은 역할과 기능으로 한정시키고, 사회구성원 개개인 차원이나 여타 집단과 조직 등의 안전과 보호는 결국 해당 개인이나 조직이 담당하여야 한다는 인식에 기초한 이론이다.★
- **민영화이론** : 1980년대 이후 복지국가의 이념에 대한 반성으로서 국가독점에 의한 비효율성을 극복하고자 시장경쟁논리를 도입한 이론으로, 민영화는 공공지출과 행정비용의 감소효과를 유발하기 위한 방법이다.
- **공동생산이론** : 민간경비를 공경비의 보조적 차원이 아닌 주체적 차원으로 인식하는 이론으로, 경찰이 안고 있는 한계를 일부 극복하고, 시민의 안전욕구를 증대시키기 위해 민간부문의 능동적 참여를 다각적으로 유도한다.

16

☑ 확인 Check! ○ △ ✕

경찰이 범죄예방이나 통제와 같은 서비스를 제공할 수 있는 능력이 감소됨으로써 발생한 '사각지대'를 민간경비가 보완해준다는 것과 관련된 이론은?

① 비용공동부담이론

② 공동화이론

③ 민영화이론

④ 지역사회활동이론

쏙쏙 해설

경찰의 범죄예방능력이 국민의 욕구를 충족시키지 못할 때의 공동상태를 민간경비가 보충함으로써 민간경비가 성장한다는 이론은 공동화이론이다.

정답 ❷

17

☑ 확인 Check! ○ △ ✕

공동화이론에 관한 설명으로 옳지 않은 것은?

① 경찰이 수행하는 경찰 본연의 기능·역할을 민간경비가 보완한다.

② 경찰은 거시적 질서유지기능을 하고 개인의 신체와 재산보호는 개인비용으로 부담해야 한다.

③ 민간경비와 공경비의 관계는 상호 갈등·경쟁관계가 아니라, 상호 보완적·역할분담적 관계를 갖는다.

④ 범죄증가에 비례해 경찰력이 증가해야 하지만, 현실적으로 어려워 그 공백을 메우기 위해 민간경비가 발전한다.

쏙쏙 해설

②는 수익자부담이론에 관한 설명이다. 수익자부담이론은 자본주의사회에 있어 경찰의 공권력 작용은 원칙적으로 거시적 측면에서 질서유지나 체제수호 등과 같은 역할과 기능으로 한정시키고, 사회구성원 개개인 차원이나 여타 집단과 조직 등의 안전과 보호는 결국 해당 개인이나 조직이 담당하여야 한다는 인식에 기초한 이론이다.

정답 ❷

18

☑ 확인 Check! ○ △ ✕

수익자부담이론에 관한 설명으로 옳지 않은 것은?

① 경찰의 근본적 역할 및 기능은 개인의 안전과 사유재산의 보호에 있다는 일반적 통념에 의문을 제기하면서 출발한다.

② 자본주의 사회에서 경찰의 공권력 작용은 질서유지와 체제수호와 같은 거시적 역할 및 기능에 한정시켜야 한다고 주장한다.

③ 사회구성원으로서의 개인이나 집단의 안전과 보호는 결국 해당 개인이나 집단이 담당하여야 한다고 주장한다.

④ 경기침체에 따른 국민소득 감소 및 치안비용 부담의 증가와 함께 주장되었다.

쏙쏙 해설

수익자부담이론은 민간경비의 발전을 전반적인 국민소득의 증가, 경비개념에 대한 사회적인 인식의 변화, 실질적인 범죄의 증가, 민간경비 제도나 서비스의 유용성에 대한 인식변화 등이 갖추어졌을 때 가능하다고 본다.

정답 ❹

제1장

제2장

제3장

제4장

제5장

제6장

제7장

19

☑ 확인 Check! ○ △ ✕

자본주의 사회에서 공경비가 갖는 근본적인 성격과 역할 및 기능에 관한 통념적 인식에 의문을 제기하면서 출발하고 있는 이론은?

① 공동생산이론
② 공동화이론
③ 비용공동분담이론
④ 수익자부담이론

쏙쏙 해설

수익자부담이론은 경찰의 공권력 작용은 질서유지, 체제수호와 같은 거시적 측면에서 이루어지고, 개인의 안전과 보호는 해당 개인이 책임져야 한다는 자본주의 체제하에서 주장되는 이론이다.

정답 ④

20

☑ 확인 Check! ○ △ ✕

甲과 乙의 대화내용에 해당하는 민간경비의 이론적 배경이 올바르게 연결된 것은?

> 甲 : "경찰의 역할 수행은 사실상 근본적으로 한정적일 수밖에 없어."
> 乙 : "그래. 이제는 민간경비도 자체적인 고유한 영역을 가져야 한다고 생각해."

> ㄱ. 민영화이론
> ㄴ. 경제환원론
> ㄷ. 이익집단이론
> ㄹ. 수익자부담이론
> ㅁ. 공동생산이론

① 甲 - ㄱ, 乙 - ㄷ
② 甲 - ㄱ, 乙 - ㅁ
③ 甲 - ㄴ, 乙 - ㄱ
④ 甲 - ㅁ, 乙 - ㄷ

쏙쏙 해설

甲은 경찰이 안고 있는 한계를 일부 극복하고, 시민의 안전욕구를 증대시키기 위해 민간부문의 능동적 참여를 다각적으로 유도하는 공동생산이론(ㅁ)과 연결되며, 乙은 민간경비도 자신의 집단적 이익을 극대화하기 위해 규모를 팽창시키고 새로운 규율이나 제도를 창출시키는 등의 노력을 해야 한다고 주장하는 이익집단이론(ㄷ)과 연결된다.

정답 ④

12 PART 1 민간경비론

21

민간경비의 이론적 배경 중 "그냥 내버려 두면 보호받지 못한 채로 방치될 재산을 민간경비가 보호한다."는 시각에서 출발한 이론은?

☑ 확인Check! ○ △ ✕

① 경제환원론
② 공동생산이론
③ 이익집단이론
④ 수익자부담이론

쪽쪽 해설

이익집단이론은 경제환원론적 이론이나 공동화이론을 부정하는 입장에서 '그냥 내버려 두면 보호받지 못한 채로 방치될 만한 재산을 민간경비가 보호한다'는 이론으로, 민간경비도 자신의 집단적 이익을 극대화하기 위해 규모를 팽창시키고 새로운 규율이나 제도를 창출시키는 등의 노력을 해야 한다고 주장한다.

정답 ❸

22

민간경비의 민영화에 관한 설명으로 옳지 않은 것은?

☑ 확인Check! ○ △ ✕

① 국가권력의 시장개입을 비판하고 작은 정부를 지향하는 신자유주의적 흐름을 반영한다.
② 공경비의 일부 활동을 민간에 이전하여 민간경비로 전환하는 것도 민영화이다.
③ 민영화는 모든 부문에서의 배타적 자율화를 의미하며 국가권력의 개입이 전적으로 배제된다.
④ 대규모 행사의 안전관리에 참여하여 공권력의 부담을 감소시키는 것도 민영화이다.

쪽쪽 해설

민영화는 모든 부문에서의 배타적 자율화를 의미하지는 않으며, 국가권력의 개입이 전적으로 배제되지도 않는다.

정답 ❸

23

민영화이론에 관한 설명으로 옳은 것은?

☑ 확인Check! ○ △ ✕

① 복지국가 확장의 부작용에 따른 재정위기를 극복하기 위해 국가의 역할범위를 축소하고 재정립한다.
② 그냥 내버려 두면 보호받지 못한 채로 방치될 만한 재산을 민간경비가 보호한다.
③ 경기침체에 따른 실업자의 증가로 범죄가 증가함으로써 민간경비시장이 성장·발전한다.
④ 경찰의 치안서비스 제공과정에서 시민과 민간경비의 능동적 참여를 다각적으로 유도한다.

쪽쪽 해설

① 민영화이론은 1980년대 이후 복지국가의 이념에 대한 반성으로서 국가독점에 의한 비효율성을 극복하고자 시장경쟁논리를 도입한 이론으로, 현재까지 세계적인 추세로 받아들여지고 있다.
② 이익집단이론에 관한 설명이다.
③ 경제환원론에 관한 설명이다.
④ 공동생산이론에 관한 설명이다.

정답 ❶

제1장

제2장

제3장

제4장

제5장

제6장

제7장

제1장 민간경비 개설 **13**

24

☑ 확인Check! ○ △ ✕

국가독점에 의한 비효율성을 극복하기 위해 시장경쟁논리를 도입하여 효율성을 증대시키고자 하는 민간경비이론은?

① 경제환원이론
② 이익집단이론
③ 수익자부담이론
④ 민영화이론

25

☑ 확인Check! ○ △ ✕

치안서비스 공동생산이론에 관한 내용으로 옳지 않은 것은?

① 자율방범대 운용의 활성화
② 민간경비는 공경비의 보조적 차원의 역할 수행
③ 민간경비의 적극적 참여 유도
④ 목격한 범죄행위 신고, 증언행위의 중요성 강조

핵심만 콕

치안서비스 공동생산이론★
- 치안서비스 생산과정에서 공공부분의 역할수행과 민간부분의 공동참여로 인해 민간경비가 성장했으며, 민간경비가 독립된 주체로서 참여한다는 이론이다.
- 민간경비를 공경비의 보조적 차원이 아닌 주체적 차원으로 인식한다.
- 공동생산이론은 경찰이 안고 있는 한계를 일부 극복하고 시민의 안전욕구를 증대시키기 위하여 민간부문의 능동적 참여를 다각적으로 유도한다.

02 | 세계 각국의 민간경비

제1절 | 각국 민간경비의 역사적 발전

01

☑ 확인Check! ○ △ ×

고대 민간경비에 관한 설명으로 옳은 것은?

① 원시시대에는 동해보복형(同害報復形)의 처벌을 하였다.

② 공경비와 민간경비가 분리된 시대는 함무라비 시대이다.

③ 그리스 시대에는 법 집행을 위해 최초의 국가경찰인 자경단원제도를 운영하였다.

④ 로마 시대에는 최초의 무장 수도경찰을 운영하였고, 민간경비가 크게 성장하여 경비책임이 개인에게 귀속되었다.

쏙쏙 해설

함무라비왕 시대부터 개인차원의 민간경비의 개념과 국가차원의 공경비의 개념이 분리되기 시작하였다.

정답 ❷

핵심만 콕

① 고대 바빌로니아의 함무라비왕에 의해 제정된 함무라비법전에 "눈에는 눈, 이에는 이"라는 말과 같이 같은 피해에는 같은 방법으로 보복을 하는 동해보복형(同害報復形)의 처벌을 규정하고 있었다.

③ 법 집행을 위해 최초의 국가경찰인 자경단원제도를 운영한 것은 기원전 27년 고대 로마 시대 아우구스투스 황제이다.

④ 고대 로마 시대에는 최초의 비무장 수도경찰을 운영하였다. 즉, 국가적 차원의 경비가 실시되었다. 그러나 로마제국의 몰락 시기(동로마·서로마 분리 : 서기 395년)에는 경비책임이 다시 국가적 차원에서 개인적 차원으로 귀속되었다.

02

범죄자에 대한 처벌은 국왕에 의해서 처벌되어야 한다는 의미로 다음 주장을 한 사람은?

> 모든 범죄는 더 이상 개인에 대한 위법이 아니라 국왕의 평화에 대한 도전이다.

① 헨리 필딩(Henry Fielding)
② 함무라비(Hammurabi) 국왕
③ 로버트 필(Robert Peel)
④ 헨리(Henry) 국왕

쏙쏙 해설

제시된 내용은 헨리 국왕의 주장이다.

정답 ④

핵심만 콕

① 헨리 필딩은 영국에서 급료를 받는 민간경비제도를 제안했으며, 보우가의 주자(외근기동대)(The Bow Street Runners) 등을 만드는 데 기여하였다.
② 함무라비왕 시대에 개인차원의 민간경비의 개념과 국가차원의 공경비의 개념이 분리되기 시작하였다.
③ 로버트 필은 영국 내무성 장관이던 1829년에 수도경찰법을 의회에 제출하고, 주야간 경비제도를 통합하여 수도경찰을 창설하였으며, 형법의 개혁안을 처음 만들어 사형을 감형하고, 근대적 경찰제도의 기초를 확립하였다.
④ 헨리 국왕의 법령(Legis Henrici)
　㉠ 원칙적으로 어떠한 범죄도 더 이상 개인에 대한 위법이 아니라 국왕의 평화에 대한 도전이라 명시하고 있다. ★
　㉡ 중죄(felony)와 경범죄(misdemeanor)에 대한 법률적인 구분을 내렸다는 점에서 큰 의의를 가지고 있다.

03

로버트 필(Robert Peel)의 업적에 관한 설명으로 옳지 않은 것은?

① 영국 수도경찰을 창설하였다.
② 교구경찰, 주·야간경비대, 수상경찰, 보우가경찰대 등으로 경찰조직을 더욱 세분화하였다.
③ Peelian Reform(형법개혁안)은 현대적 경찰조직 설립의 시초가 되었다.
④ 경찰은 훈련되고 윤리적이며, 정부의 봉급을 받는 요원이어야 한다고 주장하였다.

쏙쏙 해설

교구경찰, 주·야간경비대, 수상경찰, 보우가경찰대 등으로 경찰조직을 더욱 세분화한 것은 헨리 필딩의 활동에 해당한다.

정답 ②

제1장
제2장
제3장
제4장
제5장
제6장
제7장

04

☑ 확인Check! ○ △ ✕

미국의 민간경비 발전과정에 기여한 인물을 모두 고른 것은?

> ㄱ. 포프(A. Pope)
> ㄴ. 브링크(W. Brink)
> ㄷ. 허즈버그(F. Herzberg)
> ㄹ. 웰즈(H. Wells)

① ㄱ, ㄷ
② ㄱ, ㄴ, ㄹ
③ ㄴ, ㄷ, ㄹ
④ ㄱ, ㄴ, ㄷ, ㄹ

쏙쏙 해설

제시된 인물 중 미국의 민간경비 발전과정에 기여한 인물은 ㄱ, ㄴ, ㄹ이다.

정답 ❷

05

민간경비의 역사적 발전과정에 관한 설명으로 옳지 않은 것은?

① 규환제도(Hue and Cry)는 범죄 대응 시 시민의 도움을 의무화하였다.

② 레지스 헨리시 법(The Legis Henrici Law)은 모든 범죄를 국왕의 안녕질서에 대한 도전으로 보았다.

③ 보우가 주자들(Bow Street Runners)의 운영을 통해 범죄예방에 있어서 시민의 자발적 단결이 중요시되었다.

④ 핑커톤(A. Pinkerton)은 민간경비회사가 노사분규에 지속적으로 개입하는 것을 정당화하고 지지하였다.

쏙쏙 해설

출제자는 「핑커톤(A. Pinkerton)은 민간경비회사가 노사분규에 지속적으로 개입하는 것을 정당화하고 지지하지는 않았다」고 보아 옳지 않은 내용으로 판단하였다.
참고로 ④와 같은 내용을 문헌에서는 직접적으로 확인할 수는 없는데, 역사적으로 핑커톤(1819~1884)은 남북전쟁(1861~1865) 종료 후 노동자 파업을 저지하는 업무를 맡았으며, 파업에 대한 과격한 진압으로 인하여 악명이 높았다. 다만, 핑커톤이 노동조합의 극단적인 행동을 막기 위하여 노동조합의 파업 등에 적극적으로 개입하였다고 주장하는 해석이 있는데, 이에 의하면 민간경비회사가 노사분규에 지속적으로 개입하는 것을 정당화하고 지지하지는 않았다고 평가할 수 있는 측면이 있어 보인다.

정답 ❹

06

미국 민간경비의 역사적 발전에 관한 내용으로 옳지 않은 것은?

① 식민지시대의 대표적 법집행기관에는 보안관(Sheriff), 치안관(Constable), 경비원(Watchman) 등이 있다.

② 현대적 의미의 민간경비는 1850년 로버트 필(Robert Peel)이 설립한 사설경비업체가 시초이다.

③ 남캐롤라이나의 찰스턴 시경비대(A City Guard of Armed Officers)는 1846년 시경찰국으로 발전하였다.

④ 제2차 세계대전 이후에 전자, 기계, 전기공업의 발달로 기계경비 산업의 발전적 토대를 마련하였다.

쏙쏙 해설

현대적 의미의 민간경비는 1850년 핑커톤(Pinkerton)이 설립한 탐정사무소가 시초이다. 로버트 필(Sir. Robert Peel)은 영국에서 수도경찰을 창설하고 근대적 경찰제도의 기초를 확립한 사람이다.★

정답 ❷

07

☑ 확인 Check! ○ △ ✕

핑커톤(Allan Pinkerton)에 관한 설명으로 옳은 것은?

① 보우가의 주자(Bow Street Runner)에 영향을 주었다.
② 서부개척시대에 치안의 공백을 메우는 역할을 수행하였다.
③ 링컨대통령의 경호를 담당하는 것은 남북전쟁 종료 이후부터이다.
④ 프로파일링 수사기법과는 무관하다.

쏙쏙 해설

미국 연방정부는 서부개척시대에 철도경찰법을 제정하여 일정한 구역 내에서 경찰권한을 부여한 민간경비조직을 설치하였으며, 그 대표적인 조직이 핑커톤 경비조직이다. 따라서 서부개척시대에 치안의 공백을 메우는 역할을 수행하였다고 할 수 있다.

정답 ❷

핵심만 콕

핑커톤 경비조직
• 시카고 경찰국의 최초의 탐정인 핑커톤은 새로 구성된 시카고 경찰에서 물러나 1850년 탐정사무소를 설립한 후 1857년에 핑커톤 국가탐정회사(Pinkerton National Detective Agency)로 회사명을 바꾸고 철도수송 안전 확보에 일익을 담당하였다.
• 남북전쟁 당시에는 링컨 대통령의 경호업무를 담당하기도 하였고 '육군첩보부'를 설립하여 북군의 경제 교란작전으로 대량 발행된 위조화폐에 대한 적발임무를 수행하는 데 결정적 공헌을 하여 부보안관으로 임명되었다.
• 1883년에는 보석상 연합회의 위탁을 받아 도난보석이나 보석절도에 관한 정보를 집중관리하는 조사기관이 되었다.
• 경찰당국의 자료요청에 응하여 경찰과 민간경비업체의 바람직한 관계를 정립하였다.
• 범죄자를 유형별로 정리하는 방식은 오늘날 프로파일링 수사기법에 영향을 주었다.
• 20세기에 들어와 FBI 등 연방 법집행기관이 범죄자(犯罪者) 정보를 수집·관리하게 되었기 때문에 핑커톤 회사가 수집·관리할 수 있는 정보는 민간대상의 정보에 한정되었다.

08

☑ 확인 Check! ○ △ ✕

각국의 민간경비에 관한 설명으로 옳지 않은 것은?

① 영국의 윈체스터 법에는 주·야간 감시제도, 15세 이상 60세 미만 남자의 무기비치 의무화가 규정되었다.
② 미국의 민간경비는 남북전쟁시대에 금괴수송을 위한 철도경비를 강화하면서 획기적으로 발전했다.
③ 독일의 민간경비업체는 개인회사, 주식회사, 중소기업 형태로 다양하다.
④ 일본의 공안위원회는 민간경비에 대한 주요 정책을 다루고 있다.

쏙쏙 해설

미국의 민간경비는 19세기 중엽의 서부개척시대 이주민의 자위(自衛)와 금괴수송을 위한 자경조직 설치, 역마차회사, 철도회사가 동서 간의 철도경비를 위해 자체 경비조직을 갖게 되면서 민간경비 발달의 획기적인 계기가 되었다. 남북전쟁(1861~1865) 전후 국가경찰 조직이 미흡한 상태에서 위조화폐 단속을 위한 사설탐정기관이 발달하였다. 특히 1850년 핑커톤이 탐정사무소를 설립하였는데 이는 현대적 의미의 민간경비의 시초이다.

정답 ❷

제1장 · 제2장 · 제3장 · 제4장 · 제5장 · 제6장 · 제7장

09

☑ 확인Check! ○ △ ✕

일본의 민간경비 발전과정에 관한 설명으로 옳지 않은 것은?

① 1960년대에 한국과 중국으로 진출하면서 비약적인 발전을 하였다.

② 1964년 동경올림픽 선수촌 경비를 계기로 민간경비의 역할이 널리 인식되었다.

③ 1970년 오사카 만국박람회(EXPO) 개최 시 민간경비가 투입되었다.

④ 경비업법 제정 당시 신고제로 운영하였으나, 그 후 허가제로 바뀌었다.

10

☑ 확인Check! ○ △ ✕

각국의 민간경비 역사적 발전과정에 관한 설명으로 옳지 않은 것은?

① 미국의 민간경비산업은 2001년 9 · 11테러 이후 국토안보부의 신설 등 정부역할의 확대로 공항경비 등에서의 매출과 인력이 축소되었다.

② 일본에서 현대 이전의 민간경비는 헤이안(平安)시대에 출현한 무사계급에서 그 뿌리를 찾을 수 있다.

③ 독일은 1990년 통일 후 구 동독사회의 질서유지역할을 민간경비가 수행하여 시민의 지지를 얻게 되었다.

④ 우리나라는 한국전쟁 이후 국내에 주둔하게 된 주한미군에 대한 군납경비를 통해 민간경비산업이 처음 태동하게 되었다.

11

☑ 확인 Check! ○ △ ✕

경비업법 개정과 관련된 내용으로 옳지 않은 것은?

① 1999년 용역경비업법에서 경비업법으로 변경되었다.

② 2001년 특수경비업무가 추가되었다.

③ 2009년 특수경비원 연령상한을 58세에서 60세로 연장하였다.

④ 2013년 누구든지 경비원으로 채용되기 전에도 개인적으로 일반경비원 신임교육을 받을 수 있도록 하였다.

쏙쏙 해설

2016.1.26. 경비업법은 경비원이 되려는 사람은 대통령령으로 정하는 교육기관에서 미리 일반경비원 신임교육을 받을 수 있도록 하는 규정을 신설하였다 (경비업법 제13조 제2항).

정답 ④

핵심만 콕

① 1999.3.31. 용역경비업법 개정 시 법명을 경비업법으로 변경하였다.

② 2001.4.7. 경비업법 전면개정 시 경비업의 종류에 특수경비업무가 추가되었다.

③ 2009.4.1. 경비업법 개정 시 특수경비원 연령상한을 58세에서 60세로 연장하였다.

12

☑ 확인 Check! ○ △ ✕

우리나라 민간경비의 발전과정에 관한 설명으로 옳지 않은 것은?

① 1950년대 주한미군에 대한 군납경비의 형태로 태동하였다.

② 1960년대 국가중요시설에 대한 경비문제가 중요하게 대두되면서 청원경찰법이 제정되었다.

③ 1970년대 용역경비업법이 제정되면서 민간경비는 제도적 틀에서 보호받기 시작하였다.

④ 1980년대 대기업이 민간경비산업에 진출하면서 무인경비시설이 확대되기 시작하였다.

쏙쏙 해설

우리나라에서 무인경비(無人警備)는 1990년대 은행자동화코너로 최초 개시되었다.

정답 ④

핵심만 콕

① 한국의 용역경비는 1950년대부터 미군의 군납형태로 제한적으로 실시하게 되었으며[1953년 용진보안공사, 1958년 영화기업(주), 1959년 신원기업(주)], 1962년 화영기업과 경원기업이 미8군부대의 용역경비를 담당한 것이 현대적 의미의 민간경비의 효시라 할 수 있다.

② 국가중요시설에 대한 경비문제가 중요하게 대두되어 1962.4.3. 청원경찰법을 제정하였다.

③ 청원경찰법(1962)과 용역경비업법(1976)이 제정되어 제도적인 발전의 기틀을 마련하였다.

13

☑ 확인Check! ○ △ ✕

한국 민간경비의 역사적 발전과정에 관한 설명으로 옳지 않은 것은?

① 1977년 설립된 한국경비실업은 경비업 허가 제1호를 취득하였다.

② 1989년 용역경비업법은 용역경비업자가 대통령령으로 정하는 기계경비시설을 설치·폐지·변경한 경우 허가관청에 신고하여야 한다고 규정하였다.

③ 2001년 경비업법이 전면개정되면서 경비업의 종류에 신변보호업무가 추가되었다.

④ 2013년 경비업법 개정으로 집단민원현장에 배치된 경비원의 지도·감독 규정이 강화되었다.

쏙쏙 해설

2001년 「경비업법」이 전면개정되면서 경비업의 종류에 명시적으로 기계경비업무가 추가되고, 특수경비업무가 신설되었다. 나아가 기계경비산업이 급속히 발전하여 기계경비업무를 신고제에서 허가제로 변경하였으며, 특수경비원제도를 도입하였다.

정답 ❸

핵심만 콕

① 한국경비실업(韓國警備實業)은 1977년 설립되어 내무부장관(현 행정안전부장관) 경비업 허가 제1호를 취득하였고, 이듬해 한국경비보장(韓國警備保障)으로 회사명을 변경하였다. 이후 1980년 삼성그룹이 일본의 경비업체 세콤(SECOM)과의 합작을 통해 한국경비보장을 인수하였고, 1991년 한국안전시스템(韓國安全시스템)으로, 그 후 1996년 에스원(S1)으로 회사명을 변경하였다.

② 용역경비업법 제4조 제2항 제4호

④ 2013년 경비업법상 경비지도사의 직무로서 집단민원현장에 배치된 경비원에 대한 지도·감독이 추가되었다.

14

☑ 확인Check! ○ △ ✕

우리나라 민간경비의 역사적 발전에 관한 설명으로 옳은 것은?

① 1972년 용역경비업법이 제정되어 법적 기반이 마련되었다.

② 1978년 사단법인 한국용역경비협회가 설립되었다.

③ 1995년 경찰청에서는 용역경비의 담당을 방범과에서 경비과로 이관했다.

④ 2001년 경비업법의 개정으로 청원경찰이 도입되었다.

쏙쏙 해설

우리나라 민간경비의 역사적 발전에 관한 설명으로 옳은 내용은 ②이다.

정답 ❷

핵심만 콕

① 1976년 용역경비업법이 제정되었다.

③ 1995년 9월 22일 용역경비에 관한 연구·지도를 경찰청 경비국 경비과에서 방범국 방범기획과로 이관하였다(경찰청과 그 소속기관 등 직제 제11조 제3항 제2호, 제14조 제3항 제7호 참고). 현재는 범죄예방대응국 국장이 경비업에 관한 연구 및 지도를 담당하고 있다(경찰청과 그 소속기관 직제 제10조의3 제3항 제3호).

④ 청원경찰제도는 1962.4.3. 청원경찰법의 제정으로 도입되었다.

15

☑ 확인 Check! ○ △ ✕

각국의 민간경비산업에 관한 설명으로 옳지 않은 것은?

① 미국은 제2차 세계대전 중 전쟁수요에 힘입어 한층 더 확대되었다.

② 일본은 1964년 동경올림픽과 1970년 오사카만국박람회 개최 후 급속하게 발전하였다.

③ 한국은 1960년대 경제발전과 더불어 급속하게 성장하였다.

④ 독일은 1990년대 통일 후 치안수요의 증가로 인해 양적으로 확산되었다.

쏙쏙 해설

한국의 민간경비산업은 1980년대 중반부터 본격적으로 발전하기 시작하였다.

정답 ❸

16

☑ 확인 Check! ○ △ ✕

미국의 민간경비산업에 관한 설명으로 옳지 않은 것은?

① 현재 계약경비업체가 자체경비업체보다 비약적인 발전을 보이고 있다.

② 경찰과 민간경비는 업무수행에 있어 상명하복의 관계가 명확하다.

③ 제2차 세계대전 이후 민간경비산업이 급속히 발전하였다.

④ 2001년 9.11테러 이후 국토안보부를 설치하였으며, 이는 공항경비 등 민간경비산업이 발전하는 중요한 계기가 되었다.

쏙쏙 해설

현재 미국에서 경찰과 민간경비는 범죄예방활동을 위해 긴밀한 상호 협조체계를 유지하고 있다. 각 주마다 약간의 차이는 있지만, 직업소개소 역할을 하는 경찰노조를 통해 경찰의 50% 정도가 민간경비회사에서 부업을 하고 있을 만큼, 상호 간의 신분이나 직위 그리고 보수 등에 큰 차이 없이 함께 범죄예방활동을 수행한다. 따라서 경찰과 민간경비는 업무수행에 있어 상명하복의 관계가 명확하다는 표현은 옳다고 보기 어렵다.

정답 ❷

17

☑ 확인 Check! ○ △ ✕

우리나라 민간경비제도에 관한 설명으로 옳지 않은 것은?

① 1976년 용역경비업법이 제정되면서 본격적인 민간경비가 실시되었다.

② 1997년 제1회 경비지도사 자격시험이 실시되었다.

③ 1999년 용역경비업법이 경비업법으로 변경되었다.

④ 2021년 국가경찰과 자치경찰의 조직 및 운영에 관한 법률을 통해 경찰관 신분을 가진 민간경비원이 합법화되었다.

쏙쏙 해설

2021.1.1. 시행된 국가경찰과 자치경찰의 조직 및 운영에 관한 법률의 입법취지는, 경찰법을 개정하여 경찰사무를 국가경찰사무와 자치경찰사무로 나누고, 각 사무별 지휘·감독권자를 분산하여 시·도자치경찰위원회가 자치경찰사무를 지휘·감독하도록 하는 등, 자치경찰제 도입의 법적 근거를 마련함으로써 경찰권 비대화의 우려를 해소하는 동시에, 지방행정과 치안행정의 연계성을 확보하여 주민수요에 적합한 양질의 치안서비스를 제공하는 한편, 국가 전체의 치안역량을 효율적으로 강화할 수 있도록 하기 위함이다. 따라서 경찰관 신분을 가진 민간경비원의 합법화와는 관계없다.

정답 ❹

18

☑ 확인 Check! ○ △ ✕

외국에서는 찾아보기 어려운 우리나라의 제도로 경찰과 민간경비의 과도기적 시기에 만들어진 제도는?

① 특수경비원제도

② 전문경비제도

③ 청원경찰제도

④ 기계경비업무

쏙쏙 해설

우리나라의 청원경찰제도는 경찰과 민간경비를 혼용한 것으로 외국에서는 볼 수 없는 특수한 제도이다.

정답 ❸

19

각국의 민간경비산업 현황에 관한 설명으로 옳은 것은?

① 미국의 민간경비산업은 계약경비시스템에서 상주경비시스템으로 변화하며 성장하고 있다.

② 일본의 민간경비산업은 다양한 영역에서 운영되고 있으며, 전문 자격증제도를 운영하고 있다.

③ 영국의 민간경비산업은 제1차 세계대전을 계기로 크게 발전하였다.

④ 독일의 민간경비산업의 시장은 유럽에서 가장 낮은 비중을 차지하고 있다.

쏙쏙 해설

일본의 민간경비산업은 다양한 영역에서 운영되고 있으며, '경비원 지도교육책임자제도', '기계경비업무 관리자제도', '경비원 검정제도' 등과 같은 전문 자격증 제도를 두고 있다.

정답 ❷

핵심만 콕

① 미국의 경비업체는 크게 계약경비업체와 자체경비업체로 나눌 수 있는데, 그중에서도 계약경비업체가 크게 성장하고 있는 추세이다.

③ 영국의 민간경비산업의 발전은 1800년대 산업혁명의 영향이 크다고 볼 수 있다.

④ 유럽에서 보기 드물 정도로 일찍이 독일에서는 1901년 최초의 민간경비회사가 설립되었으며, 통합 후 현재까지 치안수요의 급격한 증가추세에 힘입어 민간경비산업은 고속성장을 거듭해 오고 있다. 참고로 2001년 독일 전체 민간경비 관련시장 규모는 약 92억유로(한화 11조 4백억원)였다.

〈출처〉 김재광, 「민간경비 관련법제의 개선방안 연구」, 한국법제연구원, 2004, P. 123

20

우리나라 민간경비업의 문제점으로 옳지 않은 것은?

① 최근 기계경비 시장의 성장으로 인해 인력경비는 많은 비중을 차지하지 않는다.

② 민간경비업체는 충분한 자본을 바탕으로 꾸준한 매출을 올리는 소수를 제외하고는 대체로 영세성을 면하지 못하고 있다.

③ 경비업체의 대다수가 수도권에 편중되어 지역불균형이 심각한 상태이다.

④ 경비분야에 있어서 유능한 연구인력과 경비원이 부족한 실정이다.

쏙쏙 해설

최근 기계경비 시장의 성장에도 불구하고 여전히 인력경비에 대한 의존성이 높다. 즉, 기계경비업의 성장속도가 인력경비의 성장속도보다 빠르지만 기계경비가 인력경비의 시장규모를 넘지 못하고 있다.

정답 ❶

제1장
제2장
제3장
제4장
제5장
제6장
제7장

21

민간조사제도에 관한 설명으로 옳지 않은 것은?

① 경찰을 비롯한 형사사법기관의 업무부담을 경감시킬 수 있다.

② 우리나라는 민간조사업무가 경비업법에 규정되어 있지 않아 민간조사활동은 불법이다.

③ 사생활 침해 등 개인의 인권과 권익을 침해할 수 있다.

④ 의뢰인은 국가기관의 복잡한 절차를 거치지 않고 민간조사기관에 의뢰해서 서비스를 제공받을 수 있다.

☑ 확인 Check! ○ △ ✕

쏙쏙 해설

우리나라의 경우 아직까지 민간조사업무가 정형화된 형식을 갖추고 법적·제도적으로 정착되어 운영되고는 있지 않으나, 관할관청에 서비스업으로 신고함으로써 민간조사 유사 업무를 수행할 수 있으므로, 민간조사활동 자체가 불법인 것은 아니다. 현재 민간조사와 관련된 다수의 직업군이 존재한다.

정답 ❷

22

민간경비업무의 자격증제도에 관한 설명으로 옳지 않은 것은?

① 미국은 대다수 주에서 민간경비 서비스에 대한 자격증제도를 두고 있으며 점차 증가 추세에 있다.

② 일본은 6개 경비업무 영역에 걸쳐 자격증제도를 운영하고 있다.

③ 한국은 청원경찰제도를 운영하고 있으며, 청원경찰이 되기 위해서는 경비지도사 자격증을 소지하여야 한다.

④ 민간경비업무 관련 자격증제도는 경비원의 업무능력 유무를 공식적으로 인정하는 것으로 적절한 경비업무를 수행할 수 있도록 한다.

☑ 확인 Check! ○ △ ✕

쏙쏙 해설

한국은 1962.4.3. 청원경찰법을 제정하여 청원경찰제도를 도입·운영하고 있다. 청원경찰이 되기 위해서 경비지도사 자격증을 소지하여야 하는 것은 아니다.

정답 ❸

23

우리나라 민간경비산업에 관한 설명으로 옳지 않은 것은?

① 1993년 대전엑스포에서는 민간경비업체가 경비업무에 참여하였다.
② 민간조사제도는 아직까지 법제화되지 못했다.
③ 초기 국내 기계경비산업은 외국과의 합작 또는 기술제휴 방식으로 이루어졌다.
④ 현재 경비원에 대한 교육시설은 각 광역지방자치단체장이 지정하여 고시하고 있다.

쏙쏙 해설

현재 경비원에 대한 교육시설은 경찰청장이 지정하여 고시한다(경비업법 시행령 제18조 제1항 제3호, 제19조 제1항 제2호).

정답 ④

핵심만 콕

① 우리나라의 민간경비산업은 1986년 아시안게임, 1988년 서울올림픽, 1993년 대전엑스포를 계기로 급성장하였다.
② 우리나라에서 민간조사제도는 아직은 제도적으로 정착되어 운영되고 있지는 않다.
③ 초기 국내 기계경비산업은 외국과의 합작 또는 기술제휴 방식으로 이루어졌다. 1981년 한국종합기계경비는 일본종합경비조장회사와, 대한중앙경비보장은 일본 Central사와, 한국보안공사는 미국 Adam사와 각각 제휴하였다.

24

우리나라의 민간경비제도에 관한 설명으로 옳지 않은 것은?

① 청원경찰제도는 우리나라에만 있는 독특한 제도이다.
② 경비지도사는 경비원들의 지도·감독 및 교육을 임무로 한다.
③ 2000년 경비업법이 개정되어 특수경비업무가 도입되었다.
④ 1999년 용역경비업법이 경비업법으로 변경되었다.

쏙쏙 해설

경비업법 전면개정으로 특수경비업무가 도입된 것은 2001년이다.

정답 ③

핵심만 콕

2001년 경비업법 개정 주요내용
• 기계경비업무를 경비업의 종류에 추가하면서, 신고제에서 허가제로 변경★
• 국가중요시설의 경비를 담당하는 특수경비업무를 경비업의 종류로 신설★
• 경비업 허가의 실효성을 확보하기 위하여 경비업 허가를 5년마다 갱신★
• 국가중요시설을 경비하는 특수경비업자는 부득이한 사유로 경비업무를 계속할 수 없는 경우에 대비하여 경비대행업자를 지정하도록 함
• 기계경비업자는 경비대상시설에 대한 경보를 수신한 때에는 신속하게 대응조치를 취하도록 하고, 계약상대방에게 기기사용요령 등을 설명하도록 함
• 관할 경찰관서장이 무기관리상황을 지도·감독하고, 특수경비원의 복종의무 및 경비구역 이탈금지의무와 무기안전수칙을 구체적으로 명시
• 특수경비원의 쟁의행위 금지규정 신설★

제1장
제2장
제3장
제4장
제5장
제6장
제7장

25

우리나라의 민간경비 연혁을 역사적 순서에 따라 배열하는 경우에 세 번째에 해당하는 것은?

☑ 확인 Check! ○ △ ✕

> ㉠ 용역경비업법 제정
> ㉡ 특수경비원제도 도입
> ㉢ 청원경찰법 제정
> ㉣ 한국경비협회 설립

① ㉠
② ㉡
③ ㉢
④ ㉣

26

우리나라 민간경비산업에 관한 설명으로 옳지 않은 것은?

☑ 확인 Check! ○ △ ✕

① 2001년 경비업법의 개정으로 기계경비업무가 허가제에서 신고제로 변경되었다.
② 우리나라의 민간경비산업은 1986년 아시안게임, 1988년 서울올림픽, 1993년 대전엑스포를 계기로 급성장하였다.
③ 1970년대 후반부터 일부 업체는 미국이나 일본 등지에서 방범기기를 구입하거나 종합적인 경비시스템 구축을 위한 노하우를 도입하였다.
④ 우리나라의 민간경비산업은 양적 팽창을 이뤄냈지만 인력경비 중심의 영세한 경호·경비업체의 난립으로 민간경비의 발전에 걸림돌로 작용하고 있다.

27

우리나라 민간경비산업 현황에 관한 설명으로 옳지 않은 것은?

☑ 확인 Check! ○ △ ✕

① 청원경찰 제도는 외국에서는 보기 어려운 특별한 제도이다.
② 민간경비업의 경비인력 및 업체 수가 일부 지역에 편중되어 있다.
③ 비용절감 등의 효과로 인하여 자체경비보다 계약경비가 발전하고 있다.
④ 경비회사의 수나 인원 면에서 아직까지 기계경비에 대한 의존도가 높다.

28

☑ 확인Check! ○ △ ✕

각국의 경비업 허가에 관한 설명으로 옳은 것은?

① 미국은 대부분 주정부 차원에서 경비업 허가가 이루어지므로 주에 따라 규제방식과 실태가 다르다.

② 독일에서는 국가경찰청장이 경비업의 허가권자이다.

③ 일본에서 경비업을 하고자 하는 자는 경시청에 신고하여야 한다.

④ 우리나라에서는 법인이 아니라도 경비업 허가 대상이 될 수 있다.

쏙쏙 해설

미국은 대부분 주정부 차원에서 경비업 인·허가 및 면허증·자격증 발급과 관련된 법규를 제정하고 있다. 따라서 주에 따라 규제방식과 실태가 다르다고 할 수 있다.

〈참고〉 김두현·박형규, 「신민간경비론」, 솔과학, 2018, P. 100

정답 ❶

핵심만 콕

② 독일의 일반적인 경찰행정은 주 관할하에 놓여 있으며, 독일 헌법에서는 민간경비에 관한 특별한 조항은 두고 있지 않다. 또한 민간경비에 관한 허가제는 영업법 제34a조에서 규정하고 있다. 즉 영업적인 생활 또는 타인의 재산을 경비하고자 하는 자는 관할청의 허가를 필요로 한다(영업법 제34a조 제1항 제1단). 따라서 독일에서는 국가경찰청장이 경비업의 허가권자라는 지문은 옳지 않다.

〈참고〉 김두현·박형규, 「신민간경비론」, 솔과학, 2018, P. 111

③ 일본의 경우 경비업법 제정 당시에는 신고제로 운영되었다가 1982년 허가제로 바뀌었다.

④ 우리나라는 법인이 아니면 경비업을 영위할 수 없다(경비업법 제3조).

29

☑ 확인Check! ○ △ ✕

일본 민간경비원의 법적 지위에 관한 설명으로 옳은 것은?

① 민간인 지위 이상의 특권이나 권한을 부여받는다.

② 현행범 체포는 위법성이 조각되지 않는다.

③ 정당방위는 위법성이 조각된다.

④ 긴급피난은 정당성이 인정되지 않는다.

쏙쏙 해설

일본 민간경비원의 정당방위는 긴급피난·현행범 체포와 더불어 위법성이 조각된다.

정답 ❸

핵심만 콕

① 일본 민간경비원은 사인(私人)으로서의 지위 이상의 특권이나 권한을 부여받지 않는다.

② 일본 민간경비원의 현행범 체포는 위법성이 조각된다.

④ 일본 민간경비원의 긴급피난은 정당성이 인정된다.

30

각국 민간경비원의 실력행사에 관한 설명으로 옳은 것은?

① 미국의 민간경비원은 타인의 재산에 대한 침해를 막을 수 있는 경우에만 예외적으로 정당성을 인정받는다.

② 일본의 민간경비원은 형사법상 문제발생 시 일반 사인(私人)과 동일하게 취급된다.

③ 독일은 민간경비원의 실력행사에 관한 명시적 규정을 두고 있으며, 예외적인 경우 공권력의 행사로 인정받는다.

④ 한국의 민간경비원은 법률상 실력행사에 관한 특별한 권한을 가지고 있다.

쏙쏙 해설

일본의 민간경비원에 대한 법적 지위는 미국과는 달리 사인(私人)으로서의 지위 이상의 특권이나 권한을 부여하고 있지 않다. 따라서 민간경비원의 법집행 권한은 사인의 재산관리권 범위 내에서만 정당화될 수 있으며, 민·형사상 책임에 있어서는 사인과 동일한 지위에서 취급된다.

〈출처〉 김두현·박형규, 「신민간경비론」, 솔과학, 2018, P. 110

정답 ②

핵심만 콕

① 미국의 민간경비원에 의한 실력행사는 특권이나 동의 없이 타인의 권리에 대한 침해가 민간경비원에 의해서 발생한 경우 그에게 책임이 발생할 수 있다. 다만, 동의가 없더라도 일반적으로 재산소유자가 자신의 재산에 대한 침해를 막을 수 있는 재산보호라는 자기방어의 경우와 신체적 해악을 가하려는 의도가 명백한 타인에 대하여 정당한 실력행사를 할 수 있는 경우에는 경비활동의 정당성을 부여할 수 있다.

〈출처〉 김두현·박형규, 「신민간경비론」, 솔과학, 2018, P. 101~102

③ 독일은 민간경비원의 무력행사에 권한을 부여하는 명시적인 법적 근거는 없다.

〈출처〉 김두현·박형규, 「신민간경비론」, 솔과학, 2018, P. 111

④ 한국의 민간경비원은 법률상 실력행사에 관한 특별한 권한을 가지고 있지 않다. 따라서 민간경비원의 범인체포 등의 행위는 현행범체포를 제외하고는 체포, 감금죄(형법 제276조)를 구성하게 된다. 다만, 정당성이 있는 경우에는 위법성이 조각될 수 있다.

31

민간경비의 권한에 대한 설명으로 옳은 것은?

☑ 확인Check! ○ △ ×

① 일반적으로 영미법계 민간경비원은 대륙법계 민간경비원에 비해 그 권한이 많다고 볼 수 있다.
② 민간경비의 가장 중심적인 권한은 법집행권한이라 할 수 있다.
③ 우리나라의 경우에도 경찰관 신분을 가진 민간경비원이 존재한다.
④ 민간경비원의 법적 지위와 관련하여 빌렉(Bilek)은 이를 4가지 유형으로 구분하였다.

쏙쏙 해설

① 영미법계 민간경비원이 대륙법계 민간경비원에 비해 그 권한이 많다.
② 공경비의 가장 중심적인 권한이 법집행권한이라 할 수 있다.
③ 우리나라의 경우에 경찰관신분을 가진 민간경비원이 존재하지 않는다.
④ 빌렉(Bilek)은 일반시민과 같은 민간경비원, 특별한 권한을 가진 민간경비원, 경찰관 신분을 가진 민간경비원의 3가지 유형으로 구분하였다.

정답 ❶

32

미국 민간경비원의 법적 지위에 관한 설명으로 옳지 않은 것은?

☑ 확인Check! ○ △ ×

① 민간경비원의 불법행위는 일반인의 불법행위와 동일한 민사책임을 지지 않는다.
② 경찰관이 행하는 수색과 민간경비원이 행하는 수색에는 상당한 차이가 있다.
③ 빌렉(A. J. Bilek)은 민간경비원의 유형을 '경찰관 신분을 가진 민간경비원', '특별한 권한이 있는 민간경비원', '일반시민과 같은 민간경비원'으로 구분한다.
④ 민간경비원에 의한 심문 또는 질문에 대해서 일반시민이 반드시 응답하여야 할 규정은 없다.

쏙쏙 해설

민간경비원의 불법행위는 일반인의 불법행위와 동일한 민사책임을 부담하도록 하고 있다. 불법행위법은 민간경비원에게 특별한 권한을 부여하고 있지 않으며, 민간경비원의 행위에 대하여 어느 정도 제한을 규정하고 있다.

정답 ❶

33

청원경찰제도에 관한 설명으로 옳지 않은 것은?

① 청원경찰은 무기휴대가 불가능하다.
② 청원경찰의 경비는 청원주가 부담한다.
③ 청원경찰은 우리나라에만 있는 제도이다.
④ 배치된 시설 또는 기관의 장이나 지역을 관할하는 경찰서장의 감독을 받아 해당 경비구역 내에서 직무를 수행한다.

쏙쏙 해설

청원경찰법 제8조 제3항, 동법 시행령 제16조에 따라 청원경찰은 무기휴대가 가능하다.

정답 ❶

핵심만 콕

② 청원주는 청원경찰에게 지급할 봉급과 각종 수당, 청원경찰의 피복비, 교육비, 보상금 및 퇴직금을 부담하여야 한다(청원경찰법 제6조 제1항).
③ 한국의 청원경찰제도는 경찰과 민간경비제도를 혼용한 것으로 외국에서는 볼 수 없는 특별한 제도이다.
④ 청원경찰은 청원경찰의 배치결정을 받은 자(청원주)와 배치된 기관, 시설 또는 사업장 등의 구역을 관할하는 경찰서장의 감독을 받아 그 경비구역만의 경비를 목적으로 필요한 범위에서 경찰관직무집행법에 따른 경찰관의 직무를 수행한다(청원경찰법 제3조).

34

특수경비원과 청원경찰에 관한 내용으로 옳은 것은?

① 특수경비원이 휴대할 수 있는 무기종류는 권총·소총과 도검 등이다.
② 특수경비원은 특정한 경우 사법경찰권한이 허용된다.
③ 청원경찰의 임용은 관할 경찰서장이 승인한다.
④ 청원경찰은 형법이나 기타 벌칙을 적용할 때에는 공무원으로 간주된다.

쏙쏙 해설

청원경찰 업무에 종사하는 사람은 「형법」이나 그 밖의 법령에 따른 벌칙을 적용할 때에는 공무원으로 본다(청원경찰법 제10조 제2항).

정답 ❹

핵심만 콕

① 특수경비원이 휴대할 수 있는 무기종류는 권총 및 소총으로 한다(경비업법 시행령 제20조 제5항).
② 민간경비는 범죄예방활동을 주 임무로 하므로 경비원에게 사법경찰권을 부여해서는 안 된다.
③ 청원경찰은 청원주가 임용하되, 임용을 할 때에는 미리 시·도 경찰청장의 승인을 받아야 한다(청원경찰법 제5조 제1항).

35

☑ 확인 Check! ○ △ ✕

각국 민간경비의 법적 관계에 관한 설명으로 옳지 않은 것은?

① 미국은 주정부 또는 지방자치단체 차원에서 규제가 이뤄지다 보니 주에 따라 민간경비업의 규제방식과 실태가 다르다.
② 일본은 경비업법 제정을 통하여 민간경비업에 대한 규제사항을 정립하고 안전사회의 기반을 형성하는 산업으로 발전하였다.
③ 호주는 독립된 '민간경비산업위원회(Security Industry Authority)'를 통하여 민간경비업을 통합 및 규제한다.
④ 한국에서 민간경비원은 사법(私法)적 규율의 대상이므로 사인(私人)적 지위에 불과하다.

쏙쏙 해설

'민간경비산업위원회'(SIA : Security Industry Authority)는 2001년 영국에서 제정된 '민간경비산업법'(PSIA : Private Security Industry Act)에 근거하여 설치된 기구이다. 이 위원회는 일종의 '비정부 공공기관'(NDPB : Non Departmental Public Body)으로서 내무부에 보고하는 독립된 관리감독기관으로서의 성격을 가지며, 두 가지 중요한 책무를 가지고 있다. 첫째, 민간경비산업 관련분야에서 활동하는 종사자들에 대해 강제적·의무적 자격증을 취득하도록 하는 것이며, 둘째, '계약경비를 하는 경비업체에 대한 인증제도'(ACS : Approved Contractor Scheme)를 위원회가 관리함으로써 종래 관련업체들이 독립적으로 평가기준을 설정하는 것을 조정·통제하는 것이다.

〈출처〉 최선우, 한국공안행정학회회보 제23권 제2호, 2014.1, P. 241~264

정답 ❸

36

☑ 확인 Check! ○ △ ✕

민간경비원의 법적 지위와 권한에 관한 설명으로 옳지 않은 것은?

① 민간경비원은 정당방위나 자구행위를 할 수 있다.
② 민간경비원의 법적 지위는 일반시민과 같은 사인(私人)에 불과하다.
③ 특수경비원은 인질·간첩 또는 테러사건에 있어서 은밀히 작전을 수행하는 부득이한 경우에는 경고 없이 소총을 발사할 수 있다.
④ 특수경비원은 배치된 기관·시설 또는 사업장 등의 구역을 관할하는 시·도 경찰청장의 감독을 받아 그 경비구역만의 경비를 목적으로 경찰관직무집행법에 따른 경찰관의 권한을 행사한다.

쏙쏙 해설

청원경찰은 배치된 기관·시설 또는 사업장 등의 구역을 관할하는 경찰서장의 감독을 받아 그 경비구역만의 경비를 목적으로 경찰관직무집행법에 따른 경찰관의 권한을 행사한다.

정답 ❹

03 민간경비의 환경

01

☑ 확인 Check! O △ X

우리나라 치안여건의 변화에 관한 설명으로 옳지 않은 것은?

① 과거에 비해 인터넷, 클럽, SNS 등 마약류의 구입경로가 다양하지만 마약범죄는 감소추세에 있다.

② 무선인터넷과 스마트폰 보급의 확대로 사이버범죄가 증가하고 있다.

③ 노령인구 증가로 노인범죄가 사회문제시되고 있다.

④ 금융, 보험, 신용카드 등과 관련된 지능화 · 전문화된 범죄가 증가하고 있다.

쏙쏙 해설

마약범죄(마약 · 대마 · 향정신성의약품 관련 범죄)는 2014년까지 대체로 감소추세였으나, 구입경로의 다양화로 인해 경찰의 단속에도 불구하고 2015년부터 다시 큰 폭으로 증가하는 경향을 보이고 있다.

정답 ❶

핵심만 콕

국내 치안환경의 변화

• 고령화로 인해 소외된 노인들의 범죄가 계속 증가하여 심각한 사회문제로 대두되고 있다.
• 인구증가로 인해 치안수요는 점점 늘어날 것이다.
• 인구의 도시집중에 따른 개인주의적 경향으로 인간소외, 범죄발생 등의 심각한 사회문제가 예상된다.
• 집단이기주의로 인한 불법적 집단행동은 증가될 것이다.
• 국제화 · 개방화로 인해 내국인의 해외범죄, 외국인의 국내범죄, 밀수, 테러 등의 국제범죄가 증가하고 있다.
• 치안환경이 악화되면서 보이스피싱 등 신종범죄가 대두되고 있다.
• 범죄연령이 저연령화(연소화)되는 추세이며, 청소년범죄가 흉포화되고 있다.
• 무선인터넷과 스마트폰 등의 보급확대로 인해 사이버범죄가 증가하고 있다.
• 과학기술의 발달로 인해 사이버범죄가 날로 지능화 · 전문화되어 더욱 증가하고 있다.
• 경제적 양극화의 심화로 인해 다양한 유형의 범죄가 발생하고 있다.

02

☑ 확인 Check! ○ △ ✕

우리나라 치안환경의 변화로 옳지 않은 것은?

① 인구의 고령화로 인하여 노인범죄 및 노인대상범죄가 증가하고 있다.

② 전체적으로 도시와 농촌 간의 범죄 발생차이가 적어 통일적인 치안활동이 요구된다.

③ 다문화 사회 및 인구구조의 글로벌화로 외국인 근로자 및 불법체류자 등에 의한 범죄가 증가하고 있다.

④ 빈부격차의 심화와 사회 해체적 범죄 양상이 나타나고 있다.

> **쏙쏙 해설**
>
> 전체적으로 도시와 농촌 간의 범죄 발생 차이가 상당하므로 차별화된 치안활동이 요구된다.
>
> **정답 ❷**

03

☑ 확인 Check! ○ △ ✕

우리나라의 치안환경에 관한 설명으로 옳지 않은 것은?

① 우리나라 인구구조의 특징상 혼자 사는 여성들이 범죄에 노출될 가능성이 높다.

② 1인 가구 증가로 조직범죄가 줄어들고 있다.

③ 청소년범죄가 흉포화되고 있다.

④ 고령화 현상으로 생계형 노인범죄가 사회적 문제로 대두되고 있다.

> **쏙쏙 해설**
>
> 1인 가구 증가로 이들을 대상으로 하는 조직범죄 및 여성범죄 등이 증가하고 있다.
>
> **정답 ❷**

04

☑ 확인 Check! ○ △ ✕

우리나라 치안환경에 관한 설명으로 옳은 것은?

① 이기주의로 인한 집단행동이 감소하고 있다.

② 다문화가정에 대한 치안수요는 감소하고 있다.

③ 금융·보험, 컴퓨터 등과 관련된 화이트칼라 범죄가 증가하고 있다.

④ 인구의 탈도시화 현상으로 범죄가 감소하게 되어 도시 유형에 맞는 치안활동의 필요성이 줄어든다.

> **쏙쏙 해설**
>
> 금융·보험, 신용카드, 컴퓨터 등과 관련된 지능화·전문화된 화이트칼라 범죄가 증가하고 있다.
>
> **정답 ❸**

> **핵심만 콕**
>
> ① 집단이기주의로 인한 불법적 집단행동이 증가되고 있다.
> ② 외국인노동자, 다문화가정의 증가 등으로 인하여 새로운 치안수요가 발생하고 있다.
> ④ 인구의 도시집중에 따른 개인주의적 경향으로 인간소외, 범죄발생 등의 심각한 사회문제가 예상된다.

05

☑ 확인 Check! ○ △ ✕

국내 치안환경의 변화로 옳지 않은 것은?

① 경찰의 단속으로 마약범죄 감소
② 고령화로 인한 노인범죄의 사회문제 대두
③ 과학기술의 발달로 사이버 범죄 증가
④ 경제적 양극화 심화로 다양한 유형의 범죄 발생

핵심만 콕

마약류사범 죄명별 단속실적 추이(2006~2015년)

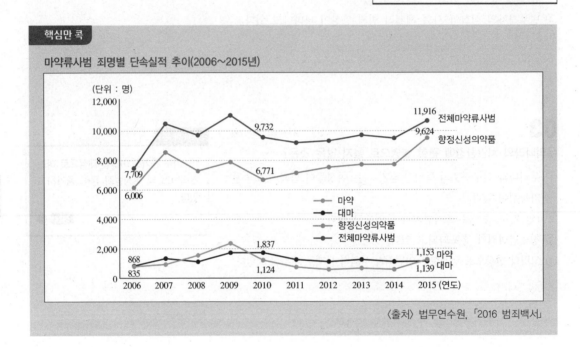

〈출처〉법무연수원, 「2016 범죄백서」

06

☑ 확인 Check! ○ △ ✕

국가경찰과 자치경찰의 조직 및 운영에 관한 법률상 경찰의 사무에 관한 내용으로 옳지 않은 것은?

① 지역 내 교통활동에 관한 사무는 자치경찰이 담당한다.

② 공공안녕에 대한 위험의 예방과 대응을 위한 정보의 수집·작성 및 배포에 관한 사무는 국가경찰이 담당한다.

③ 학교폭력 등 소년범죄에 해당하는 수사사무는 자치경찰이 담당한다.

④ 가정폭력, 아동학대범죄에 해당하는 수사사무는 국가경찰이 담당한다.

④ 가정폭력, 아동학대범죄에 해당하는 수사사무는 자치경찰이 담당한다[국가경찰과 자치경찰의 조직 및 운영에 관한 법률 제4조 제1항 제2호 라목 2)].

① 국가경찰과 자치경찰의 조직 및 운영에 관한 법률 제4조 제1항 제2호 나목

② 국가경찰과 자치경찰의 조직 및 운영에 관한 법률 제3조 제5호

③ 국가경찰과 자치경찰의 조직 및 운영에 관한 법률 제4조 제1항 제2호 라목 1)

정답 ④

관계법령

경찰의 임무(국가경찰과 자치경찰의 조직 및 운영에 관한 법률 제3조)

경찰의 임무는 다음 각호와 같다.

1. 국민의 생명·신체 및 재산의 보호
2. 범죄의 예방·진압 및 수사
3. 범죄피해자 보호
4. 경비·요인경호 및 대간첩·대테러작전 수행
5. 공공안녕에 대한 위험의 예방과 대응을 위한 정보의 수집·작성 및 배포
6. 교통의 단속과 위해의 방지
7. 외국 정부기관 및 국제기구와의 국제협력
8. 그 밖에 공공의 안녕과 질서유지

경찰의 사무(국가경찰과 자치경찰의 조직 및 운영에 관한 법률 제4조)

① 경찰의 사무는 다음 각호와 같이 구분한다.

1. 국가경찰사무 : 제3조에서 정한 경찰의 임무를 수행하기 위한 사무. 다만, 제2호의 자치경찰사무는 제외한다.
2. 자치경찰사무 : 제3조에서 정한 경찰의 임무범위에서 관할지역의 생활안전·교통·경비·수사 등에 관한 다음 각목의 사무

　　가. 지역 내 주민의 생활안전활동에 관한 사무

　　　1) 생활안전을 위한 순찰 및 시설의 운영
　　　2) 주민참여 방범활동의 지원 및 지도
　　　3) 안전사고 및 재해·재난 시 긴급구조 지원
　　　4) 아동·청소년·노인·여성·장애인 등 사회적 보호가 필요한 사람에 대한 보호업무 및 가정폭력·학교폭력·성폭력 등의 예방

5) 주민의 일상생활과 관련된 사회질서의 유지 및 그 위반행위의 지도·단속. 다만, 지방자치단체 등 다른 행정청의 사무는 제외한다.

6) 그 밖에 지역주민의 생활안전에 관한 사무

나. 지역 내 교통활동에 관한 사무

1) 교통법규 위반에 대한 지도·단속

2) 교통안전시설 및 무인 교통단속용 장비의 심의·설치·관리

3) 교통안전에 대한 교육 및 홍보

4) 주민참여지역 교통활동의 지원 및 지도

5) 통행허가, 어린이 통학버스의 신고, 긴급자동차의 지정신청 등 각종 허가 및 신고에 관한 사무

6) 그 밖에 지역 내의 교통안전 및 소통에 관한 사무

다. 지역 내 다중운집행사 관련 혼잡교통 및 안전관리

라. 다음의 어느 하나에 해당하는 수사사무

1) 학교폭력 등 소년범죄

2) 가정폭력, 아동학대범죄

3) 교통사고 및 교통 관련 범죄

4) 「형법」 제245조에 따른 공연음란 및 「성폭력범죄의 처벌 등에 관한 특례법」 제12조에 따른 성적 목적을 위한 다중이용장소 침입행위에 관한 범죄

5) 경범죄 및 기초질서 관련 범죄

6) 가출인 및 「실종아동 등의 보호 및 지원에 관한 법률」 제2조 제2호에 따른 실종아동 등 관련 수색 및 범죄

07

☑ 확인 Check! ○ △ ×

범죄예방 및 안전사고 방지를 위하여 관내 주택, 고층빌딩, 금융기관 등에 대한 방범시설 및 안전설비의 설치상황, 자위방범역량 등을 점검하여 문제점을 보완하는 경찰활동에 해당하는 것은?

① 문안순찰　　　　　② 방범진단
③ 방범홍보　　　　　④ 경찰방문

쏙쏙 해설

설문은 현장방범활동 중 방범진단에 대한 내용이다.

정답 ❷

핵심만 콕

① 문안순찰이란 경찰이 일반시민과의 대화를 통해 친밀한 관계를 유지하기 위한 활동으로, 관내 지역주민들의 요구를 청취하고 불편·애로사항을 해결해 주는 활동을 말한다.

③ 방범홍보란 지역경찰의 활동, 각종 경찰업무에 대한 사항 및 민원사항, 중요시책 등을 매스컴 등을 통해 관내 지역주민들에게 널리 알려 방범의식을 고양하는 동시에 범죄방지를 도모하는 활동을 말한다.

④ 경찰방문이란 경찰이 관내 각 가정, 상가 기타 시설 등을 방문하여 청소년을 선도하고, 소년소녀가장 및 독거노인·장애인 등 사회적 약자를 보호하며, 안전사고 방지 등의 지도·상담·홍보와 함께 민원사항을 청취하고, 필요시 지역주민의 협조를 받아 방범진단을 하는 등의 활동을 말한다.

08

☑ 확인Check! ○ △ ×

경찰이 관내의 각 가정, 기업체, 기타 시설을 방문하여 범죄예방, 선도, 안전사고 방지 등에 대해 지도 · 계몽하는 활동은?

① 방범심방
② 임의동행
③ 방범단속
④ 불심검문

핵심만 콕

② 임의동행(任意同行)이란 경찰이 용의자나 참고인을 당사자의 동의하에 검찰청, 경찰서 등에 연행하는 것을 말한다.
③ 방범단속은 형사사범, 경찰법규 위반행위 또는 각종 사고를 예방하거나 단속하기 위하여 방범지도, 불심검문, 경고, 제지, 출입, 조사 또는 검사하는 근무로 범죄가 발생하지 않도록 미리 그 원인을 제거하고 피해확대를 방지하는 방범활동의 일환이다.

〈출처〉 한국형사정책연구원, 파출소단위 방범활동의 개선방안 연구, 1990, P. 32

④ 불심검문(不審檢問)은 경찰관직무집행법 제3조에 따라 경찰관이 거동이 수상한 자를 발견한 때에 이를 정지시켜 조사하는 행위를 말한다.

09

☑ 확인Check! ○ △ ×

범죄예방 및 안전사고 방지를 위해 관내 금융기관 등 현금다액취급업소, 상가, 여성운영업소 등에 대하여 방범시설 및 안전설비의 설치상황, 자위방범역량 등을 점검하여 미비점을 보완하도록 지도하기 위한 경찰활동은?

① 방범홍보
② 경찰방문
③ 생활방범
④ 방범진단

핵심만 콕

① 방범홍보 : 지역경찰관의 지역경찰활동과 매스컴 등을 통해 각종 경찰업무에 대한 사항과 민원사항, 중요시책 등을 주민에게 널리 알려서 방범의식을 고양하는 동시에 각종범죄를 방지하기 위한 지도활동을 말한다.
② 경찰방문 : 경찰관이 관할구역 내의 각 가정, 상가 및 기타시설 등을 방문하여 청소년선도, 소년소녀가장 및 독거노인 · 장애인 등 사회적 약자 보호활동 및 안전사고방지 등의 지도 · 상담 · 홍보 등을 행하며 민원사항을 청취하고, 필요시 주민의 협조를 받아 방범진단을 하는 등 예방경찰활동을 말한다.
③ 생활방범 : 다양한 종류의 실시간 감시 카메라와 영상 분석, 영상 저장, VMS 등의 시스템을 연계하여 대규모의 광역 감시체계를 운영하는 시스템을 말한다.

10

청원경찰의 운영지도를 담당하는 경찰청의 부서장은?

☑ 확인Check! ○ △ ✕

① 위기관리센터장

② 경비과장

③ 경호과장

④ 생활안전과장

쏙쏙 해설

청원경찰의 운영 및 지도를 담당하는 경찰청의 부서장은 위기관리센터장이다(경찰청과 그 소속기관 직제 시행규칙 제10조 제4항 제9호).

정답 ❶

관계법령

경비국(경찰청과 그 소속기관 직제 시행규칙 제10조)
① 경비국에 경비과·위기관리센터·경호과 및 항공과를 둔다.
②~③ 생략
④ 위기관리센터장은 다음 사항을 분장한다. 〈개정 2023.4.18.〉
  1. 대테러 종합대책 연구·기획 및 지도
  2. 대테러 관련 법령의 연구·개정 및 지침 수립
  3. 테러대책기구 및 대테러 전담조직 운영 업무
  4. 대테러 종합훈련 및 교육
  5. 경찰작전과 경찰 전시훈련에 관한 계획의 수립 및 지도
  6. 비상대비계획의 수립 및 지도
  7. 중요시설의 방호 및 지도
  8. 예비군 무기·탄약관리의 지도
  9. 청원경찰의 운영 및 지도
  10. 민방위 업무의 협조에 관한 사항
  11. 재난·위기 업무에 대한 지원 및 지도
  12. 안전관리·재난상황 및 위기상황 관리기관과의 연계체계 구축·운영
  13. 지역 내 다중운집행사 안전관리 지도
  14. 비상업무에 관한 계획의 수립 및 집행
⑤~⑥ 생략

11

☑ 확인Check! ○ △ ✕

우리나라의 경찰방범능력의 장애요인이 아닌 것은?

① 주민자치에 의한 방범활동

② 경찰인력의 부족

③ 타 부처의 업무협조 증가

④ 방범장비의 부족 및 노후화

쏙쏙 해설

경찰방범능력의 장애요인으로는 경찰인력의 부족, 경찰방범장비의 부족 및 노후화, 경찰의 민생안전부서 기피현상, 타 부처의 업무협조 증가, 경찰에 대한 주민들의 고정관념으로 인한 이해 부족 등이 있다.

정답 ①

12

☑ 확인Check! ○ △ ✕

방범활동계획의 순서가 올바르게 연결된 것은?

① 준비 → 계획 → 방범활동 → 평가 또는 측정

② 방범활동 → 평가 또는 측정 → 계획 → 준비

③ 평가 또는 측정 → 계획 → 준비 → 방범활동

④ 계획 → 준비 → 방범활동 → 평가 또는 측정

쏙쏙 해설

방범활동계획의 순서는 계획 → 준비 → 방범활동 → 평가 또는 측정으로 이루어진다.

정답 ④

13

☑ 확인Check! ○ △ ✕

민·경 협력 범죄예방에 관한 다음 내용에 해당하는 것은?

> 경찰이 방범활동에 대한 주민의 의견을 직접 들어 치안활동에 반영하는 것으로 치안행정상 주민참여와 관련이 있다.

① 아동안전지킴이

② 자율방범대

③ 방범리콜제도

④ 경찰홍보

쏙쏙 해설

제시문은 방범리콜제도에 관한 설명에 해당한다.

정답 ③

핵심만 콕

① 아동안전지킴이 제도는 아동의 범죄피해 방지를 위해 경찰청 주관으로 전국에서 운영되고 있는 협력치안 프로그램이다.

② 자율방범대는 자원봉사자를 중심으로 지역 주민이 지역 단위로 조직하여 관할 지구대와 상호 협력관계를 갖고 방범활동을 하는 자율봉사 조직이다.

④ 경찰홍보는 경찰이 하는 일을 국민과 쌍방향 커뮤니케이션을 통해 널리 알림으로써 경찰에 대한 신뢰와 지지를 확보하기 위한 제반활동이다.

04 | 민간경비의 조직

제1절 민간경비의 유형

01

☑ 확인Check! ○ △ ✕

계약경비와 자체경비에 관한 설명으로 옳은 것은?

① 자체경비는 경비부서에서 오래 근무함으로써 회사운영, 매출, 인사 등에 관한 지식이 높아 여러 부분에서 계약경비보다 비용이 적게 든다.
② 계약경비는 자체경비에 비해 고용주나 회사에 대하여 상대적으로 충성심이 높다.
③ 계약경비는 자체경비에 비해 비상시 인적자원을 탄력적으로 운영할 수 있다.
④ 자체경비는 인사관리 측면에서 결원의 보충이 용이하다.

핵심만 콕

① 자체경비의 경우 경비부서에서 오래 근무함으로써 회사운영, 매출, 인사 등에 관한 지식이 높다는 장점이 있으나, 계약경비보다는 인사관리 및 행정관리가 힘들고 비용이 많이 든다는 단점이 있다.
② 자체경비가 계약경비에 비해 고용주나 회사에 대하여 상대적으로 충성심이 높다.
④ 인사관리 측면에서 결원의 보충이 용이한 것은 계약경비의 장점이다.

02

☑ 확인Check! ○ △ ✕

자체경비와 계약경비에 관한 설명으로 옳은 것은?

① 계약경비는 자체경비보다 상대적으로 이직률이 낮은 편이다.
② 계약경비는 자체경비보다 사용자의 비용부담이 상대적으로 저렴하다.
③ 자체경비는 경비회사로부터 훈련된 경비원을 파견받아서 운용한다.
④ 계약경비는 자체경비보다 사용자에 대한 충성심이 높은 편이다.

03

☑ 확인Check! ○ △ ✕

자체경비와 계약경비의 장단점에 관한 설명으로 옳지 않은 것은?

① 계약경비는 자체경비보다 다양한 경비분야에 전문성을 갖춘 경비인력을 쉽게 제공할 수 있다.

② 자체경비는 신분보장의 불안정성과 저임금으로 계약경비보다 이직률이 높다.

③ 계약경비는 경비인력의 추가 및 감축에 있어 자체경비보다 탄력적 운용이 가능하다.

④ 자체경비는 계약경비보다 고용주에게 높은 충성심을 갖는 경향이 있다.

쏙쏙 해설

신분보장의 불안정성과 저임금으로 이직률이 상대적으로 높은 것은 계약경비이다.

정답 ❷

핵심만 콕

자체경비와 계약경비의 비교

구 분	자체경비	계약경비
장 점	• 자체경비는 계약경비에 비해 임금이 높고 안정적이므로, 이직률이 낮은 편이다. • 시설주가 경비원들을 직접 관리함으로써 경비원들에 대한 통제를 강화할 수 있다. • 비교적 높은 급료를 받을 뿐만 아니라, 경비원에 대한 위상이 높기 때문에 자질이 우수한 사람들이 지원한다. • 계약경비원보다 고용주에 대한 충성심이 더 높다. • 자체경비는 고용주(사용자)의 요구에 신속하게 대처할 수 있다. • 자체경비원은 고용주에 의해 조직의 구성원으로 채용됨으로써 안정적이기 때문에 고용주로부터 업무수행능력을 인정받기를 원하며, 자기발전과 자기계발을 위한 노력을 아끼지 않는다. • 자체경비원은 경비부서에 오래 근무함으로써 회사의 운영ㆍ매출ㆍ인사 등에 관한 지식이 높다. • 시설주의 필요에 따라 적절하게 교육ㆍ훈련과정의 효율성을 쉽게 측정할 수 있다.	• 고용주의 요구에 맞는 경비서비스를 제공함으로써 경비프로그램 전반에 걸쳐 전문성을 갖춘 경비인력을 쉽게 제공할 수 있다. • 봉급, 연금, 직무보상, 사회보장, 보험, 장비, 신규모집, 직원관리, 교육훈련 등의 비용을 절감할 수 있어 비용 면에서 저렴하다(경제적이다). • 자체경비에 비해 인사관리 차원에서 결원의 보충 및 추가인력의 배치가 용이하다. • 고용주를 의식하지 않고 소신껏 경비업무에 전념할 수 있다. • 경비수요의 변화에 따라 기존 경비인력을 감축하거나 추가적으로 고용을 확대할 수 있다. • 질병이나 해임 등으로 구성원의 업무수행상 문제가 발생했을 경우, 인사이동과 대처(대책)에 따라 행정상 문제를 쉽게 해결할 수 있다.
단 점	• 계약경비에 비해 다른 부서의 직원들과 지나치게 친밀한 관계를 형성함으로써 효과적인 직무수행을 하지 못할 수 있다. • 신규모집계획, 선발인원의 신원확인 및 훈련프로그램에 대한 개발과 관리를 자체적으로 실시하므로, 인사관리 및 행정관리가 힘들고 비용이 많이 소요된다. • 계약경비에 비해 해임이나 감원, 충원 등이 필요한 경우에 탄력성이 떨어진다.	• 자체경비에 비해 조직(시설주)에 대한 충성심이 낮은 것이 일반적이다. • 자체경비에 비해 급료가 낮고 직업적 안정감이 떨어지기 때문에 이직률이 높은 편이다. • 회사 내부의 기밀이나 중요정보가 외부로 유출될 가능성이 더 높은 편이다.

제1장 제2장 제3장 제4장 제5장 제6장 제7장

04

확인Check! ○ △ ✕

기계경비의 장·단점에 관한 설명으로 옳지 않은 것은?

① 기계경비를 운영하는 경우 잠재적 범죄자에 대한 예방효과는 미미하다.

② 장기적으로 경비 소요비용의 절감효과를 가져온다.

③ 기계경비를 너무 맹신하였을 때 범죄자에게 역이용될 가능성이 있다.

④ 외부 침입을 정확하게 탐지하고 신속하게 대응할 수 있다.

기계경비를 운영하는 경우 잠재적 범죄자에 대한 예방 효과(경고 효과)가 크다.

정답 ❶

핵심만 콕

인력경비와 기계경비

구 분	인력경비	기계경비
장 점	• 경비업무 이외에 안내, 질서유지, 보호·보관업무 등을 하나로 통합한 통합서비스가 가능 • 인력이 상주함으로써 현장에서 상황이 발생했을 때 신속한 조치가 가능 • 인적 요소이기에 경비업무를 전문화할 수 있고, 고용창출 효과와 고객접점서비스 효과가 있음	• 24시간 경비가 가능 • 장기적으로 소요비용이 절감되는 효과가 있음 • 감시지역이 광범위하고 정확성을 기할 수 있음 • 시간적 취약대인 야간에도 효율성이 높아 시간적 제약을 적게 받음 • 화재예방시스템 등과 동시에 통합운용이 가능 • 강력범죄와 화재, 가스 등으로 인한 인명사상을 예방하거나 최소화할 수 있음 • 기록장치에 의해 사고발생 상황이 저장되어 증거보존의 효과와 책임한계를 명확히 할 수 있음 • 오작동(오경보)률이 낮을 경우 범죄자에게는 경고의 효과가 있고, 사용자로부터는 신뢰를 얻을 수 있음
단 점	• 인건비의 부담으로 경비에 많은 비용이 소요 • 사건이 발생했을 때 인명피해의 가능성이 있음 • 상황연락이 신속하게 이루어지지 않아 사건의 전파에 장애가 발생 • 야간에는 경비활동의 제약을 받아 효율성이 감소 • 경비원이 저임금, 저학력, 고령일 경우 경비의 질 저하가 우려	• 사건 발생 시 현장에서의 신속한 대처가 어려우며, 현장에 출동하는 시간이 필요 • 최초의 기초 설치비용이 많이 소요 • 허위경보 및 오경보 등의 발생률이 비교적 높음 • 전문인력이 필요하며, 유지보수에 비용이 많이 소요 • 고장 시 신속한 대처가 어려움 • 방범 관련 업무에만 가능하며, 경비시스템을 잘 알고 있는 범죄자들에게 역이용당할 우려가 있음

44 PART 1 민간경비론

05

☑ 확인 Check! ○ △ ✕

기계경비의 장점에 관한 설명으로 옳지 않은 것은?

① 장기적으로 운영비용의 절감효과를 기대할 수 있다.

② 화재예방과 같은 다른 예방시스템과 통합운용이 가능하다.

③ 24시간 동일한 조건으로 지속적 감시가 가능하다.

④ 기계경비를 잘 아는 범죄자에게 역이용당할 우려가 있다.

쏙쏙 해설

④는 기계경비의 단점에 관한 설명이다.

정답 ④

06

☑ 확인 Check! ○ △ ✕

기계경비에 관한 설명으로 옳지 않은 것은?

① 장기적으로 볼 때 운영비용의 절감효과를 기대할 수 있다.

② 적용대상은 상주경비, 요인경호, 혼잡경비 등이다.

③ 화재예방과 같은 다른 예방시스템과 통합적 운용이 가능하다.

④ 기계경비시스템의 3대 기본요소는 불법침입에 대한 감지 및 경고, 침입정보의 전달, 침입행위에 대한 대응이다.

쏙쏙 해설

상주경비, 요인경호, 혼잡경비 등은 인력경비의 대표적인 적용대상에 해당한다. 인력경비란 인력을 통해 각종 위해(범죄·화재·재난)로부터 인적·물적 가치를 보호하는 경비를 말하는 것으로서 경비기기를 수단으로 하여 기계경비와 구분된다.

정답 ②

07

☑ 확인 Check! ○ △ ✕

기계경비시스템의 범죄 대응과정에 관한 설명으로 옳은 것은?

① 경찰관서에 직접 연결하는 경비시스템의 오작동은 경찰력의 낭비가 발생할 수 있다.

② 대처요원에게 신속하게 연락하며, 각종 물리적 보호장치가 작동되도록 하는 것은 침입에 대한 정보전달과정이다.

③ 경비업법령상 관제시설에서 경보를 수신한 경우 늦어도 30분 이내에 도착할 수 있는 대응체계를 갖추어야 한다.

④ 기계경비시스템은 '불법 침입에 대한 감지 및 경고 → 침입에 대한 대응 → 침입정보의 전달'과정을 거친다.

쏙쏙 해설

① 기계경비시스템의 범죄 대응과정에 대한 설명으로 옳다.

② 대처요원에게 신속하게 연락하고 각종 물리적 보호장치가 작동되도록 하는 것은 침입에 대한 대응과정이다.

③ 늦어도 25분 이내에는 도착시킬 수 있는 대응체제를 갖추어야 한다(경비업법 시행령 제7조).

④ 기계경비시스템은 불법 침입에 대한 감지 및 경고 → 침입정보의 전달 → 침입에 대한 대응 과정을 거친다.

정답 ①

08

기계경비의 단점에 관한 설명으로 옳지 않은 것은?

① 오경보로 인한 불필요한 출동은 경찰력 운용의 효율성에 장애요인이 된다.
② 야간에는 경비활동의 제약을 받아 효율성이 저하된다.
③ 오경보 방지를 위한 유지·보수에 많은 비용이 발생한다.
④ 계약상대방에게 기기 사용요령 및 운영체계 등에 관하여 설명해야 하는 번거로움이 있다.

쏙쏙 해설

야간에 경비활동의 제약을 받아 효율성이 저하되는 것은 인력경비의 단점이다.

정답 ❷

핵심만 콕

기계경비시스템의 장·단점

장 점	단 점
• 장기적으로는 경비 절감 • 감시 지역의 광범위성과 정확성 • 24시간 지속 감시 가능 • 화재예방시스템과 통합운용 가능 • 인명피해 가능성 없음	• 초기 설치비용의 부담 • 범죄자에 역이용 가능성 • 오경보 위험성 • 유지보수의 복잡성과 고비용성

09

기계경비 오경보의 폐해에 관한 설명으로 옳지 않은 것은?

① 실제 상황이 아님에도 불구하고 기계장치의 자체결함, 이용자의 부적절한 작동, 미세한 환경변화 등에 민감하게 작동하는 경우가 있다.
② 오경보로 인한 헛출동은 경찰력 운용의 효율성에 장애가 되고 있다.
③ 오경보를 방지하기 위한 유지·보수에도 적지 않은 비용이 들며, 이를 위해 전문인력이 투입되어야 한다.
④ 오경보를 줄이기 위하여 경찰청은 경찰관서에 직접 연결하는 기계경비시스템의 운용을 확대하도록 감독명령을 발령하였다.

쏙쏙 해설

경찰청장 감독명령 제2012-1호, 제2013-1호, 제2017-1호는 「경비업법」상의 기계경비업자와 기계경비업체에 선임된 기계경비지도사를 대상으로 기계경비업체의 오경보로 인한 불필요한 경찰신고를 방지하고 기계경비업체의 출동대응 등 의무를 명확히 하여 기계경비업의 건전한 발전을 도모함을 목적으로 발령되었으며, 이 감독명령에는 선별신고제도(확인신고와 긴급신고)와 기계경비업자의 의무 등이 포함되어 있다. 참고로 감독명령 제2012-1호는 제2013-1호의 발령으로, 감독명령 2013-1호는 제2017-1호의 발령으로 각각 폐지되었다.★

정답 ❹

10

우리나라 호송경비업무에 관한 설명으로 옳은 것은?

☑확인 Check! ○ △ ✕

① 1995년 경비업법 개정으로 도입되었다.

② 경비인력 기준은 무술유단자인 일반경비원 3명 이상, 경비지도사 1명 이상이다.

③ 운반 중에 있는 현금·유가증권·귀금속·상품 그 밖의 물건에 대하여 도난·화재 등 위험발생을 방지하는 업무를 의미한다.

④ 업무수행을 위해 관할 경찰서의 협조를 얻고자 하는 때에는 현금 등의 운반을 위한 도착 전일까지 도착지의 경찰서장에게 호송경비통지서(전자문서로 된 통지서를 포함한다)를 제출하여야 한다.

쏙쏙 해설

경비업법 제2조 제1호 나목

정답 ❸

핵심만 콕

① 호송경비업무의 내용은 1976.12.31. 용역경비업법 제정 시부터 도입되었으나, '호송경비업무'라는 명칭으로는 1995.12.30. 법 개정 시부터 실시되었다.

② 호송경비업무의 경우 경비인력 기준은 무술유단자인 일반경비원 5명 이상, 경비지도사 1명 이상이다(경비업법 시행령 [별표 1] 제2호).

④ 호송경비업무를 수행하기 위하여 관할 경찰서의 협조를 얻고자 하는 때에는 현금 등의 운반을 위한 출발 전일까지 출발지의 경찰서장에게 별지 제1호 서식의 호송경비통지서(전자문서로 된 통지서를 포함한다)를 제출하여야 한다(경비업법 시행규칙 제2조).

11

혼잡경비에 관한 설명으로 옳지 않은 것은?

☑확인 Check! ○ △ ✕

① 일본은 경비업법 제2조 제2호 업무에 혼잡경비를 규정하고 있다.

② 한국은 시설경비업무 등을 통하여 혼잡경비업무를 수행하고 있다.

③ 혼잡경비는 각종 행사를 위해 모인 불특정 군중에 의해 발생되는 혼란 상태를 사전에 예방·경계하고, 위험한 사태가 발생한 경우에 신속하게 조치해 확대를 방지하는 경비활동이다.

④ 혼잡경비업무의 대상은 장소와 시설에 국한된다.

쏙쏙 해설

혼잡경비는 경비대상에 따라 여러 가지 유형으로 분류할 수 있는데, 대표적으로 교통유도경비와 이벤트경비(86아시안게임, 88서울올림픽, 93대전엑스포, 2002한·일 공동월드컵 등)가 있다. 이 중 이벤트 경비업무는 크게 이벤트 행사에 참석한 '참가자를 대상으로 한 경비'와 '시설과 장소를 대상으로 한 경비'로 구분할 수가 있다. 이에 따라 혼잡경비업무의 대상은 장소와 시설에 국한되지 않는다고 볼 수 있다.

〈참고〉 박성수, 「민간경비론」, 윤성사, 2021. P. 202~203

정답 ❹

12

순찰경비에 관한 설명으로 옳지 않은 것은?

① 복수순찰은 단독순찰에 비해 인원의 경제적 배치가 가능하고 여러 지역을 분산하여 순찰할 수 있다.
② 난선순찰은 경비원의 판단에 따라 경로를 선택하는 순찰이다.
③ 자동차순찰은 넓은 지역을 신속하게 순찰할 수 있다.
④ 실내순찰은 순찰경로가 경비대상시설의 내부로 한정되는 순찰이다.

쏙쏙 해설

순찰경비는 인력경비의 종류 중 하나로, 정기적으로 일정 구역을 순찰하여 범죄 등으로부터 고객의 안전을 확보하거나, 도보나 차량을 이용하여 정해진 노선을 따라 시설물의 상태를 점검하는 경비활동을 말한다. 순찰경비는 순찰 인원 수에 따라 단독순찰과 복수순찰로 구분되는데, 복수순찰은 2인 이상이 팀을 이루어 순찰하므로, 여러 지역을 분산하여 순찰하거나 다수의 범죄자에 대한 대처가 가능하다는 장점이 있으나, 단독순찰보다 경제적 부담이 크다는 단점이 있다.

정답 ❶

13

총체적 경비에 관한 설명으로 옳은 것은?

① A경비회사는 2019년 1월에 시설경비원을 고용하여 단일 예방체제를 구축하였다.
② B경비회사는 손실예방을 위해 전체적인 계획 없이 2019년 9월(1개월간)에만 필요하여 단편적으로 경비체제를 추가하였다.
③ C경비회사는 2019년 10월에 특정한 손실이 발생하여 이에 대응하기 위해 경비체제를 마련하였다.
④ D경비회사는 2020년 1월부터는 언제 발생할지 모를 상황에 대비하고 각종 위해요소를 차단하기 위해 인력경비와 기계경비를 종합한 표준화된 경비체제를 갖출 것이다.

쏙쏙 해설

총체적 경비(종합적 경비)에 대한 설명으로 옳은 것은 ④이다.

정답 ❹

핵심만 콕

경비실시방식에 따른 분류
• 1차원적 경비 : 경비원에 의한 경비 등과 같이 단일 예방체제에 의존하는 경비형태를 말한다.
• 단편적 경비 : 포괄적·전체적 계획 없이 필요할 때마다 단편적으로 손실예방 등의 역할을 수행하기 위해 추가되는 경비형태를 말한다.
• 반응적 경비 : 단지 특정한 손실이 발생할 때마다 그 사건에만 대응하는 경비형태를 말한다.
• 총체적 경비(종합적 경비) : 특정의 위해요소와 관계없이 언제 발생할지도 모르는 상황에 대비하여 인력경비와 기계경비를 종합한 표준화된 경비형태를 말한다.

14

경비원에 의한 경비 등과 같이 단일 예방체제에 의존하는 경비형태는?

① 1차원적 경비
② 단편적 경비
③ 반응적 경비
④ 총체적 경비

☑ 확인 Check! ○ △ ✕

15

국가중요시설경비에 관한 설명으로 옳지 않은 것은?

☑ 확인 Check! ○ △ ✕

① 국가중요시설이란 공공기관, 공항·항만, 주요 산업시설 등 적에 의하여 점령 또는 파괴되거나 기능이 마비될 경우 국가안보와 국민생활에 심각한 영향을 주게 되는 시설을 말한다.
② 3지대 방호개념은 제1지대-주방어지대, 제2지대-핵심방어지대, 제3지대-경계지대이다.
③ 국가중요시설은 중요도와 취약성을 고려하여 제한지역, 제한구역, 통제구역으로 보호지역을 설정하고 있다.
④ 국가중요시설의 통합방위사태는 갑종사태, 을종사태, 병종사태로 구분된다.

16

☑ 확인Check! ○ △ ✕

다음에 해당하는 호송경비의 방식은?

> 운송업자 A가 고가미술품을 자신의 트럭에 적재하여 운송하고, 이 적재차량의 경비는 경비업자 B가 무장경비차량 및 경비원을 통해 경비하였다.

① 통합호송방식
② 분리호송방식
③ 휴대호송방식
④ 동승호송방식

핵심만 콕

호송경비업무의 방식
- 단독호송방식
  - 통합호송방식 : 경비업자가 무장호송차량 또는 일반차량을 이용하여 운송과 경비업무를 겸하는 호송경비방식이다.
  - 분리호송방식 : 호송대상 물건은 운송업자의 차량으로 운송하고, 경비업자는 경비차량과 경비원을 투입하여 물건을 호송하는 방식이다.
  - 동승호송방식 : 물건을 운송하는 차량에 호송경비원이 동승하여 호송업무를 수행하는 경비방식이다.
  - 휴대호송방식 : 호송경비원이 직접 호송대상 물건을 휴대하여 운반하는 경비방식이다.
- 편성호송방식 : 호송방식과 방향 등을 고려하여 지역별로 또는 구간별로 조를 편성하여 행하는 경비방식이다.

17

☑ 확인Check! ○ △ ✕

경비원이 다른 부서의 관리자들로부터 명령을 받게 된다면 업무수행에 차질이 생길 것이다. 이 문제를 방지하기 위한 민간경비 조직편성의 원리는?

① 계층제의 원리
② 통솔범위의 원리
③ 명령통일의 원리
④ 조정·통합의 원리

민간경비조직의 운영원리★
- 명령통일의 원리 : 각 조직구성원은 한 사람의 관리자로부터만 명령을 받아야 한다는 원리로, 경호학에서는 지휘권단 일화원칙이라고도 한다.
- 전문화의 원리 : 조직구성원에게 한 가지 업무를 전담시켜 전문적인 지식·기술을 습득케 함으로써 전문화를 유도하고, 능률향상을 기대할 수 있는 원리로, 분업-전문화의 원리라고도 한다.
- 계층제의 원리 : 조직구성원 간에 상하 등급, 즉 계층을 설정하여 각 계층 간에 권한과 책임을 배분하고, 명령계통과 지휘·감독체계를 확립하는 원리를 말한다.
- 통솔범위의 원리 : 한 사람의 관리자가 통제할 수 있는 부하 또는 조직단위의 수는 그 관리자의 통솔범위 내로 한정되어야 한다는 원리를 말한다.
- 조정·통합의 원리 : 조직의 공동목표를 달성하기 위해 각 조직구성원들을 통합하고, 집단의 노력을 질서 있게 배열하여 조직의 안정성과 효율성을 도모하는 원리를 말한다.

18

☑ 확인Check! ○ △ ✕

경비조직화를 하는 경우 통솔범위의 결정요인에 대한 설명 중 틀린 것은?

① 신설조직 책임자가 기존조직 책임자보다 통솔범위가 넓다.
② 여러 장소에 근무하는 사람들을 통솔하는 책임자는 한 곳에 근무하는 사람들을 통솔하는 책임자보다 통솔범위가 좁다.
③ 계층의 수가 적을수록 상관의 통솔범위가 넓다.
④ 부하의 자질이 높을수록 상관의 통솔범위가 넓다.

신설조직 책임자가 기존조직 책임자보다 통솔범위가 좁다.

정답 ❶

대표적인 통솔범위의 결정요인
- 관리자의 능력이 높을수록 관리자의 통솔범위가 넓다.
- 기존조직 관리자가 신설조직 관리자보다 통솔범위가 넓다.★
- 계층의 수가 적을수록 관리자의 통솔범위가 넓다.★
- 부하직원의 자질이 높을수록 관리자의 통솔범위가 넓다.
- 업무가 비전문적이고 단순할수록 관리자의 통솔범위가 넓다.
- 막료부서의 지원능력이 클수록 관리자의 통솔범위가 넓다.
- 지리적 분산 정도가 작을수록 관리자의 통솔범위가 넓다.★

19

다음 중 경비책임자 한 사람이 효과적으로 감독할 수 있는 경비원의 수에 관한 것은 무엇인가?

☑ 확인Check! ○ △ ✕

① 권한위임
② 인력수요
③ 통솔범위
④ 활동범위

20

다음 설명에 관한 경비부서 관리자의 역할은?

☑ 확인Check! ○ △ ✕

> 경비원에 대한 감독, 순찰, 화재와 경비원의 안전, 교통통제, 출입금지구역에 대한 감시

① 관리상의 역할
② 조사상의 역할
③ 예방상의 역할
④ 경영상의 역할

핵심만 콕

경비부서 관리자의 역할

예방상의 역할	경비원에 대한 감독, 순찰, 화재와 경비원의 안전, 교통통제, 출입금지구역에 대한 감시
관리상의 역할	예산과 재정상의 감독, 경비문제를 관할하는 정책의 설정, 사무행정, 조직체계와 절차
경영상의 역할	기획의 조직화, 조정, 채용, 혁신, 지도 · 감독
조사상의 역할	경비의 명확성, 감시, 회계, 회사규칙의 위반과 모든 손실에 대한 조사, 일반 경찰관서와 소방관서와의 유대관계, 관련 문서의 확인

21

☑ 확인Check! ○ △ ✕

민간경비의 교육훈련에 관한 설명으로 옳지 않은 것은?

① 직무수행에 필요한 지식과 기술 습득, 일반능력 개발, 가치관의 발전적 변화를 촉진하는 계획적 활동이다.

② 조직적 통제와 조정의 필요성을 증가시키게 된다.

③ 경영적 측면에서는 경영전략의 전개에 필요한 인력의 확보, 기업 문화의 전승을 위해서 실시되는 것이다.

④ 개인적 측면에서는 개개인이 보유한 잠재능력을 개발·육성하고, 직장생활 능력 및 사회적 능력을 향상시키는 전인교육을 지향해야 한다.

22

☑ 확인Check! ○ △ ✕

경비업법상 경비원 교육에 관한 설명으로 옳지 않은 것은?

① 특수경비원의 교육 시 관할 시·도 경찰청 소속 경찰공무원이 교육기관에 입회하여 대통령령이 정하는 바에 따라 지도·감독하여야 한다.

② 경비업자는 경비업무를 적정하게 실시하기 위하여 경비원으로 하여금 대통령령으로 정하는 바에 따라 경비원 신임교육 및 직무교육을 받게 하여야 한다.

③ 경비원이 되려는 사람은 대통령령으로 정하는 교육기관에서 미리 일반경비원 신임교육을 받을 수 있다.

④ 특수경비업자는 대통령령으로 정하는 바에 따라 특수경비원으로 하여금 특수경비원 신임교육과 정기적인 직무교육을 받게하여야 한다.

23

☑ 확인Check! ○ △ ✕

경비업법령상 경비원 A가 일반경비원 신임교육을 받아야 하는 시간은?

> 경비원 A는 일반경비원 신임교육을 받은 지 5년이 지난 후 일반경비원으로 채용되었다(단, 채용 전 다른 경비업무 종사이력은 없다).

① 교육면제　　　　　② 20시간
③ 24시간　　　　　④ 40시간

쏙쏙 해설

경비원 A는 채용 전 다른 경비업무 종사이력이 없고, 일반경비원 신임교육 대상에서 제외할 수 있는 신임교육 유효기간(3년)이 지난 상태이므로 일반경비원으로 채용 시 신임교육(24H)을 이수하여야 한다(경비업법 제13조 제1항, 동법 시행령 제18조 제2항·제5항, 동법 시행규칙 제12조 제1항·[별표 2]).

정답 ❸

24

☑ 확인Check! ○ △ ✕

경비업법령상 특수경비원 교육에 관한 사항으로 옳지 않은 것은?

① 특수경비업자는 특수경비원을 채용한 경우 특수경비업자 부담으로 특수경비원에게 특수경비원 신임교육을 받도록 하여야 한다.
② 특수경비업자는 소속 특수경비원에게 매월 3시간 이상의 직무교육을 받도록 하여야 한다.
③ 특수경비원의 교육 시 관할 시·도 경찰청 소속 경찰공무원이 교육기관에 입회하여 지도·감독하여야 한다.
④ 특수경비업자는 특수경비원 신임교육을 받지 아니한 자를 특수경비업무에 종사하게 하여서는 안 된다.

쏙쏙 해설

③ 특수경비원의 교육 시 관할 경찰서 소속 경찰공무원이 교육기관에 입회하여 대통령령이 정하는 바에 따라 지도·감독하여야 한다(경비업법 제13조 제4항).
① 경비업법 시행령 제19조 제1항
② 경비업법 시행령 제19조 제3항, 동법 시행규칙 제16조 제1항
④ 경비업법 제13조 제3항 후단

정답 ❸

25

☑ 확인Check! ○ △ ✕

경비업법령상 일반경비지도사 자격취득 교육과목으로 옳지 않은 것은?

① 특수경비
② 체포·호신술
③ 기계경비개론
④ 인력경비개론

쏙쏙 해설

인력경비개론은 기계경비지도사의 자격취득 교육과목이다.

정답 ❹

경비지도사 교육의 과목 및 시간(경비업법 시행규칙 [별표 1]) 〈개정 2023.7.17.〉

구분(교육시간)		과목 및 시간
공통교육 (24h)		「경비업법」, 「경찰관직무집행법」 등 관계법령 및 「개인정보보호법」에 따른 개인정보 보호지침 등 (4h), 실무 I (4h), 실무 II (3h), 장비사용법(2h), 범죄・테러・재난 대응요령 및 화재대처법(2h), 응급처치법(2h), 직업윤리 및 인권보호(2h), 체포・호신술(2h), 입교식, 평가 및 수료식(3h)
자격의 종류별 교육(16h)	일반경비지도사	시설경비(3h), 호송경비(2h), 신변보호(2h), 특수경비(2h), 기계경비개론(2h), 일반경비 현장실습(5h)
	기계경비지도사	기계경비 운용관리(4h), 기계경비 기획 및 설계(4h), 인력경비개론(3h), 기계경비 현장실습(5h)
계		40h

26

☑ 확인 Check! ○ △ ✕

경비업법령에 따른 일반경비원과 특수경비원의 신임교육에 공통되는 과목은?

① 사 격
② 민방공
③ 총기조작
④ 기계경비실무

일반경비원 신임교육의 과목 및 시간(경비업법 시행규칙 [별표 2]) 〈개정 2023.7.17.〉

구분(교육시간)	과 목
이론교육(4h)	「경비업법」 등 관계법령(2h), 범죄예방론(2h)
실무교육(19h)	시설경비실무(4h), 호송경비실무(2h), 신변보호실무(2h), 기계경비실무(2h), 사고예방대책(3h), 체포・호신술(2h), 장비사용법(2h), 직업윤리 및 서비스(2h)
기타(1h)	입교식, 평가 및 수료식(1h)
계	24h

특수경비원 신임교육의 과목 및 시간(경비업법 시행규칙 [별표 4]) 〈개정 2023.7.17.〉

구분(교육시간)	과 목
이론교육(15h)	「경비업법」 및 「경찰관직무집행법」 등 관계법령(8h), 「헌법」 및 형사법(4h), 범죄예방론(3h)
실무교육(61h)	테러 및 재난 대응요령(4h), 폭발물 처리요령(6h), 화재대처법(3h), 응급처치법(3h), 장비사용법(3h), 출입통제요령(3h), 직업윤리 및 서비스(4h), 기계경비실무(3h), 정보보호 및 보안업무(6h), 시설경비요령(4h), 민방공(4h), 총기조작(3h), 사격(8h), 체포・호신술(4h), 관찰・기록기법(3h)
기타(4h)	입교식, 평가 및 수료식(4h)
계	80h

27

☑ 확인Check! ○ △ X

경비업법상 경비지도사의 직무로 명시되어 있지 않은 것은?

① 집단민원현장에 배치된 경비원에 대한 지도·감독

② 경비원의 지도·감독·교육에 관한 기록의 유지

③ 소방기관과의 연락방법에 대한 지도

④ 의뢰인의 요구사항을 파악하여 지도

쏙쏙 해설

'의뢰인의 요구사항을 파악하여 지도'
는 경비업법령상 경비지도사의 직무로
명시되어 있지 않다.

정답 ④

관계법령

경비지도사의 선임 등(경비업법 제12조)

① 경비업자는 대통령령이 정하는 바에 따라 경비지도사를 선임하여야 한다.

② 제1항의 규정에 의하여 선임된 경비지도사의 직무는 다음과 같다.

  1. 경비원의 지도·감독·교육에 관한 계획의 수립·실시 및 그 기록의 유지

  2. 경비현장에 배치된 경비원에 대한 순회점검 및 감독

  3. 경찰기관 및 소방기관과의 연락방법에 대한 지도

  4. 집단민원현장에 배치된 경비원에 대한 지도·감독

  5. 그 밖에 대통령령이 정하는 직무

> **경비지도사의 직무 및 준수사항(경비업법 시행령 제17조)**
>
> ① 법 제12조 제2항 제5호에서 "대통령령이 정하는 직무"란 다음 각호의 직무를 말한다.
>
>   1. 기계경비업무를 위한 기계장치의 운용·감독(기계경비지도사의 경우에 한한다)
>
>   2. 오경보방지 등을 위한 기기관리의 감독(기계경비지도사의 경우에 한한다)

28

민간경비원의 윤리의식 제고방안으로 옳지 않은 것은?

① 선발기준 완화
② 직업윤리의 법제화
③ 법령 준수의식 제고
④ 직무교육 강화

☑ 확인Check! ○ △ ×

쏙쏙 해설

선발기준 강화가 민간경비원 윤리의식 제고방안이다.

정답 ❶

29

민간경비의 윤리에 관한 설명으로 옳지 않은 것은?

① 민간경비의 윤리가 확립되지 않으면 고객 및 국민으로부터 신뢰를 얻을 수 없다.
② 민간경비의 윤리문제는 민간경비 자체에 한정된다.
③ 경찰과 시민의 민간경비에 대한 인식전환이 필요하다.
④ 자격증제도의 도입 등을 통한 전문화는 민간경비의 윤리성을 제고시킬 수 있다.

☑ 확인Check! ○ △ ×

쏙쏙 해설

민간경비의 윤리문제는 민간경비 자체에 한정되지 않고, 제도적 문제 및 사회 전반의 여건과 밀접한 관련이 있다.

정답 ❷

30

☑ 확인 Check! ○ △ ✕

경비위해요소에 관한 설명으로 옳지 않은 것은?

① 자연적 위해에는 홍수, 폭풍, 지진 등이 있다.

② 경비위해요소 분석단계는 위해요소 인지, 손실발생 예측, 위해정도 평가, 비용효과 분석 순이다.

③ 인위적 위해란 특정 지역 및 국가 등에 따라 성질이나 유형이 다양하게 나타나는 위해이다.

④ 효과적인 경비프로그램을 실행하기 위해서는 경비위해요소 조사와 분석이 선행되어야 한다.

쏙쏙 해설

특정한 위해에 관한 설명이다.

정답 ❸

핵심만 콕

경비위해요소의 형태

자연적 위해	• 자연현상에 의해 야기되는 위해를 말한다. 대량의 인명피해와 재산피해를 야기한다. 예 폭풍, 지진, 홍수, 폭염, 폭설 등
인위적 위해	• 사람들의 작위 또는 부작위에 의하여 야기되는 위해를 말한다. 예 신체를 위협하는 범죄, 절도, 좀도둑, 사기, 횡령, 폭행, 태업, 시민폭동, 폭탄위협, 화재, 안전사고, 기타 특정 상황에서 공공연하게 발생하는 폭력 등
특정한 위해	• 특정 시설물 또는 지역, 국가 등에 따라 성질이나 유형이 다양하게 나타나는 위해를 말한다. 예 원자력발전소의 방사능 누출 위험, 화학공장의 화학적 화재나 폭발의 위험, 백화점의 들치기나 내부 절도에 의한 잠재적 손실 등

31

경비위해요소 분석에 관한 설명으로 옳지 않은 것은?

① 경비위해요소 분석은 경비대상의 취약점을 파악하여 범죄, 화재, 재난 등으로부터 안전하게 보호하기 위한 계획을 수립하기 위함이다.

② 지진, 폭풍, 홍수 등 자연적 위해요소는 대규모의 인적·물적 피해를 발생시킨다.

③ 비용효과 분석은 투입 대비 산출규모를 비교하여 적정한 경비수준을 결정하는 과정으로 절대적 기준이 있다.

④ 경비위해요소 분석자료는 경비계획에 있어서 경비조직 등의 규모를 판단하는 근거가 된다.

쏙쏙 해설

비용효과 분석은 투입 대비 산출규모를 비교하여 적정한 경비수준을 결정하는 과정으로, 절대적 잣대(기준)가 있다고 할 수 없다. 왜냐하면 개인 및 시설물에 대한 범죄예방과 질서유지활동인 경비활동의 특성상 이를 단순히 경제적 가치로만 평가할 수는 없기 때문이다. 따라서 경비활동의 비용효과 분석 시에는 해당 지역의 범죄발생률 이외에도 범죄피해로 인한 인적·물적 피해의 정도, 고객의 정신적 안정성, 개인 및 기업체의 비용부담 정도 등을 고려하고, 아울러 타 지역 내지 전국적으로 집계된 범죄사건 등을 함께 비교해야 한다.

정답 ❸

32

경비위해요소 분석에 관한 설명으로 옳은 것은?

① 경비위해요소 분석단계는 '비용효과분석 → 위해요소 손실발생 예측 → 위해요소 인지 → 위해정도 평가'이다.

② 경비위해요소의 형태는 인위적 위해만을 말한다.

③ 효과적인 경비프로그램을 실행하기 위해서는 경비위해요소 분석과 조사가 선행되어져야 한다.

④ 모든 경비대상 시설물에 대해 동일하게 표준화된 인력경비와 기계경비시스템을 적용하여야 한다.

쏙쏙 해설

각종 사고로부터 손실을 예방하고 최적의 안전 확보를 위해서는 경비위해요소에 대한 조사와 분석이 선행되어져야 한다.

정답 ❸

핵심만 콕

① 경비위해요소 분석단계는 '경비위해요소 인지단계 → 손실발생 가능성 예측단계 → 경비위험도 평가단계 → 경비비용효과 분석단계'로 구분할 수 있다.

② 경비위해요소의 형태는 자연적 위해, 인위적 위해, 특정한 위해로 분류할 수 있다.

④ 위험요소의 인지에서 취약요소가 확인되면 위험요소들을 각 대상별로 추출해 성격을 파악하여 각각의 요소마다 보호수단을 다르게 적용해야 한다.

33

☑ 확인Check! ○ △ ✕

폭발·화재의 위험은 화학공장이 더 크고, 절도·강도에 의한 잠재적 손실은 소매점에서 더욱 크게 나타난다는 설명과 관련된 위해는?

① 자연적 위해
② 인위적 위해
③ 특정한 위해
④ 지형적 위해

쏙쏙 해설

설문은 특정한 위해에 대한 내용이다.

정답 ❸

34

☑ 확인Check! ○ △ ✕

위험관리(risk management)에 관한 설명으로 옳지 않은 것은?

① 기본적으로 위험요소의 확인 → 위험요소의 분석 → 우선순위의 결정 → 위험요소의 감소 → 보안성·안전성 평가 등의 순서로 이루어진다.
② 위험관리의 대상이 되는 인적·물적 보호대상의 우선순위를 설정하기보다는 포괄적으로 접근하는 것이 바람직하다.
③ 위험관리가 효율적으로 이루어지기 위해서는 관련 절차에 관한 표준운영절차(SOP ; Standard Operating Procedures)를 개발하는 것이 바람직하다.
④ 확인된 위험에 대한 대응은 위험의 제기, 회피, 감소, 분산, 대체, 감수 등의 방법이 적용된다.

쏙쏙 해설

경비위해요소를 분석할 때는 경비활동의 대상이 되는 위험요소들을 각 대상별로 추출해 성격을 파악하여 각각의 요소마다 보호수단을 다르게 적용하여야 한다.

정답 ❷

35

확인된 위험의 대응방법에 관하여 옳게 연결된 것은?

> ㄱ. 물리적·절차적 관점에서 위험요소를 감소시키거나 최소화
> 시키는 방법을 강구한다.
> ㄴ. 범죄 및 손실이 발생할 기회를 전혀 제공하지 않는 것과 관련
> 된다.

① ㄱ : 위험의 감소, ㄴ : 위험의 회피
② ㄱ : 위험의 감소, ㄴ : 위험의 분산
③ ㄱ : 위험의 제거, ㄴ : 위험의 감수
④ ㄱ : 위험의 제거, ㄴ : 위험의 대체

쏙쏙 해설

제시된 내용 중 ㄱ은 위험의 감소, ㄴ은 위험의 회피에 해당된다.

정답 ①

핵심만 콕

확인된 위험의 대응방법

위험의 제거	위험관리에서 최선의 방법은 확인된 모든 위험요소를 제거하는 것이다.
위험의 회피	범죄 및 손실이 발생할 기회를 아예 제공하지 않는 것이다.
위험의 감소	물리적·절차적 관점에서 위험요소를 감소시키거나 최소화시키는 방법이다.
위험의 분산	위험성이 높은 보호대상을 한 곳에 집중시키지 않고 여러 곳에 분산시키는 것이다.
위험의 대체	직접적으로 위험을 제거하거나 감소 및 최소화하는 것보다 보험과 같은 대체수단을 통해서 손실을 전보하는 방법이다.

36

경비위해요소 분석에 관한 설명으로 옳지 않은 것은?

① 경비계획에 있어 가장 먼저 실시해야 하는 것은 경비위해 요소분석이다.
② 경비위해요소 중 화학공장의 화학적 화재나 폭발 위험은 인위적 위해에 해당한다.
③ 경비위해요소 분석단계는 '경비위험요소 인지 → 손실발생 가능성 예측 → 경비위험도 평가 → 경비비용효과 분석'의 순이다.
④ 경비비용효과 분석은 투입비용에 대한 산출효과를 비교하여 적절한 경비수준을 결정하는 과정을 말한다.

쏙쏙 해설

경비위해요소 중 화학공장의 화학적 화재나 폭발 위험은 특정한 위해에 해당한다. 여기에서 특정한 위해란 위해에 노출되는 정도가 시설물 또는 특정상황이나 장소에서 더욱 다양하게 나타나는 위해를 말한다. 예컨대, 화재나 폭발의 위험은 화학공장에서 더 크게 나타나고, 강도나 절도는 소매점이나 백화점에서 더 크게 나타난다.★

정답 ②

37

다음에 해당하는 경비위해 분석단계는?

> 경비의 위해요소 분석에 있어서 가장 선행되어야 하는 것으로, 경비대상시설이 안고 있는 경비상의 취약점을 파악하는 단계

① 위험요소의 분류
② 경비위해요소의 인지
③ 경비위험도의 평가
④ 경비비용효과의 분석

쏙쏙 해설

제시문은 경비위해요소의 인지단계에 해당하는 설명이다.

정답 ②

핵심만 콕

경비위해요소의 분석단계
- 경비위험요소 인지단계 : 개인 및 기업의 보호영역에서 손실을 일으키기 쉬운 취약부분을 확인하는 단계
- 손실발생 가능성 예측단계 : 경비보호대상의 보호가치에 따른 손실발생 가능성을 예측하는 단계
- 경비위험도(손실) 평가단계 : 특정한 손실이 발생하였다면 얼마나 심각한 영향을 미쳤는가를 고려하는 단계
- 경비비용효과 분석단계 : 범죄피해로 인한 인적·물적 피해의 정도, 고객의 정신적 안정성, 개인 및 기업체의 비용부담 정도 등을 고려하는 단계

38

경비조사의 과정을 순서대로 나열한 것은?

> ㄱ. 경비대상의 현 상태 점검
> ㄴ. 경비방어상 취약점 확인
> ㄷ. 보호의 정도 측정
> ㄹ. 경비활동 전반에 걸친 객관적 분석
> ㅁ. 종합적인 경비프로그램의 수립

① ㄱ - ㄴ - ㄷ - ㄹ - ㅁ
② ㄴ - ㄷ - ㄹ - ㄱ - ㅁ
③ ㄷ - ㄹ - ㄱ - ㄴ - ㅁ
④ ㄹ - ㄱ - ㄴ - ㄷ - ㅁ

쏙쏙 해설

경비대상의 현상태 점검(ㄱ) → 경비방어상의 취약점 확인(ㄴ) → 요구되는 보호의 정도 측정(ㄷ) → 경비활동 전반에 걸친 객관적 분석(ㄹ) → 종합적인 경비프로그램의 수립(ㅁ) 순이다.

정답 ①

05 경비와 시설보호의 기본원칙

제1절 경비계획의 수립

01

☑ 확인Check! ○ △ ✕

국가중요시설 경비에 관한 설명으로 옳지 않은 것은?

① 국가중요시설 중요도에 따라 가급, 나급, 다급, 라급, 마급으로 분류된다.

② 국가중요시설 내 보호지역은 제한지역, 제한구역, 통제구역으로 구분된다.

③ 국가중요시설은 국방부장관이 관계 행정기관의 장 및 국가정보원장과 협의하여 지정한다.

④ 국가중요시설 경비의 효율화를 위해서는 교육훈련 강화를 통한 경비전문화가 필요하다.

쏙쏙 해설

① 국가중요시설은 시설의 기능·역할의 중요성과 가치의 정도에 따라 "가"급, "나"급, "다"급으로 구분한다.
② 보안업무규정 제34조 제2항
③ 통합방위법 제21조 제4항
④ 국가중요시설의 경비효율화 측면에서 경비원들의 자질향상 및 전문성 확보는 필수적이므로, 이를 위한 지속적인 전문교육훈련이 필요하다.

정답 ❶

핵심만 콕

국가중요시설의 분류기준★

구 분	국가중요시설의 분류기준	
	중앙경찰학교 2009, 경비	국가중요시설 지정 및 방호 훈령
가급 중요시설	국방·국가기간산업 등 국가안전보장에 고도의 영향을 미치는 행정 및 산업시설	• 적에 의하여 점령 또는 파괴되거나, 기능마비 시 광범위한 지역의 통합방위작전 수행이 요구되고, 국민생활에 결정적인 영향을 미칠 수 있는 시설 • 대통령집무실(용산 대통령실), 국회의사당, 대법원, 정부중앙(서울)청사, 국방부, 국가정보원 청사, 한국은행 본점
나급 중요시설	국가보안상 국가경제·사회생활에 중대한 영향을 끼치는 행정 및 산업시설	• 적에 의하여 점령 또는 파괴되거나, 기능마비 시 일부 지역의 통합방위작전 수행이 요구되고, 국민생활에 중대한 영향을 미칠 수 있는 시설 • 중앙행정기관 각 부(部)·처(處) 및 이에 준하는 기관, 대검찰청, 경찰청, 기상청 청사, 한국산업은행, 한국수출입은행 본점
다급 중요시설	국가보안상 국가경제·사회생활에 중요하다고 인정되는 행정 및 산업시설	• 적에 의하여 점령 또는 파괴되거나, 기능마비 시 제한된 지역에서 단기간 통합방위작전 수행이 요구되고, 국민생활에 상당한 영향을 미칠 수 있는 시설 • 중앙행정기관의 청사, 국가정보원 지부, 한국은행 각 지역본부, 다수의 정부기관이 입주한 남북출입관리시설, 기타 중요 국·공립기관
기타급 중요시설	중앙부처의 장 또는 시·도지사가 필요하다고 지정한 행정 및 산업시설	–

02

국가중요시설경비에 관한 설명으로 옳은 것은?

① 국가중요시설의 분류에 따라 국가보안상 국가경제, 사회생활에 중대한 영향을 미치는 행정시설을 가급으로 분류한다.
② 경비구역 제3지대(핵심방어지대)는 시설의 가동에 결정적으로 영향을 미치는 특성을 갖는 구역이다.
③ 제한구역은 비인가자의 출입이 일체 금지되는 보안상 극히 중요한 구역이다.
④ 통합방위사태는 4단계(갑·을·병·정)로 구분된다.

쏙쏙 해설

3지대 방호개념에서 제1지대는 경계지대, 제2지대는 주방어지대, 제3지대는 핵심방어지대라고 한다. 이 중 제3지대인 핵심방어지대는 시설의 가동에 결정적으로 영향을 미치는 특성을 갖는 구역에 해당한다.

정답 ②

핵심만 콕

① 국가중요시설의 분류에 따르면 국가보안상 국가경제, 사회생활에 중대한 영향을 끼치는 행정 및 산업시설을 나급으로 분류한다.
③ 비인가자의 출입이 일체 금지되는 보안상 극히 중요한 구역은 통제구역이다. 제한구역은 비인가자가 비밀, 주요시설 및 Ⅲ급 비밀 소통용 암호자재에 접근하는 것을 방지하기 위하여 안내를 받아 출입하여야 하는 구역이다(보안업무규정 시행규칙 제54조 제1항 제2호·제3호).
④ 국가중요시설의 통합방위사태는 갑종사태, 을종사태, 병종사태로 구분된다(통합방위법 제2조 제3호).

03

경비계획을 수립함에 있어 고려해야 할 사항으로 옳지 않은 것은?

① 건물에는 정교하면서도 파손되기 어려운 잠금장치를 설치해야 한다.
② 경비실은 출입구와 비상구에 인접한 곳에 설치해야 한다.
③ 경비계획 과정에는 관련 분야나 계층의 충분한 참여가 이루어져야 한다.
④ 경비진단결과 나타난 손실발생의 가능성을 고려해야 한다.

쏙쏙 해설

출입구와 비상구에 인접한 곳에 설치해야 하는 것은 경비원 대기실이다. 경비실은 가능한 한 건물에서 통행이 많은 곳에 설치해야 한다.

정답 ②

경비계획 수립의 기본원칙
- 직원의 출입구는 주차장으로부터 가급적 멀리 떨어진 곳에 위치해야 한다.
- 경비원의 대기실은 시설물의 출입구와 비상구에서 인접한 곳에 위치해야 한다.
- 경비관리실은 출입자 등의 통행이 많은 곳에 설치해야 한다.
- 경계구역과 건물출입구 수는 안전규칙의 범위 내에서 최소한으로 유지되어야 한다.
- 경비원 1인이 경계해야 할 구역의 범위는 안전규칙상 적당해야 한다.
- 건물 외부의 틈으로 접근·탈출이 가능한 지점 및 경계구역(천장, 공기환풍기, 하수도관, 맨홀 등)은 보호되어야 한다.
- 잠금장치는 정교하고 파손이 어렵게 만들어져야 하고 열쇠를 분실할 경우에 대비하여 적절한 조치를 취해야 한다.
- 비상시에만 사용하는 외부출입구에는 경보장치를 설치해야 하고, 외부출입구의 통행은 통제가 가능해야 한다.
- 항구·부두지역은 차량운전자가 바로 물건을 창고지역으로 움직이지 못하도록 하고, 경비원에게 물건의 선적이나 하차를 보고할 수 있도록 설계되어야 한다.
- 효과적인 경비를 위해서는 안전경비조명이 설치되어야 하고, 물건을 선적하거나 수령하는 지역은 분리되어야 한다.
- 외딴 곳이나 비상구의 출입구는 경보장치를 설치해 둔다.
- 유리창이 지면으로부터 약 4m 이내의 높이에 설치되어 있는 경우에는 센서, 강화유리 등 안전장치를 설치해야 한다.

04

☑ 확인Check! ○ △ ✕

경비계획의 수립과정에 맞게 (   )에 들어갈 내용을 순서대로 옳게 나열한 것은?

(ㄱ) → (ㄴ) → 자료 및 정보의 분석 → (ㄷ) → (ㄹ) → 최선안 선택 → 실시 → 평가

① ㄱ : 목표의 설정
  ㄴ : 문제의 인지
  ㄷ : 전체계획 검토
  ㄹ : 비교검토

② ㄱ : 문제의 인지
  ㄴ : 전체계획 검토
  ㄷ : 비교검토
  ㄹ : 목표의 설정

③ ㄱ : 문제의 인지
  ㄴ : 목표의 설정
  ㄷ : 전체계획 검토
  ㄹ : 비교검토

④ ㄱ : 비교검토
  ㄴ : 문제의 인지
  ㄷ : 목표의 설정
  ㄹ : 전체계획 검토

쏙쏙 해설

경비계획의 수립과정은 문제의 인지 → 목표의 설정 → 경비위해요소 조사·분석 → 전체계획 검토 → 경비계획안 비교검토 → 최선안 선택 → 실시 → 평가 순으로 진행된다. 따라서 ㄱ : 문제의 인지, ㄴ : 목표의 설정, ㄷ : 전체계획 검토, ㄹ : 비교검토가 들어간다.

정답 ❸

05

일정한 형식이 전혀 없는 외부와 내부의 이상행동 및 침입을 감지하고 저지, 방어, 대응공격을 위한 경비수준은?

① 하위수준경비(Level-Ⅱ)
② 중간수준경비(Level-Ⅲ)
③ 상위수준경비(Level-Ⅳ)
④ 최고수준경비(Level-Ⅴ)

쏙쏙 해설

최고수준경비(Level-Ⅴ)에 관한 설명이다.

정답 ④

핵심만 콕

경비의 중요도에 따른 경비수준(경비계획의 수준)★

최저수준경비 (Level Ⅰ)	일정한 패턴이 없는 불법적인 외부침입을 방해할 수 있도록 계획된 경비시스템으로, 보통 출입문, 자물쇠를 갖춘 창문과 같은 단순한 물리적 장벽이 설치된다(예 일반가정 등).
하위수준경비 (Level Ⅱ)	일정한 패턴이 없는 불법적인 외부침입을 방해하고 탐지할 수 있도록 계획된 경비시스템으로, 일단 최저수준경비의 단순한 물리적 장벽이 설치되고, 거기에 보강된 출입문, 창문의 창살, 보다 복잡한 수준의 자물쇠, 조명시스템, 기본적인 경보시스템 및 안전장치가 설치된다(예 작은 소매상점, 저장창고 등).
중간수준경비 (Level Ⅲ)	대부분의 패턴이 없는 불법적인 외부침입과 일정한 패턴이 없는 일부 내부침입을 방해·탐지·사정할 수 있도록 계획된 경비시스템으로, 경계지역의 보다 높은 수준의 물리적 장벽, 보다 발전된 원거리 경보시스템, 기본적인 의사소통장비를 갖춘 경비원 등을 갖추고 있다(예 큰 물품창고, 제조공장, 대형소매점 등).
상위수준경비 (Level Ⅳ)	대부분의 패턴이 없는 외부 및 내부의 침입을 발견·저지·방어·예방할 수 있도록 계획된 경비시스템으로, CCTV, 경계경보시스템, 고도의 조명시스템, 고도로 훈련받은 무장경비원, 경비원과 경찰의 협력시스템 등을 갖추고 있다(예 교도소, 제약회사, 전자회사 등).
최고수준경비 (Level Ⅴ)	일정한 패턴이 전혀 없는 외부 및 내부의 침입을 발견·억제·사정·무력화할 수 있도록 계획된 경비시스템으로, 최첨단의 경보시스템과 현장에서 즉시 대응할 수 있는 24시간 무장체계 등을 갖추고 있다(예 핵시설물, 중요 군사시설 및 교도소, 정부의 특별연구기관, 일부 외국 대사관 등).

06

중요도에 따라 분류한 경비수준으로 다음 내용에 해당하는 것은?

- 기본적으로 의사소통장비를 갖춘 경비원에 의한 경비
- 대부분의 패턴이 없는 외부행동과 일정 패턴이 없는 내부행동을 발견, 방해하도록 계획된 경비
- 물품창고, 제조공장, 대형소매점 수준의 경비

① 최저수준경비
② 하위수준경비
③ 중간수준경비
④ 상위수준경비

쏙쏙 해설

제시문은 중간수준경비에 관한 내용에 해당한다.

정답 ③

07

보호지역 중 비밀 또는 주요 시설에 대한 비인가자의 접근을 방지하기 위하여 안내를 받아 출입하여야 하는 장소는?

☑ 확인Check! ○ △ ✕

① 제한지역
② 제한구역
③ 통제지역
④ 통제구역

쏙쏙 해설

제한구역에 관한 설명이다.

정답 ❷

핵심만 콕

보호지역(보안업무규정 시행규칙 제54조 제1항)

제한지역	비밀 또는 국·공유재산의 보호를 위하여 울타리 또는 방호·경비인력에 의하여 영 제34조 제3항에 따른 승인을 받지 않은 사람의 접근이나 출입에 대한 감시가 필요한 지역(제1호)
제한구역	비인가자가 비밀, 주요시설 및 III급 비밀 소통용 암호자재에 접근하는 것을 방지하기 위하여 안내를 받아 출입하여야 하는 구역(제2호)
통제구역	보안상 매우 중요한 구역으로서 비인가자의 출입이 금지되는 구역(제3호)

08

경비의 중요도에 따른 분류 중 상위수준경비(Level IV)에 해당하는 설명은?

☑ 확인Check! ○ △ ✕

① 전혀 패턴이 없는 외부 및 내부의 활동을 발견·억제하고 문제를 해결하도록 하는 경비이다.
② 중요교도소, 중요군사시설, 정부의 특별연구기관 등에서 시행되고 있는 수준의 경비이다.
③ 대부분의 패턴이 없는 외부 및 내부활동을 발견·방해하도록 계획된 경비이다.
④ 단순한 물리적 장벽과 자물쇠가 설치되고 보강된 출입문 등이 설치된 수준의 경비이다.

쏙쏙 해설

상위수준경비(Level IV)는 대부분의 패턴이 없는 외부 및 내부의 침입을 발견·저지·방어·예방하도록 계획되어진 경비시스템으로 CCTV, 경계경보시스템, 고도로 훈련받은 무장경비원, 고도의 조명시스템, 경비원과 경찰의 협력시스템 등으로 이루어진다(예 교도소, 제약회사, 전자회사 등).

정답 ❸

09

외곽경비에 관한 설명으로 옳은 것은?

☑ 확인 Check! ○ △ ✕

① 경비조명은 시설물에 대한 감시활동보다는 미적인 효과가 더 중요하다.

② 건물의 측면이나 후면 등 눈에 잘 띄지 않는 건물외벽에는 주기적인 순찰과 함께 CCTV 등 감시장치를 설치해야 한다.

③ 건물자체에 대한 경비활동으로 건물에 대한 출입통제, 출입문·창문에 대한 보호조치 등을 말한다.

④ 각종 잠금장치를 활용하여 범죄자의 침입시간을 지연시킨다.

쏙쏙 해설

② 외곽경비에 관한 설명으로 옳다.
① 경비조명은 미적인 효과보다는 시설물에 대한 감시활동이 더 중요하다.
③·④ 내부경비에 관한 설명이다.

정답 ❷

10

외곽경비에 관한 설명으로 옳은 것은?

☑ 확인 Check! ○ △ ✕

① 비상구나 긴급목적을 위한 출입구의 경우 평상시에는 개방되어 있어야 한다.

② 자연적 방벽에는 인공적인 구조물을 설치해서는 안 된다.

③ 폐쇄된 출입구의 경우 확인이 필요하지 않다.

④ 외곽경비의 근본 목적은 내부의 시설·물건 및 사람을 보호하기 위한 것이다.

쏙쏙 해설

외곽경비의 근본 목적은 불법침입을 지연시켜 내부의 시설·물건 및 사람을 보호하는 것이다.

정답 ❹

핵심만 콕

① 비상구나 긴급목적을 위한 출입문은 평상시 외부의 침입으로부터 열리지 않도록 하는 특별한 장치를 갖추고 있어야 한다.

② 자연적 방벽은 침입에 대한 적극적인 예방대책이 아니므로 추가적인 경비장치가 필요하며, 다른 구조물에 의해 보강된다. 따라서 인공적인 구조물을 설치하여 보강할 수 있다.

③ 폐쇄된 출입구도 정기적인 확인이 필요하다.

11

외곽시설물 경비의 2차적 방어수단은?

☑ 확인 Check! ○ △ ✕

① 경보장치
② 외 벽
③ 울타리
④ 외곽방호시설물

쏙쏙 해설

경보장치가 외곽시설물 경비의 2차적 방어수단에 해당한다. 외곽방호시설물, 울타리, 담장, 외벽은 1차적 방어수단에 해당한다.

정답 ❶

핵심만 콕

외곽경비 수행 순서
외곽경비는 장벽, 출입구, 건물 자체 순으로 수행된다.

12

외곽경비에 관한 설명으로 옳지 않은 것은?

☑ 확인 Check! ○ △ ✕

① 기본 목적은 범죄자의 불법침입을 지연시키는 것이다.
② 시설물의 일상적인 업무활동에서 벗어난 곳에 위치한 폐쇄된 출입구는 정기적인 확인이 필요 없다.
③ 담장의 설치는 시설물 내의 업무활동을 은폐하고, 내부 관찰이 불가능하도록 해야 한다.
④ 가시지대 내에서 감시활동이 이루어질 때에는 잠금장치가 설치된 문을 주의 깊게 살펴야 한다.

쏙쏙 해설

폐쇄된 출입구도 정기적인 확인이 필요하다.

정답 ❷

13

외곽경비에 관한 설명으로 옳지 않은 것은?

☑ 확인 Check! ○ △ ✕

① 경계구역 내 가시지대를 가능한 한 넓히기 위해 모든 장애물을 양쪽 벽으로부터 제거하여야 한다.
② 지붕은 침입자가 지붕을 통하여 창문으로 들어올 수 있는 취약지점이기 때문에 주의하여야 한다.
③ 일정기간이나 비상시에만 사용하는 출입구의 경우 평상시에는 폐쇄하고 잠겨있어야 한다.
④ 건물 자체에 대한 경비활동으로 건물에 대한 출입통제, 출입문·창문에 대한 보호조치 등을 말한다.

쏙쏙 해설

내부경비에 대한 설명이다.

정답 ❹

14

Ạ 확인Check! ○ △ ✕

환경설계를 통한 범죄예방(CPTED)에 관한 설명으로 옳지 않은 것은?

① 브랜팅햄(P. Brantingham)과 파우스트(F. Faust)의 범죄예방 구조모델 개념과 관련된다.

② 뉴만(O. Newman)의 방어공간 개념과 관련된다.

③ 지역의 환경을 개선하여 범죄자의 범법심리를 억제하고, 주민의 범죄에 대한 두려움을 줄이는 기법을 말한다.

④ 범죄의 원인을 환경적 요인보다는 개인적 요인에서 찾는다.

환경설계를 통한 범죄예방(CPTED)은 범죄의 원인을 개인적 요인보다는 환경적 요인에서 찾는다.

정답 ❹

핵심만 콕

환경설계를 통한 범죄예방(Crime Prevention Through Environmental Design)
- 의의 : 물리적 환경을 개선함으로써 범죄를 억제하고 주민의 불안감을 해소하는 제도이다.
- 연혁 : 뉴만(Newman)이 확립한 방어공간(Defensible Space) 개념으로부터 제퍼리(Jeffery)가 CPTED의 개념을 제시하였다.
- 목표 : 개인의 본래 활동을 방해하지 않으면서 범죄예방효과를 극대화시키는 데 목표를 두고, 범죄의 원인을 개인적 요인보다는 환경적 요인에서 찾는다.
- 전통적 CPTED와 현대적 CPTED : 전통적 CPTED는 단순히 외부공격으로부터 보호대상을 강화하는 THA(Target Hardening Approach)방법을 사용하여 공격자가 보호대상에 접근하지 못하도록 할 뿐이었지만, 현대적 CPTED는 시민들의 삶의 질 향상까지 고려한다.
- CPTED의 전략
  - 1차적 기본전략 : 자연적인 접근통제와 감시, 영역성 강화
    일정한 지역에 접근하는 사람들을 정해진 공간으로 유도하거나 외부인의 출입을 통제하도록 설계하여 접근에 대한 심리적 부담을 증대시키고(자연적 접근통제), 건축물 설계 시 가시권을 최대한 확보하며(자연적 감시), 사적인 공간에 대해 경계를 표시하여 주민의 책임의식을 증대시킨다(영역성 강화).
  - 2차적 기본전략 : 조직적 통제(경비원), 기계적 통제(자물쇠), 자연적 통제(공간구획)
- 동심원영역론(Concentric Zone Theory) : 시설물의 물리적 통제시스템 구축과 관련하여 보호가치가 높은 자산일수록 보다 많은 방어공간을 구축해야 한다는 이론으로, 딩글(Dingle)이 제시하였으며, CPTED의 접근방법 중 하나라고 볼 수 있다. 참고로 동심원영역론은 1단계 - 2단계 - 3단계로 정리한다.

범죄예방 구조모델론
- 브랜팅햄(P. J. Brantingham)과 파우스트(F. L. Faust)가 주장한 이론이다.
- 범죄예방의 접근방법 및 과정★

구 분	대 상	내 용
1차적 범죄예방	일반시민	일반적 사회환경 중에서 범죄원인이 되는 조건들을 발견·개선하는 예방활동
2차적 범죄예방	우범자 및 우범집단	잠재적 범죄자를 초기에 발견하고 이들의 범죄행위를 저지하기 위한 예방활동
3차적 범죄예방	범죄자	실제 범죄자(전과자)를 대상으로 더 이상 범죄가 발생하지 않도록 하는 예방활동

〈참고〉 최선우, 「민간경비론」, 진영사, 2015, P. 395

70 PART 1 민간경비론

15

☑확인Check! ○ △ ✕

환경설계를 통한 범죄예방(CPTED)에 관한 설명으로 옳지 않은 것은?

① 범죄의 원인을 환경적 요인에서 찾고자 한다.
② 동심원영역론(Concentric Zone Theory)은 CPTED의 접근방법 중 하나이다.
③ 2차적 기본전략은 자연적 접근방법을 통해 범죄예방 효과를 극대화하고자 한다.
④ 모든 인간은 잠재적 범죄욕망을 가지고 있기 때문에 사전에 범행 기회를 차단하고자 한다.

16

☑확인Check! ○ △ ✕

환경설계를 통한 범죄예방(CPTED)에 관한 설명으로 옳지 않은 것은?

① 물리적 환경을 개선하여 범죄를 억제하고 주민의 불안감을 해소하는 제도이다.
② 시야가 차단된 폐쇄형 담장을 투시형 담장으로 바꾸는 것은 자연적 감시이다.
③ 범죄의 원인을 환경적 요인에서 찾으며 모든 인간은 잠재적 범죄욕망을 가진다고 보았다.
④ 딘글(J. Dingle)이 주장한 방어공간이론은 보호가치가 높은 자산일수록 보다 많은 물리적 통제 공간을 형성해야 한다는 것이다.

제1장

제2장

제3장

제4장

제5장

제6장

제7장

17

확인 Check! ○ △ ✕

경비조명에 관한 설명으로 옳지 않은 것은?

① 프레이넬등은 특정한 지역에 빛을 집중시키거나 직접적으로 비출 필요가 있을 때 사용하는 등이다.

② 상시조명은 장벽이나 벽의 외부를 비추는 데 사용되며, 감옥이나 교정기관에서 주로 이용되어 왔다.

③ 조명시설의 위치가 경비원의 시야를 방해해서는 안 되며, 가능한 한 그림자가 생기지 않도록 설치해야 한다.

④ 조명은 침입자의 침입의도를 사전에 포기하도록 하는 심리적 압박 작용을 한다.

쪽쪽 해설

특정한 지역에 빛을 집중시키거나 직접적으로 비출 필요가 있을 때 사용하는 등은 투광조명등이다.

정답 ❶

핵심만 콕

경비조명등의 종류와 조명장비의 형태★★

경비조명등		조명장비	
백열등	• 가정집에서 주로 사용되는 조명으로 점등과 동시에 빛을 방출 • 경비조명으로 광범위하게 이용	가로등	• 설치 장소와 방법에 따라 대칭적인 방법과 비대칭적인 방법으로 설치 • 대칭적인 가로등은 빛을 골고루 발산하며, 특별히 높은 지점의 조명을 필요로 하지 않는 넓은 지역에서 사용되며, 설치 위치도 보통 빛이 비춰지는 지역의 중앙에 위치한다. • 비대칭적인 가로등은 조명이 필요한 지역에서 다소 떨어진 장소에 사용된다.
가스방전등	수은등 : 푸른색의 강한 빛, 긴 수명	투광조명등	• 300~1,000W까지 사용 • 특정지역에 빛을 집중시키거나 직접적으로 비추는 광선의 형태로 상당히 밝은 빛을 만들 수 있다.
	나트륨등 : 연한 노란색의 빛을 내며 안개지역에 사용	프레이넬등	• 300~500W까지 사용 • 넓은 폭의 빛을 내는 조명으로 경계구역에의 접근방지를 위해 길고 수평하게 빛을 확장하는 데 유용하게 사용 • 수평으로 약 180°, 수직으로 15~30° 정도의 폭이 좁고 긴 빛을 투사 • 비교적 어두운 시설물에서 침입을 감시하는 경우 유용하게 사용
석영수은등	• 매우 밝은 하얀 빛 • 경계구역과 사고발생 다발지역에 사용 • 가격이 비쌈	탐조등	• 250~3,000W까지 다양하게 사용 • 사고우려지역을 정확하게 관찰하기 위해 사용하는 데 백열등이 자주 이용된다. • 휴대가 가능 • 외딴 산간지역이나 작은 배로 쉽게 시설물에 접근할 수 있는 위치에 설치

18

☑ 확인Check! ○ △ ✕

상당히 밝은 빛을 만들어 주기 때문에 특정지역에 빛을 집중시키거나 직접적으로 비추는 데 사용되는 조명은?

① 투광조명등
② 프레이넬등
③ 탐조등
④ 가로등

19

☑ 확인Check! ○ △ ✕

넓은 폭의 빛을 내는 조명으로서 경계구역에의 접근을 방지하기 위해 길고 수평하게 빛을 확장하는 데 유용하게 사용되는 조명은?

① 가로등
② 프레이넬등
③ 투광조명등
④ 탐조등

제1장
제2장
제3장
제4장
제5장
제6장
제7장

20

☑ 확인 Check! ○ △ ✕

내부경비에 대한 설명으로 틀린 것은?

① 안전유리의 궁극적인 목적은 침입을 시도하는 강도가 창문을 깨는 데 걸리는 시간을 지연시키는 데 있다.
② 화물통제에 있어서는 화물이나 짐이 외부로 반출되는 경우에 한해서만 철저한 조사가 필요하다.
③ 카드작동식 자물쇠는 종업원들의 출입이 빈번하지 않은 제한구역에서 주로 사용한다.
④ 외부침입자들의 대부분은 창문을 통해 내부로 들어온다.

21

☑ 확인 Check! ○ △ ✕

안전유리에 관한 설명으로 옳은 것은?

① 안전유리는 외부충격에는 강하지만 화재에는 취약하다.
② 안전유리는 비교적 가격이 저렴하기 때문에 널리 이용되고 있다.
③ 안전유리는 일반유리에 비해 매우 두꺼워 설치가 어려운 점이 있다.
④ 안전유리는 미관을 유지하면서도 외부로부터의 침입시간을 지연시키는 효과가 있다.

22

잠금장치에 관한 설명으로 옳지 않은 것은?

☑ 확인 Check! ○ △ ✕

① 패드록은 시설물과 탈부착이 가능한 형태로 작동하며 강한 외부충격에도 견딜 수 있도록 되어있다.

② 핀날름 자물쇠는 열쇠의 홈이 한쪽에만 있어 홈과 맞지 않는 열쇠를 꽂으면 열리지 않도록 되어 있다.

③ 카드식 잠금장치는 전기나 전자기방식으로 암호가 입력된 카드를 인식시킴으로써 출입문이 열리도록 한 장치이다.

④ 돌기 자물쇠는 단순철판에 홈도 거의 없는 것이 대부분이며 예방기능이 취약하다.

쏙쏙 해설

열쇠의 홈이 한쪽에만 있는 것은 판날름 자물쇠이고, 홈이 양쪽에 있는 것은 핀날름 자물쇠이다.

정답 ❷

23

하나의 문이 잠길 경우 전체의 문이 동시에 잠기는 방식으로 교도소 등 동시다발적 사고 발생의 우려가 높은 장소에서 사용되는 패드록 (Pad-Locks) 잠금장치는?

☑ 확인 Check! ○ △ ✕

① 기억식 잠금장치
② 전기식 잠금장치
③ 일체식 잠금장치
④ 카드식 잠금장치

쏙쏙 해설

설문은 일체식 잠금장치에 대한 내용이다.

정답 ❸

핵심만 콕

잠금장치
- 전기식 잠금장치 : 출입문의 개폐가 전기신호에 의해 이루어지는 잠금장치로 가정집 내부에서 스위치를 눌러 외부의 문이 열리도록 하는 방식이다. 원거리에서 문의 개폐를 제어할 수 있는 장점이 있다.
- 일체식 잠금장치 : 한 문이 잠길 경우에 전체의 문이 동시에 잠기는 방식을 말한다.
- 기억식 잠금장치 : 문에 전자장치가 설치되어 있어 일정시간에만 문이 열리는 방식이다.
- 카드식 잠금장치 : 전기나 전자기방식으로 암호가 입력된 카드를 인식시킴으로서 출입문이 열리도록 한 장치이다.

24

☑ 확인Check! ○ △ ✕

원거리에서 문을 열고 닫도록 제어하는 장점이 있으며, 특히 마당이 있는 가정집 내부에서 스위치를 누름으로써 외부의 문이 열리도록 작동하는 보안잠금장치는?

① 광전자식 잠금장치
② 일체식 잠금장치
③ 전기식 잠금장치
④ 기억식 잠금장치

25

☑ 확인Check! ○ △ ✕

경보시스템에 관한 설명으로 옳지 않은 것은?

① 일반적으로 진동감지기는 전시 중인 물건이나 고미술품 보호를 위하여 설치한다.
② 압력감지기는 침입이 예상되는 통로나 출입문 앞에 설치한다.
③ 제한적 경보시스템은 전화회선 등을 이용하여 외부의 경찰서 등으로 비상사태가 감지되면 자동으로 연락이 취해지는 경보체계이다.
④ 전자파울타리는 레이저광선을 그물망처럼 만들어 전자벽을 만드는 것이다.

26

보호대상인 물건에 직접적으로 센서를 부착하여 그 물건이 움직이게 되면 진동이 발생되어 경보가 발생하는 장치로 정확성이 높아 일반적으로 전시 중인 물건이나 고미술품 보호에 사용되는 경보센서(감지기)는?

☑ 확인Check! ○ △ ×

① 음파 경보시스템
② 초음파 탐지장치
③ 적외선감지기
④ 진동감지기

쏙쏙 해설

설문은 진동감지기에 대한 내용이다.

정답 ④

핵심만 콕

① 음파 경보시스템 : 소음탐지 경보기, 음향경보기, 가청주파수 경보기라고도 하며, 외부인이 침입한 경우 침입자의 소리를 감지하여 경보를 내는 장치이다.
② 초음파 탐지장치 : 송신장치와 수신장치를 설치하여 양 기계 간에 진동파를 주고받는 과정에서 어떠한 물체가 들어오면 그 파동이 변화됨을 감지하는 장치이다. 센서가 매우 민감하여 오경보 가능성이 높은 편이다.
③ 적외선감지기 : 사람 눈에 보이지 않는 근적외선을 쏘는 투광기와 이를 받는 수광기로 되어 있는데, 그 사이를 차단하면 감지하는 원리이다.

27

국가보안시설 및 기업의 산업스파이 문제에 관한 설명으로 옳지 않은 것은?

☑ 확인Check! ○ △ ×

① 핵심정보에 접근하는 자는 비밀보장각서 등을 작성하고, 비밀인가자의 범위를 최소한으로 제한해야 한다.
② 최근 기업규모별 산업기술 유출건수는 대기업보다 중소기업에서 더 많이 발생하고 있어 체계적인 보안대책이 요구된다.
③ 산업스파이는 외부인이 시설의 전산망에 침입하여 핵심정보를 절취해 가는 경우가 많아 방어시스템을 구축해야 한다.
④ 첨단 전자장비의 발전으로 산업스파이에 의한 산업기밀이 유출될 수 있는 위험요소들이 더욱 많아지고 있다.

쏙쏙 해설

최근 산업스파이의 전산망 침입에 의한 정보유출이 증가하고 있으나, 여전히 산업스파이의 주요 활동은 기업 내부인과의 결탁, 기업으로의 잠입 등 주로 기업 내부에서 이루어지고 있다.

정답 ③

28

감시시스템 장치인 CCTV는 무엇의 줄임말인가?

① Closed Cycle Television
② Closed Circle Television
③ Closed Circuit Television
④ Closed Construction Television

☑ 확인Check! ○ △ ✕

CCTV는 폐쇄회로 텔레비전을 의미하며, Closed Circuit Television의 약어이다.

정답 ❸

29

물리적 통제시스템인 CCTV에 관한 설명으로 옳은 것은?

① 영상정보를 불특정 다수에게 전달함으로써 범죄발생 시 신속한 대응이 가능하다.
② 고정형 영상정보처리기기의 무분별한 설치는 인권침해 가능성이 높아 개인정보보호법에서 엄격하게 규제하고 있다.
③ 국가중요시설에 고정형 영상정보처리기기를 설치·운영하려는 자는 관련 안내판을 설치하여 정보주체가 쉽게 알아볼 수 있도록 해야 한다.
④ 디지털(DVR) 방식에서 아날로그(VCR) 방식으로 전환되어 그 효율성이 증대되었다.

☑ 확인Check! ○ △ ✕

개인정보보호법 제1조, 제25조

정답 ❷

핵심만 콕

① CCTV를 통한 기계경비의 경우, 범죄발생 시 현장에 도착하기까지 시간이 필요하므로, 신속한 대응이 어렵다. 현장에서의 신속한 대응이 가능한 것은 인력경비이다.
③ 고정형 영상정보처리기기를 설치·운영하는 자(고정형 영상정보처리기기운영자)는 정보주체가 쉽게 인식할 수 있도록 일정한 사항이 포함된 안내판을 설치하는 등 필요한 조치를 하여야 한다. 다만, 「군사기지 및 군사시설 보호법」 제2조 제2호에 따른 군사시설, 「통합방위법」 제2조 제13호에 따른 국가중요시설, 그 밖에 대통령령으로 정하는 시설에 대하여는 그러하지 아니하다(개인정보보호법 제25조 제4항).
④ 아날로그(VCR) 방식에서 디지털(DVR) 방식으로 전환되어 그 효율성이 증대되었다.

30

건물의 출입통제에 관한 설명으로 옳은 것을 모두 고른 것은?

☑ 확인 Check! ○ △ ✕

쏙쏙 해설

제시된 내용 중 건물의 출입통제 관한 설명으로 옳은 것은 ㄴ과 ㄷ이다.

정답 ③

> ㄱ. 내부반입은 검색 관리가 필요하지만, 외부반출은 검색 관리가 필요 없다.
> ㄴ. 외부인이 예약 없이 방문하는 경우에는 별도의 대기실에 대기시킨 후 방문 대상자에게 통보해야 한다.
> ㄷ. 경비원은 상근직원이라도 매일 모든 출입자의 신분증을 확인해야 한다.
> ㄹ. 신원이 확인된 외부인에 대해서는 이동 가능한 지역을 지정할 필요 없다.

① ㄱ, ㄴ
② ㄱ, ㄹ
③ ㄴ, ㄷ
④ ㄷ, ㄹ

핵심만 콕

ㄴ. (○) 외부인이 예약 없이 방문하는 경우에는 외부인을 별도의 대기실에 대기시킨 후 방문 대상자에게 통보하는 것이 효과적이다.
ㄷ. (○) 경비원은 상근직원이라 하더라도 매일 모든 출입자의 신분증을 세심한 주의를 기울여 확인해야 한다.
ㄱ. (✕) 내부반입뿐만 아니라 외부반출의 경우에도 검색과 관리가 필요하다.
ㄹ. (✕) 신원이 확인되었다 하더라도 건물 내부로 출입시킬 때는 활동에 제한을 주기 위하여 이동 가능한 지역을 반드시 지정해 주어야 한다.

31

다음에 해당하는 경보시스템은?

☑ 확인 Check! ○ △ ✕

> 일정 지역에 국한하여 한두 개의 경보장치를 설치하는 방식으로 사이렌이나 경보음이 울리는 경보시스템

① 제한적 경보시스템
② 국부적 경보시스템
③ 상주 경보시스템
④ 외래 경보시스템

쏙쏙 해설

제시문은 국부적 경보시스템에 관한 설명에 해당한다.

정답 ❷

핵심만 콕

경보체계

상주 경보시스템	• 당해 조직이 자체적으로 경비부서를 조직하고 경비활동을 실시하는 것으로서, 경비시스템의 종류 중 가장 전형적인 경비시스템이다. • 각 주요 지점마다 경비원을 배치하여 경비하는 방식으로 비상시의 사고 발생에 즉각적인 대응이 가능하고 가장 신속한 대응방법이지만 많은 인력이 필요한 방식이다.
국부적 경보시스템	• 가장 원시적인 경보체계로서 일정 지역에 국한해 1~2개의 경보장치를 설치하는 방식이다. • 단순히 사이렌이나 경보음이 울리는 경보시스템이다.
제한적 경보시스템	• 사이렌이나 종, 비상등과 같은 제한된 경보장치를 설치하는 시스템으로 일반적으로 화재예방시설이 이 시스템의 전형에 해당한다. • 경비원이 없으면 대응할 수 없어 무용지물이 될 수 있다. 즉, 비상사태가 발생하여 사이렌이 울리고 경광등이 켜지면 이를 감지한 경비원이 경찰서나 소방서에 연락을 취하는 수동적인 방식이다.
다이얼 경보시스템	비상사태가 발생하였을 경우 사전에 입력된 전화번호로 긴급연락을 하는 시스템으로 설치가 간단하고 유지비가 저렴하다.
외래지원 경보시스템	• 전용전화회선을 통하여 비상감지 시에 각 관계기관에 자동으로 연락이 취해지는 방식이다. • 건물 각 지점에 감지기가 전화선에 연결되어 있기 때문에 화재, 외부침입, 유독가스발생 등의 사태 시 각각의 감지기에서 감지된 상황이 전화선을 통해 자동으로 해당 기관에 전달되는 시스템이다.

32

확인 Check! ○ △ ✕

다음 중 경비시설물에 발생되는 화재의 내용으로 올바르지 않은 것은 어느 것인가?

① 일반건물의 내부는 연소될 수 있는 물건이나 물질로 구성되어 있다.
② 불연성 카펫은 먼지가 너무 많이 쌓여도 화재가 발생하지 않는다.
③ 내화성이란 다른 재질에 비해서 불이 옮겨지지 않는 성질을 뜻한다.
④ 화재는 언제 어느 때라도 발생할 가능성이 있다.

쏙쏙 해설

불연성 카펫일지라도 먼지가 너무 많이 쌓이면 화재가 발생할 수 있다.

정답 ②

33

확인 Check! ○ △ ✕

화재의 발생 단계에 대한 설명 중 옳은 것은?

① 초기 단계 – 보이지는 않고 감지할 수 있는 열과 빛이 나타나는 상태
② 불꽃발화 단계 – 불꽃과 연기는 보이며 높은 온도가 긴 시간 동안 감지된다.
③ 그을린 단계 – 불이 감지되며 불이 외부로 확장된다.
④ 열 단계 – 공기는 가열되어 위험할 정도로 팽창된다.

쏙쏙 해설

① 그을린 단계, ② 높은 온도가 긴 시간 동안 감지되는 것은 열 단계이며, ③ 열 단계에 대한 설명이다.

정답 ④

34

확인 Check! ○ △ ✕

화재유형별 소화기 표시색이 잘못 분류된 것은?

① 일반화재 – 백색
② 전기화재 – 청색
③ 유류화재 – 적색
④ 금속화재 – 무색

쏙쏙 해설

유류화재는 황색이다.

정답 ③

핵심만 콕

소화기의 유형★★

구 분	화재의 유형	표시색
A	일반화재(목재, 섬유류, 종이, 플라스틱)	백 색
B	유류화재(휘발유, 콩기름)	황 색
C	전기화재(전기설비, 전기기구)	청 색
D	금속화재(마그네슘, 티타늄 등 가연성 금속)	무 색
E	가스화재(액화·압축·융해가스 등 가연성 가스)	황 색

35

소화방법에 관한 설명 중 ( )에 들어갈 용어로 옳은 것은?

☑ 확인Check! ○ △ ✕

- (ㄱ)소화 – 연소반응에 관계된 가연물이나 그 주위의 가연물을 (ㄱ)하여 소화하는 방법
- 질식소화 – 연소범위의 산소공급원을 차단시켜 연소가 되지 않도록 하는 방법
- (ㄴ)소화 – 연소물을 (ㄴ)하여 연소물을 착화온도 이하로 떨어뜨려 소화하는 방법으로 물을 많이 사용함
- (ㄷ)소화 – 연소의 연쇄반응을 부촉매 작용에 의해 (ㄷ)하는 소화방법

① ㄱ : 억제, ㄴ : 냉각, ㄷ : 제거
② ㄱ : 억제, ㄴ : 제거, ㄷ : 냉각
③ ㄱ : 냉각, ㄴ : 억제, ㄷ : 제거
④ ㄱ : 제거, ㄴ : 냉각, ㄷ : 억제

쏙쏙 해설

( ) 안에 들어갈 용어는 순서대로 ㄱ : 제거, ㄴ : 냉각, ㄷ : 억제이다.

정답 ④

핵심만 콕

소화방법
- 제거소화 : 가연물을 제거하여 소화하는 방법
- 질식소화 : 연소범위의 산소 농도를 저하시켜 연소가 되지 않도록 하는 방법
- 냉각소화 : 연소물을 냉각하여 그 온도를 발화점 이하로 떨어뜨려 소화하는 방법으로 물을 많이 사용한다.
- 억제소화 : 연소의 연쇄반응을 부촉매 작용에 의해 억제하는 소화방법(할로겐화합물 소화약제)
- 희석소화 : 산소나 가연성 기체의 농도를 연소범위 이하로 희석시켜 소화하는 방법

36

화재 발생 시 경비원의 피난유도 원칙으로 옳지 않은 것은?

☑ 확인Check! ○ △ ✕

① 초고층 빌딩 등 특수한 경우를 제외하고 엘리베이터는 사용하지 않는다.
② 연기가 상승하는 속도는 사람이 계단을 오르는 속도보다 느리므로 반드시 옥상으로 유도한다.
③ 피난자가 다수인 경우에는 사람들을 분산하여 혼란을 방지하고 위험장소에 있는 자가 조기에 피난할 수 있도록 한다.
④ 화재층을 기준으로 화재층, 상층, 하층 순으로 피난시킨다.

쏙쏙 해설

연기가 상승하는 속도는 사람이 계단을 오르는 속도보다 빠르므로, 화재발생 시 반드시 옥상으로 유도한다는 표현은 옳지 않다. 참고로 연기의 건물 내 이동속도는 수평방향은 0.5~1m/s, 수직방향은 2~3m/s, 계단에서는 수직 이동속도는 3~5m/s이다. 반면 인간의 보행속도는 평균 1.33m/s이다.

정답 ②

37

☑ 확인 Check! ○ △ ✕

사고 발생 시 경비원의 현장보존 방법으로 옳은 것은?

① 현장의 모든 물건은 증거확보를 위해 보존이 용이한 곳으로 옮겨 보관한다.

② 현장을 중심으로 가능한 한 좁은 범위를 보존범위로 정하여 확보한다.

③ 현장에 담배꽁초나 휴지가 있으면 청소하여 청결을 유지한다.

④ 현장보존의 범위에 있는 모든 사람을 신속히 퇴장시킨다.

쏙쏙 해설

현장보존 시 2차 사고발생에 주의하여, 현장보존의 범위에 있는 모든 사람을 신속히 퇴장시켜야 한다.

정답 ❹

핵심만 콕

① 현장의 모든 물건은 증거확보를 위해 손 대지 말고, 물건의 위치를 변경하지도 말아야 한다.

② 현장을 중심으로 가능한 한 넓은 범위를 보존범위로 정하여 확보한다.

③ 현장은 움직이지 말고 그대로 두어야 한다.

38

☑ 확인 Check! ○ △ ✕

비상상황 발생 시 경비원의 역할로 옳지 않은 것은?

① 안전을 확보하기 위하여 비상계획서를 작성하고 책임자를 지정한다.

② 상황에 따라 필요시 보호 우선순위에 의한 안전을 확보한다.

③ 탈출 시 발생하는 혼란상황을 방지하기 위해 출입구와 비상구를 확실하게 장악하고 통제한다.

④ 인파가 무질서한 경우가 많으므로 적절한 안내와 통솔을 통하여 질서를 도모한다.

쏙쏙 해설

안전을 확보하기 위하여 비상계획서를 작성하고 책임자를 지정하는 것은 비상사태 발생 전의 비상계획 수립 시 고려사항이다.

정답 ❶

제1장 제2장 제3장 제4장 **제5장** 제6장 제7장

39

☑ 확인Check! ○ △ ✕

비상사태 발생 시 민간경비의 대응으로 옳은 것을 모두 고른 것은?

> ㄱ. 응급환자에 대한 조치
> ㄴ. 경제적 가치가 있는 자산의 보호
> ㄷ. 비상계획서 작성 및 책임자 지정
> ㄹ. 발생지역 내의 질서유지 및 출입통제

① ㄱ, ㄴ, ㄷ
② ㄱ, ㄴ, ㄹ
③ ㄱ, ㄷ, ㄹ
④ ㄴ, ㄷ, ㄹ

40

☑ 확인Check! ○ △ ✕

재난에 대한 경비요령으로 옳지 않은 것은?

① 평상시 순찰활동을 통해 건물의 축대나 벽면의 균열 및 붕괴 여부 등을 확인・점검한다.
② 재난 발생 시 경찰관서나 소방관서 등 관계기관에 신속히 신고한다.
③ 부상자에 대한 의료구조와 방치된 사람에 대한 피난처 확보에 주력한다.
④ 경찰관과 협력하여 비상지역에 대한 접근과 대피가 불가능하도록 통로를 폐쇄한다.

41

☑ 확인 Check! ○ △ ✕

폭발물에 의한 테러 위협에 관한 설명으로 옳지 않은 것은?

① 폭발물에 의한 테러 위협을 당하면 우선적으로 사람들을 건물 밖으로 대피시킨다.

② 테러협박전화가 걸려오면 경비책임자에게 보고하고, 위험이 감지되면 경찰서나 소방서 등 관련기관에 신속하게 연락한다.

③ 경비원은 폭발물이 발견되면 그 지역을 자주 출입하는 사람이나 출입이 제한된 사람들의 명단을 파악한 후 신속하게 폭발물을 제거한다.

④ 경비원은 폭발물의 폭발력을 약화시키기 위하여 모든 창문과 문은 열어둔다.

쏙쏙 해설

폭발물의 제거는 오로지 폭탄전문가에 의해서만 처리되어야 한다.

정답 ❸

42

☑ 확인 Check! ○ △ ✕

비상사태의 유형에 따른 경비원의 대응에 관한 설명으로 옳지 않은 것은?

① 지진 : 지진 발생 후 치안공백으로 인한 약탈과 방화행위에 대비

② 가스폭발 : 가스폭발 우려가 있을 시 우선 물건이나 장비를 고지대로 이동

③ 홍수 : 폭우가 예보되면 우선적으로 침수 가능한 지역에 대해 배수시설 점검

④ 건물붕괴 : 자신이 관리하는 건물의 벽에 금이 가거나 균열이 있는지 확인

쏙쏙 해설

물건이나 장비를 고지대로 이동시켜야 하는 것은 지대가 낮은 경우 홍수에 대한 대응 방법에 해당한다.

정답 ❷

제1장
제2장
제3장
제4장
제5장
제6장
제7장

43

최근 지방자치단체에서 지역행사를 많이 실시하고 있어 안전관리 대책이 중요한 문제로 떠오르고 있다. 이처럼 대규모 군중이 모였을 때 효율적인 군중관리의 기본원칙으로 옳지 않은 것은?

① 밀도의 희박화
② 이동의 일정화
③ 경쟁적 상황의 해소
④ 통제의 철저

쏙쏙 해설

군중관리의 기본원칙으로는 밀도의 희박화, 이동의 일정화, 경쟁적 상황의 해소, 지시의 철저가 있다.

정답 ❹

핵심만 콕

군중관리의 기본원칙★
- 밀도의 희박화 : 제한된 특정지역에 많은 사람이 모이는 것을 가급적이면 피하게 한다.
- 이동의 일정화 : 일정한 방향·일정한 속도로 군중을 이동시켜 주위상황을 파악해 안정감을 갖도록 한다.
- 경쟁적 상황의 해소 : 질서를 지키면 모두가 안전하다는 것을 안내방송을 통해 납득시켜 군중이 질서를 지키면 손해를 본다는 경쟁적 상황을 해소한다.
- 지시의 철저 : 자세한 안내방송을 하여 사고와 혼잡사태를 예방한다.

44

재난재해에 관한 대처요령으로 옳지 않은 것은?

① 경비원은 폭발물 협박이 있는 경우 책임자에게 보고하고 내부 인원을 대피시킨 후 폭발물 설치 여부를 탐색한다.
② 지진 발생 시 가스밸브를 잠그고 건물 밖 공터 등으로 대피한다.
③ 엘리베이터 안에서 지진 발생 시 모든 층을 누르고 가장 먼저 정지하는 층에 내려서 대피한다.
④ 화재 대피 시에는 수건 등을 물에 적셔서 입과 코를 막고 낮은 자세로 대피한다.

쏙쏙 해설

경비원은 폭발물 협박이 있는 경우 경비책임자에게 보고하고, 내부 인원을 대피시킨 후 폭발물이 설치되어 있을 것으로 예상되는 지역을 봉쇄한 다음 전문가를 동원하여 폭탄이 있는지 여부를 탐색하여야 한다.

정답 ❶

06 컴퓨터 범죄 및 안전관리

제1절 컴퓨터 관리 및 안전대책

01

☑ 확인 Check! ○ △ ✕

정보보호의 목표 중 다음 설명에 해당하는 것은?

> 한 번 생성된 정보는 원칙적으로 수정되어서는 안 되며, 원래의 그 상태로 유지되어야 한다. 만약 수정이 필요할 경우, 허가받은 사람에 의해서 허용된 절차에 따라 수정되어야 한다.

① 비밀성
② 가용성
③ 영리성
④ 무결성

쏙쏙 해설

제시된 내용은 정보보호의 목표 중 무결성에 대한 설명에 해당한다.

정답 ❹

핵심만 콕

정보보호의 목표
- 비(기)밀성(Confidentiality) : 비인가된 접근이나 지능적 차단으로부터 중요한 정보를 보호하고, <u>허가받은 사람만이 정보와 시스템을 사용할 수 있도록</u> 한다.
- 무결성(Integrity) : 정보와 정보처리방법의 완전성·정밀성·정확성을 유지하기 위해 <u>한 번 생성된 정보는 원칙적으로 수정되어서는 안 되고, 만약 수정이 필요한 경우에는 허가받은 사람에 의해 허용된 절차와 방법에 따라 수정되어야 한다</u>.
- 가용성(Availability) : 정보와 시스템의 사용을 <u>허가받은 사람</u>이 이를 사용하고자 할 경우, <u>언제든지 사용할 수 있도록 보장되어야 한다</u>.

02

☑ 확인 Check! ○ △ ✕

정보보호의 기본원칙으로 옳지 않은 것은?

① 정보보호의 목표는 비밀성·무결성·가용성이다.
② 정보시스템 소유자·공급자·사용자 및 기타 관련자 간의 책임을 명확하게 해야 한다.
③ 정보시스템의 보안은 정보의 합법적 사용과 전달이 상호 조화를 이루게 해야 한다.
④ 정보보호의 요구사항은 조직의 기본적인 원칙이므로 시간의 변화에 따른 재평가는 없다.

쏙쏙 해설

시간이 지남에 따라 정보보호의 요구사항이 변하므로 주기적으로 재평가되어야 한다.

정답 ❹

제1장 제2장 제3장 제4장 제5장 **제6장** 제7장

03

정보보호의 기본원칙 중 윤리성에 관한 설명은?

① 정보시스템 소유자와 공급자의 책임을 명확하게 해야 한다.

② 정보시스템보안은 정보의 합법적 사용 및 전달과 상호조화를 이루도록 해야 한다.

③ 정보와 정보시스템의 사용을 허가받은 사람이 언제든지 사용할 수 있도록 보장해야 한다.

④ 정보시스템과 정보시스템의 보안은 타인의 권리와 합법적 이익이 존중·보호될 수 있도록 사용되어야 한다.

쏙쏙 해설

윤리성에 관한 내용으로 적절한 설명은 ④이다.

정답 ❹

핵심만 콕

정보보호의 기본원칙

책임성의 원칙	정보시스템의 소유자, 공급자, 사용자 및 기타 관련자들의 책임과 책임추적성이 명확해야 한다는 원칙
인식성의 원칙	정보시스템의 소유자, 공급자, 사용자 및 기타 관련자들은 시스템에 일관된 보안을 유지할 수 있도록 시스템에 대한 관련 지식을 쌓고 위험요소의 존재를 인식하고 이에 대한 대책을 파악할 수 있어야 한다는 원칙
윤리성의 원칙	정보시스템과 정보시스템의 보안은 타인의 권리와 합법적 이익이 존중·보호될 수 있도록 제공·사용되어야 한다는 원칙
다중협력성의 원칙	정보시스템의 보안을 위한 방법, 실행, 절차는 기술적·행정적·운영적·상업적·교육적 그리고 법제도적인 관점 등을 포함한 가능한 모든 사항을 고려해야 한다는 원칙
균형성·비례성의 원칙	정보시스템의 보안수준, 비용, 방법, 실행 그리고 절차 등은 시스템에 의해 보호받는 대상의 가치와 잠재적인 손실의 심각성 및 발생 가능성 등을 고려하여 적합하고 균형 있게 이루어져야 한다는 원칙
통합성의 원칙	최적의 정보시스템의 보안을 이루기 위해서는 보안시스템의 방법, 실행, 절차 등이 상호 동등한 입장에서 조정·통합되고, 아울러 조직의 다른 부서의 업무 관련 방법, 실행, 절차와도 상호 조정·통합될 수 있도록 해야 한다는 원칙
적시성의 원칙	국제적·국가적 수준에서 공공분야와 민간분야는 시의 적절하게 상호 동등한 입장에서 조정되어 정보시스템의 보안에 대한 예방활동과 사후대응활동이 이루어져야 한다는 원칙
재평가의 원칙	정보시스템 자체 및 이에 대한 보안체계가 시간이 지남에 따라 변화하기 때문에 정보시스템의 보안은 주기적으로 재평가되어야 한다는 원칙
민주주의 원칙	민주사회에서 정보시스템의 보안은 정보(데이터)의 합법적 사용 및 전달과 상호 조화를 이루도록 해야 한다는 원칙

〈출처〉 최선우, 「민간경비론」, 진영사(송광호, 「민간경비론」, 에듀피디, 2021, P. 263에서 재인용)

04

컴퓨터의 안전관리에 대한 설명으로 틀린 것은?

① 컴퓨터 경비시스템의 경보시스템은 컴퓨터가 24시간 가동되는 경우에만 설치해야 한다.

② 컴퓨터의 안전관리는 크게 하드웨어(H/W)와 소프트웨어(S/W) 안전관리로 나누어진다.

③ 컴퓨터 무단사용 방지 대책으로는 Password 부여, 암호화, 권한 등급별 접근 허용 등이 있다.

④ 컴퓨터 에러방지 대책으로는 시스템 작동 재검토, 전문요원의 활용, 시스템 재검토 등이 있다.

쏙쏙 해설

컴퓨터의 경비시스템에 관하여 가장 좋은 것은 모든 설비에 경보시스템을 설치하는 것이다.

정답 ❶

05

컴퓨터시스템의 보안 및 컴퓨터 범죄에 관한 설명으로 옳지 않은 것은?

① 컴퓨터 범죄는 다른 범죄에 비해 증거인멸이 용이하며, 고의입증이 어렵다.

② 컴퓨터보안을 위한 체계적 암호관리는 숫자·특수문자 등을 사용하고, 최소 암호수명을 설정하여 주기적으로 관리해야 한다.

③ 타인의 컴퓨터에 있는 전자기록 등을 불법으로 조작하면, 형법상의 전자기록위작·변작죄 등이 적용될 수 있다.

④ 시설 내 중앙컴퓨터실은 화재발생 시 그 피해가 심각하기 때문에 스프링클러(Sprinkler) 등 화재대응시스템을 구축해야 한다.

쏙쏙 해설

컴퓨터실의 화재감지에는 화재를 초기에 감지할 수 있는 광전식이나 이온화식 감지기를 사용하고, 스프링클러 사용 시 컴퓨터에 심각한 부작용을 야기할 수 있으므로, 할로겐화합물 소화설비 등을 설치하는 것이 바람직하다.

정답 ❹

핵심만 콕

스프링클러 사용에 대한 견해대립

• Factory Mutual 계통의 미국보험회사들은 <u>기기에 대한 소화를 우선</u>하여 컴퓨터실 내 스프링클러 설치를 권장하고 있다.

• 컴퓨터 제조업체인 IBM은 <u>기기의 기능을 우선</u>하여 스프링클러 사용은 기계에 해로우므로, 절대 사용하지 말 것을 권장하고 있다.

06

☑ 확인 Check! ○ △ ✕

컴퓨터 범죄의 특성 중 범행의 연속성에 관한 설명으로 옳은 것은?

① 행위자가 조작방법을 터득한 이상 임의로 쉽게 사용할 수 있어 조작행위가 빈번할 수 있다.

② 프로그램을 부정조작해 놓으면 자동·반복적으로 컴퓨터 시스템에 문제를 일으킬 수 있다.

③ 대량의 데이터를 처리하므로 범죄의 영향이 광범위하게 미칠 경우가 많다.

④ 발각이나 사후증명을 피하기 위한 수법이 지속적으로 발전되고 있어 범행 발견과 검증이 곤란하다.

쏙쏙 해설

컴퓨터 범죄의 특성 중 범행의 연속성에 관한 설명은 ①이다. ②는 범행의 자동성, ③은 범행의 광역성, ④는 범행의 발각과 증명의 곤란에 관한 설명이다.

정답 ❶

핵심만 콕

컴퓨터 범죄의 범죄 면에서의 특징 ★

범죄동기 측면	• 단순한 유희나 향락 추구 • 지적 탐험심의 충족욕 • 정치적 목적이나 산업경쟁 목적 • 회사에 대한 사적 보복 목적
범죄행위자 측면	• 컴퓨터 전문가 : 컴퓨터 시스템이나 회사 경영조직에 전문적인 지식을 갖춘 자들이 범죄를 저지른다. • 범죄의식 희박 • 연소화 경향 • 초범성 : 컴퓨터 범죄행위는 대부분 초범자들이 많다. • 완전범죄 : 대부분 내부인의 소행이며, 단독범행이 쉽고 완전범죄의 가능성이 높으며, 범행 후 도주할 수 있는 시간적 여유가 충분하다.
범죄행위 측면	• 범행의 연속성 : 컴퓨터 부정조작의 경우 행위자가 조작방법을 터득하면 범행이 연속적이며 지속적으로 이루어질 수 있다. • 범행의 광역성과 자동성 　– 광역성(광범위성) : 컴퓨터 조작자는 원격지에서 단말기를 통하여 단시간 내에 대량의 데이터를 처리하므로 광범위하게 영향을 미친다. 　– 자동성 : 불법한 프로그램을 삽입한 경우나 변경된 고정자료를 사용할 때마다 자동적으로 범죄를 유발하게 된다. • 발각과 증명의 곤란 : 데이터가 그 대상이 되므로 자료의 폐쇄성, 불가시성, 은닉성 때문에 범죄 사건의 발각과 증명이 어렵다. • 고의의 입증 곤란 : 단순한 데이터의 변경, 소멸 등의 형태에 불과할 경우 범죄의 고의성을 입증하기 어렵다.

07

☑ 확인 Check! ○ △ ✕

컴퓨터 범죄의 특징으로 옳지 않은 것은?

① 살인 및 상해와 같은 범죄에 비해 죄의식이 희박하다.
② 단순한 유희나 향락을 목적으로 하기도 하나, 회사에 대한 개인적인 보복으로 범해지기도 한다.
③ 컴퓨터 부정조작의 경우 행위자가 조작방법을 터득하게 되면 임의로 사용이 가능하기 때문에 조작행위가 빈번할 가능성이 높다.
④ 컴퓨터 범죄는 다른 범죄에 비해 고의의 입증이 용이하다.

08

☑ 확인 Check! ○ △ ✕

컴퓨터의 부정조작 중 입력 조작에 관한 설명으로 옳은 것은?

① 개개의 명령을 변경 혹은 삭제하거나 새로운 명령을 삽입하여 기존의 프로그램을 변경하는 것
② 입력될 자료를 조작하여 컴퓨터로 하여금 거짓 처리결과를 만들어 내는 것
③ 프로그램이 처리할 기억정보를 변경시키는 것
④ 특별한 컴퓨터지식이 없어도 되며 올바르게 출력된 출력인쇄를 사후에 변조하는 것

09

☑ 확인 Check! ○ △ ✕

컴퓨터보안 관련 위해요소와 그 내용의 연결로 옳지 않은 것은?

① 트로이 목마(Trojan Horse) : 실제로는 파일삭제 등 악의적인 목적을 가지고 있지만, 좋은 것처럼 가장하는 프로그램
② 서비스거부 공격(Denial of Service Attack) : 악의적으로 특정 시스템의 서버에 수많은 접속을 시도하여 다른 이용자가 정상적으로 이를 사용하지 못하도록 하는 수법
③ 자료의 부정변개(Data Diddling) : 금융기관의 컴퓨터시스템에서 이자계산이나 배당금 분배 시 단수 이하의 적은 금액을 특정계좌로 모으는 수법
④ 바이러스(Virus) : 컴퓨터프로그램이나 실행 가능한 부분을 복제·변형시킴으로써 시스템에 장애를 주는 프로그램

10

컴퓨터 범죄의 수법에 관한 설명으로 옳은 것은?

① 컴퓨터의 일정한 작동 시마다 부정행위가 이루어질 수 있도록 프로그램을 조작하는 수법은 데이터 디들링(Data Diddling)이다.

② 악성코드에 감염된 사용자 PC를 조작하여 금융정보를 빼내는 수법은 스푸핑(Spoofing)이다.

③ 금융기관의 컴퓨터 시스템에서 이자 계산이나 배당금 분배 시 단수 이하의 적은 수를 특정 계좌로 모이게 하는 수법은 살라미 기법(Salami Techniques)이다.

④ 프로그램 속에 은밀히 범죄자만 아는 명령문을 삽입하여 이를 이용하는 수법은 스팸(Spam)이다.

쏙쏙 해설

살라미 기법은 금융기관의 컴퓨터 시스템에서 이자 계산 시나 배당금 분배 시 단수 이하로 떨어지는 적은 수를 주워 모아 어느 특정 계좌에 모이게 하는 수법으로 어떤 일을 정상적으로 수행하면서 관심 밖에 있는 조그마한 이익을 긁어모으는 수법을 말한다.

정답 ❸

핵심만 콕

① 데이터 디들링은 '자료의 부정변개'라고도 하며, 데이터를 입력하는 동안이나 변환하는 시점에서 최종적인 입력 순간에 자료를 절취 또는 변경, 추가, 삭제하는 모든 행동을 말한다. 컴퓨터의 일정한 작동 시마다 부정행위가 이루어질 수 있도록 프로그램을 조작하는 수법은 논리폭탄이다.

② 악성코드에 감염된 사용자 PC를 조작하여 금융정보를 빼내는 수법은 파밍(Pharming)이다. 스푸핑(Spoofing)은 어떤 프로그램이 마치 정상적인 상태로 유지되는 것처럼 믿도록 속임수를 쓰는 것을 뜻한다.

④ 프로그램 속에 은밀히 범죄자만 아는 명령문을 삽입하여 이를 범죄자가 이용하는 수법은 트로이 목마이다. 스팸은 악의적인 내용을 담은 전자우편을 인터넷상의 불특정 다수에게 무차별로 살포하여 컴퓨터 시스템을 마비시키거나 온라인 공해를 일으키는 행위이다. 전자우편 폭탄이라고도 한다.

11

☑ 확인Check! ○ △ ✕

어떤 조건을 넣어주고 그 조건이 충족될 때마다 자동으로 불법행위가 이루어지도록 하는 것으로 컴퓨터의 일정한 사항이 작동 시마다 부정행위가 일어날 수 있도록 프로그램을 조작하는 컴퓨터 범죄수법은?

① 트로이목마(Trojan horse)
② 데이터 디들링(Data diddling)
③ 논리폭탄(Logic bomb)
④ 살라미 기법(Salami techniques)

쏙쏙 해설

논리폭탄은 일정한 조건이 충족되면 자동으로 컴퓨터 파괴활동을 시작하는 일종의 컴퓨터 바이러스이다.

정답 ❸

12

☑ 확인Check! ○ △ ✕

신종금융범죄 유형에 관한 설명으로 옳지 않은 것은?

① 파밍(Pharming) – 악성코드에 감염된 사용자 PC를 조작하여 금융정보를 빼내는 행위
② 피싱(Phishing) – 가짜사이트로 접속을 유도하여 은행 계좌정보 등을 불법적으로 알아내 이를 이용하는 행위
③ 메모리 해킹(Memory Hacking) – 악의적인 내용을 담은 전자우편을 인터넷상의 불특정 다수에게 무차별로 살포하여 온라인 공해를 일으키는 행위
④ 스미싱(Smishing) – 문자메시지 내의 인터넷 주소를 클릭하면 악성코드를 스마트폰에 설치하여 금융정보를 탈취하는 행위

쏙쏙 해설

스팸(Spam)에 관한 설명이다. 전자우편폭탄이라고도 한다.

정답 ❸

핵심만 콕

신종금융범죄★★
신종금융범죄란 기망행위(전기통신수단을 이용한 비대면거래)로써 타인의 재산을 편취하는 특수사기범죄로, 주로 금융분야에서 발생한다.

피싱(Phishing)	개인정보(Private Data)와 낚시(Fishing)의 합성어로, 금융기관으로 가장하여 이메일 등을 발송하고, 그 이메일 등에서 안내하는 인터넷주소를 클릭하면 가짜 사이트로 접속을 유도하여 은행계좌정보나 개인신상정보를 불법적으로 알아내 이를 이용하는 수법을 말한다.
스미싱(Smishing)	문자메시지(SMS)와 피싱(Phishing)의 합성어로, '무료쿠폰 제공, 모바일 청첩장, 돌잔치 초대장' 등을 내용으로 하는 문자메시지를 발송하고, 그 문자메시지 내 인터넷 주소를 클릭하면 스마트폰에 악성코드가 설치되어 소액결제 피해를 발생시키거나(소액결제 방식으로 돈을 편취하거나) 개인의 금융정보를 탈취하는 수법을 말한다.
파밍(Pharming)	PC가 악성코드에 감염되어 정상 사이트에 접속해도 가짜 사이트로 유도되고, 이를 통해 금융정보를 빼돌리는 수법을 말한다.
메모리 해킹 (Memory Hacking)	PC의 메모리에 상주한 악성코드로 인해 정상 은행사이트에서 보안카드번호 앞뒤 2자리만 입력해도 부당인출되는 수법을 말한다.

13

☑ 확인 Check! ○ △ ✕

다음의 사례에 해당하는 신종금융범죄는?

'9월의 카드 거래내역'이라는 제목의 이메일에서 안내하는 인터넷 주소를 클릭하자 가짜 은행사이트에 접속되었고, 보안카드번호 전부를 입력한 결과 범행계좌로 자신의 돈이 무단이체되는 사건이 발생하였다.

① 피싱(Phishing)
② 파밍(Pharming)
③ 스미싱(Smishing)
④ 메모리 해킹(Memory Hacking)

쏙쏙 해설

제시된 내용은 신종금융범죄 중 피싱(Phishing)의 사례에 해당한다.

정답 ❶

14

☑ 확인 Check! ○ △ ✕

다음 사례에 해당하는 신종금융범죄는?

자신의 휴대폰으로 모바일 청첩장을 받은 A씨는 지인의 모바일 청첩장인 것으로 생각하여 문자메시지 내의 인터넷주소를 클릭하였는데 이후 본인도 모르게 악성코드가 설치되어 소액결제가 되는 금융사기를 당하였다.

① 스미싱(Smishing)
② 메모리 해킹(Memory Hacking)
③ 파밍(Pharming)
④ 피싱(Phishing)

쏙쏙 해설

제시된 내용은 신종금융범죄 중 스미싱(Smishing)의 사례에 해당한다.

정답 ❶

15

☑ 확인Check! ○ △ ✕

쓰레기통이나 주위에 버려진 명세서 또는 복사물을 찾아 습득하는 등 '쓰레기 주워 모으기'라고 불리는 컴퓨터 범죄수법은?

① 메모리 해킹(Memory Hacking)
② 스캐빈징(Scavenging)
③ 슈퍼재핑(Super Zapping)
④ 스미싱(Smishing)

쏙쏙 해설

설문의 컴퓨터 범죄수법은 스캐빈징이다.

정답 ❷

핵심만 콕

신종금융범죄★★

메모리 해킹 (Memory hacking)	PC 메모리에 상주한 악성코드로 인하여 정상 은행사이트에서 보안카드번호 앞·뒤 2자리만 입력해도 부당인출되는 수법을 말한다.
슈퍼재핑 (Super Zapping)	컴퓨터가 고장으로 인해 가동이 불가능할 때 비상용으로 쓰이는 프로그램이 슈퍼잽이며 슈퍼재핑은 슈퍼잽 수행 시에 호텔의 만능키처럼 패스워드나 각종 보안장치 기능을 상실시켜 컴퓨터의 기억장치에 수록된 모든 파일에 접근해 자료를 복사해 가는 것을 말한다.
스캐빈징 (Scavenging)	컴퓨터실에서 작업하면서 쓰레기통에 버린 프로그램 리스트, 데이터 리스트, 카피자료를 얻는 방법이다.
스미싱 (Smishing)	문자메시지(SMS)와 피싱(Phishing)의 합성어로, '무료쿠폰 제공, 모바일 청첩장, 돌잔치 초대장' 등을 내용으로 하는 문자메시지를 발송하고, 그 문자메시지 내 인터넷 주소를 클릭하면 스마트폰에 악성코드가 설치되어 소액결제 피해를 발생시키거나(소액결제 방식으로 돈을 편취하거나) 개인의 금융정보를 탈취하는 수법을 말한다.

제1장 제2장 제3장 제4장 제5장 제6장 제7장

16

☑ 확인 Check! ○ △ ✕

사이버공격의 유형에서 멀웨어(Malware) 공격을 모두 고른 것은?

> ㄱ. 바이러스
> ㄴ. 마이둠
> ㄷ. 버퍼 오버플로
> ㄹ. 트로이 목마

① ㄱ, ㄴ, ㄷ
② ㄱ, ㄴ, ㄹ
③ ㄱ, ㄷ, ㄹ
④ ㄴ, ㄷ, ㄹ

쏙쏙 해설

멀웨어는 시스템을 파괴하거나 정보를 유출하기 위해 개발된 프로그램이나 파일을 총칭하는데, 대표적인 멀웨어 공격으로는 바이러스, 트로이 목마, 버퍼 오버플로 공격, 스파이웨어, 악성 웹 기반 코드 등이 있다. 마이둠은 슬래머와 더불어 대표적인 분산 서비스거부 공격에 해당한다.

정답 ❸

17

☑ 확인 Check! ○ △ ✕

스턱스넷(Stuxnet)에 관한 설명으로 옳지 않은 것은?

① 2010년에 발견된 웜 바이러스이다.
② 마이크로소프트 윈도우를 통하여 감염된다.
③ 산업시설을 감시하고 파괴하는 악성 소프트웨어이다.
④ 인터넷을 이용하여 타인의 신상정보를 공개하거나 거짓 메시지를 남겨 괴롭히는 데 사용된다.

쏙쏙 해설

스토킹(Stalking)에 관한 설명이다.

정답 ❹

핵심만 콕

스턱스넷(Stuxnet)

의 의	공항, 발전소, 철도 등 기간시설을 파괴할 목적으로 제작된 컴퓨터 웜(Worm) 바이러스이다.
특 징	• 2010년 6월 컴퓨터 보안회사(VirusBlokAda)에 의해 처음 발견되었다. • MS 윈도우 운영체제의 제로데이 취약점을 통해 감염된다. • 스턱스넷은 목표물을 감염시키기 위해 직접 침투해야 하며, 주로 USB와 같은 이동식 저장매체를 통하여 감염된다. • 모든 시스템을 대상으로 하는 것이 아닌 산업시설의 전반적인 현황을 감시하고 제어할 수 있는 스카다(SCADA)시스템만을 노린다. • 웜(Worm) 바이러스의 일종이기에 자기복제 기능도 있다.

18

☑ 확인 Check! ○ △ ✕

컴퓨터 범죄의 예방대책 중 관리적 대책으로 옳지 않은 것은?

① 직무권한의 명확화
② 스케줄러 점검
③ 엑세스 제도
④ 데이터의 암호화

쏙쏙 해설

데이터의 암호화는 방화벽, 침입탐지시스템과 더불어 기술적 대책에 해당한다.

정답 ④

핵심만 콕

컴퓨터 범죄의 예방대책

컴퓨터 시스템 안전대책	물리적 대책	건물에 대한 안전조치, 물리적 재해에 대한 보호조치(백업시스템), 출입통제
	관리적 (인적) 대책	직무권한의 명확화와 상호 분리 원칙, 프로그램 개발 통제, 도큐멘테이션 철저, 스케줄러의 점검, 액세스 제한 제도의 도입, 패스워드의 철저한 관리, 레이블링(Labeling)에 의한 관리, 감사증거기록 삭제 방지, 근무자들에 대한 정기적 배경조사, 회사 내부의 컴퓨터 기술자・사용자・프로그래머의 기능을 각각 분리, 안전관리 기타 고객과의 협력을 통한 감시체제, 현금카드 운영의 철저한 관리, 컴퓨터 시스템의 감사 등이 있다.
	기술적 대책	암호화, 방화벽(침입차단시스템), 침입탐지시스템(IDS : Intrusion Detection System)
입법적 대책	현행 형법상 규정	컴퓨터 업무방해죄(형법 제314조 제2항), 컴퓨터 사기죄(형법 제347조의2), 전자기록 손괴죄(형법 제366조), 사전자기록의 위작・변작죄(형법 제232조의2), 비밀침해죄(형법 제316조 제2항)
	기타 규제법률	컴퓨터 통신망 보호(정보통신망 이용촉진 및 정보보호 등에 관한 법률), 통신침해(전기통신기본법, 전기통신사업법, 전파법), 개인정보 침해(개인정보보호법, 신용정보의 이용 및 보호에 관한 법률), 소프트웨어 보호(소프트웨어 진흥법, 저작권법, 특허법), 도청행위(통신비밀보호법), 전자문서(정보통신망 이용촉진 및 정보보호 등에 관한 법률, 물류정책기본법)
형사정책적 대책		수사관의 수사능력 배양, 검사 또는 법관의 컴퓨터 지식 함양 문제는 오늘날 범죄의 극복을 위한 중요한 과제이다. 수사력의 강화, 수사장비의 현대화, 컴퓨터 요원의 윤리교육, 컴퓨터 안전기구의 신설, 컴퓨터 범죄 연구기관의 설치가 요구되고 있다.

19

☑ 확인 Check! ○ △ ✕

컴퓨터 범죄에 관한 관리적 안전대책으로 옳지 않은 것은?

① 중요한 데이터의 경우 특정 직급 이상만 접근할 수 있도록 키(key)나 패스워드 등을 부여한다.
② 컴퓨터실과 파일 보관장소는 허가받은 자만 출입할 수 있도록 통제한다.
③ 근무자들에 대하여 정기적인 배경조사를 실시한다.
④ 회사 내부의 컴퓨터 기술자, 사용자, 프로그래머의 기능을 분리한다.

쏙쏙 해설

물리적 대책으로서 출입통제에 해당한다.

정답 ②

20

☑ 확인 Check! ○ △ ✕

컴퓨터 범죄 예방대책에 관한 설명으로 옳지 않은 것은?

① 거래기록 파일 등 데이터 파일에 대한 백업을 할 때는 내부와 외부에 이중으로 파일을 보관해서는 안 된다.

② 도큐멘테이션(Documentation)에 대한 백업을 할 때는 '사용중인 업무처리 프로그램의 설명서', '주요 파일 구성내용 및 거래코드 설명서' 등을 포함시켜야 한다.

③ 컴퓨터실 위치선정 시 화재, 홍수, 폭발 및 외부의 불법침입자에 의한 위험을 고려하여야 한다.

④ 프로그래머는 기기조작을 하지 않고 오퍼레이터는 프로그래밍을 하지 않는다는 원칙을 철저히 준수한다.

21

☑ 확인 Check! ○ △ ✕

입법적 대책과 관련하여 형법에 규정된 컴퓨터 범죄에 관한 설명으로 옳지 않은 것은?

① 재물손괴죄 : 컴퓨터등 정보처리장치에 장애를 발생하게 하여 사람의 업무를 방해하는 행위

② 컴퓨터등 사용사기죄 : 컴퓨터등 정보처리장치에 권한 없이 정보를 입력·변경하여 재산상의 이익을 취득하는 행위

③ 비밀침해죄 : 봉함 기타 비밀장치한 전자기록 등을 기술적 수단을 이용하여 그 내용을 알아낸 행위

④ 사전자기록의 위작·변작죄 : 사무처리를 그르치게 할 목적으로 타인의 권리·의무 또는 사실증명에 관한 전자기록을 위작 또는 변작한 행위

22

형법에 규정된 컴퓨터 범죄로 옳지 않은 것은?

☑ 확인Check! ○ △ ×

① 불법감청죄
② 컴퓨터 업무방해죄
③ 전자기록 손괴죄
④ 컴퓨터등 사용사기죄

23

다음 설명에 해당하는 사이버테러 유형은?

☑ 확인Check! ○ △ ×

> 데이터가 일시적으로 저장되는 공간에 할당된 버퍼의 양을 초과하는 데이터를 입력함으로써 프로그램이 비정상적으로 동작하도록 하는 공격 행위

① 버퍼 오버플로(Buffer Overflow)
② 플레임(Flame)
③ 슈퍼재핑(Super Zapping)
④ 허프건(Huffgun)

핵심만 콕

② 플레임(Flame)은 네티즌들이 공통의 관심사를 논의하기 위해 개설한 토론방에 고의로 가입하여 개인 등에 대한 악성루머를 유포하는 행위이다.
③ 슈퍼재핑(Super Zapping)은 컴퓨터의 고장을 수리하면서 호텔의 만능키처럼 패스워드나 각종 보안장치 기능을 상실시켜 컴퓨터의 기억장치에 수록된 모든 파일에 접근해 자료를 복사하는 수법이다. 운영자 가장수법이라고도 한다.
④ 허프건(Huffgun)은 고출력 전자기장을 발생시켜 컴퓨터의 자기기록정보를 파괴시키는 수법이다.

07 민간경비산업의 과제와 전망

01

☑ 확인 Check! ○ △ ✕

민간경비원의 동기부여이론에 관한 설명으로 옳지 않은 것은?

① 허즈버그(F. Herzberg)의 동기-위생이론 중 동기요인은 조직정책, 감독, 급여, 근무환경 등과 관련된다.

② 인간관계론적 관점에서 등장한 동기부여이론은 조직 내 구조적인 면보다는 인간적 요인을 중요시한다.

③ 매슬로(A. Maslow)의 욕구계층이론 중 안전욕구는 2단계 욕구에 해당한다.

④ 맥그리거(D. McGregor)의 X · Y이론 중 Y이론은 인간잠재력의 능동적 발휘와 관련된다.

쏙쏙 해설

허즈버그(F. Herzberg)의 동기-위생이론 중 동기요인은 도전감, 성취감, 인정, 책임감, 성장 · 발전, 일 그 자체 등 직무내용과 관련되고, 위생요인은 조직의 정책 · 관리 · 감독, 임금, 보수, 지위, 안전 등 근무환경과 관련된다.

정답 ①

핵심만 콕

② 인간을 사회적 동물로 보는 인간관계론적 관점에서 등장한 동기부여이론은 인간적 요인을 조직 내 구조적인 면보다 중요시한다.

③ 매슬로의 욕구계층이론에 따르면 인간의 욕구는 단계적으로 구성되어 있는데, 제1단계 최하위 계층인 생리적 욕구(의식주에 대한 욕구)부터 안전욕구(신체적 안전에 대한 욕구), 사회적 욕구(소속 · 애정에 대한 욕구), 존경욕구(인정 · 존중에 대한 욕구), 자아실현욕구 순으로 배열되며, 하위단계의 욕구가 충족되지 못하면 상위단계의 욕구가 발현되지 못한다.

④ 맥그리거(D. McGregor)의 X · Y이론 중 X이론은 인간은 근본적으로 일을 싫어하고 게으르며, 조직의 목표에 관심이 없고, 자기의 이기적인 욕구충족만을 추구하며, 책임을 회피하고 안정만을 원한다는 입장이나, Y이론은 인간은 일을 즐기고, 조직의 목표달성을 위해 노력하며, 자아실현을 추구하고, 자율성과 창의성을 발휘하기를 원한다는 입장이다.

02

☑ 확인 Check! ○ △ ✕

민간경비산업의 문제점에 관한 설명으로 옳지 않은 것은?

① 경비업체 및 인력의 지역적 편중

② 경비업법과 청원경찰법의 일원화

③ 경비업체의 영세성

④ 민간경비원에 대한 열악한 대우

쏙쏙 해설

경비업법과 청원경찰법의 일원화는 민간경비업의 전문성 제고 방안에 해당한다.

정답 ②

03

☑ 확인 Check! ○ △ ✕

우리나라 민간경비산업의 문제점과 개선방안으로 옳지 않은 것은?

① 청원경찰에게 총기 휴대가 금지되어 있어 실제 사태 발생 시 큰 효용을 거두지 못하고 있다.
② 보험회사들의 민간경비업에 대한 이해부족은 보험상품 개발을 꺼리는 요인이 되고 있다.
③ 민간경비원의 교육과정은 교육과목이 많고 내용도 비현실적이라는 지적이 있다.
④ 경찰과 민간경비와의 긴밀한 협력을 위해 지속적인 인적·물적 지원이 이루어져야 한다.

쏙쏙 해설

청원경찰법령상 청원경찰의 총기 휴대가 금지되지 않는다(청원경찰법 시행규칙 제16조 참고). 다만, 총기취급에 대한 전반적인 교육훈련 부족으로 총기 사용을 극히 제한하고 있는 실정이다.

정답 ❶

04

☑ 확인 Check! ○ △ ✕

우리나라 민간경비와 경찰의 협력방안으로 옳지 않은 것은?

① 지역방범활동 협력 강화
② 상호 정보교환 네트워크 구축
③ 공공안전과 관련된 교육훈련 등의 지속적 교환
④ 경찰의 민간경비 겸업화

쏙쏙 해설

경찰의 민간경비 겸업화는 민간경비와 경찰의 협력방안으로 볼 수 없다.

정답 ❹

핵심만 콕

경찰과 민간경비의 상호협력 및 관계 개선책★
• 경찰 조직 내 일정 규모 이상의 민간경비 전담부서 설치와 행정지도
• 민간경비업체와 경찰책임자와의 정기적인 회의 개최
• 전임책임자제도 운영
• 경찰과 민간경비원의 합동순찰제도 활성화
• 치안수요의 다양성과 전문성에 효율적으로 대응하기 위한 상호협력 필요
• 민간경비와 경찰 상호 간의 역할에 대한 이해의 증진을 위한 노력 필요
• 비상연락망 구축
• 민간경비와 경찰의 상호 정보교환 네트워크 구축
• 민간경비와 경찰의 지역방범 개선을 위한 경비자문서비스센터의 운영
• 업무기준의 명확화를 통한 마찰 해소
• 치안서비스 제공의 주도적 역할을 위한 동반자 의식의 확대 필요

05

☑ 확인 Check! ○ △ ✕

경찰과 민간경비의 관계개선을 위해서는 향후 경찰조직 내의 전담부서의 확대가 요구된다. 현재 경찰청에서 경비업법상 경비업을 관리하고 있는 부서는?

① 범죄예방대응국
② 생활안전교통국
③ 경비국
④ 치안정보국

관계법령

범죄예방대응국(경찰청과 그 소속기관 직제 제10조의3) 〈본조 신설 2023.10.17.〉
③ 국장은 다음 사항을 분장한다.
　3. 경비업에 관한 연구·지도

범죄예방대응국(경찰청과 그 소속기관 직제 시행규칙 제7조) 〈본조 신설 2023.10.30.〉
⑤ 범죄예방정책과장은 다음 사항을 분장한다.
　7. 경비업에 관한 연구 및 지도

06

☑ 확인 Check! ○ △ ✕

경비업법령상 경비업의 허가를 받은 법인이 신고하여야 할 사항이 아닌 것은?

① 영업을 폐업하거나 휴업한 때
② 기계경비업무를 개시하거나 종료한 때
③ 법인의 명칭이나 대표자·임원을 변경한 때
④ 법인의 주사무소나 출장소를 신설·이전 또는 폐지한 때

관계법령

경비업의 허가(경비업법 제4조)
③ 제1항의 규정에 의하여 경비업의 허가를 받은 법인은 다음 각호의 어느 하나에 해당하는 때에는 시·도 경찰청장에게 신고하여야 한다. 〈개정 2024.2.13.〉
　1. 영업을 폐업하거나 휴업한 때
　2. 법인의 명칭이나 대표자·임원을 변경한 때
　3. 법인의 주사무소나 출장소를 신설·이전 또는 폐지한 때
　4. 기계경비업무의 수행을 위한 관제시설을 신설·이전 또는 폐지한 때
　5. 특수경비업무를 개시하거나 종료한 때
　6. 그 밖에 대통령령이 정하는 중요사항을 변경한 때

07

☑ 확인 Check! ○ △ ✕

융합보안에 관한 설명으로 옳지 않은 것은?

① 물리보안요소와 정보보안요소를 상호 연계하여 보안의 효과성을 높이는 활동이다.
② 정보보안요소에는 출입통제, 접근감시, 잠금장치 등이 있다.
③ 인적자원 보안, 사업 연속성, 위험관리, 재난복구 등을 논리적, 물리적으로 통합하는 것을 의미한다.
④ 물리적 보안장비 및 각종 재난·재해 상황에 대한 관리까지 포함한다.

핵심만 콕

융합보안(Convergence Security)
• 물리보안과 정보보안을 융합한 경비개념으로, 물리적 보안요소(출입통제, 접근감시, 잠금장치 등)·기술적 보안요소(방화벽, 바이러스·취약성 관리, 사용자 인가절차, 백업복구 등)·관리적 보안요소(범죄조사, 정책개발, 인사관리, 윤리조사, 보안감사 등)를 상호 연계하여 보안의 효과성을 높이는 것을 내용으로 한다.
• 보안산업의 새로운 트렌드로 자리 잡은 광역화·통합화·융합화의 사회적 요구를 수용하기 위해 각종 내외부적 정보 침해에 따른 대응으로서 침입탐지, 접근통제, 재난·재해 상황에 대한 관제 등을 포함한다.
• 전통 보안산업은 물리영역과 정보(IT)영역으로 구분되어 성장해 왔으나, 현재는 출입통제, CCTV, 영상보안 등의 물리적 환경에서 이루어지는 전통 보안산업과, 네트워크상 정보를 보호하는 정보보안을 접목한 융합보안이 차세대 고부가가치 보안산업으로서 급부상하고 있다.

08

☑ 확인 Check! ○ △ ✕

다음 설명에 해당하는 경비개념은?

물리적 보안요소(CCTV, 출입통제장치 등), 기술적 보안요소(불법출입자 정보인식시스템 등), 관리적 보안요소(조직·인사관리 등)를 상호 연계하여 시큐리티의 효율성을 높이고자 하는 접근방법이다.

① 혼성(Hybrid) 시큐리티
② 종합(Total) 시큐리티
③ 융합(Convergence) 시큐리티
④ 도시(Town) 시큐리티

09

☑ 확인Check! ○ △ ✕

융합보안에 관한 설명으로 옳지 않은 것은?

① 내·외적 정보침해에 따른 기술적 대응은 포함되지 않는다.

② 물리적 보안요소와 정보보안요소를 통합해 효율성을 높이는 활동이다.

③ 4차 산업혁명에 따른 위협의 다변화에 따라 필요성이 대두되었다.

④ 보안산업의 새로운 트렌드이며, 차세대 고부가가치 산업으로 급부상하고 있다.

쏙쏙 해설

융합보안은 각종 내·외부적 정보침해에 따른 대응으로서 기술적 대응을 포함한다.

정답 ❶

10

☑ 확인Check! ○ △ ✕

우리나라 민간경비산업의 미래에 관한 예측으로 옳은 것은?

① 고객의 수가 증가하면서 모든 경비업체의 매출이 증가할 것이다.

② 정보화사회의 발전에 따른 첨단범죄의 증가로 이에 대응하는 민간경비의 전문성이 요구될 것이다.

③ 대규모 주상복합시설이 등장하면서 범죄라는 위험에 집중할 수 있는 단일대응체계가 확립될 것이다.

④ 대기업의 참여가 감소하면서 참여주체가 중소기업으로 전환될 것이다.

쏙쏙 해설

컴퓨터와 인터넷의 발달로 사이버상의 범죄가 날로 증가하고 있어, 이에 대응하는 민간경비 전문인력의 확충이 중요시될 것이다.

정답 ❷

핵심만 콕

① 민간경비의 수요 및 시장규모가 전국에 걸쳐 보편화되었다기보다는 일부 지역에 편중되어 있어 모든 경비업체의 매출이 증가하는 것은 아니다.

③ 대규모 주상복합시설이 등장하면서 단일대응체계보다는 화재예방, 건축물 안전관리, 무단침입자에 대한 탐지와 차단, 접근통제, CCTV 등에 의한 감시시스템, 경비순찰 등 특별한 유기적인 안전관리시스템이 구축되어야 한다.

④ 1980년대 대기업의 참여로 민간경비산업은 본격적으로 발전하기 시작하였으며, 이러한 경향은 앞으로도 계속될 것이다.

11

☑ 확인Check! ○ △ ✕

우리나라 민간경비산업의 전망에 관한 설명으로 옳은 것은?

① 시설경비업 : 국가중요시설의 경비를 담당하는 경비원 제도로 청원경찰과의 이원적 체제로 인한 문제점이 상존하고 있어 관련 정비가 시급한 실정이다.

② 특수경비업 : 우리나라 경비업의 가장 큰 비중을 차지하는 분야로 향후 이러한 증가추세는 계속될 전망이다.

③ 기계경비업 : 기존의 상업시설과 홈 시큐리티 시스템 등의 첨단기술 발전에 힘입어 주거시설 및 국가안보분야에서의 수요도 혁신적으로 증가될 전망이다.

④ 호송경비업 : 외국 기업인과 가족들의 장기 체류 등으로 수요가 증가하고 있으며, 최근 사회불안이 가중되고 개인의 삶의 질이 높아짐에 따라 이러한 증가추세는 계속될 전망이다.

쏙쏙 해설

③은 기계경비업에 대한 설명으로 옳은 내용이다.
①은 특수경비업, ④는 신변보호업에 대한 내용이며, ②와 관련하여 우리나라의 경비업에서 가장 큰 비중을 차지하는 분야는 시설경비업이다.

정답 ❸

핵심만 콕

우리나라 민간경비산업의 전망
• 산업화와 정보화 시대에 접어들면서 경찰인력의 부족, 경찰장비의 부족, 경찰업무의 과다로 인하여 민간경비산업은 급속히 성장할 것이다.
• 지역의 특성과 경비 수요에 맞는 민간경비 상품의 개발이 요구될 것이다.
• 민간경비산업의 홍보활동이 적극적으로 전개될 것이다.
• 현재 인력경비 중심의 민간경비산업이 인건비 상승의 여파로 인하여 축소되고, 인건비 절감을 위한 기계경비산업으로의 전환이 빠르게 진행되어 기계경비산업의 성장 속도가 인력경비를 앞설 것이다.
• 물리보안과 사이버 보안을 통합한 토탈시큐리티 산업으로 전개될 것이다.

12

☑ 확인 Check! ○ △ ✕

국내 민간경비산업의 발전방안 및 전망에 관한 설명으로 옳지 않은 것은?

① 경찰과 민간경비업계는 차별적 관계에 있다는 인식을 확립해 나가야 한다.

② 과거에 비해 기계경비의 비중이 높아지고 있으며, 이 경향은 앞으로도 지속될 것이다.

③ 민간경비업체들의 영세성을 탈피하기 위한 경비업체 업무의 다변화가 필요하다.

④ 인구 고령화 추세에 따른 긴급통보시스템, 레저산업 안전경비 등 각종 민간경비 분야가 발전할 것으로 전망된다.

쏙쏙 해설

경찰과 민간경비의 역할을 조정하고, 상호협력체제를 구축하여 동반자 의식을 확립하여야 한다.

정답 ❶

핵심만 콕

민간경비산업의 발전방안

국가정책적 육성방안	민간경비회사 자체의 육성방안
• 경비관련 자격증제도의 전문화 • 기계경비 중심의 민간경비산업 지향 • 민간경비 관련법규 정비 • 민간경비체제의 다양화 및 업무의 다양화 • 경찰체제의 개편 및 첨단경비의 개발 • 국가전담기구의 설치와 행정지도 • 세제상 및 금융지원을 통한 민간경비업체의 보호 육성	• 우수인력의 확보와 홍보활동의 강화 • 영세업체의 자생력 향상 • 경비협회활동의 활성화 • 경찰조직과의 협조체제 구축 • 손해배상체제의 보완 및 산업재해에 대한 예방

13

☑ 확인 Check! ○ △ ✕

민간경비의 공공관계(PR) 개선에 관한 설명으로 옳지 않은 것은?

① 공공관계 개선은 관련 정책 및 프로그램을 통한 민간경비의 이미지 향상을 의미한다.

② 민간경비는 특정고객에게 경비서비스를 제공하지만 일반시민과의 관계개선도 중요하다.

③ 민간경비의 언론관계는 기밀유지 등을 위해 무반응적(Inactive) 대응이 원칙이다.

④ 민간경비는 장애인·알코올중독자 등 특별한 상황에 처한 사람들의 특성을 잘 이해하고 있어야 한다.

쏙쏙 해설

민간경비의 언론관계(Press Relations)는 신문, 잡지, TV나 라디오 뉴스 등의 보도기능에 대응하는 활동으로, 언론과의 우호적인 관계형성을 위한 반응적(Active) 대응이 필요하다.

정답 ❸

제1과목

민간경비론

PART 02

청원경찰법

01 청원경찰법

제1절 청원경찰의 배치장소와 직무

01

☑ 확인Check! ○ △ ✕

청원경찰법령상 청원경찰의 배치대상 기관·시설·사업장 등에 해당하는 것은 모두 몇 개인가?

- 학교 등 육영시설
- 언론, 통신, 방송 또는 인쇄를 업으로 하는 시설 또는 사업장
- 「의료법」에 따른 의료기관
- 선박, 항공기 등 수송시설
- 금융 또는 보험을 업(業)으로 하는 시설 또는 사업장

① 2개   ② 3개
③ 4개   ④ 5개

관계법령

정의(청원경찰법 제2조)

이 법에서 "청원경찰"이란 다음 각호의 어느 하나에 해당하는 기관의 장 또는 시설·사업장 등의 경영자가 청원경찰경비를 부담할 것을 조건으로 경찰의 배치를 신청하는 경우 그 기관·시설 또는 사업장 등의 경비(警備)를 담당하게 하기 위하여 배치하는 경찰을 말한다.

1. 국가기관 또는 공공단체와 그 관리하에 있는 중요시설 또는 사업장
2. 국내 주재(駐在) 외국기관
3. 그 밖에 행정안전부령으로 정하는 중요시설, 사업장 또는 장소

> **배치대상(청원경찰법 시행규칙 제2조)★**
>
> 청원경찰법 제2조 제3호에서 "그 밖에 행정안전부령으로 정하는 중요시설, 사업장 또는 장소"란 다음 각호의 시설, 사업장 또는 장소를 말한다.
>
> 1. 선박, 항공기 등 수송시설
> 2. 금융 또는 보험을 업(業)으로 하는 시설 또는 사업장
> 3. 언론, 통신, 방송 또는 인쇄를 업으로 하는 시설 또는 사업장
> 4. 학교 등 육영시설
> 5. 의료법에 따른 의료기관(의원급 의료기관, 조산원, 병원급 의료기관)
> 6. 그 밖에 공공의 안녕질서 유지와 국민경제를 위하여 고도의 경비(警備)가 필요한 중요시설, 사업체 또는 장소

02

청원경찰법령상 청원경찰의 배치대상 기관·시설·사업장에 해당하는 것을 모두 고른 것은?

☑ 확인Check! ○ △ ✕

> ㄱ. 금융을 업으로 하는 시설 또는 사업장
> ㄴ. 국내 주재(駐在) 외국기관
> ㄷ. 인쇄를 업으로 하는 시설 또는 사업장
> ㄹ. 대통령령으로 정하는 중요시설, 사업장 또는 장소

① ㄱ, ㄴ
② ㄴ, ㄷ
③ ㄱ, ㄴ, ㄷ
④ ㄱ, ㄴ, ㄹ

쏙쏙 해설

대통령령이 아닌 행정안전부령으로 정하는 중요시설, 사업장 또는 장소가 청원경찰의 배치대상에 해당한다(청원경찰법 제2조 제3호).

정답 ❸

03

청원경찰법령상 청원경찰 배치대상 기관·시설·사업장에 해당하는 것을 모두 고른 것은?

☑ 확인Check! ○ △ ✕

> ㄱ. 국내 주재(駐在) 외국기관
> ㄴ. 선박, 항공기 등 수송시설
> ㄷ. 언론, 통신, 방송을 업으로 하는 시설
> ㄹ. 공공의 안녕질서 유지와 국민경제를 위하여 고도의 경비가 필요한 장소

① ㄱ, ㄴ
② ㄱ, ㄷ, ㄹ
③ ㄴ, ㄷ, ㄹ
④ ㄱ, ㄴ, ㄷ, ㄹ

쏙쏙 해설

제시된 내용은 모두 청원경찰 배치대상 기관·시설·사업장에 해당한다.

정답 ❹

04

☑ 확인Check! ○ △ ✕

청원경찰법령상 청원경찰의 직무에 관한 설명으로 옳지 않은 것은?

① 청원경찰은 청원경찰의 배치결정을 받은 자와 배치된 기관·시설 또는 사업장 등의 구역을 관할하는 시·도 경찰청장의 감독을 받는다.

② 청원경찰은 「경찰관직무집행법」에 따른 직무 외의 수사활동 등 사법경찰관리의 직무를 수행해서는 아니 된다.

③ 청원경찰은 그 경비구역만의 경비를 목적으로 필요한 범위에서 「경찰관직무집행법」에 따른 경찰관의 직무를 수행한다.

④ 청원경찰이 직무를 수행할 때에는 경비 목적을 위하여 필요한 최소한의 범위에서 하여야 한다.

05

☑ 확인Check! ○ △ ✕

청원경찰법령상 청원경찰의 직무 등에 관한 설명으로 옳지 않은 것은?

① 「경찰관직무집행법」에 따른 직무 외의 수사활동 등 사법경찰관리의 직무를 수행해서는 아니 된다.

② 청원경찰 업무에 종사하는 사람은 「형법」이나 그 밖의 법령에 따른 벌칙을 적용할 때에는 공무원으로 본다.

③ 청원경찰이 직무를 수행할 때 직권을 남용하여 국민에게 해를 끼친 경우에는 6개월 이하의 징역이나 금고에 처한다.

④ 관할 경찰서장은 매달 2회 이상 청원경찰의 복무규율과 근무상황을 감독하여야 한다.

06

☑ 확인Check! ○ △ ✕

청원경찰법령상 청원경찰에 관한 설명으로 옳지 않은 것은?

① 청원경찰은 「경찰관직무집행법」에 따른 직무 외의 수사활동 등 사법경찰관리의 직무를 수행해서는 아니 된다.

② 청원경찰은 「형법」이나 그 밖의 법령에 따른 벌칙을 적용하는 경우를 제외하고는 공무원으로 본다.

③ 청원경찰이 직무를 수행할 때에는 경비 목적을 위하여 필요한 최소한의 범위에서 하여야 한다.

④ 청원경찰이 직무를 수행할 때에 「경찰관직무집행법」 및 같은 법 시행령에 따라 하여야 할 모든 보고는 관할 경찰서장에게 서면으로 보고하기 전에 지체 없이 구두로 보고하고 그 지시에 따라야 한다.

쏙쏙 해설

청원경찰은 형법이나 그 밖의 법령에 따른 벌칙을 적용하는 경우와 청원경찰법 및 청원경찰법 시행령에서 특별히 정한 경우를 제외하고는 공무원으로 보지 아니한다(청원경찰법 시행령 제18조). ★

정답 ❷

핵심만 콕

① 청원경찰은 「경찰관직무집행법」에 따른 직무 외의 수사활동 등 사법경찰관리의 직무를 수행해서는 아니 된다(청원경찰법 시행규칙 제21조 제2항). ★

③ 청원경찰이 직무를 수행할 때에는 경비 목적을 위하여 필요한 최소한의 범위에서 하여야 한다(청원경찰법 시행규칙 제21조 제1항).

④ 청원경찰이 직무를 수행할 때에 「경찰관직무집행법」 및 같은 법 시행령에 따라 하여야 할 모든 보고는 관할 경찰서장에게 서면으로 보고하기 전에 지체 없이 구두로 보고하고 그 지시에 따라야 한다(청원경찰법 시행규칙 제22조). ★★

관계법령

직권남용금지 등(청원경찰법 제10조)
① 청원경찰이 직무를 수행할 때 직권을 남용하여 국민에게 해를 끼친 경우에는 6개월 이하의 징역이나 금고에 처한다. ★
② 청원경찰 업무에 종사하는 사람은 형법이나 그 밖의 법령에 따른 벌칙을 적용할 때에는 공무원으로 본다.

청원경찰의 신분(청원경찰법 시행령 제18조)
청원경찰은 형법이나 그 밖의 법령에 따른 벌칙을 적용하는 경우와 청원경찰법 및 청원경찰법 시행령에서 특별히 정한 경우를 제외하고는 공무원으로 보지 아니한다.

07

☑ 확인 Check! ○ △ ✕

청원경찰법령상 청원경찰의 근무요령에 관한 설명으로 옳은 것은 모두 몇 개인가?

- 대기근무자는 소내근무에 협조하거나 휴식하면서 불의의 사고에 대비한다.
- 순찰근무자는 청원주가 지정한 일정한 구역을 순회하면서 경비임무를 수행한다. 이 경우 순찰은 단독 또는 복수로 정선순찰을 하되, 청원주가 필요하다고 인정할 때에는 요점순찰 또는 난선순찰을 할 수 있다.
- 소내근무자는 근무 중 특이한 사항이 발생하였을 때에는 지체 없이 청원주 또는 관할 경찰서장에게 보고하고 그 지시에 따라야 한다.
- 입초근무자는 경비구역의 정문이나 그 밖의 지정된 장소에서 경비구역의 내부, 외부 및 출입자의 움직임을 감시한다.

① 1개
② 2개
③ 3개
④ 4개

쏙쏙 해설

제시된 내용은 모두 청원경찰법령상 청원경찰의 근무요령에 관한 설명으로 옳다.

정답 ④

08

☑ 확인 Check! ○ △ ✕

청원경찰법령상 근무요령 중 '업무처리 및 자체경비를 하며, 근무 중 특이한 사항이 발생하였을 때에는 지체 없이 청원주 또는 관할 경찰서장에게 보고하고 그 지시에 따라야 하는' 근무자는 누구인가?

① 입초근무자
② 순찰근무자
③ 소내근무자
④ 대기근무자

쏙쏙 해설

업무처리 및 자체경비를 하는 소내근무자는 근무 중 특이한 사항이 발생하였을 때에는 지체 없이 청원주 또는 관할 경찰서장에게 보고하고 그 지시에 따라야 한다(청원경찰법 시행규칙 제14조 제2항).

정답 ③

09

청원경찰법령상 청원경찰의 근무요령에 관한 설명으로 옳은 것은?

① 소내근무자는 근무 중 특이한 사항이 발생하였을 때에는 지체 없이 청원주 또는 시·도 경찰청장에게 보고하고 그 지시에 따라야 한다.

② 대기근무자는 입초근무에 협조하거나 휴식하면서 불의의 사고에 대비한다.

③ 순찰근무자는 청원주가 지정한 일정한 구역을 단독 또는 복수로 난선순찰을 하되, 청원주가 필요하다고 인정할 때에는 정선순찰 또는 요점순찰을 할 수 있다.

④ 입초근무자는 경비구역의 정문이나 그 밖의 지정된 장소에서 경비구역의 내부, 외부 및 출입자의 움직임을 감시한다.

핵심만 콕

① 업무처리 및 자체경비를 하는 소내근무자는 근무 중 특이한 사항이 발생하였을 때에는 지체 없이 <u>청원주 또는 관할 경찰서장</u>에게 보고하고 그 지시에 따라야 한다(청원경찰법 시행규칙 제14조 제2항).

② 대기근무자는 <u>소내근무</u>에 협조하거나 휴식하면서 불의의 사고에 대비한다(청원경찰법 시행규칙 제14조 제4항).

③ 순찰근무자는 청원주가 지정한 일정한 구역을 단독 또는 복수로 <u>정선순찰</u>을 하되, 청원주가 필요하다고 인정할 때에는 <u>요점순찰 또는 난선순찰</u>을 할 수 있다(청원경찰법 시행규칙 제14조 제3항).

10

☑ 확인Check! ○ △ ✕

청원경찰법령상 청원경찰의 배치 및 이동에 관한 설명으로 옳은 것은?

① 청원경찰 배치신청서 제출 시, 배치 장소가 둘 이상의 도(道)일 때에는 경찰청장에게 한꺼번에 신청할 수 있다.

② 청원경찰의 배치를 받으려는 자는 청원경찰 배치신청서에 경비구역 평면도 1부와 청원경찰 명부 1부를 첨부하여야 한다.

③ 청원경찰을 배치받으려는 자는 대통령령으로 정하는 바에 따라 경찰청장에게 청원경찰 배치를 신청하여야 한다.

④ 청원주는 청원경찰을 신규로 배치하거나 이동배치하였을 때에는 배치지(이동배치의 경우에는 종전의 배치지)를 관할하는 경찰서장에게 그 사실을 통보하여야 한다.

쏙쏙 해설

④ 청원경찰법 시행령 제6조 제1항
① 청원경찰 배치신청서 제출 시, 배치 장소가 둘 이상의 도(道)일 때에는 주된 사업장의 관할 경찰서장을 거쳐 시 · 도 경찰청장에게 한꺼번에 신청할 수 있다(청원경찰법 시행령 제2조 후문).
② 청원경찰의 배치를 받으려는 자는 청원경찰 배치신청서에 경비구역 평면도 1부와 배치계획서 1부를 첨부하여야 한다(청원경찰법 시행령 제2조 전문).
③ 청원경찰을 배치받으려는 자는 대통령령으로 정하는 바에 따라 관할 시 · 도 경찰청장에게 청원경찰 배치를 신청하여야 한다(청원경찰법 제4조 제1항).

정답 ❹

11

☑ 확인Check! ○ △ ✕

청원경찰법령상 청원경찰의 임용권자로 옳은 것은?

① 청원주
② 경찰서장
③ 경찰청장
④ 시 · 도 경찰청장

쏙쏙 해설

청원경찰법령상 청원경찰의 임용권자는 청원주이다. 다만, 임용할 때 미리 시 · 도 경찰청장의 승인을 받아야 한다는 제한이 있을 뿐이다(청원경찰법 제5조 제1항 참고).

정답 ❶

12

청원경찰법령상 청원경찰의 배치와 이동에 관한 설명으로 옳지 않은 것은?

① 청원경찰을 배치받으려는 자는 대통령령으로 정하는 바에 따라 관할 시·도 경찰청장에게 청원경찰 배치를 신청하여야 한다.

② 시·도 경찰청장은 청원경찰 배치가 필요하다고 인정하는 기관의 장 또는 시설·사업장의 경영자에게 청원경찰을 배치할 것을 요청할 수 있다.

③ 청원주는 청원경찰을 이동배치하였을 때에는 전입지를 관할하는 경찰서장에게 그 사실을 통보하여야 한다.

④ 청원주는 청원경찰이 배치된 기관·시설 또는 사업장 등이 배치인원의 변동사유 없이 다른 곳으로 이전하는 경우에는 청원경찰의 배치인원을 감축할 수 없다.

쏙쏙 해설

③ 청원주는 청원경찰을 이동배치하였을 때에는 종전의 배치지를 관할하는 경찰서장에게 그 사실을 통보하여야 한다(청원경찰법 시행령 제6조 제1항).
① 청원경찰법 제4조 제1항
② 청원경찰법 제4조 제3항
④ 청원경찰법 제10조의5 제1항 단서 제2호

정답 ③

관계법령

청원경찰의 배치(청원경찰법 제4조)
① 청원경찰을 배치받으려는 자는 대통령령으로 정하는 바에 따라 관할 시·도 경찰청장에게 청원경찰 배치를 신청하여야 한다.
② 시·도 경찰청장은 제1항의 청원경찰 배치신청을 받으면 지체 없이 그 배치 여부를 결정하여 신청인에게 알려야 한다.
③ 시·도 경찰청장은 청원경찰 배치가 필요하다고 인정하는 기관의 장 또는 시설·사업장의 경영자에게 청원경찰을 배치할 것을 요청할 수 있다.

배치 및 이동(청원경찰법 시행령 제6조)
① 청원주는 청원경찰을 신규로 배치하거나 이동배치하였을 때에는 배치지(이동배치의 경우에는 종전의 배치지)를 관할하는 경찰서장에게 그 사실을 통보하여야 한다.
② 제1항의 통보를 받은 경찰서장은 이동배치지가 다른 관할구역에 속할 때에는 전입지를 관할하는 경찰서장에게 이동배치한 사실을 통보하여야 한다.

배치의 폐지 등(청원경찰법 제10조의5)
① 청원주는 청원경찰이 배치된 시설이 폐쇄되거나 축소되어 청원경찰의 배치를 폐지하거나 배치인원을 감축할 필요가 있다고 인정하면 청원경찰의 배치를 폐지하거나 배치인원을 감축할 수 있다. 다만, 청원주는 다음 각호의 어느 하나에 해당하는 경우에는 청원경찰의 배치를 폐지하거나 배치인원을 감축할 수 없다.
1. 청원경찰을 대체할 목적으로 「경비업법」에 따른 특수경비원을 배치하는 경우
2. 청원경찰이 배치된 기관·시설 또는 사업장 등이 배치인원의 변동사유 없이 다른 곳으로 이전하는 경우

제1장

13

청원경찰법령상 청원경찰의 배치와 이동 등에 관한 설명으로 옳지 않은 것은?

① 청원경찰이 배치된 사업장이 배치인원의 변동사유 없이 다른 곳으로 이전하는 경우 청원주는 청원경찰의 배치를 폐지하거나 배치인원을 감축할 수 없다.

② 청원주는 배치폐지나 배치인원 감축으로 과원(過員)이 되는 청원경찰의 고용이 보장될 수 있도록 노력하여야 한다.

③ 청원주는 청원경찰을 신규로 배치하였을 때에는 배치지를 관할하는 경찰서장에게 그 사실을 통보하여야 한다.

④ 청원경찰의 이동배치의 통보를 받은 경찰서장은 이동배치지가 다른 관할구역에 속할 때에는 전입지를 관할하는 시·도 경찰청장에게 이동배치한 사실을 통보하여야 한다.

쏙쏙 해설

④ 청원경찰의 이동배치의 통보를 받은 경찰서장은 이동배치지가 다른 관할구역에 속할 때에는 전입지를 관할하는 경찰서장에게 이동배치한 사실을 통보하여야 한다(청원경찰법 시행령 제6조 제2항).

① 청원경찰법 제10조의5 제1항 단서 제2호

② 청원경찰법 제10조의5 제3항

③ 청원경찰법 시행령 제6조 제1항

정답 ④

14

청원경찰법령에 관한 설명으로 옳지 않은 것은?

① 청원경찰은 청원주가 임용하되, 임용을 할 때에는 미리 시·도 경찰청장의 승인을 받아야 한다.

② 청원경찰의 배치결정을 받은 자는 그 배치결정의 통지를 받은 날부터 30일 이내에 임용 예정자에 대한 임용승인을 관할 경찰서장에게 신청하여야 한다.

③ 청원주가 청원경찰을 임용하였을 때에는 임용한 날부터 10일 이내에 그 임용사항을 관할 경찰서장을 거쳐 시·도 경찰청장에게 보고하여야 한다.

④ 청원주가 청원경찰을 면직시켰을 때에는 그 사실을 관할 경찰서장을 거쳐 시·도 경찰청장에게 보고하여야 한다.

쏙쏙 해설

② 청원경찰의 배치결정을 받은 자는 그 배치결정의 통지를 받은 날부터 30일 이내에 배치결정된 인원수의 임용예정자에 대하여 청원경찰 임용승인을 시·도 경찰청장에게 신청하여야 한다(청원경찰법 시행령 제4조 제1항).★★

① 청원경찰법 제5조 제1항

③ 청원경찰법 시행령 제4조 제2항

④ 청원경찰법 제10조의4 제2항

정답 ②

15

청원경찰법령상 청원경찰의 배치에 관한 설명으로 틀린 것은?

① KBS와 같은 언론사는 청원경찰의 배치대상이 되는 시설에 해당한다.

② 청원경찰의 배치를 받으려는 자는 청원경찰 배치신청서를 사업장의 소재지를 관할하는 경찰서장을 거쳐 시·도 경찰청장에게 제출하여야 한다.

③ 청원경찰의 배치를 받으려는 배치장소가 둘 이상의 도(道)일 때에는 주된 사업장의 관할 경찰서장을 거쳐 시·도 경찰청장에게 한꺼번에 신청할 수 있다.

④ 청원경찰의 배치를 받으려는 자는 청원경찰 배치신청서에 경비구역 평면도 1부 또는 배치계획서 1부를 첨부하여야 한다.

쏙쏙 해설

④ 경비구역 평면도 1부 또는 배치계획서 1부를 첨부하는 것이 아니라 두 가지 모두를 첨부하여야 한다(청원경찰법 시행령 제2조).
① 청원경찰법 시행규칙 제2조 제3호
② 청원경찰법 시행령 제2조 전문
③ 청원경찰법 시행령 제2조 후문

정답 ❹

16

청원경찰법령상 청원경찰의 임용자격에 관한 내용이다. (   )에 들어갈 숫자가 순서대로 옳은 것은?

> 청원경찰의 임용자격은 (   )세 이상으로 신체가 건강하고 팔다리가 완전하며 시력(교정시력을 포함한다)은 양쪽 눈이 각각 (   ) 이상인 사람이다.

① 18, 0.5

② 18, 0.8

③ 19, 0.8

④ 19, 1.0

쏙쏙 해설

(   )에 들어갈 숫자는 순서대로 18, 0.8이다(청원경찰법 시행령 제3조, 동법 시행규칙 제4조).

정답 ❷

관계법령

임용자격(청원경찰법 시행령 제3조)★
법 제5조 제3항에 따른 청원경찰의 임용자격은 다음 각호와 같다.
 1. 18세 이상인 사람
 2. 행정안전부령으로 정하는 신체조건에 해당하는 사람

 임용의 신체조건(청원경찰법 시행규칙 제4조)
 영 제3조 제2호에 따른 신체조건은 다음 각호와 같다.
  1. 신체가 건강하고 팔다리가 완전할 것
  2. 시력(교정시력을 포함)은 양쪽 눈이 각각 0.8 이상일 것

17

청원경찰법령상 청원경찰에 관한 설명으로 옳은 것은?

① 군복무를 마친 55세의 남자는 청원경찰이 될 수 없다.

② 청원경찰의 신체조건으로서 두 눈의 교정시력이 각각 0.2 이상이어야 한다.

③ 금고 이상의 형의 집행유예를 선고받고 그 유예기간이 끝난 날부터 2년이 지나지 아니한 자는 청원경찰로 임용될 수 없다.

④ 청원경찰의 복무와 관련하여 경찰공무원법상의 교육훈련에 관한 규정이 준용된다.

핵심만 콕

① 청원경찰의 임용자격으로 나이 조건은 18세 이상인 사람이다(청원경찰법 시행령 제3조 제1호). 따라서 군복무를 마친 55세의 남자는 청원경찰이 될 수 있다.

② 청원경찰의 임용자격으로 시력(교정시력을 포함한다)은 양쪽 눈이 각각 0.8 이상이어야 한다(청원경찰법 시행규칙 제4조 제2호).

④ 청원경찰의 복무에 관하여는 국가공무원법 제57조(복종의무), 제58조 제1항(직장이탈금지), 제60조(비밀엄수의무) 및 경찰공무원법 제24조(거짓보고 등 금지)를 준용한다(청원경찰법 제5조 제4항). 청원경찰법령에 준용 규정 중 경찰공무원법 준용 규정은 경찰공무원법 제24조뿐이다.★

관계법령

청원경찰의 임용결격사유(청원경찰법 제5조 제2항)
국가공무원법 제33조의 결격사유에 해당하는 사람은 청원경찰로 임용될 수 없다.

결격사유(국가공무원법 제33조)
다음 각호의 어느 하나에 해당하는 자는 공무원으로 임용될 수 없다. 〈개정 2022.12.27., 2023.4.11.〉
  1. 피성년후견인
  2. 파산선고를 받고 복권되지 아니한 자
  3. 금고 이상의 실형을 선고받고 그 집행이 끝나거나(집행이 끝난 것으로 보는 경우를 포함한다) 집행이 면제된 날부터 5년이 지나지 아니한 자
  4. 금고 이상의 형의 집행유예를 선고받고 그 유예기간이 끝난 날부터 2년이 지나지 아니한 자
  5. 금고 이상의 형의 선고유예를 받은 경우에 그 선고유예 기간 중에 있는 자
  6. 법원의 판결 또는 다른 법률에 따라 자격이 상실되거나 정지된 자
  6의2. 공무원으로 재직기간 중 직무와 관련하여 「형법」 제355조 및 제356조에 규정된 죄를 범한 자로서 300만원 이상의 벌금형을 선고받고 그 형이 확정된 후 2년이 지나지 아니한 자
  6의3. 다음 각목의 어느 하나에 해당하는 죄를 범한 사람으로서 100만원 이상의 벌금형을 선고받고 그 형이 확정된 후 3년이 지나지 아니한 사람
     가. 「성폭력범죄의 처벌 등에 관한 특례법」 제2조에 따른 성폭력범죄
     나. 「정보통신망 이용촉진 및 정보보호 등에 관한 법률」 제74조 제1항 제2호 및 제3호에 규정된 죄
     다. 「스토킹범죄의 처벌 등에 관한 법률」 제2조 제2호에 따른 스토킹범죄
  6의4. 미성년자에 대한 다음 각목의 어느 하나에 해당하는 죄를 저질러 파면·해임되거나 형 또는 치료감호를 선고받아 그 형 또는 치료감호가 확정된 사람(집행유예를 선고받은 후 그 집행유예 기간이 경과한 사람을 포함한다)

가. 「성폭력범죄의 처벌 등에 관한 특례법」 제2조에 따른 성폭력범죄

나. 「아동·청소년의 성보호에 관한 법률」 제2조 제2호에 따른 아동·청소년대상 성범죄

7. 징계로 파면처분을 받은 때부터 5년이 지나지 아니한 자

8. 징계로 해임처분을 받은 때부터 3년이 지나지 아니한 자

[헌법불합치, 2020헌마1181, 2022.11.24., 국가공무원법(2018.10.16. 법률 제15857호로 개정된 것) 제33조 제6호의4 나목 중 아동복지법(2017.10.24. 법률 제14925호로 개정된 것) 제17조 제2호 가운데 '아동에게 성적 수치심을 주는 성희롱 등의 성적 학대행위로 형을 선고받아 그 형이 확정된 사람은 국가공무원법 제2조 제2항 제1호의 일반직공무원으로 임용될 수 없도록 한 것'에 관한 부분은 헌법에 합치되지 아니한다. 위 법률조항들은 2024.5.31.을 시한으로 입법자가 개정할 때까지 계속 적용된다.]

[헌법불합치, 2020헌마1605, 2022헌마1276(병합), 2023.6.29., 국가공무원법(2018.10.16. 법률 제15857호로 개정된 것) 제33조 제6호의4 나목 중 구 아동·청소년의 성보호에 관한 법률(2014.1.21. 법률 제12329호로 개정되고, 2020.6.2. 법률 제17338호로 개정되기 전의 것) 제11조 제5항 가운데 '아동·청소년이용음란물임을 알면서 이를 소지한 죄로 형을 선고받아 그 형이 확정된 사람은 국가공무원법 제2조 제2항 제1호의 일반직공무원으로 임용될 수 없도록 한 것'에 관한 부분 및 지방공무원법(2018.10.16. 법률 제15801호로 개정된 것) 제31조 제6호의4 나목 중 구 아동·청소년의 성보호에 관한 법률(2014.1.21. 법률 제12329호로 개정되고, 2020.6.2. 법률 제17338호로 개정되기 전의 것) 제11조 제5항 가운데 '아동·청소년이용음란물임을 알면서 이를 소지한 죄로 형을 선고받아 그 형이 확정된 사람은 지방공무원법 제2조 제2항 제1호의 일반직공무원으로 임용될 수 없도록 한 것'에 관한 부분은 모두 헌법에 합치되지 아니한다. 위 법률조항들은 2024.5.31.을 시한으로 입법자가 개정할 때까지 계속 적용된다.]

18

☑ 확인 Check! ○ △ ✕

청원경찰법령상 청원경찰의 배치폐지 등에 관한 설명으로 옳지 않은 것은?

① 청원주는 청원경찰을 대체할 목적으로 특수경비원을 배치하는 경우에 청원경찰의 배치를 폐지하거나 배치인원을 감축할 수 없다.

② 청원주가 청원경찰의 배치폐지하였을 때에는 청원경찰 배치결정을 한 경찰관서장에게 알려야 한다.

③ 청원주가 청원경찰의 배치폐지하는 경우에는 배치폐지로 과원(過員)이 되는 그 사업장 내의 유사업무에 종사하게 하는 등 청원경찰의 고용을 보장하여야 한다.

④ 청원주는 청원경찰이 배치된 사업장이 배치인원의 변동사유 없이 다른 곳으로 이전하는 경우에 배치인원을 감축할 수 없다.

③ 청원경찰의 배치를 폐지하거나 배치인원을 감축하는 경우 해당 청원주는 배치폐지나 배치인원 감축으로 과원(過員)이 되는 청원경찰 인원을 그 기관·시설 또는 사업장 내 유사업무에 종사하게 하거나 다른 시설·사업장 등에 재배치하는 등 청원경찰의 고용이 보장될 수 있도록 노력하여야 한다(청원경찰법 제10조의5 제3항). ★

① 청원경찰법 제10조의5 제1항 단서 제1호

② 청원경찰법 제10조의5 제2항

④ 청원경찰법 제10조의5 제1항 단서 제2호

정답 ❸

19

청원경찰법령상 청원경찰 임용승인신청서의 첨부서류에 해당하지 않는 것은?

① 이력서 1부
② 주민등록등본 1부
③ 가족관계등록부 중 기본증명서 1부
④ 최근 3개월 이내에 발행한 채용신체검사서 1부

쏙쏙 해설

주민등록증 사본이 청원경찰법령상 청원경찰 임용승인신청서에 첨부할 서류에 해당한다(청원경찰법 시행규칙 제5조 제1항 제2호).

정답 ②

관계법령

임용승인신청서 등(청원경찰법 시행규칙 제5조)
① 법 제4조 제2항에 따라 청원경찰의 배치결정을 받은 자[이하 "청원주(請願主)라 한다]가 영 제4조 제1항에 따라 시·도 경찰청장에게 청원경찰 임용승인을 신청할 때에는 별지 제3호 서식의 청원경찰 임용승인신청서에 그 해당자에 관한 다음 각호의 서류를 첨부해야 한다. 〈개정 2021.3.30.〉
  1. 이력서 1부
  2. 주민등록증 사본 1부
  3. 민간인 신원진술서(「보안업무규정」 제36조에 따른 신원조사가 필요한 경우만 해당한다) 1부
  4. 최근 3개월 이내에 발행한 채용신체검사서 또는 취업용 건강진단서 1부
  5. 가족관계등록부 중 기본증명서 1부

20

청원경찰법령상 청원경찰의 임용 등에 관한 설명으로 옳은 것은?

① 청원주는 청원경찰 배치결정의 통지를 받은 날로부터 10일 이내에 배치결정된 인원수의 임용예정자에 대하여 청원경찰 임용승인을 시·도 경찰청장에게 신청하여야 한다.
② 청원주가 청원경찰을 임용하였을 때에는 임용한 날부터 10일 이내에 그 임용사항을 관할 경찰서장을 거쳐 시·도 경찰청장에게 보고하여야 한다.
③ 청원경찰의 임용자격·임용방법·교육 및 보수에 관하여는 행정안전부령으로 정한다.
④ 청원경찰의 복무에 관하여는 「국가공무원법」 및 「경찰법」을 준용한다.

쏙쏙 해설

청원경찰법 시행령 제4조 제2항 전문

정답 ②

21

☑ 확인Check! ○ △ ✕

청원경찰법령상 청원경찰의 임용 등에 관한 설명으로 옳은 것은?

① 청원경찰은 나이가 58세가 되었을 때 당연 퇴직된다.

② 청원경찰의 복무에 관하여는 「경찰관직무집행법」을 준용한다.

③ 청원경찰은 청원주가 임용하되, 임용을 할 때에는 「경찰공무원법」이 정하는 특별한 경우를 제외하고는 미리 경찰청장의 승인을 받아야 한다.

④ 청원주가 청원경찰을 임용하였을 때에는 임용한 날부터 10일 이내에 그 임용사항을 관할 경찰서장을 거쳐 시·도 경찰청장에게 보고하여야 한다.

22

☑ 확인Check! ○ △ ✕

청원경찰법령상 청원경찰의 임용 등에 관한 설명으로 옳지 않은 것은?

① 20세의 여자의 경우로서 행정안전부령으로 정하는 신체조건에 해당하는 사람은 임용자격이 있다.

② 청원주가 청원경찰을 임용하였을 때에는 임용한 날부터 10일 이내에 그 임용사항을 관할 경찰서장을 거쳐 시·도 경찰청장에게 보고하여야 한다.

③ 청원주는 청원경찰이 직무수행으로 인하여 부상을 입거나, 질병에 걸리거나 또는 사망한 때에는 대통령령으로 정하는 바에 따라 보상금을 지급하여야 한다.

④ 지방자치단체에 근무하는 청원경찰이 퇴직할 때는 행정안전부령으로 정하는 바에 따라 근로자퇴직급여보장법에 따른 퇴직금을 청원주가 지급하여야 한다.

④ 청원주는 청원경찰이 퇴직할 때에는 근로자퇴직급여보장법에 따른 퇴직금을 지급하여야 한다. 다만, 국가기관이나 지방자치단체에 근무하는 청원경찰의 퇴직금에 관하여는 따로 대통령령으로 정한다(청원경찰법 제7조의2). 청원경찰법 시행령에는 이에 관한 규정이 없고, 공무원연금법 시행령에 규정되어 있다. 즉, 공무원연금법 시행령 제2조 제1호에 "청원경찰법에 따라 국가 또는 지방자치단체에 근무하는 청원경찰"을 공무원연금법의 적용을 받는 대상으로 규정하고 있다.
① 청원경찰법 시행령 제3조
② 청원경찰법 시행령 제4조 제2항
③ 청원경찰법 제7조 제1호

정답 ④

23

☑ 확인Check! ○ △ ✕

청원경찰법령상 청원경찰에 관한 설명으로 옳은 것은?

① 청원경찰의 복무에 관하여는 국가공무원법상 공무원의 복종의무, 직장이탈금지의무, 비밀엄수의무, 집단행위의 금지의무가 준용되며, 경찰공무원법상의 준용 규정은 존재하지 않는다.

② 청원주가 관할 시·도 경찰청장에게 청원경찰 임용승인을 신청할 때 첨부해야 할 서류는 이력서 1부, 주민등록증 사본 1부, 민간인 신원진술서(「보안업무규정」에 따른 신원조사가 필요한 경우만 해당) 1부, 사진 4장의 네 가지 종류이다.

③ 청원주는 청원경찰을 신규로 배치하거나 이동배치하였을 때에는 배치(이동배치의 경우에는 종전의 배치지)를 관할하는 경찰서장에게 그 사실을 통보하여야 한다.

④ 청원경찰의 임용자격은 20세 이상 50세 미만의 사람으로 한정한다.

청원주는 청원경찰을 신규로 배치하거나 이동배치하였을 때에는 배치(이동배치의 경우에는 종전의 배치지)를 관할하는 경찰서장에게 그 사실을 통보하여야 한다(청원경찰법 시행령 제6조 제1항).

정답 ③

① 청원경찰의 복무에 관하여는 국가공무원법 제57조(복종의무), 제58조 제1항(직장이탈금지), 제60조(비밀엄수의무) 및 경찰공무원법 제24조(거짓보고 등 금지)를 준용한다(청원경찰법 제5조 제4항). 경찰공무원법상의 준용 규정도 존재한다.

② 이력서 1부, 주민등록증 사본 1부, 민간인 신원진술서(「보안업무규정」 제36조에 따른 신원조사가 필요한 경우만 해당한다) 1부, 최근 3개월 이내에 발행한 채용신체검사서 또는 취업용 건강진단서 1부, 가족관계등록부 중 기본증명서 1부 총 5가지 종류이다(청원경찰법 시행규칙 제5조 제1항).★

④ 청원경찰의 임용자격은 18세 이상인 사람이다(청원경찰법 시행령 제3조 제1호).

24

☑ 확인 Check! ○ △ ✕

청원경찰법상 청원경찰의 복무에 관하여 경찰공무원법 규정이 준용되는 것은?

① 거짓보고 등의 금지
② 비밀엄수의 의무
③ 직장이탈의 금지
④ 복종의 의무

②·③·④는 국가공무원법 규정이 준용되고, ①만 경찰공무원법 규정이 준용된다(청원경찰법 제5조 제4항).

정답 ❶

청원경찰의 복무에 관한 준용 규정(청원경찰법 제5조 제4항)과 비준용 규정★★

준용 규정	비준용 규정
• 국가공무원법 제57조(복종의무) • 국가공무원법 제58조 제1항(직장이탈금지) • 국가공무원법 제60조(비밀엄수의무) • 경찰공무원법 제24조(거짓보고 등의 금지)	• 국가공무원법 제56조(성실의무) • 국가공무원법 제59조(친절·공정의 의무) • 국가공무원법 제59조의2(종교중립의무) • 국가공무원법 제61조(청렴의무) • 국가공무원법 제62조(외국정부의 영예 등을 받을 경우 허가의무) • 국가공무원법 제63조(품위유지의무) • 국가공무원법 제64조(영리업무 및 겸직금지) • 국가공무원법 제65조(정치운동금지) • 국가공무원법 제66조 제1항(집단행위금지)

25

☑ 확인Check! ○ △ ✕

청원경찰법령상 청원경찰을 배치하기 전에 직무수행에 필요한 교육의 내용으로 옳지 않은 것은?(단, 교육대상 제외자는 해당하지 않는다.)

① 학술교육은 형사법 10시간, 청원경찰법 5시간을 이수하여야 한다.

② 정신교육은 정신교육 과목을 8시간 이수하여야 한다.

③ 실무교육은 경범죄처벌법 및 사격 과목 등을 포함하여 40시간을 이수하여야 한다.

④ 술과는 체포술 및 호신술 과목 6시간을 이수하여야 한다.

관계법령

청원경찰의 교육과목 및 수업시간표(청원경찰법 시행규칙 [별표 1])

학과별	과 목		시 간
정신교육(8H)	정신교육		8
학술교육(15H)	형사법 청원경찰법		10 5
실무교육(44H)	경 무	경찰관직무집행법	5
	방 범	방범업무 경범죄처벌법	3 2
	경 비	시설경비 소 방	6 4
	정 보	대공이론 불심검문	2 2
	민방위	민방공 화생방	3 2
	기본훈련		5
	총기조작		2
	총검술		2
	사 격		6
술 과(6H)	체포술 및 호신술		6
기 타(3H)	입교·수료 및 평가		3
교육시간 합계	–		76시간

26

☑ 확인 Check! ○ △ ✕

청원경찰법령상 청원경찰의 교육 등에 관한 설명으로 옳지 않은 것은?

① 청원주는 청원경찰로 임용된 사람으로 하여금 경비구역에 배치하기 전에 경찰교육기관에서 직무수행에 필요한 교육을 받게 하여야 한다. 다만, 경찰교육기관의 교육계획상 부득이하다고 인정할 때에는 우선 배치하고 임용 후 1년 이내에 교육을 받게 할 수 있다.

② 경비지도사자격증을 취득한 사람이 청원경찰로 임용되었을 때에는 경찰교육기관에서 직무수행에 필요한 교육을 면제할 수 있다.

③ 청원경찰의 직무수행에 필요한 교육과목 및 수업시간표는 행정안전부령으로 정한다.

④ 청원경찰의 직무수행에 필요한 교육의 교육과목 중 정신교육의 수업시간은 8시간이다.

쏙쏙 해설

② 청원경찰법령은 직무수행에 필요한 교육을 면제할 수 있는 경우로 '경찰공무원(의무경찰을 포함한다) 또는 청원경찰에서 퇴직한 사람이 퇴직한 날부터 3년 이내에 청원경찰로 임용되었을 때'만을 규정하고 있다 (청원경찰법 시행령 제5조 제2항).

① 청원경찰법 시행령 제5조 제1항
③ 청원경찰법 시행령 제5조 제3항, 동법 시행규칙 [별표 1]
④ 청원경찰법 시행규칙 [별표 1]

정답 ❷

27

☑ 확인 Check! ○ △ ✕

청원경찰법령상 청원경찰의 교육에 관한 설명으로 옳지 않은 것은?

① 경찰공무원(의무경찰을 포함한다)에서 퇴직한 사람이 퇴직한 날부터 3년 이내에 청원경찰로 임용되었을 때에는 직무수행에 필요한 교육을 면제할 수 있다.

② 청원주는 청원경찰로 임용된 사람으로 하여금 경비구역에 배치하기 전에 경찰교육기관에서 직무수행에 필요한 교육을 받게 하여야 한다. 다만, 경찰교육기관의 교육 계획상 부득이하다고 인정할 때에는 우선 배치하고 임용 후 1년 이내에 교육을 받게 할 수 있다.

③ 청원경찰의 교육과목에는 법학개론, 민사소송법, 민간경비론이 있다.

④ 청원주는 소속 청원경찰에게 그 직무집행에 필요한 교육을 매월 4시간 이상 하여야 한다.

쏙쏙 해설

③ 청원경찰의 교육과목에는 법학개론, 민사소송법, 민간경비론이 들어가지 않는다.

① 청원경찰법 시행령 제5조 제2항
② 청원경찰법 시행령 제5조 제1항
④ 청원경찰법 시행규칙 제13조 제1항

정답 ❸

28

☑ 확인 Check! ○ △ ✕

청원경찰법령상 청원경찰의 교육에 관한 내용으로 옳은 것을 모두 고른 것은?

> ㄱ. 청원경찰에서 퇴직한 자가 퇴직한 날부터 3년 이내에 청원경찰로 임용되었을 때에는 경비구역에 배치하기 전에 경찰교육기관에서 시행하는 직무수행에 필요한 교육을 면제할 수 있다.
> ㄴ. 청원경찰로 임용된 자가 받는 교육과목 중 학술교육과목으로 형사법, 청원경찰법이 있다.
> ㄷ. 청원경찰로 임용된 자가 경찰교육기관에서 받는 직무수행에 필요한 교육의 기간은 4주로 한다.
> ㄹ. 청원주는 소속 청원경찰에게 그 직무집행에 필요한 교육을 매년 4시간 이상 하여야 한다.

① ㄱ, ㄴ
② ㄱ, ㄷ
③ ㄴ, ㄷ
④ ㄷ, ㄹ

쏙쏙 해설

ㄱ. (○) 청원경찰법 시행령 제5조 제2항
ㄴ. (○) 청원경찰법 시행규칙 [별표 1]

정답 ❶

핵심만 콕

ㄷ. (✕) 교육기간은 2주로 한다(청원경찰법 시행규칙 제6조).
ㄹ. (✕) 청원주는 소속 청원경찰에게 그 직무집행에 필요한 교육을 매월 4시간 이상 하여야 한다(청원경찰법 시행규칙 제13조 제1항).

29

청원경찰법령상 청원경찰의 징계에 관한 설명으로 옳은 것은?

① 청원경찰에 대한 징계의 종류는 파면, 해임, 정직, 감봉 및 경고로 구분한다.

② 청원주는 청원경찰이 품위를 손상하는 행위를 한 때 행정안전부령으로 정하는 징계절차를 거쳐 징계처분을 할 수 있다.

③ 관할 경찰서장은 청원경찰이 직무를 태만히 한 것으로 인정되면 청원주에게 해당 청원경찰에 대하여 징계처분을 하도록 요청할 수 있다.

④ 청원주는 청원경찰 배치결정의 통지를 받았을 때에는 통지를 받은 날부터 30일 이내에 청원경찰에 대한 징계규정을 제정하여 관할 시·도 경찰청장에게 신고하여야 한다.

쏙쏙 해설

③ 청원경찰법 시행령 제8조 제1항

① 청원경찰에 대한 징계의 종류는 파면, 해임, 정직, 감봉 및 견책으로 구분한다(청원경찰법 제5조의2 제2항).

② 청원주는 청원경찰이 품위를 손상하는 행위를 한 때에는 대통령령으로 정하는 징계절차를 거쳐 징계처분을 하여야 한다(청원경찰법 제5조의2 제1항 제2호).

④ 청원주는 청원경찰 배치결정의 통지를 받았을 때에는 통지를 받은 날부터 15일 이내에 청원경찰에 대한 징계규정을 제정하여 관할 시·도 경찰청장에게 신고하여야 한다(청원경찰법 시행령 제8조 제5항 전문).

정답 ③

관계법령

청원경찰의 징계(청원경찰법 제5조의2)★

① 청원주는 청원경찰이 다음 각호의 어느 하나에 해당하는 때에는 대통령령으로 정하는 징계절차를 거쳐 징계처분을 하여야 한다.

1. 직무상의 의무를 위반하거나 직무를 태만히 한 때
2. 품위를 손상하는 행위를 한 때

② 청원경찰에 대한 징계의 종류는 파면, 해임, 정직, 감봉 및 견책으로 구분한다.

③ 청원경찰의 징계에 관하여 그 밖에 필요한 사항은 대통령령으로 정한다.

> **징계(청원경찰법 시행령 제8조)**
>
> ① 관할 경찰서장은 청원경찰이 법 제5조의2 제1항 각호의 어느 하나에 해당한다고 인정되면 청원주에게 해당 청원경찰에 대하여 징계처분을 하도록 요청할 수 있다.
>
> ② 법 제5조의2 제2항의 정직(停職)은 1개월 이상 3개월 이하로 하고, 그 기간에 청원경찰의 신분은 보유하나 직무에 종사하지 못하며, 보수의 3분의 2를 줄인다.
>
> ③ 법 제5조의2 제2항의 감봉은 1개월 이상 3개월 이하로 하고, 그 기간에 보수의 3분의 1을 줄인다.
>
> ④ 법 제5조의2 제2항의 견책(譴責)은 전과(前過)에 대하여 훈계하고 회개하게 한다.
>
> ⑤ 청원주는 청원경찰 배치결정의 통지를 받았을 때에는 통지를 받은 날부터 15일 이내에 청원경찰에 대한 징계규정을 제정하여 관할 시·도 경찰청장에게 신고하여야 한다. 징계규정을 변경할 때에도 또한 같다.
>
> ⑥ 시·도 경찰청장은 제5항에 따른 징계규정의 보완이 필요하다고 인정할 때에는 청원주에게 그 보완을 요구할 수 있다.

30

☑ 확인 Check! ○ △ ✕

청원경찰법령상 청원경찰에 대한 징계의 종류로 옳은 것은?

① 강 등
② 견 책
③ 면 직
④ 직위해제

쏙쏙 해설

청원경찰법령상 청원경찰에 대한 징계의 종류는 파면, 해임, 정직, 감봉 및 견책으로 구분한다(청원경찰법 제5조의2 제2항).

정답 ❷

31

☑ 확인 Check! ○ △ ✕

청원경찰법령상 청원경찰의 징계에 관한 설명으로 옳은 것은?

① 시·도 경찰청장은 청원경찰이 품위를 손상하는 행위를 한 때에는 대통령령으로 정하는 징계절차를 거쳐 징계처분을 할 수 있다.
② 청원경찰에 대한 징계의 종류는 파면, 해임, 강등, 정직, 감봉 및 견책으로 구분한다.
③ 청원주는 청원경찰 배치결정의 통지를 받았을 때에는 통지를 받은 날부터 15일 이내에 청원경찰에 대한 징계규정을 제정하여 관할 시·도 경찰청장에게 신고하여야 한다.
④ 정직은 1개월 이상 3개월 이하로 하고, 그 기간에 청원경찰의 신분은 보유하나 직무에 종사하지 못하며, 보수는 전액을 감한다.

쏙쏙 해설

③ 청원경찰법 시행령 제8조 제5항 전문
① 청원주는 청원경찰이 품위를 손상하는 행위를 한 때에는 대통령령으로 정하는 징계절차를 거쳐 징계처분을 하여야 한다(청원경찰법 제5조의2 제1항 제2호).
② 강등은 청원경찰법상 징계의 종류에 해당하지 않는다(청원경찰법 제5조의2 제2항 참고).
④ 정직의 경우 보수의 3분의 2를 줄인다(청원경찰법 시행령 제8조 제2항).

정답 ❸

32

☑ 확인 Check! ○ △ ✕

청원경찰법령상 청원경찰의 징계에 관한 설명으로 옳지 않은 것은?

① 청원주는 청원경찰이 품위를 손상하는 행위를 한 때에는 징계절차를 거쳐 징계처분을 하여야 한다.
② 관할 경찰서장은 청원경찰이 「청원경찰법」상의 징계사유에 해당한다고 인정되면 청원주에게 해당 청원경찰에 대하여 징계처분을 하도록 요청할 수 있다.
③ 감봉은 1개월 이상 3개월 이하로 하고, 그 기간에 보수의 3분의 1을 줄인다.
④ 청원주는 청원경찰 배치결정의 통지를 받은 날부터 15일 이내에 청원경찰에 대한 징계규정을 제정하여 관할 경찰서장에게 신고하여야 한다.

쏙쏙 해설

④ 청원주는 청원경찰 배치결정의 통지를 받았을 때에는 통지를 받은 날부터 15일 이내에 청원경찰에 대한 징계규정을 제정하여 관할 시·도 경찰청장에게 신고하여야 한다(청원경찰법 시행령 제8조 제5항).
① 청원경찰법 제5조의2 제1항 제2호
② 청원경찰법 시행령 제8조 제1항
③ 청원경찰법 시행령 제8조 제3항

정답 ❹

33

☑ 확인 Check! ○ △ ✕

청원경찰법령상 청원경찰의 징계 및 불법행위 책임에 관한 설명으로 옳지 않은 것은?

① 청원경찰이 직무를 수행할 때 직권을 남용하여 국민에게 해를 끼친 경우에는 6개월 이하의 징역이나 금고에 처한다.

② 국가기관이나 지방자치단체에 근무하는 청원경찰의 직무상 불법행위에 대한 배상책임에 관하여는 「민법」의 규정을 따른다.

③ 청원주는 청원경찰이 직무상의 의무를 위반하거나 직무를 태만히 한 때, 품위를 손상하는 행위를 한 때에는 대통령령으로 정하는 징계절차를 거쳐 징계처분을 하여야 한다.

④ 청원경찰에 대한 징계처분 중 정직(停職)은 1개월 이상 3개월 이하로 하고, 그 기간에 청원경찰의 신분은 보유하나 직무에 종사하지 못하며, 보수의 3분의 2를 줄인다.

쏙쏙 해설

② 청원경찰(국가기관이나 지방자치단체에 근무하는 청원경찰은 제외한다)의 직무상 불법행위에 대한 배상책임에 관하여는 「민법」의 규정을 따른다(청원경찰법 제10조의2). 청원경찰법 제10조의2 반대해석, 국가배상법 제2조 및 대판 92다47564에 의하면, 국가기관이나 지방자치단체에 근무하는 청원경찰의 직무상 불법행위에 대한 배상책임에 관하여는 「국가배상법」의 규정을 따른다.

① 청원경찰법 제10조 제1항
③ 청원경찰법 제5조의2 제1항
④ 청원경찰법 시행령 제8조 제2항

정답 ❷

34

☑ 확인 Check! ○ △ ✕

청원경찰법령상 표창에 관한 설명으로 옳지 않은 것은?

① 경찰청장은 성실히 직무를 수행하여 근무성적이 탁월하거나 헌신적인 봉사로 특별한 공적을 세운 청원경찰에게 공적상을 수여할 수 있다.

② 청원주는 성실히 직무를 수행하여 근무성적이 탁월한 청원경찰에게 공적상을 수여할 수 있다.

③ 관할 경찰서장은 헌신적인 봉사로 특별한 공적을 세운 청원경찰에게 공적상을 수여할 수 있다.

④ 시 · 도 경찰청장은 교육훈련에서 교육성적이 우수한 청원경찰에게 우등상을 수여할 수 있다.

쏙쏙 해설

청원경찰법령상 청원경찰에게 표창을 수여할 수 있는 자는 시 · 도 경찰청장, 관할 경찰서장 또는 청원주이다(청원경찰법 시행규칙 제18조).

정답 ❶

관계법령

표창(청원경찰법 시행규칙 제18조)
시 · 도 경찰청장, 관할 경찰서장 또는 청원주는 청원경찰에게 다음 각호의 구분에 따라 표창을 수여할 수 있다.
1. 공적상 : 성실히 직무를 수행하여 근무성적이 탁월하거나 헌신적인 봉사로 특별한 공적을 세운 경우
2. 우등상 : 교육훈련에서 교육성적이 우수한 경우

35

☑ 확인 Check! ○ △ ✕

청원경찰법령상 청원주가 부담하여야 하는 청원경찰경비에 해당하지 않는 것은?

① 청원경찰에게 지급할 봉급과 각종 수당
② 청원경찰의 피복비
③ 청원경찰의 교육비
④ 청원경찰의 업무추진비

쏙쏙 해설

청원경찰의 업무추진비는 청원경찰법령상 청원주가 부담하여야 하는 청원경찰경비에 해당하지 않는다(청원경찰법 제6조 제1항 참조).

정답 ④

관계법령

청원경찰경비(청원경찰법 제6조)★
① 청원주는 다음 각호의 청원경찰경비를 부담하여야 한다.
 1. 청원경찰에게 지급할 봉급과 각종 수당
 2. 청원경찰의 피복비
 3. 청원경찰의 교육비
 4. 제7조에 따른 보상금 및 제7조의2에 따른 퇴직금

36

☑ 확인 Check! ○ △ ✕

청원경찰법령상 청원경찰의 경비에 관한 설명으로 옳은 것은?

① 국가기관 또는 지방자치단체에 근무하는 청원경찰의 보수는 재직기간 15년 이상 23년 미만인 경우 같은 재직기간에 해당하는 경찰공무원 '경장'의 보수를 감안하여 대통령령으로 정한다.
② 청원경찰의 피복비는 청원주가 부담하여야 하는 청원경찰경비에 해당하지 않는다.
③ 청원경찰이 직무상의 부상·질병으로 인하여 퇴직 후 3년 이내에 사망한 경우 청원주는 대통령령으로 정하는 바에 따라 그 유족에게 보상금을 지급하여야 한다.
④ 교육비는 청원주가 경찰교육기관 입교(入校) 3일 전에 해당 청원경찰에게 지급하여 납부하게 한다.

쏙쏙 해설

① 청원경찰법 제6조 제2항 제2호
② 청원경찰의 피복비는 청원주가 부담하여야 하는 청원경찰경비에 해당한다(청원경찰법 제6조 제1항 제2호).
③ 청원경찰이 직무상의 부상·질병으로 인하여 퇴직하거나, 퇴직 후 2년 이내에 사망한 경우 청원주는 대통령령으로 정하는 바에 따라 그 유족에게 보상금을 지급하여야 한다(청원경찰법 제7조 제2호).
④ 교육비는 청원주가 해당 청원경찰의 입교(入校) 3일 전에 해당 경찰교육기관에 낸다(청원경찰법 시행규칙 제8조 제3호).

정답 ❶

37

청원경찰법령상 국가기관에 근무하는 청원경찰의 보수는 재직기간에 해당하는 경찰공무원 보수를 감안하여 정한다. 이에 관한 예시로 옳은 것은?

☑ 확인Check! ○ △ ✕

① 16년 : 경장, 20년 : 경장, 25년 : 경사, 32년 : 경사
② 16년 : 순경, 20년 : 경장, 25년 : 경사, 32년 : 경사
③ 16년 : 경장, 20년 : 경장, 25년 : 경사, 32년 : 경위
④ 16년 : 순경, 20년 : 경장, 25년 : 경사, 32년 : 경위

쏙쏙 해설

청원경찰법 제6조 제2항에 의하면 16년, 20년 재직한 청원경찰의 보수는 경장, 25년 재직한 경우에는 경사, 32년 재직한 경우에는 경위에 해당하는 경찰공무원의 보수를 감안하여 대통령령으로 정한다.

정답 ❸

관계법령

청원경찰경비(청원경찰법 제6조)★

② 국가기관 또는 지방자치단체에 근무하는 청원경찰의 보수는 다음 각호의 구분에 따라 같은 재직기간에 해당하는 경찰공무원의 보수를 감안하여 대통령령으로 정한다.

1. 재직기간 15년 미만 : 순경
2. 재직기간 15년 이상 23년 미만 : 경장
3. 재직기간 23년 이상 30년 미만 : 경사
4. 재직기간 30년 이상 : 경위

38

☑ 확인 Check! ○ △ ✕

청원경찰법령상 청원경찰경비(經費)에 관한 설명으로 옳지 않은 것은?

① 청원경찰경비는 봉급과 각종 수당, 피복비, 교육비, 보상금 및 퇴직금을 말한다.

② 봉급·수당의 최저부담기준액(국가기관 또는 지방자치단체에 근무하는 청원경찰의 봉급·수당은 제외)은 경찰청장이 정하여 고시한다.

③ 국가기관 또는 지방자치단체에 근무하는 청원경찰의 각종 수당은 「공무원수당 등에 관한 규정」에 따른 수당 중 가계보전수당, 실비변상 등으로 한다.

④ 교육비는 청원주가 해당 청원경찰의 입교 7일 전에 청원경찰에게 직접 지급한다.

쏙쏙 해설

교육비는 청원주가 해당 청원경찰의 입교(入校) 3일 전에 해당 경찰교육기관에 낸다(청원경찰법 시행규칙 제8조 제3호).

정답 ❹

핵심만 콕

① 청원경찰법 제6조 제1항

② 청원주의 봉급·수당의 최저부담기준액(국가기관 또는 지방자치단체에 근무하는 청원경찰의 봉급·수당은 제외한다)은 경찰청장이 정하여 고시(告示)한다(청원경찰법 제6조 제3항).★

③ 국가기관 또는 지방자치단체에 근무하는 청원경찰의 각종 수당은 「공무원수당 등에 관한 규정」에 따른 수당 중 가계보전수당, 실비변상 등으로 하며, 그 세부 항목은 경찰청장이 정하여 고시한다(청원경찰법 시행령 제9조 제2항).★

39

☑ 확인Check! ○ △ ✕

청원경찰법령상 청원경찰경비 등에 관한 설명으로 옳지 않은 것은?

① 국가기관 또는 지방자치단체에 근무하는 청원경찰의 보수는 청원경찰법에서 정한 구분에 따라 같은 재직기간에 해당하는 경찰공무원의 보수를 감안하여 대통령령으로 정한다.

② 청원주의 청원경찰에 대한 봉급·수당의 최저부담기준액(국가기관 또는 지방자치단체에 근무하는 청원경찰의 봉급·수당은 제외한다)은 경찰청장이 정하여 고시(告示)한다.

③ 청원주는 청원경찰이 직무수행으로 인하여 부상을 입거나, 질병에 걸리거나 또는 사망한 경우 대통령령으로 정하는 바에 따라 청원경찰 본인 또는 그 유족에게 보상금을 지급하여야 한다.

④ 국가기관이나 지방자치단체에 근무하는 청원경찰의 퇴직금에 관하여는 행정안전부령으로 정한다.

④ 국가기관이나 지방자치단체에 근무하는 청원경찰의 퇴직금에 관하여는 따로 대통령령으로 정한다(청원경찰법 제7조의2).
① 청원경찰법 제6조 제2항
② 청원경찰법 제6조 제3항
③ 청원경찰법 제7조 제1호

정답 ④

청원경찰경비(청원경찰법 제6조)★

② 국가기관 또는 지방자치단체에 근무하는 청원경찰의 보수는 다음 각호의 구분에 따라 같은 재직기간에 해당하는 경찰공무원의 보수를 감안하여 대통령령으로 정한다.
   1. 재직기간 15년 미만 : 순경
   2. 재직기간 15년 이상 23년 미만 : 경장
   3. 재직기간 23년 이상 30년 미만 : 경사
   4. 재직기간 30년 이상 : 경위

③ 청원주의 제1항 제1호에 따른 봉급·수당의 최저부담기준액(국가기관 또는 지방자치단체에 근무하는 청원경찰의 봉급·수당은 제외한다)과 같은 항 제2호 및 제3호에 따른 비용의 부담기준액은 경찰청장이 정하여 고시(告示)한다.

보상금(청원경찰법 제7조)★

청원주는 청원경찰이 다음 각호의 어느 하나에 해당하게 되면 대통령령으로 정하는 바에 따라 청원경찰 본인 또는 그 유족에게 보상금을 지급하여야 한다.
   1. 직무수행으로 인하여 부상을 입거나, 질병에 걸리거나 또는 사망한 경우
   2. 직무상의 부상·질병으로 인하여 퇴직하거나, 퇴직 후 2년 이내에 사망한 경우

퇴직금(청원경찰법 제7조의2)

청원주는 청원경찰이 퇴직할 때에는 「근로자퇴직급여보장법」에 따른 퇴직금을 지급하여야 한다. 다만, 국가기관이나 지방자치단체에 근무하는 청원경찰의 퇴직금에 관하여는 따로 대통령령으로 정한다.

40

청원경찰법령상 청원경찰경비 등에 관한 설명으로 옳지 않은 것은 몇 개인가?

> ㄱ. 청원주는 청원경찰이 퇴직할 때에는 국민연금법에 따른 퇴직금을 지급하여야 한다.
> ㄴ. 법령에 따라 청원주는 청원경찰의 피복비를 부담하여야 한다.
> ㄷ. 국가기관 또는 지방자치단체에 근무하는 청원경찰의 보수산정시의 기준이 되는 재직기간은 청원경찰로서 근무한 기간으로 한다.
> ㄹ. 국가기관 또는 지방자치단체에 근무하는 청원경찰 외의 청원경찰의 봉급과 각종 수당은 시·도 경찰청장이 고시한 최저부담기준액 이상으로 지급하여야 한다.

① 1개　　　　　　　② 2개
③ 3개　　　　　　　④ 4개

핵심만 콕

ㄱ. (✕) 청원주는 청원경찰이 퇴직할 때에는 「근로자퇴직급여보장법」에 따른 퇴직금을 지급하여야 한다. 다만, 국가기관이나 지방자치단체에 근무하는 청원경찰의 퇴직금에 관하여는 따로 대통령령으로 정한다(청원경찰법 제7조의2). 국가기관이나 지방자치단체에 근무하는 청원경찰인 경우에는 공무원연금법령에 따른 퇴직금(퇴직급여)을 지급한다(∵ 공무원, 군인, 사립교사 등은 국민연금법의 적용대상이 아니라 각각 공무원연금법, 군인연금법, 사립학교교직원연금법의 적용대상이다).★

ㄹ. (✕) 국가기관 또는 지방자치단체에 근무하는 청원경찰 외의 청원경찰의 봉급과 각종 수당은 경찰청장이 고시한 최저부담기준액 이상으로 지급하여야 한다(청원경찰법 시행령 제10조). 최저부담기준액은 시·도 경찰청장이 고시하는 것이 아니라 경찰청장이 고시한다.★

관계법령

청원경찰 경비(청원경찰법 제6조)
① 청원주는 다음 각호의 청원경찰경비를 부담하여야 한다.
　1. 청원경찰에게 지급할 봉급과 각종 수당
　2. 청원경찰의 피복비
　3. 청원경찰의 교육비
　4. 제7조에 따른 보상금 및 제7조의2에 따른 퇴직금
② 국가기관 또는 지방자치단체에 근무하는 청원경찰의 보수는 다음 각호의 구분에 따라 같은 재직기간에 해당하는 경찰공무원의 보수를 감안하여 대통령령으로 정한다.
　1. 재직기간 15년 미만 : 순경
　2. 재직기간 15년 이상 23년 미만 : 경장
　3. 재직기간 23년 이상 30년 미만 : 경사
　4. 재직기간 30년 이상 : 경위
③ 청원주의 제1항 제1호에 따른 봉급·수당의 최저부담기준액(국가기관 또는 지방자치단체에 근무하는 청원경찰의 봉급·수당은 제외한다)과 같은 항 제2호 및 제3호에 따른 비용의 부담기준액은 경찰청장이 정하여 고시한다.

41

☑ 확인 Check! ○ △ ✕

청원경찰법령상 청원경찰경비 등에 관한 설명으로 옳지 않은 것은?

① 청원경찰의 교육비는 청원주가 해당 청원경찰의 입교 후 3일 이내에 해당 경찰교육기관에 낸다.

② 청원주는 보상금의 지급을 이행하기 위하여 「산업재해보상보험법」에 따른 산업재해보상보험에 가입하거나, 「근로기준법」에 따라 보상금을 지급하기 위한 재원을 따로 마련하여야 한다.

③ 봉급과 각종 수당은 청원주가 그 청원경찰이 배치된 기관·시설·사업장 또는 장소의 직원에 대한 보수 지급일에 청원경찰에게 직접 지급한다.

④ 청원주는 청원경찰이 직무상의 부상·질병으로 인하여 퇴직하거나, 퇴직 후 2년 이내에 사망한 경우 청원경찰 본인 또는 그 유족에게 보상금을 지급하여야 한다.

① 교육비는 청원주가 해당 청원경찰의 입교 3일 전에 해당 경찰교육기관에 낸다(청원경찰법 시행규칙 제8조 제3호).

② 청원경찰법 시행령 제13조

③ 청원경찰법 시행규칙 제8조 제1호

④ 청원경찰법 제7조 제2호

정답 ❶

42

☑ 확인 Check! ○ △ ✕

청원경찰법령상 경비의 부담과 고시 등에 관한 설명으로 옳지 않은 것은?

① 청원경찰의 피복비 및 교육비의 부담기준액은 시·도 경찰청장이 정하여 고시한다.

② 부득이한 사유가 있는 경우를 제외하고, 청원경찰경비의 최저부담기준액 및 부담기준액은 순경의 것을 고려하여 다음 연도분을 매년 12월에 고시하여야 한다.

③ 청원경찰의 교육비는 청원주가 해당 청원경찰의 입교 3일 전에 해당 경찰교육기관에 낸다.

④ 청원주는 청원경찰이 직무상의 질병으로 인하여 퇴직하게 되면 청원경찰 본인에게 보상금을 지급하여야 한다.

① 청원경찰의 피복비 및 교육비의 부담기준액은 경찰청장이 정하여 고시한다(청원경찰법 제6조 제3항).

② 청원경찰법 시행령 제12조 제2항

③ 청원경찰법 시행규칙 제8조 제3호

④ 청원경찰법 제7조 제2호

정답 ❶

43

☑ 확인Check! ○ △ ✕

A는 군 복무를 마치고 청원경찰로 2년간 근무하다가 퇴직하였다. 그 후 다시 청원경찰로 임용되었다면 청원경찰법령상 봉급 산정에 있어서 산입되는 경력은?(단, A가 배치된 사업장의 취업규칙에 특별한 규정이 없는 것을 전제로 한다)

① 군 복무경력과 청원경찰로 근무한 경력 중 어느 하나만 산입하여야 한다.
② 군 복무경력은 반드시 산입하여야 하고, 청원경찰경력은 산입하지 않아도 된다.
③ 군 복무경력과 청원경찰의 경력을 모두 산입하여야 한다.
④ 군 복무경력은 산입하지 않아도 되고, 청원경찰경력은 산입하여야 한다.

쏙쏙 해설

군 복무경력과 청원경찰로 근무한 경력은 모두 봉급 산정의 기준이 되는 경력에 산입되어야 한다(청원경찰법 시행령 제11조 제1항 제1호·제2호).

정답 ❸

관계법령

보수 산정 시의 경력 인정 등(청원경찰법 시행령 제11조)
① 청원경찰의 보수 산정에 관하여 그 배치된 사업장의 취업규칙에 특별한 규정이 없는 경우에는 다음 각호의 경력을 봉급 산정의 기준이 되는 경력에 산입하여야 한다.
  1. 청원경찰로 근무한 경력
  2. 군 또는 의무경찰에 복무한 경력
  3. 수위·경비원·감시원 또는 그 밖에 청원경찰과 비슷한 직무에 종사하던 사람이 해당 사업장의 청원주에 의하여 청원경찰로 임용된 경우에는 그 직무에 종사한 경력★★
  4. 국가기관 또는 지방자치단체에서 근무하는 청원경찰에 대해서는 국가기관 또는 지방자치단체에서 상근(常勤)으로 근무한 경력★
② 국가기관 또는 지방자치단체에 근무하는 청원경찰 보수의 호봉 간 승급기간은 경찰공무원의 승급기간에 관한 규정을 준용한다.
③ 국가기관 또는 지방자치단체에 근무하는 청원경찰 외의 청원경찰 보수의 호봉 간 승급기간 및 승급액은 그 배치된 사업장의 취업규칙에 따르며, 이에 관한 취업규칙이 없을 때에는 순경의 승급에 관한 규정을 준용한다.

44

☑ 확인Check! ○ △ ✕

청원경찰법령상 청원경찰의 보상금 지급사유가 아닌 것은?

① 청원경찰이 직무수행으로 인하여 부상을 입은 경우
② 청원경찰이 직무수행으로 인하여 질병에 걸린 경우
③ 청원경찰이 직무수행으로 인하여 사망한 경우
④ 청원경찰이 직무상의 부상으로 인하여 퇴직 후 3년 이내에 사망한 경우

쏙쏙 해설

청원경찰이 직무상의 부상으로 인하여 퇴직 후 2년 이내에 사망한 경우가 청원경찰의 보상금 지급사유에 해당한다(청원경찰법 제7조 제2호).

정답 ④

관계법령

보상금(청원경찰법 제7조)★
청원주는 청원경찰이 다음 각호의 어느 하나에 해당하게 되면 대통령령으로 정하는 바에 따라 청원경찰 본인 또는 그 유족에게 보상금을 지급하여야 한다.
　1. 직무수행으로 인하여 부상을 입거나, 질병에 걸리거나 또는 사망한 경우
　2. 직무상의 부상·질병으로 인하여 퇴직하거나, 퇴직 후 2년 이내에 사망한 경우

45

☑ 확인Check! ○ △ ✕

청원경찰법령상 청원경찰의 경비와 보상 등에 관한 설명으로 옳은 것은?

① 지방자치단체에 근무하는 청원경찰의 봉급·수당의 최저부담기준액은 경찰청장이 정하여 고시한다.
② 지방자치단체에 근무하는 청원경찰의 퇴직금에 관하여는 따로 행정안전부령으로 정한다.
③ 청원경찰이 퇴직할 때에는 급여품 및 대여품을 청원주에게 반납해야 한다.
④ 국가기관에 근무하는 청원경찰의 보수는 재직기간 15년 이상 23년 미만인 경우, 경장에 해당하는 경찰공무원의 보수를 감안하여 대통령령으로 정한다.

쏙쏙 해설

④ 청원경찰법 제6조 제2항 제2호
① 지방자치단체에 근무하는 청원경찰의 봉급·수당은 대통령령으로 정한다(청원경찰법 제6조 제2항).★
② 지방자치단체에 근무하는 청원경찰의 퇴직금에 관하여는 따로 대통령령으로 정한다(청원경찰법 제7조의2).★
③ 청원경찰이 퇴직할 때에는 대여품을 청원주에게 반납해야 한다(청원경찰법 시행규칙 제12조 제2항).

정답 ④

46

☑ 확인Check! ○ △ ✕

청원경찰법령에 관한 설명으로 옳지 않은 것은?

① 청원경찰의 신분증명서는 청원주가 발행하며, 그 형식은 시 · 도 경찰청장이 결정한다.
② 청원주는 소속 청원경찰에게 그 직무집행에 필요한 교육을 매월 4시간 이상 하여야 한다.
③ 청원경찰이 퇴직할 때에는 대여품을 청원주에게 반납하여야 한다.
④ 청원경찰은 국내 주재 외국기관에도 배치될 수 있다.

쏙쏙 해설

① 청원경찰의 신분증명서는 청원주가 발행하며, 그 형식은 청원주가 결정하되 사업장별로 통일하여야 한다(청원경찰법 시행규칙 제1조 제1항).
② 청원경찰법 시행규칙 제13조 제1항
③ 청원경찰법 시행규칙 제12조 제2항
④ 청원경찰법 제2조 제2호

정답 ❶

47

☑ 확인Check! ○ △ ✕

청원경찰법령상 청원경찰의 복제에 관한 설명으로 옳은 것은?

① 청원경찰의 기동모와 기동복의 색상은 진한 청색으로 한다.
② 청원경찰은 평상근무 중에는 정모, 근무복, 단화, 호루라기를 착용하거나 휴대하여야 하고, 경찰봉 및 포승은 휴대하지 아니할 수 있다.
③ 청원경찰이 그 배치지의 특수성 등으로 특수복장을 착용할 필요가 있을 때에는 청원주는 관할 경찰서장의 승인을 받아 특수복장을 착용하게 할 수 있다.
④ 청원경찰 장구의 종류는 경찰봉, 호루라기, 수갑 및 포승이다.

쏙쏙 해설

청원경찰법 시행규칙 제9조 제2항 제1호 단서

정답 ❶

핵심만 콕

② 청원경찰은 평상근무 중에는 정모, 근무복, 단화, 호루라기, 경찰봉 및 포승을 착용하거나 휴대하여야 하고, 총기를 휴대하지 아니할 때에는 분사기를 휴대하여야 하며, 교육훈련이나 그 밖의 특수근무 중에는 기동모, 기동복, 기동화 및 휘장을 착용하거나 부착하되, 허리띠와 경찰봉은 착용하거나 휴대하지 아니할 수 있다(청원경찰법 시행규칙 제9조 제3항).
③ 청원경찰이 그 배치지의 특수성 등으로 특수복장을 착용할 필요가 있을 때에는 청원주는 시 · 도 경찰청장의 승인을 받아 특수복장을 착용하게 할 수 있다(청원경찰법 시행령 제14조 제3항).
④ 청원경찰 장구의 종류는 허리띠, 경찰봉, 호루라기 및 포승(捕繩)이다(청원경찰법 시행규칙 제9조 제1항 제2호).

48

☑ 확인 Check! ○ △ ✕

청원경찰법령상 청원경찰의 복제(服制)와 무기휴대에 관한 설명으로 옳지 않은 것은?

① 시·도 경찰청장은 청원경찰이 직무를 수행하기 위하여 필요하다고 인정하면 청원주의 신청을 받아 관할 경찰서장으로 하여금 청원경찰에게 무기를 대여하여 지니게 할 수 있다.

② 청원경찰이 특수복장을 착용할 필요가 있을 때에는 청원주는 관할 경찰서장의 승인을 받아 특수복장을 착용하게 할 수 있다.

③ 청원주에게 무기를 대여하였을 때에는 관할 경찰서장은 청원경찰의 무기관리상황을 수시로 점검하여야 한다.

④ 청원경찰은 평상근무 중에는 정모, 근무복, 단화, 호루라기, 경찰봉 및 포승을 착용하거나 휴대하여야 한다.

쏙쏙 해설

② 청원경찰이 특수복장을 착용할 필요가 있을 때에는 청원주는 시·도 경찰청장의 승인을 받아 특수복장을 착용하게 할 수 있다(청원경찰법 시행령 제14조 제3항).
① 청원경찰법 제8조 제2항
③ 청원경찰법 시행령 제16조 제3항
④ 청원경찰법 시행규칙 제9조 제3항

정답 ❷

49

☑ 확인 Check! ○ △ ✕

청원경찰법령상 급여품과 대여품에 관한 설명으로 옳지 않은 것은?

① 근무복과 기동화는 청원경찰에게 지급하는 급여품에 해당한다.

② 청원경찰에게 지급하는 대여품에는 허리띠, 경찰봉, 가슴표장, 분사기, 포승이 있다.

③ 급여품 중 호루라기, 방한화, 장갑의 사용기간은 2년이다.

④ 청원경찰이 퇴직할 때에는 급여품과 대여품을 청원주에게 반납하여야 한다.

쏙쏙 해설

④ 청원경찰이 퇴직할 때에는 대여품을 청원주에게 반납하여야 한다(청원경찰법 시행규칙 제12조 제2항).
①·③ 청원경찰법 시행규칙 [별표 2]
② 청원경찰법 시행규칙 [별표 3]

정답 ❹

50

☑ 확인Check! ○ △ ✕

청원경찰법령상 청원경찰의 대여품에 해당하는 것은?

① 기동모

② 방한화

③ 허리띠

④ 근무복

쏙쏙 해설

기동모, 방한화, 근무복은 급여품(청원경찰법 시행규칙 [별표 2]), 허리띠는 대여품(청원경찰법 시행규칙 [별표 3])에 해당한다.

정답 ❸

핵심만 콕

청원경찰 급여품표 및 대여품표(청원경찰법 시행규칙 [별표 2]·[별표 3])

청원경찰 급여품표 (청원경찰법 시행규칙 [별표 2])				청원경찰 대여품표 (청원경찰법 시행규칙 [별표 3])	
품 명	수 량	사용기간	정기지급일	품 명	수 량
근무복(하복)	1	1년	5월 5일	허리띠	1
근무복(동복)	1	1년	9월 25일	경찰봉	1
한여름 옷	1	1년	6월 5일	가슴표장	1
외투·방한복 또는 점퍼	1	2~3년	9월 25일	분사기	1
기동화 또는 단화	1	단화 1년 기동화 2년	9월 25일	포 승	1
비 옷	1	3년	5월 5일		
정 모	1	3년	9월 25일		
기동모	1	3년	필요할 때		
기동복	1	2년	필요할 때		
방한화	1	2년	9월 25일		
장 갑	1	2년	9월 25일		
호루라기	1	2년	9월 25일		

〈개정 2021.12.31.〉

51

☑ 확인 Check! ○ △ ✕

청원경찰법령상 청원경찰이 퇴직할 때 청원주에게 반납해야 하는 것은?

① 장 갑
② 허리띠
③ 방한화
④ 호루라기

쏙쏙 해설

대여품인 허리띠는 반납대상이다.
①·③·④는 대여품이 아닌 급여품이
므로 반납대상이 아니다(청원경찰법 시
행규칙 제12조 제1항).

정답 ②

관계법령

급여품 및 대여품(청원경찰법 시행규칙 제12조)
① 청원경찰에게 지급하는 급여품은 [별표 2]{근무복(하복), 근무복(동복), 한여름 옷, 외투·방한복 또는 점퍼, 기동
화 또는 단화, 비옷, 정모, 기동모, 기동복, 방한화, 장갑, 호루라기 등}와 같고, 대여품은 [별표 3](허리띠, 경찰봉,
가슴표장, 분사기, 포승 등)과 같다.★★
② 청원경찰이 퇴직할 때에는 대여품을 청원주에게 반납하여야 한다.★

52

☑ 확인 Check! ○ △ ✕

청원경찰법령상 청원경찰의 분사기 및 무기휴대에 관한 설명으로 옳은 것은?

① 관할 경찰서장은 대여한 청원경찰의 무기관리상황을 월 1회 이상
점검하여야 한다.
② 청원경찰은 평상근무 중에 총기를 휴대하지 아니할 때에는 분사기
를 휴대하여야 한다.
③ 청원주는 「위험물안전관리법」에 따른 분사기의 소지허가를 받아
청원경찰로 하여금 그 분사기를 휴대하여 직무를 수행하게 할 수
있다.
④ 관할 경찰서장은 청원경찰이 직무를 수행하기 위하여 필요하다고
인정하면 직권으로 청원경찰에게 무기를 대여하여 지니게 할 수
있다.

쏙쏙 해설

청원경찰은 평상근무 중에는 정모, 근
무복, 단화, 호루라기, 경찰봉 및 포승
을 착용하거나 휴대하여야 하고, 총기
를 휴대하지 아니할 때에는 분사기를
휴대하여야 하며, 교육훈련이나 그 밖
의 특수근무 중에는 기동모, 기동복, 기
동화 및 휘장을 착용하거나 부착하되,
허리띠와 경찰봉은 착용하거나 휴대하
지 아니할 수 있다(청원경찰법 시행규
칙 제9조 제3항).★

정답 ②

핵심만 콕

① 관할 경찰서장은 대여한 청원경찰의 무기관리상황을 수시로 점검하여야 한다(청원경찰법 시행령 제16조 제3항).★★
③ 청원주는 「총포·도검·화약류 등의 안전관리에 관한 법률」에 따른 분사기의 소지허가를 받아 청원경찰로 하여금
그 분사기를 휴대하여 직무를 수행하게 할 수 있다(청원경찰법 시행령 제15조).★
④ 무기대여 신청을 받은 시·도 경찰청장은 (청원주에게) 무기를 대여하여 (청원경찰에게) 휴대하게 하려는 경우에는
청원주로부터 국가에 기부채납된 무기에 한정하여 관할 경찰서장으로 하여금 무기를 대여하여 휴대하게 할 수 있다
(청원경찰법 시행령 제16조 제2항).★ 따라서 관할 경찰서장이 직권으로 청원경찰에게 무기를 대여하여 지니게 할
수는 없다.

53

확인 Check! ○ △ ✕

청원경찰법령상 청원경찰의 제복착용과 무기휴대에 대한 설명으로 옳은 것은?

① 청원경찰은 근무 중 제복을 착용하여야 한다.
② 청원경찰의 제복·장구 및 부속물에 관하여 필요한 사항은 대통령령으로 정한다.
③ 경찰청장은 청원경찰이 직무를 수행하기 위하여 필요하다고 인정하면 관할 경찰서장의 신청을 받아 시·도 경찰청장으로 하여금 청원경찰에게 무기를 대여하여 지니게 할 수 있다.
④ 청원경찰의 복제(服制)와 무기휴대에 필요한 사항은 경찰청장령으로 정한다.

청원경찰은 근무 중 제복을 착용하여야 한다(청원경찰법 제8조 제1항).

정답 ❶

핵심만 콕

② 청원경찰의 제복·장구 및 부속물에 관하여 필요한 사항은 행정안전부령으로 정한다(청원경찰법 시행령 제14조 제2항).★
③ 시·도 경찰청장은 청원경찰이 직무를 수행하기 위하여 필요하다고 인정하면 청원주의 신청을 받아 관할 경찰서장으로 하여금 청원경찰에게 무기를 대여하여 지니게 할 수 있다(청원경찰법 제8조 제2항).
④ 청원경찰의 복제(服制)와 무기휴대에 필요한 사항은 대통령령으로 정한다(청원경찰법 제8조 제3항).★

관계법령

제복착용과 무기휴대(청원경찰법 제8조)
① 청원경찰은 근무 중 제복을 착용하여야 한다.
② 시·도 경찰청장은 청원경찰이 직무를 수행하기 위하여 필요하다고 인정하면 청원주의 신청을 받아 관할 경찰서장으로 하여금 청원경찰에게 무기를 대여하여 지니게 할 수 있다.
③ 청원경찰의 복제(服制)와 무기휴대에 필요한 사항은 대통령령으로 정한다.

142   PART 2 청원경찰법

54

☑ 확인 Check! ○ △ ✕

청원경찰법령상 청원경찰의 복제(服制)에 관한 설명으로 옳은 것은?

① 청원경찰의 복제는 제복·장구 및 부속물로 구분하며, 이 가운데 모자표장, 계급장, 장갑 등은 부속물에 해당한다.

② 청원주는 청원경찰이 특수복장을 착용할 필요가 있을 때에는 관할 경찰서장에게 보고하고 특수복장을 착용하게 할 수 있다.

③ 청원경찰의 제복의 형태·규격 및 재질은 시·도 경찰청장이 결정하되, 사업장별로 통일해야 한다.

④ 청원경찰은 특수근무 중에는 정모, 근무복, 단화, 호루라기, 경찰봉 및 포승을 착용하거나 휴대하여야 한다.

핵심만 콕

② 청원경찰이 그 배치지의 특수성 등으로 특수복장을 착용할 필요가 있을 때에는 청원주는 시·도 경찰청장의 승인을 받아 특수복장을 착용하게 할 수 있다(청원경찰법 시행령 제14조 제3항). ★

③ 청원경찰의 제복의 형태·규격 및 재질은 청원주가 결정하되, 사업장별로 통일해야 한다(청원경찰법 시행규칙 제9조 제2항 제1호 본문).

④ 청원경찰은 평상근무 중에는 정모, 근무복, 단화, 호루라기, 경찰봉 및 포승을 착용하거나 휴대하여야 한다(청원경찰법 시행규칙 제9조 제3항). ★

55

☑ 확인 Check! ○ △ ✕

청원경찰법령상 분사기 및 무기의 휴대에 관한 내용으로 옳은 것은?

① 시·도 경찰청장은 청원경찰의 직무수행을 위하여 필요하다고 인정하면 청원주의 신청을 받아 관할 경찰서장으로 하여금 청원경찰에게 무기를 대여하여 지니게 할 수 있다.

② 청원경찰로 하여금 분사기를 휴대하여 직무를 수행하게 하고자 하는 경우 청원주는 「총포·도검·화약류 등의 안전관리에 관한 법률」에 따라 관할 경찰서장에게 소지신고를 하여야 한다.

③ 관할 경찰서장이 대여할 수 있는 무기는 청원주가 국가에 기부채납한 무기에 한하지 않는다.

④ 청원주가 무기와 탄약을 출납하려는 경우 청원주는 청원경찰에게 지급한 무기와 탄약을 월 2회 손질하게 하여야 한다.

② 청원주는 「총포·도검·화약류 등의 안전관리에 관한 법률」에 따른 분사기의 소지허가를 받아 청원경찰로 하여금 그 분사기를 휴대하여 직무를 수행하게 할 수 있다(청원경찰법 시행령 제15조).★

③ 무기대여 신청을 받은 시·도 경찰청장이 무기를 대여하여 휴대하게 하려는 경우에는 청원주로부터 국가에 기부채납된 무기에 한정하여 관할 경찰서장으로 하여금 무기를 대여하여 휴대하게 할 수 있다(청원경찰법 시행령 제16조 제2항).

④ 청원경찰에게 지급한 무기와 탄약은 매주 1회 이상 손질하게 하여야 한다(청원경찰법 시행규칙 제16조 제2항 제3호).

56

☑ 확인 Check! ○ △ ×

다음 중 청원경찰법령상 청원주가 명시적으로 무기와 탄약을 지급해서는 안 되는 사람을 모두 고른 것은?

> ㄱ. 형사사건으로 조사대상이 된 사람
> ㄴ. 사직 의사를 밝힌 사람
> ㄷ. 평소에 불평이 심하고 염세적인 사람
> ㄹ. 변태적 성벽(性癖)이 있는 사람

① ㄱ, ㄴ

② ㄱ, ㄴ, ㄷ

③ ㄴ, ㄷ, ㄹ

④ ㄱ, ㄴ, ㄷ, ㄹ

2022.11.10. 개정된 청원경찰법 시행규칙 제16조 제4항에 따르면 설문에 해당하는 자는 ㄱ과 ㄴ이다.

정답 ❶

무기관리수칙(청원경찰법 시행규칙 제16조)

④ 청원주는 다음 각호의 어느 하나에 해당하는 청원경찰에게 무기와 탄약을 지급해서는 안 되며, 지급한 무기와 탄약은 즉시 회수해야 한다. 〈개정 2022.11.10.〉

1. 직무상 비위(非違)로 징계대상이 된 사람
2. 형사사건으로 조사대상이 된 사람
3. 사직 의사를 밝힌 사람
4. 치매, 조현병, 조현정동장애, 양극성 정동장애(조울병), 재발성 우울장애 등의 정신질환으로 인하여 무기와 탄약의 휴대가 적합하지 않다고 해당 분야 전문의가 인정하는 사람
5. 제1호부터 제4호까지의 규정 중 어느 하나에 준하는 사유로 청원주가 무기와 탄약을 지급하기에 적절하지 않다고 인정하는 사람
6. 삭제 〈2022.11.10.〉

57

☑ 확인Check! ○ △ ✕

청원경찰법령상 무기와 관련된 내용으로 옳지 않은 것은?

① 관할 경찰서장은 무기를 대여하였을 경우 월 1회 정기적으로 무기관리상황을 점검하여야 한다.

② 청원주가 청원경찰이 휴대할 무기를 대여받으려는 경우에는 관할 경찰서장을 거쳐 시·도 경찰청장에게 무기대여를 신청하여야 한다.

③ 시·도 경찰청장은 청원경찰이 직무를 수행하기 위하여 필요하다고 인정하면 청원주의 신청을 받아 관할 경찰서장으로 하여금 청원경찰에게 무기를 대여하여 지니게 할 수 있다.

④ 청원주로부터 무기를 지급받은 청원경찰이 무기를 손질하거나 조작할 때에는 반드시 총구를 공중으로 향하게 하여야 한다.

쏙쏙 해설

① 무기를 대여하였을 때에는 관할 경찰서장은 청원경찰의 무기관리상황을 수시로 점검하여야 한다(청원경찰법 시행령 제16조 제3항). ★★★
② 청원경찰법 시행령 제16조 제1항
③ 청원경찰법 제8조 제2항
④ 청원경찰법 시행규칙 제16조 제3항 제4호

정답 ❶

58

☑ 확인Check! ○ △ ✕

청원경찰법령상 청원경찰의 무기대여 및 무기관리에 관한 설명으로 옳은 것은?

① 청원주는 대여받은 무기와 탄약이 분실되거나 도난당하거나 빼앗기거나 훼손되는 등의 사고가 발생했을 때에는 지체 없이 그 사유를 관할 경찰서장에게 통보해야 한다.

② 청원주 및 청원경찰은 대통령령으로 정하는 무기관리수칙을 준수하여야 한다.

③ 청원주는 자신이 국가에 기부채납하지 않은 무기도 대여신청 후 국가로부터 대여받아 휴대할 수 있다.

④ 청원경찰은 무기를 손질하거나 조작할 때에는 반드시 총구를 바닥으로 향하게 하여야 한다.

쏙쏙 해설

청원경찰법 시행규칙 제16조 제1항 제7호

정답 ❶

핵심만 콕

② 청원주 및 청원경찰은 행정안전부령으로 정하는 무기관리수칙을 준수하여야 한다(청원경찰법 시행령 제16조 제4항).

③ 무기대여 신청을 받은 시·도 경찰청장이 무기를 대여하여 휴대하게 하려는 경우에는 청원주로부터 국가에 기부채납된 무기에 한정하여 관할 경찰서장으로 하여금 무기를 대여하여 휴대하게 할 수 있다(청원경찰법 시행령 제16조 제2항).

④ 무기를 손질하거나 조작할 때에는 반드시 총구를 공중으로 향하게 하여야 한다(청원경찰법 시행규칙 제16조 제3항 제4호).

59

☑ 확인Check! ○ △ ✕

청원경찰법령상 무기관리수칙에 관한 설명으로 옳지 않은 것은?

① 무기고와 탄약고에는 이중 잠금장치를 하고, 열쇠는 관리책임자가 보관하되, 근무시간 이후에는 숙직책임자에게 인계하여 보관시켜야 한다.

② 소총의 탄약은 1정당 10발 이내, 권총의 탄약은 1정당 5발 이내로 출납하여야 한다.

③ 청원주는 무기와 탄약이 분실되거나 도난당하거나 빼앗기거나 훼손되었을 때에는 경찰청장이 정하는 바에 따라 그 전액을 배상하는 것이 원칙이다.

④ 청원경찰에게 지급한 무기와 탄약은 매주 1회 이상 손질하게 하여야 한다.

60

☑ 확인Check! ○ △ ✕

청원경찰법령상 청원주의 무기관리수칙에 관한 설명으로 옳지 않은 것은?

① 청원주가 무기와 탄약을 대여받았을 때에는 경찰청장이 정하는 무기·탄약 출납부 및 무기장비 운영카드를 갖춰 두고 기록하여야 한다.

② 청원주는 무기와 탄약의 관리를 위하여 관리책임자를 지정하고 관할 경찰서장에게 그 사실을 통보하여야 한다.

③ 무기고와 탄약고에는 이중 잠금장치를 하고, 열쇠는 숙직책임자가 보관하되, 근무시간 이후에는 관리책임자에게 인계하여 보관시켜야 한다.

④ 청원주는 경찰청장이 정하는 바에 따라 매월 무기와 탄약의 관리 실태를 파악하여 다음 달 3일까지 관할 경찰서장에게 통보하여야 한다.

관계법령

무기관리수칙(청원경찰법 시행규칙 제16조)

① 영 제16조에 따라 <u>무기와 탄약을 대여받은 청원주</u>는 다음 각호에 따라 무기와 탄약을 관리해야 한다. 〈개정 2021.12.31.〉

1. <u>청원주가 무기와 탄약을 대여받았을 때에는 경찰청장이 정하는 무기·탄약 출납부 및 무기장비 운영카드를 갖춰 두고 기록하여야 한다.</u>

2. <u>청원주는 무기와 탄약의 관리를 위하여 관리책임자를 지정하고 관할 경찰서장에게 그 사실을 통보하여야 한다.</u>

3. 무기고 및 탄약고는 단층에 설치하고 환기·방습·방화 및 총받침대 등의 시설을 갖추어야 한다.

4. 탄약고는 무기고와 떨어진 곳에 설치하고, 그 위치는 사무실이나 그 밖에 여러 사람을 수용하거나 여러 사람이 오고 가는 시설로부터 격리되어야 한다.

5. <u>무기고와 탄약고에는 이중 잠금장치를 하고, 열쇠는 관리책임자가 보관하되, 근무시간 이후에는 숙직책임자에게 인계하여 보관시켜야 한다.</u>

6. 청원주는 <u>경찰청장이 정하는 바에 따라</u> 매월 무기와 탄약의 관리실태를 파악하여 <u>다음 달 3일까지 관할 경찰서장에게 통보하여야 한다.</u>

7. 청원주는 대여받은 무기와 탄약이 분실되거나 도난당하거나 빼앗기거나 훼손되는 등의 사고가 발생했을 때에는 지체 없이 그 사유를 관할 경찰서장에게 통보해야 한다.

8. 청원주는 무기와 탄약이 분실되거나 도난당하거나 빼앗기거나 훼손되었을 때에는 경찰청장이 정하는 바에 따라 그 전액을 배상해야 한다. 다만, 전시·사변·천재지변이나 그 밖의 불가항력적인 사유가 있다고 시·도경찰청장이 인정하였을 때에는 그렇지 않다.

61

☑ 확인Check! ○ △ ✕

청원경찰법령상 무기와 탄약을 지급받은 청원경찰의 준수사항으로 옳지 않은 것은?

① 무기를 지급받거나 반납할 때 또는 인계인수할 때에는 반드시 "앞에 총" 자세에서 "검사 총"을 하여야 한다.

② 무기와 탄약을 지급받았을 때에는 별도의 지시가 없으면 무기와 탄약을 분리하여 휴대하여야 한다.

③ 지급받은 무기는 다른 사람에게 보관 또는 휴대하게 할 수 없으며 손질을 의뢰할 수 없다.

④ 근무시간 이후에는 무기와 탄약을 관리책임자에게 반납하여야 한다.

쏙쏙 해설

④ 근무시간 이후에는 무기와 탄약을 청원주에게 반납하거나 교대근무자에게 인계하여야 한다(청원경찰법 시행규칙 제16조 제3항 제6호).

① 청원경찰법 시행규칙 제16조 제3항 제1호

② 청원경찰법 시행규칙 제16조 제3항 제2호 전단

③ 청원경찰법 시행규칙 제16조 제3항 제3호

정답 ④

관계법령

무기관리수칙(청원경찰법 시행규칙 제16조)

③ 청원주로부터 무기와 탄약을 지급받은 청원경찰은 다음 각호의 사항을 준수하여야 한다.

1. 무기를 지급받거나 반납할 때 또는 인계인수할 때에는 반드시 "앞에 총" 자세에서 "검사 총"을 하여야 한다.

2. 무기와 탄약을 지급받았을 때에는 별도의 지시가 없으면 무기와 탄약을 분리하여 휴대하여야 하며, 소총은 "우로 어깨 걸어 총"의 자세를 유지하고, 권총은 "권총집에 넣어 총"의 자세를 유지하여야 한다.

3. 지급받은 무기는 다른 사람에게 보관 또는 휴대하게 할 수 없으며 손질을 의뢰할 수 없다.

4. 무기를 손질하거나 조작할 때에는 반드시 총구를 공중으로 향하게 하여야 한다.

5. 무기와 탄약을 반납할 때에는 손질을 철저히 하여야 한다.

6. 근무시간 이후에는 무기와 탄약을 청원주에게 반납하거나 교대근무자에게 인계하여야 한다.

62

확인Check! ○ △ ✕

청원경찰의 무기휴대에 관한 사항 중 틀린 것은?

① 청원주가 청원경찰이 휴대할 무기를 대여받으려는 경우에는 관할 경찰서장을 거쳐 시·도 경찰청장에게 무기대여를 신청하여야 한다.

② 청원경찰은 별도의 허가를 받지 아니하고도 분사기를 휴대할 수 있다.

③ 무기를 대여하였을 때에는 관할 경찰서장은 청원경찰의 무기관리 상황을 수시로 점검하여야 한다.

④ 청원주는 경찰청장이 정하는 바에 따라 매월 무기와 탄약의 관리 실태를 파악하여 다음 달 3일까지 관할 경찰서장에게 통보하여야 한다.

핵심만 콕

① 청원주가 청원경찰이 휴대할 무기를 대여받으려는 경우에는 관할 경찰서장을 거쳐 시·도 경찰청장에게 무기대여를 신청하여야 한다(청원경찰법 시행령 제16조 제1항).★

③ 무기를 대여하였을 때에는 관할 경찰서장은 청원경찰의 무기관리상황을 수시로 점검하여야 한다(청원경찰법 시행령 제16조 제3항).★★

④ 청원주는 경찰청장이 정하는 바에 따라 매월 무기와 탄약의 관리실태를 파악하여 다음 달 3일까지 관할 경찰서장에게 통보하여야 한다(청원경찰법 시행규칙 제16조 제1항 제6호).★

63

☑ 확인 Check! ○ △ ✕

청원경찰법령상 청원주와 관할 경찰서장이 공통으로 갖춰 두어야 할 문서와 장부로 옳은 것은?

① 무기·탄약 출납부
② 교육훈련 실시부
③ 무기장비 운영카드
④ 무기·탄약 대여대장

쏙쏙 해설

청원경찰 명부와 교육훈련 실시부가 청원경찰법령상 청원주와 관할 경찰서장이 공통으로 갖춰 두어야 할 문서와 장부에 해당한다(청원경찰법 시행규칙 제17조 제1항·제2항 참조).

정답 ②

64

☑ 확인 Check! ○ △ ✕

청원경찰법령상 청원주가 갖추어야 할 문서와 장부가 아닌 것은?

① 청원경찰 임용승인 관계철
② 청원경찰 명부
③ 경비구역 배치도
④ 무기·탄약 출납부

쏙쏙 해설

청원경찰 임용승인 관계철은 시·도 경찰청장이 갖춰 두어야 할 문서와 장부에 해당한다(청원경찰법 시행규칙 제3항 제2호).

정답 ①

핵심만 콕

문서와 장부의 비치(청원경찰법 시행규칙 제17조)★★★

청원주	관할 경찰서장	시·도 경찰청장
• 청원경찰 명부 • 근무일지 • 근무 상황카드 • 경비구역 배치도 • 순찰표철 • 무기·탄약 출납부 • 무기장비 운영카드 • 봉급지급 조서철 • 신분증명서 발급대장 • 징계 관계철 • 교육훈련 실시부 • 청원경찰 직무교육계획서 • 급여품 및 대여품 대장 • 그 밖에 청원경찰의 운영에 필요한 문서와 장부	• 청원경찰 명부 • 감독 순시부 • 전출입 관계철 • 교육훈련 실시부 • 무기·탄약 대여대장 • 징계요구서철 • 그 밖에 청원경찰의 운영에 필요한 문서와 장부	• 배치결정 관계철 • 청원경찰 임용승인 관계철 • 전출입 관계철 • 그 밖에 청원경찰의 운영에 필요한 문서와 장부

65

☑ 확인 Check! ○ △ ✕

청원경찰법령상 청원경찰의 감독에 관한 설명으로 옳지 않은 것은?

① 청원주는 항상 소속 청원경찰의 근무상황을 감독하고, 근무 수행에 필요한 교육을 하여야 한다.

② 시 · 도 경찰청장은 청원경찰의 효율적인 운영을 위하여 청원주를 지도하며 감독상 필요한 명령을 할 수 있다.

③ 관할 경찰서장은 매주 1회 이상 청원경찰을 배치한 경비구역에 대하여 복무규율과 근무상황, 무기의 관리 및 취급사항을 감독하여야 한다.

④ 2명 이상의 청원경찰을 배치한 사업장의 청원주는 청원경찰의 지휘 · 감독을 위하여 청원경찰 중에서 유능한 사람을 선정하여 감독자로 지정하여야 한다.

쏙쏙 해설

③ 관할 경찰서장은 매달 1회 이상 청원경찰을 배치한 경비구역에 대하여 복무규율과 근무상황, 무기의 관리 및 취급사항을 감독하여야 한다(청원경찰법 시행령 제17조).
① 청원경찰법 제9조의3 제1항
② 청원경찰법 제9조의3 제2항
④ 청원경찰법 시행규칙 제19조 제1항

정답 ③

66

☑ 확인 Check! ○ △ ✕

청원경찰법령상 청원경찰의 효율적인 운영을 위하여 청원주를 지도하며 감독상 필요한 명령을 할 수 있는 자는?

① 경찰서장
② 시 · 도 경찰청장
③ 지구대장 또는 파출소장
④ 경찰청장

쏙쏙 해설

시 · 도 경찰청장은 청원경찰의 효율적인 운영을 위하여 청원주를 지도하며 감독상 필요한 명령을 할 수 있으며(청원경찰법 제9조의3 제2항), 관할 경찰서장은 청원경찰을 배치하고 있는 사업장이 하나의 경찰서의 관할구역에 있는 경우 청원경찰법 제9조의3 제2항에 따른 청원주에 대한 지도 및 감독상 필요한 명령에 관한 권한을 시 · 도 경찰청장의 위임을 받아 행사할 수 있다(청원경찰법 시행령 제20조 제3호). 따라서 「청원경찰법령상」 청원경찰의 효율적인 운영을 위하여 청원주를 지도하며 감독상 필요한 명령을 할 수 있는 자는 시 · 도 경찰청장 또는 관할 경찰서장이다.

정답 ❶ · ❷

67

☑ 확인 Check! ○ △ ✕

청원경찰법령상 감독자 지정기준에 관한 내용으로 옳은 것은?

① 근무인원이 10명 이상 29명 이하 : 반장 1명, 조장 1명

② 근무인원이 30명 이상 40명 이하 : 반장 1명, 조장 3~4명

③ 근무인원이 41명 이상 60명 이하 : 대장 1명, 반장 2명, 조장 4~5명

④ 근무인원이 61명 이상 120명 이하 : 대장 1명, 반장 3명, 조장 10명

쏙쏙 해설

근무인원이 30명 이상 40명 이하인 경우, 감독자로서 반장 1명, 조장 3~4명이 지정된다.

정답 ❷

관계법령

감독자 지정기준(청원경찰법 시행규칙 [별표 4])★★

근무인원	직급별 지정기준		
	대 장	반 장	조 장
9명까지	–	–	1명
10명 이상 29명 이하	–	1명	2~3명
30명 이상 40명 이하	–	1명	3~4명
41명 이상 60명 이하	1명	2명	6명
61명 이상 120명 이하	1명	4명	12명

68

☑ 확인 Check! ○ △ ✕

청원경찰법령상 청원경찰에 관한 설명으로 옳지 않은 것은?

① 청원경찰이 그 배치지의 특수성 등으로 특수복장을 착용할 필요가 있을 때에는 청원주는 시·도 경찰청장의 승인을 받아 특수복장을 착용하게 할 수 있다.

② 청원주는 배치폐지나 배치인원 감축으로 과원(過員)이 되는 청원경찰 인원을 그 기관·시설 또는 사업장 내의 유사 업무에 종사하게 하거나 다른 시설·사업장 등에 재배치하는 등 청원경찰의 고용이 보장될 수 있도록 노력하여야 한다.

③ 청원경찰이 배치된 사업장이 하나의 경찰서의 관할구역에 있는 경우에는 시·도 경찰청장은 청원주에 대한 지도 및 감독상 필요한 명령의 권한을 관할 경찰서장에게 위임한다.

④ 청원경찰이 직무를 수행할 때 직권을 남용하여 국민에게 해를 끼친 경우에는 1년 이하의 징역이나 금고에 처한다.

쏙쏙 해설

④ 청원경찰이 직무를 수행할 때 직권을 남용하여 국민에게 해를 끼친 경우에는 6개월 이하의 징역이나 금고에 처한다(청원경찰법 제10조 제1항).

① 청원경찰법 시행령 제14조 제3항

② 청원경찰법 제10조의5 제3항

③ 청원경찰법 시행령 제20조 제3호

정답 ❹

제1장

69

청원경찰법령의 내용으로 옳은 것은?

① 청원주는 항상 소속 청원경찰의 근무상황을 감독하고, 근무 수행에 필요한 교육을 하여야 한다.

② 청원경찰 업무에 종사하는 사람은 「형법」에 따른 벌칙을 적용할 때에도 공무원으로 보지 않는다.

③ 청원경찰(국가기관이나 지방자치단체에 근무하는 청원경찰은 제외)의 직무상 불법행위에 대한 배상책임에 관하여는 「국가배상법」의 규정을 따른다.

④ 청원경찰이 직무를 수행할 때 직권을 남용하여 국민에게 해를 끼친 경우에는 6개월 이하의 금고나 구류에 처한다.

쏙쏙 해설

청원경찰법 제9조의3 제1항

정답 ❶

핵심만 콕

② 청원경찰 업무에 종사하는 사람은 「형법」이나 그 밖의 법령에 따른 벌칙을 적용할 때에는 공무원으로 본다(청원경찰법 제10조 제2항).

③ 청원경찰(국가기관이나 지방자치단체에 근무하는 청원경찰은 제외한다)의 직무상 불법행위에 대한 배상책임에 관하여는 「민법」의 규정을 따른다(청원경찰법 제10조의2).

④ 청원경찰이 직무를 수행할 때 직권을 남용하여 국민에게 해를 끼친 경우에는 6개월 이하의 징역이나 금고에 처한다(청원경찰법 제10조 제1항).

70

청원경찰법령에 관한 설명으로 옳지 않은 것은?

① 청원경찰법은 청원경찰의 직무・임용・배치・보수・사회보장 및 그 밖에 필요한 사항을 규정함으로써 청원경찰의 원활한 운영을 목적으로 한다.

② 청원경찰은 청원주가 경비(經費)를 부담할 것을 조건으로 사업장 등의 경비(警備)를 담당하게 하기 위하여 배치하는 경찰을 말한다.

③ 청원경찰의 직무상 불법행위에 대한 배상책임에 관하여는 「경찰관직무집행법」의 규정을 따른다.

④ 청원경찰은 형의 선고, 징계처분 또는 신체상・정신상의 이상으로 직무를 감당하지 못할 때를 제외하고는 그 의사에 반하여 면직되지 아니한다.

쏙쏙 해설

③ 청원경찰(국가기관이나 지방자치단체에 근무하는 청원경찰은 제외한다)의 직무상 불법행위에 대한 배상책임에 관하여는 「민법」의 규정을 따른다(청원경찰법 제10조의2).

① 청원경찰법 제1조

② 청원경찰법 제2조

④ 청원경찰법 제10조의4 제1항

정답 ❸

71

청원경찰법령에 관한 설명으로 옳지 않은 것은?

확인 Check! ○ △ ×

① 청원경찰법은 1962년에 제정되었다.

② 청원경찰법은 청원경찰의 직무·임용·배치·보수·사회보장 및 그 밖의 필요한 사항을 규정함으로써 청원경찰의 원활한 운영을 목적으로 한다.

③ 청원경찰은 파업, 태업 또는 그 밖에 업무의 정상적인 운영을 방해하는 일체의 쟁의행위를 하여서는 아니 된다.

④ 지방자치단체에 근무하는 청원경찰의 직무상 불법행위에 대한 배상책임에 관하여는 「민법」의 규정을 따른다.

핵심만 콕

① 청원경찰법은 1962.4.3. 제정·시행되었다.

② 이 법은 청원경찰의 직무·임용·배치·보수·사회보장 및 그 밖에 필요한 사항을 규정함으로써 청원경찰의 원활한 운영을 목적으로 한다(청원경찰법 제1조).

③ 청원경찰은 파업, 태업 또는 그 밖에 업무의 정상적인 운영을 방해하는 일체의 쟁의행위를 하여서는 아니 된다(청원경찰법 제9조의4).

72

청원경찰법령상 청원경찰의 퇴직에 관한 설명으로 옳지 않은 것은?

확인 Check! ○ △ ×

① 임용결격사유에 해당될 때 당연 퇴직된다.

② 청원경찰의 배치가 폐지되었을 때 당연 퇴직된다.

③ 나이가 60세가 되었을 때 당연 퇴직된다.

④ 국가기관이나 지방자치단체에 근무하는 청원경찰의 명예퇴직에 관하여는 「경찰공무원법」을 준용한다.

① 청원경찰은 제5조 제2항에 따른 임용결격사유에 해당될 때 당연 퇴직된다(청원경찰법 제10조의6 제1호 본문). 그러나, 제5조 제2항에 의한 국가공무원법 제33조 제5호(금고 이상의 형의 선고유예를 받은 경우에 그 선고유예 기간 중에 있는 자)에 관한 부분은 헌법에 위반(헌재결 2018.1.25. 2017헌가26)되므로 답항 ①이 옳은 내용이 되려면 임용결격사유에 해당될 때 원칙적으로 당연 퇴직된다고 표현하거나 헌법재판소 단순위헌 결정의 내용이 추가되어야 한다.

*출제자는 답항 ①의 용어 표현이 미흡하거나 부정확하여 평균 수준의 응시자에게 답항의 종합·분석을 통해서도 진정한 출제의도의 파악과 정답 선택에 있어 장애를 주었다고 판단하여 복수정답을 인정한 것으로 보인다(대판 2009.9.10. 2008두2675 참고).

④ 국가기관이나 지방자치단체에 근무하는 청원경찰의 휴직 및 명예퇴직에 관하여는 「국가공무원법」 제71조부터 제73조까지 및 제74조의2를 준용한다(청원경찰법 제10조의7).

② 청원경찰법 제10조의6 제2호

③ 청원경찰법 제10조의6 제3호 본문

73

☑ 확인Check! ○ △ ✕

청원경찰법령상 청원경찰의 퇴직과 면직에 관한 설명으로 옳은 것은?

① 국가기관이나 지방자치단체에 근무하는 청원경찰의 휴직 및 명예퇴직에 관하여는 「국가공무원법」 관련규정을 준용한다.

② 청원경찰은 65세가 되었을 때 당연 퇴직된다.

③ 청원경찰의 배치폐지는 당연 퇴직사유에 해당하지 않는다.

④ 청원주가 청원경찰을 면직시켰을 때에는 그 사실을 관할 시·도 경찰청장을 거쳐 경찰청장에게 보고하여야 한다.

① 청원경찰법 제10조의7

② 65세가 아닌 60세가 되었을 때가 청원경찰의 당연 퇴직사유에 해당한다(청원경찰법 제10조의6 제3호).

③ 청원경찰의 배치폐지는 당연 퇴직사유에 해당한다(청원경찰법 제10조의6 제2호).

④ 청원주가 청원경찰을 면직시켰을 때에는 그 사실을 관할 경찰서장을 거쳐 시·도 경찰청장에게 보고하여야 한다(청원경찰법 제10조의4 제2항).

정답 ❶

의사에 반한 면직(청원경찰법 제10조의4)

① 청원경찰은 형의 선고, 징계처분 또는 신체상·정신상의 이상으로 직무를 감당하지 못할 때를 제외하고는 그 의사(意思)에 반하여 면직(免職)되지 아니한다.

② 청원주가 청원경찰을 면직시켰을 때에는 그 사실을 관할 경찰서장을 거쳐 시·도 경찰청장에게 보고하여야 한다.

당연 퇴직(청원경찰법 제10조의6)

청원경찰이 다음의 어느 하나에 해당할 때에는 당연 퇴직된다.

1. 제5조 제2항에 따른 임용결격사유에 해당될 때. 다만 「국가공무원법」 제33조 제2호는 파산선고를 받은 사람으로서 「채무자 회생 및 파산에 관한 법률」에 따라 신청기한 내에 면책신청을 하지 아니하였거나 면책불허가 결정 또는 면책 취소가 확정된 경우만 해당하고, 「국가공무원법」 제33조 제5호는 「형법」 제129조부터 제132조까지, 「성폭력범죄의 처벌 등에 관한 특례법」 제2조, 「아동·청소년의 성보호에 관한 법률」 제2조 제2호 및 직무와 관련하여 「형법」 제355조 또는 제356조에 규정된 죄를 범한 사람으로서 금고 이상의 형의 선고유예를 받은 경우만 해당한다. 〈개정 2022.11.15.〉
2. 제10조의5에 따라 청원경찰의 배치가 폐지되었을 때
3. 나이가 60세가 되었을 때. 다만, 그날이 1월부터 6월 사이에 있으면 6월 30일에, 7월부터 12월 사이에 있으면 12월 31일에 각각 당연 퇴직된다.

[단순위헌, 2017헌가26, 2018.1.25., 청원경찰법(2010.2.4. 법률 제10013호로 개정된 것) 제10조의6 제1호 중 제5조 제2항에 의한 국가공무원법 제33조 제5호(금고 이상의 형의 선고유예를 받은 경우에 그 선고유예 기간 중에 있는 자)에 관한 부분은 헌법에 위반된다.]

휴직 및 명예퇴직(청원경찰법 제10조의7)

국가기관이나 지방자치단체에 근무하는 청원경찰의 휴직 및 명예퇴직에 관하여는 「국가공무원법」 제71조부터 제73조까지 및 제74조의2를 준용한다.

74

☑ 확인 Check! ○ △ ✕

청원경찰법령상 배상책임과 권한의 위임에 관한 설명으로 옳은 것은?

① 시·도 경찰청장은 청원경찰의 임용승인에 관한 권한을 대통령령으로 관할 경찰서장에게 위임할 수 있다.

② 경비업자가 중요시설의 경비를 도급받았을 때에는 청원주는 그 사업장에 배치된 청원경찰의 근무 배치 및 감독에 관한 권한을 해당 경비업자에게 위임할 수 없다.

③ 공기업에 근무하는 청원경찰의 직무상 불법행위로 인한 배상책임은 국가배상법에 의한다.

④ 국가기관에 근무하는 청원경찰의 직무상 불법행위로 인한 배상책임에 관해서는 민법의 규정에 의한다.

쏙쏙 해설

시·도 경찰청장은 청원경찰의 임용승인에 관한 권한을 대통령령으로 관할 경찰서장에게 위임할 수 있다(청원경찰법 시행령 제20조 제2호 참조). ★★

정답 ❶

핵심만 콕

② 「경비업법」에 따른 경비업자가 중요시설의 경비를 도급받았을 때에는 청원주의 그 사업장에 배치된 청원경찰의 근무 배치 및 감독에 관한 권한을 해당 경비업자에게 위임할 수 있다(청원경찰법 시행령 제19조 제1항).

③·④ 청원경찰(국가기관이나 지방자치단체에 근무하는 청원경찰은 제외한다)의 직무상 불법행위에 대한 배상책임에 관하여는 「민법」의 규정에 따른다(청원경찰법 제10조의2). 국가기관이나 지방자치단체에 근무하는 청원경찰의 직무상 불법행위에 관하여는 국가배상법에 의한다(청원경찰법 제10조의2 반대해석, 국가배상법 제2조 및 대판 92다47564). ★

75

확인 Check! ○ △ ✕

청원경찰법령상 청원경찰을 배치하고 있는 사업장이 하나의 경찰서의 관할구역에 있는 경우, 시·도 경찰청장이 관할 경찰서장에게 위임하는 권한으로 명시되지 않은 것은?

① 청원경찰 배치의 결정 및 요청에 관한 권한
② 청원경찰의 임용승인에 관한 권한
③ 무기의 관리 및 취급사항을 감독하는 권한
④ 청원주에 대한 지도 및 감독상 필요한 명령에 관한 권한

쏙쏙 해설

무기의 관리 및 취급사항을 감독하는 권한은 청원경찰법령상 관할 경찰서장의 고유권한에 해당한다(청원경찰법 시행령 제17조 제2호).

정답 ❸

관계법령

권한의 위임(청원경찰법 제10조의3)
이 법에 따른 시·도 경찰청장의 권한은 그 일부를 대통령령으로 정하는 바에 따라 관할 경찰서장에게 위임할 수 있다.

권한의 위임(청원경찰법 시행령 제20조)
시·도 경찰청장은 법 제10조의3에 따라 다음 각호의 권한을 관할 경찰서장에게 위임한다. 다만, 청원경찰을 배치하고 있는 사업장이 하나의 경찰서의 관할구역에 있는 경우로 한정한다.
1. 법 제4조 제2항 및 제3항에 따른 청원경찰 배치의 결정 및 요청에 관한 권한
2. 법 제5조 제1항에 따른 청원경찰의 임용승인에 관한 권한
3. 법 제9조의3 제2항에 따른 청원주에 대한 지도 및 감독상 필요한 명령에 관한 권한
4. 법 제12조에 따른 과태료 부과·징수에 관한 권한

76

☑ 확인Check! ○ △ ✕

청원경찰법령상 청원경찰을 배치하고 있는 사업장이 하나의 경찰서의 관할구역에 있는 경우 시·도 경찰청장이 관할 경찰서장에게 위임할 수 있는 권한이 아닌 것은?

① 청원경찰 배치의 결정 및 요청에 관한 권한
② 청원경찰의 임용승인에 관한 권한
③ 청원경찰의 특수복장 착용에 대한 승인 권한
④ 과태료 부과·징수에 관한 권한

77

☑ 확인Check! ○ △ ✕

청원경찰법상 청원경찰의 신분보장에 관한 설명으로 옳은 것은?

① 청원주는 청원경찰을 대체할 목적으로 경비업법에 따른 특수경비원을 배치하는 경우에 청원경찰배치를 폐지하거나 배치인원을 감축할 수 있다.
② 청원경찰이 배치된 시설이 폐쇄되거나 축소된 경우에도 청원주는 청원경찰의 배치를 폐지하거나 배치인원을 감축할 수 없다.
③ 시·도 경찰청장이 배치를 요청한 사업장에 배치된 청원경찰은 그 배치를 폐지하거나 감축할 수 없다.
④ 국가기관이나 지방자치단체에 근무하는 청원경찰의 휴직 및 명예퇴직에 관하여는 국가공무원법의 관련규정을 준용한다.

핵심만 콕

① · ② 청원주는 청원경찰이 배치된 시설이 폐쇄되거나 축소되어 청원경찰의 배치를 폐지하거나 배치인원을 감축할 필요가 있다고 인정하면 청원경찰의 배치를 폐지하거나 배치인원을 감축할 수 있다. 다만, 청원주는 청원경찰을 대체할 목적으로 경비업법에 따른 특수경비원을 배치하는 경우와 청원경찰이 배치된 기관·시설 또는 사업장 등이 배치인원의 변동사유 없이 다른 곳으로 이전하는 경우에는 청원경찰의 배치를 폐지하거나 배치인원을 감축할 수 없다(청원경찰법 제10조의5 제1항).

③ 청원주가 청원경찰을 폐지하거나 감축하였을 때에는 청원경찰 배치결정을 한 경찰관서의 장에게 알려야 하며, 그 사업장이 시·도 경찰청장이 청원경찰의 배치를 요청한 사업장일 때에는 그 폐지 또는 감축 사유를 구체적으로 밝혀야 한다(청원경찰법 제10조의5 제2항). 시·도 경찰청장이 배치를 요청한 사업장에 배치된 청원경찰도 그 배치를 폐지하거나 감축할 수 있는데, 다만 그 폐지 또는 감축 사유를 구체적으로 밝혀야 한다.★

78

☑ 확인 Check! ○ △ ✕

청원경찰법령상 과태료에 관한 설명으로 옳지 않은 것은?

① 시·도 경찰청장의 배치결정을 받지 아니하고 청원경찰을 배치한 자에게는 500만원 이하의 과태료를 부과한다.

② 과태료는 대통령령으로 정하는 바에 따라 시·도 경찰청장이 부과·징수한다.

③ 경찰서장은 과태료처분을 하였을 때에는 과태료 부과 및 징수 사항을 과태료 수납부에 기록하고 정리하여야 한다.

④ 경찰서장은 위반행위의 동기, 내용 및 위반의 정도 등을 고려하여 과태료 금액의 3분의 1의 범위에서 그 금액을 줄이거나 늘릴 수 있다.

쏙쏙 해설

④ 시·도 경찰청장은 위반행위의 동기, 내용 및 위반의 정도 등을 고려하여 [별표 2]에 따른 과태료 금액의 100분의 50의 범위에서 그 금액을 줄이거나 늘릴 수 있다(청원경찰법 시행령 제21조 제2항 본문).
① 청원경찰법 제12조 제1항 제1호
② 청원경찰법 제12조 제2항
③ 청원경찰법 시행규칙 제24조 제3항

정답 ❹

관계법령

과태료(청원경찰법 제12조)
① 다음 각호의 어느 하나에 해당하는 자에게는 500만원 이하의 과태료를 부과한다.
  1. 제4조 제2항에 따른 시·도 경찰청장의 배치결정을 받지 아니하고 청원경찰을 배치하거나 제5조 제1항에 따른 시·도 경찰청장의 승인을 받지 아니하고 청원경찰을 임용한 자
  2. 정당한 사유 없이 제6조 제3항에 따라 경찰청장이 고시한 최저부담기준액 이상의 보수를 지급하지 아니한 자
  3. 제9조의3 제2항에 따른 감독상 필요한 명령을 정당한 사유 없이 이행하지 아니한 자
② 제1항에 따른 과태료는 대통령령으로 정하는 바에 따라 시·도 경찰청장이 부과·징수한다.

> **과태료의 부과기준 등(청원경찰법 시행령 제21조)**
> ① 법 제12조 제1항에 따른 과태료의 부과기준은 [별표 2]와 같다.
> ② 시·도 경찰청장은 위반행위의 동기, 내용 및 위반의 정도 등을 고려하여 [별표 2]에 따른 과태료 금액의 100분의 50의 범위에서 그 금액을 줄이거나 늘릴 수 있다. 다만, 늘리는 경우에는 법 제12조 제1항에 따른 과태료 금액의 상한을 초과할 수 없다.

과태료 부과 고지서 등(청원경찰법 시행규칙 제24조)
① 법 제12조 제1항에 따른 과태료 부과의 사전 통지는 별지 제7호 서식의 과태료 부과 사전 통지서에 따른다.
② 법 제12조 제1항에 따른 과태료의 부과는 별지 제8호 서식의 과태료 부과 고지서에 따른다.
③ 경찰서장은 과태료처분을 하였을 때에는 과태료 부과 및 징수 사항을 별지 제9호 서식의 과태료 수납부에 기록하고 정리하여야 한다.

79

청원경찰법령상 과태료에 관한 설명으로 옳지 않은 것은?

① 과태료는 대통령령으로 정하는 바에 따라 시·도 경찰청장이 부과·징수한다.

② 정당한 사유 없이 경찰청장이 고시한 최저부담기준액 이상의 보수를 지급하지 아니한 자에게는 300만원 이하의 과태료를 부과한다.

③ 시·도 경찰청장의 배치결정을 받지 아니하고 청원경찰을 배치하거나 시·도 경찰청장의 승인을 받지 아니하고 청원경찰을 임용한 자에게는 500만원 이하의 과태료를 부과한다.

④ 시·도 경찰청장은 위반행위의 동기, 내용 및 위반의 정도 등을 고려하여 과태료 금액의 100분의 50의 범위에서 그 금액을 줄이거나 늘릴 수 있다.

쏙쏙 해설

② 정당한 사유 없이 경찰청장이 고시한 최저부담기준액 이상의 보수를 지급하지 아니한 자에게는 500만원 이하의 과태료를 부과한다(청원경찰법 제12조 제1항 제2호).
① 청원경찰법 제12조 제2항
③ 청원경찰법 제12조 제1항 제1호
④ 청원경찰법 시행령 제21조 제2항 본문

정답 ②

80

청원경찰법령상 벌칙과 과태료에 관한 설명으로 옳은 것은?

① 파업, 태업 또는 그 밖에 업무의 정상적인 운영을 방해하는 쟁의행위를 한 청원경찰은 1년 이하의 징역 또는 1천만원 이하의 벌금에 처한다.

② 시·도 경찰청장의 배치결정을 받지 아니하고 청원경찰을 배치하거나 시·도 경찰청장의 승인을 받지 아니하고 청원경찰을 임용한 청원주는 1년 이하의 징역 또는 1천만원 이하의 벌금에 처한다.

③ 정당한 사유 없이 경찰청장이 고시한 최저부담기준액 이상의 보수를 지급하지 아니한 청원주는 1년 이하의 징역 또는 1천만원 이하의 벌금에 처한다.

④ 시·도 경찰청장의 감독상 필요한 명령을 정당한 사유 없이 이행하지 아니한 청원주는 1년 이하의 징역 또는 1천만원 이하의 벌금에 처한다.

쏙쏙 해설

① 청원경찰법 제11조
②·③·④ 500만원 이하의 과태료가 부과된다(청원경찰법 제12조 제1항 제1호 내지 제3호).

정답 ①

81

청원경찰법령상 과태료의 부과기준에서 과태료 금액이 다른 것은?

① 시·도 경찰청장의 배치결정을 받지 않고 국가중요시설(국가정보원장이 지정하는 국가보안목표시설을 말한다)에 청원경찰을 배치한 경우

② 시·도 경찰청장의 승인을 받지 않고 임용결격사유에 해당하는 청원경찰을 임용한 경우

③ 시·도 경찰청장의 감독상 필요한 복무규율과 근무 상황에 관한 명령을 정당한 사유 없이 이행하지 않은 경우

④ 정당한 사유 없이 경찰청장이 고시한 최저부담기준액 이상의 보수를 지급하지 않은 경우

☑ 확인Check! ○ △ ✕

쏙쏙 해설

①·②·④는 500만원의 과태료 부과대상이나(청원경찰법 시행령 [별표 2] 제1호 가목·제2호 가목·제3호), ③은 300만원의 과태료 부과대상이다(청원경찰법 시행령 [별표 2] 제4호 나목).

정답 ❸

관계법령

과태료의 부과기준(청원경찰법 시행령 [별표 2])★

위반행위	해당 법조문	과태료 금액
1. 법 제4조 제2항에 따른 시·도 경찰청장의 배치결정을 받지 않고 다음 각목의 시설에 청원경찰을 배치한 경우 　가. 국가중요시설(국가정보원장이 지정하는 국가보안목표시설)인 경우 　나. 가목에 따른 국가중요시설 외의 시설인 경우	법 제12조 제1항 제1호	 500만원 400만원
2. 법 제5조 제1항에 따른 시·도 경찰청장의 승인을 받지 않고 다음 각목의 청원경찰을 임용한 경우 　가. 법 제5조 제2항에 따른 임용결격사유에 해당하는 청원경찰 　나. 법 제5조 제2항에 따른 임용결격사유에 해당하지 않는 청원경찰	법 제12조 제1항 제1호	 500만원 300만원
3. 정당한 사유 없이 법 제6조 제3항에 따라 경찰청장이 고시한 최저부담기준액 이상의 보수를 지급하지 않은 경우	법 제12조 제1항 제2호	500만원
4. 법 제9조의3 제2항에 따른 시·도 경찰청장의 감독상 필요한 다음 각목의 명령을 정당한 사유 없이 이행하지 않은 경우 　가. 총기·실탄 및 분사기에 관한 명령 　나. 가목에 따른 명령 외의 명령	법 제12조 제1항 제3호	 500만원 300만원

82

청원경찰법령상 과태료 부과기준 금액이 500만원에 해당하지 않는 경우는?

① 임용결격사유에 해당하지 않는 청원경찰을 시·도 경찰청장의 승인을 받지 않고 임용한 경우

② 시·도 경찰청장의 배치결정을 받지 않고 국가정보원장이 지정하는 국가보안목표시설에 청원경찰을 배치한 경우

③ 정당한 사유 없이 경찰청장이 고시한 최저부담기준액 이상의 보수를 지급하지 않은 경우

④ 시·도 경찰청장의 감독상 필요한 총기·실탄 및 분사기에 관한 명령을 정당한 사유 없이 이행하지 않은 경우

쏙쏙 해설

① 임용결격사유에 해당하지 않는 청원경찰을 시·도 경찰청장의 승인을 받지 않고 임용한 경우, 과태료 금액은 300만원이다(청원경찰법 시행령 [별표 2] 제2호 나목).

② 청원경찰법 시행령 [별표 2] 제1호 가목

③ 청원경찰법 시행령 [별표 2] 제3호

④ 청원경찰법 시행령 [별표 2] 제4호 가목

정답 ❶

83

청원경찰법 제12조(과태료) 제2항에 관한 규정이다. (　) 안에 들어갈 내용으로 옳은 것은?

> 제1항에 따른 과태료는 대통령령으로 정하는 바에 따라 (　)이(가) 부과·징수한다.

① 경찰청장

② 시·도 경찰청장

③ 지방자치단체장

④ 청원주

쏙쏙 해설

제1항에 따른 과태료는 대통령령으로 정하는 바에 따라 시·도 경찰청장이 부과·징수한다.

정답 ❷

얄팍한 사람은 행운을 믿으며,

강한 사람은 원인과 결과를 믿는다.

- 랠프 월도 에머슨 -

제2과목

일 반 상 식

PART 01

시정 주요시책 및 일반상식

01 시정 주요시책

01

☑ 확인 Check! ○ △ ×

다음 중 서울시의 2024 시정비전으로 옳은 것은?

① 새로운 서울 공정한 세상
② 내 삶이 행복한 서울, 시민이 주인인 서울
③ 동행·매력 특별시 서울
④ 서울, 대한민국 미래로!

쏙쏙 해설

서울시의 2024 시정비전은 '동행·매력 특별시 서울'이다.

정답 ❸

02

☑ 확인 Check! ○ △ ×

다음은 서울시의 2024 시정운영방향 중 무엇에 관한 설명인가?

- '녹지생태도심', '1자치구 1수변활력거점' 조성으로 감성적 시민 생활공간 확충
- 일상에 문화가 흐르는 '문화예술 도시', 삶에 여유를 제공하는 '정원도시' 구현
- 도시에 활력을 불어넣는 '펀 시티(Fun City)' 조성으로 매력 및 품격 제고

① 생계·주거·교육 등 취약계층 지원을 통한 「동행 특별시」 구현
② 글로벌 Top 5 도시 도약을 위한 「매력적인 글로벌 선도도시」 실현
③ 시민이 안심하는 「쾌적하고 안전한 도시」 구현
④ 시민의 일상에 품격이 함께하는 「지속가능한 감성도시」 조성

쏙쏙 해설

제시된 내용은 서울시의 2024 시정운영방향 중 하나인 '시민의 일상에 품격이 함께하는 「지속가능한 감성도시」 조성'에 관한 설명이다.

정답 ❹

서울시의 2024 시정운영방향

생계·주거·교육 등 취약계층 지원을 통한 '동행 특별시' 구현	• 소득보장 정책실험 '안심소득' 대상 확대, 주거취약계층 주거안정 실현 • '탄생응원 서울 프로젝트' 추진, '서울런 2.0' 통한 교육 사다리 강화 • '기후동행카드' 등 시민 교통복지 확충, 소상공인·청년·1인가구 맞춤형 지원 • '약자동행지수' 시정 내재화, '약자동행 기술박람회' 등 동행가치 확산
글로벌 Top 5 도시 도약을 위한 '매력적인 글로벌 선도도시' 실현	• '창조산업' 육성, '스마트 라이프 위크' 출범 등 서울의 도시 경쟁력 강화 • '한강르네상스2.0', '서울페스타2024' 등을 통한 해외관광객 3천만 시대 선도 • 자율주행 등 미래첨단 교통수단 도입 확대, 서울 도시브랜드 전방위 확산
시민이 안심하는 '쾌적하고 안전한 도시' 구현	• '안심이 앱' 보강, 안심장비 보급 및 취약지역 CCTV 확충으로 안전사각지대해소 • '건설공사장 기록관리' 확대, '선제적 인파관리' 등을 통한 안전도시 확립 • 예방부터 치료까지 마약대응 강화, '손목닥터 9988' 참여 시민 대폭 확대
시민의 일상에 품격이 함께하는 '지속가능한 감성도시' 조성	• '녹지생태도심', '1자치구 1수변활력거점' 조성으로 감성적 시민 생활공간 확충 • 일상에 문화가 흐르는 '문화예술 도시', 삶에 여유를 제공하는 '정원도시' 구현 • 도시에 활력을 불어넣는 '펀 시티(Fun City)' 조성으로 매력 및 품격 제고

03

☑ 확인 Check! ○ △ ✕

다음은 서울시의 2024 시정운영방향 중 무엇에 관한 설명인가?

> • '창조산업' 육성, '스마트 라이프 위크' 출범 등 서울시 도시 경쟁력 강화
> • '한강르네상스2.0', '서울페스타2024' 등을 통한 해외관광객 3천만 시대 선도
> • 자율주행 등 미래첨단 교통수단 도입 확대, 서울 도시브랜드 전방위 확산

① 생계·주거·교육 등 취약계층 지원을 통한 「동행 특별시」 구현
② 글로벌 Top 5 도시 도약을 위한 「매력적인 글로벌 선도도시」 실현
③ 시민이 안심하는 「쾌적하고 안전한 도시」 구현
④ 시민의 일상에 품격이 함께하는 「지속가능한 감성도시」 조성

쏙쏙 해설

제시된 내용은 서울시의 2024 시정운영방향 중 하나인 '글로벌 Top 5 도시 도약을 위한 「매력적인 글로벌 선도도시」 실현'에 관한 설명이다.

정답 ❷

04

다음의 추진계획은 서울시의 2024 주요업무 중 무엇에 대한 것인가?

☑ 확인Check! ○ △ X

- 촘촘한 서울형 맞춤 복지제도 시행
- 맞춤형 주택공급 확대를 통한 주거공동체 서울
- 모든 아동과 가족의 더 나은 미래가 있는 서울
- 전 생애에 걸친 균등하고 질 높은 교육서비스 제공
- 시민 교통복지 서비스 및 대중교통 편의성 확대
- 소상공인・취약노동자 및 청년・1인가구 맞춤형 지원
- 약자를 보듬고 응원하는 '동행특별시' 서울

① 약자와의 동행을 통한 상생도시
② 활력 있고 매력적인 글로벌 선도도시
③ 쾌적하고 안전한 안심도시
④ 품격 있고 지속가능한 미래감성도시

핵심만 콕

서울시의 2024 주요업무 추진계획

약자와의 동행을 통한 상생도시	활력 있고 매력적인 글로벌 선도도시
• 촘촘한 서울형 맞춤 복지제도 시행 • 맞춤형 주택공급 확대를 통한 주거공동체 서울 • 모든 아동과 가족의 더 나은 미래가 있는 서울 • 전 생애에 걸친 균등하고 질 높은 교육서비스 제공 • 시민 교통복지 서비스 및 대중교통 편의성 확대 • 소상공인・취약노동자 및 청년・1인가구 맞춤형 지원 • 약자를 보듬고 응원하는 '동행특별시' 서울	• 서울 미래성장동력 고도화 및 경제활력 회복 지원 • 한강의 활력을 통한 세계적 수변문화도시 조성 • 매력 있고 활력 넘치는 고품격 관광스포츠 도시 • 지역별 특화 및 균형발전 기반 강화 • 新 교통수단 도입 확대 및 광역 교통인프라 확충 • 서울의 도시브랜드 확산을 통한 글로벌 경쟁력 제고
쾌적하고 안전한 안심도시	품격 있고 지속가능한 미래감성도시
• 폭력 등 각종 범죄로부터 안전한 서울 • 철저한 사고・재해 예방 및 관리로 안심도시 구현 • 시민 누구나 차별 없이 누리는 건강 생태계 조성 • 수해로부터 안전한 물순환 선도도시 조성 • 기후위기 대응 강화, 맑고 깨끗한 도시환경 조성	• 감성이 넘치는 시민생활공간 조성 • 시민과 함께하는 감성문화도시 • 매력과 여유가 넘치는 정원도시 서울 • 일상을 재미와 활력으로 채우는 펀 시티(Fun City) 서울 • 도시경관・건축디자인 혁신으로 서울의 품격 제고

05

☑ 확인Check! ○ △ ✕

약자와의 동행을 통한 상생도시는 서울시의 2024 주요업무 중 하나이다. 이를 위해 촘촘한 서울형 맞춤 복지제도를 시행하려고 한다. 이에 해당하지 않은 것은?

① 新 복지사각지대를 두텁게 지원하는 포용 복지
② 취약계층의 자존감을 높여주는 자립 복지
③ 장애인의 삶이 행복하고 따뜻한 동행 복지
④ 주거약자와의 동행 지속 추진

쏙쏙 해설

④는 맞춤형 주택공급 확대를 통한 주거공동체 서울을 추진하기 위한 내용이다.

정답 ④

핵심만 콕

촘촘한 서울형 맞춤 복지제도 시행

新 복지사각지대를 두텁게 지원하는 포용 복지	**안심소득 시범사업의 체계적 관리를 통한 성과평가 추진** • 안심소득 공정관리 및 성과평가 지속 연구로 정책효과 도출 • 가족돌봄청(소)년 및 저소득 위기가구로 안심소득 신규 확대(500가구) • 소득보장 패러다임 전환의 대안으로서 안심소득 공론화 **사회적 고립·위기가구 돌봄·연계 강화** • 고독사 위험군 관리대상 확대 및 연계 강화 • 정보통신기술을 활용한 상시 모니터링 확대 • 동행센터-복지관 중심으로 위기가구 지원 및 사회관계망 형성 강화 **청년 취약계층 맞춤형 복지 확대** • '전담기구'(복지재단) 활용, 가족돌봄청년 발굴 및 1:1 연계 • 청년 부상 제대군인을 대상으로 공공·민간자원 연계 맞춤 지원
취약계층의 자존감을 높여주는 자립 복지	**어르신 일자리와 인프라 지원으로 빈곤없는 노후 보장** • 사회참여 및 소득보전을 위한 어르신 일자리 확대 및 지원체계 구축 • 어르신의 노후를 책임지는 공공 노인요양시설 확충·개선 • 지역 내 편안한 「서울형 안심돌봄가정」 조성 **노숙인·쪽방주민의 '마음을 살리는 복지' 구현** • 희망의 인문학 확대 및 만남·소통을 위한 "온기더함 문화제" 개최 • 민간협력 및 주민자활 연계로 온기창고의 지속가능한 운영모델 제시 • 동행식당, 동행목욕탕, 무료치과진료소 등 쪽방촌 생활안전 지원 강화
장애인의 삶이 행복하고 따뜻한 동행 복지	**장애인 개인별 수요를 고려한 인프라 확충** • 개인별 자립·돌봄 수요와 고령화에 맞춘 장애인 거주시설 구조 개선 • 장애인과 비장애인이 함께하는 장애인 복지인프라 증설 • 장애인 전문 체육시설 확충으로 장애인 재활·생활체육 지원 **일상생활 속 불편 해소, 생활밀착형 지원 강화** • 장애인화장실 운영실태 점검 및 민간 장애인화장실 개방 확대 • 소규모 편의시설 장애 맞춤형 경사로 설치로 장애인 접근성 제고 • 장애인 버스요금 지원으로 이동권 증진 및 사회참여 제고

06

☑ 확인Check! ○ △ ✕

약자와의 동행을 통한 상생도시는 서울시의 2024 주요업무 중 하나이다. 이를 위해 전 생애에 걸친 균등하고 질 높은 교육서비스를 제공하려고 한다. 이에 해당하지 않은 것은?

① 청년의 성장 지원 및 취약청년 통합지원 강화
② 더 튼튼한 교육 사다리로, 「서울런 2.0」 확대
③ 전환기 중장년 집중지원을 위한 「서울런 4050」 추진
④ 위기청소년의 건강한 성장 지원

핵심만 콕

전 생애에 걸친 균등하고 질 높은 교육서비스 제공

더 튼튼한 교육 사다리로, '서울런 2.0' 확대	• (콘텐츠) 다양한 특화 콘텐츠 제공 등 맞춤형 교육서비스 확대 • (멘토링) 품질향상 및 멘토 풀 확대 · 다변화 • (플랫폼) AI기반 이용자 · 운영자 편의성 중심 학습관리 서비스 제공
전환기 중장년 집중지원을 위한 서울런 4050 추진	• 직업전환 준비 중장년 역량 강화를 위한 맞춤형 지원체계 운영(24.1.~) • 제2의 인생전환 지원을 위한 인생 디자인학교 운영(24.4.~)
위기청소년의 건강한 성장 지원	• 「학교 밖 청소년」의 건강한 성장을 위한 맞춤형 지원 확대 • 「가정 밖 청소년」 정책 사각지대가 발생하지 않도록 든든한 지원망 구축

07

☑ 확인Check! ○ △ ✕

다음의 추진계획은 서울시의 2024 주요업무 중 무엇에 대한 것인가?

• 서울 미래성장동력 고도화 및 경제활력 회복 지원
• 한강의 활력을 통한 세계적 수변문화도시 조성
• 매력 있고 활력 넘치는 고품격 관광스포츠 도시
• 지역별 특화 및 균형발전 기반 강화
• 新 교통수단 도입 확대 및 광역 교통인프라 확충
• 서울의 도시브랜드 확산을 통한 글로벌 경쟁력 제고

① 약자와의 동행을 통한 상생도시
② 활력 있고 매력적인 글로벌 선도도시
③ 쾌적하고 안전한 안심도시
④ 품격 있고 지속가능한 미래감성도시

08

☑ 확인Check! ○ △ ✕

활력 있고 매력적인 글로벌 선도도시는 서울시의 2024 주요업무 중 하나이다. 이를 위해 서울 미래성장동력 고도화 및 경제활력 회복 지원을 하려고 한다. 이에 해당하지 않은 것은?

① 일자리 확대 및 고부가가치 창출의 창조산업 본격 투자·육성
② 동대문을 중심으로 서울 뷰티패션 산업의 글로벌 확산
③ 청년 디지털 인재양성 및 맞춤형 일자리 지원
④ 한강의 매력 극대화로 글로벌 Top5 도시로의 도약 견인

쏙쏙 해설

④는 한강의 활력을 통한 세계적 수변 문화도시 조성을 위한 내용이다.

정답 ④

핵심만 콕

서울 미래성장동력 고도화 및 경제활력 회복 지원

창조산업 등 미래산업 집중 육성	**일자리 확대 및 고부가가치 창출의 창조산업 본격 투자·육성**
	• 문화와 기술을 융합하는 창조산업 분야별 전략 육성 • 창조산업 생태계 활성화 지원 및 남산·DMC 핵심 거점 조성
	동대문을 중심으로 서울 뷰티패션 산업의 글로벌 확산
	• 서울뷰티허브 개관(24.5.)으로 해외진출 유망기업 연 1천 개사 육성 • 민간 공동 협력으로 서울뷰티위크(24.10.1.~10.3.) 글로벌 확장 • 서울패션위크 및 서울패션로드 통한 글로벌 패션 축제 도시로 도약
	첨단기술 성장동력 확보 및 글로벌 리더십 확립
	• (AI) 연관산업 융·복합 및 AI 전문인재 양성 • (로봇) 관련 기술 사업화 촉진 및 클러스터 조성 • (바이오) 홍릉 기반 첨단 바이오 생태계 구축 및 글로벌 클러스터 육성 • (양자기술) 산업 지원 기반 마련으로 본격 육성 추진 • 첨단기술이 바꾸는 도시생활의 미래 「서울 스마트 라이프 위크」 출범(24.10.9.~10.12. 예정)
	글로벌 디지털 금융 중심도시 조성 및 투자유치 확대
	• 핀테크 성장 지원으로 디지털 금융산업 경쟁력 강화 • 전략적 투자유치 확대 및 해외 우수인력 유치 위한 정주 환경개선
글로벌 인재 양성을 통한 미래 경쟁력 강화	**청년 디지털 인재양성 및 맞춤형 일자리 지원**
	• 청년취업사관학교 캠퍼스 20개소로 확대 조성 : 23년 15개+24년 5개 • 전문화·고도화된 맞춤 교육으로 청년취업사관학교 취업률 제고 • 취업연계 인턴십 및 일자리 매칭 등 청년 취업지원 서비스 강화
	미래 인재 양성 및 지역 상생을 위한 대학 혁신·오픈 캠퍼스 조성
	• 용적률과 높이 완화 적용한 혁신캠퍼스 본격 실행(24년 6개소 추진) • 대학별 MP교수제 운영, 인허가 관련 규제 현실화 추진(24년 상반기) • 대학-서울시, 대학자산 공공 활용 협력 통한 오픈 캠퍼스 실현(24.1.~)

제1장
제2장
제3장
제4장
제5장
제6장

09

☑ 확인Check! ○ △ ×

활력 있고 매력적인 글로벌 선도도시는 서울시의 2024 주요업무 중 하나이다. 이를 위해 서울의 도시브랜드 확산을 통한 글로벌 경쟁력을 제고하려고 한다. 이에 해당하지 않은 것은?

① 전략적 해외 현지 홍보 프로모션을 통해 국제도시 위상 제고
② 동대문을 중심으로 서울 뷰티패션 산업의 글로벌 확산
③ 해치 캐릭터 리디자인 및 소울프렌즈 캐릭터 개발, 상품화 추진
④ 도시브랜드 등 서울 상징물 활용 도시브랜딩 마케팅 추진

쏙쏙 해설

②는 서울 미래성장동력 고도화 및 경제활력 회복 지원을 위한 내용이다.

정답 ❷

핵심만 콕

서울의 도시브랜드 확산을 통한 글로벌 경쟁력 제고

서울 상징물 등 활용 도시 이미지 구축 및 도시경쟁력 제고	• 도시브랜드 등 서울 상징물 활용 도시브랜딩 마케팅 추진 • 해치 캐릭터 리디자인 및 소울프렌즈 캐릭터 개발, 상품화 추진 • 전략적 해외 현지 홍보 프로모션을 통해 국제도시 위상 제고
서체 · 빛 · 색으로 만드는 '서울다움' 구현	• (서울서체) 모두가 읽기 쉬운 서울서체 2.0 발표(24.10.9. 예정) • (서울빛 · 색) 2025 서울빛 · 색 발표(24.10.)

10

확인Check! ○ △ ✕

쾌적하고 안전한 안심도시는 서울시의 2024 주요업무 중 하나이다. 이를 위한 추진계획에 해당하지 않은 것은?

① 수해로부터 안전한 물순환 선도도시 조성
② 철저한 사고·재해 예방 및 관리로 안심도시 구현
③ 시민 누구나 차별 없이 누리는 건강 생태계 조성
④ 자율주행 선도도시 구현

④는 서울시의 2024 주요업무 중 하나인 활력 있고 매력적인 글로벌 선도도시를 추진하기 위한 계획인 新 교통수단 도입 확대 및 광역 인프라 확충을 위한 내용이다.

정답 ④

핵심만 콕

서울시의 2024 주요업무 추진계획

약자와의 동행을 통한 상생도시	• 촘촘한 서울형 맞춤 복지제도 시행 • 맞춤형 주택공급 확대를 통한 주거공동체 서울 • 모든 아동과 가족의 더 나은 미래가 있는 서울 • 전 생애에 걸친 균등하고 질 높은 교육서비스 제공 • 시민 교통복지 서비스 및 대중교통 편의성 확대 • 소상공인·취약노동자 및 청년·1인가구 맞춤형 지원 • 약자를 보듬고 응원하는 '동행특별시' 서울
활력 있고 매력적인 글로벌 선도도시	• 서울 미래성장동력 고도화 및 경제활력 회복 지원 • 한강의 활력을 통한 세계적 수변문화도시 조성 • 매력 있고 활력 넘치는 고품격 관광스포츠 도시 • 지역별 특화 및 균형발전 기반 강화 • 新 교통수단 도입 확대 및 광역 교통인프라 확충 • 서울의 도시브랜드 확산을 통한 글로벌 경쟁력 제고
쾌적하고 안전한 안심도시	• 폭력 등 각종 범죄로부터 안전한 서울 • 철저한 사고·재해 예방 및 관리로 안심도시 구현 • 시민 누구나 차별 없이 누리는 건강 생태계 조성 • 수해로부터 안전한 물순환 선도도시 조성 • 기후위기 대응 강화, 맑고 깨끗한 도시환경 조성
품격 있고 지속가능한 미래감성도시	• 감성이 넘치는 시민생활공간 조성 • 시민과 함께하는 감성문화도시 • 매력과 여유가 넘치는 정원도시 서울 • 일상을 재미와 활력으로 채우는 펀 시티(Fun City) 서울 • 도시경관·건축디자인 혁신으로 서울의 품격 제고

제1장 · 제2장 · 제3장 · 제4장 · 제5장 · 제6장

제1장 시정 주요시책 **171**

11

쾌적하고 안전한 안심도시는 서울시의 2024 주요업무 중 하나이다. 이를 위해 기후위기 대응 강화, 맑고 깨끗한 도시환경 조성을 계획하고 있다. 이와 관련된 내용이 아닌 것은?

☑ 확인Check! ○ △ ✕

① 건물 온실가스 관리 · 평가제 추진
② 걷기 좋은 서울을 위한 생활악취 관리
③ 전기차 보급 및 충전기반 확충
④ 자원순환 선도도시 구현

핵심만 콕

기후위기 대응 강화, 맑고 깨끗한 도시환경 조성

기후변화 대응 선도도시 조성	**건물 온실가스 관리 · 평가제 추진** • 건물별 에너지사용량 인식 및 감축 유도 위한 에너지 신고 · 등급제 추진 • 건물별 온실가스 감축의무 부여하는 건물 온실가스 총량제 추진
	전기차 보급 및 충전기반 확충 • 전기차 1만 2천대 신규 보급(누적 10만 2천대) • 전기차 충전기 2만 1천기 신규 설치(누적 8만 2천기)
깨끗하고 쾌적한 도시 조성	**폐기물 처리시설 확충** • 서울 광역자원회수시설 건립 추진 • 수도권매립지 안정적 매립기반 확충
	자원순환 선도도시 구현 • 다회용기 사용 선택권 강화로 1회용품 없는 친환경 생활문화 정착 • 재활용품 별도 배출 · 수거 체계개선 및 선별률 제고
	도심 청결도 및 대기질 관리 • 도심 쓰레기 관리를 통한 도시청결도 제고 • 미세먼지 없는 안전한 서울 조성
	시민에게 사랑받는 '안심 아리수' 기반 조성 • 기후변화 등에 대비 수질검사 강화 및 실시간 수질감시 확대 • 건물 내 음용환경 개선을 위한 지원 및 관리 강화 • 디지털 · 비대면 아리수 민원서비스 환경 구축

12

품격 있고 지속가능한 미래감성도시는 서울시의 2024 주요업무 중 하나이다. 이를 위해 다양한 추진 계획을 준비 중이다. 다음의 내용은 어떤 추진 계획의 내용인가?

- 서울 도심에서 누리는 여가, 생활밀착형 공원・숲 조성
- 더 매력적인 공간으로 재탄생, 월드컵공원 명소화 추진
- 아이와 함께 편안하게 즐기는 놀이공간 조성
- 약자도 편리하게 이용 가능한 공원・산림 환경 조성

① 감성이 넘치는 시민생활공간 조성
② 매력과 여유가 넘치는 정원도시 서울
③ 일상을 재미와 활력으로 채우는 펀 시티(Fun City) 서울
④ 도시경관・건축디자인 혁신으로 서울의 품격 제고

쏙쏙 해설

제시된 내용은 매력과 여유가 넘치는 정원도시 서울을 추진하기 위한 계획의 내용이다.

정답 ❷

핵심만 콕

매력과 여유가 넘치는 정원도시 서울

아름다움과 매력이 가득한 「정원도시, 서울」	• 「2024 서울국제정원박람회」 개최(24.5.~10.) • 서울 도심에서 누리는 여가, 거점형 꽃정원 및 생활밀착형 공원・숲 조성 • 더 매력적인 공간으로 재탄생, 월드컵공원 명소화 추진(~26년)
더 쾌적하고 편리하게, 안심・안전 공원 운영	• 약자도 편리하게 이용 가능한 공원・산림 환경 조성 • 아이와 함께 편안하게 즐기는 놀이공간 조성

제1장

제2장

제3장

제4장

제5장

제6장

02 정치 · 국제 · 법률

01

☑ 확인 Check! ○ △ ✕

국가가 선거운동을 관리해 자유방임의 폐해를 막고 공명선거를 실현하는 선거제도는?

① 선거공영제
② 선거법정제
③ 선거관리제
④ 선거보전제

쏙쏙 해설

선거공영제는 국가가 나서 선거 전반을 관리하고, 비용이 부족해 선거운동에 나서지 못하는 일이 없도록 기회의 균등을 확립하기 위해 마련된 제도다. 우리나라는 선거공영제를 헌법으로서 선거운동의 기본원칙으로 삼고 있다.

정답 ❶

02

☑ 확인 Check! ○ △ ✕

다음 중 세계무역기구에 대한 설명으로 틀린 것은?

① 우루과이라운드 이후 1995년에 출범했다.
② 본부는 스위스 제네바에 있다.
③ 국제연합(UN)의 산하기구다.
④ '관세 및 무역에 관한 일반협정'을 대체한다.

쏙쏙 해설

세계무역기구(WTO)는 1994년 우루과이라운드 협상이 마무리되고 마라케시 선언을 공동으로 발표함으로써 1995년 1월에 정식 출범하였다. WTO는 1947년 이래 국제무역질서를 규율해오던 '관세 및 무역에 관한 일반협정(GATT)' 체제를 대신하게 되었다. 세계무역분쟁 조정, 관세인하 요구, 반덤핑 규제 등 막강한 범국제적 법적권한과 구속력을 행사한다. 본부는 스위스 제네바에 있다.

정답 ❸

03

근거 없는 사실을 조작해 상대를 공격하는 정치용어는?

① 도그마
② 사보타주
③ 마타도어
④ 헤게모니

☑ 확인 Check! ○ △ ✕

쏙쏙 해설

마타도어(Matador)는 정치권의 흑색 선전을 뜻하는 용어로 근거 없는 사실을 조작해 상대 정당·후보 등을 공격하는 공세를 말한다. 스페인의 투우에서 투우사가 마지막에 소의 정수리에 칼을 꽂아 죽이는 스페인어 '마타도르'에서 유래한 것이다.

정답 ③

04

다음 중 입헌군주제 국가에 해당하는 나라가 아닌 것은?

① 네덜란드
② 덴마크
③ 태 국
④ 네 팔

☑ 확인 Check! ○ △ ✕

쏙쏙 해설

현대의 입헌군주제는 '군림하되 통치하지 않는다'를 기조로 국왕과 왕실은 상징적인 존재로 남고 헌법에 따르며, 실질적인 통치는 주로 내각의 수반인 총리가 맡는 정부 형태를 말한다. 현존하는 입헌군주국에는 네덜란드와 덴마크, 노르웨이, 영국, 스페인, 일본, 태국, 캄보디아 등이 있다. 네팔은 1990년에 입헌군주정을 수립했으며 2008년 다시 절대왕정으로 회귀하려다 왕정을 폐지하고 민주공화국을 수립했다.

정답 ④

제1장
제2장
제3장
제4장
제5장
제6장

05

국회의원의 헌법상 의무가 아닌 것은?

☑확인 Check! ○ △ ✕

① 청렴의 의무
② 국익 우선의 의무
③ 품위유지의 의무
④ 겸직금지의 의무

06

다음 중 직접세가 아닌 것은?

☑확인 Check! ○ △ ✕

① 소득세
② 개별소비세
③ 종합부동산세
④ 법인세

07

다음 중 운전면허가 정지되는 벌점 또는 처분벌점 현행 기준은?

☑확인 Check! ○ △ ✕

① 20점 이상
② 30점 이상
③ 40점 이상
④ 50점 이상

08

재정·실현가능성을 생각하지 않는 대중영합주의 정치를 뜻하는 말은?

☑ 확인Check! ○ △ ✕

① 프러거니즘
② 맨해트니즘
③ 리버타리아니즘
④ 포퓰리즘

09

스위스의 휴양도시에서 매년 열리는 세계경제포럼은?

☑ 확인Check! ○ △ ✕

① 보아오포럼
② 다보스포럼
③ 제네바포럼
④ 취리히포럼

제1장
제2장
제3장
제4장
제5장
제6장

10

☑ 확인 Check! ○ △ ✕

선거 승리로 정권을 잡은 사람 또는 정당이 관직을 지배하는 정치적 관행을 뜻하는 용어는?

① 데탕트
② 독트린
③ 엽관제
④ 미란다

11

☑ 확인 Check! ○ △ ✕

머그샷에 대한 설명으로 옳은 것은?

① 공식적인 법률 용어로 쓰인다.
② 우리나라에서는 일반 공개가 불법이다.
③ 정면과 측면, 뒷면을 촬영한다.
④ 재판에서 최종 무죄 판결이 나면 폐기된다.

12

☑ 확인 Check! ○ △ ✕

국제통상에서 다른 외국에 부여한 조건보다 불리하지 않은 조건을 상대국에게도 부여하는 것은?

① 인코텀스
② 출혈 수주
③ 호혜 무역
④ 최혜국 대우

13

☑ 확인 Check! ○ △ ✕

다음 주요 공직자 중 가장 임기가 짧은 공직자는?

① 검찰총장
② 감사원장
③ 국회의원
④ 대법원장

쏙쏙 해설

고위공직자 중 검찰총장, 국회의장, 국회부의장의 임기는 2년이다. 임기가 4년인 공직자는 감사원장, 감사위원, 국회의원이며, 5년은 대통령, 6년은 헌법재판소 재판관, 중앙선거관리위원장, 대법원장, 대법관이다. 일반법관은 10년으로 가장 길다.

정답 ❶

14

☑ 확인 Check! ○ △ ✕

다음 중 헌법에 명문화된 선거의 4대 원칙이 아닌 것은?

① 보통선거의 원칙
② 자유선거의 원칙
③ 직접선거의 원칙
④ 비밀선거의 원칙

쏙쏙 해설

선거의 4대 원칙은 대부분의 현대 민주주의 국가에서 채택한 것으로 민주주의 하에서 선거제도가 마땅히 지켜야 할 기준점을 제시한 것이다. 우리 헌법에는 보통선거, 평등선거, 직접선거, 비밀선거의 원칙이 4대 원칙으로 명문화되어 있다. 자유선거의 원칙의 경우 명문화되어 있지는 않으나 자유민주주의 체제에서 내재적으로 당연히 요청되는 권리라 할 수 있다.

정답 ❷

15

☑ 확인 Check! ○ △ ✕

미 대륙에 대한 유럽의 내정 간섭을 거부한다는 내용의 미국의 정책 원칙은?

① 트루먼 독트린
② 먼로 독트린
③ 닉슨 독트린
④ 부시 독트린

쏙쏙 해설

먼로 독트린(Monroe Doctrine)은 미국의 제5대 대통령인 제임스 먼로가 주창했던 대외 정책 원칙으로 '미국은 독립적인 국가로서 미 대륙 안에서 간섭받지 않는다'라는 고립주의를 표방하고 있다.

정답 ❷

16

국회의원의 불체포특권에 대한 설명으로 옳은 것은?

① 현행범인 경우에도 체포되지 않을 권리로 인정된다.

② 국회 회기 중이 아니어도 인정된다.

③ 국회의원의 체포동의안은 국회에서 표결로 붙여진다.

④ 재적의원의 과반수 출석에 과반수가 동의안에 찬성하면 해당 의원은 즉시 구속된다.

쏙쏙 해설

불체포특권은 국회의원이 현행범인 경우를 제외하고는 회기 중에 국회의 동의 없이 체포 또는 구금되지 않으며, 회기 전에 체포 또는 구금된 때에는 현행범이 아닌 한, 국회의 요구가 있으면 회기 중 석방되는 특권을 말한다. 법원에서 현역 국회의원의 구속이나 체포가 필요하다고 인정할 경우, 체포동의요구서를 정부에 제출하고 정부는 다시 국회에 이를 넘긴다. 국회가 체포동의안을 표결에 붙이고 재적의원 과반수가 참석해 과반수가 찬성하게 되면 법원의 구속 전 피의자심문을 위해 해당 의원을 체포하게 된다.

정답 ❸

17

다음 중 영국의 베버리지 보고서에서 정의한 5대 사회악에 해당하지 않는 것은?

① 불 결

② 태 만

③ 궁 핍

④ 불 신

쏙쏙 해설

베버리지 보고서는 영국의 경제학자인 윌리엄 베버리지(William Henry Beveridge)가 사회보장에 관한 문제를 조사·연구한 보고서다. 이 보고서는 국민의 최저생활 보장을 목적으로 5대 사회악의 퇴치를 주장했으며 사회보장제도의 원칙을 제시했다. 베버리지는 궁핍(Want), 질병(Disease), 무지(Ignorance), 불결(Squalor), 태만(Idleness) 등 다섯 가지가 인간생활의 안정을 위협하는 사회악이라고 정의했다.

정답 ❹

18

선거에 출마한 후보가 내놓은 공약을 검증하는 운동을 무엇이라 하는가?

☑ 확인 Check! ○ △ ✕

① 아그레망
② 로그롤링
③ 플리바게닝
④ 매니페스토

쏙쏙 해설

매니페스토는 선거와 관련하여 유권자에게 확고한 정치적 의도와 견해를 밝히는 것으로, 연설이나 문서의 형태로 구체적인 공약을 제시한다.

정답 ④

19

전당대회 후에 정당의 지지율이 상승하는 현상을 뜻하는 용어는?

☑ 확인 Check! ○ △ ✕

① 빨대효과
② 컨벤션효과
③ 메기효과
④ 헤일로효과

쏙쏙 해설

컨벤션효과(Convention Effect) : 대규모 정치 행사 직후에, 행사 주체의 정치적 지지율이 상승하는 현상을 뜻한다.

정답 ②

핵심만 콕

① 빨대효과(Straw Effect) : 고속도로와 같은 교통수단의 개통으로 인해, 대도시가 빨대로 흡입하듯 주변 도시의 인구와 경제력을 흡수하는 현상을 가리키는 말이다.
③ 메기효과(Catfish Effect) : 노르웨이의 한 어부가 청어를 싱싱한 상태로 육지로 데리고 오기 위해 수조에 메기를 넣었다는 데서 유래한 용어다. 시장에 강력한 경쟁자가 등장했을 때 기존의 기업들이 경쟁력을 잃지 않기 위해 끊임없이 분투하며 업계 전체가 성장하게 되는 것을 가리킨다.
④ 헤일로효과(Halo Effect) : 후광효과로, 어떤 대상(사람)에 대한 일반적인 생각이 그 대상(사람)의 구체적인 특성을 평가하는 데 영향을 미치는 현상이다.

20

☑ 확인Check! ○ △ ✕

노래, 슬로건, 제복 등을 통해 정치권력을 신성하고 아름답게 느끼는 현상을 무엇이라 하는가?

① 플레비사이트
② 옴부즈맨
③ 크레덴다
④ 미란다

선거에서 미란다는 피통치자가 맹목적으로 정치권력에 대해 신성함을 표하고 찬미·복종함을 뜻하는 말이다.

정답 ❹

21

☑ 확인Check! ○ △ ✕

다음 중 우리나라가 채택하고 있는 의원내각제적 요소는?

① 대통령의 법률안 거부권
② 의원의 각료 겸직
③ 정부의 의회해산권
④ 의회의 내각 불신임 결의권

우리나라가 채택하고 있는 의원내각제적 요소
행정부(대통령)의 법률안 제안권, 의원의 각료 겸직 가능, 국무총리제, 국무회의의 국정 심의, 대통령의 국회 출석 및 의사표시권, 국회의 국무총리·국무위원에 대한 해임건의권 및 국회 출석 요구·질문권

정답 ❷

22

☑ 확인Check! ○ △ ✕

'인 두비오 프로 레오(In Dubio Pro Reo)'는 무슨 뜻인가?

① 의심스러울 때는 피고인에게 유리하게 판결해야 한다.
② 위법하게 수집된 증거는 증거능력을 배제해야 한다.
③ 범죄용의자를 연행할 때 그 이유와 권리가 있음을 미리 알려 주어야 한다.
④ 재판에서 최종적으로 유죄 판정된 자만이 범죄인이다.

'인 두비오 프로 레오(In Dubio Pro Reo)'는 '의심스러울 때는 피고인에게 유리하게 판결하라(무죄추정의 원칙)'는 것이다.

정답 ❶

핵심만 콕

② 독수독과 이론
③ 미란다 원칙
④ 형사 피고인의 무죄추정

23

선거에서 약세 후보가 유권자들의 동정을 받아 지지도가 올라가는 현상을 무엇이라 하는가?

☑ 확인 Check! ○ △ ✕

① 밴드왜건 효과
② 언더독 효과
③ 스케이프고트 현상
④ 레임덕 현상

쏙쏙 해설

언더독 효과는 절대 강자가 지배하는 세상에서 약자에게 연민을 느끼며 이들이 언젠가는 강자를 이겨주기를 바라는 현상을 말한다.

정답 ❷

24

다음 중 국정조사에 대한 설명으로 틀린 것은?

☑ 확인 Check! ○ △ ✕

① 비공개로 진행하는 것이 원칙이다.
② 재적의원 4분의 1 이상의 요구가 있는 때에 조사를 시행하게 한다.
③ 특정한 국정사안을 대상으로 한다.
④ 부정기적이며, 수시로 조사할 수 있다.

쏙쏙 해설

국정조사는 공개를 원칙으로 하고, 비공개를 요할 경우에는 위원회의 의결을 얻도록 하고 있다.

정답 ❶

25

다음 직위 중 임기제가 아닌 것은?

☑ 확인 Check! ○ △ ✕

① 감사원장
② 한국은행 총재
③ 검찰총장
④ 국무총리

쏙쏙 해설

국무총리의 임기는 규정되어 있지 않다.

정답 ❹

핵심만 콕

① 감사원장 : 4년(헌법 제98조 제2항)
② 한국은행 총재 : 4년(한국은행법 제33조 제2항)
③ 검찰총장 : 2년(검찰청법 제12조 제3항)

제1장 제2장 제3장 제4장 제5장 제6장

26

다음 내용과 관련 있는 용어는?

☑ 확인Check! ○ △ ✕

> 영국 정부가 의회에 제출하는 보고서의 표지가 흰색인 데서 비롯된 속성이다. 이런 관습을 각국이 모방하여 공식 문서의 명칭으로 삼고 있다.

① 백 서
② 필리버스터
③ 캐스팅보트
④ 레임덕

27

정부의 부당한 행정 조치를 감시하고 조사하는 일종의 행정 통제 제도는?

☑ 확인Check! ○ △ ✕

① 코커스
② 스핀닥터
③ 란츠게마인데
④ 옴부즈맨

28

범죄피해자의 고소나 고발이 있어야만 공소를 제기할 수 있는 범죄는?

☑ 확인Check! ○ △ ✕

① 친고죄
② 무고죄
③ 협박죄
④ 폭행죄

29

☑ 확인 Check! ○ △ ✕

퍼블리시티권에 대한 설명으로 바르지 못한 것은?

① 개인의 이름·얼굴·목소리 등을 상업적으로 이용할 수 있는 배타적인 권리다.

② 법률에 의해 생존 기간과 사후 30년 동안 보호받을 수 있다.

③ 재산권이라는 측면에서 저작권과 비슷하다.

④ 상표권이나 저작권처럼 상속도 가능하다.

쏙쏙 해설

퍼블리시티권에 대한 뚜렷한 법률 규정이 없지만 저작권법에서 보호기간을 저자의 사망 후 70년으로 규정하고 있으므로 사후 70년으로 유추적용하고 있다.

정답 ❷

30

☑ 확인 Check! ○ △ ✕

다음이 설명하는 원칙은?

> 범죄가 성립되고 처벌을 하기 위해서는 미리 성문의 법률에 규정되어 있어야 한다는 원칙

① 불고불리의 원칙

② 책임의 원칙

③ 죄형법정주의

④ 기소독점주의

쏙쏙 해설

죄형법정주의는 범죄와 형벌이 법률에 규정되어 있어야 한다는 원칙이다.

정답 ❸

31

☑ 확인 Check! ○ △ ✕

그림자 내각이라는 의미로 야당에서 정권을 잡았을 경우를 예상하여 조직하는 내각을 일컫는 용어는?

① 키친 캐비닛

② 이너 캐비닛

③ 캐스팅 캐비닛

④ 섀도 캐비닛

쏙쏙 해설

섀도 캐비닛은 19세기 이후 영국에서 시행되어온 제도로, 야당이 정권획득을 대비하여 총리와 각료로 예정된 내각진을 미리 정해두는 것이다.

정답 ❹

32

☑ 확인Check! ○ △ ✕

다음과 관련 있는 것은?

> 이 용어는 독일의 사회주의자 F. 라살이 그의 저서 〈노동자 강령〉에서 당시 영국 부르주아의 국가관을 비판하는 뜻에서 쓴 것으로 국가는 외적의 침입을 막고 국내 치안을 확보하며 개인의 사유재산을 지키는 최소한의 임무만을 행하며, 나머지는 자유방임에 맡길 것을 주장하는 국가관을 말한다.

① 법치국가
② 사회국가
③ 복지국가
④ 야경국가

33

☑ 확인Check! ○ △ ✕

대통령이 국회의 동의를 사전에 얻어야 할 경우를 모두 고른 것은?

> ㉠ 헌법재판소장 임명
> ㉡ 국군의 외국 파견
> ㉢ 대법관 임명
> ㉣ 예비비 지출
> ㉤ 대법원장 임명
> ㉥ 감사원장 임명

① ㉠, ㉣, ㉤, ㉥
② ㉡, ㉢, ㉣, ㉤
③ ㉡, ㉢, ㉤, ㉥
④ ㉠, ㉡, ㉢, ㉤, ㉥

34

다음 빈칸 안에 공통으로 들어갈 말로 적당한 것은?

☑ 확인Check! ○ △ ✕

> • (　　　)는 주로 소수파가 다수파의 독주를 저지하거나 의사진행을 막기 위해 합법적인 방법을 이용해 고의적으로 방해하는 것이다.
> • (　　　)는 정국을 불안정하게 만드는 요인이 되기도 하기 때문에 우리나라 등 많은 나라들은 발언 시간 제한 등의 규정을 강화하고 있다.

① 필리버스터
② 로그롤링
③ 캐스팅보트
④ 치킨게임

쏙쏙 해설

필리버스터는 의회 안에서 합법적·계획적으로 수행되는 의사진행 방해 행위를 말한다.

정답 ❶

35

우리나라 국회가 채택하고 있는 제도를 모두 고른 것은?

☑ 확인Check! ○ △ ✕

> ㉠ 일사부재의의 원칙
> ㉡ 일사부재리의 원칙
> ㉢ 회의공개의 원칙
> ㉣ 회기계속의 원칙

① ㉠, ㉡, ㉣
② ㉠, ㉢, ㉣
③ ㉡, ㉢, ㉣
④ ㉠, ㉡, ㉢, ㉣

쏙쏙 해설

일사부재리의 원칙은 확정 판결이 내려진 사건에 대해 두 번 이상 심리·재판을 하지 않는다는 형사상의 원칙으로, 국회가 채택하고 있는 제도나 원칙과는 상관이 없다.

정답 ❷

36

원래의 뜻은 의안을 의결하는 데 있어 가부동수인 경우의 투표권을 말하는데, 의회에서 2대 정당의 세력이 거의 비등할 때 그 승부 또는 가부가 제3당의 동향에 따라 결정되는 뜻의 용어는 무엇인가?

☑ 확인Check! ○ △ ✕

① 캐스팅보트
② 필리버스터
③ 게리맨더링
④ 프레임 업

쏙쏙 해설

캐스팅보트는 합의체의 의결에서 가부(可否)동수인 경우 의장이 가지는 결정권을 뜻한다. 우리나라에서는 의장의 결정권은 인정되지 않으며, 가부동수일 경우 부결된 것으로 본다.

정답 ❶

37

☑ 확인 Check! ○ △ ✕

다음 중 선거에서 누구에게 투표할지 결정하지 못한 유권자를 가리키는 말은?

① 로그롤링
② 매니페스토
③ 캐스팅보트
④ 스윙보터

쏙쏙 해설

선거에서 누구에게 투표할 지 결정하지 못한 유권자는 스윙보터 또는 플로팅보터라고도 한다.

정답 ❹

핵심만 콕

① 로그롤링 : 정치세력들이 상호지원을 합의하여 투표거래나 투표담합을 하는 행위
② 매니페스토 : 구체적인 예산과 실천방안 등 선거와 관련한 구체적 방안을 유권자에게 제시하는 공약
③ 캐스팅보트 : 양대 당파의 세력이 비슷하게 양분화된 상황에서 결정적인 역할을 수행하는 사람

38

☑ 확인 Check! ○ △ ✕

다음 설명에서 밑줄 친 '이 용어'는 무엇인가?

- 이 용어는 '어림도 없다'는 뜻에서 유래하였다.
- 1878년 조지 홀리오크가 '데일리 뉴스' 기고문에서 이 용어를 쓰면서 정치적 의미를 획득했다.
- 미국 대통령 테어도어 루스벨트는 이 용어를 정치적으로 이용한 대표적 인물로 손꼽힌다.

① 쇼비니즘
② 애니미즘
③ 징고이즘
④ 샤머니즘

쏙쏙 해설

징고이즘(Jingoism)
1877년 러시아와 투르크의 전쟁에서 영국의 대러시아 강경책을 노래한 속가 속에 'By Jingo'는 '어림도 없다'는 뜻에서 유래하여 공격적인 외교정책을 만들어내는 극단적이고 맹목적이며 배타적인 애국주의 혹은 민족주의를 말한다.

정답 ❸

39

정치상황과 이슈에 따라 선택을 달리하는 부동층 유권자를 의미하는 스윙보터와 유사한 의미를 가진 용어가 아닌 것은?

☑ 확인Check! ○ △ ✕

① 언디사이디드보터(Undecided Voter)
② 플로팅보터(Floating Voter)
③ 미결정 투표자
④ 코테일(Cottail)

코테일은 미국 정치에서 인기 있는 공직자나 후보자가 자신의 인기에 힘입어 같은 정당 출신 다른 후보의 승리 가능성을 높여주는 것을 말한다.

정답 ❹

40

다음 중 UN 산하 전문기구가 아닌 것은?

☑ 확인Check! ○ △ ✕

① 국제노동기구(ILO)
② 국제연합식량농업기구(FAO)
③ 세계기상기구(WMO)
④ 세계무역기구(WTO)

쏙쏙 해설

1995년 출범한 세계무역기구는 1947년 이래 국제 무역 질서를 규율해오던 GATT(관세 및 무역에 관한 일반협정) 체제를 대신한다. WTO는 GATT에 없었던 세계무역분쟁 조정, 관세 인하 요구, 반덤핑규제 등 막강한 법적 권한과 구속력을 행사할 수 있다. WTO의 최고 의결기구는 총회이며 그 아래 상품교역위원회 등을 설치해 분쟁처리를 담당한다. 본부는 스위스 제네바에 있다.

정답 ❹

41

다음 괄호 안에 공통으로 들어갈 말로 적당한 것은?

☑ 확인Check! ○ △ ✕

- ( )은/는 1970년대 미국 청년들 사이에서 유행한 자동차 게임이론에서 유래되었다.
- ( )의 예로는 한 국가 안의 정치나 노사 협상, 국제 외교 등에서 상대의 양보를 기다리다가 파국으로 끝나는 것 등이 있다.

① 필리버스터
② 로그롤링
③ 캐스팅보트
④ 치킨게임

쏙쏙 해설

치킨게임(Chicken Game)
어느 한쪽이 양보하지 않을 경우 양쪽 모두 파국으로 치닫게 되는 극단적인 게임이론이다. 1950~1970년대 미국과 소련 사이의 극심한 군비경쟁을 꼬집는 용어로 사용되면서 국제정치학 용어로 정착되었다.

정답 ❹

제1장 제2장 제3장 제4장 제5장 제6장

42

☑확인 Check! ○ △ ✕

대통령이 선출되나, 입법부가 내각을 신임할 권한이 있는 정부 형태를 무엇이라 하는가?

① 입헌군주제
② 의원내각제
③ 대통령중심제
④ 이원집정부제

43

☑확인 Check! ○ △ ✕

다음 중 일본·중국·대만 간의 영유권 분쟁을 빚고 있는 곳은?

① 조어도
② 대마도
③ 남사군도
④ 북방열도

핵심만 콕

- 남사군도 : 동으로 필리핀, 남으로 말레이시아와 브루나이, 서로 베트남, 북으로 중국과 타이완을 마주하고 있어 6개국이 서로 영유권을 주장하고 있다.
- 북방열도(쿠릴열도) : 러시아연방 동부 사할린과 홋카이도 사이에 위치한 화산열도로 30개 이상의 도서로 이루어져 있다. 러시아와 일본 간의 영유권 분쟁이 일고 있는 곳은 쿠릴열도 최남단의 4개 섬이다.

44

☑ 확인 Check! ○ △ ✕

UN의 193번째 가입 국가는?

① 동티모르
② 몬테네그로
③ 세르비아
④ 남수단

쏙쏙 해설

남수단은 아프리카 동북부에 있는 나라로 2011년 7월 9일 수단으로부터 분리 독립하였고 193번째 유엔 회원국으로 등록되었다.

정답 ❹

45

☑ 확인 Check! ○ △ ✕

UN상임이사국에 속하지 않는 나라는?

① 중 국
② 러시아
③ 프랑스
④ 스웨덴

쏙쏙 해설

유엔안전보장이사회는 5개 상임이사국(미국, 영국, 프랑스, 중국, 러시아) 및 10개 비상임이사국으로 구성되어 있다. 비상임이사국은 평화유지에 대한 회원국의 공헌과 지역적 배분을 고려하여 총회에서 2/3 다수결로 매년 5개국이 선출되고, 임기는 2년이며, 연임이 불가하다.

정답 ❹

46

☑ 확인 Check! ○ △ ✕

원래는 '통나무 굴리기'라는 뜻으로 두 사람이 나무 위에 올라가 그것을 굴려 목적지까지 운반하되, 떨어지지 않도록 보조를 맞춘다는 말에서 유래된 것으로 선거운동을 돕고 대가를 받거나 이권을 얻는 행위는?

① 포크배럴(Pork Barrel)
② 로그롤링(Log-rolling)
③ 게리맨더링(Gerrymandering)
④ 매니페스토(Manifesto)

쏙쏙 해설

로그롤링(Log-rolling)
정치세력이 자기의 이익을 위해 경쟁세력의 요구를 수용하거나 암묵적으로 동의하는 정치적 행위를 의미하며 '보트트랜딩(Vote-tranding)'이라고 한다. 원래는 서로 협력해서 통나무를 모으거나 강물에 굴려 넣는 놀이에서 유래된 용어로 통나무를 원하는 방향으로 굴리기 위해 통나무의 양쪽, 즉 두 개의 경쟁세력이 적극적으로 담합을 하거나 아니면 묵시적으로 동조하는 것을 말한다.

정답 ❷

제1장

제2장

제3장

제4장

제5장

제6장

47

우리나라가 해외로 파병한 부대 이름 중 잘못 연결된 것은?

☑ 확인 Check! ○ △ ✕

① 레바논 – 동명부대
② 동티모르 – 상록수부대
③ 아이티 – 자이툰부대
④ 아프가니스탄 – 오쉬노부대

48

다음의 용어 설명 중 틀린 것은?

☑ 확인 Check! ○ △ ✕

① JSA – 공동경비구역
② NLL – 북방한계선
③ MDL – 남방한계선
④ DMZ – 비무장지대

49

다음 중 국가공무원법상의 징계의 종류가 아닌 것은?

① 감 봉
② 견 책
③ 좌 천
④ 정 직

☑ 확인 Check! ○ △ ✕

쏙쏙 해설

징계는 파면·해임·강등·정직·감봉·견책(譴責)으로 구분하며(국가공무원법 제79조), 좌천은 징계로 규정되어 있지 않다.

정답 ❸

50

엽관제의 설명으로 옳지 않은 것은?

① 정당에 대한 충성도와 기여도에 따라 공직자를 임명하는 인사제도를 말한다.
② 정실주의라고도 한다.
③ 정당정치의 발전에 기여한다.
④ 공직 수행에 있어서 중립성을 훼손할 수 있다.

☑ 확인 Check! ○ △ ✕

쏙쏙 해설

엽관제는 공무원 임면의 기준을 정치적 신조나 정당관계에 두고 있다는 점에서 엄격하게는 인사권자와의 개인적인 신임이나 친소관계를 기준으로 하는 정실주의(Patronage System)와 구분된다.

정답 ❷

핵심만 콕

엽관제의 장단점

장 점	단 점
• 관직의 특권화를 배제함으로써 정실인사 타파에 기여 • 공직자의 적극적인 충성심 확보 • 정당정치 발전에 기여	• 공직수행의 중립성 훼손 • 관료가 국가나 사회보다 정당이나 개인의 이익에 치중 • 능력과 자격을 갖춘 인사가 관직에서 배제될 가능성 • 정권교체기마다 공직자가 교체되면 행정의 전문성 및 기술성 확보가 어려움

제1장

제2장

제3장

제4장

제5장

제6장

51

다음 중 우리나라 최초의 이지스함은?

① 서애류성룡함
② 세종대왕함
③ 율곡이이함
④ 권율함

쏙쏙 해설

우리나라는 2007년 5월 국내 최초의 이지스함인 '세종대왕함'을 진수한 데 이어 2008년 두 번째 이지스함인 '율곡이이함'을 진수했고, 2012년 '서애류성룡함'까지 총 3척의 이지스함을 보유하고 있다.

정답 ❷

52

세계 주요 석유 운송로로 페르시아 만과 오만 만을 잇는 중동의 해협은?

① 말라카해협
② 비글해협
③ 보스포러스해협
④ 호르무즈해협

쏙쏙 해설

호르무즈해협(Hormuz Strait)
페르시아 만과 오만 만을 잇는 좁은 해협으로, 북쪽으로는 이란과 접하며, 남쪽으로는 아랍에미리트에 둘러싸인 오만의 월경지이다. 이 해협은 페르시아 만에서 생산되는 석유의 주요 운송로로 세계 원유 공급량의 30% 정도가 영향을 받는 곳이기도 하다.

정답 ❹

53

다음 중 대한민국 국회의 권한이 아닌 것은?

① 긴급명령권
② 불체포특권
③ 예산안 수정권
④ 대통령 탄핵 소추권

쏙쏙 해설

긴급명령권은 대통령의 권한이며, 대통령은 내우 · 외환 · 천재 · 지변 또는 중요한 재정 · 경제상의 위기에 있어서 국가의 안전보장 또는 공공의 안녕질서를 유지하기 위한 조치가 필요하고 국회의 집회를 기다릴 여유가 없을 때에 한하여 최소한으로 필요한 재정 · 경제상의 처분을 하거나 이에 관하여 법률의 효력을 가지는 명령을 발할 수 있다(대한민국 헌법 제76조 제1항).

정답 ❶

54

☑ 확인 Check! ○ △ ×

록히드 마틴사가 개발한 공중방어시스템으로, 미국을 향해 날아오는 미사일을 고(高)고도 상공에서 격추하기 위한 목적으로 개발된 방어체계는?

① 사드(THAAD)
② 중거리탄도미사일(IRBM)
③ 레이저빔(Laser Beam)
④ 대륙간탄도미사일(ICBM)

쏙쏙 해설

사드(THAAD)는 미국의 고(高)고도 미사일 방어체계다. 록히드 마틴이 개발한 공중방어시스템으로 미사일로부터 미국의 군사기지를 방어하기 위해 만들었다. 박근혜 정부 시절 우리나라 성주에 사드 배치를 두고 국내외 정세에 큰 파장을 몰고 왔었다.

정답 ❶

55

☑ 확인 Check! ○ △ ×

일사부재리의 원칙에 대한 설명으로 옳은 것은?

① 국회에서 일단 부결된 안건을 같은 회기 중에 다시 발의 또는 제출하지 못한다는 것을 의미한다.
② 판결이 내려진 어떤 사건(확정판결)에 대해 두 번 이상 심리·재판을 하지 않는다는 형사상의 원칙이다.
③ 일사부재리의 원칙은 민사사건에도 적용된다.
④ 로마시민법에서 처음 등장했으며 라틴어로 '인 두비오 프로 레오(In Dubio Pro Leo)'라고 한다.

쏙쏙 해설

②·③ 일사부재리의 원칙은 확정 판결이 내려진 사건에 대해 두 번 이상 심리·재판을 하지 않는다는 형사상의 원칙이다.
① 일사부재의의 원칙을 설명한 지문이다.
④ '인 두비오 프로 레오(In Dubio Pro Leo)'는 '형사소송법에서 증명을 할 수 없으면 무죄'라는 의미를 담고 있다.

정답 ❷

56

다음 보기에 나온 사람들의 임기를 모두 더한 것은?

> 국회의원, 대통령, 감사원장, 대법원장, 국회의장

① 18년
② 19년
③ 20년
④ 21년

57

다음 세 키워드와 관련 있는 단어는 무엇인가?

> - 테러방지법
> - 국 회
> - 랜드 폴 미국 상원의원

① 딥스로트
② 게리맨더링
③ 필리버스터
④ 캐스팅보트

58

헌법 개정 절차로 올바른 것은?

① 공고 → 제안 → 국회의결 → 국민투표 → 공포
② 제안 → 공고 → 국회의결 → 국민투표 → 공포
③ 제안 → 국회의결 → 공고 → 국민투표 → 공포
④ 제안 → 공고 → 국무회의 → 국회의결 → 국민투표 → 공포

☑ 확인 Check! ○ △ ✕

쏙쏙 해설

헌법 개정 절차는 '제안 → 공고 → 국회의결 → 국민투표 → 공포' 순이다.

정답 ❷

59

다음 중 반의사불벌죄가 아닌 것은?

① 존속폭행죄
② 협박죄
③ 명예훼손죄
④ 모욕죄

☑ 확인 Check! ○ △ ✕

쏙쏙 해설

반의사불벌죄는 처벌을 원하는 피해자의 의사표시 없이도 공소할 수 있다는 점에서 고소 · 고발이 있어야만 공소를 제기할 수 있는 친고죄(親告罪)와 구별된다. 폭행죄, 협박죄, 명예훼손죄, 과실치상죄 등이 이에 해당한다. 모욕죄는 친고죄이다.

정답 ❹

60

다음 중 불문법이 아닌 것은?

① 판례법
② 관습법
③ 조 리
④ 조 례

☑ 확인 Check! ○ △ ✕

쏙쏙 해설

조례는 성문법이다.

정답 ❹

61

☑ 확인Check! ○ △ ✕

다음 중 헌법재판소의 관장사항이 아닌 것은?

① 법률에 저촉되지 아니하는 범위 안에서 소송에 관한 절차 제정
② 탄핵의 심판
③ 정당의 해산심판
④ 헌법소원에 관한 심판

관계법령

헌법 제111조
① 헌법재판소는 다음 사항을 관장한다.
　　1. 법원의 제청에 의한 법률의 위헌여부 심판
　　2. 탄핵의 심판
　　3. 정당의 해산 심판
　　4. 국가기관 상호간, 국가기관과 지방자치단체간 및 지방자치단체 상호간의 권한쟁의에 관한 심판
　　5. 법률이 정하는 헌법소원에 관한 심판

62

☑ 확인Check! ○ △ ✕

다음 중 죽은 가족을 대신해서 억울함을 풀어주는 제도는?

① 신원권
② 공중권
③ 청원권
④ 추징권

63

☑ 확인Check! ○ △ ✕

다음 중 특별검사제에 대한 설명으로 옳지 않은 것은?

① 고위층 권력형 비리나 수사기관이 연루된 사건에 특별검사를 임명해 수사·기소권을 준다.

② 특검보는 15년 이상 판사·검사·변호사로 재직한 변호사 중 2명을 특검이 추천하면 대통령이 1명을 임명한다.

③ 이명박 전 대통령이 직접적으로 관여된 특검은 두 차례 시행됐다.

④ 특검팀 수사는 준비기간 만료일 다음 날부터 30일 이내이며 1회에 한해 10일 연장할 수 있다.

쏙쏙 해설

특검팀 수사는 특검 임명 후 20일간 준비기간을 두고, 준비기간 만료일 다음 날부터 60일 이내이며 1회에 한해 대통령의 승인을 받아 30일까지 연장할 수 있다(특검법 제10조 참고).

정답 ❹

64

☑ 확인Check! ○ △ ✕

형벌의 종류 중 무거운 것부터 차례로 나열한 것은?

① 사형 – 자격상실 – 구류 – 몰수

② 사형 – 자격상실 – 몰수 – 구류

③ 사형 – 몰수 – 자격상실 – 구류

④ 사형 – 구류 – 자격상실 – 몰수

쏙쏙 해설

형벌의 경중 순서(형법 제41조 참고)
사형 → 징역 → 금고 → 자격상실 → 자격정지 → 벌금 → 구류 → 과료 → 몰수

정답 ❶

03 경제 · 경영 · 금융

01

☑ 확인Check! ○ △ ✕

국가와 국가 혹은 국가와 세계의 경기가 같은 흐름을 띠지 않는 현상을 뜻하는 말은?

① 리커플링
② 디커플링
③ 테이퍼링
④ 양적완화

쏙쏙 해설

디커플링(Decoupling)은 일명 탈동조화 현상으로 한 국가의 경제가 주변의 다른 국가나 세계경제와 같은 흐름을 보이지 않고 독자적인 경제로 움직이는 현상을 말한다. 세계경제는 미국이나 유럽 등 선진국에서 발생한 수요 또는 공급 충격에 큰 영향을 받는 동조화(Coupling) 현상, 점차 다른 나라의 경제상황과 성장에 미치는 영향이 약화되는 디커플링 현상, 동조화 재발생(Recoupling) 현상이 반복된다.

정답 ❷

02

☑ 확인Check! ○ △ ✕

다음 중 경제가 호황인 가운데 물가가 상승하는 현상은?

① 스태그플레이션
② 슬로플레이션
③ 슬럼플레이션
④ 붐플레이션

쏙쏙 해설

붐플레이션(Boomflation)은 호황을 뜻하는 '붐(Boom)'과 '인플레이션(Inflation)'의 합성어로 경제가 호황인 가운데에 물가가 상승하는 현상을 의미한다. 반대로 경제가 불황인 가운데 인플레이션을 함께 겪는 상황을 뜻하는 용어는 슬럼플레이션(Slumplation)이다.

정답 ❹

03

☑ 확인Check! ○ △ ✕

경쟁에서 이기기 위해 치른 비용 때문에 위험에 빠지거나 후유증을 겪는 상황을 뜻하는 용어는?

① 레온티에프 역설
② 피로스의 승리
③ 치킨게임
④ 승자의 저주

04

☑ 확인Check! ○ △ ✕

어떤 증권에 대한 공포감 때문에 투자자들이 급격하게 매도하는 현상을 뜻하는 용어는?

① 패닉 셀링
② 반대매매
③ 페이밴드
④ 손절매

05

☑ 확인Check! ○ △ ✕

상대방의 행동을 변화시키는 유연한 방식의 전략을 의미하는 경제이론은?

① 낙인 이론
② 넛지 이론
③ 비행하위문화 이론
④ 깨진 유리창 이론

제1장

제2장

제3장

제4장

제5장

제6장

06

☑ 확인Check! ○ △ ✕

절약·저축이 개인에게는 바람직하나 장기적으로는 국가 전체의 불황을 일으키는 현상은?

① 역부의 효과
② 부의 효과
③ 절약의 역설
④ 소프트랜딩

07

☑ 확인Check! ○ △ ✕

다음 중 주식시장에서 대형 우량주를 통틀어 일컫는 용어는?

① 레드칩
② 블랙칩
③ 옐로우칩
④ 블루칩

08

☑ 확인Check! ○ △ ✕

대한민국의 최저임금과 관련된 설명으로 옳지 않은 것은?

① 최저임금위원회는 공익위원·사용자위원·근로자위원 동수로 구성된다.
② 1986년부터 노동시장에 최저임금제도가 적용되기 시작했다.
③ 2024년 최저임금은 시급 기준 9,860원이다.
④ 노동부장관은 다음 해 최저임금을 결정하여 8월 5일까지 고시해야 한다.

09

☑ 확인Check! ○ △ ✕

다음 중 한국은행의 기능이 아닌 것은?

① 화폐를 시중에 발행하고 다시 환수한다.
② 금융기관에 대한 감독업무를 수행한다.
③ 외화보유액을 적정한 수준으로 유지한다.
④ 통화량 조절을 위해 기준금리를 결정한다.

쏙쏙 해설

우리나라의 중앙은행인 한국은행은 화폐를 발행·환수하고, 기준금리 등 통화신용정책을 수립하고 진행한다. 또 은행 등 금융기관을 상대로 예금을 받고 대출을 해주며, 국가를 상대로 국고금을 수납하고 지급하기도 한다. 아울러 외환건전성 제고를 통해 금융안정에 기여하며, 외화자산을 보유·운용한다. 국내외 경제에 관한 조사연구 및 통계 업무를 수행하기도 한다.

정답 ❷

10

☑ 확인Check! ○ △ ✕

국제결제나 금융거래의 중심이 되는 특정국의 통화를 무엇이라 하는가?

① 기축통화
② 준비통화
③ 결제통화
④ 기준통화

쏙쏙 해설

기축통화란 국제결제나 금융거래의 기축이 되는 특정국의 통화를 말한다. 국제통화라고도 하며 보통 미국 달러를 가리키기 때문에 미국을 기축통화국이라고도 부른다. 기축통화가 정해지기 전까지 영국의 파운드화가 오랫동안 기축통화로서의 자격을 확보해왔으나, 제2차 세계대전 이후 미국이 각국 중앙은행에 달러의 금태환을 약속함에 따라 달러가 기축통화로서 중심적 지위를 차지하게 됐다.

정답 ❶

11

☑ 확인Check! ○ △ ✕

전략적으로 계산해 소비하는 알뜰한 소비자를 뜻하는 신조어는?

① 체리슈머
② 크리슈머
③ 프로슈머
④ 모디슈머

체리슈머는 기업의 상품·서비스를 구매하지 않으면서 단물만 쏙쏙 빼먹는 사람들을 뜻하는 체리피커(Cherry Picker)에서 진일보한 개념이다. 체리피커에 소비자를 뜻하는 'Consumer'를 합한 말로 '알뜰한 소비자'를 뜻한다. 체리슈머는 남들에게 폐를 끼치지 않는 선에서 극한의 알뜰함을 추구한다는 점에서 체리피커에 비해 비교적 긍정적이다. 한정된 자원을 최대한으로 활용하는 합리적 소비형태를 띠고 있다.

정답 ❶

12

☑ 확인Check! ○ △ ✕

경기부양을 위한 다양한 정책에도 경제주체가 반응하지 않는 경제상황을 뜻하는 용어는?

① 좀비 경제
② 자전거 경제
③ 마냐나 경제
④ 고압 경제

좀비 경제는 국제 금융권에서 90년대 이후 침체를 겪은 일본의 경제상황을 빗대었던 용어다. 정부가 경기부양을 위해 각종 정책을 내놓아도 기업과 가계 등 경제주체가 거의 반응을 하지 않는 상태를 말한다.

정답 ❶

13

주식시장에서 선물매매가 현물시장을 흔들어 영향을 주는 현상은?

☑ 확인 Check! ○ △ ✕

① 언더독
② 웩더독
③ 숏커버링
④ 리오프닝

웩더독(Wag the Dog)은 '개의 꼬리가 몸통을 흔든다'는 뜻이다. 주식시장에서 선물시장(꼬리)이 현물시장(몸통)에 큰 영향을 미치는 현상을 가리킬 때 사용하며, 정치·경제분야에서 모두 사용된다.

정답 ❷

14

펀드매니저가 운용전략을 적극적으로 펴 시장수익률을 초과하는 수익을 노리는 펀드는?

☑ 확인 Check! ○ △ ✕

① 인덱스펀드
② 액티브펀드
③ 사모펀드
④ 헤지펀드

액티브펀드(Active Fund)는 펀드매니저가 시장 전망에 따라 과감하게 종목을 선정하고 공격적이고 적극적인 운용전략을 수립해, 시장수익률을 상회하는 수익을 노리는 펀드다. 공격적으로 투자하는 만큼 수익률은 높을 수 있으나 위험성이 크고, 장기보다는 단기투자의 수익률이 높은 편이다.

정답 ❷

15

값싼 가격에 질 낮은 저급품만 유통되는 시장을 가리키는 용어는?

☑ 확인 Check! ○ △ ✕

① 레몬마켓
② 프리마켓
③ 제3마켓
④ 피치마켓

레몬마켓은 저급품만 유통되는 시장으로, 불량품이 넘쳐나면서 소비자의 외면을 받게 된다. 피치마켓은 레몬마켓의 반대어로, 고품질의 상품이나 우량의 재화·서비스가 거래되는 시장을 의미한다.

정답 ❶

16

☑ 확인Check! ○ △ ✕

전세가와 매매가의 차액만으로 전세를 안고 주택을 매입한 후 부동산 가격이 오르면 이득을 보는 '갭 투자'와 관련된 경제 용어는 무엇인가?

① 코픽스

② 트라이슈머

③ 레버리지

④ 회색 코뿔소

쏙쏙 해설

• 갭 투자 : 전세를 안고 하는 부동산 투자이다. 부동산 경기가 호황일 때 수익을 낼 수 있으나 부동산 가격이 위축돼 손해를 보면 전세 보증금조차 갚지 못할 수 있는 위험한 투자이다.

• 레버리지(Leverage) : 대출을 받아 적은 자산으로 높은 이익을 내는 투자 방법이다. '지렛대효과'를 낸다 하여 레버리지라는 이름이 붙었다.

정답 ❸

17

☑ 확인Check! ○ △ ✕

경기상황이 디플레이션일 때 나타나는 현상으로 옳은 것은?

① 통화량 감소, 물가하락, 경기침체

② 통화량 증가, 물가상승, 경기상승

③ 통화량 감소, 물가하락, 경기상승

④ 통화량 증가, 물가하락, 경기침체

쏙쏙 해설

디플레이션은 통화량 감소와 물가하락 등으로 인하여 경제활동이 침체되는 현상을 말한다.

정답 ❶

18

☑ 확인 Check! ○ △ ✕

다국적 ICT기업들이 세계 각국에서 막대한 이익을 얻고도 조약이나 세법을 악용해 세금을 내지 않는 것을 막기 위해 도입한 것은?

① 스텔스 세금
② 법인세
③ 구글세
④ 국경세

쏙쏙 해설

구글, 애플, 마이크로소프트 등 다국적 ICT기업들은 전 세계적으로 막대한 수익을 얻는 반면 세금을 회피해왔다. 이에 유럽 국가를 중심으로 이러한 기업들에 세금을 부과하자는 움직임이 시작됐는데, 그 명칭에 대표적인 포털사이트인 구글 이름을 붙인 것이다.

정답 ❸

19

☑ 확인 Check! ○ △ ✕

특정 품목의 수입이 급증할 때, 수입국이 관세를 조정함으로써 국내 산업의 침체를 예방하는 조치는 무엇인가?

① 세이프가드
② 선샤인액트
③ 리쇼어링
④ 테이퍼링

쏙쏙 해설

특정 상품의 수입 급증이 수입국의 경제 또는 국내 산업에 심각한 타격을 줄 우려가 있는 경우 세이프가드를 발동한다.

정답 ❶

핵심만 콕

② 선샤인액트 : 제약사와 의료기기 제조업체가 의료인에게 경제적 이익을 제공할 경우 해당 내역에 대한 지출보고서 작성을 의무화한 제도
③ 리쇼어링 : 해외로 진출했던 기업들이 본국으로 회귀하는 현상
④ 테이퍼링 : 양적완화 정책의 규모를 점차 축소해가는 출구전략

20

다음 중 유로존 가입국이 아닌 나라는?

☑ 확인 Check! ○ △ ✕

① 오스트리아
② 프랑스
③ 아일랜드
④ 스위스

쏙쏙 해설

유로존(Eurozone)은 유럽연합의 단일 화폐인 유로를 국가통화로 도입하여 사용하는 국가나 지역을 가리키는 말로 오스트리아, 핀란드, 독일, 포르투갈, 프랑스, 아일랜드, 스페인 등 총 19개국이 가입되어 있다. 스위스는 유로존에 포함되어 있지 않기 때문에 자국 통화인 스위스프랑을 사용한다.

정답 ❹

21

물가상승이 통제를 벗어난 상태로, 수백 퍼센트의 인플레이션율을 기록하는 상황을 말하는 경제용어는?

☑ 확인 Check! ○ △ ✕

① 보틀넥인플레이션
② 하이퍼인플레이션
③ 디맨드풀인플레이션
④ 디스인플레이션

쏙쏙 해설

설문은 초인플레이션(하이퍼인플레이션)에 대한 내용이다.

정답 ❷

핵심만 콕

① 생산능력의 증가속도가 수요의 증가속도를 따르지 못함으로써 발생하는 물가상승
③ 초과수요로 인하여 일어나는 인플레이션
④ 인플레이션을 극복하기 위해 통화증발을 억제하고 재정·금융긴축을 주축으로 하는 경제조정정책

22

☑ 확인 Check! ○ △ ✕

사회 구성원의 주관적인 가치판단을 반영하여 소득분배의 불평등도를 측정하는 지표는?

① 지니계수
② 빅맥지수
③ 엥겔계수
④ 앳킨슨지수

23

☑ 확인 Check! ○ △ ✕

납세자들이 세금을 낸다는 사실을 잘 인식하지 못하고 내는 세금을 무엇이라 하는가?

① 시뇨리지
② 인플레이션 세금
③ 스텔스 세금
④ 버핏세

24

☑ 확인 Check! ○ △ ✕

복잡한 경제활동 전체를 '경기'로서 파악하기 위해 제품, 자금, 노동 등에 관한 통계를 통합·정리해서 작성한 지수는?

① 기업경기실사지수
② 엥겔지수
③ GPI
④ 경기동향지수

25

☑ 확인Check! ○ △ ✕

다음과 같은 현상을 무엇이라 하는가?

국제 유가 급락, 신흥국 경제위기, 유럽 디플레이션 등 각종 악재가 동시다발적으로 한꺼번에 터지는 것

① 세컨더리 보이콧
② 칵테일리스크
③ 염소의 저주
④ 스태그플레이션

26

☑ 확인Check! ○ △ ✕

제품의 가격을 인하하면 수요가 줄어들고 오히려 가격이 비싼 제품의 수요가 늘어나는 것을 무엇이라고 하는가?

① 세이의 법칙
② 파레토최적의 법칙
③ 쿠즈의 U자 가설
④ 기펜의 역설

27

☑ 확인Check! ○ △ ✕

돈을 풀고 금리를 낮춰도 투자와 소비가 늘지 않는 현상을 무엇이라 하는가?

① 유동성 함정
② 스태그플레이션
③ 디멘드풀인플레이션
④ 애그플레이션

28

☑ 확인 Check! ○ △ ✕

다음 보기에서 설명하고 있는 효과는?

> • 가격이 오르는데도 일부 계층의 과시욕이나 허영심 등으로 인해 수요가 줄어들지 않는 현상
> • 상류층 소비자들의 소비 행태를 가리키는 말

① 바넘 효과
② 크레스피 효과
③ 스놉 효과
④ 베블런 효과

쏙쏙 해설

베블런 효과는 미국의 경제학자이자 사회학자인 소스타인 베블런(Thorstein Bunde Veblen)이 자신의 저서 〈유한계급론〉(1899)에서 "상류층계급의 두드러진 소비는 사회적 지위를 과시하기 위하여 자각 없이 행해진다"고 지적한 데서 유래했다.

정답 ④

29

☑ 확인 Check! ○ △ ✕

다음 글이 설명하고 있는 시장의 유형으로 적절한 것은?

> • 주변에서 가장 많이 볼 수 있는 시장의 유형이다.
> • 공급자의 수는 많지만, 상품의 질은 조금씩 다르다.
> • 소비자들은 상품의 차별성을 보고 기호에 따라 재화나 서비스를 소비하게 된다. 미용실, 약국 등이 속한다.

① 과점시장
② 독점적 경쟁시장
③ 생산요소시장
④ 완전경쟁시장

쏙쏙 해설

다수의 공급자, 상품 차별화, 어느 정도의 시장 지배력 등의 특징을 갖고 있는 시장은 독점적 경쟁시장이다. 과점시장은 소수의 기업이나 생산자가 시장을 장악하고 비슷한 상품을 제조하며 동일한 시장에서 경쟁하는 시장형태이다. 우리나라 이동통신회사가 대표적인 예이다.

정답 ②

30

아시아 개발도상국들이 도로, 학교와 같은 사회간접자본을 건설할
수 있도록 자금 등을 지원하는 국제기구로, 중국이 주도한다는 점이
특징인 조직은?

① IMF
② AIIB
③ ASEAN
④ World Bank

쏙쏙 해설

AIIB(아시아인프라투자은행)는 2013년
시진핑 주석이 창설을 처음 제의하였으
며, 2014년 10월 아시아 21개국이 설립
을 위한 양해각서(MOU)에 서명함으로
써 자본금 500억달러 규모로 출범했다.

정답 ❷

31

경기침체 속에서 물가상승이 동시에 발생하는 상태를 가리키는 용어
는?

① 디플레이션
② 하이퍼인플레이션
③ 스태그플레이션
④ 애그플레이션

쏙쏙 해설

스태그플레이션은 경기침체기에 발생
하는 인플레이션으로, 저성장·고물가
의 상태를 의미한다.

정답 ❸

핵심만 콕

① 경제 전반적으로 상품과 서비스의 가격이 지속적으로 하락하고 경제활동이 침체되는 현상
② 물가 상승 현상이 통제를 벗어난 초인플레이션 상태
④ 곡물 가격이 상승하면서 일반 물가도 오르는 현상

32

서방 선진 7개국 정상회담(G7)은 1975년 프랑스가 G6 정상회의를 창설하고 그 다음해 캐나다가 추가·확정되면서 매년 개최된 회담이다. 다음 중 G7 회원국이 아닌 나라는?

① 미 국
② 영 국
③ 이탈리아
④ 중 국

☑ 확인 Check! ○ △ ✕

쏙쏙 해설

G7 회원국은 미국, 프랑스, 독일, 영국, 이탈리아, 일본, 캐나다로 중국은 G7 회원국이 아니다.

정답 ④

핵심만 콕

1975년 프랑스가 G6 정상회의를 창설했다. 미국, 프랑스, 독일, 영국, 이탈리아, 일본 등 서방 선진 6개국의 모임으로 출범하였으며, 그 다음해 캐나다가 추가되어 서방 선진 7개국 정상회담(G7)으로 매년 개최되었다. 1990년대 이후 냉전 구도 해체로 세계에서 가장 큰 나라인 러시아가 옵서버 형식으로 참가하기 시작하였고, 1997년 이후 러시아가 정식 멤버가 되면서 세계 주요 8개국의 모임(G8)으로 불리운 적이 있었으나, 2014년 우크라이나 크림반도 합병 문제로 러시아는 직무가 박탈되고, G8모임에서 퇴출되어 다시 G7으로 불리게 되었다.

제1장 · 제2장 · 제3장 · 제4장 · 제5장 · 제6장

33

일할 수 있는 젊은 세대인 생산가능인구(만 15~64세)의 비중이 하락하면서 부양해야 할 노년층은 늘어나고, 이로 인해 경제 성장세가 둔화되는 시기를 가리키는 것은?

① 인구 보너스(Demographic Bonus)
② 인구 플러스(Demographic Plus)
③ 인구 센서스(Demographic Census)
④ 인구 오너스(Demographic Onus)

☑ 확인 Check! ○ △ ✕

쏙쏙 해설

설문은 인구 오너스에 대한 내용이다.
① 인구 보너스(Demographic Bonus) : 전체 인구에서 생산가능인구가 차지하는 비중이 높아지고, 유년 인구와 고령 인구 비율이 낮은 상황
③ 인구 센서스(Demographic Census) : 인구주택총조사

정답 ④

34

☑ 확인Check! ○ △ ✕

다음 중 임금상승률과 실업률 사이의 상충관계를 나타낸 것은?

① 로렌츠곡선
② 필립스곡선
③ 지니계수
④ 래퍼곡선

쏙쏙 해설

실업률과 임금·물가상승률의 반비례 관계를 나타낸 곡선은 필립스곡선(Phillips Curve)이다. 실업률이 낮으면 임금이나 물가의 상승률이 높고, 실업률이 높으면 임금이나 물가의 상승률이 낮다는 것이다.

정답 ❷

35

☑ 확인Check! ○ △ ✕

다음 중 경기가 회복되는 국면에서 일시적인 어려움을 겪는 상황을 나타내는 것은?

① 스크루플레이션
② 소프트패치
③ 러프패치
④ 그린슈트

쏙쏙 해설

경기가 상승하는 국면에서 본격적으로 침체되거나 후퇴하는 것은 아니지만 일시적으로 성장세가 주춤해지면서 어려움을 겪는 현상을 소프트패치(Soft Patch)라 한다.

정답 ❷

핵심만 콕

① 스크루플레이션 : 쥐어짤 만큼 어려운 경제상황에서 체감 물가가 올라가는 상태
③ 러프패치 : 소프트패치보다 더 나쁜 경제상황으로, 소프트패치 국면이 상당기간 길어질 수 있음을 의미
④ 그린슈트 : 경제가 침체에서 벗어나 조금씩 회복되면서 발전할 조짐을 보이는 것

36

☑ 확인 Check! ○ △ ✕

미국 보스턴 컨설팅 그룹이 개발한 BCG 매트릭스에서 기존 투자에 의해 수익이 계속적으로 실현되는 자금 공급 원천에 해당하는 사업은?

① 스타(Star) 사업
② 도그(Dog) 사업
③ 캐시카우(Cash Cow) 사업
④ 물음표(Question Mark) 사업

쏙쏙 해설

캐시카우 사업은 시장점유율이 높아 안정적으로 수익을 창출하지만 성장 가능성은 낮은 사업이다. 스타 사업은 수익성과 성장성이 모두 큰 사업이며, 그 반대가 도그 사업이다. 물음표 사업은 앞으로 어떻게 될 지 알 수 없는 사업이다.

정답 ❸

37

☑ 확인 Check! ○ △ ✕

다음 보기와 관련 있는 마케팅 방법은?

- 남성 전용 미용실 '블루클럽'
- 모유, 우유 등에 알레르기를 보이는 유아용 분유
- 왼손잡이용 가위

① 니치 마케팅
② 스텔스 마케팅
③ 앰부시 마케팅
④ 매스 마케팅

쏙쏙 해설

틈새를 비집고 들어가는 것처럼 시장의 빈틈을 공략하는 것으로, 시장 세분화를 통해 특정한 성격을 가진 소규모의 소비자를 대상으로 하는 니치 마케팅에 대한 설명이다.

정답 ❶

제1장

제2장

제3장

제4장

제5장

제6장

38

☑ 확인 Check! ○ △ ✕

다음 중 기업이 공익을 추구하면서도 실질적인 이익을 얻을 수 있도록 공익과의 접점을 찾는 마케팅은?

① 바이럴 마케팅
② 코즈 마케팅
③ 니치 마케팅
④ 헤리티지 마케팅

39

☑ 확인 Check! ○ △ ✕

다음 중 BCG 매트릭스에서 원의 크기가 의미하는 것은?

① 시장 성장률
② 상대적 시장점유율
③ 기업의 규모
④ 매출액의 크기

핵심만 콕

BCG 매트릭스
미국의 보스턴컨설팅그룹이 개발한 사업전략의 평가기법으로 '성장-점유율 분석'이라고도 한다. 상대적 시장점유율과 시장성장률이라는 2가지를 각각 X, Y축으로 하여 매트릭스(2차원 공간)에 해당 사업을 위치시켜 사업전략을 위한 분석과 판단에 이용한다.

40

☑ 확인 Check! ○ △ ✕

제품 생산부터 판매에 이르기까지 소비자를 관여시키는 마케팅 기법을 무엇이라고 하는가?

① 프로슈머 마케팅
② 풀 마케팅
③ 앰부시 마케팅
④ 노이즈 마케팅

쪽쪽 해설

프로슈머 마케팅은 소비자의 아이디어를 제품 개발 및 유통에 활용하는 마케팅 기법이다.

정답 ❶

핵심만 콕

② 풀 마케팅 : 광고·홍보활동에 고객들을 직접 주인공으로 참여시켜 벌이는 마케팅 기법
③ 앰부시 마케팅 : 스폰서의 권리가 없는 자가 마치 자신이 스폰서인 것처럼 하는 마케팅 기법
④ 노이즈 마케팅 : 상품의 품질과는 상관없이 오로지 상품을 판매할 목적으로 각종 이슈를 요란스럽게 치장해 구설에 오르도록 하거나, 화젯거리로 소비자들의 이목을 현혹시켜 판매를 늘리는 마케팅 기법

41

☑ 확인 Check! ○ △ ✕

다음 중 재벌의 황제경영을 바로잡아 보려는 직접적 조처에 해당하는 것은?

① 사외이사제도
② 부채비율의 인하
③ 채무보증의 금지
④ 지주회사제도

쪽쪽 해설

사외이사제도는 1997년 외환위기를 계기로 우리 스스로가 기업 경영의 투명성을 높이고자 도입한 제도이다. 경영 감시를 통한 공정한 경쟁과 기업 이미지 쇄신은 물론 전문가를 경영에 참여시킴으로써 기업경영에 전문지식을 활용하려는 데 목적이 있다.

정답 ❶

제1장 제2장 제3장 제4장 제5장 제6장

42

☑ 확인 Check! ○ △ ✕

전 세계 1~3% 안에 드는 최상류 부유층의 소비자를 겨냥해 따로 프리미엄 제품을 내놓는 마케팅을 무엇이라고 하는가?

① 하이엔드 마케팅(High-end Marketing)
② 임페리얼 마케팅(Imperial Marketing)
③ 카니벌라이제이션(Cannibalization)
④ 하이브리드 마케팅(Hybrid Marketing)

43

☑ 확인 Check! ○ △ ✕

기업 M&A에 대한 방어전략의 일종으로 적대적 M&A가 시도될 경우 기존 주주들에게 시가보다 싼 값에 신주를 발행해 기업인수에 드는 비용을 증가시키는 방법은?

① 황금낙하산
② 유상증자
③ 신주발행
④ 포이즌 필

44

☑ 확인Check! ○ △ ✕

기업이 임직원에게 자기회사의 주식을 일정 수량, 일정 가격으로 매수할 수 있는 권리를 부여하는 제도는?

① 사이드카(Side Car)

② 스톡옵션(Stock Option)

③ 트레이딩칼라(Trading Collar)

④ 서킷브레이커(Circuit Breaker)

설문은 스톡옵션에 대한 것으로 주가가 상승할 때 직원의 충성심과 사기의 향상을 기대할 수 있다.

정답 ❷

핵심만 콕

① 사이드카(Side Car) : 선물시장이 급변할 경우 현물시장에 대한 영향을 최소화함으로써 현물시장을 안정적으로 운용하기 위한 관리제도

③ 트레이딩칼라(Trading Collar) : 주식시장 급변에 따른 지수 변동성 확대로 시장의 불안 정도가 높아질 때 발효되는 시장 조치

④ 서킷브레이커(Circuit Breaker) : 주식시장에서 주가가 급등 또는 급락하는 경우 주식매매를 일시정지하는 제도

45

☑ 확인Check! ○ △ ✕

다음에서 설명하는 내용에 적용할 수 있는 마케팅 기법은?

- 소셜커머스로 레스토랑 할인쿠폰을 구매한다.
- 매장 사이트를 방문하여 예약을 한다.
- 지도앱 등을 통해 가장 가까운 카페 중 한 곳을 고른다.

① 코즈 마케팅

② 스토리텔링 마케팅

③ O2O 마케팅

④ 플래그십 마케팅

O2O 마케팅(Online To Offline) 모바일 서비스를 기반으로 한 오프라인 매장의 마케팅 방법이다. 즉, 온라인을 통해 오프라인 매장에 대한 정보를 습득하고 매장에서 이용할 수 있는 공동구매나 쿠폰 등을 온라인에서 얻는 것을 말한다.

정답 ❸

46

☑ 확인 Check! ○ △ ✕

금융기관의 재무건전성을 나타내는 기준으로, 위험가중자산(총자산)에서 자기자본이 차지하는 비율을 말하는 것은?

① DTI
② LTV
③ BIS 비율
④ 지급준비율

BIS 비율은 국제결제은행에서 일반은행에 권고하는 자기자본비율 수치를 의미한다. 국제결제은행(Bank for International Settlement)에서는 국제금융시장에서 자기자본비율을 8% 이상 유지하도록 권고하고 있다.

정답 ❸

47

☑ 확인 Check! ○ △ ✕

다음 중 세계 3대 신용평가기관이 아닌 것은?

① 무디스(Moody's)
② 스탠더드 앤드 푸어스(S&P)
③ 피치 레이팅스(FITCH Ratings)
④ D&B(Dun&Bradstreet Inc)

영국의 피치 레이팅스(FITCH Ratings), 미국의 무디스(Moody's)와 스탠더드 앤드 푸어스(S&P)는 세계 3대 신용평가기관으로서 각국의 정치·경제 상황과 향후 전망 등을 고려하여 국가별 등급을 매겨 국가신용도를 평가한다. D&B(Dun&Bradstreet Inc)는 미국의 상사 신용조사 전문기관으로 1933년에 R. G. Dun&Company와 Bradstreet Company의 합병으로 설립되었다.

정답 ❹

48

☑ 확인Check! ○ △ ✕

연간소득 대비 총부채 연간 원리금 상환액을 기준으로 부채상환능력을 평가함으로써 대출규모를 제한하는 규제는?

① DTI

② LTV

③ DSR

④ DTA

쏙쏙 해설

DSR(Debt Service Ratio)은 차주의 소득 대비 부채 수준을 나타내는 지표로 현행 총부채상환비율(DTI)과 비슷하지만 훨씬 엄격하다. 해당 주택담보대출의 원리금과 다른 대출의 이자 부담만을 적용해 계산하는 DTI와 달리 DSR은 할부금, 마이너스 통장 등 전체의 원리금 상환 부담을 반영해 산출한다.

정답 ❸

핵심만 콕

① DTI : 연소득에서 부채의 연간 원리금 상환액이 차지하는 비율
② LTV : 담보 물건의 실제 가치 대비 대출금액의 비율
④ DTA : 자산평가액 대비 총부채 비율

49

☑ 확인Check! ○ △ ✕

선물시장이 급변할 경우 현물시장에 들어오는 프로그램 매매주문의 처리를 5분 동안 보류하여 현물시장의 타격을 최소화하는 프로그램 매매호가 관리제도를 무엇이라고 하는가?

① 코스피

② 트레이딩칼라

③ 사이드카

④ 서킷브레이커

쏙쏙 해설

사이드카는 현물시장을 안정적으로 운영하기 위해 도입한 프로그램 매매호가 관리제도이다.

정답 ❸

핵심만 콕

① 코스피 : 증권거래소에 상장된 종목들의 주식 가격을 종합적으로 표시한 수치
② 트레이딩칼라(Trading Collar) : 주식시장 급변에 따른 지수 변동성 확대로 시장의 불안 정도가 높아질 때 발효되는 시장 조치
④ 서킷브레이커(Circuit Breaker) : 주식시장에서 주가가 급등 또는 급락하는 경우 주식매매를 일시정지하는 제도

50

☑ 확인 Check! ○ △ ✕

주가가 떨어질 것을 예측해 주식을 빌려 파는 공매도를 했지만 반등이 예상되자 빌린 주식을 되갚으면서 주가가 오르는 현상은?

① 사이드카
② 디노미네이션
③ 서킷브레이커
④ 숏커버링

쏙쏙 해설

없는 주식이나 채권을 판 후 보다 싼 값으로 주식이나 그 채권을 구해 매입자에게 넘기는데, 예상을 깨고 강세장이 되어 해당 주식이 오를 것 같으면 손해를 보기 전에 빌린 주식을 되갚게 된다. 이때 주가가 오르는 현상을 숏커버링이라 한다.

정답 ❹

51

☑ 확인 Check! ○ △ ✕

다음 중 금융기관의 부실자산이나 채권만을 사들여 전문적으로 처리하는 기관을 무엇이라고 하는가?

① 굿뱅크
② 배드뱅크
③ 다크뱅크
④ 캔디뱅크

쏙쏙 해설

배드뱅크는 금융기관의 방만한 운영으로 발생한 부실자산이나 채권만을 사들여 별도로 관리하면서 전문적으로 처리하는 구조조정 전문기관이다.

정답 ❷

52

☑ 확인 Check! ○ △ ✕

보기에서 설명하는 것과 관계 깊은 용어는?

- 산업 폐기물을 해체 · 재생 · 재가공하는 산업
- 농업 폐기물을 이용해 플라스틱이나 세제를 만들고, 돼지의 배설물에서 돼지의 먹이를 재생산하는 산업

① 정맥산업
② 동맥산업
③ 재생산업
④ 포크배럴

쏙쏙 해설

정맥산업
더러워진 피를 새로운 피로 만드는 정맥의 역할과 같이 쓰고 버린 제품을 수거해서 산업 쓰레기를 해체 · 재생 · 재가공 등 폐기 처리하는 산업이다.

정답 ❶

53

해외로 나가 있는 자국 기업들을 각종 세제 혜택과 규제 완화 등을 통해 자국으로 다시 불러들이는 정책을 가리키는 말은?

☑ 확인 Check! ○ △ ✕

① 리쇼어링(Reshoring)
② 아웃소싱(Outsourcing)
③ 오프쇼어링(Off-Shoring)
④ 앵커링 효과(Anchoring Effect)

쏙쏙 해설

미국을 비롯한 각국 정부는 경기 침체와 실업난의 해소, 경제 활성화와 일자리 창출 등을 위해 리쇼어링 정책을 추진한다.

정답 ❶

54

주식과 채권의 중간적 성격을 지닌 신종자본증권은?

☑ 확인 Check! ○ △ ✕

① 하이브리드 채권
② 금융 채권
③ 연대 채권
④ 농어촌지역개발 채권

쏙쏙 해설

하이브리드 채권은 은행이나 기업이 주로 자본조달수단을 목적으로 발행하는 것으로, 채권과 주식의 특징을 갖고 있다.

정답 ❶

55

다음 중 환율인상의 영향이 아닌 것은?

☑ 확인 Check! ○ △ ✕

① 국제수지 개선효과
② 외채 상환 시 원화부담 가중
③ 수입 증가
④ 국내물가 상승

쏙쏙 해설

환율인상의 영향
• 수출 증가, 수입 감소로 국제수지 개선효과
• 수입품의 가격 상승에 따른 국내물가 상승
• 외채 상환 시 원화부담 가중

정답 ❸

56

☑ 확인 Check! ○ △ ✕

고객의 투자금을 모아 금리가 높은 CD, CP 등 단기 금융상품에 투자해 고수익을 내는 펀드를 무엇이라 하는가?

① ELS
② ETF
③ MMF
④ CMA

쏙쏙 해설

CD(양도성예금증서), CP(기업어음) 등 단기금융상품에 투자해 수익을 되돌려주는 실적배당상품을 MMF(Money Market Fund)라고 한다.

정답 ❸

57

☑ 확인 Check! ○ △ ✕

금융시장이 극도로 불안한 상황일 때 은행에 돈을 맡긴 사람들이 대규모로 예금을 인출하는 사태를 무엇이라 하는가?

① 더블딥
② 디폴트
③ 펀드런
④ 뱅크런

쏙쏙 해설

뱅크런은 대규모 예금 인출사태를 의미한다. 금융시장이 불안정하거나 거래은행의 재정상태가 좋지 않다고 판단할 때, 많은 사람들이 한꺼번에 예금을 인출하려고 하면서 은행은 위기를 맞게된다. 한편, 펀드 투자자들이 펀드에 투자한 돈을 회수하려는 사태가 잇따르는 것은 펀드런이라 한다.

정답 ❹

58

☑ 확인 Check! ○ △ ✕

신흥국 시장이 강대국의 금리 정책 때문에 크게 타격을 입는 것을 무엇이라 하는가?

① 긴축발작
② 옥토버서프라이즈
③ 어닝쇼크
④ 덤벨이코노미

긴축발작 : 2013년 당시 벤 버냉키 미국 연방준비제도(Fed) 의장이 처음으로 양적완화 종료를 시사한 뒤 신흥국의 통화 가치와 증시가 급락하는 현상이 발생했는데, 이를 가리켜 강대국의 금리 정책에 대한 신흥국의 '긴축발작'이라고 부르게 되었다. 미국의 금리인상 정책 여부에 따라 신흥국이 타격을 입으면서 관심이 집중되는 용어이다.

정답 ❶

핵심만 콕

② 옥토버서프라이즈(October Surprise) : 미국 대통령 선거가 11월에 치러지기 때문에 10월 즈음에 각종 선거 판세를 뒤집기 위한 스캔들이 터져나오는 것을 가리킨다.
③ 시장 예상보다 훨씬 나은 실적이 나왔을 때를 '어닝서프라이즈'라고 하고 실적이 나쁠 경우를 '어닝쇼크'라고 한다.
④ 덤벨이코노미(Dumbbell Economy) : 사회 전반적으로 건강한 삶과 운동에 대한 관심이 높아지면서 소비 진작이 나타나고 경제가 견인되는 현상을 가리킨다.

59

☑ 확인 Check! ○ △ ✕

국내 시장에서 외국기업이 자국기업보다 더 활발히 활동하거나 외국계 자금이 국내 금융시장을 장악하는 현상을 지칭하는 용어는?

① 피셔 효과
② 윔블던 효과
③ 베블런 효과
④ 디드로 효과

윔블던 효과는 외국 자본이 국내 시장을 지배하는 현상이다.

정답 ❷

핵심만 콕

① 피셔 효과 : 1920년대 미국의 경제학자 어빙 피셔의 주장, 인플레이션이 심해지면 금리 역시 따라서 올라간다는 이론
③ 베블런 효과 : 가격이 오르는데도 오히려 수요가 증가하는 현상(가격은 가치를 반영)
④ 디드로 효과 : 새로운 물건을 갖게 되면 그것과 어울리는 다른 물건도 원하는 효과

60

☑ 확인Check! ○ △ ✕

2009년 1월 나카모토 사토시라는 필명의 프로그래머가 개발한 것으로 각국의 중앙은행이 화폐 발행을 독점하고 자의적인 통화정책을 펴는 것에 대한 반발로 탄생한 가상화폐는?

① 라이트코인(Litecoin)

② 이더리움(Ethereum)

③ 리플코인(Ripplecoin)

④ 비트코인(Bitcoin)

쏙쏙 해설

비트코인은 통화를 발행하고 관리하는 중앙 장치가 존재하지 않는다. 지갑 파일의 형태로 저장되고, 이 지갑에는 각각의 고유 주소가 부여되며, 그 주소를 기반으로 비트코인의 거래가 이루어진다.

정답 ④

61

☑ 확인Check! ○ △ ✕

기업의 실적이 시장 예상보다 훨씬 뛰어넘는 경우가 나왔을 때 일컫는 용어는?

① 어닝쇼크

② 어닝시즌

③ 어닝서프라이즈

④ 커버링

쏙쏙 해설

시장 예상보다 훨씬 나은 실적이 나왔을 때를 '어닝서프라이즈'라고 하고 실적이 나쁠 경우를 '어닝쇼크'라고 한다. 어닝서프라이즈가 있으면 주가가 오를 가능성이, 어닝쇼크가 발생하면 주가가 떨어질 가능성이 높다.

정답 ③

04 사회 · 노동 · 환경

01

☑ 확인Check! ○ △ ✕

근로자의 근로의욕과 태도를 조사하는 것을 뜻하는 용어는?

① 모랄서베이
② 스킬스인벤토리
③ 스톡그랜트
④ 매니지먼트 게임

쏙쏙 해설

모랄서베이(Morale Survey)는 직원 또는 근로자의 근로의욕과 태도를 측정하는 것이다. 사기조사(士氣調査)라고도 한다. 기업이 근로와 관련된 다양한 부분들, 즉 직무와 상사, 근무환경, 복리후생에 대해 직원이 어떤 생각이나 의견을 갖고 있는지 조사하는 것이다. 이러한 자료를 바탕으로 기업은 직원이 느끼는 직무상 불만은 무엇인지 파악하고, 이를 어떻게 해결해야 할지 방안을 세우게 된다.

정답 ❶

02

☑ 확인Check! ○ △ ✕

대상의 한 가지 두드러진 특징이 대상을 평가하는 데 지대한 역할을 하는 효과는?

① 초두효과
② 후광효과
③ 대비효과
④ 맥락효과

쏙쏙 해설

후광효과(Halo Effect)는 어떤 한 대상을 평가하고 인상을 남기는 과정 속에서 대상의 두드러진 한 가지 특징이 커다란 영향력을 끼치는 것을 말한다. 그러한 특징은 대상을 생각함에 있어 일반적인 견해가 되거나 좋고 나쁜 평판을 결정하는 데 영향을 준다.

정답 ❷

03

☑ 확인 Check! ○ △ ✕

고령사회를 구분하는 65세 이상 노인의 비율은?

① 7%
② 10%
③ 14%
④ 20%

국제연합(UN)의 기준에 따르면 65세 이상 노인이 전체 인구의 7% 이상을 차지하면 고령화사회(Aging Society), 14% 이상을 차지하면 고령사회(Aged Society), 20% 이상을 차지하면 초고령사회(Super-aged Society)로 구분한다. 대한민국은 2017년 기준 65세 이상의 인구가 전체인구의 14.02%를 차지하며 고령사회에 접어들었다.

정답 ❸

04

☑ 확인 Check! ○ △ ✕

교육심리학에서 학생에게 교사가 믿음과 기대를 가질 때 실제로 성적이 상승하는 효과는?

① 호손 효과
② 헤일로 효과
③ 골렘 효과
④ 피그말리온 효과

피그말리온 효과는 어떤 것에 대한 사람의 기대와 믿음이 실제로 그 일을 현실화하는 경향을 말하는 것으로, 교육심리학에서는 학생에 대한 교사의 기대와 예측, 믿음이 학생의 성적을 향상시키는 현상이다. 1964년 미국의 교육심리학자인 로버트 로젠탈과 레노어 제이콥슨이 실험을 통해 확인했다.

정답 ❹

05

☑ 확인 Check! ○ △ ✕

환자의 부정적 감정이나 기대가 의학적 치료효과를 나타나지 않게 하는 현상은?

① 스티그마 효과
② 피그말리온 효과
③ 노시보 효과
④ 플라시보 효과

노시보 효과(Nocebo Effect)는 의사의 말이 환자에게 부정적인 감정이나 기대를 유발하여 환자에게 해를 입히는 현상이다. 또는 의사의 올바른 처방에도 환자가 의심을 품어 효과가 나타나지 않는 것을 뜻하기도 한다. '나는 상처를 입을 것이다'라는 뜻을 지닌 라틴어에서 유래한 노시보 효과는 마찬가지로 라틴어에서 기원한 플라시보 효과(Placebo Effect)와 대조적인 개념이다.

정답 ❸

06

☑ 확인Check! ○ △ ✕

강한 경쟁자로 인해 조직 전체가 발전하는 것을 뜻하는 용어는?

① 메기 효과
② 플라시보 효과
③ 메디치 효과
④ 헤일로 효과

쏙쏙 해설

메기 효과는 치열한 경쟁 환경이 오히려 개인과 조직 전체의 발전에 도움이 되는 것을 말한다. 정어리들이 천적인 메기를 보면 더 활발히 움직인다는 사실에서 유래한다. 조직 내에 적절한 자극제가 있어야 기업의 경쟁력을 높일 수 있다는 의미이다.

정답 ❶

07

☑ 확인Check! ○ △ ✕

다음 중 트렌드에 대한 '고립공포감'을 뜻하는 증후군은?

① 클라인레빈 증후군
② 오셀로 증후군
③ 포모 증후군
④ 라마 증후군

쏙쏙 해설

'고립공포감'을 뜻하는 포모(FOMO ; Fear Of Missing Out) 증후군은 세상의 흐름과 트렌드에 뒤처지는 것에 불안을 느끼는 증후군이다. 다른 사람들이 무엇을 하는지 지속해서 확인하고 싶어 하고, 자신이 다른 이들에 비해 놓치고 있는 것은 없는지 불안해한다. 세상과 연결되기를 강박적으로 원해 SNS에 중독적으로 매달리거나 병적으로 인터넷에 집착하기도 한다.

정답 ❸

08

우리나라 생산가능인구의 연령기준은? ☑ 확인 Check! ○ △ ✕

① 14~60세

② 15~64세

③ 17~65세

④ 20~67세

쏙쏙 해설

생산가능인구는 노동가능인구라고도 불린다. 우리나라의 생산가능인구의 연령기준은 15세에서 64세인데, 급격한 고령화로 생산가능인구수가 빠른 속도로 줄어들고 있는 실정이다. 통계청의 자료에 따르면 지난 2020년 3,738만명이었던 생산가능인구는 2030년에는 3,381만명으로 감소하고, 2070년에는 1,737만명으로 줄어 2020년의 절반 이하 수준일 것으로 전망됐다.

정답 ②

09

하지 말라고 하면 더 하고 싶어지는 심리적 저항현상을 뜻하는 말은? ☑ 확인 Check! ○ △ ✕

① 칼리굴라 효과

② 로미오와 줄리엣 효과

③ 칵테일파티 효과

④ 서브리미널 효과

쏙쏙 해설

칼리굴라 효과는 하지 말라고 하면 더 하고 싶어지는, 즉 금지된 것에 끌리는 심리현상을 말한다. 1979년 로마 황제였던 폭군 칼리굴라의 일대기를 그린 영화 〈칼리굴라〉가 개봉했는데, 미국 보스턴에서 이 영화의 선정성과 폭력성을 이유로 들어 상영을 금지하자 외려 더 큰 관심을 불러일으킨 데서 유래했다.

정답 ①

10

SNS를 통해 비슷한 성향의 사람들끼리 모여 식사하는 문화는? ☑ 확인 Check! ○ △ ✕

① 다이닝 룸

② 서스펜디드 커피

③ 디너랩

④ 소셜다이닝

쏙쏙 해설

소셜다이닝(Social Dining)은 SNS로 비슷한 성향과 관심사를 공유하는 사람들이 직접 만나 식사를 하고 인간관계를 쌓는 문화를 말한다. 1인 가구의 증가로 혼자 식사를 하는 사람들이 늘어남에 따라 이러한 문화를 통해 사람들과 소통하고 인간관계를 넓혀가려는 시도로서 해석된다.

정답 ④

11

특정 지역의 주민 간 주기적으로 발생하는 풍토병을 뜻하는 용어는?

① 트윈데믹
② 에피데믹
③ 엔데믹
④ 팬데믹

쏙쏙 해설

엔데믹(Endemic)은 특정 지역의 주민들 사이에서 주기적으로 발생하는 풍토병을 의미하며, 확산세를 어느 정도 예상할 수 있다. 대표적으로 말라리아와 뎅기열 등이 해당한다.

정답 ❸

12

일정한 직업 없이 일시적으로 아르바이트를 하며 생활하는 젊은 층을 일컫는 용어는?

① 니트족
② 욘 족
③ 프리터족
④ 프리커족

쏙쏙 해설

프리터족은 'Free(프리)'와 'Arbeit(아르바이트)'를 줄여 만든 용어이다. 처음에는 집단에 적응하지 못하거나 상사의 명령을 받으며 일하기를 거부하는 젊은 이들을 일컬었으나, 최근 경제난 심화로 인해 고용불안이 심해지면서 어쩔수 없이 프리터족이 된 젊은이들이 늘어났다.

정답 ❸

13

손자 · 손녀를 위해 아낌없이 고가의 선물을 사주는 소비력 높은 연령층을 뜻하는 말은?

① 피딩족
② 노노족
③ 슬로비족
④ 코쿤족

쏙쏙 해설

피딩족(Feeding族)은 경제적(Financial)으로 여유가 있고 육아를 즐기며 (Enjoy) 활동적(Energetic)이고 헌신적(Devoted)인 장년층 이상을 뜻하는 용어로 손자와 손녀를 위해 서슴없이 비싼 선물을 사주는 경제력 있는 노년층을 뜻하기도 한다.

정답 ❶

14

개인이 가진 특유의 신체적 색상을 뜻하는 용어는?

① 유니크 컬러
② 마이 컬러
③ 프라이빗 컬러
④ 퍼스널 컬러

☑ 확인Check! ○ △ ✕

쏙쏙 해설

퍼스널 컬러는 타고난 개인의 신체적 컬러를 뜻하는 용어로 '봄웜톤', '여름쿨톤', '가을웜톤', '겨울쿨톤' 등 4가지가 있다. 퍼스널 컬러를 파악하여 피부톤에 잘 어울리는 의상이나 액세서리, 화장품을 선택할 수 있다. 패션·미용업계에서는 고객들의 퍼스널 컬러를 진단해주고, 이에 알맞은 상품을 추천하는 등 마케팅을 펼치고 있다.

정답 ❹

15

태어나면서부터 첨단기술을 경험한 2010년 이후에 태어난 이들을 지칭하는 용어는?

① 베타세대
② N세대
③ MZ세대
④ 알파세대

☑ 확인Check! ○ △ ✕

쏙쏙 해설

알파세대는 2010년 이후에 태어난 이들을 지칭하는 용어로 다른 세대와 달리 순수하게 디지털 세계에서 나고 자란 최초의 세대로도 분류된다. 어릴 때부터 기술적 진보를 경험했기 때문에 스마트폰이나 인공지능(AI), 로봇 등을 사용하는 것에 익숙하다. 그러나 사람과의 소통보다 기계와의 일방적 소통에 익숙해 정서나 사회성 발달에 부정적인 영향이 나타날 수 있다는 우려도 있다.

정답 ❹

16

음식물쓰레기를 줄여 환경을 보호하고 기아인구를 돕기 위해 세계식량계획이 진행한 캠페인은?

☑ 확인Check! ○ △ ✕

① SAS
② Think Eat Save
③ Breath Life
④ ZWZH

쏙쏙 해설

유엔세계식량계획(WFP)의 ZWZH(Zero Waste Zero Hunger) 캠페인은 버려지는 음식물쓰레기를 줄여 기후위기에 대처하고 기아인구를 돕는다는 내용이다. WFP에 따르면 매년 전 세계 식량의 3분의 1은 버려지고 있는데, 이는 기아를 악화시키고 탄소를 배출해 기후위기를 심화시키고 있다. 음식물 낭비를 줄여 탄소배출을 저감하고, 여기서 발생한 비용을 기아인구가 식량을 구하도록 기부하는 것이 캠페인의 주된 내용이다.

정답 ❹

17

부자의 부의 독식을 부정적으로 보고 사회적 책임을 강조하는 용어로 월가 시위에서 1대 99라는 슬로건이 등장하며 1%의 탐욕과 부의 집중을 공격하는 이 용어는 무엇인가?

☑ 확인Check! ○ △ ✕

① 뉴비즘
② 노블레스 오블리주
③ 뉴리치현상
④ 리세스 오블리주

쏙쏙 해설

노블레스 오블리주가 지도자층의 도덕의식과 책임감을 요구하는 것이라면, 리세스 오블리주는 부자들의 부의 독식을 부정적으로 보며 사회적 책임을 강조하는 것을 말한다.

정답 ❹

18

☑ 확인 Check! ○ △ ✕

도시에서 생활하던 노동자가 고향과 가까운 지방 도시로 취직하려는 현상은?

① U턴 현상
② J턴 현상
③ T턴 현상
④ Y턴 현상

19

☑ 확인 Check! ○ △ ✕

일과 여가의 조화를 추구하는 노동자를 지칭하는 용어는 무엇인가?

① 골드칼라
② 화이트칼라
③ 퍼플칼라
④ 논칼라

20

☑ 확인 Check! ○ △ ✕

국제기구 간의 연결이 서로 잘못된 것은?

① 기후기구 – WMO
② 관세기구 – WCO
③ 노동기구 – IMO
④ 식량농업기구 – FAO

21

공직자가 자신의 재임 기간 중에 주민들의 민원이 발생할 소지가 있는 혐오시설들을 설치하지 않고 임기를 마치려고 하는 현상은?

☑ 확인 Check! ○ △ ✕

① 핌투현상
② 님투현상
③ 님비현상
④ 핌피현상

쏙쏙 해설

설문은 님투현상(NIMTOO)을 의미하는데, 이는 'Not In My Terms of Office'의 약어이다.

정답 ❷

핵심만 콕

① 공직자가 사업을 무리하게 추진하며 자신의 임기 중에 반드시 가시적인 성과를 이뤄내려고 하는 업무 형태로, 님투현상과는 반대개념이다.
③ 사회적으로 필요한 혐오시설이 자기 집 주변에 설치되는 것을 강력히 반대하는 주민들의 이기심이 반영된 현상이다.
④ 지역발전에 도움이 되는 시설이나 기업들을 적극 자기 지역에 유치하려는 현상으로 님비현상과는 반대개념이다.

22

자신과는 다른 타인종과 외국인에 대한 혐오를 나타내는 정신의학 용어는?

☑ 확인 Check! ○ △ ✕

① 호모포비아
② 케미포비아
③ 노모포비아
④ 제노포비아

쏙쏙 해설

제노포비아(Xenophobia) : 국가, 민족, 문화 등의 공동체 요소가 다른 외부인에 대한 공포감·혐오를 가리킨다. 현대에는 이주 노동자로 인해 경제권과 주거권에 위협을 받는 하류층에게서 자주 관찰된다.

정답 ❹

핵심만 콕

① 호모포비아(Homophobia) : 동성애나 동성애자에게 갖는 부정적인 태도와 감정을 말하며, 각종 혐오·편견 등으로 표출된다.
② 케미포비아(Chemophobia) : 가습기 살균제, 계란, 생리대 등과 관련하여 불법적 화학 성분으로 인한 사회문제가 연이어 일어나면서 생활 주변의 화학제품에 대한 공포감을 느끼는 소비자 심리를 가리킨다.
③ 노모포비아(Nomophobia) : 휴대폰을 가지고 있지 않으면 불안감을 느끼는 증상을 가리킨다.

23

다음 중 단어가 가리키는 대상이 가장 다른 것 하나는 무엇인가?

☑ 확인Check! ○ △ ✕

① 에이섹슈얼
② 헤테로섹슈얼
③ 이성애
④ 시스젠더

24

일에 몰두하여 온 힘을 쏟다가 갑자기 극도의 신체·정신적 피로를 느끼며 무력해지는 현상은?

☑ 확인Check! ○ △ ✕

① 리플리 증후군
② 번아웃 증후군
③ 스탕달 증후군
④ 파랑새 증후군

핵심만 콕

① 리플리 증후군 : 거짓된 말과 행동을 일삼으며 거짓을 진실로 착각하는 증상
③ 스탕달 증후군 : 뛰어난 예술 작품을 감상한 후 나타나는 호흡 곤란, 환각 등의 증상
④ 파랑새 증후군 : 현실에 만족하지 못하고 이상만을 추구하는 병적 증상

25

☑ 확인 Check! ○ △ ✕

외부 세상으로부터 인연을 끊고 자신만의 안전한 공간에 머물려는 칩거 증후군의 사람들을 일컫는 용어는?

① 딩크족
② 패라싱글족
③ 코쿤족
④ 니트족

쏙쏙 해설

코쿤족(Cocoon)이란 "누에고치"라는 말에서 유래한 용어로, 외부세상에서 도피하여 남의 간섭없이 자신만의 공간에 머물려는 칩거증후군의 사람들을 일컫는 용어로 "나홀로족"이라고도 한다.

정답 ③

핵심만 콕

① 자녀 없이 부부만의 생활을 즐기는 사람들
② 결혼하지 않고 부모집에 얹혀사는 사람들
④ 교육을 받거나 구직활동을 하지 않고, 일할 의지도 없는 사람들

26

☑ 확인 Check! ○ △ ✕

1964년 미국 뉴욕 한 주택가에서 한 여성이 강도에게 살해되는 35분 동안 이웃 주민 38명이 아무도 신고하지 않은 사건과 관련된 것으로, 피해 여성의 이름을 따 방관자 효과라고 불리는 이것은?

① 라이 증후군
② 리마 증후군
③ 아키바 증후군
④ 제노비스 증후군

쏙쏙 해설

제노비스 증후군(Genovese Syndrome)은 주위에 사람들이 많을수록 어려움에 처한 사람을 돕지 않게 되는 현상을 뜻하는 심리학 용어이다. 대중적 무관심, 방관자 효과, 구경꾼 효과라고도 한다.

정답 ④

27

☑ 확인Check! ○ △ ✕

다음 내용 중 밑줄 친 '비경제활동인구'에 포함되지 않는 사람은?

> 대졸 이상 <u>비경제활동인구</u>는 2000년 159만 2,000명(전문대졸 48만 6,000명, 일반대졸 이상 110만 7,000명)이었으나, 2004년 200만명 선을 넘어섰다. 지난해 300만명을 돌파했으므로 9년 사이에 100만명이 늘었다.

① 가정주부
② 학 생
③ 심신장애자
④ 실업자

28

☑ 확인Check! ○ △ ✕

우리나라 근로기준법상 근로가 가능한 최저근로 나이는 만 몇 세인가?

① 13세   ② 15세
③ 16세   ④ 18세

29

다음 중 보기에서 공통적으로 설명하는 것은 무엇인가?

☑ 확인Check! ○ △ ✕

- 남아프리카 공화국에서 시행되었던 극단적인 인종차별정책과 제도이다.
- 원래는 분리·격리를 뜻하는 용어이다.
- 경제적·사회적으로 백인의 특권 유지·강화를 기도한 것이다.

① 게 토
② 아파르트헤이트
③ 토르데시야스
④ 트란스케이

쏙쏙 해설

제시된 내용은 아파르트헤이트(Apart-heid)에 대한 설명이다.

정답 ❷

핵심만 콕

① 게토(Ghetto) : 소수 인종이나 소수 민족 또는 소수 종교집단이 거주하는 도시의 한 구역
③ 토르데시야스(Tordesillas) : 1494년 에스파냐와 포르투갈이 맺은 사상 최초의 기하학적 영토조약
④ 트란스케이(Transkei) : 반투홈랜드 정책에 의해 1976년 10월에 독립이 부여된 최초의 아프리카인 홈랜드

30

다음 중 단어의 설명으로 연결이 잘못된 것은?

☑ 확인Check! ○ △ ✕

① 좀비족 : 향락을 즐기는 도시의 젊은이들
② 여피족 : 새로운 도시의 젊은 전문인들
③ 미 제너레이션 : 자기중심적인 젊은이들
④ 피터팬 증후군 : 현대인들에게서 나타나는 유아적이고 허약한 기질

쏙쏙 해설

좀비족은 대기업이나 거대 조직에서 무사안일에 빠져 주체성 없는 로봇처럼 행동하는 사람들을 일컫는다.

정답 ❶

31

기업이 사회적 역할과 책임을 다한다는 신념에 따라 실천하는 나눔 경영의 일종으로, 기업 임직원들이 모금한 후원금 금액에 비례해서 회사에서도 후원금을 내는 제도는?

☑ 확인 Check! ○ △ ✕

① 매칭그랜트(Matching Grant)
② 위스타트(We Start)
③ 배리어프리(Barrier Free)
④ 유리천장(Glass Ceiling)

핵심만 콕

② 위스타트(We Start) : 저소득층 아이들이 가난의 대물림에서 벗어나도록 복지와 교육의 기회를 제공하는 운동
③ 배리어프리(Barrier Free) : 장애인들의 사회적응을 막는 물리적·제도적·심리적 장벽을 제거해 나가자는 운동
④ 유리천장(Glass Ceiling) : 직장 내에서 사회적 약자들의 승진 등 고위직 진출을 막는 보이지 않는 장벽

32

노동쟁의 방식 중 하나로, 직장을 이탈하지 않는 대신에 원료·재료를 필요 이상으로 소모함으로써 사용자를 괴롭히는 방식은 무엇인가?

☑ 확인 Check! ○ △ ✕

① 사보타주
② 스트라이크
③ 보이콧
④ 피케팅

핵심만 콕

② 스트라이크(Strike) : 근로자가 집단적으로 노동 제공을 거부하는 쟁의행위로 '동맹파업'이라고 한다.
③ 보이콧(Boycott) : 부당 행위에 대항하기 위해 집단적·조직적으로 벌이는 거부 운동이다.
④ 피케팅(Picketing) : 플래카드, 피켓, 확성기 등을 사용하여 근로자들이 파업에 동참할 것을 요구하는 행위이다.

33

소위 '금수저' 층에 속하는 기업체 오너 2세들의 권력을 이용한 행패는 비일비재하다. 이처럼 높은 사회적 지위를 가진 사람들이 도덕적 의무를 경시하고 오히려 그 권력을 이용하여 부정부패를 저지르며 사회적 약자를 상대로 부도덕한 행동을 하는 것은?

☑ 확인 Check! ○ △ ✕

① 리세스 오블리주
② 트래픽 브레이크
③ 노블레스 오블리주
④ 노블레스 말라드

쏙쏙 해설

노블레스 말라드(Noblesse Malade)는 노블레스 오블리주와 반대되는 개념이다. 병들고 부패한 귀족이라는 뜻으로 사회 지도층이 도덕적 의무와 책임을 지지 않고 부정부패나 사회적 문제를 일으키는 것을 말한다.

정답 ④

34

☑ 확인 Check! ○ △ ✕

다음의 예시 사례는 어떤 현상에 대한 해결방법인가?

- B해방촌 신흥시장 – 소유주·상인 자율협약 체결, 향후 6년간 임대료 동결
- 성수동 – 구청, 리모델링 인센티브로 임대료 인상 억제 추진
- 서촌 – 프랜차이즈 개업 금지

① 스프롤 현상
② 젠트리피케이션
③ 스테이케이션
④ 투어리스티피케이션

쏙쏙 해설

제시된 사례는 젠트리피케이션(Gentrification)에 대한 해결방법으로 볼 수 있으며, 젠트리피케이션은 낙후지역의 활성화로 중상층이 유입되면서 원주민들이 집값이나 임대료를 감당하지 못하고 그 지역을 떠나는 현상을 말한다.

정답 ②

35

☑ 확인Check! ○ △ ✕

뛰어난 인재들만 모인 집단에서 오히려 성과가 낮게 나타나는 현상을 일컫는 용어는?

① 제노비스 신드롬
② 롤리팝 신드롬
③ 스톡홀름 신드롬
④ 아폴로 신드롬

핵심만 콕

① 제노비스 신드롬 : 주위에 사람들이 많을수록 어려움에 처한 사람을 돕지 않게 되는 심리현상
② 롤리팝 신드롬 : 종종 양육권 싸움에서 한 부모 또는 두 부모가 자녀를 이기기 위해 선물, 재미, 좋은 시간 및 최소한의 규율로 자녀를 조종하는 상황
③ 스톡홀름 신드롬 : 인질이 인질범에게 동화되어 그들에게 동조하는 비이성적 현상을 가리키는 범죄심리학 용어

36

☑ 확인Check! ○ △ ✕

영향력 있는 여성들의 고위직 승진을 가로 막는 사회 내 보이지 않는 장벽을 의미하는 용어는 무엇인가?

① 그리드락
② 데드락
③ 로그롤링
④ 유리천장

37

각종 화재, 선박사고 등은 우리 사회가 얼마나 안전에 소홀했는지를 보여주었다. 이들 사례처럼 사소한 것 하나를 방치하면 그것을 중심으로 범죄나 비리가 확산된다는 이론은 무엇인가?

① 낙인 이론
② 넛지 이론
③ 비행하위문화 이론
④ 깨진 유리창 이론

쏙쏙 해설

깨진 유리창 이론은 깨진 유리창 하나를 방치해 두면 그 지점을 중심으로 범죄가 확산되기 시작한다는 주장이다.

정답 ④

38

재활용품에 디자인 또는 활용도를 더해 그 가치를 더 높은 제품으로 만드는 것은?

① 업사이클링(Up-cycling)
② 리사이클링(Recycling)
③ 리뉴얼(Renewal)
④ 리자인(Resign)

쏙쏙 해설

업사이클링(Up-cycling)은 쓸모없어진 것을 재사용하는 리사이클링의 상위 개념이다. 즉, 자원을 재이용할 때 디자인 또는 활용도를 더해 전혀 다른 제품으로 생산하는 것을 말한다.

정답 ①

39

대도시 지역에서 나타나는 열섬 현상의 원인으로 적절하지 않은 것은?

① 인구의 도시 집중
② 콘크리트 피복의 증가
③ 인공열의 방출
④ 옥상 녹화

쏙쏙 해설

옥상 녹화는 건물의 옥상이나 지붕에 식물을 심는 것으로, 주변 온도를 낮추어 도시의 열섬 현상을 완화시킨다.

정답 ④

40

2007년 환경부가 도입한 제도로서 온실가스를 줄이는 활동에 국민들을 참여시키기 위해 온실가스를 줄이는 활동에 대해 각종 인센티브를 제공하는 제도는?

☑ 확인 Check! ○ △ ✕

① 프리덤 푸드
② 탄소발자국
③ 그린워시
④ 탄소포인트제

핵심만 콕

① 프리덤 푸드 : 동물학대방지협회가 심사·평가하여 동물복지를 실현하는 농장에서 생산된 축산제품임을 인증하는 제도
② 탄소발자국 : 개인 또는 단체가 직·간접적으로 발생시키는 온실기체의 총량
③ 그린워시 : 실제로는 환경에 유해한 활동을 하면서 마치 친환경적인 것처럼 광고하는 행위

41

오존층 파괴물질의 규제와 관련된 국제협약은?

☑ 확인 Check! ○ △ ✕

① 리우선언
② 교토의정서
③ 몬트리올 의정서
④ 런던 협약

핵심만 콕

① 리우선언 : 환경보전과 개발에 관한 기본원칙을 담은 선언문
② 교토의정서 : 기후변화협약(UNFCCC)에 따른 온실가스 감축을 이행하기 위한 의정서
④ 런던 협약 : 바다를 오염시킬 수 있는 각종 산업폐기물의 해양투기나 해상 소각을 규제하는 협약

42

그린 밴(Green Ban) 운동이 의미하는 것은?

☑ 확인Check! ○ △ ✕

① 그린벨트 안에서 자연을 파괴하는 사업 착수 거부
② 농민 중심의 생태계 보존운동
③ 정치권의 자연 파괴 정책
④ 환경을 위해 나무를 많이 심자는 운동

쏙쏙 해설

최초의 그린 밴은 1970년대 호주 시드니의 켈리 덤불숲(Kelly's Bush)이 개발될 위기에 처하자 잭 먼디를 중심으로 개발사업 착수를 거부하며 시작되었다. 도시발전이라는 명목으로 그린벨트지역을 파괴하는 개발이 무분별하게 이루어지는 것에 반대하여 노동조합, 환경단체, 지역사회가 전개한 도시환경운동이다.

정답 ❶

43

다음 보기에서 설명하는 협약은 무엇인가?

☑ 확인Check! ○ △ ✕

정식 명칭은 '물새서식지로서 특히 국제적으로 중요한 습지에 관한 협약'으로, 환경올림픽이라고도 불린다. 가맹국은 철새의 번식지가 되는 습지를 보호할 의무가 있으며 국제적으로 중요한 습지를 1개소 이상 보호지로 지정해야 한다.

① 런던 협약
② 몬트리올 의정서
③ 람사르 협약
④ 바젤 협약

쏙쏙 해설

람사르 협약(Ramsar Convention)은 습지와 습지 자원을 보호하기 위한 국제 환경 협약이다.

정답 ❸

핵심만 콕

① 런던 협약 : 선박이나 항공기, 해양시설로부터의 폐기물 해양투기나 해상소각을 규제하는 국제협약
② 몬트리올 의정서 : 지구의 오존층을 보호하기 위해 오존층 파괴물질의 사용을 규제하는 국제협약
④ 바젤 협약 : 유해폐기물의 국가 간 교역을 규제하는 국제협약

44

다음에서 설명하고 있는 것은 무엇인가?

☑ 확인Check! ○ △ ✕

> 이것은 유기물이 분해되어 형성되는 바이오 가스에서 메탄만을 정제하여 추출한 연료로, 천연가스 수요처에서 에너지로 활용할 수 있다.

① 질 소
② 이산화탄소
③ 바이오–메탄가스
④ LNG

45

대기오염지수인 ppm단위에서 1ppm은 얼마인가?

☑ 확인Check! ○ △ ✕

① 1만분의 1
② 10만분의 1
③ 100만분의 1
④ 1,000만분의 1

46

핵가족화에 따른 노인들이 고독과 소외로 우울증에 빠지게 되는 것을 무엇이라 하는가?

☑확인 Check! ○ △ ✕

① LID 증후군
② 쿠바드 증후군
③ 펫로스 증후군
④ 빈둥지 증후군

쏙쏙 해설

LID 증후군 : 노인들이 퇴직, 수입 감소, 자녀의 결혼, 배우자와의 사별, 친척·친구의 죽음, 신체적 감퇴 등으로 상실을 경험하면서 고독과 소외감을 느끼는데, 이러한 상태가 지속되어 병적인 우울증에 빠지게 되는 현상을 의미

정답 ❶

핵심만 콕

② 쿠바드 증후군 : 아내가 임신했을 경우 남편도 육체적·심리적 증상을 아내와 똑같이 겪는 현상
③ 펫로스 증후군 : 가족처럼 사랑하는 반려동물이 죽은 뒤에 경험하는 상실감과 우울 증상
④ 빈둥지 증후군 : 자녀가 독립하여 집을 떠난 뒤에 부모나 양육자가 경험하는 외로움과 상실감

47

다음 설명과 관련된 국제 협약은 무엇인가?

☑확인 Check! ○ △ ✕

지난 4월 해양수산부는 국제해사기구에서 열린 국제회의에 참가해 2016년부터 육상 폐기물의 해양 배출을 전면 금지하기로 한 정부 의지를 밝혔다. 회의에서는 당사국의 폐기물 해양 배출 현황 보고 및 평가 등이 진행됐다.

① 바젤 협약
② 람사르 협약
③ 런던 협약
④ 로마 협약

쏙쏙 해설

런던 협약 : 선박이나 항공기, 해양시설로부터의 폐기물 해양투기나 해상소각을 규제하는 국제협약

정답 ❸

핵심만 콕

① 바젤 협약 : 핵 폐기물의 국가 간 교역을 규제하는 국제 환경 협약
② 람사르 협약 : 물새 서식지로서 특히 국제적으로 중요한 습지에 관한 협약
④ 로마 협약 : 지적 재산권 보호를 위한 협약

제1장 제2장 제3장 제4장 제5장 제6장

48

☑ 확인 Check! ○ △ ✕

'생물자원에 대한 이익 공유'와 관련된 국제협약은?

① 리우선언
② 교토의정서
③ 나고야의정서
④ 파리협정

49

☑ 확인 Check! ○ △ ✕

핵 폐기물의 국가 간 교역을 규제하는 내용의 국제 환경 협약은?

① 람사르 협약
② 런던 협약
③ CBD
④ 바젤 협약

핵심만 콕

① 람사르 협약 : 물새 서식지로서 특히 국제적으로 중요한 습지에 관한 협약
② 런던 협약 : 해양오염 방지를 위한 국제 협약
③ 생물 다양성 협약(CBD) : 지구상의 동·식물을 보호하고 천연자원을 보존하기 위한 국제협약

50

☑ 확인 Check! ○ △ ✕

지구상의 동·식물을 보호하고 천연자원을 보존하기 위한 국제협약으로 멸종 위기의 동식물을 보존하려는 것이 목적인 협약은?

① CBD
② 람사르 협약
③ WWF
④ 교토의정서

핵심만 콕

② 람사르 협약 : 물새 서식지로서 특히 국제적으로 중요한 습지에 관한 협약
③ 세계 물포럼(WWF) : 세계 물 문제 해결을 논의하기 위해 3년마다 개최되는 국제회의
④ 교토의정서 : 기후변화협약(UNFCCC)에 따른 온실가스 감축을 이행하기 위한 의정서

05 과학 · 컴퓨터 · IT · 우주

01

☑ 확인Check! ○ △ ×

네트워크의 보안 취약점이 공표되기도 전에 이뤄지는 보안 공격은?

① 스피어 피싱
② APT 공격
③ 제로데이 공격
④ 디도스 공격

쏙쏙 해설

제로데이 공격(Zero Day Attack)은 네트워크나 시스템 운영체제의 보안 취약점이 발견돼 이를 보완하기 위한 조치가 이뤄지기도 전에 그 취약점을 이용해 네트워크에 침입하여 공격을 가하는 것을 말한다. 이로 인해 네트워크는 속수무책으로 당할 수밖에 없다.

정답 ❸

02

☑ 확인Check! ○ △ ×

2022년 8월 발사된 우리나라 최초의 달 탐사선의 이름은?

① 다누리
② 스페이스X
③ 누리호
④ 블루오리진

쏙쏙 해설

다누리는 한국항공우주연구원이 개발하여 2022년 8월 5일 미국 케이프커내버럴 우주군 기지에서 발사된 우리나라 최초의 달 탐사선(궤도선)이다. 2022년 12월 28일 달 궤도 진입에 성공하면서 우리나라는 세계 7번째로 달 탐사국 반열에 올랐다.

정답 ❶

03

부동산산업과 빅 데이터 분석 등 하이테크 기술을 결합한 서비스는?

☑ 확인 Check! ○ △ ✕

① 프롭테크
② 핀테크
③ 임베디드 금융
④ 클린빌

쏙쏙 해설

프롭테크(Proptech)는 부동산(Property)과 기술(Technology)의 합성어로, 기존 부동산산업과 IT의 결합으로 볼 수 있다. 프롭테크의 산업 분야는 크게 중개 및 임대, 부동산 관리, 프로젝트 개발, 투자 및 자금조달 부분으로 구분할 수 있다. 프롭테크산업 성장을 통해 부동산 자산의 고도화와 신기술 접목으로 편리성이 확대되고, 이로써 삶의 질도 향상되고 있다.

정답 ❶

04

도파민을 분비하는 신경세포가 만성적으로 퇴행하는 질환은?

☑ 확인 Check! ○ △ ✕

① 알츠하이머병
② 파킨슨병
③ 루게릭병
④ 뇌전증

쏙쏙 해설

파킨슨병(Parkinson's Disease)은 만성 진행 신경퇴행성 질환이다. 도파민을 분비하는 신경세포가 서서히 소실되어 가는 질환으로, 서동증(운동 느림), 안정 시 떨림, 근육 강직, 자세 불안정 등의 증상이 발생한다. 연령이 증가할수록 이 병에 걸릴 위험이 점점 커져 노년층에서 많이 발생한다.

정답 ❷

05

☑ 확인 Check! ○ △ ✕

전 세계의 모든 문자를 다룰 수 있도록 설계된 표준 문자전산처리 방식은?

① 아스키코드
② 유니코드
③ BCD코드
④ EBCDIC코드

쏙쏙 해설

유니코드(Unicode)는 전 세계 모든 국가의 언어를 모두 표현하기 위한 코드로서 운영체제나 프로그램, 언어와 상관없이 문자마다 고유한 값을 부여하여 모든 언어를 16진수로 표현할 수 있다. 각 언어를 통일된 방식으로 컴퓨터상에 나타내며, 1995년 9월에 국제표준으로 지정되었다.

정답 ❷

06

☑ 확인 Check! ○ △ ✕

다음 중 챗GPT에 대한 설명으로 옳은 것은?

① 구글이 개발한 대화형 인공지능이다.
② 사용자와의 초반 대화내용을 기억해 질문에 답변할 수 있다.
③ 이미지 창작과 생성이 주요 기능이다.
④ 인공지능 모델 GPT-1.0 기술을 바탕에 둔다.

쏙쏙 해설

챗GPT(ChatGPT)는 인공지능 연구재단 오픈AI(Open AI)가 개발한 대화 전문 인공지능 챗봇이다. 사용자가 대화창에 텍스트를 입력하면 그에 맞춰 대화를 나누는 서비스로 오픈AI에서 개발한 대규모 인공지능 모델 'GPT-3.5' 언어기술을 기반으로 한다. 챗GPT는 인간과 자연스럽게 대화를 나누기 위해 수백만 개의 웹페이지로 구성된 방대한 데이터베이스에서 사전 훈련된 대량생성 변환기를 사용하고 있으며, 사용자가 대화 초반에 말한 내용을 기억해 답변하기도 한다.

정답 ❷

07

☑ 확인Check! ○ △ ✕

적조 현상에 대한 설명으로 틀린 것은?

① 바다의 플랑크톤이 과다증식하면서 발생한다.

② 적조 현상은 수중의 산소농도를 높인다.

③ 갯벌감소는 적조 현상의 원인 중 하나다.

④ 바다뿐 아니라 강과 호수에서도 일어난다.

쏙쏙 해설

적조 현상은 바다, 강, 호수의 플랑크톤이 갑자기 과다증식해 물의 색깔이 달라지는 현상이다. 대체로 붉은 빛을 띠기 때문에 적조(赤潮)라고 불린다. 적조는 수중의 산소농도를 낮춰 어패류를 질식시킨다. 또 독성을 가진 경우도 있어 수중생태계에 치명적이다. 적조는 최근 갯벌 간척사업의 영향으로 발생하기도 한다. 갯벌의 생물들이 플랑크톤을 먹이로 삼아 그 수를 조절해왔는데, 갯벌이 감소하며 불균형이 유발됐다.

정답 ②

08

☑ 확인Check! ○ △ ✕

다음 중 우주 밀도의 약 70%를 차지한다고 알려진 물질은?

① 암흑에너지

② 은하단

③ 중성자

④ 페르미 거품

쏙쏙 해설

암흑에너지(Dark Energy)는 우주 공간의 약 70%를 차지하고 있다고 알려진 에너지의 한 형태로, 우주 전체에 고르게 퍼져 있으며 그 실체는 아직 명확히 밝혀지지 않았다. 빅뱅으로 탄생한 우주는 점점 빠르게 팽창하고 있는데, 이 팽창의 가속이 이뤄지는 원동력이 암흑에너지라고 추측되고 있다.

정답 ①

09

☑ 확인 Check! ○ △ ✕

해안에서 바다로 돌출되어 나온 뾰족한 모양의 지형을 일컫는 말은?

① 해식애
② 시스택
③ 반 도
④ 곶

쏙쏙 해설

곶은 해안에서 육지 지형이 바다의 방향으로 비교적 뾰족하게 돌출되어 나간 부분을 말한다. 육지의 침강이나 산줄기였던 곳이 해수면이 상승하여 잠기게 되면서 형성된다. 또는 파랑이나 연안류의 오랜 침식으로 육지 쪽으로 움푹 들어간 지형인 만과 함께 만들어지기도 한다.

정답 ❹

10

☑ 확인 Check! ○ △ ✕

포도의 껍질 등에 자연적으로 들어있는 물질로 떫은맛을 내는 것은?

① 케 톤
② 탄 닌
③ 카복실산
④ 퓨 린

쏙쏙 해설

탄닌(Tannin)은 포도를 비롯한 식물에 자연적으로 들어 있는 유기화합물로 떫은맛을 낸다. 탄닌산은 해독작용과 살균·지혈·소염작용을 하며, 적포도주의 경우 숙성과정에서 포도껍질·씨와 오랜 시간 접촉하므로, 백포도주보다 탄닌 성분이 많이 함유돼 자연스런 떫은맛을 낸다.

정답 ❷

11

☑ 확인 Check! ○ △ ✕

다음 중 건조주의보는 실효습도가 몇 % 이하로 지속될 것이 예상될 때 발효되는가?

① 30%
② 35%
③ 40%
④ 45%

쏙쏙 해설

기상청에서는 산불발생의 가능성을 경고하기 위해 실효습도를 관측·예측해 건조주의보와 건조경보를 발표하고 있다. 건조주의보는 실효습도 35% 이하가 2일 이상 지속될 것이라 예상될 때, 건조경보는 실효습도 25% 이하가 2일 이상 지속되리라 예상될 때 발효된다.

정답 ❷

12

☑ 확인 Check! ○ △ ✕

통신장치를 일정시간 내에 오가는 데이터 전송량을 뜻하는 용어는?

① 핑
② 패 킷
③ 트래픽
④ 트랜잭션

13

☑ 확인 Check! ○ △ ✕

석회암이 물속의 탄산가스에 의해 녹거나 침전되어 생성되는 지형은?

① 드럼린 지형
② 카르스트 지형
③ 모레인 지형
④ 바르한 지형

14

☑ 확인 Check! ○ △ ✕

동물의 중추신경계에 존재하며 행복을 느끼게 하고, 우울이나 불안감을 줄여주는 신경전달물질은?

① 옥시토신
② 히스타민
③ 세로토닌
④ 트립토판

15

다음 중 도심형 항공 교통체계를 의미하는 용어의 약자는?

☑ 확인Check! ○ △ ✕

① UTM

② eVTOL

③ PAV

④ UAM

UAM은 'Urban Air Mobility'의 약자로 도시의 항공에서 사람과 화물이 오가는 교통운행서비스를 운영하는 것을 말한다. 드론 등 소형 수직 이착륙기가 발전하면서 가시화되고 있다.

정답 ❹

16

해안으로 밀려들어오는 파도와 다르게, 해류가 해안에서 바다 쪽으로 급속히 빠져나가는 현상을 무엇이라고 하는가?

☑ 확인Check! ○ △ ✕

① 이안류

② 파송류

③ 향안류

④ 연안류

이안류는 해안에서 바다 방향으로 흐르는 해류이다. 폭이 좁고, 물살이 매우 빠르다.

정답 ❶

핵심만 콕

② 바람에 의해 해파가 형성되어 바람의 방향으로 물이 이동하는 해류

③ 바다에서 해안으로 흐르는 해류

④ 해안으로부터 먼 곳에서 나타나는 해안과 평행한 바닷물의 흐름

17

다음 중 방사능과 관련 있는 에너지(량) 단위는?

☑ 확인 Check! ○ △ ✕

① Bq

② J

③ eV

④ cal

18

다음 중 간의 기능에 해당하지 않는 것은?

☑ 확인 Check! ○ △ ✕

① 쓸개즙 분비

② 호르몬 분비량 조절

③ 음식물 분해

④ 해독작용

19

다음 중 온실효과를 일으키는 것만 묶인 것은?

☑ 확인 Check! ○ △ ✕

① 이산화탄소(CO_2), 메탄(CH_4)

② 질소(N), 아산화질소(N_2O)

③ 프레온(CFC), 산소(O_2)

④ 질소(N), 이산화탄소(CO_2)

20

☑ 확인 Check! ○ △ ✕

다음 중 밑줄 친 '이것'이 가리키는 것은?

> 탄수화물을 섭취하면 혈당이 올라가는데, 우리 몸은 이 혈당을 낮추기 위해 인슐린을 분비하고, 인슐린은 당을 지방으로 만들어 체내에 축적하게 된다. 하지만 모든 탄수화물이 혈당을 동일하게 올리지는 않는다. 칼로리가 같은 식품이어도 이것이 낮은 음식을 먹으면 인슐린이 천천히 분비되어 혈당 수치가 정상적으로 조절되고 포만감 또한 오래 유지할 수 있어 다이어트에 도움이 되는 것으로 알려졌다.

① GMO
② 글루텐
③ GI
④ 젖 산

쏙쏙 해설

GI, 즉 혈당지수는 어떤 식품이 혈당을 얼마나 빨리, 많이 올리느냐를 나타내는 수치이다. 예를 들어 혈당지수가 85인 감자는 혈당지수가 40인 사과보다 혈당을 더 빨리 더 많이 올린다. 일반적으로 혈당지수 55 이하는 저혈당지수 식품, 70 이상은 고혈당지수 식품으로 분류한다.

정답 ❸

21

☑ 확인 Check! ○ △ ✕

다음 중 OLED에 대한 설명으로 옳지 않은 것은?

① 스스로 빛을 내는 현상을 이용한다.
② 휴대전화, PDA 등 전자제품의 액정 소재로 사용된다.
③ 화질 반응속도가 빠르고 높은 화질을 자랑한다.
④ 에너지 소비량이 크고 가격이 비싸다.

쏙쏙 해설

OLED(Organic Light-Emitting Diode)는 형광성 유기화합물질에 전류를 흐르게 하면 자체적으로 빛을 내는 발광현상을 이용하는 디스플레이를 말한다. LCD보다 선명하고 보는 방향과 무관하게 잘 보이는 장점을 가진다. 화질의 반응 속도 역시 LCD에 비해 1,000배 이상 빠르다. 또한 단순한 제조공정으로 인해 가격 경쟁면에서 유리하다.

정답 ❹

22

☑ 확인Check! ○ △ ✕

버스가 갑자기 서면 몸이 앞으로 쏠리는 현상은 무엇과 관련이 있는가?

① 관성의 법칙
② 작용·반작용의 법칙
③ 가속도의 법칙
④ 원심력

23

☑ 확인Check! ○ △ ✕

대기 중에 이산화탄소가 늘어나는 것이 원인이 되어 발생하는 온도 상승 효과는?

① 엘니뇨현상
② 터널효과
③ 온실효과
④ 오존층파괴현상

24

☑ 확인Check! ○ △ ✕

다음 중 아폴로 11호를 타고 인류 최초로 달에 첫 발걸음을 내디딘 인물은 누구인가?

① 에드윈 올드린
② 닐 암스트롱
③ 알렉세이 레오노프
④ 이소연

25

다음 중 뉴턴의 운동법칙이 아닌 것은?

☑ 확인Check! ○ △ ✕

① 만유인력의 법칙
② 관성의 법칙
③ 작용·반작용의 법칙
④ 가속도의 법칙

쏙쏙 해설

뉴턴의 운동법칙으로는 관성의 법칙, 가속도의 법칙, 작용·반작용의 법칙이 있다. 만유인력은 뉴턴의 운동법칙이 아니다.

정답 ❶

26

다음 중 희토류가 아닌 것은?

☑ 확인Check! ○ △ ✕

① 우라늄
② 망 간
③ 니 켈
④ 구 리

쏙쏙 해설

구리는 금속물질이며, 희토류가 아니다.

정답 ❹

27

다음 중 구제역에 걸리는 동물은?

☑ 확인Check! ○ △ ✕

① 닭
② 말
③ 돼 지
④ 코뿔소

쏙쏙 해설

구제역은 짝수 발굽을 가진 우제류 동물(돼지, 소, 양, 낙타, 사슴)에게 나타나며, 조류인 닭, 기제류인 말과 코뿔소는 구제역에 걸리지 않는다.

정답 ❸

28

☑ 확인 Check! ○ △ ✕

특허가 만료된 바이오의약품과 비슷한 효능을 내게 만든 복제의약품을 무엇이라 하는가?

① 바이오시밀러
② 개량신약
③ 바이오베터
④ 램시마

쏙쏙 해설

바이오시밀러란 바이오의약품을 복제한 약을 말한다. 오리지널 바이오의약품과 비슷한 효능을 갖도록 만들지만 바이오의약품의 경우처럼 동물세포나 효모, 대장균 등을 이용해 만든 고분자의 단백질 제품이 아니라 화학 합성으로 만들기 때문에 기존의 특허받은 바이오의약품에 비해 약값이 저렴하다.

정답 ❶

29

☑ 확인 Check! ○ △ ✕

매우 무질서하고 불규칙적으로 보이는 현상 속에 내재된 일정 규칙이나 법칙을 밝혀내는 이론은?

① 카오스이론
② 빅뱅이론
③ 엔트로피
④ 퍼지이론

쏙쏙 해설

카오스이론은 무질서하고 불규칙적으로 보이는 현상에 숨어 있는 질서와 규칙을 설명하려는 이론이다.

정답 ❶

30

☑ 확인 Check! ○ △ ✕

방사성 원소란 원자핵이 불안정하여 방사선을 방출하여 붕괴하는 원소이다. 다음 중 방사성 원소가 아닌 것은?

① 헬 륨
② 우라늄
③ 라 듐
④ 토 륨

쏙쏙 해설

방사성 원소는 천연 방사성 원소와 인공 방사성 원소로 나눌 수 있다. 방사선을 방출하고 붕괴하면서 안정한 원소로 변한다. 안정한 원소가 되기 위해 여러 번의 붕괴를 거친다. 천연적인 것으로는 우라늄, 악티늄, 라듐, 토륨 등이 있고, 인공적인 것으로는 넵투늄 등이 있다. 헬륨은 방사성 원소가 아니라 비활성 기체이다.

정답 ❶

31

☑ 확인 Check! ○ △ ✕

이동하면서도 초고속 인터넷을 사용할 수 있도록 우리나라에서 개발한 광대역 인터넷 무선 통신 기술은 무엇인가?

① CDMA
② 와이파이
③ 와이브로
④ LAN

쏙쏙 해설

한국은 2.3GHz 주파수를 사용하는 와이브로라는 기술 방식을 주도해왔고 유럽의 LTE 방식과 국제표준제정 과정에서 주도권을 놓고 경쟁하고 있다.

정답 ❸

32

☑ 확인 Check! ○ △ ✕

기술의 발전으로 인해 제품의 라이프 사이클이 점점 빨라지는 현상을 이르는 법칙은 무엇인가?

① 스마트법칙
② 구글법칙
③ 안드로이드법칙
④ 애플법칙

쏙쏙 해설

안드로이드법칙은 구글의 안드로이드 운영체제를 장착한 스마트폰을 중심으로 계속해서 향상된 성능의 스마트폰이 출시돼 출시 주기도 짧아질 수밖에 없다는 법칙이다. 구글이 안드로이드를 무료로 이용할 수 있게 하면서 제품의 출시가 쉬워진 것이 큰 요인이다.

정답 ❸

33

☑ 확인 Check! ○ △ ✕

시간과 장소, 컴퓨터나 네트워크 여건에 구애받지 않고 네트워크에 자유롭게 접속할 수 있는 IT환경을 무엇이라고 하는가?

① 텔레매틱스
② 유비쿼터스
③ ITS
④ 스니프

쏙쏙 해설

유비쿼터스는 라틴어로 '언제, 어디에나 있는'을 의미한다. 즉, 사용자가 시공간의 제약 없이 자유롭게 네트워크에 접속할 수 있는 환경을 말한다.

정답 ❷

34

☑ 확인 Check! ○ △ ✕

다음에 나타난 게임에 적용된 기술은 무엇인가?

> 유저들이 직접 현실세계를 돌아다니며 포켓몬을 잡는 모바일 게임 열풍에 평소 사람들이 찾지 않던 장소들이 붐비는 모습을 보였다.

① MR
② BR
③ AV
④ AR

쏙쏙 해설

현실에 3차원의 가상물체를 겹쳐서 보여주는 기술을 활용해 현실과 가상환경을 융합하는 복합형 가상현실을 증강현실(AR, Augmented Reality)이라 한다.

정답 ❹

35

☑ 확인 Check! ○ △ ✕

컴퓨터 전원을 끊어도 데이터가 없어지지 않고 기억되며 정보의 입출력도 자유로운 기억장치는?

① 램
② 캐시메모리
③ 플래시메모리
④ CPU

쏙쏙 해설

플래시메모리는 전원이 끊겨도 저장된 정보가 지워지지 않는 비휘발성 기억장치이다. 내부 방식에 따라 저장용량이 큰 낸드(NAND)형과 처리 속도가 '빠른 노어(NOR)형의 2가지로 나뉜다.

정답 ❸

36

☑ 확인 Check! ○ △ ✕

클라우드를 기반으로 하는 이 서비스는 하나의 콘텐츠를 여러 플랫폼을 통해 이용할 수 있다. 이 서비스는 무엇인가?

① N스크린
② DMB
③ IPTV
④ OTT

쏙쏙 해설

N스크린은 하나의 콘텐츠를 여러 개의 디지털 기기들을 넘나들며 시간과 장소에 구애받지 않고 이용할 수 있도록 해주는 기술이다. 'N'은 수학에서 아직 결정되지 않은 미지수를 뜻하는데, 하나의 콘텐츠를 이용할 수 있는 스크린의 숫자를 한정짓지 않는다는 의미에서 N스크린이라고 부른다.

정답 ❶

37

☑ 확인 Check! ○ △ ✕

이용자의 특정 콘텐츠에 대한 데이터 비용을 이동통신사가 대신 부담하는 것을 무엇이라 하는가?

① 펌웨어
② 플러그 앤 플레이
③ 제로레이팅
④ 웹2.0

쏙쏙 해설

제로레이팅은 특정한 콘텐츠에 대한 데이터 비용을 이동통신사가 대신 지불하거나 콘텐츠 사업자가 부담하도록 하여 서비스 이용자는 무료로 이용할 수 있게 하는 것을 말한다.

정답 ❸

38

☑ 확인Check! ○ △ ✕

음성·데이터, 통신·방송·인터넷 등이 융합된 품질보장형 광대역 멀티미디어서비스를 언제 어디서나 끊임없이 안전하게 이용할 수 있는 차세대 통합네트워크로, 유비쿼터스를 통한 홈네트워킹서비스를 여는 데 핵심이 되는 기술은 무엇인가?

① RFID
② NFC
③ OTT
④ 광대역통합망

39

☑ 확인Check! ○ △ ✕

다음 중 RAM에 대한 설명으로 옳은 것은?

① 컴퓨터의 보조기억장치로 이용된다.
② 크게 SRAM, DRAM, ROM으로 분류할 수 있다.
③ Read Access Memory의 약어이다.
④ SRAM이 DRAM보다 성능이 우수하나 고가이다.

40

악성 코드에 감염된 PC를 조작해 이용자를 허위로 만든 가짜 사이트로 유도하여 개인정보를 빼가는 수법은 무엇인가?

☑ 확인Check! ○ △ ✕

① 스미싱
② 스피어피싱
③ 파 밍
④ 메모리해킹

핵심만 콕

① 스미싱은 문자메시지(SMS)와 피싱(Phishing)의 합성어로, 인터넷 접속이 가능한 스마트폰의 문자메시지를 이용한 휴대폰 해킹을 뜻한다.
② 스피어피싱은 대상의 신상을 파악하고 그것에 맞게 낚시성 정보를 흘리는 사기수법으로 주로 회사의 고위 간부들이나 국가에 중요한 업무를 담당하고 있는 사람들이 공격 대상이 된다.
④ 메모리해킹은 피해자 PC 메모리에 상주한 악성코드로 인하여 정상 은행 사이트에서 보안카드 앞 · 뒤 2자리만 입력해도 부당인출하는 수법을 말한다.

제1장
제2장
제3장
제4장
제5장
제6장

41

넷플릭스를 통해 많은 사람들이 인터넷으로 TV드라마나 영화를 본다. 이렇듯 인터넷으로 TV 프로그램 등을 볼 수 있는 서비스를 무엇이라 하는가?

☑ 확인Check! ○ △ ✕

① NFC
② OTT
③ MCN
④ VOD

42

☑ 확인 Check! ○ △ ✕

지나치게 인터넷에 몰두하고 인터넷에 접속하지 않으면 극심한 불안감을 느끼는 중독증을 나타내는 현상은?

① INS증후군
② 웨바홀리즘
③ 유비쿼터스
④ VDT증후군

쏙쏙 해설

웨바홀리즘은 월드와이드웹의 웹(Web)과 알코올 중독증(Alcoholism)의 합성어로, IAD(Internet Addiction Disorder)로도 불린다. 정신적·심리적으로 인터넷에 과도하게 의존하는 사람들이 생겨나 인터넷에 접속하지 않으면 불안감을 느끼고 일상생활을 하기 힘들어하며, 수면 부족, 생활 패턴의 부조화, 업무 능률 저하 등이 나타나기도 한다.

정답 ❷

43

☑ 확인 Check! ○ △ ✕

인터넷 사용자가 접속한 웹사이트 정보를 저장하는 정보 기록 파일을 의미하며, 웹사이트에서 사용자의 하드디스크에 저장되는 특별한 텍스트 파일을 무엇이라 하는가?

① 쿠 키
② 피 싱
③ 캐 시
④ 텔 넷

쏙쏙 해설

쿠키에는 PC 사용자의 ID와 비밀번호, 방문한 사이트 정보 등이 담겨 하드디스크에 저장된다. 이용자들의 홈페이지 접속을 도우려는 목적에서 만들어졌기 때문에 해당 사이트를 한 번 방문하고 이후에 다시 방문했을 때에는 별다른 절차를 거치지 않고 빠르게 접속할 수 있다는 장점이 있다.

정답 ❶

44

☑ 확인 Check! ○ △ ×

인터넷 주소창에 사용하는 'HTTP'의 의미는?

① 인터넷 네트워크망
② 인터넷 데이터 통신규약
③ 인터넷 사용경로 규제
④ 인터넷 포털서비스

45

☑ 확인 Check! ○ △ ×

기업이나 조직의 모든 정보가 컴퓨터에 저장되면서, 컴퓨터의 정보보안을 위해 외부에서 내부 또는 내부에서 외부의 정보통신망에 불법으로 접근하는 것을 차단하는 시스템은?

① 쿠 키
② DNS
③ 방화벽
④ 아이핀

46

☑ 확인 Check! ○ △ ×

하나의 디지털 통신망에서 문자, 동영상, 음성 등 각종 서비스를 일원화해 통신·방송서비스의 통합, 효율성 극대화, 저렴화를 추구하는 종합통신 네트워크는 무엇인가?

① VAN
② UTP케이블
③ ISDN
④ RAM

제1장

제2장

제3장

제4장

제5장

제6장

47

☑ 확인Check! ○ △ ✕

다음 중 증강현실에 대한 설명으로 옳지 않은 것은?

① 현실세계에 3차원 가상물체를 겹쳐 보여준다.

② 스마트폰의 활성화와 함께 주목받기 시작했다.

③ 실제 환경은 볼 수 없다.

④ 위치기반 서비스, 모바일 게임 등으로 활용 범위가 확장되고 있다.

쏙쏙 해설

가상현실 기술은 가상환경에 사용자를 몰입하게 하여 실제 환경은 볼 수 없지만, 증강현실 기술은 실제 환경을 볼 수 있게 하여 현실감을 제공한다.

정답 ❸

48

☑ 확인Check! ○ △ ✕

스마트TV와 인터넷TV 각각의 기기는 서버에 연결되는 방식이 서로 달라 인터넷망 사용의 과부하가 발생할 수밖에 없다. 최근에 이와 관련해 통신사와 기기회사 사이에 갈등이 빚어졌는데 무엇 때문인가?

① 프로그램 편성

② 요금징수체계

③ 수익모델

④ 망중립성

쏙쏙 해설

망중립성은 네트워크사업자가 관리하는 망이 공익을 위한 목적으로 사용돼야 한다는 원칙이다. 통신사업자는 막대한 비용을 들여 망설치를 하여 과부하로 인한 망의 다운을 막으려고 하지만, 스마트TV 생산 회사들이나 콘텐츠 제공업체들은 망중립성을 이유로 이에 대한 고려 없이 제품 생산에만 그쳐, 망중립성을 둘러싼 갈등이 불거졌다.

정답 ❹

49

다음 인터넷 용어 중 허가된 사용자만 디지털콘텐츠에 접근할 수 있도록 제한해 비용을 지불한 사람만 콘텐츠를 사용할 수 있도록 하는 서비스는?

① DRM(Digital Rights Management)
② WWW(World Wide Web)
③ IRC(Internet Relay Chatting)
④ SNS(Social Networking Service)

쏙쏙 해설

DRM은 우리말로 디지털 저작권 관리라고 부른다. 허가된 사용자만 디지털 콘텐츠에 접근할 수 있도록 제한해 비용을 지불한 사람만 콘텐츠를 사용할 수 있도록 하는 서비스 또는 정보보호 기술을 통틀어 가리킨다.

정답 ❶

핵심만 콕

② 인터넷에서 그래픽, 음악, 영화 등 다양한 정보를 통일된 방법으로 찾아볼 수 있는 서비스를 의미한다.
③ 인터넷에 접속된 수많은 사용자와 대화하는 서비스이다.
④ 온라인 인맥구축 서비스로 1인 미디어, 1인 커뮤니티, 정보 공유 등을 포괄하는 개념이다.

50

다음 내용에서 밑줄 친 '이것'에 해당하는 용어는?

- 이것은 웹2.0, SaaS(Software as a Service)와 같이 최근 잘 알려진 기술 경향들과 연관성을 가지는 일반화된 개념이다.
- 이것은 네트워크에 서버를 두고 데이터를 저장하거나 관리하는 서비스이다.

① 클라우드 컴퓨팅(Cloud Computing)
② 디버깅(Debugging)
③ 스풀(SPOOL)
④ 멀티태스킹(Multitasking)

쏙쏙 해설

클라우드 컴퓨팅(Cloud Computing) : 다양한 소프트웨어나 데이터를 컴퓨터 저장장치에 담지 않고 웹 공간에 두어 마음대로 다운받아 쓰는 차세대 인터넷 컴퓨터 환경

정답 ❶

핵심만 콕

② 디버깅(Debugging) : 원시프로그램에서 목적프로그램으로 번역하는 과정에서 발생하는 오류를 찾아 수정하는 것
③ 스풀(SPOOL) : 데이터를 주고받는 과정에서 중앙처리장치와 주변장치의 처리 속도가 달라 발생하는 속도 차이를 극복해 지체 현상 없이 프로그램을 처리하는 기술
④ 멀티태스킹(Multitasking) : 한 사람의 사용자가 한 대의 컴퓨터로 2가지 이상의 작업을 동시에 처리하거나, 2가지 이상의 프로그램들을 동시에 실행시키는 것

51

매우 무질서하고 불규칙적으로 보이는 현상 속에 내재된 일정 규칙이나 법칙을 밝혀내는 이론은?

☑ 확인Check! ○ △ ✕

① 카오스이론
② 빅뱅이론
③ 엔트로피
④ 퍼지이론

52

우리나라 최초의 인공위성은 무엇인가?

☑ 확인Check! ○ △ ✕

① 무궁화1호
② 우리별1호
③ 온누리호
④ 스푸트니크1호

06 문화·미디어·스포츠

01

☑ 확인Check! ○ △ ✕

머리부터 발목까지 덮는 아랍권 이슬람 여성들의 전통의상은?

① 아바야
② 부르카
③ 히 잡
④ 차도르

쏙쏙 해설

부르카(Burqah)는 머리부터 발목을 덮는 이슬람 여성의 전통의상이다. 아바야(Abayah)는 얼굴, 손발을 제외하고 온몸을 가리는 망토 형태 의상이며, 히잡(Hijab)은 머리와 상반신만 가린다. 차도르(Chaddor)는 모자 달린 망토 형태로 돼 있다.

정답 ❷

02

☑ 확인Check! ○ △ ✕

일정시간까지 뉴스의 보도를 미루는 것을 뜻하는 미디어 용어는?

① 게이트키핑
② 발롱데세
③ 엠바고
④ 스쿠프

쏙쏙 해설

엠바고(Embargo)는 본래 특정국가에 대한 무역·투자 등의 교류 금지를 뜻하지만 언론에서는 뉴스기사의 보도를 한시적으로 유보하는 것을 말한다. 즉, 정부기관 등의 정보제공자가 뉴스의 자료를 제보하면서 일정시간까지 공개하지 말 것을 요구할 경우 그때까지 보도를 미루는 것이다. 흔히 '엠바고를 단다'고 말하며 정보제공자 측과의 관계를 고려하여 되도록 지켜주는 경우가 많다.

정답 ❸

03

2024년 하계올림픽이 개최되는 도시는?

☑ 확인 Check! ○ △ ✕

① 프랑스 파리
② 독일 함부르크
③ 헝가리 부다페스트
④ 미국 로스앤젤레스

04

다음 중 성격이 다른 음악 장르는?

☑ 확인 Check! ○ △ ✕

① 광상곡
② 레퀴엠
③ 위령곡
④ 진혼곡

05

다음 중 세계 3대 교향곡에 해당하지 않는 것은?

☑ 확인 Check! ○ △ ✕

① 베토벤 〈운명〉
② 슈베르트 〈미완성 교향곡〉
③ 말러 〈대지의 노래〉
④ 차이코프스키 〈비창〉

06

다음 중 화가 파블로 피카소의 대표작이 아닌 것은?

① 달과 6펜스
② 아비뇽의 처녀들
③ 게르니카
④ 한국에서의 학살

☑ 확인 Check! ○ △ ✕

쏙쏙 해설

20세기 회화의 거장으로 평가되는 파블로 피카소는 스페인 출신으로 19세에 프랑스로 건너가 본격적인 작품 활동을 시작했다. 혁신적인 화법인 입체파의 대표주자이기도 한 그는 〈아비뇽의 처녀들〉(1907), 〈게르니카〉(1937), 〈한국에서의 학살〉(1951) 등 독보적인 작품을 남겼다. 〈달과 6펜스〉(1919)는 프랑스 소설가 서머싯 몸의 소설로 프랑스의 인상파 화가 폴 고갱의 전기에서 모티프를 얻은 작품이다.

정답 ❶

07

다음 중 4대 남자 메이저 골프대회에 해당하지 않는 것은?

① PGA 챔피언십
② US 오픈
③ 프레지던츠컵
④ 브리티시 오픈

☑ 확인 Check! ○ △ ✕

쏙쏙 해설

4대 남자 메이저 골프대회로 꼽히는 것은 PGA 챔피언십(PGA Championship, 1916), US 오픈(US Open, 1895), 브리티시 오픈(British Open, 1860), 마스터스(Masters, 1930)이다. 프레지던츠컵은 미국과 유럽을 제외한 인터내셔널팀 사이의 남자 프로골프 대항전이다. 2년마다 열리는 유럽 남자 골프 대항전인 라이더컵이 개최되지 않는 해에 열린다.

정답 ❸

08

☑ 확인Check! ○ △ ✕

다음 중 가곡의 왕이라고 불린 오스트리아의 음악가는?

① 프란츠 슈베르트

② 루드비히 반 베토벤

③ 펠릭스 멘델스존

④ 요제프 하이든

09

☑ 확인Check! ○ △ ✕

우리나라 최초의 한문소설집은?

① 지봉유설

② 구운몽

③ 백운소설

④ 금오신화

10

☑ 확인 Check! ○ △ ✕

소비자의 기분과 감정에 호소하는 광고는?

① 티저 광고

② 인포머셜 광고

③ 무드 광고

④ 비넷 광고

쏙쏙 해설

무드 광고란 소비자가 기업의 상품과 서비스를 이용하면서 느낄 수 있는 만족감, 기쁨 등의 감정과 기분을 표현하는 광고를 말한다. 티저 광고는 처음에는 상품명을 감추거나 일부만 보여주고 궁금증을 유발하며 서서히 그 베일을 벗기는 광고이고, 인포머셜 광고는 상품의 정보를 상세하게 제공해 구매욕을 유발하는 광고다. 비넷 광고는 한 가지 주제에 맞춰 다양한 장면을 짧게 연속적으로 보여줌으로써 강렬한 이미지를 주는 광고를 말한다.

정답 ❸

11

☑ 확인 Check! ○ △ ✕

다음 중 부산국제영화제에 대한 설명으로 옳지 않은 것은?

① 아시아 최대 규모의 국제영화제다.

② 매년 10월 첫째 주 목요일에 열린다.

③ 1996년부터 개막됐다.

④ 경쟁 영화제다.

쏙쏙 해설

1996년 시작된 부산국제영화제는 도쿄 · 홍콩국제영화제와 더불어 아시아 최대 규모의 국제영화제로 매년 10월 첫째 주 목요일부터 10일간 진행되며, 부분경쟁을 포함한 비경쟁 영화제다.

정답 ❹

12

☑ 확인 Check! ○ △ ✕

베토벤이 작곡한 교향곡 중 4악장으로 구성된 작품이 아닌 것은?

① 영 웅

② 합 창

③ 전 원

④ 운 명

쏙쏙 해설

루트비히 판 베토벤이 작곡했다고 알려진 교향곡은 모두 10작품이다. 이 중 3번 E플랫장조 〈영웅〉, 5번 C단조 〈운명〉, 9번 D단조 〈합창〉은 모두 4악장으로 구성되어 있다. 6번 F장조인 〈전원〉은 5악장이다.

정답 ❸

13

☑ 확인Check! ○ △ ✕

다음 중 피아노 3중주에 쓰이는 악기가 아닌 것은?

① 첼 로
② 바이올린
③ 피아노
④ 비올라

쏙쏙 해설

피아노 3중주는 피아노와 다른 두 개의 악기가 모인 고전주의 실내악의 한 형태다. 일반적으로 피아노와 바이올린, 첼로로 구성되며, '피아노 트리오'라고 부르기도 한다. 대체로 소나타 형식을 취하고 있고 하이든, 모차르트, 베토벤 등 저명한 음악가들도 작곡했다. 멘델스존의 〈피아노 3중주 1번〉이 특히 유명하다.

정답 ❹

14

☑ 확인Check! ○ △ ✕

문학에서 진부하고 판에 박힌 표현을 가리키는 용어는?

① 클리셰
② 플 롯
③ 골 계
④ 그로테스크

쏙쏙 해설

클리셰(Cliche)는 인쇄에서 '연판'을 뜻하는 프랑스어에서 기원했으며, 현재는 문학·영화에 등장하는 진부하고 상투적인 표현을 뜻하는 용어로 쓰인다. 특히 지나친 클리셰는 극의 전개를 정형화하고 예측가능하게 만들어 독자와 관객의 흥미를 반감시킨다.

정답 ❶

15

가사를 쓴 송강 정철과 함께 조선시대 시가의 양대산맥으로 손꼽히는 시조 시인은?

① 김수장
② 김천택
③ 박인로
④ 윤선도

쏙쏙 해설

조선 중기의 문신인 윤선도는 유명한 가사(歌辭)를 다수 지은 송강 정철과 함께 조선 시가 양대산맥으로 평가되는 인물이다. 등용과 파직, 유배로 다사다난한 삶을 산 인물로 뛰어난 시조를 많이 지었으며, 특히 벼슬에 뜻을 버리고 보길도에서 지내며 지은 〈어부사시사〉가 유명하다.

정답 ❹

16

미국 브로드웨이에서 연극과 뮤지컬에 대해 수여하는 상은 무엇인가?

① 토니상
② 에미상
③ 오스카상
④ 골든글로브상

쏙쏙 해설

토니상은 연극의 아카데미상이라고 불리며 브로드웨이에서 상연된 연극과 뮤지컬 부문에 대해 상을 수여한다.

정답 ❶

17

다음 중 판소리 5마당이 아닌 것은?

① 춘향가
② 수궁가
③ 흥보가
④ 배비장전

쏙쏙 해설

판소리 5마당은 춘향가, 심청가, 흥보가, 적벽가, 수궁가이다.

정답 ❹

18

☑ 확인 Check! ○ △ ✕

다음 중 유네스코 세계문화유산이 아닌 것은?

① 석굴암·불국사
② 종 묘
③ 경복궁
④ 수원 화성

쏙쏙 해설

유네스코 세계문화유산
석굴암·불국사, 해인사 장경판전, 종묘, 창덕궁, 수원화성, 경주역사유적지구, 고창·화순·강화 고인돌 유적, 조선왕릉, 안동하회·경주양동마을, 남한산성, 백제역사유적지구, 산사 한국의 산지승원, 한국의 서원

정답 ❸

19

☑ 확인 Check! ○ △ ✕

불교 의식인 재를 올릴 때 부처의 공덕을 찬양하며 부르는 노래로, 우리나라의 3대 전통 성악곡 중 하나로 꼽히는 이것은 무엇인가?

① 범 패
② 계면조
③ 시나위
④ 판소리

쏙쏙 해설

우리나라 3대 성악곡에는 판소리, 범패, 가곡이 있으며, 그중 범패는 부처의 공덕을 찬양하며 부르는 노래이다.

정답 ❶

20

☑ 확인 Check! ○ △ ✕

다음 중 3대 영화제가 아닌 것은?

① 베니스영화제
② 베를린영화제
③ 몬트리올영화제
④ 칸영화제

쏙쏙 해설

세계 3대 영화제는 베니스, 베를린, 칸 영화제이다.

정답 ❸

21

☑ 확인 Check! ○ △ ×

'새로운 물결'이라는 뜻을 지닌 프랑스의 영화 운동으로, 기존의 영화 산업의 틀에서 벗어나 개인적ㆍ창조적인 방식이 담긴 영화를 만드는 것은 무엇인가?

① 네오리얼리즘
② 누벨바그
③ 맥거핀
④ 인디즈

쏙쏙 해설

누벨바그는 '새로운 물결'이라는 뜻의 프랑스어로, 1958년경부터 프랑스 영화계에서 젊은 영화인들이 주축이 되어 펼친 영화 운동이다. 대표적인 작품으로는 고다르의 〈네 멋대로 해라〉, 트뤼포의 〈어른들은 알아주지 않는다〉 등이 있다.

정답 ②

22

☑ 확인 Check! ○ △ ×

음악의 빠르기에 대한 설명이 잘못된 것은?

① 아다지오(Adagio) : 아주 느리고 침착하게
② 모데라토(Moderato) : 보통 빠르게
③ 알레그레토(Allegretto) : 빠르고 경쾌하게
④ 프레스토(Presto) : 빠르고 성급하게

쏙쏙 해설

알레그레토(Allegretto) : 조금 빠르게

정답 ③

23

☑ 확인 Check! ○ △ ×

국보 1호와 주요 무형문화재 1호를 각각 바르게 연결한 것은?

① 숭례문 – 남사당놀이
② 숭례문 – 종묘제례악
③ 흥인지문 – 종묘제례악
④ 흥인지문 – 양주별산대놀이

쏙쏙 해설

흥인지문은 보물 1호, 양주별산대놀이와 남사당놀이는 각각 무형문화재 2호와 3호이다.

정답 ②

24

☑ 확인Check! ○ △ ✕

다음 중 유네스코 지정 세계기록유산이 아닌 것은?

① 삼국사기
② 훈민정음
③ 직지심체요절
④ 5 · 18 민주화운동 기록물

유네스코 세계기록유산

훈민정음, 조선왕조실록, 직지심체요절, 승정원일기, 해인사 대장경판 및 제경판, 조선왕조 의궤, 동의보감, 일성록, 5 · 18 민주화운동 기록물, 난중일기, 새마을운동 기록물, 한국의 유교책판, KBS 특별 생방송 '이산가족을 찾습니다' 기록물, 조선왕실 어보와 어책, 국채보상운동 기록물, 조선통신사 기록물

정답 ❶

25

☑ 확인Check! ○ △ ✕

2년마다 주기적으로 열리는 국제 미술 전시회를 가리키는 용어는?

① 트리엔날레
② 콰드리엔날레
③ 비엔날레
④ 아르누보

비엔날레는 이탈리아어로 '2년마다'라는 뜻으로, 미술 분야에서 2년마다 열리는 전시 행사를 일컫는다. 가장 역사가 길며 그 권위를 인정받고 있는 것은 베니스 비엔날레이다.

정답 ❸

26

☑ 확인Check! ○ △ ✕

다음 중 사물놀이에 쓰이는 악기로 해당하지 않는 것은?

① 꽹과리
② 장 구
③ 징
④ 소 고

사물놀이는 꽹과리, 징, 장구, 북을 연주하는 음악 또는 놀이이다.

정답 ❹

27

국악의 빠르기 중 가장 느린 장단은?

① 휘모리
② 중모리
③ 진양조
④ 자진모리

국악의 빠르기 : 진양조 → 중모리 →
중중모리 → 자진모리 → 휘모리

정답 ❸

28

다음 중 르네상스 3대 화가가 아닌 사람은?

① 레오나르도 다빈치
② 미켈란젤로
③ 피카소
④ 라파엘로

피카소는 20세기 초 입체파의 대표 화
가이다.

정답 ❸

29

베른조약에 따르면 저작권의 보호 기간은 저작자의 사후 몇 년인가?

① 30년
② 50년
③ 80년
④ 100년

베른조약은 1886년 스위스의 수도 베
른에서 체결된 조약으로, 외국인의 저
작물을 무단 출판하는 것을 막고 다른
가맹국의 저작물을 자국민의 저작물과
동등하게 대우하도록 한다. 보호 기간
은 저작자의 생존 및 사후 50년을 원칙
으로 한다.

정답 ❷

30

☑ 확인 Check! ○ △ ✕

저작권에 반대되는 개념으로 지적 창작물에 대한 권리를 모든 사람이 공유할 수 있도록 하는 것은?

① 베른조약
② WIPO
③ 실용신안권
④ 카피레프트

31

☑ 확인 Check! ○ △ ✕

조선시대 국가의 주요 행사를 그림 등으로 상세하게 기록한 책은 무엇인가?

① 외규장각
② 조선왕실의궤
③ 종묘 제례
④ 직지심체요절

핵심만 콕

① 외규장각은 1782년 정조가 왕실 관련 서적을 보관할 목적으로 강화도에 설치한 규장각의 부속 도서관이다.
③ 종묘제례는 조선 역대 군왕의 신위를 모시는 종묘에서 지내는 제사이다.
④ 직지심체요절은 고려 시대의 것으로, 현존하는 세계에서 가장 오래된 금속활자본이다.

32

오페라 등 극적인 음악에서 나오는 기악 반주의 독창곡은?

① 아리아
② 칸타타
③ 오라토리오
④ 세레나데

제1장 제2장 제3장 제4장 제5장 제6장

쏙쏙 해설

아리아(이탈리아어 : Aria)는 오페라·오라토리오·칸타타 등에 나오는 기악 반주의 선율적인 독창곡으로, 특별하게 정해진 형식은 없으며, 곡상도 서정적인 것으로부터 극적인 것까지 여러 가지다.

정답 ❶

핵심만 콕

② 아리아·중창·합창 등으로 이루어진 대규모 성악곡
③ 성경에 나오는 이야기를 극화한 대규모의 종교적 악극
④ 17~18세기 이탈리아에서 발생한 가벼운 연주곡

33

영화의 한 화면 속에 소품 등 모든 시각적 요소를 동원해 주제를 드러내는 방법은?

① 몽타주
② 인디즈
③ 미장센
④ 옴니버스

쏙쏙 해설

미장센(Mise-en-scene)은 영화에서 연출가가 모든 시각적 요소를 배치하여 단일한 쇼트로 영화의 주제를 만들어내는 작업이다.

정답 ❸

핵심만 콕

① 미장센과 상대적인 개념으로 따로 촬영된 짧은 장면들을 연결해서 의미를 창조하는 기법
② 독립 영화
④ 독립된 콩트들이 모여 하나의 주제를 나타내는 것

34

☑ 확인Check! ○ △ ✕

다음 중 광고에서 친근함을 주어 주목률을 높이기 위해 쓰는 3B가
아닌 것은?

① Baby

② Body

③ Beauty

④ Beast

35

☑ 확인Check! ○ △ ✕

다음 중 종합편성채널 사업자가 아닌 것은?

① 조선일보

② 중앙일보

③ 연합뉴스

④ 매일경제

36

☑ 확인Check! ○ △ ✕

매스커뮤니케이션의 효과 이론 중 지배적인 여론과 일치되면 의사를
적극 표출하지만 그렇지 않으면 침묵하는 경향을 보이는 이론은 무
엇인가?

① 탄환 이론

② 미디어 의존 이론

③ 모델링 이론

④ 침묵의 나선 이론

37

다음 중 미국의 4대 방송사가 아닌 것은?

☑ 확인 Check! ○ △ ✕

① CNN
② ABC
③ CBS
④ NBC

쏙쏙 해설

미국의 4대 방송사는 NBC, CBS, ABC, MBS이다.

정답 ❶

38

언론을 통해 뉴스가 전해지기 전에 뉴스 결정권자가 뉴스를 취사선택하는 것을 무엇이라고 하는가?

☑ 확인 Check! ○ △ ✕

① 바이라인
② 발롱데세
③ 게이트키핑
④ 방송심의위원회

쏙쏙 해설

게이트키핑은 게이트키퍼가 뉴스를 취사선택하여 전달하는 것으로, 게이트키퍼의 가치관이 작용할 수 있다.

정답 ❸

39

처음에는 상품명을 감췄다가 서서히 공개하면서 궁금증을 유발하는 광고 전략을 무엇이라 하는가?

☑ 확인 Check! ○ △ ✕

① PPL 광고
② 비넷 광고
③ 트레일러 광고
④ 티저 광고

쏙쏙 해설

티저 광고(Teaser Advertising) : 처음에는 상품명을 감추거나 일부만 보여주고 궁금증을 유발하며 서서히 그 베일을 벗는 방법으로, 게릴라 마케팅의 일환으로 사용됨

정답 ❹

핵심만 콕

① 영화나 드라마의 장면에 상품이나 브랜드 이미지를 노출시키는 광고 기법
② 한 주제에 맞춰 다양한 장면을 짧게 보여주면서 강렬한 이미지를 주는 기법
③ 메인광고 뒷부분에 다른 제품을 알리는 맛보기 광고. '자매품'이라고도 함

40

☑ 확인 Check! ○ △ ✕

오락거리만 있고 정보는 전혀 없는 새로운 유형의 뉴스를 가리키는 용어는?

① 블랙 저널리즘(Black Journalism)
② 옐로 저널리즘(Yellow Journalism)
③ 하이프 저널리즘(Hype Journalism)
④ 팩 저널리즘(Pack Journalism)

핵심만 콕

① 감추어진 이면적 사실을 드러내는 취재 활동
② 독자들의 관심을 유도하기 위해 범죄, 성적 추문 등의 선정적인 사건들 위주로 취재하여 보도하는 것
④ 취재 방법이나 취재 시각 등이 획일적이어서 개성이나 독창성이 없는 저널리즘

41

☑ 확인 Check! ○ △ ✕

선거 보도 형태의 하나로 후보자의 여론조사 결과 및 득표 상황만을 집중적으로 보도하는 저널리즘은 무엇인가?

① 가차 저널리즘(Gotcha Journalism)
② 경마 저널리즘(Horse Race Journalism)
③ 센세이셔널리즘(Sensationalism)
④ 제록스 저널리즘(Xerox Journalism)

핵심만 콕

① 유명 인사의 사소한 해프닝을 집중 보도
③ 스캔들 기사 등을 보도하여 호기심을 자극
④ 극비 문서를 몰래 복사하여 발표

42

☑ 확인Check! ○ △ ✕

미국 콜롬비아대 언론대학원에서 선정하는 미국 최고 권위의 보도·문학·음악상은?

① 토니상
② 그래미상
③ 퓰리처상
④ 템플턴상

쏙쏙 해설

퓰리처상
미국의 언론인 퓰리처의 유산으로 제정된 언론·문학상이다. 1917년에 시작되어 매년 저널리즘 및 문학계의 업적이 우수한 사람을 선정하여 19개 부분에 걸쳐 시상한다.

정답 ❸

43

☑ 확인Check! ○ △ ✕

언론의 사실적 주장에 관한 보도로 피해를 입었을 때 자신이 작성한 반론문을 보도해줄 것을 요구할 수 있는 권리는 무엇인가?

① 액세스권
② 정정보도청구권
③ 반론보도청구권
④ 퍼블릭액세스

쏙쏙 해설

반론보도청구권은 언론사에 대하여 정기간행물의 보도내용을 진실에 부합되게 시정할 것을 요구하는 권리가 아니라 그 보도내용에 대하여 피해자가 주장하는 반박내용을 보도하여 줄 것을 요구하는 권리이다(대판 1986.1.28. 85다카1973, 헌재 1991.9.16. 89헌마165 결정 등 참고).

정답 ❸

핵심만 콕

① 언론 매체에 자유롭게 접근·이용할 수 있는 권리
② 언론에 대해 정정을 요구할 수 있는 권리로 사실 보도에 한정되며 비판·논평은 해당하지 않는다.
④ 일반인이 직접 제작한 영상물을 그대로 반영하는 것

44

☑ 확인 Check! ○ △ ×

숨겨진 사실을 드러내는 것으로 약점을 보도하겠다고 위협하거나 특정 이익을 위해 보도하는 저널리즘은 무엇인가?

① 블랙 저널리즘(Black Journalism)
② 뉴 저널리즘(New Journalism)
③ 팩 저널리즘(Pack Journalism)
④ 하이에나 저널리즘(Hyena Journalism)

쏙쏙 해설

블랙 저널리즘(Black Journalism)
숨겨진 사실을 드러내는 취재 활동으로, 약점을 이용해 보도하겠다고 위협하거나 특정 이익을 위해 보도하는 저널리즘

정답 ①

핵심만 콕

② 뉴 저널리즘 : 속보성과 단편성을 거부하고 소설의 기법을 이용해 심층적인 보도 스타일을 보이는 저널리즘
③ 팩 저널리즘 : 취재 방법 및 시각이 획일적인 저널리즘으로, 신문의 신뢰도 하락을 불러온다.
④ 하이에나 저널리즘 : 권력 없고 힘없는 사람에 대해서 집중적인 매도와 공격을 퍼붓는 저널리즘

45

☑ 확인 Check! ○ △ ×

매스컴 관련 권익 보호와 자유를 위해 설립된 기구 중 워싱턴에 위치하고 외국 수뇌 인물들의 연설을 듣고 질의 · 응답하는 것을 주 행사로 삼는 기구는?

① 내셔널프레스클럽
② 세계신문협회
③ 국제언론인협회
④ 국제기자연맹

쏙쏙 해설

내셔널프레스클럽(National Press Club)
워싱턴 주재의 미국 및 각 국 신문, 통신, 방송 특파원들의 친선단체이다. 방미하는 외국 수뇌를 오찬회에 초대하여 연설을 듣고 질의, 응답을 행하는 것으로도 유명하며 상당히 권위가 있는 기관임

정답 ①

핵심만 콕

② 1948년 국제신문발행인협회로 발족한 세계 최대의 언론 단체이다.
③ 1951년 결성된 단체로 언론인 상호 간의 교류와 협조를 통해 언론의 자유를 보장하는 것을 목적으로 매년 1회씩 대회가 열린다.
④ 본부는 브뤼셀에 있으며 3년마다 '기자 올림픽'이라 불리는 대규모 총회가 열린다.

46

☑ 확인 Check! ○ △ ✕

신제품 또는 기업에 대하여 언론이 일반 보도로 다루도록 함으로써 결과적으로 무료로 광고 효과를 얻게 하는 PR의 한 방법은?

① 콩로머천드(Conglomerchant)
② 애드버커시(Advocacy)
③ 퍼블리시티(Publicity)
④ 멀티스폿(Multispot)

47

☑ 확인 Check! ○ △ ✕

지상파와 케이블 등 기존 TV 방송 서비스를 해지하고 인터넷 등으로 방송을 보는 소비자를 일컫는 신조어는?

① 다운시프트족
② 프리터족
③ 그루밍족
④ 코드커터족

48

☑ 확인 Check! ○ △ ✕

아날로그 채널 주파수(6MHz)를 쪼개 지상파 방송사가 가용할 수 있는 채널수를 늘리는 것을 무엇이라고 하는가?

① 시분할다중화(TDM)
② 파장분할다중화(WDM)
③ 압축다중화(PMSB)
④ 멀티모드서비스(MMS)

49

시청자가 원하는 콘텐츠를 양방향으로 제공하는 방송·통신 융합 서비스로 시청자가 편리한 시간에 원하는 프로그램을 선택해 볼 수 있는 방송 서비스는?

☑ 확인 Check! ○ △ ✕

① CATV
② Ustream
③ Podcasting
④ IPTV

핵심만 콕

① 동축케이블을 이용해 프로그램을 송신하는 유선 TV
② 실시간 동영상 중계 사이트
③ 사용자들이 인터넷을 통해 새로운 방송을 자동으로 구독할 수 있게 하는 미디어

50

스위스에 있는 올림픽 관리 기구는 무엇인가?

☑ 확인 Check! ○ △ ✕

① IOC
② IBF
③ ITF
④ FINA

51

☑ 확인Check! ○ △ ✕

골프의 일반적인 경기 조건에서 각 홀에 정해진 기준 타수를 'Par'라고 한다. 다음 중 Par보다 2타수 적은 스코어로 홀인하는 것을 뜻하는 용어는 무엇인가?

① 버디(Birdie)

② 이글(Eagle)

③ 보기(Bogey)

④ 알바트로스(Albatross)

쏙쏙 해설

기준 타수보다 2타수 적은 스코어로 홀인하는 것을 이글이라 한다.

정답 ❷

핵심만 콕

① 버디 : 기준 타수보다 1타 적은 타수로 홀인하는 것

③ 보기 : 기준 타수보다 1타수 많은 스코어로 홀인하는 것

④ 알바트로스 : 기준 타수보다 3개가 적은 타수로 홀인하는 것

52

☑ 확인Check! ○ △ ✕

다음 육상 경기 중 필드경기에 해당하지 않는 것은?

① 높이뛰기

② 창던지기

③ 장애물 경기

④ 멀리뛰기

쏙쏙 해설

필드경기는 크게 도약경기와 투척경기로 나뉜다. 도약경기에는 멀리뛰기, 높이뛰기, 장대높이뛰기, 세단뛰기 등이 있으며, 투척경기에는 창던지기, 원반던지기, 포환던지기. 해머던지기 등의 종목이 있다.

정답 ❸

53

☑ 확인Check! ○ △ ✕

다음 중 야구에서 타자가 투스트라이크 이후 아웃이 되는 상황이 아닌 것은?

① 번트파울
② 헛스윙
③ 파울팁
④ 베이스온볼스

쏙쏙 해설

투스트라이크 이후 번트는 쓰리번트라고 하여 성공하지 못하고 파울이 되면 아웃이며, 파울팁은 타자가 스윙을 하여 배트에 살짝 스친 뒤 포수에게 잡히는 공이다. 베이스온볼스(Base On Balls)는 볼넷을 의미한다.

정답 ❹

54

☑ 확인Check! ○ △ ✕

권투 선수처럼 뇌에 많은 충격을 받은 사람에게 주로 나타나는 뇌세포 손상증을 일컫는 말은?

① 펀치 드렁크(Punch Drunk)
② 신시내티 히트(Cincinnati Hit)
③ 더블 헤더(Double Header)
④ 샐러리 캡(Salary Cap)

쏙쏙 해설

펀치 드렁크는 권투 선수처럼 뇌에 많은 손상을 입은 사람들 대부분이 겪는 증상으로 혼수상태, 기억상실, 치매 등의 증세가 나타나며 심한 경우 생명을 잃기도 한다.

정답 ❶

55

☑ 확인Check! ○ △ ✕

골프의 18홀에서 파 5개, 버디 2개, 보기 4개, 더블보기 4개, 트리플보기 3개를 기록했다면 최종 스코어는 어떻게 되는가?

① 이븐파
② 3언더파
③ 9오버파
④ 19오버파

쏙쏙 해설

파 5개(0) + 버디 2개(-2) + 보기 4개(+4) + 더블보기 4개(+8) + 트리플보기 3개(+9) = 19오버파

정답 ❹

56

☑ 확인Check! ○ △ ×

남자부 4대 골프 대회에 속하지 않는 것은?

① 마스터스
② 브리티시 오픈
③ 맥도널드 오픈
④ US 오픈

쏙쏙 해설

- 남자부 4대 골프 대회 : 마스터스, 브리티시 오픈(영국 오픈), PGA 챔피언십, US 오픈
- 여자부 4대 골프 대회 : AIG 브리티시 여자오픈, US 여자오픈, KPMG 위민스 PGA 챔피언십, ANA 인스퍼레이션

정답 ❸

57

☑ 확인Check! ○ △ ×

다음 중 유럽의 국가와 국가별 프로 축구 리그의 연결로 옳은 것은?

① 스페인 – 프리미어리그
② 독일 – 분데스리가
③ 이탈리아 – 프리미어리그
④ 잉글랜드 – 프리메라리가

쏙쏙 해설

② 독일 – 분데스리가
① 스페인 – 프리메라리가
③ 이탈리아 – 세리에 A
④ 잉글랜드 – 프리미어리그

정답 ❷

58

☑ 확인Check! ○ △ ×

다음 중 골프 용어가 아닌 것은?

① 로진백
② 이 글
③ 어프로치샷
④ 언더파

쏙쏙 해설

로진백은 투수나 타자가 공이 미끄러지지 않게 하기 위해 묻히는 송진 가루나 로진이 들어 있는 작은 주머니이다. 손에 묻힐 수는 있어도 배트, 공, 러브 등에 묻히는 것은 금지되어 있다. 그 밖에 역도나 체조 선수들도 사용한다.

정답 ❶

59

월드컵 본선에서 골을 넣은 뒤 파울로 퇴장당한 선수들을 일컫는 용어는?

☑ 확인Check! ○ △ ✕

① 가린샤 클럽
② 블랙슈즈 클럽
③ 170 클럽
④ 벤치맙 클럽

60

세계 5대 모터쇼에 포함되지 않는 모터쇼는?

☑ 확인Check! ○ △ ✕

① 토리노 모터쇼
② 도쿄 모터쇼
③ 제네바 모터쇼
④ 북미 국제 오토쇼

61

미국과 유럽을 오가며 2년마다 개최되는 미국과 유럽의 남자 골프 대회는?

☑ 확인Check! ○ △ ✕

① 데이비스컵
② 라이더컵
③ 프레지던츠컵
④ 스탠리컵

핵심만 콕

① 데이비스컵은 테니스 월드컵이라고도 불리는 세계 최고 권위의 국가 대항 남자 테니스 대회이다.
③ 프레지던츠컵은 미국과 유럽을 제외한 인터내셔널팀 사이의 남자 프로 골프 대항전이다.
④ 스탠리컵은 북아메리카에서 프로아이스하키 리그의 플레이오프 우승 팀에게 수여되는 트로피를 가리킨다.

62

다음 중 2스트라이크 이후에 추가로 스트라이크 판정을 받았으나 포수가 이 공을 놓칠 경우(잡기 전에 그라운드에 닿은 경우도 포함)를 가리키는 말은 무엇인가?

☑ 확인Check! ○ △ ✕

① 트리플 더블
② 낫아웃
③ 퍼펙트게임
④ 노히트노런

낫아웃(Not Out) : 유일하게 출루가 가능한 삼진으로 야구에서 공식 명칭은 'Uncaught Third Strike'이다. 낫아웃은 2스트라이크 이후에 추가로 스트라이크 판정을 받았으나 포수가 이 공을 놓칠 경우(잡기 전에 그라운드에 닿은 경우도 포함)를 가리키며, 이때 타자는 아직 아웃당하지 않은 상태가 되어 1루로 뛸 수 있다. 타자의 스윙 여부와는 상관이 없으며 투수와 타자 모두 삼진으로 기록된다.

정답 ❷

핵심만 콕

① 트리플 더블 : 한 선수가 득점, 어시스트, 리바운드, 스틸, 블록슛 중 세 부문에서 2자리 수 이상을 기록하는 것을 가리키는 농구 용어
③ 퍼펙트게임 : 야구에서 투수가 상대팀에게 한 개의 진루도 허용하지 않고 승리로 이끈 게임
④ 노히트노런 : 야구에서 투수가 상대팀에게 한 개의 안타도 허용하지 않고 승리로 이끈 게임

63

근대 5종 경기는 기원전 708년에 실시된 고대 5종 경기를 현대에 맞게 발전시킨 것으로 근대 올림픽을 창설한 쿠베르탱의 실시로 시작하게 되었다. 이와 관련된 근대 5종 경기가 아닌 것은?

☑ 확인Check! ○ △ ✕

① 마라톤
② 사 격
③ 펜 싱
④ 승 마

근대 5종 경기는 한 경기자가 사격, 펜싱, 수영, 승마, 크로스컨트리(육상) 5종목을 겨루어 종합 점수로 순위를 매기는 경기이다.

정답 ❶

제1장
제2장
제3장
제4장
제5장
제6장

가장 빠른 지름길은
지름길을 찾지 않는 것이다.

- 다산 정약용 -

제2과목

일 반 상 식

PART **02**

한국사

원시 고대 사회

01

☑ 확인 Check! ○ △ ×

한국사의 올바른 이해에 대한 설명으로 적절하지 않은 것은?

① 조선이 일본의 식민지로 전락하였던 것은 분권적인 봉건제도가 없었기 때문이다.

② 한국사는 한국인의 주체적인 역사이며 사회구성원들의 총체적인 삶의 역사이다.

③ 한국사의 보편성과 특수성의 문제는 세계사 안에서 한국사를 올바르게 보는 관점을 제공한다.

④ 다양한 기준에 의거해 시대구분을 하더라도 한국사의 발전 양상에 주목할 필요가 있다.

> **쏙쏙 해설**
>
> 일제의 한국사 왜곡 사관인 정체성론이다. 한국사는 근대 사회로의 이행에 필요한 봉건사회를 거치지 못하고, 전근대에 머물러 있으므로, 봉건사회 없이 개항하였다는 일본 측의 억지 주장이다. 이에 대하여 백남운 선생은 사적유물론을 주장하여 식민사관을 정면으로 반박하였다.
>
> **정답** ❶

02

☑ 확인 Check! ○ △ ×

다음 보기의 내용과 같은 물건이 제작 사용되었을 때의 주거 생활 모습으로 옳은 것은?

> 동물의 뼈나 뿔로 된 뼈도구와 뗀석기를 제작 사용하였고, 공주 석장리와 단양 수양개에서는 고래와 물고기 등을 새긴 조각품이 발견되었다.

① 동굴이나 바위 그늘에서 살거나 강가에 막집을 짓고 살았다.

② 중앙에 화덕 자리가 있는 움집을 짓고 살았다.

③ 움집에서 화덕이 벽쪽으로 옮겨졌다.

④ 배산임수의 지형을 찾아 부락을 이루고 살았다.

> **쏙쏙 해설**
>
> 구석기시대에는 주먹도끼, 찍개, 팔매돌, 긁개, 밀개, 슴베찌르개 등의 뗀석기와 뼈도구를 사용하였고, 초기에 동굴이나 바위 그늘, 후기에는 막집에 일시적으로 거주하였다.
>
> **정답** ❶

> **핵심만 콕**
>
> ② 신석기시대의 움집은 반지하 형태로 바닥은 원형, 또는 모서리가 둥근 네모 형태로 되어 있으며, 중앙에는 화덕을 설치하여 취사와 난방을 하였다.
>
> ③, ④ 청동기시대에는 배산임수의 취락형태를 띠었고, 직사각형의 바닥인 움집을 짓고 생활하였다. 화덕은 벽쪽으로 이동하였으며, 저장 구덩이는 따로 설치하여 생활하였다.

03

다음 내용의 시대에 대한 설명으로 옳은 것은?

☑ 확인 Check! ○ △ ×

- 유적 : 상원 검은모루 동굴, 연천 전곡리 등
- 생활 : 동굴이나 강가 등
- 도구 : 뗀석기와 뼈 연모 등

① 고인돌을 조성하였다.
② 빗살무늬 토기를 제작하였다.
③ 명도전 등을 사용하여 교역하였다.
④ 주먹도끼로 짐승을 사냥하기도 하였다.

쏙쏙 해설

구석기시대 유물로는 주먹도끼가 있고 이는 주로 사냥도구로 쓰였다.

정답 ④

핵심만 콕

① 고인돌과 돌널무덤은 청동기시대의 무덤 양식이다.
② 빗살무늬 토기는 신석기시대의 대표적인 토기이다.
③ 명도전은 철기시대 유물이며, 이는 중국과 교역을 시작했음을 보여준다. 상가옥인 움집에서 생활하였다.

04

다음 유물이 등장한 시기의 생활 모습에 관한 설명으로 옳은 것은?

☑ 확인 Check! ○ △ ×

- 팽이처럼 밑이 뾰족하거나 둥글고, 표면에 빗살처럼 생긴 무늬가 새겨져 있다.
- 곡식을 담는 데 많이 이용되었다.

① 철제 농기구로 농사를 지었다.
② 비파형 동검을 의식에 사용하였다.
③ 취사와 난방이 가능한 움집에 살았다.
④ 정복 전쟁을 거치며 지배계급이 등장하였다.

쏙쏙 해설

자료의 토기는 빗살무늬 토기로 신석기 중기 이후에 출현하였다. 신석기시대에는 조·피·수수 등 농경이 시작되어 움집을 짓고 정착 생활을 하였다.

정답 ③

핵심만 콕

① 돌이나 나무로 만든 농기구를 사용하다가 철기시대 때 철제 농기구가 점차 보급되었다.
②, ④ 청동기시대 때 비파형 동검이 있었고, 정복 전쟁을 거치며 지배계급이 등장하였다.

05

☑ 확인 Check! ○ △ ✕

다음 (가)와 (나)는 우리나라에서 발견되는 집자리 유적이다. 각각에 대한 설명이 옳은 것은?

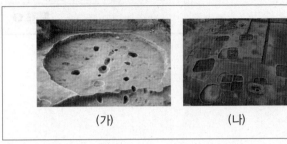

(가)　　　　　　　　(나)

① (가) – 바닥이 직사각형이며 화덕이 한쪽 벽면에 위치한다.
② (가) – 앞쪽에 냇물이 흐르고 뒤쪽에 산이 있는 지역에 있다.
③ (나) – 주춧돌을 사용하여 점차 지상 가옥으로 바뀌어갔다.
④ (나) – 이곳에서 빗살무늬 토기가 대량 발굴되었다.

쏙쏙 해설

(가) 신석기 집터, 신석기시대의 움집은 반지하 형태로 바닥은 원형, 또는 모서리가 둥근 네모 형태로 되어 있으며, 중앙에는 화덕을 설치하여 취사와 난방을 하였다. 출입문은 남쪽을 향하게 하였고, 저장 구덩이는 화덕이나 출입문 옆에 위치하게 하였다. 규모는 4~5명이 거주할 정도로 한 가족이 거주하기에 알맞은 크기였다.
(나) 청동기·철기시대의 집터, 취락 형태는 지상가옥이며, 직사각형의 바닥으로 주춧돌을 사용하였고, 화덕은 벽쪽으로 이동하였으며, 저장 구덩이는 따로 설치하여 생활하였다. 돌널무덤과 고인돌은 대표적 무덤 양식이다.

정답 ❸

06

☑ 확인 Check! ○ △ ✕

(가), (나) 시대의 사회상과 유적이 바르게 연결된 것을 〈보기〉에서 모두 고르면?

(가) 뼈도구와 뗀석기를 가지고 사냥과 채집을 하면서 생활하였다.
(나) 금속을 다루는 전문 장인이 나타나고 사유재산제도가 발달하였다.

〈보기〉
ㄱ. (가) – 무리를 이루어 큰 사냥감을 찾아 이동 생활을 하였다.
ㄴ. (나) – 고인돌도 이 무렵 나타나 한반도의 토착사회를 이루게 되었다.
ㄷ. (가) – 반달돌칼로 이삭을 추수하는 등 농경을 발전시켰다.
ㄹ. (나) – 조개껍데기 가면 등의 예술품도 많이 제작되었다.

① ㄱ, ㄴ　　　　　　② ㄱ, ㄷ
③ ㄴ, ㄹ　　　　　　④ ㄷ, ㄹ

쏙쏙 해설

(가)는 구석기시대, (나)는 청동기시대에 대한 설명이다.
ㄱ. 구석기시대에는 이동 생활을 하였다.
ㄴ. 청동기시대에는 군장이 죽으면 고인돌을 만들어 장례를 치렀다.
ㄷ. 반달돌칼은 청동기시대에 추수할 때 사용된 농기구였다.
ㄹ. 신석기시대에 조가비로 사람 얼굴 모양의 탈을 만든 조개껍데기 가면 등의 예술품이 있었다.

정답 ❶

07

☑ 확인 Check! ○ △ ✕

우리나라 철기시대에 대한 설명으로 옳지 않은 것은?

① 미송리식 토기, 민무늬 토기 등이 사용되었다.

② 무기를 비롯하여 농기구까지 철로 제작되었다.

③ 명도전과 같은 화폐의 발견으로 중국과의 교류를 알 수 있다.

④ 창원 다호리 유적에서 출토된 붓을 통해 문자의 사용을 짐작할 수 있다.

쏙쏙 해설

① 미송리식 토기는 청동기시대의 대표적인 토기이다.

② 철제 무기, 철제 도구를 활용하였다. 낫, 괭이 등 철제 농기구를 사용하면서 생산량이 급증하였다.

③ 철기시대의 명도전, 오수전, 반량전, 붓 등을 통해 중국과의 교류를 추측할 수 있다.

④ 창원 다호리 유적에서 출토된 붓은 기원전 1세기에 문자를 사용한 것을 보여주는 고고학적 물증이다.

정답 ❶

핵심만 콕

선사시대별 대표 토기

신석기시대	이른 민무늬 토기, 덧무늬 토기, 빗살무늬 토기
청동기시대	미송리식 토기, 민무늬 토기, 붉은 간토기
철기시대	민무늬 토기, 덧띠 토기, 검은 간토기

08

아래 지도에 표시된 국가에 대한 설명으로 옳지 않은 것은? ☑ 확인 Check! ○ △ ×

① 사회 질서 유지를 위한 8조법이 있었다.
② 비파형 동검과 고인돌의 분포 지역으로 세력범위를 짐작할 수 있다.
③ 철기 문화를 배경으로 성립된 최초의 국가였다.
④ 한나라와 진국 여러 나라들 사이에서 중계 무역으로 경제적 이익을 취했다.

쏙쏙 해설

지도는 고조선의 영역을 나타내고 있다. 고조선의 세력범위는 고인돌과 비파형 동검으로 알 수 있다.
고조선은 청동기시대에 성립된 최초의 국가였다.

정답 ❸

09

다음은 『삼국지』 동이전에 기록된 어떤 나라에 대한 설명이다. (가)와 (나)의 나라에 대한 설명으로 옳은 것은? ☑ 확인 Check! ○ △ ×

> (가) 토질은 오곡에 알맞고, 동이 지역 중에서 가장 넓고 평탄한 곳이다.
> (나) 큰 산과 깊은 골짜기가 많고, 사람들의 성품이 흉악하고 노략질을 좋아하였다.

① (가)는 사회 질서를 유지하기 위하여 8조법을 만들었다.
② (가)는 남의 물건을 훔쳤을 때 물건값의 12배를 배상하게 하는 법이 있었다.
③ (나)는 자신의 생활권을 침범하면 노비나 소와 말로 변상하게 하였다.
④ (나)는 가족이 죽으면 시체를 가매장했다가 뼈만 추려서 커다란 목곽에 안치하였다.

쏙쏙 해설

(가) 부여, (나) 고구려
② 부여에는 남의 물건을 훔쳤을 때에 물건값의 12배를 배상하게 하는 1책 12법이 있었다.

정답 ❷

10

☑ 확인 Check! ○ △ ✕

(가), (나)에 대한 설명으로 옳은 것은?

> (가) 그 나라 혼인 풍속은 여자 나이 10살이 되기 전에 혼인 약속을 한다. 신랑 집에서는 여자를 맞이하여 다 클 때까지 길러 아내로 삼는다.
>
> (나) 큰 세력을 가진 이는 스스로 신지(臣智)라 하고, 그 다음은 읍차(邑借)라 한다.

① (가) – 특산물로 단궁이라는 활과 과하마, 반어피가 유명하였다.

② (나) – 철제 농기구를 사용하였고 벼농사를 지었다.

③ (가) – 대가들이 제가회의라는 부족장 회의를 운영하였다.

④ (나) – 12월에 영고라는 제천행사를 지냈다.

쏙쏙 해설

(가) 옥저의 민며느리제. 남녀가 혼인할 것을 약속하고 여자가 어렸을 때 남자 집에 가서 성장한 후, 남자가 여자 집에 예물을 치르고 혼인을 하는 풍습이다.

(나) 삼한의 정치 지배자는 큰 지역을 다스렸던 대족장으로 신지와 견지가 있었고, 작은 지역을 다스렸던 소족장으로 읍차와 부례가 있었다.

① 동예 ② 삼한 ③ 고구려 ④ 부여

정답 ❷

☑ 확인 Check! ○ △ ✕

⊙을 사용하여 만든 것은?

그 나라에서는 [⊙   ]이(가) 생산되어 한, 예, 왜 등이 모두 와서 사 간다. 시장에서 물건을 사고팔 때 모두 [⊙   ]을(를) 사용하는데, 마치 중국에서 돈을 쓰는 것과 같으며, 낙랑과 대방의 두 군에도 공급한다.

– 「삼국지」 –

제시된 사료에서 '한, 예, 왜 등이 모두 와서 사간다.'와 '마치 중국에서 돈을 쓰는 것과 같으며, 낙랑과 대방의 두 군에도 공급한다.'를 통해 자료의 ⊙은 가야에서 풍부하게 생산되어 수출된 철에 대한 설명임을 알 수 있다.

정답 ❶

① 철제 팽이
② 신라 금관
③ 비파형 동검
④ 백제 은제 관식

핵심만 콕

연맹왕국 단계의 고대 국가
• 6가야의 공통점 : 풍부한 철
• 5세기 이전 : 전기 가야
　– 연맹의 중심지 : 금관가야(경남 김해)
　– 농업과 해상무역을 통한 중계무역이 크게 발달
　– 낙랑과 왜에 철을 수출하였으며, 철을 화폐처럼 사용
　– 5세기 초 고구려군의 공격으로 세력 축소
　– 6세기 초 신라 법흥왕 대에 금관가야의 김구해가 신라에 복속하여 멸망(532)
• 5세기 이후 : 후기 가야
　– 연맹의 중심지 : 대가야(경북 고령)
　– 농업 입지 조건에 유리
　– 6세기 초 신라 법흥왕과 결혼 동맹 체결(522)
　– 신라 진흥왕에게 정복당하여 멸망(562)

12

확인 Check! ○ △ ×

지도와 같은 형세를 이루었던 시기의 (가) 국가에 대한 설명으로 맞는 것은?

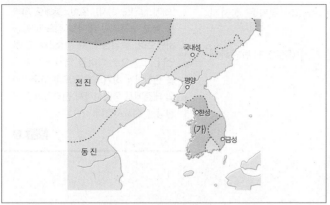

① 신라와 동맹을 맺어 친선을 강화하였다.

② 국호를 남부여로 고치고 중앙과 지방 제도를 정비하였다.

③ 지방에 22담로를 설치하고 왕족을 파견하였다.

④ 요서, 산둥, 규수 지방으로 진출하여 활발한 대외 활동을 전개하였다.

지도의 (가)는 백제의 전성기인 근초고왕 이후의 모습을 나타내고 있다. 백제 근초고왕은 마한을 통합하고 요서·산둥·큐슈지방까지 진출하였고, 북으로는 황해도 지역을 놓고 고구려와 대결할 정도의 세력을 형성하게 되었다.

정답 **❹**

핵심만 콕

① 백제의 비유왕과 신라의 눌지마립간은 나제동맹을 체결하여 고구려에 대항하였다(433).

② 백제 성왕은 대외 진출이 수월한 사비(부여)로 천도하고 국호를 남부여로 개칭하였으며, 백제의 중흥을 꾀하였다 (538).

③ 백제의 무령왕은 지방에 대한 통제를 강화하기 위하여 지방에 22담로를 설치하여 왕족을 파견하는 등 통치체제를 정비하여 백제 중흥의 발판을 마련하였다.

제1장 원시 고대 사회 **305**

13

☑ 확인Check! ○ △ ✕

백제 근초고왕의 업적에 대한 다음의 설명 중 옳지 않은 것은?

① 남쪽으로는 마한을 멸하여 전라남도 해안까지 확보하였다.
② 북쪽으로는 고구려의 평양성까지 쳐들어가 고국천왕을 전사시켰다.
③ 박사 고흥으로 하여금 백제의 역사서인 서기(書記)를 편찬하게 하였다.
④ 왕위의 부자상속을 확립하였다.

쏙쏙 해설

근초고왕은 마한을 완전 정복하였고, 요서·산둥·규슈 지방에 진출하였다 (왜에 칠지도 하사). 또한, 황해도 지역을 놓고 고구려와 대결할 정도로 강성하였으며, 왕위를 부자 상속하기도 하였다. 고흥으로 하여금 역사서인 서기를 편찬하게 하기도 하였으며 고구려와의 대결에서 평양성까지 진격하여 고국원왕을 전사시켰다(371).

정답 ❷

14

☑ 확인Check! ○ △ ✕

(가), (나) 사이에 고구려에서 있었던 사실로 가장 옳은 것은?

> (가) 겨울에 백제왕이 태자와 함께 정예 군사 3만 명을 거느리고 고구려에 쳐들어가 평양성을 공격하였다. 고구려의 왕 사유가 힘을 다해 싸워 막다가 빗나간 화살에 맞아 죽었다. 왕이 군사를 이끌고 물러났다.
>
> (나) 왕 9년 기해에 백잔이 맹서를 어기고 왜와 화통하였다. 이에 왕이 평양으로 내려갔다. 그때 신라가 사신을 보내 아뢰기를 … (중략) … 왕 10년에 경자가 보병과 기병 5만을 보내 신라를 구원하게 하였다.

① 천리장성을 쌓았다.
② 율령을 반포하였다.
③ 평양으로 천도하였다.
④ 낙랑군을 몰아내었다.

쏙쏙 해설

(가) 고구려 고국원왕(331~371) : 고국원왕은 스스로 군대를 이끌고 백제를 침공하였으나, 치양전투에서 백제 태자 근구수가 이끄는 군사에 패배하였고, 고구려 깊숙이 진격해온 백제 근초고왕을 맞아 평양성에서 싸우다가 전사하였다(371).

(나) 고구려 광개토대왕(391~413) : 신라 내물마립간의 요청으로 광개토대왕은 고구려군의 보병과 기병 5만을 보내 신라를 후원하여 왜구를 토벌하였다(400).

② 4세기 고구려 소수림왕

정답 ❷

핵심만 콕

① 고구려의 천리장성은 영류왕 때에 건립하기 시작하여 보장왕 때 완공되었다(631~647).
③ 5세기 고구려 장수왕
④ 4세기 고구려 미천왕

15

밑줄 친 '왕'이 남긴 업적으로 옳은 것은?

☑ 확인 Check! ○ △ ✕

> 영락 9년(399)에 백제가 서약을 어기고 왜와 화통하므로 왕은 남쪽으로 순수해 내려갔다. 신라가 사신을 보내 왕에게 말하기를 "왜인이 국경에 가득 차 성을 부수었으니 왕께 도움을 청합니다." 고 하였다. 영락 10년에 보병과 기병 5만을 보내 신라를 구원하게 하였다.

① '영락'이라는 독자적인 연호를 사용하였다.
② 불교를 공인하고 태학을 설립하였다.
③ 도읍을 평양으로 옮기고 한강 유역을 차지하였다.
④ 백제 수도 한성을 함락하고 개로왕을 죽였다.

쏙쏙 해설

① 광개토대왕은 고구려군의 보병과 기병 5만을 보내 신라를 후원하여 왜구를 토벌하였다.
② 소수림왕
③, ④ 장수왕

정답 ❶

16

고구려 광개토왕의 업적으로 옳은 것은?

☑ 확인 Check! ○ △ ✕

① 태학을 설립하고 율령을 반포하였다.
② 후연을 격퇴하여 요동 지역을 확보하였다.
③ 평양으로 천도하여 남진 정책을 추진하였다.
④ 낙랑군을 몰아내고 대외 진출의 발판을 마련하였다.

쏙쏙 해설

광개토왕의 업적을 묻는 문제로, 광개토왕은 우리나라 최초로 '영락'이라는 연호를 사용하여 중국과의 정치적 대등함을 나타내었다. 또한 후연과 거란을 격파하여 요동을 장악하였으며, 부여를 공격하고 말갈인들인 숙신과 읍루를 복속시켜 만주의 대부분을 장악하는 한편 백제를 공격하여 한강 이북 지역까지 진출해 영토를 크게 확장하였다.

정답 ❷

핵심만 콕

① 4세기 후반 소수림왕
③ 5세기 장수왕
④ 4세기 초 미천왕

17

☑ 확인 Check! ○ △ ✕

지도와 같은 형세를 이루던 시기의 역사적 사실에 대한 설명으로 옳은 것은?

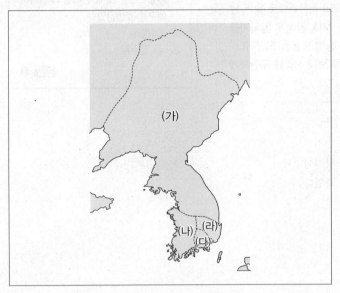

① (가)는 국내성으로 도읍을 옮기고 정복 활동을 전개하였다.
② (나)는 중국의 요서 지방과 산둥 지방에 진출하였다.
③ (다)는 대가야를 중심으로 후기 가야 연맹을 이루었다.
④ (라)에서는 이사금이라는 왕의 칭호를 사용하고 있었다.

쏙쏙 해설

③ 제시된 지도는 4세기에서 5세기 사이의 삼국 정세를 나타내고 있다.
① 졸본에서 국내성으로 도읍을 옮긴 왕은 1세기 고구려의 유리왕이다 (A.D. 3).
② 백제 4세기 근초고왕은 일본의 큐슈 지방에까지 진출하여 왜의 왕에게 칠지도를 하사하는 등 활발한 대외 활동을 전개하였다.
④ 이사금은 연맹장이란 의미를 가지고 있으며 신라 유리왕에서 흘해왕까지 사용하였다.

정답 ❸

18

신라 법흥왕의 업적으로 옳은 것은?

☑ 확인Check! ○ △ ✕

① 한강 유역을 차지하였다.
② '건원'이라는 독자적인 연호를 사용하였다.
③ 이사부로 하여금 우산국을 정벌하도록 하였다.
④ 김흠돌의 난을 계기로 진골 세력을 숙청하고 왕권을 확립하였다.

쪽쪽 해설

법흥왕은 신라의 고대 국가 기틀을 확립한 6세기 초의 왕으로 불교식 왕명을 사용하고, 신라 최초로 '건원'이라는 독자적인 연호를 사용하였다. 또 병부를 설치하여 왕권을 강화했으며 귀족 수상인 상대등을 설치하였다. 율령을 반포하여 17관등, 백관의 공복제정 및 골품제를 정비하였다. 한편 이 시기에 승려 이차돈의 순교로 인해 불교가 공인되었다.

정답 ❷

핵심만 콕

① 6세기 중엽 진흥왕
③ 6세기 초 지증왕
④ 7세기 후반 신문왕

19

(가), (나) 사이의 시기에 있었던 사실로 옳은 것은?

☑ 확인Check! ○ △ ✕

> (가) 국호를 신라로 바꾸고, 왕의 칭호도 마립간에서 왕으로 고쳤다. 대외적으로는 우산국을 복속시켰다.
> (나) 한강 유역을 빼앗고, 고령 지역의 대가야를 정복하였다. 북쪽으로는 함경도 지역까지 진출하였다.

① 백제 동성왕과 혼인동맹을 맺었다.
② 김씨에 의한 왕위 계승권이 확립되었다.
③ 진골 귀족 세력의 반발로 녹읍이 부활되었다.
④ 병부를 설치하고, 백관의 공복을 제정하였다.

쪽쪽 해설

(가) 신라 지증왕(500~514)
(나) 신라 진흥왕(540~576)
④ 6세기 법흥왕은 병부를 설치하여 군사권을 장악하였고, 백관의 공복을 제정하여 국가 통치 질서를 확립하였다.

정답 ❹

핵심만 콕

① 백제의 동성왕과 신라의 소지왕은 결혼동맹을 체결하였다(493).
② 4세기 내물마립간 때 김씨가 왕위를 독점하면서 왕위 계승권이 확립되었다.
③ 경덕왕 때 월봉을 없애고 다시 녹읍을 지급하였다(757).

20

삼국시대의 정치 발전에 대한 설명으로 가장 적절하지 않은 것은?

☑ 확인Check! ○ △ ✕

① 고구려 소수림왕은 율령 반포, 불교 공인 등을 통해 지방의 부족 세력을 효율적으로 통제하였다.
② 신라 지증왕은 국호를 신라로 바꾸고, 왕의 칭호도 마립간에서 왕으로 고쳤다.
③ 백제 무령왕은 대외 진출이 쉬운 사비(부여)로 도읍을 옮기고, 지방의 22담로에 왕족을 파견함으로써 지방에 대한 통제를 강화하였다.
④ 백제 성왕은 중앙 관청을 22부로 확대 정비하고, 수도를 5부로 지방을 5방으로 정비하였다.

쏙쏙 해설

백제의 무령왕은 지방에 대한 통제를 강화하기 위하여 지방에 22담로를 설치하여 왕족을 파견하는 등 통치체제를 정비하여 백제 중흥의 발판을 마련하였다(538). 대외 진출이 수월한 사비(부여)로 천도하고 국호를 남부여로 개칭하여 백제의 중흥을 꾀하였던 왕은 백제 성왕이다(538).

정답 ❸

21

다음은 신라 왕호의 변천 과정이다. (가) 시기에 해당하는 것만을 〈보기〉에서 모두 고르면?

☑ 확인Check! ○ △ ✕

> 차차웅 → 이사금 → (가) → 왕

〈보기〉
ㄱ. 우산국 복속　　　　ㄴ. 대가야 정복
ㄷ. 나제동맹 결성　　　　ㄹ. 김씨의 왕위 독점 세습

① ㄱ, ㄴ
② ㄱ, ㄹ
③ ㄴ, ㄷ
④ ㄷ, ㄹ

쏙쏙 해설

ㄱ. 우산국 복속은 지증왕의 업적이다.
ㄴ. 대가야 정복은 진흥왕의 업적이다.

정답 ❹

핵심만 콕

신라 국왕의 업적

4세기	내물왕	• 고구려 도움으로 왜구 격퇴 • 김씨 왕위 단독 계승 • 마립간 칭호 사용		지증왕	• 칭호 '왕' 사용, 국호 '신라' • 우산국 정벌, 우경 장려, 동시전 설치 • 영일 냉수리 신라비
5세기	눌지왕	• 비유왕과 나제동맹 체결 • 묵호자에 의해 불교 전래 • 왕위의 부자상속	6세기	법흥왕 (연호 '건원')	• 병부 설치, 율령 반포, 공복 제정 • 불교 공인(이차돈의 순교) • 금관가야 정복
	소지왕	• 6촌을 6부로 개편 • 백제 동성왕과 혼인 동맹		진흥왕 (연호 '개국')	• 한강 유역 장악, 대가야 정복 • 화랑도 정비, 황룡사 건립 • 「국사」 편찬

22

☑ 확인 Check! ○ △ ✕

(가), (나) 시기의 사이에 있었던 사실을 옳게 설명한 것은?

> (가) 을지문덕은 평양으로 직접 쳐들어오려는 수의 30만 대군을 청천강 부근에서 궤멸시키며 대승을 거두었다.
>
> (나) 당 태종은 10만 명의 군대를 이끌고 고구려를 침략하였다. 고구려는 요동성을 비롯한 여러 성을 빼앗기고 곤경에 처하였으나, 안시성 전투에서 승리하여 당군을 물리쳤다.

① 고구려가 평양성으로 수도를 옮겼다.

② 고구려는 요동 지방에 천리장성을 쌓기 시작하였다.

③ 고구려는 말갈 세력과 손잡고 요서를 먼저 공격하였다.

④ 신라는 당과의 기벌포 전투에서 승리하였다.

쏙쏙 해설

(가) 살수 대첩(612)

(나) 안시성 전투(645)

② 고구려의 천리장성은 부여성에서 비사성까지 축조하였는데, 영류왕 때에 축조하기 시작하였다(631).

정답 ②

핵심만 콕

① 장수왕은 평양으로 천도하여 남진정책을 추진하였다(427).

③ 수는 돌궐을 압박하여 세력을 약화시켰고, 위기감이 높아진 고구려는 말갈 세력과 손잡고 전략적 군사 요충지인 요서 지방을 선제공격하기에 이른다(598, 영양왕).

④ 신라는 금강 하구의 기벌포 전투에서 당의 수군을 섬멸하여 실질적인 삼국통일을 이룩한다(676, 문무왕).

23

☑ 확인 Check! ○ △ ✕

다음은 삼국시대 어느 나라의 사회 모습에 대한 내용이다. 이 나라의 지배층에 대한 설명으로 옳지 않은 것은?

> 이 나라 사람은 상무적인 기풍이 있어서 말타기와 활쏘기를 좋아하고, 형법의 적용이 엄격했다. 반역한 자나 전쟁터에서 퇴각한 군사 및 살인자는 목을 베었고, 도둑질한 자는 유배를 보냄과 동시에 2배를 물게 했다. 그리고 관리가 뇌물을 받거나 국가의 재물을 횡령했을 때에는 3배를 배상하고, 죽을 때까지 금고형에 처했다.

① 간음죄를 범할 경우 남녀 모두를 처벌하였다.

② 투호와 바둑 및 장기와 같은 오락을 즐겼다.

③ 중국의 고전과 역사책을 읽고 한문을 구사하였다.

④ 대표적인 귀족의 성으로는 여덟 개가 있었다.

쏙쏙 해설

제시된 내용은 백제의 사회 모습에 대한 내용이다.

백제의 지배층은 왕족인 부여씨와 8성의 귀족으로 이루어졌고, 이들은 중국 고전과 역사서를 탐독하며 능숙한 한문 구사력을 보유하고 있었다. 관청의 실무에도 밝았고, 투호와 바둑, 장기 등의 오락을 즐기며 생활하였다. 간음한 여자는 남편 집의 노비가 되었으며, 남자에 대한 처벌 조항은 없었다.

정답 ①

24

☑ 확인Check! ○ △ ✕

다음 내용이 새겨져 있는 비석은?

> 두 사람이 함께 맹서하고 기록한다. 하늘 앞에 맹서한다. 지금부터 3년 이후 충도(忠道)를 지켜 과실이 없기를 맹서한다. … (중략) … 「시경」·「상서」·「예기」·「춘추전」 등을 차례로 3년에 습득할 것을 맹서한다.

① 단양 적성 신라비

② 이차돈 순교비

③ 사택지적비

④ 임신서기석

쏙쏙 해설

제시된 사료에서 두 사람이 맹서하고 기록한다고 하였으며, 뒤에 '충도'와 「시경」, 「상서」, 「예기」, 「춘추전」 등의 유교 경전 관련 내용을 토대로 두 화랑이 앞으로 유교 공부를 게을리하지 않겠다는 다짐을 수록한 임신서기석임을 알 수 있다.

정답 ④

핵심만 콕

① 단양 적성 신라비는 551년 진흥왕 때 세운 것으로 신라가 단양 적성면 지역에 진출할 때 현지인 야이차의 도움을 받아 진흥왕이 후에 크게 포상한 기록이 새겨져 있다.

② 이차돈 순교비에는 527년 불교를 공인시키기 위해 순교한 승려 이차돈에 대한 내용이 실려 있다.

③ 사택지적비는 7세기 백제 의자왕 때 대좌평(大左平)의 고위직을 역임한 사택지적이란 인물이 말년에 늙어 가는 것을 탄식하여 불교에 귀의하고 불당과 탑을 건립한 것을 기념하여 세운 비석이다.

25

☑ 확인Check! ○ △ ✕

(가)~(다)에 대한 설명으로 옳은 것은?

(가) 분황사 모전석탑   (나) 감은사지 3층 석탑   (다) 석가탑

① (가)는 중앙의 거대한 목탑 좌우에 있었던 석탑 중 하나이다.

② (나)에는 기단과 탑신에 불상이 새겨져 있다.

③ (다)의 사리 장치에서 무구정광 대다라니경이 발견되었다.

④ (가)는 (나)보다 목탑의 모습이 더 많이 남아있다.

쏙쏙 해설

자료의 (가)는 신라의 전탑 형식인 분황사 모전석탑이다. (나)는 통일신라 초기의 대표적 석탑인 경주 감은사지 3층 석탑이다. (다)는 통일신라 대표 석탑인 불국사 3층 석탑(석가탑)이다.

①, ④ 백제의 목조형 석탑인 익산 미륵사지 석탑이다. 미륵사지 석탑은 동탑과 서탑으로 이루어져 있으나 현재 서탑만 일부 현존하고 있다. 목탑의 형식을 지닌 석탑으로서 우리 역사의 의의가 크다.

② 통일신라 말기에는 석탑에 다양한 변화가 나타나게 되는데 기단과 탑신에 불상을 부조로 새긴 것으로 유명한 것이 양양 진전사지 3층 석탑이다.

정답 ③

26

☑ 확인Check! ○ △ ✕

다음과 같은 무덤 양식에 관한 서술로 가장 옳은 것은?

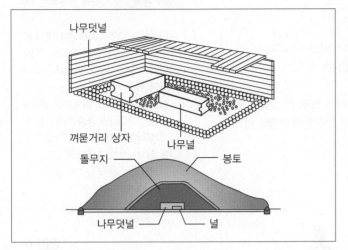

① 돌로 방을 만들고 외부와 연결되는 통로를 설치하였다.
② 무령왕릉으로 추정되는 묘지석이 이러한 양식의 무덤에서 나왔다.
③ 백제 건국 세력이 고구려와 관계있음을 보여주는 무덤 양식이다.
④ 천마도가 발견되어 천마총이라 이름 붙은 무덤도 이러한 양식이다.

쏙쏙 해설

④ 돌무지덧널무덤은 도굴이 어려워 껴묻거리가 대부분은 보존되어 있으며, 벽화는 발견되지 않는다. 대표적 고분으로는 천마총과 호우총, 황남대총 등이 있다.
① 굴식돌방무덤은 돌로 널방을 짜고 그 위에 흙으로 덮어 봉분을 만든 것으로 대표적인 고분으로는 강서고분(사신도)과 무용총(무용도, 수렵도) 등이 있다.
② 무령왕릉은 널방을 벽돌로 쌓은 벽돌무덤으로, 이곳에서 무령왕과 왕비의 무덤을 알리는 지석이 발견되어 당시 백제가 중국 남조와 교류했음을 알 수 있다.
③ 한성이 도읍지였던 시기였던 백제 초기의 석촌동 돌무지무덤은 백제 건국의 주도 세력이 고구려와 같은 계통이었다는 건국 이야기의 내용을 뒷받침하고 있다.

정답 ❹

27

☑ 확인Check! ○ △ ✕

다음 학생의 대화 속에서 ㉠과 관계 있는 문화재로 옳게 짝지은 것은?

> A : 외국에 있는 우리나라 문화재가 너무 많은 것 같아.
>
> B : 그러게… 약탈된 것뿐만 아니라 밀반출된 것도 있다는데, 가슴이 아파.
>
> A : 특히, 일본과 관계된 문화재에 대한 것이 많지. ㉠ 우리가 일본 문화에 영향을 준 것 뿐만 아니라 전해준 문화재도 너무 많아.
>
> B : 그러한 것들에는 무엇이 있니?

〈보기〉

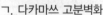

ㄱ. 다카마쓰 고분벽화　　ㄴ. 금동 미륵보살 반가사유상

ㄷ. 양직공도　　　　ㄹ. 직지심체요절

① ㄱ, ㄴ　　　　　　② ㄱ, ㄷ

③ ㄴ, ㄷ　　　　　　④ ㄴ, ㄹ

쏙쏙 해설

일본과 관계있는 삼국의 문화재는 ㄱ, ㄴ이다.

ㄱ. 다카마쓰 고분벽화는 수산리 고분벽화의 영향을 받은 것으로 일본, 나라현 타카이치군 아스카촌 히라타에 있다.

ㄴ. 일본 고류사 목조 미륵보살 반가사유상은 우리나라 금동 미륵보살 반가사유상의 영향을 받은 것으로 일본 국보 1호로 지정되어 있다.

ㄷ. 양직공도는 중국 난징박물관에 있으며 백제와 관련 있다.

ㄹ. 직지심체요절은 프랑스와 관련 있는 문화재이다.

정답 ❶

02 중세 사회

01

☑ 확인 Check! ○ △ ✕

다음 국왕의 업적으로 옳은 것은?

> • 원년 8월 : 김흠돌, 흥원, 진공 등이 반역을 모의하다가 참형을 당하였다.
> • 2년 4월 : 위화부령 두 명을 두어 선거 사무를 맡게 했다.
> • 5년 봄 : 완산주를 설치하였다. 거열주를 승격시켜 청주를 설치하니 비로소 9주가 갖추어졌다. 서원과 남원에 각각 소경을 설치하였다.

① 문무 관리에게 관료전을 지급하였다.
② 거칠부에게 국사를 편찬하게 하였다.
③ 시장 감독관청인 동시전을 설치하였다.
④ 화랑도를 국가적인 조직으로 개편하였다.

쏙쏙 해설

통일신라 신문왕(681~692)은 즉위하던 해에 일어난 왕(신문왕)의 장인 김흠돌이 일으킨 모역 사건을 계기로 귀족 세력을 숙청하면서 왕권을 전제화하기 시작하였고 왕권을 강화하기 위하여 문무 관리에게 관료전을 지급하였으며(687), 귀족 세력의 기반이 되었던 녹읍을 폐지하였다(689). 또한, 전국을 9주 5소경으로 나누어 지방 행정구역을 정비하였고, 유교 정치 이념의 확립을 위하여 국학(682)을 설립하여 유교 경전을 교육하였으며, 군대를 개편하여 9서당 10정을 편성하였다.

정답 ❶

핵심만 콕

② 6세기 신라 진흥왕 때
③ 6세기 초 지증왕 때
④ 6세기 신라 진흥왕

02

(가)~(다)를 바르게 연결한 것은?

☑ 확인Check! ○ △ ✕

> 신문왕은 왕권 강화와 진골 귀족들의 경제적 기반을 약화하고자 (가) 을 지급하고, (나) 을 폐지하였다. 그리고 귀족 자제들에게 유학을 가르치고 관리로 양성하고자 (다) 을 설치하였다.

	(가)	(나)	(다)
①	관료전	녹 읍	국 학
②	관료전	녹 읍	태 학
③	녹 읍	관료전	국 학
④	녹 읍	관료전	태 학

쏙쏙 해설

신문왕 때에는 문무 관료전을 차등 있게 지급하고, 귀족 세력의 기반이 되었던 녹읍을 혁파하였다. 또한 신문왕은 유교 정치 이념을 수용하기 위한 국학을 설립(682)하였고, 이를 통해 중앙집권적 관료 정치가 발달하면서 왕권은 더욱 강화되었다.

정답 ❶

03

(가)와 (나) 사이의 시기에 있었던 사실에 대한 설명으로 옳은 것은?

☑ 확인Check! ○ △ ✕

> (가) 관리의 녹읍을 혁파하고 매년 조(租)를 내리되 차등이 있게 하였다.
> (나) 여러 관리의 월봉을 없애고, 다시 녹읍을 나누어 주었다.

① 처음으로 병부를 설치하였다.
② 화백회의에서 국왕을 폐위시킨 일이 있었다.
③ 호족이 지방의 행정권과 군사권을 장악하였다.
④ 6두품이 학문적 식견을 바탕으로 국왕의 조언자로 활동하였다.

쏙쏙 해설

(가) 신문왕 9년(689). 신라 중대 신문왕은 문무 관료에게 관료전을 지급하고 그동안 귀족에게 지급한 녹읍을 폐지하여 왕권을 강화하였다.
(나) 경덕왕 16년(757). 왕권이 다시 약화되기 시작하였고, 귀족 세력이 강화되면서 경덕왕 때에는 관료전을 폐지하고 다시 녹읍을 부활하였다.
④ 신라 중대 진골 세력에 의해 성장할 수 없었던 6두품 세력은 학문적 식견을 바탕으로 왕권과 결탁하여 왕의 정치적인 조언자 역할을 하면서 성장하기 시작하였다.

정답 ❹

핵심만 콕

① 6세기 신라 법흥왕은 병부를 설치하여 군사권을 장악하여 왕권을 강화하였다.
② 신라 진지왕(576~579)은 "정치가 어지럽고 음란하다."라는 이유로 화백회의에 의하여 폐위되었다.
③ 신라 말 지방에서는 성주나 장군을 자칭하는 세력들이 나타났는데 이를 지방호족이라 한다.

04

삼국시대 화랑도에 대한 설명으로 옳은 것은?

☑ 확인 Check! ○ △ ✕

① 만장일치제로 국가의 중요 정책을 결정하였다.

② 군장과 제사장의 기능이 분리되면서 등장하였다.

③ 불교 신앙에 바탕을 둔 농민 공동체 조직이었다.

④ 계층 간의 대립과 갈등을 완화하는 기능도 하였다.

쏙쏙 해설

원시 사회의 청소년 집단에서 기원한 신라의 화랑도는 귀족 자제 중에서 선발한 화랑이 지도자가 되고, 귀족에서 평민까지 망라한 여러 낭도가 화랑을 따랐다. 이렇듯 여러 계층이 한 조직에 속해 생활하므로 계층 간의 대립과 갈등을 조절하며 완화하는 기능을 하였다.

정답 ④

핵심만 콕

① 만장일치제로 국가의 정책을 결정하던 합의제도는 신라의 화백회의이다. 귀족의 단결을 더욱 굳게 하고 국왕과 귀족간의 권력을 조절하는 기능을 담당하였다.

② 군장과 제사장의 기능이 분리된 사회는 제정분리사회이며, 삼한이 이에 해당한다. 천군인 제사장이 소도를 관리했고, 소도는 농경과 주례에 대한 의례를 주관하였다. 범죄자가 소도에 도망치면 군장이라 하더라도 함부로 법을 집행할 수 없는 신성지역이었다.

③ 불교 신도들의 신앙 조직으로 향도가 존재하였다. 매향 활동 이외에도 대규모 불교행사에도 동원이 되었으나 고려 후기에 이르러 마을 공동체를 위한 조직으로 그 성격이 변하였다.

05

밑줄 친 '대씨의 나라'에 대한 설명으로 옳지 않은 것은?

☑ 확인 Check! ○ △ ✕

> 옛날에는 고씨가 북에서 고구려를, 부여씨가 서남에서 백제를, 박 · 석 · 김씨가 동남에서 신라를 각각 세웠으니, 이것이 삼국이다. 여기에는 반드시 삼국사가 있어야 할 것인데, 고려가 편찬한 것은 잘한 일이다. 그러나 부여씨와 고씨가 멸망한 다음에 김씨의 신라가 남에 있고, 대씨의 나라가 북에 있으니 이것이 남북국이다. 여기에는 마땅히 남북사가 있어야 할 터인데, 고려가 편찬하지 않은 것은 잘못이다.

① 선왕 때에는 해동성국으로 불리기도 하였다.

② 정당성 아래에 좌사정이 충 · 인 · 의 3부를, 우사정이 지 · 예 · 신 3부를 각각 나누어 관할하였다.

③ 전략적 요충지에는 5경을, 지방 행정의 중심부에는 15부를 두었다.

④ 군사 조직은 중앙군으로 10정을 두어 왕궁과 수도의 경비를 맡겼다.

쏙쏙 해설

대조영이 세운 발해를 찾는 문제이다. 당의 지방 통제력이 약화되는 7세기 말 고구려 장군 출신 대조영을 중심으로 한 고구려 유민은 말갈족을 규합한 이후 만주 동부 지역으로 이동하여 길림성의 돈화시 동모산 기슭에 발해를 건국하였다(698).

④ 통일신라는 중앙군으로 9서당을 두어 민족융합을 도모하였으며, 지방에는 10정을 두었는데, 9주에 1정씩 배치하고 한주(한산주)에는 1정을 더 두어 2정을 두었다.

정답 ④

06

밑줄 친 '왕'이 재위한 시기의 사실로 옳은 것은?

☑ 확인Check! ○ △ ✕

> 왕이 신하들을 불러 "흑수말갈이 처음에는 우리에게 길을 빌려서 당나라와 통하였다. … (중략) … 그런데 지금 당나라에 관직을 요청하면서 우리나라에 알리지 않았으니, 이는 분명히 당나라와 공모하여 우리나라를 앞뒤에서 치려는 것이다."라고 하였다. 이리하여 동생 대문예와 외숙 임아상으로 하여금 군사를 동원하여 흑수말갈을 치려고 하였다.

① 부족을 통일한 여진족의 침략으로 멸망하였다.

② 중국인들이 해동성국이라고 부를 정도로 전성기를 맞이하였다.

③ 당과 친선관계를 맺었고, 신라도를 통해 신라와 대립관계를 해소하였다.

④ 중국과 대등한 지위에 있음을 과시하기 위해 독자적인 연호를 사용하였다.

07

☑ 확인Check! ○ △ ✕

발해에 대한 설명으로 옳지 않은 것은?

① 해동성국이라 불렸다.

② 청해진을 설치하였다.

③ 독자적인 연호를 사용하였다.

④ 중앙 정치 기구를 3성 6부로 조직하였다.

핵심만 콕

① 발해는 9세기 초 선왕 때 '해동성국'이라는 칭호를 가지게 되었다.

③ 발해의 주요 왕은 천통, 인안, 대흥, 건흥과 같은 독자적인 연호를 사용하였다.

④ 발해는 당의 3성 6부 제도를 모방하여 중앙에 3성 6부를 두고 독자적으로 편성하여 운영하였다. 정당성의 장관인 대내상이 국정을 총괄하였고, 그 아래의 좌사정과 우사정이 각각 충·인·의, 지·예·신으로 3부씩을 나누어 관할하는 이원적인 통치 체제를 구성하였다.

08

☑ 확인Check! ○ △ ✕

쪽쪽 해설

발해 정효공주 무덤에 대한 설명으로 옳은 것은?

① 무덤에 둘레돌을 두르고 그 위에 12지신상을 조각하였다.

② 나무로 덧널을 짜고 그 위에 돌을 쌓은 뒤 흙으로 봉분을 쌓았다.

③ 벽화가 그려진 벽돌무덤으로 당과 고구려의 양식이 결합되어 있다.

④ 백제를 건국한 세력이 고구려와 관련이 있다는 건국신화의 내용을 입증한다.

③ 정효공주의 묘는 벽돌로 쌓는 당나라 양식과 돌로 공간을 줄여 나가면서 천장을 쌓는 고구려 양식이 결합되어 있다.

① 통일 신라 시대에 무덤 주위에 12지신상을 조각하는 새로운 양식이 생겼다. 우리나라에서는 경주 괘릉이나 김유신 묘가 최초의 것으로 추측된다.

② 돌무지덧널무덤에 대한 설명으로 신라 지배층인 왕과 귀족의 무덤 양식이다.

④ 굴식돌방무덤에 대한 설명이다.

정답 ❸

핵심만 콕

발해의 고구려 계승 증거
• 일본에 보낸 국서에 고려, 고려국왕 칭호 사용
• 고구려 문화 계승 : 정혜공주묘(굴식돌방무덤), 이불병좌상, 연꽃무늬기와(막새기와), 온돌 등

09

☑ 확인 Check! ○ △ ✕

신라 말 역사적 사실로 가장 적절하지 않은 것은?

① 귀족과 호족의 대토지 소유가 확대되면서 농민들은 토지를 잃고 노비가 되거나 초적(草賊)이 되었다.

② 6두품 세력은 골품제를 비판하며 새로운 정치 이념으로 성리학을 제시하였다.

③ 후삼국의 정립으로 신라의 지배권은 왕경 부근의 경상도 일대로 축소되었다.

④ 중앙정부의 지방에 대한 통제력이 약화되면서 지방에서는 군사력과 경제력을 갖춘 호족 세력이 성장하였다.

쏙쏙 해설

신라 말 지방에서는 호족이라는 새로운 세력이 성장하였고, 골품제를 비판하며 6두품은 반신라 세력으로 성장하였다. 이들은 실천적 성향의 선종 사상과 결탁하여 중앙정부에 대항하였다.

② 6두품은 새로운 정치 이념으로 유학을 제시하기는 했지만, 성리학을 받아들인 것은 아니다. 성리학은 송나라 때 주희가 정립한 유학이다. 이 시기에는 중국에서도 아직 성리학이 등장하지 않았으며 고려 말 원나라에서 안향이 우리나라에 성리학을 들여왔다.

정답 ❷

10

☑ 확인 Check! ○ △ ✕

다음 설명에 해당하는 '인물'로 옳은 것은?

이 인물은 불교 서적을 폭넓게 이해하고, 모든 것이 한마음에서 나온다는 일심 사상을 바탕으로, 다른 종파들과의 사상적 대립을 조화시키고 분파 의식을 극복하려고 노력하였다. 대승기신론소, 십문화쟁론 등을 저술하기도 하였다.

① 혜 초　　　　　　② 원 광

③ 의 천　　　　　　④ 원 효

쏙쏙 해설

자료의 인물은 원효이다. 당나라 유학 길에 일체유심조(一切唯心造)를 깨닫고 돌아와 불교의 대중화에 힘썼다. 원효는 일심사상(화쟁사상)을 바탕으로 종파 간의 사상적 대립을 조화하려 노력하였다.

정답 ❹

11

후삼국시대의 정치 상황에 대한 설명으로 옳지 않은 것은?

① 견훤은 900년에 무진주에서 후백제를 건국하였다.

② 궁예는 901년에 송악에서 후고구려를 건국하였다.

③ 궁예는 국호를 마진으로 바꾸고, 도읍을 철원으로 옮겼다.

④ 견훤은 후당(後唐), 오월(吳越)과도 통교하는 등 대중국 외교에 적극적이었다.

쏙쏙 해설

견훤은 전라도 지방의 군사력과 호족 세력을 통합하여 완산주(전주)에 도읍을 정하고 후백제를 건국하였다(900). 후백제는 충청도 남부와 전라도 일대를 장악하였고, 우세한 경제력을 바탕으로 군사적 우위를 확보하게 되었으며, 중국의 오월 및 일본과 외교 관계를 수립하여 국제적으로 지위를 인정받고자 했다. 즉, 무진주(무주)가 아닌 완산주(전주)이다.

정답 ❶

12

고려 태조가 시행한 정책으로 옳지 않은 것은?

① 발해를 멸망시킨 거란을 배척하였다.

② 훈요십조를 남겨 후대의 왕에게 정책 기본 방향을 제시하였다.

③ 후삼국을 통일하는 데 공을 세운 공신에게 공음전을 하사하였다.

④ 고려 건국과 후삼국 통일에 협력한 호족에게 성씨를 내려주었다.

쏙쏙 해설

고려 태조는 후삼국을 통일하는 데 공을 세운 공신들에게 역분전을 하사하였다. 공음전은 고려 문종 때 시행된 경정 전시과에서 5품 이상의 고위 관료들에게 지급되었던 세습이 가능한 토지를 말하며, 이는 곧 귀족의 경제적 특권이 되었다.

정답 ❸

핵심만 콕

고려 태조의 업적

- 고려 공신들에게 인품과 공로도(기여도)에 따라 역분전 지급
- 「정계」와 「계백료서」를 지어 관리들의 정치적 지침을 제시
- 민심 수습을 위해 세율 1/10을 확립(취민유도), 빈민구제(흑창 설치)
- 사심관 제도와 기인 제도를 통하여 지방 세력 견제
- 훈요 10조 제시
- 혼인정책(정략결혼)과 사성정책으로 지방 세력 흡수
- 북진정책으로 국호를 '고려'라 정하고, 청천강 하류~영흥만까지 영토를 넓혔으며, 서경(평양)을 북진정책의 전진기지로 삼음

13

다음 밑줄 친 '왕'과 관련된 설명으로 옳은 것은?

☑ 확인Check! ○ △ ✕

> "왕이 쌍기를 등용한 것을 옛 글대로 현인을 발탁함에 제한을 두지 않은 것이라 평가할 수 있을까. 쌍기가 인품이 있었다면 왕이 참소를 믿어 형벌을 남발하는 것을 왜 막지 못했는가. 과거를 설치하여 선비를 뽑은 일은 왕이 본래 문(文)을 써서 풍속을 변화시킬 뜻이 있는 것을 쌍기가 받들어 이루었으니 도움이 없다고는 할 수 없다."

① 2성 6부제를 중심으로 하는 중앙 관제를 마련하였다.
② 국정을 총괄하는 정치 기구인 교정도감을 설치하였다.
③ 호족을 견제하기 위해 사심관과 기인 제도를 마련하였다.
④ 광덕·준풍과 같은 독자적인 연호를 사용하였다.

쏙쏙 해설

고려 광종은 노비안검법을 시행하여 호족 세력을 약화시켰고, 공신의 자제를 우선적으로 등용하던 종래의 관리 등용 제도를 억제하고 새로운 관리 선발을 위해 과거제도를 시행하였다. 또한 지배층의 위계질서를 확립하기 위해 백관의 공복을 제정하였으며, 광덕·준풍과 같은 독자적인 연호를 사용하였다.

정답 ❹

핵심만 콕

① 고려 성종은 당의 3성 6부 제도를 수용하여 2성 6부제를 중심으로 하는 중앙 관제를 마련하였다.
② 최충헌은 무신정권 최고의 권력 기구인 교정도감을 설치하여, 도방·정방·서방 등의 기구를 총괄하였다.
③ 고려 태조 왕건은 사심관과 기인 제도를 활용하여 지방 호족을 견제하고 지방 통치를 보완하려 하였다.

14

☑ 확인Check! ○ △ ✕

고려시대에 편찬된 역사서에 해당하지 않는 것은?

① 「삼국사기」
② 「삼국유사」
③ 「동국통감」
④ 「해동고승전」

쏙쏙 해설

「동국통감」은 15세기 후반(성종)인 조선 전기에 서거정이 왕명을 받아 편찬한 편년체 통사로, 단군조선에서 고려 말까지를 서술하여 자주적인 역사관을 보여주었다.

정답 ❸

핵심만 콕

① 1145년(고려 인종) 김부식
② 1281년(고려 충렬왕) 일연
④ 1215년(고려 고종) 각훈

15

☑ 확인Check! ○ △ ✕

다음의 시무책이 제안된 국왕 대의 사실로 옳은 것은?

> 불교를 행하는 것은 수신의 도요, 유교를 행하는 것은 치국의 본입니다. 수신은 내생의 자(資)요, 치국은 금일의 요무(要務)로서, 금일은 지극히 가깝고 내생은 지극히 먼 것인데도 가까움을 버리고 지극히 먼 것을 구함은 또한 잘못이 아니겠습니까?

① 12목을 설치하였고 지방관을 파견하였다.
② 서경에 대화궁을 지었다.
③ 5도 양계의 지방 제도를 확립하였다.
④ 광덕, 준풍 등의 독자적인 연호를 사용하였다.

쏙쏙 해설

성종은 최승로의 건의(시무 28조)를 채택하여 유교정치를 시행하였다. 성종은 2성 6부 제도를 운영하였고(982), 지방에 12목을 설치하고 지방관을 파견하여 중앙 집권을 공고히 하였다(983). 또한, 지방에는 10도를 설치하고 12목을 12군으로 변경하였다(995).

정답 ❶

핵심만 콕

② 고려 인종 때 묘청은 풍수지리설을 내세워 서경으로 천도하여 서경에 궁(대화궁)을 짓고, 황제를 칭하며 연호를 사용하는 등 자주적인 개혁과 금을 정벌할 것을 주장하였다(1135).
③ 고려 현종 때 전국을 5도 양계, 경기로 크게 나누고, 그 안에 3경, 4도호부, 8목을 비롯하여 군·현·진 등을 설치하였다(1018).
④ 고려 광종은 왕실의 권위를 높이기 위하여 황제의 칭호를 사용하였고 광덕, 준풍 등과 같은 독자적인 연호를 사용하였다.

16

☑ 확인Check! ○ △ ✕

고려시대의 향리에 대한 설명으로 옳지 않은 것은?

① 향리의 세력을 억제하기 위해 그 지방 출신의 중앙관리를 사심관으로 임명하였다.
② 향리의 자제들을 일정기간 동안 궁에 머물게 하는 상수리 제도를 시행하였다.
③ 향리는 과거를 통하여 중앙에 진출할 수 있었다.
④ 향리와 귀족과의 신분적 차이를 나타내기 위하여 향리의 공복을 제정하였다.

쏙쏙 해설

고려의 향리는 토착 세력으로서 향촌 사회의 지배층으로 굳어갔으며, 일시적으로 파견되었던 지방관보다 실질적인 영향력이 컸다.
② 신라는 지방 세력을 견제하기 위하여 상수리 제도를 시행하였는데, 이는 지방 세력을 일정 기간 서울에 와서 거주하게 하던 것으로 지방 세력 견제책이다. 상수리 제도는 고려시대의 기인 제도로 계승된다.

정답 ❷

17

고려시대에 대한 설명으로 옳지 않은 것은?

☑확인 Check! ○ △ ✕

① 지방의 모든 군현에 지방관이 파견되어 행정을 담당하였다.
② 중앙군은 2군 6위, 지방군은 주현군·주진군으로 편성되었다.
③ 어사대는 중서문하성의 낭사와 더불어 대간으로 불렸다.
④ 발해의 중정대와 같은 기능을 하는 기구가 있었다.

핵심만 콕

② 고려는 국왕의 친위부대인 2군과 수도와 국경 방위부대인 6위를 중앙군으로 구성하였고, 5도에는 주현군, 양계에는 주진군을 지방군으로 편성하였다.
③ 고려시대 어사대의 관원과 중서문하성의 낭사는 대간이라 불리었는데, 서경·간쟁·봉박권을 가지고 있었다. 대간은 비록 직위는 낮았지만, 왕이나 고위 관리의 활동을 지원하거나 제약하여 정치 운영에 견제와 균형을 이루었다.
④ 고려의 어사대는 발해의 중정대와 같은 기능을 담당하였다.

18

고려의 농민을 위한 정책으로 옳지 않은 것은?

☑확인 Check! ○ △ ✕

① 농민 자제의 과거를 위한 기금으로 광학보를 설치하였다.
② 개간지에는 일정 기간 면세하여 줌으로써 농민의 부담을 경감해 주었다.
③ 재해를 당했을 때는 세금을 감면해 농민 생활의 안정을 꾀하였다.
④ 농번기에는 잡역 동원을 금지하여 농사에 지장을 주지 않으려 하였다.

19

확인Check! ○ △ ✕

고려시대 관학 교육에 대한 설명으로 가장 적절한 것은?

① 국자감에는 율학, 산학, 서학과 같은 유학부와 국자학, 태학, 사문학 등의 기술학부가 있었다.

② 예종 때 도서관 겸 학문 연구소인 청연각, 보문각을 설치하였다.

③ 인종 때 전문 강좌인 7재를 9재 학당으로 정비하였다.

④ 섬학전의 부실을 보충하기 위해 충렬왕 때 양현고를 설치하였다.

쏙쏙 해설

고려 예종 때 청연각·보문각·천장각·임천각 등 도서관 및 학문 연구소를 설치하여 학문을 연구하였다.

정답 ❷

핵심만 콕

① 국자감에는 국자학, 태학, 사문학과 같은 유학부가 있었고, 유학부에는 문무관 7품 이상 관리의 자제가 입학하였다. 또한, 율학, 서학, 산학 등의 기술학부가 있었는데 8품 이하 관리나 서민의 자제가 입학하였다.

③ 인종은 국학의 7재를 정비하여 경사 6학으로 바꾸고 유학 교육을 강화하였으며, 지방의 향교를 증설하였다. 9재 학당은 문종 때 최충이 설립한 사학이었다.

④ 양현고는 예종 때 설치한 장학재단이었으며, 섬학전은 충렬왕 때 만들어진 장학재단이었다.

20

확인Check! ○ △ ✕

밑줄 친 '나'에 대한 설명으로 옳지 않은 것은?

> 나는 도를 구하는 데 뜻을 두어 덕이 높은 스승을 두루 찾아다녔다. 그러다가 진수대법사 문하에서 교관을 대강 배웠다. 법사께서는 강의하다가 쉬는 시간에도 늘 "관도 배우지 않을 수 없고, 경도 배우지 않을 수 없다."라고 제자들에게 훈시하였다. 내가 교관에 마음을 다 쏟는 까닭은 이 말에 깊이 감복하였기 때문이다.

① 해동 천태종을 창시하였다.

② 이론과 실천의 양면을 강조하였다.

③ 교종의 입장에서 선종을 통합하였다.

④ 정혜쌍수로 대표되는 결사운동을 일으켰다.

쏙쏙 해설

의천은 교종 중심에서 선종을 통합하려 노력하였다. 이를 뒷받침할 사상적 바탕으로 의천은 이론의 연마와 실천의 양면 모두를 강조하는 교관겸수를 제창하였다.

④ 지눌은 선과 교학이 근본에 있어 둘이 아니라는 사상 체계인 정혜쌍수를 사상적 바탕으로 철저한 수행을 선도하였다.

정답 ❹

21

(가), (나) 시기에 있었던 사실로 옳은 것은?

☑ 확인 Check! ○ △ ✕

> 동북 9성 축조 → (가) → 금의 사대요구 수락 → (나) → 몽골의 1차 침입

① (가) : 고려가 강동 6주를 확보하였다.

② (가) : 강동성 전투에서 거란군을 토벌하는 데 앞장섰다.

③ (나) : 삼별초가 대몽 항쟁을 전개하였다.

④ (나) : 정중부, 이의방 등이 정변을 일으켜 정권을 장악하였다.

쪽쪽 해설

예종 때 동북 9성 축조(1107), 금의 사대요구 수락(1125), 몽골의 1차 침입(1231)

④ 이의방과 정중부는 정변을 일으켜 정권을 장악하였다(1170, 무신정변).

정답 ④

핵심만 콕

① 거란의 소손녕은 송과의 교류를 끊을 것과 아울러 고려가 차지하고 있는 옛 고구려의 영토를 요구하며 80만 대군을 이끌고 고려를 침략했는데 이에 맞서 서희는 외교 담판으로 거란과 교류를 약속하고, 고려가 고구려의 후예임을 인정받음과 동시에 압록강 동쪽의 강동 6주를 획득하였다(994, 성종).

② 김취려의 고려군은 몽고군과 연합하여 강동성에서 거란을 섬멸하였다(1219, 강동의 역).

③ 고려 정부가 몽골과 강화하여 개경으로 환도하자, 강화도에서 항전하던 배중손은 화의에 반발하여 진도 (1270~1271)와 제주도(1271~1273, 김통정)를 거치며 끝까지 항전하였으나, 여몽연합군에 의하여 진압되었다.

22

(가) 시기에 있었던 사실로 옳은 것은?

☑ 확인 Check! ○ △ ✕

> 거란의 소손녕이 군대를 이끌고 침략하여,
> 옛 고구려 땅을 내놓고 송과 교류를 끊을 것을 요구하였다.
>
> ⬇
>
> (가)
>
> ⬇
>
> 거란의 군대를 귀주에서 크게 격파하였다.

① 별무반을 조직하여 침략에 대비하였다.

② 비변사를 설치하여 변방을 방비하였다.

③ 정방을 설치하여 군사적 기반으로 삼았다.

④ 압록강 동쪽에 성을 쌓아 강동 6주를 설치하였다.

쪽쪽 해설

④ 고려 성종 때(993), 거란의 1차 침입 당시 서희가 거란 장수 소손녕과의 외교 담판으로 강동 6주를 확보하였다.

① 고려 숙종 때(1104), 윤관이 여진족의 기병부대에 대항하기 위해 별무반의 설치를 주장하였다.

② 조선 중종 때 일어난 삼포왜란을 계기로 비변사가 임시기구로 설치되었다.

③ 고려 무신정권기에 최우는 인사행정을 취급하는 기관인 정방을 설치하였다.

정답 ④

23

☑ 확인Check! ○ △ ✕

다음 사건이 일어난 시기를 연표에서 옳게 찾은 것은?

> 이들이 글을 올려 말하기를, "서경에 궁궐을 세워 옮기고, 위로는 천심에 응하고 아래로는 백성들의 바람에 따르시어 금나라를 타도하소서."라고 하였다. … (중략) … 서경을 거점으로 난을 일으키고 왕의 명령이라 속여 여러 성의 수령을 체포해서 창고에 가두었다. 그리고 국호를 대위라 하고, 연호를 천개라 하며, 군대의 칭호를 천견충의군이라 하여 난을 일으켰다.
>
> – 「고려사」 –

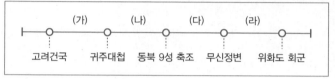

① (가)
② (나)
③ (다)
④ (라)

24

☑ 확인Check! ○ △ ✕

다음과 같은 주장으로 시작된 봉기는?

> 북산에서 땔나무를 하다가 공사(公私)의 노예들을 불러 모아 모의하며 말하기를 "나라에서 경인년과 계사년 이래로 높은 관직이 천민과 노비에서 많이 나왔으니, 장수와 재상이 어찌 타고난 씨가 따로 있겠는가? 때가 오면 누구나 차지할 수 있는 것이다. 우리가 어찌 뼈 빠지게 일만 하면서 채찍 아래에서 고통만 당하겠는가?"라고 하였다.
>
> – 「고려사」 –

① 만적의 난
② 전주 관노의 난
③ 망이·망소이의 난
④ 김사미·효심의 난

무신집권기

최충헌(1196~1219)	최우(1219~1249)
• 교정도감, 흥녕부 설치 • 만적의 난, 최광수의 난 • 교종 탄압, 선종지지 • 봉사 10조 건의	• 정방, 서방, 삼별초, 마별초 • 몽골 침입 → 강화 천도 • 팔만대장경 조판 시작 • 이연년의 난 • 「상정고금예문」(1234)

25

☑ 확인Check! ○ △ ✕

(가), (나) 사이의 시기에 있었던 사실로 가장 옳은 것은?

> (가) 거란의 군사가 귀주를 지나니 강감찬 등이 동쪽 들에서 맞아 싸웠는데, … (중략) … 죽은 적의 시체가 들판을 덮고 사로잡은 군사와 말, 낙타, 갑옷, 투구, 병기는 이루 다 헤아릴 수가 없었다.
>
> (나) 여진의 추장들은 땅을 돌려달라고 떼를 쓰면서 해마다 와서 분쟁을 벌였다. … (중략) … 이에 왕은 신하들을 모아 의논한 후에 그들의 요구에 따라 9성을 돌려주었다.

① 서희가 강동 6주를 회복하였다.

② 별무반이 편성되었다.

③ 쌍성총관부가 폐지되었다.

④ 묘청이 서경천도운동을 벌였다.

(가) 거란 3차 침략(1019, 현종)

(나) 동북 9성의 반환(1109, 예종)

② 윤관은 숙종에게 특수부대인 별무반을 편성할 것을 건의하였고, 숙종은 윤관의 건의를 받아들여 별무반을 조직하였다(1104).

정답 ❷

① 서희는 외교 담판으로 거란과 교류를 약속하고, 고려가 고구려의 후예임을 인정받음과 동시에 압록강 동쪽의 강동 6주를 획득하였다(994, 성종).

③ 공민왕은 유인우 등을 보내 무력으로 쌍성총관부를 공격하여 철령 이북의 땅을 수복하였다(1356).

④ 묘청의 서경천도운동은 인종 때인 1135년에 발생하였다.

26

☑ 확인Check! ○ △ ✕

공민왕의 개혁정치에 대한 설명으로 옳지 않은 것은?

① 정방을 폐지하였다.

② 과전법을 실시하였다.

③ 정동행성 이문소를 혁파하였다.

④ 쌍성총관부를 무력으로 철폐하였다.

쏙쏙 해설

② 고려 말기에 정도전, 조준 등 개혁파 사대부들이 사전(私田)의 폐단을 없애고 새로운 경제 질서를 확립하기 위해 공양왕 3년에 제정한 토지제도이다. 이후 조선으로 계승되어 조선 양반사회를 유지하는 제도적 기초가 되었다.

① 정방은 고려 무신정권기에 최우가 본인의 집에 설치한 인사행정기관이다. 공민왕은 왕권 회복의 일환으로 정방을 폐지하였다.

③ 정동행성 이문소 혁파는 반원 자주 정책의 일환이다.

정답 ❷

핵심만 콕

공민왕의 개혁정치

반원 자주 정책	친원파 숙청(기철), 정동행성 이문소 폐지, 쌍성총관부 공략(유인우), 관제 복구, 요동정벌(지용수, 이성계), 몽골풍 일소, 원의 침입 격퇴(최영, 이성계)
왕권 강화 정책	정방 폐지, 전민변정도감 설치(신돈), 과거제도 정비, 신진사대부 등용
개혁 실패	• 권문세족의 반발 • 원의 압력과 개혁 추진 세력(신진사대부 미약) - 왕권 약화 • 홍건적과 왜구의 침입으로 인한 사회 혼란

27

다음의 밑줄 친 ㉠과 관련된 설명으로 가장 옳지 않은 것은?

> 원의 간섭을 받으면서 그에 의존한 고려의 왕권은 이전 시기에
> 비하여 상대적으로 안정되었고 ㉠ 중앙 지배층도 개편되었다. …
> (중략) … 그들은 왕의 측근 세력과 함께 권력을 잡아 농장을 확대
> 하고 양민을 억압하여 노비로 삼는 등 사회 모순을 격화시켰다.

① ㉠은 가문의 권위보다는 현실적인 관직을 통하여 정치 권력을 행
   사하였다.
② 공민왕은 ㉠의 경제력을 약화시키기 위해 전민변정도감을 설치하
   였다.
③ ㉠은 사원 세력의 대표인 신돈과 연대하여 신진사대부에 대항하
   였다.
④ ㉠에는 종래의 문벌 귀족 가문, 원과의 관계에서 성장한 가문 등이
   포함되었다.

쏙쏙 해설

친원적인 성향의 ㉠ 권문세족(13세
기~14세기)은 고려 후기에 도평의사사
에 참여하여 정치적 실권을 장악하는
등 최고 권력층이었으며, 가문의 힘을
이용하여 음서로써 신분을 세습시켜 갔
다. 권문세족은 강과 하천을 경계로 삼
을 만큼 대규모의 농장을 소유하고도
국가에 세금을 내지 않았으며, 또한 몰
락한 농민을 농장으로 끌어들여 노비처
럼 부리며 부를 축적하였다.
③ 공민왕은 왕권을 강화하기 위하여
   신진사대부를 대거 등용하였고, 신
   돈을 등용하여 전민변정도감을 설
   치하였으며 권문세족이 부당하게
   빼앗은 토지와 노비를 본래의 소유
   주에게 돌려주거나 양민으로 해방
   시켰다(1366). 신돈은 신진사대부
   와 연대하여 권문세족의 세력을 약
   화시키려 하였다.

정답 ❸

28

다음 고려시대 사원에 대한 설명으로 옳지 않은 것은?

① 청주 흥덕사 – 「상정고금예문」이 간행되었다.
② 순천 송광사 – 수선사 결사의 중심 사찰이다.
③ 개성 경천사 – 원의 석탑을 본뜬 10층 석탑이 세워졌다.
④ 안동 봉정사 – 가장 오래된 주심포 양식의 건물이 남아 있다.

쏙쏙 해설

청주 흥덕사에서는 세계에서 가장 오래
된 금속활자 인쇄본인 직지심체요절을
간행했다.

정답 ❶

핵심만 콕

상정고금예문
고려 인종 때 최윤의 등 17명이 왕명으로 고금의 예의를 수집하고 고증하여 50권으로 엮은 책이다. 현존하지 않으나
세계 최초의 금속활자본으로 추정된다.

29

(가)~(라)와 고려의 관계에 대한 설명으로 옳은 것은?

- (가)은/는 우왕 6년 500여 척의 함선을 이끌고 진포로 쳐들어와 충청·전라·경상도의 연해를 돌며 약탈과 살육을 일삼았다.
- (나)의 군대가 쳐들어오자, 김윤후가 처인성으로 피난하였다. 적의 장수 살리타가 공격하다 김윤후에게 사살당하였다.
- (다)의 동경(東京)도 고려 영역 안에 들어와야 하는데 어찌 침식했다고 하는가. 또 압록강 안팎은 우리 땅이지만 여진이 차지하고 있어 사신을 보낼 수 없다.
- (라)은/는 옛날에는 소국으로 고려를 섬겼지만, 지금은 강성해져 거란과 송을 멸망시키고 군사력을 강화하여 우리가 사대하지 않을 수 없게 되었다.

① (가)의 침입으로 강화도로 천도하였다.
② (나)의 침입 이후에 천리장성을 쌓았다.
③ (다)는 동북 9성의 반환을 요구하였다.
④ 묘청은 (라)에 대한 정벌을 주장하였다.

쏙쏙 해설

(가)는 왜, (나)는 몽골, (다)는 거란, (라)는 여진(금)에 해당한다.
④ 묘청은 풍수지리설을 내세워 서경으로 천도하여 서경에 궁(대화궁)을 짓고, 황제를 칭하며 연호를 사용하는 등 자주적인 개혁과 (라) 금(여진족)을 정벌할 것을 주장하였다 (1135).

정답 ④

핵심만 콕

① (나) 몽골과의 장기 항쟁을 위해 강화도로 천도하였으며(1232), 삼별초를 조직하여 전쟁에 대비하였다.
② 압록강에서 도련포까지의 천리장성은 (다) 거란의 3차 침입 이후에 쌓았으며, 거란은 물론 여진의 침입까지 방어하려는 목적이 있었다(1033~1044, 덕종~정종).
③ 윤관은 (라) 여진족을 몰아내고 동북 9성을 쌓았으나(1107), 여진족의 침입이 계속되고 거란과의 대치상황을 고려하여 여진에게 해마다 조공을 바치겠다는 약속을 받고 예종 때 돌려주었다(1109).

30

☑확인Check! ○ △ ✕

다음 밑줄 친 '왕'의 재위시기에 대한 설명으로 옳은 것은?

> 왕이 변발(辮髮)을 하고 호복(胡服)을 입고 전상에 앉아 있었다. 이연종이 간하려고 문밖에서 기다리고 있었더니, 왕이 사람을 시켜 물었다. 이연종이 말하기를 … (중략) … "변발과 호복은 선왕(先王)의 제도가 아니오니, 원컨대 전하는 본받지 마소서."

① 노비와 관련된 문제를 처리하는 장례원을 설치하였다.
② 정동행성 이문소를 폐지하고 요동 지방을 공략하였다.
③ 최충의 문헌공도를 비롯한 사학 12도가 융성하였다.
④ 권문세족의 경제기반을 무너뜨리기 위해서 과전법을 시행하였다.

핵심만 콕

① 조선 세조 때에 노비와 관련된 문제를 처리하는 장례원을 설치하였다.
③ 고려 문종 때 최충은 9재 학당을 세워 유학 교육에 힘썼고, 해동공자라는 칭송을 들었다.
④ 고려 말 이성계는 공양왕을 세운 후, 전제 개혁을 단행하였는데, 권문세족의 경제기반을 무너뜨리고 신진사대부의 경제적 기반을 마련하기 위한 것으로 과전법을 실시하였다(1391).

31

☑확인Check! ○ △ ✕

어느 조직의 기능 변화를 정리한 것이다. (가)에 들어갈 수 있는 내용으로 가장 적절한 것은?

> [○ ○]
> 기원 : 김유신의 화랑도
> 고려 : _____(가)_____.
> 조선 : 불교와 민간 신앙 등을 바탕으로 동계와 같은 공동체 조직의 성격을 띠었다. 주로 상을 당하였을 때에나 어려운 일이 생겼을 때에 서로 돕는 역할을 하였다. 상여를 메는 사람인 상두꾼도 여기서 유래하였다.

① 사회 교화 및 질서 유지를 통해 사족들의 지위를 강화시켰다.
② 노비 관련 소송이나 산송을 담당하는 사법기관 역할을 하였다.
③ 수령을 보좌하고 향리를 감찰하며 향촌 사회의 풍속을 바로잡았다.
④ 위기가 닥쳤을 때에 미륵을 만나 구원을 받고자 하는 염원에서 향나무를 땅에 묻었다.

32

조선 건국을 전후하여 있었던 보기의 사실들을 시대순으로 바르게 나열한 것은?

☑확인 Check! ○ △ ✕

> 가. 이성계는 즉위 이후 한양으로 천도하였다.
> 나. 신진사대부의 기반을 마련하기 위하여 과전법을 실시하였다.
> 다. 요동 정벌군이 위화도에서 회군을 시작하였다.
> 라. 이성계가 왕좌에 앉아 새로운 왕조를 시작하였다.

① 가 - 나 - 다 - 라
② 가 - 라 - 다 - 나
③ 나 - 다 - 가 - 라
④ 다 - 나 - 라 - 가

쏙쏙 해설

다. 위화도 회군(1388)
나. 과전법의 실시(1391)
라. 조선왕조 개창(1392)
가. 한양 천도(1394)

정답 ④

33

(가), (나)로 대표되는 정치세력에 관한 설명으로 옳은 것은?

☑확인 Check! ○ △ ✕

> 이들은 최씨 정권기부터 학문적 교양과 행정 실무 능력을 겸비하여 자신의 능력에 따라 관료로 진출하기 시작하였다. 무신정권 붕괴 이후 과거를 통하여 중앙 정계에 진출하여 하나의 정치세력을 형성하였던 이들은 고려 왕조의 폐단을 맹렬하게 비판하며 사회 개혁을 주장하였으나 이성계의 정권 장악과 새 왕조 개창을 둘러싸고 (가) 혁명파와 (나) 온건파로 분열되었다.

① (가)의 학풍을 계승하여 사림이 형성되었다.
② (나)는 역성혁명을 통해 조선 건국을 주도하였다.
③ (가)는 주로 음서, (나)는 과거를 통해 관직에 진출하였다.
④ (가)와 (나)는 성리학을 바탕으로 불교의 폐단을 비판하였다.

쏙쏙 해설

자료의 (가)는 급진 사대부, (나)는 온건 사대부를 나타내고 있다. 고려 말 신진 사대부는 사원 경제의 폐단 등 성리학을 바탕으로 불교의 폐단을 비판하였고, 대토지 사유 등 사회 모순의 개혁 방향을 둘러싸고 대립하였다. 온건파 사대부들은 권세가의 대토지 사유는 정리하되 전면적인 토지 개혁에는 반대하였고, 급진파 사대부는 전국적으로 토지 사유를 축소하는 전면적인 토지 개혁을 주장하였다.

정답 ④

핵심만 콕

① 조선의 훈구파
② 급진 개혁파
③ (가)와 (나) 모두 신진사대부로서 대부분 과거로 진출하였다.

34

밑줄 친 '그'가 시행한 정책으로 옳은 것은?

☑ 확인Check! ○ △ X

> 그는 왕권을 안정시키기 위해 권세 있는 신하는 공신이든 처남이
> 든 가리지 않고 처단하고, 6조를 직접 장악하여 의정부 재상 중심
> 의 정책운영을 국왕 중심체제로 바꾸었다.

① 연분9등법을 실시하여 세금을 낮추고 공평하게 부과하였다.
② 언론기관인 사간원을 독립시켜 대신을 견제하게 하였다.
③ 국가의 통치를 위하여 경국대전 편찬 사업에 착수하였다.
④ 조광조를 등용하여 개혁정치를 실현하려 하였다.

쏙쏙 해설

두 차례에 걸친 왕자의 난을 통하여 개국 공신 세력을 몰아내고 왕위에 오른 태종 이방원은 왕권을 강화하고 국왕 중심의 통치체제를 강화하기 위하여 6조 직계제를 실시하였으며, 언론 기관인 사간원을 독립시켜 대신들을 견제하였다.

정답 ❷

핵심만 콕

① 세종은 조세제도를 좀 더 체계적으로 운영하기 위하여 풍흉의 정도에 따라 조세를 부과하는 연분9등법으로 바꾸고, 조세 액수를 1결당 최고 20두에서 최하 4두를 차등 있게 내도록 하였다.
③ 세조는 국가의 통치체제를 확립하기 위하여 경국대전을 편찬하기 시작하였다.
④ 중종은 조광조를 등용하여 개혁정치를 추진하였다.

35

조선시대 향약에 대한 설명으로 옳은 것만을 모두 고르면?

☑ 확인Check! ○ △ X

> ㄱ. 양반만 향약의 구성원이었다.
> ㄴ. 향촌 사회의 질서유지에 기여하였다.
> ㄷ. 중종 때 조광조 등이 각지에 향약을 보급하였다.
> ㄹ. 향촌 사회를 운영하기 위해 수령이 만든 자치규약이다.

① ㄱ, ㄴ ② ㄱ, ㄹ
③ ㄴ, ㄷ ④ ㄷ, ㄹ

쏙쏙 해설

ㄴ. 향약은 조선시대 향촌사회의 자치 규약으로 향촌 사회의 질서유지에 기여하였다.
ㄷ. 16세기 초 중종 때 조광조를 비롯한 사림파는 향약 보급 운동을 하였다.

정답 ❸

핵심만 콕

향안, 향회, 향규, 향약

향 안	향촌 사회의 지배층인 지방 사족의 명단
향 회	향안에 이름이 올라와 있는 사족들의 총회로 사족들 간의 결속을 높이고 지방민을 통제하는 데 도움을 줌
향 규	향회의 운영규칙
향 약	전통적인 미풍양속을 계승하면서 유교 윤리를 더하여 공동체 생활의 질서유지를 위해 만든 향촌 자치의 개념

36

조선의 통치기구에 대한 설명 중 옳은 것은?

확인 Check! ○ △ ✕

① 의정부는 최고의 행정집행기관으로 점차 실권을 강화하였다.
② 홍문관은 정치의 득실을 논하고 관리의 잘못을 규찰하는 일을 담당하였다.
③ 유향소는 수령을 보좌하고 풍속을 바로 잡고 향리를 규찰하는 등의 임무를 맡았다.
④ 지방관은 행정의 권한만을 위임받았는데, 자기 출신지에는 임명될 수 없었다.

쏙쏙 해설

유향소는 경재소가 혁파된 후 향청(향소)으로 개칭되면서 기능이 강화되었는데, 수령을 보좌하고 향리를 감찰하며 풍속을 교정하는 기능을 하였다.

정답 ❸

핵심만 콕

① 의정부는 조선의 최고 관부로서 재상들의 합의를 통해 정책을 결정·심의하는 기구로 국정을 총괄하였으며, 조선 후기 이후에는 비변사의 권한이 강화되면서 점차 실권이 약화되었다. 조선시대 최고의 행정집행기관은 6조이다.
② 홍문관은 성종 때 집현전을 대체하여 설치된 기구로, 경연과 서연을 담당하였다.
④ 조선시대 지방관은 왕의 대리인으로, 지방의 행정·사법·군사권을 가지고 있었고, 출신 지역의 지방관으로 임명하지 않는 상피제가 적용되었다.

37

조선 성종 시기의 사실로 옳은 것은?

확인 Check! ○ △ ✕

① 갑인자를 주조하였다.
② 「동국통감」을 간행하였다.
③ 호패법을 처음 시행하였다.
④ 「조선경국전」을 편찬하였다.

쏙쏙 해설

조선 성종 때 서거정 등이 편찬한 「동국통감」은 고조선부터 고려 말까지의 역사를 편년체로 정리한 최초의 통사이다.

정답 ❷

핵심만 콕

① 세종 대에는 갑인자, 경자자, 병진자, 경오자와 같은 활자를 만들었으며 식자판 조립으로 인쇄 능률을 향상시켰다.
③ 태종 때 처음 시행된 호패법은 16세 이상의 양인 남자에게 호패를 가지고 다니게 하던 제도이다.
④ 조선 태조 때 활약한 정도전은 「조선경국전」과 「경제문감」을 저술하여 민본적 통치 규범을 마련하고, 재상 중심의 정치를 주장하였다.

제1장
제2장
제3장
제4장

38

다음 대화에 나타난 업무를 수행한 기구의 기능으로 가장 적절한 것은?

> A : 전하께 대신들의 상소는 올리고 오셨습니까?
> B : 그렇소이다. 전하께서 상소에 대해 허락하셨소이다. 내일은 전하께서 궁궐 밖으로 행차하시니 업무에 최선을 다하시오.
> C : 명심하겠습니다. 전하를 수행하며 업무 상황을 잘 기록하겠습니다.

① 수도의 행정과 치안을 담당하였다.
② 왕에게 경서를 강론하는 일을 담당하였다.
③ 왕의 명령을 받들어 관리에게 하달하였다.
④ 왕의 잘못을 논하는 간쟁의 업무를 담당하였다.

쏙쏙 해설

자료는 왕을 보좌하는 등의 상황으로 보아 승정원에 대한 설명이다. 승정원은 왕명의 출납을 담당하는 국왕의 비서 기구로 도승지 이하 6명의 승지가 6조를 각각 분담하여 담당하였다.

정답 ❸

핵심만 콕

① 한성부는 수도인 서울의 행정과 치안을 담당하였다.
② 홍문관에서는 왕과 대신들이 참여하는 학술 세미나인 경연을 주최하였고, 정책 자문과 정책 협의를 통해 정책을 결정하였다.
④ 사간원은 왕의 잘못을 논하는 간쟁과 논박을 하며 정사를 비판하는 업무를 담당하였다.

39

조선시대의 관청에 대한 설명으로 옳지 않은 것은?

① 승정원은 관원의 비행을 감찰하는 사법 기관이었다.
② 의금부는 왕명을 받아 중대한 죄인을 다스렸다.
③ 춘추관은 역사서 편찬과 보관을 담당하였다.
④ 홍문관은 경연을 주도하는 학문 기관이었다.

쏙쏙 해설

관원의 비행을 감찰하는 사법 기관은 사헌부이고, 승정원은 국왕의 명령 출납을 담당하는 국왕 비서 기관이었다.

정답 ❶

40

다음과 관련이 있는 시험에 대한 설명으로 옳은 것은?

☑ 확인 Check! ○ △ ✕

> 이 시험은 식년시, 증광시, 알성시로 나누어 실시하였으며, 소과를 거쳐 대과에서는 초시, 복시, 전시로 합격자를 선발하였다.

① 식년시는 해마다 실시되었다.
② 소과의 합격만으로는 관리가 될 수 없었다.
③ 백정 농민이 주로 응시하였다.
④ 재가한 여자의 손자는 응시할 수 없었다.

핵심만 콕

① 식년시는 3년마다 실시하는 정기 시험이었다.
② 생원시, 진사시 등의 소과에 합격하면 하급 관리가 될 수 있었다.
③ 백정 농민은 고려시대이며, 조선의 백정은 천민이었다.

41

(가), (나)는 두 시대의 과거제도를 도식화한 것이다. 이에 대한 설명으로 옳지 않은 것은?

☑ 확인 Check! ○ △ ✕

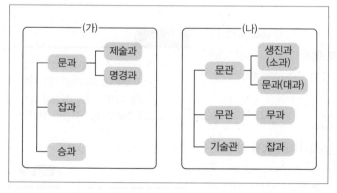

① (가)에서 문과의 경우 재가한 여자의 자손은 응시 제한을 받았다.
② (나)에서 소과 합격자는 성균관에 입학할 수 있었다.
③ (가), (나) 모두 문과를 가장 중시하였다.
④ (가), (나) 이외에도 관리가 되는 방법이 있었다.

42

☑ 확인Check! ○ △ ✕

다음은 지방 행정 조직의 변화 과정에 대한 서술이다. 시대순으로 가장 적절하게 나열한 것은?

> ㉠ 지방의 22담로에 왕족을 파견하였다.
> ㉡ 군사, 행정상의 요지에 5소경을 설치하였다.
> ㉢ 5도에 안찰사가 파견되었으며, 양계에는 병마사를 파견하였다.
> ㉣ 모든 군현에 수령을 파견하고 전국 8도에 관찰사를 파견하였다.

① ㉠ - ㉡ - ㉢ - ㉣
② ㉡ - ㉠ - ㉢ - ㉣
③ ㉢ - ㉡ - ㉠ - ㉣
④ ㉣ - ㉠ - ㉡ - ㉢

43

☑ 확인Check! ○ △ ✕

다음 서적이 편찬된 시기의 문화 현상으로 옳은 것은?

> [칠정산]
> 제작 년도 : 1444년
> 제작 참고 : 중국의 수시력, 아라비아 회회력
> 특징 : 우리나라 역사상 최초로 서울을 기준으로 천체 운동을 정확하게 계산한 역법서이다.

① 민중의 미적 감각을 나타낸 민화가 유행하였다.
② 종전의 역법보다 한 걸음 더 발전한 시헌력이 채택되었다.
③ 우리 실정에 맞는 농법을 정리한 농사직설이 편찬되었다.
④ 우리나라 최고(最古)의 의학 서적인 향약구급방이 편찬되었다.

44

고려시대의 과학 기술에 대한 설명으로 옳은 것은?

✓ 확인 Check! ○ △ ✕

① 금속활자를 개량하여 계미자를 주조하였다.

② 우리 기후와 풍토에 맞는 농서인 「농사직설」이 편찬되었다.

③ 이회 등이 세계 지도인 「혼일강리역대국도지도」를 제작하였다.

④ 우리나라 약초로 병을 치료하는 의학서인 「향약구급방」이 편찬되었다.

쏙쏙 해설

「향약구급방」은 고려 후기에 편찬된 현존하는 우리나라 최고(最古)의 의서이다.

정답 ④

핵심만 콕

① 조선 태종 때의 일로, 태종은 주자소를 설치하여 구리로 된 금속활자인 계미자를 주조하였다.

② 정초의 「농사직설」은 15세기 조선 세종 때 편찬된 우리 실정에 맞는 농서이다.

③ 「혼일강리역대국도지도」는 현존하는 동양 최고(最古)의 세계지도로 1402년인 조선 태종 때 이회 등에 의해 제작되었다.

45

밑줄 친 '이 농서'가 처음 편찬된 시기의 문화에 대한 설명으로 옳은 것은?

✓ 확인 Check! ○ △ ✕

> 농상집요는 중국 화북지방의 농사 경험을 정리한 것으로서 기후와 토질이 다른 조선에는 도움이 될 수 없었다. 이에 농사 경험이 풍부한 각 도의 농민들에게 물어서 조선의 실정에 맞는 농법을 소개한 이 농서가 편찬되었다.

① 현실 세계와 이상 세계를 표현한 몽유도원도가 그려졌다.

② 선종의 입장에서 교종을 통합한 조계종이 성립되었다.

③ 윤휴는 주자의 사상과 다른 모습을 보여 사문난적으로 몰렸다.

④ 진경산수화와 풍속화가 유행하였다.

쏙쏙 해설

제시된 자료는 세종 때 간행한 농사직설을 나타낸 것으로 15세기 당시의 문화를 도출해 내어야 한다.

① 안평대군의 꿈을 그린 몽유도원도는 15세기 안견의 작품으로 현실 세계와 이상 세계를 동시에 그려내었다.

정답 ①

핵심만 콕

② 고려시대 지눌은 선종을 중심으로 교종을 통합하려 수선사 결사 운동을 전개하였다.

③ 17세기 윤휴는 유교 경전에 대하여 독자적인 해석을 하여 당시 서인(노론)의 공격을 받아 사문난적으로 몰렸다.

④ 18세기 정선의 진경산수화는 우리의 자연을 사실적으로 그려 회화의 토착화를 이룩하였으며, 김홍도와 신윤복의 풍속화는 당시 사람들의 생활 정경과 일상적인 모습을 생동감 있게 나타내어 회화의 폭을 확대하였다.

46

다음 보기의 주인공의 신분에 대한 설명으로 옳지 않은 것은?

> 열일곱에 사역원(司譯院) 한학과에 합격하여, 틈이 나면 성현의 책을 부지런히 연구해 쉬는 일이 없었다. 경전과 백가에 두루 통달하여 드디어 세상에 이름이 났다. … (중략) … 공은 평생 고문(古文)을 좋아하였다. 일에 종사하느라 거기에 힘을 오로지 쏟지 못했지만 공의 시와 문장은 당시 안목 있는 사람들에게 인정을 받았다.
> – 『완암집』 –

① 신분은 양인이지만 천한 역에 담당하기도 하였다.
② 고급 관료로 진출할 수 있는 길이 제한되어 있었다.
③ 청과의 무역에 관여하여 부를 축적하기도 하였다.
④ 개화사상의 형성에 중요한 역할을 하였다.

쏙쏙 해설

자료에서 사역원에서 실시하는 과거에 합격했으므로 이는 중인이다. 중인 신분으로 직역과 신분이 세습되었고 무역에 관여하여 부를 축적하였으며 관료로 진출할 수 있는 길이 제한되었고 개화사상의 형성에 중요한 역할을 하였다.
① 조선시대 신량역천인은 신분은 양인이지만 천한 역을 담당했던 신분으로 칠반천역이라고도 한다. 수군(해군), 조례(관청의 잡역 담당), 나장(형사 업무 담당), 일수(지방 고을 잡역), 봉수군(봉수 업무), 역졸(역에 근무), 조졸(조운 업무) 등 힘든 일에 종사한 일곱 가지 부류를 말한다.

정답 ❶

47

다음 자료의 정책 중 밑줄 친 부분과 관련이 깊은 것은?

> [세종대왕의 업적]
> • 왕도 정치 – 의정부 서사제의 실시
> • 학문 연구 – 집현전 설치, 한글 창제
> • 대외 정책 – <u>4군 6진 개척</u>, 대마도 정벌
> • 문화 발전 – 칠정산, 앙부일구, 측우기, 자격루 등

① 토착민을 토관으로 임명하였다.
② 경원개시와 회령개시를 설치하였다.
③ 기병을 중심으로 한 특수부대를 편성하였다.
④ 제포와 염포를 개방하여 제한된 무역을 허용하였다.

쏙쏙 해설

제시된 자료는 사민 정책에 관한 것이다. 조선 초기 여진을 정벌하여 4군과 6진을 개척하였다. 이후 삼남 지방의 일부 주민을 대거 북방으로 이주시켜 압록강과 두만강 이남 지역을 개발하는 사민 정책을 실시하였고, 토착민을 토관으로 임명하여 민심을 수습하려 하였다.

정답 ❶

핵심만 콕

② 개시는 조선 후기 국경 지대를 중심으로 공적으로 허용된 무역을 말한다.
③ 기병을 중심으로 한 특수부대는 여진 정벌을 위한 별무반을 가리킨다.
④ 조선 세종 때 쓰시마 섬을 정벌한 이후 일본을 회유하기 위한 정책이다.

48

밑줄 친 '그'와 관련된 설명으로 옳지 않은 것은?

> 임금이 교지를 내렸다. "지금 그의 제자 김일손이 찬수한 사초 내에 부도덕한 말로 선왕의 일을 터무니없이 기록하였다. … (중략) … 성덕을 속이고 논평하여 김일손으로 하여금 역사에 거짓을 쓰는 지경에까지 이르렀다."

① 조의제문을 지어 무오사화의 원인이 되었다.
② 길재의 학통을 잇고 세조 대에 정계에 나아갔다.
③ 제자들이 과거를 통해 주로 삼사 언관직에 진출하였다.
④ 국가 통치를 위하여 조선경국전과 경제문감을 간행하였다.

쏙쏙 해설

김종직의 제자인 김일손이 김종직의 조의제문(弔義帝文)을 사초에 삽입하였는데, 이를 두고 훈구파는 세조가 단종으로부터 왕위를 빼앗은 일을 비방한 것이라 하여 연산군에게 고하였다. 연산군은 김일손 등을 심문하고 이와 같은 죄악은 김종직이 선동한 것이라 하여, 이미 죽은 김종직의 관을 파헤쳐 그 시체의 목을 베었는데, 이가 무오사화였다(1498).

④ 태조 때 정도전은 조선경국전과 경제문감을 저술하여 민본적 통치 규범을 마련하고, 성리학을 국가의 통치이념으로 확립시켜 재상 중심의 정치를 주장하였다.

정답 ❹

49

조선의 대외 교류와 항쟁에 관한 아래의 설명 중에서 옳은 것은?

① 삼포왜란이나 을묘왜변과 같은 왜적들의 소요가 일어나자 비변사를 설치하였다.
② 일본이나 동남아시아의 여러 나라에 대해 사대외교 정책을 수립하였다.
③ 인조반정으로 북인이 집권한 후 친명배금정책을 수립하였다.
④ 광해군은 강홍립을 도원수로 삼아 명나라 정벌에 나섰다.

쏙쏙 해설

비변사는 16세기 중종 때 북쪽의 여진과 남쪽의 왜구 침략이 증가하자 삼포왜란 이후(1510) 이를 효율적으로 대처하기 위하여 변방을 담당하는 임시기구로 창설되었고, 명종 때는 을묘왜변(1555)을 거치면서 상설기구가 되면서 국방을 담당하게 되었다.

정답 ❶

핵심만 콕

② 조선은 건국 초기부터 명과 사대관계를 유지하였고 일본이나 동남아시아 등의 여러 나라에 대해서는 교린정책을 추진하였다.
③ 광해군이 즉위하여 북인 정권이 수립되었으나 인조반정으로 서인이 집권한 후 친명배금정책을 추진하였다.
④ 강홍립은 명나라 원군의 입장으로 참여하였던 것이지 정벌에 나선 것이 아니다.

50

(가), (나) 사이의 시기에 있었던 사실로 가장 옳은 것은?

> (가) 적선이 바다를 덮어오니 부산 첨사 정발은 마침 절영도에서
> 사냥을 하다가, 조공하러 오는 왜라 여기고 대비하지 않았는
> 데 미처 진(鎭)에 돌아오기도 전에 적이 이미 성에 올랐다.
> 이튿날 동래부가 함락되고 부사 송상현이 죽었다.
>
> (나) 정주 목사 김진이 아뢰기를, "금나라 군대가 이미 선천·정주
> 의 중간에 육박하였으니 장차 얼마 후에 안주에 도착할 것입
> 니다." 하였다. 임금께서 묻기를, "이들이 명나라 장수 모문룡
> 을 잡아가려고 온 것인가, 아니면 전적으로 우리나라를 침략
> 하기 위하여 온 것인가?" 하니, 장만이 아뢰기를, "듣건대 홍
> 태시란 자가 매번 우리나라를 침략하고자 했다고 합니다." 하
> 였다.

① 정국이 급격하게 변하는 환국이 발생하였다.

② 사화가 일어나 사림이 피해를 입었다.

③ 왕의 정통성 문제로 예송논쟁이 전개되었다.

④ 광해군의 정책에 반발하여 반정이 일어났다.

쏙쏙 해설

(가) 임진왜란(1592.4.)

(나) 정묘호란(1627)

④ 서인 세력인 이귀, 김자점, 이괄 등
이 반정을 주도하여 인조를 즉위시
켰다(1623, 인조반정).

① 숙종 때 정국을 주도하는 붕당과 견
제하는 붕당이 서로 교체됨으로써
정국이 급격하게 전환하는 환국이
나타나기 시작하였다.

② 조선 전기인 15C~16C에 훈구와 사
림의 대립으로 사화가 발생하여 대
다수의 사림이 피해를 입었다.

③ 현종 때 서인과 남인 사이에 대립이
격화되어 두 차례의 예송논쟁이 발
생하였다.

정답 ④

51

(가), (나) 사이에 일어난 사실로 가장 옳은 것은?

> (가) 조·명 연합군과 이순신의 활약으로 전세가 불리해진 왜군
> 은 명에게 휴전을 제의하였다. 이에 따라 명과 왜군의 휴전
> 회담이 시작되었다.
>
> (나) 김류, 이귀, 이괄 등 서인이 광해군을 무력으로 몰아내고 능
> 양군을 추대하여 왕으로 삼았다. 광해군과 대북파는 명을 배
> 신하고 폐모살제의 패륜을 저질렀다는 죄목으로 쫓겨났다.

① 청으로부터 군신 관계의 체결을 요구받았다.

② 명과 후금 사이에서 신중한 중립외교를 펼쳤다.

③ 백두산정계비를 세워 중국과의 국경선을 정하였다.

④ 전쟁의 효율적인 방어를 위하여 비변사를 설치하였다.

쏙쏙 해설

(가) 임진왜란 중 휴전회담
(1593.4.~1597.1.)

(나) 인조반정(1623)

② 광해군은 명의 요구를 적절히 거절
하면서 후금과 친선을 꾀하는 중립
적인 정책을 취하였다.

① 병자호란의 결과 인조는 청에 항복
하였고, 군신 관계를 체결하였다
(1637.1, 삼전도의 굴욕).

③ 숙종 때 조선 정부는 청과 국경문제
를 협의하여 백두산정계비를 세웠
다(1712).

④ 비변사는 16세기 중종 초에 여진족
과 왜구의 잦은 침입에 대비하여 임
시기구로 설치하였다.

정답 ②

52

(가)와 (나)의 인물에 대한 설명으로 옳은 것은?

(가) 주자의 이론에 조선의 현실을 반영하여 나름대로의 체계를 세우고자 하였다. 그의 사상은 도덕적 행위의 근거로서 인간 심성을 중시하고, 근본적이며 이상주의적인 성격이 강하였다. 대표적인 저서로 『성학십도』가 있다.

(나) 현실적이며 개혁적인 성격을 가지고 있었다. 그는 『성학집요』 등을 저술하여 16세기 조선 사회의 모순을 극복하는 방안으로 통치체제의 정비와 수취제도의 개혁 등 다양한 개혁 방안을 제시하였다.

---

① (가)의 사상은 일본 성리학 발전에 영향을 끼쳤다.

② (가)는 방납의 폐단을 개선하기 위해 수미법을 주장하였다.

③ (나)는 왕에게 주청하여 소수서원이라는 편액을 하사받았다.

④ (나)는 군주 스스로 성학을 따를 것을 주장하였다.

쏙쏙 해설

성리학이 조선 사회에 확고하게 뿌리 내리는 데 결정적인 기여를 한 인물은 (가) 이황과 (나) 이이였다.

① (가) 이황의 주리 철학은 임진왜란 이후 일본에 전해져 일본의 성리학 발전에도 영향을 끼쳤다.

정답 ❶

핵심만 콕

② (나) 이이는 방납의 폐단을 개선하기 위해 수미법을 대안으로 제안하였다.

③ (가) 이황은 주세붕의 백운동서원을 중종에게 건의하여 소수서원으로 사액 받게 하였다(1543).

④ 성학십도는 (가) 이황이 저술하였고, (나) 이이는 성학집요를 저술하였다.

53

밑줄 친 '그'에 대한 설명으로 옳은 것은?

> 그는 「성학집요」를 통해 군주의 기질을 변화시켜 이상적인 군주로 나아가는 길을 제시하였고, 기자의 전통을 계승하려는 「기자실기」를 저술하였다.

① 「동호문답」을 통해 개혁방안을 제시하였다.
② 심성론의 정립에 힘썼고 이(理)의 자발성을 강조하였다.
③ 경(敬)과 의(義)를 근본으로 하는 실천적 성리학을 주창하였다.
④ 성리학을 도입한 안향을 기리기 위해 조선 최초의 서원을 세웠다.

쏙쏙 해설

「성학집요」와 「기자실기」를 편찬한 조선의 학자는 율곡 이이다. 이이는 이(理)보다 기(氣)를 강조하는 주기론(主氣論)의 대표적인 학자로, 「동호문답」은 이이가 왕도 정치의 이상을 문답형식으로 서술한 글이다.

정답 ①

핵심만 콕

② 퇴계 이황(주리론)
③ 조식(주리론)
④ 조선 중종 때의 경상도 풍기 군수 주세붕

54

다음은 조선 시대 붕당에 대한 설명이다. ㉠~㉣에 대한 내용 중 가장 적절하지 않은 것은?

> 사림이 ㉠ 동인과 서인으로 나뉜 후, 동인이 우세한 가운데 정국이 운영되었다. 동인은 ㉡ 온건파인 남인과 급진파인 북인으로 나뉘었다. 그 후 ㉢ 서인과 남인이 격렬하게 대립하였으며, 나중에는 서인에서 갈라져 나온 ㉣ 노론과 소론이 치열하게 경쟁하였다.

① ㉠ - 척신 정치의 잔재 청산 문제에서 동인과 서인이 형성되었다.
② ㉡ - 정여립 모반 사건 등을 계기로 인하여 남인과 북인으로 갈라졌다.
③ ㉢ - 현종 때 효종의 왕위 계승에 대한 정통성 논란이 있었다.
④ ㉣ - 노론과 소론의 갈등이 심화되어 사화가 발생하였다.

쏙쏙 해설

④ 조선 전기인 15C~16C에 훈구와 사림의 대립으로 사화가 발생하였다. 노론과 소론의 대립이 아니다.
① 선조 때 사림파 내에서의 정치적 갈등으로 인하여 동인과 서인으로 분당하여 붕당정치가 전개되었다.
② 선조 때 동인은 정여립 모반 사건(1589)을 계기로 온건파인 남인과 급진파인 북인으로 나뉘었다.
③ 현종 때 서인과 남인 사이에 대립이 격화되어 두 차례의 예송논쟁이 발생하였는데 서인은 상대적으로 신권을 강조하였다.

정답 ④

55

어느 국왕 때의 설명이다. 밑줄 친 (가)~(라) 중 역사적 사실로 옳지 않은 것은?

☑ 확인Check! ○ △ ✕

> 왜란 이후 선조의 뒤를 이어 즉위한 (가) 광해군은 북인의 도움을 받아 전쟁의 상처를 수습하고, 피해 복구에 힘을 쏟았다. (나) 토지 대장과 호적을 새로 만들어 농업 생산력을 높이고, 농지 조사 사업을 실시하여 재정 수입을 늘렸으며, 국방력을 강화하였다. 또한, (다) 허준으로 하여금 동의보감을 편찬하게 하여 의료 구휼에도 힘썼다. 한편, 강성해지고 있던 후금의 위협을 받은 명이 원병을 요구하였다. (라) 광해군은 어쩔 수 없이 원병을 파병하여 명나라를 공격하였다. 서인 세력은 의리를 지키지 않은 것을 비난하여 정변을 일으켜 광해군을 몰아내고 새롭게 인조를 왕위에 앉혔다.

① (가)　　　　　　② (나)

③ (다)　　　　　　④ (라)

쏙쏙 해설

자료는 왜란 직후인 광해군의 설명이다. 명나라는 후금의 위협을 받자 조선에 출병을 요구하였고 조선의 광해군은 강홍립에게 명하여 출병하게 하였고, 중립 노선을 지키도록 하였다.

정답 ❹

핵심만 콕

① 선조의 뒤를 이어 광해군이 즉위하면서 북인이 집권하게 되었고 이들은 광해군의 중립외교를 지지하였다.
② 광해군은 양전사업과 호적정리를 새로 시행하였다.
③ 17세기 초에 전란으로 질병이 만연하자 광해군은 허준으로 하여금 우리의 전통 한의학을 체계적으로 정리한 동의보감을 편찬하게 하였다(1610).

56

다음의 기록이 보이는 왕대의 정치변화를 잘못 설명한 것은?

☑ 확인Check! ○ △ ✕

> (왕이) 양역을 절반으로 줄이라고 명하셨다. 왕이 말하였다. "호포나 결포는 모두 문제점이 있다. 이제는 1필로 줄이는 것으로 온전히 돌아갈 것이니 경들은 대책을 강구하라."

① 제도 변화와 권력 구조 개편의 내용을 담은 속대전을 편찬하였다.
② 억울한 백성들을 위해 신문고 제도를 부활하여 민생안정에 노력하였다.
③ 산림(山林)의 존재를 인정하지 않고, 그들의 본거지인 서원을 상당수 정리하였다.
④ 규장각을 설치하고 서얼 출신을 검서관으로 등용하였다.

쏙쏙 해설

자료는 영조가 시행한 균역법을 나타내고 있다.
④ 정조는 규장각을 설치하고 박제가 · 유득공 · 서이수 · 이덕무 등의 서얼 출신들을 검서관으로 등용하였다.

정답 ❹

57

밑줄 친 '왕'이 펼친 정책에 해당하는 것은?

> 왕은 각 붕당의 주장이 옳은지 그른지를 명백히 가리는 방식으로 적극적인 탕평책을 추진하였다. 민생의 안정과 문화 부흥에 힘썼으며, 서얼과 노비에 대한 차별을 완화하였고, 왕조의 통치규범을 재정리한 대전통편을 편찬하였다.

① 병권 장악을 위해 금위영을 설치하였다.

② 명에 대한 의리를 지켜 청에 복수하자는 북벌을 추진하였다.

③ 육의전을 제외한 시전상인의 특권을 폐지하였다.

④ 탕평책을 시행하였으나 편당적 인사 조치로 환국이 발생하였다.

쏙쏙 해설

정조는 선왕의 뜻을 이어받아 탕평의 조화에 힘썼으며, 침실을 '탕탕평평실'이라 명명하고 사색을 고르게 등용해 당론의 융화에 힘을 쏟았다.

③ 정조는 6의전을 제외한 나머지 시전상인(관상)들의 금난전권을 철폐하여 사상들의 자유로운 상업활동을 허용하였다(1791, 신해통공).

정답 ③

핵심만 콕

① 숙종 때에 금위영이 추가로 설치되어 17세기 말에 5군영 체제가 갖추어졌다.

② 효종 때 오랑캐에 당한 수치를 씻고, 임진왜란 때 도와준 명에 대한 의리를 지켜 청에 복수하자는 북벌 운동이 전개되었다.

④ 숙종은 편당적 인사 정책으로 일관하여 3차례의 환국이 일어나는 빌미를 제공하게 되었고 정국은 불안하게 되었다.

58

정조의 재위 기간에 있었던 일로 옳은 것은?

① 영정법을 처음 실시하였다.

② 중앙 관서의 노비 6만여 명을 해방시켰다.

③ 「속대전」, 「동국문헌비고」 등이 편찬되었다.

④ 초계문신제를 실시하여 개혁 세력을 육성하였다.

쏙쏙 해설

정조는 규장각을 설치하여 검서관에 서얼을 등용시키고, 초계문신제를 실시하여 직접 신진관료를 재교육했으며, 국왕의 친위 부대인 장용영을 설치하여 왕권을 강화하는 한편 「대전통편」(법전) 등을 편찬하였다.

정답 ④

핵심만 콕

① 1635년(인조)

② 1801년(순조)

③ 18세기 영조

59

☑ 확인 Check! ○ △ X

(가), (나)와 관련된 제도에 대해 적절하게 설명한 것은?

> (가) "토지 1결마다 2번에 걸쳐 8두씩 거두어 본청에 수납하고, 본청은 그때의 물가 시세를 보아 쌀로써 공인에게 지급하여 수시로 물건을 납부하게 하소서."라고 하니, 임금(광해군)이 이에 따랐다.
>
> (나) 감면한 것을 계산하면 모두 50여 만 필에 이른다. 돈으로 계산하면 1백여 만 냥이다. 아문과 군대의 비용을 줄인 것이 50여 만 냥이다. 부족한 부분은 어세, 염세, 선세와 선무군관에게 받은 것, 은여결에서 받아들이는 것으로 충당하였는데, 모두 합하면 십 수만 냥이다.

① (가) : 전세를 정액화하였다.

② (가) : 공인의 활동으로 상품 화폐 경제가 한층 발전하였다.

③ (나) : 공납을 전세화한 것이다.

④ (나) : 양반과 노비도 군포를 납부하게 되었다.

쏙쏙 해설

(가) 대동법은 광해군 때 이원익, 한백겸의 주장으로 선혜청을 설치하고 처음으로 경기도에서 시행(1608)되었다가 전국적으로 확대되었다.

(나) 균역법. 군역의 부담이 과중해지자 군역의 폐단을 시정하려는 개혁 방안이 논의되고, 마침내 영조 때 균역법이 시행되었다(1750).

② 대동법 실시 이후 공인이라는 어용상인이 나타나 관청에서 공가를 미리 받아 필요한 물품을 사서 납부하게 되면서 공인이 시장에서 많은 물품을 구매하게 되었다.

정답 ❷

핵심만 콕

① 인조는 영정법을 시행하여 풍년이건 흉년이건 관계없이 전세를 토지 1결당 미곡 4두로 고정시켰다(1635).

③ 대동법은 토지 1결당 미곡 12두를 납부하게 하여 공납을 전세화하였다.

④ 균역법 체제 아래에서는 양반과 노비가 군포를 납부하지 않았다.

60

☑ 확인Check! ○ △ ✕

조선시대 균역법에 대한 설명으로 옳은 것은?

① 농민의 군포 부담을 줄여 주었다.

② 상민에게만 부과하였던 군포를 양반에게도 징수하였다.

③ 숙종 때에 평안도와 함경도를 제외한 전국에서 시행되었다.

④ 공인이 등장하여 왕실과 관청에서 필요한 물품을 납품하였다.

쏙쏙 해설

영조 때 시행된 균역법(1750)에서는 농민은 1년에 군포 1필만 부담하면 되었는데, 균역법의 시행으로 감소된 재정은 지주에게 결작이라고 하여 토지 1결당 미곡 2두를 부담시키고, 일부 상류층에게 선무군관이라는 칭호를 주어 군포 1필을 납부하게 하였으며, 어장세, 선박세 등 잡세 수입으로 보충하게 하였다. 이로 인해 농민의 군포 부담은 줄어들게 되었다.

정답 ❶

핵심만 콕

균역법(영조, 1750)

배 경	• 수포군의 증가 : 군역 대신 군포 징수 • 군포의 폐해 : 군포의 차별 징수, 군포 부과량의 증가, 백골징포 · 황구첨정 · 족징 · 인징
내 용	• 1년에 군포 1필 부담 • 결작 : 지주에게 토지 1결당 미곡 2두 부담 • 선무군관포 : 일부 상류층에게 선무군관이라는 칭호를 주고 군포 1필 부담 • 어장세, 선박세 등 잡세 징수
결 과	• 농민들의 부담 일시적 경감 • 결작의 부담이 농민들에게 돌아가고, 군적 문란이 심해지면서 농민의 부담 가중
의 의	• 표면 : 민생안정 • 내면 : 양반장악 및 왕권강화

61

☑ 확인 Check! ○ △ ✕

(가), (나)에 대한 설명으로 옳지 않은 것은?

> (가) 어른과 아이(父老子弟)와 공사천민(公私賤民)은 모두 이 격문을 들어라. 무릇 관서는 기자와 단군 시조의 옛터로, 훌륭한 인물이 넘친다. … (중략) … 그러나 조정에서 서토(西土)를 버림이 분토(糞土)나 다름없이 한다.
>
> (나) 금번 난민이 소동을 일으킨 것은 오로지 전 우병사 백낙신이 탐욕을 부려서 수탈하였기 때문입니다. 병영에서 포탈한 환곡과 전세 6만 냥을 집집마다 배정하여 억지로 받으려 하였습니다.

① (가)-서북민의 차별대우가 원인이 되어 봉기하였다.
② (나)-노비 문서의 소각과 탐관오리의 엄징을 요구하였다.
③ (가)-세도 정권과 삼정의 문란에 대한 불만을 표출하였다.
④ (나)-조정은 삼정이정청을 설치하여 세제 개혁을 약속하였다.

62

☑ 확인 Check! ○ △ ✕

다음 자료에 나타난 시기의 경제 상황으로 옳지 않은 것은?

> 이현(梨峴)과 칠패(七牌)는 모두 난전(亂廛)이다. 도고 행위는 물론 집방(執房)하여 매매하는 것이 어물전의 10배에 이르렀다. 또 이들은 누원점의 도고 최경윤, 이성노, 엄차기 등과 체결하여 동서 어물이 서울로 들어오는 것을 모두 사들여 쌓아두었다가 이현과 칠패에 보내서 난매(亂賣)하였다.
>
> — 『각전기사』 —

① 강경, 원산 등이 상업 중심지로 성장하였다.
② 선상은 선박을 이용해서 각 지방의 물품을 거래하였다.
③ 객주나 여각은 상품의 매매를 중개하고, 숙박, 금융 등의 영업도 하였다.
④ 상업활동이 활발해지면서 삼한통보 등의 동전을 만들어 유통하였다.

63

다음과 같이 ㉠이 상업의 중심지로 성장하던 시기의 사실로 옳지 않은 것은?

> 충청도 은진의 ㉠ 강경포는 충청도와 전라도의 육지와 바다 사이에 위치하면서 금강 이남 평야 중에서 가장 큰 도회(都會)여서 바닷가 사람과 산골 사람이 모두 여기에서 물건을 교역한다.
>
> — 「택리지」 —

① 대동법이 처음 실시되었다.
② 포구에서는 선상, 객주, 여각 등이 활발한 상업 활동을 벌였다.
③ 경강상인이 한강을 무대로 운송업에 종사하면서 거상으로 성장하였다.
④ 의주의 만상과 동래의 내상 등이 각각 청과 일본의 중개무역을 전개하기도 하였다.

쏙쏙 해설

「택리지」는 조선 후기인 18세기 무렵 이중환이 편찬한 인문지리서이다. 이 시기에는 강경포, 원산포 등의 포구가 새로운 상업 중심지로 성장하였다.
① 대동법이 처음으로 실시된 시기는 17세기 초(1608년) 광해군 때이다.

정답 ①

핵심만 콕

② 조선 후기에는 전국의 각 포구마다 선상, 객주, 여각 등이 활발한 상업 활동을 펴면서 운송업, 숙박업, 금융업, 물품 보관업 등에 종사하였다.
③ 선상 또는 강상으로 불린 경강상인은 운송업에 종사하면서 거상으로 성장하였으며, 한강과 서남해안을 오가며 미곡, 소금, 어물 등을 주로 취급하고, 일부는 조선업에 종사하였다.
④ 의주에서는 만상이 성장하여 대중국 무역을 주도하였고, 부산 동래에서는 내상이 성장하여 대일본 무역을 주도하였다.

64

다음과 같은 문화가 보편화된 당시의 사회 현상으로 옳은 것을 보기에서 고른 것은?

☑확인Check! ○ △ ✕

쏙쏙 해설

종족의 내력과 관계를 나타낸 것으로 양반들이 성리학적 도덕 윤리를 강조하면서 신분질서의 확립을 위해 성립한 학문이 발달하여 족보를 편찬하였는데, 양반들은 족보편찬을 통해 성리학적 신분질서를 유지하고자 하였다. 족보는 가족의 내력을 기록하고 암기하여 친족의 공동체 유대를 가능하게 하였고 신분적 우위를 확보하기 위한 양반들의 노력이었다.

〈보기〉
ㄱ. 보학의 발달로 부계 위주의 사회로 변화하였다.
ㄴ. 아들이 없으면 양자를 들이는 것이 관행이었다.
ㄷ. 재가한 여성의 자녀는 사회적 진출에 차별을 받지 않았다.
ㄹ. 사위가 처가의 호적에 입적하여 처가에서 생활하는 경우가 적지 않았다.

① ㄱ, ㄴ
② ㄱ, ㄷ
③ ㄴ, ㄷ
④ ㄴ, ㄹ

자료에서 설명하는 것은 보학의 발전이다. 보학의 발전으로 조선은 점차 가부장적 사회로 변화하였다. 이로 인해 친영 제도가 정착되었고, 재산 상속에서도 큰 아들이 우대를 받았다. 아들이 없는 집안에서는 양자를 들이는 것이 일반화되었으며 부계 위주의 족보를 적극적으로 편찬하였고, 같은 성을 가진 사람끼리 모여 사는 동성 마을을 이루어 나갔다.
ㄷ. 조선 후기에는 여성의 재가를 금지하였으며, 재가한 여성의 자녀를 차별하였다.
ㄹ. 가부장적 가족제도가 정착되기 이전인 조선 중기까지의 상황을 설명하고 있다.

정답 ❶

65

다음과 같이 주장한 실학자에 대한 설명으로 옳은 것은?

☑확인Check! ○ △ ✕

쏙쏙 해설

여(閭)에는 여장(閭長)을 두고, 1여의 농토는 여에 사는 사람들이 다 함께 농사를 짓게 하되, 내 땅 네 땅의 구별이 없이, 오직 여장의 명령만을 따르도록 한다. 일할 때마다 여장은 그 일수를 장부에 기록하여 둔다. 추수 때에는 곡물을 모두 여장의 집에 운반하여 그 양곡을 나눈다. 이때 먼저 나라에 바치는 세금을 제하고, 그다음은 여장의 녹(봉급)을 제하고, 그 나머지를 가지고 장부에 의거하여 일한 양에 따라 여민에게 분배한다.

① 균전제를 주장하였다.
② 우리나라 최초로 지전설을 제시하였다.
③ 사법제도 운영에 관한 「흠흠신서」를 저술하였다.
④ 「북학의」에서 소비가 생산을 촉진한다고 주장하였다.

③ 조선 후기 실학자 정약용은 형사법과 관련한 형옥의 관리들에 대한 법률 지침서인 「흠흠신서」를 저술하였다.
① 균전론을 주장한 사람은 유형원과 홍대용이다.
② 김석문은 「역학도해」(1697)를 통해 우리나라 최초로 지전설을 주장하여 우주관을 크게 전환시켰다.
④ 박제가는 청에 다녀온 후 「북학의」를 저술하여 청의 문물을 적극적으로 수용할 것을 주장하였다. 또한 생산과 소비의 관계를 우물물에 비유하며 생산 촉진을 위해 소비를 권장하였다.

정답 ❸

정약용의 저서
- 「흠흠신서」 : 형사법과 관련한 형옥의 관리들에 대한 법률 지침서
- 「목민심서」 : 지방관(목민)의 정치적 도리를 저술
- 「경세유표」 : 중앙 정치제도의 폐단을 지적하고 개혁의 내용을 저술
- 「기예론」 : 인간이 동물과 다른 것은 기술임을 말하며, 과학기술의 혁신과 교육을 실생활에 활용해야 한다는 내용을 저술, 이로 인해 거중기와 배다리를 창안하기도 함
- 「마과회통」 : 홍역에 대한 연구를 담은 의서로 종두법을 연구하였고, 천연두 치료법도 수록함
- 「탕론」 : 민본적 왕도정치 사상을 주장

66

☑ 확인 Check! ○ △ ✕

다음과 같이 주장한 실학자의 저술로 옳은 것은?

> 무엇을 여전(閭田)이라 하는가, 산골짜기와 하천의 형세를 가지고 경계를 그어 만들고는 그 경계의 안을 '여(閭)'라 이름하고 … (중략) … 여에는 여장(閭長)을 두고, 무릇 여의 전지(田地)는 여의 사람들로 하여금 다 함께 그 전지의 일을 다스리되, 피차의 경계가 없이 하고 오직 여장의 명령만을 따르도록 한다.

① 경세유표
② 반계수록
③ 동사강목
④ 의산문답

중상학파 정약용의 여전론에 관한 주장이다. 따라서 정약용의 저서인 「경세유표」가 정답이다.

정답 ❶

② 중농학파 유형원이 통치제도에 관한 개혁안을 저술한 책이다.
③ 조선 후기에 안정복이 고조선부터 고려 말까지 다룬 역사책이다.
④ 중상학파 홍대용이 저술한 자연관 및 과학사상서이다.

67

☑ 확인 Check! ○ △ ✕

밑줄 친 '그'가 저술한 해외 견문록은?

> 그는 청에 다녀와 수레와 선박, 화폐 유통의 필요성을 강조하였으며, 기술개발을 통한 영농방법의 혁신, 상업적 농업 등을 통해 농업 생산력을 높이자고 하였다. 그리고 토지 소유의 상한선을 설정하는 한전론을 주장하였다.

① 이경직의 「부상록」
② 박지원의 「열하일기」
③ 박제가의 「북학의」
④ 이수광의 「지봉유설」

핵심만 콕

주요 실학자

구분		저서		특징
중농학파	유형원	반계수록	균전론	병농일치의 군사조직과 사농일치의 교육제도 확립 주장
	이익	성호사설, 곽우록 등	한전론 (하한선 제한)	6좀론 제시(노비, 과거제, 문벌, 기교, 승려, 게으름), 폐전론, 환곡 대신 사창제 실시 주장
	정약용	목민심서, 경세유표, 흠흠신서	여전론	수원 화성 설계와 거중기의 사용, 한강 주교의 설계, 마과회통 (종두법) 편찬
중상학파	유수원	우서		합자를 통한 경영 규모의 확대, 상인이 생산자를 고용, 사농공상의 직업적 평등과 전문화 강조, 농업의 전문화·상업화, 자본 축적
	홍대용	의산문답, 임하경륜 (담헌서에 수록)		균전제 주장, 기술 문화 혁신과 신분 제도의 철폐, 성리학의 극복이 부국강병의 근본
	박지원	열하일기, 과농소초, 한민명전의, 호질, 양반전, 허생전 등		한전론(상한선 제한) 인정, 영농방법 혁신, 상업적 농업 장려, 농기구 개량, 관개시설 확충 등 기술적 측면 중시, 수레와 선박의 이용, 화폐의 유통, 문벌 제도 비판
	박제가	북학의		청과의 통상 강화, 수레와 선박의 이용 강조, 절약보다 소비 강조

68

☑ 확인Check! ○ △ ✕

조선 후기 천주교와 관련된 설명으로 옳지 않은 것은?

① 기해사옥 때 흑산도로 유배를 간 정약전은 자산어보를 저술하였다.

② 안정복은 성리학의 입장에서 천주교를 비판하는 천학문답을 저술하였다.

③ 1791년 윤지충은 어머니 상을 화장장으로 지내 처형을 당하였다.

④ 황사영은 신앙의 자유를 보장받게 해달라는 서신을 북경 주교에게 보내려다 발각되었다.

쏙쏙 해설

신유박해(1801)는 순조가 즉위하고 집권한 노론 벽파 세력이 남인 시파를 탄압하기 위하여 천주교 신자를 박해한 사건으로 당시 남인 세력이었던 이승훈, 정약종 등은 사형을 당하고, 정약용, 정약전 등은 유배를 당하였다. 정약전은 기해사옥이 아닌 신유박해 때 유배를 당하였으며, 그 지역의 어류를 조사한 자산어보를 저술하였다. 기해박해(1839)가 아닌 신유박해가 맞다.

정답 ❶

핵심만 콕

② 안정복은 천주교를 비판하는 천학문답을 저술하였는데(1785, 정조), 문답형식으로 천주학이 사학임을 주장하는 척사론(斥邪論)을 전개하였다.

③ 진산에서 천주교 신자인 윤지충이 모친의 장례를 화장장으로 치른 일로 정부에서 이들을 사형에 처한 사건이다(1791, 진산사건).

④ 황사영은 군대를 동원하여 조선에서 천주교 신앙의 자유를 보장받게 해달라는 서신을 북경에 있는 주교에게 보내려다 발각되었다(1801).

69

☑ 확인Check! ○ △ ✕

다음 내용과 관련된 종교에 대한 설명으로 옳은 것만을 〈보기〉에서 모두 고른 것은?

- 최제우
- 동경대전

〈보기〉

ㄱ. 제3대 교주인 손병희가 천도교로 개칭하였다.

ㄴ. 위정척사파의 적극적 지지를 받았다.

ㄷ. 삼남 지방의 농민을 중심으로 교세가 확장되었다.

ㄹ. 최시형이 교리를 정리하고 교단 조직을 정비하였다.

① ㄱ, ㄴ
② ㄷ, ㄹ
③ ㄱ, ㄴ, ㄷ
④ ㄱ, ㄷ, ㄹ

쏙쏙 해설

동경대전과 용담유사는 동학의 교리를 정리한 책들로 동학은 경주 지방의 몰락 양반 최제우가 1860년 창시하였고 농민을 중심으로 교세를 확장하였으며 2대 교주인 최시형이 교리를 정리하고 교단 조직을 정비하였다. 또한, 민족 종교인 동학은 제3대 교주인 손병희 때 천도교로 개칭하여 근대 종교로 발전하였다.

ㄴ. 인내천 사상은 평등사상이므로 위정척사파의 탄압 대상이 될 수밖에 없었다.

정답 ❹

70

조선 시대 미술에 대하여 어느 학생이 작성한 보고서 일부이다. 첨부할 자료로 가장 적절한 것은?

☑ 확인Check! ○ △ ✕

조선 후기 사회의 모습을 사실적이고 때로는 풍자적으로 보여주는 이 양식의 그림은 양반 이외에도 중인, 서얼, 서리 등 다양한 출신의 애호가에게 사랑을 받았다. 서울 광통교 아래에서 그림을 팔았는데, 도화서 일급 화원들이 그린 이러한 양식의 작품들이 가장 많았다고 한다.

①
②
③
④

71

다음에 나타난 시기의 정치 상황으로 옳은 것은?

> 임술년 2월, 진주민 수만 명이 머리에 흰 수건을 두르고 손에는 몽둥이를 들고 무리를 지어 진주 읍내에 모여 … (중략) … 백성들의 재물을 횡령한 조목, 아전들이 세금을 포탈하고 강제로 징수한 일들을 면전에서 여러 번 문책하는데, 그 능멸하고 핍박함이 조금도 거리낌이 없었다.

① 소수의 유력한 가문이 비변사를 장악하였다.
② 붕당정치의 변질로 환국이 자주 일어났다.
③ 청에 대한 적개심으로 북벌 운동이 추진되었다.
④ 이인좌의 난을 계기로 노론이 정권을 장악하였다.

쏙쏙 해설

① 자료는 세도정치기에 있었던 진주 농민봉기를 나타낸 것이다(1862). 세도정치 시기 삼정의 문란이 극에 달했다. 진주에서는 경상 우병사 백낙신의 수탈에 견디다 못한 농민들이 봉기하였다. 임술농민봉기는 진주를 중심으로 확산되었는데, 농민들은 탐관오리와 토호의 탐학에 저항하여 한때 진주성을 점령하기도 하였다. 이를 계기로 농민의 항거는 북쪽의 함흥으로부터 남쪽의 제주에 이르기까지 전국적으로 퍼졌다.
② 숙종 ③ 효종 ④ 영조

정답 ❶

72

다음 화폐의 변천에 대한 설명으로 옳지 않은 것은?

① 변한에서는 철을 화폐처럼 사용하기도 하였다.
② 고려 숙종 대에 해동통보 등의 동전이 만들어졌다.
③ 조선후기에 상평통보가 전국적으로 유통되었다.
④ 흥선대원군이 경복궁 중건을 위해 당오전을 발행하였다.

쏙쏙 해설

흥선대원군은 경복궁 중건을 위해 당백전을 발행하였다. 당오전은 묄렌도르프의 주도로 만들어 사용되었다.

정답 ❹

핵심만 콕

① 철의 생산이 풍부했던 변한에서는 철을 화폐처럼 사용하였다.
② 해동통보는 고려 시대 금속화폐(동전)의 일종으로 화폐 유통에 적극적인 경제정책이 추진되던 고려 숙종 7년에 주조되었다. 이외에도 고려의 금속화폐로는 건원중보, 동국통보, 동국중보, 해동중보, 삼한중보, 삼한통보 등이 있다.
③ 상평통보는 동전 혹은 엽전으로 불린 조선 시대 유일한 법화이다. 숙종 4년부터 조선 말기까지 사용된 전근대적 화폐이다.

73

유네스코 세계기록 유산으로 등재된 조선시대 기록물과 그에 대한 설명으로 옳은 것은?

① 「어책」 – 왕실의 혼인이나 국장 등 국가의 여러 행사를 글과 그림으로 기록한 것이다.

② 「일성록」 – 정조가 세손 때부터 매일매일의 생활을 반성한다는 뜻에서 쓰기 시작한 일기이다.

③ 「동의보감」 – 사람의 체질을 태양·태음·소양·소음으로 나눈 사상의학 서적이다.

④ 「승정원일기」 – 전왕(前王)의 통치 기록인 「사초」, 「시정기」, 「조보」 등을 모아 편찬하였다.

쏙쏙 해설

① 어책은 세자와 세자빈의 책봉, 비와 빈의 직위 하사 때 내린 교서이다.
③ 이제마의 「동의수세보원」에 관한 설명이다.
④ 「조선왕조실록」에 관한 설명이다.

정답 ❷

핵심만 콕

우리나라 유네스코 세계기록유산

훈민정음(해례본), 조선왕실 어보와 어책, KBS 특별 생방송 '이산가족을 찾습니다' 기록물, 국채보상운동 기록물, 난중일기, 조선통신사에 관한 기록, 한국의 유교책판, 동의보감, 5·18 광주민주화운동 기록물, 불조직지심체요절 하권, 승정원일기, 조선왕조실록, 일성록, 고려대장경판 및 제경판, 조선왕조 의궤, 새마을운동 기록물

01

☑ 확인 Check! ○ △ ✕

다음 설명의 밑줄 친 '그'가 집권하여 개혁을 펼치던 시기에 발생한 역사적 사실을 모두 고른 것은?

> 그는 "백성을 해치는 자는 공자가 다시 살아난다 해도 내가 용서하지 않을 것이다."는 단호한 결의로 47개소만 남기고 대부분의 서원을 철폐하였다.

〈보기〉
㉠ 갑신정변
㉡ 신미양요
㉢ 임술농민봉기
㉣ 제너럴셔먼호 사건
㉤ 오페르트 도굴 사건

① ㉠, ㉡, ㉤
② ㉠, ㉢, ㉣
③ ㉡, ㉣, ㉤
④ ㉢, ㉣, ㉤

쏙쏙 해설

자료는 흥선대원군의 서원 철폐의 내용이다. 흥선대원군의 집권 시기는 1863년부터 1873년까지이다.
㉡ 신미양요(1871)
㉣ 제너럴셔먼호 사건(1866)
㉤ 오페르트 도굴 사건(1868)
㉠ 갑신정변(1884)
㉢ 임술농민봉기(1862)

정답 ❸

02

☑ 확인 Check! ○ △ ✕

밑줄 친 '이곳'에서 있었던 사실로 옳은 것은?

> 프랑스 극동함대의 로즈 제독은 7척의 군함을 이끌고 1866년 10월 이곳에 상륙하여 온갖 만행을 저질렀다. 프랑스군은 이후 철군하면서 이곳에 있는 외규장각 의궤, 보물 등을 약탈하였다.

① 이성계가 회군하여 개경으로 진격하였다.
② 김종서가 여진을 몰아내고 6진을 개척하였다.
③ 삼별초가 배중손의 지휘 아래 반기를 들었다.
④ 묘청이 풍수지리설을 내세워 천도를 추진하였다.

쏙쏙 해설

밑줄 친 이곳은 '강화도'이다. 프랑스가 1866년 병인양요 때 강화도에서 외규장각 의궤를 약탈하였다.

정답 ❸

03

☑ 확인 Check! ○ △ ✕

다음의 역사적 사실들을 순서대로 바르게 나열한 것은?

> ㄱ. 일본 군함 운요호가 강화도 초지진을 공격하였고, 일본군은 관아와 민가를 노략질하였다.
> ㄴ. 미국의 군함이 초지진을 함락하고 광성보를 공격하자 어재연 이 이끄는 부대는 격렬하게 항전하였다.
> ㄷ. 제너럴셔먼호가 대동강에 나타나 통상을 요구하며 난동을 부리자 평양 군민들이 이를 공격하여 침몰시켰다.
> ㄹ. 조선에 통상을 요구하였다가 거절당한 독일 상인 오페르트는 흥선 대원군의 부친 남연군의 묘를 도굴하려고 하였다.

① ㄱ → ㄷ → ㄹ → ㄴ
② ㄴ → ㄷ → ㄹ → ㄱ
③ ㄷ → ㄹ → ㄴ → ㄱ
④ ㄹ → ㄴ → ㄱ → ㄷ

쏙쏙 해설

ㄷ. 제너럴셔먼호 사건(1866, 미국)
ㄹ. 오페르트 도굴 사건(1868, 독일)
ㄴ. 신미양요(1871)
ㄱ. 운요호 사건(1875)

정답 ❸

04

☑ 확인 Check! ○ △ ✕

다음은 일본과 체결한 조약의 일부이다. 이 조약의 특징을 바르게 이해한 것을 〈보기〉에서 모두 고른 것은?

제1조	조선국은 자주의 나라이며, 일본국과 평등한 권리를 가진다.
제4조	조선국은 부산 외에 두 곳의 항구를 개항하고 일본인이 와서 통상을 하도록 한다.
제7조	조선국은 일본국 항해자가 자유로이 해안을 측량함을 허가한다.
제10조	일본국 인민이 조선국 지정 각 항구에 머무르는 동안에 죄를 범한 것이 조선국 인민에게 관계되는 사건일 때에는 모두 일본국 관리가 심판한다.

〈보기〉
ㄱ. 치외법권 인정
ㄴ. 최혜국 대우 인정
ㄷ. 청의 종주권 부인
ㄹ. 근대적 평등 조약

① ㄱ, ㄴ
② ㄱ, ㄷ
③ ㄴ, ㄷ
④ ㄷ, ㄹ

쏙쏙 해설

1876년 조일수호조규(강화도조약)의 내용 1조에서 일본은 조선이 자주국임을 명시함으로써 조선과 청의 전통적 관계를 부인하였다. 이는 조선을 침략할 때 청의 개입을 방지하려는 의도를 보여주는 것이다(ㄷ). 10조는 치외법권으로 개항장에 거주하는 일본인의 불법 행위에 대해 조선 정부의 사법권을 배제하려는 의도가 담겨 있다(ㄱ). 이를 통해 볼 때 강화도조약은 불평등 조약임을 알 수 있다(ㄹ). 최혜국 대우는 조미수호통상조약에서 최초로 인정하게 된다(ㄴ).

정답 ❷

05

☑ 확인Check! ○ △ ✕

개항기의 경제 상황으로 옳지 않은 것은?

① 임오군란 이후 청국 상인의 진출이 활발해졌다.

② 지방관은 방곡령을 내려 곡물의 외부 유출을 막고자 하였다.

③ 외국 상인의 침투에 맞서서 객주나 상인들이 상회사를 설립하였다.

④ 조·청상민수륙무역장정으로 외국 상인의 내륙 통상이 어려워졌다.

06

☑ 확인Check! ○ △ ✕

개항기 각국과 체결한 조약에 대한 설명으로 옳지 않은 것은?

① 조·일무역규칙으로 양곡의 무제한 유출이 가능해졌다.

② 강화도조약에서 부산 외 두 항구의 개항이 허용되었다.

③ 조·러수호통상조약은 청의 적극적인 알선으로 체결되었다.

④ 조·미수호통상조약에는 최혜국 대우의 규정이 포함되었다.

핵심만 콕

각국과의 수교 비교

조 약		의 의	내 용
강화도조약	1876, 일본	최초의 근대 조약, 불평등 조약	청의 종주권 부인, 치외법권
조미통상조약	1882, 미국	서양과 맺은 최초 조약	치외법권, 최혜국 대우, 청의 알선
조청상민수륙무역장정	1882, 청	청상인의 통상 특권	치외법권, 최혜국 대우
조영통상조약	1883, 영국	서양 최초의 통상 요구	최혜국 대우, 청의 알선
조러통상조약	1884, 러시아	청의 반대로 지연, 조선이 직접 수교	최혜국 대우
조프통상조약	1886, 프랑스	천주교 문제로 지연	천주교 신앙의 자유, 선교의 자유 허용

07

☑ 확인Check! ○ △ ✕

다음 사건으로 맺은 조약에 대한 설명으로 옳은 것은?

> 1875년 강화도에 일본 군함이 불법으로 침입하여 조선군과 일본군이 포격전을 벌였다. 이에 일본은 포격전의 책임을 조선 측에 씌워 전권대사를 파견하고 무력으로 개항을 강요하였다.

① 일본의 자유로운 연해 측정을 허용하였다.
② 청은 랴오둥반도와 타이완 등을 일본에 할양하였다.
③ 청과 일본은 조선에 대한 파병권을 동등하게 가졌다.
④ 공사관 경비를 구실로 일본 군대가 주둔하게 되었다.

쏙쏙 해설

일본은 조선에서 대원군이 물러나고 국왕의 친정 체제가 수립되자 일본의 군함 운요호를 조선 연해에 파견하였고, 강화도의 초지진 포대는 운요호에 경고 사격을 하였다(1875, 운요호사건). 이것을 빌미로 일본은 조선에 개항을 요구하였고, 결국 조선은 포함의 위협 하에 일본과 강화도조약을 맺어 문호를 개방하게 되었다(1876, 포함외교).

정답 ❶

핵심만 콕

② 시모노세키조약(1895)
③ 톈진조약(1885)
④ 제물포조약(1882)

08

☑ 확인 Check! ○ △ ✕

다음에서 설명하는 인물들의 공통적인 주장으로 가장 적절한 것은?

- 박지원의 손자로서 젊은 양반 자제들을 대상으로 실학적 학풍을 전하고 중국에서의 견문과 국제 정세를 가르쳤다.
- 의원(醫員) 출신으로 정계의 막후에서 젊은 양반 자제들에게 영향력을 행사하여 '백의정승'으로 불리었다.
- 역관으로 중국을 왕래하면서 신학문에 눈을 떠 해국도지, 영환지략 등의 서적을 들여왔다.

① 혼란한 사회, 신분 질서부터 바로 잡자.
② 민중 대회를 개최하여 참정권을 획득하자.
③ 화폐 개혁을 단행하여 일본 상인에 대항하자.
④ 문호를 개방하여 서양의 문물제도를 받아들이자.

쏙쏙 해설

지문은 순서대로 개화사상의 선각자인 박규수, 오경석의 친구로 개화사상의 영향을 받은 의원 출신 유홍기, 역관으로 개화사상을 전파한 오경석을 설명한 것이다. 이들은 초기 개화 사상가들로서 자주적으로 문호를 개방하여 서양의 문물과 제도를 받아들이자고 주장하였다.

정답 ❹

핵심만 콕

① 위정척사사상
② 독립협회
③ 화폐정리사업은 일본이 조선을 경제적으로 예속시키기 위하여 1905년에 시행하였다.

09

☑ 확인 Check! ○ △ ✕

다음 중 보빙사에 대한 탐구 활동으로 적절한 것을 모두 고른 것은?

ㄱ. '조선책략'의 유포 경로를 찾아본다.
ㄴ. 유길준이 서유견문을 집필한 과정을 알아본다.
ㄷ. 최혜국 대우 조항이 처음으로 나타난 조약을 조사한다.
ㄹ. '기기창'이 만들어진 과정을 알아본다.

① ㄱ, ㄴ
② ㄱ, ㄷ
③ ㄴ, ㄷ
④ ㄷ, ㄹ

쏙쏙 해설

1882년 조선은 최초로 최혜국 대우 조항이 들어간 조미수호통상조약 체결 이후 미국에 보빙사를 파견(1883)하였고 보빙사의 일원이었던 유길준은 미국과 유럽을 순방하고 서유견문을 집필하였다.
ㄱ. 1880년 2차 수신사 김홍집에 의해 조선책략이 국내로 유포하였다.
ㄹ. 1881년 조선은 김윤식을 청에 영선사로 파견하였다.

정답 ❸

10

☑ 확인 Check! ○ △ ✕

개항기 외국에 파견된 사절단에 대한 설명으로 옳지 않은 것은?

① 강화도조약 체결을 계기로 일본에 수신사가 파견되었다.

② 수신사 일원이었던 김홍집은 「조선책략」을 가져와 유포하였다.

③ 조·미수호통상조약의 체결에 따라 조사 시찰단이 파견되었다.

④ 영선사가 파견되어 청국에서 무기 제조 기술과 군사 훈련법을 습득하였다.

핵심만 콕

① 강화도 조약 체결로 김기수를 단장으로 제1차 수신사(1876)를 파견하였다.

② 제2차 수신사(1880)로 일본에 파견되었던 김홍집은 「조선책략」을 가져와 국내에 유포시켰다.

④ 1881년 청에 파견된 영선사는 중국 톈진의 근대 무기 제조국을 견학하고, 무기 제조 기술과 군사 훈련법을 습득하여 귀국하였다. 이들은 서양 무기 제조 기술자와 함께 귀국하여 서울에 기기창을 설치하였다.

11

☑ 확인 Check! ○ △ ✕

다음 자료의 (가)조약에 대한 설명으로 옳은 것은?

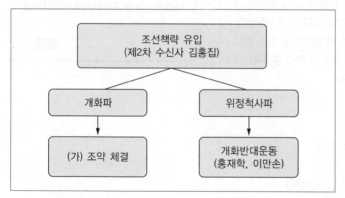

① 임오군란의 영향으로 체결되었다.

② 영사 재판에 의한 치외법권을 허용하였다.

③ 천주교 포교 문제로 조약 체결이 지체되었다.

④ 개항장 객주와 보부상이 성장하는 계기가 되었다.

12

☑ 확인Check! ○ △ ✕

1876년에 체결된 강화도조약과 그 부속 조규의 내용으로 옳지 않은 것은?

① 일본 상품에 무관세를 적용할 것
② 일본의 최혜국 대우를 인정할 것
③ 부산 외에 2개 항구를 일본에 개항할 것
④ 개항장에서 일본 화폐의 유통을 허용할 것

핵심만 콕

①·③·④ 강화도조약은 우리나라 최초의 근대적 조약으로 부산(1876), 원산(1880), 인천(1883)이 개항되었고, 치외법권과 해안 측량권 등을 규정한 불평등조약이었다. 강화도조약의 부속 조약인 조일무역규칙은 일본의 수출입 상품에 대한 무관세를 규정하였다.

13

☑ 확인Check! ○ △ ✕

밑줄 그은 '이 나라'와 관련 있는 내용만을 〈보기〉에서 있는 대로 고른 것은?

이 나라 사람 부들러는 당시 조선이 청나라의 후정(後庭)과 같은 위치에 있고, 러시아와 일본과는 국경이 인접해 있기 때문에 그 형세가 어쩔 수 없이 분쟁을 일으키게 되어 있다고 주장하였다. 따라서 그것을 미연에 방지하기 위해서는 서양의 예에 따라 청나라, 러시아, 일본이 상호 조약을 체결하여 조선을 영세 중립국으로 하여 영구히 보호해야 한다고 주장하였다.

〈보기〉
ㄱ. 갑신정변 직후 거문도를 불법 점령하였다.
ㄴ. 러시아, 프랑스와 함께 삼국간섭을 하였다.
ㄷ. 오페르트는 남연군 묘를 도굴하려다 실패하였다.
ㄹ. 청의 알선으로 조선과 최혜국 대우가 들어간 최초의 조약을 맺었다.

① ㄱ, ㄴ
② ㄱ, ㄷ
③ ㄴ, ㄹ
④ ㄴ, ㄷ

14

☑ 확인 Check! ○ △ ✕

다음 사료와 관련된 탐구 활동으로 적절하지 않은 것은?

> 어떤 벽촌이라 하더라도 장날에 청나라 상인이 들어온다. 공주,
> 강경, 예산 등 시장의 어디에서나 20~30인이 와서 장사를 한다.
> … (중략) … 공주, 강경 같은 곳은 청나라 상인이 자기 상점을
> 갖고 장사를 하고 있으며, 전주 같은 곳은 30명 정도 들어와 있다.
>
> – 『통상휘찬』 –

① 보안회가 결성된 배경을 조사한다.
② 임오군란이 끼친 영향을 조사한다.
③ 위안스카이가 조선에서 한 일을 알아본다.
④ 조청상민수륙무역장정의 내용을 알아본다.

15

☑ 확인 Check! ○ △ ✕

밑줄 친 '이 사건'의 결과로 옳은 것은?

> 선혜청 당상관 민겸호의 하인이 선혜청 창고지기가 되어 급료를
> 지급하는 일을 했다. 그는 쌀을 빼돌리고, 빈 껍질과 모래를 뒤섞
> 어 넣은 것을 지급하였다. 분노한 구식 군인들은 마침내 폭동을
> 일으켰고 이 과정에서 하층민들까지 합세하였다. 이 사건으로 왕
> 후가 피신하는 일까지 벌어졌다.

① 통리기무아문이 설치되었다.
② 일본과 제물포조약을 체결하였다.
③ 이항로를 중심으로 척화주전론이 일어났다.
④ 일본은 묄렌도르프를 내정 고문으로 파견하였다.

핵심만 콕

임오군란의 결과

일 본	• 제물포조약 : 일본 정부에 배상금 지불, 일본 공사관의 경비병 주둔을 인정 • 조일수호조규 속약 : 일본인에 대한 거류지 제한이 50리로 확대
청	• 내정간섭의 심화 : 위안스카이가 지휘하는 군대 상주, 마젠창(내정)과 묄렌도르프(외교) 고문 파견 • 조청상민수륙무역장정 : 청나라 상인의 통상 특권을 허용

16

동학농민운동에 관한 설명으로 옳지 않은 것은?　☑ 확인Check! ○ △ ✕

① 전주화약 이후 조선 정부는 청·일 군대의 철수를 요청하였다.

② 조선 정부는 농민들의 요구에 대응하여 삼정이정청을 설치하였다.

③ 청일전쟁 발발 직후에도 전라도 지역을 중심으로 집강소가 운영되었다.

④ 일본군이 경복궁을 점령한 후 전라도와 충청도 지역의 농민군이 연합하였다.

17

민족 교육기관에 대한 설명으로 옳지 않은 것은?　☑ 확인Check! ○ △ ✕

① 안창호는 평양에 대성학교를 설립하였다.

② 삼원보의 신흥무관학교에서는 독립군을 양성하였다.

③ 한국인 마을이 형성된 간도에 서전서숙이 설립되었다.

④ 정부가 설립한 육영공원은 동문학의 설립으로 폐지되었다.

핵심만 콕

근대교육기관
- 개항 이후 정부와 개화파는 인재 양성의 필요성을 느껴 근대교육을 추진하였다.
- 1880년대부터 우리나라의 근대 교육은 개화 운동의 일환으로 시작되었다.

원산학사(1883)	우리나라 최초의 근대적 사립학교
동문학(1883)	정부에서 지원하여 묄렌도르프가 설립한 외국어 교육기관
육영공원(1886)	정부가 세운 최초의 관립 학교로 상류층 자제 교육

18

☑ 확인 Check! ○ △ ✕

1894년에 있었던 역사적 사실로 가장 적절한 것은?

① 일본이 전쟁을 도발하려 하자 대한제국은 국외중립을 선언하였다.
② 급진 개화파가 문벌 폐지와 청에 대한 사대관계 청산을 촉구하였다.
③ 고종이 칭제건원의 요청을 수용하고 구본신참의 개혁과제를 공포하였다.
④ 일본이 공사관 보호 명분으로 서울에 침입하고 서해 지역에서 청을 공격하였다.

핵심만 콕

① 대한제국은 러시아와 일본의 전쟁에 휘말리지 않기 위하여 국외중립선언을 하였다(1904.1.).
② 갑신정변의 주도 세력이었던 급진 개화파는 문벌 폐지와 청에 대한 사대관계 청산을 주장하였다(1884).
③ 고종은 러시아 공사관에서 환궁한 뒤 대한제국을 선포(1897)하고 구본신참의 개혁을 추진하였다.

19

☑ 확인 Check! ○ △ ✕

다음 중 군국기무처에서 추진한 개혁내용으로 옳은 것은?

① 은본위 화폐 제도를 실시하였다.
② 의정부와 삼군부의 기능을 회복하였다.
③ 양전 사업을 실시하여 지계를 발급하였다.
④ 태양력을 사용하고 단발령을 반포하였다.

핵심만 콕

② 흥선대원군은 비변사를 폐지하고 의정부와 삼군부의 기능을 부활시켰다(1865).
③ 대한제국은 광무개혁의 일환으로 지계아문(1901)을 통해 양전 사업을 실시하여 최초의 토지 소유권 증명서인 지계(地契)를 발급하였다.
④ 1895년 을미개혁 때 기존의 개국 연호를 폐지하고, 건양이라는 연호를 사용하였으며, 단발령을 반포하였고, 태양력을 사용하였다.

20

☑ 확인 Check! ○ △ ✕

1894년에 일어난 다음 사건들을 시기 순으로 나열한 것으로 옳은 것은?

> ㄱ. 우금치 전투
> ㄴ. 전주화약 체결
> ㄷ. 청일전쟁 발발
> ㄹ. 홍범 14조 반포

① ㄱ - ㄴ - ㄷ - ㄹ
② ㄴ - ㄷ - ㄱ - ㄹ
③ ㄷ - ㄹ - ㄱ - ㄴ
④ ㄹ - ㄱ - ㄴ - ㄷ

쏙쏙 해설

ㄴ. 전주화약 체결(1894.5.)
ㄷ. 청일전쟁 발발(1894.6.)
ㄱ. 우금치 전투(1894.11.)
ㄹ. 홍범 14조 반포(1895.1.)

정답 ❷

21

☑ 확인 Check! ○ △ ✕

다음 중 을미개혁의 내용으로 옳은 것은?

① 지계 발급
② 태양력 채용
③ 헌의 6조 채택
④ '광무'라는 연호 제정

쏙쏙 해설

① 지계 발급은 광무개혁 때 경제 개혁의 일환으로 실시하였다.
③ 헌의 6조는 독립협회가 관민공동회에서 결의한 6가지 개혁사항이다.
④ 아관파천 이후 경운궁으로 환궁한 고종은 대한제국을 선포하고 연호를 '광무'로 정하였다.

정답 ❷

22

☑ 확인 Check! ○ △ ✕

다음 자료와 관련이 있는 조직에 대한 옳은 설명을 〈보기〉에서 고른 것은?

[독립문]

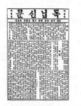

[독립신문]

〈보기〉
ㄱ. 중추원 관제 반포를 이끌어냈다.
ㄴ. 일진회 반대 투쟁을 전개하였다.
ㄷ. 러시아의 이권 침탈을 규탄하였다.
ㄹ. 보안법에 의해 강제 해산당하였다.

① ㄱ, ㄴ
② ㄱ, ㄷ
③ ㄴ, ㄷ
④ ㄴ, ㄹ

쏙쏙 해설

제시된 자료는 독립협회와 관련된 독립문과 독립신문이다. 독립협회는 아관파천 이후 러시아가 내정간섭을 하자 이에 맞서 반러 투쟁을 전개하였다. 관민공동회에 독립협회와 정부 대신들은 헌의 6조를 채택하여 고종에게 제출하였고, 고종은 헌의 6조의 실행을 재가하였을 뿐만 아니라 독립협회가 요구하는 사항에 부합되는 중추원 관제의 개편, 협회와 신문 규칙 제정, 상공 학교 설립 등 개혁적 조치를 반포하였다.
ㄴ. 헌정연구회(1905)는 일진회의 반민족 행위를 규탄하다가 해산되었다.
ㄹ. 독립협회는 보수적 관리들에 의한 황국협회의 탄압 및 방해로 해산당하였다.

정답 ❷

23

☑ 확인 Check! ○ △ ✕

밑줄 친 '건의문'의 내용으로 옳지 않은 것은?

1898년(광무 2년) 10월 종로광장에서 관민공동회가 개최되었다. 박정양 등 정부의 대신은 물론이고 각계각층의 백성이 모인 군중대회에서 6가지 <u>건의문</u>을 채택하여 황제에게 올리기로 결의하였다.

① 탐관오리는 모두 쫓아낼 것
② 전국 재정은 모두 탁지부에서 관리할 것
③ 칙임관은 정부의 과반수 찬성을 받아 임명할 것
④ 조약은 각부 대신과 중추원 의장이 합동으로 서명한 다음에 시행할 것

쏙쏙 해설

밑줄 친 건의문은 독립협회의 헌의 6조(1898)이다.

정답 ❶

헌의 6조

	조 항	내 용
1	외국인에게 의지하지 말고 관민이 합심하여 황제권을 공고히 할 것	자주 국권 수호
2	외국과의 이권에 관한 계약과 조약은 해당 부처의 대신과 중추원 의장이 함께 날인하여 시행할 것	국정개혁 주장
3	재정은 탁지부에서 전담하여 맡고, 예산과 결산을 국민에게 공포할 것	국정개혁 주장
4	중대한 범죄는 공판하고, 피고의 인권을 존중할 것	민권보장
5	칙임관(2품 이상 고관)은 정부에 그 뜻을 물어 과반수가 동의하면 임명할 것	국정개혁 주장
6	정해진 규정을 실천할 것	개혁 의지

24

☑ 확인Check! ○ △ ✕

다음 단체의 활동으로 옳은 것은?

> 정부에서 일하는 관리는 임금의 신하요 백성의 종이니 위로 임금을 섬기고 아래로는 백성을 섬기는 것이라. … (중략) … 바라건대 정부에 계신 이들은 관찰사나 군수들을 자기들이 천거하지 말고 각 지방 인민으로 하여금 그 지방에서 뽑게 하면, 국민 간에 유익한 일이 있는 것을 불과 1~2년 동안이면 가히 알리라.
>
> 『독립신문, 1896.4.14.』

① 만민공동회를 개최하였다.

② 대성학교를 설립하였다.

③ 양전 지계 사업을 추진하였다.

④ 전제 황권을 강화하려 하였다.

쏙쏙 해설

① 독립협회는 만민공동회를 개최하고 헌의 6조를 의결하였다.

② 안창호는 1907년 양기탁 등과 함께 신민회를 창설하였고, 1908년에는 평양에 대성학교를 설립하는 등 계몽운동(실력양성)에 앞장섰다.

③, ④ 대한제국은 구본신참(舊本新參)의 시정 방향을 제시하고 광무개혁을 시행하였다. 대한국 국제를 반포하여 전제 황권을 지향하는 전제군주제를 추구하였고 양전 사업을 실시하여 지계를 발급하였다.

정답 ❶

25

☑ 확인 Check! ○ △ ✕

다음 건물이 지어진 이후 정부에서 실시한 개혁에 대하여 옳게 설명한 것은?

① 비변사의 기능을 축소하고 의정부의 기능을 강화하였다.
② 고종이 러시아 공사관으로 옮겨 가면서 중단되었다.
③ 토지조사와 지계 발급 사업을 시행하였다.
④ 대한국 국제를 만들어 황제권을 제한하는 입헌군주제를 추구하였다.

26

☑ 확인 Check! ○ △ ✕

흥선대원군 집권 시기에 있었던 사실로 옳지 않은 것은?

① 서원을 대폭 정리하였다.
② 「대전회통」을 편찬하였다.
③ 삼군부의 권한을 강화하였다.
④ 양전 · 지계 사업을 시행하였다.

핵심만 콕

①·②·③ 흥선대원군은 국가재정을 확충하고자 만동묘 철폐와 함께 47개소 이외의 서원을 철폐하여 붕당의 근거지를 정리하였다. 또한 「대전회통」과 「육전조례」를 편찬하여 법전을 정비하였으며, 의정부와 삼군부의 권한을 강화하였다.

27

☑ 확인 Check! ○ △ ×

다음의 경제 조치에 대한 설명으로 옳지 않은 것은?

> | 제1조 | 구 백동화 교환에 관한 사무는 금고로 처리케 하여 탁지부 대신이 이를 감독함 |
> |---|---|
> | 제3조 | 구 백동화의 품위(品位)·양목(量目)·인상(印象)·형체(形體)가 정화(正貨)에 준할 수 있는 것은 매 1개에 대하여 금 2전 5푼의 가격으로 새 화폐로 교환함이 가함 |

① 한국 상인들이 경제적으로 큰 타격을 받았다.

② 일본제일은행이 중앙은행의 역할을 하게 되었다.

③ 액면가 액수대로 바꾸어 주는 화폐교환 방식을 따랐다.

④ 대한제국의 재정을 일본에 예속시키려 시행한 정책이다.

화폐정리사업은 1905년 일본 재정 고문 메가타에 의해 시행되었다. 제일 은행권을 본위 화폐로 발행하고 구 백동화를 새 화폐로 교환하는 과정에서 부등가 교환이 이루어지고 심지어 교환이 거부되기도 하였다. 화폐정리사업으로 인하여 단기적으로는 시중 화폐의 품귀 현상이 빚어져서 국내 물가가 폭락하는 사태가 발생하였고 한국인 상인과 회사가 줄지어 도산하며 화폐부족으로 인한 금융공황이 오기도 하였다.

③ 일본은 제일 은행권을 본위 화폐로 발행하였으며 대한제국의 백동화를 새 화폐로 교환하는 과정에서 상태에 따른 차등 교환을 원칙으로 하였다.

정답 ❸

28

☑ 확인 Check! ○ △ ×

자료에서 설명하고 있는 단체와 관련이 있는 설명으로 옳은 것은?

> 무릇 우리나라의 독립은 오직 자강의 여하에 있을 따름이다. … 자강의 방법을 생각해 보면 다름 아니라 교육을 진작함과 식산흥업(殖産興業)에 있다. … 안으로 조국의 정신을 양성하며 밖으로 문명의 학술을 흡수함이 곧 금일 시국의 급무일새, 이것이 자강회의 발기하는 소이이다.

① 대구에서 국채보상운동을 주도하였다.

② 일제의 105인 사건으로 해체되었다.

③ 고종 황제의 강제 퇴위 반대 운동을 주도하였다.

④ 도쿄에서 일본 국왕에게 폭탄을 투척하였다.

③ 1906년 대한자강회는 헌정연구회(1905)를 계승한 단체로 고종황제의 강제 퇴위를 반대하는 운동을 전개하였다.

① 1907년 국채보상기성회

② 1907~1911년 신민회

④ 1932년 한인애국단 소속의 이봉창 의거

정답 ❸

29

(가), (나)에 대한 설명으로 옳지 않은 것은?

☑ 확인Check! ○ △ ✕

> (가) 자강의 방도를 강구하여 할 것 같으면 다른 곳에 있지 않고 교육을 진작하고 산업을 일으키는 데 있으니 무릇 교육이 일어나지 못하면 민지(民智)가 열리지 않고 산업이 일어나지 않으면 국부가 증가하지 못하는 것이다. 교육과 산업의 발달이 곧 자강의 방도임을 알 수 있는 것이다.
>
> (나) 평양 대성학교와 정주 오산학교를 설립하였고, 민족 자본을 일으키기 위해 평양에 자기회사를 세웠다. 또한, 민중 계몽을 위해 태극서관을 운영하여 출판물을 간행하였다. 그리고 장기적으로는 독립운동의 기반을 마련하여 독립전쟁을 수행할 목적으로 국외에 독립운동 기지 건설을 추진하였다.

① (가) : 정미 7조약 체결에 반대하는 투쟁을 전개하였다.
② (가) : 일제의 통감부 설치를 반대하기 위해 설립되었다.
③ (나) : 공화정체의 근대 국민 국가 건설을 위해 노력하였다.
④ (나) : 국내에서 전개된 계몽 운동의 한계를 극복하는데 기여하였다.

쏙쏙 해설

통감부는 1906년 2월 설치되었고, (가) 대한자강회는 통감부가 설치된 이후인 1906년 4월에 조직하였다.
(가) 대한자강회(1906)
(나) 신민회(1907~1911)

정답 ❷

30

일본이 상대국에게 필리핀에서의 독점권을 승인하고 한국에서의 독점적 지배권을 인정받은 조약으로 가장 옳은 것은?

☑ 확인Check! ○ △ ✕

① 텐진조약
② 영·일 동맹
③ 가쓰라·태프트밀약
④ 포츠머스조약

쏙쏙 해설

가쓰라·태프트밀약(1905.7.)은 일본과 미국의 비밀협상으로서 일본이 필리핀에서의 미국의 독점 권익을 인정하고, 한국에 있어서 일본의 독점적 지배권을 묵인한 것을 약속하였다.

정답 ❸

핵심만 콕

① 텐진조약(청-일, 1885)은 갑신정변이 이후 청과 일본 사이에 체결된 조약으로 양국 군대의 공동 철수, 조선에 군대 파병 시 상대국에 사전 통보할 것을 약속하였다.
② 1902년 1차 영·일 동맹과 1905년 2차 영·일 동맹을 체결하였다. 각각 영국의 청과 인도, 일본의 조선에 관한 주도권을 묵인한 조약이다.
④ 포츠머스강화조약(1905.9.)은 러일전쟁에서 승리한 일본이 미국에 중재를 요청하여 러시아와 체결한 것으로서 한국에서의 독점적 지배권을 국제적으로 인정받았다.

31

다음 (가), (나)와 관련하여 나타난 사건에 대한 설명으로 옳지 않은 것은?

☑ 확인 Check! ○ △ ✕

> (가) 대한제국의 시위대 해산
> (나) 13도 창의군의 서울 진공 작전

① (가)-의병과 연계하여 일본군과 접전을 벌였다.
② (나)-정미의병에 군인들이 합류하여 조직화 되었다.
③ (가)-고종이 퇴위하고 정미조약이 강요되는 계기가 되었다.
④ (나)-허위가 이끄는 선발 부대는 동대문 인근까지 진출하였다.

32

다음 두 사건이 일어난 이후의 사실로 옳은 것만을 보기에서 모두 고른 것은?

☑ 확인 Check! ○ △ ✕

> • 고종 황제의 강제 퇴위
> • 일제에 의한 군대 해산

> 〈보기〉
> ㄱ. 안중근이 만주 하얼빈에서 이토 히로부미를 처단하였다.
> ㄴ. 민영환이 일제에 대한 저항을 강력하게 표현한 유서를 남기고 자결하였다.
> ㄷ. 장지연이 민족의식을 고취하는 '시일야방성대곡'을 황성신문에 발표하였다.
> ㄹ. 이인영을 총대장으로 하는 13도 연합 의병 부대(창의군)가 서울 진공 작전을 시도하였다.

① ㄱ, ㄴ
② ㄱ, ㄹ
③ ㄴ, ㄷ
④ ㄷ, ㄹ

33

다음과 같은 법령이 제정되어 시행되던 시기 우리 민족의 독립운동으로 옳은 것은?

☑ 확인 Check! ○ △ ✕

제1조	3월 이하의 징역 또는 구류에 처하여야 할 자는 그 정상에 따라 태형에 처할 수 있다.
제11조	태형은 감옥 또는 즉결 관서에서 비밀리에 집행한다.
제13조	본령은 조선인에 한하여 적용한다.

－『조선총독부 관보』－

① 한인애국단원 이봉창과 윤봉길 등이 의열 활동을 전개하였다.
② 임시정부는 한국광복군을 조직하고 대일 선전 포고를 하였다.
③ 독립의군부와 대한광복회 등의 비밀 결사들이 활동하였다.
④ 언론기관과 조선어학회가 한글 보급을 통한 문맹 퇴치 운동을 펼쳤다.

쏙쏙 해설

1912년 총독부가 제정한 태형령은 정식 재판 없이 즉결심판이 가능하였고, 비밀리에 태형을 집행하였다. 이 법의 적용 대상은 오로지 한국인만 해당하였다.
③ 독립의군부(1912)는 유생 의병장 출신의 임병찬이 전제군주제를 복구하자는 복벽주의(復辟主義)를 추구하여 조직하였다. 대한광복회(1915)는 박상진이 군대식으로 비밀리에 조직하였다.

정답 ❸

핵심만 콕

① 1931년 상하이에서 김구가 중심이 되어 한인애국단을 조직하게 되었으며 1930년대 활동이 가장 두드러졌다.
② 한국광복군은 1940년 충칭에서 창설하여 항일무장투쟁을 전개하였다.
④ 조선어학회(1931~1942)는 한글 교육에 힘써 한글 교재를 출판하기도 하였으며, 회원들이 각 지방을 순회하면서 한글을 보급하는 데 앞장섰다.

34

☑ 확인 Check! ○ △ ✕

(가), (나)를 주장한 인물에 대한 설명이 바르게 짝지어진 것은?

(가) 나는 통일된 조국을 건설하려다 38도선을 베고 쓰러질지언정 일신에 구차한 안일을 취하여 단독정부를 세우는 데는 협력하지 아니하겠다.
(나) 이제 우리는 무기 휴회된 (미·소)공위가 재개될 기색도 보이지 않으며, 통일 정부를 고대하나 여의케 되지 않으니 우리는 남방만이라도 임시정부 혹은 위원회 같은 것을 조직하여 이북에서 소련이 철퇴하도록 세계 공론에 호소하여야 할 것이다.

① (가) - 좌·우합작위원회에 참가하였다.
② (나) - 평양에서 개최된 남북연석회의에 참석하였다.
③ (가)와 (나) - 5·10 총선거 실시를 찬성하였다.
④ (가)와 (나) - 신탁통치 방안에 반대하였다.

쏙쏙 해설

제시문의 (가)는 김구, (나)는 이승만이다.
④ 김구를 비롯한 임시정부 진영은 신탁통치를 적극 반대하기 위해 '신탁통치반대국민총동원위원회'를 조직하였다.

정답 ❹

① 제1차 미·소공동위원회(1946.3.)가 결렬되고 이승만의 단독 정부 수립 운동으로 분단의 위기가 고조되자 김규식과 여운형을 중심으로 좌우합작위원회가 구성(1946.7.)되었다.
② 1948년 4월 평양에서 남북 협상을 개최했다. 남측 대표로 김구, 김규식, 조소앙이 참석하였고, 북측 대표로 김일성과 김두봉이 참석하였다.
③ 김구와 김규식은 5·10 총선거에 불참하여 후에 제헌국회에서 발언권은 없었다.

35

☑ 확인Check! ○ △ ×

한국광복군에 대한 설명으로 옳은 것은?

① 양세봉이 총사령관이었다.
② 쌍성보에서 일본군과 접전하였다.
③ 미얀마·인도 전선에 공작대를 파견하였다.
④ 상하이에서 항일 독립운동 세력을 통합하여 설립되었다.

한국광복군은 1940년 대한민국 임시정부가 충칭에 정착하여 창립한 군대로, 총사령관은 지청천, 부사령관은 김원봉, 참모는 이범석이다. 1941년 12월 14일 대독·대일 선전 포고를 하고, 영국군의 요청에 따라 인도·미얀마 전선에 참전하여 일본군 포로를 심문, 정보를 수집하여 분석하고 전달하였으며, 암호를 해독하는 역할을 하였다. 또한 미국 정보부였던 OSS의 지원으로 국내 진공 작전을 계획하였으나 갑작스럽게 광복을 맞이하면서 실행에 옮기지 못하였다.

정답 ❸

① 총사령관은 지청천이었다. 양세봉은 만주에서 조선혁명군(1929)을 이끌었다.
② 1930년대 만주에서 지청천이 이끌던 한국독립군은 쌍성보에서 일본군과 접전하여 승리하였다(1932).
④ 대한민국 임시정부에 대한 내용이다.

36

일제 강점기에 실시된 다음 정책이 가져온 결과로 가장 적절한 것은?

☑ 확인Check! ○ △ ✕

> | 제4조 | 토지의 소유자는 조선총독이 정하는 기간 내에 그 주소, 성명・명칭 및 소유지의 소재, 지목, 자번호, 사표, 등급, 지적, 결수를 임시토지조사국장에게 신고하여야 한다. 다만, 국유지는 보관관청에서 임시토지조사국장에게 통지하여야 한다. |
> |---|---|
> | 제17조 | 임시 토지 조사국은 토지대장 및 지도를 작성하여 토지의 조사 및 측량에 대한 사정으로 확정하는 사항 또는 재결을 거치는 사항을 등록한다. |
>
> 『조선총독부 관보, 1912.8.13.』

① 자영농이 증가하고 소작농은 감소하였다.
② 민족 자본가의 기업 활동이 억제되었다.
③ 수리 시설이 확충되면서 쌀 생산량이 늘어났다.
④ 농민들이 누려왔던 경작권을 인정받지 못하였다.

쏙쏙 해설

④ 일제는 1910년대에 토지조사령을 발표하여 토지조사사업을 실시하였는데, 한국인 토지의 약탈, 토지세의 안정적인 확보, 그리고 지주층을 회유하기 위한 것이었다. 토지조사사업으로 자영농이 감소하고 소작농이 증가하였으며 농민들이 관습적으로 누려왔던 경작권 등을 인정받지 못하였으며 식민지 지주제가 강화되었다.
① 자영농이 감소하고 소작농은 증가하였다.
② 1910년대 회사령의 시행으로 민족 자본가의 기업 활동이 억제되었다.
③ 1920년대 산미증식계획으로 인하여 쌀 생산량이 늘어났지만 증산된 양보다 많은 쌀을 수탈해 갔다.

정답 ④

37

밑줄 친 ㉠, ㉡에 대한 설명으로 옳은 것은?

☑ 확인Check! ○ △ ✕

> 일제의 가혹한 탄압으로 독립운동은 큰 제약을 받게 되었다. 그러나 그러한 제약 속에서도 비밀 결사의 형태로 독립운동 단체가 결성되었다. ㉠ 독립의군부와 ㉡ 대한광복회는 모두 이러한 비밀 결사 단체였다.

① ㉠은 공화국의 건설을 목표로 하였다.
② ㉡은 고종의 비밀 지령을 받아 조직되었다.
③ ㉠과 ㉡은 모두 1910년대 국내에서 결성된 단체이다.
④ ㉠은 박상진을 중심으로, ㉡은 임병찬을 중심으로 한 조직이었다.

쏙쏙 해설

③ ㉠ 독립의군부(1912, 전라도)
㉡ 대한광복회(1915, 대구)
① ㉠ 독립의군부는 공화정체가 아닌 복벽주의였다.
② 임병찬이 고종의 밀명으로 ㉠ 독립의군부를 조직하였다.
④ ㉠ 독립의군부는 임병찬을, ㉡ 대한광복회는 박상진을 중심으로 조직하였다.

정답 ③

38

조선총독부의 '문화통치'에 대한 설명으로 옳지 않은 것은?

① 기만적 문화통치를 위해 토지조사사업을 시행하였다.

② 민족운동을 탄압하고자 치안유지법을 조선에도 적용하였다.

③ 조선인 계통의 신문인 조선일보, 동아일보의 발행을 허가하였다.

④ 친일파 양성을 통한 우리 민족의 분열을 목적으로 하였다.

쏙쏙 해설

토지조사사업은 일본이 1910년에 추진하였던 토지 수탈 정책이었고, 기만적 문화통치는 1920년대 일제가 추진한 민족 분열 정책이었다.

정답 ❶

핵심만 콕

② 1920년대 사회주의 운동이 일어나자 일제는 이를 탄압하기 위해 국내 치안유지를 빙자해 1925년 치안유지법을 제정·공포하여 우리 민족의 독립운동을 억압하려 하였다.

③ 조선일보와 동아일보 등 우리 민족의 신문 발행이 허가되었으나(1920), 철저한 사전 검열제도를 시행하였고, 기사 삭제, 정간, 압수, 폐간 등을 일삼았다.

④ 일제는 1920년 지방제도를 개편하여 도평의회와 부·면 협의회를 설치하여 일부 한국인들을 의원으로 뽑게 하였으나, 실질적으로는 친일파만을 참여시켜 민족분열을 야기하였다.

39

일제 강점기 이른바 '문화통치'에 대한 설명으로 옳지 않은 것은?

① 농촌 진흥 운동을 실시하였다.

② 관리나 교원의 제복 착용을 폐지하였다.

③ 헌병 경찰제를 폐지하고 보통 경찰제를 시행하였다.

④ 문관도 조선 총독에 임용될 수 있도록 규정을 바꾸었다.

쏙쏙 해설

1930년대 병참기지화 정책 시기의 내용이다.

정답 ❶

핵심만 콕

②·③·④ 문화통치 시기는 1920년대를 의미한다. 이 시기에는 무단 통치 시기(1910년대)와 달리 헌병 경찰 제도를 보통 경찰 제도로 전환하고, 문관 출신의 총독을 임명하는 등 겉으로는 유화정책을 약속했지만 오히려 보이지 않는 통제와 함께 이간책을 통해 우리 민족을 분열시키고 친일파를 육성하는 등의 기만책을 폈던 시기이다.

40

다음 ⊙의 추진 결과 나타난 현상으로 옳지 않은 것은?

> 일본은 1910년대 이후 자본주의 경제가 급속하게 발전하면서 농민들이 도시에 몰려 식량 조달에 큰 차질이 빚어졌다. 이를 해결하기 위해 ⊙을 추진하였는데, 이는 토지 개량과 농사 개량을 통해 식량 생산을 대폭 늘려 일본으로 더 많은 쌀을 가져가고 우리나라 농민 생활도 안정시킨다는 목표로 추진되었다.

① 수리조합비, 비료 대금 등 농민부담이 늘어났다.
② 만주로부터 조, 수수, 콩 등의 잡곡 수입이 증가하였다.
③ 쌀 생산량의 증가보다 일본으로의 수출량 증가가 많았다.
④ 많은 수의 소작농이 이를 통해 자작농으로 바뀌었다.

쏙쏙 해설

1차 세계대전 후 일본 내의 이촌향도 현상이 진행되면서 쌀값이 폭등하여 혼란이 있을 무렵 일제는 부족한 식량을 한반도에서 착취하려 시작한 것이 산미증식계획이다(1920~1934).
④ 대다수 농민은 몰락하여 화전민이 되었다.

정답 ❹

핵심만 콕

① 농가 부채의 증가로 많은 수의 농민층은 몰락하게 되었다.
② 일제는 쌀 수탈로 인한 국내의 식량문제를 만회하기 위하여 만주에서 조, 콩 등의 잡곡을 수입하였다.
③ 일제가 강제로 수탈해 간 미곡이 증산량보다 많아 식량 부족이 심화되었다.

41

다음 자료와 관련 있는 단체에 대한 설명으로 옳은 것은?

제1조	기채 정액은 4천만원으로 하며, 대한민국 원년 독립 공채로 함
제4조	상환 기간은 대한민국이 완전히 독립한 후 만 5개년부터 30개년 이내에 수시로 상환하는 것으로 하며, 그 방법은 재무 총장이 이를 정함
제7조	공채의 응모 청약 기한은 대한민국 원년 8월 1일부터 동 11월 말일까지로 함
제17조	본 공채는 외국인도 응모할 수 있는 것으로 함

① 각 지방을 순회하며 민중 계몽 활동을 벌였다.
② 독립문을 건립하고, 독립신문을 창간하였다.
③ 경학사와 부민단을 설립하여 독립군을 양성하였다.
④ 교통국과 연통제를 통해 국내와의 연계를 추진하였다.

쏙쏙 해설

④ 대한민국 임시정부는 독립공채를 발행하여 자금을 모으기도 하였고, 1인당 1원씩의 인구세를 징수, 국민 의연금을 모으기도 하였다. 또한, 교통제와 연통국을 통해 국내와의 연계를 추진하였다.
① 1927년 신간회
② 1896년 독립협회
③ 1907년 신민회

정답 ❹

42

☑ 확인Check! ○ △ ✕

시기별 정부의 경제 정책으로 옳은 것은?

① 1960년대 – 원조 물자를 이용한 삼백 산업을 육성하였다.
② 1970년대 – 제1차 경제 개발 5개년 계획을 실시하였다.
③ 1980년대 – 각 나라와 자유무역협정(FTA)을 체결하였다.
④ 1990년대 – 경제협력개발기구(OECD)에 가입하였다.

쏙쏙 해설

우리나라가 선진국 클럽인 경제협력개발기구(OECD)에 29번째로 가입한 때는 1996년이다.

정답 ④

핵심만 콕

① 1950년대에는 미국의 원조로 소비재 공업이 성장하였고, 삼백 산업이 중심을 이루었다.
② 제1차 경제 개발 5개년 계획은 1962~1966년에 추진되었다.
③ 2000년대 이후의 사실이다.

43

☑ 확인Check! ○ △ ✕

다음 중 1919년에 수립된 대한민국 임시정부를 설명한 것으로 옳지 않은 것은?

① 삼권 분립에 기초한 민주공화국이다.
② 중일전쟁 이후 조선 혁명군을 조직하였다.
③ 본국과의 연락을 위해 연통제를 실시했다.
④ 사료편찬부에서 박은식의 한국독립운동지혈사를 간행하였다.

쏙쏙 해설

국민부 계열의 조선혁명군(총사령관, 양세봉)은 1929년 남만주에서 창설되었다. 조선혁명군은 남만주 일대에서 중국 의용군과 연합작전을 전개하여 영릉가 전투(1932), 흥경성 전투(1933) 등에서 일본군을 크게 격파하였다.

정답 ②

44

☑ 확인 Check! ○ △ ✕

다음 내용을 통해 추론할 수 있는 독립운동의 흐름으로 가장 적절한 것은?

> • 신간회는 일제 강점기 최대 규모의 반일 사회 운동 단체로 민중의 전폭적인 지지를 받았으며, 지방에도 조직을 갖추고 있었다.
> • 여성노동자의 권익 옹호와 새 생활 개선 등을 내세우며 근우회를 조직하였다.

① 이념을 초월한 민족 유일당 운동이 전개되었다.
② 외교론을 비판하는 적극적인 무장투쟁이 전개되었다.
③ 사회주의의 영향으로 민족해방보다 계급투쟁이 우선시 되었다.
④ 우리의 힘을 길러 독립을 준비하자는 실력 양성 운동이 전개되었다.

쏙쏙 해설

① 신간회, 근우회의 자료이다. 이러한 활동들은 독립운동에 있어서 이념을 초월한 민족 유일당 운동의 노력이며 산실이었다.
② 1923년 임시정부의 분열(창조파, 개조파, 현상유지파)
③ 사회주의 계열
④ 실력 양성 운동

정답 ❶

45

☑ 확인 Check! ○ △ ✕

다음과 같은 강령을 채택한 단체에 대한 설명으로 옳지 않은 것은?

> • 우리는 조선 민족의 정치적 · 경제적 해방의 실현을 도모한다.
> • 우리는 전 민족의 총역량을 집중하여 민족적 대표 기관이 되기를 기한다.
> • 우리는 일체의 개량주의 운동을 배척하여 전 민족의 현실적인 공동 이익을 위하여 투쟁한다.

① 6 · 10 만세운동을 전개하였다.
② 민족 유일당 운동의 일환으로 조직되었다.
③ 여성단체인 근우회의 결성에 자극을 주었다.
④ 광주학생항일운동 진상 보고를 위한 민중대회를 계획하였다.

쏙쏙 해설

자료는 정치적 · 경제적 각성, 민족적 단결, 기회주의(개량주의) 배격은 신간회의 대표적인 강령이다.
① 6 · 10 만세운동은 1926년에 있었고, 신간회는 1927년에 창설되므로 시기적으로 맞지 않다.

정답 ❶

46

☑ 확인 Check! ○ △ ✕

밑줄 친 '만세 시위'에 대한 설명으로 옳은 것은?

> 대한제국의 마지막 황제인 순종이 서거하자 그의 장례일을 기해 만세 시위가 일어났다.

① 신간회의 지원으로 확대되었다.
② 광주에서 한·일 학생 간의 충돌로 시작되었다.
③ 사회주의 계열, 천도교, 학생 단체 등이 계획하였다.
④ 일본 도쿄 유학생들은 조선청년독립단을 창설하여 참여하였다.

47

☑ 확인 Check! ○ △ ✕

다음 운동이 전개되던 시기에 일제의 식민 정책으로 옳은 것을 〈보기〉에서 고른 것은?

〈보기〉
ㄱ. 교원이 제복을 입고 칼을 찬 상태에서 수업을 하였다.
ㄴ. 농민들의 반발을 무마하고자 농촌 진흥 운동을 추진하였다.
ㄷ. 남부 지방은 면화 재배를, 북부 지방은 면양 사육을 강요하였다.
ㄹ. 경성 제국 대학을 설립하여 민립 대학 설립운동을 저지하였다.

① ㄱ, ㄴ
② ㄱ, ㄷ
③ ㄴ, ㄷ
④ ㄷ, ㄹ

48

(가), (나) 자료와 관련된 운동에 대한 설명으로 가장 옳지 않은 것은?

> (가) 비록 우리 재화가 남의 재화보다 품질상 또는 가격상으로 개인 경제상 다소 불이익이 있다 할지라도 민족경제의 이익에 유의하여 이를 애호하며 장려하여 수요하며 구매하지 아니치 못할지라.
>
> (나) 민중의 보편적 지식은 보통 교육으로 능히 수여할 수 있으나 심원한 지식과 심오한 학리는 고등 교육에 기대하지 아니하면 불가할 것은 설명할 필요도 없거니와 사회 최고의 비판을 구하며 유능한 인물을 양성하려면 최고 학부의 존재가 가장 필요하도다.

① (가)는 사회주의자들의 적극적인 참여로 전개하였다.
② (나)는 전국적인 모금 운동의 형태로 전개하였다.
③ (가)는 조만식, (나)는 이상재를 지도자로 하여 전개하였다.
④ (가)와 (나)는 민족의 실력 양성을 목표로 전개하였다.

쏙쏙 해설

사회주의계 인사들은 물산 장려 운동에 대하여 자본가 계급 일부의 이익만을 추구한다고 비판하는 등 물산 장려 운동의 성과를 거둘 수 없었다.
(가) 물산 장려 운동(1920~1923)
(나) 민립 대학 설립 운동(1923~1925)

정답 ❶

49

다음 사건에 대한 설명으로 옳지 않은 것은?

> ㉠ 3·1 운동
> ㉡ 6·10 만세운동
> ㉢ 광주학생항일운동
> ㉣ 소작쟁의

① ㉠은 중국의 5·4 운동, 인도의 비폭력·불복종 운동 등에 영향을 주었다.
② ㉡은 순종의 장례일에 대규모 만세운동을 계획하였다.
③ ㉢은 식민지 교육 제도 철폐 등을 요구하며 대규모 가두시위를 전개하였다.
④ ㉣의 대표인 암태도 소작쟁의는 1년여에 걸친 투쟁에도 효과가 없었다.

쏙쏙 해설

식민 지주 문재철과 이를 비호하는 일제에 대항에 대항하여 사회주의 청년 서태석을 중심으로 시작한 소작료 인하를 요구한 암태도 소작쟁의는 1923년 8월부터 1924년 8월까지 약 1년여의 소작료 인하 운동을 전개하여 소작료를 40%로 인하하였다.
㉠ 3·1 운동(1919)
㉡ 6·10 만세운동(1926)
㉢ 광주학생항일운동(1929)
㉣ 소작쟁의(1920년대)

정답 ❹

50

다음 강령을 가진 단체에서 활동하지 않은 인물을 고른 것은?

☑확인 Check! ○ △ ✕

> 민중은 우리 혁명의 대본영(大本營)이다. 폭력은 우리 혁명의 유일 무기이다. 우리는 민중 속에 가서 민중과 손을 잡고 끊임없는 폭력·암살·파괴·폭동으로써, 강도 일본의 통치를 타도하고 우리 생활에 불합리한 일체 제도를 개조하여 인류로써 인류를 압박치 못하며 사회로써 사회를 수탈하지 못하는 이상적 조선을 건설할지니라.

① 김익상 ② 나석주
③ 이봉창 ④ 김상옥

쏙쏙 해설

자료는 신채호의 조선혁명선언으로 의열단의 행동강령이었다.
③ 이봉창은 한인애국단 소속으로 1932년 일본 도쿄에서 일본 국왕에게 폭탄을 투척하였다.

정답 ❸

핵심만 콕

① 의열단원 김익상은 조선총독부에 폭탄을 투척하였다(1921).
② 의열단원 나석주는 동양척식주식회사와 조선식산은행에 폭탄을 투척한 후 다수의 일본인을 처단하였다(1926).
④ 의열단 소속의 김상옥은 종로 경찰서에 폭탄 투척 후 일경과 교전하였다(1923).

51

☑확인 Check! ○ △ ✕

(가), (나) 인물에 대한 설명으로 옳지 않은 것은?

> (가) 역사란 무엇이뇨. 인류 사회의 아(我)와 비아(非我)의 투쟁이 시간에서 발전하여 공간까지 확대하는 심적 활동의 기록이니, 세계사라 하면 세계 인류의 그리 되어 온 상태의 기록이며, 조선사라 하면 조선 민족이 그리 되어 온 상태의 기록이니라.
> (나) 우리 조선의 역사적 발전의 전 과정은 … (중략) … 세계사적인 일원론적 역사 법칙에 이해 다른 민족과 거의 같은 궤도로 발전 과정을 거쳐 온 것이다.

① (가)는 대한매일신보에 독사신론을 발표하여 근대 민족주의 역사학의 방향을 제시하였다.
② (가)의 저자는 묘청의 난을 '조선역사상 일천년래 제일대사건'이라고 칭하였다.
③ (나)는 일제의 식민주의 사관인 정체성론을 정면으로 반박하였다.
④ (나)는 독립운동의 역사를 정리하여 한국독립운동지혈사를 저술하였다.

쏙쏙 해설

(가) 신채호, (나) 백남운
④ 박은식은 한국독립운동지혈사를 저술하여 일제의 침략과 독립운동의 역사를 정리하였다.
① 신채호는 대한매일신보에 독사신론을 발표하여 근대 민족주의 역사학의 방향을 제시하였다.
② 신채호는 조선사연구초에서 묘청의 서경천도운동을 '조선역사상 일천년래 제일대사건'이라 평가하였다.
③ 백남운 선생은 사적유물론을 주장하여 일제 식민사관을 정면으로 반박하였다.

정답 ❹

52

다음은 일제 강점기에 이루어졌던 우리 민족의 한국사 연구 경향을 설명한 것이다. (가)~(다)와 연관된 설명으로 옳은 것은?

> (가) 민족 고유의 문화 전통과 정신을 강조함으로써 독립의 정신적 기반을 마련하고자 하였다.
> (나) 사적유물론에 입각하여 우리 민족의 역사 발전 과정이 세계사적인 발전 과정과 궤를 같이하고 있음을 입증하려고 하였다.
> (다) 개별적인 사실을 객관적으로 밝히려는 순수 학술 활동을 목표로 삼아 한국사를 실증적으로 연구하려 하였다.

① (가)는 역사에서 특수성보다는 보편성을 강조하였다.
② (가)는 역사 발전의 주체를 민족으로 파악하여 민족의식을 고양하였다.
③ (나) 계열의 학자들은 진단학회를 창립하고, 진단학보를 발행하였다.
④ (다)는 마르크스 사학의 영향을 받아 철저한 고증주의를 표방하였다.

쏙쏙 해설

② (가)는 민족주의 사학으로 민족의식을 고양한 사학으로 신채호, 박은식 등이 주장하였다. (나)는 경제사회 사학으로 특수성보다는 세계사적 보편성을 강조하였고 마르크스 사학의 영향을 받아 철저한 고증주의를 표방하였으며 백남운 등이 주장하였다. (다)는 실증 사학으로 1930년대 진단학회를 창립하고 진단학보를 발행하였으며 손진태가 주장하였다.
① 자주성과 주체성을 강조하였다.
③ 진단학회는 실증 사학 계열 학자들이 창립하였다.
④ 백남운의 사회경제 사학에 관한 설명이다.

정답 ❷

53

조선의용대에 대한 사실로 옳지 않은 것은?

① 김원봉이 이끄는 일부가 한국광복군으로 합류하였다.
② 조선민족전선연맹이 중국 국민당 정부의 지원을 받아 조직하였다.
③ 일부는 화북 지역으로 이동하여 조선의용대 화북지대를 만들었다.
④ 중국 호로군과 연합하여 쌍성보, 대전자령 등지에서 대승을 거두었다.

쏙쏙 해설

한국독립군에 대한 설명이다. 1930년대 초반 북만주 일대에서 지청천을 중심으로 활동했다.

정답 ❹

핵심만 콕

조선의용대

결 성	중일전쟁(1937) 이후 중국 국민당 정부의 도움을 받아 조선 민족혁명당의 김원봉이 한커우에서 조선의용대를 결성하였다.
활 동	중국 국민당이 항일 투쟁에 소극적 태도를 견지하게 되자, 지도부를 제외한 대부분의 세력이 중국 공산당이 활동하는 화북 지방으로 이동하여 조선의용대 화북지대(김두봉)를 결성하였다(1942).
변 화	충칭에 남은 조선의용대(김원봉)와 그 지도부는 임시정부 산하의 한국광복군에 합류하였다(1942).

54

밑줄 친 '단체'에 대한 설명으로 옳은 것은?

> 이 단체는 1935년에 중국 관내에서 민족주의 계열과 사회주의 계열의 단체가 뭉쳐서 성립되었으며, 이후 항일투쟁을 강화하고자 조선민족전선연맹으로 개편되었고 그 산하에 조선의용대가 조직되었다.

① 조선혁명선언을 강령으로 하였다.
② 대한민국 임시정부에 참여하였다.
③ 자유시 참변으로 활동에 제약을 받았다.
④ 대전자령 전투에서 일본군을 격퇴하였다.

쏙쏙 해설

밑줄 친 '단체'는 민족혁명당이다.
② 김원봉은 1935년 중국 관내에서 조선민족혁명당을 조직하고, 1938년 조선의용대를 이끌었다.

정답 ❷

핵심만 콕

① 의열단(1919)은 김원봉이 만주 길림에서 조직한 비밀 결사이며 「조선혁명선언(1923)」을 행동강령으로 하였다.
③ 대한독립군단은 서일 총재를 중심으로 소·만 국경의 밀산부 한흥동에서 결성되었다. 이들은 자유시 참변(1921)으로 활동에 제약을 받았다.
④ 1930년대 만주에서 활동한 한국독립군은 지청천이 이끌었으며 중국의 호로군과 연합하여 쌍성보 전투, 대전자령 전투, 동경성 전투 등에서 승리하였다.

55

일제의 경제 정책에 대한 설명으로 옳은 것은?

① 1910년대 : 일본 내 식량 부족을 해결하려는 산미증식계획이 추진되었다.
② 1920년대 : 재정수입을 확대하고자 토지조사사업이 전개되었다.
③ 1930년대 : 조선인 기업의 발전을 억압하는 「회사령」과 「어업령」이 공포되었다.
④ 1940년대 : 「국가총동원법」 아래서 가혹한 물자 공출이 강제되었다.

쏙쏙 해설

일제는 1937년 중·일전쟁으로 병참기지화 정책을 시행하였다. 이때 「국가총동원법(1938)」을 제정하여 조선에서 인적·물적 자원의 수탈을 강화하여 1940년대 물자 공출이 강제되었다.

정답 ❹

① 일본은 공업화로 인해 미곡생산량이 감소하였다. 이에 일본 내에서 쌀값이 폭등하였고 이를 해결하기 위해 조선에서 1920년을 시작으로 1934년까지 산미증식계획을 시행하였다.

② 1910년대 전개된 토지조사사업은 토지의 등급·지적·결수 등을 조사하였으며, 이 외에도 가격·소유권 등을 조사하였다.

③ 일제는 1910년에 회사 설립 시 총독부의 허가를 받아야하는 「회사령」을 제정하였다. 일제가 조선에서의 어업활동을 장악하고, 이권을 독점하기 위해 제정한 법령인 「어업령」 또한 이 시기에 공포되었다.

56

☑ 확인Check! ○ △ ✕

밑줄 친 '이 단체'에 관한 설명으로 옳지 않은 것은?

> 대한민국 임시정부에서는 만주 지역의 독립군과 각처에 산재해 있던 무장투쟁 세력을 모아 충칭에서 <u>이 단체</u>를 창설하였다.

① 김원봉이 이끄는 조선의용대의 일부를 통합하여 군사력을 증강하였다.

② 초기에는 중국 군사위원회의 지휘와 간섭을 받았다.

③ 중국의 화북 전선에서 일본군에 대항하여 팔로군과 연합작전을 전개하였다.

④ 중국 주둔 미국전략정보국(OSS)과 합작하여 국내 진공 작전을 계획하였으나 실현되지 못했다.

쏙쏙 해설

한국광복군은 대한민국 임시정부가 지청천을 총사령관으로 하여 충칭에서 창설하였다(1940).

③ 조선의용군은 중국 공산당의 팔로군과 함께 호가장 전투를 수행하는 등 항일 독립 전쟁을 전개하였다.

정답 ❸

핵심만 콕

① 한국광복군은 1942년 김원봉의 조선의용대를 흡수하여 군사력을 보강하였다.

② 한국광복군 행동 준승은 총 9개의 항으로 구성되었는데, 광복군은 중국군 참모총장의 지휘를 받아야 하고, 지휘체계는 중국 군사위원회를 거쳐야 한다고 명시되었다.

④ 한국광복군은 미군(OSS부대)과 연합하여 국내 진공 작전을 계획하였으나 일본의 패망으로 실행에 옮겨지지 못하였다.

57

㉠에 해당하는 독립운동 단체의 활동으로 옳은 것은?

> 중국에서 활동하던 한국독립당의 조소앙 계열과 조선의열단, 조선혁명당은 한국 대일 전선 통일 동맹을 결성하고 민족 유일당 건설을 주창했다. 그 결과 각 단체의 대표들은 통합 단체인 ㉠ 을(를) 만들었다.

① 건국 강령을 발표하였다.

② 조선의용대 조직을 주도하였다.

③ 봉오동 전투에서 승리하였다.

④ 신흥 무관 학교를 설립하였다.

쏙쏙 해설

1932년에 결성된 상해의 한국 대일 전선 통일 동맹은 정당 및 단체의 통일을 추진했다. 그 결과 1935년 7월 한국독립당·의열단·신한독립당·조선혁명당·대한독립당 등의 5개 정당 및 단체가 통일을 이루었고, 민족혁명당이 결성되었으나 이후 의열단 계통이 민족혁명당을 주도하자 지청천, 조소앙 등으로 대표되는 민족주의 계열이 탈퇴하였다. 민족혁명당은 조선의용대 창설에 주도적인 역할을 하였다.

정답 ❷

핵심만 콕

① 1941년 '대한민국 건국강령'을 발표했던 것은 대한민국 충칭 임시정부 산하의 한국독립당이었다.

③ 홍범도 장군의 대한독립군에 관한 설명이다.

④ 신흥 무관 학교의 설립은 장교 양성을 위하여 독립 운동 기지인 삼원보에 신흥강습소를 세운 신민회에 관한 내용으로, 이후 신흥강습소는 신흥 무관 학교가 되어 이곳에서 배출된 인물들은 1920년대 이후 항일 투쟁을 주도하였다.

58

☑ 확인 Check! ○ △ ✕

(가)와 (나) 사이의 시기에 만주에서 전개된 무장 항일 운동에 대한 설명으로 옳은 것은?

> (가) 경신년에 왜군이 내습하여 31명이 살고 있는 촌락을 방화하고 총격을 가하였다. 11월 1일에는 왜군 17명, 왜경 2명, 한인 경찰 1명이 와서 남자들을 모조리 끌어내어 죽인 뒤 … (중략) … 남은 주민들을 모아 일장 연설을 하였다.
>
> (나) 상해의 한국 독립투사 조직에 속해 있는 한국의 한 젊은이는 비밀리에 도쿄로 건너갔다. 그는 마침 군대를 사열하기 위해 마차에 타고 있던 일본 천황에게 수류탄을 던졌다. 그는 영웅적인 행동 후에 무자비하게 살해되었다.

① 남만주에 조선혁명군이 창설되었다.
② 한국광복군이 국내 진공 작전을 준비하였다.
③ 독립군이 봉오동 · 청산리 전투에서 일본군을 크게 무찔렀다.
④ 동북 항일 연군을 중심으로 치열한 항일 유격전이 전개되었다.

쏙쏙 해설

(가) 간도 참변(1920.10. 경신참변)
(나) 이봉창 의거(1932.1.)
① 국민부 계열의 조선혁명군(총사령관, 양세봉)은 1929년 남만주에서 창설되었다.
② 한국광복군은 1940년 충칭에서 창설되어 국내 진공 작전을 준비하였다.
③ 홍범도의 대한독립군이 이끌었던 봉오동 전투는 1920년 6월에 있었고, 김좌진의 북로 군정서군이 이끌었던 청산리 전투는 1920년 10월에 있었다.
④ 사회주의 계열의 동북 항일 연군은 1936년에 조직되었고, 일제에 반대하는 사람은 사상이나 노선 · 민족에 관계없이 단결하자는 주장에 따라 편성된 무장부대이다.

정답 ❶

제1장 제2장 제3장 제4장

59

☑ 확인 Check! ○ △ ✕

다음은 일제 강점기 국외 독립운동에 관한 사실들이다. 이를 시기 순으로 바르게 나열한 것은?

> ㄱ. 대한민국 임시정부가 지청천을 총사령관으로 하는 한국광복군을 창설하였다.
> ㄴ. 블라디보스토크에서 이상설, 이동휘 등이 중심이 된 대한광복군 정부가 수립되었다.
> ㄷ. 홍범도가 이끄는 대한독립군을 비롯한 연합부대는 봉오동 전투에서 대승을 거두었다.
> ㄹ. 양세봉이 이끄는 조선혁명군은 중국 의용군과 연합하여 영릉가 전투에서 일본군을 무찔렀다.

① ㄱ → ㄹ → ㄴ → ㄷ
② ㄴ → ㄷ → ㄹ → ㄱ
③ ㄷ → ㄴ → ㄹ → ㄱ
④ ㄹ → ㄷ → ㄱ → ㄴ

쏙쏙 해설

ㄴ. 대한광복군 정부(1914)
ㄷ. 봉오동 전투(1920)
ㄹ. 영릉가 전투(1932)
ㄱ. 한국광복군(1940)

정답 ❷

04 현대 사회

01

☑ 확인Check! ○ △ ✕

다음은 어느 국제 회담에서 합의된 내용이다. 이 결정에 따라 나타난 사실로 옳은 것은?

- 한반도에 독립 국가를 건설하기 위한 임시정부를 수립한다.
- 임시정부 수립을 논의하기 위해 미·소 공동위원회를 설치한다.
- 4개국이 공동으로 최고 5년간 한반도를 통치한다.

① 8·15 광복
② 38도선 설정
③ 신탁통치 반대 운동
④ 대한민국 정부 수립

쏙쏙 해설

자료는 1945년 모스크바 3국 외상회의에서 결의된 내용이다. 임시정부의 수립과 미·소 공동위원회 설치, 신탁통치 등의 내용을 거론하였고, 이후 신탁통치의 내용이 전해지자 전국민적인 신탁통치 반대 운동이 일어났다.

정답 ❸

02

☑ 확인Check! ○ △ ✕

다음 중 (가)와 (나) 사이에 일어난 사건으로 옳은 것은?

(가) 이제 우리는 무기 휴회한 미·소 공동위원회가 재개될 기색도 보이지 않으며, 통일정부를 고대하나 여의케 되지 않으니, 우리는 남방만이라도 임시정부 혹은 위원회 같은 것을 조직하여 38 이북에서 소련이 철퇴하도록 세계 공론에 호소하여야 될 것이니 여러분도 결심하여야 할 것이다.

(나) 현시에 있어서 나의 유일한 염원은 3천만 동포와 손을 잡고 통일된 조국의 달성을 위하여 공동 분투하는 것뿐이다. 이 육신을 조국이 수요(需要)로 한다면 당장에라도 제단에 바치겠다. 나는 통일된 조국을 건설하려다 38도선을 베고 쓰러질지언정 일신에 구차한 안일을 취하여 단독정부를 세우는 데는 협력하지 않겠다.

① 포츠담 선언
② 모스크바 3국 외상회의
③ 유엔 총회에서 남북총선거 결정
④ 남북협상

쏙쏙 해설

(가)는 이승만의 정읍 발언(1946.6.)
(나)는 김구의 삼천만 동포에게 읍고함(1948.2.)
③ 유엔총회에서 남북총선거 결정(1947.11.)
① 포츠담 선언(1945.7.)
② 모스크바 3국 외상회의(1945.12.)
④ 남북협상(1948.4.)

정답 ❸

03

다음의 주제로 가장 적절한 것은?

☑ 확인Check! ○ △ ✕

> • 신탁통치 반대 운동
> • 6 · 25 전쟁

① 일제 잔재의 청산
② 근대화의 성과와 한계
③ 항일 독립 운동의 전개
④ 분단 체제의 성립과 고착화

쏙쏙 해설

모스크바 3국 외상회의에서 '조선 임시정부 수립, 5년 기한의 신탁통치'를 결정했다는 소식이 전해지자, 좌익은 '조선 임시정부 수립'에 초점을 맞춰 모스크바 3국 외상회의의 결정을 지지했고, 우익은 '신탁통치'에 초점을 맞춰 이를 반대하였다. 결국, 모스크바 3국 외상회의의 결정사항을 둘러싼 좌우익의 대립은 분단 체제를 성립시키는 결정적 역할을 하였다. 그리고 이 분단 체제를 고착화시킨 결정적 계기가 6 · 25 전쟁이었다.

정답 ④

04

다음 사실들을 시간순으로 바르게 배열한 것은?

☑ 확인Check! ○ △ ✕

> 가. 좌우합작 위원회가 좌우합작 7원칙을 발표하였다.
> 나. 친일파 청산을 위한 반민족행위처벌법이 제정되었다.
> 다. 모스크바 3국 외상회의에서 최고 5년간의 신탁통치 등을 결정하였다.

① 가 – 나 – 다
② 나 – 가 – 다
③ 다 – 가 – 나
④ 다 – 나 – 가

쏙쏙 해설

다. 모스크바 3국 외상회의(1945.12.)
가. 좌우합작 7원칙(1947.7.)
나. 반민족행위처벌법(1948.9.)

정답 ③

05

광복 이후 발생한 사건을 시기순으로 바르게 나열한 것은?

> ㄱ. 좌우합작위원회에서 좌우합작 7원칙이 발표되었다.
> ㄴ. 모스크바 3국 외상회의가 개최되어 한반도 문제가 논의되었다.
> ㄷ. 유엔 한국임시위원단의 감시 아래 남한에서 총선거가 실시되었다.

① ㄱ → ㄷ → ㄴ
② ㄴ → ㄱ → ㄷ
③ ㄴ → ㄷ → ㄱ
④ ㄷ → ㄴ → ㄱ

쏙쏙 해설

ㄴ. 모스크바 3국 외상회의(1945.12.)
ㄱ. 좌우합작위원회(1946.7.~1947.10.)
ㄷ. 5 · 10 총선거 실시(1948.5.10.)

정답 ❷

핵심만 콕

남북 분단의 과정

모스크바 3국 외상회의 (1945.12. 미 · 영 · 소)	신탁통치 실시
1차 미소 공동위원회 결렬 (1946.3.)	정당 · 사회 단체 참여 범위
이승만 정읍 발언	단독정부 수립 주장
좌우합작위원회 (1946.7.~1947.10.)	• 중도 세력을 중심으로 결성(여운형, 김규식) • 여운형 암살, 미군정 지원 중지 • 제2차 미소 공동위원회 결렬
미국, 한국 문제 유엔 상정	• 인구 비례에 따른 총선 지시 • 유엔 한국임시위원단 파견(1948.1.) – 소련, 입북 거절 • 실시 가능한 지역에서만 총선을 실시(남한 단독정부 수립 가능)
남북협상(1948.2.)	• 김구, 김규식 · 김일성, 김두봉 • 단독정부 수립 반대 결의
제주 4 · 3사건(1948)	단독정부 수립 반대
5 · 10 총선거 실시 (1948.5.10.)	• 제헌국회 성립(임기 2년) • 헌법 제정 및 공포(삼권 분립, 대통령 중심제, 대통령 국회 간선 · 연임 제한)
대한민국 정부 수립 (1948.8.15.)	–

06

다음 밑줄의 '좌우합작위원회'에 참여한 인물로 옳은 것을 〈보기〉에서 고른 것은?

☑ 확인 Check! ○ △ ✕

1947년 5월 두 차례에 걸친 미·소 공동위원회는 결실을 거두지 못하고 결렬되었다. 극심한 좌우익의 갈등이 지속되었고 일부 정치 지도자들은 좌우 대립을 극복하고 통일 정부를 수립하기 위해서 좌우합작위원회를 구성하였다. 그러나 좌우합작위원회가 제시한 7원칙은 좌우익 핵심 정치세력의 동의를 얻지 못하고 대립하게 되었으며, 좌우익이 내세운 합작 조건의 차이는 합작을 가로막은 1차적 요인이 되었다.

〈보기〉
ㄱ. 이승만　　　　　　　ㄴ. 김 구
ㄷ. 김규식　　　　　　　ㄹ. 여운형

① ㄱ, ㄴ
② ㄱ, ㄷ
③ ㄴ, ㄷ
④ ㄷ, ㄹ

쏙쏙 해설

좌우합작위원회는 좌우의 대립을 극복하고 통일 정부를 수립하려는 중도파의 노력으로 중도우파(김규식)와 중도좌파(여운형)가 중심이 되어 추진하였다. 하지만 좌파와 우파의 극심한 대립으로 인한 주도 세력들의 불참, 미국의 편파적인 우익 지원, 그리고 좌우합작 운동의 중심세력인 여운형의 암살로 인하여 실패하였다.

정답 ❹

07

다음 법령에 대한 설명으로 옳지 않은 것은?

☑ 확인 Check! ○ △ ✕

제1조　일본 정부와 통모하여 한·일 병합에 적극 협력한 자, 한국의 주권을 침해하는 조약 또는 문서에 조인한 자와 이를 모의한 자는 사형 또는 무기 징역에 처하고, 그 재산과 유산의 전부 혹은 2분의 1 이상을 몰수한다.
　　　　… (중략) …
제3조　일제 치하 독립운동자와 그 가족을 악의로 살상, 박해한 자 또는 이를 지휘한 자는 사형, 무기 또는 5년 이상의 징역에 처하고, 그 재산의 전부 혹은 일부를 몰수한다.

① 제헌국회가 제정하였다.
② 6·25 전쟁 이후 본격적으로 시행되었다.
③ 반민족행위 특별조사위원회를 구성하도록 하였다.
④ 식민지 통치에 적극 협력하였던 친일파의 처벌이 목적이었다.

쏙쏙 해설

제시된 사료는 제헌국회에서 채택한 반민족행위처벌법(1948)으로 이를 바탕으로 1948년 9월 친일파 청산을 위한 반민족행위 특별조사위원회(반민특위)가 구성되었다. 그러나 이승만 정부의 소극적 태도와 경찰 요직에 자리잡은 친일파의 방해가 더해지고, 1949년 국회프락치 사건과 반민특위 습격 사건으로 반민특위가 해체되면서 결국 반민족행위처벌법이 폐기되고 친일파 청산에 실패하게 되었다.
② 6·25 전쟁은 1950년에 발발했다.

정답 ❷

08

5 · 10 총선거에 대한 설명으로 가장 적절하지 않은 것은?

① 당선된 국회의원의 임기는 2년으로 한정되었다.

② 김구와 김규식 등 남북협상파는 참여하지 않았다.

③ 만 19세 이상의 등록 유권자에게 선거권이 부여되었다.

④ 제주도에서는 4 · 3 사건의 여파로 선거에 차질이 빚어졌다.

쏙쏙 해설

1948년 2월 26일 유엔소총회 결의에 의해 치러진 5 · 10 총선거는 성별을 묻지 않고 21세 이상의 성인에게 동등한 투표권이 주어진 남한 최초의 보통선거였다.

정답 ❸

09

다음 중 6 · 25 전쟁에 대한 설명으로 옳지 않은 것은?

① 북한군의 남침으로 시작되었다.

② 애치슨 선언이 발발 배경 중 하나였다.

③ 중국군의 개입으로 1 · 4 후퇴가 일어났다.

④ 한국, 미국, 북한, 중국 대표가 휴전 협정에 서명하였다.

쏙쏙 해설

6 · 25 전쟁은 애치슨 선언 이후 북한군의 남침으로 시작되었고 중공군의 개입으로 1 · 4 후퇴가 있었으며 남한에서 반공 체제가 강화되었다.
④ 1953년 7월 27일 판문점에서 국제 연합군 총사령관 클라크와 북한군 최고 사령관 김일성, 중공 인민 지원군 사령관 펑더화이가 최종적으로 서명함으로써 휴전 협정이 체결되었다. 한국은 휴전 협정에 서명하지 않았다.

정답 ❹

10

☑ 확인 Check! ○ △ ✕

1952년에 통과된 발췌 개헌안의 핵심 내용은?

① 대통령 간선제 실시
② 내각책임제 실시
③ 초대 대통령의 중임제한 철폐
④ 대통령 직선제와 국회의 국무위원 불신임제

제1장

제2장

제3장

제4장

쏙쏙 해설

발췌 개헌은 대통령 정부통령 직선제, 양원제 국회, 국회의 국무위원 불신임제 등을 골자로 하는 발췌 개헌안을 무력으로 통과시킨 것이다.

정답 ❹

핵심만 콕

① 발췌 개헌은 1952년 당시의 대통령 간선제를 직선제로 개헌하려 한 것이다.
② 4 · 19 혁명 후 허정 과도정부에서는 내각책임제와 민의원 · 참의원의 양원제 국회를 골자로 하는 헌법을 개정(1960.6. 3차 개헌)하여 총선거를 실시하였고, 윤보선을 대통령으로, 장면을 국무총리로 선출하였다(1960.8. 제2공화국).
③ 초대 대통령에 한하여 중임제한 조항의 철폐를 골자로 한 개헌안을 수학적 논리로 부당하게 통과시켰던 자유당의 사사오입 개헌은 1954년에 있었다.

11

☑ 확인 Check! ○ △ ✕

다음 자료에 나타난 역사적 사실로 옳지 않은 것은?

> 3 · 15 부정선거에 항거하여 마산에서 시위하던 김주열 군은 경찰이 쏜 최루탄에 맞아 숨진 채 마산 앞바다에서 발견되었다. 이를 계기로 정부에 항의하는 시민들의 시위가 전국으로 확산되었다.

① 대학교수들이 정권 퇴진을 요구하는 시위에 나섰다.
② 청년과 학생들이 주도하였고, 민중의 참여로 확대되었다.
③ 대통령 직선제를 골자로 하는 헌법 개정이 이루어졌다.
④ 계엄령이 선포되고 군대가 동원되었다.

쏙쏙 해설

4 · 19 혁명은 이승만 정부의 부정과 부패, 장기 집권으로 민심을 잃은 상태에서 이승만과 이기붕을 각각 대통령, 부통령으로 당선시키고자 1960년 3월 15일 대대적인 부정선거를 자행하자 학생과 시민들이 중심이 되어 일어난 사건이었다. 이승만 정부는 계속해서 확산되는 시위를 해산시키기 위해 계엄령을 선포하고 군대를 동원하였다. 계엄령 아래에서도 서울 시내 대학교수들이 이승만 대통령의 하야를 요구하는 시국 선언문을 채택하고 국회 앞까지 행진하였다.
③ 대통령 직선제를 요구하는 시위는 1987년 6월 민주화 운동 때 있었다. 4 · 19 혁명 직후에는 내각책임제의 제2공화국이 출범한다.

정답 ❸

12

쏙쏙 해설

3·15 부정선거에 대한 설명으로 가장 옳지 않은 것은?

① 4·19 혁명 발발의 중요한 계기가 되었다.

② 장면 정부는 이 선거 결과를 무효로 하고 재선거를 실시하였다.

③ 이승만의 대통령 당선 가능성이 높은 상황에서 실시되었다.

④ 정부는 이 선거를 규탄하는 시위의 배후에 공산주의 세력이 개입되었다고 발표하였다.

이승만 정부는 부정과 부패, 장기 집권으로 민심을 잃은 상태에서 이승만과 이기붕을 각각 대통령, 부통령으로 당선시키고자 1960년 3월 15일 대대적인 부정선거를 자행하게 되었고, 이에 대항하여 학생과 시민들이 중심이 되어 민주화운동이 전개되었다.

② 4·19 혁명 후 사태 수습을 위해 허정을 내각 수반으로 하는 과도정부가 구성되었으며, 과도정부는 내각책임제와 양원제를 골자로 헌법을 개정하고 총선거를 실시하였다. 3·15 부정선거에 대한 재선거는 없었다.

정답 ❷

핵심만 콕

① 3·15 부정선거를 계기로 4·19 혁명이 전개되었다(1960).

④ 이승만 정부는 공산주의자들에 의하여 고무되어 조종된 것이라는 내용의 담화를 발표한 후 탄압하였다.

13

다음 자료와 같은 법 시행에 대한 설명으로 옳은 것은?

☑ 확인 Check! ○ △ ✕

제1조   본 법은 헌법에 의하여 농지를 농민에게 적절히 분배함
       으로써 농가 경제의 자립과 농업 생산력의 증진으로 인
       한 농민 생활의 향상 내지 국민 경제의 균형과 발전을
       기함을 목적으로 한다.

제5조   정부는 다음에 의하여 농지를 매수한다.
                  … (중략) …

   > 2. 다음의 농지는 본 법 규정에 의하여 정부가 매
   >   수한다.
   >   (가) 농가 아닌 자의 농지
   >   (나) 자경하지 않는 자의 농지
   >   (다) 본 법 규정의 한도를 초과하는 부분의 농지

① 광복 직후 미군정 주도하에 이루어졌다.

② 이 법의 시행으로 소작 분쟁이 줄어들었다.

③ 농민과 지주 모두가 이 법을 지지하였다.

④ 정부에서 유상 매입하여 무상으로 분배하였다.

쏙쏙 해설

② 제시된 자료는 농지개혁법이다. 농
   지개혁의 기본 방향은 사유 재산권
   을 존중하여 유상 매수, 유상 분배
   의 자본주의적 방법으로 추진되었
   다. 그 결과 소작농의 수가 크게 줄
   어들었으며, 농민 중심의 토지 소유
   가 어느 정도 실현되었다.
① 농지개혁법은 대한민국 정부수립
   이후 시행되었다.
③ 지주들이 농지개혁법의 시행을 지
   지하였다고 볼 수 없으며, 유상 분
   배의 조건 때문에 농민들도 반대하
   는 경우가 있었다.
④ 대한민국의 농지개혁은 유상으로
   매입하여 유상으로 분배하였다.

정답 ②

14

다음 각서가 작성된 시기를 연표에서 옳게 고른 것은?

☑ 확인 Check! ○ △ ✕

- 한국에 있는 대한민국 국군의 현대화 계획을 위하여 앞으로 수
  년 동안에 상당량의 장비를 제공한다.
- 추가로 파견되는 병력에 필요한 장비를 제공하며, 일체의 추가
  적 원화 경비를 부담한다.
- 대한민국에서 탄약 생산을 증가하기 위하여 병기창 확장용 시설
  을 제공한다.
- 대한민국의 경제 발전을 지원하기 위하여 추가 AID 차관을 제공
  한다.

쏙쏙 해설

보기는 1965년 베트남 파병 당시 작성
된 브라운 각서(1966)이다. 국군을 베
트남에 파견하는 대가로 미국으로부터
한국군 현대화를 위한 장비와 경제 원
조를 제공받기로 하고 약 5만 5천여 명
을 파병하였다.

정답 ③

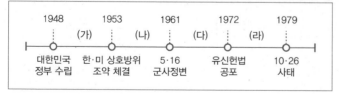

① (가)   ② (나)

③ (다)   ④ (라)

15

☑ 확인 Check! ○ △ ✕

다음에서 설명하는 운동의 명칭으로 가장 적절한 것은?

> 농가의 소득배가 운동으로 시작하여 점차 도시·직장·공장 등으로 확산되면서 의식개혁 운동으로 이어졌다. 농어촌 지역의 경우, 환경정비 사업을 첫 단계로 하여 지붕 개량, 주택 개량, 농로 개설, 마을도로 확충, 하천 정비, 전기화 사업 등에서 가시적인 성과를 거두었다. 초기에는 겨울철 농한기를 이용하여 전국의 33,267개 이동(里洞)에 시멘트를 335부대씩 무상으로 지급하여, 이동개발위원회(里洞開發委員會)를 중심으로 각 마을의 환경개선 사업을 주민 협동으로 추진하도록 하였다.

① 새마을운동
② 브나로드운동
③ 재건국민운동
④ 물산장려운동

쏙쏙 해설

① 1970년에 시작된 새마을사업은 근면, 자조, 협동을 바탕으로 한 지역사회개발운동으로 전개되었다.
② 브나로드운동(1930년대) : 1930년대 브나로드운동은 문맹 퇴치를 위한 것으로 농촌계몽운동으로 전개되었다.
③ 재건국민운동(1961.6.~1964.8.) : 5·16 군사정변 후 군사정부가 추진한 범국민운동이었다.
④ 물산장려운동(1920년대) : 1920년대 실력 양성 운동의 일환으로 전개된 토산품애용운동이었다.

정답 ❶

16

☑ 확인 Check! ○ △ ✕

다음 사건들을 시간순으로 바르게 배열한 것은?

> 가. 근로 조건 개선 등을 요구하며 전태일이 분신자살하였다.
> 나. 대통령의 3선을 가능하게 하는 개헌안이 국민투표를 통해 확정되었다.
> 다. 한국 정부와 일본 정부가 한일기본조약을 체결하여 국교를 정상화하였다.

① 가 – 나 – 다
② 나 – 가 – 다
③ 다 – 가 – 나
④ 다 – 나 – 가

쏙쏙 해설

다. 한일국교정상화(1965, 한일협정)
나. 대통령 3선 개헌(1969)
가. 전태일 분신사건(1970)

정답 ❹

17

☑ 확인 Check! ○ △ ✕

(가)~(라)를 시기순으로 바르게 나열한 것은?

> (가) 7 · 7 특별선언
> (나) 7 · 4 남북공동성명
> (다) 6 · 15 남북공동선언
> (라) 화해, 불가침 교류협력에 관한 합의서

① (가) → (나) → (라) → (다)
② (가) → (다) → (나) → (라)
③ (나) → (가) → (라) → (다)
④ (나) → (라) → (가) → (다)

쏙쏙 해설

(나) 7 · 4 남북공동성명(1972.7.)
(가) 7 · 7 특별선언(1988.7.)
(라) 남북 사이의 화해와 불가침 및 교류 · 협력에 관한 합의서(남북기본합의서) 체결(1991.12.)
(다) 6 · 15 남북공동선언(2000.6.)

정답 ❸

핵심만 콕

역대 정부의 대북 정책
• 유신 이전 박정희 정부(제3공화국) : 7 · 4 남북공동성명(1972)
• 전두환 정부(제5공화국)
  – 민족화합민주통일방안(1982)
  – 분단 이후 최초 남북 이산가족 상호 교환 방문(1985.9.21.)
• 노태우 정부(제6공화국)
  – 한민족공동체통일방안(1989.9.)
  – 남북 UN 동시 가입(1991.9.17.)
  – 남북기본합의서(1991.12.13.)
  – 한반도 비핵화 공동선언(1991.12.31.)
• 김영삼 정부(문민정부) : 남북정상회담 약속(김일성 사망으로 성사되지 못함)
• 김대중 정부(국민의 정부) : 제1차 남북정상회담[6 · 15 남북공동선언(2000)]
• 노무현 정부(참여정부) : 제2차 남북정상회담[10 · 4 남북공동선언 (2007)]

18

다음의 선언문이 나오게 된 배경으로 옳은 것은?

> 오늘 우리는 전 세계의 이목이 주시하는 가운데 … 독재 정치를 청산하고 희망찬 민주 국가를 건설하기 위한 거보를 전 국민과 함께 내딛는다. 국가의 미래요 소망인 꽃다운 젊은이를 야만적인 고문으로 죽여 놓고 그것도 모자라서 뻔뻔스럽게 국민을 속이려 했던 현 정권에게 국민의 분노가 무엇인지를 분명히 보여주고 … 민주장정을 시작한다.

① 정부가 대통령중심제에서 내각책임제로 헌법을 개정하였다.
② 정부가 긴급조치권을 발동하여 헌법 개정논의를 탄압하였다.
③ 마산의 중앙부두에서 김주열군의 시신이 발견되었다.
④ 정부가 대통령 간선제 헌법의 고수를 천명하였다.

쏙쏙 해설

자료는 1987년 6·10 국민대회 선언문이다.

④ 정부는 4·13 호헌 조치를 발표하여 대통령 간선제 헌법의 고수를 천명하였다(1987).

정답 ④

핵심만 콕

① 4·19 혁명 후 허정 과도정부에서는 내각책임제와 민의원·참의원의 양원제 국회를 골자로 하는 헌법을 개정(1960.6. 3차 개헌)하여 총선거를 실시하였고, 윤보선을 대통령으로, 장면을 국무총리로 선출하였다(1960.8. 제2공화국).
② 유신체제 이후 정부는 긴급조치권을 발동하여 헌법 개정논의를 탄압하였다(1974, 유신 반대운동 탄압).
③ 3·15 부정선거에 항거하여 마산에서 시위하던 김주열군은 경찰이 쏜 최루탄에 맞아 숨진 채 마산 앞바다에서 발견되었고(4.11.), 이를 계기로 4·19 혁명이 전개되었다(1960).

19

☑ 확인Check! ○ △ ✕

다음 중 1950년대 북한 상황에 대한 설명으로 옳지 않은 것은?

① 박헌영 등 남로당계 간부들이 숙청되었다.
② 농업 협동화에 의한 협동 농장 건설이 추진되었다.
③ 주민들의 생산 노동 참여를 경쟁시키기 위해 천리마운동을 전개하였다.
④ 주체사상을 노동당의 유일사상으로 규정하였다.

20

☑ 확인Check! ○ △ ✕

(가), (나) 발표 시기의 사이에 있었던 사실로 옳지 않은 것은?

> (가) 통일은 외세에 의존하거나 외세의 간섭을 받음이 없이 자주적으로 해결하여야 한다. 통일은 서로 상대방을 반대하는 무력행사에 의거하지 않고 평화적인 방법으로 실현하여야 한다. 사상과 이념, 제도의 차이를 초월하여 우선 하나의 민족으로서 민족적 대단결을 도모하여야 한다.
>
> (나) 남과 북은 나라의 통일을 위한 남측의 연합제안과 북측의 낮은 단계의 연방제 안이 서로 공통성이 있다고 인정하고, 앞으로 이 방향에서 통일을 지향시켜 나가기로 하였다.

① 경의선 철도가 다시 연결되었다.
② 북한에서 국가 주석제가 도입되었다.
③ 남북 이산가족이 서울과 평양을 처음 방문하였다.
④ 한반도 비핵화에 관한 공동선언이 채택되었다.

참고문헌

- 송광호, 패스플러스 청원경찰/경비지도사 1차 민간경비론, 에듀피디, 2021
- 최경철·안황권, New Target 민간경비론, 웅비, 2020
- 김대권 외, Hi-Pass 민간경비론, 백산출판사, 2019
- 김두현 외, 신민간경비론, 솔과학, 2018
- 서진석, 민간경비론, 진영사, 2018
- 김순석 외, 신경향 민간경비론, 백산출판사, 2013
- 송상욱 외, 핵심 민간경비론, 진영사, 2009
- 법제처 홈페이지, http://www.law.go.kr
- 서울특별시, 2024 주요 업무계획

2024 시대에듀 서울특별시 청원경찰 한권으로 끝내기

개정1판1쇄 발행	2024년 07월 10일(인쇄 2024년 06월 07일)
초 판 발 행	2021년 03월 25일(인쇄 2021년 03월 11일)
발 행 인	박영일
책 임 편 집	이해욱
편 저	청원경찰교육연구회
편 집 진 행	이재성 · 백승은
표 지 디 자 인	조혜령
편 집 디 자 인	표미영 · 채현주
발 행 처	(주)시대고시기획
출 판 등 록	제10-1521호
주 소	서울시 마포구 큰우물로 75 [도화동 538 성지 B/D] 9F
전 화	1600-3600
팩 스	02-701-8823
홈 페 이 지	www.sdedu.co.kr
I S B N	979-11-383-7325-8 (13320)
정 가	30,000원